红色视域下的上海

中共中央早期机关报
上海新闻整理汇编

# 新中华报 1937.2—1941.5

## 上海新闻整理汇编

贾翠玲 主编

上海科学技术文献出版社
Shanghai Scientific and Technological Literature Press

图书在版编目（CIP）数据

《新中华报》上海新闻整理汇编：1937.2-1941.5 / 贾翠玲主编．—上海：上海科学技术文献出版社，2020
（红色视域下的上海：中共中央早期机关报上海新闻整理汇编）
ISBN 978-7-5439-8037-2

Ⅰ．①新…　Ⅱ．①贾…　Ⅲ．①《新中华报》—史料—上海—1937-1941　Ⅳ．①G219.296

中国版本图书馆 CIP 数据核字（2019）第 278674 号

本项目为国家社科基金重大项目“延安时期未刊文献资料收集、整理与数据库建设”（17ZDA008）阶段性成果；2018 年度国家社会科学基金项目“延安时期中共中央机关报数字化保存与挖掘利用研究”（18BTQ042）阶段性成果

策　　划：陈　超　张　树
责任编辑：王　珺　詹顺婉　黄婉清
封面设计：樱　桃
版式设计：周　婧

《新中华报》上海新闻整理汇编：1937.2–1941.5
XINZHONGHUABAO SHANGHAI XINWEN ZHENGLI HUIBIAN: 1937.2–1941.5
贾翠玲　主编
出版发行：上海科学技术文献出版社
地　　址：上海市长乐路 746 号
邮政编码：200040
经　　销：全国新华书店
印　　刷：常熟市人民印刷有限公司
开　　本：720×1000　1/16
印　　张：23.75
版　　次：2020 年 3 月第 1 版　2020 年 3 月第 1 次印刷
书　　号：ISBN 978-7-5439-8037-2
定　　价：588.00 元
http://www.sstlp.com

# 红色视域下的上海

## 中共中央早期机关报上海新闻整理汇编

## 出版工作委员会

# 序一

章百家
中共中央党史研究室
原副主任、研究员

当我们迎来中华人民共和国成立70周年、上海解放70周年纪念日之际，上海科学技术文献出版社推出了“红色视域下的上海——中共中央早期机关报上海新闻整理汇编”系列丛书作为献礼。这是一部视角独特、主题鲜明的文献史料集，它以革命战争年代中共中央机关先后发行的三种主要报纸《红色中华》《新中华报》和《解放日报》为素材，从中选取与上海有关的报道汇编而成。

上海是中国共产党的诞生地，1921年至1933年期间的大部分时间内，这里也是中共中央所在地。这里不仅是中国最重要的工业中心和商埠，也是国内外各种政治和经济势力博弈的舞台。1933年中共中央虽由此迁出，但这座国际化大都市一直处在共产党人的视野之中。从20世纪30年代初至40年代末，身处农村根据地的中国共产党人对于上海的关注集中于哪些问题、哪些领域，三份一脉相承的报纸提供了基本完整的线索和丰富的历史记录。

《红色中华》于1931年12月11日创刊，是中国共产党在瑞金中央革命根据地创办的第一张铅印大报。该报于1934年10月长征开始后暂时休刊，1936年1月在陕北瓦窑堡复刊，1937年1月29日更名为《新中华报》。1941年5月16日，《解放日报》作为中央机关报在延安出版。根据中共中央政治局决定，这份大型日报由原来的三日刊《新中华报》与新华社编发的《今日新闻》合并而成。1949年上海解放前夕，中共中央决定将《解放日报》的报名交给上海，作为中共中央华东局机关报和中共上海市委机关报。

这三份报纸有关上海地区的报道贯穿于土地革命战争时期、抗日战争时期和解放战争时期。报道的形式和来源多样，形式有消息、通讯和专题文章等；来源或自采自编，或转自国内其他报刊和外国通讯社。内容可大致分为以下几类：一是革命运动和工人运动；二是抗日救亡活动和抗日战况；三是国内和国际政治经济局势；四是社会文化生活等。各年度报道的数量多少不等，取决于形势的变化及有无重大事件发生。例如，《红色中华》关于上海的报道有近半数集中于1932年淞沪抗战前后；《新中华报》历年均有一些关于上海的报道，包括淞沪会战、日军进占上海、当地抗日与反对汪伪政权的活动等；《解放日报》有关上海的报道在数量上远胜前两种报纸，最为集中于1941年和1946年，前者是国际形势的重大变动之年，后者是国内形势的重大变动之年。这些报道不仅传递出有关上海的信息，也勾勒出红色视域下上海的形象。

对处于偏远根据地的中国共产党人来说，报纸是了解外部世界动向的主要途径。党中央机关报上刊载的新闻报道，不仅是对现实和历史的一种记录，同时其选题和内容也反映着报纸指导者和编者的眼界和水平。国情和实践使中国共产党人选择了农村包围城市的道路，然而这些怀抱革命理想的先辈们的眼光并未因身处农村而受到局限，他们始终放眼全国、放眼世界。这三份报纸中有关上海的报道便从一个侧面做出了生动的说明。正是这种全局性的战略眼光最终引导中国革命走向了胜利。

新闻是时代的见证与记录，而报纸作为新闻的载体是重要的史料来源。在历史研究中，史料的筛选和梳理是一件需要耗费大量时间与精力的工作。这部文献史料集的出版为这一时期的历史研究，特别是中共党史和上海地方史的研究提供了极大便利。对这段历史感兴趣的读者，无论是专业研究者还是业余爱好者，都可以通过这一个个镌刻着历史足迹的版面，获取宝贵的史料。这不仅有助于我们了解这一时期上海的方方面面，特别是革命传统，也有助于我们更全面、更深入地认识中国共产党的发展历程与中华人民共和国成立的意义。

2019年3月

# 序二

黄　瑚
复旦大学新闻学院教授、博士生导师
中国新闻史学会副会长

欣闻上海科学技术文献出版社的“红色视域下的上海——中共中央早期机关报上海新闻整理汇编”丛书行将问世，该丛书选取了《红色中华》《新中华报》《解放日报》这三份重要报纸，搜寻、辑录三报中有关上海的新闻、言论以及其他文章，汇编成这部资料性著作。在形式上，该丛书采用图文对照式，既为读者提供了经认真考校的文字整理版，同时也为读者提供了报纸原件的影印版，以便读者阅读、参考与对照比较。

丛书之所以选取《红色中华》《新中华报》《解放日报》这三份报纸，是因为它们是中国共产党在土地革命、抗日战争、解放战争三个历史时期中先后创办的、具有中央机关报性质的重要报纸。《红色中华》于1931年12月11日在当时刚成立不久的中华苏维埃共和国首都瑞京（今江西瑞金）创刊。当时，中共中央在白区的力量已遭到毁灭性的摧残并开始向中央苏区转移，因而《红色中华》创刊后实际上承担了中共中央机关报的职责。该报在红军长征期间一度停刊，在红军抵达陕北后复刊，先后在瓦窑堡、保安、延安出版。1937年1月29日，为顺应团结抗日的新形势，《红色中华》改名为《新中华报》，同年9月在陕甘宁边区政府成立后改组为陕甘宁边区政府机关报，但仍承担着中共中央机关报的职责。1939年2月7日，根据中共中央的决定，《新中华报》正式改组为中共中央机关报，兼陕甘宁边区政府机关报，在报头下方取消了原有的“陕甘宁边区政府机关报”一行字样而不作标识。1941年5月16日，新组建的中共中央机关报《解放日报》在延安创刊，系《新中华报》与当时新华社在延安出版的《今日新闻》合并而成，其发刊词公开宣称：“中国共产党的使命就是本报的使命。”1947年3月13日，《解放日报》报社撤离延安，迁至陕北子长县史家畔村坚持出版，至1947年3月27日出版了第2130号后停刊。

至于该丛书辑录上述三报中有关上海的新闻、言论及其他文章，则是因为上海这个世界著名的大都市在中国进入近代社会后一直是社会发展的前沿阵地、中外交流的重要窗口、反帝反封建斗争的发源地或主战场。因此，该丛书通过辑录《红色中华》《新中华报》《解放日报》中有关上海的新闻、言论及其他文章，真实地反映了上海在1931至1947年间的社会发展态势、人民生活状况等，特别是中国共产党直接领导或间接影响下的革命斗争的历程，为我们展现了一幅红色视域下的上海图景，具有很大的历史意义与价值。

丛书所具有的历史意义与价值，主要表现在它的史料价值上。该丛书为我们发掘出大量保存在《红色中华》《新中华报》《解放日报》这三份红色报纸中的珍贵史料，其中不乏前所未知的新史料，为上海史研究与中国新闻史研究增添了新的养料。

有关上海史研究的史料，可举下面几个例子予以说明。例如，1932年1月，日本侵略者发动“一·二八”事变之前，《红色中华》已开始密切关注并积极报道日本人在上海的异常动态。“一·二八”事变发生后，《红色中华》接连发表中华苏维埃共和国临时中央政府反对日本帝国主义侵略、支持上海日本纱厂工人罢工斗争以及其他各界群众反日斗争的通电，号召全国各界民众声援、支持上海工人等各界人民反对日本帝国主义的斗争，呼吁全国各界民众罢工、罢课，自动武装起来组织义勇军，在全国掀起反对日本帝国主义的斗争浪潮。以1932年2月3日出版的《红色中华》第8期为例，第一至四版、第五版、第七版的全部报道均与“一·二八”事变相关。其中第一版刊登了以中华苏维埃共和国临时中央政府名义发布的《为帝国主义瓜分中国与帝国主义大战致全国的通电》《号召全国工农兵援助上海罢工的通电》《致上海罢工工人的电》，第二版刊登了《中国共产党苏区中央局致全国的通电》《全总苏区执行局通电》和有关“一·二八”事变的专电。又如，1937年8月上海抗战爆发后，《新中华报》几乎每天都在有限的版面上大量刊登反映上海抗战实况的报道，并及时发表社论指出上海抗战潜在的问题，提出解决问题之良策。早在上海抗战爆发之初，《新中华报》在8月16日即发表社论《为第二个一·二八檄全上海爱国民众》，尖锐地指出：“淞沪的大炮声音，已经震动了全中国。然而我们所深虑的，也正是如何保证不要再重复‘一·二八’当时的惨痛经验，立即实行武装全民众，立即动员整个民众。”当时，整个社会正在为上海抗战的胜利而欢庆，但这一社论则在这一片欢庆声中告诫人们不要忘记“一·二八”的惨痛教训，吁请国民党政府要立即动员、武装全体民众。9月19日，上海抗战已现失败之迹象，《新中华报》发表社论《上海战争的现势》，对国民党政府不愿发动全体民众参加抗战的错误政策提出严正的批评：“在抗战发动之后，全上海人民准备积极起来援助军队抗战时，当局对人民参加抗战运动始终不愿大胆地开放，害怕群众参加这一运动。并且对于已经组织起来的群众抗战团体，还极力设法企图加以控制，结果压抑了上海人民参加抗战的积极性，阻碍了群众抗日运动的发展，这不能不使我们痛惜！”该社论还明确指出：“现在的问题，任何害怕群众运动、单靠政府与军队抗战的企图，难免会变成阿比西尼亚第二！如果政府决然地开放民众的救亡运动，动员广大人民到抗日战争中去，我们才有可能保卫江浙、保卫华北、保卫全中国，战胜日本帝国主义。”在之后的南京保卫战期间，《新中华报》再次吁请国民党政府要发动全民投身抗战：“我们的政府当局，应该从自己的失败和国际事变发展的过程中求得教训，如果仍然是像过去一样，统制民众运动，仅仅是政府和军队单面的抗战，那末，空头支票再多也是无用的。只有真正地开放民众运动，武装民众，给民众以充分的民主，才能最高度地发扬民众抗战的热情。实行全面的抗战，是争取战争胜利的基本条件，我们再不能容忍日寇继续长驱直入了，为着中国民族的生存，我们一定要化除过去一切的成见，实现全国更进一步的精诚团结，实行全国的总动员，实行全面的抗战，这样来保卫南京、保卫中国，一直到将日本帝国主义完全从中国赶出去。”此外，对上海工人的罢工斗争，《红色中华》《新中华报》《解放日报》均有十分详尽的报道，保留下了极为丰富的上海工人运动史料。发掘、运用这些史料，将有助于丰富与发展上海史研究特别是上海工人运动史研究。在上海“孤岛”及沦陷时期，《解放日报》上刊载的反映当时真实情况的报道与文章，如1941年6月14日第二版刊登的《迷乱的上海》、1941年6月22日第二版刊登的《慕尼黑阴谋在上海》、1942年4月14日刊登的《汪精卫的特务机关》等，也是上海史研究的重要参考资料。

有关中国新闻史研究的史料，在《红色中华》《新中华报》《解放日报》这三份红色报纸上也不乏先前未被关注者。例如，1932年春夏期间上海报业工人的罢工斗争，目前发表的中国新闻史论著中均未提及，但在《红色中华》上则留下了不少有关这次罢工的报道，如1932年4月28日第三版刊登的《上海时事新报罢工影响》、6月2日第二版刊登的《上海报馆工人总罢工》、6月9日第二版刊登的《上海报馆罢工已复工　大流氓杜月笙从中破坏》、6月16日第一版刊登的《中华苏维埃共和国临时中央政府　致上海报界罢工工友电》、7月14日第三版刊登的《上海报界工人复工后　二十二人无故被捕　黄色工会骗人暴露　工人慨激形势紧张》等。此外，据1933年12月11日出版的《红色中华》第134期第四版的报道，中共上海地下党曾在这一时期出版过一份取名《捷报》的群众小报，“专门介绍红军胜利及苏区生活，并揭露统治阶级的一切欺骗宣传等，每期可发行三千份，群众非常爱读”。而在现有的中国新闻史研究论著中，《捷报》这份红色群众小报均未见提及。

《红色视域下的上海——中共中央早期机关报上海新闻整理汇编》这部资料性著作对历史研究的更大贡献，还在于它具有为上海史研究和中国新闻史研究开辟新的研究路径、提供新的研究视域的创新性意义与价值。

就上海史研究而言，作为一门中国近现代史研究的显学，目前已是人才济济、成果累累，其中不乏以报刊为对象的研究成果，仅以《申报》为研究对象探讨上海社会发展各方面的研究成果就已不胜枚举。进而言之，以中国共产党领导的红色报刊为研究对象的上海史研究成果也为数不少，但基本上都以中国共产党在上海出版的机关报刊及其他报刊为研究对象，如1920年9月起改组为中国共产党上海发起组机关刊物的《新青年》、1922年9月创刊的中共中央第一份政治机关报《向导》、1927年10月创刊的中共中央理论机关报《布尔塞维克》、1928年11月创刊的中共中央政治机关报《红旗》、1930年8月创刊的第一份报纸形式的中共中央机关报《红旗日报》以及中国共产党创办的《中国青年》《热血日报》等。诚然，在这些上海出版的党报党刊上，有关上海的新闻、言论占有很大的比重，理应成为上海史研究的重要对象；但是，作为中国共产党发展到成熟时期的、具有中央机关报性质的《红色中华》《新中华报》《解放日报》及其他不在上海出版的重要报纸是如何反映、怎样评说当时发生在上海的历史事件的，至今尚未引起上海史研究学者的高度重视，相关成果也极为罕见。因此，《红色视域下的上海——中共中央早期机关报上海新闻整理汇编》这套资料性著作的编录团队，不惜花费大量的时间与精力，从《红色中华》《新中华报》《解放日报》这三份不在上海出版的红色报纸中发掘出为数甚多的上海史料，为今后的上海史研究开辟了一条新的研究路径、开启了一个新的研究视域。这一新的研究路径、新的研究视域，完全有望孕育出一批新的上海史研究成果。就中国新闻史研究而言，这一新的研究路径与研究视域，同样也具有很大的启迪与引导作用，有助于发掘红色报刊以及一切具有历史价值的各类报刊上的各类史料，并据此孕育出更多、更好的研究成果。

2019年1月28日

## 一 《红色中华》《新中华报》《解放日报》报纸沿革

《红色中华》于1931年12月11日在江西瑞金创刊，初为中华苏维埃共和国临时中央政府机关报。

正如其《发刊词》所说：“它的主要任务就是发挥中央政府对于中国苏维埃运动的积极领导作用，达到建立巩固而广大的苏维埃根据地，创造大规模的红军，组织大规模的革命战争，以推翻帝国主义及国民党的统治，使革命在一省或几省首先胜利，以达到全国的胜利。”

自第五十期起，《红色中华》报改为党团政府与工会合办的中央机关报，即成为中共苏区中央局、少共苏区中央局、中华苏维埃中央政府、全国总工会苏区执行局共同的机关报，后又改为中华苏维埃共和国中央政府机关报。报纸为铅印，四开版。第一至四十九期为周刊，第五十至一百四

紅色中華

發刊詞

紀念廣州暴動

日本帝國主義進攻中國的加緊

《红色中华》第1期第1版

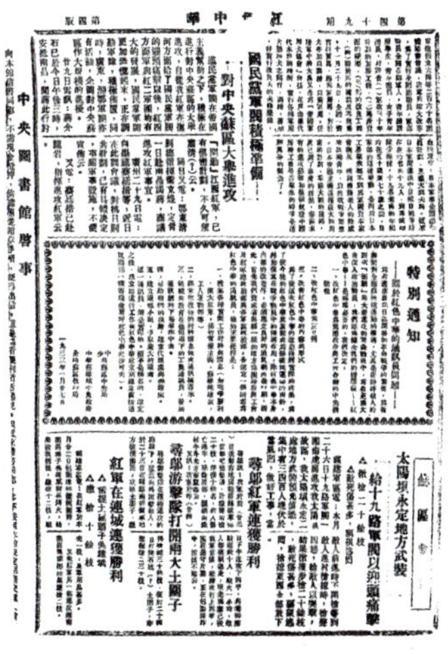

紅色中華

國民黨軍閥積極準備

對中央蘇區大舉進攻

中央圖書館啟事

特別通知

尋鄔紅軍連獲勝利

紅軍在連城進攻勝利

《红色中华》第49期第4版

十七期为三日刊，第一百四十八期以后为双日刊。该报首任负责人（主笔）周以栗，1932年因肺结核恶化离开了工作岗位，此后王观澜、沙可夫、杨尚昆、李一氓、梁柏台、任质斌等人都做过相关工作。

《红色中华》报是中国共产党、苏维埃政府以及根据地人民大众的喉舌，是党和苏区人民用以巩固工农民主政权的武器和工具，是中央苏区最为重要的报纸，在中央苏区具有很高的声誉和地位。其发行量一度从创刊初期的三千份增加到四万余份，影响之大超过了当时大名鼎鼎、行销全国的《大公报》。

至1934年10月3日，《红色中华》报总计出版二百四十期，再加上一期《红色中华》（增刊）和七期《红色中华》（第二次全苏大会特刊），总计出报二百四十八期。

1934年10月红军长征后，《红色中华》报由瞿秋白、韩进主持，继续以中华苏维埃共和国中央政府的名义出版，沿用原来的期号，直至1935年2月才最终停刊，史上称之为《红色中华》赣南版。

红军长征到达陕北后，《红色中华》报于1935年11月25日在陕北瓦窑堡复刊，沿用长征前的期号，从第二百四十一期续刊，出版至三百二十四期。因物质困难，由原先的铅印改为油印。复刊初期，报纸的主编由任质斌兼任。1936年春，任质斌改做别的工作，另调向仲华任主编。报纸设有社论、要闻、专电、时评、红色区域建设、工农通讯、红色小辞典、工农民主法庭、突击队等小专栏。这一时期出版的《红色中华》报被称为陕北版，于1937年1月25日停刊。

西安事变后不久，为了适应国共合作及抗日民族统一战线的需要，中国共产党于1937年1月29日将《红色中华》报改名为《新中华报》，《新中华报》创刊后，报纸期号延续自《红色中华》报为第三百二十五期。1937年9月9日（第三百九十期），《新中华报》被确立为中华苏维埃共和国中央政府机关报兼陕甘宁边区政府机关报。《新中华报》于

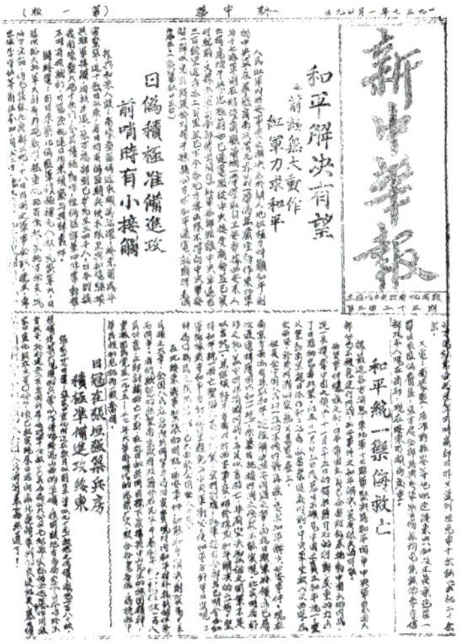
新中華報

和平解決有望

日偽積極準備進攻

和平統一禦侮救亡

《新中华报》第325期第1版

新中華報

390

《新中华报》第390期第1版

1938年12月25日停刊，总计出版了四百七十四期。

1939年2月7日，为改变当时延安没有中共中央机关报的状况，为加强对国民党消极抗日、积极反共政策的斗争，加强对根据地建设工作的指导，《新中华报》（刷新版）创刊。

《新中华报》（刷新版）为中共中央机关报兼陕甘宁边区政府机关报，刊期从“刷新第一号”开始，由五日刊改为三日刊，李初梨为主编，负责人还有向仲华、曹若茗等。《新中华报》（刷新版）在其创刊号的社论中说：“从今天——民国二十八年二月七日起，《新中华报》改组为中国共产党中央委员会机关报之一。同时，它也是陕甘宁边区政府的喉舌……”该报主要撰稿人为毛泽东、王明、张闻天、王稼祥、陈云、康生、邓发、林伯渠、高自立、吴玉章、谢觉哉、李富春、彭德怀、朱德、王若飞、王炳南、陈伯达、周扬、艾思奇等，荟萃了中共中央领导层，延安新闻界、学术界和艺术界的主要人物。

Sin Zhungxua Bao

新中華報

反戰情緒高漲

敵軍三千譁變

《新中华报》（刷新版）创刊

《新中华报》（刷新版）宣传了中国共产党的各项政策及抗日根据地的抗日斗争和建设工作，深刻揭露了国民党顽固派的片面抗战路线和投降妥协、反共反人民的种种阴谋，特别是对打退国民党发动的1939年和1941年两次反共高潮起了重要作用。

《新中华报》（刷新版）共出版了二百三十期。1941年5月15日，《新中华报》第二百三十期第一版刊出《新中华报今日新闻停刊及解放日报发刊启事》。1941年5月16日，《新中华报》与《今日新闻》合并，中国共产党的第一份大型机关报《解放日报》创刊。

《解放日报》的社址设在延安清凉山上，这是抗日民主根据地出版的第一份大型日报。毛泽东题写报名并撰写发刊词，阐明了报纸创刊的宗旨和任务，论证了党报使命与中国共产党使命的一致性：党报就是要准确地宣传党在不同时期的政治任务及为了完成政治任务而制定的路线、方针和政策，是教育人民群众、指导革命工作的武器。

初期的《解放日报》在苏德战争的宣传报道上做出了自己独特的贡献，对敌后抗日游击战和敌占区人民的英勇斗争以及陕甘宁边区的成就都进行了报道，对敌伪的暴行和国民党的反共阴谋也做了一定程度的揭露。但是，作为中共中央的机关报，《解放日报》虽然担负了党报的任务，但尚未完全尽到党报的责任。它存在的主要缺点是党性不强、脱离实际、反映群众生活不够。对此，毛泽东提出了尖锐批评，并亲自领导了《解放日报》的改版工作。从1942年4月1日发表改版社论《致读者》

Sin Zhunghua Bao

新中華報

反蘇反共是沒有出路的

新中華報今日起停刊
及解放日報發刊啟事

中共中央機關日報
解放日報定十六日發刊

新華日報社論
評蘇日中立條約

《新中华报》第230期第1版

GIEFANG RHBAO

解放日報

蘇援華堅定不變
英美態度殊堪注意

國社黨副領袖
赫斯出奔英國

社論
發刊詞

各國評論

《解放日报》第1期

始，到1944年2月16日发表社论《本报创刊一千期》止，历时一年零十个月。此次改版确立了党报的性质、任务和作用，在党的新闻事业中起着深远影响，是党报史上重要的里程碑。

1946年11月起，《解放日报》报社开始疏散工作。在中央撤离延安后，该报曾在史家畔一带坚持出版了一段时间，由于军情紧急、环境恶化，《解放日报》于1947年3月27日终刊。

延安清凉山

这段时期的《解放日报》总计出版二千一百三十期，是延安时期出版时间最长、发行量最大、对中国革命影响最深远的中国共产党中央机关报。其办报思想和实践，为中国共产党领导下的新闻事业做出了不可磨灭的贡献，同时对中国共产党党史、中国共产党新闻事业史，以及中国革命历史的研究具有独特的价值和作用。

1949年4月24日，党中央决定把《解放日报》的报名交给上海，作为中共中央华东局机关报和中共上海市委机关报。毛泽东亲笔题写了报头。

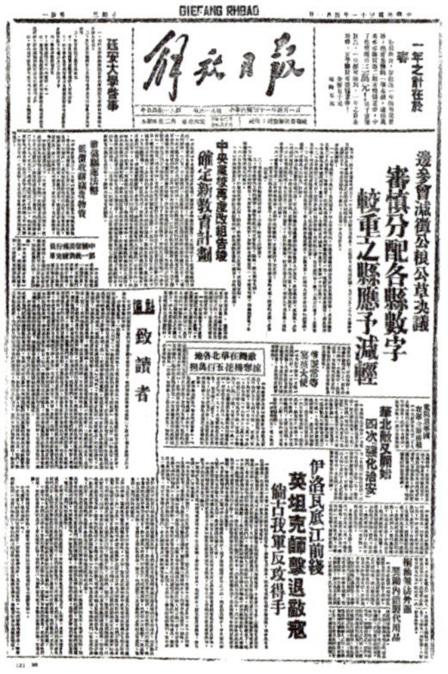
GIEFANG RHBAO

解放日報

《解放日报》第319期第1版

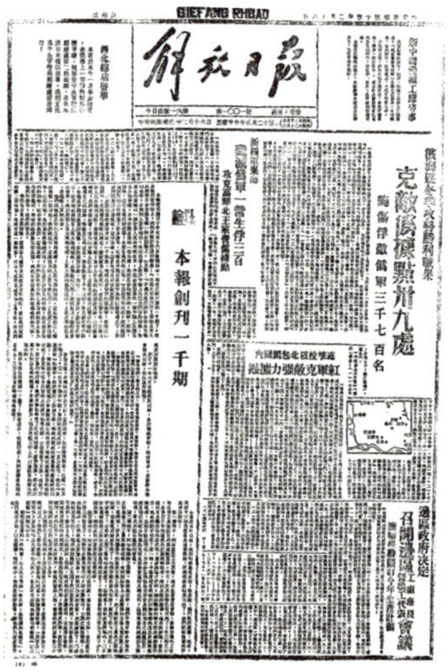
GIEFANG RHBAO

解放日報

本報創刊一千期

《解放日报》第1001期第1版

## 二 《红色中华》《新中华报》《解放日报》保护与传承

《红色中华》《新中华报》《解放日报》是中国共产党在1931年至1947年间的重要报纸。这是中共中央机关报最原始的记忆。

1954年7月至1955年2月期间，由人民出版社影印、新华书店发行了延安时期的《解放日报》。1956年，人民日报图书资料组编、人民出版社出版、新华书店发行了延安时期的《解放日报》索引。1955年8月，人民出版社影印了《新中华报》（刷新版），即1939年2月7日至1941年5月15日出版的《新中华报》，共二百三十号，影印本缺第十八号。此次印数是五百二十九套，发行范围仅限于预约者。1965年6月，为方便使用，由人民日报图书馆编、人民日报出版社出版发行了《新中华报索引》（1939年2月7日至1941年5月15日），仅供内部发行。

1964年1月，中央档案馆影印了《红色中华》《新中华报》，共计四百七十四期，另附《红色中华》（第二次全苏大会特刊）七期。为了便于使用和保存，此次出版的《红色中华》和《新中华报》共分五册合订，印数为三百份。

1982年，人民出版社再次影印了《红色中华》和《新中华报》，为了便于使用和保存，《红色中华》和《新中华报》影印本共分三册合订，其中第一、二分册为《红色中华》，第三分册为《新中华报》，这次印数属于内部发行，无具体印数。

数字化时代，为保护和传承这一珍贵历史文献，本套图书编者在中央、省、市及延安大学各级领导的支持下，组织实施了“延安时期红色文献数字研究平台”建设，打造了集承载、保存、传播、传承、教育、科研于一体的红色文化大数据平台。平台中的“延安时期中共中央机关报全文数据库”对《红色中华》《新中华报》《解放日报》进行了全文数字化处理，并提供了图文对照方式及多种途径的检索功能设计，对报纸内容进行了全方位的挖掘与整理。

战争时期的报纸，印刷质量差、字迹模糊，繁、简体字交叉使用，有手工刻版，也有竖版，而且错误较多，OCR识别非常困难。为此，延安大学投入近千万资金，本校大学生先后参与近百人，历时三年，克服了数字化过程中的诸多技术和质量问题，终于完成了三种报纸共11043个版面8508万字的全文数字化工作。

《红色中华》《新中华报》《解放日报》的全文数字化，保护了我党的重要历史文献，有助于进一步挖掘利用红色资源，展现中国共产党革命精神的丰富内涵。缘于此平台，延安大学图书馆与上海科学技术文献出版社合作出版该套丛书。

## 三 《红色视域下的上海》编辑缘起

新闻，作为时代的见证者和记录者，是历史版图的一部分，也是史学研究者的重要参考来源。中国革命走过的每一步，都伴随着新闻人坚毅的步伐和智慧的结晶。

回首历史，《红色中华》《新中华报》《解放日报》记录了中国共产党波澜壮阔的历史画卷，承载着中国共产党筚路蓝缕、披荆斩棘、砥砺前行的艰辛历程，是取之不尽、挖掘不竭的红色资源，更是党员干部学习党史、补充理想信念之“钙”最好的“教科书”和最丰富的“营养剂”，更是研究中共党史、党报发展史、新闻事业史的重要历史文献。

本丛书通过整理汇编中国共产党早期报纸关于上海的报道，梳理、呈现特定历史时期的报刊文本，以新闻叙述还原历史本貌，带领公众重温那段栉风沐雨、激情燃烧的建党建国历程，将进一步激发民众爱党爱国热情，增强民族凝聚力。

本丛书的内容贯穿了第二次国内革命、抗日战争、解放战争等多个重大历史时期。在中华人民共和国成立70周年、上海解放70周年来临之际推出本丛书，不仅填补了新闻史上的空白，还以特殊角度梳理并揭示中国革命和上海的渊源以及不可分割的关联；进一步强化人们对这段特殊历史时期的集体记忆和历史共识，不仅是对过往历程的回望与致敬，也有利于全国人民对中国革命的继往开来，在中国共产党的正确领导下，谱写新的历史篇章。

本丛书通过一个个镌刻着历史足迹的版面，唤醒尘封已久的岁月记忆，再现在上海这片党的诞生地中发生的波澜壮阔的革命事件，生动展现中国共产党人不忘初心、牢记使命、永远奋斗的理想信念。这都将成为广大党员增强党性意识、提升党性修养的教育载体，也必将成为广大读者了解中国共产党光辉历史的生动读本。

本丛书的内容有助于明晰历史发展走向，厘清历史大事件中上海地区的宏观社会情态，其中诸多日常民生报道，犹如历史大框架下的生动注脚，将使读者进一步了解当时当地的风俗风貌、民情世态，也为新闻学者、历史学者、社会学学者提供鲜活而可靠的研究“原料”，是中国近现代社会及历史研究的宝贵文献资料。

另一方面，本丛书中的《红色中华》《新中华报》《解放日报》作为中国共产党在特定历史时期的重要刊物，积极宣传党的革命主张，大力鼓舞和发动群众，在引导公众舆论方面发挥了重要作用，是马克思主义新闻观研究的重要范本，将有助于我们更全面、客观地厘清媒介在特定的历史环境下如何利用报道框架和文本引导，建构受众集体记忆，对当前时代语境下的党报党刊新闻实践亦有深刻的指导和启示作用。

## 一 文字处理规则

《红色中华》《新中华报》《解放日报》出版发行于战争年代，由于印刷条件所限，报纸字迹模糊，且繁、简体字交叉使用，错误较多，因此在数字化过程中，采取了以下规则，本丛书遵照数据库建设中的标准规范。

原文繁体字、简体字、异体字交叉使用，本丛书统一采用简体全文录入，文字转换依照2013年公布的《通用规范汉字表》中附表《规范字与繁体字、异体字对照表》。此外，原文献中一些词汇的文字表达与现今有所不同，部分为异形词，如“部份”“份子”“搜括”等，因不涉及语义误导，在整理文稿中予以保留，以体现文献原貌。

原文献中模糊不清、无法确认的文字，用“□”替代。

报纸原文中错字，将正确的字用［　］放在其后。

原文明显缺字处，酌情增补阙文以通顺文意。增补内容加〈　〉以示区别。

原文献中所有直角引号在录入文稿中均用现行对应标点（即“”或‘’或《》）替代。

报刊原文献中多处涉及“一·二八”的表达均未加中圆点。为符合现行语言规范，在录入文稿中统一加入。

## 二 目录与索引

本丛书编制了报纸出版时间目录、文章内容分类索引。本

# 编辑说明

丛书目录按照报纸的期次和版次顺序排序；文章内容分类索引按照以下规则编排。

本丛书集结了《红色中华》《新中华报》《解放日报》中有关上海的新闻报道，并按照内容特征进行分类，形成索引，以方便研究者查询。

索引排序：先按照报纸内容分类，类下再按照页码升序排列。

索引编排格式：按照篇名（主标题）、页码（升序）排列。

**特别说明：**

书中多处提及“伪满”系“满洲国”，即日本占领我国东北三省后，所扶植的傀儡政权，因民国政府和中国共产党及国际社会对该政权均不予承认，故被称作“伪满洲国”或“伪满”。其范围包括现今除旅顺和大连以外的东三省全境，以及内蒙古自治区东部部分区域和河北省的承德市等。

本书中几处提及“台湾”，指中国台湾地区。1885年清朝签订《马关条约》割让台湾，1895年至1945年间，台湾被日本帝国殖民统治，即日据时期。日本军国主义在侵略中，常将其与当时同为殖民地的朝鲜等同政策对待。

应当指出，如今的国际政治格局与文献出版当时有较大变化，为尊重文献原貌，编者保留了文献中的提法，读者在阅读中应充分考虑上述问题。

由于原稿繁简混排，尽管做了仔细编校，可能还有挂一漏万之处，敬请方家谅解。

# 新中華報

上海新闻整理汇编

新中華報

# 目录

新中華報

# 目录

一九三七

新中華報

1937
新中華報
上海新闻整理汇编

上海法電工人罷工

珍藏版

期
新中华报零三百三十期
版
零一版
时间
一九三七年二月十六日

# 上海法电工人罢工

**上海十二日电：** 上海法租界电车工人约二千余人，因要求未遂已一致罢工矣。

# 新中華報

蘇維埃中央政府機關報
第三百三十期

## 社論　實現二月十日通電的主張

二月十日中國共產党致國民党三中全會的通電，在中國革命歷史上開闢了一個新的階段。這是努力实現中國和平統一團結御侮最有力的武器，這表現了中國共產党在爭取和平統一運動中的軸心的領導作用。

這一通電的發出，絕不是偶然的。這是我們一年來民族統一战綫主張的一貫執行的結果。為着中華民族的解放与復興，為着举國一致的抗日，一切都為着實現民族統一战綫，我們必須有如此的讓步和妥協。這一讓步和妥協，对中華民族和人民大众是只有益处，而没有害处。這讓步和妥協的結果，我們可以實現全國的統一團結，没有這必需的統一團結，中國人民就不能免除迫在眉睫的大禍：亡國滅种。因此這讓步不僅是对地主資產階級們有益，使他們大家佔的便宜比地主資產階級他的還要大：他們可以[illegible]，可以[illegible]選，和言論結社等初步的民主权利，可以在全國以内获得公開活動自己的机会——最主要的，還是我們首先如何不当亡國奴。

因此我們要從整個大局的前途着想，要腳踏實地的做到，要嘲笑那些自以為"左"的人物，說："絕不妥協是錯誤的，只要有利于革命，我們不反对妥協，並且還要妥協"。

托派反对妥協，托派反对民族統一战綫的實現，為的是反对中華民族的解放，給日寇滅亡中國掃清道路。我們的任務就是要實現這一主張，實現全國的民族統一战綫奋斗！

（張）

## 張學良恢復公权

南京十三日電：蔣委員長昨日呈請國民政府恢復張學良公权，詞句懇切，當經照准，并將依法定手續不日公佈云。

## 國民党三中全会已開幕

南京十五日電：國民党三中全會於今日上午十一時舉行預備會議，計到會者有中委[illegible]汪精衛、孔祥熙、馮玉祥、李宗仁、[illegible]、何健、劉峙、閻[illegible]等一百五十多人，大會以[illegible]、汪精衛、馮玉祥、于右任、戴季陶、孫科、居正、王法勤、鄒魯等九人為主席團，大會秘書長葉楚傖，[illegible]政治、外交、軍事、教育、經濟等五組，並有[illegible]等八人參加主席團，会議決定十六日上午九時開第一次大會云。

## 天津漢奸大活動

天津十三日電：津[illegible]當局於日[illegible]在天津西頭梁家嘴捕获反動份子小十[illegible]等五人，[illegible]家内搜出炸彈[illegible]及其他重要文件甚多，據[illegible]十五人口供，係受日方的指示，擬在年節期間舉行暴動云。

## 上海法電工人罷工

上海十三日電：上海法租界電車工人約二千餘人，因要求未遂已一致罷工矣。

## 綏東形勢又呈緊張

歸綏十四日電：綏東日偽匪軍連日以来，均紛々調動，故形勢頓呈緊張。聞察綏边境近日由[illegible]机運到日方关東軍催戰人員多，備戰空氣極濃厚，綏東戰事有重新發生的危險。

※　※　※

## 日議會解散声浪甚高

東京十三日電：政府对議會决採取强硬对策，而政党方面，採取避免解散議會的方策，而政党方面則因兩次的議會停会与拒絕政党人員的入閣表示非常憤慨，但对議會的解散則極力採取避免之势，一般預料，倘政党仍然繼續反政府方針，与林拒絕政党人員入閣二事未[illegible]，則今回議會解散的前途，实难以樂觀，解散的声浪，实甚嚣塵上，而政府方面為明清政局，及實行後之改革起見，或將解散議會亦未可定。

※　※　※

## 日議會重開

東京十四日電：曾經[illegible]次停會的日本議會於十四日上午重開了，首由[illegible]林与財相結城報告施政方針和預算[illegible]問題後，繼有研究會的[illegible]提出質問，当在会議中有激烈的論戰，下午众议院接着開會，政党方面亦提出重要的質問，故議會的前途实多障碍云。

☆　☆　☆

期：新中华报零三百三十一期
版：零一版
时间：一九三七年二月十九日

# 开展着的上海工人罢工运动

**上海十六日电：**公共租界电车工人因要求未遂举行罢工后，经各方调解其中数条已解决，唯增加工资百分之三十及退职年龄与年金公司方面未允，仍然继续罢工。

**又十六日电：**新裕纱厂第二厂工人因要求增加工资未遂而罢工，后经调解，双方接受今晨开始复工，又△△厂工人要求改良待遇，十五日罢工，十六日仍在进行，现正在调解中。

新中華報
苏維埃中央政府机关报
第三百三十一期

# 我們的工作更加緊了

自一九二七年大革命失敗後，我們經過了十年的艱苦卓絕的斗爭，表現了對黑暗勢力不屈不撓的鋼鐵的態度，一貫為着中國的自由解放与領土完整而奮斗。我們有了這一長期的斗爭歷史，提高了共產党在全國的絕大威信，使我們今天才能收獲停止內戰一致抗日團結的實現的勝利的局面。爭取以蔣介石為首的南京政府轉變其十年來一貫的政策，放棄分裂的政策，向联合各党各派的路上走去。這是中華民族的勝利，我們要爭取國內和平的勝利，并爭取大規模抗日戰爭的實現。

這是我們必須認清的第一点。沒有十年的英勇的斗爭歷史，我們就得不到今日的結果。實現沒有各方面同情，我們使形勢成為有利于我們的局面，那么我們在西安事變和平解決的勝利，沒有如此的雙方讓步和妥協將是奇怪的。托派漢奸無恥地說："我們老早就主張取消蘇維埃和紅軍呀"。我們回答他們："當時你們是要根本破壞蘇維埃運動，你們不贊成紅軍為土匪"流寇"，目的全在乎將紅軍消滅，斷送蘇維埃革命。今天我們改變蘇維埃和紅軍的名義，目的在乎更加鞏固和擴大革命的力量，為着團結全國共同抗日，為着取得中國民主革命的徹底完成。你們這種造謠，只是清楚表示你們的漢奸面目"。

第二，我們的主張是提出去了。半年來的團結御侮的口號，現在要在開始逐步實現中，這一任務的徹底完成与保証，尚有待于我們的努力与推動，而今後的工作方針，也必須圍繞着中華國國內和平，促進對日抗戰的口號周圍。全体同志須要深刻地了解這一主張的重要意義，同時在深入的了解之下，開始具体的轉變我們的工作，使之適合于形勢開展的需要，使我們的工作如何適合于全國的政治舞台上的活動，同時發揚我們傳統的英勇刻苦的精神，為爭取民主共和國的實現而奮斗。這是我們今後努力的方向！

# 張學良在奉化

南京十七日電：張學良因軍事委員會前主任呈請國民政府明令特予恢復公权，現經國府於十七日發表明令准予復权，張學良本人現仍在奉化云。

# 西安和平解決後 陝省善後在協商中

西安十五日電：陝省善後問題由顧祝同辦理，中央軍分駐隴海路沿線外，所有各地軍隊均已奉命負責防地。

又電：楊虎臣日前由三原返西安，于學忠仍在西安与顧祝同商議善後問題，據聞已正式就陝西省政府主席新職。

南京十六日電：何柱國於日前到南京，連日与南京當局要人商談，并報告東北軍近日情形，并於今日啓程赴浙江奉化訪謁張學良，於十八日啓程回南京。

我們来提出了！讓日本和托派養拼吧！

# 開展着的上海工人罷工運動

上海十六日電：公共租界電車工人因要求未遂舉行罷工後，經各方調解，其中数条已解决，惟增加工資百分之廿及退職年齡与年金，公司方面未允，仍然繼續罢工。

又十六日電：新裕紗厂第二廠工人因要求增加工資未遂而罢工，後經調解，雙方接受，分展開紛擾，又□□厂工人要求改良待遇，十五日罢工，十六日仍在進行，現正在調解中。

# 但澤將復還德國

華沙十五日電：據傳說波兰准備將但澤允許歸還德國，以交換德國對於波兰走廊的保証。

# 芬兰法西斯受打击

柏林十六日電：芬兰在此次選舉中，國社党（即親德派）勢力遭受巨大的打击而敗北，該國國內人民陣線運動益趨發展，足以証明芬兰人民對法西斯蒂的強盜行為的憤怒，而使左派勢力更加抬头。

期
新中华报零三百三十八期
版
零一版
时间
一九三七年三月十六日

# 上海工人罢工运动益扩大

**上海十四日电：**沪西织盛天柳新华等绸厂工人为要求改善待遇十三日起联合罢工后经当局调停织盛绸厂已得园［圆］满解决，新华等厂，亦在继续谈判。沪东之绸厂亦继起罢工美西第二第十两厂十四日仍继续罢工，工人纷纷提出要求，工潮有扩大全市之趋势。

一九三七年三月十六日　新中華報　(第一版)

# 新中華報

蘇維埃中央政府机关报
第三百三十八期

## 国內消息

## 上海工人罷工運動益擴大

上海十四日電：沪西紗廠天掷新華華綢廠工人為要求改善待遇，十三日起聯合罷工，後經當局調停，紗廠綢廠已得圓滿解決，新華華廠亦在繼續談判，沪東之綢廠亦繼起罷工，美西第二第十兩廠十四日仍繼續罷工，工人紛々提出要求，工潮有擴大全市之趨勢。

## 蔣介石返南京

南京十四日電：蔣介石氏日前在牯嶺休息，十三日下午偕宋慶齡乘艦离牯東下，十四日晉南京。

## 綏遠舉行守土將士陣亡追悼大會

歸綏十五日電：綏遠今日舉行守土戰爭陣亡將士追悼大會，南京中央派汪精卫前往致祭，汪精卫已于十二日啟程赴太原，與閻錫山同赴歸綏，十四日汪閻二人乘飛机飛歸綏，傅作義將軍等赴机場欢迎，今日正式舉行追悼大会，汪閻傅等均有講演，特別是參加大會的將士民众個々表示出悲壮的情緒，與不顧奔赴抗日戰場為死難將士復仇，為中華民族爭光。

## 兒玉來華出席中日貿易協會

南京十四日電：日本來華出席在沪舉行之中日貿易協會第一次會員大會之兒玉謙次等十三人，十四日可抵沪，據說兒玉除參加会議外，並負有促進中日經濟合作的使命云。

## 日本朝鮮銀行積謀擴大華中南勢力

東京十四日電：朝鮮銀行对上海銀行株式会社決予收買，該銀行原資十萬元，將增至二百萬元，日金大部份的投資將由朝鮮銀行負担，朝鮮銀行第一步計劃發展長江流域之活動，該銀行去年收買天津青島兩地的正隆銀行後，在華北勢力已漸增長，擬努力在華中華南兩個新範圍擴大其在華中華南勢力。

## 国际消息

## 佐藤二次聲說外交政策

### 引起內閣意見紛歧　極右派積極反對

東京十三日電：佐藤外相今日又重复說明日本的外交政策，大意稱日本鑒於中国抗日運動增長和統一，開始實現对日本甚為不利，所以日本必須採取緩和的辦法來緩和中口抗日運動，但是日本的外交方針基本上是仍然不會变動的云。又十四日電：佐藤之外交演說已引起內閣內部的許多意見紛歧，極右派東方會與日民同盟並因人數之缺，致提案不信任動議停止，但該兩派已發表宣言指摘佐藤缺乏对時局之根本觀念，而要求佐藤即行拜辭外相職，以表歉意，此外右派時局協議会亦發表宣言指佐藤為反对口本的自由主義者，要求佐藤與林內閣辭職，因林保荐佐藤為外相故也。

## 叛軍攻馬德里又無進展

### 政府軍飛機轟炸意軍得手

西班牙十四日電：瓜達拉加拉與加馬拉前线的戰事，政府軍與叛軍双方均無進展，政府軍令日公佈消息稱：政府軍進攻瓜達拉加拉的義軍，結果義軍敗退至歐里中文受政府軍之飛机轟炸，義軍創死在距京四十五英里處截獲叛軍之用品列車全部，並謂政府軍獲勝的理由一半是由政府的援軍維源々開到，而叛軍方面現已精疲力竭。

又電：馬德里政府軍空軍多架于十三日午后在北面瓜達拉加拉前线向叛軍所屬義國軍隊數師施行猛烈的轟炸，已為得手，各該師業已敗潰，不得不往後退卻云。

## 西政府要求制裁義國

倫敦十四日電：西班牙駐英大使于今天午后以該國政府照會一件送達英口外部，就义政府派遣大批正規軍參加西班牙叛軍作戰一事向英政府有所申請，並要求英政府努力促使不干涉委員会对西政府提所各節立即加以討論，並对義政府以武力援助西叛軍一事採取緊急的決定云。

## 英向德義等國提議創立新洛迦諾条約

倫敦十三日電：英国向法德比義四国提議創立西歐公約（即新洛迦諾条約），德国的復牒則提議以德法與法商之非戰条約以對抗，聞英外相艾登定下週分別接見法比德義四國大使，將新洛迦諾条約與比国中立問題進行談判云。

1937

新中華報

上海新闻整理汇编

日本朝鮮銀行積謀擴大華中南勢力

珍藏版

期

新中华报零三百三十八期

版

零一版

时间

一九三七年三月十六日

# 日本朝鲜银行积谋扩大华中南势力

**东京十四日电：** 朝鲜银行对上海银行株式令［会］社决予收买该银行原资十万元，将增至二百万元日金，大部分的投资将由朝鲜银行负担，朝鲜银行第一步计划发展长江流域之活动，该银行经去年收买天津青岛两地的正隆银行后，在华北势力已渐增长，拟努力在华中华南开辟新范围扩大其在华中华南势力。

# 新中華報

蘇維埃中央政府机关报

第三百三十八期


## 国内消息

### 上海工人罷工運動益擴大

上海十四日電：沪西紗厰天潮新華華綢厰工人為要求改善待遇十三日起联合罢工後經当局调停，紗厰綢厰已得圓满解决，新華華綢厰亦在繼續談判，沪東之綢厰亦继起罢工，美西第二第十兩厰十四日仍繼續罢工，工人紛々提出要求，工潮有擴大全市之趋势。

### 蔣介石返南京

南京十四日電：蔣介石氏日前在牯岭休息，十三日下午偕宋慶齡乘艦离牯東下，十四日晋南京。

### 綏遠舉行守土將士陣亡追悼大會

歸綏十五日電：綏遠今日舉行守土戰爭陣亡將士追悼大會，南京中央派汪精卫前往致祭，汪精卫已于十二日啟程赴太原，與閻錫山同赴歸綏，十四日汪閻二人乘飛机飛歸綏，傅作義將軍等赴机场欢迎，今日正式舉行追悼大会，汪閻傅等均有講演，特別是參加大會的將士民众個々表示出悲壮的情绪，與不顧奔赴抗日戰场為死难將士复仇，為中華民族爭光。

### 兒玉來華出席中日貿易協會

南京十四日電：日本來華出席在沪举行之中日貿易協會第一次會員大會之兒玉謙次等十三人十四日可抵沪，据說兒玉除參加会議外並負有促進中日經濟合作的使命云。

### 日本朝鮮銀行積謀擴大華中南勢力

東京十四日電：朝鮮銀行对上海銀行株式会社決予收買，該銀行原資十萬元，將增至二百萬元，日金大部份的投資將由朝鮮銀行負担。朝鮮銀行第一步計劃發展長江流域之活動，該銀行經去年收買天津青島兩地的正隆銀行後，在華北勢力已漸膨長，擬努力在華中華南開闢新範圍，擴大其在華中華南勢力。

## 国际消息

### 佐籐二次聲說外交政策

#### 引起內閣意見紛歧　閣極右派積極反對

東京十三日電：佐藤外相今日又重复說明日本的外交政策大意称日本鉴於中国抗日運動增長和统一甫始实现对日本甚為不利，所以日本必須採取缓和的办法来缓和中国抗日運動，但是日本的外交方針基本上是仍然不會变動的云。

又十四日電：佐藤之外交演說已引起內閣內部的許多意見紛歧，極右派東方會與国民同盟因人数之缺致提案不信任動議停止，但該兩派已發表宣言指摘佐藤缺乏对時局之根本观念，而要求佐藤即行拜辞外相職以表歉意，此外右派時局協議会亦發表宣言指佐藤為反对□策的自由主義者，要求佐藤與林內閣辞職，因林保荐佐藤為外相故也。

### 叛軍攻馬德里又無進展　政府軍飛襲炸意軍得手

西班牙十四日電：瓜达拉拉與加馬拉前线的戰事，政府軍與叛軍双方均無進展，政府軍今日公佈消息稱：政府軍進攻瓜达拉拉的義軍，結果義軍敗退，在欧退中又受政府軍之飛机襲炸，受重創，并在距京四十五英里處截获叛軍之用品列車全部，並謂政府軍获勝的理由一半是由政府的援軍絡繹々而到，而叛軍方面現已精疲力竭。

又電：馬德里政府軍空軍多架曾于十三日午后在北面瓜达拉拉省前线向叛軍所屬義国軍隊數師施行猛烈的襲炸，甚為得手，各該師業已救潰，不得不往後退卻云。

### 西政府要求制裁義國

倫敦十四日電：西班牙駐英大使于今天午后以該国政府照會一件送達英國外部，就義政府派遣大批正規軍參加西班牙叛軍作戰一事，向英政府有所申請，並要求英政府努力促使不干涉委員会对西政府提所各節立即加以討論，並對義政府以武力援助西叛軍一事採取緊急的決定云。

### 英向德義等國提議創立新洛迦諾条約

倫敦十三日電：英国向法德比義四国提議創立西欧公約（即新洛迦諾条約），德国的答牒則提議成立德法與法意之非戰条約以对抗，而英外相艾登定下週分別接見法比德義四國大使，將新洛迦諾条約與比国中立問題進行談判云。

1937

新中華報

上海新闻整理汇编

上海丝厰工人复工

珍藏版

期

新中华报零三百四十期

版

零一版

时间

一九三七年三月二十三日

## 上海丝厂工人复工

上海电：上海各丝厂十七厂工人已遵令复工，十九日工人推派代表向党政机关请愿向资方要求改良待遇，现当局正在处理该事中。

# 新中華報

苏維埃中央政府机关报

第三百四十期


国内消息

## 毛澤東朱德致綏遠追悼大會唁電

歸綏傅作義將軍趙承綬將軍并轉陣亡將士追悼大會鑒：日寇驅使偽匪進犯綏東，諸先生領導全軍守土禦侮，屢挫敵鋒，[illegible]洗吾民族所遭受之奇耻大辱，諸將士英勇殺敵，成仁取義，偉大之精神，足以昭示後世，風勵全國，澤東等追念國殤，同深慟悼，特電奉唁，諸維共鑒。毛澤東朱德叩，元。

## 傅趙二將軍回電致謝

傅作義趙承綬電：毛澤東朱德先生台鑒：元電敬悉，此次綏省舉行追悼大會，荷唁崧緬，誼銘感同深，特電佈謝。傅作義趙承綬叩。

## 黃慕松死了

廣州電：廣東省政府主席黃慕松（政學系首領之一）闊日來於十五日返廣州時患痛，入中大医院治療無效，廿日晚七時死去了。省政府主席缺，南京即日可明令委任。（聞吳鐵城將繼任。）

## 宋孔赴英参加英皇加冕礼

上海電：宋子文將同孔祥熙二人於四月二日乘輪赴英囗，祝賀英皇加冕礼云。

## 賀國光晉見蔣介石报告川省謠言經过

南京電：重庆行营主任賀囗光四川省政府秘書長邓汗祥建設所長盧作孚於十九日上午晉謁蔣委員長，报告四川近況，當由邓汗祥詳細呈明刘主席拥护中央拥护领袖之誠意及最近謠傳的起因及謠傳刘湘部隊与中央軍在重庆一帶对築工事互相抗拒，川省独立等之，蔣委员長甚為嘉勉，并指示川政今後一切設施。

## 中央軍入兰州接防

兰州電：五一軍于学忠部一一三師一一八師各部奉令東調，后十八日已全部開拔，陝九七師孔令恂部由陇东南抵兰州接防，兰州省政府各機关亦已在移交中。

## 林森將南下赴粤

南京電：囗民政府主席林森將於日內南下至廣州主持黃花岗七十二烈士殉难廿五週年致祭，廣州方面現已去電欢迎林南下云。

国际新闻

## 馬德里東北政府軍有進展 叛軍驅逐机又被轟落五架

西班牙電：馬德里東南加拉馬河一帶叛軍頑在阿根达鎮附近偷政府軍陣線襲击，当即佔領馬德里通瓦倫西亞的公路及支路一条。

又電：於达拉加拉前線的政府軍現已佔領阿拉貢大道上，政府軍已向叛軍毗鄰推進，距該城只六英里。

又電：政府軍佔領了那戈尔波托鎮，廿一日又推進卅四公里，政府軍已進至巴地拉與伊达鎮，而與叛軍進行巷戰，此外政府軍飛机卅八架廿一日曾飛往阿尔戈拉鎮叛軍集中之処擲炸弾八百枚之多，并將叛軍驅逐机击落五架，政府軍飛机仅損失一架云。

## 日將召集五相会議 研究对華具体政策

東京電：佐藤外相談：待兒玉考察团回囗，聽取其报告后，即召集外陸海三相会議，着手研究对華具体政策，并將邀請藏相商相参加会議，因為他们以来热心主张中日經濟合作，本人已与結城伍堂兩相迭次会見，交換經濟與貿易方面的意見，進行預备工作，故該会開幕后，即召回川越大使，徵求意見，而由經濟合作来調整中日关係着手云。

## 日經濟考察团將赴欧美視察

東京電：日經濟联盟会組織經濟考察团赴英美考察，該团定四月啟程赴旧金山再赴美，考察后，繼將於六月中旬由美前往柏林参加囗际經濟会議，七月初赴英囗倫敦考察。

## 上海絲厰工人復工

上海電：上海各絲厰十七厰工人已遵令復工，十九日工人推派代表向党政机关請願，向資方要求改良待遇，現当局正在处理該事中。

## 滄州華警击斃販私韓人一名 日政府提出抗議

南京電：十二日有販私韓人在滄州地方任意橫行，不受檢查，并無理辱罵警察，致引起檢查人員不滿，当時發生冲突，致釀成一韓人受槍殺，日政府向中囗提出抗議，滄州事件的發生，是像日本故意来破坏中囗的主权。

## 日对軍縮態度仍然無變更

東京電：日外务省答复英囗的縮軍要求称：日本对軍縮向題的基本立场決不變更，日本对质量双方的裁減有显明的主張，即主張除一切攻击的武器，包含主力艦及航空母艦，是以軍縮向題係及于小部份時，日本決难答應。

## 埃及加入國联

白內瓦電：埃及政府前曾照会囗联秘書長愛文諾要求加入國囗联，該政府頃向愛文諾提出二次照会，內称埃及將依照國联盟約第一条之規定，始終奉行所負担之囗际义务，囗联关于軍备的各項規章亦願接受。

## 德奧冲突 奧公安部長去職德不满

德囗電：奧囗公安部長司徒默去職后，德政界人士均表不滿，認為囗社主义在奧囗受一打击，并称維也納警察長斯克伯实係囗社党的主要敌人，今乃升任公安次長，对囗社党殊多不利，并警告奧總理舒斯尼格免影响奧囗外交政策。

期
新中华报零三百四十一期
版
零一版
时间
一九三七年三月二十六日

# 佐藤再次说明外交政策
# 高唱英日亲善的声调

**东京电：** 在众会开会时，佐藤答复太田的质问称：日本派赴上海的经济考察团，在使两国实业家能有个人关系上的结合，与明瞭［了］两国相互的感情，所以有很重大意义。至对华政策，现在所用方针在政治上求得折冲以前先谋经济与文化上的提携，但必须把华北、华中华南各方面应分别加以处理与了解，所以与之外交（佐藤称）并不是消极的或积极的外交。

**东京电：** 林铣十郎在对英关系的外交方针演说中称：日本对英国的友好关系丝毫不会有所变更，并指出日英关系将在正当的调整中日两国间的关系上一扫从前英日间的种种误会，而谋两国关系的明朗化。至于佐藤外相的方针则属：对英关系首先注意对英领属及殖民地的双方贸易的公平。最近澳洲问题已告解决，第二步将注力于对华关系的调整，而须首先谋华北问题的调整，以向中日关系的一般调整云。

一九三七年三月廿六日　新中華報　（第一版）

# 新中華報

苏维埃中央政府机关报
第三百四十一期

## 國内新聞

### 大批日艦集中青島

青島電：日本联合艦隊六十余隻兵艦定廿日来青島。

### 于部月底運畢

鄭州電：東北軍于學忠部已由咸陽登車東運，約本月底可陸續運完。于學忠軍將駐安徽蚌埠。

### 吳鉄城任粤省主席

南京電：國民政府已正式下令，任命上海市長吳鉄城為廣東省政府主席。

蔣介石呈請辭去[illegible]委員長職，已經中常會議決照准。

### 錢大鈞湯恩伯見蔣

杭州電：錢大鈞、湯恩伯廿五日由南京乘車赴杭州，即晉謁蔣報告[illegible]。

### 烏鄂旗糾紛在調解中

歸綏電：烏鄂兩旗糾紛事件，經德王指導長官公署派參議沙盟長代表前往調解，將於日内開会商解决办法。

### 長谷川入京見軍政外交當局

沪電：日第三艦隊司令官長谷川廿二日乘艦離沪赴南京，廿五日正式訪問中日政府政海軍部、外交部及其他重要機关，廿七日返沪。

### 華北檢查日特人案
### 日政府向當局抗議

北平訊：日本大使館[illegible]秘書日前訪向北平市長秦德純，向之抗議華北當局之對日本浪人及日本僑民的待遇不公，對於在河北一帶中國軍隊檢查日本特人[illegible]事件。

### 津市破獲私運案

天津電：天津市日本浪人近日来私運銅元之風甚盛，津海关在三日来曾破獲私運案五起，均分别依法沒收。[illegible]

### 上海工人罷工潮

沪電：[illegible]新裕第二廠廿四晚工人[illegible]罷工，[illegible]被捕[illegible]人，傷十[illegible]人，[illegible]事件正在調解中。

## 國際消息

### 佐藤再次說明外交政策
### 高唱英日親善的声調

東京電：在眾会開会時，佐藤答复大田的質問稱：日本在於上海的紡織業者，在從兩國實業家能有个人关係上的結合，与明瞭兩國相互的感情，所以有很重大意义。至对華政策，現在所用方針在政治上未得解决以前，先謀经濟与文化上的提携，但必須把華北、華中、華南各方面分別加以處理与了解，所以會之外交（佐藤謂）并不是消極的或積極的外交。

東京電：林銑十郎在对英关係的外交方針演說中稱：日本对英國的友好关係，然毫不会有所変更，并指出日英关係將在正當的調整中日兩国間的关係上一样，從前英日間的种种誤会，兩國關係的明朗化。至於佐藤外相的方針則為：對英关係首先注意對英領屬及殖民地的双方貿易的公平，最近澳州問題已告解决，第二步將注力於对華英关係的調整，而須首先謀華北問題的調整，以向中日关係的一般調整云。

### 眾議會中佐藤宣佈
### 日本對蘇外交方針
### 移民東北已有成績

東京電訊：關於日蘇關係，佐藤在眾議会稱：對於日蘇關係，政府現在仍首先解決國境的糾紛問題，至於簽訂不侵犯條約，現時尚無必要。對英日同盟問題，佐藤謂：英國國內雖有此種輿論，但日本政府對此並不表[illegible]態度。[illegible]回答，最後對滿洲移民問題答稱：政府預計於五年內移住一百万户日民至東北，現已有初步的成功云。

### 日積謀石油自給

東京電：日本為解决石油与汽油的供給，決採加緊石油的人工製造事業，預定計劃為七年，該項計劃已在準備進行，投資九千五百万元以開拔朝鮮的石油，七年以內日本與戰争被人封鎖時可以不愁燃料的供給。

### 陸軍省禁止軍人發表政治論文

東京電：陸軍省二十二日已頒佈命令，今日本規定軍人及在預備役中軍人，倘無其[illegible]可，絶不能在報紙刊物或雜誌上著作关於政治問題的論文，一般報紙均称此為二二六事件之後，軍部第一次的有重大手段[illegible]。

### 議會將再延期

東京電：貴族眾議兩院二十三日均已通過政府提出之追加預算案，但因重要法案尚未通過，故議會大約仍須延期，議會大約延長至本月廿一日（約六日），日皇已正式批准了。

### 義拒絶討論撤退西班牙義兵

倫敦電：西亂不干涉委員会所屬小組委員会廿三日開会時，义大利代表對於撤退義兵問題，以堅決拒絶討論，一般均感不安，此会將引起外交上嚴重糾紛，致使会議陷於僵局。

又廿四日電：不干涉委員会[illegible]全体会議，蘇聯代表在会議中主張[illegible]各該監察委員往西班牙國境[illegible]。

### 英對佐藤外交表好感

倫敦電：英政府[illegible]表示好感，[illegible]英日合作的關係[illegible]。

上海破获走私銅元
数額達二十余枚万



期：新中华报零三百四十二期

版：零一版

时间：一九三七年三月二十九日

## 上海破获走私铜元 数额达二十余枚万［万枚］

上海电：□□□□关□七日□儿玉□乘的上海丸轮上查获走私铜元二十余万枚，走私浪人当时拒绝检查并行反抗，当将该浪人拘捕送往日领署究办，该轮二十六日抵沪卸货将开始装运铜元时日韩浪人流氓在码头戒备被海关侦悉派兵前往检查。走私浪人初拟行凶抢夺，嗣以儿玉等将乘该轮回国恐伤体面经日领署制止，故未冲□□。

一九三七年三月二十九日　新中華報　（第一版）

# 新中華報

苏維埃中央政府机关报
第三百四十二期

## 現階段的中日関係

关于目前中日和平团结之現階段及微妙之中日关係问题，新華社記者特日前訪苏維埃發言人，并举行如下之问答：

问：閣下如何認識目前之階段？

答：由于国民党执政人士对目前举国一致之重要性與国难之很巨性之進步的了解，及全国人民及中国苏維埃紅軍之坚决主張停止內戰，現在国内和平已開始实現，而中華民族团结一致共同準备对日抗戰之非常時期於茲開始。在此非常時期中，全国人士应深刻明白自己救亡责任之重要，应進一步謀团结之鞏固，切勿為敵人之离間毒計所乘，更不应為敵人之甜言蜜語所惑，应实際瞭解敵人之每一進步進攻步驟而努力于切实之現人民之民主权利，以充实国力也。

问：少数人民傾对佐藤之所謂「和平外交」發生幻想，閣下意見如何？

答：佐藤之所謂「新政策」云々者，明眼人氏自不难洞悉其毒辣之陰謀实質，即如津沪大報中亦不少直指其為外交中鴆之糖衣，此种描写实亦頗称恰当。今日少数人民之仍為其所惑者，固亦許有种々複杂之原因，但一言以蔽之，主要原因正在于此輩人民不能將其种々屈辱服从在中華民族被列強之下，故不免畏懼抗戰，而敵人之甜言蜜語得以乘机奏效。其佐藤虽已赤裸々的宣称新政策無非為执行三大原則之手段變换，但其外裡之糖衣，对意志簿弱之輩仍不难發生誘惑力量，对此吾人应充分了解其危險性也。

## 孔祥熙啟程赴英

南京電：参加英王乔治六世加冕典礼特使团將于日内啟行，該团秘書長翁文灝現正準备一切，定月底赴沪随同孔祥熙特使赴英。

## 上海破获走私銅元 数額達二十余万枚

來的上海丸輪上查获走私銅元二十余万枚，拒絶檢查，并行反抗，当時該浪人拘捕送往日領署究办。該輪廿六日抵沪，卸货時開始装運銅元時，日韓浪人流氓在碼头戒备，被海关偵悉，派兵前往檢查，走私浪人初拟行兇搶奪，嗣以兒玉等將乘該輪回国，恐傷体面，经日領署制止，故未肇

## 社論　兒玉来華與中日經濟提携

中日貿易協会第一次会議于本月十八日在上海举行，日本参加大会代表是日本实業界領袖兒玉謙次等，聞兒玉除参加該会議外，并負有促進中日經濟提携的重大使命。

当兒玉赴華的旅途中，曾經發表一重要的談話，首先指出「中日两国过去关係上發生許多不幸事，要使中日两国經濟提携見諸事实，必須求得两国人民感情融洽，否則經濟提携实难有望」等語。「在政治上要尊重两国領土主权，在經濟上本互合作提携的原則」，当然兒玉的談話是代表日本政府的意見的。

我們現在要請问兒玉先生：日本在東三省熱河、冀東、察北等々地方是否尊重了中国的「領土主权」？全世界人民說是沒有，因為日本的刺刀在那裡统治着，兒玉先生如果親身看見了，当然也不能加以否認。照这樣看来，中国人民对于日本当局的感情怎能融洽，經濟提携又怎能实行呢？

兒玉先生談話中又說到「本互惠原則由經濟提携着手，再謀两国々交調整」，可是这种話中国人民权实聽得不少了，其中滋味早已嘗悉。五年以来在这些好聽的名詞下我們只見一大块一大块的領土共百万方千万的人口被兒玉先生們的刺刀提携了去。中国人民只要不是無耻到頂的汗奸，当然是决不願意要这种提携的。

最后报載華北走私之風又增大，在中国境內公開走私，当中国軍警禁止，而敢向我日本即大肆抗議，也表示友邦經濟提携的一点風色。特別是在本月廿七日上海曾經在兒玉所乘归国的上海丸輪船破获走私銅元二十余万枚，这更是友邦大唱經濟提携中的一幕滑稽劇呢！

我們应該指出日本所謂「和平外交」、「平等尊重」、「經濟提携」其目的究竟是什么？这不外乎是企圖破坏中国開始实現的国內和平，因為中国和平统一对侵略者是極端不利的，所以日本煞费苦心用尽其挑撥离間之能事，来破坏和平统一。我們不应該縱容為日本「和平外交」「平等尊重」「經濟提携」的美言所誘惑，同時应当尽力鞏固已获得的国內和平统一，并在此非常時期中開展民主運動，々員全国力量，一致為实現对日抗戰而奋斗。

## 日报傳兒玉攷察团失敗 兒玉称获得滿意的結果

東京電：日本各报紙均盛傳兒玉攷察团的失敗，但据上海方面消息兒玉在离沪時發表声明称彼之此行得與華方彼此開誠佈公的交換意見，并得种々满意的结果如决定：(一)在中日經濟協会已成立研究委員会分設在上海及东京二地，以求中日經濟关係的改善。(二)在上海設立中日二国的經濟代表机关以增進中日双方商業家的共同利益，并謀中国棉花業的發展。

昨日東京商工省商一会議关于对華问题决定如下：(一)对中日关係的調整必取静观政策。(二)对華政策必須统一。(三)華北问题决取静观。(四)对華貿易者加以借款的保証等。

## 冀察組織赴日攷察团

津電：冀察政务委員会拟组织赴日参观团前往日本参观一切，并聞將由張自忠（天津市長）率領前往，俟人选定後即可定期赴日。

## 兒玉回日

沪電：日本經濟攷察团一行人，其中一部份团員已先后赴青島、汗口、北平、天津等地攷察，其余留沪者尚有兒玉謙次团長等人，廿七日乘輪返日。

# 社论　儿玉来华与中日经济提携

中日贸易协会第一次会议于本月十八日在上海举行，日本参加大会代表是日本实业界领袖儿玉谦次等。闻儿玉除参加该会议外，并负有促进中日经济提携的重大使命。

当儿玉赴华的旅途中，曾经发表一重要的谈话，首先指出“中日两国过去关系上发生冲突，要使中日两国经济提携见诸事实必须求得两国人民感情融洽，否则经济提携实难有望”最后称：“在政治上要尊重两国领土主权，在经济上本乎合作提携的原则”当然儿玉的谈话是代表日本政府的意见的。我们现在要请问儿玉先生，日本在东三省热河冀东察北等等地方是否尊重了中国的“领土主权”，全世界人民说是没有，因为日本的刺刀在那里统治着，儿玉先生如果亲身看见了，当然也不能加以否认，照这样看来中国人民对于日本当局的感情怎能融洽，经济提携又怎能实行呢？

儿玉先生谈话中又说到：“本互惠原则由经济提携着手再谋两国国交调整”可是这种话中国人民确实听得不少了，其中滋味早已尝悉，五年以来在这些好听的名词下我们只见一大块一大块的领土数百万数千万的人口被儿玉先生贵邦的刺刀提携了去，中国人民只要不是无耻到顶的汗［汉］奸，当然是决不愿意要这种提携的。

最后报载华北走私之风又炽，大批浪人在中国境内公开走私。当中国军警出面质问时日本即大肆抗议，这也表示“友邦”经济提携的一点风色，特别是在本月二十七日，上海曾经在儿玉所乘归国的“上海丸”轮船破获走私铜元二十余万枚这更是“友邦”大唱经济提携中的一幕滑稽剧呢！我们应该指出日本所谓“和平外交”“平等尊重”“经济提携”其目的究是什么？这不外乎是企图破坏中国开始实现的国内和平。因为中国和平统一对侵略者是极端不利的，所以日本煞费苦心用尽其挑拨离间之能事，来破坏和平统一，我们不应该丝毫为日本笑里藏刀式的“和平外交”“平等尊重”“经济提携”的美言所诱惑，同时应当尽力巩固已获得的国内和平统一并在此非常时期中开展民主运动，动员全国力量，一致为实现对日抗战而奋斗。

# 新中華報

苏維埃中央政府机关報

第三百四十二期


## 現階段的中日関係

关于目前中日和平团結之現階段及微妙之中日关係問題，新華社記者為日本人訪苏維埃旗萌吉人，並举行如下之问答：

問：閣下如何認識目前之階段？

答：由于口民党执政人士对目前举口一致之重要性，共口难之很巨性之進步的了解，決全口人民及中口苏維埃紅軍之坚決主張停止内戰，現在口内和平已開始实現，而中華民族团結一致共同准备对日抗戰之非常時期於茲開始。在此非常時期中，全口人士亟深刻明白自己救亡責任之重要，亟進一步謀团結之巩固，切勿為敌人之离间毒計所乘，更不亟為敌人之甜言蜜語所惑，亟实際解放人之每一步進攻步驟，而努力于切实之現人民之民主权利，以充实口力也。

問：少数人民頗对佐藤之所謂「和平外交」發生幻想，閣下意見如何？

答：佐藤之所謂「新政策」云々者，明眼人氏自不难洞悉其毒辣之阴謀，実質即如津沪大報中亦不少直指其為外交中鸠之糖浆，此种描寫实亦頗称恰当。今日少数人民之仍為其所惑者，因亦許有种々複杂之原因，但一言以蔽之，主要原因正在于此辈人民不能将其种々屈服从在中華民族被列強之下，故不免畏惧抗戰，而敌人之甜言蜜語得以乘机奏效矣。佐藤虽已亦裸々的宣称新政策無非為执行三大原則之手段变換，但其外裡之糖浆，对意志薄弱之辈仍不难發生诱惑力量，对此吾人亟充分了解其危險性也。

## 孔祥熙啟程赴英

南京電：参加英王乔治六世加冕典礼特使团将于日内啟行，該团秘書長翁文灏現正準备一切，定月底赴沪随同孔祥熙特使赴英。

## 上海破获走私銅元 数額達二十余万枚

上海□□：[illegible]乘的上海丸輪上查获走私銅元二十余万枚，走私浪人当時拒絶檢查，并行凶抗，当将該浪人拘捕，送往日領署究办。該輪廿六日抵沪，仰貨将開始装運銅元時，日韓浪人流氓在碼头戒备，被海关偵悉，派兵前往檢查，走私浪人初拟行兇搶奪，嗣以兒玉等将乘該輪回口，恐伤体面，经日領署制止，故未冲

## 日报傳兒玉考察团失敗 兒玉称获得满意的結果

東京電：日本各报纸均盛傳兒玉考察团的失敗，但据上海方面消息，兒玉在留沪時發表声明，称彼之此行得與華方彼此商議佈公的交换意見，并得种々满意的結果如次：㈠在中日经济协会已成立研究委員会，分設在上海及东京二地，以求中日經濟关係的改善。㈡在上海設立中日二口的經濟代表机关，以增進中日双方商業家的共同利益，并謀中口棉花業的發展。

昨日東京商工者商一会議，关于对華問題決定如下：㈠对中日关係的調整，亟取静観政策；㈡对華政策必須統一；㈢華北問題決取静観；㈣对華貿易者加以供款的保証等。

## 冀察組织赴日考察团

津電：冀察政務委員会拟組织赴日参観团，前往日本参観一切，并聞将由張自忠（天津市長）率領前往，俟人选定后即可定期赴日。

## 兒玉回日

沪電：日本經濟考察团一行人，其中一部份团員已先后赴青島、汗口、北平、天津等地考察，其余留沪者尚有兒玉謙次团長等多人，廿七日乘輪返日。

## 社論　兒玉来華與中日經濟提攜

中日貿易協会第一次会議于本月十八日在上海举行，日本参加大会代表是日本实業界領袖兒玉謙次等，聞兒玉除参加該会議外，并負有促進中日經濟提攜的重大使命。

当兒玉赴華的旅途中，曾經發表一重要的談話，首先指出中日两口过去关係上發生不幸事件，要使中日两口經濟提攜見諸事实，必須求得两口人民感情融洽，否則經濟提攜实难有望。最后称：在政治上实尊重两口領土主权，在經濟上本互惠合作提攜的原則。当然兒玉的談話是代表日本政府的意見的。

我们現在要請問兒玉先生：日本在東三省、热河、冀東察北等々地方是否尊重了中口的領土主权？全世界人民說是没有的，因為日本的刺刀在那裡統治着。兒玉先生如果親身看見了，当然也不能加以否認。照这样看来，中口人民对于日本当局的感情怎能融洽，經濟提攜又怎能实行呢？

兒玉先生談話中又說到：本互惠原則由經濟提攜着手，再謀两口々交調整，可是这种話中口人民叙实听得不少了，其中滋味早已尝悉，五年以来在这些好听的名詞下我们只見一大块一大块的領土和百万数十万的人口被兒玉先生等友邦的刺刀提攜了去。中口人民只要不是無耻到顶的汗奸，当然是決不愿意要这种提攜的。

最后报載華北走私之風又增大，据長人在中口边境公開走私，当中口軍警已而屢向对日本即大肆抗議，这也表示友邦經濟提攜的一点風色。特别是在本月廿七日上海当局縂在兒玉所乘归口的上海丸輪船破获走私銅元二十余万枚，这更是友邦大唱經濟提攜中的一幕滑稽劇呢！

我们亟該指出日本所謂「和平外交」「平等尊重」「經濟提攜」的目的究竟是什么？这不外乎是企图破坏中口開始实現的口内和平团結，為中口和平統一对于侵略者是一個極端不利的，所以日本就费苦心用尽其挑拨离间之能了，来破坏和平統一。我们不亟該给它為日本「外交裡藏刀」式的「和平外交」「平等尊重」「經濟提攜」的美言所诱惑，同時亟当尽力巩固已获得的口内和平統一，并在此非常時期中開展民主運動，々員全口力量，一致為实現对日抗戰而奋斗。

# 日报传儿玉考察团失败 儿玉称获得满意的结果

**东京电：** 日本各报纸均盛传儿玉考察团的失败，但据上海方面消息，儿玉在离沪时发表声明称彼之此行得与华方彼此开诚布公的交换意见，并得种种满意的结果，如决定：（一）在中日经济协会，已成立研究委员会分设在上海及东京二地，以求中日经济关系的改善，（二）在上海设立中日二国的经济代表机关以增进中日双方商业家的共同利益，并谋中国棉花业的发展。昨日东京商工省开一会议，关于对华问题决定如下：（一）对中日关系的调整应取静观政策。（二）对华政策必须统一。（三）华北问题决取静观。（四）对华贸易者加以借款的保证等。

## 冀察组织赴日考察团

**津电：** 冀察政务委员会拟组织赴日参观团前往日本参观一切，并闻将由张自忠（天津市长）率领前往俟人选定后即可定期赴日。

## 儿玉回日

**沪电：** 日本经济考察团一行人，其中一部份团员已先后赴青岛，汗［汉］口，北平，天津等地考察，其余留沪者尚有儿玉谦次团长多人，二十七日乘轮返日。

一九三七年三月二十九日　新中華報　（第一版）

# 新中華報

苏维埃中央政府机关报
第三百四十二期

## 現階段的中日關係

关于目前中日和平团结之现阶段及微妙之中日关係问题，新華社记者昨日走访苏维埃发言人，并举行如下之问答：

問：閣下如何認識目前之階段？

答：由于国民党执政人士对目前举国一致之重要性與国难之艰巨性之進步的了解，與全国人民及中国苏维埃紅軍之堅決主張停止內戰，現在国內和平已開始實現，而中華民族团結一致共同準备对日抗戰之非常時期於斯開始。在此非常時期中全国人士亟應深刻明白自己救亡责任之重要，亟進一步謀团结之鞏固，切勿为敌人之离間毒計所乘，更不亟为敌人之甜言蜜語所惑，亟须瞭解敌人之每一進步進攻步驟，而努力于切实之实现人民之民主权利，以充实国力也。

問：少数人民頗对佐藤之所謂「和平外交」發生幻想，閣下意見如何？

答：佐藤之所謂「新政策」云云者，明眼人氏自不难洞悉其毒辣之阴謀實质，即如津沪大報中亦不少直指其為外交中鸠之糖，將此种描寫实亦頗称恰當。今日少数人民之仍為其所惑者，因亦許有种種複杂之原因，但一言以蔽之，主要原因正在于此輩人民不能將其种種顧慮服从在中華民族挽救危亡之下，故不免畏懼抗戰，而敵人之甜言蜜語得以乘机奏效。其佐藤虽已赤裸裸的宣称新政策無非為执行三大原則之手段变換，但其外裡之糖業對意志薄弱之輩，仍不难發生蛊惑力量，对此吾人亟充分了解其危險性也。

## 孔祥熙啟程赴英

南京電：參加英王乔治六世加冕典礼特使团將于日内啟行，該团秘書長翁文灏現正準备一切，定月底赴沪，随同孔祥熙特使赴英。

## 上海破获走私銅元　数額達二十余萬枚

上海□：[illegible]

……乘的上海丸輪上查获走私銅元二十余万枚，走私浪人当時拒绝检查，并行反抗，当将该浪人拘捕，送往日領署究办。該輪廿六日抵沪，卸货將開始装運銅元時，日韓浪人流氓在碼头戒备，被海关偵悉，派兵前往檢查，走私浪人初拟行兇搶奪，嗣以兒玉等將乘該輪回国，恐伤体面，經日領署制止，故未冲……

## 社論　兒玉來華與中日經濟提携

中日貿易協会第一次会議于本月十八日在上海举行，日本参加大会代表是日本实業界領袖兒玉謙次等，兒玉除参加該会議外，并負有促進中日經济提携的重大使命。

当兒玉赴華的旅途中，曾經發表一重要的談話，首先指出中日兩国过去关係上發生不幸，要使中日兩国經济提携見諸事实，必須求得兩国人民感情融洽，否則經济提携实难有望。歸后称：在政治上要尊重兩国領土主权，在經濟上本互合作提携的原則。當然，兒玉的談話是代表日本政府的意見的。

我們現在要請問兒玉先生，日本在東三省、熱河、冀東、察北等等地方是否尊重了中国的「領土主权」，全世界人民說是沒有，因為日本的刺刀在那裡統治着。兒玉先生如果親身看見了，當然也不能加以否認。照这樣看来，中国人民对于日本当局的感情怎能融洽，經济提携又怎能实行呢？

兒玉先生談話中又說到「本互惠原則由經濟提携着手，再謀兩国之交調整」，可是这种話中国人民確实听得不少了，其中滋味早已嘗悉。五年以來在这些好听的名詞下，我們只見一大块一大块的領土和百万以十万的人口被兒玉先生等友邦的刺刀提携了去，中国人民只要不是無耻到頂的汗奸，当然是决不願意要这种提携的。

最后，報載華北走私之風又熾，大批浪人在中国境內公開走私，当中国事務当局向日本即大肆抗議，也表示友邦經濟提携的一点風色，特别是在本月廿七日上海当局查获在兒玉所乘归国的「上海丸」輪船破获走私銅元二十余万枚，这更是友邦大唱「經濟提携」中的一幕滑稽劇呢！　我們亟該指出日本所謂「和平外交」「平等尊重」「經济提携」其目的究竟是什么？这不外乎是企圖破坏中国開始實现的国内和平团結，為中国和平統一对侵略者是極端不利的，所以日本煞費苦心用尽其挑撥离間之能了，來破坏和平統一。我們不应該綏意為日本笑裡藏刀式的「和平外交」「平等尊重」「經济提携」的美言所誘惑，同时应当尽力鞏固已获得的国内和平統一，并在此非常時期中開展民主運動，全国力量一致為實現对日抗戰而奋斗。

## 日報傳兒玉考察团失敗　兒玉称获得满意的結果

東京電：日本各報紙均盛傳兒玉考察团的失敗，但据上海方面消息，兒玉在留沪時發表声明，称彼之此行得與華方彼此開誠佈公的交換意見，并得种种满意的結果如决定：（一）在中日經濟协会，已成立研究委員会，分設在上海及东京二地，以求中日經濟关係的改善；（二）在上海設立中日二国的經济代表机关，以增進中日双方商業家的共同利益，并謀中国棉花業的發展。　昨日東京商工省開一会議，关于对華問題決定如下：（一）对中日关係的調整，应取靜觀政策；（二）对華政策必須統一；（三）華北問題決取靜觀；（四）对華貿易者加以借款的保証等。

## 冀察組織赴日考察团

津電：冀察政务委员会拟组织赴日參觀团，前往日本參觀一切，并闻將由張自忠（天津市長）率領前往，人選定后即可定期赴日。

## 兒玉回日

沪電：日本經济考察团一行人，其中一部份团员已先后赴青島、漢口、北平、天津等地考察，其余留沪者尚有兒玉謙次团長等多人，廿七日乘輪返日。

# 沪罢工渐告平息

**上海三日电：**沪西沪南沪东各区各丝织工厂的罢工潮流逐渐平息，只有沪北美亚第十厂工人仍在继续进行罢工，其余各厂于二日先后复工。

新中華報
苏维埃中央政府机关報
第三百四十期

# 蔣介石回溪口休養

上海三日電：蔣介石三日由上海乘艦，即日乘汽車到奉化溪口鎮，入蔣氏家鄉休養。

# 沪罷工漸告平熄

上海三日電：沪西沪南沪東各區紡織工廠的罷工潮現漸平熄，只有沪北第十厂工人仍在繼續坚持罷工，其余各廠於二日先後復工。

# 滄州事件 日方向冀省提出要求

北平五日電：滄州發現日浪人被殺事件，日本駐冀省府當局要求，希望當局給予若干損害賠償，並望將被扣留之朝鮮人放回，現冀省政府已將此日本所提要求轉電冀察政委會請示。

# 日人假冒華人 在天津收買土地

津四日電：天津市政府近來經常有日本人假託華人名義在天津一帶租買地畝，實際上完全是變相的收買，現該事非常重大，津當局正在嚴密查究，藉以防止再發生。

# 冀察赴日考察团 定週内赴東京

津電：冀察政委会组织的赴日考察团，現已準備就緒，定一週內啟行。該團包括政治、經濟、教育等項，由各機關人員分組。團長人選將由張自忠、津市公安局長[illegible]文田二人傳任。

# 日本在福建的活動 台灣考察團赴閩

福州電：台灣考察團由日人[illegible]率領，於日前來閩考察閩省情形返台灣，二日又復由台灣來閩，聞將再作一短期的考察，六日再返台灣。

# 冀察代表团赴日观光

張家口電：冀察組織代表團由李世[illegible]率領赴東京考察，因特別事故決定展期啟行。李世[illegible]等已分別收獲，其貢品均係蒙人日常生活用具，於日前運抵張垣，日內將派員赴東京云。

# 日兵一批赴通州

北平電：日兵一百余人，三日由北平開赴通州。

# 新聘義財政顧問八宗

南京電：財政部新聘的義大利財政顧問[illegible]尼[illegible]由上海到南京。

林銑十郎說：
「不要看我這樣子，
我的心腸慈悲得很呀！」

## 社論 非常時期，和非常的任務

由于中國共產党為中華民族和平團結的奮鬥，全國人民的要求全國團結抗日，國際和平陣線的日形鞏固和对中國的影响，國民党的三中全會開始了它的基本國策的轉向，現在可以說內战是基本上結束了。

我們為着停止內战一致抗日的口號實現，奮鬥了將近兩年的歲月，經過許多斗爭克服了許多困难，我們提出的「停止內战」口號現在已經一般的實現了。現在開始了新的階段，即是由準備抗战以至到抗战開始的過渡時期，這是一個非常時期，這非常時期中我們的任務是更加重了。停止內战的開始，絕不是太平時期的開始，而是緊張的工作的開始。我們為鞏固中國对日抗战勝利的保証，全看我們在這非常時期中的工作能否打下抗战所需的基礎。徹底實現人民的民主權利和民眾生活的改善，這是我們在這非常時期中的中心任務，也唯有完全的完成這中心任務，我們才能使中華民族对日抗战的保障和武器：民族統一战線。

內战停止的實現是中華民族对日寇的莫大的打击，西安事变以来，日本帝國主義利用一切手段來挑撥內战，阻礙國內和平實現的陰謀是失敗了。可是日本帝國主義並沒有放棄這一武器。日本帝國主義利用了种種可能的欺騙的烟幕，無恥的許諾，恫嚇和利誘，由佐藤甜言蜜語的外交，「新政策」，直至所謂「經濟合作」，「觀察團」，挂羊頭賣狗肉招牌，來阻礙全中民族統一战線的實現，來煽動國內战的重新燃發，因此我們必須堅定的揭出日本帝國主義的每一步陰謀，了解這一切陰謀的實質，來[illegible]

我們必須準備抗战的艱巨的工作。

在這樣的非常時期內，我們首先做的，首先要實現人民的民主權利和改善民眾生活的[illegible]。實現這一点，就首先要求每一個獻身抗日救亡事業的同志，率先做[illegible]。我們堅決的反对以為內战停止就無事可做的傾向，我們反对一切鬆懈、腐化、堕落，等等的傾向。

非常時期中我們的一分鐘都是宝貴的，而且應當將非常時期[illegible]。我們要加緊的積極工作，[illegible]不為公敵[illegible]其侵略步驟，[illegible]期的責任勇敢地担負起來！

[illegible]天下[illegible]南京當局，并將[illegible]當地[illegible]事[illegible]，[illegible]計劃[illegible]國防政策。

# 於[illegible]設防務

香港三日電：英駐華陸軍司令於三日[illegible]談話：[illegible]請[illegible]英人與此加入[illegible]軍以增[illegible]香港駐軍守卫力量。

# 沪海关又破获走私铜元

**上海电：**上海海关于六日又在日本轮船上查获走私铜元十余万枚，当予没收。日本高唱中日“经济提携”就是这样“提携”的！

# 新中華報

蘇維埃中央政府機關報
第三百四十五期

## 國內新聞

### 傅作義將軍抵平 各界熱烈歡迎

北平電：傅作義將軍六日由晉飛平，宋哲元七日欢宴傅作義將軍。北平市各學生团体八日派代表团設宴欢迎，新闻界亦举行盛大的欢迎，據傅談，綏远抗戰，深得全國同胞踴躍輸將，特為感荷，各將士英勇不畏奮異常。

### 宋子文謀開發川省

成都電：四川省政府傳宋子文將於五月間同上海[illegible]入川，以謀開發川省生産事業，四川至成都鉄路建築，現已開工了。

### 陳繼承任軍校教育長

南京電：南京中央軍校教育長張治中請假辞職休养，介石現已批准，并令陳繼承繼任教育長，陳日內入京履新。

### 于學忠部繼續東開 大部已到达醴泉

西安電：東北軍于學忠部的軍部各处人員均已先後到达蚌埠，各部处開始办公，并於五十一軍部隊一部已到达新防地，大部份到达醴泉，日内继续東開。

### 沪海关又破获走私銅元

上海電：上海々关於六日又在日本輪船上查獲走私銅元十余万枚，当予没收。日本高唱中日「経済提携」，就是这樣「提携」的！

### 沪新裕紗廠继续罢工

沪電：沪西新裕紗廠二廠工人六日開始复工後，一廠七日又复罢工，当局進行調解，意見尚未接近，八日繼續罢工。

### 許世英繼任日大使

上海電：原駐日大使許世英回國後，七日入京見王外長請示，預定兩日返沪，約於廿日左右乘輪赴日本回任。

### 日海大角 來華檢閱海軍

上海電：日海軍省特派來華檢閱駐華海軍之大角大將等二十余人，八日抵上海，即檢閱駐上海日艦，九日檢閱陸海軍各軍事机关，并聞大角大將々於南京、九江、汉口、厦門各處檢閱海軍云。

### 義勇軍襲击哈爾濱

哈尔濱電：東三省境内抗日義勇軍近来頗為活躍，弄得日「滿」统治者手忙脚乱，哈尔濱境内的義勇軍於五日以突然手段攻击哈尔濱之日本領事館，并与日「滿」軍警隊巷戰數小時之久，終因众寡不敌，義勇軍有計劃的退出了該地，嚇得日「滿」慌，該役日偽軍死傷甚众。

## 國際消息

### 政党堅持反政府態度

東京電：政党方面態度日趋強硬，民政党政友会两党联合已成功，两党均公開發表宣言，痛斥政府解散議会為非法行動，社会大衆党亦發出攻击解散議会宣言，但对民政政友两党亦肆力攻击。

佐藤称：目前形勢需要解散議会以求各政党表明態度，但政府仍要求政党与政府意見一致，在選挙以後倘政党仍然堅持反政府態度，則只有實行議会再解散，此為政府对政党及議会之態度。

### 日陸相对時局的[illegible]

東京電：陸軍省[illegible]八日[illegible]，陸相杉山談：目前的國際形勢[illegible]，日蘇关系的惡化，[illegible]戰争[illegible]軍備平衡，依日「滿」两國[illegible]，杉山並[illegible]師团長及[illegible]部隊的軍紀，[illegible]杉山[illegible]現在全軍已改[illegible]，[illegible]急進的思想与煽動，[illegible]。

### 德國在南非大活動 想满足殖民地欲

柏林電：法西斯德国在南非[illegible]，[illegible]殖民地（西南非）[illegible]，南非[illegible]政府已下令禁止德國居民的活動，德政府对此事已向南非政府提出抗議。

### 捷総統訪問南斯拉夫

南京電：捷克總統貝奈斯五日抵南斯拉夫京城，南國親王[illegible]，并有南國各界要人作陪，席间南國親王与貝奈斯相繼演說，說明两國邦交敦睦，小協約國团结力量強固云。

### 義海軍概算本年大增加

羅馬電：據義大利政府送至下院报告，義大利一九三七——一九三八年度海軍概算，較去年增加二万四千八百万里拉，總數則為十八万五千七百万里拉。

* * *

日派大角來華檢閱海軍

**期**：新中华报零三百四十五期

**版**：零一版

**时间**：一九三七年四月九日

## 日派大角来华检阅海军

**上海电：**日海军省特派来华检阅该国驻华海军之大角大将等二十余人八日抵上海，即检阅驻上海日舰，九日检阅陆海军各军事机关，并闻大角大将将赴南京，九江，汗［汉］口，厦门各处检阅海军云。

# 新中華報

苏維埃中央政府机关报
第三百四十五期

## 國內新聞

## 傅作義將軍抵平 各界熱烈歡迎

北平電：傅作義將軍六日由晉飛平，宋哲元七日欢宴傅作義將軍。北平市各學生团体八日派代表团設宴欢迎，新闻界亦舉行盛大的欢迎。據傅談：綏远抗戰，深得全国同胞踴躍輸將，特為感謝。各將士英勇興奋異常。

## 宋子文謀開發川省

成都電：四川省政傳宋子文將於五月間同上海……要人去四川，以謀開發川省生產事業。四川至成都鐵路建築，現已開工了。

## 陳繼承任軍校教育長

南京電：南京中央軍校教育長張治中，請假辭職休养，蔣介石現已批准，并令陳繼承繼任教育長，陳即日入京履新。

## 于學忠部繼續東開 大部已到达醴泉

西安電：東北軍于學忠部的值部各处人員均已先後到达蚌埠，各部处開始办公，至於五十一軍部隊一部已到达新防地，大部份到达醴泉，日内繼續東開。

## 沪海关又破获走私銅元

上海電：上海海关於六日又在日本輪船上查获走私銅元十余万枚，当予没收。日本高唱中日「經濟提携」，就是这樣「提携」的！

## 沪新裕纱廠继续罢工

沪電：沪西新裕纱廠二廠工人六日開始复工後，一廠七日又复罢工，当局進行調解，意見尚未接近，八日繼續罢工。

## 許世英繼任日大使

上海電：原駐日大使許世英回國後，七日入京見王外長請示一切，预定兩日返沪，約於廿日左右乘輪赴日本回任。

## 日派大角来華檢閱海軍

上海電：日海軍省特派來華檢閱該國駐華海軍之大角大將等二十余人，八日抵上海，即檢閱駐上海日艦，九日檢閱陸戰軍各軍部机关，并聞大角大將今後赴南京、九江、汉口、廈門各處檢閱海軍云。

## 義勇軍襲击哈尔濱

哈尔濱電：東三省境内抗日義勇軍近來頗為活躍，弄得日「滿」統治者手忙脚乱。哈尔濱境内的義勇軍於五日曾以突然手段攻击哈尔濱之日本領事館，并与日「滿」軍警舉行巷戰达数小時之久，終因众寡不敌，義勇軍有計劃的退出了該地，嚇得日「滿」驚慌，該役日偽軍死伤甚众。

## 國際消息

## 政党堅持反政府態度

東京電：政党方面態度日趨強硬，民政党政友会兩党联合已成功，兩党均公開発表宣言，痛斥政府解散議会為非法行動，社会大衆党亦發出攻击解散議会宣言，但对民政政友兩党亦舉力攻击。

佐藤談：目前形勢需要解散議会以求各政党表示態度，但政府仍要求政党与政府意見一致，在选举以後倘政党仍然堅持反政府態度，則只有实行議会再解散，此為政府对政党及議会之態度。

## 日陸相对時局的意見

東京電：陸軍省召集的……会議中，陸相杉山說：目前内外形勢……关係的恶化，因年為……日「滿」兩國……軍備平衡，……師团長……部隊的軍紀……二二六事件……現在全軍已……急進的思想与煽動……[illegible]

## 德國在南非大活動 想滿足殖民地慾

柏林電：法西斯德国在南非……特務的活動……企圖未滿足殖民地慾望，南非政府已下令禁止德國居民的活動，德政府对此事已向南非政府提出抗議。

## 捷總統訪問南斯拉夫

南京電：捷克總統貝奈斯五日抵南斯拉夫京城，南國親王親臨車站歡迎，并有南國各界要人作陪席。南國親王与貝奈斯相继演說，謂明確表示兩國邦交敦睦，小協約國团結力量強固云。

## 義海軍概算本年大增加

羅馬電：據義大利政府送至下院報告，義國一九三七——一九三八年間之海軍概算，較去年增加二万四千八百万里拉，總数則為十八万五千七百万里拉。

＊　＊　＊

# 共产党中央要求南京政府立即释放爱国领袖的宣言

中国共产党中央委员会对上海爱国领袖沈钧儒章乃器邹韬奋等七氏因被认为有共犯危害民国紧急治罪法第六条嫌疑而被提出上诉案于四月十二日发表如下之宣言。

日本帝国主义的疯狂侵吞，国民党的不抵抗政策，造成了数年来的沉重的国难，大好版图沦亡异域，民族生命危如垒卵。

于是稍有热血之人莫不奔走呼号，以解除国难，解放民族为己任，沈、邹、章、李、王、沙、史诸先生，则为此种救国运动之民众爱戴的领袖，诸先生以坦白之襟怀，热烈之情感光明磊落之态度，提倡全国团结，共赴国难，停止内战，一致抗日，此实为我中华男女之应尽责任与光荣模范，而为全国及全世界人士所敬仰，然亦即因此而遭日寇之愤怒，去年十一月以莫须有之罪名，被送入狱，铁窗风味于此五月，国民政府此种举动非特为全国民众所反对，亦为世界有识人士所不满，并且国民党内部爱国人士亦多愤愤不平，西安事变之八大要求以释放沈章邹等诸先列其一良有异也！

西安事变和平解决三中全会表示国民党自愿放弃其错误政策之端倪，全国人士亦正以诸先生之能否无条件开释以判断国民党有否与民更始之决心，不期四月三日苏州法院竟以"宣传与三民主义不相容之主义"之罪状而起诉矣，并扩大此案而下令通缉现在美国讲学之爱国老教育家陶行知先生等七人矣。此种极端错误之举措，实为全国团结一致抗日之重大障碍。实足以窥见国民党—至少是其中一部份人士之畏惧爱国运动之心理及蔑视民权之态度。

吾人对此爱国有罪之冤狱，不能不与全国人民一起坚决反对，并期望国民党中有识领袖之切实反省。

并于控诉沈邹章诸先生为宣传与三民主义不相容主义，尤为荒谬，盖沈邹章诸氏所主张者固极简单，不外将孙中山先生在民十三时代之主张重行提出而已。倘吾人熟读国民党第一次代表大会宣言及孙中山先生在国民党第一次代表大会上演说，以之与沈邹章诸氏言论相比，实不能看出其中有任何之矛盾，沈章诸氏之主张，固与革命的三民主义内容相同，而今日国民党所需要者亦正为重新发挥革命的三民主义，倘以沈章诸氏"宣传与三民主义不相容之主义"为起诉理由，除非对三民主义给予另一种解释，但此种另一种解释，非特决不能受中国四万五千万人民之欢迎，抑亦为对孙中山先生之遗教为重大之侮辱。

国民党三中全会虽承认举国一致和平团结之原则，然而对民众渴望之爱国自由与民主权利，因未有具体之回答，吾人为中华民族之解放与进步计，自当要求国民党之彻底放弃其过去之错误政策，而此种彻底转变之表示应由立即释放沈章邹等爱国领袖及全体政治犯，并彻底修改《危害民国紧急治罪法》开始，危害民国之治罪法，只能适合于汗［汉］奸及日本帝国主义之间牒［谍］走狗与乎挑拨内战之祸魁，此而不能施之于爱国之民众及其领袖也且此种反对日寇及汗［汉］奸之运动固不能单只依靠于一纸法律，而必须有全国民众之自动的参与，倘民众无民主权利，则虽欲唤起民众亦将束手无策。

吾人要求立即释放沈钧儒、章乃器、邹韬奋、李公朴、王造时、沙千里、史良及全体爱国犯，立即取消陶行知等及一切政治犯之通缉令。

吾人要求立即彻底修改危害民国紧急治罪法！吾人宣言真实之抗战准备，唯有给予民众以民主权利！

（第一版） 新中华报 十月十三日

# 新中華報

苏维埃中央政府机关报
第三百四十六期

## 共產党中央要求南京政府立即釋放愛國領袖的宣言

中国共产党中央委员会对上海爱国领袖沈钧儒章乃器邹韬奋等七氏因被认为有共犯危害民国紧急治罪法第六条嫌疑而被提起公诉事于四月十二日发表如下之宣言。

日本帝国主义的强盗侵略，口民党的不抵抗政策，造成了数年来的沉重的口难，大好河山沦于异族，民族生存危急万分。于是稍有热血之人，莫不奔走呼号，以解除口难，解放民族。而沈钧儒等七位先生诸先生则为此种救口运动之民众领袖的领袖。诸先生以坦白忠诚性热烈之情感，光明磊落之态度，领导全口团结共赴口难，停止内战，一致抗日，实为我中华男女之楷模与典范，此种为全口及全世界人士所敬仰，然亦即因此而遭自私之愤恨，去年十一月以莫须有之罪名被逮入狱，铁窗风味于兹五月，口民政府此种举动殊为全口人民所反对，亦为世界有识人士所不满，最近口民党内部口人士亦多于西安事变之八项要求以释放沈章邹等七先生列其一为有异也！

西安事变和平解决，三中全会表示口民党口内政策转变，政策之改，全口人士亦以为诸先生之冤不日将有合理判断，口民党有与民更始之决心，不期四月三日苏州高院竟以宣传与三民主义不相容之主义之罪状而起诉，并扩大此案而下令通缉现在美口讲学之爱口教育家陶行知先生等七人，此种极端错误之举措，实为全口团结一致抗日之重大障碍，实足以窥见口民党中其中一部份人士之畏惧爱口运动之心理及蔑视民权之态度。

吾人对此爱口有罪之冤狱不能不要全口人民一起坚决反对，并期望口民党中有识领袖之切实反省。

并敬告沈邹章诸先生为宣传与三民主义不相容主义之荒谬。盖沈邹章诸氏所主张者国极简单不外将孙中山先生在民十三时代之主张重行提出而已。倘吾人熟读口民党第一次代表大会宣言及孙中山先生在口民党第一次代表大会上演说之与沈邹章诸氏之主张相比，实不能看出其中有任何之矛盾。沈章诸氏之主张与革命的三民主义何容相同，而今日口民党所需要者亦正为重新发扬革命的三民主义以沉章诸氏宣传与三民主义不相容之主义起诉理由，除非对三民主义给予另一种解释，但此种另一种解释非特决不能受中口四万五千万人民之欢迎，抑亦为对孙中山先生之遗教为重大之侮辱。

口民党三中全会虽承认举口一致和平团结之原则，然而对民众渴望之爱口自由与民主权利，因未有具体之回答。吾人为中华民族之解放与进步计，自当要求口民党之彻底放弃其过去之错误政策，而此种彻底转变之表示，应由立即释放沈章邹等爱口领袖及全体政治犯，并彻底修改危害民口紧急治罪法开始，危害民口之治罪法，只能适合于汗奸及日本帝口主义之间谍走狗与手批扰内战之祸魁，此而不能施之于爱口之民众及其领袖也。且此种反对日寇及汗奸之运动，因不能单只依靠于一纸法律，而必须有全口民众之自动的参与，倘民众无民主权利，则虽欲发起民众亦将束手无策。

吾人要求立即释放沈钧儒章乃器邹韬奋、李公朴、王造时、沙千里、史良及全体爱口犯，立即取消陶行知等及一切政治犯之通缉令、

吾人要求立即彻底修改危害民国紧急治罪法！

吾人宣言，真实之抗战准备，唯有给予民众以民主权利！

## 張群赴日談判中日邦交

东京电：南京政府将派张群出口致首先赴日，再赴欧美，闻在日将有长期的勾留，并访问日军部及朝野要人，日本当局对张群之游日颇表欢迎，但是对南京政府又在大施恫吓，宣称：日政府目前对华政策取静观监视态度，因此倘中口方面的政策不站在承认现状的原则，则就是派遣更有力人员，恐亦难得到任何效果。

## 一批南京要人赴奉化

上海电：邵力子、张治中二人乘轮赴奉化，何应钦于学忠亦同往见蒋介石，刘建绪於十一日乘汽车赴奉化见蒋，[illegible]王等人十三日赴杭转奉化。

## 又一个日致察团来华

东京电：津拓植公司总裁安川雄之助决定两来中口考察，闻赴华北华中华南各地视察，日程预定十六日出朝鲜，经满洲入华北华中华南各地究，五月下旬回国。

## 林内閣的行政綱領
### 金融界表示疑慮

东京电：日内阁会议已决定行政纲领，其要点是：（一）刷新文化教育，延长义务教育，（二）刷新政治改革行政机构，首先谋议会及选举制度的改革，并由海陆递信三省联合设立一个足以统制全口的航空机关，（三）规定举口一致的外交方针，（四）充实军备，（五）谋口产业的经营，必须燃料的口营，加强对电力工业的统制，（六）改善农村经济，（七）整理税收，改善国债使贸易发展对外贸易保护。金融界方面对此政纲的意见，称林内阁对政纲怎样实现没有明确规定，这证明内阁执行其政策基础的薄弱，政府能否保持其寿命至实现其政策之时，实属疑问云。

## 土南進行政治談判

南斯拉夫电：土耳其总理伊斯美，外长鲁舒第於十一日联袂抵南斯拉夫京城，与南口总理兼外长进行政治谈话。

## 兒玉建議調整对華关係方針

儿玉于八日访佐藤，报到中国考察，并建议调整对华关系的方案，其建议内容有二：

（1）调整华北政治关系，尤其是冀东与走私问题，应自动实行，以为打破中日僵局的初步。

（2）经济方面应设立一议部，不问进日本合辨经济活动之政府机关，佐藤拟于四月末召川越回口协议，制定方针云。

* * * *

# 上海工人与军警冲突

**上海电：**闸北美亚工厂十厂工人因向厂方要求取消包机制未遂，十一日晚罢工，十二日全体工人赴社会局请愿，中途与警察发生冲突，伤工人二十六名，被捕多人，后经当局调解，准许释放被捕工人，工人推派代表前往当局陈述，此事双方在调解中。

新裕绸厂工潮已告解决，十五日正式复工。

# 新中華報

苏維埃中央政府机关报
第三百四十七期

## 国内新聞

### 綏遠形勢頗呈緊張 偽匪又將大舉進攻

北平電：察北匪偽近日以來，又有活動，日本派遣指揮官数名前往偽軍指揮，并向商都一帶運輸粮食，該地形勢頗呈緊張，李逆守信部已補充完畢，活躍張北南壕塹，各路偽軍紛紛調動，連日赴多倫商都張北嘉卜寺，南壕塹運輸大批軍用品與粮食，極為忙碌，現晉綏駐軍已加戒备。

### 上海工人與軍警衝突

上海電：南北美亞工廠十廠工人因向廠方要求取消包机制未遂，十一日晚罷工，十二日全体工人赴社会局請願，中途與軍警發生衝突，傷工人廿六名，被捕多人，後經当局調解，准許釋放被捕工人，工人推派代表前往当局陳述，此事双方在調解中。

新裕紗廠工潮已告解决，十五日正式復工。

### 陳中孚赴日考察

北平電：关於商議中日航空線與修築滄石鐵路問題，現在日方正與宋哲元氏在進行商談中，陳中孚於前日東渡赴日本，聞係代表宋哲元前往日本考察，在日約有一月左右勾留。

### 冀察考察团日内啟行

天津電：冀察赴日考察团决定廿日後啟行，由張自忠任团長，張十一日回津，後十五日再赴平見宋哲元，商团員名单，共卅余人，聞在日將有一月時間，日駐屯軍參謀和知十二日夜見張自忠，有所活動。

### 津浦線查获偷運毒品

天津電：日前奧當局在津浦線之德州查获偷運毒品計三百余斤，被捕之運毒浪人六名，十四日已由警察局送日警察署訊办。

### 傳商兒玉將任駐華大使

東京電：據中日貿易协会会長兒玉謙次聞將有任駐華大使訊，川越大使不久即將歸国，报告最近中日交涉的詳情。

### 美艦隊在烟台演習

上海電：美国駐亞洲艦隊十余艘，十二日抵上海，即赴烟台洋面作夏季大操演，然後駛往秦皇島一帶留駐，到十月間再赴馬尼剌。

## 国际消息

### 日印商業協定

東京電：日本印度双方商業協定意見已完全一致，不日即可正式簽字，將在倫敦由两国代表举行協定全文，本日可發表。聞土耳其與印度、荷蘭各處均將依照該法解决商業糾紛的各种懸案，該种協定成立后，日本再將而與埃及與南非联邦商議，以使促進該地貿易关係之改善云。

### 西叛軍封鎖北岸海口

西班牙電：西叛軍現在該口北部海岸實施封鎖，參加軍艦計有七隻，西政府軍艦自法口南部聖若局特魯斯港駛出，一再企图衝破封鎖，卒未得逞云。

### 比国選舉齊蘭獲勝

比国電：比利時十二日京城众議員補行選舉，投票結果，總理齊蘭獲大多數当選，莱克斯党失敗，一般認為齊蘭内閣之地位與比国民主制度將增强云。

* * * *

## 社論

### 救濟紅屬难民運動

以前苏維埃政府是處在口内戰爭的环境中，对于改善人民生活方面虽然做了不少的成绩（如农民得着土地，工人實行八小時工作制，取消了苛捐杂税……等），但是由於环境的逼迫，受着長期的经济封鎖，使這一工作不能达到我们所预料的目的，同時在戰爭中，群众受着摧殘，部份群众沒有工作，而發生飢荒，苏維埃的財政是在保証前線紅軍的供給，之对人民的生活救濟未能充分顧及。現在我们环境改變了，和平开始实現，苏維埃政府將以更大的力量來改善苏区人民的生活，使苏区創造為全国的模範区。

在苏区中最近特别是春耕運動中，曾经发動了广大群众的互濟運動，救濟紅屬工作人員家屬與难民，帮助这些人解决粮食與春耕劳動力的困难，足証明苏区人民的互助精神與彼此团结親愛的態度，实足為全中口的模範，使得部份紅屬难民的生活得着了解决。虽然我们有着这樣的互助運動，但是由于苏区过去受戰爭的影响，过甚粮食生產的缺乏，仍然还有一部份群众（特别是紅屬）須待救濟，苏維埃中央政府為了顧念这些群众的生活，虽然在財政非常困难的环境下，仍然抽拨巨款——二万元——来救濟，在这里我们可以看出苏維埃政府是如何的关怀民生！是在用尽一切办法以求得民生的改良！

关于該款的救濟办法，中央内务部已经詳細規定，我们要使这一救濟工作真正能起他偉大的作用，使这些款子能落在最困难要办法的群众手里去，在各級政府内必須有詳細的調查適当的佈置，分别出困难程度上的差異來進行救濟，必須坚决反对那种平均主义的方式，不分困难程度普遍的按照人口的办法救濟，那么结果是得不着很好效果的。在救濟的方法上亦必須引起大家注意的就是說，我们的救濟不是解决燃眉之急的办法，也不是慈善施恩，而是要在这一救濟運動中，真正能使動广大群众參加生產，把失業的群众吸收到生產中去，使不要演成这樣現象：今天救濟，明天又沒有飯吃與工作了，这种办法是不澈底的，是臨時的，我们防止这些現象發生，必須組织群众到生產事業中去（如開办消費生產合作社，或者集合一些群众做生意……等），这樣，我们不仅救濟了群众生活，而且把广大的群众吸收到各种組织中來。

最后，在救濟中必須把救濟的意义广泛的向群众解釋，使每个群众明白苏維埃政府对人民生活的注意與关心，提高群众的政治水平，發揚苏区人民的抗日热忱，吸收大批群众到抗日組织中来，单纯的救濟是不会啟發群众的政治覺悟的！

期：新中华报零三百四十八期

版：零一版

时间：一九三七年四月十九日

# 沪公共租界电车工人罢工

上海电：上海公共租界电车工人向资方要求改良待遇没有结果，十八日晨全体工人举行罢工。

# 新中華報

苏维埃中央政府机关报

第三百四十八期


新中華報

## 国内消息

### 日來綏遠形勢嚴重
### 德王李守信返嘉卜寺

归綏電：李守信吳鶴齡二人均于十五日由承德飛抵嘉卜寺，德王亦由長春返承德，張北自十七日檢查行人及过境汽車甚爲嚴密，聞德王李守信將又指揮部隊準备進攻綏遠，

### 日偽在察北增設電台

归綏電：偽匪在日本指使下近來又复活躍，正在積極準备進攻綏東的佈置，偽匪現又增設電台五座于嘉卜寺偽軍部一，西蘇民特旗王府，李守信內蒙偽軍總司令部各添設一座，電台人材均由日本供給。

### 川事已告解決
### 刘湘決照中央指示办理

成都電：賀国光日前到成都與刘湘迭次会晤結果，刘完全同意对南京中央规定六項办法意見（該六項办法不詳）刘已遵照执行，刘湘十七日電呈蒋介石报告办理情形，同日由綏署命令飭駐重庆附近部隊移防永川一帶駐扎，賀国光尚有數天勾留即返重慶，

### 東北軍仍在陸續東開
### 廿八師開蒲城駐防

西安電：五十七軍董英斌軍，五十一軍于学忠軍部分乘火車十七日陸續过徐州赴蚌埠，全部約於本月底可調畢，何柱国部騎兵暫留咸陽，仍續東開中，

又電：中央軍之廿八師由原防渭南調蒲城一帶駐防。

### 沪公共租界電車工人罷工

上海電：上海公共租界電車工人向資方要求改良待遇没有結果，十八日晨全体工人举行罷工，

### 又一日考察团抵津

津電：日大阪府參事公考察团一行八名由团長越民次郎率領十六日抵津，分赴日總領館，軍部訪問，十七日会晤津日商界領袖商設華北貿易情形，下午該团赴北平，并將赴濟南青島等地考察，

### 天津日僑近來大增加

津電：据駐津日總領館統計，據表津平兩地及北寧沿線各地的日僑數目，三月份达二万余人之多（实数恐不只此）并聞該日僑大部份均係武裝性質，可以隨時參加作戰的，

### 川越發表中日向題談話
### 公開說：「華北走私不能禁止」

南京電：日大使川越十五日發表中日向題之談話稱：兒玉將使華僑報紙傳說不过本口有人主張由經濟界領袖選任，則兒玉爲适任者，至于說中日經濟提攜爲日本推行口防計劃，获取原料之運動，則余極端否認，再关於說先除去政治障碍再談經濟提攜虽亦有理，但有時經濟提攜亦可解決政治向題之前提，私運銅元向題可設法取締，此係地方上之向題，至于華北走私則有特殊情況不能一概而論，日本备戰向題則純因蘇联屢次增加遠東軍备之結果云云。

### 川越定下月回国

南京電：日大使川越決定二十三日返上海，與新任日本使館參事官会見后于五月二日乘輪回日，十七日川越見汪精卫談甚久，下午又分途往訪吳鼎昌，王外長，作歸国前之會見，川越回口將报告关于以往对華外交情形中口政府对日態度及中口現狀，又聞川越回口將向外务省建議在上海設立一机关，該机关性質爲对華謀略的參謀本部，以統一日本在華活動的權力机关。

### 偽冀東考察团赴日

津電：冀東偽政府組织赴日考察团一行共計卅余人，十六日在通縣集中，十九日由塘沽乘輪赴日考察，

### 日本積極開發華北經濟
### 津石路修築向題在协商中

北平電：日武官今井武夫談关于開採龍烟鐵礦與修築津石鐵路兩向題日來與冀察当局正在進行协商，双方意見甚接洽，惟具体办法尚未決定，今井本日內可到天津，

### 蒋介石到杭州

杭州電：蒋介石于十八日正午十二時乘飞机由奉化飛抵杭州，朱家驊等前到机场欢迎。

## 国际消息

### 馬德里近郊戰事沉寂
### 京城內破获叛党机关

馬德里電：馬德里近郊前綫虽然平靜，沒有多大戰事，但叛軍砲隊則向本城砲轟連續不已，城內軍民中彈殞命者已有十余人，伤者四十余人，又該院附近落下一枚極大的炸彈，炸死九人，炸傷卅余人，又前日馬德里警察官捕获叛軍部的奸细數人，企图勾通叛軍破坏馬德里秩序，暗中报告叛軍消息，該逆党已破获有五十五人之多，

### 匈国下令清除国社党

匈牙利京城電：匈国新任內政部長史才尔現下令肃清匈牙利之国社党份子，已捕获国社党領袖史才拉宇與其他二十四人，將控以違犯扰乱社会秩序之罪，并將披露获有該党犯罪之証据云，

### 埃及要求撤廢領判权
### 国际會議在討論中

蒙德婁電：埃及撤廢領事裁判权向題，国际会議總委会所系法理股員会十六日討論埃及本国法庭與会審公堂職权分配向題，当經成立妥协，并拟定一种条文主張会審公堂與本国法庭職权应絕对平等，此項条文將于二十日提付總委会加以討論，

### 奧總理將訪向意相莫索里尼

維也納電：奧總理舒斯尼格及外長史密特等二人于本月二十二日赴意大利，訪向莫索里尼於威尼斯云，

# 川越定下月回国

**南京电：**日大使川越决定二十三日返上海与新任日本使馆参事官会见后，于五月二日乘轮回日，十七日川越见汪精卫，谈甚久，下午又分途往访吴鼎昌、王外长，作归国前之会见，川越回国将报告关于以往对华外交情形中国政府对日态度及中国现状，又闻川越回国将向外务省建议在上海设立一机关，该机关性质对为华［为对华］侵略的参谋本部，以统一日本在华活动的权力机关。

一九三七年四月十九日　新中華報　（第一版）

# 新中華報

苏维埃中央政府机关报
第三百四十八期

新中華報

## 川越發表中日向題談話
### 公開說：「華北走私不能禁止」

南京電：日大使川越十五日發表中日向題之談話稱：兒玉將使華係报紙传說，不过本口有人主張由經濟界領袖選任則兒玉為一適任者，至于說中日經濟提携為日本推行口防計劃，獲取原料之運動則余極端否認，再关於說先除去政治障碍再談經濟提携，虽亦有理，但有時經濟提携亦可解决政治向題之前提，私運銅元向題可設法取締，此係地方上之向題，至于華北走私則有特殊情况不能一概而論，日本备戰向題則純因苏联屢次增加远东軍备之結果云云，

## 川越定下月回国

南京電：日大使川越決定二十三日返上海與新任日本使館参事官会見后，于五月三日乘輪回日，十七日川越見汪精卫，談甚久，下午又分途往訪吳鼎昌，王外長，作归国前之[illegible]見，川越回口將报告关于以往对華外交情形中口政府对日態度及中口現狀，又聞川越回口將向外务省建议在上海設立一机关，該机关性質为对華侵略的参謀本部，以統一日本在華活動的权力机关。

## 國內消息

## 日來綏遠形勢嚴重
### 德王李守信返嘉卜寺

归綏電：李守信吳鶴齡二人均于十五日由承德飛抵嘉卜寺，德王亦由長春过承德飛抵張北，自十六日檢查行人及过境汽車甚嚴，聞德王李守信將又指揮部隊準备進攻綏遠，

## 日偽在察北增設電台

归綏電：偽匪在日本指使下近来又复活躍，正在積極準备進攻綏東的佈置，偽匪現又增設電台五座於嘉卜寺偽軍部並西苏尼特旗王府李守信內蒙偽軍總司令部各添設一座，電台人材均由日本供給

## 川事已告解决
### 刘湘决照中央指示办理

成都電：賀口光日前到成都與刘湘迭次会晤，結果甚为圓滿，对南京中央規定六項办法意見（該六項办法不詳）刘已遵照执行，刘湘十七日電呈蔣介石报告办理情形，同日由綏署命令飭駐重慶附近部隊移防永川一帶駐扎，賀口光尚有數天勾留即返重慶，

## 東北軍仍在陸續東開
### 廿八師開蒲城駐防

西安電：五十七軍董英斌軍，五十一軍于學忠軍部分乘火車十七日陆续过徐州赴蚌埠，全部約於本月底可調畢，何柱口部暫留咸陽，騎兵軍東開中。

又電：中央軍之廿八師由保防渭南調蒲城一帶駐防。

## 沪公共租界
### 電車工人罷工

上海電：上海公共租界電車工人向資方要求改良待遇沒有結果，十八日晨全体工人举行罢工，

## 又一日考察团抵津

津電：日大阪府参事会考察团一行八人，由团長越名民次郎率領十六日抵津，分赴日總領館，軍部訪問，十七日会晤津日商界領袖，商談華北貿易情形，予該日下午赴北平，并將赴济南，青島等地考察，

## 天津日僑近來大增加

津電：據駐津日總領館統計，發表津平兩地及北寧沿線各地的日僑數目，三月份达二万余人之多（实际恐不只此）并聞該日僑大部份均係武裝性質，可以隨時参加作戰的。

## 偽冀東考察团赴日

津電：冀東偽政府組織赴日考察团一行共計卅余人，十六日在通縣集中，十九日由塘沽乘輪赴日考察，

## 日本積極開發華北經濟
### 津石路修築向題在协商中

北平電：日武官今井武夫談关于開採龍烟鐵礦與修築津石鐵路兩向題，日來與冀察当局正在進行协商，双方意見甚接洽，惟具体办法尚未決定，今井本日內可到天津，

## 蔣介石到杭州

杭州電：蔣介石于十八日正午十二時乘飛机由奉化飛抵杭州，朱家驊等前往机场欢迎。

## 國際消息

## 馬德里近郊戰事沉寂
### 京城內破获叛党机关

馬德里電：馬德里近郊前线虽然平靜，没有多大戰事，但叛軍飛机則向本城轰炸，連續不已，城內軍民中彈殞命者已有十余人，伤者百余人（众議院附近落下口径甚大的炮弹数枚，当场九人毙死，卅余人被击伤）前數日馬德里警察当捕获弗郎哥的奸细数人，企图勾通叛軍，破坏馬德里秩序，暗中报告叛軍消息，現該逆党已破获有五十五人之多，

## 匈国下令清除国社党

匈牙利京城電：匈国新任内政部長史才尔現下令肃清匈牙利之口社党份子，已捕获口社党領袖史才拉宇與其他二十四人，將控以違犯扰乱社会秩序之罪，并將披露获有該党犯罪之証据云，

## 埃及要求撤廢領判权
### 国际會議在討論中

蒙德婁電：埃及撤廢領事裁判权向題，口际会议總委会所屬法理股員会十六日討論，埃及本口法庭與会審公堂裁权分配向題，当经成立妥协，并拟定一种条文，主張会審公堂與本国法庭裁权為絕对平等，此項条文將于二十日提付總委会加以討論，

## 奧總理將訪向意相莫索里尼

維也納電：奧總理舒斯尼格及外長史密特等二人于本月二十二日赴意大利，訪向莫索里尼於威尼斯云，

期
新中华报零三百四十九期
版
零一版
时间
一九三七年四月二十三日

## 蒋介石到上海

**杭州电：**蒋介石于二十日由杭州到上海，闻此行系检验身体。

# 新中華報

蘇維埃中央政府机關報
第三百四十九期

## 德王蠢蠢欲動 和知赴察北商攻綏計

北平電：德王近在察北綏東一帶蠢蠢欲動，关於各种軍用品的輸備及交通設施的充实，均在積極補充，近复派员在平收購汽車等用品。日駐屯軍參謀和知十九日由津到北平，將轉往張北等地，协同軍部將有若干人陸續前往，此去完全係与德王等商討進攻綏東計劃，值得全国人民特別注意的。

## 皖省政府改組 刘尚清任主席

南京電：行政院廿日開会決議如下：安徽省政府改組，主席刘鎮華（休養期）以民政厅長馬凌甫、財政厅長楊綿仲、建設厅長劉貽燕、秘書長王印川，均免本兼各職，任命刘尚清（原東北軍的元老派）為該省政府主席，魏鐵熏民政厅長，楊廉教育厅長，其余仍照舊。

## 蔣介石到上海

杭州電：蔣介石於廿日由杭州到上海，因此行係檢驗身体。

## 津日總領召開華北警署會議

津電：天津日總領事崛内廿一日在天津召集華北各地日警察人員会議，会議定期三日，平、榆、唐等地日警察出席人員均先後到津出席該会。又據日報載中國消備戰状態，但多数人士均認為中日兩國非携手不可，至於修築津石路及開採龍烟鐵礦事宜，公正在討論中。

## 殷汝耕發表重要演說 反對南京解散偽政府

南京電：殷汝耕十九日發表談話，对於中國政府決定解散冀東偽組織的意見力加攻击，謂：南京政府对外政策只知依靠欧美与抗日，以日本為主要敌人，倘中國繼續这樣做，則中國会完全為英、美、苏等國所分，「冀東政府」的目的是在於实行中日「滿」三國合作，以保証東亞之生存，至於冀東政府為完全出於民众自動組織，（？）中國毫無理由向日本要求解散，且关於冀東走私問題，殷汝耕称：此為冀東人民所欢迎（？）这些只漢奸只是由南京与冀東政府直接進行交涉云。殷逆汝耕的談話，据外交部發言人称：中國政府決定解散冀東偽政府，但此只係成為中日兩國间之問題，日本对他并無关係（？）但是日本对「滿州國」之和平与秩序的維持有特別关心云，足証明日本是在加緊促進冀東与支持冀東偽政府了！

★　★　★

## 社論
## 日本目前的政戰选举

目前日本的选举戰爭，实际上是法西斯与民主兩大陣营的斗爭。法西斯陣营内面不但只包括法西斯本身，並且还包括了許多的反動份子，都和法西斯携起手来，虽然候補人是增加了，但是他实际票数的增加將是很困难的，倘如政府要在选举中获得勝利，那么他唯一的办法，只有將民政、政友兩党内部的反動份子团結起来。日本國内民主势力的代表無疑義是日本的工人农民和反法西斯的份子以及民政、政友兩党内拥護民主的份子，大多数的选民，他们的要求是选举反法西斯的份子。问題是在於他们怎样獲得这个机会。林銑十郎内閣的反動势力，只想極力打击他本身的势力，現在民政、政友兩党及其領袖的团結的缺乏，頗可以使民政、政友兩党陷於失败。然而民主日本的勝利也只有他们大家联合起来，在联合战线下来反对日本軍閥，才有可能。而这種团結才可以動員廣大的群众向着威脅民主生存的法西斯及其势力抗爭下去，这一团結的表現已經可以在各党一致的提出反对林銑十郎內閣的口號下看得出来。法西斯蒂正想用法西斯政权来打破日本人民的反对，因此，就是某反動势力在提选举中失败，可是日本的法西斯的危險決不因此就会減輕了的，惟有廣泛的群众運動，才可以根本的推翻罢免者的派别，才可以使日本走向和平康莊的大道。

## 日本準備引起新的日蘇冲突

莫斯科電：日本軍閥正準備在蘇「滿」邊界与蒙「滿」邊界引起新的冲突，他们預備在議会選举中用此種事件以帮助右派作政爭工具。

## 日本对解散偽政府態度 決定堅决支持殷逆汝耕

東京電：关於撤廢冀東偽組織問題，日本各報紙均為偽組織作辯護，殷逆汝耕已派遣代表赴日本，請日本政府維持冀東現状，殷汝耕發表談話对此表示不安，日外務省發言人称：如中國自動要撤廢偽冀東組織則「滿州」国安全感受威脅，日本決不能坐視，对於塘沽協定中規定中國可以派遣武装在冀東，商具維持治安問題，該發言人称：苟中國違照協定行事，則日本不加以阻止，惟謂日本如感覺必要時當派軍隊至山東、上海等地云。

新中華報

1937

新中華報

上海新闻整理汇编

美舰在烟台会操

珍藏版

期

新中华报零三百五十期

版

零一版

时间

一九三七年四月二十六日

## 美舰在烟台会操

**上海电：**美国远东舰队司令颜尔露二十四日抵上海。还有十只兵舰于本日可陆续抵上海。现泊上海的美国军舰计二十四艘。五月四日即驶往烟台海面并举行会操。

新中華報
苏维埃中央政府机关报
第三百五十一期

## 國內消息

### 日寇企圖攫取金門島

厦门電：金門島形势險要，與台灣澎湖适成鼎足势，當厦門之冲要，日寇对之久以前就謀奪取該島以進攻福建及中国南方各省，近来又派海陸空軍要員多名秘密前往該島測繪飛机場地圖并探取港湾形势，這足見日本寇唱「尊重中國主权」的「和平」行動！

### 日軍在津演習

津電：日駐屯軍廿五日起在東局子附近演習，届時并邀請日駐屯軍司令田代將於廿九日在東局子作大規模的閱兵礼。

### 國民党決定修正國大組織法與代表选舉法

南京電：国民党中常会顷开第四三次会议，通过修正国民大会组织法及代表选举法并删去宪法草案第一百四十六条一条，兹记其要点如下：（一）修正国民大会的职权，按原来国民大會组织法规定国民大会的职权，除制定宪法外，并有行使宪法所赋予的职权，此修正案中已将行使宪法所赋予的职权删去，明规定本届国民大会于会期完毕，任务就终了。（二）将国民政府主席得列席国民大会一项删除，将组织法第五条规定国民大会由国民政府定期召集，国民大会特设主席團一条删去。（三）在国民大会代表名额中增加由国民政府指定者一百四十名，以便收集各方人才。（四）将选举法第六条以下由国民政府指定候选人之规定一律取消。

除指定中的纷争，推广人民普选的精神。

上述议案廿三日已提交立法院，经院长分别批付该院宪草委员会审查，约下週内可召開審查会议。

### 魏宗瀚談話

北平電：魏宗瀚廿四日到冀察外委会就主席委員職，召集職員訓話，發表谈話：今后外交方針秉承中央意旨，并顧及地方环境，折冲一切，昨日見宋哲元氏，宋囑我务以平等互惠共存共榮，不喪权不辱国的原則应付一切。

### 美艦在烟台会操

上海電：美国远東艦隊司令顧尔寧廿四日抵上海，还有十艘兵艦于本日可陸續抵上海，現泊上海的美国軍艦計廿四艘，五月四日即駛往烟台海面并举行会操。

### 冀察考察團啟程赴日

津電：冀察赴日考察团一行由张自忠率領于廿三日由塘沽乘轮东渡，廿八日可到東京，据张自忠談：此行係考察日本軍政工商航空等状况，并將與日本当局交换对華北問題的意見，往回約有四十余天云。

## 國際消息

### 英法發表比國中立宣言
### 比國當局表示滿意

比京電：英法两国為比国中立宣言已經發表，大意是：比政府鉴于该国在地理上所處位置與將来該国責任，英法两国依照洛加諾条約與參戰部協定对于比国应負担的义务則仍然保持，宣言又称：法英两国現在負担的互相的約束則并未改变，上項宣言比政府复文說：比国对于国联盟約與盟約所產生的义务均予遵守，并闡比国現已公開表示决心保障比国边界以防外来侵略，積極整理国防以保卫比国云。

### 奥京大捕國社党份子

奥京電：奥京警察廿三日晚突然搜查国社党所設非法机关，因事出不意該机关不及防备，被警察捕去国社党重要人員廿名并搜获大批文件。

### 英國援濟西政府軍粮食

倫敦電：自英国輪船三隻運粮食到西班牙成功後，現又有輪船二隻載大批粮食及医药用品向西政府軍駐地比尔巴鄂出發，这些粮食用品都是英国援濟西班牙災民委員会所募捐得来的。

### 西政府軍在多納尔有大發展

苏联電：西班牙政府軍在多納尔一帶已有很大的發展，四月廿日政府軍空軍給叛軍以很大的轰炸，叛軍死伤甚多，政府軍已經佔領了薩拉打激，获軍用品和枪弹無数，叛軍大批向政府軍投降，政府軍現已佔領多納尔到薩拉哥沙的大道與鐵路三哩的地方，西線上政府軍也佔領鉄路要点并且取得主動地位，牽制了叛軍全线兵力，政府軍士气極高，有着旺盛的戰斗情緒。

### 佐藤两次會晤苏大使
### 談調整日苏國交

東京電：佐藤外相对于日苏关係的調整并且積極進行关于驻日本的苏联大使会見，此次交换重要意見以期謀調整两国之交的基礎，廿三日在閣議中报告方針并取得諸閣員同意，拟於日内再與苏联大使作第三次会見，就交换具体问题的意見。

### 議會總选舉各派人选概况

東京電：日本这次的議会總选舉中各个党派的議員大約如下：

| 党名 | 新出人物 | 前任議員 | 曾任老議員 | 共計 |
|---|---|---|---|---|
| 民政党 | 六四 | 一八五 | 一七 | 二六六 |
| 政友会 | 七一 | 一五三 | 四四 | 二六八 |
| 昭和会 | 一〇 | 二一 | 四 | 三五 |
| 社会大众党 | 四四 | 一九 | 二 | 六五 |
| 国民同盟 | 六 | 二 | 三 | 一一 |
| 東方会 | 一一 | 九 | 〇 | 二〇 |
| 小派 | 三八 | 四 | 一 | 四三 |
| 独立 | 八一 | 二〇 | 八 | 一〇九 |
| 共計 | 三二五 | 四二三 | 七九 | 八二六 |

### 比利時的中立

由於英法两国对于破坏羅加洛条約的法西斯国家沒有採取懲罰政策的結果，使中立的事件經常發生，这又一次的証明：对法西斯侵略者不加以制裁，只採取讓步政策，必然会發生各种不好的結果。各个小的国家因為不知道英法的目的在哪里，所以看到了英法对侵略者的讓步政策後，逐各人走各人的，紛紛离散了，而这一离散將增加了各小国的危险。我们要知道：法西斯侵略者如果不用强力的压迫是不会退却的，讓步只給法西斯的侵略者更加為所欲為，这种强力压迫除了集体安全制度以外，其他再沒有別的可以發生这樣的力量。

社论 迎接今年的五一



期 新中华报零三百五十二期
版 零一版
时间 一九三七年五月二日

# 社论　迎接今年的五一

今年的“五一”当前，世界的法西斯侵略魔鬼更加明目张胆地愈来愈凶，战争危险性也越加利害，全世界工人阶级在为和平奋斗中与法西斯侵略者进行着坚决英勇的斗争，如法国工人反法西斯的罢工示威，日本铁路工人二十余万酝酿着反对日本军阀的斗争，这些都显示出世界无产阶级在反对侵略战争中是起着支柱的作用，然而中国工人阶级在此日寇积极灭亡中国的非常时期下正担负起领导抗日民族革命战争的艰苦责任。二十年来中国工人阶级的斗争历史与所经历的试炼，过去大革命时代所起的领导作用特别是几年来上海、青岛、北平以至于东北四省工人阶级进行的抗日救亡斗争，都很明显地表示出中国无产阶级是救国阵营中最勇敢最坚决最彻底的先锋力量。

今年“五一”当前的问题，就是使中国工人阶级怎么样才能更大地发挥他们的救国积极性，我们对这一个问题的回答是：只有坚决改善劳动人民的生活，并且给予劳动人民以不加以任何限制的民主权利，也只有这样，方能使大批工人积极参加到抗日救国阵线中来，以充实与抗日救国阵线的中坚力量。

上海、北平、汗［汉］口各地的工人罢工运动明显地表示出如下的特点：

第一，由于生活程度一天比一天地高，而工人的工资恰恰相反，向退［后］倒退，使工人生活再不能维持下去了。

第二，广大的工人阶级要求工会，被认为代表工人阶级的机关，换言之，就是要求言论、集会、结社的自由，要求废除一切压制工会的不良法令与条例，这成为必然的趋势，中国无产阶级为实现这些要求，当然必定以全力向奋斗的目标迈进，一切倡□“工人应该多吃饭，多做事”，或者借口爱国家而实行无限制地任意剥削压迫工人的举动均应该遭受全体劳动民众及人民大众的坚决反对的。

今年的“五一”我们正处在和平实现的□势下，正向着□□国团结和平促进迅速对日抗战的前途迈进中，我们要巩固这一已经获得的和平，必须大胆地开放民主权利，□□□大众以更多的机会来参加政治生活，发扬他们的抗日救亡的热忱，唯有这样才能完成当前的伟大历史任务，中国工人阶级已经在二十年来斗争显示了他们铜铁的□力，□□□能引导中国全民族于完全解放的道路，我们庆祝这样重大意义的“五一”并敢以此来□助全国人民。

一九三七年五月二日　新中華報特刊　（第一版）

# 新中華報

蘇維埃中央政府機關報
特刊
第三百五十二期

口內新聞

## 楊虎城將出洋 電請辭綏靖主任

西安電：楊虎城廿七日電呈蔣介石，請辭去陝西綏靖主任職務，將出洋考察。

## 劉多荃在南陽被刺 夫人負傷，刺客斃命

洛陽電：東北軍之長劉多荃（東北一〇五師長）廿八日上午在南陽軍部突被刺客行刺，劉被中一彈，劉多荃夫人亦負重傷。刺客[illegible]，刺客當場[illegible]。

## 蔣介石到杭州

杭州電：蔣介石廿[illegible]與宋美齡及錢大鈞等乘飛機到杭州，預備在杭州稍事休養[illegible]，行入京云。

## 駐華大使職務 日高代辦

南京電：日本駐華大使館參事日高信六郎廿[illegible]到南京，在川越回國期內將代行大使職務。但[illegible]南京總領事，日高曾于二年前任南京總領事，也是「中國通」的人物。聞川越要到月底才續回任云。

國際新聞

## 日本人民對議會選舉很冷淡 政民兩黨將佔議會大多數

東京電：日本議會總選舉廿日舉行，一般預料人民投票者將比以前要少，因為政府[illegible]，人民[illegible]不很熱心[illegible]選舉[illegible]，所以人民熱情低落。政民兩黨的聯合[illegible]選舉後將仍然保持[illegible]，[illegible]危機很[illegible]議會[illegible]。

[illegible]電：今天日本[illegible]選舉[illegible]一天，民眾[illegible]冷淡，[illegible]。[illegible]百分之四十，[illegible]二百席以上，與[illegible]共同[illegible]百分之八十強）云。

## 蘇聯開始研究第三次五年計劃

莫斯科電：[illegible]從一九三九年起開始第三次五年計劃，蘇聯[illegible]委員會[illegible]討論云。

## 叛軍進攻大被擊敗 叛機轟炸比爾浚

西班牙電：最近西班牙叛軍全面攻[illegible]，[illegible]政府軍[illegible]叛軍[illegible]擊敗。[illegible]叛機[illegible]轟炸[illegible]，人民死傷甚多[illegible]。

[illegible]電：廿[illegible]日有叛軍飛機[illegible]，[illegible]。

## 社論 迎接今年的五一

今年的「五一」當前，世界的法西斯侵略魔鬼更加明目張膽地[illegible]，未愈[illegible]戰爭危險性也越加利害。全世界工人階級在為和平奮鬥中與法西斯侵略者進行着堅決英勇的鬥爭，如法國工人反法西斯的罷工示威，日本鐵路工人廿余万[illegible]反對日本軍閥的鬥爭。這些都顯示出世界無產階級在反對侵略戰爭中是起着支柱的作用。然而中國工人階級在此國難極端嚴重的非常時期，正担負起領導抗日民族革命戰爭的很大責任。二十年來中國工人階級的鬥爭歷史與[illegible]，過去六年[illegible]時代所起的領導作用，特別是九一八[illegible]上海、青島、北平以至於東北四省工人階級進行的抗日救亡鬥爭，都很明顯的表示出中國無產階級是救亡陣營中最勇敢最堅決最徹底的先鋒力量。

今年「五一」當前的問題，就是使中國工人階級[illegible]更大的[illegible]，[illegible]中國的救亡積極性。我們對這一個問題的回答是：[illegible]給勞動人民以不加以任何限制的民主權利，[illegible]，才能使大批工人階級加到抗日救亡陣線中來，從而[illegible]抗日救亡陣線的中堅力量。

第一，由於生活程度一天比一天的高，而工人的工資[illegible]，[illegible]使工人生活[illegible]。上海、北平、天津各地的工人罷工運動明顯的表示[illegible]維持下去了。

第二，廣大的工人階級要求工会[illegible]，[illegible]工人階級的[illegible]，就是要求[illegible]工会的[illegible]自由[illegible]，[illegible]實現這些要求，[illegible]，[illegible]一切[illegible]工人[illegible]，或者[illegible]限制的任意[illegible]工人[illegible]，使全體[illegible]人民大眾的堅決反對的。

今年的「五一」，我們正處在和平實現的[illegible]，[illegible]抗戰的前途[illegible]中，我們要[illegible]全國[illegible]一[illegible]的[illegible]民主[illegible]，[illegible]大家以更多的機會來參加政治生活，[illegible]抗日救亡的[illegible]。當前的偉大歷史任務，中國工人階級已擔在二十年來[illegible]引導中國全民族於完全解放的道路。我們應紀念這樣重大意義的「五一」，[illegible]全國人民。

沪海关继续查获私货



期：新中华报零三百五十四期

版：零一版

时间：一九三七年五月六日

## 沪海关继续查获私货

**上海电：**三日有日本轮船一只，载有大批私货，拒绝关员检查，向船主交涉无效，关员强行登轮查抄，当即查出人造丝很多即行没收。

**又电：**沪军警常在车站捕获韩人□□吸毒事情。一日晚间又捕获贩毒韩人数名带毒数十斤已送保安部依法讯办。

# 新中華報

陝甘寧邊區政府機關報
第三百五十四期

## 社論

### 英國遠東政策與日英接近

自從日本帝國主義佔領東北四省的時候，老大的英國，從軟弱政策對日本妥協，而默認日本在東北行動，間接的幫助長了日本的侵略，拒絕了國聯干涉日本行動的提議，英國這是一種希望著日本把矛鋒伸出對著西伯利亞前進，可是相反的，日本軍閥併吞東北之後，一方面在蘇聯邊境大事挑釁，準備作對蘇的行動，而同時感到英國的另一方面，更大舉向中國本部進攻，于是冀東的偽組織，冀察政府的成立，華北特殊化……等等一幕一幕的表演出來了。英國在這個時候，曾經企圖用增加軍備，擴充太平洋香港的防務，謀供本埠步以恢復有利于英國的英日同盟的政策，但是結果仍然逃得其反，日本獨佔中國的行動並沒有因此而減低，使英國在華的利益更加大受威脅，把英國的紳士們嚇得發起慌來了。

逐使英國不得不去重新考慮他過去默認日本行動的態度，因之而改變他一貫的對日妥協退讓的政策，而積極化由過去分裂中國的政策轉變為贊成中國的統一局面，英國也知道軍備的擴充，增強遠東的防務，只能做到英日均勢的局面，同時日德意協定的成立，其主要目的也在，對於蘇聯，但是對於英國亦是不利的，促使英國政策轉向積極化的一途。

日德意反共協定的成立，使日本的外交完全處於孤立的地位，而英國在遠東的活動，使中國更加與英國接近，所以日本在國內國際間大造英日接近的空氣，這一事實証明英國對太平洋態度日趨強硬，更加與日本分離，同時日本在英國這種政策下，是在表示出他如何的慌亂，甚至於表示「與英國共同進出於中國」「不損害英國在華的利益」（佐藤對英政策的談話）企圖以此來緩和英國當局的態度，取得一部份英國紳士的諒解，英國聯合的對英政策可看得出這一點。

日本帝國主義製造這種空氣的目的，無非是大舉侵略中國的先聲，事實豈不是擺在大家的面前，日本高唱英日接近的時候，綏遠戰事的又起，冀東日本直接操縱華北的行動也積極的在準備，而同盟近來報的言論謂英國準備對華投資的消息，這正是在挑撥日本國內的軍閥與好戰份子，警告他們要趁早去攫取全華北，不然華北不復為日本所有了。中國當局與我們每一個中國人民應深刻的體察這中間的關係，以迅速抗戰的途中迎進來挽救目前的民族危機。

## 察北偽軍調動甚忙
## 匪在冀東擴編部隊

綏遠電：察北匪偽軍調動甚忙，據確報已調來一師，其力量外並向[illegible]增兵，兵數因還最繁殊地部隊已有六七團之眾，並在商都附近擴張並設電台，其用意是在進窺綏東與和境，並聞匪偽近在冀東擴編四大隊，以王英為總指揮，李守信等分任隊長，準備開到察北，綏東益加進攻綏遠的戰事，我前方駐軍經過休養訓練士氣倍增，亦在積極佈防，安華亭旅長以綏東形勢漸緊張，五日返綏東防次。

## 王英匪首在冀東

北平電：據敵實消息匪首王英等仍在天津，日本特務機關活動，日方已令王英等在冀東招收土匪，由古北口轉運察北，準備隨時侵犯綏東，但冀東各地土匪的了，寥寥無幾，因此王英已派人到關外招募去了。

## 日浪人毆傷英員事
## 滬海關抗議
## 提出五項要求

上海電：日前日本輪船上日浪人數名毆打海關人員，這件事海關當局已進行正式交涉，提出五項要求：

(一) 立即停止日浪人不法行為。
(二) 嚴懲行兇之日浪人。
(三) 賠償受傷關員[illegible]及其他一切損害。
(四) 此後海關當局與緝私人員[illegible]遺撤。
(五) 保證以後不再發生同樣事件，如日本不接受上面各項，則海關當局對日本碼頭作進一步有效的處置云。

## 滬海關繼續查獲私貨

上海電：三日有日本輪船一隻載有大批私貨，拒絕關員檢查，而船主交涉無效，關員強行登輪查扣，當即查出人造絲很多，即行沒收。

又電：滬[illegible]捕獲韓人販毒韓人數名，搜獲毒品數十斤，已送偵緝部依法訊辦。

## 日本在華北奔走忙

天津電：日本東洋拓殖會社總裁安川雄之助三日到天津見田代司令官，定六日到北平、青島、濟南等地考察。加藤五日赴天津見[illegible]後，即赴東北，兩週內可返北平。植田大將在承德檢閱日駐軍，[illegible]中將也在承德，聞該兩人在承德任務係動員該地駐軍，計劃參加綏東戰事云。

## 于學忠等到南京
## 東北軍師長見劉峙

南京電：于學忠何柱國四日由西安到南京，見何應欽。

開封電：東北軍一〇九師、一一一師、一一〇師、一〇八師等師長到開封見劉峙，據談：東北軍將忠誠服從劉主任命令，切實整理，為國家勤勞擔負起衛國救亡的重擔云。

## 蒋介石到沪

上海电：蒋介石于六日由杭州到上海，闻此来将转南京一行。

一九三七年五月九日　新中華報　（第一版）

# 新中華報

蘇維埃中央政府机关報
第三百五十五期

## 國內消息

### 德王在嘉卜寺開軍事會議
### 植田大將亦赴該地參加
### 協商進攻綏東的軍事計划

北平電：关係方面息，綏東情形日趋緊張，連日以来德王李守信等人在嘉卜寺召開重要会議，日本关東軍植田大將由承德飛嘉卜寺，與德王等执談数次，商討進攻綏東的計划。植田已啓程回承德，德王在嘉卜寺主持一切。自植田到热河後，日軍即行開始增兵热河边境，察北除原駐有日軍一師团人以外，又新開到松本旅，駐多倫張北一帶，以準備隨時參加綏東前线作戰。聞日本此次進攻綏東，除一面仍令偽匪軍直接作战外，另一方面將調動大批日軍亦參加战争，以期一下子佔領綏远，所以这次战争的严重性，远非前数次的戰爭所可比拟的。

### 蔣介石到沪

上海電：蔣介石於六日由杭州到上海，聞此来將轉南京一行。

### 五一軍調往苏北五县
### 津浦南段警備部成立

徐州電：徐州、海州警備司令部奉南京命令已於七日撤消，由杰奉命八日於海州等县設隴海東段警備司令部，胡宗南八日起成立津浦南段警備司令部。

又電：東北軍五一軍于学忠部三師將駐防江苏北部之淮陰、沭陽、睢寧、宿遷等五县，現已分途开拔中。

### 日東洋製紙會社
### 在天津設分廠

天津電：日本東洋製紙会社在天津設立分廠，已在特一區指定了廠址，資本共一千万元，分年秋季着手建築，籌備出貨。該社社長內田大已到津主持一切籌備事宜。

### 日增設京沪平參事官
### 森島將任平參事官職

南京電：日本外務省最近決定在駐華使館內增設參事官三人，分駐南京、北平、上海等地，帮助使館事務。除京沪兩參事官已到任外，駐平參事官將決定由外務省東亞局長森島調任，這是日本加强对華政策的準備。

## 社論

### 日本總選舉

日本的總選舉結果揭曉了，結果是大家意料中的，民政、政友兩黨[illegible]議會的大多數，社会大众党獲得一百萬票而增加了一倍的議席，而軍部擁護的[illegible]派，[illegible]慘遭失敗。總選舉的結果證明着法西斯勢力的失敗，證明着日本廣大的人民是反对瘋狂備戰的法西斯蒂軍部的。

是否日本法西斯蒂就已經遭受了致命的打击？这是一個打击，可是絕不是一個致命的打击——足以使法西斯蒂政策遭受根本的挫折的打击。總選舉結果如此明顯以後林銑內閣態度的倔强，證明这一事实。軍部在迫不得已時，可以調換其傀儡而使之不偶然[illegible]，可是軍部的中心政策是不会有改变的。林銑現在口口声声高唱日本內外的情况的「嚴重」、「日本的困難」，以至「須有对時局正確之認識」。这一「認識」便是大扩的準備戰，而軍部也允許接受这一認識的內閣登场。任何議会是不能變更这一基本政策的。

因此，在認識日本總選舉結果当中，我們首先要有一個一致的認識，不要以為因此中日就可以松弛一点，以為形勢就似乎和緩一点。日本人民的左傾現象对我們是有利的客观條件，他更要求中日人民利用这一個有利條件，堅固地团結起来，加速地来準備自己。另一方面，日本人民的反法西斯情緒的高漲，这是不容忽視的。東京不久以前的軍事工人與公共汽車的風潮，鐵道工人的加薪要求，这回選舉中黃色工党（社大党及其他）的獲取了一百餘萬票，这一切是空前戰備負担加重压在日本勞動人民身上，物價的几年来直綫式的高漲，日本勞動群眾非人生活直接的回答。这一左傾現象，是必定継續增進的，因為無論是日本資產階級或軍部法西斯蒂都無法解決这一基本問題，瘋狂戰爭準備越急，日本的勞動人民的生活越牛馬化，对于勞苦群众的反抗，是必定更為急劇的。現在的問題，只決定于日本的前衛無產階級政党日益堅强的領導和奮勇的斗爭，而自從三一五事件以来，日本的党已逐漸鍛鍊的更加為東方最能戰斗的共產国际支部之一了。

若果我們要在日本總選舉中找到「友邦」的話，那末这「友邦」是存在日見壯大的人民陣線隊伍裡，而不是在東京的軍部和外務省那裏。中日人民應該在自己加紧抗戰的準備中去實現，和日本國內的反法西斯的人民勢力攜起手來。

## 西班牙內戰

### 巴薩羅納城發生暴動
### 叛軍飛机轟炸比尔波

法口電：西班牙巴薩羅納城近日因無政府主義派暴動，先後死者达四百余人，受伤者达千余人之多。該地七日已恢復混乱秩序，該城与加太隆自治邦其余城市間的電話交通昨六日恢復後，今日又遭阻断。聞暴動原因是西班牙政府決定任命總司令一員指揮加太隆自治邦各属各种軍隊，但無政府主义者拒絕，遂致發生流血巷戰。

西班牙電：自六日夜起巴薩羅納没有戰事，大局尚與静间。時有西口軍艦兩隻，載兵很多到巴薩羅納。

又電：比尔波港七日遭叛軍飛机多架，在本城附近大實施擲炸彈轟炸，先後約十余次，死傷損失甚大。

# 日增设京沪平参事官
# 森岛将任平参事官职

**南京电：**日本外务省最近决定在驻华使馆内增设参事官三人，分驻南京，北平，上海等地，帮助使馆事务，除京沪两参事官已到任外，驻平参事官将决定由外务省东亚局长森岛调任，这是日本加强对华政策的人事准备。

# 新中華報

苏维埃中央政府机关报
第三百四十五期

## 國內消息

### 德王在嘉卜寺開軍事會議
### 植田大將亦赴該地參加
### 協商進攻綏東的軍事計劃

北平電：关係方面息，綏東情形日趨緊張，連日以來德王李守信等人在嘉卜寺召開重要会議，日本关東軍植田大將由承德飛嘉卜寺，與德王等协議數次商討進攻綏東的計划，植田已啓程回承德，德王在嘉卜寺主持一切。自植田到熱河後，日軍即行開始增兵熱河边境，察北除原駐有日軍一師团人以外，又新開到松本旅，駐多倫、張北一帶，以準備隨時参加綏東前线作戰。聞日本此次進攻綏東，除仍令偽匪軍直接作戰外，另一方面將調動大批日軍亦参加戰争，以期一下子佔領綏遠，所以這次戰争的严重性，远非前数次的戰争所可比拟的。

### 蔣介石到沪

上海電：蔣介石於六日由杭州到上海，聞此来將转南京一行。

### 五一軍調往苏北五县
### 津浦南段警備部成立

徐州電：徐州、海州警備司令部奉南京命令已於七日撤消，苗杰奉命八日赴海州籌設隴海東段警備司令部，胡宗南八日起成立津浦南段警備部。

又電：東北軍五一軍于學忠部三師將駐防江苏北部之淮陰、沭陽、灌雲、宿遷等五县，现已分别開拔中。

### 日東洋製紙會社
### 在天津設分廠

天津電：日本東洋製紙会社在天津設立分廠，已在特一區指定了廠址，資本共一千万元，今年秋季着手建築，籌備出貨。該社社長内田大已到津主持一切籌備事宜。

### 日增設京沪平参事官
### 森島將任平参事官職

南京電：日本外务省最近决定在駐華使館内增設参事官三人，分駐南京、北平、上海等地，辦理使館事務。除京沪兩参事官已到任外，駐平参事官將决定由外务省東亞局長森島調任，这是日本加强对華政策的必要準備。

## 社論
### 日本総选舉

日本的總選舉結果揭曉了。結果是大家意料中的，民政、政友兩黨仍佔議會的大多數，社会大衆党獲得一百萬票而增加了一倍的議席，而軍部操縱的……没有一個不遭受失敗。總選舉的結果證明看法西斯勢力的失敗，證明着日本廣大的人民是反对瘋狂備戰的法西斯軍閥的。

是在日本法西斯蒂就已經遭受了致命的打击。这是一個打击，而且是絕不是一個致命的打击——足以使法西斯蒂政策遭受根本的挫折的打击。總選舉結果如此，能頸以林銑内閣態度的崛強，證明這一事實。軍部在迫不得已時，可以調換其傀儡而使另一不偶登場，可是軍部的中心政策是不会有改变的。林銑現在口口声声高呼日本内外的情况的「嚴重」、「日本的困難」，以至「須有付時局正確之認識」。這一「認識」便是大規模的备戰的积極備戰，而軍部尤先要接受這一認識的内閣登场。任何議会是不能变更这一基本政策的。因此，在認識日本總選舉結果當中，我们首先要有一個一致的認識，不要以為因此中日就可以松弛一点，以為形势就似乎和緩一点。日本人民的左傾現象对我们是有利的客观條件，他更要求中日人民利用这一個有利條件，堅固地團結起来，加速地来准備自己。另一方面，日本人民的反法西斯情绪的高涨，這是不容忽視的。東京不久以前的電車与公共汽車的風潮，鉄道工人的加薪酝酿，这回選舉中黄色工党（社会大衆党及其他）的獲取了一百餘万票，这一切是空前戰備負担加重压在日本勞動人民身上，物價的几乎是直线式的高漲，日本勞動群众非人生活直接的回響。这一左傾現象，是必定繼續增进的，因为無論是日本資産階級或軍部法西斯蒂都無法解决这一基本問題，瘋狂戰備越急进，日本的勞動人民的生活越牛馬化，日本勞苦群众的反抗，只必定更為剧烈的。现在的問題，只决定于日本的前衛無產階級政党日益堅強的領導和奋斗的過程，而自從三一五事件以来，日本的党已逐渐鍛錬出成為東方最能戰鬪的共产国际支部之一了。

若果我们要在日本總選舉中看出「友邦」的話，那末这「友邦」是存在日見壯大的人民陣線隊伍裡，而不是在東京的軍部和財閥官邸裏。中日人民應該在自己加緊抗戰的準備中去实現，和日本國内的反法西斯的人民势力携起手来。

## 西班牙内戰
### 一
### 巴薩羅納城發生暴動
### 叛軍飛机轟炸比尔波

法口電：西班牙巴薩羅納城近日因無政府主義派暴動，先後死者达四百余人，受伤者达千余人之多，該地已恢复混乱秩序，該城与加太隆尼亞省其余城市間的電話交通昨六日恢复後，今日又遭阻断。闻暴動係因民兵须由政府决定任命總司令一員指揮加太隆尼亞各属各种軍隊，但無政府主义者拒絕，以致發生流血巷戰。

西班牙電：自六日夜起，巴薩羅納仍有戰事，大局尚未靜固，時有西口軍飛机两隻載兵很多到巴薩羅納。

又電：比尔拔港七日遭叛軍飛机多架，在本城附近大空擲炸彈轟炸先後約十余次，死伤损失甚大。

五卅十二周年纪念
—供各地宣传材料



期
新中华报零三百五十七期
版
零二版
时间
一九三七年五月十六日

# 五卅十二周年纪念

## ——供各地宣传材料

十二年前在帝国主义残酷压迫之下的中国人民以工人阶级为先锋掀起了伟大的“五卅”反帝运动。

时间是一九二五年的五月，一个在上海的日本纱厂叫做内外棉纱厂里面，中国工人顾正红，因为反对日本资本家的惨酷压迫和剥削代表全体工人向日本资本家要求增加工资改良待遇……被工厂的日本职员以手枪打死，于是引起了全上海的工人学生等的愤激，集合了几十万的群众游行示威并要求惩办凶手等。

当群众游行至上海最热闹的南京路时，帝国主义者即开枪向群众射击，群众当即死伤百余人，第二天□□上海市民——工人学生商人，罢工，罢课，罢市，反对英日帝国主义者这一空前的帝国主义的行凶立即引起了全国人民一致的反抗运动。

“五卅”在中国民族的历史上写出了最壮烈的一页“五卅”惨案教训了中国民族只有团结民族坚决抵抗中华民族才得独立自由，“五卅”惨案教训了全国人民无疑义的是中国民族革命最坚决的生力军与先锋队。

在“五卅”事件中充分地表现了中国无产阶级的英勇告诉了全中国人民没有中国无产阶级的领导，中国民族的解放是不能彻底取得的。

五卅到现在已经是十二周年了现在正是日本帝国主义加紧侵略中国，疯狂的准备大规模的侵华战争，要想进一步来整个灭亡我国的时候，全国人民一致地要求着迅速准备抗日，要求给全国一切人民以抗日的民主自由。我们祖国的儿女们！为了拯救我们的祖国，一致举起我们的拳头来高呼着：

纪念“五卅”巩固国内和平争取民主自由迅速准备抗战！

打倒日本帝国主义！

中华民族解放万岁！

## 叛軍継續向比尔波前進 比尔波处在叛軍包围中

西班牙電：叛軍十一日在巴斯克邦前线佔領維士加尔奇山地後，政府軍不得不以全力守卫堪尔加洛地方的防线——即比尔波港最后一道防线。十二日叛軍已開始佔領控制比尔波港附近的各山谷，以作進攻該港的準备云。

又電：叛軍在維斯加尔奇山地與何摩勒弟太鎮一带同時推進之後，当已將該鎮完全包围，該处政府軍尚在頑强抵抗中。

## 日本承認西叛軍政府

東京電：傳聞日本政府已經承認西班牙叛軍政府，并派遣外交與商業使員到西班牙去叛軍薩拉蔓加，日本政府对這一消息，只是裝模作樣的加以「否認」。法西斯的侵略者是一鼻口出气的傢伙，是極端鼓吹戰争的。

又電：西国叛軍首領弗朗哥與日本陆軍正在進行秘密談判，日本想获得製造軍械所需要的原料云。

## 英驱逐艦被叛軍轰炸

倫敦電：英驱逐艦一隻在西班牙阿尔米利亞海面受叛軍飛機轰炸，因而发生爆炸，死三人，傷十二人。英国政界聞消息後，大為震動，等到詳细報告後，就提交內閣討論，英政府採取極堅決的態度来对付西叛軍的無理舉行云。

## 德义法西斯巨頭会晤

奧京電：欧卅法西斯侵略者两大魔王莫索里尼和希特勒將于日內会晤，十五日有德门特別快車一列通过奧境直到义国，據一般观察者說，火車不是德国希特勒派往迎接莫索里尼的，就是希特勒親往义大利去與莫索里尼会面。

維納電：今日有專車一列由柏林到达維也納，係前往义大利威尼斯港的，該火車达該地換包廂，窗门一律关閉，不見外人，一般人預料，必定是希特勒乘車前赴义與莫索里尼見面。

## 義大利將退出国联

巴黎電：據一般人士观察，义大利政府將于本月末宣佈退出国联，义大利这种行動，意思是在对国联拒絕承認該门兼併阿比西尼亞表示抗議云。

## 日苏关係談判未獲結果

東京電：日外相佐藤十三日與苏联駐日大使优列涅夫晤談，交換意見，兩人談話虽久，而双方意見仍沒有接近，佐藤对于現在臨時漁業協定在本年满期後締結永久漁業協定的条款，及和去年十一月間日德「反共協定」公佈前苏联所发表者相同的可能，曾向优列涅夫探詢意見，优列涅夫以日滿边境问题探詢佐藤意見，所以又沒有得着最后结果。

## 罗门在匈边界建築防禦工事

罗馬尼亞電：罗馬尼亞與匈牙利的交界地方，將依照法国東方边境所建築的馬奇諾防線建造重要的防禦工事，关於這个事实，罗国当局正在全门範围內動員，要求全国人民勞動服务团青年团員大家都参加這種建築云。

## 英国召開帝国会議

倫敦電：英帝国会議十四日開会，討論的重要事件為外交與國防，英门在這会議討論以后，將自定英门外交政策，对于门防问题的具体决定，亦將詳细的在会議中討論。

## 紀念「五卅」标語口號

一．紀念「五卅」，鞏固国內和平，爭取民主权利，準备对日抗戰！
二．發揚「五卅」精神，擴大抗日運動！
三．团結禦侮，收復失地！
四．動員全国人民為民主共和国而奋斗！
五．要求南京政府開放民主自由！
六．造成苏区為抗日民主的模範区！
七．实行普选民主制度！
八．發展苏区经濟建設，改善人民生活！
九．提高苏区文化教育工作！
十．中華民族解放万歲

## 五卅十二週年紀念

——供各地宣傳材料

十二年前在帝门主义殘酷壓迫之下的中国人民以工人階級為先鋒掀起了偉大的「五卅」反帝運動。

時間是一九二五年的五月，一个在上海的日本紗廠叫做內外棉紗廠裡面中国工人顧正紅，因為反对日本資本家的残酷压迫和剝削，代表全体工人向日本資本家要求增加工資改良待遇……被工廠的日本職員以手槍打死，于是引起了全上海的工人学生等的憤激，集合了几十万的群众遊行示威，並要求懲办兇手等。

当群众遊行至上海最热鬧的南京路時，帝门主义者即開槍向群众射击，群众当即死傷百余人，第二天上海市民——工人学生商人罷工罷課罷市，反英日帝门主义者这一空前的帝门主义的行兇，立即引起了全国人民一致的反抗運動。

「五卅」在中国民族的歷史上寫出了最壯烈的一頁，「五卅」慘案教訓了中国民族，只有团結民族堅决抵抗，中華民族才得独立自由，「五卅」慘案教訓了全门人民，堅决的是中国民族革命最堅决的生力軍與先鋒隊。

在「五卅」事件中充分地表現了中门無產階級的英勇奋斗，訴了全中门人民沒有中门無產階級的領導，中国民族的解放是不能徹底取得的。

五卅到現在已經是十二週年了，現在正是日本帝门主义加紧侵略中门，瘋狂的準备大規模的侵華戰爭，要想進一步来整个滅亡我国的時候，全国人民一致地要求着迅速準备抗日，要求給全门一切人民以抗日的民主自由。我們祖国的兒女們！為了拯救我們的祖国，一致舉起我們的拳头来高呼着：

紀念「五卅」，鞏固国內和平，爭取民主自由，迅速準备抗戰！

打倒日本帝国主義！

中華民族解放萬歲！

1937 新中華報 上海新闻整理汇编

蒋介石到南京

珍藏版

期：新中华报零三百五十八期

版：零二版

时间：一九三七年五月十九日

## 蒋介石到南京

**上海电：** 蒋介石到上海看病已完毕，十七日乘飞机离上海飞南京，闻蒋介石此次到南京大约会销假正式视事。

一九三七年五月十九日　新中華報　（第二版）

## 國內消息

# 日本抽調大軍來華
## 綏東形勢更形嚴重
## 傅作义視察綏北防务

北平電：日本前次决定在本日内再調動大兵數師团到中囗来，现在松井師团已到奉天開入热河，準備继续西進，另一師团也已继續進到山海关華北各重要地点，廣島師团駐青島。華北之河北，山東，綏远，山西等省形势嚴重，據一般传說，日本計划對華北暫时維持現狀，準備机会一举而武力佔領華北，近来則集中力量在華中活動，企图引起事端，其意思是在於一旦奪取華中，則華北就不成問題。但是我們絕对不要忘記了綏東形勢的嚴重性，近来日方指揮匪偽積極準備，以南壕塹為根据地，大規模運送粮食武器，日方派出大批軍官入匪偽軍中，并派了大批偵探到集寧刺探消息，百灵廟尤其為日本注意，近日已發現汗奸在活動。

歸綏電：綏远形势近日来頗呈紧張，戰争又將爆發，傅作義將軍為了視察各地防务，特於十二日赴綏北各地視察，計傅將軍十二日到武川，召集駐軍士官訓話，十三日到烏兰花，大庙子視察，十五日轉百灵庙，稍事休息并視察防务，并召集軍官訓話，十六日返綏。

平地泉電：刘桂堂匪部二千余名由热河兼程向西開拔，其先头部隊四五百余人，十五日開到商都，其余的後續部隊正積極開動中。

又電：匪偽軍經常派遣廿人至卅四十余人組成的小部隊，潛赴綏東擾乱，并在各村莊搶劫人民馬匹及其他財物，綏東前線最經常听到有槍砲声。

## 日本收買汗奸 在河南秘密活動

鄭州電：日本收買汗奸携帶大批款子入河南，企图收買流氓与土匪擾乱与破坏地方治安，河南当局十五日在鄭州花衣街捕獲主犯刘英博，杜長德，闫得海等三人，并搜出现款百余元与軍狀芦照信件等東西。

## 日人在雲南活動 喜多誠一到昆明

昆明電：駐華日大使館武官喜多誠一十五日乘車到云南省城昆明，并拜見省主席龍云有所商談，定十九日轉上海。

北平電：華北各地領事將於廿二日在天津舉行会议，駐濟南日領，亦参加，北平日使館代办加藤將於廿一日赴津。

# 東北軍照二二編制 于學忠部開拔完峻

南京電：关於東北軍整理問題，経軍委会主任刘峙与各委員商量，大体已經决定，刘峙定廿日到開封召集会议，據說整理以後的東北軍番号是不是变更，也没有决定，原来東北軍編制是每軍四師，每師三团，整理後一律改為二二制，就是每軍二師，每師二旅，每旅二团，完全囗軍化，各軍所有官兵均在原軍，總部人員則分配其他各机关任用，軍餉从七月起照囗軍餉額發給，目前只能維持現狀云。

蚌埠電：于學忠部之五一軍駐蚌埠部隊均已開拔完畢，軍部及総部公署直屬各团隊駐淮陽城。

## 蔣介石到南京

上海電：蔣介石到上海看病已完畢，十七日乘飛机由上海飛南京，聞蔣介石此次到南京大約会銷假正式視事。

## 沪警察追捕毒犯 被鮮人殴打受傷

上海電：北四川路一帶經常有日鮮人販毒售毒，一年以来，經当局破获售毒犯实不下十余起，捕获吸毒人犯四百余人，日昨警局警长發覺可疑的華人一名由三个鮮人保護，故警长当即進捕毒犯華人，鮮人即將該警長围打，受傷很重，日鮮人在上海的行為真是目中無人了！

## 連日津海关發現 浪人打傷关員事件

天津電：天津海关附近虽然設立了很多关卡，但是一般日本浪人依然有押私貨強行外運事情，甚至於一週内有関員被打傷或者綁去的事件發生，日本在華北行動越来越兇了。現海关当局决定增派各分卡兵力負責查緝云。

## 浪人麻醉关員 偷運私貨

天津電：天津浪人私運銅元及鐵鉄之風氣仍甚利害，津海关十五日又在法租界碼頭查獲浪人私運銅元五十万枚，当予扣留，将其全部没收。近来日浪人運私貨的花樣多端，有暗地裡把关員麻醉，然後將私貨偷过关卡的事情發生。

## 國際消息

東京電：日外相佐藤十七日在全囗地方長官会議中發表演說，他說整對華关係最為重視。佐藤說：去年中囗不幸事件屢次發生，使中日邦交不能順利進行，中囗內部一致抗日的口号非常盛行，兩廣与西安事件的解决表示抗日主义在中囗內政方針上的重要，更表示中囗內的統一，至於中囗抗日情緒的高漲，係由於中囗人民的誤解（？）（日本是不想侵略中囗（難道佔領東北，進攻綏東，华北貿易偽政府成立不是侵略么？——編者）日政府正計划設法促進中日經濟文化的合作，以造成兩囗間的和睦空氣，建立兩囗間互相依存的經濟关係（这就是說，叫日本吞并中囗）云。

又電：参政及民政兩大党正積極進行打倒林內閣的時候，

## 佐藤大放烟幕弹 林內閣實行獨裁

林内阁都公開的說：内阁决不顧一切的宣佈政治改革的方針，除此以外再没有其他办法来解除日本危机，就是日本与別囗在外交上得着調整，而日本的危机仍然不能克服，因之必須採取果急手段，林銑十郎在聽内阁有调換的說法，企图所設立後，林直轄的权力更加扩展，更加進到獨裁的道路上去。

## 英報鼓傳囗际空氣趨和緩

倫敦電：法囗航部長高倫日前与包尔溫会談後，倫敦各报纸对这件均加以評論，以為这次談話後囗際空氣已趨和緩，关於西欧公約問題甚至於德囗重返囗联問題均已有所準備，可望在最期內召集囗際会議和討論云。

期：新中华报零三百五十八期

版：零二版

时间：一九三七年五月十九日

## 沪警察追捕毒贩被鲜人殴打受伤

**上海电：** 北四川路一带经常有日鲜人贩毒售毒，一年以来，经当局破获售毒机关不下十余起，捕获吸毒人犯四百余人。日昨［昨日］警察又发觉可疑的华人一名由三个鲜人保护，警察当即追捕毒犯华人，鲜人即将该警士围打，受伤很重，日鲜人在上海的行为，真是目中无人了。

## 國內消息

### 日本抽調大軍來華 綏東形勢更形嚴重 傅作义視察綏北防务

北平電：日本前决定在本月內再調動大兵數師团到中國來，現在松井師团已到奉天開入熱河，準備繼續西進，另一師团也已繼續進到山海关華北各重要地点，廣島師团駐青島。華北之河北、山東、綏遠、山西等省形勢严重，據一般傳說，日本計劃對華北暫時維持現狀，準備找个机會一举而武力佔領華北，近來則集中力量在華中活動，企圖引起事端，日寇意思是在於一旦奪取華中，則華北就不成問題。但是我們絕对不要忘記了綏東形勢的严重性，近來日方指揮匪偽積極準備，以商都為根據地，大規模運送粮食武器，日方派出大批軍官入匪偽軍中，并派了大批偵探到集寧剌探消息，百灵庙尤其為日本注意，近日已發現汗奸在活動。

綏遠電：綏遠形勢近日來頗呈緊張，戰爭又將爆發，傅作義將軍為了視察各地防务，特於十二日赴綏北各地視察，計經：將軍十二日到武川，召集駐軍士官訓話，十三日到烏兰花、大庙子視察，十五日赴百灵庙犒軍休息并視察防务并召集軍官訓話，十六日返綏。

平地泉電：刘桂堂匪部二千余名由熱河兼程向西開拔，其先头部隊四五百余人，十五日開到商都，其余的後續部隊正積極開動中。

又電：匪偽軍經常派遣廿人至卅四十余人組成的小部隊潛赴綏東擾乱，并在各村莊搶劫人民馬匹及其他財物。綏東前線經常听到有砲声。

### 日本收買汗奸在河南秘密活動

鄭州電：日本收買汗奸携帶大批款子入河南，企圖收買流氓与土匪擾乱与破坏地方治安。河南当局十五日在鄭州花衣街捕獲主犯刘英博、杜長德、周得海等三人，并搜出現款百余元与軍装、护照、信件等東西。

### 日人在雲南活動 喜多誠一到昆明

昆明電：駐華日大使館武官喜多誠一十五日乘車到云南省城昆明，并拜見省主席龍云有所商談，定十九日轉上海。

北平電：華北各地領事將於廿二日在天津舉行会議，駐濟南日領亦參加，北平日使館代办加籐亦於廿一日赴津。

### 東北軍照二二編制 于學忠部開拔完峻

南京電：关於東北軍整理問題，經軍事整委会主任刘峙与各委員商量，大体已經決定，刘峙定廿日到開封召集会議，據說整理以後，東北軍番号是不是变更，還沒有決定，原來東北軍編制是每軍四師，每師三团，整理後，一律改為二二制，就是每軍二師，每師二旅，每旅二团，完全□軍化，各軍留有官兵均在各軍，總部人員則分配其他各机关任用。軍餉从七月起照□軍餉額發給，目前只能維持現狀云。

蚌埠電：于學忠部之五一軍駐蚌埠部隊均已開拔完畢，軍部及總指揮公署直屬各团隊駐淮陽城。

### 蔣介石到南京

上海電：蔣介石到上海看病已完畢，十七日乘飛机由上海飛南京，聞蔣介石此次到南京大約会銷假正式視事。

### 沪警察追捕毒犯 被鮮人殴打受傷

上海電：北四川路一帶經常有日鮮人販毒售毒，一年以來，經当局破获售毒犯人不下十余起，捕获吸毒人犯四百余人，日昨警察又發覺可疑的華人一名由三个鮮人保護，故警察当即追捕毒犯華人，鮮人即將該警士圍打，受傷很重，日鮮人在上海的行為真可說目中無人了。

### 連日津海关發現 浪人打傷关員事件

天津電：天津海关附近雖然設立了很多关卡，但是一般日本浪人依然有押私貨强行外運事情，甚至於一週內有關員被打傷或者綁去的事件發生，日本在華北行動越來越兇了。現海关当局決定增派各分卡駐力負責查緝云。

### 浪人麻醉关員 偷運私貨

天津電：天津浪人私運銅元及廢鐵之風氣仍甚利害，津海关十五日又在法租界碼頭查获浪人私運銅元五十万枚，当予扣留，并將其全部沒收。近來日浪人運私貨的花樣多端，有暗地裡把关員麻醉，然後將私貨偷過关卡的事情發生。

## 國際消息

### 佐藤大放烟幕彈 林內閣實行獨裁

東京電：日外相佐藤十七日在全□地方長官会議中發表演說，把調整对華关係最為重視，佐藤說："去年中□不幸事件屢次發生，使中日邦交不能順利進行，中□內部一致抗日的口号非常盛行，兩廣与西安事件的解決，表示抗日主义在中□內政方針上的重要，更表示中□內的統一，至於中□抗日情緒的高漲，係由於中□人民誤解（？）日本是不想侵略中□（難道佔領東北，進攻綏東，冀東偽政府成立不是侵略么？——編者）日政府正計劃設法促進中日經濟文化的合作，以造成兩□間的和睦空氣，建立兩□間互相依存的經濟关係（这就是說，工業日本，农業中□）"云。

又電：当政友民政兩大党正積極進行打倒林內閣的時候，林內閣却公開的說：內閣決不顧一切的阻礙，實行政治改革的方針，除此以外再沒有其他办法來解除日本危机，就是日本与別□在外交上得着調整，而日本的危机仍然不能克服，因之必須採取緊急手段。林銑十郎否認內閣有調換的說法，企劃所設立後，林首相的权力更加扩展，更加走到獨裁的道路上去。

### 英報盛傳国際空氣趨和緩

倫敦電：法□防部長百倫日前与包尔溫及艾登会談後，倫敦各報紙對这件均加以評論，以為这次談話後□際空氣已趨和緩，关於西歐公約問題甚至於德□重返□聯問題均已有所準備，可望在短期內召集□際会議和討論云。

日对華关係調整方針已決定

# 日对华关系调整方针已决定

**东京电：**日外务省对华外交调整方针新训令，原则已定，具体方案须由森岛等□华考察回来后再详细研究，该训令内容则为停止新的冲突的发生，逐渐谋两国关系的改善，坚持去年十二月对中国政府的照会，初步求减低关税，开办上海福冈间航空线等问题的解决，关于冀东察北的取消问题，则避免与中国的谈判云。

一九三七年五月二十九日　新中華報　（第二版）

## 杨虎臣飞沪转京
### 川军整理方案在协商中

西安电：杨虎臣廿七日由陕飞上海转南京，見南京当局向各部長官辞行并办理出口考察手续，同行者有周梵世等十八人。

南京电：对于解决川省问题在军事方面，刘湘表示有些意見后，经双方磋商，双方已经接近，刘湘代表刘航琛谈：对于川军整理方案经过数次与中央协商可望顺利解决，刘湘又派军事負責人到京，依据所定方案再商整理军事的详细实施办法云。

### 冀察考察团回国

青岛电：冀察政委会张任日本考察团张自忠等人廿六日到达青岛，廿七日到济南，廿八日离济南返平。

## 日对华关系调整方针已决定

東京電：日外务省对華外交调整方针，新训令，京则已定具体方案，须由森岛参事官回来后再詳细研究，该训令内容则为停止新的冲突的发生，避免断谈两国关系的改善，坚持去年十二月对中国政府的照会，初步求减低关税、开办上海福冈航空线等问题的解决，关于冀東察北的政治问题则避免与中国的谈判云。

## 日陆相杉山谈话
### 政府应再度解散议会

東京電：日陆相杉山廿七日发表谈话：主张林内阁务必抱着再度解散众院的坚强决心，以应付将来的特别议会。本人对外传林首相有辞职意表示不相信，如果议会一致对政府表示不拥护，政党仍然继续坚持倒阁方针，则只有採取「果决」手段，就是说再度解散议会云。

## 日外务省銀行界開会
### 决定加强对華經濟侵略

東京電：日外务省官員與在華投資有关的各銀行家二十六日举行会议，出席者有外务省东亚局長，大藏省財务局長……等（代表政府）及各銀行要人，各代表互相交换意見，对日政府提倡的对華经济提携計划有所討论，决定在長江流域各口岸設立机关收買上海汉口的私营银行，派经济使節赴華，在日駐華大使館内办事处設立经济商务課，在外务省内設立中日经济調查課，以加强日本对華经济侵略的组织云。

## 無政府党乱事
### 影响西戰局

西班牙電：瓦伦西亚政府已派遣援軍到巴斯克邦，据闻某地無政府主义者将人民陣线領袖百余人执行槍决，此次無政府党的乱事，使西班牙政府不得不缓行其向呼埃斯加、萨拉哥撒等的進攻，以解比尔波俄圍的計划。

## 西代表团贊助
### 英代表主張

日内瓦電：出席国联的西国代表团二十五日称：西政府贊助英代表所主张撤回在西志願兵的建議，并称非等該項主张在原则上為大家所同意，則無休戰或調和的可言。只有撤退志願兵的建议，西代表团才能接受云。

＊　＊　＊　＊　＊

## 今年的选举运动
### ——续上期——

（觉我）

国民党新製的选举法，有什么指定当然代表等……说明他们要保持统治阶级的优胜，这个不平等是要不得的。……我们要的是一样各阶级的人都平等想来，那末选出来的人自然是多数人所要选的了。

在选举法上还有两点要说明的：（一）是选举年龄，我们历来是十六岁，而它规定的是二十岁。小孩子懂得些什么呢？我们说：懂得！民族革命中青年起了很大作用，白区里救亡运动青年总是打先锋，没有理由可以把十六岁到二十岁的青年摈在政治圈子以外。十六岁可以入伍吗？我们说：入伍年龄和选举年龄可不一样，保障青年……应该入伍，保障青年政治权利，十六岁应该参加选举。

二是吃鸦片的没有剥夺他的选举权，这不是说鸦片可以吃，而是说禁鸦片不靠用剥夺选举的法子，南方许多苏区没有禁……鸦片自然没有了。陕甘宁吃鸦片的特别多，要想很多方法剷除这毒物，但一下子把差不多过半数的人口废除在政权以外，那不是办法，所以不取他。

上面说了选举法和以前不同之点，现在再看选民行使主权的形式也大大不同。苏维埃选举是宝塔式，是一根直线形成的，没有立法权与行政权的分立。现在议会和政府有点平列的样子了，附图表示：

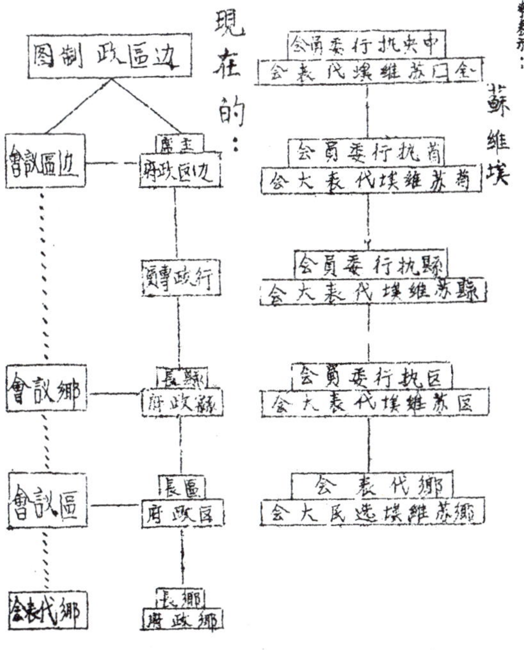

期
新中华报零三百六十一期
版
零二版
时间
一九三七年五月二十九日

# 日外务省银行界开会
# 决定加强对华经济侵略

**东京电：** 日外务省官员与在华投资有关的各艮［银］行家二十六日举行会议。出席者有外务省东亚局长，大藏省财局长……等（代表政府）及各艮［银］行要人。各代表互相交换意见，对日政府提倡的对华经济提携计划有所讨论，决定在长江流域各口岸设立机关收买上海汗［汉］口的私营艮［银］行派经济使节赴华。在日驻华大使馆沪办事处设立经济商务课，在外务省内设立中国经济调查课，以加强日本对华经济侵略的组织云。

## 楊虎臣飛沪轉京 川軍整理方案在协商中

西安電：楊虎臣廿七日由陝飛上海，转南京見南京当局，同各部長官辭行，并办理出口放察手續，同行者有周瘦世等十八人。

南京電：对于解决川局问题，在軍事方面，刘湘表示有些意見，后经几次磋商，双方已经接近。刘湘代表刘航琛談：对于川軍整理方案，经过数次與中央协商，可望顺利解决，刘湘又派軍事負责人到京，依据所定方案再商整理軍事的詳细实施办法云。

## 冀察攷察团回国

青島電：冀察政委会派往日本攷察团張自忠等一行，廿六日到达青島，廿七日到濟南，廿八日离濟南返平。

## 日对華关係 調整方針已决定

東京電：日外务省对華外交調整方針新訓令，东京則已定具体方案，須待森島等南京考察回来后再詳细研究，該訓令内容則為停止新的冲突的发生，遏断謀求日中关係的改善，坚持去年十二月对中日政府的照会，初步求减低关税，開办上海福岡间航空綫等问题的解决，关于冀東察北的政治问题，則避免與中日的談判云。

## 日陸相杉山談話 政府應再度解散議会

東京電：日陸相杉山廿七日發表談話：主张林内閣务必抱着再度解散众院的坚强决心，以应付将来的特别議会。本人对外傳林首相有辭職意，表示不相信，如果議会一致对政府表示不拥护，政党仍然继续堅持倒閣方針，則只有採取「果决」手段，就是說再度解散議会云。

## 日外务省銀行界開会 決定加强对華經濟侵畧

東京電：日外务省官員與在華投資有关的各银行家二十六日举行会議，出席者有外务省东亜局長，大藏省財务局長……等（代表政府）及各銀行要人，各代表互相交換意見，对日政府提倡的对華經济提携計划有所討論，决定在長江流域各口岸設立机关，收買上海許口的私营銀行，派經济使節赴華，在日駐華大使館沪办事处設立经济商务課，在外务省内設立中日經济調查課，以加强日本对華經济侵畧的组织云。

## 無政府党乱事 影响西戰局

西班牙電：瓦倫西亜政府已派遣援軍到巴斯克邦，据聞某地無政府主义者將八民陣线领袖百余人执行槍决，此次無政府党的乱事，使西班牙政府不得不缓行其向呼埃斯加、加蓬拉哥拉等的進攻，以解比尔波港围的計劃。

## 西代表团贊助 英代表主張

日内瓦電：出席国联的西国代表团二十五日称：西政府贊助英代表所主张撤回在西志願兵的建議，并称此等商談項主張在原則上為大家所同意，則無休戰或調和的可言，只有撤退志願兵的建議，西代表团才能接受云。

※　※　※　※　※

## 今年的选举運動

（覚我）

——續上期——

国民党新製的选举法，有什么「指定」「当然代表」等……这就是他們要保持統治階級的优勝，這个不平等是要不得的。党若人比于世苦的人，行若于他的代表名额，它们要是一樣，各階級的人都平等，想来那末选出来的人自然是受数人所要选的了。

在选举法上还有兩点要說明的，（一）先选举年龄，我们歷来是十六歲，而只规定的是二十歲。小孩子懂得政治吗？我们說：懂得。民或年人还懂得多。十年苏維埃的事中青年起了極大作用，自区里改选運動，青年總是打先锋，没有理由可以把十六歲到二十歲的青年摒在政治圈子以外。十六歲可以入伍吗？我們說：入伍年龄和选举年龄可不一樣，保障青年自身的十六七歲应該入伍，保障青年政治权利，十六歲应該参加选举。

二是吃雅片的沒有剝奪他的选举权。這不是說雅片可以吃，而是說禁雅片不靠用剝奪选举的法子，南方許多苏区沒有禁所有雅片的，雅片自然沒有了。陕甘寧吃雅片的特別多，要想很多方法剷除这毒物，但一下子把至不多过来救的人口廢除在政权了外，那不是办法，所以不取他。

上面說了选举法和以前不同之点，现在再看选民行使主权的形式也大々不同。苏維埃选举是宝塔式的，一根直線形成的，沒有立法权與行政权的分立，现在議会和政府有点平列的樣子了，符圖來表示：

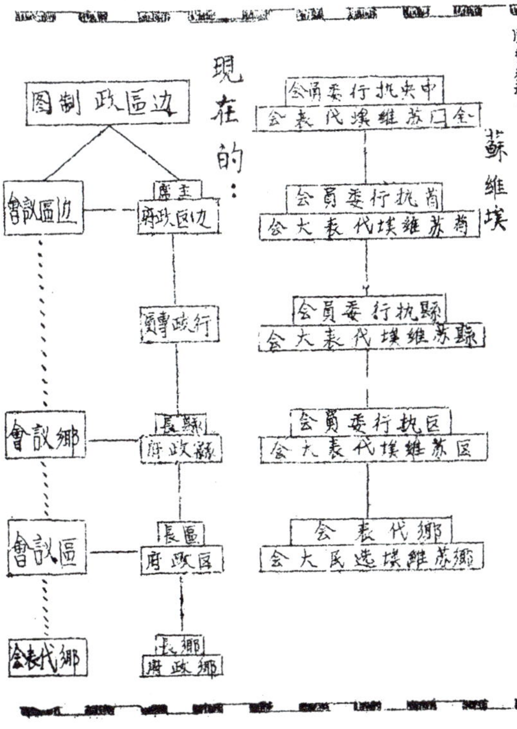

1937
新中華報
上海新闻整理汇编

上海伯力直接通报

珍藏版

期

新中华报零三百六十四期

版

零一版

时间

一九三七年六月九日

# 上海伯力直接通报

**上海电：**上海伯力开直达无线电路，经中国与苏联双方商量取得同意，于五日正式开放，此后上海与伯力通报，可不必再由莫斯科转。

新中華報
苏维埃中央政府机关报
第三百六十四期

## 汕頭事件可望具体解决 日旗艦两艘又抵汕頭市

[illegible]

## 日工兵在北平 張家口一帶演習

[illegible]

## 日在華北收買棉花 積極經营華北航業

[illegible]

## 華北走私花樣翻新 津海关續查獲私貨

[illegible]

## 社論 廣田的外交政策

[illegible]

## 日偽在東北的殘酷行為 逮捕拷打暴虐無所不為

[illegible]

## 川康軍事整理問題 被整理各部將領均接受

[illegible]

## 近卫的施政原則已決定 廣田发表外交政策談話

[illegible]

## 上海伯力直接通報

[illegible]

新中華報

上海市破獲販毒机关
日在華北秘密招募華工

期：新中华报零三百六十五期

版：零一版

时间：一九三七年六月十三日

## 上海市破获贩毒机关
## 日在华北秘密招募华工

**沪电：**上海市警察局十日在广东路破获韩人贩毒机关一所，搜获海洛英［因］大小五十二包，并捕获韩人女子一名，当交日领馆派员□去讯办。

**津电：**津日租界福昌公司派工头数人到保定一带私招华工，运往伪满建筑铁路，已密招三次，日昨又来保定招募约三十余人，当经侦缉队发觉，将该犯等一行扣留。主犯在逃，当局正严加注意中。

**又电：**津海关连日又破获大批私盐，系由营口转运来津的，以低价倾销，破坏我国盐业。

一九三七年六月十三日　新中華報　（第一版）

# 新中華報

蘇維埃中央政府机关报
第三百六十五期

## 國内新闻

### 上海市破獲販毒机关
### 日在華北秘密招募華工

沪電：上海市警察局十日在[illegible]路破獲韓人販毒机关一所，搜出海洛英大小五十二包，并捕獲韓人女子一名，当交日領館派員帶去訊办。

津電：津日租界福昌公司派工头数人到保定一帶私招華工，進行修筑鐵路，已招三次，日已又來招從前募約三十余人，由經[illegible]覺，將赴[illegible]一律押回，主犯在逃，当局正嚴加注意中。

又電：津海关連日又破獲大批私貨，係由塘沽口轉運來津的，以人造絲、顏料、紙煙[illegible]等為大宗。

### 日本故意延遲汕案解决
### 中國以迅速解决為方針

潮州電：七日停泊汕头的三隻日艦，八日忽然撤回，仍駐汕頭海面。

南京電：日作韻三日總領中村對汕頭事件，進行初步談判，其談判經过，已電告外交部，聞南京外交部表示以迅速解决為方針。

廣州電：汕案經政府指他作為地方問題解决，因此吳鐵城与中村總領交涉結果，已达到圓滿解决的希望。

### 刘峙到西安

開封電：刘峙八日率随从人員專車到鄭州，檢閱第五軍駐鄭部隊，并赴洛陽檢閱駐軍後，於十日到达西安，与顧祝同公議。

### 四川局勢已明朗化
### 組織川康軍整委会

何应欽將為主任
刘湘顧祝同為付

南京電：中央對川康軍整理，此次刘湘派代表來京，[illegible]後，並表示對中央整理川康軍，刘湘本人已有電給蔣，對此項整理已完無問題，並在迅速促其實現，因之整理川康軍事問題現已告一段落云。

又電：关於川康軍事整理方案，原則已經决定，設立川康整理委員会，主持一切整理事宜，及各項詳細問題，故川康軍將领至國軍化，川康軍整委会正積極籌組中，聞將以何应欽為主任，刘湘、顧祝同為付主任，駐付川康各軍之長分任委員。关於四川政治方面，將派張群入川视察云。

### 蘇州最高法院
### 審判沈章鄒諸愛國領袖

蘇州電：沈鈞儒、章乃器、鄒韜奮等七人，蘇州高等法院十一日下午二時審判，計提起公訴卷五千余份，後来因故傳出当時陳律師外伏十余人，審判罪状是「危害民国」，宣傳与三民主義不相容之主義，十二日下午開始辯論，至於審判結果情形，此時尚不得而知，容後再報。

## 國際新闻

### 廣田兼任企划所總裁
### 日內閣通过建立卫生省

東京電：近卫内閣已任命广田外相兼任企划所總裁。

又電：近卫内閣九日会议通过陸相杉山所提設立卫生省的建议，以供国家總動員軍需方策的另一計劃，已為政府所採納了，這是日本軍閥為了麻醉民眾的一个必要条件。

### 近卫决心改革議会

東京電：為改造[illegible]議会起見，政府对各省提出的法案正在研究中，至於議会改正法問題，则决定在特别議会中不予以討論，对議会内之議会政治改革問題，準備加以徹底与合理的改善。

### 意大利積極備戰
### 命令收集全國廢鐵

罗馬電：義政府十日公布命令一道，令全國各法西斯党及各团体，在全國口號內積極收集廢鐵，至於財政部門所[illegible]的鐵器也已徵收，進一步[illegible]機、其他各建築物的鐵、欄杆已徵[illegible]，由此鐵料製造炮彈，意大利法西斯準備戰爭的積極就可想而知了。

### 德國的外交活動
### 牛賴特与保王暢談

柏林電：德外長牛賴特与保加利亞王暢談[illegible]，牛賴特[illegible]極為一致，[illegible]兩國的友誼[illegible]於經济文化的合作也已商妥云。

### 法總理限制軍備談話
### 美政界人士表示同情

華盛頓電：法國總理勃魯姆發表談話称：目前世界準備戰爭，是使世界陷於更危險的地步，要停止這種競爭，是有可能的，因之當各國公佈軍備預算及國防次序，大家相約不要超過已决定的程度云。美国參院[illegible]对勃魯姆談話表示讚同這種限制軍備的觀点，与勃魯姆停止軍備競爭，美政府無不深感與趣，且準備与之合作云。

### 國联鸦片顧問会通過
### 取締中日毒品製造販賣案

日内瓦電：國联鸦片顧問会九日通过一决議案，請求中日两國政府合作，取締中國境内毒品的製造及販賣事，日政府对該决議复電称：該委会对海洛英製造實感扩大，同時韓人以此為生，故禁止時，他的生活实成問題，日政府当禁止這种營業云。

## 五卅纪念大会在云阳镇

云阳总指挥部，为纪念“五卅”曾动员直属队与当地各机关，各学校，各团体参加。并有泾阳县政府，三原学生救国会，西安学联代表，及由远方而来的东北军代表，上海日本纱厂的中国工人，人数达数千余。经主席报告开会的义意［意义］后，由各代表演讲，每经一代表讲完无不掌声如雷，情绪愤慨激昂，虽是农民代表，年龄未满十五岁的小学生代表的演讲，亦无不使观众兴奋。其中有上海日纱厂来的工友报告在日本纱厂里所受的种种压迫，工人的痛苦……等，更引起观众抗日怒潮的高涨。自由讲演后又继续演戏，从下午三时开会直至星出满天始散会。此次“五卅”纪念大会之盛况实从来所罕见。

（田进良）

一九三七年六月十三日　新中華報　（第二版）



## 监察舰安全问题 英德法义已成立妥协
### 欺军轰击政府辖区

伦敦电：关于西海岸监察舰安全问题，英德已成立妥协，并德义大利于本星期内可重行参加海面监察工作，并派代表继续出席不干涉委会，待英德正式成立后，即提交义政府。至于英法两国始终表示一致，目前重要工作，应是建设一种方案务使协商原则有充分力量云。

罗马电：义政府已送西国照会各国，英国建议对英国主张遇有新事发生后参加监察工作，英法德义四国应即进行协商一项予以拒绝，并要求参加监察各国有单独行使报复的权利云。后经英驻义大使与齐亚诺（意外长）接洽，义国已接受在行使报复前须先由参加监察各国进行协商，但对此项与德国交换意见，十一可作最后决定云。

伦敦电：苏联驻英大使以公函一件对西班牙不干涉委会主席要求参加调委会工作，谓苏国有权明瞭对现在调查的内容对西政府轰炸德巡洋舰一事，不干涉委会事前是否接得通知有所询问。英政界人士认为英政府力使德义二国参加不干涉委会，当不致因苏联的公函有所变更。

伦敦电：英外相艾登十一日与法德义三国大使举行会谈，以使起草监察舰安全保证实施办法，俟四国协定待协定成立后送西班牙战事双方请其接受。

西班牙电：西政府所辖之区域，八日又遭叛军飞机与炮队的轰炸，死亡颇大，以马德里为最利害，死百余人，伤二百余人，轰炸约一点半钟之久，炮弹炸弹落后约四五余颗。比尔波国岸遍受空袭，人民死伤甚众。又，伦西亚港亦受飞机轰炸，但损伤甚小。叛军巡洋舰在巴塞罗纳北面沿海炮击，亦无甚大损毁云。

## 波罗两国成立同盟

罗马尼亚电：罗国外长七日欢宴波兰总统，宴筵席上波兰总统发表演说，称：波兰罗马尼亚的同盟条约仅仅是共同防卫的性质，两国友谊与同盟关系实和国联盟约的精神完全符合云。波兰总统也演说，称：波兰两国同盟条约订立的结果已经使两国在各种事业上的合作，一天一天的发展起来云。

## 南总理德外长发表演说
### 希望两国实行亲善

南斯拉夫电：南国总理与德国外长牛赖特欢宴，南国重要人物均参加，南国总理演说谓：希望德国南国关系，更加增强，南国政府与各友邦研讨的国际协定，目的是在促进国际合作，假如其他各国有和南国合作的可能时，均当设法订立协定云。次由牛赖特演说谓：希特勒与人民深信德南的友好关系，更进一步增加，我们以诚意与亲善精神互相交换意见，并互相协商外交政策，以保障和平云。

## 选举工作训练班开学

本报特讯：苏维埃政府内务部前已决定举办选举工作训练班，由各地派人前来受训，据悉现为期已近，受训学生已到十余人（宗定六十人），因为选举时期迫近，故决定于十二日举行开学典礼，正式授课，以后来的随到随收。

## 教育部举办
### 妇女儿童学校

本报特讯：苏维埃政府教育部决定举办一妇女儿童学校，专门招收各级机关经军部队中参加工作的妇女及儿童，预计可招收五六百余人，现教育部已派员至延安附近各县筹备校址，十余天后即可正式成立开课，校期暂定一年半载。

**徐梦秋启事**

二万五千里长征稿第一本不知那位同志借去，现在急需补订全部，请即送还为盼。如有同志知道或看到此稿在何处，亦请告知，不胜感谢。

## 店头区的妇女工作
### 妇女组织大大发展

一般的说在过去中宜县的妇女工作是最落后的，主要的是由于这里的妇女一贯的受封建残余、迷信、旧礼教的束缚非常利害，使妇女工作不能很好的着手做起，所以我们为要加强妇女工作的领导，故在最近我们将妇女工作讨论过一次，指出了具体的工作方针，并指出以店头区特别是店头为中心，创造模范区。经过这次的讨论，我们的妇女部同志便更加强与抓紧了妇女工作的领导，积极的发动妇女，宣传妇女，组织妇女，参加到抗日救亡运动上来，到一月的时候，妇女工作便大大的扩大到三百余人为会员，同时在这种组织中都是经过民主的选举产生各小组组长，各分会主任，尤其在第三保後继坪村召集妇女会议时，到会妇女二十余名，组织了一个小组，其中有比较年青和灵活的一个妇女，大家都选他为小组组长，他毫不推任，当时他的母亲也叫他负责。

另外一方面在这里的妇女以前给我们的同志补一双袜子，还要赚手工洋三毛，後来经过我们耐心的宣传解释，他们都了解了这种内容，从此以後，不但一钱不赚，而且很欢迎的自动的帮助红军补，做衣服等，在不多几天内，一里镇的妇女给我们的部队做了十余套衣服，七八块被子，四五双袜子，结果一钱不要，这许多事实都表现在店头区一月来妇女工作的紧张情况，不过现在还继续的积极的进行中。

（王朗超）

## 五卅紀念大會在雲陽鎮

云阳总指挥部为纪念「五卅」曾动员直属队与当地各机关、各学校、各团体参加。并有泾阳县政府、三原学生救国会、西安学联代表，及由远方而来的东北军代表、上海日本纱厂的中国工人，人数达数千余。经主席报告开会的意义後，由各代表演讲，每经一代表讲完无不掌声如雷，情绪愤慨激昂，虽是农民代表，年龄未满十五岁的小学生代表的演讲，亦无不使观众兴奋。其中有上海日纱厂来的工友报告在日本纱厂里所受的种种压迫，工人的痛苦……等，更引起观众抗日怒潮的高涨。自由讲演後又继续演戏，从下午三时开会直至星出满天始散会。此次「五卅」纪念大会之盛况实从来所罕见。

（田建昆）

期
新中华报零三百七十二期
版
零三版
时间
一九三七年七月六日

# 沪丝厂女工联合罢工

**上海电：**上海复昶等十四家丝厂女工万余人，因要求改善待遇未遂，二日午起联合罢工。

# 延長貧農团改选的經驗

崔曙光

延長来信：延長縣最近在各農村中進行貧农团的改选，我們感觉有下面这些缺点，是值得大家注意的：

一、在改选中有大部份地方，事先没有很好的準備，沒有过去工作的檢查与今後工作的討論，在会議中，随々便々的選了一套。

二、改选時沒有發動会員的斗爭，对於过去工作不好的份子，没有進行有力的批評，大家对工作也有意見，不發表。

三、还沒有把改选的意義使每个会員了解，我們的改选是為着推動今後工作，洗刷領導机关中不好份子。

因為上面这些原因，所以在此次改选後仍然發生有这樣不可許容的現象：

一、某些地方被推选出来的負責人，表示对工作不滿意，不願負責任，推延不就任。

二、事前没有很好解釋，致选举出来的人有些地方是一些流氓份子，因之曾發生貪污，欺騙群众假公報私的現象。而脫离了群众。

上面这些严重弱点，要求他們針对这一些缺点，用極大的力量把他糾正过来。

## 兵工廠發現反革命活動

延長供給部兵工廠内發現有反革命活動，該反革命份子係吳儒肅反會派来的偵探，專門向落後的对生活不滿意的工人活動，鼓動個别落後份子拖枪叛变投敌，某天該偵探向張有福、萬仲才二同志活動，張萬二人是忠实於革命的，反革命數次進行欺騙煽惑，他們二人随即報告工厂負責同志，并將反革命活動的事实一一揭露出来，这樣該偵探逮捕，正在審判中。張黄二同志是堅决的革命者，他們的階級警覺性是值得表揚的。（首东）

## 雹災遍及横山縣

横山是沙漠地方，粮食生產異常缺乏，本月七月十八日起至廿五日止每天下午降冰雹，有鷄大的，有拳大的。四、五、六、七、八等五个區都遭雹災，八區草沟畔地方曾打死农民三个，今年秋收大部份已無希望了。

## 雹雨後的几个意見

刘凤山　王耀卿

據各地方来信云：自上月十八號至廿五六日止，全分區各地，如延川、延安、横山、靖边、子長……等縣均已遭受雹災。情形是十分嚴重，夏苗秋收几乎完全絕望，各地农民又多加上一層困难，災荒更加利害，农民痛苦已極，在此情形下，我們必須立即設法補救，不然，明年將更加糟糕，我对補救办法提出如下意見：

1. 首先由當地政府应派大批較好的幹部去災區各农村中進行耐心的宣傳解釋工作来安慰他們。並督促农民立即種蕎子蕎麦等以济急。
2. 在没有遭災的地區發動募捐来救济遭災的群众維持目前的生活。
3. 要求國民政府賑災總会增撥巨款来賑济陝北。

刘賢臣

# 國内消息

## 日寇在東北屠殺無辜人民
## 冀東謠言紛起呈戰時狀態
## 暴日收買漢奸到豫陝活動

探察北来人談：察北前起义的义勇軍現在仍在商都化德一帶集結，總数約二三千人，最近偽匪為防止人民反抗，準備收繳民团枪枝，目下察北人民紛々起義，日偽軍非常恐慌，同時偽匪軍官兵家属大部份在東北，日本近在東北紫村清鄉，大批屠殺人民，偽軍官兵家属也多被殺的，因之对日憤極不滿，醞釀着巨大的抗日運動云。

保定電：殷逆汝耕近来撤換大批縣長，因之謠言紛紛，偽政府各級職員均將家属送赴平津一帶，殷逆為籠絡人心，在通縣来往汽車，民家商店徹查甚嚴，該地已發生很大恐慌，現在日寇又在組織什么"中日滿聯合軍"，由張景惠、殷汝耕、李守信任偽軍長，同時并請求关东軍、華北日駐屯軍撥款六十萬元，準備修築工事。

鄭州電：日本在平津冀察各地收買大批汗奸，組織偽服务团，分赴豫陝西各地来刺探中國軍政情形，并勾結土匪，企圖擾亂地方治安。

天津電：日特务最近又派大批人員到察北一帶活動，日前北平東站曾經捕獲数人，準備到察北去的。

日寇对中國進攻是愈来愈明显了，中國当局与人民必須動員起来，立即發動抗日的民族戰爭！

## 南京要人齐集芦山

南京国民党及政府的重要人物，均先後紛々到芦山去，国民政府各部亦移芦山办公，計去該地人物有蒋介石、林森、汪精卫、王寵惠、何鍵、熊式輝、張羣、刘峙、吳鉄城及国民政府各部長，聞蒋介石於日内召集这些人員开会，其开会内容没有公佈，尚不得知。

## 沪絲厰女工联合罷工

上海電：上海复旭等十四家絲厂女工万余人，因要求改善待遇未遂，二日午起联合罢工。

## 日報鼓勵日政府对中國採取積極行動

東京電：日本各報紙均紛々討論日本对華政策，認為日本过去对華政策太消極了，太寬和了，致使中國方面態度日趋强硬，因之今後日本对華政策应該重新積極起来，以应付目前發展着的時局，至於中國主張首先解決政治問題取消冀东特殊化，也是日本过去太寬大了的結果，今後要解決政治問題，应該首先解決满洲問題，中國必須承認"滿洲国"，如满洲問題不解決，則華北問題亦無解決的可能，所以目前中日关係无須改善过去的方针和政策，向着積極的方向前進云。上面这些言論說明，显的是在鼓吹日本政府積極的進攻中國滅亡中國。

期

新中华报零三百七十六期

版

零二版

时间

一九三七年七月十九日

## 上海学生组织抗日军

上海电：上海各学校自日寇进攻华北，形势日益严重后，正在设法联合各学校的学生，组织学生抗日军，各校的抗日救国会非常活跃，并在准备与全国各学校取得联合，使学生抗日军具体成立，在这抗战的浪潮中，学生的爱国运动有更大的发展云。

# 日調援軍五個師團来華 兩個師团已全部集中平津

東京電：日本政府扣留商輪廿余隻，滿載軍隊與軍火開来中国，現在日本已調動的部隊有第五、第六、第十、第十五、第十六等五个師团，除两个師团已調到華北外，其余三个師团已开抵朝鮮待命增援，又朝鮮的后备隊亦已準备出動。

## 華北事件

### 双方進行談判 日本提出要求三項

北平電：关於芦沟桥事件，外间傳已簽訂協定，南京方面加以否認，不过此事中日双方人員仍在天津進行談商，至於正式談判日期尚未決定，據說此事經过張自忠與橋本会談數次，双方意見仍未接近。

又電：日使館武官今井武夫十六日訪晤秦德純（北平市長），并向秦提出嚴重要求三点：(1)撤消北平市的戒嚴令，恢復八日以前的狀態，(2)停止廿九軍在北路的越軌行動，(3)搜查失踪的日人。

又電：在天津談判中，日本主張廿九軍全部撤退到永定河以西，華北政府亦須改組，要和冀東政府那樣云。

## 宋哲元態度不明 平教界請廿九軍集中抗敵

北平電：北平教育界日前曾派人去見宋哲元，要求宋哲元廿九軍堅決抗战，据說宋哲元態度依然是不明不白，十六日平市教育界名人及各大学々生又去電致宋，把目前形势加以分析，陳請求廿九軍集中力量抗敌，不要協不讓步，但对和平解決，主張在不損失国家主权的原則下可以進行云

## 上海学生組织抗日軍

上海電：上海各学校自日冦進攻華北形势日益严重后，正在設法联合各学校的学生组织学生抗日軍，各校的抗日救国会非常活躍，并在準备召集全国各学校取得联合，使学生抗日軍具体成立，在这抗战的浪潮中，学生的爱国運動有更大的发展云。

## 日对英態度很强硬 不要第三者干涉談判

東京電：日本对于英国所表示的態度，非常不满，日外务省已經決定对英国採取强硬政策：

一、假如英国政府親自出馬參加这一事件的交涉，英国应当考慮日本的意見，劝告中国，使中国讓步，对日本政策不能有任何干涉。

二、倘英法美三国联合干涉時，那么日本当依照歷来的「不要第三国干涉」（如上海战争樣）中日問題只容中日二国单独解決云。

＊ ＊ ＊ ＊ ＊

## 延市昨開市民大會 一致声援抗战将士

本报特訊：延安市抗日救国会于昨日在東门外召開延市援助平津抗战将士市民大会，到会者數千余人，主席宣佈開会后，継由新从平津来的代表报告日軍在平津一带的强盗行為，所众聞之莫不憤慨异常，后由毛主席报告芦沟桥事件的經过及最近情况，演詞激昂，听众均磨拳擦掌，热血沸騰，願赴抗日战場與日冦决一死战，特别对廿九軍抗战将士的英勇殺敌精神尤為欽佩，最后通过致廿九軍将士電，鼓励他们英勇抗敌，至十二時許举行遊行示威。

## 西北青救联合會為芦沟桥事件致全國青年通電

南京国民党中央民众训练部陈部長轉国民党全体青年、延安共産党中央转共産党全体青年，南京中華童子軍司令轉全国童子軍，上海全国学生救国联合会转全国学生，北平民族解放先锋隊總隊部转全国民族解放先鋒隊員，上海中華基督教青年会總会轉全国会員，上海青年文藝作家協会、要青年文藝工作者協会及全国各界青年团体暨青年同胞公鑒：

芦沟桥的砲声是整个華北危急的信号！

在这樣的严重關頭，凡中华所有不願當亡国奴的中華青年男女，不論政治信仰、职業、宗教的区别，应該立即实現全国抗日青年的救国大联合，在一致抵抗到底，決不讓日寇侵佔中国一寸土地，堅決保卫平津華北口号底下，準备立即馳赴抗日華北前線，為援助英勇抗战的廿九軍與日冦拼战到最后一滴血！

日本帝国主义一面正用拖延的惯技来完成其主力的集中，首先用以佔領北平為其第一目的，另一方面对動摇份子威迫利誘，配合其軍事佔领的行動，本会远在四月中旬第一次代表大会上就指出在国难深重期间，全国青年不分党派、性别、种族、宗教区别实現大联合的必要，尤其在今日的情势下面，过去青年团体间的成見应該立即拋棄，互相的不融合態度应該立予消滅，应該紧密的团结起来。

我们向全国青年提議：

(一)全国青年立即形成全国的青年救国组织，首先是各地各界各業的青年的立即進行合作與联合的，在促進全国青年不分彼此的救国大联合，

(二)各地的青年動员起来组织战地服务团、抗战后援会，募捐運動，战地看護隊等，

(三)扩大抗战的宣传運動，利用宣傳隊，劇歌詠隊以及一切文字口头的宣傳到工厰中、农村中、学校中、商店中、兵营中去，掀起青年热烈的抗戰運動。

(四)在全体青年武装起来口号下，组织抗日学生軍，厉行战时訓練，動員千百万的抗日青年到抗日部隊中去，首先到華北抗战第一線的部隊中去担負武装保卫平津的战斗任务。

(五)立即组织青年的援私隊、民族監察隊，协助政府坚决打击日冦商牒特务机关與汉奸親日份子的活動，

現在已到最后关头，偶仍和平退讓，中華民族前途將陷入绝境，我们要求負有華北守土重责的冀察当局应該立下坚心，表明抗敌到底的態度，與英勇抗战的廿九軍站在一起，為不讓日冦侵佔華北一寸土地而战斗，我们希望国民政府立即調動全国精锐軍隊增援華北前線，並明令解除一切抑压爱国運動的禁令，給予全国人民和青年大衆以民主自由。

抗战的号砲接動了！

全国抗日青年团结起来抗战到底，坚决保卫華北不讓日冦侵佔平津一寸土地！

驱逐日本帝国主义出中国！

中華民族解放万岁！

西北青年救国会

七月十五日

新中華報

# 西北青救联合会为芦[1]沟桥事件致全国青年通电

南京国民党中央民众训练部陈部长转国民党全体青年，延安共产党中央转共产党全体青年南京中华童子军蒋总司令转全国童子军，上海全国学生救国联合会转全国学生，北平民族解放先锋队总队部转全国民族解放先锋队员，上海中华基督教青年会总会转全国会员，上海青年文艺作家协会，西安青年文艺工作者协会，及全国各界青年团体青年同胞公鉴：

芦[2]沟桥的炮声是整个华北危急的信号！在这样的紧急关头当中，所有不愿当亡国奴的中华青年男女，不论政治信仰，职业，宗教的区别，应该立即实现全国抗日青年的救国大联合，在一致抵抗到底，誓死不让日寇侵占中国一寸土地，坚决保卫平津华北口号底下，准备立即驰赴抗日华北前线，为援助英勇抗战的二十九军与日寇拼战到最后一滴血！

日本帝国主义一面正用拖延的惯技来完成其主力的集中，首先用以占领北平为其第一目的，另一方面对动摇份子威迫利诱配来合［来配合］其军事占领的行动。本会远在四月中在第一次代表大会上就指出在国难严重期间，全国青年不分党派，性别，种族，宗教区别实现大联合的必要。尤其在今日的情势下面，过去青年团体间的成见应该立即抛弃，互相的不融合态度应该立予消灭，应该紧密地团结起来。

我们向全国青年提议：

（一）全国青年立即形成全国的青年救国组织，首先是各地各界各业的青年的立即进行合作与联合，目的

---

① “芦沟桥”，即现“卢沟桥”，此处从报纸原文，用旧称。

② 同上。

新中華报　一九三七年七月十九日

# 日調援軍五個師團來華 兩個師团已全部集中平津

東京電：日本政府利用商輪廿余隻，满載軍隊與軍火兩來中國，現在日本已調動的部隊有第五、第六、第十、第十五、第十六等五个師团，除兩个師团已調到華北外，其余三个師团已開抵朝鮮待命增援，又朝鮮的后备隊亦已準备出動。

## 華北事件

# 双方進行談判 日本提出要求三項

北平電：关於芦沟桥事件，外間傳已簽訂協定，南京方面加以否認，不过此事中日双方人員仍在天津進行协商，至於正式談判日期尚未決定，據說此事经過張自忠與桥本会談數次，双方意見仍未接近。

又電：日使館武官今井武夫十六日訪見秦德純（北平市長），并向秦提出要求三点：(1)撤消北平市的戒嚴令，恢复八日以前的狀態。(2)停止廿九軍在北路的抗行動。(3)搜查失蹤的日人。

又電：在天津談判中，日本主張廿九軍全部撤退到永定河以西，華北政府亦須改組要和冀東政府那樣云。

# 宋哲元態度不明 平教界請廿九軍集中抗敵

北平電：北平教育界日前曾派人去見宋哲元，要求宋哲元廿九軍堅决抗战，据說宋哲元態度依然是不明不白，十六日平市教育界名人及各大学女生又去電致宋，把目前形势加以分析后，請求廿九軍集中力量抗敵，不要略不讓步，但对和平解決主張在不損失□家主权的原則下可以進行云。

# 上海学生組织抗日軍

上海電：上海各学校自日寇進攻華北，形势日益严重后，正在設法联合各学校的学生组织学生抗日軍，各校的抗日救□会非常活躍，并在準备與全□各学校取得联合，使学生抗日軍與体成立，在这抗战的浪潮中，学生的爱□運動有更大的发展云。

# 日对英態度很强硬 不要第三者干涉談判

東京電：日本对于英□所表示的態度，非常不滿，日外务省已经决定对英□採取强硬政策：

一、假如英□政府親自出馬参加这一事件的交涉，英□应当考慮日本的意見，劝告中国，使中国讓步，对日本政策不能有任何干涉。

二、倘英法美三□联合干涉時，那么日本当依照歷来的「不要第三□干涉」（如上海战争樣）中日问题只容中日二□单独解决云。

* * * * *

# 延市昨開市民大會 一致声援抗战將士

本报特訊：延安市抗日救□会于昨日在東門外召開延市援助平津抗战将士市民大会，到会者数千余人，主席宣佈開会后，继由新从平津来的代表报告日軍在平津一带的强盗行為，所众聞之莫不憤慨異常，后由毛主席报告芦沟桥事件的经过及最近情况，演詞激昂，听众均磨拳擦掌，热血沸騰，願赴抗日战场與日寇决一死战，特别对廿九軍抗战將士的英勇殺敌精神尤為欽佩，最后通过致廿九軍將士電，鼓励他们英勇抗敌，至十二時許举行遊行示威。

# 西北青救联合會為芦沟桥事件致全國青年通電

南京□民党中央民众训练部陈部长转□民党全体青年，延安共産党中央转共産党全体青年，南京中華童子軍总司令转全□童子軍，上海全□学生救□联合会转全□学生，北平民族解放先鋒隊總部转全□民族解放先鋒隊员，上海中華基督教青年会总会转全□会员，上海青年文藝作家协会，西安青年文藝工作者协会及全□各界青年团体青年同胞公鉴：

芦沟桥的砲声是整个華北危急的信号！在这樣的紧急关頭，当中所有不願当亡□奴的中華青年男女，不論政治信仰、职業、宗教的区别，应該立即实現全□抗日青年的救□大联合，在一致抵抗到底，誓死不讓日寇侵佔中□一寸土地，坚决保卫平津、華北□家底下，準备立即驰赴抗日華北前線，為援助英勇抗战的廿九軍與日寇拼战到最后一滴血！

同本帝□主义一面正用他的慣技来完成其主力的集中，首先用以佔领北平為其第一個的另一方面对動摇份子威迫利誘，配合其軍事侵略的行動。本会远在四月中青年第一次代表大会上就指出在□难严重期間，全□青年不分党派、性别、种族、宗教区别实现大联合的必要，尤其在今日的情势下，而过去青年团体間成的的見应該立即抛棄互相的不融合態度，应該立予消灭，应該紧密的团结起来。

我们向全□青年提議：

(一)全□青年立即形成全□的青年救□组织，首先是各地各界各業的青年的立即進行合作與联合，因的在促進全□青年不分彼此的救□大联合。

(二)各地的青年動员起来组织战地服务团、抗战后援会、募捐運動、战地看护隊等等。

(三)扩大抗战的宣传運動，利用戏剧、宣传隊、剧、歌詠隊以及一切文字口头能宣传到工廠中、农村中、学校中、商店中、兵营中，一概青年热烈的抗戰運動。

(四)在全体青年武装起来口号下，组织抗日学生軍，励行武装训练，動员千百万的抗日青年到抗日部隊中去，首先到華北抗战第一線的部隊中去担负武装保卫平津的战斗任务。

(五)立即组织青年的锄奸隊、民族監察隊，协助政府坚决打击日寇間谍特务机关與汉奸親日份子的活動。

現在已到最后关头，倘仍动摇退讓，中華民族前途将陷入绝境。我们要求负華北守土重责的冀察当局应該立下决心，表明抗敌到底的態度，與英勇抗战的廿九軍站在一起，誓不讓日寇侵佔華北一寸土地，而我們並希望□民政府立即調動全□精锐軍隊，增援華北前線，並明令解除一切抑压爱□運動的禁令，給予全□人民和青年以大众以民主自由。

抗战的号砲已經響了！

全□抗日青年團结起来，抗战到底，坚决保卫華北，不讓日寇侵佔平津一寸土地！

驅逐日本帝□主义出中国！

中華民族解放万歲！

西北青年救□会

七月十五日

在促进全国青年不分彼此的救国大联合。

（二）各地的青年动员起来，组织战地服务团，抗战后援会，募捐运动，战地看获［护］队等等。

（三）扩大抗战的宣传运动，利用宣传队戏剧歌咏队以及一切文字口头能宣传到工厂中，农村中，学校中，商店中，兵营中掀起青年热烈的抗战运动。

（四）在“全体青年武装起来”口号下，组织抗日学生军励行［例行］武装训练，动员千百万的抗日青年到抗日部队中去，首先到华北抗战第一线的部队中去，担负武装保卫平津的战斗任务。

（五）立即组织青年的缉私队，民族监察队协助政府坚决打击日寇间牒［谍］特务机关与汉奸亲日份子的活动。

现在已到最后关头倘仍和平退让，中华民族前途殆将陷入绝境。我们要求负华北守土重责的冀察当局，应该立下决心表明抗敌到底的态度，与英勇抗战的二十九军站在一起为不让日寇侵占华北一寸土地而战斗，我们希望国民政府立即调动全国精锐军队增援华北前线，并明令解除一切抑压爱国运动的禁令，给予全国人民和青年大众以民主自由。

抗战的号炮发动了！

全国抗日青年团结起来，抗战到底，坚决保卫华北不让日寇侵占平津一寸土地！

驱逐日本帝国主义出中国！

中华民族解放万岁！

西北青年救国会

七月十五日

一九三七年七月十九日　新中華報

# 日調援軍五個師團來華 兩個師團已全部集中平津

東京電：日本政府打留高駐卅余隻、满載軍隊與軍火开来中国、現在日本已調動的部隊有第五、第六、第十、第十五、第十六等五个師团。除两个師团已調到華北外，其余三个師团已开抵朝鮮侍命增援，又朝鮮的后备隊亦已準备出動。

# 華北事件

## 双方進行談判 日本提出要求三項

北平電：关於芦沟桥事件，外間傳已簽訂协定，南京方面加以否認，不过此事中日双方人員仍在天津進行磋商，至於正式談判日期尚未决定，據說此事经过張自忠與桥本会談数次，双方意見仍未接近。

又電：日使館武官今井武夫十六日訪晤秦德純（北平市長），并向秦提出嚴重要求三点：（1）撤消北平市的戒嚴令，恢复八日以前的状態，（2）停止廿九軍在北路的抵抗行動，（3）搜查失踪的日人。

又電：在天津談判中，日本主張廿九軍全部撤退到永定河以西，華北政府亦須改组，要和冀東政府那樣云。

## 宋哲元態度不明 平教界請廿九軍集中抗敵

北平電：北平教育界日前曾派人去見宋哲元，要求宋哲元廿九軍坚决抗战，据說宋哲元態度依然是不明不白。十六日平市教育界名人及各大学々生又去電敦促宋把目前形势加以分析，请求廿九軍集中力量抗敌，不要以不讓步，促对和平解决，主張在不損失口家主权的原則下可以進行云。

## 上海学生組织抗日軍

上海電：上海各学校自日寇進攻華北形势日益嚴重后，正在設法联絡各学校的学生組织学生抗日軍，各校的抗日救口会非常活躍，并在準备與全口各学校取得联合，使学生抗日軍與成立在这抗战的浪潮中学生的爱口運動有更大的发展云。

# 日对英態度很强硬 不要第三者干涉談判

東京電：日本对于英口所表示的態度，非常不满，日外务省已經决定对英口採取强硬政策：

一、假如英口政府親自出馬参加这一事件的交涉，英口应当考慮日本的意見，劝告中国，使中国讓步，对日本政策不能有任何干涉。

二、倘英法美三口联合干涉時，那么日本当依照歷来的「不要第三口干涉」（如上海战争樣）中日问題只容中日二口单独解决云。

＊　＊　＊　＊　＊

# 延市昨開市民大會 一致声援抗战将士

本報特訊：延安市抗日救口会于昨日在東门外召開延市援助平津抗战将士市民大会，到会者数千余人，主席宣佈開会后，继由新从平津来的代表报告日軍在平津一帶的强盜行為，所众聞之莫不憤慨异常，后由毛主席报告芦沟桥事件的经過及最近情况，演詞激昂，所众均磨拳擦掌，热血沸騰，願赴抗日戰场與日寇决一死战，特别对廿九軍抗战将士的英勇殺敌精神尤為欽佩，最后通过致廿九軍将士電鼓励他們英勇抗敌，至十二時許举行遊行示威。

# 西北青救联合會為芦沟桥事件致全國青年通電

南京口民党中央民众訓練部陈部長暨口民党全体青年、延安共產党中央转共產党全体青年、南京中華童子軍總司令转全口童子軍、上海全口学生救口联合会转全口学生、北平民族解放先鋒隊總部转全口民族解放先鋒隊員、上海中華基督教青年会总会转全口会員、上海青年文藝作家协会、西安青年文藝工作者协会及全口各界青年团体、青年同胞公鉴：

芦沟桥的砲声是整个華北危急的信号！在这樣的紧急关頭，為中華所有不願当亡口奴的中華青年男女，不論政治信仰、職業、宗教的区别，应該立即实現全口抗日青年的救口大联合，在一致抵抗到底誓死不讓日寇侵佔中口一寸土地，坚决保卫平津、華北口防底下，準备立即馳赴抗日華北前線，為援助英勇抗战的廿九軍與日寇拼战到最后一滴血！

日本帝口主义一面正用他的惯技来完成其主力的集中，首先用以佔領北平為其第一目的，另一方面对動摇份子威胁利誘，配合其軍事侵略的行動，本会远在四月中旬第一次代表大会上就指出在口难嚴重期間，全口青年不分党派、性别、种族、宗教区别实現大联合的必要，尤其在今日的情势下面，过去青年团体間的成見应該立即抛棄，互相的不融合態度应該立予消滅，应該紧密的团结起来。

我们向全口青年提議：

(一)全口青年立即形成全口的青年救口組织，首先是各地各界各業的青年的立即進行合作與联合，目的在促進全口青年不分彼此的救口大联合，

(二)各地的青年動員起来組织战地服务团、抗战后援会、募捐運動、战地看护隊等，

(三)扩大抗战的宣傳運動，利用[illegible]剧、歌咏隊以及一切文字口头的宣傳到工厂中、农村中、学校中、商店中、兵营中掀起青年热烈的抗戰運動。

(四)在全口青年武装起来口号下，組织抗日学生軍，鼓励武装訓練，動員千百万的抗日青年到抗日部隊中去，首先到華北抗战第一線的部隊中去担負武装保卫平津的战斗任务。

(五)立即組织青年的偵察隊、民族监察隊，协助政府坚决打击日寇間諜特务机关、漢奸親日份子的活動。

現在已到最后关头，倘仍和平退讓，中華民族前途將陷入绝境。我们要求负北守土重责的冀察当局，立下决心，表明抗敌到底的態度，與英勇抗战的廿九軍站在一起，為不讓日寇侵佔華北一寸土地而战。我们希望口民政府立即調動全口精锐軍隊增援華北前線，并明令解除一切束缚爱口運動的禁令，给予全口人民和青年大众以民主自由。

抗战的号砲響動了！

全口抗日青年团结起来抗战到底，坚决保卫華北不讓日寇侵佔平津一寸土地！

驱逐日本帝口主义出中国！

中華民族解放万岁！

西北青年救口会

七月十五日

新中華報

期：新中华报零三百七十八期

版：零一版

时间：一九三七年七月二十六日

山東日僑陸續撤青島
上海形勢又趨嚴重

# 山东日侨陆续撤青岛
# 上海形势又趋严重

**青岛二十三日电：**胶济铁路的日本侨民纷纷撤退到青岛，共计达一百二十余人，本日晚又有大批日侨由济南到青岛，该地外侨亦在准备避难。

**沪二十五日电：**上海日军又假口日兵一名失踪大施戒严检查行人，并架设机关枪，如大战将临的状况，人心恐慌，日寇又准备在上海有所动作了。上海军警当局向日本提出交涉，日方态度非常倔强云。

一九三七年七月二十六日　新中华报　（第一版）

# 新中华报

苏维埃政府机关报
第三百七十八期

## 中日冲突

# 芦沟桥形势又转紧张
## 日军调动仍甚频繁
## 战争有一触即发之势

北平电：宋哲元与日寇订立口头协定后，双方战事曾一度停止，廿九军驻芦沟桥部队及北平[illegible]部撤退后，日军仍然没有撤退，芦沟桥东日军并且还有增加，情形仍十分紧张，战争有一触即发之势。

北平市长秦德纯决定出洋，闻秦氏此次出国系有外交使命云。

### 连日来日军的调动情形

廿三日：天津日军载重汽车四十余辆，装有军火，其运丰台。

廿三日：榆关日兵车一辆，一列载兵数百人开天津。

廿三日：日军用飞机五十架，驱逐机一中队于日昨由日本开运天津。

廿五日：丰台日军百余人携钢炮廿一门及大批弹药开芦沟桥。

廿四日：日军四五十人乘汽车卅余辆于本日由津到丰台，芦沟桥天津间日兵甚多，并有大[illegible]。

### 芦沟桥一带的近况

北平廿三日：大井村的日军，仍在积极筑防御工事，并[illegible]。又电：今井说，芦沟桥一带日军是否撤退，[illegible]。又电：[illegible]三个[illegible]现在还不应撤退。又电：芦沟[illegible]大井村大瓦窑一带日军近来由[illegible]百余门大炮，仍向宛平县城[illegible]形势仍然严重。日本飞机不时向[illegible]地侦察。

# 山东日侨陆续撤青岛
## 上海形势又趋严重

青岛廿三日电：胶济铁路的日本侨民纷纷撤退到青岛，共计达二百廿余人，本日晚又有大批日侨由济南到青岛，该地外侨亦在准备避难。

沪廿五日电：上海日军又假口日兵一名失踪，大施威胁，有日本人并架设机关枪，如大战将临的状况，人心恐慌，日寇又准备在上海有所动作。上海市当局向日本提出交涉，日方态度非常强硬云。

# 伪匪又企图犯绥远
## 我绥东防务甚巩固

归绥电：近来绥远形势又复紧张，德王李守信部数千人，大肆向张北商都一带集中，大批日军正向多伦张北一带前进，德王李守信卓什海等连日召开紧急会议，准备大举侵犯绥东，此次日寇在华北的军事行动，以牵制我方兵力。

## 社论

# 我们的出路唯有抗战

据近数天来的消息：冀察当局已经与日本驻军在天津成立了口头协定，其内容我们尚不得而知，但据日本所透露出的消息很明显的，内容当包括有如下两点：

(一)二十九军冯治安部立即撤退北平与芦沟桥，由石友三之保安队接防。

(二)严厉制止共产党与反日活动。

这两点冀察最高当局已经口头上接受了的，所以这数天来我们所非常忧虑的消息就继续发生了，「二十九军三十七师于二十一日由芦沟桥撤退，石友三部接防」「北平城之三十七师连日继续退出」等等，这样一来什么北平的咽喉——芦沟桥，华北重镇——北平，将完全陷入日寇的手里，数百年的文化故都将不复为我所有了！而日寇发动这一事变的第一个目的，在冀察当局的「彼此互让」「彼此相信」（宋哲元廿日的书面谈话）的宣言中实现了！

冀察当局在芦沟桥事件发生之后，始终没有一定的坚固的立场，全国人民对冀察最高领袖的态度始终表示着疑虑，在事件发生之初，全国人民均希望宋哲元马上回到北平去主持抗战大计，可是事与愿违，宋哲元一溜烟跑到天津与日寇进行什么「和平谈判」，因之全国群情愤慨，疑云百出，纷纷电讯宋哲元之态度，足证明全国人民是在如何热望宋哲元能成为一个守土抗战的民族英雄，[illegible]督促冀察当局的抗战之途，[illegible]以天来的消息，不使我们失望，特别是宋哲元的书面谈话，「本人而主和平」「芦沟桥事件发生决非中日两大民族之所愿」「中日两大民族彼此互让，彼此相信，促进东亚和平」等等不一而足，[illegible]的宣言来了，今后的事实是冀察当局竟如宋氏的谈话那样的，我们认为蒋介石先生十九日所发表之谈话是全国人民所拥护的，我们外交立场四点：（一）任何解决不能侵害主权及领土的完整，（二）冀察行政组织不容任何不合法之改变，（三）中央所派地方官吏如冀察政务委员长宋哲元等，不能任人要求撤换，（四）廿九军所驻地域不能受任何约束。上面这数点我们认为是最低限度的立场，而为全国人民所一致赞助的。[illegible]日寇[illegible]冀察当局[illegible]大不幸，而且[illegible]冀察当局是否能立即动员全国[illegible]抗战的康庄大道。

目前[illegible]很明显的摆着有两条道路：一是立即动员全国[illegible]发动大规模的民族革命战争，[illegible]新进攻，这一条路是全国人民所要求的，是中华民族彻底解放的道路。一是和平苟安[illegible]日本帝国主义者暂时放弃进犯平津，送给日寇这条道路，是断送华北，陷中华民族于[illegible]，[illegible]东三省的沦陷，冀东伪组织的建立，每一次血的教训已经清楚的告诉我们，我们任何对日寇侵略会让步的幻想，实际上就是[illegible]与日寇和平苟安的希望与估计。我们主张实行全国海陆空军总动员，人民总动员，全国上下一致，立即对日抗战，以[illegible]的抗日战争来反对日寇的侵略，给日寇的进攻以有力的反击，求得中华民族的彻底解放。

# 沈钧儒等准保开释
# 二日夜乘车入京

**上海电：**因救国而被捕的上海救国联合会的七领袖沈钧儒等，南京当局准予保释，于三十一日已出狱，一日由苏州到上海，事前很少人知道，二日又乘车到南京去。

新中華報
政府機關報
第三百八十一期

## 各省軍事將領集中南京 傳將召開重要軍事會議

南京三日電：現在華北時局緊張，南京當局擬於最近期內召開軍事會議，討論對華北事件的應付辦法，閻錫山、余漢謀（廣東綏靖主任）、韓復榘、劉湘等人已先後到南京，廣西第五路軍總司令白崇禧亦於四日入南京，至於何日開會尚不詳細，我們希望此次會議在最短期內決定堅決抗戰方針與抗戰動員，來挽救目前危急中的華北局勢。

## 親日派舊官僚 在津設治安維持會

天津三日電：二十九軍在天津撤退時，保安隊據守其地位，天津附近之保安隊大部被驅逐出境，小部則被日軍繳械，并在天津組織了所謂「治安維持會」，該会份子都是親日份子的舊官僚，如高凌霨、劉玉書等人，近聞請高為天津市長，完全是个傀儡的組織。

山海关開到日軍數千人，近有五十余列車，滿載日軍及軍火，正由山海关向天津開動，又塘沽大沽到有日輪甚多，滿載有日軍在此地登陸，并即向通州等地增加，聞係準備開往南口參戰的。

## 沈鈞儒等准保開釋 二日乘京車入京

上海電：因救國而被捕的上海救國聯合会的七領袖沈鈞儒等，南京當局准予保釋，於三十一日已出獄，一日由蘇州到上海，下午開很大人歡迎，二日又乘車到南京去。

## 日軍續向良鄉南口一帶進攻 全國各地均發現日機偵察

保定電：良鄉琉璃河一帶，日軍於三日復一度猛烈進攻，與我守軍激戰，三日晨日軍一部迂迴良鄉與琉璃河間衝出突庄守軍，又被守軍便衣隊將其擊潰，并繳獲坦克車一輛，同日便衣隊在良鄉以南擊落日機一架，現在我方在前線仍固守良鄉與南。

保定電：近日來日機在保定一帶大施活動，一天來到有八次之多，并擲炸彈，人民傷亡甚大，同時日机於三日在石家莊、鄭州、洛陽等地偵察，并在鄭州擲炸彈。

又電：南口為平綏路的一个重要戰略地点，附近幾日以來，被日敵猛烈轟擊，日機十余架終日在該地向我守軍陣地投擲炸彈，我方傷亡很多。三日又有日機八架轟炸後，又有步騎兵數百人向我陣地猛沖，經守軍沉着應戰，將其擊退，現在大批日軍（約數千人）正由北平向南口增加，預料大戰即將發生。

濟南電：日機每日有數架在濟南徐州一帶偵察，并於二日上午日机向徐州兵工厂營房射击，數次同時在江蘇浙江武漢等地均發現有日機偵察。

## 日寇的殘暴行為 平津人民被殺約万余人

保定三日電：日本軍佔領平津後，对我國同胞非常仇恨，大施屠殺，并將津南開大学焚毀，……房被火焚燒外，在安次、廊房、涿縣、楊村一帶，日寇殘殺我國無辜同胞數近二三千余人，廊房全鎮房屋被日軍焚燒一空，凡未逃出該地的民众均被慘殺，無一幸免。日寇对中国民众施行這種殘酷手段，可說已經極点，我們只有積極抗戰才能免除這種暴行！

天津三日電：日軍佔領後，逐日在街上搜查行人，在河北宇緯路一帶進行挨戶搜查，凡稍有可疑者即遭殺害，又聞河北宙書局大批住北寧醫院中傷兵、保安隊（[illegible]被殺甚多），據近來確實調查，在天津附近被日軍屠殺的已近一万余人口。

## 北寧路修复 日援軍陸續開津

天津電：北寧路前被破壞，經日本修好了，現在日軍又大批由東北開到天津集中，四日由

## 汕頭形勢日益緊張 魯省日僑紛集青市

汕頭三日電：汕頭形勢很緊張，日僑聯絡紛紛登輪，紛紛離境，與僑居該地日領事館，全市人民驚慌万狀，謠言紛紛，恐日寇又將在該地挑撥戰爭了。

青島電：華北事件發生後，日寇在山東的行動也趋積極，所以膠濟路沿綫日僑紛紛集中青島，準備回國，一日有日僑一千余人乘車到青島，截至本日止，山東境內的日僑已經大多數集中青島。

漢奸日寇在沪杭綫非常活動，企圖擾亂后方治安，近日被拘获的已有二十余人。日寇侵略中國的行動是愈來愈明显愈積極了！

## 日帝加調第八師团來中國 日政府下令實行全國徵兵

東京電：華北事件發生後，日本帝國主義為了要加緊擴大侵略中國，除前已決定日本國內派遣八个師團（約廿余万人）到中國來以外，日寇尚未滿足，爲充實侵華力量，近又決定加派第八師团來中国，該師團現已準備完畢，正分批向天津運輸，又日軍野戰重砲隊及騎兵旅团約一万七八千余人，亦已啟程向華，次日日本國內軍事運輸甚為忙碌，朝鮮鉄路與汽車路均已停止運貨，準備運兵隊及軍火，日本政府已下令實行全國徵兵，神戶一地被徵者已达六万余人，日本決定在九月以前陸續抽調七八万人到中國來，日本帝國主義是在那種緊張地積極的準備戰爭中，我們只有發動全國抗战來抵抗日寇的侵略。

期：新中华报零三百八十一期
版：零二版
时间：一九三七年八月六日

# 津沪日人袭击苏联领馆

**天津电：**二日天津日本军队指挥下的日本浪人及白俄一队袭击苏联驻津领事馆，抢劫领事馆的财物及文件，并将苏联国旗撕碎，闻该浪人是在日军指挥下故意向苏联挑衅的。

上海日军也用同样手段，利用白俄袭击上海苏联〈领〉事馆，但因事机不密终于被租界当局发觉，使日寇奸计不得实现。

**莫斯科电：**关于日人劫抢津苏联领事馆事件，苏联政府已向日驻苏大使重光葵提出抗议，并令苏驻日本代办向日本外务省提出抗议，要求日政府立即惩办凶犯并赔偿损失，一般人认为此事或者会引起严重问题发生，日寇对苏联的挑衅行动更为全世界人士所明白了。

# 津沪日人袭劫苏联领馆

天津电：二日天津日本军队指挥下的日本浪人及白俄一队，袭击苏联驻津领事馆，抢劫领事馆的财物及文件，并将苏联国旗撕碎，闻该浪人是在日军指挥下故意向苏联挑衅的。

上海日军也用同样手段，利用白俄袭击上海苏联领事馆，但因事机不密，终于被租界当局发觉，使日寇奸计不得实现。

莫斯科电：关于日人劫抢津苏联领事馆事件，苏联政府已向日驻苏大使提出抗议，并令苏驻日大使向日本外务省提出抗议，要日政府严惩凶犯并赔偿损失。一般人认为此次或类似事件再引起严重问题发生，日寇对苏联的挑衅行动更为全世界人士所明白了。

# 敌军进攻马德里再次失利　政府军进攻能力更增加

新华社二日电：马德里西郊白热化的特别一带战况现已稍和缓，现在数日来战事结果，政府军已在数地点击退敌军，而使该镇得以极大保证，目前该镇东方与东区方面瓜达拉玛河两岸一带敌军阵地在政府军的胜利下动摇异常危险，同时敌军不但动摇，而后方也感受威胁。政府军进攻能力显然大有增加云。又三日电：马德里三日受敌军的猛烈炮火轰炸，死伤居民百余人，城内中心区所遭飞机弹炸致损失甚大云。

# 八一纪念大会在蟠龙

早八点钟，有级各机关，均齐集往青年救国会的会场里，排列的很整齐，每人手持小纸旗一面，在歌声中主席宣布开会，台下静默下去了，主席报告八一的史略，继由军事部长报告芦沟桥事变后的情形，所说的与不义愤填胸，再次台下的红色战士自由讲演，争先恐后，演词均言词悲壮，慷慨激昂，听众呼号震天，掌声雷鸣。未后举行示威，下午进行运动比赛，极为激烈，结果有某得了一等奖旗，军事部得了两等奖旗，有委得了三等奖旗，并通过致前方红军通电一个，原文如下：

## 为红军出动抗日致慰问电

延安毛主席朱总司令前方彭总指挥并转全体指挥员战斗员均鉴：今年的八一正是日寇炮轰平津，大举进攻华北，企图灭亡全中国，日德义法西斯蒂及其走卒进攻苏联造成世界大战的时候，又正是人民抗日红军诞生十周年纪念，与苏联肃清托派取得更伟大胜利的时候，我们为了拥护世界和平，反对日寇灭亡中国，与庆祝红军十年来的光荣奋斗，正在举行着壮烈的八一纪念大会来检阅我们的力量，动员一切人力物力准备参加到抗日的前线去，到会群众无不欢欣鼓舞，拥护你们的指挥，你们为着中华民族的解放会起坚决不拔的精神坚决杀敌，为中华民族流最后一滴血，争取最后一口气，誓死保卫华北，恢复平津，收复东北失地，驱逐日寇出中国，你们的家属我们当尽力救济，帮助他们解决困难，绝不使他们挂虑，速饿，希望你们安心杀敌，勿有顾虑，祝你们前进胜利，永保无疆。抗热血沸腾，不胜迫切待命之至，特此电达。陕北蟠龙纪念八一大会叩

# 庆阳开"八一"祝捷抗敌示威大会

## 到会军民万余人通过决议五项

庆阳三日电：庆阳县城于八月二日举行庆祝军民纪念"八一"祝捷抗敌示威大会，到会军队及人民计达一万数千余人，武装自卫军二千余人。此次大会的情形，本为庆阳县历来所未有的热闹，甚至于离城百余里以外的群众也均有赶来参加的。全县群众一致捐款慰劳红军，鼓动抗日，他们为了表示他们的热烈，到会群众携带杂货、菜蔬各数百担，红旗数十面，前来慰劳红军，并致尊师，并派代表向红军进行激动的鼓动。大会开幕后，由主席报告开会意义，继由各界代表讲演，悲壮指出日寇对中国侵略的残酷行为，并指出中国人民只有坚决抗战才能够解放，日寇的进攻，大会听众热烈沸腾，居民参战等，无不愿立即奋起抗日战，决与日寇决一死战，拥护大会一致通过：(一)拥护南京领导抗日和平，要求蒋委员长七月十七日所宣布的谈话方针，并望坚持毋贯彻思想方针。(二)拥护共产党抗敌主张和红军出动抗日。(三)募捐慰劳华北抗战将士。(四)统一与扩大陇东抗日救亡运动，积极开展大人民中的救亡运动。(五)加紧锄奸运动，肃清口内的汉奸亲日派及日寇侦探，以巩固后方保证前线抗战胜利。

此次大会虽然经过比较久的时间，但到会人民个个精神百倍，空气一贯紧张，如敌人民抗敌情绪的高涨，实已达极点。大会闭幕后，由各部队群众团体举行提灯示威大会，雄伟的口号声、壮烈的歌声，震撼云霄，长蛇形的队伍，通过了全城，辉煌的灯光照耀得满天通红，一直到下午十一时许始散会。

## 重要启事

一、本报因目前经济困难，自八月份起所有稿费在一个月至两个月之内暂时停止发给，特此通知各地通讯员仍继续的来报投稿。

二、近来投稿者已经有许多通讯稿件因篇幅限制不能按期发表，稍有迟延，希原谅，同时自即日起来稿登载与否概不退还，如万一需要退还者，请在来信中说明。

新中华报编辑部　八·六·

## 访问

△杰同志：你说"在新世界见面"，现在我已到新世界来了，假如你在延安，请到此处报委员会外一谈，假如你不在延安，请寄来一信。（杨在泉）

△周汗杰同志：（存田）你家里要你写信回去，很挂念你，信寄宜君县抗日救亡会转。　孙百强（进延）启　八月四日

△章文宗看到姓孙张安全部只要参加红军的，他家里写了信来，希知音者告诉一声，信寄延安青年会招待处白云程转　章文焕

△戴宗良同志：你在何处工作，请示知来信寄延安抗大十二队王文郁收

△石刘公贺候领同志：你好久没有写信回家，母亲很想念你，请速写信回来，由延安贸易局张宗贤转

△同志：我的丈夫马全儿不知在何处工作，我对他感情很好，请各级负责同志代为查问来信由陕北省邮政局转张县永坪区一乡马家坪村　李清秀

日寇又在製造一个虹橋事件
陸戰隊登陸，大批兵艦集上海

期：新中华报零三百八十三期

版：零一版

时间：一九三七年八月十三日

# 日寇又在制造一个虹桥事件

## 陆战队登陆，大批兵舰集上海

**上海九日电：**九日下午五时有日军军官二人乘汽车一辆赴虹桥飞机场，强行冲进该飞机场，企图窥探该机场情形，当被卫兵阻止，日人即开枪向卫兵射击，保安队当即出巡，日人又复开枪射击，保安队死一人，即加以还击，双方冲突，结果日军军官两人均被打死，此事发生后，沪市长即以电话通知驻沪日总领，日方答复并无此事，足证明日本是在故意挑衅云。

**又电：**九日有日本军艇八只开到上海停泊，除载有大批军粮军用品外，尚有陆战队二千余人，乘军用卡车四十余辆，分别前往日军司令部北的日本小学校驻扎，九日晨又有日工兵队在狄恩威路一带修筑军用电话线及运输□□炮等物，日本又准备在上海有所动作了！

**十一日电：**驻上海日舰原来十二只，十一日午又有佐世保第二舰队□之军舰十六只，开抵上海吴淞口一带，该地形势严重万分。

# 新中華報

蘇維埃政府機關報

第三百八十三期


## 平綏綫日軍已集中八个師团
## 進攻靜海日軍數次被我击退

南京九日電：津浦路方面九日晨有日軍千余人，分乘戰車數十輛，進攻我靜海，戰事異常激烈，敵被我軍击退，但敵方因用飛机作掩護。九日有日本飛机八架在上空盤旋，并用机槍掃射。南口方面日軍集中千余人，以大砲向南口我軍陣地猛攻，当被我軍击退，南口傷亡頗重，我軍及其他部隊[illegible]。國軍中平綏線方面日軍近日大舉增兵，在永定河以北集結，九日敵機卅架轟炸南口，我傷亡甚大。

又十四電：日軍決定集中主力向平綏綫進攻，調十四个師团，現已開到八个師团，到津、平、南口一帶[illegible]內大部隊。日又進佔[illegible]，九日晚[illegible]數十人由[illegible]靜海縣[illegible]，日軍[illegible]被我軍击退。

十一日早晨日軍在良王莊以步兵千余人，大砲廿余門，坦克車十余輛，在猛烈炮火掩護之下，又向我靜海縣城進攻，又被我軍击退，後復分隊渡河前進，在独流鎮附近與我軍發生衝突。

★　※　★　※　★

## 社論　擁護中共八大綱領

盧溝橋事件發生後，因為沒有抗戰決心，在抗戰與妥協中間搖擺不定，所以沒有任何抗戰準備，慣怕群众，不敢組織與武装群众參加抗戰，華北重鎮——北平、天津——很順利地被日寇佔領，而且還使日寇[illegible]陣地，造成了將來在華北進攻的據點，這是中國抗戰中很不利的一个事件。

平津失陷以後，日寇將[illegible]華北[illegible]，要利用這一良好机会，準備更大規模的進攻，[illegible]全國[illegible]。日寇要[illegible]中國[illegible]，[illegible]是大戰[illegible]，日軍正集中其全力積極[illegible]，大举進犯，平漢路、津浦路上[illegible]的[illegible]，亦不过是日寇擴大其西進的詭計罷了。日寇大举西進的目的，是在於相當於平津[illegible]，以便在綏東[illegible]，同時[illegible]，[illegible]西北，建立起在日本控制下的「[illegible]國」，[illegible]。這樣中國與外蒙、蘇聯，有着地理上的联系，日寇企圖隔斷中蘇的联系，使中國在地理上無实际後援的地位，日寇這种企图早為全國人民所了解的。

[illegible]國[illegible]形勢，[illegible]十萬[illegible]，[illegible]華北[illegible]的[illegible]全國人民的[illegible]要求，[illegible]，[illegible]在日寇[illegible]，[illegible]失陷的[illegible]。所以我們[illegible]立刻下最後決心，[illegible]發動一个大規模的抗戰，全部的抗戰[illegible]，[illegible]全中國人民的要求，中國共產黨[illegible]要求，[illegible]提出八大綱領，即是：

（一）立刻全國軍隊[illegible]華北，實行全國[illegible]總動員，[illegible]決定積極抗戰方針。

（二）[illegible]全國[illegible]提出[illegible]任何要求。

（三）实行全國人民總動員，開放民主，[illegible]組織與武裝民众。

（四）立刻实行全國的对日抵抗，停止对日外交談判，嚴行武裝緝私，禁絕日貨，沒收日本在華一切財產，封閉日大使館、領……

（五）立刻改革政治機構，中央與地方政府民主化，吸收各黨派參加國民会議與政府。

（六）立刻实現國共兩黨親密合作，以兩黨合作為基礎，团結一切抗日救國的黨派，創立民族統一戰線。

（七）立刻实施財政、經濟、土地、勞動、文化教育等各种新政策。

（八）立刻实現抗日的積極外交政策，擁護國際和平陣線與英美法蘇等國訂立有利於抗日的各种协定。

中國共產黨的這一綱領，是挽救目前中國危機的唯一辦法，要救國，[illegible]立即执行中共所提出的八大綱領，立即实行全民族抗戰的堅決方針，反对一切動搖不定妥協，苟且偷安的傾向，全國人民应該一致的擁護中共的八大綱領，為实現這一主張而奋斗到底，使中國走上激底解放獨立自由的康莊大道！

## 日寇又在製造一个虹橋事件
## 陸戰隊登陸，大批兵艦集上海

上海九日電：九日下午五時有日軍之官二人，乘汽車一輛赴虹橋飛机场，強行冲進該飛机场，企图窺探該机场情形，当被我衛兵阻止，日人即開槍向衛兵射击，保安隊当即出巡，日人又[illegible]，保安隊死一人，即加還击，双方冲突，結果日軍之官兩人均被打死，此事發生後，滬市長即以電話通知駐滬日總領，日方答复並無此事，又証明日本是在故意挑釁云。

又電：九日有日本軍艦八艘開到上海停泊，除載有大批軍需用品外，尚有陸戰隊二千余人，乘軍用卡車四十余輛，分別前往日軍司令部。北站的日本中學校駐紮：九日晨又有日工兵隊在北四川路一帶修築軍用電話線及運輸[illegible]等物，日本又準備在上海有所動作了。

十一日電：駐上海日艦，原來十二隻，十一日午又有佐世保第二艦隊，原泊艦十六隻，開抵上海吳淞口一帶，設[illegible]警戒甚重云。

★　★　★

日軍大舉進攻上海
日政府派一師團來沪
双方空軍亦參加作战



期 新中华报零三百八十四期
版 零一版
时间 一九三七年八月十六日

# 日军大举进攻上海
# 日政府派一师团来沪
# 双方空军亦参加作战

**上海十三日电：** 日本帝国主义借口虹桥事件发生后调遣大批军舰开抵上海的日舰二十八只，十二日所到日舰十二只，装载日军陆战队五千余人及大批军火，日本海军省正在调遣第二舰队全部与第三舰队向上海增援，进攻上海的军事布置是十二日晚完成的。

## 上海战事扩大

**又十三日电：** 上海北区战事于本日九时发生了，□日军陆战队由天通庵方面突入华界，向我宝山路横滨［浜］桥一带所驻保安队开枪挑战。继之，则大举向我军阵地攻击，我军加以还击，双方发生激烈战事。现在战事地点已扩大至八字桥宝山路，横滨［浜］路，天通庵路，江湾路一带，双方炮战甚烈，炮声隆隆机关枪声步枪声很密，终日不停，本日下午六时日本以大炮向虹江码头至沪江大学一带轰击，企图掩护日军由左翼前进，我军沉着应战，发炮还击，现在闸北一带均着火，第二个“一·二八”的形势又重复表演出来了。

**沪十四日电：** 北四川路一带日军向我军猛攻，我军奋勇抗战，日军不支向杨树浦方面退去，丰田纱厂方面之日军今晨亦向我军攻击，我军予以还击，双方发生激战。北四川路之日本特别陆战队司令□已被我军包围。

## 我军赶赴增援

日军进攻上海战事爆发后，该地只有保安队抵抗没有正规军参加，现已有八十七、八十八等五个师开到增援，一部已参加战斗，实力尚充实，据南京表示，已有充分准备将给予日寇以迎头痛击云。

南京特派张治中为京沪警备司令，张派邢震南，汤武任驻沪代表。

## 日派大批援兵

**十四日电：** 日本派陆军一个师团来上海参加作战，十五日可到，大战即将发生，又有日鱼雷舰一只十四日到上海。

## 双方空军参加作战

**沪十四日电：** 沪战发生后，双方空军即行参加作战，战事剧烈，日舰并发高射炮助战，我国飞机被击中二只，驾驶员一名负伤一名死难但飞机已安然降落，另有我国飞机向黄浦江中之日舰投弹轰炸，结果日舰两只被击中受伤，浏河日舰一只也被击毁云。该日午后日机数架分飞浦东闸北轰炸，浦东一带着火，现正在燃烧中。

## 各国对事变的应付

**上海十三日电：** 英美法义［意］等四国驻沪总领事自上海战事发生后，仍然从中多方努力干旋［斡旋］，以求和平，但是均被日本拒绝。于是租界中各国均已严加戒备，并有战车出动巡逻，英美两国驻华舰队之旗舰于十四日赶程开上海，又香港英兵八百余人于十四十五两日分别开拔赴上海以应付将来事变云。

一九三七年八月十六日　新中華報　（第一版）

新中華報
蘇維埃政府机關報
第三百八十四期

# 日軍大舉進攻上海
## 日政府派一師团来沪
## 双方空軍亦參加作战

上海十三日電：日本帝國主义藉口虹桥事件发生以，調遣大批軍艦開抵上海的日艦二十八隻，十二日所到日艦十二隻，裝載日軍陆战隊五千余人及大批軍火，日本海軍省正在調遣第三艦隊全部與第三艦隊向上海增援，進攻上海的軍事佈置，是十二日晚完成的。

## 第二个「一二八」

### 上海战事擴大

又十三日電：上海北区战事於本日九時发生了，因日軍陆战隊由天通庵方面突入華界向我宝山路橫濱橋一帶所駐保安隊開枪挑战，继之則大举向我軍陣地攻击，我軍加以还击，双方发生激烈战事，現在战事地点已擴大至八字桥宝山路橫濱路天通庵路江灣路一帶，双方砲战甚烈，砲声隆隆，机关枪声步枪声很密，終日不停，本日下午六時日本以大砲向虹江碼头至沪江大学一帶轟击，企圖掩护日軍由左翼前進，我軍沉着应战发砲还击，現在閘北一帶均着火，第二个「一二八」的形势又重複表演出来了。

沪十四日電：北四川路一帶日軍向我軍猛攻，我軍奋勇抗战，日軍不支向楊树浦方面退去，年田紗廠方面之日軍今晨亦向我軍攻击，我軍予以还击，双方发生激战，北四川路之日本特別陸战隊司令部已被我軍包圍。

### 我軍赶赴增援

日軍進攻上海战事的爆发，因該地只有保安隊抵抗，後有正規軍参加，現已有八十七、八十八等五个師開到增援，一部已参加战斗，实力甚充实。據南京方面已有充分準备，將給予日寇以迎头痛击云。

南京特派張治中為京沪警备司令，張派邦震、劉陽武任駐沪代表。

### 日派大批援兵

十四日電：日本派陸軍一个师团來上海參加作戰，十五日可到，大战即將发生。又有日魚雷艦一隻，十四日到上海。

### 双方空軍參加作战

沪十四日電：沪战发生后，双方空軍即行參加作战，战事了劇烈，日艦并发高射砲助战，我國飛机被击中二隻，駕駛員一名負伤，一名死难，但飛机已安然降落，另有我國飛机向黃浦江中之日艦投彈轟炸，其東日艦兩隻被击中受伤，瀏河日艦一隻也被击燬云。該日午後日机数架分飛浦東閘北轟炸，浦東一帶着火，現正在燃燒中。

### 各國对事变的应付

上海十三日電：英美法义等四國駐沪總領事自上海战事发生后，仍然从中多方努力于斡旋，以求和平，但是均被日本拒絶，於是租界中各國均已厲加戒备，并有战车出動巡邏，英美两國駐華艦隊之旗艦于十四日起程赴上海，又香港英兵八百余人於十四十五兩日分別開拔赴上海以应付将来之变云。

## 為第二个一二八檄全上海爱國民众

日本帝國主义者藉口虹桥事件的发生，積極在軍事上佈置对上海的進攻，前数日大批日艦與陆战隊之集中上海，十三日早晨大举向閘北中國防地進攻，战事于数个钟头之内，馬上擴大至沪北区，第二个「一二八」已爆发了。而上海的駐軍與民众則以抗战的手段來回答日寇的侵略者，我們对前仆後继、肉搏奋战的上海市民與保卫上海的武裝同胞，致最大的敬意，希望沪市軍民各界為坚决保卫上海，為再一次發揚「一二八」的抗战光荣，為保持中華民族的正气，給予民族的死敌——日本帝國主义者——以迎头的痛击，而在「一二八」战场上將日寇加以徹底的殲滅，全边区人民誓為后盾，我們現已完成抗战动员與一切準备，我們誓為抗战的諸先烈复仇！

日寇的進攻上海显然的是其進攻華北的牽制行動，他的目的在企圖長驅伸入江浙，由側面来威脅津浦、平汉與平绥线的抗战部隊，而达到其一举滅亡中國的企圖，是以上海的保卫，实同時就是華北的保卫，也同時又是保卫全中華民族的生存啊！全面抗战既然是今日中國的唯一生路，誓死不退，誓死抵抗到底亦是全上海的唯一生路，假如京沪线的继松江附落于日寇的手里，那么中華民族的抗战前途，將陷入于不可收拾的危机，事情已到了这步田地，当局方面应該立即下全國抗战的決心與命令，而上海的民众與武裝同胞的光荣之战也在不屈不挠英勇的抗战行動中促成当局最后的全面抗战決心。

淞沪的大砲声音已经震動了全中國，然而我們所深虑的也正是如何保証不要再重複「一二八」当時的慘痛經驗，立即实行武裝全民众，立即動員整个民众首先以進攻的行動佔領日寇認為法定的日租界地区，進而消滅整个日本陆战隊，这就是保卫上海的唯一良好办法，也正是第一个「一二八」所缺乏的，第一个「一二八」的教訓，在于徒有孤軍的奋战，而缺乏全面的增援與抵抗，徒有民众的憤怒，而缺乏当局的抗战決心，徒有奋战的模範例子，而缺乏民众的動員，这是再不可重複的那个。今天的局面比第一个「九一八」当時的形势要严重若干倍，北平天津是陷落了，綏察行將变色了，華北的形势岌岌可危，在这種形势下，我們無言，只有馬德里的決心，而南京当局应該表明不要再蹈「一二八」当時的覆轍！

上海危急！整个中華民族危急了！急矣！時與美！全國的抗战業已发動，今天所需要的正是為如何擴大这一抗战，深入这一抗战，動员使这一抗战在艰苦的持久性中獲得勝利。

## 日机十一架炸杭州
## 生还者仅三架

杭州十四日電：日本的重轟炸机十一架，于十四日由台湾方面飛到杭州的航空学校投彈轟炸，我國空軍事前得报，当即迎击，日机三架被击落，其余八架又飛到廣德机场轟炸，伤士兵二人，飛机一架尾部受伤，後我空軍跟踪追击，其中五架受伤甚重，先後墜于浙江境内，余三架幸免回至台湾。

期
新中华报零三百八十四期
版
零一版
时间
一九三七年八月十六日

# 为第二个一·二八檄全上海爱国民众

日本帝国主义者借口虹桥事件的发生，积极在军事上布置对上海的进攻，前数日大批日舰与陆战队之集中上海，十三日早晨大举向闸北中国防地进攻，战事于数个钟头之内，马上扩大至沪北区，第二个“一·二八”已爆发了。而上海的驻军与民众则以抗战的手段来回答日寇的侵略者，我们对前仆后继，肉搏奋战的上海市民，与保卫上海的武装同胞仅［谨］致最大的敬意，希望沪市军民各界，为坚决保卫上海，为再一次发扬“一·二八”的抗战光荣，为再伸中华民族的正气，给予民族的死敌——日本帝国主义者——以迎头的痛击，而在“一·二八”战场上将日寇加以彻底的歼灭。全边区人民誓为后盾，我们现已完成抗战动员与一切准备，我们誓为抗战的诸先烈复仇！

日寇的进攻上海，显然的是其进攻华北的牵制行动，他的目的在企图长驱伸入江浙，由侧后来威胁津浦平汉与平绥线的抗战部队，而达到其一举灭亡中国的寇图是以上海的保卫实同时就是华北的保卫，也同时又是保卫全中华民族的生存啊！全面抗战既然是今日中国的唯一生路，誓不退让，誓死抵抗到底亦是全上海的唯一生路。假如京沪线的总枢纽陷落于日寇的手里，那么中华民族的抗战前途，行将陷入于不可收拾的危机，事情已弄到这步田地，当局方面应该立即下全国抗战的决心与命令，而上海的民众与武装同胞的光荣□战也在不屈不挠模范的抗战行动中促成当局最后的全面抗战决心。

淞沪的大炮声音，已经震动了全中国然而我们所深虑的，也正是如何保证不要再重复“一·二八”当时的惨痛经验，立即实行武装全民众，立即动员整个民众首先以进攻的行动占领日寇认为法定的日租界地区，进而消灭整个日本军队，这就是保卫上海的唯一良好办法，也正是第一个“一·二八”所缺乏的，第一个“一·二八”的教训，在于徒有孤军的奋战，而缺乏全面的增援与抵抗，徒有民众的愤怒而缺乏当局的抗战决心，徒有巷战的模范例子，而缺乏民众的动员，这是再不可重复的哪。今天的局面比第一个“九一八”当时的形势要严重若干倍。北平天津是陷落了，绥察行将变色了，华北的形势岌岌可危，在这种形势下我们宣言没有马德里的决心，而南京当局应该表明不要再蹈“一·二八”当时的覆辙！

上海危急！整个中华民族危急！事急奚！时迫奚！全国的抗战业已发动，今天所需要的正是为如何扩大这一抗战，深入这一抗战动员，使这一抗战在难苦的持久性中求得胜利。

一九三七年八月十六日 新中華报 （第一版）

# 新中華報

蘇維埃政府机関报
第三百八十四期

## 第二个"一二八"

# 日軍大举進攻上海
## 日政府派一師团来沪
## 双方空軍亦参加作战

上海十三日電：日本帝國主义者藉口虹桥事件发生，战調遣大批軍艦开抵上海的日艦二十八隻，十二日所到日艦十二隻，装載日軍陆战隊五千余人及大批軍火，日本海軍省正在調遣第三艦隊全部與第二艦隊向上海增援，進攻上海的軍事佈置是十二日晚完成的。

### 上海战事擴大

又十三日電：上海北区战事於本日九時发生了，日軍陆战隊由天通庵方面突入華界向我宝山路横浜路一帶所駐保安隊前枪挑战，继之則大举向我軍陣地攻击，我軍加以还击，双方发生激烈战事，現在战事地点已擴大至八字桥、宝山路、横浜路、天通庵路、江灣路一帶，双方砲战甚烈，砲声隆隆，机关枪声、步枪声很密，終日不停。本日下午六時日本以大砲向虹江碼头至沪江大学一帶轰击，企圖掩護日軍由左翼前進，我軍沉着应战，发砲还击，現在閘北一帶均着火，第二个"一二八"的形势又重複表演出来了。

沪十四日電：北四川路一帶日軍向我軍猛攻，我軍奋勇抗战，日軍不支，向楊樹浦方面退去。年田紗廠方面之日軍今晨亦向我軍攻击，我軍予以还击，双方发生激战，北四川路之日本特別陆战隊司令部已被我軍包圍。

### 我軍赶赴增援

日軍進攻上海战事爆发后，該地只有保安隊抵抗，後有正規軍参加，現已有八十七、八十八等五个師開到增援，一部已参加战斗，实力尚充实，據南京方面息，已有充分準备，將给予日寇以迎头痛击云。

南京特派張治中為京沪警备司令，張派邢震南陽武任駐沪代表。

### 日派大批援兵

十四日電：日本派陸軍一个师团来上海参加作戰，十五日可到，大战即將发生。又有日魚雷艦一隻十四日到上海。

### 双方空軍参加作战

沪十四日電：沪战发生后，双方空軍即行参加作战，战事猶剧烈，日艦并发高射砲助战，我口飞机被击中二隻，駕駛員一名負傷，一名死難，但飞机已安然降落，另外我口飞机向黄浦江中之日艦投彈轰炸，結果日艦兩隻被击中受伤，同日艦一隻也被击毁云。該日午後日机数架分飞浦東、閘北轰炸，浦東一帶着火，現正在燃燒中。

### 各国对事变的应付

上海十三日電：英美法义等四国駐沪总領事自上海战事发生后，仍然从中多方努力斡旋，以求和平，但是均被日本拒绝，於是租界中各口均已展加戒备，并有战事出動巡邏，英美兩口駐華艦隊之旗艦于十四日赶程赴上海，又香港英兵八百余人於十四十五兩日分别開拔赴上海，以应付將来的事变云。

### 日机十一架炸杭州 生还者仅三架

杭州十四日電：日本的重轰炸机十一架，于十四日由台灣方面飞到杭州的航空学校投彈轰炸，我口空軍事前得報，当即迎击，日机三架被击落，其余八架又飞到廊徍机坊轰炸，伤士兵二人，飞机一架尾部受伤，后我空軍跟踪追击，其中五架受伤甚重，先後墜于浙江境內，余三架幸免，飞回至台灣。

## 為第二个"一二八"檄全上海爱国民众

日本帝國主义者藉口虹桥事件的发生，積極在軍事上佈置对上海的進攻，前数日大批日艦與陆战隊之集中上海，十三日早晨大举向閘北中口防地進攻，战事于数个钟头之内馬上擴大至沪北区，第二个"一二八"已爆发了，而上海的駐軍與民众则以抗战的手段来回答日寇的侵略者。我們对前仆後继，肉搏奋战的上海市民與保卫上海的武装同胞，仅致最大的敬意，希望沪市軍民各界為坚决保卫上海為再一次發揚"一二八"的抗战光荣，為保卫中華民族的正氣，給予民族的死敌——日本帝國主义者——以迎头的痛击，而在"一二八"战坊上將日寇加以徹底的殲滅，全边区人民誓為后盾，我們現已完成抗战动員與一切準备，我們誓為抗战的諸先烈复仇！

日寇的進攻上海，显然的是其進攻華北的牽制行動，他的目的在企圖長驅伸入江浙由側面来威脅津浦平漢與平绥线的抗战部隊，而达到其一举滅亡中口的冠图。是以上海的保卫实同時就是華北的保卫，也同時又是保卫全中華民族的生存啊。全面抗战既然是今日中口的唯一生路，誓不退讓誓死抵抗到底亦是全上海的唯一生路，假如京沪线的總枢纽陷落于日寇的手里，那么中華民族的抗战前途将陷入于不可收拾的危机，而情况已是到这步田地，当局方面应該立即下令全口抗战的决心，與今令而上海的民众與武装同胞的光荣之战也在不屈不撓横蛮的抗战行動中促成当局最后的全面抗战决心。

淞沪的大砲声音已經震動了全中口，抗而我們所深虑的也正是如何保証不要再重複"一二八"当時的悲痛經驗，立即实行武装全民众，立即動員整个民众首先以進攻的行動佔領日寇認為法定的日租界地区，進而消滅整个日本軍隊，这就是保卫上海的唯一良好办法，也正是第一个"一二八"所缺乏的，第一个"一二八"的教訓在于徒有孤軍的奋战，而缺乏全面的增援與抵抗，徒有民众的憤怒，而缺乏当局的抗战決心，徒有巷战的模範例子，而缺乏全民众的動员，这是再不可重複的。那今天的局面比第一个"一二八"当時的形势要严重若干倍，北平天津是陷落了，绥察行將变色了，華北的形势岌岌可危，在这样形势下我們重言，只有馬上的决心，向南京当局懇談表明，不要再蹈"一二八"当時的覆辙！

上海危急，整个中華民族危急了，急矣！時與矣！全口的抗战業已发动，今天所需要的正是為如何擴大这一抗战，深入这一抗战運動，方使这一抗战在艰苦的持久性中求得勝利

新中華報

## 英国对沪战态度

**伦敦十三日电：** 英国政府听到了上海战事发生后，极感不安。因为这一事件势将影响英国在远东之利益，闻英国政府决计将上海公共租界保持中立，政界人士预料法美两国必能密切合作，英美法三国对于此事将进行谈判云。

英国《孟却斯德导报》评论说，中日战争如果爆发，那么日本必从海上威胁上海市，以削弱英国力量而□□各国亦因之不能妥协云。

# 日軍屢攻南口終被擊退

## 平漢綫我軍又克復良鄉

## 我軍進佔独流繼續前進

【南口戰況】保定十二日電：十一日上午九時日軍以步兵三四千余人，及大炮十余門，在飛機九架掩護轟炸下，向我得勝口南口一帶猛攻，我軍沉着應戰，將進攻得勝口的日軍擊退，南口仍在我手中！

十三日電：十二日起日軍猛攻南口，後十二日日軍又增加兵力五千余人，野炮六十余門，坦克車卅余輛，在飛機廿余架掩護下，向黃花坪得勝口等地猛攻，戰斗異常激烈，我軍將士奮勇殺敵，結果終把日軍打垮，日軍傷亡甚众，我軍傷亡亦很大。

十四日電：南口前方双方仍在激戰中，開日軍被我軍猛烈攻击，已向昌平敗退，我軍繳獲坦克車六輛，日軍進攻南口戰斗中傷亡二千余人，我軍傷亡五百余人。

【平漢綫的戰事】保定十二日電：平漢綫我軍於日前在良鄉附近繳獲日軍二十四生的口徑大炮一尊，戰車二輛，連日來日机仍然不断轟炸保定及冀南等地，[illegible]並散發傳單[illegible]。

十三日我前綫部隊又攻入良鄉縣城，在城內与日軍發生巷戰，現仍在激戰中。

另據十四日[illegible]保定某前綫[illegible]消息。

【津浦綫我軍進展】[illegible]十一日發生激烈[illegible]戰，日軍數次猛攻均被擊退，我軍即舉行反攻，乘勝追擊，把独流鎮[illegible]，地完[illegible]，[illegible]此[illegible]我軍[illegible]及附近居民被日軍飛机大炮轟擊，損失頗大，日軍退[illegible]，[illegible]殺我軍[illegible]辭藉飛机[illegible]排[illegible]日本人[illegible]名，[illegible]東境內之德州，並[illegible]京滄南[illegible]等地均有[illegible]飛机在上空偵察。

又十三日電：独流鎮被我軍佔領後，十五日我[illegible]軍事[illegible]進攻[illegible]天津南下的難民甚多，每天有千余人，均是婦孺老弱的人，[illegible]日軍[illegible]修工事，[illegible]附近鐵路[illegible]，同時[illegible]津浦鐵路[illegible]，[illegible]了！[illegible]正向沿津浦鐵路[illegible]猛烈的攻攻，向天津猛進，準備直下天津，[illegible]猛攻云。

十四日我軍先頭部隊進至良王莊附近，正与日軍對峙中。

# 日本人民反对侵略

東京電：日本帝国主义者發動對中国的大規模侵略戰爭，實在是大[illegible]統治階級所做出來的，廣大人民均堅決反对日寇進攻中国，不願戰爭，加之戰爭[illegible]大，人民生活更加不安，使日本国内發生巨大不安的現象，閣日本国内人民因不願受日政府強迫当兵，親來中国打中国同胞，而自殺的有數百人之多。

# 察北義勇軍截擊日軍獲勝

## 張北日偽軍南進被擊退

張家口電：察北民众義勇軍[illegible]在偽軍[illegible]大肆活動，[illegible]日偽防[illegible]，十日[illegible]部[illegible]行動，[illegible]王廟，与日偽軍[illegible]戰，[illegible]殺[illegible]，[illegible]日偽[illegible]，[illegible]十一區，該日機[illegible]。

保定電：張北的日偽軍以重兵向[illegible]，日偽大[illegible]，[illegible]四十[illegible]里的[illegible]地[illegible]，[illegible]部[illegible]，[illegible]大。

# 南京封鎖長江下游

南京十三日電：南京政府有鑒於[illegible]目前的形勢，已下令封鎖揚子江下游江面，[illegible]封閉，所有該段航行一律暫時停止，南京外交部已照会各英美[illegible]國家云。

★

★

# 紅軍哥哥打日本

## 鞋子袜子送你们

老紅軍即將出動抗戰的時候，全边區的妇女大家動員來做鞋袜，慰勞紅軍，計現在收到的鞋袜数目如下：

陝北分區：鞋子一○五九双，袜子二四○双，袜[illegible]八十四双，手巾七八条，大洋五元，錢一个。

延安縣：鞋子二六七双，袜子四九[illegible]。

延安市：袜底一六○双，袜子四双，手巾[illegible]八条，肥皂一九盒，鞋一双，香烟三包，帶子一付，鉛筆一个，大洋一、五元。

[illegible]会：大洋五元，鞋子八九双，袜子一五四双，手巾五八条，袜底二四双，鉛筆八枝，皮帶一条。

[illegible]：[illegible]，鞋子[illegible]双，袜子七双，袜底二四双，手巾一七条，香皂一[illegible]，牙刷一个，綁腿一付，还有[illegible]三○○双鞋子直送前方，未有收条，神府鞋五○○双送抵[illegible]，[illegible]五○○双鞋送援西軍[illegible]。

# 致紅軍的一封信

[illegible]在此内。

[illegible]部[illegible]指战員同志們：

平津已失，[illegible]已在[illegible]的力量上，[illegible]已到生死存亡的最後关頭！[illegible]有[illegible]的唯一[illegible]的抗戰，[illegible]，[illegible]保五[illegible]北，保衛華中[illegible]，[illegible]的時候，我們[illegible]妇女[illegible]錢殺敵的時候，我們[illegible]部[illegible]，[illegible]不[illegible]的[illegible]你們[illegible]敵抗戰！

同志們！我們[illegible]，[illegible]的[illegible]，[illegible]民族解放[illegible]殺敵，[illegible]你們[illegible]！

[illegible]全体妇女[illegible]上

# 英國对沪戰態度

倫敦十二日電：英國政府對于上海戰事，[illegible]安，[illegible]在[illegible]，[illegible]上海[illegible]，[illegible]。

英国[illegible]上海[illegible]，[illegible]中日戰爭[illegible]上海市，[illegible]英国[illegible]各国[illegible]。

★

★

★

1937

新中華報

上海新闻整理汇编

上海我軍各路举行反攻
飛机出動攻击頗有勝利
日軍艦七十餘隻集上海

珍藏版

期：新中华报零三百八十五期

版：零一版

时间：一九三七年八月十九日

# 上海我军各路举行反攻
# 飞机出动攻击颇有胜利
# 日军舰七十余只集上海

**上海电：**上海战争仍在激烈进行中数日来的情形大致如下：

**十五日：**江湾路我军迫近日军司令部杨树浦□□□抵进□我军□□北四川路底之日海军俱乐部消灭日军三百余人，我军旅长黄梅舜为国牺牲了，下午日军又企图反攻，当被击退，日军死伤很多。

**十六日：**我军乘日军增援部队阵地尚未巩固以前，各路同时进攻，敌不支纷纷败退，沪东方面公大纱厂敌司令部被我军占领，敌退守裕丰纱厂企图以此为根据地顽抗，我军仍继续前进，引翔区方面敌亦退至河间路以南，虹口方面我军占领虹口公园、爱国女学育清中学以后我军炮轰日军司令部，敌不支退出，我军即将其占领。敌退狄司威路以日本小学为根据地，沪西方面日方放弃丰田纱厂后，原以内外纱厂为根据地，本日亦已放弃，退至该厂以南，各路敌军死伤□约数百人。

**十六日：**我轰炸机三十余架本日飞吴淞口外轰炸日本兵舰，投弹十余枚击中敌舰三只当即焚毁，虹口码头敌舰七艘攻击我军阵地，我军发炮还击□中敌二舰，停泊黄浦口指挥作战之日出云舰被我飞机投弹炸毁。

**十七日：**昨夜，日军在炮火掩芦［护］下企图在浦东登陆，有一部登岸的日军被我包围，当将其全部消灭。

**十七日：**上海中国军队正以全力猛攻虹口及杨树浦一带，日军阵地靶子路一带战事□□紧张，中国军队向靶子路猛攻，双方进行数次白热战，本日中国飞机二十二架轰炸虹口日军阵地。

**十七日：**引翔区范家宅左□之海军操场被我军占领，日军退入租界内，现在黄浦口中之日船共三十六只，十六日又增加七只，尚有二十九只在□向上海开动中，日军一千余人铁甲车七辆向我青□路猛攻被我击退，乘胜追击过青云桥，敌向宝山桥方面退去，死伤甚大。

# 新中華報

苏维埃中央政府机关报
第三百八十五期

## 全国抗戰聲中

# 上海我軍各路舉行反攻

## 飛机出動攻擊頗有勝利

## 日軍艦七十餘隻集上海

上海電、上海戰爭仍在激烈進行中，數日來的情形，略如下：

十五日之江灣路我軍連逐日軍司令部，全部[illegible]，戰之日海軍俱樂部[illegible]，日軍三百余人，我軍[illegible]長官[illegible]為了犧牲了，下午日軍全面反攻，當被我擊退，日軍死傷極多。

十六日我軍一度將日軍指揮部陣地收來[illegible]圍，以前各路同時進攻，敵亦大批援軍，[illegible]西公大路[illegible]全部[illegible]，敵退[illegible]，[illegible]全部[illegible]以北[illegible]根據地，[illegible]抗，我軍仍[illegible]前進，[illegible]至河間路以南虹口方面我軍佔領虹口公園[illegible]中學，以后我軍[illegible]日軍司令部，不支退去，我軍即將其佔領，敵退[illegible]路以日本小学為[illegible]，[illegible]方[illegible]向外[illegible]，為根据地，日本[illegible]退至[illegible]以南各路，敵軍死傷[illegible]約數百人。

十六日之我空軍炸[illegible]余架，[illegible]日本[illegible]日本兵艦，投彈十余枚，[illegible]中數艦，三隻即[illegible]虹口碼頭，敵[illegible]攻我軍陣地，[illegible]中敵二艦[illegible]。

十七日上午敵艦[illegible]日[illegible]炸，[illegible]浦東方面[illegible]我軍，[illegible]全部[illegible]，[illegible]一部[illegible]的日軍[illegible]。

十七日、上海[illegible]全部[illegible]投彈，虹口及楊樹浦一带日軍陣地，[illegible]，戰事[illegible]，[illegible]進行[illegible]，我本日中日飛机二十二[illegible]轟炸虹口日[illegible]地。

十七日、[illegible]近之[illegible]，[illegible]我軍佔領，日軍[illegible]內現在[illegible]，日中之日[illegible]共州六隻，十六日又[illegible]加七隻，尚有廿九隻，又[illegible]向上海開動中，日軍一千余人[illegible]七輛，[illegible]路[illegible]攻我軍[illegible]，[illegible]山[illegible]方面退去死傷甚大。

## 英[illegible]行家要求入中国空軍

據東京電訊：外国飛行家特別[illegible]的飛行家，因情况[illegible]中日之[illegible]，均紛紛到南京要求加入中国空軍，要求[illegible]大戰，南京国民政府已定下[illegible]，[illegible]日本飛行[illegible]以[illegible]。

# 南口前線我軍乘勝反攻

## 商都化德崇礼相繼克復

【南口】近几天來華北察北戰事大致如下：

十五日日軍万余人以坦克車卅余輛協同飛机向我南口猛攻，我軍將士英勇抗戰，当斃敵五千余人。

十六日之日軍屢攻不得逞，盡量創士兵，日軍退昌平一帶整理，待援企图再犯。

我軍于十六日乘勝反攻，把[illegible]敵包圍，經過激战，后[illegible]把殘敵完全肅清，我方繳获坦克車十余輛，俘虜五六百余人，敵向[illegible]狼狽撤退。

十七日，我[illegible]南口[illegible]，[illegible]向北平推進，[illegible]附近已發生[illegible]，日軍在平綏線紛紛退走。

【察北】十四日之商都日[illegible]軍十三日晚[illegible]進，我[illegible]克復商都，我軍[illegible]乘勝進[illegible]，[illegible]我軍正繼續向前進擊，[illegible]退。

十七日之我軍[illegible]前[illegible]，十七日佔領察北之化德（加卜寺）崇礼（西灣子）等地，現在大軍正包圍張北縣城，積極進攻，日偽軍大起恐慌，敵背后受本的威脅。

【[illegible]】十五日之我軍仍在独流鎮以北活動，[illegible]截[illegible]楊柳青以南之鉄路，敵我[illegible]，日軍鉄甲車[illegible]，敵我激战十六十七兩日，双方均無大的進展，我軍仍在独流鎮[illegible]一帶。

【平漢】十六日之我[illegible]一部[illegible]良乡西之南山崗，有日軍百余人守住，良乡城內有日軍[illegible]，騎兵百余人不時向我前方陣地活動，我方正在戒备。

## 楊[illegible]返国

楊[illegible]，日前已啟程回国，[illegible]身[illegible]，[illegible]返国中日戰事[illegible]形[illegible]。

# 日机襲京均未得逞

## 被我擊落达四十余架

南京電：自從上海戰事發生后，日本飛机自十五日后每天數次的南京城轟炸，企圖襲擊南京，我南京[illegible]飛[illegible]近上空均有[illegible]，[illegible]發生同時杭州、南昌等地亦有日机飛來[illegible]，因為事先有中国最大的飛机[illegible]佈置，日本[illegible]根據地一一[illegible]詳情[illegible]。

十五日之日机十六架襲南京，因我前[illegible]口飛机[illegible]迎戰，結果[illegible]落日机六架。十五日日机[illegible]南昌，投彈十六枚，我空軍[illegible]日机敗退。

十五日之日机廿二[illegible]。

[illegible]日机五架，我方亦[illegible]失二架，同日八時[illegible]來日机九架，双方在錢塘江上空战，日机又被击落一架，正午日机又大举來攻，我机[illegible]战双方損失三架。十六日之日机前后共四次向南京襲击，參加飛机約卅架，亦以[illegible]州、鎮江、丹陽等[illegible]發生[illegible]战，[illegible]机[illegible]七架之多。

十六日之敵机二十四架，飛[illegible]，[illegible]场被我炮射落一架，余机[illegible]退去。

十七日之日机三架[illegible]炸，[illegible]架，前是日在上海、南京一带[illegible]机[illegible]一架，自十四日起至[illegible]日[illegible]的飛机已达四十六架之多云。

期：新中华报零三百八十五期

版：零二版

时间：一九三七年八月十九日

# 志丹市各机关致华北上海抗战将士电

**华北上海英勇抗战的将士们：**此次日寇进兵华北，上海。本系一贯侵略政策，□□事件，虹桥事件系为借故挑衅，企图达到其吞并中国侵略目的，幸赖将军将士本卫国卫民之壮志予以英勇抗拒，不□丧失国家寸土，忠诚卫国，欢慰莫名，□□一本坚决抗战□□，坚决抗战到底，全县人民誓作后盾，竭尽一切，决与日寇作殊死战，□此电闻。

志丹县政府，商会，工会，志丹青救国会叩。

# 作家丁玲史沫特列等組織
# 西北戰地服務团出發前線

作家丁玲吳奚如史沫特萊等以全国性的抗战已经發動，戰地工作十分重要，爰發聯合男女三十余名組織「西北戰地服務团」，[illegible]。該团組織略分通訊、[illegible]、演講、宣傳、[illegible]等股，以各种短小精悍之雜文、[illegible]，宣傳股下則分歌詠、演劇等組，[illegible]軍隊及民众作抗日救亡宣傳，一以鼓勵士氣，一以動員民众配合作戰。

## 歡送晚會

延安各界十五日晚七時在大礼堂舉行歡送西北戰地服務团出發前線的戰地服務文晚会，到会者除服務团全体团員數十余人外，尚有各机关各界代表，会議在七時十分宣佈開会，首由毛主席致詞，略謂：戰地服務团是一件大工作，这為打日本。打日本在目前是世界上都認為一件大事，我們數年来想打日本，中国終于一致抗日，在今天可說已經實現了。這次戰爭可以說帶着最後一次的意義。戰地服務团随紅軍出發前方工作，你們要用你們的筆，用你們的口与日本打仗，軍隊用槍与日本打，我們要從文的方面武的方面來攻日本帝國主义，使日寇在我們面前長此[illegible]下去云云。继由各界代表致詞，最後由戰地服務团丁玲女士致答詞，略謂：戰地服務团的組織虽然小，但是他好像小河流一樣，慢慢的流入大河，我們会若干河的水聚成一个洪流，把日寇完全淹没在我們的洪水中。最後謂：我們誓死要打倒日寇，如不达到此目的，決不回來与各位見面云云。詞毕，散会後由人民劇团舉行遊藝，以致歡送，会散直至下午十一時許始散。

☆ ☆ ☆

## 志丹市各机关
## 致华北上海抗战将士电

華北上海的男女抗戰將士們：[illegible]，上海亦[illegible]，[illegible]其為保衛中國之國土[illegible]，國民之職責[illegible]，[illegible]抗戰[illegible]，全國人民誓[illegible]作你們的後盾[illegible]。志丹縣政府、商会、工会、[illegible]會叩。

## 延長部隊募捐
## 慰勞華北抗戰將士

延長部隊特務[illegible]，自聽到華北抗戰[illegible]，前線打仗的將士是非常需要[illegible]，延長駐[illegible]慰勞華北抗戰將士[illegible]，現在[illegible]募捐[illegible]，現將[illegible]列后：

延長縣[illegible]分區[illegible]，延長[illegible]司令部四元五角，中粮部駐延長某[illegible]十元又銅元，抗大運輸連三元五角，交通局[illegible]，民粮食站九元七角，工兵營四十九元九角，[illegible]共計大洋一百〇二元[illegible]。

（尹琳華）

# 安定紅屬為紅軍出動抗日
# 致前方紅軍指戰員信

在紅軍出動抗戰的消息傳遍[illegible]以後，安定縣西二區一鄉全体紅軍家屬[illegible]，因為他們的兒子、丈夫[illegible]在抗日前線上[illegible]打日本軍隊[illegible]。

你們[illegible]紅軍同志們！

你們是我們中國的紅軍，你們是中華民族的[illegible]，你們[illegible]在全中國全世界的[illegible]解放的偉大事業[illegible]的消息。

你們上前線殺敵，[illegible]的事業，我們在後方[illegible]，我們將動員[illegible]工作，也是為國家為民族的事，[illegible]全体紅屬及人民作你們的後援，[illegible]你們安心在前線殺敵吧！[illegible]火似一樣的[illegible]精神，來克服我們當前的死敌——日本帝國主义。

在你們即將出發的時候，我們没有多的話說了，同志們，前進吧，勇敢的前進吧！勝利在你們前面，我們等着你們去迎接勝利的捷音。

安定縣西二區一鄉全体紅屬

（[illegible]）的指示，在妇女委員会[illegible]

（計劃）（完成了）安定西二區一鄉妇女[illegible]

（二十天）（完成了）九十双的任务[illegible]

[illegible]送子二十六双。（白瑞彩）

## 做鞋袜慰勞紅軍

（[illegible]）甘泉縣一般的妇女們都踴躍地把自己的針線拿出來，先給紅軍做鞋子。[illegible]各区共送到鞋子二百余双，并欢送白肥皂一大堆，[illegible]二十多元，这種光荣的成绩值得我們來表揚。（刘賢臣）

（一百双）（鞋送了）

鄜縣妇女部對妇女部做鞋子一百双，慰劳前方紅軍。

## 政府决定
## 特赦許世友等八人

蘇維埃政府主席团日前開会討論許世友等八人[illegible]，最後决定許世友等八人把在押期間，尚有悔悟，在抗日[illegible]大前提下，他們願[illegible]抗日[illegible]，决定在本期[illegible]特予赦免[illegible]抗日工作。對於八人姓名刑期列後：

許世友　刑期一年六个月，剥奪公权二年

刘世模　刑期一年，剥奪公权一年

洪[illegible]、朱德崇、詹[illegible]　刑期八月，剥奪公权一年。

以上六人係组织拖枪逃跑，特予赦免。

黄子文刑期二年，張文華刑期二年。以上二人因與張國燾[illegible]反革命[illegible]，違反黨和政府命令[illegible]，特予赦免。

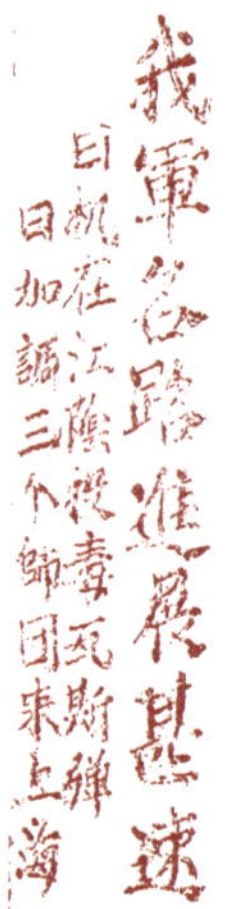




期：新中华报零三百八十六期
版：零一版
时间：一九三七年八月二十三日

# 我军各路进展甚速

## 日机在江阴投毒瓦斯弹
## 日加调三个师团来上海

### 我军大举进攻

**六日：**我军进至汇山路，浦东方面双方炮战甚烈，建筑物被毁甚多，高桥唐家湾江面敌舰三十余只载陆战队企图登陆被击退，北四川路日陆战队司令部根据地被我军占领，敌军退入租界内顽抗。

**十九日：**我军占领汇山码头，敌人被迫至黄浦江边，虹口方面日军□千余人在飞机掩护下向我已占领之日海军俱乐部反攻，又被我击退，敌死伤八百余人，杨树浦方面我军与敌血战数小时，飞机助战，敌向黄浦江边溃退，我军已占领塘山路岳州路昆明路等处，并继续推进。又日军一部拟在虹口码头登陆，又被我击退，日军士气非常沮丧。

**二十日：**我军占领汇山码头后切断了日军左右翼连［联］络，乘胜向东西两路追击，左翼敌向顺太码头撤退，闻又有一部日军向保护租界之英军缴械，日舰炮击南市及浦东一带，白龙港敌舰增至三十余只，似有登陆模样。杨树浦及虹口一带敌军阵地先后被我空军轰炸及巨炮击中，四处着火，虹口公园被□之日军企图冲出重围，均被击退死伤甚大。

**二十一日：**我军占领汇山码头□□□向□□□□及东百老汇路□□□一带前进，□敌即可肃清，敌军□□□□状，北□□敌军完全在我包围之中，虹口公园日军仍在固守，□□□□□□吴淞路虹口□□□□□□□□□□□□□敌舰今日又向我浦东□□一带炮击，我军□□□炮连击，□□□□□□□□□□□□□□□□□完全被粉碎□□□□方面□□□□□□□□□制该处我军，但终不得逞被击退，又我军占领上海大戏院，现已进入北四川路，将与里虹桥方面之我军同时夹击，正攻击横滨［浜］河北之日军陆战司令部云。

### 空战消息

**十八日：**日机在上海各地轰炸，被我机击落一架，我国空军亦飞杨树浦，虹口一带敌军阵地轰炸，敌死伤甚大。

**二十日：**上□发生空战击落日机二架，下午二时日机飞沪西一带轰炸我国飞机四架于下午五时，飞□轰炸杨树浦及虹口一带日军□黄浦江中日军舰。又有日机十一架飞江阴轰炸并投下毒瓦斯弹数枚。又日机袭击南京，被我击落二架。

**二十一日：**敌机今日晨又在南市浦东一带轰炸，又日机□□□□□□□□企图袭击南□，我机亦□空迎战，结果击落日机三架。

我空军今日飞虹口杨树浦及吴淞一带轰炸，遇敌机三十余架，发生空战，结果击落日机二架，我机无损伤，又我军击落日本□□□飞机一架□□。

**十九日：**日军在上海屡受打击又加调三个师团来沪，但因在上海□□□山码头多被破坏，不利于大部队作战，闻增援部队有由浏河登岸拟击我后路之企图，我军正严密布防中。

**二十一日：**日军之第十二师团现已到达吴淞口，拟在长江下游找取登陆地点企图夹击我上海军队。

一九三七年八月廿三日　新中華報　（第一版）

# 新中華報

蘇維埃政府機關報

第三百八十六期

## 上海抗戰的勝利

### 我軍分路進展甚速

### 日機在江陰投毒瓦斯彈

### 日加調三個師團來上海

[illegible]

十九日：[illegible]山頭[illegible]，敵人[illegible]

廿日：我軍[illegible]山[illegible]

[illegible]

[illegible]

制該處敵軍，但終不得逞。又我軍佔領上海大戲院，現已進入北四川路[illegible]

陣地[illegible]

（空戰情況）十八日：日機在上海各地轟炸[illegible]

廿日：上午[illegible]日機[illegible]

廿一日：敵機[illegible]

又日[illegible]

[illegible]

（八師團來滬）但因在上海戰線[illegible]

廿一日：日軍之第十二師團現已到達吳淞口，並在長江下游指定登陸地方企圖登上海軍隊。

## 社論

## 肅清汗奸的活動

[illegible]

[illegible]

現在當全面抗戰開始時，各地已發現不少的汉奸活動，將國抗戰的後方[illegible]已受到了一些損失。如果我們不[illegible]些汉奸，則我們的抗戰會受到[illegible]困難。因而[illegible]要求[illegible]我們對這個重大任務：

一、立即封閉日本[illegible]一切機關[illegible]一切特務人員（不論是日本人，高麗人，白俄……）[illegible]

二、[illegible]一切親日份子，以及與日特務機關有[illegible]份子。

三、各地政府及民眾團體應協助當地軍警機關嚴查各處一切汉奸[illegible]份子。

四、[illegible]

大家的手腳肅清一切汉奸！

## 日機又轟炸杭州

## 廣州太原九江發現日機

杭州廿日電：日機十一架十九日[illegible]

[illegible]

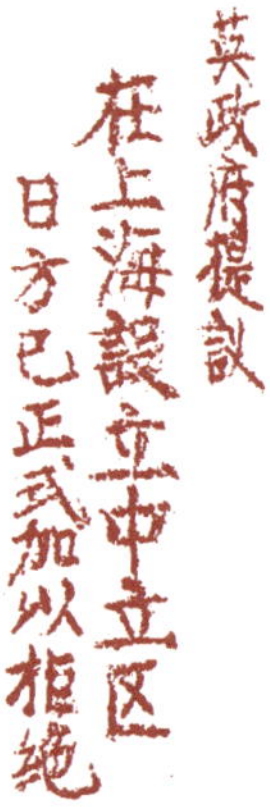
英政府提議
在上海設立中立区
日方已正式加以拒绝

期：新中华报零三百八十六期

版：零二版

时间：一九三七年八月二十三日

# 英政府提议在上海设立中立区
# 日方已正式加以拒绝

**伦敦电：**上海战争发生后，英政府提出要求中日两国军撤退上海并将日本在公共租界所保有的□□委托英法美三国负责保芦［护］的建议据二十日电讯，法政府已正式宣布赞成英政府上项提议，法国已向中日双方促□□□□此项建议，闻日本已拒绝英国所提在上海设立中立区的建议，美国则尚在考虑中。

# 特區防空簡易須知

自本期起準備連續發表防空防毒的基本常識以供給各地民众对防空防毒的練習與实施材料

現在抗日戰爭日渐擴大日寇飛机到处活動延安地区亦在日机活動地界之内因此我們每一个士民即乡下每一个群众都應当了解防空的簡單常識以减敵机来襲的威力避免不需要的損害这是每一个群众都应在防空委员会領尊下紧急動員起来学習防空的智識

茲將防空要点寫在下面

壹，防空防禦——(一)遇敵机襲击時在延安有效防禦的主要條件是建築防空掩蔽部(俗名飛机洞又叫地下室)防空壕及附近山洞谷隙溝裂口低窪处等須按防空委員会的指定划分的地区迅速動員群众作好掩蔽部隊

(二)遇敵机襲击時聞信号即按指定地区的掩蔽部迅速自覺的掩蔽去听到解除警报才出来。

(三)事前各单位組織好并演習訓练一遇警报則不至慌乱躁擠来得警报信号切不可誤听謠言乱動自相驚扰

貳，防空方法——依其目的不同而有差異總之不外積極与消極兩种　(一)積極防空法——其目的在对抗或排除敵人从空中攻击之損害在無驅逐机及高射砲的提要条件下应对空佈置高射机关槍及指定步兵射組由防空司令調好防空射击位置有組织有準备有指揮按射击要領对空发射以抵禦之

(二)消極防空法——其目的在使城市避免空襲之損害減少敵机襲击的威力在这条件下环城周圍及靠山土洞石洞岩隙裂口佈置好顯明的目标經常設置偽装以便掩蔽。

叁，对空警戒　(一)佈置防空哨警戒哨的崗位利用有線電报警鐘号炮号音烟幕(晚上灯光)并設置遠距离之監視哨按規定信号實警报 [illegible] 傳送之，　(二)对設想未实行射击前必須証实認明机翼上標之徽章以免誤击但射击時必有負責長官之命令，

肆，防空警报——分為三种

(一)預行警报——防空机关根据各方情报或監視哨的报告得悉敵机来襲時所发出之警报

(二)緊急警报——就是来襲的敵机已經快到城市防空防节地区時所发出之警报，　(三)解除警报——就是来襲時敵机已經离開我防空地区没有空襲顧慮時所发出之警报

伍，防空指揮：　(一)軍政机关群众团体及商民人等均須絕对接受防空司令員之指揮　(二)防空司令員有指揮各种防空机关須各本負已所受任之職責切实的堅决的执行　(三)任監視警报者须迅速警报通訊班即迅速傳达檢查者發現敵机立即活動 [illegible] 对火管制班入夜发現空警时将一切火光熄滅敵機襲擊之任偽装掩護者即掩蔽並填之以預防教护即出發以防不虞

陸，防空紀律　(一)遵守防空紀律——在城各軍政机关团体部隊及商民分区按指定防空掩蔽区域实行違者以擾乱秩序危害治安論　(二)关于机敵的处置——听警报立進入準备集合位置時一律停止工作談话营業與来往行人(特別电量禁止外出)迅速進入規定各部規定準备位置听候掩蔽。　——未完——

# 日軍再次進攻南口未得逞　津浦線將有大戰發生　平漢路數日來尚沉寂

【平綏線】十八日，南口日軍正以 [illegible] 部隊 [illegible] 近日來大量進犯，故日來自本國援兵源源不斷向天津運送，今日有日本輪船百余隻裝有大批軍隊及軍火到天津，北寧路運兵也很繁忙。

十九日，敵軍雖有進襲，正向沙河推進，北平朝陽門外亦有我軍便衣隊活動。

廿一日，敵以主力猛攻我南口 [illegible] 遭我方的猛烈痛擊，敵終不得逞，死傷數百余，我方陣地屹立。

【津浦線】十九日，我軍推進 [illegible] 之某地方，一部并由側面向津西韓家 [illegible] 等處推進，大沽東南之 [illegible] 家莊亦有我軍便衣隊活動。

日敵電：我軍沿津浦線出動，大 [illegible] 到前日運輸艦廿余隻入港，載有日援軍二萬余人，并有大批軍火正由 [illegible] 途經塘沽運津，敵司令板垣到天津。

廿日，我軍一部已攻到天津市附近，在該地發生激戰，日軍受損失，有軍紛紛退入租界。

【平漢線】廿一日，良王庄方面，日軍又增加千余人，總計廿余門炮向我陣地猛攻，現仍在激戰中。

廿日，連日來平漢線沒有大的戰事，只日軍在 [illegible] 一方面大村附近取守勢，前以 [illegible] 集中津浦線，只有永定河北岸方山 [illegible] 之我有日軍數百人向我陣地進犯，被我擊退，現正隔河對峙中，又敵數百人 [illegible] 集中 [illegible] 千余人，住 [illegible] 之敵 [illegible] 該地現仍 [illegible] 對峙中。

# 察北我軍殲敵一團　日軍猛攻猴兒山

[illegible] 電：[illegible] 之 [illegible] 師長 [illegible] 日本兵百余人 [illegible] 我 [illegible] 敵 [illegible] 全部 [illegible] 敵方 [illegible] 百余人。

又電：我軍 [illegible] 地方後，仍繼續前進，張北 [illegible] 日即可攻下，[illegible] 廿一日，日機十五架轟炸張家口，同時日軍以重炮廿余門，集中主力向我猴兒山進攻，被我軍擊退。

# 英政府提議　在上海設立中立區　日方已正式加以拒絕

[illegible] 電：上海戰事發生后，英政府提議要求中日兩國軍隊撤退上海，並將日本在公共租界所保有的地位交英國保存，為建設中立區 [illegible] 英政府上項提議 [illegible] 中日雙方 [illegible] 日本已拒絕 [illegible] 提議，[illegible] 中。

期
新中华报零三百八十六期
版
零四版
时间
一九三七年八月二十三日

# 全国大规模的抗战已发动啦!

凶暴的日本帝国主义□去了我国文化中心之北平与中外商业重镇之天津后，又突然在上海借口虹桥事件的发生，从事挑战，□□第二个“一·二八”战争的开始。

平津已陷，整个华北已在日寇的刀口上，全国第一重镇——上海现又在侵略者——日本帝国主义的炮火下了。

今天的时局，是十分紧张了，战事越打越扩大，日本兵开来的□越来越多，大批日舰与陆战队都集中上海，南口，张家口，津浦路，平汉路，青岛各地都在激烈的战争中。

同志们，全国性大规模的抗日战争已经发动了。

我国家正处在生死存亡的最后关头，□□□□抗战到底，才是唯一的生路。

边区的青年们！我们是抗日模范区的青年，我们要更紧张的动员起来，立即发起组织战地服务团、募捐运动救护队，援助前线抗战，立即组织轻骑队、监察队，监视与□□日本帝国主义的走狗——汗［汉］奸亲日派的活动，同时要立即开始加紧我们的军事训练，随时准备到抗日前线去。我们的一切为着抗日战争的全部胜利。

（第四版）　　新中華報　　一九三七年八月廿三日

# 青年呼声 37

西北青救會青年呼声編委会编

## 全國大規模的抗战已發動啦!

兇暴的日本帝国主义捺去了我们文化中心之北平与中外商業重镇之天津後，又累然在上海藉口虹桥事件的發生發动挑战，演成第二個"一二八"战争的開始。

平津已淪陷，偉大的上海已在日冦的刀口上，全国第一重镇——上海现又在侵略者——日本帝国主义的炮火下了。

今天的時局是十分緊張的，战事愈打愈扩大，……越来越多，六批日機与陸战隊都集中上海，南口、張家口、津浦路、平漢路、青島各地都在激烈的战争中。

同志们：全国性大規模的抗日战争已经发动了。

我国家正处在生死存亡的关頭，……只有抗战到底，才是唯一的生路。

边区的青年们：我们是抗日模範区的青年，我们要更紧張的動員起来，立即组织前方服务團、募捐运动救亡隊，援助前线抗战，立即组织担架隊、宣傳隊，監視日本帝国主义的走狗——汉奸親日派的活動。同時要立刻開始加紧我们的军事訓練，随時準備到抗日前線去。我们的一切為着抗日战争的勝利。

## 山西組織少年先鋒隊

現在全国的抗战開始了，華北、上海等地已經在打得很激烈，青島、漢口、汕头等地的形勢都很緊張，我們的軍隊都不怕犧牲的堅決的和敵人戰鬥着，全国人民都武装起来，動員到抗日前線去！

全国各地的青年活躍起来了，上海的青年組織了抗日青年义勇隊，南京、廣州、太原的学生青年们都组织起来了，全国的童子军也加紧了他们的军事訓練，妇女也组织了救護会、救護隊等……全国的青年都動員起来参加到抗日战争去了。

現在山西開始訓練全省少年先鋒隊，準備訓練三個月後，就開到前線去作戰。

边區的青年们，我们也要繼續準備起来，加紧我们的軍事訓練，來迎接全国抗战的到来。山西是全国的前線，边区是抗日的根据地，

我们要：時刻準備着動員到前線去！

（青年武装起来！）

## 還我河山（仿小放牛調）

(一)(女) 什么時候我們最痛恨？什么人强佔我家鄉？声声只說要……怎么樣呀？老百姓不平不太平呀咳哎嗨！(合)

(男) 七月七日夜炮轟宛平城，日本兵强佔我北平，平津地現在被佔領了，勞苦老百姓真苦情呀咳哎嗨！(合)

(二)(女) 平津地方現在怎么樣？誰人的飛機來轟炸？上海市有誰來攻打呀？前线战事現在怎么樣呀咳哎嗨！(合)

(男) 平津地方都淪陷了，日本的飛机来轟炸，上海市日本来攻打呀，前线的战事很激烈呀咳哎嗨！(合)

(三)(女) 中国軍隊在攻南口？在那山上誰个打冲锋？日本軍隊又怎么樣呀？這次的战争誰打勝呀咳哎嗨！(合)

(男) 中国軍隊在攻南口，大刀隊多勇打冲锋，打得那日軍落花流水，這次的戰争我們打勝仗呀咳哎嗨！(合)

(四)(女) 日本鬼子现在怎么办？還不是派了大军来進攻？我们要知在什么時候下？怎么樣才能挽救我中国呀咳哎嗨！(合)

(男) 日本鬼子繼續增兵，他企圖一口吞併我全国，我们處在生死的关頭，全国的抗战才能救中国呀咳哎嗨！(合)

(五)(合) 全国一心，团结去拼命，保卫国土收復失地，……河山得解放呀咳哎嗨！(合)

連環識字画（一）

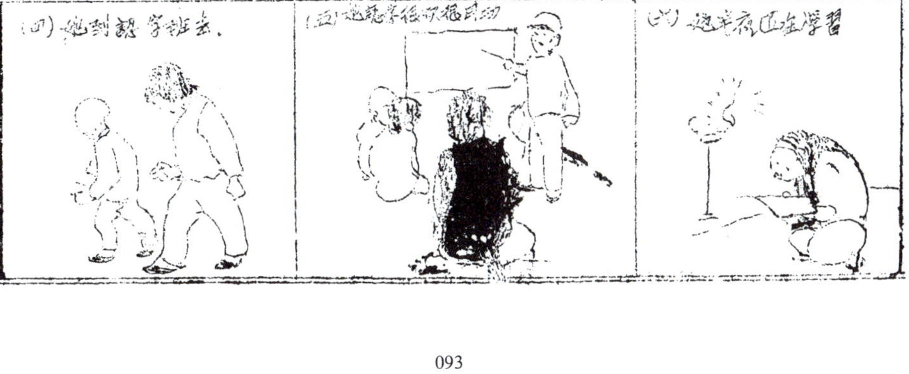

上海市戰事我方連獲勝利
浦東之敵已完全肅清
敵軍偷渡寶山被擊退



期：新中华报零三百八十七期
版：零一版
时间：一九三七年八月二十六日

# 上海市战事我方连获胜利

## 浦东之敌已完全肃清
## 敌军偷渡宝山被击退

上海战事发生后，我军屡获胜利，给日寇进攻上海之企图以严重打击，数天来战况，我军进展情形如下：

二十二日：我军右翼前线，已经占领北四川路，敌人损失甚大，现在吴淞路、北四川路海宁路一带均已起火，是日军□放□企图以此来阻止我军前进。

日军溃兵三百余人越苏州河向南逃去，当被英军及万国商团缴械。

浦东之敌军最后的坚固根据地邮船会社及新三井码头被我军占领浦东之敌已完全肃清。

二十三日：日舰三十余只集中炮火向我吴淞方面轰击，企图掩芦［护］陆军登陆，我方亦发炮还击，敌不支，败退，蕴藻浜敌军千余人在炮火掩芦［护］下上岸猛攻我军，后面继续尚有许多日军强渡，我军奋勇作战，后来又开到援军即实行反攻，将上岸之敌人完全消灭，敌人死伤一千二百余人，我军亦死伤三百余人，敌人上岸企图卒未得逞，同时我军又击沉敌舰一只。

北四川路底之日军司令部已完全处在我军包围之中，我军正以猛烈炮火轰击，昆明路方面我军已进抵汇山公园附近。

日机在南京路中心投弹，浙江路口先施公司中弹数枚，结果死伤三百余人，虹口之火烧三昼夜，至今日始熄，杨树浦百老汇路亦有两处着火。

二十四日：敌约一旅团之众于二十三日夜在敌舰猛烈炮火下，猛攻吴淞炮台一带并偷渡登陆，我军奋勇抗战，空军亦赶赴助战敌伤亡奇重，至今晨三时，把敌人完全打坍。又二十三日早晨敌约一旅团人，在兵舰掩芦［护］下向宝山县川沙河口沿岸进攻，我军兵力单薄致日军一部乘胜登陆，猛攻我军阵地，自狮子林炮台至川沙河口沿岸均有敌人登陆，敌人复以一部攻入罗店镇，该镇我军很少致被日军占领，到下午二时许我援军到达，向罗店之敌猛攻，敌人抵不住向后败退，并纵火焚烧房屋，我军乘胜猛追至川沙镇附近我右翼军举行内包围，致该处敌全线溃退，下午四时，敌人被消灭，□□我军缴获甚多，遂沿江东下进至盛家桥，与登陆之敌激战中。

上海市我军中路已进展至北新虹桥与狄思威路我军取得联络，东熙华德路亦已进展至虹桥河边，敌人退外虹桥西老汇路一带，公勒铁厂之敌已完全被我消灭，保定路华德路荆州路及塘山路已完全在我军手中。

一九三七年八月二十六日　新中華報　（第一版）

新中華報
蘇維埃政府机關报
第三百八十七期

# 前線抗戰捷報

## 上海市戰事我方連獲勝利
## 浦東之敵已完全肅清
## 敵軍偷渡寶山被轟退

上海戰事之發生，我軍原定之勝利，給日寇進攻上海之企圖以嚴重打擊。敵天來戰況我軍進展情形如下：

廿二日：我軍右翼前線已經佔領北四川路敵人陣地大部，現在吳淞北四川路海寧路一帶均已燃大火，日軍皆被包圍，以此來阻止我軍前進。

日軍陸戰三百余人，越蘇州河向南逃去，我英勇軍又于口商團繳械。

浦東之敵軍，在保的堅固根據地都給舍棄，及新井碼頭被我軍佔領，浦東之敵已完全肅清。

廿三日：日艦卅余隻集中施大炮向我吳淞方面轟擊，企圖掩護陸戰隊登陸，我方亦發炮還擊，敵不支敗退，結果擊沉敵軍千余人，在砲火掩護下上岸猛攻我軍，同時在獅子林有許多之日軍猛攻我軍，奮勇作戰，同時又有新到援軍即實行反攻，將上岸之敵人完全消滅，敵人死傷一千二百余人，我軍亦死傷三百余人。敵人上岸企圖卒未得逞，同時我軍又轟沉敵艦一隻。

北四川路底之日軍司令部已完全處在我軍包圍之中，我軍正以猛烈砲火轟擊，昆明路方面我軍已進抵匯山公園附近。

日机在南京路中心投彈，浙江路口先施公司中彈，敵被結果死傷三百余人。虹口之火燒三晝夜至今日始熄，楊樹浦百老匯路亦有兩処着火。

廿四日：敵約一旅團之眾于廿三日在敵艦猛烈炮火下猛攻吳淞砲台一帶，并偷渡登陸，我軍奮勇抗戰，空軍亦趕赴助戰，敵傷亡奇重，至今晨三時將敵人完全打退。

廿三日早晨敵約一旅團人在吳淞炮台下的寶山縣川沙河口沿岸進攻，我軍兵力集中浦，致日軍一部乘隙登陸猛攻我軍陣地，自獅子林砲台至川沙河口沿岸均有敵人登陸。敵人即以一部攻入罗店鎮，該鎮我軍很少，致被日軍佔領，到下午二時許我援軍到達向罗店之敵猛攻，敵人抵不住向后敗退，并縱火焚燒房屋，我軍乘勝猛追至川沙鎮附近，我右翼軍舉行向包圍敵陣，致敵全線潰退，下午四時敵人被消滅，[illegible]甚多，遂沿江東下，進至威家林，與登陸之敵激战中。

上海市我軍中路已進展至北新虹橋橋與狄思威路，我軍取得聯絡東應華德路，亦已進展至虹橋河边，敵人退外虹橋西老匯路一带，公勒鉄廠之敵已完全被我消滅，保定路華德路荆州路及塘山路已完全在我軍手中。

## 連日空战仍甚劇烈
## 日机又被轟落十架

廿二日：日机十六架暴轟炸上海近郊，又日机轟炸南通美人創辦之基督医院，炸死敖十余人，美國已提出抗議。我國轟炸机數架本日飛滬轟炸敵軍及浦江中之敵艦，旋又轟炸楊樹浦敵軍陣地及吳淞口之敵艦，敵方損失奇重。敵机三架襲擊南京未逞，又有敵机十二架轟炸江陰，我防空部隊發射高射砲，击落一架，击傷二架，余机逃去。

廿三日：敵机九架企圖空襲保定，當敵我軍击中三架，同日又有敵机多架轟炸良多投彈轟炸，日机四十余架整天在浦東南市閘北真如江灣吳淞等地偵察轟炸。

廿四日：今天早晨一時我飛机夜襲匯山浦江及吳淞近外的日艦甚為得手。上海戰事發生以後，日本陣亡失踪的飛行人員已達百余人，又耗費用的軍費超過一万萬余万元。

廿四日：早晨我空軍飛吳淞以助戰，击落日机兩架，晚上我空軍又襲击浦中及吳淞口外之敵艦。

今日晚有敵机九架襲击南京，被我飛机击落二架，余机逃去。

又日机六架于廿三日飛羅店鎮投彈，結果該鎮被燒一空。

## 社論　反對上海划為中立區

在上海的抗日大戰，我方獲得空前的勝利，我軍的英勇抗戰以及一切便衣隊是那么英勇善戰，給了日本强盗以極大的痛懲，這不但出乎日賊的意料之外，而且中國抗戰的聲勢在全世界人士的眼光中大大地提高了！

當我們在上海節節勝利的時候，英國方面竟以保護外僑為名，提議划上海為中立地帶，中日雙方軍隊撤出上海，由英法美負責維持治安。這不但對于中國是一個重大侮辱，同時亦是企圖挽救日賊于失敗之中的巧計，我們必須堅決與以拒絕！　中國已不是屈服于日賊侵略下而不抵抗的弱國，她已開始了全面的抗日戰爭，堅決的長期的抗戰直至中華民族解放的最后勝利！不幸英國紳士們未認清這一点，英國在這次抗日戰爭中始終抱着犧牲中國利益對日賊妥協讓步以制止中日戰爭的外交路線。我們必須直接声明這种狡猾的外交政策不但犧牲中國的利益，不但助長暴日侵略的凶焰，而且亦妨碍英國在遠東的利益，更嚴重的是亦危害世界和平。　這种划上海為中立區的毒計会有甚么結果呢？使中國軍隊退出上海，給敗北的日賊以喘息，和得上海以整理與增援的机会，然后再大規模地向我軍進攻，這不是帮助日賊是甚么？英國在西班牙戰爭中對德意妥協的外交政策已使歐洲和平遭到重大損害，現在又企圖以同樣的外交政策施諸中國與日賊妥協，結果只有增進日賊的侵略欲，增進遠東和平與世界和平更大的危險。

中華民族已開始全面的抗戰了，在抗戰中我們願意與各友邦建立更親密的关係，但是站在中華民族抗戰的利益上，站在堅決對日不妥協不讓步的立場上。只有堅決的抗戰能消滅日賊的侵略，因而才能維持東亞以及全世界的和平。除此外別無他路！

根據這一点，我們堅決拒絕帮助日賊[illegible]划上海為中立區的計划。

新中華報

期：新中华报零三百八十七期

版：零一版

时间：一九三七年八月二十六日

# 连日空战仍甚剧烈
# 日机又被击落十架

二十二日：日机十六架晨轰炸上海的近郊，又日机轰炸南通美人创办之基督医院，炸死数十余人，美国已提出抗议，我国轰炸机多架本日飞沪轰炸敌军及浦江中之敌舰旋又轰炸杨树浦敌军阵地，及吴淞口之敌舰，敌方损失奇重。

敌机三架袭击南京未遂，又有敌机十二架轰炸江阴我防空部队，被我高射炮击落一架，击伤二架余机逃去。

二十三日：敌机九架企图突袭保定，当被我军击中三架，同日又有敌机多架在□□投弹轰炸，日机四十余架整天在浦东南市闸北真茹，江湾吴淞等地侦察轰炸。

二十四日：今天早晨一时我飞机夜袭黄浦江及吴淞江外的日舰甚为得手。上海战争发生后，日本阵亡失踪的飞行人员已达一百余人之多，用的军费超过一万三千余万元。

二十四日：早晨我空军飞吴淞口助战，击落日机两架，晚上我空军又袭击浦江中及吴淞口外之敌舰。

今日晚有敌机九架袭击南京，被我飞机击落二架，余机逃去。

又日机六架于二十三日飞罗店镇投弹，结果该镇被烧一空。

一九三七年八月二十六日　新中華報　（第一版）

# 新中華報

蘇維埃政府机關報
第三百八十七期

## 前線抗戰捷報

### 上海市戰事我方連獲勝利
### 浦東之敵已完全肅清
### 敵軍偷渡寶山被轟退

上海戰事，八一三以來我軍屢告勝利，給日寇進攻上海之企圖以嚴重打擊。數天來戰況我軍進展情形如下：

廿二日：我軍右翼與前線已經佔領北四川路，敵人損失甚大。現在吳淞路、北四川路、海寧路一帶均已起大火，日軍死於火中，企圖以北來阻止我軍前進。日軍增兵三百余人，擬於毋河向南逃去。我軍又在□□商團繳械。浦東之敵軍據守的堅固根據地，即船舶公社及新井碼頭被我軍佔領。浦東之敵已完全肅清。

廿三日：敵於八字橋集中施大炮向我吳淞方面，敵企圖偷渡登陸，我方亦發炮還擊，敵不支敗退。敵艦後撤，敵軍千余人在砲火掩護下上岸猛攻我軍陣地，雙方有許多寶山獅子林我軍奮勇作戰，後來又開到援軍即實行反攻，將上岸之敵人完全消滅，敵人死傷一千二百余人，我軍亦死傷三百余人。敵人上岸企圖卒未得逞。同時我軍又轟沈敵艦一隻。

北四川路底之日軍司令部已完全處在我軍包圍之中，我軍正以猛烈砲火轟擊昆明路方面，我軍已進抵匯山公園附近。

日機在南京路中心投彈，浙江路口先施公司中彈，敵機轟炸死傷三百余人，虹口之大火燒三晝夜，至今日始熄。楊樹浦百老匯路亦有兩處着火。

廿四日：敵約一旅團之眾于廿三日夜在敵艦猛烈砲火下猛攻吳淞砲台一帶，並偷渡登岸，我軍奮勇抗戰，空軍亦趕赴助戰，敵傷亡甚重，至今晨三時起敵人完全打掉。

廿三日早晨敵約一旅團人在吳淞艦掩護下，向寶山縣川沙河口沿岸進攻，我軍兵力單薄，致日軍一部乘勝登陸猛攻我軍陣地，自獅子林砲台至川沙河口沿岸均有敵人登陸，敵人只以一部攻入吳淞鎮，軍佔領。到下午二時許我援軍開到，向吳淞之敵猛攻，敵人抵不住向后敗退，並縱火焚燒房屋，我軍乘勝猛追至川沙鎮附近，我右翼軍舉行的包圍，致該敵全線潰退，下午四時敵人被消滅，……進至臧家橋與登陸之敵激戰中。

上海市我軍中路已進展至北新虹橋與狄思威路，我軍取得聯絡，東熙華德路亦已進展至虹橋河边，敵人退外虹橋西老匯路一帶，公新鐵廠之敵已完全被我消滅，保定路、華德路、蕭山路已完全在我軍手中。

### 連日空戰仍甚劇烈
### 日机又被轟落十架

廿二日：日机十六架轟炸上海近郊，又日机轟炸南通，美人創辦之基督醫院炸死數十余人，美國已提出抗議。我機轟炸日机，又架本日飛滬轟炸敵軍及浦江中之敵艦，旋又轟炸楊樹浦敵軍陣地及吳淞口之敵艦，敵方損失奇重。敵机三架襲擊南京未逞，又有敵机十二架轟炸江陰，我防空部隊發高射砲擊落一架，擊傷二架，余机逃去。

廿三日：敵机九架企圖突襲保定，均被我軍擊中三架，同日又有敵机數架在良乡投彈轟炸。日机四十余架整天在浦東、南市、閘北、真如、江灣、吳淞等地偵察轟炸。

廿四日：今天早晨一時我飛机夜襲浦江及吳淞口外的日艦甚為得手。上海戰事發生後，日本陣亡失蹤的飛行人員已達百余人，又用的軍費超過一萬萬余萬元。

廿四日：早晨我空軍飛吳淞口助戰，擊落日机兩架，晚上我空軍又襲擊浦中及吳淞口外之敵艦。

今日晚有敵机九架襲擊南京，被我飛机擊落三架，余机逃去。

又日机六架于廿三日飛粵又店鎮投彈，結果該鎮被燒一空。

## 社論　反對上海划為中立區

在上海的抗日大戰，我方獲得空前的勝利，我方的空軍陸軍以及一切便衣隊是那么英勇善戰，給了日本強盜以極大的痛懲，這不但出乎日賊的意料之外，而且中國抗戰的聲勢在全世界人士的眼光中大大地提高了！

當我們在上海節節勝利的時候，英國方面竟以保護外僑為名提議划上海為中立地帶，中日雙方軍隊撤出上海，由英法美國家維持治安。這不但對于中國是一個重大侮辱，同時亦是企圖挽救日賊于嚴重失敗之中的巧計，我們應該堅決與以拒絕！

中國已不是屈服于日賊侵略下而不抵抗的弱國，中國已開始了全國的抗日戰爭，堅決的長期的抗戰直至中華民族解放的最后勝利！不幸英國紳士們未認清這一點，英國在這次抗日戰爭中始終抱着犧牲中國利益對日賊妥協讓步以制止中日戰爭的外交路線。我們應該直接聲明這種犧牲的外交政策不但犧牲中國的利益，不但助長暴日侵略的凶焰，而且亦妨碍英國在遠東的利益，更嚴重的是亦危害世界和平。這種划上海為中立區的毒計會有甚么結果呢？使中國軍隊退出上海，給敗北的日賊以喘息，和整理與增援的机会，然后再大規模地向我軍進攻。這不是幫助日賊是甚么？

英國在西班牙戰爭中對德意妥協的外交政策已使歐洲和平遭到重大損害，現在又企圖以同樣的外交政策施諸中國與日賊妥協，結果只有增進日賊的侵略欲望，增進遠東和平與世界和平更大的危險。

中華民族已開始全面的抗戰了。在抗戰中我們願意與各友邦建立更親密的關係，但是站在中華民族抗戰的利益上，站在堅決對日不妥協不讓步的立場上。只有堅決的抗戰能消滅日賊的侵略，因而才能維持東亞以及全世界的和平。除此外別無他路！

根據這一點我們堅決拒絕幫助日賊的一切划上海為中立區的計劃。

期
新中华报零三百八十七期
版
零一版
时间
一九三七年八月二十六日

# 社论　反对上海划为中立区

在上海的抗日大战，我方获得空前的胜利，我方的空军、陆军以及一切便衣队是那么英勇善战，给了日本强盗以极大的痛惩，这不但出乎日贼的意料之外，而且中国抗战的声势在全世界人士的眼光中大大地提高了！

当我们在上海节节胜利的时候，英国方面竟以保护外侨为名提议划上海为中立地带，中日双方军队撤出，上海由英法美负责维持治安，这不但对于中国是一个重大侮辱，同时亦是企图挽救日贼于严重失败之中的巧计，我们应该坚决与［予］以拒绝！

中国已不是屈服于日贼侵略下而不抵抗的弱国，他已开始了全国的抗日战争，坚决的长期的抗战，直至中华民族解放的最后胜利！不幸英国绅士们未认清这一点，英国在这次抗日抗战中，始终抱着牺牲中国利益对日贼妥协让步以制止中日战争的外交路线。我们应该直接声明，这种狡猾的外交政策不但牺牲中国的利益，不但助长暴日侵略的凶焰，而且亦妨碍英国在远东的利益，更严重的是亦危害世界和平。这种划上海为中立区的毒计会有甚么结果呢？使中国军队退出上海给败北的日贼以喘息，利用上海的中立区整理与增援的机会，然后再大规模地向我军进攻。这不是帮助日贼是甚么？

英国在西班牙战争中对德义［意］妥协的外〈交〉政策已使欧洲和平遭到重大灾害，现在又企图以同样的外交政策施诸中国，与日贼妥协，结果只有增进日贼的侵略欲，增进远东和平与世界和平更大的危险。

中华民族已开始全面的抗战了。在抗战中我们愿意与各友邦建立更亲密的关系，但是站在中华民族抗战的利益上，站在坚决对日不妥协不让步的立场上。只有坚决的抗战能消灭日贼的侵略，因而才能维持东亚以及全世界的和平。除此外别无他路！

根据这一点我们坚决拒绝帮助日贼侵略的划上海为中立区的计划。

一九三七年八月二十六日　新中華报　（第一版）

# 新中華報

蘇維埃政府机關报
第三百八十七期

## 上海市戰事我方連獲勝利
## 浦東之敌已完全肅清
## 敌軍偷渡寶山被粟退

### 前線抗戰捷报

上海戰事發生以来我軍屢獲勝利，給日冦進攻上海之企圖以嚴重打擊，數天来我軍進展情形如下：

廿二日：我軍右翼前線已經佔領北四川路，敌人損失甚大，現在寶山路北四川路海寧路一带均已起大火，日軍企圖以北来阻止我軍前進。

日軍渡兵三百余人越蘇州河向南逃去，当被英軍在了口商团繳械。

浦東之敌軍原盤踞的根據地郵船会社及新井碼頭被我軍佔領，浦東之敌已完全肅清。

廿三日上午敌艦卅余隻集中施火向我吳淞方面轟擊，企圖掩護陸戰隊，我方亦發炮還擊，敌不支敗退，敌軍千余人在砲火掩護下上岸猛攻我軍陣地，[illegible]我軍奮勇作戰，以来之兩到援軍即實行反攻，將上岸之敌人完全消滅，敌人死傷一千二百余人，我軍亦死傷三百余人，敌人上岸企圖卒未得逞，同時我軍又轟沉敌艦一隻。

北四川路底之日軍司令部已完全處在我軍包圍之中，我軍正以猛烈砲火轟击，昆明路方面我軍已進抵匯山公園附近。

日机在南京路中心投彈，浙江路口先施公司中彈，敌机結果死傷三百余人，虹口之大火燒三晝夜，至今日始熄，楊樹浦百老匯路亦有兩处着火。

廿四日：敌約一旅團之众于廿三日夜在敌艦猛烈砲火下猛攻吳淞砲台一帶，并偷渡登岸，我軍奮勇抗戰，空軍亦赶赴助战，敌傷亡甚重，至今晨三時，犯敌人完全打垮。

又廿三日早晨敌約一旅團人在吳淞[illegible]下的寶山縣川沙河口沿岸進攻，我軍兵力單薄，致日軍一部乘隙登陸，猛攻我軍陣地，自獅子林砲台至川沙河口沿岸均有敌人登陸，敌人复以一部攻入吳淞后鎮，該鎮我軍很少，致陷日軍佔領，到下午二時許，我援軍開到，迅向吳淞之敌猛攻，敌人抵不住，向后敗退，并縱火焚燒房屋，我軍乘勝猛追至川沙鎮附近，我右翼軍舉行包圍，敌陣敌全線潰退，下午四時，敌人被消滅，[illegible]沿江東下

……至盛家桥其登陸之敌激战中。

上海市我軍中路已進展至北新虹桥，與狄思威路我軍取得聯絡，東熙華德路亦已進展至虹桥河边，敌人退外虹桥西老匯路一帶，公勃鉄殿之敌已完全被我消滅，保定路華德路荊州路及塘山路已完全在我軍手中。

### 連日空战仍甚劇烈 日机又被轟落十架

廿二日日机十六架晨轟炸上海近郊，又日机轟炸南通，美人創辦之基督医院炸死数十余人，美口已提出抗议。我口轟炸机十架本日飛滬轟炸敌軍及浦江中之敌船，旋又轟炸楊樹浦敌軍陣地及吳淞口之敌艦，敌方損失奇重。敌机三架襲击南京未逞，又有敌机十二架轟炸江阴，我防空部隊發射高射砲击落一架，击傷二架，余机逃去。

廿三日：敌机九架企图空襲保定，当被我軍击中三架，同日又有敌机多架在真茹投彈轟炸。日机四十余架整天在浦東南市閘北真茹江湾吳淞等地偵察轟炸。

廿四日：今天早晨一時我飛机夜襲黄浦江及吳淞以外的日船，甚为得手。上海戰事發生后日本陣亡失踪的飛行人員已達百余人，之支用的軍费超过一万万余万元。

廿四日：早晨我空軍飛吳淞口助战，击落日机兩架，晚上我空軍又襲击浦中及吳淞口外之敌艦。

今日晚有敌机九架襲击南京，被我飛机击落二架，余机逃去。

又日机六架于廿三日飛罗店鎮投彈，结果該鎮被燒一空。

### 社論　反對上海划為中立區

在上海的抗日大战，我方获得空前的勝利，我們的空軍陸軍以及一切便衣隊是那么英勇善战，給了日本强盜以極大的痛懲，這不但出乎日賊的意料之外，而且中國抗戰的声势在全世界人士的眼光中大大地提高了！

当我們在上海節節勝利的時候，英國方面竟以保護外僑為名提議划上海為中立地帯，由日雙方軍隊撤出上海，由英法美國来维持治安。這不但對于中國是一個重大侮辱，同時亦是企圖挽救日賊于失敗之中的巧計，我們應該堅決與以拒絕！

中國已不是屈服于日賊侵略下而不抵抗的弱國，中國已開始了全面的抗日戰爭，堅決的長期的抗戰直至中華民族解放的最后勝利！不幸英國紳士們未認清這一點，英國在這次抗日戰爭中始終抱着犧牲中國利益對日賊妥協讓步以制止中日戰爭的外交路線。我們应該直接声明这种狡猾的外交政策不但犧牲中國的利益，不但助長暴日侵略的凶焰，而且亦妨碍英國在远東的利益，更嚴重的是亦危害世界和平。

這种划上海為中立區的詭計會有甚么结果呢？使中國軍隊退出上海，給敗北的日賊以喘息，利用上海[illegible]整理其殘援的机会，然后再大規模地向我軍進攻，這不是幫助日賊是甚么？

英國在西班牙戰爭中對德意妥協的外交政策已使欧洲和平遭到重大危害，現在又企圖以同樣的外交政策犧牲中國，進日賊妥協，结果只有增進日賊的侵略欲，增進远東和平與世界和平更大的危險。

中華民族已開始全面的抗战了。在抗战中我們願意與各友邦建立更親密的关係，但是站在中華民族抗战的利益上，站在堅決对日不妥協不讓步的立場上。只有堅决的抗战能消滅日賊的侵略，因而才能維持東亞以及全世界的和平。除此外別無他路！

根據這一点，我們堅決拒絕幫助日賊[illegible]划上海為中立區的計劃。

新中華報

日軍三師團由川沙一帶登陸
京沪路受嚴重威脅
上海腹背受敵夾攻


期 新中华报零三百八十八期
版 零一版
时间 一九三七年八月二十九日

# 日军三师团由川沙一带登陆

## 京沪路受严重威胁
## 上海腹背受敌夹攻

最近数日来，上海战争中心已经移到吴淞、浏河这一方面去了，日本以主力猛攻川沙镇及狮子林威胁上海我军后路来截断京沪路，使上海我军陷于孤立地位，三天来的详细情况如下：

**上海二十五日电：**二十二日又由日本国内开到三个师团增援上海，并派松井石根大将为主帅，其主力企图由长江下游□狮子林、川沙口、浏河登岸，以截断京沪路交通。

二十三日晨敌人三个旅团在狮子林及川沙河口登陆，一部分向浏河宝山进犯，当时发生激战，我军亦分途前去增援。二十五日早晨敌人五万余人再度由川沙河口登陆，向我罗店猛攻，当因我守□□□而退出该地，后因我援军开到双方剧战数小时，敌不久败退，我军又恢复罗店现在仍在狮子林川沙镇一带对峙中浏河口方面亦发现敌人河口外有日舰十余只陆续装兵登岸。

蕰藻浜方面敌军千余人偷渡登陆被我军迎头痛击，将敌完全击溃，敌死伤五百余人。张华滨［浜］方面敌军三千余人上岸，一部企图进犯市中心区被击退，南汇方面敌军千余人被我军完全解决，俘虏百余人。

**二十六日：**张华滨［浜］车站敌五百余人被我军包围，敌舰以猛烈炮火助战，一部敌人向蕰藻滨［浜］方面攻击，我军亦旅队前往增加，战争仍在进行中。

**二十七日：**敌人之第五、第九、第十二师团，从二十二日起纷纷由川沙镇、狮子林等处登陆，现在罗店□桥，木杆镇陈家行之线仍有战争发生，日军步步推进，随即修筑坚固工事，同时日机数十架，终日在上空掩护步兵前进，长江的敌舰亦发□炮猛烈轰击我军阵地及后方，故该地形势十分严重，现在虹口杨树浦一带战争尚沉寂，中心已移至罗店浏河一带。

一九三七年八月廿九日　新中華報　（第一版）

# 新中華報

蘇維埃政府機關報
第三百八十八期

## 上海戰事嚴重

## 日軍三師团由川沙一帶登陸

### 京沪路受嚴重威脅
### 上海腹背受敵夾攻

最近以來上海戰事中心已經移到吳淞、瀏河区一方面去了，日本軍隊三万(?)猛攻川沙鎮及獅子林，威脅上海我軍後路，京沪路後(?)，上海我軍陷於孤立地位。三天來的戰爭情況如下：

上海廿六日電：廿二日又由日本国內開來援兵兩師團，將軍亦派遣前往增加，戰爭仍在進行中。

到三個師团增援上海，并派松井石根大將為主帥，其兵力企圖由長江口登陸，獅子林、川沙口、瀏河登岸，以截斷京滬路交通。

廿三日晨敵人三个旅团在獅子林及川沙河口登陸，一部分向瀏河、宝山進犯，当時發生激戰，我軍沉着应戰，給敵人重大打擊。廿五日敵人五萬余人再度由川沙河口登陸，向我宝山猛攻，当因我軍英勇(?)抵抗，敵人(?)……，因我援軍開到，双方劇戰數小時，敵不支敗退，我軍又恢復了……仍在獅子林川沙鎮一帶对峙中。瀏河方面亦發現敵人，河口外有日艦十餘隻，陸續掩護敌兵登岸。

蕰藻浜方面敵軍千余人偷渡登陸，被我很迎頭痛擊，狼狽潰退，敵死傷五百余人。張華濱方面敌軍三千余人上岸，一部企圖進犯市中心區，被击退，浦東方面敌軍千余人被我軍完全解決，俘虜百余人。

廿八日：張華浜車站敌五百余人被我軍[illegible]

廿七日：敵人又有第五、第九、第十二師團，从廿二日起紛紛由川沙鎮、瀏河、獅子林等處登陸，現在要(?)……本州(?)鎮……有……日戰(?)十以上推進……日機數十架，終日在上空轟炸，我步兵前進，長江边敌艦向我……我軍陣地……故……敵人中心已移至要(?)在瀏河一帶。

## 英大使被日机射伤
## 日本封鎖中國沿海

沪廿八日電：英国駐華大使許閣森及使館人員數人，於本日上午乘汽車由京到上海，在途中遇日本飛机數架，投彈數發，示(?)中，後以机槍向下掃射，英大使許閣森及一館員均被射中受重傷。

廿七日：日外務省及海軍省声明，自上海起至汕頭止中国沿海口岸由日第三艦隊予以封鎖，並表示將步驟更趋严重了。

★　★

## 社論　全國總動員

自從七月七日盧溝橋事件發生以後，中日戰爭一天一天的扩大，由華北方面的局部的戰爭進而為全国性的抗戰。最近在上海点起了戰争的火把，京(?)北的战声也震動了全国。汕頭、廣州、青島等地，形勢也日趋紧張，日寇正想以大批飛机炮弹來血洗中国沿海各城市，并进而殲滅我有着数千年歷史的中華民族。

戰爭形勢的迅速發展，已經嚴重地到了全国各地，甚至每一个家庭的門口，都……社(?)内。而我们神圣的全面抗戰的發動，正如蔣介石先生所說的，我們全国上下必須抱定犧牲到底的決心。全国上下，地無分南北，人無分男女老幼，必須齊一切力量与敵人搏鬥，一直把敌人日寇全部趕出……收復全部失地（東北省在内）而後止。

現代的戰爭，已經……了，他不仅單依靠軍事力量，而且須要有政治的、經濟的、各方面的配合。這就是說，現代戰争必須有政治經濟軍事各方面的總動員，特別是中日戰爭，中國是處在被侵略被壓迫的地位，我們是反抗侵略，為爭生存而戰爭，同時物質條件比較薄弱的情況下，更需要全民族的總動員，發動全民族的總力量，才不会戰敗(?)日寇，就有被日本帝國主义把我們征服下去的危險。我們现在要保衛我們的民族——暴日是怎樣在進行全國動員的呢？蘆溝橋事件发生後，他們立刻大事煽動，一方面動員全國所有輿論作侵略中國的戰爭宣傳，一方面準備了總動員計划，於是從東京軍出動天津，朝鮮軍集中山海關，日本國內紛紛徵兵，經濟統制，禁止私人外匯……等等無一不是戰爭的準備。

中日戰爭是全民族的持久的戰爭，須要有充分的人力財力物力各方面的動員。而財力物力的实施，必須依靠四万七千万人民的抗战熱忱。我們要做到「有錢出錢，有力出力，有槍出槍，有知識出知識」的原則下來進行全力的動員：

一、全國海陸空軍總動員，把各地保安隊、部份雜牌地方部隊全部集中到國防前線去，並充實前線……，同時在軍隊中進行必要的抗戰動員的政治工作，以提高將士的抗敵情緒。

二、動員全國人民參加抗戰，組織与武装民众，對有組織的民眾團体，施以必要的軍事教育，並加強對民众的抗戰的政治教育，立即向人民解释徵兵的意义，準備隨時可以徵調上前線殺敌去。

三、對於……在中国境地開設的銀行……財產，必須給予保護，同時為動員人民在「有錢出錢」的号召下來進行募捐……抗戰的經費。

四、發動人民在各地進行肅清漢奸活動，沒收漢奸財產，進行斗爭，保証抗日後方的安全。只有以人民的力量，才能制止漢奸的活動。同時在人民中進行抵制日貨運動，在經濟上給日本以致命打击。

五、在外交上即實行与日本絕交，停止對日本的一切交涉，同時必須以適当的外交術道設法……國際上对我國抗战表示同情的各国的援助，与我們最接近的蘇聯，建立……來孤立日本在國際上的地位。

我們全國的神圣抗戰已經發動了，須要我們毫不犹豫地來實行全民族總動員，來回答日寇对我們的进攻，唯有全國總動員，才能击破日本的侵略野心，争取民族革命战争的最后勝利！

敌机两次夜袭南京三天又被击落四架

# 敌机两次夜袭南京
# 三天又被击落四架

二十五日：敌机十二架飞江阴轰炸被我军击落一架，又本日晚日机多架，夜袭南京，我空军亦飞往扬州一带迎战，敌机不支败退。我国空军二十四日夜飞沪轰炸敌舰，结果敌之巡洋舰驱逐舰各一只被击中。

二十六日：敌机再度袭击南昌，在南昌市投弹十余枚，我空军亦出而迎战，敌机遂飞去，上海敌机在南市与京沪路一带投弹轰炸，铁路轨道略有损坏日机被击落一架，我国空军亦轰炸吴淞口外敌舰。

二十七日：敌机十二架二十六晚袭击南京我机亦前往截击至本日上午三时将敌机驱逐，追至六合县击落敌机两架，上海日机今天又在真茹，闸北，南市，吴淞，浦东等处侦察与轰炸。

# 日軍進佔南口及居庸關
## 平漢線房山縣亦已陷落

〇〇廿五日電：南口方面敵人原来只有兩个旅團，但因屢次攻击失敗，故南口日寇又增加了三個旅團，約四五万人，今日極烈向我南口居庸关陣地攻击，形势非常严重，我軍由於众寡不敌，已完全退出該地。据日本方面消息，日軍已于廿五日佔領南口及居庸关，日軍正沿平綏路繼續向西推進，威脅察北，日軍已取得联络。

保定廿七日：：平汉线連日来亦发生激战，日軍集中兵主力五千余人在飛机四五十架及数十门大砲掩护下向我房山縣猛攻，日軍已于廿七日佔領房山縣城，我軍被迫退出該地。

## 津浦線日軍猛攻靜海 我軍被迫退出縣城

滄南廿五日電：津浦線我軍之一部已進至楊柳青附近，襲擊敌之后方陣地，本日下午舉行反攻，將敌击溃，良王庄之敌刻已向楊柳青方面退。

廿六日：津浦線本日又有激戰發生，我軍一部已进到楊柳青附近，截敌之后路，静海北我軍前哨由陳官屯攻去前進，双方仍在激战。

廿七日：：据双方消息：静海附近中日軍经數天激战后，日軍数万人向静海县城猛攻，我軍不支，向后败退，日軍已完全佔領静海縣城了。

## 日軍大批向察北增援 日內將有激战发生

归绥廿五日電：察北方面敌軍又加调第十一师团由朝鲜经多伦增援北平附近，大部份敌军亦均出古北口向张家口方向集结。

廿六日：敌軍由多伦方面开来大批部队增援，日内將有激战。又据日本方面消息：張家口已被日軍佔領。

山西大同今天有日本飛机兩次前来轰炸，第一次九架，第二次五架，投弹共十余枚，当日飛机轰炸时，汉奸大施活动，以红旗作暗示，当被捕获一人，就地施行枪决云。

## 敌机两次夜袭南京 三天又被轰落四架

廿五日：：敌机十二架飞江阴轰炸，被我军击落一架，又本日晚日机多架夜袭南京，我空軍亦飞往揚州一带迎战，敌机不支败退。

我空軍廿四日夜飞往轰炸敌舰，结果敌之巡洋舰驱逐舰各一隻被击中。

廿六日：敌机再度袭击南昌，在南昌市投弹十余枚，我空軍亦出而迎战，敌机逃飞去。

上海敌机在南市与京沪路一带投弹轰炸铁路轨道，星有损坏，日机被击落一架，我口空軍亦轰炸吴淞口外敌舰。

廿七日：：敌机十二架于廿六天晚袭击南京，我机亦前往截击，至本日上午三時将敌机驱逐，追至六合县击落敌机两架，上海日机今天又往袭炸南北南市，吴淞，浦东，并外侦察与轰炸。

## 对远東時局 英美合作尚属渺茫

伦敦廿六日電：：关于远東時局，英政府对于保护英口侨民与本口利益有新的行动，在外交上不断努力去制止日本的侵略困難：（一）英口过去调处中日争端的努力已失败，（二）英口孤立派份子抬头，对远东问题不積極，因之英美两口能否在外交上合作尚属渺茫。关于撤退英口侨民问题尚无有决定，不过英政府当增加部隊到上海去保护侨民。

## 延安縣議員大會 定今天開幕

延安县决定于本月廿九日召開全县议員大会，各区乡及延安市选定议員共計三百五十八人，一律于廿八日下午到齐了，议会時间决定三天，其日程是：：第一天政治报告，第二天一年来工作报告及批評，第三天上午通过提案，下午正式选举县長，今后延安縣的工作將在新議会闭幕后有更大的推動云。

## 群众欢送紅軍出動抗日

紅ＸＸ軍奉命出動，在各方面進行準备，当地群众闻讯均纷纷慰留，有一个年屆七十之老妪听说紅軍要走，跑到軍部来看红軍，对我们說：：「我今年將近七十岁，從民国以来就沒有見过这样好的軍隊，过去的軍隊到了我们莊里，不是要吃就是要东西，像你们真是好，不貼老百姓一点東西，这裡年多土匪也沒有了，唉！你们走了怎么办……」说完双眼泪下，其他还有不少的群众到軍部来挽留，有好几个老婆婆竟痛哭起来，这是群众挽留的真誠。

因为我们出发時间很短促，群众马上來了一个大的動員，募捐東西欢送我们，并開欢送会，群众到得很齐整，自卫军成群的妇女兒童舉着慰劳品，德政旗子，匾额，羊肉等等送到会场上来，有几个代表讀演讲得很好，鼓励我们出動抗日，語極恳切，会场空氣愈加紧張，音乐声，掌声，震動山谷，情緒热烈。

第二天早上部隊出发，預备号一吹，各部队门首拥有大批雜口群众自動的要求要送我们，有些送了很远还不想回去，大家恋恋不捨，战士都說：：「群众好極了，真是像我们家里的弟兄一樣親热」

（紫墨泉）

## 發揚階級友爱 紅軍慰勞紅軍

三十軍因為久驻荒僻的三边一带，物质資材很缺乏，此次到达庆阳，教導師的同志举行热烈的慰劳募捐，將所募慰劳品登我如下：

計開

衣服　五百四十七件
褲子　一百九十条
帽子　十七頂　　襪子　十八双
手巾　六十六条　　鞋子　一双
草鞋　一双　　鉛筆二百九十支
拍紙部　五百余个　　毯子三床
水筆四支　　牙粉五色
牙刷七个　　墨条一只

## 訪問

△吳敬汉同志，請把你的情形告訴我，信寄延水清延区第二乡青塔村吴发生吴善复吴善四人。

△吳瑞发，吳瑞久，吴发生，吴善复，吴善四人：：你們家中很記你，即刻寄信回去吧，信由桃山县委吴祥山转来。陆工委

△賀成樹，賀生祥弟：：請即寄信告訴你的近况，信寄陕北省保卫局賀生荣。

吳淞楊樹浦連日激戰
日軍主力集中吳淞一帶
寶山城我軍將士大顯身手
敵援兵兩師團到滬

期：新中华报零三百九十期
版：零一版
时间：一九三七年九月九日

# 吴淞杨树浦连日激战
# 日军主力集中吴淞一带

## 宝山城我军将士大显身手
## 敌援兵两师团到沪

**上海电：**上海最近数日来的战况，甚为激烈。现在日军主要进攻方向是由吴淞蕴藻浜张华浜及江湾一带。同时向西及西南攻击宝山县与月浦的我军防线。企图以吴淞为据点，开展战果，扫清沿长江口岸的我军，以便于日军登陆，使坦克车等机械化部队能够上岸配合步兵作战。这样来打通杨树浦与罗店间日军的联络。故连日来战况如下：

敌人首先以声东击西的办法，于三日集中十余只兵舰和十余架飞机，猛轰浦东我军阵地，来牵制该处兵力。四、五、六、七等日则集中力量在吴淞镇出击。宝山县城曾一度被日军占领，幸赖我方将士猛烈反攻，又复夺回。战事甚激烈，双方损失甚大。同时，罗店方面敌军也数次向我军反攻，企图与吴淞之敌打通联络，结果亦完全失败。我军克复罗店汽车站及附近村落，现仍在激战中。

杨树浦方面敌人，在吴淞方面战斗最激烈时，亦□出活动。连日来杨树浦各码头到有日运输舰多只，装载大批□□及军队在该处登陆。猛烈向我军攻击，企图与张华浜方面之敌军取得联络，我军奋力抵抗，敌未得逞。

六日有敌一部，企图在杨林口、七鸦山（均在浏河西北一带）等处登陆，亦被我军击退。

五日有敌之运输舰五十只，装载日援军二个师团到吴淞口外，大部于六日由吴淞登陆，一部在杨树浦登陆。

第一版　Sin Zhang Xua Bao　一九三七年九月九日

# 新中華報

陝甘寧邊區政府機關報

定價　每期銅元二枚　每月大洋五分　每年大洋三毛

390

動員一切力量爭取抗戰勝利

粉碎日寇夾攻計劃

## 吳淞楊樹浦連日激戰
## 日軍主力集中吳淞一帶
### 寶山城我軍將士大顯身手
### 敵援兵兩師團到滬

上海電：上海最近數日來的戰況，甚為激烈。現在日軍主要進攻方向是由吳淞蘊藻浜張華浜及江灣一帶。同時向西及西南攻擊寶山縣與月浦的我軍防線。企圖以吳淞為據點，開展戰果，掃清沿長江口岸的我軍，以便於日軍登陸，使坦克車等機械化部隊能夠上岸配合步兵作戰。這樣來打通楊樹浦與羅店間日軍的聯絡。故連日來戰況如下：

敵，首先以聲東擊西的辦法，於三日集中十餘隻兵艦和十餘架飛機，猛轟浦東我軍陣地，來牽制我處兵力。四、五、六、七等日即集中力量在吳淞鎮出擊。寶山縣城曾一度被日軍佔領，幸賴我方將士猛烈反攻，又復奪回。戰事甚激烈，雙方損失甚大。同時，羅店方面敵軍也數次向我軍反攻，企圖與吳淞之敵打通聯絡，結果亦完全失敗。我軍克復羅店汽車站及附近村落，現仍在激戰中。

楊樹浦方面敵人，在吳淞方面戰鬥最激烈時，亦曾出活動。這日來楊樹浦各碼頭，到有日艦陸續多隻，登陸大批陸戰隊及軍隊，在該處登陸。猛烈向我軍攻擊，企圖與張華浜方面之敵軍取得聯絡，我軍奮力抵抗，敵未得逞。

六日有敵一部，企圖在楊林口、七丫口（均在瀏河西北一帶）等處登陸，亦被我軍擊退。

五日有敵之運輸艦五十隻，裝載日援兵二個師團到吳淞口外，大部於六日由吳淞登陸，一部在楊樹浦登陸。

## 津浦線敵軍猛攻唐官屯附近
### 傷亡二千餘人

濟南電：數日來津浦線方面的戰事，雙方雖有接觸，但均沒有大的進展。該方面的敵人是第十、第四兩個師團全部。於六日曾經在飛機大炮掩護之下，向我唐官屯、子牙鎮、惠豐橋一帶猛烈攻擊，唐官屯失而復得者三四次，打得最為激烈，內中有一天之久。我軍士氣非常旺盛。敵人傷亡二千餘人，我方傷亡亦有千餘人。現仍在該地一帶激戰中。

## 冀省日軍達三十萬

平漢線連日來戰事，稍沉寂，不過在門頭溝附近我軍與日軍在六日發生激戰，北平城內也聽到炮聲。日本由國內開到華北的援軍尚繼續不斷。現在河北省的日軍已達廿餘萬人以上，關東軍尚不在內，合計約三十萬餘人，可見日本侵略中國的野心。

## 要聞簡報

△國民黨的四中全會原定本月十五日舉行，決定展期。

△西班牙叛軍已經進入阿斯杜里亞省。

△日本宣佈封鎖廣東各海口，英國船兩隻被日艦干涉。日艦砲轟廣九鐵路與赤灣。

△這一個禮拜以內，日本飛機被我方擊落的有十一架之多。

## 南京政府修改危害民國緊急治罪法

南京四日電：南京政府本日下令廢除過去的「危害民國緊急治罪法」，并修正這項法令公佈如下：第一條以危害民國為目的而有左列行為之一者，處死刑：（一）私通敵國，圖謀擾亂治安者；（二）勾結叛徒圖謀擾亂治安者；（三）為敵國或叛徒購辦或運輸軍用品者；（四）以政治上或軍事上的秘密傳遞於敵國或叛徒者；（五）破壞交通或軍事場所者；（六）煽惑軍人不守紀律，放棄職務或與敵國或叛徒勾結者；（七）煽惑他人私通敵國或與叛徒勾結或擾亂治安者；（八）造謠惑眾，搖動軍心或擾亂治安者；（九）以文字圖畫或演說，為利於敵國或叛徒之宣傳者。受人煽惑犯前項事罪自首者，得減輕或免除其刑。第二條明知其私通敵國或為叛徒而窩藏不報者，處五年以上有期徒刑。犯前項之罪而自首者，減輕死刑。第三條以危害民國為目的，組織團體或集會者，處五年以上十五年以下有期徒刑。第四條以文字圖畫或演說，為利於敵國者處五年以下有期徒刑。第五條在對外戰爭時傳播不實，（下面不詳）……。

在目前抗戰階段中，這一法令的修改，又可以證明南京政府對民主方面的進步表示。

## 最後消息

上海電：日軍於七日大舉向寶山縣城猛攻，寶山城現在日軍四面包圍中。

上海電：虬江碼頭之敵七日向我軍猛攻，雙方肉搏多次，敵之鐵甲車亦出動助戰，至八日晨我軍已佔領軍工路，迫近虬江碼頭，敵人死傷甚大。

濟南電：津浦線日軍已進至馬廠以北，七日曾發生激戰。聞津浦路火車八日只能到達滄州。

## 日預算總額達五十四億元以上
### 貿易入超空前高漲

東京電：從中日戰爭發生以後，日本商業受重大的打擊。本年度日本貿易入超是空前的高漲，總數已達七萬七千四萬萬日元。去年這個時期尚不過二萬一千四百萬日元。增加三倍多。

又電：中日戰爭後，日本臨時軍事費特別會計二十萬萬二千二百餘萬元。一九三七年日本預算總額已達五十四萬七千一百餘萬元之多。本年發行公債額當在三十四萬萬元以上，這些錢是怎樣來的呢？那麼就只有加緊剝削日本國

## 日本民衆反對日寇
### 到處發現反對標語

東京電：日本帝國主義對中國的侵略行為，引起了廣大的日本人民的反對。東京的宇治火藥製造所無故爆發，延燒了一晝夜，死傷三十餘人。又聞東京市內到處發現張貼有「反對帝國主義侵略戰爭」「打倒日本軍閥」「擁護中國人民的解放運動」……等一類的標語口號。

反對日寇侵略

## 河北人民紛起抗敵
## 灤寧偽軍起義
### 嚇得日寇恐慌萬狀

保定電：自全國抗戰發動後，華北人民自動參加抗戰工作。琉璃河一帶人民起來做抗日軍偵探，破壞日軍交通，偷敵人的兵器，弄得日軍恐慌萬分。甚至有十多歲的女子於某日夜間把敵人哨兵打死，可見人民對日寇的憤慨了！

歸綏電：熱河境內張海鵬偽軍之一部於上月底擊斃日軍官二人後，被日軍監視，引起大家憤慨。九月一日有兩旅譁變。同日在灤縣也有兩團人譁變，鐵路被截斷。又于芷山部的一團於三日實行反正，高舉抗日救國軍旗幟，日寇恐慌萬狀，聞關東軍司令官植田急電東京調來加調部隊云。

## 滬戰發生後日軍的損失統計

從上海戰爭發生起，截至本月六日止，快要一個月了。在這一個月的戰鬥當中，日軍的損失是非常重大的。據一般統計：

日機損失九十四架（被擊落的五十三架，重傷的十七架，輕傷的二十四架）

受傷大巡洋艦二艘，驅逐艦五艘，砲艦五艘，運輸艦三艘。

坦克車被毀壞四輛。

死傷人員約二萬人左右。

## 廣田發表談話
## 要中國加入防共戰線
### 日法西斯大活躍

東京電：日本外相廣田發表談話云：中日戰爭的發生完全是由於中國抗日運動發展的結果。日本對於「防共」當積極進行。如果中國加入「反共戰線」和日本站在一起，接受日本的指揮，那麼日本願與中國合作，立即召回進攻中國的軍隊。希望中國當局考慮一下對日政策。更希望英法各國也加入「防共陣線」，與日本合作，來一致進攻蘇聯云。

東京電：日本各界與當局有力方面的代表舉行一個聯合會議，并通過一決議，要求把日德共同「防共協定」更加加緊起來。該決議說：「日本現在是站在反對共產主義的最前線。目前德日協定已經轉到行動的時機」云。同時日本眾議院各派代表在[illegible]會議通過決議，均要求日本「朝野一致，動員一切力量去滅亡中國」云。

……內的工農群眾小資產階級，及日本殖民地國家內的人民。遭殃的是老百姓哪！

## 林伯渠等六人發起
## 籌辦陝北公學
### 實施國防教育培養抗戰人才

本報特訊：目前抗戰發動後，為了實施國防教育，培養抗戰人才，由林伯渠、吳玉章、董必武、徐特立、成仿吾、張云逸等六人，在陝北延安縣，發起建立陝北公學。校址設在延安縣東門外，由成仿吾担任校長。該校內分政治經濟系、師範速成系、醫學系、國防工程系、日本研究系等五系，學員名額暫定一千名，每系二百人。入學資格：規定政治經濟系要高中畢業及同等程度者。其餘四系初中畢業及同等程度者。現在已正式成立籌備處，由成仿吾等主任。關於校務及各種設備，正積極籌備中。凡入學學員均一律收膳費。聞該校已在三原、西安、延安等三地設立有報名處。係於本年雙十節即行開學云。

## 社論
## 邊區人民緊急動員起來

全國性的抗戰在進行着。我們進入新的抗戰階段。現在的問題，是如何爭取抗戰的勝利。共產黨向全國人民提出抗戰的十大綱領，這是挽救目前民族危機爭取抗戰徹底勝利的唯一辦法。全國人民將以自己的血與肉，來實現它，邊區人民將以他們的模範行動，來幫助它的實現，推動它到全國。我們堅決反對民族失敗主義者，反對亡國論，這些亡國之音，唯有領導中國于滅亡。

在目前抗戰階段中，邊區人民的基本任務，應該是使邊區人民為全國抗戰動員的模範地區，推動全國積極進行持久的全面全民族抗戰，爭取最後的勝利。

根據這一總的任務，邊區人民應該立即動員起來，完成下面幾件具體工作：

（一）在城市中，在農村中，繼續深入抗戰動員，造成一個最熱烈的抗戰熱潮。根據報紙，材料，以及各種文件，經過各種群眾團體的組織動員，發動每個群眾來進行討論，並組織各種宣傳隊、唱歌隊，巡迴代表團，出發各地教育與宣傳人民，來提高邊區人民抗戰的積極性。與鞏固持久戰的決心。

（二）重新整理與編制保安隊自衛軍，少先隊等組織，使之適合於目前全國抗戰的需要，並加強他們的軍事政治教育。要使在紅軍出動抗日以後，保安隊自衛軍真正能夠担負起保衛邊區的任務，使之成為模範的抗日武裝，使自衛軍成為抗日後備軍。

（三）在抗戰發動後，漢奸，土匪，托派的活動必然更加積極以做日本進攻的內應。如最近關中區日本偵探部的被破獲，土匪的活動，就是事實。因之必須加強對人民的教育，提高群眾的革命警覺性，動員全邊區人民的力量來監督與防止漢奸土匪的陰謀活動與搗亂。

（四）繼續進行民主政府的選舉，在民主政治的基礎上，更好的發揚群眾抗戰熱情。繼續厲行文化教育，把文化教育「作與抗戰聯系起來」。可能實現的經濟建設工作繼續進行。應該為着增加生產與抗戰財政收入，改善群眾生活來加深抗戰的力量。

九月六日

# 最后消息

**上海电：** 日军于七日大举向宝山县城猛攻，宝山城现在日军四面包围中。

**上海电：** 虬江码头之敌七日向我军猛攻，双方肉搏多次，敌之铁甲车亦出动助战，至八日晨我军已占领军工路，迫近虬江码头，敌人死伤甚大。

**济南电：** 津浦线日军已进至马厂以北，七日曾发生激战。闻津浦路火车八日只能到达沧州。

# 新中華報

陝甘寧邊區政府機關報

定價　每期銅元二枚　每月大洋五分　每年大洋三毛

390


動員一切力量爭取抗戰勝利

## 吳淞楊樹浦連日激戰
# 日軍主力集中吳淞一帶
### 寶山城我軍將士大顯身手
## 敵援兵兩師團到滬
### 粉碎日寇夾攻計劃

上海電：上海最近數日來的戰況，甚為激烈。現在日軍主要進攻方向是由吳淞蘊藻浜張華浜及江灣一帶。同時向西及西南攻擊寶山縣與月浦的我軍防綫。企圖以吳淞為據點，開展戰果，掃清沿長江口岸的我軍，以便於日軍登陸，使坦克車等機械化部隊能夠上岸配合步兵作戰。這樣來打通楊樹浦與羅店間日軍的聯絡。故連日來戰況如下：

敵，首先以聲東擊西的新法，於三日集中十餘隻兵艦和十餘架飛機，猛轟浦東我軍陣地，來牽制我處兵力。四、五、六、七等日則集中力量在吳淞鎮出擊。寶山縣城曾一度被日軍佔領，幸賴我方將士猛烈反攻，又復奪回。戰事甚激烈，雙方損失甚大。同時，羅店方面敵軍也數次向我軍反攻，企圖與吳淞之敵打通聯絡，結果亦完全失敗。我軍克復羅店汽車站及附近村落，現仍在激戰中。

楊樹浦方面敵人，在吳淞方面戰鬥最激烈時，亦曾出活動。連日來楊樹浦各碼頭到有日艦轉移，裝載大批軍需及軍隊在該處登陸。猛烈向我軍攻擊，企圖與張華浜方面之敵軍取得聯絡，我軍奮力抵抗，敵未得逞。

六日有敵一部，企圖在楊林口，七鴉山（均在瀏河西北一帶）等處登陸，亦被我軍擊退。

五日有敵之運輸艦五十隻，裝載日援兵二個師團到吳淞口外，大部於六日由吳淞登陸，一部在楊樹浦登陸。

## 津浦線敵軍
# 猛攻唐官屯附近
### 傷亡二千餘人

濟南電：數日來津浦綫方面的戰事，雙方屢有接觸，但均沒有大的進展。該方面的敵人是第十，第四兩個師團全部。於六日曾經在飛機大炮掩護之下，向我唐官屯，子牙鎮，惠豐橋一帶猛烈攻擊，唐官屯失而復得者三四次，打得最為激烈，內有一天之久。我軍士氣非常旺盛。敵人傷亡二千餘人，我方傷亡亦有一千餘人。現仍在該地一帶激戰中。

## 冀省日軍達三十萬

平漢線連日來戰事尚沉寂，不過在門頭溝附近我軍與日軍在六日發生激戰，北平城內也聽到炮聲。日……

廿餘萬人以上，關東軍尚不在內，合計約三十萬餘人，可見日本侵略中國的野心。

## 要聞簡報

△國民黨的四中全會原定本月十五日舉行，決定展期。

△西班牙叛軍已經進入阿斯杜里亞省。

△日本宣佈封鎖廣東各海口，英國船兩隻被日艦干涉。日艦砲轟廣九鐵路與赤壩。

△這一個禮拜以內，日本飛機被我方擊落的有十一架之多。

## 南京政府修改
# 危害民國緊急治罪法

南京四日電：南京政府本日下令廢除過去的「危害民國緊急治罪法」，并修正這項法令公佈如下：第一條以危害民國為目的而有左列行為之一者，處死刑：（一）私通敵國，圖謀擾亂治安者；（二）勾結叛徒圖謀擾亂治安者；（三）為敵國或叛徒購辦或運輸軍用品者；（四）以政治上或軍事上的祕密傳遞於敵國或叛徒者；（五）破壞交通或軍事場所者；（六）煽惑軍人不守紀律，放棄職務或與敵國或叛徒勾結者；（七）煽惑他人私通敵國或與叛徒勾結或擾亂治安者；（八）造謠惑眾，搖動軍心或擾亂治安者；（九）以文字圖畫或演說，為利於敵國或叛徒之宣傳者。受人煽惑犯前項事項自首者，得減輕或免除其刑。第二條明知其私通敵國或叛徒而窩藏不報者，處五年以上有期徒刑。犯前項之罪而自首者，減輕免死刑。第三條以危害民國為目的，組織團體或集會者，處五年以上十五年以下有期徒刑。第四條以文字圖畫或演說，為利於敵國者處五年以下有期徒刑。第五條在對外戰爭時傳播不實，（下面不詳）……。

在目前抗戰階段中，這一法令的修改，又可以證明南京政府對民主方面的進步表示。

## 最後消息

上海電：日軍於七日大舉向寶山縣城猛攻，寶山城現在日軍四面包圍中。

上海電：虬江碼頭之敵七日向我軍猛攻，雙方肉搏多次，敵之鐵甲車亦出動助戰，至八日晨我軍已佔領虬江路，追近虬江碼頭，敵人死傷甚大。

濟南電：津浦綫日軍已進至馬廠以北，七日曾發生激戰。聞津浦路火車八日只能到達滄州。

## 日本民衆反對日寇
### 到處發現反對標語

東京電：日本帝國主義對中國的侵略行為，引起了廣大的日本人民的反對。東京的宇治火藥製造所無故爆發，延燒了一整夜，死傷三十餘人。又聞東京市內到處發現張貼有「反對帝國主義侵略戰爭」「打倒日本軍閥」「擁護中國人民的解放運動」……等一類的標語口號。

### 日預算總額達
# 五十四億元以上
### 貿易入超空前高漲

東京電：從中日戰爭發生以後，日本商業受重大的打擊。本年度日本貿易入超是空前的高漲，總數已達七萬七千四百萬日元。去年這個時期尚不過二萬一千四百萬日元。增加三倍多。

又電：中日戰爭後，日本臨時軍事費特別會計二十萬二千二百餘萬元。一九三七年日本預算總額已達五十四萬七千一百餘萬元之多。本年發行公債額當在三十四萬萬元以上，這些錢是怎樣來的呢？那麼就只有加緊剝削日本國內的工農勞苦小資產階級，及日本殖民地——國家內的人民。遭殃的是老百姓哪！

## 反對日寇侵略
# 河北人民紛起抗敵
# 遼寧偽軍起義
## 嚇得日寇恐慌萬狀

保定電：自全國抗戰發動後，華北人民自動參加抗戰工作。琉璃河一帶人民起來做抗日偵探，破壞日軍交通，偷敵人哨兵等，弄得日軍恐慌萬分。甚至有十多歲的女子於某日夜間把敵人哨兵打死，可見人民對日寇的憤慨了！

歸綏電：熱河境內張海鵬偽軍之一部於上月底擊斃日軍官二人後，被日軍監視，引起大家憤慨。九月一日有兩旅譁變。同日在灤縣也有兩團人譁變，鐵路被毀斷。又于花山部的一團於三日實行反正，高舉抗日救國軍旗幟，日寇恐慌萬狀，聞關東軍司令植田急電東京請求加調部隊云。

### 滬戰發生後
## 日軍的損失統計

從上海戰爭發生起，截至本月六日止，快要一個月了。在這一個月的戰鬥當中，日軍的損失是非常重大的。據一般統計：

日機損失　九十四架（被擊落的五十三架，重傷的十七架，輕傷的二十四架）

受傷大巡洋艦二艘，驅逐艦五艘，砲艦五艘，運輸艦三艘。

坦克車被毀壞四輛。

死傷人員約二萬人左右。

### 廣田發表談話
## 要中國加入防共戰線
### 日法西斯大活躍

東京電：日本外相廣田發表談話云：中日戰爭的發生完全是由於中國抗日運動發展的結果。日本對於「防共」當積極進行。如果中國加入「反共戰綫」和日本站在一起，聽日本的指揮，那麼日本願與中國合作，立即召回進攻中國的軍隊。希望中國當局考慮一下對日政策。更希望英美各國也加入「防共陣綫」，與日本合作，來一致進攻蘇聯云。

東京電：日本各界與當局有力方面的代表舉行一個聯合會議，并通過一決議，要求把日德共同「防共協定」更加加強起來。該決議說：「日本現在是站在反對共產主義的最前綫。目前德日協定已經到了行動的時機」云。同時日本衆議院各派代表在該會議上通過決議，均要求日本「朝野一致，動員一切力量去滅亡中國」云。

## 林伯渠等六人發起
# 籌辦陝北公學
### 實施國防教育培養抗戰人才

本報特訊：自前抗戰發動後，為了實施國防教育，培養抗戰人才，由林伯渠，吳玉章，董必武，徐特立，成仿吾，張云逸等六人，在陝北延安縣，發起建立陝北公學。校址設立延安縣南門外，由成仿吾擔任校長。該校內分政治經濟系，師範速成系，醫學系，國防工程系，日本研究系等五系，學員名額暫定一千名，每系二百人。入學資格：規定政治經濟系要高中畢業及同等程度者。其餘四系初中畢業及同等程度者。日前已正式開始籌備，由成仿吾負主任。關於校務及各種設備，正積極籌備中。凡入學學員均一律收膳費。聞該校已在三原，西安，延安等三地設立有招生處。係於本年雙十節即行開學云。

## 社論
# 邊區人民緊急動員起來

全國性的抗戰在進行着。我們進入新的抗戰階段。現在的問題，是如何爭取抗戰的勝利。共產黨向全國人民提出抗戰的十大綱領，這是挽救目前民族危機爭取抗戰徹底勝利的唯一辦法。全國人民將以自己的血與肉，來實現它，邊區人民將以他們的模範行動，來推動它到全國。我們堅決反對失敗主義者，反對亡國論，這些亡國之音，唯有領導中國于滅亡。

在目前抗戰階段中，邊區人民的基本任務，應該是使邊區人民為全國抗戰動員的模範地區，推動全國積極進行持久的全面全民族抗戰，爭取最後的勝利。

根據這一總的任務，邊區人民應該立刻動員起來，完成下面幾件具體工作：

（一）在城市中，在農村中，繼續深入抗戰動員，造成一個轟轟烈烈的抗戰熱潮。根據報紙，材料，以及各種文件，經過各種群眾團體的組織動員，發動每個群眾來進行討論，並組織各種宣傳隊，唱歌隊，巡迴代表團，出發各地教育與鼓動人民，來提高邊區人民抗戰的積極性。與鞏固持久戰的決心。

（二）重新整理與編制保安隊自衛軍，少先隊等組織，使之適合於目前全國抗戰的需要，並加強他們的軍事政治教育。要使在紅軍出動抗日以後，保安隊自衛軍真正能夠擔負起保衛邊區的任務，使之成為模範的抗日武裝，使自衛軍成為抗日後備軍。

（三）在抗戰發動後的新環境，土匪，托派的活動必然更加積極以擾亂日本進攻的內線。如最近關中陝甘寧邊部的被殺，土匪的活動，就是事實。因之必須加強對人民的教育，提高群眾的革命警覺性，動員全邊區人民的力量來監督與防止漢奸土匪的陰謀活動與搗亂。

（四）繼續進行民主政府的選舉，在民主政治的基礎上，更加的發揚群眾抗戰熱情。繼續進行文化教育，把文化教育「作與抗戰聯系起來」。可能實現的經濟建設工作繼續進行。應該為着增加生產與抗日財政收入，改善群眾生活來加深抗戰的力量。

九月六日

## 沪战发生后日军的损失统计

从上海战争发生起，截至本月六日止，快要一个月了。在这一个月的战斗当中，日军的损失是非常重大的。据一般统计：

日机损失九十四架（被击落的五十三架，重伤的十七架，轻伤的二十四架）

受伤大巡洋舰二艘，驱逐舰五艘，炮舰五艘，运输舰三艘。

坦克车被毁坏两辆。

死伤人员约二万人左右。

# 新中華報

陝甘寧邊區政府機關報

定價　每期銅元二枚　每月大洋五分　每年大洋三毛

390

動員一切力量爭取抗戰勝利

## 粉碎日寇夾攻計劃
## 吳淞楊樹浦連日激戰
# 日軍主力集中吳淞一帶
### 寶山城我軍將士大顯身手
## 敵援兵兩師團到滬

上海電：上海最近數日來的戰況，甚為激烈。現在日軍主要進攻方向是由吳淞蘊藻浜張華浜及江灣一帶。同時向西及西南攻擊寶山縣與月浦的我軍防線。企圖以吳淞為據點，開展戰果，掃清沿長江口岸的我軍，以便於日軍登陸，使坦克車等機械化部隊能夠上岸配合步兵作戰。這樣來打通楊樹浦與羅店間日軍的聯絡。故連日來戰況如下：

敵，首先以聲東擊西的新法，於三日集中十餘隻兵艦和十餘架飛機，猛轟浦東我軍陣地，來牽制該處兵力。四、五、六、七等日則集中力量在吳淞鎮出擊。寶山縣城曾一度被日軍佔領，幸賴我方將士猛烈反攻，又復奪回。戰事甚激烈，雙方損失甚大。同時，羅店方面敵軍也數次向我軍反攻，企圖與吳淞之敵打通聯絡，結果亦完全失敗。我軍克復羅店汽車站及附近村落，現仍在激戰中。

楊樹浦方面敵人，在吳淞方面戰鬥最激烈時，亦隨出活動。連日來楊樹浦各碼頭到有日艦輸送多隻，從艦大批彈藥及軍隊在該處登陸。猛烈向我軍攻擊，企圖與張華浜方面之敵軍取得聯絡，我軍奮力抵抗，敵未得逞。六日有敵一部，企圖在楊林口、七丫口（均在瀏河西北一帶）等處登陸，亦被我軍擊退。

五日有敵之運輸艦五十隻，裝載日援兵二個師團到吳淞口外，大部於六日由吳淞登陸，一部在楊樹浦登陸。

## 津浦線敵軍
# 猛攻唐官屯附近
## 傷亡二千餘人

濟南電：數日來津浦線方面的戰事，雙方屢有接觸，但均沒有大的進展。該方面的敵人是第十、第四兩個師團全部。於六日曾經在飛機大炮掩護之下，向我唐官屯，子牙鎮，惠豐橋一帶猛烈攻擊，唐官屯失而復得者三四次，打得最為激烈，內搏有一天之久。我軍士氣非常旺盛。敵人傷亡二千餘人，我方傷亡亦有千餘人，我現仍在該地一帶激戰中。

## 冀省日軍達三十萬

平漢線連日來戰事尚沉寂，不過在門頭溝附近我軍與日軍在六日發生激戰，北平城內也聽到炮聲。日本由國內開到華北的援軍尚陸續不斷。現在河北省的日軍已達廿餘萬人以上，關東軍尚不在內，合計約三十萬餘人，可見日本侵略中國的野心。

## 南京政府修改
# 危害民國緊急治罪法

南京四日電：南京政府本日下令廢除過去的「危害民國緊急治罪法」，并修正通過治罪法令公佈如下：第一條以危害民國為目的而有左列行為之一者，處死刑：（一）私通敵國，圖謀擾亂治安者；（二）勾結叛徒圖謀擾亂治安者；（三）為敵國或叛徒購辦或運輸軍用品者；（四）以政治上或軍事上的秘密傳遞於敵國或叛徒者；（五）破壞交通或軍事場所者；（六）煽惑軍人不守紀律，放棄職務或與敵國或叛徒勾結者；（七）煽惑他人私通敵國或與叛徒勾結或擾亂治安者；（八）造謠惑衆，搖動軍心或擾亂治安者；（九）以文字圖畫或演說，為利於敵國或叛徒之宣傳者。受人煽惑犯前項事項自首者，得減輕或免除其刑。　第二條明知其私通敵國或叛徒而窩藏不報者，處五年以上有期徒刑。犯前項之罪而自首者，減輕死刑。　第三條以危害民國為目的，組織團體或集會者，處五年以上十五年以下有期徒刑。第四條以文字圖畫或演說，為利於敵國者處五年以下有期徒刑。　第五條在對外戰爭時傳播不實，（下面不詳）……。

在目前抗戰階段中，這一法令的修改，又可以證明南京政府對民主方面的進步表示。

## 要聞簡報

△國民黨的四中全會原定本月十五日舉行，決定展期。

△西班牙叛軍已經逼近阿斯杜里亞省。

△日本宣佈封鎖廣東各海口，英國船兩隻被日艦干涉。日艦砲轟廣九鐵路與赤灣。

△這一個禮拜以內，日本飛機被我方擊落的有十一架之多。

## 最後消息

上海電：日軍於七日大舉向寶山縣城猛攻，寶山城現在日軍四面包圍中。

上海電：虬江碼頭之敵七日向我軍猛攻，雙方肉搏多次，敵之鐵甲車亦出動助戰，至八日晨我軍已佔領軍工路，迫近虬江碼頭，敵人死傷甚大。

濟南電：津浦線日軍已逼至馬廠以北，七日曾發生激戰。聞津浦路火車八日只能到達滄州。

## 日預算總額達
# 五十四億元以上
### 貿易入超空前高漲

東京電：從中日戰爭發生以後，日本產業受重大的打擊。本年度日本貿易入超是空前的高漲，總數已達七萬七千四萬萬日元。去年這個時期尚不過二萬一千四百萬日元。增加三倍多。

又電：中日戰爭後，日本臨時軍事費特別會計二十萬二千二百餘萬元。一九三七年日本預算總額已達五十四萬七千一百餘萬元之多。本年發行公債額當在三十四萬萬元以上，這些錢是怎樣來的呢？那麼就只有加緊剝削日本國內的工農勞苦小資產階級，及日本殖民地—國家內的人民。遭殃的是老百姓哪！

## 日本民衆反對日寇
### 到處發現反對標語

東京電：日本帝國主義對中國的侵略行為，引起了廣大的日本人民的反對。東京的宇治火藥製造所無故爆發，延燒了一整夜，死傷三十餘人。又聞東京市內到處發現張貼有「反對帝國主義侵略戰爭」「打倒日本軍閥」「擁護中國人民的解放運動」……等一類的標語口號。

## 廣田發表談話
# 要中國加入防共戰線
### 日法西斯大活躍

東京電：日本外相廣田發表談話云：中日戰爭的發生完全是由於中國抗日運動發展的結果。日本對於「防共」當積極進行。如果中國加入「反共戰線」和日本站在一起，聽日本的指揮，那麼日本願與中國合作，立即召回進攻中國的軍隊。希望中國當局考慮一下對日政策。更希望英美各國也加入「防共陣線」，與日本合作，來一致進攻蘇聯云。

東京電：日本各界與當局有力方面的代表舉行一個聯合會議，并通過一決議，要求把日德共同「防共協定」更加加強起來。該決議說：「日本現在是站在反對共產主義的最前線。目前德日協定已經開始進行動的時機」云。同時日本衆議院各黨派代表召集會議，均要求日本「朝野一致」，動員一切力量來滅亡中國云。

## 滬戰發生後
# 日軍的損失統計

從上海戰爭發生起，截至本月六日止，快要一個月了。在這一個月的戰鬥當中，日軍的損失是非常重大的。據一般統計：

日機損失　九十四架（被擊落的五十三架，重傷的十七架，輕傷的二十四架）

受傷大巡洋艦二艘，驅逐艦五艘，砲艦五艘，運輸艦三艘。

坦克車被毀壞四輛。

死傷人員約二萬人左右。

## 反對日寇侵略
# 河北人民紛起抗敵
# 遼寧偽軍起義
# 嚇得日寇恐慌萬狀

保定電：自全國抗戰發動後，冀北人民自動參加抗戰工作。琉璃河一帶人民起來做抗日偵探，破壞日軍交通，偷敵人哨兵等，弄得日軍恐慌萬分。甚有十多歲的女子於某日夜間把敵人哨兵打死，可見人民對日寇的憤慨了！

歸綏電：熱河境內張海鵬偽軍之一部於上月底擊斃日軍官二人後，被日軍監視，引起大家憤慨。九月一日有兩旅譁變。同日在瀋陽也有兩團人譁變，鐵路被截斷。又于芷山部的一團於三日實行反正，高舉抗日救國軍旗幟，日寇恐慌萬狀，聞關東軍司令檢田急電東京請求加調部隊云。

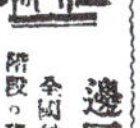

## 社論
# 邊區人民緊急動員起來

全國性的抗戰在進行着。我們進入新的抗戰階段。現在的問題，是如何爭取抗戰的勝利。共產黨向全國人民提出抗戰的十大綱領，這是挽救目前民族危機爭取抗戰徹底勝利的唯一辦法。全國人民將以自己的血與肉，來實現它，推動它到全國。我們堅決反對民族失敗主義者，反對亡國論，這些亡國之音，唯有領導中國于滅亡。

在目前抗戰階段中，邊區人民的基本任務，應該是使邊區人民為全國抗戰動員的模範地區，推動全國積極進行持久的全面全民族抗戰，爭取最後的勝利。

根據這一總的任務，邊區人民應該立即動員起來，完成下面幾件具體工作：

（一）在城市中，在鄉村中，繼續深入抗戰動員，造成一個熱烈的抗戰熱潮。根據報紙，材料，以及各種文件，經常召集各種團體的組織動員，發動各個群衆來進行討論，並組織各種宣傳隊，唱歌隊，巡迴代表團，出發各地教育與鼓動人民，來提高邊區人民抗戰的積極性。與鞏固持久戰的決心。

（二）重新整理與組織保安隊自衛軍，少先隊兒童團組織，使之適合於目前全國抗戰的需要，並加強他們的軍事政治教育。要使在紅軍出動抗日以後，保安隊自衛軍真正能夠擔負起保衛邊區的任務，使之成為模範的當日武裝，使自衛軍成為抗日後備軍。

（三）在抗戰發動後，漢奸，土匪，托派的活動必然更加積極以做日本進攻的內應。如最近關中陝甘寧幹部的被暗殺，土匪的活動，就是事實。因之必須加強對人民的教育，提高群衆的革命警覺性，動員全邊區人民的力量來監督與防止漢奸土匪的陰謀活動與破壞。

（四）繼續進行民主政府的選舉，在民主選舉的基礎上，更高的發揚群衆抗戰熱情。繼續厲行文化教育，把文化教育「作與抗戰聯系起來。可能實現的經濟建設工作繼續進行。應該爭取增加生產與抗日財政收入，改善群衆生活來加深抗戰的力量。

九月六日

## 林伯渠等六人發起
# 籌辦陝北公學
### 實施國防教育培養抗戰人才

本報特訊：目前抗戰發動後，為了實施國防教育，培養抗戰人才，由林伯渠，吳玉章，董必武，徐特立，成仿吾，張云逸等六人，在陝北延安縣，發起建立陝北公學。校址設立延安縣東門外。由成仿吾擔任校長。該校內分政治經濟系，師範速成系，醫學系，國防工程系，日本研究系等五系，學員名額暫定一千名，每系二百人。入學資格：規定政治經濟系要高中學業及同等程度者。其餘四系初中學業及同等程度者。日前已正式成立籌備處，由成仿吾負責主任。關於校務及各種設備，正積極籌備中。凡入學學員均一律收膳費。聞該校已在三原，西安，延安等三地設立有招名處。係於本年雙十節即行開學云。

中國人民不可不讀

徵集兒童大檢閱

特區防空常識

一、強國可要毒瓦斯迅速飛散而減少其持久的效力。

上海形勢危急
我軍完全退出一道防綫
敵人進攻計劃初步實現



期 新中华报零三百九十一期
版 零一版
时间 一九三七年九月十四日

# 上海形势危急
# 我军完全退出一道防线

## 敌人进攻计划初步实现

**上海十三日电：** 沪战一个月以来，经过无数次大战，敌人采取（一·二八）战事的故技，由浏河，狮子林，吴淞方面登陆，企图截断京沪铁路，使上海陷于包围之中。但经二十余天血战，敌军伤亡重大，屡次增兵，我军被迫，遂于十一日全部退出沿江一带的第一道防线，现在退入第二道防线。十一日以后，至十四日止日军因损伤奇重须待整理，故战事尚沉寂。但日军援兵仍继续不断运到上海。现在敌我形势是这样的：日军在杨树浦，江湾，闸北，大场，罗店，嘉定，浏河之线，我军则在京沪铁路沿线之真茹，南翔，昆山一带布防。日军进攻上海的计划，是已初步的实现。

这几天来战况如下：

敌人在，八，九，十等日集中主力数万人由虬江码头进攻军工路，并以铁甲车坦克车为前导，经过数天肉搏，终因日军继续增加，我军不得已后撤。杨树浦方面敌人亦猛烈向引翔乡进攻，我军腹背受敌夹攻。敌舰敌机亦出动助战。战事的激烈为从来所少有，我军现已完全退出杨树浦江湾市中心区等阵地。

罗店之敌人，在虬江码头与杨树浦方面战斗最激烈时，大施活动，数路出击，我军将士，亦奋勇抵抗，嘉定县城已于八日陷落日军之手。

吴淞方面的日军，在九，十两天内，亦大举向月浦杨行的我军阵地猛攻。敌之坦克车，舰队飞机亦纷纷出动，经过两天激战，月浦杨行阵地被敌人突破，两地被敌人占领了。吴淞至罗店的日军已经取得联络云。

宝山县城经过两天的激战，于七日晚被日军占领。守城之九十八师某全营为国牺牲了。负伤脱险者仅只有二三人云。

**上海十三日电：** 两天来有大批日军由本国开到上海，纷纷在招商码头一带登陆，人数在二万以上，另有大批机械化兵团亦在此地登陆，闻日军在占领第一道防线后，休息整顿一个时期，必将重新向中国军队第二道新阵地进攻云。

第一版　Sin Zhong Hua Bao　一九三七年九月十四日

# 新中華報

陝甘寧邊區政府機關報

391

定價　每期銅元二枚　每月大洋五分　每年大洋三毛

## 平綏線日軍 分兩路進攻山西綏遠
### 天鎮陽高失守南壕塹有激戰

歸綏電：日軍自佔領張家口以後，經過數天的休息整頓，自七日起又繼續分兩路向山西綏遠進攻。一路由張北向南壕塹大青溝前進，由僞軍李守信、德王，包悅卿部爲主力，（約三萬人）再附以日軍三個聯隊（約二萬餘人）。一部取大青溝攻商都，另一部取南壕塹進攻興和，又分兵分攻加卜寺，總攻目標，會合於集寧，進窺綏遠省。另一路沿平綏鐵路推進以日軍之關東軍爲主力（大約三個師團）向山西大同猛攻，故連日以來，南壕塹，（察哈爾與綏遠邊界）天鎮（山西）一帶的戰事，異常激烈。敵軍屢以優勢兵力壓迫我軍，我軍將士亦奮勇與敵血戰。六日敵人猛攻天鎮縣東之南盤山陣地并放毒瓦斯，我守軍李團全部殉難，盤山被敵佔領，七日敵又向天鎮城猛攻，結果天鎮已被日軍佔領，日軍繼續前進，陽高我軍亦以退出，至十二日止，日軍已進到大同附近。得勝口附近亦有激戰。

## 上海形勢危急
## 我軍完全退出一道防綫
### 敵人進攻計劃初步實現

上海十三日電：滬戰一個月以來，經過無數次大戰，敵人採取（一二八）戰事的故技，由瀏河，獅子林，吳淞方面登陸，企圖截斷京滬鐵路，使上海陷於包圍之中。但經二十餘天血戰，敵軍傷亡重大，屢次增兵，我軍被迫，遂於十一日全部退出沿江一帶的第一道防綫，現在退入第二道防綫。十一日以後，至十四日止日軍因損傷奇重須待整理，故戰事尙沉寂。但日軍援兵仍繼續不斷運到上海。現在敵我形勢是這樣的：日軍在楊樹浦，江灣，閘北，大場，羅店，嘉定，瀏河之綫，我軍則在京滬鐵路沿綫之真茹，南翔，嘉山一帶佈防。日軍進攻上海的計劃，是已初步的實現。

這幾天來戰況如下：敵人在，八，九，十等日集中主力數萬人由虬江碼頭進攻軍工路，并以鐵甲車坦克車爲前導，經過數天內搏，終因日軍繼續增加，我軍不得已後撤。楊樹浦方面敵人亦猛烈向引翔港進攻，我軍腹背受敵夾攻。敵艦敵機亦出動助戰。戰事的激烈爲從來所少有，我軍現已完全退出楊樹浦江灣市中心區等陣地。羅店之敵人，在虬江碼頭與楊樹浦方面戰鬥最激烈時，大施活動，數路出擊，我軍將士，亦奮勇抵抗，嘉定縣城已於八日陷落日軍之手。吳淞方面的日軍，在九，十兩天內，亦大舉向月浦楊行的我軍陣地進攻。敵之坦克車，艦隊飛機亦紛紛出動，經過兩天激戰，月浦楊行陣地被敵人突破，兩地被敵人佔領了。吳淞至羅店的日軍已經取得聯絡云。

寶山縣城經過兩天的激戰，於七日晚被日軍佔領。守城之九十八師某全營爲國犧牲了。負傷脫險者僅只有二三人云。

上海十三日電：兩天來有大批日軍由本國開到上海，紛紛在招商碼頭一帶登陸，人數在二萬以上，另有大批機械化兵團亦在此地登陸，聞日軍在佔領第一道防綫後，休息整頓一個時期，必將派新向中國軍隊第二道新陣地進攻云。

## 最後消息

太原十四日電：敵人由蔚縣向廣靈縣前進，先頭部隊已到廣靈附近。另有敵騎兵數千人，由蔚縣出發向靈邱縣前進，與我靈邱部隊激戰。

又十四日電：大同附近敵軍，十一日全綫向我陣地猛攻，經過數天血戰，聞大同縣城已被日軍佔領了。

## 津浦線日軍猛攻
### 我軍退出馬廠青縣

滄州十一電：日軍兩個師團主力，在飛機二十二架與大炮掩護之下，向我馬廠進攻，我軍陣地中敵投彈百數十餘枚，悉成一片焦土。同時日軍又分頭向鹹河，青縣等地猛攻，我軍翼側。抗戰將士雖然英勇抵抗，但終因兵力過少，迫不得已，遂於十一日上午完全退出馬廠，青縣了。兩地被日軍佔領。我軍現退至興濟之綫。

### 平西之敵進攻受挫

保定電：平西方面敵人，在飛機大炮掩護下，向我將軍山，東城道一帶襲擊。我軍官兵英勇抗戰，與敵內搏三晝夜之久。該方陣地曾一度被陷，終復奪回。十一日敵人又集其全力，向我猛攻，結果敵人受挫敗退，我軍奪獲敵之輕重機關槍三挺，其他軍用品甚多。我軍一營人幾乎全部殉難。

## 要聞簡報

▲滬電：我空軍九日轟炸楊樹浦敵飛機場，停在該機場的敵飛機十餘架完全被炸毀。

▲汕頭電：敵機八日轟炸汕頭，被我擊落二架，擊傷一架。

▲保定電：河北之永清縣境我軍擊落日機一架。

▲僞滿軍駐瀋陽熱河四平街軍隊均已先後譁變有擴大形勢。

## 日軍任意放毒瓦斯
### 捉人民打毒藥針

南京電：日本帝國主義對中國的進攻，是更加殘酷了。連日來各個戰綫上均發現了日軍施放殺人最利害的毒瓦斯。上海蘊藻浜，張華浜一帶敵軍曾放輕性毒瓦斯若干。平綏綫日軍進攻天鎮時亦放射毒瓦斯彈，致我軍遭受重大損失。更加可恨的，就是日本最近在廣東海面之敵艦，捕去我國漁船十餘艘，將漁民衣服完全剝除乾淨，每人注射一針毒藥針，凡注射的以後要成殘廢，根本不能作事，日寇屠殺中國人民的毒辣手段，可謂殘酷已達極點了。

## 第八路軍就職後
### 南京各地均有賀電

自第八路軍就職通電發表後，蔣介石，汪精衛，閻錫山，于佑任，程潛，劉峙，商震（河南省主席），何鍵，吳鐵城，陳果夫，薛岳，余漢謀，劉湘，馮治安，陳儀，孫蔚如，賀耀組，何成濬，劉文輝，韓復榘，陳紹寬，張道藩，何柱國等人，均紛紛致電來賀。蔣介石先生賀電略謂：忠誠謀國，頗爲嘉慰。仍望一致團結共赴國難爲盼。閻錫山氏賀電謂：兩兄遵令改編所部，追隨委座，前驅殺敵，復興民族，我武維揚。引企旌麾，良深欣忭。孫蔚如賀電謂：發揚你們之原有精神與特長，共殲日寇云。至於其他賀電從略，不一一發表。第八路軍已派人在南京設立辦事處，以便隨時與南京當局商討一切云。

## 新疆盛督辦賀電

延安朱總指揮、彭副總指揮鑒：有電敬悉。查吾國自北伐以迄，十餘年來，紅軍以最大之犧牲與毅力，爲民族抗日和解放中國作鬥爭，以期完成救亡圖存之偉大神聖事業。中間雖屢經波折，但奮鬥之精神與歷年之偉績，確爲全國民衆所欽佩。溯自日寇於九一八得逞之後，得寸進尺，兇焰日張，處處挑戰，製造種種外交糾紛，以達其侵略目的。盧溝橋事件之後，敵用重兵壓境，只爲實現其大陸政策，且竟欲滅亡我中國整個民族。手段之毒辣及壓迫之經過，在在使人髮指。今幸得蔣委員長決心抗日，主張國共合作，戮力同心，以期禦侮，領導全國各黨各派各軍各界精誠團結，一致抵抗，發動數十年來從來未曾有之對日抗戰，實屬異常欽佩。弟以新省遠居邊陲，民智未開，但自二十二年四月革命成立新政府之後，已樹立反帝、親蘇、民主、清廉、經濟及和平建設六大政策，領導羣衆走入正軌，已有相當之進展。今能將此政策普遍全國，使弟等精神上益加興奮。雖此間物質缺乏，仍當盡量幫助抗日救中國。茲以兄等率領久經戰鬥，所向無敵之紅軍健兒，以大無畏之精神，爲抗日救國作鬥爭，前途勝利，自屬可期。同時兄等以往抗日救國之風範，從此得以發揚，幸何如之，弟學識甚淺，常感不濟，望時賜教言，以匡不逮，尤爲感盼，肅電敬復。恭祝兄等身體康健，連戰勝利，並候賀師長，林師長，劉師長諸兄軍安！弟盛世才灰申（九月五日）

## 劉桂棠部反正
### 一部沖入丰台機場
### 焚燬敵機共七架

保定電：據傳說劉桂棠匪部，因受不住日本帝國主義的殘酷壓迫。於八月二十七日全部在防地反正。聞劉桂棠本人也在反正部隊內面。劉部便衣隊五百餘人，在反正後，曾沖入豐台的飛機場內，將敵人的汽油數千箱完全焚燬，敵機七架亦同時被焚。在北平城內之劉部數十人，被日軍繳械。劉部反正隊伍已與我方取得聯絡，敵人甚爲恐慌。現劉桂棠部在平西門頭溝一帶與日軍激戰中。

## 延長成立衛建委會

延長訊：延長縣對於人民的身體健康，非常注意。各界前曾組織衛生委員會，負責進行衛生事宜。但有鑒於此項工作重要，故於日前決定將衛生委員會改爲衛生建設委員會。下分宣傳、編輯、檢查、經濟各股，由各股長爲委員會委員。因之近來延長城內的衛生工作近來大有進展云。（子輝）

## 社論
## 發起救國公糧的意義

日寇在盧溝橋事變後實行全國總動員，抽調三十個師團以上來中國，企圖一下子把中國滅亡，把中國人民來做日本的奴隸。日寇這次向中國進攻是全國性的，是繼續的。中華民族已經到了最後的生死關頭，大家都在準備着犧牲一切，團結在抗戰的意志下，願與日寇決戰到底，來保衛中國，收復一切失地。

在這樣一個緊急時期，邊區人民應以最大的熱忱，進行抗戰動員，把邊區造成爲全國抗日的模範。要在一切工作爲了抗戰勝利的口號下，利用一切辦法與一切力量實行有力出力，有錢出錢，有糧出糧，大家像一個人一樣緊緊地團結起來，努力殺敵，來爭取抗戰的勝利。

現在其他各地人民均在紛紛購買救國公債，實行募捐，來充實抗戰經費。實助抗日戰爭，證明大家都動員起來了參加抗戰工作。那麼在邊區呢，爲了目前抗戰需要，發揚邊區人民的抗戰熱忱，保證抗戰部隊的給養，邊區人民必需發起救國公糧這是抗戰動員最重要工作之一。邊區人民應該在抗戰動員中，做一個模範的例子來給全國同胞看。首先大家踴躍的自動表示募集救國公糧，來表示我們的救國熱忱是素來不會落人後的。

繳納救國公糧，是擁護羣衆利益，絕不是違犯羣衆利益的。因爲他是爲着抗日救國，爲着民族利益打算。而民族利益與羣衆利益是密切聯系着的。同時救國公糧的繳納非常輕微，（只須取百分之一每戶約出一二斗糧食）比較任何其他地區的田稅要來得輕。以這救國公糧來供給政府機關與抗戰部隊，免得購買糧食時臨時由羣衆捐助，借糧與要買。而且今年可望豐收，出一二斗公糧於羣衆利益是沒有損失的，另一方面，在今後民主制度中，必須要使政府有一定的收入。政府有了豐裕的經費，不但可以進行抗戰工作，并且還可幫助農村中的建設解決農民中的一些困難。同時在繳納救國公糧中，又可以證明人民對民主政府的愛戴，是表示邊區人民願意供獻一切所有於政府的。

也許有些人誤爲邊區過去受戰爭影響很大，農民比較窮困，舉集救國公糧，增加了人民的負担。這這理由倒也不錯，可是現在是抗戰的階段，爲了適合抗戰的需要，爭取抗戰的勝利，我們必須這樣做。發揚邊區人民最大的救國熱忱，來影響全國同胞，又是最重要的工作。邊區羣衆出點糧食來救國打日本，必然人人高興這種負担。發起救國公糧既有這麼重大意義，全邊區人民必然會急起擁護。

陝北公學招生簡章

（一）宗旨，本校以實施國防教……

（三）投考資格及名額。一，資……

力者爲合格，四，國防工程系，以初……中學業或具有同等學力者爲合格。五……

十四元一次繳納 經本校特許者得分期繳納或免繳費書籍文具服裝鋪蓋日常……

（六）考試日期，西安三原均由……報名處 決定宣佈延安分九月十五日和……

……會學系。

（八）開學日期，十月二十日正……

（十一）畢業後由本校發給畢業證書并介紹各地參加適當工作

新中華報

期：新中华报零三百九十二期
版：零一版
时间：一九三七年九月十九日

滬我軍退出一道陣地後
戰爭重心在羅店一帶
雙方以全力爭該地
閘北浦東發生激戰

# 沪我军退出一道阵地后 战争重心在罗店一带

## 双方以全力争该地 闸北浦东发生激战

**上海电：**我军这一次退出沿江第一道阵地，队伍秩序并未混乱，迅速地撤入第二道新阵地。因为我退得很好，故损失不大，日军也不敢大胆冒进。我军完全退出第一道阵地后，日军才敢慢慢推进。上海市中心区我军后撤，现扼守淞沪路以东万国体育会一带。连日战况如下：

一、现在战事重心仍在罗店刘行一带。该地自十五日起，敌我双方在罗店新镇间发生激战。罗店东南之淑里桥，双方死力相争，屡进屡退。我们失而复得者数次，十五日敌又分数路来攻，经我军奋勇抗战，均未得逞。十五日晚，该地我军得着生力军增援，即□力反攻，我军奋勇前进，于十五日半夜乘胜克复罗店，十六日敌人增援步［部］队到达举行反攻，亦被击退。十七十八两日双方争夺罗店镇，战事异常激烈，最后我军被迫退出罗店镇。永安桥我军向敌反攻获胜，现已进抵杨行附近。罗店以北我军约一团人在炮兵协助下，向前猛攻，十六日夜已进至张家堰，洪家宅李家宅及丁家楼以西附近之线。

二、十五，十六两日敌人兵舰十余只，在浦江中向浦东发炮轰击企图由此地登陆。这方面我军防务尚称巩固，防范严密，敌人数次登陆企图，均没有实现。

三、十五，十六，十七，十八等日，闸北方面，亦有激战发生，虹口公园敌军步兵屡次猛攻北站，被我军击退受创甚大，连日来敌人向闸北及北站进犯丝毫没有进展。

四、浏河，川沙口一带连日新到有日军舰多只载有大批军队，及军需品，继续在该地登陆，向前线运送。

# 新中華報

陝甘寧邊區政府機關報

392

定價　每期銅元二枚　每月大洋五分　每年大洋三毛


動員一切力量爭取抗戰勝利

## 滬我軍退出一道陣地後
## 战爭重心在羅店一帶
### 雙方以全力爭該地
### 閘北浦東發生激戰

上海電：我軍這一次退出沿江第一道陣地，隊伍秩序并未混亂，迅速的撤入第二道新陣地。因爲我退得很好，故損失不大，日軍也不敢大胆冒進。我軍完全退出第一道陣地後，日軍才敢慢慢推進。上海市中心區我軍後撤，現扼守淞滬路以東萬國體育會一帶。連日戰況如下：

一、現在戰事重心仍在羅店劉行一帶。該地自十五日起，敵我雙方在該地發生激戰。羅店東南之淑里橋，雙方死力相爭，屢進屢退。我們失而復得者數次，十五日敵又分數路來攻，經我軍奮勇抗戰，該地我軍得有生力軍增援，即猛力反攻，均未得逞。十五日，我軍奮勇前進，於十五日半夜乘勝克復羅店，十六日敵人增援步隊到達舉行反攻，亦被擊退。十七、十八兩日雙方爭奪羅店鎮，戰事異常激烈，最後我軍被迫退出羅店鎮。永安橋我軍向敵反攻獲勝，現已進抵楊行附近。羅店以北我軍約一團人在砲兵協助下，十六日夜已進至張家宅，洪家宅李家宅及丁家樓以西附近之綫。

二、十五，十六兩日敵人兵艦十餘隻，在浦江中向浦東發炮轟擊企圖由此地登陸。這方面我軍防務佈置周密，防範嚴密，敵人數次登陸企圖，均沒有實現。

三、十五，十六十七，十八等日，閘北方面，亦有激戰發生，虹口公園敵軍步兵屢次猛攻北站，被我軍擊退受創甚大，遂

日來敵人向閘北及北站進犯，並沒有進展。

四、瀏河，川沙口一帶連日都到有日軍艦多艘載有大批軍隊，及軍需品，繼續在該地登陸，向前輸運。

## 華北日軍
## 猛攻津浦平綏線
### 廣靈淶源相繼告陷

太原電：大同縣城已於日前陷落日軍之手，城南正發生激戰。靈邱縣（山西境）以北之刁泉一帶十六日敵我發生最激烈的戰鬥另一部日軍於十七日進佔廣靈，淶源二縣城，現在日軍對華北軍事進攻的戰略，是集中其優勢兵力，一路由同蒲鉄路進攻山西太原，一路由津浦綫進攻德州，對平漢路取大包圍勢，企圖由這兩路來夾擊平漢綫我軍，以完成他完全佔領華北五省的目的。

### 平漢線日軍
### 進佔涿州固安霸縣

北平電：平漢綫正面，日軍已於十七日攻佔涿州，並繼續南進，另一部日軍由北平南面（平漢綫翼側）取攻勢。固安永清霸縣於十七日相繼陷落，現日軍已經渡過永定河以南了。

### 滬婦慰分會
### 何香凝賀電

第十八集團軍朱總司令彭副司令暨諸將士勳鑒：公等受命中央，出師抗敵。足徵舉國一心，精誠團結，共赴國難。謹電申賀，並祝努力。中國婦女慰勞會上海分會主席何香凝叩九月六日。

## 最後消息

上海十七日電：日本近又增調九師團全部到上海，現上海有日軍八個師團以上，共廿餘萬人。配備如下：羅店方面六聯隊，月浦四聯隊，吳淞六聯隊，張華浜四聯隊，虬江碼頭四聯隊，北四川路及楊樹浦八聯隊。軍艦大砲約千餘門。飛機三百架。兵艦一百四十餘隻。（每一聯隊約五千人上下）

南京電：十九日敵機四十餘架襲擊南京，被擊落四架。二十日敵機五十餘架又襲擊南京，被擊落四架。

## 日本的危機
## 國內又發生政變
### 海工會能工反戰

上海十五日電：最近中外各方盛傳日本國內又發生政變，但因日本新聞檢查甚嚴，眞相到現在尙沒有發露，據九月六日政友會議員河野一郎與杉山陸相問答，對政變事件，就可明白一個大概，可以證實事件的眞確性。問：外傳某某大將被暗殺，陸軍當局尙未發表，究竟眞相怎樣？陸軍對這一事件的態度如何？答：這個問題將來必定發表，但現在還沒有到發表時期。該大將尙未被殺死，至於形勢如何，事關機密，不便表示。在上面這個問題內，可證明日本國內是多麼的混亂呵！

南京電訊：日本軍閥的侵略行動，引起日本人民大大反對。日本神戶海員工會，擧行罷工，表示反戰，該會即事閥已被捕。又東京經常發生騷動形勢甚爲嚴重云。

## 日內瓦舉行世界
## 和平大會執委會
### 通過制止侵略者決議

日內瓦電：世界和平大會執委會在日內瓦開會，對於中日戰爭，通過一決議案，主張：（一）中國的申訴國聯應予處理，並應依照盟約向日本提出最後呼籲；（二）應在財政上或者其他方法援助中國，以便抵抗侵略者；（三）應從各方面找到必要的努力，來實施集體行動，制止侵略。此外應該向國聯建議二事：（一）不承認阿比西尼亞獨立國的滅亡；（二）應實施國聯盟約各項規定，以便援助西班牙政府，與人民由上項決議，可以看到我們的抗戰，是取得了全世界反侵略者的和平人士的深刻同情與援助的。

## 津浦前線
## 我援軍佈防完畢
### 即時開始總反攻

濟南電：津浦綫日軍自佔領馬廠青縣以後，繼續向前推進，興濟鎮亦被日軍佔領，我軍近調派大批援軍增加前綫作戰，於十五日早晨已經佈防完畢，日內即行開始總反攻。現在敵我正在興濟鎮以南三里處激戰中，我軍頗佔優勢云。

## 社論
# 上海戰爭的現勢

上海戰爭已經進行有一個多月了！目前上海已轉入非常危急的狀態。

日軍因襲「一二八」戰爭的故技，在優勢的空軍兵艦與大炮火力掩護之下，由吳淞，瀏河，獅子林一帶登陸，抄擊上海的翼側。經過二十天的血戰，日寇遭受極重大的損失，才得到初步的進展。我軍於十二日退出沿江的第一道防綫，瀏河，嘉定，羅店，月浦，張華浜，楊樹浦相繼被日軍佔領。然第二道衛稱鞏固，此後戰爭將更趨激烈。

日軍能够達到他的初步計劃，我軍之所以退出沿江第一道陣綫，絕不是我軍不能作戰。相反的，一個多月的戰鬥中，已經顯示出了我們戰鬥力的頑強。我們曾經打擊了兇悍的日本帝國主義的武裝。使我們的敵人亦不得不承認「日軍在上海所遭遇之抵抗，十分強硬」，使日本軍官不得不「驚服」！這實由於中國軍隊與人民在日寇無止境之侵略下，已經明白了自己所應負之神聖職責，他們已經知道，唯有努力結成本身的防禦陣綫，方足以抵抗侵略者。不管敵人進攻是怎樣的猛烈，武器是如何的優良，決不能使我們屈服。我們對戰死於上海附近的中國軍隊將士與人民表示無限的敬意。他們的死，是光榮的。在中國解放的歷史上寫下了最光榮的第一頁！

我們將士雖然有着這種堅決勇敢與犧牲的精神，爲什麼不能勝利的打擊日寇的進攻呢？我們必須深刻的去研究這裏經驗教訓。以作我們今後抗戰的借鏡。

當上海戰爭發動之後，南京政府已經表現了抵抗的決心。在軍事上有着相當的準備，所以開始採取進攻方針，給敵一個措手不及，這種表現，是我們萬分擁護的。但是在抗戰發動之後，當局對人民準備積極起來援助軍隊抗戰時，當局對人民抗戰運動始終不顧大膽地開放，深怕羣衆參加運動。並且對於已經組織起來的羣衆抗戰團體極力設法企圖加以控制，結果壓抑了上海人民抗戰的積極性阻礙了羣衆抗日運動的發展，這不能不使我們痛惜！我們堅決地相信：當上海抗戰之後，當局對民衆抗日運動如果不加以任何的阻止，大膽地開放民主，組織民衆，武裝民衆，使三百餘萬的上海市民均參加到抗戰中去，特別是一百萬的上海工人，他們有着過去大革命時代三次革命暴動的經驗教訓，那麼上海的形勢必然要好得多，這是我們敢斷言的。

現在的問題，任何害怕羣衆運動，單靠政府軍隊抗戰的企圖，難免會變成阿比西尼亞第二！如果政府決然的開放民衆的救亡運動，動員廣大人民到抗日戰爭中去，我們才有可能保衛江浙，保衛華北，保衛全中國，戰勝日本帝國主義。

## 日軍的殘酷行爲
### 屠殺人民
### 搜捕壯丁
### 奸淫婦女

南京電：川沙白龍港對面有一黃沙地，縱橫約數十里，居民三四百人，現在被日人佔據闢爲飛機場。日軍將該地居民，無論老少，完全屠殺。淞滬之敵由漢奸引導，大搜捕壯丁，以給敵去。又敵軍在羅店一帶把我方傷兵釘在壁上而死。同時捉幾三四歲的小娃娃實行臠析。該地一老婦約五十餘歲，被敵軍輪流奸淫後，以刺刀割去其陰戶。敵人對待我國同胞的獸行，是無所不用了。

## 永坪公審土匪案
### 二匪首執行槍決

延川來信：永坪鎮於最近召開羣衆大會，到會五百餘人，公審土匪任保才，李玉春，張學儉，劉潤兒等四名。據匪首任保才自供稱：在去年與今年的一年多中，僅在蛇頭山搶劫來往商人數次，大洋約數百元。此次任匪又協同匪首李玉春，率領張，劉二匪在延水與延川交界楊家灣附近搶劫一小商人，所有財物被刼一空，商人苗某被任，李二匪首打死。到會羣衆對該兩個匪首，無不憤恨異常。法庭依據政府法律與羣衆要求，決定把任保才，李玉春二匪首當場槍決。張學儉判徒刑一年，劉潤兒半年，羣衆無不稱快云。

## 吳堡義勇隊叛變
## 駐軍積極進剿

延川來信：據吳堡來人談：吳堡縣二區馮家余村一帶的義勇隊於上月底擧行叛變，充當土匪，當叛變後，即分爲兩股，騷擾全上鎮和李家溝之保安隊。因該地保安隊無準備，致被完全繳械。第二天晚上，據頭的義勇隊亦擧行叛變，攜槍與該匪合夥。近來在吳堡一帶大施搶刼，威脅老百姓，日前綏德一帶駐軍曾進行清剿，給該匪以重大打擊，匪即化整爲零，三五成羣，在農村活動，現仍在積極進剿中。

## 延市節委會成立

爲了適應日益擴大的抗戰形勢，增加抗戰工作，以一切人力財力來爭取抗戰節省經費，是邊區政府及每個人民的重要任務，延市共產黨，邊區政府，特於本月十一日決定以黃克林，高自立等五人組成節約委員會，並已開第一次會議，決定組織法如下：

一、……人力嚴格執行節約……不得……加入會員。

二、……材節省紙張洋燭，嚴格執行預算，及不必要……費，不附支。

## 嚴防匪探

[illegible]



你們選舉工作還有什麼缺點
——答新城選委會的信——

呼主任：能不說是你們選舉工作已經收到……月十五日完成鄉級的選舉，現在大部的縣份都已作了鄉級的選舉總結交來，但你們還只是在準備於九月二日完成鄉級的選舉。究……，這中間離得太遠了。正由於集體領導的不够，檢查工作的不經常，也是你們選舉工作落後底一個原因。具體，並且有些地方寫得很模糊，我們不知道你們的鄉代表是從選民大會裏選出的呢？還是從羣衆大會中選出的？我們認爲如果能如期完成。但今後區級和縣級選舉便應加緊進行，免使邊區選舉受到影響。同時又必須注意提前完成區縣選舉，絕不能忽略了進行廣泛的宣傳工作，並把戶口及選民統計清楚，在宣傳中要注意把選舉動員抗戰動員及秋收動員聯系起來。我們檢查工作的材料……

聲明

……某如生的二等……

## 沪妇慰分会何香凝贺电

**第十八集团军朱总司令彭副司令暨诸将士勋鉴：**
公等受命中央，出师抗敌。足征举国一心，精诚团结，共赴国难。谨电申贺，并祝努力。中国妇女慰劳会上海分会主席何香凝叩九月六日。

# 新中華報

陝甘寧邊區政府機關報

392

定價　每期銅元二枚　每月大洋五分　每年大洋三毛


**動員一切力量爭取抗戰勝利**

## 滬我軍退出一道陣地後
# 战爭重心在羅店一帶
## 雙方以全力爭該地
## 閘北浦東發生激戰

上海電：我軍這一次退出沿江第一道陣地，隊伍秩序并未混亂，迅速的撤入第二道新陣地。因爲我退得很好，故損失不大，日軍也不敢大胆冒進。我軍完全退出第一道陣地後，日軍才敢慢慢推進。上海市中心區我軍後撤，現扼守淞滬路以東萬國體育會一帶。連日戰况如下：

一、現在戰事重心仍在羅店劉行一帶。該地自十五日起，敵我雙方在羅店新鎮間發生激戰。羅店東南之淑里橋，雙方死力相爭，屢進屢退。我們失而復得者數次，十五日敵又分數路來攻，經我軍奮勇抗戰，均未得逞。十五日晚，該地我軍得着生力軍增援，即奮力反攻，我軍奮勇前進，於十五日半夜乘勝克復羅店，十六日敵人增援步隊到達舉行反攻，亦被擊退。十七，十八兩日雙方爭奪羅店鎮，戰事異常激烈，最後我軍被迫退出羅店鎮。永安橋我軍向敵反攻獲勝，現已進抵楊行附近。羅店以北我軍約一團人在炮兵協助下，向前猛攻，十六日夜已進至張家樓，洪家宅李家宅及丁家樓以西附近之綫。

二、十五，十六兩日敵人兵艦十餘隻，在浦江中向浦東發炮轟擊企圖由此地登陸。這方面我軍防務尙稱鞏固，防範嚴密，敵人數次登陸企圖，均沒有實現。

三、十五，十六十七，十八等日，閘北方面，亦有激戰發生，虹口公園敵軍步兵屢次猛攻北站，被我軍擊退受創甚大，連日來敵人向閘北及北站進犯絲毫沒有進展。

四、瀏河，川沙口一帶連日新到有日軍艦多隻載有大批軍隊，及軍需品，繼續在該地登陸，向前輸送。

### 華北日軍
## 猛攻津浦平綏線
### 廣靈淶源相繼告陷

太原電：大同縣城已於日前陷落日軍之手，城南正發生激戰。靈邱縣（山西境）以北之刁泉一帶十六日敵我發生最激烈的戰鬥另一部日軍於十七日進佔廣靈，淶源二縣城，現在日軍對華北軍事進攻的戰略，是集中其優勢兵力，一路由同蒲鐵路進攻山西太原，一路由津浦綫進攻德州，對平漢綫取大包圍勢，企圖由這兩路來夾擊平漢綫我軍，以完成他完全佔領華北五省的目的。

### 平漢線日軍
#### 進佔涿州固安霸縣

北平電：平漢綫正面，日軍已於十七日攻佔涿州，並繼續向南進，另一部日軍由北平南面（平漢綫翼側）取攻勢。固安永清，霸縣於十七日相繼陷落，現日軍已經渡過永定河以南了。

## 最後消息

上海十七日電：日本近又增調九個師團全部到上海，共廿餘萬人。現上海有日軍八個師團，以上，六面隊，月浦配備如下：吳淞羅店方面，四聯隊，張華浜四聯隊，浦江碼頭四聯隊，北四川路及楊樹浦八聯隊。重大炮約千餘門。飛機三百架。兵艦一百四十餘隻。

（每一聯隊約五千人上下）

南京電：十九日敵機四十餘架襲擊南京，被擊落四架。二十日敵機五十餘架又襲擊南京，被擊落四架。

### 滬婦慰分會
## 何香凝賀電

第十八集團軍朱總司令彭副司令賀諸將士勁鑒：公等受命中央，出師抗敵。足徵舉國一心，精誠團結，共赴國難。謹電申賀，並祝努力。中國婦女慰勞會上海分會主席何香凝叩九月六日。

### 日內瓦舉行世界
# 和平大會執委會
### 通過制止侵略者決議

日內瓦電：世界和平大會執委會在日內瓦開會，對於中日戰爭，通過一決議案，主張：（一）中國的申訴國聯應予處理，并應依照盟約向日本提出最後呼籲；（二）應在財政上或者其他方法援助中國，以便抵抗侵略者；（三）應從各方面找到必要的努力，來實施集體行動，制止侵略。此外應該向國聯建議二事：（一）不承認阿比西尼亞獨立國的滅亡；（二）應實施國聯盟約各項規定，以便援助西班牙政府與人民由上項決議，可以看到我們的抗戰是取得了全世界反侵略者的和平人士的深刻同情與援助的。

### 日本的危機
# 國內又發生政變
### 海工會罷工反戰

上海十五日電：據最近中外各方盛傳日本國內又發生政變，但因日本新聞檢查甚嚴，眞相到現在尙沒有發表，據九月六日政友會議員河野一郎與杉山陸相問答，對政變事件，就可明白一個大概，可以證實事件的眞確性。

問：外傳某某大將被暗殺，陸軍當局尙未發表，究竟眞相怎樣？陸軍對這一事件的態度如何？

答：這個問題將來必定發表，但現在還沒有到發表時期。該大將尙未被殺死，至於形勢如何，本關機密，不便表示。

在上面這個問題內，可證明日本國內是多麽的混亂呵！

南京電訊：日本軍閥的侵略行動，引起日本人民大大反對。日本神戶海員工會，驅顏罷工，表示反戰，該會卿事聞已被捕。又東京經常發生騷動形勢甚爲嚴重云。

### 津浦前線
# 我援軍佈防完畢
### 即時開始總反攻

濟南電：津浦綫日軍自佔領馬廠靑縣以後，繼續向前推進，興濟鎮亦被日軍佔領，我軍最近調派大批援軍增加前綫作戰，於十五日早晨已經佈防完畢，日內即行開始總反攻。現在敵我正在興濟鎮以南三里處激戰中，我軍頗佔優勢云。

## 社論
# 上海戰爭的現勢

上海戰爭已經進行有一個多月了！目前上海已轉入非常危急的狀態。

日軍因襲「一二八」戰爭的故技，在優勢的空軍兵艦與大炮火力掩護之下，由吳淞，瀏河，獅子林一帶登陸，抄擊上海的翼側。經過二十天的血戰，日寇遭受極重大的損失，才得到初步的進展。我軍於十二日退出沿江的第一道防綫，瀏河，嘉定，羅店，月浦，張華浜，楊樹浦相繼被日軍佔領。然第二道尙稱鞏固，此後戰爭將更趨激烈。

日軍能够達到他的初步計劃，我軍之所以退出沿江第一道陣綫，絕不是我軍不能作戰。相反的，一個多月的戰鬥中，已經顯示出了我們戰鬥力的頑强。我們曾經打擊了兇惡的日本帝國主義的武裝。使我們的敵人亦不得不承認「日軍在上海所遭遇之抵抗，十分强硬」，使日本軍官不得不「欽服」！這實由於中國軍隊與人民在日寇無止境之侵略下，已經明白了自己所應負之義務與職責，他們已經知道，唯有努力結成本身的防禦陣綫，方足以抵抗侵略者。不管敵人進攻是怎樣的猛烈，武器是如何的優良，決不能使我們屈服。我們對戰死於上海附近的中國軍隊將士與人民表示無限的敬意。他們的死，是光榮的。在中國解放的歷史上寫下了最光榮的第一頁！

我們將士雖然有着這種堅決勇敢與犧牲的決心，爲什麽不能勝利的打擊日寇的進攻呢？我們必須深刻的去研究這裏經驗教訓。以作我們今後抗戰的鑒鏡。

當上海戰爭發動之後，南京政府已經表現了全面抵抗的決心。在軍事上有着相當的準備，所以開始採取進攻方針，給敵一個措手不及，這種表現，是我們萬分擁護的。但是在抗戰發動之後，全上海人民準備積極起來援助軍隊抗戰時，當局對人民參加抗戰運動始終不願大膽地開放，深怕羣衆參加這一運動，並且對於已經組織起來的羣衆抗戰團體，還極力設法企圖加以控制，結果壓抑了上海人民參加抗戰的積極性阻礙了羣衆抗日運動的發展，這不能不使我們痛惜！我們堅決地相信：當上海抗戰發動之後，當局對民衆抗日運動如果不加以任何控制與阻止，大膽地開放民主，組織民衆，武裝民衆，使三百餘萬的上海市民均參加到抗戰中去，特別是一百萬的上海工人，他們有着過去大革命時代三次革命暴動的經驗教訓，那麽上海的形勢必然要好得多。這是我們敢斷言的。

現在的問題，任何害怕羣衆運動，單靠政府與軍隊抗戰的企圖，難免會變成阿比西尼亞第二！如果政府決然的開放民衆的救亡運動，動員廣大人民到抗日戰爭中去，我們才有可能保衛江浙，保衛華北，保衛全中國，戰勝日本帝國主義。

# 日軍的殘酷行爲
### 屠殺人民
### 搜捕壯丁
### 奸淫婦女

南京電：川沙白龍港對面有一黃沙地，縱横約數十里，居民三四百人，現在被日人佔據爲飛機場。日軍將該地居民，無論老少，完全屠殺。淞滬之敵由漢奸引導，大搜捕壯丁，以給敵去。又敵軍在羅店一帶把我方傷兵釘在壁上而死。同時捉獲三四歲的小娃娃實行腰斬。該地一老婦約五十餘歲，被敵軍輪流奸淫後，以剃刀割去其陰戶。敵人對待我國同胞的獸行，是無所不用了。

### 永坪公審土匪案
## 二匪首執行槍決

延川來信：永坪鎮於最近召開羣衆大會，到會五百餘人，公審土匪任保才，李玉春，張學儉，劉潤兒等四名。據匪首任保才自供稱：在去年與今年的一年多中，僅在蛇頭山搶劫來往商人數次，大洋約數百元。此次任匪又偕同匪首李玉春，率領張，劉二匪在延水與延川交界楊家灣附近搶劫一小商人，所有財物被劫一空，商人苗某被任，李二匪首打死。到會羣衆對該兩個匪首，無不憤恨異常。法庭依據政府法律與羣衆要求，決定把任保才，李玉春二匪首當場槍決。張學儉判徒刑一年，劉潤兒半年，羣衆無不稱快云。

### 吳堡義勇隊叛變
## 駐軍積極進剿

延川來信：據吳堡縣來人談：吳堡縣二區賈家溝村一帶的義勇隊於上月底舉行叛變，充當土匪，當叛變後，即分爲兩股，騷擾全上鎮和李家溝之保安隊。因該地保安隊無準備，致被完全繳械。第二天晚上搶頭的義勇隊亦舉行叛變，攜槍與該匪合夥。近來在吳堡一帶大施搶劫，威脅老百姓，日前綏德一帶駐軍曾進行清剿，給該匪以重大打擊，匪現化整爲零，三五成羣，在農村活動，現仍在繼續進剿中。

## 延市節委會成立

爲了適應日益擴大的抗戰形勢，節省一切人力財力，以增加抗戰經費，是邊區政府及每個人民的重要工作任務。爲充分節省，延市已決定以黃克林，徐日文，袁山民，黃炎五人組織節省委員會，該會已於九月十一日開第一次會議，決定辦法如下：

一、人力嚴格執行調劑，不得自由增加人員。

二、一切物材節省紙張洋蠟及不需要之用費，嚴格執行預算，沒有預算者不開支。

## 嚴防匪探

[illegible]

---

評主任：

# 你們選舉工作還有什麼缺點
## ——答新城選委會的信——

能不說是你們選舉工作已經收到[illegible]

月十五日完成鄉級的選舉，現在大部的縣份都已作了鄉級的選舉總結交來，但你們還只是在準備於九月二日完成鄉級的選舉。究[illegible]，這中間離得太遠了。這由於[illegible]領導的不够，檢查工作的不經常，也是你們選舉工作落後底一個原因。

[illegible]集具體，並且有些地方寫得很模糊、我們不知道你們的鄉代表是從選民大會裏選出的呢？還是從羣衆大會中選出的？我們認爲如果[illegible]能如期完成。但今後區級和縣級選舉便應加緊進行，免使邊區選舉受到影響。同時又必須注意提前完成區縣選舉，絕不能忽略了[illegible]進行廣泛的宣傳工作，并把戶口及選民統計清楚，在宣傳中要注意把選舉動員抗戰動員及秋收動員聯系起來。

我們檢查工作的材料。

邊區選委會

### 聲明

▲葉如生的二等[illegible]

期
新中华报零三百九十二期
版
零一版
时间
一九三七年九月十九日

# 最后消息

**上海十七日电：**日本近又增调第九师团全部到上海，现上海有日军八个师团以上，共二十余万人。配备如下：罗店方联六面队［方面六联队］，月浦四联队，吴淞六联队，张华浜四联队，虬江码头四联队，北四川路及杨树浦八联队。轻重大炮约千余门。飞机三百架。兵舰一百四十余只。（每一联队约五千人上下）

**南京电：**十九日敌机四十余架袭击南京被击落四架。二十日敌机五十余架又袭击南京，被击落四架。

第一版　Sin Zhung Xua Bao　一九三七年九月十九日

# 新中華報

陝甘寧邊區政府機關報

定價　每期銅元二枚　每月大洋五分　每年大洋三毛

392

動員一切力量爭取抗戰勝利

## 滬我軍退出一道陣地後
## 战爭重心在羅店一帶
### 雙方以全力爭該地
### 閘北浦東發生激戰

上海電：我軍這一次退出沿江第一道陣地，隊伍秩序并未混亂，迅速的撤入第二道新陣地。因爲我退得很好，故損失不大，日軍也不敢大胆冒進。我軍完全退出第一道陣地後，日軍才敢慢慢推進。上海市中心區我軍後撤，現扼守淞滬路以東萬國體育會一帶。連日戰況如下：

一、現在戰事重心仍在羅店劉行一帶。該地自十五日起，敵我雙方在羅店新鎮間發生激戰。羅店東南之淑里橋，雙方死力相爭，屢進屢退。我們失而復得者數次。十五日敵又分數路來攻，經我軍奮勇抗戰，均未得逞。十五日晚，該地我軍得着生力軍增援，即努力反攻，我軍奮勇前進，於十五日半夜乘勝克復羅店。十六日敵人增援步隊到達舉行反攻，亦被擊退。十七十八兩日雙方爭奪羅店鎮，戰事異常激烈，最後我軍被迫退出羅店鎮。永安橋我軍向敵反攻獲勝，現已進抵楊行附近。羅店以北我軍約一團人在炮兵協助下，向前猛攻，十六日夜已進至張家堰，洪家宅李家宅及丁家樓以西附近之綫。

二、十五，十六兩日敵人兵艦十餘隻，在浦江中向浦東發炮轟擊企圖由此地登陸。這方面我軍防務尙稱鞏固，防範嚴密，敵人數次登陸企圖，均沒有實現。

三、十五，十六十七，十八等日，閘北方面，亦有激戰發生，虹口公園敵軍步兵屢次猛攻北站，被我軍擊退受創甚大，連日來敵人向閘北及北站進犯，終毫沒有進展。

四、瀏河，川沙口一帶連日新到有日軍艦多隻載有大批軍隊，及軍需品，繼續在該地登陸，向前綫運送。

## 華北日軍
## 猛攻津浦平綏線
### 廣靈淶源相繼告陷

太原電：大同縣城已於日前陷落日軍之手，城南正發生激戰。靈邱縣（山西境）以北之刁泉一帶十六日敵我發生最激烈的戰鬥，另一部日軍於十七日進佔廣靈，淶源二縣城，現在日軍對華北軍事進攻的戰略，是集中其優勢兵力，一路由同蒲鐵路進攻山西太原，一路由津浦綫進攻德州，對平漢綫取大包圍勢，企圖由這兩路來夾擊平漢綫我軍，以完成他完全佔領華北五省的目的。

## 平漢綫日軍
### 進佔涿州固安霸縣

北平電：平漢綫正面，日軍已於十七日攻佔涿州，並繼續南進，另一部日軍由北平南面（平漢綫翼側）取攻勢。固安永清，霸縣於十七日相繼陷落，現日軍已經渡過永定河以南了。

## 滬婦慰分會
### 何香凝賀電

第十八集團軍朱總司令彭副司令暨諸將士勛鑒：公等受命中央，出師抗敵。足徵舉國一心，精誠團結，共赴國難。謹電申賀，並祝努力。中國婦女慰勞會上海分會主席何香凝叩九月六日。

## 最後消息

上海十七日電：日本近又增調九八個師團全部以上到上海，共廿餘萬人。現上海有日軍配備如下：羅店方面六聯隊，月浦四聯隊，吳淞六聯隊，張華浜四聯隊，虬江碼頭四聯隊，北四川路及楊樹浦八聯隊，重砲大砲約千餘門。飛機三百架，兵艦一百四十餘隻。（每一聯隊約五千人上下）

南京電：十九日敵機四十餘架襲南京，被擊落四架。二十日敵機五十餘架又襲南京，被擊落四架。

## 日內瓦舉行世界
## 和平大會執委會
### 通過制止侵略者決議

日內瓦電：世界和平大會執委會在日內瓦開會，對於中日戰爭，通過一決議案，主張：（一）中國的申訴國聯應予處理，并應依照盟約向日本提出最後呼籲；（二）應在財政上或者其他方法援助中國，以便抵抗侵略者；（三）應從各方面找到必要的努力，來實施集體行動，制止侵略。此外應該向國聯建議二事：（一）不承認阿比西尼亞獨立國的滅亡；（二）應實施國聯盟約各項規定，以便援助西班牙政府與人民。由上項決議，可以看到我們的抗戰是取得了全世界反侵略者的和平人士的深刻同情與援助的。

## 日本的危機
## 國內又發生政變
### 海工會罷工反戰

上海十五日電：最近中外各方盛傳日本國內又發生政變，但因日本新聞檢查甚嚴，眞相到現在尙沒有披露，據九月六日政友會議員河野一郎與杉山陸相問答，對政變事件，就可明白一個大概，可以證實事件的眞確性。問：外傳某某大將被暗殺，陸軍當局尙未發表，究竟眞相怎樣？陸軍對這一事件的態度如何？答：這個問題將來必定發表，但現在還沒有到發表時期。該大將尙未被殺死，至於形勢如何，本屬機密，不便表示。在上面這個問題內，可證明日本國內是多麼的混亂呵！

南京電訊：日本軍閥的侵略行動，引起日本人民大大反對。日本神戶海員工會，驅傾罷工，表示反戰，該會卽事閘已被捕。又東京經常發生騷動形勢甚爲嚴重云。

## 津浦前綫
## 我援軍佈防完畢
### 卽時開始總反攻

濟南電：津浦綫日軍自佔領馬廠靑縣以後，繼續向前推進，興濟鎮亦被日軍佔領，我軍最近調派大批援軍增加前綫作戰，於十五日早晨已經佈防完畢，日內卽行開始總反攻。現在敵我正在興濟鎮以南三里處激戰中，我軍朗佔優勢云。

## 永坪公審土匪案
### 二匪首執行槍決

延川來信：永坪鎮於最近召開群眾大會，到會五百餘人，公審土匪任保才，李玉春，張學儉，劉潤兒等四名。據匪首任保才自供稱：在去年與今年的一年多中，僅在蛇頭山搶劫來往商人數次，大洋約數百元。此次任匪又協同匪首李玉春，率領張，劉二匪在延水與延川交界楊家灣附近搶劫一小商人，所有財物被劫一空，商人苗某被任，李二匪首打死。到會群眾對該兩個匪首，無不憤恨異常。法庭依據政府法律與群眾要求，決定把任保才，李玉春二匪首當場槍決。張學儉判徒刑一年，劉潤兒半年，群眾無不稱快云。

## 日軍的殘酷行爲
### 屠殺人民
### 搜捕壯丁
### 奸淫婦女

南京電：川沙白龍港對面有一黃沙地，縱橫約數十里，居民三四百人，現在被日人佔據闢爲飛機場。日軍將該地居民，無論老少，完全屠殺。淞滬之敵由漢奸引導，大搜捕壯丁，以給敵去。又敵軍在羅店一帶把我方傷兵釘在壁上而死。同時捉獲三四歲的小娃娃實行殺斬。該地一老婦約五十餘歲，被敵軍輪流奸淫後，以剃刀割去其陰戶。敵人對待我國同胞的暴行，是無所不用了。

## 吳堡義勇隊叛變
## 駐軍積極進剿

延川來信：據吳堡縣來人談：吳堡縣二區湯家余村一帶的義勇隊於上月底舉行叛變，充當土匪，當叛變後，即分爲兩股，一股襲擊全上鎮和李家溝之保安隊。保安隊無準備，因該地保安隊被完全繳械。第二天晚上，擁頭的義勇隊亦舉行叛變，攜搶與該匪合夥。近來在吳堡一帶大施搶劫，威脅老百姓，日前綏德一帶駐軍曾進行清剿，給該匪以重大打擊，匪即化整爲零，三三五五成群，在農村活動，現仍在積極進剿中。

## 社論
## 上海戰爭的現勢

上海戰爭已經進行有一個多月了！目前上海已轉入非常危急的狀態。

日軍因襲「一二八」戰爭的故技，在優勢的空軍兵艦與大炮火力掩護之下，由吳淞，獅子林一帶登陸，抄擊上海的翼側。經過二十天的血戰，日寇遭受極重大的損失，才得到初步的進展。我軍於十二日退出沿江的第一道防綫，瀏河，嘉定，羅店，月浦，張華浜，楊樹浦相繼被日軍佔領。然第二道尙稱鞏固，此後戰爭將更趨激烈。

日軍能夠達到他的初步計劃，我軍之所以退出沿江第一道陣綫，絕不是我軍不能作戰。相反的，一個多月的戰鬥中，已經顯示出了我們戰鬥力的頑強。我們曾經打擊了兇惡的日本帝國主義的武裝。使我們的敵人亦不得不承認「日軍在上海所遭遇之抵抗，十分強硬」，使日本軍官不得不「驚服」！這實由於中國軍隊與人民在日寇無止境之侵略下，已經明白了自己所應負之義務與職責，他們已經知道，唯有努力結成本身的防禦陣綫，方足以抵抗侵略者。不管敵人進攻是怎樣的猛烈，武器是如何的優良，決不能使我們屈服。我們對戰死於上海附近的中國軍隊將士與人民表示無限的敬意。他們的死，是光榮的。在中國解放的歷史上寫下了最光榮的第一頁！

我們將士雖然有着這種堅決勇敢與犧牲的決心，爲什麼不能勝利的打擊日寇的進攻呢？我們必須深刻的去研究這裏經驗教訓。以作我們今後抗戰的鑒鏡。

當上海戰爭發動之後，南京政府已經表現了全面抵抗的決心。在軍事上有着相當的準備，所以開始採取進攻方針，給敵一個措手不及，這種表現，是我們萬分擁護的。但是在抗戰發動之後，全上海人民準備積極起來援助軍隊抗戰時，當局對人民參加抗戰運動始終不願大膽地開放，害怕群眾運動。並且對於已經組織起來的群眾抗戰團體，極力設法企圖加以控制，結果壓抑了上海抗戰的積極性，阻礙了群眾抗日運動的發展，這不能不使我們痛惜！我們堅決地相信：當上海當局對民眾抗日運動如果不加以阻止，大膽地開放民主，組織民眾，武裝民眾，使三百餘萬的上海市民均參加到抗戰中去，特別是三百萬的上海工人，他們有着過去大革命時代三次暴動的經驗教訓，那麼上海的形勢必然……這是我們敢斷言的。

現在的問題，任何害怕群眾運動，單靠軍隊抗戰的企圖，難免會變成阿比西尼亞第二！如果政府決然的開放民眾的救亡運動，動員廣大人民到抗日戰爭中去，我們才有可能保衛江浙，保衛全中國，戰勝日本帝國主義。

## 延市節委會成立

爲了適應日寇擴大的抗戰形勢，爭取抗戰勝利，節省一切人力財力，以增加抗戰工作效能，邊區黨政軍及第八路軍後方決定以黃克吳……五人組織節省委員會，該會於九月十一日已開第一次會議，決定辦法如下：

一、人力嚴格執行調劑，不得自由增加人員。

二、一切伙食，村節省紙張洋燭及不需要之用費，嚴格執行預算，沒有預算者不開支。

## 嚴防匪探

胡長民，年三十八歲，東三省人。此人曾在土匪王某部當……[illegible]

## 你們選舉工作還有什麼缺點
### ——答新城選委會的信——

……能不說是你們選舉工作已經收到……月十五日完成鄉級的選舉，現在大部的縣份都已作了鄉級的選舉總結交來，但你們還只是在準備於九月二日完成鄉級的選舉。究……，選中間隔得太遠了。正由於集體領導的不夠，檢查工作的不經常，也是你們選舉工作落後底一個原因。……具體，並且有些地方寫得很模糊，我們不知道你們的鄉代表是從選民大會裏選出的呢？還是從……來大會中選出的？我們認爲如此……能如期完成。但今後區級和縣級選舉便應加緊進行，免使進區選舉受到影響。同時又必須注意提前完成區縣選舉，絕不能忽略了……進行廣泛的宣傳工作，並把戶口及選民統計清楚，在宣傳中要注意把選舉運動與抗戰動員及秋收動員聯系起來。……我們檢查工作的材料。

邊區選委會

## 聲明

▲某如生的二等……

期
新中华报零三百九十二期
版
零一版
时间
一九三七年九月十九日

# 社论　上海战争的现势

上海战争已经进行有一个多月了！目前上海已转入非常危急的状态。

日军因袭“一·二八”战争的故技，在优势的空军兵舰与大炮火力掩护之下，由吴淞，浏河，狮子林一带登陆，抄击上海的翼侧。经过二十天的血战，日寇遭受极重大的损失，才得到初步的进展。我军于十二日退出沿江的第一道防线，浏河，嘉定，罗店，月浦，张华浜，杨树浦相继被日军占领。然第二道尚称巩固，此后战争将更趋激烈。

日军能够达到他的初步计划，我军之所以退出沿江第一道阵线，绝不是我军不能作战。相反的，一个多月的战斗中，已经显示出了我们战斗力的顽强。我们曾经打击了凶恶的日本帝国主义的武装。使我们的敌人亦不得不承认“日军在上海所遭遇之抵抗，十分强硬”，使日本军官不得不“敬服”！这实由于中国军队与人民在日寇无止境之侵略下，已经明白了自己所应负之义务与职责，他们已经知道，唯有努力结成本身的防御阵线，方足以抵抗侵略者。不管敌人进攻是怎样的猛烈，武器是如何的优良，决不能使我们屈服。我们对战死于上海附近的中国军队将士与人民表示无限的敬意。他们的死，是光荣的。在中国解放的历史上写下了最光荣的第一页！

我们将士虽然有着这种坚决勇敢与牺牲的决心，为什么不能胜利地打击日寇的进攻呢？我们必须深刻地去研究这里经验教训。以作我们今后抗战的鉴镜。

当上海战争发动之后，南京政府已经表现了全面抵抗的决心。在军事上有着相当的准备，所以开始采取进攻方针，给敌一个措手不及，这种表现，是我们万分拥护的。但是在抗战发动之后，全上海人民准备积极起来援助军队抗战时，当局对人民参加抗战运动始终不愿大胆地开放，害怕群众参加这一运动。并且对于已经组织起来的群众抗战团体，还极力设法企图加以控制，结果压抑了上海人民参加抗战的积极性阻碍了群众抗日运动的发展，这不能不使我们痛惜！我们坚决地相信：当上海抗战发动之后，当局对民众抗日运动如果不加以任何控制与阻止，大胆地开放民主，组织民众，武装民众，使三百余万的上海市民均参加到抗战中去，特别是一百万的上海工人，他们有着过去大革命时代三次革命暴动的经验教训，那么上海的形势必然要好得多，这是我们敢断言的。

现在的问题，任何害怕群众运动，单靠政府与军队抗战的企图，难免会变成阿比西尼亚第二！如果政府决然地开放民众的救亡运动，动员广大人民到抗日战争中去，我们才有可能保卫江浙，保卫华北，保卫全中国，战胜日本帝国主义。

一九三七年九月十九日　Sin Zhung Xua Bao　第一版

# 新中華報

陝甘寧邊區政府機關報
定價　每期銅元二枚　每月大洋五分　每年大洋三毛
392

動員一切力量爭取抗戰勝利

## 滬我軍退出一道陣地後
## 战爭重心在羅店一帶
### 雙方以全力爭該地
### 閘北浦東發生激戰

上海電：我軍這一次退出沿江第一道陣地　隊伍秩序幷未混亂，迅速的撤入第二道新陣地。因爲我退得很好，故損失不大，日軍也不敢大胆冒進。我軍完全退出第一道陣地後，日軍才敢慢慢推進。上海市中心區我軍後撤，現扼守淞滬路以東萬國體育會一帶。連日戰況如下：

一、現在戰事重心仍在羅店劉行一帶。該地自十五日起，敵我雙方在羅店新鎮間發生激戰。羅店東南之淑里橋，雙方死力相爭，屢進屢退。我們失而復得者數次，十五日敵又分數路來攻，經我軍奮勇抗戰，均未得逞。十五日晚，該地我軍得增生力軍增援，即向力反攻，我軍奮勇前進，於十五日半夜乘勝克復羅店，十六日敵人增援步隊到達羅行反攻，亦被擊退。十七十八兩日雙方爭奪羅店鎮，戰事異常激烈，最後我軍被迫退出羅店鎮。永安橋我軍向敵反攻獲勝，現已進抵楊行附近。羅店以北我軍約一團人在炮兵協助下，向前猛攻，十六日夜已進至張家樓，洪家宅李家宅及丁家橋以西附近之綫。

二、十五，十六兩日敵人兵艦十餘隻，在浦江中向浦東發炮轟擊企圖由此地登陸。這方面我軍防務甚鞏固，防範嚴密，敵人數次登陸企圖，均沒有實現。

三、十五，十六十七，十八等日，閘北方面，亦有激戰發生，虹口公園敵軍步兵屢次猛攻北站，被我軍擊退受創甚大，連日來敵人向閘北及北站進犯絲毫沒有進展。

四、瀏河，川沙口一帶連日都到有日軍艦多隻載有大批軍隊，及軍需品，繼續在該地登陸，向前線運送。

### 華北日軍
## 猛攻津浦平綏線
### 廣靈淶源相繼告陷

太原電：大同縣城已於日前陷落日軍之手，城南正發生激戰。靈邱縣（山西境）以北之刁泉一帶十六日敵我發生最激烈的戰鬥另一部日軍於十七日進佔廣靈，淶源二縣城，現在日軍對華北軍事進攻的戰略，是集中其優勢兵力，一路由同蒲鉄路進攻山西太原，一路由津浦綫進攻德州，對平漢綫取大包圍勢，企圖由這兩路來夾擊平漢綫我軍，以完成他完全佔領華北五省的目的。

### 平漢綫日軍
進佔涿州固安霸縣

北平電：平漢綫正面，日軍已於十七日攻佔涿州，並繼續南進，另一部日軍由北平南面（平漢綫東側）取攻勢。固安永清，霸縣於十七日相繼陷落，現日軍已經渡過永定河以南了。

### 滬婦慰分會
### 何香凝賀電

第十八集團軍朱總司令彭副司令鈞鑒：諸將士勁鑒：公等受命中央，出師抗敵。足徵舉國一心，精誠團結，共赴國難。謹電申賀，並祝努力。中國婦女慰勞會上海分會主席何香凝叩九月六日。

## 日本的危機
## 國內又發生政變
### 海工會罷工反戰

上海十五日電：最近中外各方盛傳日本國內又發生政變，但因日本新聞檢查甚嚴，眞相到現在尚沒有發露，據九月六日政友會議員河野一郎與杉山陸相問答，對政變事件，就可明白一個大概，可以證實事件的眞確性。

問：外傳某某大將被暗殺，陸軍當局尚未發表，究竟眞相怎樣？陸軍對這一事件的態度如何？

答：這個問題將來必定發表，但現在還沒有到發表時期。該大將尚未被殺死，至於形勢如何，本關機密，不便表示。

在上面這個問題內可證明日本國內是多麼的混亂呵！

南京電訊：日本軍閥的侵略行動，引起日本人民大大反對。日本神戶海員工會，舉行罷工，表示反戰，該會即事聞已被捕。又東京經常發生騷動形勢甚爲嚴重云。

### 日內瓦舉行世界
## 和平大會執委會
### 通過制止侵略者決議

日內瓦電：世界和平大會執委會在日內瓦開會，對於中日戰爭，通過一決議案，主張：（一）中國的申訴國聯應予處理，幷應依照盟約向日本提出最後呼籲；（二）應在財政上或者其他方法援助中國，以便抵抗侵略者；（三）應從各方面找到必要的努力，來實施集體行動，制止侵略。此外應該向國聯建議二事：（一）不承認阿比西尼亞獨立國的滅亡；（二）應實施國聯盟約各項規定，以便援助西班牙政府與人民由上項決議，可以看到我們的抗戰是取得了全世界反侵略者的和平人士的深刻同情與援助的。

### 津浦前線
## 我援軍佈防完畢
### 即時開始總反攻

濟南電：津浦綫日軍自佔領馬廠靑縣以後，繼續向前推進，與濟鎮亦被日軍佔領，我軍最近調派大批援軍增加前綫作戰，於十五日早均已經佈防完畢，日內即行開始總反攻。現在敵我正在與濟鎮以南三里處激戰中，我軍頗佔優勢云。

## 最後消息

上海十七日電：日本近又增調第九，八師團，全部到上海，現有日軍十八個師團，共廿餘萬人。配備如下：羅店以上方面六個聯隊，淞滬張華浜，月浦四聯隊，吳淞六聯隊，北四川路及楊樹浦四聯隊，江灣八聯隊。重砲約千餘門。飛機三百架。兵艦一百四十餘隻。

（每一聯隊約五千人上下）

南京電：十九日敵機四十餘架轟炸南京，被擊落四架。二十日敵機五十餘架又襲擊南京，被擊落四架。

### 永坪公審土匪案
## 二匪首執行槍決

延川來信：永坪鎮於最近召開羣衆大會，到會五百餘人，公審土匪任保才，李玉春，張學儉，劉潤兒等四名。據匪首任保才自供稱：在去年與今年的一年多中，僱在蛇頭山搶劫來往商人數次，大洋約數百元。此次任匪又協同匪首李玉春，率領張，劉二匪在延水與延川交界楊家灣附近搶劫一小商人，所有財物被劫一空，商人苗某被任，李二匪首打死。到會羣衆對該兩個匪首，無不憤恨異常。法庭依據政府法律與羣衆要求，決定把任保才，李玉春二匪首當場槍決。張學儉判徒刑一年，劉潤兒半年，羣衆無不稱快云。

## 日軍的殘酷行爲
### 屠殺人民
### 搜捕壯丁
### 奸淫婦女

南京電：川沙白龍港對面有一黃沙横約數十里，居民三四百人，現在被日人佔據關爲飛機場。日軍將該地居民，無論老少，完全屠殺。淞滬之敵由漢奸引導，大搜捕壯丁，以給載去。又敵軍在羅店一帶把我方傷兵釘在壁上而死。同時捉殘三四歲的小娃娃實行殘忍屠殺。該地一老婦約五十餘歲，被敵軍輪流奸淫後，以剃刀割去其陰戶。敵人對待我國同胞的獸行，是無所不用了。

### 吳堡義勇隊叛變
## 駐軍積極進剿

延川來信：據吳堡來人談：吳堡縣二區馮家岔村一帶的義勇隊於上月底舉行叛變，充當土匪，當叛變後，即分爲兩股，之保安隊。因該地保安隊無準備，致被完全繳械。第二天晚上，擴頭的義勇隊亦舉行叛變，攜槍與該匪合夥。近來在吳堡一帶大肆搶劫，威脅老百姓，日前綏德一帶駐軍曾進行清剿，給該匪以重大打擊，匪即化整爲零，三五成羣，在桑村活動，現仍在繼續進剿中。

## 延市節委會成立

爲了適應日益擴大的抗戰形勢，以增加抗戰經費，節省一切人力財力，以增加工作效率，延安市黨與政府及各機關和人民，共產黨，日決定以及第八路軍，克林方面，延安市民，黃炎五人組織節省委員會，已於十一日開第一次會議，決定辦法如下：

一、人力嚴格執行編制，不得自由加入員。

二、一切公物材料節省紙張洋蠟，及不需要之費用，嚴格執行預算，沒有預算者不開支。

### 嚴防匪探

東三區胡家長民某人年三十五，土匪王某幼年出此，……最近……（以下模糊）

## 社論
## 上海戰爭的現勢

上海戰爭已經進行有一個多月了！目前上海已轉入非常危急的狀態。

日軍因襲「一二八」戰爭的故技，在優勢的空軍兵艦與大炮火力掩護之下，由吳淞，瀏河，獅子林一帶登陸，抄擊上海的翼側。經過二十天的血戰，日寇遭受極重大的損失，才得到初步的進展。我軍於十二日退出沿江的第一道防綫，瀏河，嘉定，羅店，月浦，張華浜，楊樹浦相繼被日軍佔領。然第二道陣綫尙稱鞏固，此後戰爭將更趨激烈。

日軍能夠達到他的初步計劃，我軍之所以退出沿江第一道陣綫，絕不是我軍不能作戰。相反的，一個多月的戰鬥中，已經顯示出了我們戰鬥力的頑強。我們曾經打擊了兇惡的日本帝國主義的武裝。使我們的敵人亦不得不承認「日軍在上海所遭遇之抵抗，十分强硬」，使日本軍官不得不「嘆服」！這實由於中國軍隊與人民在日寇無止境之侵略下，已經明白了自己所應負之帝務與職責，他們已經知道，唯有努力結成本身的防禦陣綫，方足以抵抗侵略者。不管敵人進攻是怎樣的猛烈，武器是如何的優良，決不能使我們屈服。我們對戰死於上海附近的中國軍隊將士與人民表示無限的敬意。他們的死，是光榮的。在中國解放的歷史上寫下了最光榮的一頁！

我們將士雖然有着這種堅決勇敢與犧牲的決心，爲什麼不能勝利的打擊日寇的進攻呢？我們必須深刻的去研究這裏經驗教訓。以作我們今後抗戰的借鏡。

當上海戰爭發動之後，南京政府已經表現了全面抵抗的決心。在軍事上有着相當的準備，所以開始採取進攻方針，給敵一個措手不及，這種表現，是我們萬分擁護的。但是在抗戰發動之後，全上海民衆準備積極起來援助軍隊抗戰時，當局對人民參加抗戰運動始終不願大膽地開放，害怕羣衆參加這運動，並且對於已經組織起來的羣衆抗戰團體，極力設法企圖加以控制，結果壓抑了上海人民參加抗戰的積極性阻礙了羣衆抗日運動的發展，這不能不使我們痛惜！我們堅決地相信：當上海抗戰發動之後，當局對民衆抗日運動如果不加以任何控制阻止，大膽地開放民主，組織民衆，武裝民衆，使三百餘萬的上海市民均參加到抗戰中去，特別是一百萬的上海工人，他們有着過去大革命時代三次命驗動的經驗教訓，那麽上海的形勢必然要好得多。這是我們最深刻的教訓。

現在的問題，任何害怕羣衆運動，單靠政府與軍隊抗戰的企圖，難免會變成阿比西尼亞第二！如政府決然的開放民衆的救亡運動，動員廣大人民到抗日戰爭中去，我們才有可能保衛江浙，保衛華北，保衛全中國，戰勝日本帝國主義。

## 你們選舉工作還有什麼缺點
### ——答新城選委會的信——

評注任：……

能不說是你們選舉工作已經收到於九月二日完成鄉級的選舉。究竟……月十五日完成鄉級的選舉，現在大部的鄉份都已作了鄉級的選舉總結交來，但你們還只是在準備……個原因。

……，選中間隔得太遠了。正由於集體領導的不够，檢查工作的不經常，也是你們選舉工作落後底一……

具體，並且有些地方寫得很模糊，我們不知道你們的鄉代表是從選民大會裏選出的呢？還是從羣衆大會中選出的？我們認爲如此……

能如期完成。但今後區級和縣級選舉便應加緊進行，免使邊區選舉受到影響。同時又必須注意提前完成區縣選舉，絕不能忽略了……

進行廣泛的宣傳工作，幷把戶口及選民統計清楚，在宣傳中要注意把選舉動員抗戰動員及秋收動員聯系起來。

我們檢查工作的材料。

### 聲明

……如生的二等……

期：新中华报零三百九十三期
版：零一版
时间：一九三七年九月二十四日

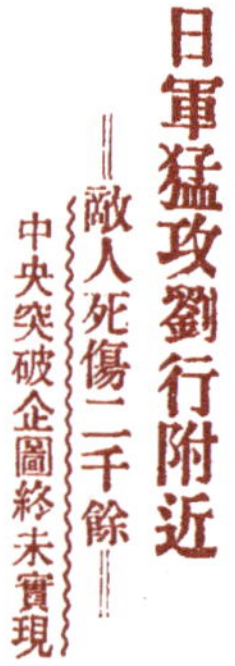
日軍猛攻劉行附近
敵人死傷二千餘
中央突破企圖終未實現

# 日军猛攻刘行附近

## 敌人死伤二千余
## 中央突破企图终未实现

**上海电：** 数日来上海战事中心，仍然在罗店刘行一带。自十九日起日军以重兵向刘行方面我军进攻，激战两昼夜，我军乘敌人疲劳的时候，大举反攻，把敌人打坍，结果日军伤亡二千余人。同时罗店之敌亦向东移动，企图中央突破我军阵地，均未得逞，被我军击退，江湾刘［浏］河方面之敌，也集中大兵向我军进攻，均被我军击退，敌人伤亡甚重。

现在双方战线尚没有多大变更。江湾已落入日军的手里，我军仍然固守嘉定，罗店以南，刘行北站之线。

**南京电：** 日军这次在上海战争中，死伤重大，约二三万人，近来日军企图突破我军第二道新阵地，又编成了混合主力一师团及一旅团，兵力约四五万人，因之大战在最近数天内又将展开云。

日军的增援部队，仍然继续向上海运送。二十一日有日军万余吨的巡洋舰三只及运输舰多只到吴淞口。装有敌援军万余人。闻后面尚有敌军三万余人继续向上海增援云。

# 新中華報

陝甘寧邊區政府機關報

定價：每期銅元二枚　每月大洋五分　每年大洋三毛

393


[illegible]……最後[illegible]

## 晉綏危急！

# 我軍完全退出長城以北

## 日軍分途向太原歸綏前進

## 邊區已處在國防最前綫了

太原電：日軍佔領大同後，即分兵兩路向晉綏我軍進攻，一路沿平綏綫入綏遠，佔領豐鎮，續向平地泉前進。一路沿同蒲鉄路南進，相繼攻陷懷仁，山陰，應縣，渾源，靈邱等縣城。綏遠的傅作義部已完全退出綏遠省，撤到山西省來了。現在我軍已全部退出長城以北，上扼守長城之線，日軍仍然在繼續南進。山西綏遠形勢是萬分危急了；同胞們！緊急動員起來，爲保衛山西，驅逐日寇而血戰到底！

## 最後消息

保定電：平漢綫我軍受津浦綫日軍猛進的影響，連日來紛紛退出涞水，定興，興城，容城，徐水等縣，大出日軍正繼續由徐水縣南逆，在漕河北岸集中，前綫離保定僅三十里了。保定又萬分危急！大戰又會在保定一帶展開。

濟南電：據浚津浦綫之滄州已失守，戰事在滄州以南進行。連幾天內日機在山東以南之蒙陰，沂水，莒縣，由阜，滋陽，濟宜等縣大施轟炸，飛機自十餘架到數十架不等。自二十日起至廿三日止，日機被擊落的有七架之多。

上海戰況

# 日軍猛攻劉行附近

## 敵人死傷二千餘

## 中央突破企圖終未實現

上海電：數日來上海戰事中心，仍然在羅店劉行一帶。自十九日起日軍以重兵向劉行方面我軍進攻，激戰兩晝夜，我軍乘敵人疲勞的時候，大舉反攻，把敵人打坍，結果日軍傷亡二千餘人。同時羅店之敵亦向東移動，企圖中央突破我軍陣地，均未得逞，被我軍擊退，江灣劉河方面之敵，也集中大兵向我軍進攻，均被我軍擊退，敵人傷亡甚重。現在雙方戰綫尚沒有多大變更。江灣已落入日軍的手裏，我軍仍然固守嘉定，羅店以南，劉行北站之綫。

南京電：日軍這次在上海戰爭中，死傷重大，約二三萬人，近來日軍企圖突破我軍第二道新陣地，又編成了混合主力一師團及一旅團，兵力約四五萬人，因之大戰在最近數天內又將展開云。

日軍的增援部隊，仍然繼續向上海運送。二十一日有日軍萬餘噸的巡洋艦三隻及運輸艦多隻到吳淞口，裝有敵援軍萬餘人，聞後面尚有敵軍三萬餘人繼續向上海增援云。

## 剿匪獲勝

靖橫警衛營

張廷芝匪被我軍數次痛擊，現已狼狽不堪，龍州附近之草溝灣，最近有散匪三四人進行活動，被我軍發覺，當即派隊將該匪突然包圍，並用火力痛擊，匪不支全部繳械，計繳長槍二支，駁殼槍一支，手槍二支，馬二匹，騾子一匹；我軍無損失。

趙生傑

# 津浦前線有進展

## 我生力軍增加後

## 日軍將大舉犯滄州

濟南電：津浦綫自我軍開到生力軍增援後，前綫防務更加鞏固，士氣也非常旺盛。該綫左翼經過兩天激戰我軍已逼近姚官屯，敵人紛紛後退，右翼也有進展。正面雙方仍在激戰，我軍採取攻勢，已進至興濟南，敵人已經退出興濟東沿。

平漢前綫之敵，現由土肥原指揮約一師團之衆，向滄州我軍陣地進攻。津浦前綫作戰指揮由磯谷負責，正準備於日內大舉向滄州進犯。

▲　▲　▲

# 日機轟炸南京

## 通告各使館離京

## 美已接受其他各國未動

南京電：日本海軍第三艦隊司令於二十一日通告駐南京各國使館領事館與官民，限二十一日正午十二時以前一律離開南京城，日本將派大批飛機來轟炸，如沒有及時移出，以後受損失，日本概不負責云。這一通告發出後，美國領事已遵守日本通告退出南京。其他如蘇聯，英，法，德，義各國使館人員，仍然沒有退出。英駐華大使并訪問日外交部次官崛內，質問日本通告理由。

又二十二日電：本日上午日機五十餘架到南京空襲，我機亦奮勇出動，空戰結果，敵機被擊落三架，我方一架失蹤。下午一時又有日機二十餘架第二次空襲，亦未得逞。

# 英輪船員能工

## 反對日寇侵略中國

香港電：英國輪船西凡勒格號船員廿三人，因反對日寇侵略中國，不願意運煤到日本去，全體工人舉行罷工。致被控告到香港船政司，審訊結果，宣告無罪。各船員恢復自由後，即表示自動離職，不願意幫助日寇。來貫徹他們原來的意志。這證明我們的抗戰，是有着全世界人民同情的。

# 土匪煽惑

## 警衛隊戰士叛變

徐老毛楊老三過去勾結土匪，在安家條嶺搶劫行商，現在國難臨頭，還不改邪歸正，而煽惑警衛隊戰士張常山活動部隊中哥弟六七名組織內變，并報告志丹市群捕，約定配合李九英徐老六股匪齊集安家條嶺襲擊志丹市，裏應外合。推殘黨政機關，搶劫商民。甘願做日寇滅亡中國的先遣隊，幸賴警衛隊發覺，將其逮捕在群眾法庭公審，徐老毛楊老三張常山處死刑，李懷山張世間處徒刑二年，群眾無不稱快云。

## 日本國內的混亂

# 人民反對徵兵

## 反戰聲浪高漲

東京電：日寇發動對中國大舉侵略的戰爭後，在國內強迫徵兵，以農民，工人及小商人爲最多。因之影起廣大群眾的不滿，有不願應徵的人，即被日本軍閥們槍決。軍隊開動時，又不許親戚朋友送行。如果家屬有不滿的，即停止補助，以示懲戒。廣大群眾中反戰聲浪日益增高，經常在各地發現有反對日寇侵略中國的標語口號與傳單。日本國內左翼份子活動，日見活躍。農民因受徵兵影響，沒有辦法從事農村生產，農產品日見缺乏。商業也有很大停頓，物價增高。人民生活困難萬分。假如戰爭再繼續延長下去，那麼日本的財政經濟必然會整個崩潰，這給日本軍閥們以極大的威脅。

## 股匪收編

延水來信：延水縣陳老大（宏曉）股匪人數三十餘名，槍二十餘支。一方面我們用力直武接威脅，另一方面從政治上去爭取。截至日前爲止，該匪願受編制，他們中并提出正式抗日口號願意回到抗日戰綫中來。（彰五）

# 敵機三十餘架

## 兩次襲擊廣州

廣州電：日機三十餘架，於二十一日襲擊廣州，投彈百餘枚以上，損失重大，我方飛機亦出動迎戰，結果擊落日機三架，我方亦損失二架，下午又有日機十五架來襲，投彈十餘枚，傷亡居民十餘人。

## 西分區總結鄉選

# 勝利完成鄉選任務

西分區在日前總結了一百九十二個鄉的選舉工作，已經是勝利的完成了鄉選的偉大任務。這些鄉長，都是中華民族的優秀份子，抗日戰爭的領導者，是廣大群眾擁護愛戴的領袖，他們已在群眾歡呼，與代表的鼓掌聲中就職工作了。在這選舉進行當中，顯示出群眾運用自己的力量，管理自己的政權，不但是能夠而且表現了不可欺侮的偉大力量。廣大群眾與政權機關，在精神上行動上是結合一致打成一片了！在這抗戰緊急動員中，更加緊了在各方面的動員工作。如擴大生產啦，優待抗日軍人家屬啦……，燃起了他們的狂熱，廣大群眾，一致在熱烈擁護着，擁護與萬惡的日本帝國主義作殊死戰。（力）

## 國民經濟部籌辦

# 邊區合作總社

本報特訊：國民經濟部爲了改善邊區人民生活，特別是在抗戰緊張情況下，調節邊區將來各機關與群眾的日常必用品，特發起在延安市準備成立邊區合作總社，由駐延市各機關、部隊、團體首先來響應，大家熱烈的去加入合作社，然後推廣到全邊區去。計劃在延市各機關發動每人入一股或二股。關於總社社址及其他事項之設備，正在積極籌備中。

## 社論

# 消滅土匪鞏固抗日後方

邊區土匪，自經過今年上半年的積極清剿後，取得了很多的成績，股匪（如張林等）被消滅，群眾熱烈的參加剿匪工作。但是仍然還沒有徹底肅清殘匪，致某些地區依然是受着土匪的騷擾，特別是張廷芝匪部的活動，這須要邊區人民積極動員起來，徹底的消滅土匪，來鞏固抗日後方的秩序與安全。

在現在抗戰發動之後，邊區土匪實際上是日本帝國主義進攻的內應。日寇利用土匪來搗亂抗戰後方。比如張廷芝部公開的向老百姓說：「打倒紅軍，打倒白軍，黑軍萬歲」。就是還沒有喊出「日本萬歲」！這很明顯的可以看出這些土匪是受着日寇指揮，爲日本帝國主義效忠的傢伙。他是我們民族的死敵。咱們要保證前綫抗戰勝利，邊區人民就要動員起來與這些內奸作鬥爭，首先消滅日寇的爪牙，這也是目前抗戰動員的中心工作之一，是咱們邊區人民應盡的任務。

怎樣才能徹底消滅土匪呢？我們覺得邊區人民必須立即進行下列幾件工作：

第一　全邊區人民大家動員起來，宣傳土匪的罪惡，使大家了解土匪是日本帝國主義的走狗，專門來破壞邊區的。這樣使土匪的欺騙宣傳，不能起作用。同時發覺土匪造謠欺騙時，立即加以揭破，用群眾的力量來打擊他。大家的提高群眾革命的警覺性，嚴防土匪混入邊區政府機關及群眾團體中來。

第二　除了在政治上來瓦解與爭取被匪首威脅加入匪部與不覺悟的下層土匪群眾外，主要的用軍事力量去打擊他消滅他。發現土匪時，跟蹤追擊，一直到完全消滅爲止，決不要放鬆追剿，使土匪無休息隱藏。

第三　加緊抗日自衛軍與少先隊的整頓。加緊對這些群眾武裝組織的軍事政治訓練，提高自衛軍少先隊員們的政治覺悟，自衛軍應該把武器配備齊全，一方面要協助武裝部隊進行清剿土匪，另一方面要積極維持後方的治安，進行戒嚴盤查行人，偵探土匪行動等工作。只有依靠群眾動員，才能徹底肅清土匪。

這是我們肅清土匪的具體辦法，是我們抗戰動員工作之一，是我們馬上要去做的事情。邊區是成爲全國抗戰動員的模範區，首先在這一點事情上要做全國的模範，使邊區中沒有一個土匪，使日本走狗沒有辦法進行活動。大家都能夠集中力量在其他方面的抗日救亡工作。

## 特載

# 特區防毒常識

——接三九〇期——

在抗戰時期中防毒工作是時時刻刻不可忘記，因爲敵人隨時有襲擊的可能。講到周密的防毒是很不容易的一件事。現在只能告訴大家最簡單最容易做到的一……

一、風向正對敵方不過速，風適於施放，……

……地點去。

三、無防毒面具者，要行各個防護時，遇瓦斯發生，速以衣服或手巾紗布浸濕，（水茶尿酒均可）而罩於口鼻上，使呼之氣體透……

製法：以絨布五六層，用紗布包着，先浸在炭酸鉀或與硫酸鉀的溶液內浸透，用的時候，把絨布掩着口鼻，再用毛巾捆住，便可對付，是專對對方使用綠氣製的瓦斯用的。

八、各個家庭最好準備一避難室，至少亦須謀空氣之淨化，或不與外間空氣交雜。

九、對於糜爛毒瓦斯作用之消毒劑如漂白粉……家庭均須預爲準備。

團體防護就是在屋內或地下爲團體防護之設備。

一、屋內或地下之防護設備，有時門窗等全部密閉封鎖，與外界瓦斯完全隔絕之法，……

期：新中华报零三百九十四期
版：零一版
时间：一九三七年九月二十九日

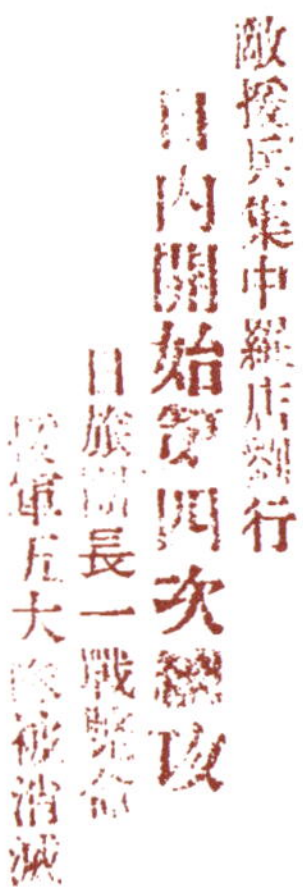
敵援兵集中羅店劉行
日內開始第四次總攻
日旅團長一戰斃命
援軍五大隊被消滅

# 敌援兵集中罗店刘行<br>日内开始第四次总攻

## 日旅团长一战毙命<br>援军五大队被消灭

**上海电：**日军在上海战争中，损失重大，曾经由国内调遣四次援兵。闻第四次援兵已大部登陆，数约四五万人。敌人宣称二十五日起作第四次总攻，将用最残酷的毒瓦斯来屠杀中国人民。日军增援部队大部集中在罗店刘行一带，日内又将有大战发生。

上海战事最激烈的地方，仍然在罗店，刘行一带。自二十二日起敌人屡次向我军阵地猛攻，均被击退。敌人伤亡奇重。在上海战斗中敌人最勇敢的三大旅团长之一鹰森亦被击毙。新由日本国内开来增援的第一第二两联队（每联队三大队）除一个大队在浏河警戒外，其余五个大队，在此次罗店的战斗中，全部被消灭。刘行罗店一带的我军，在这几天的战斗中，是获得了部份的胜利。

闸北一带日军虽然连日向我军猛攻，但均无进展。这一带尚不是日军的攻击方向，故战事没有罗店刘行一带的激烈。

日本国内又在台湾地区朝鲜国内等地征募义勇兵约两个师团来上海参加作战。

第一版　Sin Zhang Xua Bao　一九三七年九月廿九日

# 新中華報

陝甘寧邊區政府機關報
第493期
每期大洋一分　每月大洋六分　全年大洋七毛

在抗日戰爭中

## 八路軍開始第一個大勝利

### 俘敵五百餘斃敵四百餘 繳步槍數百支汽車六十輛

前線來電：我八路軍（即紅軍）之一部於廿四日在晉東北口口地方與日軍數千人接觸，（內有騎兵數百人）激戰數小時之久。我軍全體將士奮勇殺敵，結果把進犯日軍全部擊潰，是役我軍大獲勝利，繳獲輕重機槍步槍三四百支，鋼砲一門，汽車六十餘輛，摩托車三輛，砲彈二千餘發，其他軍用品甚多。俘虜日軍四五百人，打死日軍三百餘人，一小部日軍向北逃去，我軍乘勝佔領了敵人幾個重要陣地。這是我八路軍在抗戰中的第一個勝利！

又電：我軍於廿四日戰鬥勝利後，繼續向前推進，廿五日又與敵軍在某地發生遭遇戰，我軍士氣非常旺盛，全部將敵擊潰，消滅敵軍千餘人，繳獲步槍及其他軍用品無數，我軍乘勝追擊一百廿餘里，刻已到達廣靈城附近。

## 平漢線我軍失利 保定城被敵佔領

### 日軍沿平漢路急進

南京電：平漢綫日軍自佔領徐水漕河兩地後，繼續南進。廿四日我軍與敵軍在保定以北陣地發生激戰，結果因日軍全力猛攻，我軍不支，即往後退，保定於廿四日已被日軍佔領，我軍正沿平漢鐵路往南退卻，日軍似在繼續前進中。

又電：津浦綫日來無大戰事，日軍好似又改變進攻方向。一方面由晉北向長城各口（如雁門關，平型關等）進攻，現在上述各地均發生激戰。同時以平漢綫為主攻，向石家莊急進，其先頭部隊已進到保定南一百五十餘里處，距望都縣城不遠了。津浦綫日軍也繼續向西移動，似有配合平漢綫日軍會攻石家莊模樣。企圖以此來威脅山西我軍翼側、

## 最後消息

滬電：敵人三次總攻失敗後，經過一星期的佈置，第四次總攻擊於二十八日夜開始。這次進攻路綫分兩起，一在羅店西北，一在東南。自二十八日起敵人已經數次向我陣地進犯。二十九日則將展開猛烈的戰鬥。

又電：日本援軍繼續開到上海，二十八日晚到日騎兵三千餘人，二十九日晨到敵援軍萬餘人，其他軍火彈藥無數。

## 敵援兵集中羅店劉行 日內開始第四次總攻

### 日旅團長一戰斃命 敵軍左大隊被消滅

上海電：日軍在上海戰爭中，損失重大，曾經由國內調派四次援兵。聞第四次援兵已大部登陸，數約四五萬人。敵人宣稱廿五日起作第四次總攻，將用最殘酷的毒瓦斯來屠殺中國人民。日軍增援部隊大部集中在羅店劉行一帶，日內又將有大戰發生。

上海戰事最激烈的地方，仍然在羅店，劉行一帶。自二十二日起敵人屢次向我軍陣地猛攻，均被擊退。敵人傷亡奇重。在上海戰鬥中敵人最勇敢的三大旅團之一飯塚森亦被擊斃。新由日本國內開來增援的第一第二兩聯隊（每聯隊三大隊）除一個大隊在瀏河警戒外，其餘五個大隊，在此次羅店的戰鬥中，全部被消滅。劉行羅店一帶的我軍，在這幾天的戰鬥中，是獲得了部份的勝利。

滬北一帶日軍雖然連日向我軍猛攻，但均無進展。這一帶尚不是日軍的攻擊方向，故戰事沒有羅店劉行一帶的激烈。

日本國內又在台灣朝鮮國內等地徵募義勇兵約兩個師團來上海參加作戰。

## 中國共產黨為公佈國共合作宣言

南京中央

解放報記者以共產黨中央最近由南京中央社廣播發表之宣言，影響中國時局甚為廣大，特請共產黨中央負責人發表意見，如下：——

「關於國共兩黨聯合救國之偉大事業，已在九月二十二日經過中央通訊社所發表的中國共產黨宣言及九月二十三日該社繼續發表的蔣介石氏的談話，建立起重要的基礎了。蔣氏的談話，指出了團結救國的深切意義，發出了與全國國民澈底更始的諾言，承認了共產黨在全國的合法地位，這是值得贊許的。但是在蔣氏談話中尚沒有拋棄國民黨自大主義的精神，尚沒有能坦白的承認國民黨過去十年來在民族危機中自己所應負的責任，不免遺憾！共產黨的宣言及蔣氏的談話，宣佈了中國抗日民族統一戰線的成功。今後的問題，是如何實行民主政治，改善人民生活，啟發全國人民的

抗日運動，用以極大的增強抗日救國的方針。這個宣言是一個公布國共合作的宣言，本該早已經發表，這是在七月四日起草，七月十五日就交付國民黨了，但是推遲了兩個多月才發表。然而宣言的基本精神是沒有損失的，這個宣言不但將成為兩黨團結的方針，而且將成為全國人民大團結的根本方針。中華民族之復興，日本帝國主義之打倒，將於今後的兩黨團結與全國團結得到其基礎。宣言全文如下：

親愛的同胞們！中國共產黨中央委員會謹以極大的熱忱向全國父老兄弟諸姑姊妹宣言：當此國難極端嚴重民族生命存亡絕續之時，我們為了挽救祖國的危亡，在和平統一團結禦侮的基礎上，已經與中國國民黨獲得了諒解，而共赴國難了。這對於我們偉大的中華民族的前途有着怎樣重大的意義啊！因為大家都知道，在民族生命危急萬狀的現在，只有我們民族內部的團結，才能戰勝日本帝國主義的侵略。現在民族團結的基礎已經定下了，我們民族獨立自由解放的前途也已[illegible]提出我們奮鬥之總的目標，這就是：

（一）爭取中華民族之獨立自由與解放。首先須切實的迅速的準備與發動民族革命抗戰，以收復失地和恢復領土主權之完整。（二）實現民權政治，召開國民大會，以制定憲法與規定救國之方針。（三）實現中國人民的幸福與愉快的生活。首先須切實救濟災荒，安定民生，發展國防經濟，解除人民痛苦與改善人民的生活。

凡此諸項，均為中國之急需，以此懸為奮鬥之鵠的，我們相信必然獲得全國同胞之熱烈的贊助，中共願在這個總綱領的目標下，與全國同胞手攜手的一致努力。中共深切知道，在實現這個崇高目標的前途上，還須克服許多的障礙和困難，首先將遇到日本帝國主義的阻礙和破壞。為着取消敵人陰謀之藉口，為着解除一切善意的懷疑者之誤會，中國共產黨中央委員會有披瀝自己對於民族解放事業的赤忱之必要。因此，中共中央再鄭重向全國宣言：

一、孫中山先生的三民主義為中國今日之必需，本黨願為其澈底的實現而奮鬥。

二、取消一切推翻國民黨政權的暴動政策及赤化運動，停止以暴力沒收地主土地的政策。

三、取消現在的蘇維埃政府，實行民權政治，以期全國政權之統一。

四、取消紅軍名義及番號，改編為國民革命軍，受國民政府軍事委員會之統轄，並待命出動，担任抗日前線之職責。

親愛的同胞們！本黨這種光明磊落，大公無私，委曲求全的態度，早已在言論上與行動上明白表示出來，並且已獲得同胞們的贊許。現在為着與國民黨的精誠團結，鞏固全國的和平統一，實行抗日的民族革命戰爭，我們準備把這些諾言中在形式上尚未實行的部份，如蘇區取消，紅軍改編等，立即實行，以便用統一團結的全國力量，抵抗外敵的侵略。同胞們！起來，我們偉大悠久的中華民族是不可征服的！起來，為鞏固民族的團結而奮鬥！為推翻日本帝國主義的壓迫而奮鬥！勝利是屬於中華民族的！

抗日戰爭勝利萬歲！

獨立自由幸福的新中國萬歲！

中國共產黨中央委員會

## 邊區政府 目前工作三大方針

### 實行政治軍事經濟動員

本報特訊：邊區政府在目前抗戰階段中，依據「動員一切力量，爭取抗戰勝利」的總任務，及邊區的特殊具體環境，在日前政府會議中，決定了邊區政府的工作方針如下：

一、政治動員：鞏固邊區政權。迅速完成選舉運動，加強對政府工作的領導，發揮過去我們緊張的工作作風，把各級政府成為有工作能力的政府。在人民中進行深入的抗戰動員，造成邊區熱烈的抗戰情緒，來作全國的模範。

二、軍事動員：肅清邊區中的土匪，一方面在廣大人民中宣傳土匪的罪惡，提高人民的政治警覺性，嚴防土匪的活動，在軍事上給予積極的進剿。另一方面進行對群眾武裝組織（如保安隊、自衛軍、少先隊……等）的軍事政治的訓練，使之担負起鞏固抗日後方的責任。

三、經濟動員——（一）在廣大群眾中進行節省運動，克服目前財政來源的困難，來充實抗戰經費。（二）動員廣大群眾繳納救國公糧，保證抗戰部隊與政府機關的糧食。（三）開展反對浪費的鬥爭。（四）整理原有的合作社，並加以擴充，以調節將來群眾必需品，滿足群眾利益。

這是今後邊區政府工作的三大方針，其他關於經濟建設，文化教育建設等工作，應該繼續進行，並與抗戰動員密切的連系起來，這樣來造成全國抗戰動員的模範區。

## 延川西區 召開區議員大會

延川西區於日前召開區議員大會，該區正式議員九十八名，後補議員三十六名，內有女議員十五名，大會議員受到群眾熱烈的擁護與慰勞。

西區議員大會決議：（一）加緊肅清土匪漢奸，從新佈置哨所，建立嚴密的交通網，配合各地的剿匪部隊。（二）發展農業，鞏固農民的土地所有權。今秋大量的開發荒地，恢復舊有的水利，預防旱災，并注意發展農業附業。（三）發展牧畜，增加耕牛的數量六百頭，驢數增四百頭。（四）發揚農村合作互助友愛的精神[illegible]

## 大批敵機轟炸南京

南京廿五日電：敵機九十六架，於廿五日分五次襲擊南京，投彈二百餘枚，被炸的多是文化衛生機關及民房，死傷居民達百餘人之多。當日敵機來時，我空軍亦奮起迎戰，高射炮亦猛烈攻擊敵機，結果日機被擊落五架。

特載

## 特區防毒常識

——接三九三期——

[illegible]

鼻孔和口上，沒有尿時鼻子可以靠在潮濕的朽木上，在口鼻蓋着草地也可。

六、用木炭來裝在袋子內，發現毒氣時閉着口用木炭末袋子塞着鼻孔，以防毒。

或張以繩，使一般市民不接近。

二、消毒，分兩部份：

一、地區消毒

如某一地區散佈為一時性毒氣，普通均用

毒的場所最重要，所以一切救護防衛的工作都要取一致行動才能發生效力，而這一致的動作，非有純熟的訓練不可，每一毒氣救護區的主持人員必須常向群眾指導毒氣救護的

滬日軍全線猛攻
我頑强抵抗敵不逞
敵忽後撤企圖不明

期：新中华报零三百九十五期

版：零一版

时间：一九三七年十月四日

## 沪日军全线猛攻

### 我顽强抵抗敌不逞
### 敌忽后撤企图不明

**上海电：** 敌人第四次总攻开始后，首先以飞机大炮，从浏河，罗店，刘行，到北站一条整个战线上，不断地轰击。继以步兵向我阵地进犯，我军将士坚决抵抗，英勇杀敌，丝毫没有后退，敌人死伤非常重大。特别是刘行东南顾家宅一役，敌人猛攻三次，均被击退，敌之联队长铃木八郎被击毙，伤亡五百余人，我军略有缴获。罗店刘行我军退至沪太公路以西布置阵地。

**又电：** 据一日所得消息：江湾蕴藻滨［浜］市中心区等处的日军自一日起纷纷向北撤退，或者是企图抽调这一部兵力，集中在罗店刘行方面从这一点来突破我军阵地。上海日军高级将领曾举行会议，对总攻战当有重要决定。闻江湾闸北一带日军撤退，就是实行新战略的第一步。

第一版　Sin Zhung-Xua Bao　一九三七年十月四日

# 新中華報

陝甘寧邊區政府機關報
395
定價：每期大洋一分　每月大洋六分　每年大洋七毛

## 晉北長城各口連日激戰

### 紅軍一部又獲勝利

### 津浦綫日軍陷獻縣

津浦線敵軍自佔領了滄州後，即分兩路前進，一路沿津浦路南進，先頭部隊快逼近山東省境了。一路沿滄石路西進，於上月卅日進佔獻縣，企圖配合平漢線日軍會攻石家莊。

太原電：晉北連日來向雁門關，平型關，凌云口小石口等長城各口猛攻，戰事異常激烈，日軍企圖以全力突破我軍這一線陣地，來進攻太原。平型關，凌云口，等要隘，我軍現已退出，在五台山，代縣等處佈置陣地。

我軍之一部於近日在晉東北□□地方襲擊敵人，結果又獲勝利，擊斃敵人百餘名，繳獲步槍輕重機槍數十支，燬壞敵人汽車十餘輛。

## 滬日軍全線猛攻

### 我頑强抵抗敵不逞

### 敵忽後撤企圖不明

上海電：敵人第四次總攻開始後，首先以飛機大砲，從瀏河，羅店，劉行，到北站一條整個戰綫上，不斷的轟擊。繼以步兵向我陣地進犯，我軍將士堅決抵抗，英勇殺敵，絲毫沒有後退，敵人死傷非常重大。特別是劉行東南顧家宅一役，敵人猛攻三次，均被擊退，敵之聯隊長鈴木八郎被擊斃，傷亡五百餘人，我軍略有繳獲。羅店劉行我軍退至滬太公路以西佈置陣地。

又電：據一日所得消息：江灣蘊藻浜市中心區等處的日軍自一日起紛紛向北撤退，或者是企圖抽調這一部兵力，集中在羅店劉行方面從這一點來突破我軍陣地。上海日軍高級將領曾舉行會議，對總攻發當有重要決定。閘江灣閘北一帶日軍撤退，就是實行新戰略的第一步。

## 傅土肥原到山東

### 與韓商討華北自治

### 嚴防日寇分化政策

濟南電：近來外面盛傳山東省政府主席韓復渠與日本十四國長土肥原在濟南會面，討論山東省加入華北五省自治云。韓復渠本人已發表聲明，謂此事完全是謠言，是日人分化的慣技云云。這一事實，到底是眞或是假？我們尙無從知道。不過我們知道日本對山東韓復渠是採取一種分化政策，一方面在軍事上大舉進攻山西平漢綫來包圍與威脅山東，同時積極的暗中在山西活動，企圖使山東「中立」或者加入「華北自治」，這是日寇一貫的陰謀詭計。

## 最後消息

### 紅軍又打勝仗

### 雁門關失守了

前綫快電：我紅軍一部於本月一日又打了大勝仗，收復井坪鎮，打死敵人三百餘名，俘虜十餘人，繳獲裝甲汽車十五輛，坦克車八輛，汽車五輛，步槍四五十支，其他軍用品無數。

雁門關，茹越口等處經過數天激戰後，於二日被敵佔領，我軍南退，太原非常危急！

## 敵機橫行廣東

### 粵省下令封鎖虎門

廣州電：這一個禮拜以來，敵人飛機每天飛到廣州市來轟炸，廣州市受了不少的損失。現在敵機轟炸範圍已經擴大到廣東全省各縣，如佛山，三水，惠州，中山，龍關，趙德等處，就是瓊崖潮州，汕頭也被敵機施行無人道的摧殘。敵人航空母艦停泊在廣東海面附近，每天派機赴各縣轟炸。據一般統計，這個禮拜來僅廣東一省被敵機炸死的有一千五百餘人，傷的約三四千人。

廣東當局因爲敵艦敵機窺伺廣東海面，從卅日晚起，暫行封鎖虎門，輪船一律停止航行。

## 保安隊消滅匪一股

安定來信：我保安隊配合警衛營之一部，爲了澈底消滅搗亂抗日後方的漢奸，保衛地方治安，與鞏固抗日後方積極進行剿匪工作。本月某日李維俊部下之殘匪楊成棟等五人，持搶五支，企圖投降鐵勇隊，當我保安隊與警衛營奮勇前進，不惜犧牲，結果將全部消滅，獲得人槍各四，七九子彈七八班，只逃了一名。人民非常高興云。

## 湘干邊游擊隊發表宣言

### 改編爲抗日救國武裝

### 執行黨的宣言效命抗日

南昌電：國共兩黨合作，紅軍改編爲國民革命軍出師抗敵以後，湘、干、粵、浙、皖、閩等省邊境的紅軍游擊隊，爲了忠實於黨所提出的民族統一戰綫政策，日前出游擊隊領袖項英同志發表宣言稱：日本積極侵略，使民族危機到最後存亡關頭。我們因民族危機的緊迫，爲挽救國家的危亡，爲求中華民族的獨立解放，決停止武裝推翻國民政府方針，停止土地革命，以求得全國團結一致，共赴國難。余遵照最近黨中央的宣言，已正式宣佈將游擊隊改編爲抗日救國的武裝，統一於國民政府指揮之下，效命殺敵。各隊接信後，立即集中聽候改編，以便追隨全國友軍和第八路軍之後，爲挽救國家危亡和民族解放而作英勇的鬥爭云。

## 兩法西斯巨頭會面

### 商討反蘇聯計劃

### 公開向世界和平宣戰

德國電：意大利法西斯頭子莫索里尼於上月到德國和希特勒見面，對於加強日德意「防共」協定積極準備進攻蘇聯，發動侵略戰爭幾件大事，均有極重要商量。上月廿八日在柏林召開的大會中，莫索里尼公開說，將以武力對付蘇聯，破壞世界和平，德意兩國在西班牙的行動就是明證云。希特勒也發表演說，內容無非是反對布爾什維克主義，反對蘇聯，公開向和平宣戰云。

## 國聯大會通過

### 中日問題諮委會決議

### 譴責日寇的非法行爲

日內瓦電：國聯大會中日問題諮詢委員會對日本飛機非法轟炸通過決議稱：日本飛機無理轟炸中國人民與城市，該委員會表示悲痛，宣告這種行動激怒了全世界人民。因此鄭重譴責云。國聯大會開會時，討論諮詢委員會決議對日機轟炸中國城市，與人民一致投票通過。西班牙外交部長發表宣言，向中國人民表示同情，並稱西班牙與中國同樣也都是爲着獨立解放而奮鬥。最後由中國代表顧維鈞致謝。

## 陝北公學學生會

### 解決學校經費困難

### 提出三個具體口號

正在向健全道路走去的學校，已到的學生和當局一樣的努力，而想使其迅速的完成一切計劃。最近學生會因感到學校經濟來源的不易，於是提出了三個口號：

（一）有錢出錢——只要同學和家庭關係尙好，家庭經濟充裕或向朋友親戚可拿到錢的，每月可繳納膳費六元。但不是固定的。二元也成，十元二十元更好，總之，要出於自動。

（二）有力的出力——甲、不要勤務員，職務由學員輪流値班，以減少學校之經費。乙、學校一部分工作人員，在可能範圍內不需要者，由學員擔負，如印刷……等。丙、開闢田地，種植蔬菜，建築房舍，擔負搬運，上山打柴等工作。

（三）有知識出知識

（四）節省經費，在可能範圍內盡量節省。

因爲這口號正適合於抗戰中的共產黨十大綱領，所以二百多個同學一致贊成，並願各盡其力以促其實現。

## 陝北公學籌設近況

### 艾思奇等來任教授

### 已到學員近三百人

經林伯渠等六人發起陝北公學，籌備快一個月了，在這一個月當中，各地報名入學的很多。陸續舉行入學考試，現已到有近三百人，在三原西安報名考試的亦有數百人，不日即可前來，現在該校籌備近況如下：

（一）類門——甲、社會學系。乙、師範系。丙、國防工程系。丁、日本研究系。戊、醫學系。

（二）學生——各地的都有，已到校有二百多人，即可來的約三百人。

（三）教授——艾思奇，周起應，李初梨等五人已離滬北來，吳亮平，凱丰，黎百强，李富春等八人已聘定。並約定毛澤東，洛甫等領袖常作講話。

（四）設施——生活指導。

## 貪污的保長

### 羣衆起來反對

清澗南區第九保保長發存窯，在去年當二十師初到清城時，建修汽車道，强迫了許多羣衆，去修清澗到延川的汽車道。撥發給發存[illegible]子三百元，作爲建築用費。他在清城只公用八十元[illegible]費五十元，共餘一百七十元，應該發給修路工人，他裝在自己的私囊裏完全私吞了。後經羣衆調查清楚，便在延川城羣衆集中徵十人，當面算賬，他且又[illegible]羣衆。因之激憤羣衆，當場將其[illegible]、送交請縣政府處理云。

## 社論

### 慶祝紅軍大勝利

近十多天以來，戰爭形勢是更加緊張了。敵人集中幾個師團，由晉北向太原急進，企圖一下子奪取太原，所以連日來長城各口（如平型關，雁門關，凌雲口……等）發生最激烈的戰鬥。同時平漢綫日軍佔領了保定城以後，主力迅速向南進攻。津浦綫日軍佔領滄州，將迫近山東境，同時一部又往西移，佔領獻縣，企圖配合平漢綫敵人會攻石家莊，來威脅山西我軍翼側。綏遠日僞軍已經佔領了陶林，豐鎮涼城等處，晉北我軍扼守在長城之綫，戰爭局勢是愈來愈緊迫，我們邊區已經處在直接抗戰的形勢下面了！

紅軍自出師抗戰後，在晉東北已經取得了開始的第一個大勝利，（詳情見本報三九三期）擊潰和消滅敵人一個聯隊，這一勝利在戰略上有他極重大的意義。因爲當日軍佔領大同後，即向太原猛進，並沒有受着任何嚴重的抵抗，滿以爲可以一舉而進太原。紅軍在晉東北一戰，擊潰了該路進攻的敵人，鞏固了長城各口的陣地，使日軍遭受着嚴重打擊，因而影響到整個戰綫敵人，不敢放膽冒進。同時這一戰鬥的勝利，更加提高了我們的士氣，和友軍的士氣，大家知道了：日本軍隊並不像有些人所說的那樣利害，大大地增強了戰勝日寇的自信心。

紅軍這一開始的勝利，證明了紅軍的數量雖少，然而紅軍在抗日戰鬥中，將成爲決定戰爭最後勝敗的一支主要力量。紅軍戰鬥力的頑強，政治認識的高尙，質量的精良，是超過了中國任何軍隊。這個道理沒有別的，就是在於紅軍與人民打成了一片，取得了廣大人民的同情，保持了他十年來爲羣衆利益及爲民族利益奮鬥的意志，指戰員間的團結，這是取得戰爭勝利的重要保證。

紅軍的數量，今天還不能在抗戰中起決定的作用，但是在政治上是已取得了全國人民的信仰，變成了一支正氣的軍隊。今後我們要爭取抗戰的勝利，必須在數量上來充實紅軍。邊區人民應該緊急動員起來，湧上前綫去，使紅軍眞正成爲民族解放戰爭中的主力軍。紅軍更加擴大與充實，抗日戰爭的勝利，將更有保證。

## 關於節省的幾個具體意見

（鈞濤）

# 红军抗战胜利后　各方贺电雪片飞来

红军于上月二十四二十五日在晋北击溃和消灭敌约一团人，取得了很大胜利的消息传到全国后，举国如狂，大家都纷纷来电庆贺，计收到贺电达百余件之多，兹将其重要者揭露一部份如下：

**武昌**

**第八路军参谋处：**二十五日电敬悉。贵路军一战攻克平型关，毙敌遍野，俘虏甚多，忠勇之气，益害敌胆。特电驰贺，续候捷音。委员长武汉行营二十八日。

**西安**

**第八路军参谋处勋鉴：**二十五日电捷报，通悉晋北抗战，迭奏肤功，从兹神威所届，益使顽敌袭服下风。□声曷胜怀跃。谨电驰贺，即祈代达前方为□。孙蔚如，二十七日。

**宁夏**

**朱总指挥彭总指挥勋鉴：**读贵路参谋处二十五日捷报，欣悉大展雄图，杀敌致果，声威远播，寇胆为寒。遥企伟劳，钦贺何殷，尤幸捷报常颁，无任翘盼。马洪逵，二十七日。

**上海**

**第八路军参谋处转全军将士鉴：**贵军受命抗敌，立奏奇功。挽西线垂危之局，破日寇方长之焰。捷报传来，万众腾欢。谨电驰贺。上海市职业界救亡协会。二十八日。

**八路军参谋处鉴：**二十五日电传来捷报，欣知危局转安，复土有望。仍祈随时详示战情，以慰后方。上海汉口大公报。二十七日。

**福州**

**八路军朱总指挥彭副总指挥勋鉴：**欣悉平型关之役，我军所向披靡，斩获无算。具佩执事指挥有方，将士忠勇无敌。尚希贵军挺进，灭此朝食。特电祝捷，歌颂戎祺。中国国民党福建省党部特派员陈肇英。二十七日。

**第八路军参谋处：**捷报遥传，强敌披靡。翦彼凶顽，申我国威。特贺。福建省政府。二十八日。

**开封**

**八路军参谋处：**二十五日电敬悉。贵路军连日抗敌，迭奏奇功。捷报传来，莫名钦佩。特电驰贺。豫皖绥署。二十七日。

**太原**

**八路军前线诸卫国将士：**旗开得胜，挽转颓势，无胜雀跃。敬希为国珍重。长江。二十五日。

# 紅軍抗戰勝利後 各方賀電雪片飛來

紅軍於上月廿四日廿五日在晉北擊潰和消滅敵約一團人，取得了很大勝利的消息傳到全國後，舉國如狂，大家都紛紛來電慶賀，計收到賀電達百餘件之多，茲將其重要者摘登一部份如下：

—武昌—

第八路軍參謀處：二十五日電敬悉。貴路軍一戰攻克平型關，殲敵過野，俘虜甚多，忠勇之氣，益寄敵膽。特電馳賀，續候捷音。委員長武漢行營二十八日。

—西安—

第八路軍參謀處勛鑒：二十五日電捷報，誦悉晉北抗戰，迭奏膚功，從茲神威所屆，益使頑敵懾服。下風承聲，曷勝欣躍。謹電馳賀，即祈代達前方為禱。孫蔚如，二十七日。

—甯夏—

朱總指揮彭副總指揮勛鑒：讀貴路參謀處二十五日捷報，欣悉大展雄圖，殺敵致果，寰宇遠播，寇膽為寒。遙企偉勞，欽賀何極，尤幸捷報常傳，無任翹盼。馬鴻逵，二十七日。

—上海—

第八路軍參謀處轉全軍將士鑒：貴軍受命抗敵，立奏奇功，挽西綫垂危之局，破日寇方長之焰。捷報傳來，萬眾騰歡。謹電馳賀。上海市職業界救亡協會。二十八日。

八路軍參謀處鑒：二十五日電傳來捷報，欣知危局轉安，復土有望。仍祈隨時詳示戰情，以慰後方。上海漢口大公報。二十七日。

—福州—

八路軍朱總指揮彭副總指揮勛鑒：欣悉平型關之役，我軍所向披靡，斬獲無算。具佩執事指揮有方，將士忠勇無敵。尚希督軍挺進，滅此朝食。特電祝捷，敬頌戎祺。中國國民黨福建省黨部特派員陳肇英。二十七日。

第八路軍參謀處：捷報遙傳，強敵披靡。翦彼兇頑，申我國威。特賀。福建省政府。二十八日。

—開封—

八路軍參謀處：二十五日電悉。貴路軍連日抗敵，迭奏奇功。捷報傳來，莫名欽佩。特電馳賀。像皖。二十七日。

—太原—

八路軍前綫衛國將士：旗開得勝，挽轉頹勢，無勝雀躍。敬希為國珍重。長江。二十五日。

## 延安縣選舉總結 給我們的經驗教訓

（李）

盧溝橋事件發生正是延安縣選舉鄉政府的時候。自然在這樣的一個抗戰形勢下。我們用民主來推動抗戰動員，同時在抗戰動員中，更加發揮人民民主。這兩個東西是互為作用，絕不是兩個對立的。延安的選舉工作，是在日寇進攻的砲聲中加速度的首先完成了鄉區縣的選舉工作計劃，而且得到了如下的成績；

一，在這次選舉中更加提高了人民的政治水平；如過去有一些人對於民族統一戰綫不了解或誤解，利用這一機會進行了深入解釋，加深了人民對統一戰綫的認識。邊區人民更進一步的明白了中國的抗戰形勢與邊區人民自己所應負的任務，宣傳隊在這次選舉運動，對於動員人民，發動人民是負起了主要的發動責任，才獲得了現在的成績。

二，在這次選舉中，抓緊了抗戰的動員，如加強對自衛軍的軍事訓練。鞏固了擴大自衛軍的組織，對於各群眾團體的改選與民主的發展，每個人民都知道 我們隨時要準備出動抗戰。發動了婦女對前方抗日軍的慰勞，如大批鞋襪送前方。這些都是邊區人民抗戰熱潮高漲的充分證明。

三，人民的政治警覺性大大提高了。首先是用群眾的力量，消滅了土匪一部，給土匪的活動以巨大的打擊。其次就是在縣的選舉當中，選舉的議員，大多數是能代表大眾利益，抗日的積極份子。縣長是當選了真正的從人民中自己選出來的大眾領袖，能代表多數人利的受縣長。每個代表的產生，沒有發生賄賂的現象。

## 延長市民 募捐慰勞紅軍 鼓勵將士安心殺敵

延長來信：延長縣市民在紅軍出師抗日後，發動廣泛的募捐運動。來援助紅軍將士殺敵，至十一月廿八日止，共募得法幣四十四元八角，已托財政部寄交前綫抗敵將士，并附致前綫抗敵將士信一件，原文如下：

我們聽到了你們上前綫打日本的消息後，全體市民非常高興，我們沒有好的東西送給你們，特發動大家進行募捐，來幫助你們，慰勞你們，現已捐得法幣四十四元八角，正在繼續捐助中，望你們笑納。並望你們安心在前綫殺敵，不要顧慮家庭，我們將動員全體人民來幫助你們家屬，使你們家中不發生一點困難。

紅軍將士們！我們熱望着你們打幾個大勝仗，將日本鬼子的槍炮來回答我們的慰勞，前進吧！發揮你們過去十年來艱苦奮鬥的精神，驅逐日寇出中國去！祝你們旗開得勝，馬到成功！

延長縣全體市民啓

## 徵收救國公糧條例

—接三九四期—

第十一條　救國公糧以區為單位徵收，由繳納人送至區政府指定地點。

第十二條　應繳之公糧，應在規定期限內一次繳足，由經收機關發給收據為憑。

第十三條　救國公糧收據，由邊區政府財政廳統一印發，並蓋邊區政府財政廳之印信為憑，經經收機關簽名蓋印後發生效力。

第十四條　全區公糧徵收完畢後，如發現有左列情形者，分別給以處罰。

一、隱瞞不報者，加倍徵收。

二、呈報不實，以多報少者，其少報部份加倍補徵。

三。不按照規定期限繳納者，除迫令照繳外，另照應繳數量加徵百分之三十。

第十五條　本條例自公佈之日起實行。

附註：一、第六條所指之地主，係指主要依靠出租土地而收租生活之人民，孤寡老弱殘廢，因缺乏勞動力而出租土地之人民，除少數例外，一般不當作地主，得按照第三條及第五條之規定辦理，為優待抗日將士家屬及邊區工作人員家屬起見，不論他們的土地是否出租，其應繳之救國公糧均按照第五條規定徵收，有特別情形者，按照第三條規定辦理。

二、第六條所指之佃戶，係指自己沒有土地或只有很少土地，主要依靠租種地主土地為生活之人民。（完）

## 積極開發國防工業 石油井工人工作緊張

為了增加國防工業的產量，充實抗戰的需要，邊區政府決定在永坪開鑿第四號新石油井，開工僅二十餘天，已打至四丈餘深，全班工人共二十一人，分爲三班輪流工作，晝夜不停，每個工人在工作中都帶着一種緊急動員性，在短期間，即可完成打井工作。在抗戰動員的熱烈聲中，我們要積極開發一切國防工業來保證我們的抗戰勝利。

# 把邊區創造成爲鞏固抗戰動員的模範區域！

## 青年呼聲

第四四期

西北青救會文化教育部編

### 整理少隊與青年自衛軍的組織

爲了適合新形勢與抗戰的需要，眞實建立少隊與青年自衛軍的工作與生活，是目前邊區青年的戰鬥任務。

邊區少隊在過去土地革命鬥爭中，有着極光榮的歷史與成績。然而在最近時期中，少隊組織上的放鬆，日常生活不健全，不能使每件工作在少隊組織上給予有力的推動。

在目前全國抗戰中，邊區少隊的任務，無疑義的更加重大了。西青救會根據邊區黨委的決定，十一十二月進行少隊與自衛軍的整理，加強軍事政治訓練，建立日常生活，使少隊眞正成爲一個堅強的組織。

西青救關於十一十二月進行整理少隊的決定計劃，（另有指示）我們要求各級青救應立即檢查在這時期中，少隊的實際狀況，加緊佈置整理少隊工作。在青年群眾中，作深入的宣傳解釋，保證合格精幹的青年，一律加入少隊與青年自衛軍的組織。經過耐心的說服，使少隊與青年自衛軍中的小足婦女，及年齡小的兒童自願退出組織。

在進行整理少隊組織中，統一戰綫區青年自衛軍的組織，應根據當地的實際情形，採用各種，不同的方式，提高少隊與青年自衛軍的學習熱忱，加強政治軍事的學習：如打野操，防空，救護等智識，以適合 日本的需要，特別是要在實際行動中，如當區救濟工作等 給予他們許多的實際教育。

同志們！整理少隊是我們的戰鬥任務 我們要保證這一任務的全部實現 要糾正個別青救對少隊工作忽視的政策。百倍的提高工作速度 以挑戰與競賽的方式，實行從下而上的嚴格的報告制與檢查制，以順利的完成這一工作。（才朔）

### 七歲小先生

安定中區三鄉韓家崔衣列小學生，他們爲着實行小先生制度，因此召集了本村的少隊兒童開會，討論并具體分工，決定每一個學生教一個少隊。有七個二年級的學生，教七個男女少隊。特別是七歲的孫秀竹同志，負責教一個十七歲的少隊，由於他的努力，不到廿天功夫，就教會半本五百字課本了。

張秀芳小同志也不錯，他每天努力唸五百字課本三張，不到一個月他也認會三百餘個生字了。（安如倍）

### 模範兒童

延川禹堆區一鄉惠家河林兒童，識字工作成績很不錯。有一個十一歲的趙鴻程小同志，每天領導全組兒童努力識字，在該區舉行少兒大檢閱時，惠鎖兒，惠友兒，趙鴻銀三個小同志，都認會一百五十個字了。他們還是提出咱們要保證到年底完成識五百個字的任務，這眞是模範兒童呵！（趙國榮）

### 打鬼子的花木棍

安定中區舉行兒童大檢查時，每人都執一枝花木棍，當有一個來往的老年人問這些小孩：『這是咱們兒童的武器，是打鬼子的花木棍』。

小孩子們，也知道打日本！（安如倍）

### ——下次賽過他們——

延安北區國際青年節舉行少兒大檢閱，識字，體操唱歌，打球的比賽，到會者二百四十餘人，他們充滿着抗戰的精神，每人手執小旗，背了木刀槍，排齊隊伍，唱歌喊口號，震動了全區人民抗戰的熱烈空氣。這次檢閱以六鄉最好，二三鄉也不錯，祇有五鄉落後了。然而他們不灰心 二三六鄉的同志說：『我們回去更要努力學習。』一四五鄉的同志也說『我們回去要好好的學習，下次檢閱時，我們一定要賽過他們。』（張和當）

### 二個模範識字組

子長六區二鄉創造了二個模範識字組，

一　建立了識字的生活，每個組員每天能利用時間努力識字。二，能自動的自己能按期的開會，討論檢查。三，小組員沒有一個不識字的，最少的識會七八十個字，識二百多甚至四百多也有。

這是因爲組長自己努力識字并能一心作則領導組員識字，發動了個人與個人熱烈的識字比賽，同時該鄉俱樂部給了他以很大的幫助，所以今天他成爲模範的識字組了。

### 選運中的青年

安塞青救自接到西青救關於青年參加選舉的指示後，即召集了各區區主任聯席會，熱烈的討論在青年組織中去動員，發動青年參加宣傳隊，深入到群眾進行宣傳解釋，大部的青年都能了解普選的意義。

由於是宣傳工作的深入，所以在鄉的選舉中，凡滿十六歲的青年，都全部參加選民大會，甚至一部份未到年齡的兒童也要求參加選舉。

青年還做了下面幾件工作：

一、青年積極參加放哨，通消息，四區五鄉動員少隊一大隊配合警衛隊自衛軍打土匪。

二、發動了青年慰勞擁護選舉大會。一區二鄉的兒童整隊的參加選舉大會，呼口號，唱歌，維持秩序。

三、青年提出了消滅文盲肅清土匪等等的提案。

可是我們還有弱點，如青年提案時，沒有領先發動在青年會議上熱烈的討論，宣傳工作還未普遍的深入，特別是兒童要求參加選舉時，缺乏從政治上去說服，而只說：「你們年齡還小呀」！個別地方還沒有把抗戰動員工作，很好的聯合起來。

（漢武）

各通訊員同志：

你們來的稿件都很好，但很少收到你們關於青年最近進行抗戰動員工作的一類稿件。今後十分盼望你們多收集這方面材料，把青年抗戰動員的消息，多多投稿。　編委

新中華報

期：新中华报零三百九十六期
版：零一版
时间：一九三七年十月九日

滬戰愈劇烈和擴大
敵五次援兵陸續到滬
我軍仍扼守滬太公路
敵在羅店施放毒瓦斯

# 沪战愈剧烈和扩大
# 敌五次援兵陆续到沪

## 我军仍扼守沪太公路
## 敌在罗店施放毒瓦斯

**上海电：**近来敌军作战计划，略有新的变更。一方面集中兵力在罗店，浏河等处取攻势，企图一下子占据沪太公路，直取嘉定，而截断京沪铁路。另一方面集中有很多兵力于虬江码头，准备进攻浦东和南市，这是敌人作战的新计划。连日战况如下：

### 罗店战事激烈敌施用毒瓦斯

战事最激烈的仍在罗店以西的施相公庙一带。敌人集中数千，在坦克车数十辆掩护下向我阵地进犯，数日激战敌均未得逞，我军略有缴获。敌人因进攻不利，六日曾在该方前线阵地施用毒瓦斯弹，我军中毒的有三十余人。我军某旅长亦在这次战斗中负伤，战斗的激烈，于此可见一般［斑］。

### 沪市各处均有激战

江湾，闸北方面，敌人屡次用大炮向我军阵地轰击，北四川路方面，敌军六日在坦克车掩护下，由东宝兴路进犯，被我击退。江湾方面连日亦发生激烈炮战。水电路，北四川路，庙行，刘行等地方也有激烈战事发生，双方均无甚进展，依然成为一个对峙局面。

### 敌人五次增援

敌人在上海进攻不很顺利，近来又向国内作第五次增援。二日约五千余人抵沪五日又到步兵三四千人六日有五百余人及大批战马到上海。机械化部队二千余人于六日晨到上海云。

第一版　Sin Zhung Xua Bao　一九三七年十月九日

# 新中華報

陝甘寧邊區政府機關報
發行處：邊區政府收發科
定價：每期大洋一分　每月大洋六分　每年大洋七毛
396

邊區羣衆源源上前線去充實紅軍的力量！

## 最後消息

### 津浦綫我軍退黃河南岸 平漢綫敵人進佔石家莊

多日消息：津浦綫敵人在德州附近擊破東北軍之劉部後，該部遭受損失重大，於是沿途沒有抵抗以致南撤，日軍已佔黃河北岸，我軍紛紛退守黃河南岸。平漢綫日軍已遭受嚴重威脅，石家莊已佔領，日寇在北平，保定等處，正定已失陷，我太原紛紛危急。政府應迅速收回華北失地，全民族的抗戰，收回華北！收回東北！收回一切失地！

## 滬戰愈劇烈和擴大
## 敵五次援兵陸續到滬
### 我軍仍扼守滬太公路
### 敵在羅店施放毒瓦斯

上海電：近來敵軍作戰計劃，略有新的變更。一方面集中兵力在羅店，劉河等處取攻勢，企圖一下子佔據滬太公路，直取嘉定，而截斷京滬鐵路。另一方面集中有很多兵力於虬江碼頭，準備進攻浦東和南市，這是敵人作戰的新計劃。連日戰況如下：

**—羅店戰事激烈 敵施用毒瓦斯—** 戰事最激烈的仍在羅店以西的[illegible]相公廟一帶。敵人集中數千，在坦克車數十輛掩護下向我陣地進犯，數日激戰敵均未得逞，我軍略有犧牲。敵人因進攻不利，六日曾在該方前線陣地施用毒瓦斯彈，我軍中毒的有卅餘人。我軍某旅長亦在這次戰鬥中負傷，戰鬥的激烈，於此可見一般。

**—滬市各處均有激戰—** 江灣，閘北方面，敵人屢次用大炮向我軍陣地轟擊，北四川路方面敵軍六日在坦克車掩護下，由東寶興路進犯，被我擊退。江灣方面連日亦發生激烈炮戰。水電路，北四川路，劇行，劉行等地方也有激烈戰事發生，雙方均無甚進展，依然成爲一個對峙局面。

**—敵人五次增援—** 敵人在上海進攻不很順利，近來又向國內作第五次增援。二日約五千餘人抵滬，五日又到步兵三四千人，六日有五百餘人及大批戰馬到上海。機械化部隊二千餘人於六日晨到上海云。

## 紅軍克復平魯縣
### 我游擊隊深入敵後方

太原電：日軍雖然佔領了雁門關、代縣等地，并繼續南進。但是他的實力僅只三個師團，還夾有些僞蒙軍。因之後方非常空虛，我紅軍之一部，於二日擊潰日軍一部後，乘勝向北推進，於五日克復平魯縣城，現在已深入敵軍後方，到達大同左云附近游擊，敵人非常恐慌云。

## 北平附近
### 我別動隊甚活躍

據東京電稱：北平城附近我別動隊甚爲活躍，經常破壞了日軍的交通，捉日軍的偵探。該別動隊人數約在二千以上，大多數是二十九軍被擊散的兵士。由一個曾任北大教授的袁某領導，日軍對這股游擊隊非日恐慌云。

△　△

## 津浦線敵陷德州
### 我軍退黃河涯待援

濟南電：日軍佔領滄州泊頭等地後，繼續南犯，大部集結與德州以北，自四日起，敵向德州城猛攻，城牆完全被日軍砲火轟燬，我軍被迫退出德州城。現我軍正扼守在黃河涯一帶待援。敵人又進到山東來了！山東危急！政府應該迅速發動全面的抗戰，來挽救目前的危局！

## 傅作義部退五原
### 敵向太原急進中

太原電：雁門關失守後，敵人沿同蒲鐵路大舉南侵，相繼攻陷代縣，崞縣，繁峙原平等城市，前衛部隊已逼近忻口，隔太原只有一兩百里路了！

又電：歸綏城的傅作義部隊於上月底退出，四日又由包頭向五原後退，綏遠省城已被日軍佔領云。

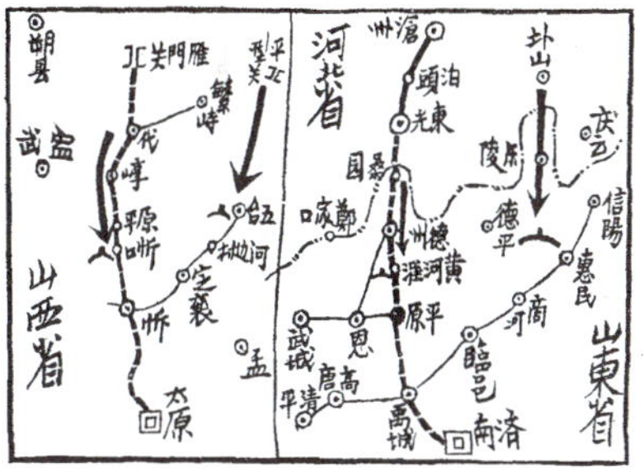


## 延長市
### 抗敵後援會成立

延長來訊：延長市抗日救國會有鑒於目前抗戰工作非常重要，加之前綫戰爭異常緊張，特發起組織延長市抗敵後援會。首先組織了籌備委員會，負責籌備事宜。延長市各界救國會及各機關團體均推派代表，在上月二十四日上午八時於民衆閱報室召開了代表大會，計出席代表有三四十人，投票公選譚生彬、郝耀亭、李志清、秦俊邦、劉芝生……等九人爲委員會委員，現已正式辦公。對今後抗敵後援會工作，委員會中已有詳細討論云。（芸生）

## 邊區體委會
## 召開常委會議
### 討論今後工作

邊區體育委員會，於本月五日在西北青年救國聯合會開常委會，首由高郎山同志報告關於本會組織問題，及秋季排球賽冬季運動會等事項。體委組織問題，經全體一致通過，增加王平，徐克仁，爲常務委員。分工：高郎山爲正會長，蔡得人奚克仁爲副會長，司瑞爲體育建設部長，王平爲指導部長，總務部長由劉禄云，雷鐵鳴共同負責。秋季排球賽，由體委會各學校機關共同組織評判委員會。獎品體委本身設法一部份另外請求政府幫助。冬季運動會決定下次會議中作具體規定。最後討論今後如何發展全邊區體育問題及今後體委工作，邊區體育將有新的發展，我們熱烈的期待着。

## 延川人民
### 慰勞紅軍

延川訊：延川城在開「九一八」紀念大會中，全城人民聽到了日寇對待中國同胞的殘酷行爲後，大家莫不憤慨異常，抗戰情緒很緊張。該縣商民自動的起來募捐，共募捐法幣八元，農民募集了大批的瓜菜，梨子，棗子，等食品，慰勞當地紅軍與新編保安隊，并派有代表前往慰問，鼓勵他們安心在部隊中工作，不必想念家庭，準備到前綫去打日本鬼子。（呼延鵬）

## 這也算選舉嗎？

清澗縣某區在這次選舉中，發生了這樣嚴重的錯誤。負選舉工作的同志，不了解選舉的意義，工作怕麻煩，因之當選舉區議員的時候，沒有經過選民與代表的推選，在會議中提出通過，只是馬馬虎虎的指定某某當議員，會議也沒有開，這也算選舉工作麼？這種錯誤應該迅速糾正過來。

## 神府分區
### 開展着節食運動

自抗戰開始以來，神府分區羣衆非常興奮，磨拳擦掌，要和日本鬼子拚命。尤其在「九一八」大會後，經過深入的動員，神府分區羣衆抗戰動員熱潮極高漲。分區黨爲了集中一切財力物力，給前綫經常的物質補充，決定從九月二十六日起，分區各機關一律改爲每日兩餐。這種節食運動，完全是爲了打日本的便利。同時我們這一個舉動，促進了附近各地區，各界人士的抗戰熱情，他們知道了我們的一切工作，是爲爭取抗戰的勝利。把這種好的現象在全國範圍內開展起來。（重山）

## 謝高師長

榆林八十六師師長高雙成先生，對抗日救亡工作非常熱心。最近捐助神木抗日救國會大洋一百元，作爲抗日基金，供給抗日需用。這種救國精神是我們所非常欽佩的。本會特在這裏向高師長雙成先生道謝。

神木抗日救國會

## 紅軍在山西
（德）

這篇文章是紅軍出發到達山西抗戰的最前綫上，一個紅軍寫的。我們看了這篇東西，可以了解山西人民的抗戰熱潮，是在繼續增長着。他們對紅軍是有着良好的印象，足證明紅軍在廣大人民中是有了無比的威信。（編者）

我們部隊向着山西進發了。

**羣衆熱烈歡迎紅軍**

在這半年中，比較和平的環境中，紅軍在政治上，軍事上，是有了驚人的進步。數年來抗戰的要求，今天已經開始實現了。我們是在跑步上戰場哪！每一個指戰員特別有精神，走路非常起勁，一天跑幾十里絲毫沒有感覺疲倦。「打日本鬼子，還怕疲勞嗎？」大家都是這樣說着。

過黃河的某天，是晚上，隊伍運動非常慢，加之河邊上的泥沙很深，你一陷下去的話，就爬不起來，我們隊伍中確實陷死了幾個戰士呢。先頭部隊進入山西某村莊宿營，羣衆知道了我們是紅軍，要開到前綫上去打日本的，於是沿黃河附近十餘里遠地方的羣衆，不分深夜，打起火把到河邊上來迎接我們隊伍過河，一直等到我們隊伍全部渡過河以後才散去。

我們的隊伍所經過的一個村莊城鎮，有成千成萬的羣衆歡迎，呼口號，唱歌，羣衆對他們的信仰太好了。大家均這樣說着：「紅軍打日本，一定有把握打勝仗，日本鬼子一定會拚下去」，羣衆把民族解放的偉大事業，完全寄託在紅軍身上！

我們開始到達山西境內，有許多地方羣衆尚不知道。當我們到一個地方宿營或休息時，羣衆只是埋怨縣政府區長爲什麼不早告訴他們，羣衆對紅軍說：「實在對不起，因爲我們不知道你們來了，所以沒有很好的準備，來歡迎你們慰勞你們。」「我們到達山西以後，沿途宿營地方，羣衆自動的幫助我們燒開水，煮飯，慰勞我們的東西，我們從沒有自己煮過飯的。吃了用了的東西，我們給錢他，羣衆都不要，並且還說：「你們到前綫去打日本，我們應該來幫助你們！」足證明羣衆抗戰熱忱的一般。

我們出動抗戰的消息，迅速傳遍了山西全省，廣大羣衆都知道了紅軍到山西打日本去了，於是沿路羣衆一聽到紅軍今天要經過這裏時，有的天還沒有亮就在路上等着，吃不盡的慰勞品，麵包呀；稀飯呀水菓呀，……大堆大堆的堆在路旁，等着紅軍，眞是吃不完，，用不完　。特別是婦女們，唱着救亡歌曲，歡迎我們，每個戰士的心血沸騰了，大家均這樣的回答：「打大勝仗，消滅日本軍隊，來回答你們的熱烈慰勞」，由於我們的紀律嚴明，羣衆和我們完全融洽在一起，所以無論什麼人都這樣說：「從古以來沒有看過這樣好的軍隊」！

（未完）

## 延安縣選舉總結
### 給我們的經驗教訓

五，從鄉至縣的選舉會上，都決定了每個鄉建立一個學校，最底限度每個學校要有十五個以上的學生，保證三分之二以上的成年青年參加識字運動，參加了識字組織的人員。

政府工作人員個人的批評，並洗刷了（落選了）不少的工作不努力，消極不負責任的人員。

以上是延安縣全體人民熱烈參加選舉的工作……

，不知道在縣議員選舉時，還有這樣令人意料不到的錯誤發生？！……

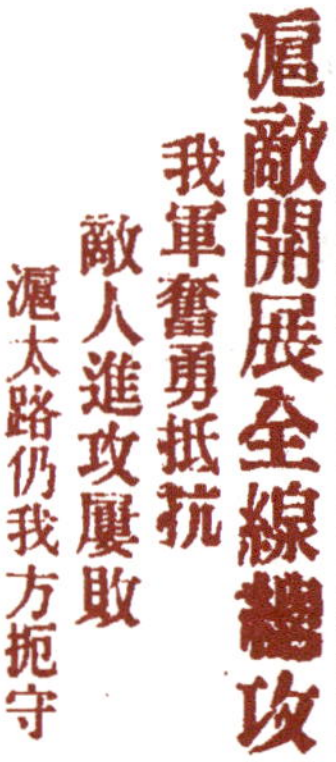
滬敵開展全線總攻
我軍奮勇抵抗
敵人進攻屢敗
滬太路仍我方扼守

期：新中华报零三百九十七期

版：零一版

时间：一九三七年十月十四日

## 沪敌开展全线总攻

### 我军奋勇抵抗
### 敌人进攻屡败
### 沪太路仍我方扼守

**上海电：**敌人的新战略，是企图夺取沪太公路，进占嘉定。连日以来，敌人在沪太公路沿线展开着全线的总攻，战争的激烈为沪战以来所未有过。敌人的大炮飞机，坦克车集中在该线，猛烈轰击。我军亦出全力抵抗敌人，并举行部份的反攻，以阻止敌人前进，我军阵地尚无变更。

**又电：**敌军于日前渡过蕴藻滨［浜］南岸后大举向我军阵地进攻。我军亦奋勇抵抗，曾获微胜。敌人为了迅速突破我军阵地，在十日的战斗中，曾在该地施放流泪毒瓦斯，我军中毒者很多。敌人是多么的残暴呵。

敌人一部由六三花园向我军进攻，我军分数路迎击，激战数小时，将该敌击溃，并乘胜前进中。

加强自衛軍少隊的軍事政治教育擴大自衛軍少隊的組織！

一九三七年十月十四日　Sin Zhung Xua Bao　第一版

# 新中華報

陝甘寧邊區政府機關報
發行處：邊區政府收發科
397
定價　每期大洋一分　每月大洋六分　每年大洋七毛

## 晉北寧武忻口一帶有激战
### 我大批生力軍趕程赴援
### 山西戰局關係非常重大

太原電：山西戰爭以寧武原平一帶爲最激烈，敵人集中步兵數千人，在飛機二十餘架，坦克車四十餘輛，大炮三十餘門掩護下，分向寧武，忻口我軍陣地猛攻。我軍亦決定在該地與敵人決戰。聞我軍之□□□□數個師已赶程前往忻縣以北一帶陣地佈防。該方我軍實力尚稱雄厚，同時我紅軍深入敵軍後方，使日寇後方遭受嚴重威脅，敵人如繼續南進的話，不得不有所顧慮，因之山西戰事前途尚稱可觀。華北是不是可以收復，山西是有着非常重要的地位。我們保守住山西在以後戰爭中，進退可以裕如。東出威脅平漢路敵人後方，北則直搗察熱。因之我們必須以全力來保衛山西。

## 最後消息

### 紅軍一部襲佔淶源城
### 繳獲步槍四十餘支汽車六輛

[illegible]

## 滬敵開展全線總攻
### 我軍奮勇抵抗
### 敵人進攻屢敗
### 滬太路仍我方扼守

上海電：敵人的新戰略，是企圖奪取滬太公路，進佔嘉定。連日以來，敵人在滬太公路沿綫展開着全綫的總攻，戰爭的激烈爲滬戰以來所未有過。敵人的大砲飛機，坦克車集中在該綫，猛烈轟擊。我軍亦出全力抵抗敵人，并舉行部份的反攻，以阻止敵人前進，我軍陣地尚無變更。

又電：敵軍於日前渡過蘊藻浜南岸後大舉向我軍陣地進攻。我軍亦奮勇抵抗，曾獲衛勝。敵人爲了迅速突破我軍陣地，在十日的戰鬥中，曾在該地施放流淚毒瓦斯，我軍中毒者很多。敵人是多麼的殘酷呵！

敵人一部由六三花園向我軍進攻，我軍分數路迎擊，激戰數小時，將該敵擊潰，並乘勝前進中。

## 敵人偷渡黃河
### 石家莊確已失陷
### 敵兩路繼續前進

濟南電：津浦前綫仍與敵人隔河對峙中。黃河北岸之敵，連日來企圖偷渡黃河。另一部敵人，企圖由恩縣梅家口地方偷渡，經我軍擊潰，現我軍

但據日本傳來消息：日本軍隊已於十日佔領平原縣，已逼近禹城了。

又電：敵之一部於五日佔領武邑，衡水兩縣城後，繼續向冀縣南宮前進，企圖截擊平漢路石家莊以南的我軍防綫，來貫通津浦綫與平漢綫間的連絡。

石家莊確已被日軍佔領，我軍紛紛向南退却，敵人分兩路前進，一路沿平漢綫南進，一路沿正太鐵路西進。

## 高等法院日前
## 公審黃克功槍殺劉茜案
### 羣衆要求槍決嚴肅革命紀律

本報特訊：邊區最高法院，十一日組織公審黃克功槍殺劉茜案。審訊結果，黃克功自己承認，因爲劉茜拒絕他的求婚要求，而實行强迫，終於不遂而以手槍擊殺劉茜。這是蘇區中從來所未曾見過。黃克功這種卑鄙行爲，是一個革命軍人所不容許的。這種爲着個人戀愛，拋棄了過去艱苦鬥爭光榮歷史，不顧目前抗日救國的重大任務，破壞紅軍紀律，違犯革命政府的法令，以最殘忍手段，摧殘革命同志，這是革命隊伍中的敗類，凡每一個到會的同志，無不咬牙切齒，痛斥這種行爲是殘無人道的，一致要求法庭實行槍決，以肅革命紀綱，法院爲執行羣衆要求與法律起見，特於公審大會將黃克功執行槍決。

## 國聯諸委會要求
## 各國援助中國抗戰
### 比社黨要求制裁日本

國際聯盟下面所設立的中日問題諮詢委員會，於日前開會決議，向國聯大會建議，召集九國公約簽字國會議，并向全體會員國建議，要求大家一致援助中國的抗戰云。

比利時國社會黨全國代表大會十日開會，一致擁護集體安全制，并要求禁止煤油鐵器運往日本以制止日本對中國的侵略。

## 美人反日運動高漲
### 在日大使館前示威
### 警告日本的野蠻行爲

美國電報：美國人民反對日本侵略中國的運動，非常高漲。十日在華盛頓（美國京城）城有美國反日反法西斯兩團體數千人，手持各種反日標語與旗幟，列隊行至日本駐美大使館，欲封閉該使館，被警察勸告才停止。並向日大使館發表宣言一件，大意謂，假使日本不放棄侵略中國的野蠻行動，那麼美國人民的反日運動，將無止境云，足見美國人民對中國的抗戰是非常同情與援助的。

## 安定破獲私販鴉片者

安定來訊：安定的戒烟禁毒在雷厲風行中，該縣人民不論是吸烟或不吸烟的羣衆均紛紛參加了這一運動，所以戒烟禁烟工作很有成績。近日由外面進來一些商人到中區販賣鴉片烟，被當地羣衆發覺，立即將該販賣鴉片的商人逮捕，並實行游行。因之近來販烟吸烟者也日漸絕跡，羣衆的力量是如何偉大呵！

## 婦聯會徵求會員

（[illegible]）

姊妹們！六年前日本帝國主義佔了我們的東北，現在又節節進逼，華北快完了！國家危亡已擺在眼前了，若不發動全面的抗戰，將變成亡國奴隸，救中國，是大家的責任哪！

邊區是抗日的模範區，邊區民衆較任何地方有組織。現在爲了[illegible]的解决婦女的切身問題，爲了更高度的發揚婦女積極參加抗日工作，必須建立一個獨立的統一的婦女組織，領導婦女爲實現這些任務而鬥爭。因此我們聯合發起組織邊區各界婦女聯合會已經成立了一個籌備會，現在開始徵集會員，凡邊區婦女團體或個人，不分階層，黨派，宗教信仰，均歡迎參加。全邊區的姊妹們，勇敢的來吧！來加入婦女各界聯合會，組織各種婦女團體，積極進行抗日工作，保障戰爭的勝利。

## 識字運動月
### 安定縣成績不錯

安定來訊：安定縣在九月份識字運動中，把文化教育工作密切的與抗戰動員工作聯系起來，在全縣人民努力中，是完成了原來的計劃。日前縣政府教育部召開各區教務科長聯席會議，總結了九月份識字運動工作，認爲獲取了很大的成績，在擴大識字組員一項來統計，全縣共擴大了三千三百五十六名（原計劃二千二百名）超過了三分之一以上的數目。原定建立學校十六所，（連原有九處在內）現已建立了十七所。本月份全縣入學的學生數目，是比以前增加了一倍以上。識字組的工作是在開始的建立，我們正在努力克服過去只是形式上建立組織的弱點，務使識字組建立起他本身的工作，一工作在某些小組中，已經開始實現云。（張永豐）

## 印刷廠工友主排
## 「血灑盧溝橋」
### 在工人俱樂部出演

中央印刷廠工友，爲着爭取抗戰勝利，積極加緊宣傳工作，甚至在百忙的工作中，排演話劇「血灑盧溝橋」及新編之有着抗日意義的小調等，於雙十節晚上，在本市工人俱樂部出演，觀衆數百餘人，大多數係工人羣衆，因爲表演得熱烈緊張，雖在連綿大雨之下，而觀衆仍停立擁擠，燃燒着抗日情緒，聞教育部社會教育科，已在籌備獎品，鼓勵他們這次的成功，并希望熱心負責者及各演員繼續努力來發揚國防藝術云。

社論

## 展開邊區的鋤奸運動

（修權）

現在是處在中國民族危亡的緊急關頭。自從全國性的抗戰（雖說是政府的和軍隊的單面抗戰）發動以後，表明了中國民族內部各階層更進一步的團結。但是在另一方面，我們也不能忽視中國內部極小一部份的黑暗勢力。他們甘心願意作中國民族的公敵，替日本帝國主義當漢奸走狗，將我們國家的秘密告訴敵人，直接或間接的幫助日本帝國主義滅亡中國。這一部份黑暗的漢奸勢力，我們絕不應該作過份的估計，但是爲要保障抗戰順利的進行，動員全民族抗日的力量，鋤除一切內部的漢奸份子，是爭取抗戰勝利的必要條件。

華北軍事上的慘敗，更悲痛的教訓了我們！當華北許多重要城市失陷，日軍的鐵蹄踏進中國領土的時候，這一部份黑暗的漢奸勢力，他們是如何的大肆活躍，糾合了周圍的反動勢力，搖旗吶喊，歡迎「皇軍」的入城，這種叛國的行爲，實在是中華民族莫大的恥辱。在目前的形勢下，爲要求得全民族各階層間更堅固的團結，鋤除一切漢奸份子，更成爲必要了。

有人以爲我們邊區，離開直接抗戰地區尚遠，還談不上什麼漢奸活動。有人以爲邊區是過去的蘇區，漢奸份子沒有活動的可能性。更有人以爲邊區是一塊有名的貧寒地區，日本帝國主義根本不會到這塊窮地方來，這樣的認識，都是不正確的。我們應該說，邊區是抗日的策源地，正是因爲這種原因，日本帝國主義，要用加倍的力量，來收買邊區內的黑暗勢力，進行偵探，破壞，騷擾，搗亂的工作。在必要的時候，他們將會模仿華北的漢奸，以實際的行動協助日軍的侵入，這是擺在我們前面極大的一種威脅。現在在我們邊區內部各地黑軍（土匪）的活動，是有深刻的政治背景的，據我們所查得的事實，他們完全是日本帝國主義所收買的別動隊，他們將要團結邊區內一切黑暗的勢力，擾亂我們的邊區，造成日本帝國主義進攻的有利條件。

在日本帝國主義直接進攻邊區以前，爲要肅清一切漢奸份子的活動，特別是土匪的活動，全邊區的人民，必須進行以下的工作：

一、各地要普遍的組織宣傳隊，解釋漢奸活動的嚴重性，特別要說明目前邊區內土匪活動的政治背景和漢奸的性質。

二、依據邊區政府保安司令部的命令，立即在各地組織鋤奸委員會，進行鋤奸的工作。

三、加强邊區人民的自衛組織，全邊區的壯丁，都要加入到自衛軍去，協助保安隊和基幹部隊，消滅土匪。

四、提高邊區人民的政治警覺性，不放鬆一個壞的份子。

這些任務的執行，對於鋤除漢奸肇臨邊區是有着決定意義的。

## 區選舉工作的檢查與對縣選舉工作的意見

陝北各縣於九月二十日左右都已選舉完畢，關中及陝甘分區在九月底亦完成在這次[illegible]處理。

[illegible]隊發揚了羣衆的抗日熱忱。（二）在鄉選時羣衆中發生[illegible]，區[illegible]鄉中是消滅了[illegible]羣衆自動的報告土匪的消息捉拿土匪送交政府[illegible]

但是，我們還有什麼缺點呢？（一）宣傳工作[illegible]不夠，甚至於[illegible]對立起來。

（五）政治警覺性還不夠，如甘洛發現有漢奸的造謠活動，沒有很快的發動人民起來[illegible]今天還沒有報告到邊區選委會，選民與戶口[illegible]

一、要選舉放積極真正能代表人民利益的工農領袖，堅決抗戰到底的抗日份子鞏固我[illegible]三、發動廣大的人民參加抗日自衛軍少先隊，擴大抗日自衛軍少先隊的組織。在選民[illegible]

出具體的實施辦法。五、向羣衆宣傳解釋邊區政府發給人民土地所有權的意義與作用。（三）宣傳解釋共產黨的施政綱領，縣政府的工作報告，縣長的候選名單應迅速傳達[illegible]

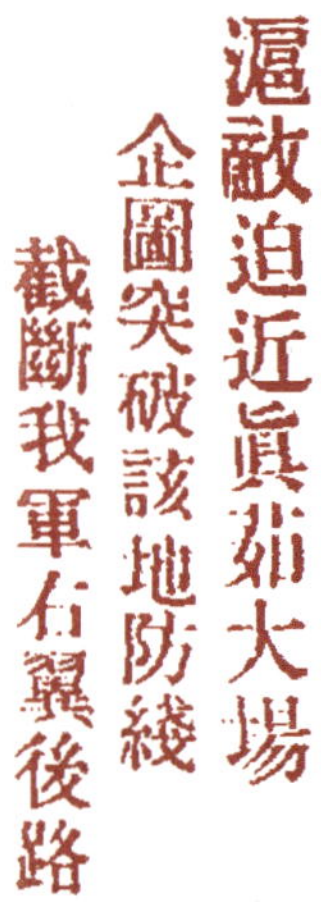
滬敵迫近眞茹大場
企圖突破該地防綫
截斷我軍右翼後路

期：新中华报零三百九十八期
版：零一版
时间：一九三七年十月十九日

# 沪敌迫近真茹大场

## 企图突破该地防线
## 截断我军右翼后路

**上海电：**近十余天以来，战事重心由罗店转移至蕴藻滨［浜］两岸，敌人以毒瓦斯突破河南我军防线，达到偷渡目的，企图直趋大场，进犯真茹南翔，截断我军右翼后路，可是仍然遭受不少牺牲，现日军集中在蕴藻滨［浜］，南岸的有两师团之众，已逼近大场真茹一带了。我军亦加调大批援军赶赴该地防御，双方死战不退，其战斗的激烈，为沪战以来所仅见。闸北方面，我军曾举行反攻，北四川路以西完全在我控制之下，我军继续向该路冲出。江湾，广福街等地虽发生接触，但不十分激烈，双方均无进展，仍在原阵地，没有多大变更云。

新中華報
陝甘寧邊區政府機關報
發行處：邊區政府收發科
定價　每期大洋一分　每月大洋六分　每年大洋七毛
398

加強自衛軍少隊的軍事政治教育擴大自衛軍少隊的組織！

# 敵人後方受我軍猛烈襲擊

## 我軍出奇制勝無攻不克

## 日軍完全在我軍包圍中

### 如正面堅持殘敵不難一鼓蕩平

前方捷電：在晉北一帶敵人後方，我紅軍正展開着廣泛的游擊戰爭。敵後方的城市，遭受我軍猛烈的襲擊，敵人表示非常混亂，大有應付不暇之勢。我軍士氣非常旺盛，人民亦紛紛參加抗敵，現在敵我情況正在轉變中。

我左翼軍一部於六日夜襲擊寧武城，佔領該城四門，敵人困守城中。七日我軍另一部襲擊大同以南之岱岳鎮，楡林材，馬邑三處，除岱岳外，其餘處均被克復，破壞了敵人橋樑電線。十日襲擊岱岳懷仁間之南北新材，繳步槍數十支，汽車六輛，擊斃敵人二百餘名，十二日夜我軍一部在崞縣以北十里舖二，襲擊敵汽車十二輛，敵死六十餘人，同日又襲擊岱岳以南之新莊，斃敵百餘人，將敵全部擊潰，焚燬敵汽車十八輛，十三日敵坦克車裝甲車，滿載步兵炮兵由朔縣向寧武增援，我軍一部伏擊於寧武城北之馬家灣，將敵全部擊潰，殘敵逃竄，困守寧城之敵突圍逃走，我軍確實收復寧武。十四日我軍一部攻佔崞縣附近之永興村，繳獲裝甲車一輛，戰車及其他軍用品甚多。

我右翼軍自襲佔淶源城後，十三日一部進襲廣靈，靈邱兩城，幷截斷公路。我軍另一部收復平型關，破壞公路十餘里。十四日我軍一部在平型關靈邱線截住敵汽車一百三十餘輛，又一部向繁峙，代縣攻擊，與左翼軍相呼應，我軍某部東出平漢路之曲陽，行唐等地區，活動於敵之側後方。

我軍這些勝利，大大的威脅了敵人，使南進的日軍（約兩個半師團，五六萬人）完全處在我軍的包圍中。假如正面能夠堅持，不會被敵人突破，那麼這五六萬日軍不難完全消滅云。

# 日軍進攻娘子關

## 晉北我軍尚有進展

## 敵以全力奪正太路

太原電：日軍自佔領石家莊後，其主力沿正太鐵路西進，企圖進襲娘子關，與晉北的日軍遙相呼應，合攻太原。我方早已料定敵人企圖，故主力集結於娘子關附近，準備在此地擊敗敵人。據悉，近日來井陘一帶我軍與敵人發生激烈戰事，我軍曾出奇兵將敵擊潰，俘敵數百人，日軍正頑強抵抗中。

又電：忻口以北曾發生激烈戰事，我軍有兩旅長受傷，損失奇重，全旅傷亡只剩數百人，尚頑強抵戰，敵人死傷亦非常重大，後我援兵趕上，舉行反攻，將敵擊潰，我軍似有進展。毀敵裝甲車數輛，現在敵我仍在原地對持中。

這幾天以來晉北戰事，我方尚稱順利，如這樣繼續堅持下去時，晉北的五萬日軍必將完全被我們掃清無疑。

濟南電：津浦綫日軍自佔領平原縣城後，日軍繼續向南推進，現在前鋒是在禹城以北一帶，日軍進至離黃河北岸僅二十五里了。以現狀觀察，日軍必以全力奪取正太鐵路，這樣把華北幾個交通重心抓在日本手裏，逐次消滅各地中國人民的反抗，樹立起前進的根據地。因之娘子關與晉北戰事是有非常重要地位的。

# 滬敵迫近真茹大場

## 企圖突破該地防綫

## 截斷我軍右翼後路

上海電：近十餘天以來，戰事重心由羅店轉移至蘊藻浜兩岸，敵人以毒瓦斯突破河南我軍防綫，達到偷渡目的，企圖直趨大場，進犯真茹南翔，截斷我軍右翼後路，可是仍然遭受不少犧牲，現日軍集中在蘊藻浜南岸的有兩師團之衆，已逼近大場真茹一帶了。我軍亦加調大批援軍趕赴該地防禦，雙方死戰不退，其戰鬥的激烈，爲滬戰以來所僅見。閘北方面，我軍曾舉行反攻，北四川路以西完全在我控制之下，我軍繼續向該路衝出。江灣，廣福街等地雖發生接觸，但不十分激烈，雙方均無進展，仍在原陣地，沒有多大變更云。

# 南京的抗戰決心

## 劉峙宋哲元等撤職

## 劉多荃李服膺槍決

南京電：南京政府對於抗戰決心，是一天一天的進步了。對於某些在抗戰中表示畏縮的將領，曾執行槍決，如首先有李服膺（山西的一個軍長）的槍決，津浦綫上東北軍師長劉多荃動搖畏縮亦執行槍決。劉汝明撤職查辦，劉峙因指揮無方亦撤職，其他表示不十分好的，均用其他名義把他撤職了，如廣西軍之廖磊，李品仙（軍長）曾萬鍾（師長）宋哲元，王靖國等。

# 最後消息

前方捷電：我八路軍於十六日收復廣靈縣城，繳敵汽車三十餘輛，擊潰敵騎兵二百餘人。殘敵向渾源縣狼狽逃竄。又在該城附近之南關截獲汽車一輛，繳敵槍甚多，佔領來源之我軍一部，已繼續前進佔領紫荊關。現在我軍已展開全綫的游擊戰爭，配合友軍將深入內部的日寇驅除云。

山西忻口與大白水一帶連日發生激戰。我方之軍長郝夢齡，師長劉家祺，旅長鄭廷珍等先後陣亡。敵我死傷非常重大，戰鬥之激烈爲近來所少有。據太原電：我方大獲勝利，繳步槍數百支，機關槍三十挺，砲十餘門，無線電兩架云。

# 日軍到處屠殺同胞

## 奸淫擄掠無所不爲

太原電：日軍佔領朔縣城時，當地人民曾紛起反抗，被日軍屠殺達二千餘人之多，甚至於將婦女解去衣服，赤身裸體遊街。日寇所到的地方，即行強迫民家懸掛日本旗，張貼歡迎標語，違者即燒殺活埋。

又前綫來電：敵人在平魯，朔縣，寧武，來源，靈邱，岱岳各地，奸淫擄掠，無所不爲。房屋有整村被焚者，人民有被殺死至數千人者，數百人者，數十人者，屢見迭出。敵人之殘酷可想而知了，望全國人民共起，聲討此千古未聞之敵暴云。

# 九國公約會議將在比京舉行

## 美願各簽字國實行合作

九國公約會議地點，已經決定在比國京城舉行，美國將選派代表參加，美國對該會表示很積極，全體院外委會主席畢特門說：如九國公約不實行，則世界必爲強權所征服。此次會議，應由英國召集，因爲英國在中國利益比任何一國要大些。同時美總統羅斯福也發表談話稱：美國願與九國公約簽字國一致合作，（連中日兩國在內）以期求得遠東衝突的解決辦法。在這個消息中，可以看出美國的態度來，美國始終不肯一個國家來出頭，要把英國拉出來，取得英美共同行動。可是老奸巨猾的英國，則又默不作聲。

按九國公約是世界一次大戰後一九二二年二月六日在美國華盛頓簽字的，簽字者爲美、比、英、中、日、法、意、荷、葡九國，規定尊重中國主權獨立，領土和行政完整，門戶開放。

# 安塞二區羣衆募捐做鞋慰勞紅軍

安塞訊：日本鬼子對中國的侵略，引起了廣大人民的憤怒。前方的戰爭，打得非常緊張。安塞羣衆正在積極的動員，幫助前綫，慰勞前綫抗敵將士。二區羣衆激烈募捐，共捐到大洋十四元七毛六分，婦女動員做鞋子，送給前方戰士穿，不日即可送到邊區政府來。

# 紅宜二區捉獲匪首一名

紅宜訊：宜川，延長，延川三縣邊境，月前曾發現少數土匪偷路搶劫，據鄉民說土匪頭子是一麻子，[illegible]不見蹤跡。本月初[illegible]又在[illegible]家溝村一帶出現，經常化裝殺民，在大路上搶劫[illegible]二區軍事科長知，當即派人前往[illegible]該匪已送延長政府審辦云。[illegible]

# 鄉區選委會不應解散

我們這次的選舉，是普選是直接選舉，不像我們過去蘇維埃的寶塔式選舉一樣。最近在進行區的選舉中，發現各縣在進行鄉的選舉工作結束以後，隨即將鄉的選舉委員會解散。[illegible]這是不對的[illegible]那麼就無法進行[illegible]

# 紅軍在山西（續完）

○長征記與解放報○

我們在前進的途中，因爲時間的關係，不能進行其他的工作，只是宣傳與解釋我們的抗戰的主張罷了。我們所講的話，沒有一個羣衆不願意聽的，他們聽了之後，均說紅軍主張是非常正確的，對我們非常相信。所以每到一處地方，當地抗日救亡團體及其他各種組織均紛紛要求我們留一部份人幫助他們做工作。當然因爲人力關係，不能夠滿足他們的要求，我感覺十分抱愧！

可是對於各種羣衆救亡團體對我們徵詢工作意見時，我們是盡量的把過去所有工作經驗，詳細的告訴了他們。使他們不得不深深地感覺到紅軍做工作是有辦法的。

外面各報紙大吹特吹的紅軍二萬五千里長征記一書，山西許多地方學生都知道了。所以當我們一碰到了一些學生時，大家都要求給他們一些，可是慚愧得很，長征記始終沒有出世，我們只能回答他們「還沒有編好」給他們一些掃興。

對於邊區出版的刊物如解放報，新中華報等，他們特別高興看，可惜帶齊的非常少，只能東湊西湊，收集得很少的數量給他們，不能使他們十分滿意，有些沒有分得的甚至於你扯一張，他扯一張，把一張報扯得若干塊，爭起要看的。足證明我們的刊物報紙，對他們是有良好的影響，廣大人民均要了解我們的主張，明白我們的態度。我想我們的刊物與報紙，能夠在山西建立很好的發行工作，一定能組織更廣大的讀者，可以吸引與團結千百萬的羣衆在我們主張的週圍。而這一工作也是我們所萬分需要的。

○最後一點意見○

最後，我有這樣的感覺，對與不對的，還有討論的必要。不過這些問題，是值得我們深刻注意的；

（一）山西羣衆對紅軍的認識與印象是非常好的，我已在上面說過。不過，他們只看到問題的一面，還沒有看到問題的反面。他們以爲紅軍開到山西來了，日本鬼子一定會被消滅，戰爭自然會勝利。殊不知道，紅軍雖然有他高尚的政治覺悟，頑強的戰鬥能力。但是紅軍的數量，與全國軍隊比起來，還是非常小，在抗日戰爭中還不能起決定作用。這一問題，我們也曾經向他們耐心的解釋，可是廣大羣衆依然過分的看重了紅軍的力量。這需今後繼續的向他們宣傳解釋。

（二）羣衆抗戰的熱忱是已燃燒起來了，但是還缺乏有力的組織，還不能在一個嚴密的組織下團結起來。所以現在的問題，應該是如何去組織他們使他們這種抗戰熱忱繼續持久與發揚起來，特別是武裝羣衆非常重要。山西的犧救同盟會雖然派有若干人在各縣負責組織羣衆，但是沒有任何成績，羣衆太隔離了，假如我們能夠深入羣衆，根據當地羣衆的迫切要求，與抗戰動員緊密的聯系起來，我想一定能團聚廣大羣衆，吸引千百萬的人民到抗戰中來。形勢是更加緊張了，需要發動全體人民參加抗戰，才能夠獲取抗戰的最後勝利！

（完）

發起組織
邊區合作總社緣起

目前全國性的抗戰已經發動，華北[illegible]生活，調濟戰時資財，繁榮邊區經濟，並推進邊區整個合作運動之發展，合作總社不但爲戰時的重要經濟組織，亦爲改善羣衆自已生活的有力武器，公[illegible]濟，何樂不爲！[illegible]

陝甘寧邊區
合作總社章程
第一章 總則

[illegible]，職業，凡年在十五歲以上，贊成本社宗旨及業務者均得爲本社社員[illegible]社員：全邊區各縣、區、鄉合作社，其他社會團體，機關，或生產單位，願入公股者[illegible]

第七條 退社：社員發生以下情形，經理事會認可後，可以退社。（一）社員身故時[illegible]員，得以其股金或股息金之[illegible]（四）社員無力一次交足股款時[illegible]（五）[illegible]

滬我軍全綫反攻
敵在寶山建僞組織

期：新中华报零三百九十九期

版：零一版

时间：一九三七年十月二十四日

## 沪我军全线反攻

## 敌在宝山建伪组织

**上海电：**上海战事重心仍在蕴藻浜南岸，敌仍以其全力数度猛攻，企图进占大场，我军虽奋勇抵抗，无奈敌人炮火猛烈，阵地几全为所毁，于是敌人进据万家牌楼，大场，真茹等处受着严重威胁，战况的猛烈，为以前所少见，敌人在这一线的死伤约在五千人以上，我方伤亡亦非常重大，至于罗店，广福，庙行，江湾，闸北各方面，只有小的接触，敌人在这些地区只不过起着牵制作用罢了。据说我军为巩固大场真茹阵地起见，从二十一日晚起开始全线反攻，空军亦出动助战，各路将士均英勇向敌猛攻，正在顺利地开展战果中。

敌人占领宝山城后，即利用汉奸吴兰生等组织地方维持会，由该会担任后方工作。以汉奸常玉清充任会长，划入沪太公路以东，蕴藻浜以北地区为该会管辖云。

一九三七年十月廿四日　Sin Zhung Xua Bao　第一版

# 新中華報

陝甘寧邊區政府機關報
發行處：邊區政府秘書科
定價　每份大洋一分　每月大洋六分　每[illegible]大洋七毛
399

動員八萬萬雙手製手套，慰勞第八路軍英勇抗敵將士！

## 最後消息

我八路軍左翼某部隊於廿日佔領雁門關，並破壞由廣武至太和嶺間的公路，燒毀[illegible]橋樑九處。另一部在崞縣[illegible]埋伏，截擊由崞縣北開之敵汽車卅餘輛，擊毀其數輛。我右翼某支隊在平山縣附近之王村[illegible]，擊斃敵人，[illegible]馬廿二匹，擊毀敵汽車四輛，繳步槍數支，斃敵卅餘人。

[illegible]我軍[illegible]取攻勢後，頗爲順利，至廿二日晨佔[illegible]家前宅，王宅，張家樓，南宅，丁家宅，南北[illegible]房，盛家宅，朱宅，南北周宅，吳家宅，新丹梅宅，俞家宅，王家湖，周家村……等卅餘處要地，敵人傷亡奇重，我軍全綫仍繼續攻擊中。

## 八路軍夜襲陽明堡
## 焚燬敵人飛機廿四架
### 敵倉皇逃走我獲全勝

前方捷電：我八路軍之一部於廿日以極敏捷之動作，進襲同蒲路之陽明堡日軍飛機場。當我軍夜間冲進敵人的飛機場內時，敵人尚不知道，我軍一方面派隊進襲敵人的營房，一方面將停在機場內的廿四架飛機全部焚燬，我軍大獲勝利，擊斃日軍數十人，嚇得敵人恐慌萬狀，不知我紅軍從何而來，我軍現正在敵人後方開展着猛烈的遊擊戰爭。

## 大同雁門關間
## 敵人交通被截斷
### 我佔領曲陽平山繁峙

前方捷電：我八路軍的某支隊於日前進佔山西河北交界的平山縣城。另一部克復曲陽縣，繳獲軍糧千餘担，斃敵甚多，現正向平漢路之新樂、定縣、望都等城挺進中。又我軍之某部十八日收復繁峙縣城，繳獲彈藥軍用品甚多。繼進至雁門關，與由北南進的日軍汽車一百五六十輛滿載援軍，當發生激戰。後有忻口方面北進的敵軍汽車二百餘輛，激戰甚久，我軍擊燬敵汽車廿餘輛。

我八路軍左翼某挺進支隊自襲懷仁、岱岳，榆林之綫以來，沿大同到雁門關全綫的橋樑道路均被我破壞，敵軍運輸已大減少，大同已完全停車。

我右翼支隊於十七日在廣靈通蔚縣的公路上，截擊由蔚縣來廣靈的敵汽車六輛，當被我軍擊燬一輛、餘向蔚縣逃去，斃敵十餘人，繳獲步槍十餘支，手槍兩支，其他軍用品甚多。

## 津浦綫我軍有進展
### 日軍進犯豫北彰德
### 綏西我軍退出包頭

濟南電：津浦綫日軍已進到徒駭河以北（禹城以北）現在我游擊隊在敵人後方甚爲活躍使敵人疲於奔命。據息：我軍大部兵力已經過徒駭河北岸，向平原挺進。右翼我某部已推展到陵縣，商河縣以北，遊擊部隊收復寧津。（河北省屬）左翼我遊擊隊收復高唐縣城後正積極推展中，現津浦綫防務街硏鞏固云。

邯鄲電：平漢綫日軍已進到河南北部的滹河以北地帶。企圖進攻彰德府。現因我游擊隊在平漢綫敵人後方大活動，使敵人的交通（平漢路北段）經常有被截斷的危險，故該部日軍甚覺恐慌，也不敢大膽地冒進。

正太鐵路敵軍日前猛攻娘子關以南的新關二關我軍陣地曾一度被敵突破，後我援軍趕至，復將敵擊潰，當即收復新關二關。現在娘子關附近仍在激戰中。

太原電：日僞軍約二千餘人向綏西進犯，我軍已完全退出包頭，現在五原集中，待機反攻云。

## 東北義勇軍大活動
## 攻佔延吉昂昂溪
### 寺內大將回瀋陽

據息：日軍大舉進攻中國以後，大批軍隊調來華北與上海作戰，東三省非常空虛。於是東北義勇軍大施活躍，東三省形勢非常緊張。朝鮮獨立黨領導下的游擊隊進佔延吉城。我義勇軍佔領黑龍江省的昂昂溪站，中東鐵路已完全斷絕交通。

據確息　由於東北義勇軍的活動使日寇倉皇失措。指揮華北作戰的寺內大將已趕程赴瀋陽，與關東軍司令部討論應付義勇軍的辦法云。

## 滬我軍全綫反攻
### 敵在寶山建僞組織

上海電：上海戰事重心仍在蘊藻浜南岸，敵仍以其全力數度猛攻，企圖進佔大場，我軍雖奮勇抵抗，無奈敵人砲火猛烈，陣地幾全爲所燬，於是敵人進擄陳家牌樓，大場，真茹等處受[illegible]威脅，我[illegible]猛烈，爲以前所少見，敵人在這一綫的死傷約在五千人以上，我方傷亡亦非常重大，至於羅店，廣福，瀏行，江灣，閘北各方面，只有小的接觸，敵人在這些地區只不過起着牽制作用罷了。據說我軍爲鞏固大場真茹平地起見，從廿一日晚起開始全綫反攻，空軍亦出動助戰，各路將士均英勇向敵猛攻，正在順利的開展戰鬥中。

敵人佔領寶山城後，即利用漢奸吳蘊生等組織地方維持會，由該會擔任後方工作。以漢奸常玉清充任會長，劃入吳淞、太公路以東，蘊藻浜以北地區爲該會管轄云。

## 全世界各國工會
## 決定抵制日貨
### 英倫常有反日大會
### 對中國抗戰表同情

倫敦電：中國人民的抗日鬥爭，獲得了全世界各國工人階級的同情與援助。英國全國勞工執委會，前通過決議抵制日貨，分送國際勞工聯合會與第二國際所屬各國支部，申請贊助，美國，加拿大，紐西蘭，澳洲，墨西哥，印度，比國，荷蘭，法國，瑞士，挪威，瑞典，丹麥，捷克，奧國，愛爾蘭等國工會，對此項呼籲均已答復，決定實行抵制日貨，各國人民均拒絕不購買日貨。英國總工會秘書長稱：中國人民現在反對日寇的鬥爭，我們所提倡抵制日貨運動，是對中國人民表示同情的初步有力舉動云。

英國工黨及倫敦商界聯合會於最近舉行民衆大會，到會萬餘人，對日本的侵略行爲一致加以申斥。大會中有各界名人演說，大會通過決議，請美國總統贊助民主政治，主張今後一切愛好自由的國家，更應團結一致云。

英國反對派工黨倫敦救黨部與總工會倫敦市執委會日前舉行一萬餘人的盛大集會，該黨下議員演說，主張實行抵制日貨，並要求英政府有所行動。凡到會的人均拿有反日標語，足證明英國人民對中國抗戰的深刻同情云。

倫敦全國成衣與服裝業工會決議要求全體會員拒不買日貨，並對抵制日貨運動熱烈宣傳。

[illegible]西國家人民發起大規模的拼斥日貨運動，對愛國運動表示同情。

[illegible]國總工會執委會於日前通過決議，鑒於日寇蹂躪中國人民的侵略行爲，表示憤慨，一致決定進行大規模的抵制日貨運動。

## 日軍下級軍官
## 反戰情緒很濃厚

太原電：日寇對中國的侵略行爲，不但引起日本人民的反對，就是日軍中的下級官長也大大表示不滿。日前在日軍俘虜中，搜得日軍中隊長（連長）的日記冊內云：進日作戰傷亡慘重，眼看見同伴均爲炮火粉碎。我良心發現對戰爭厭惡的心裏，實不能再爲支持等語。由此可證明日軍中反戰反法西斯侵略者的一般。如戰爭繼續支持下去，那麼日本帝國主義必然崩潰無疑。

## 八路軍將士
## 致慰各友軍電

我八路軍右翼某挺進部隊連獲勝利，屢挫敵鋒，收復淶源、廣靈，切斷交通聯絡，且向察哈爾之蔚縣前進，全體戰士大爲振奮，特致電慰問全國友軍，茲錄其大意如下：挺進支隊全體指戰員致電慰問晉北綏遠津浦平漢各友軍：日寇猖獗，屠殺奸淫，無所不爲。全國軍民在蔣委員長領導之下，堅決抵抗，我們已深入敵人後方，深得民衆擁護，襲擊敵人，繳獲敵甚多，破壞敵人交通，切斷敵人聯絡，使日寇忙於奔命，到處驚惶。我們當盡一切努力，配合全國友軍作戰，爭取最後勝利。請各友軍及華北民衆也一致行動與我們配合起來。

## 黑水寺七匪
### 被我軍消滅

我某團團部十七日在黑水寺消滅土匪一股，計繳獲輕機關槍一架，駁殼槍花機關槍各一支，步槍四十餘枝。

## 巴黎救國時報
## 致八路軍電

南京軍事委員會蔣委員長，太原轉第八路軍朱彭總指揮鈞鑒：外報載：「人民抗日紅軍，已改編爲國民革命軍第八路軍，朱彭將軍就任爲八路軍總指揮」；足見全國業已團結一致，共同抗日，大慰北上之望。又據連日電訊，悉我八路軍於靈邱平型關一帶襲擊寇軍，第一次消滅五千，第二次擊潰數千，現正追擊殘敵中。捷報傳來，全僑蹈舞，一致認爲八路軍獲得空前大勝利的原因，確在於八路軍將士高度的政治覺悟，堅強的戰鬥力，鐵的紀律，與民衆密切的聯系。深望八路軍益加發展其特長，擴充兵額，補充新式武裝技術。深望我國外同胞給予八路軍及各抗日隊伍以更廣大的切實的擁護和援助。並望抗戰各軍學習模範的八路軍的優點，更望我全國將士更加緊團的團結一致，共驅日寇，全體僑民，誓爲後盾。

巴黎救國時報

## 徵收救國公糧
## 延安縣在動員中
### 邊府特派人前往幫助

延安訊：關於徵收救國公糧問題，延安縣政府於十五日召開各區區長聯席會議，具體決定辦法如下：（一）各區互相訂立比賽條約，四區與一區，三區與二區。（二）縣一級派得力幹部前往各區去傳達與解釋。（三）縣組織徵收救國公糧委員會，以八個人組織之。（四）十一月十五日開始，十一月底完成。

邊區政府現已舉辦訓練班，以討論會方式，專門討論徵收救國公糧動員方式及工作，不久即可首先赴延安縣幫助其完成這一抗戰動員工作云。

八路軍在晉察冀活動略圖

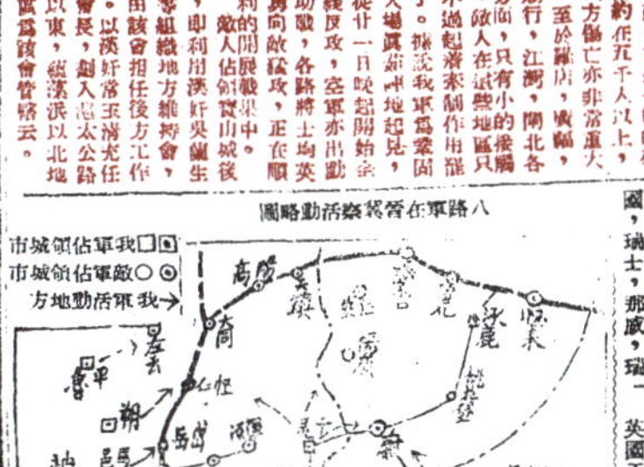


## 印刷廠募捐的模範例子

賈文龍十八元　金文欽十五元　趙錫十元　蔡[illegible]
沈[illegible]卅元　時根卅元　周休生十元
王俊林二元　安玉英二元　以上五人將一月津貼費完全作爲捐款
倪志登四元　馮忠信三元　劉樹江三元二
劉錫富三元　梁伯苗二元四　武志善二元四
李克謙一元九　郭金水一元　黃德成一元
[illegible]李生忠一元二　高生富三毛　蕭澤民三毛
全廠共募洋二百零八元八角

各自衛軍連得按情況編制基幹自衛軍班或排，每鄉或地域接近之兩個鄉內的婦女自衛軍[illegible]

保安，經縣保安大隊部審查委任之，並呈報邊區保安司令部批准（丙）自衛軍正副排長由自衛軍排隊員大會選出，經自衛軍營部審查委任[illegible]

第十條　本條例自公佈之日起施行，本條例如有未盡事宜由邊區政府修改之。

第十一條　本社設經理副經理各一人[illegible]

## 延安消費合作社通知

本社爲了結算以前賬目，重新整頓社務，經第六期社員大會決定，各社員對於第五期以前（即由瓦窰堡起至延安止）未取紅利，統[illegible]

期
新中华报零四百期

版
零一版

时间
一九三七年十月二十九日

日寇在滬目無他國
飛機擊斃英軍一名
德僑二人亦被槍傷



# 日寇在沪目无他国

## 飞机击毙英军一名
## 德侨二人亦被枪伤

**上海电：**日军在上海无理已极，日前曾开枪击伤两个德国侨民。日本驻沪总领事已向德国代理总领事表示道歉，愿予赔偿。又日本飞机在上海击毙英军一名，英政府态度甚强硬，已训令该军队如再遇同样事件时应立即还枪。已死的英兵于二十五日举殓，英法美各国军队司令及商团总指挥与义［意］海军一队均参加，中国亦派人参加，英当局拒绝日本派代表参加。

**又电：**上海英军已奉令今后如再有日机袭击，即可毫不犹疑，开枪射击。据英驻军司令官称：这次事件关系重大，不能就地解决，该事件现已向政府报告，将由政府当局直接交涉云。

# 新中華報

400

陝甘寧邊區政府機關報
發行處邊區政府發收科

定價：每期大洋一分，每月大洋六分，每年大洋七毛


猛烈開展着的游擊戰爭

## 平漢綫敵人交通全被截斷

### 我軍佔領唐縣清風店 襲佔蔚縣繳獲無數

前方捷電：佔領廣靈城之我軍某部，乘勝追擊敵人，於廿四日繼續襲擊察南蔚縣之敵，當將該城佔領，敵向張家口逃竄，是役我軍繳獲輕機槍二挺，步槍數十支，斃敵數百，毀敵汽車數輛，我軍正乘勝前進中。

又捷電：我第八路軍之一部於日前佔領河北之唐縣，繳獲軍用品甚多。一部襲擊定縣以北之清風店車站，當將其佔領，敵向望都潰退，另一部向完縣追擊前進。我八路軍連戰皆捷，西線截斷同蒲路敵之交通，使敵陷入我軍之包圍中。東線又截斷平漢線敵之交通，使南進之敵，後方受到嚴重威脅。據云：平漢線的我國同胞紛紛響應我軍，幫助我軍，對日寇的獸行，憤恨異常云。

## 漳河南已無敵蹤

### 高邑偽軍舉行反正 津浦綫亦展開游擊戰爭

鄭州電：平漢綫敵人日前曾一度突破漳河以南我軍陣地，渡過漳河，佔領豐樂鎮，彰德形勢非常緊張。後因我援軍趕到，始將該敵擊退，重新奪回原來陣地，敵復退守漳河以北。是役敵人傷亡奇重，我軍亦有傷亡，俘敵人數百，繳獲甚多。劉正準備渡漳河前進。我空軍於廿五日亦飛平漢路前綫助戰，轟炸敵軍。

又電：河北省之高邑縣（石家莊南百餘里）駐的偽軍百餘人，因不堪受日方的壓迫，實行反正，與我游擊隊取得聯絡進攻敵人中。

濟南電：津浦綫正面連日無激戰，敵之主力集結在陵縣附近，屢被我軍襲擊，死傷極大，現仍在原陣地對峙中。我游擊隊某部於日前襲擊東光縣城（滄州以南），并將該城佔領，俘敵五人，繳槍五支，并將東光到桑園間的鐵橋破壞多處，敵人後方連絡已斷絕。現在津浦綫亦正開展着游擊戰。日軍非常恐慌。

## 晉東北均有激戰

### 敵忽後撤另有企圖 我方援兵兼程赴援

太原電：晉東娘子關仍在我軍把守中。二十五二十六兩日敵軍一部往後撤退，似另有企圖，我方已作嚴密戒備。舊關核桃園之敵仍在猛攻，數日激戰，敵終無尺寸進展，我方△△△△數師，已開到該地前線參加作戰，士氣很旺盛，陣地很鞏固，敵絕難得逞。晉北忻口一帶，連日來均發生激戰，南懷化官村等陣地，曾一度被敵突破，旋我生力軍趕到，又將該處敵擊退，恢復了原來陣地，現仍在對峙中。敵人援兵仍不斷往前增加，現在晉北敵人約有十個聯隊以上，（十個團）。我方亦有生力軍數個開往前綫增援。

## 敵對我軍估計

### 指揮者能力缺乏 特長山地戰夜襲

前方專電：日前在晉北之忻口前綫上，我們搜獲日本軍官的文件中，內有一日軍官的日記冊，記載有日軍參謀本部對中國軍隊作戰的估計，大意謂：「中國軍隊對日作戰時，因爲統帥能力之不足及避免責任的關係，往往要從此部隊才能決定協同作戰；這樣容易喪失良機。就是部隊後有很好的決定，有時也不能採用，或經採用，又屢次變更，所以常常失敗。同時華軍作戰的特長，是善於山地戰，常常舉行夜襲，這是給日軍以極大的障礙」云。又在同一冊子內說：「晉北日軍後方被紅軍截斷，交通斷絕，給養彈藥的供給非常缺乏」等語。足證明晉北日軍如何的恐慌呵！

## 日寇在滬目無他國

### 飛機擊斃英軍一名 德僑二人亦被槍傷

上海電：日軍在上海無理已極，日前竟開槍擊傷兩個德國僑民。日本駐滬總領事已向德國代理總領事表示道歉，願予賠償。又日本飛機在上海擊斃英軍一名，英政府態度甚強硬，已訓令該軍隊如再遇同樣事件時應立即還槍。已死的英兵於廿五日舉殯，英法美各國軍隊司令及商團總指揮與義海軍一隊均參加，中國亦派人參加，英當局拒絕日本派代表參加。

又電：上海英軍已奉令今後如再有日機襲擊，即可毫不猶疑，開槍射擊。據英駐軍司令官稱：這次事件關係重大，不能就地解決，該事件現已向政府報告，將由政府當局直接交涉云。

## 延市召開新促會員晚會

延安市新文字促進會於十月廿四日在大禮堂開會員晚會，除會員外，並有外面來的許多同志參加，並招待上海文化界的學者艾思奇等人。首先由毛主席報告分析新文字和漢字的關係及新文字發展的前途。繼由艾思奇先生周起應先生繼續發表對新文字的意見，後有音樂家呂驥先生教新文字字母歌，大家的情緒非常熱烈。最後由抗戰劇團第三隊第二隊出演戲劇，至夜十一時後才散會。

△　△

## 最後消息

我八路軍右翼某部於廿三日佔領靈邱，廿四日再佔領廣靈縣。左翼我軍再毀敵汽車數輛，擊潰敵騎兵一連。

上海日軍於廿五日佔領南翔大場二地後，京滬鐵路被截斷，閘北江灣一帶我軍於廿六廿七相繼退出，上海我軍已完全退出了。現我軍已退守太倉、崑山之綫。

## 日寇到處殺人放火

### 晉北成爲一片焦土

據悉：日軍所到的地方，經常有焚燒房屋，屠殺人民的事件發生，如：（一）靈邱到平型關沿途村莊，均被焚燬，人民多被屠殺。敵以在平型關數次失敗，均由當地群眾報告消息所致，故看見群眾即加慘殺。（二）靈邱及其附近，被殺死群眾七八百人，婦女被奸淫，竟有被奸而死者。（三）崞縣、代縣至平型關沿途村莊，被燒多處，正在繼續燒殺中，青年婦女多被捕去用車運走。（四）朔縣寧武兩城被殺的人民達數千人之多，慘狀不忍目睹。現廣靈、靈邱、大營、沙河、繁峙一帶已成一片焦土，所有群眾財物、牲畜、糧食均被日軍搶掠一空。全國人民奮起爲死者復仇，驅除日寇。

## 敵六次增援上海

### 四旅團在出發途中 日方民氣非常恐慌

上海電：日軍在上海戰爭中，因傷亡過大，現又作六次增援，聞有四個旅團已經在出發途中。二十一二十二二十三日曾先後到有援兵二萬餘人。二十四日到有萬餘人。二十五日又到有一萬五千餘人，內有化裝部隊則千餘人，還有精銳之步兵二千餘人及砲兵三千餘人，不日可到。

又電：日本國內民氣非常恐慌，徵兵問題已達極困難的地步。近日盛傳日本又將增兵卅萬人到中國來，但是實際數目不過數萬人，都是老弱不堪的。日本國內工作人員多係婦女，壯丁已經很少了。

據息：日本國內已無正規軍隊可調，將預備兵役改爲十八到五十五歲，一律補充入伍。人民怨聲載道，甚至於有假裝瘋狂殺人入獄判罪，而不願當兵的。工廠工人大批罷工，以至工廠大受影響云。

## 八路軍截敵獲勝

前方捷電：我八路軍之一部於廿三日黃昏時，在周莊附近，伏擊敵人由大同到岱岳的汽車三十二輛，當將敵汽車十八輛完全擊燬，車中滿載的糧食彈藥等用品，均被我軍燒燬，并俘虜日軍三十餘人，繳輕機關槍一挺，步槍十餘支，馬刀數十把，斃敵百餘人。

## 不要怕敵人的恐嚇

中日戰爭發生以來，三個多月了。日寇對中國的掠奪，是遭受了意外的頑強抵抗。兩個多月以來，日寇始終沒有完成其佔領上海的目的。華北日軍，雖然在戰爭開始時，得着相當的進展，但仍然是付了不少的代價。因之日本軍閥們，在中國軍隊與人民頑強抵抗之下，不惜用盡一切毒辣手段，來企圖擊破我軍的防禦陣線。羅店的爭奪戰鬥中，以及最近日軍猛攻蘊藻浜南岸時，會經施用其殺人最殘酷的毒瓦斯來屠殺中國人民。特別是最近紅軍出動，在晉北的戰場上，連獲無數次的勝利，經常截斷敵人的交通，威脅敵人的後方，使日寇恐慌萬狀。這些行動的勝利，弄得日寇手忙腳亂，無法應付。於是日本軍閥們，則大聲威嚇：「山西已成赤化勢力，日本爲貫澈『防共』意志計，不得不用極殘酷的兵器——毒瓦斯來掃蕩這種赤化勢力」。日寇的這種威嚇，對於紅軍方面，是沒有任何作用的。因爲紅軍在歷來爲民族解放鬥爭中，已經鍛鍊了鋼鐵般的意志，威嚇利誘，決不能動搖我們十年來鬥爭的決心。相反的，我們更加認清楚了，我們的敵人對我們是殘忍的，是勢不兩立的。日寇這種威嚇的另一個目的，是在企圖破壞國共兩黨的團結，恐嚇那些動搖不定的份子。可是已經決心抗戰的賢明當局，決不會受這種威嚇而退縮。相反的，這種行爲，會更加促成國共兩黨進一步的親密合作。日寇的陰謀破壞，只有枉費苦心而已！

中國民族是在日寇壓迫下，六年來的中國人民，已經飽嘗過不少的經驗教訓，促成我們的團結。這一大團結，有他的共同目標與利益，有着一定的基礎，不是威嚇所能拆得散的，我們將看到在日寇的野獸行動中，這一基礎會更加充實與鞏固起來。

## 世界和平大會

### 英美挪威分會決議 譴責日寇侵略行爲

倫敦電：世界和平大會英國分會日前在倫敦開會，討論遠東時局與西班牙問題。二十四日通過決議案，要求英政府設法促使其他各國普遍的進行抵制日貨運動。關於西班牙問題決定謂：德義既不能實行不干涉協定，英政府應當立即取消軍火運往西國的禁令，俾西班牙政府得自由購買軍火云。

挪威也召集世界和平大會分會，通過決議一致譴責日寇對中國的侵略行爲，主張在九國公約會議上，討論辦法以對付日本云。

美國的和平大會[illegible]，稱實政府參加九國公約會議，並譴責戰爭與侵略的行爲。

## 三天任務兩天完成

### 大批手套襪子送紅軍

延市訊：我紅軍之某部奉命開赴抗日前綫，到綏德米脂等地佈防。延市人民在市委的動員下，準備動員一千五百雙手套和襪子慰勞該部隊。本市人民聞知道一消息，立即在各群眾團體中動員，限三日內完成任務。結果由於全體市民的抗戰熱忱，僅在兩天內就超過了原定計劃，動員了一千七百餘雙襪子和手套慰勞紅軍。（駱[illegible]）

## 九國公約會議

### 英美將準備合作 日本正式拒絕參加

倫敦電：英國與美國在九國公約簽字國會議中，準備合作，以謀解決遠東局勢。聞將出來調解而不取懲處舉動。美國參加九國公約會議的代表團台維斯等人於廿九日抵比京。

比京電：九國公約會議，將展期至十一月三日舉行，日本已經決定拒絕參加這一會議。

動員我們雙手趕製手套，慰勞第八路軍英勇抗敵將士！

陝甘寧邊區

## 合作總社章程

（續完）

第五章　職權及會議

……票，始得開會，有出席人員過半數之同意，始得決議。（四）社員大會之職權如左：甲，選舉及罷免理監會。乙：接受或審查社務報告書。丙：決定進行計劃。丁，社章之製定及修正。戊，決定其他主要事項。

第十四條　理事會每月一次，由理事長……及主任監事分別召集之，於必要時，得召集……

第十八條　本社營業施行細則另定之。

第七章　結算

第十九條　結算：本社六個月爲一期，結算一次，由理事會製成：一，資產負債表，二，損益計算書，三，財產目錄，經監事會審查後，報告社員大會。

第二十條　盈餘的處分：本社每期結算時如……

第八章　附則

第二十二條　本章程經社員大會通過，並由主管機關核准之日起施行。修正時亦同。

## 徵求曲詞

中國[illegible]作曲家[illegible]

（四）青年進行曲　（五）抗戰總動員　（六）保衛祖國　（七）民族統一戰綫　（八）爲民主共和國而鬥爭　（九）抗大、黨校、陝北公學……

（四）十一月份起特別抓緊自衛軍少先隊的集體情形。（五）其他（如文化教育等）

……十一月份起本報仍改爲三天一期，希各通訊員多向我們投稿。（二）十一月份出版文藝刊……

期

新中华报零四百期

版

零一版

时间

一九三七年十月二十九日

# 最后消息

我八路军右翼某部于二十三日占领灵邱，二十四日再占领广灵县。左翼我军再毁敌汽车数辆，击溃敌骑兵一连。

上海日军于二十五日占领南翔大场二地后，京沪铁路被截断，闸北江湾一带我军于二十六二十七相继退出，上海我军已完全退出了。现我军已退守太仓、昆山之线。

Sin Zhung Xua Bao　一九三七年十月廿九日　第一版

# 新中華報

400

陝甘寧邊區政府機關報

發行處邊區政府收發科

定價：每期大洋一分　每月大洋六分　每年大洋七毛

[illegible]慰勞第八路軍英勇抗敵將士

猛烈開展着的游擊戰爭

## 平漢綫敵人交通全被截斷

### 我軍佔領唐縣清風店 襲佔蔚縣繳獲無數

前方捷電：佔領廣靈城之我軍某部，乘勝追擊敵人，於廿四日繼續襲擊察南蔚縣之敵，敵向張家口逃竄，是役我軍繳獲輕機槍二挺，步槍數十支，毀敵汽車數輛，我軍正乘勝前進中。

又捷電：我第八路軍之一部於日前佔領河北之唐縣，繳獲軍用品甚多。一部襲擊定縣以北之清風店車站，當將其佔領，敵向望都潰退，另一部向完縣追擊前進。我八路軍連戰皆捷，西線截斷同蒲路敵之交通，使敵陷入我軍之包圍中。東綫又截斷平漢綫敵之交通，使南進之敵，後方受到嚴重威脅。據云：平漢綫的我國同胞紛紛響應我軍，幫助我軍，對日寇的獸行，憤恨異常云。

## 漳河南已無敵蹤

### 高邑偽軍舉行反正

### 津浦綫亦展開游擊戰爭

鄭州電：平漢綫敵人日前曾一度突破漳河以南我軍陣地，渡過漳河，佔領豐樂鎮，彰德形勢非常緊張。後因我援軍趕到，始將該敵擊退，重新奪回原來陣地，敵復退守漳河以北。是役敵人傷亡奇重，我軍亦有傷亡，俘敵人數百，繳獲甚多。劉正準備渡漳河前進。我空軍於廿五日亦飛平漢路前綫助戰，轟炸敵軍。

又電：河北省之高邑縣（石家莊南百餘里）駐的偽軍百餘人，因不堪受日方的壓迫，實行反正，與我游擊隊取得聯絡進攻敵人中。

濟南電：津浦綫正面連日無激戰，敵之主力集結在陵縣附近，屢被我軍襲擊，死傷極大，現仍在原陣地對峙中。我游擊隊某部於日前襲擊東光縣城（滄州以南），當將該城佔領，俘敵五人，繳槍五支，並將東光到桑園間的鐵橋破壞多處，敵人後方連絡已斷絕。現在津浦綫亦正開展着游擊戰。日軍非常恐慌。

## 晉東北均有激戰

### 敵忽後撤另有企圖

### 我方援兵兼程赴援

太原電：晉東娘子關仍在我軍把守中。二十五二十六兩日敵軍一部往後撤退，似另有企圖，我方已作嚴密戒備。舊關桃林之敵仍在猛攻，數日激戰，敵終無尺寸進展。我方△△△△援軍開到，已開到該地前線參加作戰，士氣很旺盛，陣地很鞏固，敵絕難得逞。

晉北忻口一帶，連日來均發生激戰，南懷化官村等陣地，曾一度被敵突破，旋我生力軍趕到，又將該民。

## 敵對我軍估計

### 指揮者能力缺乏

### 特長山地戰夜襲

前方專電：日前在晉北之前線上，我們搜獲日本軍官的文件中，內有一日軍官的日記冊，記載有日軍參謀本部對中國軍隊作戰的估計，大意謂：「中國軍隊對日作戰時，因為統帥能力之不足及避免責任的關係，往往要從此器斷，才能決定協同作戰；這樣容易喪失良機。就是器商後有很好的決定，有時也不能採用，或經採用，又屢次變更，所以常常失敗。同時華軍作戰的特長，是善於山地戰，常常舉行夜襲，這是給日軍以極大的障礙」云。又在同一冊子內說：「晉北日軍後方被紅軍截斷，交通斷絕，給養彈藥的供給非常缺乏」等語。足證明晉北日軍如何的恐慌啊！

延市召開

## 新促會員晚會

延安市新文字促進會於十月廿四日在大禮堂開會員晚會，除會員外，並有外面來的許多同志參加，並招待上海文化界的學者艾思奇等人。首先由毛主席報告分析新文字和漢字的關係及新文字發展的前途。繼由艾思奇先生周起應先生繼續發表對新文字的意見，後有音樂家呂驥先生教新文字字母歌，大家的情緒非常熱烈。最後由抗戰劇團第三隊第二隊出演戲劇，至夜十一時後才散會。

△　△

……處敵擊退，恢復了原來陣地，現仍在對峙中。敵人援兵仍不斷往前增加，現在晉北敵人約有十個聯隊以上，（十個團）。我方亦有生力軍數個開往前綫增援。

## 最後消息

我八路軍右翼某部於廿三日佔領靈邱，廿四日再佔領廣靈縣。左翼我軍再毀敵汽車數輛，擊潰敵騎兵一連。

上海日軍於廿五日佔領南翔大場二地後，京滬鐵路被截斷，閘北江灣一帶我軍於廿六廿七相繼退出，上海我軍已完全退出了。現我軍已退守太倉、崑山之綫。

## 日寇在滬目無他國

### 飛機擊斃英軍一名

### 德僑二人亦被槍傷

上海電：日軍在上海無理已極，日前曾開槍擊傷兩個德國僑民。日本駐滬總領事已向德國代理總領事表示道歉，願予賠償。又日本飛機在上海擊斃英軍一名，英政府態度甚強硬，已訓令該軍隊如再遇同樣事件時應立即還槍。已死的英兵於廿五日舉殯，英法美各國軍隊司令及商團總指揮與義海軍一隊均參加，中國亦派人參加，英當局拒絕日本派代表參加。

又電：上海英軍已奉令今後如再有日機襲擊，即可毫不猶疑，開槍射擊。據英駐軍司令官稱：這次事件關係重大，不能就地解決，該事件現已向政府報告，將由政府當局直接交涉云。

## 日寇到處殺人放火

### 晉北成為一片焦土

據悉：日軍所到的地方，經常有焚燒房屋，屠殺人民的事件發生，如：（一）靈邱到平型關沿途村莊，均被焚燬，人民多被屠殺。敵以在平型關數次失敗，均由當地群衆報告消息所致，故看見群衆即加慘殺。（二）靈邱及其附近，被殺死群衆七八百人，婦女被奸淫，竟有被奸而死者。（三）崞縣、代縣至平型關沿途村莊，被燒多處，正在繼續燒殺中，青年婦女多被捕去用車運走。（四）朔縣寧武兩城被殺的人民達數千人之多，慘狀不忍目睹。現廣靈、靈邱、大營、沙河、繁峙一帶已成一片焦土，所有群衆財物、牲畜、糧食均被日軍搶掠一空。全國人民奮起為死者復仇，驅除日寇。

## 敵六次增援上海

### 四旅團在出發途中

### 日方民氣非常恐慌

上海電：日軍在上海戰爭中，因傷亡過大，現又作六次增援，明有四個旅團已經在出發途中。二十一二十二二十三日曾先後到有援兵二萬餘人。二十四日到有萬餘人。二十五日又到有一萬五千餘人，內有化學部隊一千餘人，還有精銳之步兵二千餘人及砲兵三千餘人，不日可到。

又電：日本國內民氣非常恐慌，徵兵問題已達極困難的地步。近日盛傳日本又將增兵卅萬人到中國來，但是實際數目不過數萬人，都是老弱不堪的。日本國內工作人員多係婦女，壯丁已經很少了。

據息：日本國內已無正規軍隊可調，將預備兵役改為十八到至五十五歲，一律補充入伍。人民怨聲載道，甚至於有假裝瘋狂殺人入獄判罪，而不願當兵的。工廠工人大批被迫入伍，以至生產大受影響云。

八路軍

## 截敵獲勝

前方捷電：我八路軍之一部於廿三日黃昏時，在周莊附近，伏擊敵人由大同到岱岳的汽車三十二輛，當將敵汽車十八輛完全擊毀，車中滿載的糧食彈藥等用品，均被我軍燒燬，并俘虜日軍三十餘人，繳獲機關槍一挺，步槍十餘支，馬刀數十把，斃敵百餘人。

## 世界和平大會

### 英美挪威分會決議

### 譴責日寇侵略行為

倫敦電：世界和平大會英國分會日前在倫敦開會，討論遠東時局與西班牙問題。二十四日通過決議案，要求英政府設法促使其他各國普遍的進行抵制日貨運動。關於西班牙問題決定謂：德義既不能實行不干涉協定，英政府自當立即取消軍火運往西國的禁令，俾西班牙政府得自由購買軍火云。

挪威也召集世界和平大會分會，通過決議一致譴責日寇對中國的侵略行為，主張在九國公約會議上，討論辦法以對付日本云。

美國的和平大會議亦通過決議，稱贊政府參加九國公約會議，並譴責戰爭與侵略的行為。

## 三天任務兩天完成

### 大批手套襪子送紅軍

延市訊：我紅軍之某部奉命開赴抗日前綫，到綏德米脂等地佈防。延市人民在市委的動員下，準備動員一千五百雙手套和襪子慰勞該部隊。本市人民聞知這一消息，立即在各群衆團體中動員，限三日內完成任務。結果由於全體市民的抗戰熱忱，僅在兩天內就超過了原定計劃，動員了一千七百餘雙襪子和手套慰勞紅軍。（駱宗禹）

九國公約會議

## 英美將準備合作

### 日本正式拒絕參加

倫敦電：英國與美國在九國公約簽字國會議中，準備合作，只謀解決遠東局勢。解決辦法開將出來調解而不取懲處舉動。美國參加九國公約會議的代表團台維斯等人於廿九日抵比京。

比京電：九國公約會議，將展期至十一月三日舉行，日本已經決定拒絕參加這一會議。

## 不要怕敵人的恐嚇

中日戰爭發生以來，三個多月了。日寇對中國的掠奪，是遭受了意外的頑強抵抗。兩個多月以來，日寇始終沒有完成其佔領上海的目的。華北日軍，雖然在戰爭開始時，得着相當的進展，但仍然是付了不少的代價。因之日本軍閥們，在中國軍隊與人民頑強抵抗之下，不惜用盡一切毒辣手段，來企圖解破我軍的防禦陣綫。雞店的爭奪戰鬥中，以及最近日軍猛攻蘊藻浜南岸時，曾經施用其殺人最殘酷的毒瓦斯來屠殺中國人民。特別是最近紅軍出動，在晉北的戰場上，連獲無數次的勝利，經常截斷敵人的交通，威脅敵人的後方，使日寇恐慌萬狀。這些行動的勝利，弄得日寇手忙脚亂，無法應付。於是日本軍閥們，與大肆威嚇：「山西已成赤化勢力，日本為貫澈「防共」意志計，不得不用極殘酷的兵器——毒瓦斯來掃蕩這種赤化勢力」。日寇的這種威嚇，對於紅軍方面，是沒有任何作用的。因為紅軍在歷來為民族解放鬥爭中，已經鍛鍊了鋼鐵般的意志，威嚇利誘，決不能動搖我們十年來鬥爭的決心。相反的，我們更加認清楚了，我們的敵人對我們是殘忍的，是誓不兩立的。日寇這種威嚇的另一個目的，是在企圖破壞國共兩黨的團結，恐嚇那些動搖不定的份子。可是已經決心抗戰的賢明當局，決不會受這種威嚇而退縮。相反的，這種行為，會更加促成國共兩黨進一步的親密合作。日寇的陰謀破壞，只有放費苦心而已！

中國民族是在日寇壓迫下，促成我們的團結。六年來的中國人民，已經飽嘗過不少的經驗教訓。這一大團結，有他的共同目標與利益，有着一定的基礎，不是威嚇所能拆得散的。我們將看到在日寇的野獸行動中，這一基礎會更加充實與鞏固起來。

陝甘寧邊區

## 合作總社章程（續完）

第五章　職權及會議

……票，始得開會有出席人員過半數之同意，始得決議。

（四）社員大會之職權如左：甲，選舉及罷免董監會。乙：接受或審查社務報告書。丙：決定進行計劃。丁，社章之製定及修正。戊，決定其他主要事項。

第十四條　董事會每月一次，由董事長及主任監事分別召集之，於必要時，得召集……

第七章　結算

第十八條　本社營業施行細則另定之。

第十九條　結算：本社六個月為一期，結算一次，由董事會製成：一，資產負債表。二，損益計算書。三，財產目錄，經監事會審查後，報告社員大會。

第二十條　盈餘的處分：本社每期結算時如……

第八章　附則

第二十二條　本章程經社員大會通過，並由主管機關核准之日起施行。修正時亦同。

## 徵求曲詞

中國抗戰革命作曲家呂驥同志……

（四）青年進行曲

（五）抗戰動員

（六）保衛……

（七）民族統一戰綫

（八）為民主共和國而鬥爭

（九）抗大、黨校、陝北公學等校歌

（四）十一月份起特別抓緊自衛軍少先隊的整頓情形。

（五）其他（如文化教育等）。

十一月份起本報仍改為三天一期，希各通訊員多向我們投稿。

（二）十一月份出版……

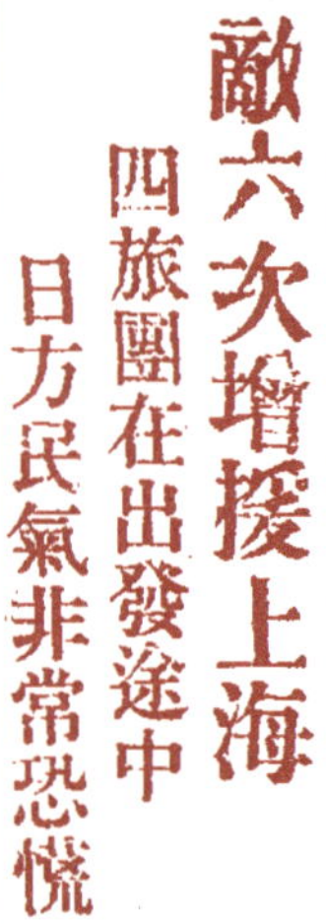
敵六次增援上海
四旅團在出發途中
日方民氣非常恐慌



期：新中华报零四百期
版：零一版
时间：一九三七年十月二十九日

# 敌六次增援上海

## 四旅团在出发途中
## 日方民气非常恐慌

**上海电：** 日军在上海战争中，因伤亡过大，现又作六次增援，闻有四个旅团已经在出发途中。二十一二十二二十三日曾先后到有援兵二万余人。二十四日到有万余人。二十五日又到有一万五千余人，内有化学部队□千余人，还有精锐之步兵二千余人及炮兵三千余人，不日可到。

**又电：** 日本国内民气非常恐慌，征兵问题已达极困难的地步。近日盛传日本又将增兵三十万人到中国来，但是实际数目不过数万人，都是老弱不堪的。日本国内工作人员多系妇女，壮丁已经很少了。

**据息：** 日本国内已无正规军队可调，将预备兵役改为十八到至五十五岁，一律补充入伍。人民怨声载道，甚至于有假装疯狂杀人入狱判罪，而不愿当兵的。工厂工人大批被迫入伍，以至工厂大受影响云。

Sin Zhung Xua Bao
一九三七年十月廿九日
第一版

# 新中華報

400
陝甘寧邊區政府機關報
發行：邊區政府收發科
定價：每期大洋一分 每月大洋六分 每年大洋七毛

動員[illegible]慰勞第八路軍英勇抗敵將士！

猛烈開展着的游擊戰爭

# 平漢綫敵人交通全被截斷

## 我軍佔領唐縣清風店

## 襲佔蔚縣繳獲無數

前方捷電：佔領廣靈城之我軍某部，乘勝追擊敵人，於廿四日繼續襲擊察南蔚縣之敵，當將該城佔領，敵向張家口逃竄，是役我軍繳獲輕機槍二挺，步槍數十支，毀敵汽車數輛，我軍正乘勝前進中。

又捷電：我第八路軍之一部於日前佔領河北之唐縣，繳獲軍用品甚多。一部襲擊定縣以北之清風店車站，當將其佔領，敵向望都潰退，另一部向完縣追擊前進。我八路軍連戰皆捷，西綫截斷同蒲路敵之交通，使敵陷入我軍之包圍中。東綫又截斷平漢綫敵之交通，使南進之敵，後方受到嚴重威脅。據云：平漢綫的我國同胞紛紛響應我軍，幫助我軍，對日寇的獸行，憤恨異常云。

# 漳河南已無敵蹤

## 高邑僞軍舉行反正

## 津浦綫亦展開游擊戰爭

鄭州電：平漢綫敵人日前曾一度突破漳河以南我軍陣地，渡過漳河，佔領豐樂鎮，彰德形勢非常緊張。後因我援軍趕到，始將該敵擊退，重新奪回原來陣地，敵復退守漳河以北。是役敵人傷亡奇重，我軍亦有傷亡，俘敵人數百，繳獲甚多。刻正準備渡漳河前進。我空軍於廿五日亦飛平漢路前綫助戰，轟炸敵軍。

又電：河北省之高邑縣（石家莊南百餘里）駐的僞軍百餘人，因不堪受日方的壓迫，實行反正，與我游擊隊取得聯絡進攻敵人中。

濟南電：津浦綫正面連日無激戰，敵之主力集結在陵縣附近，屢被我軍襲擊，死傷極大，現仍在原陣地對峙中。我游擊隊某部於日前襲擊東光縣城（滄州以南），當將該城佔領，俘敵五人繳槍五支，并將東光到桑園間的鐵橋破壞多處，敵人後方連絡已斷絕。現在津浦綫亦正開展着游擊戰。日軍非常恐慌。

# 晉東北均有激戰

## 敵忽後撤另有企圖

## 我方援兵兼程赴援

太原電：晉東娘子關仍在我軍把守中。二十五二十六兩日敵軍一部往後撤退，似另有企圖，我方已作嚴密戒備。舊關核桃園之敵仍在猛攻，激日激戰，敵終無尺寸進展。我方△△△△援軍，已開到該地前綫參加作戰，士氣很旺盛，陣地很鞏固，敵絕難得逞。

晉北忻口一帶，連日來均發生激戰，南懷化官村等陣地，曾一度被敵突破，旋我生力軍趕到，又將該處敵擊退，恢復了原來陣地，現仍在對峙中。敵人援兵仍不斷往前增加，現在晉北敵人約有十個聯隊以上，（十個團）。我方亦有生力軍數個開往前綫增援。

# 敵對我軍估計

## 指揮者能力缺乏

## 特長山地戰夜襲

前方專電：日前在晉北之戰綫上，我們搜獲日本軍[illegible]，內有一日軍官的日記，記載日軍參謀本部對中國軍隊作戰的估計，大意謂：「中國軍隊對日作戰時，因指揮能力之不足及避免責任的關係，往往要彼此商量才能決定協同作戰；這樣容易喪失良機。就是說商議後有很好的決定，有時也不能採用，或經採用，又屢次變更，所以常常失敗。同時華軍作戰的特長，是善於山地戰，常常舉行夜襲，這是給日軍以極大的威脅」云。又在同一冊子內說：「晉北日軍後方被紅軍截斷，交通斷絕，給養彈藥的供給非常缺乏」等語。足證明晉北日軍如何的恐慌呵！

# 日寇在滬目無他國

## 飛機擊斃英軍一名

## 德僑二人亦被槍傷

上海電：日軍在上海無理已極，日前竟開槍擊傷兩個德國僑民。日本駐滬總領事已向德國代理總領事表示道歉，願予賠償。又日本飛機在上海擊斃英軍一名，英政府態度甚強硬，已訓令該軍隊如再遇同樣事件時應立即還槍。死的英兵於廿五日殯殮，英法美各國軍司令及商團總指揮淺海軍一隊均參加，中國亦派人參加，英當局拒絕日本派代表參加。

又電：上海英軍已令今後如再有日機轟擊，即可毫不猶疑開槍射擊。據英駐司令官稱：這次事關係重大，不能就解決，該事件現已向政府報告，將由政府當局直接交涉云。

# 新促會員晚會

延市召開

延安市新文字促進會於十月廿四日在大禮堂開會員晚會，除會員外，並有外面來的許多同志參加，並招待上海文化界的學者艾思奇等人。首先由毛主席報告分析新文字和漢字的關係及新文字發展的前途。繼由艾思奇先生周起應先生繼續發表對新文字的意見，後有音樂家呂驥先生教新文字字母歌，大家的情緒非常熱烈。最後由抗戰劇團第三隊第二隊出演戲劇，至夜十一時後才散會。

△ △

# 最後消息

我八路軍右翼某部於廿三日佔領靈邱，廿四日再佔領廣靈縣。左翼我軍再毀敵汽車數輛，擊潰敵騎兵一連。

上海日軍於廿五日佔領南翔大場二地後，京滬鐵路被截斷，閘北江灣一帶我軍於廿六廿七相繼退出，上海我軍已完全退出了。現我軍已退守太倉、崐山之綫。

# 日寇到處殺人放火

## 晉北成爲一片焦土

據悉：日軍所到的地方，經常有焚燒房屋，屠殺人民的事件發生，如：（一）靈邱到平型關沿途村莊，均被焚燬，人民多被屠殺。敵以在平型關數次失敗，均由當地羣衆報告消息所致，故看見羣衆即加慘殺。（二）靈邱及其附近，被殺死羣衆七八百人，婦女被奸淫，竟有被奸而死者。（三）繁峙、代縣至平型關沿途村莊，被燒多處，正在繼續燒殺中，青年婦女多被捕去用車運走。（四）朔縣寧武兩城被殺的人民達數千人之多，慘狀不忍目覩。現廣靈、靈邱、大營、沙河、繁峙一帶已成一片焦土，所有羣衆財物、牲畜、糧食均被日軍搶掠一空。全國人民應起爲死者復仇，驅除日寇。

# 敵六次增援上海

## 四旅團在出發途中

## 日方民氣非常恐慌

上海電：日軍在上海戰爭中，因傷亡過大，現又作六次增援，聞有四個旅團已經在出發途中。二十一二十二二十三日曾先後到有援兵二萬餘人。二十四日到有萬餘人。二十五日又到有一萬五千餘人，內有化學部隊約千餘人，還有精銳之步兵二千餘人及砲兵三千餘人，不日可到。

又電：日本國內民氣非常恐慌，徵兵問題已達極困難的地步。近日盛傳日本又將徵兵卅萬人到中國來，但是實際數目不過數萬人，都是老弱不堪的。日本國內工作人員多係婦女，壯丁已經很少了。

據息：日本國內已無正規軍隊可調，將預備兵役改爲十八到至五十五歲，一律補充入伍。人民怨聲載道，甚至於有假裝瘋狂殺人入獄判罪，而不願當兵的。工廠工人大批被迫入伍，以至於廠方大受影響云。

# 八路軍截敵獲勝

前方捷電：我八路軍之一部於廿三日黃昏時，在崞莊附近，伏擊敵人由大同到岱岳的汽車三十二輛，當將敵汽車十八輛完全擊燬，車中滿載的糧食彈藥等用品，均被我軍繳獲，并俘虜日軍三十餘人，繳輕機關槍一挺，步槍十餘支，馬刀數十把，斃敵百餘人。

# 世界和平大會

## 英美挪威分會決議

## 譴責日寇侵略行爲

倫敦電：世界和平大會英國分會日前在倫敦開會，討論遠東時局與西班牙問題。二十四日通過決議案，要求英政府設法促使其他各國普遍的進行抵制日貨運動。關於西班牙問題決定請英政府自當立即取消軍火運往西國的禁令，俾西班牙政府得自由購買軍火云。挪威也召集世界和平大會分會，通過決議一致譴責日寇對中國的侵略行爲，主張在九國公約會議上，討論辦法以對付日本云。美國的和平大會[illegible]，稱贊政府參加九國公約會議，並譴責戰爭與侵略的行爲。

# 三天任務兩天完成

## 大批手套襪子送紅軍

延市訊：我紅軍之某部奉命開赴抗日前綫，到綏德米脂等地佈防。延市人民在市委的動員下，準備動員一千五百雙手套和襪子慰勞該部隊。本市人民聞知這一消息，立即在各羣衆團體中動員，限三日內完成任務。結果由於全體市民的抗戰熱忱，僅在兩天內就超過了原定計劃，動員了一千七百餘雙襪子和手套慰勞紅軍。（駱芸畫）

# 九國公約會議

## 英美將準備合作

## 日本正式拒絕參加

倫敦電：英國與美國在九國公約簽字國會議中，準備合作，只謀解決遠東局勢。解決辦法聞將出來調解而不取懲處舉動。美國參加九國公約會議的代表團台維斯等人於廿九日抵比京。

比京電：九國公約會議，將展期至十一月三日舉行，日本已經決定拒絕參加這一會議。

# 不要怕敵人的恐嚇

中日戰爭發生以來，三個多月了。日寇對中國的掠奪，是遭受了意外的頑強抵抗。兩個多月以來，日寇始終沒有完成其佔領上海的目的。華北日軍，雖然在戰爭開始時，得着相當的進展，但仍然是付了不少的代價。因之日本軍閥們，在中國軍隊與人民頑強抵抗之下，不惜用盡一切毒辣手段，來企圖瓦解破壞我軍的防禦陣綫。羅店的爭奪戰鬥中，以及最近日軍猛攻蘊藻浜南岸時，曾經施用其殺人最殘酷的毒瓦斯來屠殺中國人民。特別是最近紅軍出動，在晉北的戰場上，連獲無數次的勝利，經常截斷敵人的交通，威脅敵人的後方，使日寇恐慌萬狀。這些行動的勝利，弄得日寇手忙腳亂，無法應付。於是日本軍閥們，叫大聲喊嚇：「山西已成赤化勢力，日本爲貫澈「防共」意志計，不得不用極殘酷的兵器——毒瓦斯來撲滅這種赤化勢力」。日寇的這種威嚇，對於紅軍方面，是沒有任何用的。因爲紅軍在歷來爲民族解放鬥爭中，已鍛鍊了鋼鐵般的意志，威嚇利誘，決不能動搖我們十年來鬥爭的決心。相反的，我們更加認清楚了我們的敵人對我們是殘忍的，是誓不兩立的。日寇的另一個目的，是在企圖破壞國共兩黨的團結，恐嚇那些動搖不定的份子。可是已經決心抗戰的賢明當局，決不會受這種威嚇而退縮。相反的這種行爲，會更加促成國共兩黨進一步的親密合作。日寇的陰謀破壞，只有枉費苦心而已！

中國民族是在日寇壓迫下，已經飽受過不少的經驗。六年來的中國人民，已經促成我們的團結。這一大團結，有他的共同目標與利益，有着[illegible]的基礎，不是威嚇所能拆得散的，我們將會在日寇的野獸行動中，這一基礎會更加充實與鞏固起來。

# 陝甘寧邊區合作總社章程

（續完）

第五章 職權及會議

[illegible]選，始得開會有出席人員過半數之同意，始得決議。（四）社員大會之職權如左：甲，選舉及罷免理監會。乙：接受或審查社務報告書。丙：決定進行計劃。丁，社章之製定及修正。戊：決定其他主要事項。

第十四條 社員大會每月一次，由理事長及主任監事分別召集之，於必要時，得召集[illegible]

第十八條 本社營業施行細則另定之。

第七章 結算

第十九條 結算：本社六個月爲一期，結算一次，由理事會製成：一，資產負債表。二，損益計算書。三，財產目錄，經監事會審查後，報告社員大會。

第二十條 盈餘的處分：本社每期結算時如[illegible]

第八章 附則

第二十二條 本章程經社員大會通過，並由主管機關核准之日起施行。修正時亦同。

# 徵求曲詞

中國抗戰革命作曲家[illegible]

（四）青年進行曲
（五）抗戰總動員
（六）保衛西北
（七）民族統一戰綫
（八）爲民主共和國而鬥爭
（九）抗大、黨校、陝北公學等校歌

（四）十一月份起特別抓緊自衛軍少先隊的整頓情形。
（五）其他（如文化教育建設等）
[illegible]訊員多向我們投稿。十一月份起本報仍改爲三天一期，希各通[illegible]
（二）十一月份出版文藝副刊，（六天一次）[illegible]

期
新中华报零四百期
版
零一版
时间
一九三七年十月二十九日

# 不要怕敌人的恐吓

中日战争发生以来，三个多月了。日寇对中国的掠夺，是遭受了意外的顽强抵抗。两个多月以来，日寇始终没有完成其占领上海的目的。华北日军，虽然在战争开始时，得着相当的进展，但仍然是付了不少的代价。因之日本军阀们，在中国军队与人民顽强抵抗之下，不惜用尽一切毒辣手段，来企图击破我军的防御阵线。罗店的争夺战斗中，以及最近日军猛攻蕴藻浜南岸时，曾经施用其杀人最残酷的毒瓦斯来屠杀中国人民。特别是最近红军出动，在晋北的战场上，连获无数次的胜利，经常截断敌人的交通，威胁敌人的后方，使日寇恐慌万状。这些行动的胜利，弄得日寇手忙脚乱，无法应付。于是日本军阀们，则大声威吓："山西已成赤化势力，日本为贯彻'防共'意志计，不得不用极残酷的兵器——毒瓦斯来扫荡这种赤化势力"。日寇的这种威吓，对于红军方面，是没有任何作用的。因为红军在历来为民族解放斗争中，已经锻炼了钢铁般的意志，威吓利诱，决不能动摇我们十年来斗争的决心。相反的，我们更加认清楚了，我们的敌人对我们是残忍的，是誓不两立的。日寇这种威吓的另一个目的，是在企图破坏国共两党的团结，恐吓那些动摇不定的份子。可是已经决心抗战的贤明当局，决不会受这种威吓而退缩。相反的，这种行为，会更加促成国共两党进一步的亲密合作。日寇的阴谋破坏。只有煞费苦心而已！

六年来的中国人民，已经饱尝过不少的经验教训。中国民族是在日寇压迫下，促成我们的团结。这一大团结，有他的共同目标与利益，有着一定的基础，不是威吓所能拆得散的，我们将看到在日寇的野兽行动中，这一基础会更加充实与巩固起来。

# 新中華報

400

陝甘寧邊區政府機關報

發行處邊區政府收發科

定價　每期大洋一分　每月大洋六分　每年大洋七毛


## 猛烈開展着的游擊戰爭
# 平漢綫敵人交通全被截斷
## 我軍佔領唐縣清風店 襲佔蔚縣繳獲無數

前方捷電：佔領廣靈城之我軍某部，乘勝追擊敵人，於廿四日繼續襲擊察南蔚縣之敵，當將該城佔領，敵向張家口逃竄，是役我軍繳獲輕機槍二挺，步槍數十支，斃敵數百，毀敵汽車數輛，我軍正乘勝前進中。又捷電：我第八路軍之一部於日前佔領河北之唐縣，繳獲軍用品甚多。一部襲擊定縣以北之清風店車站，當將其佔領，敵向望都潰退，另一部向完縣追擊前進。我八路軍運戰皆捷，西線截斷同蒲路敵之交通，使敵陷入我軍之包圍中。東線又截斷平漢線敵之交通，使南進之敵，後方受到嚴重威脅。據云：平漢線的我國同胞紛紛響應我軍，幫助我軍，對日寇的獸行，憤恨異常云。

# 漳河南已無敵蹤
## 高邑僞軍嚮行反正
## 津浦綫亦展開游擊戰爭

鄭州電：平漢綫敵人日前曾一度突破漳河以南我軍陣地，渡過漳河，佔領豐樂鎮，彰德形勢非常緊張。後因我援軍趕到，始將該敵擊退，重新奪回原來陣地，敵復退守漳河以北。是役敵人傷亡奇重，我軍亦有傷亡，俘敵人數百，繳獲甚多。刻正準備渡漳河前進。我空軍於廿五日亦飛平漢路前綫助戰，轟炸敵軍。

又電：河北省之高邑縣（石家莊南百餘里）駐的僞軍百餘人，因不堪受日方的壓迫，實行反正，與我游擊隊取得聯絡進攻敵人中。

濟南電：津浦綫正面連日無激戰，敵之主力集結在德縣附近，屢被我軍襲擊，死傷極大，現仍在原陣地對峙中。我游擊隊某部於日前襲擊東光縣城（滄州以南），嘗將該城佔領，俘敵五人繳槍五支，并將東光到桑園間的鐵橋破壞多處，敵人後方連絡已斷絕。現在津浦綫亦正開展着游擊戰。日軍非常恐慌。

# 晉東北均有激戰
## 敵忽後撤另有企圖
## 我方援兵兼程赴援

太原電：晉東娘子關仍在我軍把守中。二十五二十六兩日敵軍一部往後撤退，似另有企圖，我方已作嚴密戒備。舊關棧桃園之敵仍在猛攻，數日激戰，敵終無尺寸進展。我方△△△△數師，已開到該地前綫參加作戰，士氣很旺盛，陣地很鞏固，敵絕難得逞。晉北忻口一帶，連日來均發生激戰，南懷化官村等陣地，曾一度被敵突破，旋我生力軍趕到，又將該處敵擊退，恢復了原來陣地，現仍在對峙中。敵人援兵仍不斷往前增加，現在晉北敵人約有十個聯隊以上，（十個團）。我方亦有生力軍數個開往前綫增援。

## 敵對我軍估計
# 指揮者能力缺乏
## 特長山地戰夜襲

前方專電：日前在晉北之忻口戰綫上，我們搜獲日本軍官的文件中內有一日軍官的日記冊，記載有日軍參謀本部對中國軍隊作戰的估計，大意謂：「中國軍隊對日作戰時，因爲統帥能力之不足及避免責任的關係，往往要從此釁齣，才能決定協同作戰；這樣容易喪失良機。就是戰術後有很好的決定，有時也不能或經採用，又屢次變更，所以常常失敗。同時華軍作戰的特長，是善於山地戰，常常舉行夜襲，這是給日軍以極大的障礙」云。又在同一冊子內說：「晉北日軍後方被紅軍截斷，交通斷絕，給養彈藥的供給非常缺乏」等語。足證明晉北日寇如何的恐慌呵！

# 延市召開 新促會員晚會

延安市新文字促進會於十月廿四日在大禮堂開會員晚會，除會員外，並有外面來的許多同志參加，並招待上海文化界的學者艾思奇等人。首先由毛主席報告分析新文字和漢字的關係及新文字發展的前途。繼由艾思奇先生周起應先生繼續發表對新文字的意見，後有音樂家呂驥先生教新文字字母歌，大家的情緒非常熱烈。最後由抗戰劇團第三隊第二隊出演戲劇，至夜十一時後才散會。

△　△

# 日寇在滬目無他國
## 飛機擊斃英軍一名
## 德僑二人亦被槍傷

上海電：日軍在上海無理已極，日前竟開槍擊傷兩個德國僑民。日本駐滬總領事已向德國代理總領事表示道歉，願予賠償。又日本飛機在上海擊斃英軍一名，英政府態度甚強硬，已訓令該軍隊如再遇同樣事件時應立即還槍。已死的英兵於廿五日舉殯，英法美各國軍隊司令及商團總指揮與義海軍一隊均參加，中國亦派人參加，英當局拒絕日本派代表參加。

又電：上海英軍已奉令今後如再有日機襲擊，即可毫不猶疑，開槍射擊。據英駐軍司令官稱：這次事件關係重大，不能就地解決，該事件現已向政府報告，將由政府當局直接交涉云。

# 日寇到處殺人放火
## 晉北成爲一片焦土

據悉：日軍所到的地方，經常有焚燒房屋，屠殺人民的事件發生，如：（一）靈邱到平型關沿途村莊，均被焚燬，人民多被屠殺。敵以在平型關數次失敗，均由當地群衆報告消息所致，故看見群衆即加慘殺。（二）靈邱及其附近，被殺死群衆七八百人，婦女被奸淫，竟有被奸而死者。（三）嶧縣、代縣至平型關沿途村莊，被燒多處，並在繼續燒殺中，青年婦女多被捕去用車運走。（四）朔縣寧武兩城被殺的人民達數千人之多，慘狀不忍目睹。現廣靈、靈邱、大營、沙河、繁峙一帶已成一片焦土，所有群衆財物、牲畜、糧食均被日軍搶掠一空。全國人民務起爲死者復仇，驅除日寇。

# 敵六次增援上海
## 四旅團在出發途中
## 日方民氣非常恐慌

上海電：日軍在上海戰爭中，因傷亡過大，現又作六次增援，聞有四個旅團已經在出發途中。二十一二十二二十三日曾先後到有援兵二萬餘人。二十四日到有萬餘人。二十五日又到有一萬五千餘人，內有化學部隊四千餘人，還有精銳之步兵二千餘人及砲兵三千餘人，不日可到。

又電：日本國內民氣非常恐慌，徵兵問題已達極困難的地步。近日盛傳日本又將增兵卅萬人到中國來，但是實際數目不過數萬人，都是老弱不堪的。日本國內工作人員多係婦女，壯丁已經很少了。

據息：日本國內已無正規軍隊可調，將預備兵役改爲十八到至五十五歲，一律補充入伍。人民怨聲載道，甚至於有假裝瘋狂殺人入獄判罪，而不願當兵的。工廠工人大批被迫入伍，以至生產大受影響云。

## 八路軍
# 截敵獲勝

前方捷電：我八路軍之一部於廿三日黃昏時，在南莊附近，伏擊敵人由大同到岱岳的汽車三十二輛，當將敵汽車十八輛完全擊燬，車中滿載的糧食彈藥等用品，均被我軍毀燬，并俘虜日軍三十餘人，繳獲輕機關槍一挺，步槍十餘支，馬刀數十把，斃敵百餘人。

# 不要怕敵人的恐嚇

中日戰爭發生以來，三個多月了。日寇對中國的掠奪，是遭受了意外的頑強抵抗。兩個多月以來，日寇始終沒有完成其佔領上海的目的。華北日軍，雖然在戰爭開始時，得着相當的進展，但仍然是付了不少的代價。因之日本軍閥們，在中國軍隊與人民頑強抵抗之下，不惜用盡一切毒辣手段，來企圖衝破我軍的防禦陣綫。雞店的爭奪戰鬥中，以及最近日軍猛攻蘊藻浜南岸時，曾經施用其殺人最殘酷的毒瓦斯來屠殺中國人民。特別是最近紅軍出動，在晉北的戰場上，連獲無數次的勝利，經常截斷敵人的交通，威脅敵人的後方，使日寇恐慌萬狀。這些行動的勝利，弄得日寇手忙腳亂，無法應付。於是日本軍閥們，因大發威嚇：「山西已成赤化勢力，日本爲貫徹『防共』意志計，不得不用最殘酷的兵器——毒瓦斯來掃蕩這種赤化勢力」。日寇的這種威嚇，對於紅軍方面，是沒有任何作用的。因爲紅軍在歷來爲民族解放鬥爭中，已經鍛鍊了鋼鐵般的意志，威嚇利誘，決不能動搖我們十年來鬥爭的決心。相反的，我們更加認清楚了，我們的敵人對我們是殘忍的，是勢不兩立的。日寇這種威嚇的另一個目的，是在企圖破壞國共兩黨的團結，恐嚇那些動搖不定的份子。可是已經決心抗戰的賢明當局，決不會受這種威嚇而退縮。相反的，這種行爲，會更加促成國共兩黨進一步的親密合作。日寇的陰謀破壞，只有枉費苦心而已！六年來的中國人民，已經飽嘗過不少的經驗教訓。中國民族是在日寇壓迫下，促成我們的團結。這一大團結，有他的共同目標與利益，有着一定的基礎，不是威嚇所能拆散的。我們將看到在日寇的野獸行動中，這一基礎會更加充實與鞏固起來。

# 最後消息

我八路軍右翼某部於廿三日佔領靈邱，廿四日再佔領廣靈縣。左翼我軍再毀敵汽車數輛，擊潰敵騎兵一連。

上海日軍於廿五日佔領南翔大場二地後，京滬鐵路被截斷，閘北江灣一帶我軍於廿六廿七相繼退出，上海我軍已完全退出了。現我軍已退守太倉、崑山之綫。

## 世界和平大會
# 英美挪威分會決議
## 譴責日寇侵略行爲

倫敦電：世界和平大會英國分會日前在倫敦開會，討論遠東時局與西班牙問題。二十四日通過決議案，要求英政府設法促使其他各國普遍的進行抵制日貨運動。關於西班牙問題決定譴責德義既不能實行不干涉協定，英政府自當立即取消軍火進往西國的禁令，俾西班牙政府得自由購買軍火云。挪威也召集世界和平大會分會，通過決議一致譴責日寇對中國的侵略行爲，主張在九國公約會議上，討論辦法以對付日本云。美國的和平大會也召集會議，嚴責政府參加九國公約會議，並譴責戰爭與侵略的行爲。

# 三天任務兩天完成
## 大批手套襪子送紅軍

延市訊：我紅軍之某部奉命開赴抗日前綫，到綏德米脂等地佈防。延市人民在市委的動員下，準備動員一千五百雙手套和襪子慰勞該部隊。本市人民聞知這一消息，立即在各群衆團體中動員，限三日內完成任務。結果由於全體市民的抗戰熱忱，僅在兩天內就超過了原定計劃，動員了一千七百餘雙襪子和手套慰勞紅軍。（駱芸雲）

## 九國公約會議
# 英美將準備合作
## 日本正式拒絕參加

倫敦電：英國與美國在九國公約簽字國會議中，準備合作，以謀解決遠東局勢。解決辦法聞將出來調解而不取懲處舉動。美國參加九國公約會議的代表團台維斯等人於廿九日抵比京。比京電：九國公約會議，將展期至十一月三日舉行，日本已經決定拒絕參加這一會議。

## 陝甘寧邊區
# 合作總社章程（續完）

第五章　職權及會議

……始得開會，有出席人員過半數之同意，始得決議。（四）社員大會之職權如左：甲，選舉及罷免理監會。乙：接受或審查社務報告書及修正。丙：決定進行計劃。丁：社章之製定及修正。戊：決定其他主要事宜。

第十四條　理事會每月一次，由主席理事及主任監事分別召集之，於必要時，得召集……

第十八條　本社營業施行細則另定之。

第七章　結算

第十九條　結算：本社六個月爲一期，結算一次，由理事會製成：一，資產負債表，二，損益計算表，三，財產目錄，經監事會審查後，報告社員大會。

第二十一條　盈餘之分配：本社每期結算時如……

第八章　附則

第二十二條　本章程經社員大會通過，報由主管機關核准之日起施行。修正時亦同。

# 徵求曲詞

中國抗戰革命作曲家……[illegible]

（四）青年進行曲（五）抗戰總動員（六）保衛邊區（七）民族統一戰綫（八）爲民主共和國而鬥爭（九）抗大、黨校、陝北公學等校歌

（四）十一月份起特別抓緊自衛軍少先隊的整頓情形。（五）其他（如文化教育等）十一月份起本報仍改爲三天一期，希各通訊員多向我們投稿。（二十一月份出版文藝副刊）……[illegible]

……第八路軍英勇抗敵將士！

滬我軍退三道防線
被圍我軍安全退出
廣福鎮又陷落敵手

期：新中华报零四百零一期
版：零一版
时间：一九三七年十一月四日

## 沪我军退三道防线

### 被围我军安全退出
### 广福镇又陷落敌手

**上海电：** 敌人突破我军二道防线后，先后占领了南翔、大场、真茹、闸北、江湾等地区，我军退守第三道防线，在苏州河以南，小南翔一带为我军前线阵地。当我军撤退时，有小部份（八八师之一团）因撤退不及，被包围有四五天之久，尤顽强与敌抗战，最后才奉命冲出敌人重围，安全归队，没有一个动摇投降的，这种精神，实为我们所钦佩赞许！现在敌我正隔苏州河南北两岸对战中。敌人曾经无数次偷渡苏州河，袭击我军阵地，均被我军击退，我方略有缴获，仍把守南岸阵地，现该阵地尚称巩固。

**又讯：** 敌第二师团之主力向我广福镇阵地猛烈进犯，经数小时之激战，敌人源源增加，我迫不得已始行后撤，广福镇又陷落敌手了。

# 新中華報

401

陝甘寧邊區政府機關報
發行處邊區政府收發科

定價：每期大洋一分　每月大洋六分　每年大洋七毛

## 勝利消息繼續傳來
## 八路軍一部確已佔領定縣
### 我軍所向無攻不克
### 敵人後方屢遭襲擊

前方捷電：我八路軍之一部於上月二十六日襲擊三岔敵之敵，激戰數小時，到黃昏時，始將敵全部擊潰。是役擊斃敵三百餘人，繳獲騾馬三百餘匹，步槍數十枝，無線電及彈藥甚多。

又我軍之另一部於同日在東石門村附近截獲敵軍輜重隊，繳獲行李數十箱，擊斃敵人十餘名，殘敵狼狽潰竄。

又我軍另一部襲佔繁峙縣城後，繳獲步槍三十餘支，其他軍用品甚多，捉獲漢奸縣長一名，財政局長一名，正在審辦中。

我八路軍一部自佔領清風店，截斷平滬路敵人交通後，一部繼續南進，於二十九日確實克復定縣，繳獲軍用品不可勝數，殘敵分向新樂安國敗退，我軍正乘勝追剿中。

我騎兵一部二十七日克復廣武後，敵人交通完全斷絕，另一部破壞了岱岳東南桑乾河上的橋梁。雁門大同道上敵人被我軍經常攻擊，恐慌萬分，原分散各地的守備隊，現已撤回至岱岳，懷仁，大同三處。

## 滬我軍退三道防線
### 被圍我軍安全退出
### 廣福鎮又陷落敵手

上海電：敵人突破我軍二道防線後，先後佔領了南翔、大場、眞茹、閘北、江灣等地區，我軍退守第三道防線，在蘇州河以南，小南翔一帶爲我軍前線陣地。當我軍撤退時，有小部份（八八師之一團）因撤退不及，被包圍有四五天之久，尤頑強與敵抗戰，最後才奉命沖出敵人重圍，安全歸隊，沒有一個動搖投降的，這種精神，實爲我們所欽佩讚許！現在敵我正隔蘇州河南北兩岸對戰中。敵人曾經無數次偷渡蘇州河，襲擊我軍陣地，均被我軍擊退，我方略有繳獲，仍把守南岸陣地，現該陣地尙稱鞏固。

又訊：敵第二師團之主力向我廣福鎮陣地猛烈進犯，經數小時之激戰，敵人源源增加，我迫不得已始行後撤，廣福鎮又陷落敵手了。

## 敵人傾全力犯晉
### 謀完成第一步計劃
### 晉東北連日鏖戰

據確息：日寇決定在九國公約會議以前，完成他完全佔領上海與晉省各地的企圖，以此來壓迫中國當局，我們在華北方面，亦正以全力來支持晉省抗戰局面，所以又加派大批生力軍趕程向上海晉省各戰線增援，來打破日寇的陰謀計劃。

太原電：晉東娘子關於上月二十五日失守後，我軍退集於平定縣及陽泉以東各陣地。現敵正在用其全力以謀佔領太原，平漢津浦線之敵均紛紛集中於石家莊，準備西開攻山西，足見敵人企圖，是在奪取山西省，來完成其控制華北的第一步軍事計劃。晉北之敵，連日來亦猛烈向我軍陣地進犯，以盟籐村陣地戰爭，最爲激烈，敵在這一線將準備加派一個師團增援。其一個聯隊已經開到前線參戰。該方我軍亦奮勇抵抗，來打破敵人計劃。戰事非常激烈，敵人在晉北傷亡已達二萬餘人，敵旅團長籐田，師團長寺田先後被我軍擊斃，我軍傷亡亦復不少云。

## 日本向南京提出六個條件

據息：日本向南京政府提出如下幾個條件，如南京承認的話，那麼日軍馬上停止在華的軍事行動。條件是：

一、組織內蒙古共和國。
二、華北自治。
三、上海日軍佔領的地方劃爲日租界。
四、日本有在中國沿海捕魚權。
五、中國退出國聯。
六、取消中國軍事航空。

聞南京已否認這個消息。

## 平漢津浦綫戰事沉寂
### 敵人主攻目標在太原

現在華北戰爭重心已移到山西去了，敵人除加派大批援軍到晉北參戰外，由晉東調集大批主力西進。因之津浦平漢兩線戰事近來比較遲綏，津浦線敵人在德州以南只有一個師團，師團部駐防德州，一個旅團佈置在平原以南，主力仍在陵縣附近，戰事無甚變化。平漢線敵軍仍在漳河以北未動。自敵一部向後退，似集結石家莊，沿正太鐵路前進，準備增加晉東戰線。

## 目前的時局
### 毛主席在陝公開學典禮會上的講演

同志們！你們要求我講時局問題，趁着你們開學的機會，我就來講一講這個問題，這個問題是與你們有密切聯系的。因爲學習的人，教育的人都是爲着一個目的，這就是挽救民族與社會危機。

現在的形勢是很緊張的。上海第二道防線失守，晉東敵人已經突破了娘子關，要與晉北之敵配合，向太原前進。目前有兩個問題提出在我們面前，就是：（一）再打還是不再打？（二）怎麼樣打？

現在戰爭形勢，我們顯然不順利。這是由於過去我們只是單面的抗戰，不是全面抗戰。現在外面有好多人說現在已是全面的抗戰，這是不對的。因爲在地域上說是全面，在成分上說只是一面，還有廣大的羣衆并沒有發動到抗戰中來，只是軍隊和政府來幹而已，所以我們遭受了許多失敗。在這種情形下，有一種新的危險在增長着，漢奸與親日派乘機抬頭，「戰必敗」「唯武器論」這一套，一定會跟着活動。他們的結論是：中國打不過，只有投降。民族投降主義是目前新的危險。

我們必須認識，過去我們的抗戰是有着不可抹煞的成績的，這些成績是什麼呢？（一）我們的戰爭是革命的，是百年來未有的，他的性質，是革命的。（二）在抗戰中中國國內即比較團結了。（三）在軍事上，我們雖然遭受許多失敗，但給了日寇以相當嚴重的打擊。（四）取得了國際間的同情。（五）這最重要的，就是在戰爭中取得了深刻的教訓，單面的抗戰是不能取得勝利的。

我們決不要因現在的局面而悲觀，我們完全贊助蔣介石先生在十月九月的演說，堅決打到底，一直打到最後一個人一根槍還要再打，這就是共產黨「爲保衛祖國流最後一滴血」的意思，是目前時局的根本方針。

一定要再打，但怎麼樣打呢？在軍事上要學第八路軍的打法，就是要活打，不要死打，我們過去只是挨敵人的打，所以必須改變一個打法。我們去打敵人，最主要的是執行共產黨所提出的抗日救國十大綱領，動員四萬萬五千萬中國人參加抗戰，組織他們，武裝他們，這是一個最偉大的力量，只有這個力量，中國才能打勝仗。全國一定要學習八路軍的樣子眞正的做到軍民一致，官兵一致，用改造軍隊精神加強軍隊中的政治工作去達到目的，只有這樣，才能挽回目前嚴重的局勢，這就是執行再打方針的正確辦法，有了這方針與辦法兩方面，我們就一定能戰勝日本帝國主義。

我們要造就大批的民族革命幹部，他們是有革命理論的，他們是富於犧牲精神的，他們是革命的先鋒隊。只有依靠成千成萬的好幹部，革命的方針與辦法，才能執行全面的全民族的革命戰爭，才能出現於中國，才能最後戰勝敵人。

## 日人嗾使下之
## 蒙古自治政府成立
### 以「防共」爲施政方針

據同盟社電稱：在日寇指使下的蒙古聯盟自治政府，於上月二十八日正式成立，宣佈以「防共」及蒙漢「協和」爲施政方針，其組織大綱決定如下：

第一、自治政府最高權威者是主席，要對日本很忠順，肅清抗日份子最積極的人任之。

第二、管轄的地方爲蒙古原有疆土，烏蘭察布盟，錫林郭勒盟，（察哈爾以北）伊克昭盟暫改爲綏遠旗，以厚和及包頭兩市爲統治中心。

第三、自治政府以「防共」及民族共和爲基本施政方針。

第四、蒙古自治政府的旗章，訂爲藍色，左側上角縱列黑紅黃白四色。

第五、自治政府以成吉思汗紀元爲年號。

第六、自治政府設於厚和蒙區，日本數年來加力爾指使蒙奸，挑撥蒙漢感情，來建立「蒙古國」的計劃，今天是已初步實現了。但是廣大覺悟的蒙民，是絕不會受日寇的欺騙的。

紀念十月革命，堅決抗戰到底，反對投降主義者！

# 日本向南京提出六个条件

**据息：**日本向南京政府提出如下几个条件，如南京承认的话，那么日军马上停止在华的军事行动。条件是：

一、组织内蒙古共和国。

二、华北自治。

三、上海日军占领的地方划为日租界。

四、日本有在中国沿海捕鱼权。

五、中国退出国联。

六、取消中国军事航空。

闻南京已否□这个消息。

一九三七年十一月四日　Sin Zhung Hua Bao　第一版

# 新中華報

401
陝甘寧邊區政府機關報
陝甘寧邊區政府發行科
定價　每期大洋一分　每月大洋六分　每年大洋七毛

## 勝利消息繼續傳來 八路軍一部確已佔領定縣

### 我軍所向無攻不克 敵人後方屢遭襲擊

前方捷電：我八路軍之一部於上月二十六日襲擊三猝斂之敵，激戰數小時，到黃昏時，始將敵全部擊潰。是役斃敵三百餘人，繳獲騾馬三百餘匹，步槍數十枝，無線電及彈藥甚多。

又我軍之另一部於同日在東石門村附近截獲敵軍輜重隊，繳獲行李數十箱，擊斃敵人十餘名，殘敵狼狽潰竄。

又我軍另一部襲佔繁峙縣城後，繳獲步槍三十餘支，其他軍用品甚多，捉獲漢奸縣長一名，財政局長一名，正在審辦中。

我八路軍一部自佔領清風店，截斷平滬路敵人交通後，一部繼續南進，於二十九日確實克復定縣，繳獲軍用品不可勝數，殘敵分向新樂安國敗退，我軍正乘勝追剿中。

我騎兵一部二十七日克復廣武後，敵人交通完全斷絕，另一部破壞了岱岳東南桑乾河上的橋梁。雁門大同道上敵人被我軍經常攻擊，恐慌萬分，原分散各地的守備隊，現已撤回至岱岳，懷仁，大同三處。

## 滬我軍退三道防線

### 被圍我軍安全退出 廣福鎮又陷落敵手

上海電：敵人突破我軍二道防線後，先後佔領了南翔、大場、眞茹、閘北、江灣等地區，我軍退守第三道防線，在蘇州河以南，小南翔一帶爲我軍前線陣地。當我軍撤退時，有小部份（八八師之一團）因撤退不及，被包圍有四五天之久，尤頑強與敵抗戰，最後才奉命沖出敵人重圍，安全歸隊，沒有一個動搖投降的，這種精神，實爲我們所欽佩讚許！現在敵我正隔蘇州河南北兩岸對戰中。敵人曾經無數次偷渡蘇州河，襲擊我軍陣地，均被我軍擊退，我方略有繳獲，仍把守南岸陣地，現該陣地尚稱鞏固。

又訊：敵第二師團之主力向我廣福鎮陣地猛烈進犯，經數小時之激戰，敵人源源增加，我追不得已始行後撤，廣福鎮又陷落敵手了。

## 敵人傾全力犯晉

### 謀完成第一步計劃 晉東北連日鏖戰

據確息：日寇決定在九國公約會議以前，完成他完全佔領上海與晉省各地的企圖，以此來壓迫中國當局，我們在華北方面，亦正以全力來支持晉省抗戰局面，所以又加派大批生力軍趕程向上海晉省各戰線增援，來打破日寇的陰謀計劃。

太原電：晉東娘子關於上月二十五日失守後，我軍退集於平定縣及陽泉以東各陣地。現敵正在用其全力以謀佔領太原，平漢津浦線之敵均紛紛集中於石家莊，準備西開攻山西，足見敵人企圖，是在奪取山西省，來完成其控制華北的第一步軍事計劃。晉北之敵，連日來亦猛烈向我軍陣地進犯，以盟籐村陣地戰爭最爲激烈，敵在這一線將準備加派一獨師團增援，其一個聯隊已經開到前線參戰。該方我軍亦奮勇抵抗，來打破敵人計劃。戰事非常激烈，敵人在晉北傷亡已達二萬餘人，敵旅團長籐田，師團長寺田先後被我軍擊斃，我軍傷亡亦復不少云。

## 平漢津浦線戰事沉寂

### 敵人主攻目標在太原

現在華北戰爭重心已移到山西去了，敵人除加派大批援軍到晉北參戰外，由晉東調集大批主力西進。因之津浦平漢南線戰事近來比較沉寂，津浦線敵人在德州以南只有一個師團，師團部駐防德州，一個旅團佈置在平原以南，主力仍在陵縣附近，戰事無甚變化。平漢線敵軍仍在漳河以北未動。自敵一部向後退，似集結石家莊沿正太鐵路前進，準備增加晉東戰線。

## 日本向南京提出六個條件

據息：日本向南京政府提出如下六個條件，如南京承認的話，那麼日軍馬上停止在華的軍事行動。條件是：

一、組織內蒙古共和國。

二、華北自治。

三、上海日軍佔領的地方劃爲日租界。

四、日本有在中國沿海捕魚權。

五、中國退出國聯。

六、取消中國軍事航空。

聞南京已否認這個消息。

## 目前的時局

### 毛主席在陝公開學典禮會上的講演

同志們！你們要求我講時局問題，趁着你們開學的機會，我就來講一講這個問題，這個問題是與你們有密切聯系的。因爲學習的人，教育的人都是爲着一個目的，這就是挽救民族與社會危機。

現在的形勢是很緊張的。上海第二道防線失守，晉東敵人已經突破了娘子關，要與晉北之敵配合，向太原前進。目前有兩個問題提出在我們面前，就是：（一）再打還是不再打？（二）怎麼樣打？

現在戰爭形勢，我們顯然不順利。這是由於過去我們只是單面的抗戰，不是全面抗戰。現在外面有好多人說現在已是全面的抗戰，這是不對的。因爲在地域上說是全面，在成分上說只是一面，還有廣大的羣衆幷沒有發動到抗戰中來，只是軍隊和政府來幹而已，所以我們遭受了許多失敗。在這種情形下，有一種新的危險在增長着，漢奸與親日派乘機抬頭，「戰必敗」「唯武器論」這一套，一定會跟着活動。他們的結論是：中國打不過，只有投降。民族投降主義是目前新的危險。

我們必須認識，過去我們的抗戰是有着不可抹煞的成績的，這些成績是什麼呢？（一）我們的戰爭是革命的，他的性質，是革命百年來未有的。（二）在抗戰中中國國內即比較團結了。（三）在軍事上，我們雖然遭受許多失敗，但給了日寇以相當嚴重的打擊。（四）取得了國際間的同情。（五）這最重要的，就是在戰爭中取得了深刻的教訓，單面的抗戰是不能取得勝利的。

我們決不要因現在的局面而悲觀，我們完全贊助蔣介石先生在十月九月的演說，堅決打到底，一直打到最後一個人一根槍還要再打，這就是共產黨『爲保衛祖國流最後一滴血』的意思，是目前時局的根本方針。

一定要再打，但怎麼樣打呢？就是在軍事上要學第八路軍的打法，就是要活打，不要死打，我們過去只是挨敵人的打，所以必須改變一個打法。我們去打敵人，最要緊的是執行共產黨所提出的抗日救國十大綱領，動員四萬萬五千萬中國人參加抗戰，組織他們，武裝他們，這是一個最偉大的力量，只有這個力量，中國才能打勝仗。全國一定要學習八路軍的樣子，眞正的做到軍民一致，官兵一致，用改造軍隊精神加強軍隊中的政治工作去達到目的，只有這樣，才能挽回目前嚴重的局勢，這就是執行再打方針的正確辦法，有了這方針與辦法兩方面，我們就一定能戰勝日本帝國主義。

我們要造就大批的民族革命幹部，他們是有革命理論的，他們是富於犧牲精神的，他們是革命的先鋒隊。只有依靠成千成萬的好幹部，革命的方針與辦法，才能執行全面的全民族的革命戰爭，才能出現於中國，才能最後戰勝敵人。

## 日人嗾使下之 蒙古自治政府成立

### 以「防共」爲施政方針

據同盟社電稱：在日寇指使下的蒙古聯盟自治政府，於上月二十八日正式成立，宣佈以「防共」及蒙漢「協和」爲施政方針，其組織大綱決定如下：

第一、自治政府最高權威者是主席，要對日本很忠順，肅清抗日份子最積極的人任之。

第二、管轄的地方爲蒙古原有疆土，烏蘭察布盟，錫林郭勒盟，（察哈爾以北）伊克昭盟暫改爲綏遠旗，以厚和及包頭兩市爲統治中心。

第三、自治政府以「防共」及民族共和爲基本施政方針。

第四、蒙古自治政府的旗章，訂爲藍色，左側上角縱列黑紅黃白四色。

第五、自治政府以成吉思汗紀元爲年號。

第六、自治政府設於厚和蒙區，日本數年來加力爾指使蒙奸，挑撥蒙漢感情，來建立「蒙古國」的計劃，今天是已初步實現了。但是廣大覺悟的蒙民，是絕不會受日寇的欺騙的。

**紀念十月革命、堅決抗戰到底反對投降主義者！**

# 西安办事处代收捐款披露

西安办事处，收到各处慰劳八路军英勇杀敌战士们的捐款数目如下：

（一）上海收容所全体人民及工作人员捐国币一百元整。（二）上海留日同学会，捐国币一百元整。（三）葛先生捐国币三十元整。（四）西京文化日报征募款捐国币四百元整。（五）陇海铁路工人捐国币十元整。

# 援助冀察晉邊區游擊戰爭，爭取華北抗戰局面的轉變！

## 學習他們的經驗

### 合水縣華氣區 壯丁全隊參加八路軍 群衆熱烈歡送戰士情緒高漲

隴東特委來電：隴東合水縣華氣區，這一次響應參加第八路軍擴大八路軍的號召中，第一次動員了壯丁全隊八十一名。經過深入的政治動員，全體願意到八路軍去，充實八路軍力量，與日寇決死戰。並改編為連後，內部班排一級幹部完全由戰士中自己推選出最有威信的戰士來擔任。於上月廿一日開拔到廣陽縣城。當這批戰士離開家庭時，當地群衆與他們的家屬，進行熱烈的慰勞與歡送，募集了大批糧食，與手巾、襪子等日常必須品，並且群衆組織歡送隊，打起鑼鼓，吹喇叭，唱歌歡送他們上前線，因之使這批戰士在精神上物質上得着大大的安慰與鼓勵，這種情況的熱烈，戰士情緒的高漲，實為隴東空前所沒有的現象。現在其他各縣各區，正準備學習華氣區擴大八路軍的經驗，來與華氣區比賽！

## 趕快完成徵收公糧工作 學習延安北一區的工作作風

延安北一區的徵收救國公糧工作，所以能夠提前完成和超過原來計劃的主要原因，是因為幹部起了積極的模範作用，同時能夠緊緊地和抗戰動員的中心工作聯系起來的緣故。開始佈置的時候，即召集各鄉的宣傳隊，經過一次訓練，每個宣傳隊員都深刻的了解目前抗戰的緊張形勢和徵收救國公糧的重要意義，隨後夜在鄉裏召集活動份子會議，並由組織上動員工會，青年救國會，婦女聯合會等團體，詳細的討論工作的進行。由於這樣多方面的積極動員，使得各鄉的群衆大大地提高了政治的覺悟，提高了愛護政府愛護八路軍的熱情，踴躍的來繳納救國公糧。

當二鄉開活動份子會議的時候，首先該鄉支部書記張謀銀同志自告奮勇的說：「我今年打了三斗糧，現在我徵納二斗，」鄉主席接着說：「我徵送九斗」，於是引起了幹部的熱情，有徵送五斗的，也有徵送七斗的，婦女委員會的郭志珍、曹蘭英同志也不肯落人後的，各徵送了三斗，田桂花、李桂花、柴桂蘭三同志各徵送二斗，婦女委員會共自動繳納了一石二斗，她們在開完會之後，就深入農村中作宣傳解釋工作，他們說「徵納救國公糧就是幫助抗戰的勝利」，這話引起群衆的熱烈擁護，保證提前完成任務并超過原定數目四石。

三鄉開活動份子會時，支部書記馮青忠、和記錄、米如理三同志各徵送、斗，引起各幹部共徵送了六石五斗，婦女楊登高也徵送了三斗。全鄉應繳的救國公糧共十七石六斗，經過各種組織的動員和廣泛的宣傳之後，群衆都熱烈的說：「多納救國公糧，就能保衛特區政府，」全鄉共徵收了三十三石多，他們又說：「把日本鬼子趕出中國去，我們吃糠吃粃和餓肚子都願意。」

值得注意的在這次徵收救國公糧工作的過程中，竟提高了自衛軍和少先隊的緊張情緒，現在都能夠動的上操與執行放哨工作，鋤奸團的組織也都健全起來了。

延安北一區幹部的工作作風是值得各地的幹部學習的，他不單提前完成并超過原定的救國公糧的工作，而且很靈活地和整個抗戰動員工作配合起來，我們趕快來學習這模範吧！

## 在徵收救國公糧過程中 應該克服的不良傾向

在徵收救國公糧的過程中有些群衆發生了以多報少的不良傾向。群衆的觀念是害怕自己所有的糧食正確報告以後讓公家知道了實數，將來如果要收買時，就逃避不掉了，這個傾向是很危險的，我們知道救國公糧是在今年豐收與抗戰的需要發動徵收的，並不是不顧及群衆的需要，一再向群衆索取。至於，這種良傾向發生的原因是：

第一：由於在過去買糧工作中，一部份幹部人員怕麻煩，不做深入的解釋只求完成數目。結果群衆中有許多懷疑問題不能消滅。

第二：由于過去一部份受過蘇維埃打擊的人和一些反革命的造謠煽動，來欺騙落後的群衆。

第三在抗戰動員工作中，部份幹部還沒有把不深入，怕麻煩的行動轉變過來。

由于這幾個原因而產生了上述的不良傾向。這種傾向的存在與發展，對于抗戰前途是不利的。同志們！我們必須要用下面三種辦法來克服它：

第一，把過去買糧工作中的個別攤派強迫辦法，根本肅清；過去買糧時，因一時經濟困難，未能付清糧價，仍當補還。

第二，要發動群衆，積極起來，隨時隨地的偵察與揭破反革命的造謠。

第三，要嚴格糾正幹部中不能深入怕麻煩的錯誤，祇有建立起深入群衆的堅苦的工作基礎，才能收到和群衆打成一片的成效。（石子珍）

## 延川給延安 徵收公糧競賽有力回答

賀秉章、劉秉溫二同志並轉延安縣委縣府諸同志均鑒：

你們來的徵收救國公糧競賽書，我們在十二月二號已收到了，真是歡迎萬分：召集了縣級活動份子會議熱烈的討論後，大家一致的通過。我們為了粉碎日寇的進攻與保衛特區，為了回答特區黨委提出完成一萬石公糧的口號，為了回答貴縣諸同志的抗戰熱烈精神，我們不願意落後於你們，願拿完成一千一百石米的緊急任務，給你們響亮的回答：

你們提出的競賽條例：

一，各縣於十天內（本月三十日至十一月十日）完成任務，能超過特委所規定數目者更好。

二，保證不發生強迫與攤派的方式，必須經過政治動員，使群衆自動踴躍的繳納。

三，進行廣泛的宣傳、鼓動和解釋工作，使每個人民都能了解繳納救國公糧的意義及其重要性。

四，揭破漢奸賣國賊托派等一切反動份子的造謠破壞，使他們在群衆中不發生絲毫壞影響。

五，保證不違背特區政府所頒佈的徵收條例。

我們提議第一條趕十五天內，本月一號起十五號止，）完成任務，其餘條件，一律都同意，遵照上列諸條例，而保證全數集中起來。並提出於本月十六號檢查，由特委做總評判，交換工作經驗教訓，特此函覆。

延川縣縣委書記　王月明
政府主席　劉議維　同啓

## 救國公粮謠

一斗斗，一升升，
繳公粮送八路軍，
他們前方去打仗，
幫忙全靠老百姓。

○　○

八路軍，新四軍，
大家原是老百姓；
軍人服裝百姓繳，
百姓就變八路軍。

○　○

繳公粮，送八路軍，
那有百姓不愛百姓；
壯丁多的去從軍，
有錢人家捐金銀。

○　○

捐金銀，送八路軍，
使他們專心打敵人，
打得敵人鬼影怕，
中華民族才得生。

## 徵收公糧工作 安塞縣赶上來了

安塞縣在第二次活動份子會後，只有六天收到公糧三百多石。現在來看，徵收公糧工作安塞又要趕上延安縣了。原因是：一，黨員起核心作用。二，實做解釋深入到各群衆組織中去。三，好的例子發揚到落後區鄉去。四，用革命競賽辦法。五，開展反對以多報少的鬥爭。六，建立嚴格的檢查工作制度。現在已有甘泉志丹等縣想以最大的努力來完成任務，要與安塞爭飛機。更號召其他各縣努力吧！沖上前去！（張慕堯）

## 有錢出錢有粮出粮大家來 清澗縣幾個模範例子

警備△團△營自駐防清澗以來，不到兩個禮拜，但他的宣傳工作卻得到了相當成績。在「有錢出錢有糧出糧」的口號下，已收到了初步效果。同時由於當地群衆抗戰情緒的高漲覺悟，幾位機關的父老，經該營長王成□解釋以後，大家都很熱烈的自動的把錢糧繳來做為抗日基金，現特將姓名及糧款數開列於下：

應華亭糧十石大洋三百五十元　王冰如糧十石大洋一百元　王治周糧十石大洋三百五十元　師子明糧十石大洋三百元　白琢造糧十石大洋三百元　薛步宵糧十石大洋一百元　共糧六十石，大洋一千五百元　（超）

## 打了二石糧 拿出一斗米

安定中區王鄉劉家鋪村，有一位賀旺保同志，是青年俱樂部的幹事。這一次徵收救國公糧時，賀同志很熱烈地起來應徵，他是一個很窮的青年，家中不過打了兩担多糧，自動拿出一斗米繳納公糧，工作人員因為他家中的確比較困難，就減了四升。賀同志卻說：『這是我們應該出的，不必減少』。賀同志是繳納救國公糧的模範，全特區人民應該學習他！（安姊案）

## 延長西區一鄉 三天完成卅石公粮

延安西區規定：一鄉完成徵收公糧卅石，他在三天當中，已全部完成，原因：一，區鄉幹部深入各村各戶宣傳解釋，使群衆徹底了解自願出糧，二，黨員幹部起領導作用，三，反對以多報少的壞現象，四，幹部都積極的為完成任務而鬥爭。現在我們要求其他各地部努力起來趕上與超過他們唎：

張慕堯

## 西安辦事處代收捐款披露

西安辦事處，收到各處慰勞八路軍英勇殺敵戰士們的捐款數目如下（一）上海收容所全體人民及工作人員捐國幣一百元整。（二）上海留日同學會，捐國幣一百元整。（三）寫先生捐國幣三十元整。（四）西京文化日報徵募款捐國幣四百元整。（五）隴海鐵路工人捐國幣十元整

## 紅宜縣破獲漢奸組織 施用毒藥毒殺人民

紅宜接連宜川，地區非常複雜，故漢奸親日派份子，時思乘機搗亂。但紅宜群衆的警覺性特別高，經常給搗亂份子以迎頭痛擊。目前曾有王來鎖等漢奸份子勾引某某把毒藥放在群衆磨眼中，使群衆不察，磨於麵中吃了毒死。幸該漢奸下毒藥時被人發覺立即綁送縣政府，經審問之下始悉王來鎖在今年夏季五月，被漢奸△△△利誘加入漢奸組織，月薪四元，毒死五家人時，報酬六十元。如能共發現整個組織時，可以晉級加薪，該漢奸組織為班，排等，經常工作為放毒藥殺人民與當土匪，上層對下層甚苛，若下令某人去毒死誰家時，下層動作稍為延緩，就有全家被剿滅的危險。此次王來鎖受命在紅宜△區謀害△村，因有人監視其行動，未能及早下手，其上級却要滅他全家。王來鎖的黨羽聞風逃竄，請各地軍隊政府機關及群衆團體注意緝捕以杜奸根。（白丁）

## 延川整理自衛軍的成績

延川縣自進行了深入的政治動員及艱苦的解釋整理自衛軍的意義後，大大的提高了人民參加自衛軍的熱忱，提高了自衛軍對剿匪與保衛特區治安的認識，積極的參加了剿匪及維持治安的各項工作：

……青年婦女自告奮勇……

永遠區四鄉開慶祝八路軍勝利大會上，有工作人員講了參加自衛軍的意義後，隨即有二位青年婦女勇敢的報名加入自衛軍，影響了到會的男子，亦有參加自衛軍的很多。永勝區西鄉少隊一個排（十六人），整排的參加到自衛軍去了。

……自動起來捉獲土匪……

永遠區七鄉自衛軍某次自動的逮捕了土匪一名，送來大隊部。又一次自動的跑到安河區捉匪徒劉維忠，現已捕獲，亦提送大隊部。禹居區一鄉自衛軍逮捕匪徒李得勝一名。清延區一鄉群衆自動起來殺了匪徒二名。

……戒嚴工作特別加緊……

禹居區永坪區戒嚴工作很緊張，老莊河及禹居的哨兵，共捉住不拿路條的行人五人，都送來區政府。永坪區永坪區自衛軍對清查戶口已變成經常任務，甚至夜晚實行清查戶口（永平區一鄉徐家溝塔村）。

……擴大組織超過一倍……

永坪區八鄉擴大自衛軍已超過一倍（原計劃一〇〇名，現已完成了二八五名），自衛軍自動的打武器，甚至自衛軍並能經常上操。（王月明）

## 特區選委會通知

特區代表大會，原定於一九三八年一月五號舉行，現因準備工作不夠，決予延期舉行，各地已選就參加特區大會之代表，暫時不來延安，待會期確定後，各地代表再行依照新的通知來延安開會。

十二月五日

上海市民忠心為國
發表沉痛宣言擁護中央政府
拒絕與敵合作堅決抗抵到底

期：新中华报零四百零九期
版：零一版
时间：一九三七年十二月十五日

# 上海市民忠心为国

## 发表沉痛宣言拥护中央政府
## 拒绝与敌合作坚决抗抵到底

上海虽被日寇占领，但三百余万同胞始终不愿做奴隶，忠心祖国。十日在上海市各街发现宣言，内称：他们坚决拒绝与敌合作，与购敌货品，坚决否认敌人造成的任何傀儡组织。誓愿尽忠于中央政府，拥护蒋委员长。我们排斥讲和的错误观念，坚决抗战到底，以取得最后胜利。上海虽被日寇占领，但上海仍是中国领土的一部，我们仍系中国人民云，上述宣言是告全国父老兄弟姊妹书，署名是上海三百万市民。

# 新中華報

409

陝甘寧特區政府機關報

發行處特區政府發行科

定價　每期大洋一分　每月大洋六分　每年大洋七毛

## 晉察冀邊區游擊戰爭開展
### 我軍克復易縣繞攻敵背
### 孟縣之敵突圍縣城收復

據前綫電：敵人千餘日前曾佔領了紫荊關，近幾天來，尚無動作，有等待後續援軍集中後，向我淶源城進犯模樣。我八路軍及游擊隊爲先發制人，在敵未集中前，決定各個擊破敵人的進攻。七日我某部繞道到敵人後背，收復龍華，進佔易縣，使先進之敵大起恐慌，受我軍腹背夾攻。又敵二百餘人七日向滿城進攻，我軍事先偵知，在英村附近伏擊，結果將敵全部擊潰，斃敵甚多。

進佔孟縣（山西屬，正太路以北）之敵，被我八路軍配合當地義勇軍日夜圍攻，敵之接路斷絕，恐慌異常。遂於九日夜突圍向太陽方面逃去，我軍當將該城佔領，繳獲糧食彈藥甚多，并派得力部隊跟蹤追擊中。

## 東北義勇軍聲勢浩大
### 救國軍劉部向北平挺進

日寇對中國的瘋狂侵略，大部兵力調來中國與集中在蘇滿邊境，以防止日蘇的衝突，所以在滿州境內的東北義勇軍及人民革命軍非常活躍。烏蘇里江沿岸的獨木河、大通、虎林，綏芬河沿岸及延吉等地區，義勇軍經常截斷日軍交通。本月初旬在延吉某處有義勇軍四五百人與日軍一隊發生激戰，將日軍全部擊潰，日軍一團官被擊斃，士兵死傷四十餘人。因之日寇恐慌萬狀，有得手足無措。

河北的北部一帶，義[illegible]現有[illegible]救國軍劉[illegible]部八百餘人，向北平城挺進。在密雲小關山與敵激戰。後因日軍大批援軍開到，該救國軍向北退去。現在熱河、河北、察哈爾邊境活動。

## 津浦線我軍克復棠邑
### 平漢線敵有南渡黃河模樣
### 敵主力集太原有南下企圖

黃河兩岸戰事沉寂，只有不斷的砲戰。敵步騎兵約五百餘人，十九日攻佔棠邑縣城，我軍聞訊，分三路進擊，結果打死敵人二百餘名，我軍又於夜克復棠邑城。

平漢線[illegible]以前發生小接觸[illegible]方面之敵[illegible]器材，但此敵人有南渡可能。

山西方面敵情無改變，敵人經常調移防地，榆次，太原敵人駐有重兵把守。傳聞太原近日來到有敵人大批主力部隊，正太鐵路敵人已經修好，照常通車。據現在情形看來，敵人似有沿同蒲鐵路繼續南下的模樣。

## 我軍退出南京城
### 蔣委員長發表宣言

[illegible]南京[illegible]其他陣地繼續抗戰去。

## 侵略者兇燄愈漲
### 義大利退出國聯

法西斯義大利，在緊跟着他的朋友——日德——退出國際聯盟後，也於本年十二月十一日在法西斯大會上，一致決議退出國聯，猶外長齊亞諾已於十二日正式通告國聯秘書長。三大法西斯強盜，均已先後退出國聯，今後法西斯強盜們，沒有條約的限制，當更加肆意爲所欲爲，世界和平更受嚴重威脅。

## 上海市民忠心爲國
### 發表沉痛宣言擁護中央政府
### 拒絕與敵合作堅決抗戰到底

上海雖被日寇佔領，但三百餘萬同胞始終不願做奴隸，忠心衛國。十日在上海市各街發現宣言，內稱：他們堅決拒絕與敵合作，與隔敵貨品，堅決否認敵人造成的任何傀儡組織。誓願擁護忠於中央政府，擁護蔣委員長。我們排斥講和的錯誤觀念，堅決抗戰到底，以取得最後勝利。上海雖被日寇佔領，但上海仍是中國領土的一部，我們仍保中國人民云云，上述宣言是告全國父老兄弟姊妹書，署名是上海三百萬市民。

## 山西日死七萬餘人
### 日軍官不願戰爭而自殺

據可靠方面統計，敵人在山西方面與我軍作戰，遭受巨大的損失，截至本月七日止，敵人死亡官兵七萬餘人。敵人爲避免在國內發生不好影響，免除將日本軍閥們的殘酷面孔，一律將死屍就地而焚化，不准運回本國。敵軍中反戰情緒非常高漲，均不願進行屠殺中國人民的戰爭，廣大的士兵中蘊釀着不滿的情緒。順德有日軍官一名，在該城附近與人民講話，痛恨日本軍閥對中國的侵略，並云自作戰以來，日本徵兵已五次，如再繼續下去，勢必老的亦要當兵。講話時甚爲悲慘，聞於是夜間，該日軍官舉行自殺。

## 敵有大舉進犯杭州模樣
### 江浙等地游擊戰爭活躍

江浙地方我軍游擊隊異常活躍，南匯城，被我克復。聞太倉縣城也有被我軍佔領消息。弄得日軍恐慌異常。

吳興，嘉興等地敵人，近日來繼續向前線增加，嘉興新到日軍五千餘人，坦克車四十餘輛。吳興新到日軍四千餘人，大砲數十門。這兩方面敵人有向杭州進攻模樣。

安徽境之敵佔宣城，大部繼續向蕪湖方面前進。

## 記我們兩位日本新朋友

最近，在延安城來了兩個被八路軍所俘虜過來的日本兵。一個是長谷川君，一個是田中君，都是二十師團的一等兵，是十一月十一日，同時在廣靈被八路軍所俘虜的。記者簡單的問了一些情形：

谷川君係大阪人，今年三十歲，這樣大的年紀在日本，照例地退了伍。所以在盧溝橋事變以前，他是一個退伍的預備兵，是個經營雜貨的小商人。曾在小學讀過書，家裏有妻子和二個子女。事變後才被徵入伍。田中君，也是大阪人。曾在商業學校畢業。今年二十三歲，係現役兵，原是一位製造電池的熟練工人。他們在被俘前兩個月，同時從日本出發，經朝鮮及東北在豐台下車，再分配到山西一帶參加作戰。被俘後在八路軍的保護下由廣靈、西安乘汽車到這延安。

現在他們同居在一個房子裏面，並且有一個勤務員服侍他們。當我走去的時候，他倆正在烤火談心，[illegible]我們[illegible]一樣地優待他們的。有時，吃一頓餃子，一頓大米飯，一頓小米飯，而且還滿足了他們[illegible]紙煙和洗澡的要求。另外他們還要求得到學習中國話文的初步課本，及進步的政治經濟書籍。這一類的書在延安很缺少，但是也在努力的搜求而供給他們，因爲我們要像幫助一個朋友一樣地幫助他們：第一，幫助他們提高政治的理解能力，使他們認識中國民族解放運動的國際意義，使他們正確的了解中國民族與日本革命的特點，不是叫人對互相殘殺，是改變人對互相仇視的關係而永遠地與日本人民親愛地握手。第二：要幫助他倆的身體向健康方面發展，所以對於很小的問題我們都是關心的。總之，我們要幫助他們使他們在延安的生活，成爲一生大轉變的關鍵。幫助他們再生。幫助他們從日本軍閥和資本家的壓迫下解放出來，幫助他們獲得與日本軍閥和資本家鬥爭的思想上的武器。有許多同志或許這樣想：「二個人太少了。」我們說不然，祇要能努力的幫助他們，兩個人的力量發揮出來也是很大的。

現在我們幾位能說日本話的同志，已成了他倆最好的朋友，天天在一起和他們談心，用着鼓熱忱的態度去安慰他們，了解他們的痛苦，使他倆能忘却自己是異國的俘虜。其的，他們自身也已經把這幾位同志，當作最好的朋友看待了。每天遊息的時間，要求能經常在一塊兒唱歌。因爲我們絲毫也不用審問或者監視的態度對他們。因此他們什麼話都肯說。當我提出「被俘後有些什麼感想」這一問題的時候，他們說一在被俘的最初幾天，一種說不出的恐怖籠罩了我們的生命，像做夢一般地，不知自己的生死。除了絕望與恐怖，再也不會有什麼第二種的感覺。等到後來遇見了仁慈的八路軍的長官朱總司令、彭副總司令、林師長、以及親愛的八路軍的士兵朋友以後，才漸漸地感覺到思惟的恢復。及到延安以後我們的精神是完全安定了。不但對於自己的生命有了存在的把握而且已經從憂愁，苦痛悲傷的狀態中逐漸地走進了暢快的境地。以前在國內（指日本）所聽說的中國人民是無情的，粗暴的，野蠻的，和現在所看到的實在的中國人民是完全相反。同時，在國內所聽說的共產軍（即八路軍）也只是勇敢，善戰，不怕死！但是實際上共產軍不但勇敢善戰，而且對人的態度也非常親切與友愛。這一切現實的東西，使我受了很大的感動，願意在這裏做些工作。但是不知道有些什麼工作是適合於我們做的。最近我想寫一些文章，把我們所有的見聞感想寫出來，或者寫一些日記。另外，對我們有着特別深刻印象的就是中國的婦女，她們都很勇敢，都有男兒氣。不像日本的女子一樣，完全成爲男子的附屬品。一當他們說這些話的時候，所流露的完全是誠懇的表情。

最後我說：「八路軍與日本士兵的作戰，我們是爲着中華民族的生存，我們很希望日本士兵覺悟，使日本士兵在政治上與思想上轉變，使中日兩國人民聯合起來，才是我們所追求的爲着和平而鬥爭，[illegible]的事。我們這種希望雖然受到了日本軍閥和資產階級的阻礙，沒有使我們的政治工作收到很大的效果，但是我們的[illegible]，用着最大的努力與堅持，來取得所預期的效果。」對於這一個問題他們[illegible]回答我的：「對！在大的方面立場上應該這樣做。再考慮幾天，我們可以寫一篇[illegible]日本士兵與軍官的生活，和軍閥對士兵的麻醉教育的文章，這也許可以幫助你們進行爲着人類解放而努力的政治工作。」

聽說長谷川君和田中君，爲了保證回國以後的安全起見，曾要求過不要照相及接見新聞記者，所以在這裏我們對這兩位新朋友表示歉意。

**中國人民與日本的工農勞苦群眾聯合起來打倒日本軍閥和資產階級！**

# 一九三八

# 新中華報

# 上海反日活动极度高涨

## 租界商店均高悬我国旗
## 抗救同盟发告同胞书

上海虽然被敌人占领，但是三百万市民仍然忠心祖国。租界内居民在元旦那一天，各□□中国人开的商店，均挂着青天白日旗。尤其是我军反攻杭州消息传到上海后，各界均在夜晚放鞭炮以示庆祝，并有抗日救国大同盟发表告上海同胞书，唤起国民坚持抗战，拥护蒋委员长率领全国健儿，消灭日寇及一切汉奸伪组织。

又讯：上海全市反日组织，极度活跃。连日均发生炸弹案。元旦日在公共租界发生四起：一在汉口路福建路转角处，一在日商喜和纱厂，一在日商公大第三纱厂，一在日华纱厂，敌方均有损失。二日正午日驻沪总领冈本住宅，忽飞来手榴弹二枚，但未爆炸。同日上海又发生政治暗杀，被杀者系汉奸孔盛琪（是一个著名米商，想在沪组织伪政府）。三日大队日军行至南市突然受到手榴弹的袭击，日兵死多人。并传说有人企图炸毁公共租界的日本领事馆，又闻租界上张贴抗日救国会传单，号召人民起来救国，杀尽一切汉奸。

上海人民的反日行动，虽然这样活跃。但是可惜租界当局反而帮助敌人。工部局曾宣称反对抗日行动，并且竟指抗日行动为恐怖主义。

# 新中華報

411

陝甘寧邊區政府機關報

發行處邊區政府收發科

定價：每期大洋一分　每月大洋六元　每年大洋七毛


## 最後消息

▽津浦綫北段我援軍已開達兗州以南，準備反攻，敵現據曲阜一帶。南段我軍由明光反攻嘉山獲勝，正進迫嘉山車站。

▽浙江方面，我反攻軍已進抵杭垣附近，現正在虎跑泉南星橋一帶激戰中。

▽敵內相末次大將頃發表驕人談話，聲言欲排斥白種人至中國以外，並且說英國如繼續援助中國，不惜與英國一戰。該項談話，現已引起英美法諸國之嚴密注意。

# 南北戰場我游擊隊益趨活躍

## 濟南陷後我沿運河佈置新陣地迎擊敵人

## 南戰場我軍克富陽餘杭並一度收復杭州

## 我便衣隊混入太原城擊斃日軍八十餘人

### 津浦線

該綫北段，自敵人渡過黃河南岸後，截斷了膠濟鐵路，攻佔濟南、淄縣、長清、肥城、膠濟路沿線城市及該綫以北的各縣城，青島市內我軍亦已撤退，但日軍尚未進入該地，只有一部份警察及外僑義勇隊維持治安，我軍正在膠濟線開展游擊戰中。現在敵人正沿津浦綫北段分三路向兗州進犯。一路沿津浦正面向南前進，敵人約七八千餘人，附有大批機械化部隊，已於二日佔領泰安。敵之右路由肥城，直向汶上濟寧進犯，該路約敵五千。餘敵之左路約四千餘人，由周村博山前進，現已過萊蕪，趨新太，以擾我的右翼側。我軍正在沿運河一帶佈置新陣地，以迎擊敵人。

津浦綫南段，正面敵仍在明光以南一帶陣地對峙，運河方面，我軍仍固守高郵，敵終不敢冒進。淮南方面敵人，近來頗爲活躍，積極進犯合肥、無爲、含山。巢縣先後被敵人佔領，不久將有激戰發生。

### 南戰場

敵人佔領杭州後，因敵實力非常薄弱，加之該方面我游擊隊非常活躍，經常擾亂敵人後方，使敵人束手無策難於應付。我方游擊戰與正規戰配合的很好，乘着敵人疲於奔命的時候，正規軍大舉向敵人反攻，先後克復富陽、餘杭等數縣，並且一度收復杭州城，終因我軍過少，第二天仍退出。三日我軍由富陽餘杭兩路會師，圍攻杭州之敵，聞敵人已紛紛向拱宸橋、拱橋一帶後撤。同時我游擊隊進佔臨平、武康二地，以截斷敵人的後方交通。

蕪湖方面敵人沿宣蕪公路向大通進犯，我軍主力佈置於繁昌、獲港、南陵一帶，準備側擊前進之敵。我軍左翼以宣城爲據點，二日開始向梅溪等地推進，抄擊吳興等地敵人。該方因我游擊隊甚活躍，敵人終不敢大膽前進。

### 平漢線

右翼我軍於二日連克清豐、南樂、濮陽等縣城，殘敵紛向大名城潰竄。八路軍一部於去年年底，夜襲高邑鴨鴿營、馬頭鎮等車站，擊潰敵人一部，繳獲無線電一架，汽車二輛輕機關槍一挺，其他用品甚多。又八路軍一部於日前在易縣以四一帶截斷敵人，結果斃敵一百餘人，繳獲步槍數十支，俘虜五人。

平漢綫高陽城內駐有敵軍千餘人，內有僞軍七百餘人，於日前舉行反正，高揭抗敵救國旗幟，該地日軍非常恐慌。

### 山西

連日來敵人向太原增兵，數已達二萬餘人，似有在最近期間內，大舉南犯企圖，太谷、祁縣、交城等地除原駐有日軍外，近來突然增加千餘人數百人不等，並有大批機械化部隊。

去年年底，敵之步騎炮連合部隊五千餘人，一度攻陷和順縣城，經我八路軍奮勇迎擊，結果終將和順縣克復，我方斬獲頗多，殘敵紛向北退。該地民衆因憤於日寇的殘酷屠殺，紛紛起來抗敵，游擊隊義勇軍日益擴大。

我某部便衣隊數十餘人，於日前混入太原城埋伏，以手榴彈向敵人某機關突擊，全城敵人恐慌萬狀秩序大亂，據事後調查結果，擊斃敵軍八十餘人，便衣隊並無損失。

## 國府改組

### 孔祥熙長政院

政府爲了改善行政機構，提高軍事委員會的權力。決定允許蔣委員長辭行政院長職，由孔祥熙氏繼任，並任命陳立夫爲教育部長。新行政院長定於三日先行視事，另行擇期舉行就職典禮。同時，傳說國府改組後，將要釋放各省一切政治犯云。

## 冀東僞組織

### 歸併平僞政府

冀東僞組織已確定撤銷，歸併於北平僞政府。所有一切大小漢奸，均分發河北省公署任用。齊逆燮元，連日與敵方接洽擬組織軍隊，并將改編冀東僞保安隊。

## 敵炸擊虫巴納號

# 均已先後告一段落

## 輿情對敵推諉均表不滿

敵轟擊美砲艦巴納號事件，已告一段落。敵保障對美國或其他第三國之權利，不再加以任何侵犯，或無理之干涉，並願意賠償因巴納號被擊沉沒所受之一切損失；但還不肯承認這一事件發生的原因，完全是由於日本軍閥一貫的野蠻行爲。所以美國政府雖然接受上述解決辦法，但是美國人民卻表示不能滿意；美國人民的反日空氣也不因本事件的解決，而趨於和緩。

又訊：敵對砲擊英艦衆虫號及英商船事件，後經一再向英國政府道歉，並保障不再發生類似之錯誤，但仍聲稱護「這種行爲並非出於故意」。所以英國政府極不滿意。曾對日本政府提出兩項要求：一、日本政府應將負責長官（連橋本在內）調離原職，并予以懲辦。二、日本復文全部與對負責的軍官懲處辦法，應在東京發表。（日本政府爲了欺騙國內民衆，曾把對美復文删改要點後才公佈。）據說敵方已將各該軍官調回，并且允許加以申飭，大概這一事件不久也可告一段落。

自從巴納號事件發生後，日寇的強盜行爲，已經被全世界愛好和平的人類，認識清楚了。現在雖然這些事件將先後解決，但是全世界人類起來防範日寇的行動，一定將更加積極云。

# 上海反日活動極度高漲

## 租界商店均高懸我國旗

## 抗救同盟發告同胞書

上海雖然被敵人佔領，但是三百萬市民仍然忠心祖國。租界內居民在元旦那一天，各馬路中國人開的商店，均掛着青天白日旗。尤其是我軍反攻杭州消息傳到上海後，各界均在夜晚放鞭砲以示慶祝，并有抗日救國大同盟發出告上海同胞書，喚起國民堅持抗戰，擁護蔣委員長率領全國健兒，消滅日寇及一切漢奸僞組織。

又訊：上海全市反日組織，極度活躍。連日均發生炸彈案。元旦日在公共租界發生四起：一在漢口路紙捲路轉角處，一在日商喜和紗廠，一在日商公大第三紗廠，一在日華紗廠，敵方均有損失。二日正午日駐滬總領岡本住宅，忽飛來手榴彈二枚，但未爆炸。同日上海又發生政治暗殺，被殺者係漢奸孔憲琪（是一個著名米商，想在滬組織僞政府）。三日大隊日軍行至南市突然受到手榴彈的襲擊，日兵死多人。並傳說有人企圖炸燬公共租界的日本領事館。又聞租界上遍貼抗日救國會傳單，號召人民起來救國，殺盡一切漢奸。

上海人民的反日行動，雖然這樣活躍。但是可惜租界當局反而幫助敵人。工部局曾宣稱反對抗日行動，並且指摘抗日行動爲恐怖主義。

## 短評

# 迎接一九三八年

一九三七年忽忽地過去了，帶來了血的光明的一九三八年。

全國的人民，各黨派，各軍隊，在一九三七年，曾經用他最大的努力爲了反抗民族的共同敵人，取得了國內的和平團結，打開了百多年來中國歷史上所未曾有的和平統一局面，奠定了中華民族解放獨立的穩固基礎。有五千年悠久歷史的中華民族，嘗盡了千波萬浪，內戰、互相殘殺的痛苦，敵人的壓迫與蹂躪，幾乎迫得我們喘不過氣來。在一九三七年，這個民族已經大大的覺醒了，東亞睡獅已放出了求生存的怒吼。他震醒了四萬萬五千萬睡着的同胞，驚破了敵人的狗膽。在這個基礎上，我們揭開了民族解放自衛戰爭的一幕。洶湧澎湃的民浪，立即波及到全國各地，以至於偏僻的鄉村，最落後的人羣，這是中華民族偉大的勝利。

民族自衛戰爭已經六個月了，我們雖然在這個抗戰初期，遭受着部份的失利，我們絲毫用不着悲觀，在我國內部更加團結的基礎上，在敵人內部困難增加與國際關係更加好轉的形勢下，我們一定能挽救目前嚴重局面，在最近的將來，將進入向敵人大舉反攻。使抗戰轉敗爲勝。

一九三八年來了，是中華民族以自己的血肉換取自由獨立解放的一年。在迎接一九三八年的來臨我們特別注意團結國內民族，比去年，比前年，比任何時候更團結，把四萬萬五千萬人民結成一塊牢不可破的鋼壁，來粉碎日寇的侵略，把敵人趕到東海之濱去，讓敵人在我們更精誠團結的前面發抖吧！覆滅吧！

在迎接一九三八年的今天，我們每一個人民均應認定着持久抗戰，長期抗戰，繼續抵抗到底的決心。因爲只有持久抗戰，才能消滅敵人有生力量，動搖妥協是自取滅亡。我們只有一個信念：不屈服，不投降，繼續抗戰到底，最後勝利必然是我們的！

## 法西斯巨頭

### 往來繁忙

據確實消息：德國法西斯頭子希特勒，定今年正月六日到羅馬與墨索里尼會晤，以答謝墨索里尼去年九月間的訪問，將在羅勾留一禮拜，並參加義國海軍大檢閱。

## 西政府軍實力日益增厚

### 托羅埃而前綫激戰

沈寂甚久的西班牙國內戰爭，近來又見激烈起來了。西政府軍近來實力大大增加，幾乎七都隊，並都一天天向着叛軍的陣線進逼途中前進。政府軍開始舉行大反攻，去年十二月二十一日克復托羅埃而城。政府軍的要支點，把叛軍全部消滅。經過這次勝利後，叛軍向政府軍反攻擊，現收復叛軍，見已得着增援，在托羅埃而前線十公里處，發生着大激戰，叛軍企圖奪回托羅埃而城，政府軍亦全力向反攻的叛軍痛擊，雙方在這個戰綫上，各有二十五萬以上，叛軍用坦克車兩次反攻，政府軍陣地不斷受叛軍飛機及砲轟炸後，剛剛即行後退卻。但之後托羅埃而仍在政府軍手中，現叛軍正在繼續砲擊托羅埃而城。

鞏固和擴大全民抗日民族統一戰線！

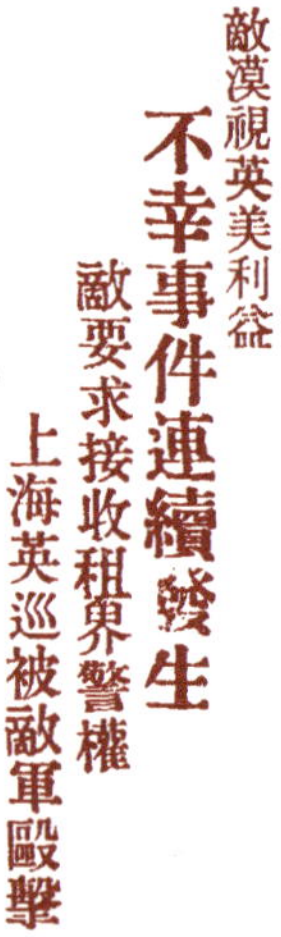
敵漠視英美利益
不幸事件連續發生
敵要求接收租界警權
上海英巡被敵軍毆擊



期
新中华报零四百一十三期
版
零一版
时间
一九三八年一月十五日

# 敌漠视英美利益
# 不幸事件连续发生

## 敌要求接收租界警权
## 上海英巡被敌军殴击

由于日本帝国主义企图独占中国，漠视英美在远东的地位。因此不幸事件继续发生，自巴纳及圣虫两事件解决后，有七日上海公共租界工部局英国巡捕在白利南路被日军殴击及敌方向公共租界当局要求接收租界警权等问题发生，此外东京方面，亦发生英船长被敌无理拘留事件。

这些不幸消息，传到伦敦以后，各报均加以强烈的抨击。星期泰晤士报外交记者称：英国可能采取比道歉与赔偿更强硬之办法。观察报的外交访员则指出：英美两国现在都已承认日本对英美人民的生命财产及船只的暴行是企图完全统治中国，排斥外人权利的步骤。当然这些行为是心［必］然要引起英美人民的反日情绪的，连美政府对上海美侨的反日要求，也表示赞同，国务卿赫尔对此已作明白表示。

上海日本军事当局日前通告英国官员，以后禁止日本以外的其他各国商船在扬子江面航行，英国官方称：英政府决不允日本对于英国在长江航业，横加干涉，日本实没有权利来干涉云，这些事实证明英日在中国问题上的突冲是更加激烈了。

第一版　Sin Zhungxua Bao　一九三八年一月十五日

# 新中華報

413

陝甘寧邊區政府機關報
發行處邊區政府收發科

定價：每期大洋一分　每月大洋六分　每年大洋六毛

# 我軍克濟寧進逼兗州城

## 平漢線我游擊隊連克四縣
## 南戰場我軍克復城鎮數處
## 正太路被我截斷交通斷絕

### 津浦線

敵人佔領兗州後，即以主力向西南進犯，數次猛攻濟寧城，均被我軍擊退。敵人企圖進援隴海路的民權歸德碭山等縣，而截斷隴海路交通，使徐州陷於孤立。來完成其打通津浦綫南北敵軍之聯絡的計劃。十一日敵軍又集中數千人，飛機、大砲、坦克猛攻濟寧，我軍奮勇抵抗，殺傷敵軍三千餘人，取得相當代價後，始退出濟寧。後我生力軍增援即向未站穩脚跟的敵人反攻，來保證隴海路安全，打破敵人計劃，我軍奮勇向前，卒將該敵擊潰，克復濟寧，現敵人紛紛向北潰退，我軍乘勝追擊，現已離兗州僅十餘公里。

津浦綫北段正面及右翼，均係敵之少數部隊，於十，十一兩日，先後進佔鄒縣，費縣。自我軍攻克濟寧後，該方我軍亦大舉向敵猛攻，十三日又攻克鄒，繼續北進，離兗州只有數公里。右翼之敵退泗水縣城，我軍已越費縣北進，山東戰事，是一天一天的向着好的方向轉變。

我軍退出青島後，敵人於十一日始派隊進往青島。現在我軍正在沿膠濟綫開展游擊戰爭，來擾亂敵人後方，配合正面的正規戰爭。

### 平漢綫

敵人主力二萬餘人，集中磁縣邯鄲縣一帶，大舉向山西的遼縣和順等地進犯，企圖打通由正太路南進的敵軍的聯絡，而擾亂晉南。一路由邯鄲向武安涉城進犯，取遼縣。一路由水冶鎮，林縣進犯，入山西之黎城，平順，威脅我同蒲路之右後方。該方我軍防務異常鞏固，大軍扼守，諒敵人企圖決難得逞。

該綫我游擊隊在敵人後方很活躍，日前河北南部我軍某部向漳河東推進，先後克復由關，永年，肥鄉，廣平等縣，現敵向鐵道綫潰竄。

### 山西

該方敵情無大變化，但是敵人繼續向太原，太谷祁縣增兵。太谷城敵軍五千餘，砲十餘門，坦克車，裝甲汽車二十餘輛，原平新由大同開到援軍一旅團，砲五十餘門。近來綜觀敵人有向晉西進犯企圖，左方之敵約千餘人，坦克車，裝甲汽車十餘輛，向右玉縣城猛攻，右玉於本月八日不幸失陷。另一股敵軍由馬過向西推進，企圖進攻井坪，平魯二地，以肅清其後方保證其南進中的後方安全。

八路軍一部於日前在崞縣，原平間截擊敵汽車四輛，斃敵二十餘名，繳槍二十餘枝，後敵援軍二千餘人開到，分三路向原平以西進攻，與我軍激戰，結果將敵全部擊潰。

最近一週以來，我軍在正太路一帶甚爲活躍，鐵路交通多處被我破壞，因之該路不能通車了。敵汽車被我襲擊約有數次，一次由平定方面開到柏木井地方的敵汽車，被我燒毀十七輛，打死敵人數十名。又一次我榆次的游擊隊破壞廣家莊鐵軌兩段，另一次我軍襲擊井陘煤礦，將楊金溝自來水井完全破壞。敵傷亡數十人外，餘均被擊散。

據報山西敵人紛紛向山東調動，坂垣師團亦被調往山東，坂垣本人已過石家莊向東去。

### 蘇浙皖

浙江方面敵隊有一旅團駐杭州，富陽有一團，惟受我游擊隊的壓迫，正向杭州撤退。我軍現已繞江向杭州反攻，在杭州南錢山進行游擊戰爭，給敵人以莫大打擊。海寧方面於十日發現敵人偷渡登陸，被我守軍發現，立給敵以痛擊，敵登陸企圖終未達到。

津浦綫南段，連日戰事甚沉寂，聞敵人已佔據了洪澤湖南岸之盱眙縣城，在該地奸淫擄掠，無所不爲。

我軍游擊隊，連日向全椒一帶之敵舉行反攻，激戰結果，於十日完全克復全椒，奪得敵人機槍六挺，步槍一百七十餘枝，給浦口滁州之敵以莫大的威脅，當我軍入該城時，全城人民無不歡欣如狂。

蕪湖之敵，十一日配合以飛機及兵艦數艘向我荻港陣地猛攻。後我空軍趕到，予敵以痛擊，敵機不逞，倉皇逃去。我機當即飛往敵艦上空投彈，結果敵巨型艦一艘被擊沉，一艘被擊毀。

據軍息：我軍已於最近數天內，繼續克復廣德，宣城，溧水，高淳等四縣城。並說我軍有克復宜興，溧陽訊。

杭州方面敵師團後撤，由乍浦乘艦他去，據敵人揚言，有進攻海寧之企圖。

### 英印人民積極助我

倫敦人民所組織的中國戰區難民救濟委員會，接到了英國駐滬總領事甲浦報告難民的痛苦情形以後，該委員會秘書戈登博士，立即電匯二十五萬餘元到中國，並在各報發載啓事，籲請各界人士再度捐助。還有印度國民會議主席尼赫魯及領袖多人，五日舉行援助中國大會，及在各地開抗日會議，並勸募賑濟我國戰區難民，印度著名詩人太戈爾也發表宣言聲援我國。

### 敵機到處施虐

敵機於日前飛往廣西南寧轟炸，結果把法國開設的天主教堂炸毀，損失甚大，法國已向敵提出抗議。當敵機來時，我空軍亦猛力抵抗，結果擊落敵機二架。又桂林城亦被敵機轟炸，損失不詳。廣州省城及粵漢路，每天均有敵機在該地一帶施虐，任意投彈屠殺我無辜羣衆。敵機三十餘架，於十一日空襲武漢，在飛機場投彈約百餘枚，損失甚大。

### 西叛軍續有投誠

自政府軍完全克復托羅埃而城後，亞拉貢省現已在政府軍手中，省長也德貢頃自該城回到巴塞隆納，當向各報發表談話：略稱托羅埃而城叛軍殘餘部隊一千五百名左右，暨軍官多員，如巴西上校，雷昆仍上校，范斯路上校等均已完全向政府軍投降。

### 敵漠視英美利益
## 不幸事件連續發生
### 敵要求接收租界警權
### 上海英巡被敵軍毆擊

由于日本帝國主義企圖獨佔中國，漠視英美在遠東的地位。因此不幸事件繼續發生，自巴納及瓢虫兩事件解決後，有七日上海公共租界工部局英國巡捕在白利南路被日軍毆擊及敵方向公共租界當局要求接收租界警權等問題發生，此外東京方面，亦發生英船長被敵無理拘留事件。

這些不幸消息，傳到倫敦以後，各報均加以猛烈的抨擊。星期泰晤士報外交記者稱：英國可能採取比道歉與賠償更強硬之辦法。觀察報的外交訪員則指出：英美兩國現在都已承認日本對英美人民的生命財產及船隻的暴行是企圖完全統治中國，排斥外人權利的步驟，當然這些暴行爲是必然要引起英美人民的反日情緒的，英美政府對上海英僑的反日要求，也表示贊同，國務卿赫爾對此已作明白表示。

上海日本軍事當局日前通告英國官員，以後禁止日本以外的其他各國商船在揚子江面航行，英國官方稱：英政府決不允日本對於英國在長江航業，橫加干涉，日本實沒有權利來干涉云，這些事實證明英日在中國問題上的矛盾是更加激烈了。

### 平綏偽政府設聯絡機關
## 日決定在中國設立銀行

日人操縱下的偽綏蒙聯盟政府，決定在北平設立偽蒙古政府領事署，以爲偽臨時政府取得聯絡。

日本爲着進一步滅亡中國，發動反美、英、蘇的戰爭，在華北進行大規模的經濟準備，決定將華北的中國銀行改組爲中日聯合銀行，發行新貨幣同時在華南佔領各地區亦準備成立新銀行，日寇向和平挑戰的事實是更加明顯了。

### 對付侵略者
## 英美法擴大軍備

對于侵略者在遠東及西班牙之行動，及義大利法西斯的擴軍，英法美諸民主國家將以更大的擴軍計劃來答覆：

**英**　國關於下年度的國防經費預算案，據國防調整大臣殷斯基發表的演說，數額當在三萬萬五千萬鎊以上。其中關於海軍部份原準備加緊建造驅逐艦潛水艇等，今因義大利宣佈造艦程序後，將大見擴充，開始進行歷史上最大的造艦運動：動工建造三萬五千噸之主力艦五艘，連原有在內共有主力艦廿五艘；並加速訓練海軍官員。關於空軍部份，本年度實力，已較去年增强一倍有餘，舊式飛機，均代以新式飛機。下年度究竟建造多少架飛機，現在還不知道，但是空軍部已着手設置飛機場四十所，以備擴充空軍之用。此外，陸軍方面，當繼續努力，增加新兵員額及全機械化部隊。

**美**　國羅斯福總統，將請求國會批准建造大批飛機，潛水艇及驅逐艦之計劃，並要求增加國防預算至十二萬萬美金。此項巨款，大部份將用以充實水上飛機，潛水艇，及輕軍艦之實力，大致有一千二百架最新式的飛機，將來完成後，美國海軍之飛機實力，將達四千五百架之多。海軍方面：據紐約前鋒報載美國本年度計劃建造完成戰鬥艦三艘，計十萬零五千噸，航空母艦二艘計二萬七千噸，大巡洋艦三或四艘計三萬六千噸，輕巡洋艦三或四艘計□萬七千噸，魚雷艇三十艘計三萬噸，及潛水艇六艘，計一萬〇五百四十噸。

**法**　國海軍界稱本年法國擴軍計劃毫不足奇，法國海軍將與義國保持平等，且超過義國五萬噸，同時二萬六千噸位主力一艘勝過義國。另外有三萬五千噸之大艦兩艘正在建築，今年可以完工。

### 敵召御前會議
## 計劃加緊侵略我國
### 敵內相狂吠對我宣戰

日政府因時局問題，九日在首相官邸召集內閣與大本營之聯席會議，討論侵略我國的方針。十日又整日舉行臨時內閣會議，除遞次討論日前內閣與大本營聯席會議上所決定之重要措置外，日政府的重大方針，也在本會議上確定。十一日敵又召開御前會議，日政府如重要官員均參加，內容嚴守秘密。

據另一消息：日本召集的御前會議，最後決定對華政策規定對付中國抗戰到底的辦法，同時提議進攻與佔領廣州，截斷中國經過香港的外援，使中國孤立。按日本最重要的會議形式，非遇特別重大事件，決不召集御前會議；除此次以外，共舉行過四次：一在甲午戰前，一在日俄戰前，一在世界大戰□。

另外據日本報紙登載：日內相末次要求對中國宣戰，在財政上軍需上封鎖中國。日政府并正在考慮命令駐華大使川越立即離華回國，這些事實說明敵人已決定更進一步的侵略我們，一直到滅亡我國。

### 英美漸接近

華盛頓七日發表正式聲明，美國政府準備與英國政府談判新商約的會，這是英美訂立新商約的第二個正式步驟，商約內容主要的是互相減輕某些商品的入口稅。另外羅斯福的密友，及其主要財政顧問甘納，已任命爲美國駐英大使，而將成爲多年來美國駐英最重要使節之一。這也是英美逐漸接近的表現。

**鞏固和擴大全國抗日民族統一戰線！**

期：新中华报零四百一十五期
版：零三版
时间：一九三八年一月二十五日

# 怎样纪念一·二八

九一八事变后，中国各地都广泛地开展着抗日救国运动。日本帝国主义为镇压中国人民的反抗，乃借口上海日僧失踪，令驻沪日领向上海市政府提出立即解散抗日救国会，取缔一切抗日行动等四项无理要求。当时上海市政府强表示屈服。于一月二十八日下午四时完全接受。但日寇仍不满足，当晚即向我军防地进攻。驻防闸北的十九路军爱国将士，为执行保卫□的神圣义务，即自动奋起，予侵略者以顽强的抵抗。于是“一·二八”抗战的血幕就从此揭开了。

在六年后的今天，在全国性抗战开始后的今天我们来纪念“一·二八”抗战，显然是有着更巨大的任务，放在大家肩上，首先应该指出：目前抗战遭到了暂时的局部的失利。使我们若干政治的经济的文化的中心城市均沦于敌手。与六年以前比较，整个民族的生命，更不知要危急到多少倍。六年前敌人所侵略我们的，还是局部的领土，今天则将要亡我整个国家，灭我整个民族了。在整个国家民族的生命，呼吸存亡之际的今天，来纪念“一·二八”这个沈［沉］痛的日子，我们没有泪，没有悲哀，只有血，血的教训！

固然，现在我们有着比“一·二八”抗战更惨痛的教训，但是“一·二八”抗战失败的经验，在今天更是值得我们深省，更值得我们学习。“一·二八”抗战失败的原因很多，最中心的当时还是局部的应战，而没有进行全国性抗战的准备。那末，目前怎样来弥补这个缺陷呢？我们在边区人民面前所要提出的有几个问题：

第一边区人民应该踊跃参加春耕运动。扩大耕地面积改良土质，保证战时粮食供给及各种国防工业原料品的自给，充实抗战的力量，支持政府进行持久抗战。

第二，边区人民应该踊跃地参加自卫军，学习军事技术和游击战争的经验并帮助政府树立实行征兵制的良好基础，准备直接迎击日寇的进攻。

第三，边区人民应该踊跃地参加锄奸运动，揭发汉奸托匪的破坏活动，巩固抗战根据地，减轻政府后顾之忧。

第四，边区人民应该提高对于目前政治形〈政治形势〉的了解，踊跃地参加冬学运动。和各种文化工作，经过冬学去学习一切抗战的知识，经过冬学去□□政府抗战的决心；然后才能谈得上支持政府抗战到底。

诚然，以上这些工作边区人民早已进行，或者正在进行。不过在“一·二八”纪念日的前面，我们还要互相检查，互相督促。务使全边区人民尽其最大的力量去帮助政府，支持政府，拥护政府，以争取抗战的最后胜利。

新中華報　　一九三八年一月廿五日

專論

# 怎樣爭取抗戰的勝利

堅一

抗戰形勢一天比一天來得更緊張，爭取抗戰勝利的主客觀條件，在本報上期已有詳細的分析，指出我國內部的團結，國際形勢的好轉，敵人的大量消耗，都是取得抗戰勝利的重要內容。問題是在於如何去運用這些有利環境，使得目前抗戰暫時的失利轉向爲勝利的局面。怎樣來爭取抗戰勝利？我們應該努力的方針在那裏？總括幾句話，是在於鞏固和擴大抗日的民族統一戰綫，全國各黨派各軍各界及全體人民進一步的精誠團結，是保證抗戰勝利的中心的中心。沒有這一基本因素，我們雖然抱着抵抗到底的決心，終會使決心成爲泡影的。依據這一基本問題，來分別加以說明：

（一）擴大與鞏固以國共兩黨合作爲基礎的抗日民族統一戰綫

在目前新的形勢下，根據六個多月以來的抗戰的經驗教訓，對統一戰綫有個深刻認識的必要。在過去由於部份人士對統一戰綫內容缺乏正確的了解，常常表示懷疑，不相信統一戰綫會繼續擴大與發展，對國共兩黨誠心合作表示不必要的憂慮，而妨害了全國上下進一步的團結。在今天我們認爲這些疑慮，是再不能繼續了。究竟什麼是統一戰綫的內容呢？

一、統一戰綫是包括兩個不同的政黨與派別，他們在對付當前的共同敵人的問題上，有着休戚相關的共同利害，而敵人的力量，非兩個以上黨派聯合起來，就不能打倒，在這一基礎上，建立起統一戰綫來。擺在中國各黨派，及全國人民面前的大敵，就是強大的日本帝國主義，驅逐日寇出中國，復興中華民族，是全國人民的迫切要求，大家在抗日的總目標下，聯合一致，集中全國力量結成一個堅固的營壘，這就是抗日的民族統一戰綫。

二、必須有這樣的認識，誰是朋友，誰是敵人？統一戰綫內部[illegible]，應該包括一切願意抗日的黨派，軍隊，人民，抗日的[illegible]，漢奸托派匪徒是[illegible]統一戰綫以外。參加統一戰綫的各黨派，應該在「抗日高於一切，一切爲了抗日」的原則下，精誠的團結起來，對於彼此間的摩擦，互相讓步，互相諒解，以求得不同意見的適當解決，[illegible]合作精誠心人。

[illegible]

絕不要在自己的政權上着想。在此民族存亡絕續之際，決不是爭取領導權的問題，而是怎樣去動員民衆幫助政府與軍隊抗戰的問題。

四、對朋友的態度，要站在坦白的，誠懇的，友誼的立場上，拋棄過去的一切成見與仇恨，一致爲中華民族解放而奮鬥。只有大家互相推心置腹的緊密團結，化除不必要的懷疑與磨擦，才能使統一戰綫繼續發展與鞏固下去，使漢奸及日寇的各種挑撥離間的陰謀失其作用。要知道，國共兩黨合作的中途分裂之時，即是中華民族滅亡之日。繼續鞏固與擴大抗日的民族統一戰綫，是中華民族徹底解放的有力保證。

我們的口號是：「一切工作圍繞着統一戰綫！」「鞏固與擴大以國共兩黨合作爲基礎的統一戰綫！」「全國各黨派進一步的團結起來！」

（二）在國民政府的基礎上建立統一的強固的國防政府

抗戰發動後，中央政府已經開始走上統一的國防政府的道路，他已担負起抵抗外敵的國防任務。我們始終堅決的擁護現在的中央政府，因爲現在中央政府是代表民族利益的，是全國人民自己的政府。我們這裏所說的國防政府，是在現政府的基礎上，把他加強起來，發展起來，吸收各黨派加入這個政府，來集中全國人才，發揮人民中的才能，使中央政府逐漸地克服在抗戰中所發露出來的弱點與缺點，來領導現在的抗日戰爭。我們絲毫不是推翻現政府外，重新再建造一個國防政府。

爲了加強中央政府領導抗戰力量，必須使地方政府與中央政府間的關係更加密切，加強中央政府對地方政府的領導，反對封建割據的傾向，并希望中央政府把各地方最有威望的堅決抗日人才，最大限度的吸收到政府中來，以充實政府，強化政府的領導，去戰勝日寇。對於現政府中已發現或未發現的[illegible]，必須有計劃的逐漸地肅清出政府機關中去，保證政府在抗戰中提高他的威望。

邊區政府，係中央政府的一部份，是中央政府屬下的一個地方政府。他所執行的政策，完全適合於統一戰綫的基本原則。邊區政府雖然沒有得着中央政府的明令發表，但是他的組織形式，以及邊區以內的各個群衆團體，均已向着統一的目標下轉變，他現在并未另成一個獨立的政府系統，將來也是如此。當然，在邊區中一貫的優良的傳統作風，仍然是保存着的，并且還須發揚起來。

（三）建立統一的強固的國防軍

統一的國防軍隊的建立，是以現在蔣委員長領導下的國民革命軍爲骨幹（八路軍也在內），在最高領袖蔣委員長與中央政府的領導下，通盤籌劃作戰計劃，統一作戰指揮，在抗戰到底的意志下，大家共同担負起抗敵的任務。

我們必須嚴格糾正那種「以爲現在的軍隊還是過去軍閥的軍隊」的觀點。在抗戰發動以後，事實上全國各地的軍隊，均被調到前綫，與日寇進行英勇的血戰，這個我們不能而且不應該稱之爲軍閥的軍隊，他們已經成爲保衛國土的革命軍隊，是民族自衛戰的革命將士。

當然，在今天難免個別地方軍隊還存在着落後的封建意識，企圖用各種方法來保存自己的實力，只希望別人多犧牲一點。這種封建意識，在抗戰初期，表現得最明顯，應該加以徹底的克服。我們希望每一個軍人都變成一個民族英雄，在民族解放的歷史中，建立起偉大功勳。

戰爭更加殘酷，將士傷亡相當的大，需要有源源不斷的大批新的力量補充，所以必須建立與擴大統一的國防軍：（一）建立起軍隊中的政治工作，使官兵一致，軍民一致。（二）統一行動與指揮，統一供給，武器與紀律，統一作戰計劃。（三）反對擁兵自衛的地方主義與軍閥主義，中央不應有歧視地方軍隊的偏見。（四）幫助中央政府解釋徵兵制，動員人民參加軍隊。（五）舉辦各種短期的或比較長期的軍事學校，培養大批的軍事幹部。（六）改善軍隊的軍事技術和指揮才能。

對於八路軍也應該使之擴大與發展，因爲八路軍是參加民族自衛戰爭中的一部份，他還應保持與發揚游擊戰術的特長。八路軍的損失與削弱，即是中華民族力量的削弱，對抗日戰爭都是不利的。

（四）動員與武裝人民幫助政府抗戰

大胆地開放民衆運動，消除害怕民衆運動的心理，才能啓發民衆抗戰的積極性與自動性。民衆運動的開展，對政府抗戰是有很大幫助的。過份的對民衆運動的戒備，對抗戰是有妨害的，絕非國家民族福！

在現在情况下，一切民衆組織形式，要合乎統一戰綫。民衆運動應力求統一，各個群衆團體有他的統一組織，統一於各地方以至於中央的抗敵後援會，接受其指導。總的指導機關也應在不妨害抗戰條件下，不要干涉他們活動的自由，盡量啓發他們的積極性。在「抗日高於一切」「民族利益高於一切」的口號下，化除彼此間的磨擦，消滅彼此間行動上不統一甚而至於對立的現象。

在日寇瘋狂的侵略面前，要使民衆有武裝自衛的能力，一定要廣泛的武裝民衆，組織自衛軍，游擊隊，義勇軍等武裝組織，使日寇到處碰着我們的武裝反抗，而我們到處是阻止敵人前進的堡壘。

最後，在民衆運動中，還須深刻注意的，即是一刻不放鬆反漢奸托派的鬥爭，在全國同胞面前，徹底的揭破漢奸托派的陰謀毒計，使大家都能清楚地認識漢奸托派出賣民族利益，幫助日寇滅亡中國的真面目。

（五）堅持華北游擊戰爭

華北游擊戰爭的繼續開展，對於整個抗戰局面是有極大幫助的。幾個月來山西的游擊戰爭已收到了很大的成效，有力的阻止了敵人南進的計劃。華北游擊戰爭的堅持與開展，有着堅強的基礎，在華北那裏有擅長游擊戰爭的第八路軍，有着一萬萬以上不願當亡國奴隸的人民，和適合於游擊戰爭的地形。這些條件告訴我們，堅持華北游擊戰爭是有很大的可能性的。

在華北游擊戰爭的區域內，應充分地利用原來政權，堅持抗戰下去。中華民國的政權，應由抗日人民和軍隊恢復起來，恢復被摧毀的黨部和民衆團體，使大家來共同負責繼續抗戰下去。

游擊區域的群衆組織，應採用合法的組織形式的，一切鬥爭的方針，以抗日爲出發點，并須積極大胆的武裝民衆，以民衆的力量打擊日寇的進攻。這些民衆武裝的發展，是復滅日寇的有生力量，是收復華北失地的生力軍。

對於敵人佔領區域內所組成的「治安維持會」等僞組織，及其隱藏下的人民，須採取正確的策略，即是分化他們，爭取其影響下暫時還未覺悟的下層群衆，孤立那些忠實於日寇的上層領袖。總之，我們策略的運用，是孤立敵人，不要把有可能參加抗日戰爭中來的份子，完全推到敵人的懷抱去，使我們陣綫愈擴大，群衆愈多愈好，還是我們策略的中心。

（六）創立國防工業

幾個月來抗戰的經驗告訴了我們，在日本強盜的積極封鎖下，使外來的實力援助發生了巨大的困難。我們要繼續抗戰下去，必須要自給自足的軍需工業，那麼就要創立起國防工業，來供給長期抗戰的一切軍需，這是與日本帝國主義進行持久戰爭極重要的任務之一。因之，我們有下列的建議：

一、在中央政府內設立國防工業部，以統一籌劃。二、發展國防工業的計劃，在比較適當的後方，建設兵工廠，製造槍械、彈藥，而且逐漸的來製造大砲，飛機，[illegible]克車等新式武器。三、發行國防[illegible]公債，以建設國防軍事工業，動員全國人民的財力來幫助政府[illegible]。

（七）爭取國際援助

國際間對我們的援助，對於抗戰勝利是有極大關係的。因之我們的外交政策應該是推動國際間[illegible]對我們更進一步的同情與實力援助，[illegible]我們的國際地位，[illegible]在這一點上，[illegible]

[illegible]

最後，我們堅決相信：在全國各黨派各界及全體人民和軍隊共同的努力下，[illegible]我們一定能夠獲取最後的勝利，[illegible]而不是決定抗戰的[illegible]機械。

——完

# 怎樣紀念一二八

九一八事變後，中國各地都廣泛地開展着抗日救國運動。日本帝國主義爲鎮壓中國人民的反抗，乃藉口上海日僧失蹤，令駐滬日領向上海市政府提出立即解散抗日救國會，取締一切抗日行動等四項無理要求。當時上海市政府強表示屈服。於一月二十八日下午四時完全接受。但日寇仍不滿足，當晚即向我軍閘北進攻。駐防閘北的十九路軍愛國將士，爲執行保衛國土的神聖職務，即自動奮起，予侵略者以英勇的抵抗。於是「一二八」抗戰的血幕就從此揭開了。

在六年後的今天，在全國性抗戰開始後的今天我們來紀念「一二八」抗戰，顯然是有着更巨大的任務，故在大家紀念上，首先應該指出：目前抗戰遭到了暫時的局部的失利，使我們若干政治的經濟的文化的中心城市均淪於敵手。與六年以前比較，整個民族的生命，更不知要危急到多少倍。六年前敵人所侵略我們的，還是局部的領土，今天則將要亡我整個國家，滅我整個民族了。在整個國家民族的生命，呼吸存亡之際的今天，來紀念「一二八」這個沈痛的日子，我們沒有淚，沒有悲哀，祇有血，血的教訓！

固然，現在我們有着比「一二八」抗戰更慘痛的教訓，但是「一二八」抗戰失敗的經驗，在今天也是值得我們深省，更值得我們學習。「一二八」抗戰失敗的原因很多，最中心的當時還是局部的應戰，而沒有進行全國性抗戰的準備。那末目前怎樣來彌補這個缺陷呢？我們在邊區人民面前所要提出的有幾個問題：

第一，邊區人民應該踴躍參加春耕運動，擴大耕地面積改良土質，保證戰時糧食供給及各種國防工業原料品的自給，充實抗戰的力量，支持政府進行持久抗戰。

第二，邊區人民應該踴躍參加自衛軍，學習軍事技術和游擊戰爭的經驗，幫助政府樹立實行徵兵制的良好基礎，準備迎擊日寇的進攻。

第三，邊區人民應該加緊鋤奸運動，揭發漢奸托匪的破壞活動，鞏固抗戰根據地，減輕政府後顧之憂。

第四，邊區人民應該踴躍的參加各種學習運動，和各種文化工作，[illegible]抗戰的決心；然後才能談得上支持政府抗戰到底。

誠然，上面這些工作邊區人民早已進行，或者正在進行，不過在「一二八」紀念日的前面，我們還要互相檢查，互相督促。務使全邊區人民盡其最大的力量去幫助政府，支持政府，以爭取抗戰的最後勝利。

一切經過民族統一戰線

# 纪念“一·二八”抗战 延安举行武装示威大会

## 大会冒雪进行，发表宣言通电

延安市民众，于本月二日下午二时于延安城内大操场举行“一·二八”武装抗战纪念大会，并举行武装示威。到各机关各团体各学校各部队全体及延市民众自卫军约四五千人。虽大雪飞舞，寒风凛凛，但到会者，绝无丝毫畏缩，即于雪中宣布开会，当推莫文骅，齐华，曹力如，冯文彬，马豫章，王若飞，谭希林七人为主席团。首先由莫文骅报告纪念“一·二八”的意义，略谓：“六年以前十九路军将士起来保卫上海的英勇抗战，不但给全中国人民，而且给全世界人士一个严正的表示：中国人民是不愿做亡国奴的。今天我们在全面抗战中来纪念‘一·二八’武装抗日是有着更大的责任放在我们肩上，大家应该记着‘一·二八’武装抗日的经验教训来争取抗战的最后胜利”次请边区政府张主席训话其大意如下：“今天大家冒雪来参加一·二八武装抗日纪念大会，这种表示我们边区人民的抗战热忱，我们在一·二八六周年的前面必要向大家提到以下几点：一，拥护蒋委员长抗战到底的宣言，二，对前线数百万抗战的将士表示敬意，三，对抗战阵亡将士及伤残将士表示敬意，四，拥护中央政府执行国法，惩办抗战不力的韩复渠，五，反对一切在暴力卵翼下的伪组织及敌人否认国府的狂吠。最后更应该认识中国共产党对民族统一战线的支持，及对民族自卫战争的忠诚，依靠民族统一战线的力量，决定的可以驱逐日寇出中国”。其次复有中国共产党边区党委郭洪涛同志及八路军参谋长，贵州民众代表及三十五军代表等演说，大意均为巩固抗日民族统一战线，坚持抗战到底。演说毕，即一致举行通过大会宣言，及痛斥日寇否认国府与拥护边区抗敌后援会两通电（均附后），最后依照下列行次，进行武装游行示威，一，音乐队，二，警卫营，三，保卫营，四，抗日军政大学，五，党校，六，陕北公学，七，军政部驻延防疫分队，八，政府所属一切机关人员，九，干部子弟学校。十，文化协会，十一，延安县自卫军，十二，延安市自卫军等等。行列连绵达数里之遥，通过大街经半小时之久。晚上五时举行提灯大会。兹大会通过之宣言通电录左：

### 宣言坚决抗战到底

### 一·二八上海抗战六周年纪念延安各界民众武装抗日示威大会宣言

全国同胞们！

一九三八年二月五日　新中華報　第二版

動員與武裝全中國人民幫助府政與隊軍抗戰！

# 邊區抗敵後援會成立

## 發表通電痛斥日寇侵略暴行

## 推齊華馬豫章等爲執行委員

邊區抗敵後援會，經過了半個月的籌備，已於上月二十九日下午，假座該會辦事處舉行成立大會，到國共兩黨黨政軍各機關及各學校各團體代表四十餘人，推定齊華，高朗山，高敏珍三同志爲主席團。首先請籌備委員會主任齊華同志報告，大意是：「我們爲了要使邊區人民與全國羣衆一致團結起來在中央政府的領導下，共同進行抗戰工作；而發起組織邊區抗敵後援會。本會的組織，是根據中央政府所公佈的各地後援會組織及工作綱領來進行的，本會爲了統一全國民衆運動，決定請求加入全國抗敵後援會，接受他們的指示，現已推派代表赴西安接洽。今後我們的工作有以下幾點：（一）進行政治動員工作加緊民衆教育。（二）武裝動員民衆發展自衛軍與少先隊（三）鋤奸（四）幫助政府建設國防工業（五）進行衛生工作實行新生活（六）慰勞抗戰將士家屬。」次由中國國民黨膚施縣黨部代表致詞：「祗有全國民衆精誠團結，才能使漢奸托匪，無從施共陰謀技倆。」次由中共邊區黨委代表郭洪濤同志致詞：「邊區抗敵後援會今天成立，並不是說從昨天起邊區沒有做抗敵後援的工作，事實上過去我們已經做了很多的工作，現在爲了要更進一步的與全國羣衆團結一致，所以要組織本會」。其次復由邊區政府代表，八路軍後方政治部代表，抗大政治部代表，及馬縣長等致詞。各代表致詞畢，即進行修改章程，大會成立宣言，及痛斥日寇否認國府通電（均附后），並推齊華，馬豫章，任曉國，成仿吾，高朗山，史秀英，姜思奇，沙可夫，譚政等二十一人爲執委，呂駿，朱光二人爲候補執委。最後攝影散會。茲將該會通過之痛斥日寇否認國府通電，成立宣言及章程錄后：

## 簡章全文

### 根據中央公佈之綱領擬定

陝甘寧邊區民衆抗敵後援會章程：

一，本會定名爲陝甘寧邊區民衆抗敵後援會。

二，本會以促進邊區民衆與各界的進一步團結，擴大民族統一戰綫，擁護中央政府與蔣委員長堅持抗戰到底爭取抗日民族自衛戰爭的最後勝利爲宗旨。

三，本會由各界團體共同發起得到當地黨政軍機關的許可並呈請政府備案而設立之。

四，本會由黨政軍各機關各民衆團體各派遣代表三人組織之。

五，本會由代表大會選舉二十一人組織執委會。

六，本會設常務委員會人數十一人由執委會推選之常務委員會互推正副主任各一人總攬和處理一切會務。

七，常務委員會下分設下列各部處各部設部長一人，秘書處設秘書長一人由常務委員會互選之：甲，秘書處乙，組織部丙，宣傳部丁，職工部戊，農民部己，青年部庚，商民部辛，婦女部壬，武裝動員部癸，鋤奸部。

八，各部處之內部組織分工工作綱要由常務委員會另訂之。

九，本會經費由黨政各機關公費中撥一部份或地方款項中撥充之，其詳細辦法另行規定。

十，本會代表大會每半年舉行一次，執委會每三月舉行一次，常委會每二週舉行一次，如遇必要時均得臨時召集之。

十一，縣區及鄉抗敵後援會組織大綱另訂之。

十二，本章程由代表大會通過實行，有不適當處得由大會隨時提出修改之。

## 成立宣言

### 團結全國民衆一致抗戰

陝甘寧邊區民衆抗敵後援會成立宣言：

自從盧溝橋事變，我們爲抵抗暴日的武裝侵略，展開了全國的民族自衛戰爭，到現在已近半年了。在這期間，敵人用盡一切最野蠻殘暴的方法，來貫徹他們無恥的侵略勾當！我們大塊土地橫被強佔，成千成萬的民衆在燒殺淫掠慘境中痛苦呻吟，我們的文化政治經濟中心的城市不斷地受到摧殘轟炸；沿海及各交通要道亦時時遭受敵機的侵襲。人類正義既被消滅淨盡，國際信約也被撕毀無遺了！中國的民族現正臨到生死存亡的最嚴重的關頭了！日本帝國主義現在正從事徹底滅亡我們的國家，殲滅我們的民族，羞辱我們的祖先，而我們也只有動員全國民族的力量，實行最堅決的自衛鬥爭，來爭取自己的生存和發展解放！

幾月來的抗戰經驗和血的教訓，已使全國的人們大家相信：不管我們現在戰爭中遭到暫時的部份的失利，不管敵人用來攻擊我們的武器之多麼優良，只要我們全民族能夠進一步的緊密地團結起來，動員起來堅持抗戰到底，最後勝利定會屬於我們的！數個月的抗戰中間，我們的團結確是加強了，我們抵抗當前的暴敵，造成了從來未有的全國統一的局面，因此我們給了敵人不小的打擊，增大了敵人進攻的困難，使敵人感到恐慌，使敵人不得不再用所謂「和平」「調解」那慣用的陰謀鬼技來破壞我們已有的團結，以便利他們無恥的更進一步的侵略，可是中國人誰也再不會上敵人的當了！

蔣委員長抗戰到底的宣言，正是全國人民對抗暴敵的全體意志和決心的現表，它粉碎了敵人的陰謀，打破了敵人的幻想。中國民族現在正用自己的一切力量去爭取最後勝利和自己的解放，不達到目的則不止！

我們陝甘寧邊區的民衆運動，雖然早已有統一的行動，早已和政府軍隊團結一致，但是爲了更加擴大與鞏固全國抗日的團結，我們還不以現狀爲滿足，還要更加努力使邊區的民衆運動統一起來，才更能發揮出偉大的全國團結抗戰力量。這種統一的工作，不僅限於綱領上，行動上的統一，而且還要能做到組織上的統一。這種統一的基礎，在客觀上是具備着的，因爲『抗日救亡』是全國人民一致的要求，擁護政府軍隊抗戰，是全國民衆共同的目標。今天任何民衆團體與民衆運動，都不能離開上述的原則，雖然全國許多民衆團體，在名稱上組織上，工作方法上還有若干的差異，但他們是可以在抗日救亡的基礎上經過共同的磋商的方法而在綱領上，行動上，組織上統一起來的。今天我們陝甘寧邊區的各種民衆團體。爲了使邊區的民衆抗日救亡工作，能和全國的民衆抗日救亡工作配合一致，致得我們也在全邊區成立了民衆抗敵後援會，接受中央政府的指導並與各省縣市抗敵後援會取以一致的行動，希望全國同胞以後多給我們以指示。我們要更緊密的團結起來，共同支持和擁護我們的政府軍隊抗戰到底，直達到最後勝利。

## 大會通電

### 痛斥日寇否認國府

邊區民衆各團體擁護所抗戰到府底通電：日寇猖狂，肆行侵略，奪我土地，殺我人民，所到之處，燒殺淫掠，其兇殘橫暴，不但爲全國上下所共忿，抑且爲世界公理所不容。我政府本民族自衛之大義，下持久抗戰之決心，動員全國力量，迎頭痛擊敵寇，數月以來，已予暴敵嚴厲打擊。倭奴狡猾，復用陰謀技倆，冀爲其武力侵略之掩護與聲張，一面策動所謂「和平」「調解」運動圖誘我入苟安瓦全之陷阱。一面驅使漢奸國賊潛立傀儡僞機構，冀使我國擾分裂，混亂世界之聽聞。近且妄自發表侵略宣言，否認我國民政府。愚妄瘋狂，實已達於極點。不知暴力卵翼之機構，不但爲國際公法所否認，尤爲我國全民所不容。暴敵自我陶醉，徒爲人類歷史遺一笑柄。我邊區民衆，爲全國人民之一部份，全民抗戰亦共担其重大之責任，援以抗戰之勝利，全賴民族之精誠團結，民衆與政府之堅強統一，尤爲最後敗敵之必要保證，邊區民衆，誓在蔣委員長領導之下，擁護政府抗戰到底之方針，務必盡除日寇，收復失土，解放我中華民族，以達於自由獨立之境。

陝甘寧邊區民衆抗敵後援會

## 尋人

茲由西安來延安的一位工人領袖呂水福，有六十多歲，牙齒已脫，鬚髮寸餘，如有那位同志知其住址，請通知西北戰地服務團第二團新天吼爲盼。

新天吼啓

# 紀念「一二八」抗戰

# 延安舉行武裝示威大會

## 大會冒雪進行，發表宣言通電

延安市民衆，於本月二日下午二時於延安城內大操場舉行「一二八」武裝抗日紀念大會，並舉行武裝示威。到各機關各團體各學校各部隊全體及延市民衆自衛軍約四五千人。雖大雪飛舞，寒風凜凜，但到會者，絕無絲毫畏縮，即於雪中宣佈開會，當推莫文驊，齊策，曹力如，馮文彬，馬豫章，王若飛，譚希林七人爲主席團。首先由莫文驊報告紀念「一二八」的意義，略謂：「六年以前十九路軍將士起來保衛上海的英勇抗戰，不但給全中國人民，而且給全世界人士一個嚴正的表示：中國人民是不願做亡國奴的。今天我們在全面抗戰中來紀念「一二八」武裝抗日是有着更大的責任放在我們肩上，大家應該記着「一二八武裝抗日的經驗教訓來爭取抗戰的最後勝利」次請邊區政府張主席訓話其大意如下：「今天大家冒雪來參加一二八武裝抗日紀念大會，這個表示我們邊區人民的抗戰熱忱，我們在一二八六週年的前面必要向大家提到以下幾點：一，擁護蔣委員長抗戰到底的宣言，二，對前綫數百萬抗戰的將士表示敬意，三，對抗戰陣亡將士及傷殘將士表示敬意，四，擁護中央政府執行國法，懲辦抗戰不力的韓復榘，五，反對一切在暴力劫賣下的僞組織及敵人否認國府的狂吠。最後更應該認識中國共產黨對民族統一戰綫的支持，及對民族自衛戰爭的忠誠，依靠民族統一戰綫的力量，決定的可以驅逐日寇出中國」。其次復有中國共產黨邊區黨委郭洪濤同志及八路軍參謀長、貴州民衆代表及三十五軍代表等演說，大意均爲鞏固抗日民族統一戰綫，堅持抗戰到底。演說畢，即一致舉行通過大會宣言，及痛斥日寇否認國府與擁護邊區抗敵後援會兩通電（均附后），最後依照下列行次，進行武裝遊行示威，一，音樂隊，二，警衛營，三，保衛營，四，抗日軍政大學，五，黨校，六，陝北公學，七，軍政部駐延防疫分隊，八，政府所屬一切機關人員，九，幹部子弟學校。十，文化協會，十一，延安縣自衛軍，十二，延安市自衛軍等等。行列連綿達數里之遙，通過大街經半小時之久。晚上五時舉行提燈大會。茲大會通過之宣言通電錄左：

## 宣言堅決抗戰到底

一二八上海抗戰六週年紀念延安各界民衆武裝抗日示威大會宣言

全國同胞們！

六年前的「一二八」，日寇想用血手佔領上海以達到他繼續吞併中國的迷夢，中國部分軍民用頭顱熱血，來首先抵抗日寇侵略，爭取民族生存。一二八抗戰的經驗告訴我們，中國是有力抗戰的，而且中國只有抗日才能生存，不抗日就只有滅亡可惜當時還未形成全國團結，以致未能發動全國的抗戰，使抗戰停滯下來淞滬停戰以來的六年，日寇是更加猖狂了，終於以盧溝橋事件爲起點，發動了企圖滅亡全中國的戰爭，而在中國方面，全國人民也一致團結在國民政府與蔣委員長的領導之下，實行堅持的抗戰。現在是我們全國人民發揚六年前抗日的英勇精神，堅決反抗日寇大規模侵略的時候，是抗戰已經堅持了七個月的時候是全國抗戰已經給了日寇很大的打擊，并獲得世界人民的無限同情的時候，這在中華民族歷史上寫了極光榮偉大的一頁，並且開闢了抗日戰爭勝利的前途。日寇受到了打擊以後，先想用盡各種威脅利誘的陰謀，使我政府屈服，因爲我政府的反抗而未能達到目的，又使出另一種毒辣的手段，竟于一月十六日宣言不復承認我四萬萬五千萬人民所擁護的中央政府，企圖在此鑿宣言下，扶植爲國人所痛恨的漢奸政權，以欺騙我人民，分化我國權。全中華民族是在我中央政府與最高領袖蔣委員長領導之下，絕不妥協，絕不投降。堅持着神聖的抗日的民族自衛戰爭。我邊區人民爲回答日寇蠻橫的進攻，爲回答日寇無恥的狂吠宣言，特向全國同胞宣言，我們邊區人民已經武裝起來了；已經動員起來；已經準備好了：我們將與全國兄弟緊密的站在一起，堅決擁護中央政府與蔣委員長領導抗戰到底，爲了保衛我全民族生存，流盡最後一滴血。

我們堅決相信，只要全國各黨派，各界人民，都能精誠團結，堅持抗戰到底，最後的勝利是一定我們的。大會謹向中央政府蔣委員長，全國抗戰軍隊全國抗戰民衆暨國共兩黨，致民族解放的敬禮！

我們的口號

發揚「一二八」抗戰的英勇精神，堅持長期抗戰！

鞏固國共兩黨親密合作！

鞏固和擴大抗日民族統一戰綫！

擁護蔣委員長堅決領導抗戰！

全國人民動員起來幫助政府與軍隊抗戰！

保衛邊區，保衛西北，保衛中國，收復失地！驅逐日本帝國主義出中國！

中華民族解放萬歲！

一九三八年一月廿八日

六年前的“一·二八”，日寇想用血手占领上海以达到他继续吞并中国的迷梦，中国部分军民用头颅热血，来首先抵抗日寇侵略，争取民族生存。一·二八抗战的经验告诉我们，中国是有力抗战的，而且中国只有抗日才能生存，不抗日就只有灭亡可惜当时还未形成全国团结，以致未能发动全国的抗战，使抗战停滞下来

淞沪停战以来的六年，日寇是更加猖狂了，终于以芦沟桥事件为起点，发动了企图灭亡全中国的战争，而在中国方面，全国人民也一致团结在国民政府与蒋委员长的领导之下，实行坚持的抗战。现在是我们全国人民发扬六年前抗日的英勇精神，坚决反抗日寇大规模侵略的时候，是抗战已经坚持了七个月的时候是全国抗战已经给了日寇很大的打击，并获得世界人民的无限同情的时候，这在中华民族历史上写了极光荣伟大的一页，并且开辟了抗日战争胜利的前途。日寇受到了打击以后，先想用尽各种威胁利诱的阴谋，使我政府屈服，因为我政府的反抗而未能达到目的，又使出另一种毒辣的手段，竟于一月十六日宣言不复承认我四万万五千万人民所拥护的中央政府，企图在此谬宣言下，扶植为国人所痛恨的汉奸政权，以欺骗我人民，分化我国权。

全中华民族是在我中央政府与最高领袖蒋委员长领导之下，绝不妥协，绝不投降。坚持着神圣的抗日的民族自卫战争。我边区人民为回答日寇蛮横的进攻，为回答日寇无耻的狂谬宣言，特向全国同胞宣言，我们边区人民已经武装起来了；已经动员起来；已经准备好了；我们将与全国兄弟紧密的站在一起，坚决拥护中央政府与蒋委员长领导抗战到底，为了保卫我全民族生存，流尽最后一滴血。

我们坚决相信，只要全国各党派，各界人民，都能精诚团结，坚持抗战到底，最后的胜利是一定［一定是］我们的。大会谨向中央政府蒋委员长，全国抗战军队全国抗战民众暨国共两党，致民族解放的敬礼！

我们的口号：

发扬“一·二八”抗战的英勇精神，坚持长期抗战！

巩固国共两党亲密合作！

巩固和扩大抗日民族统一战线！

拥护蒋委员长坚决领导抗战！

全国人民动员起来帮助政府与军队抗战！

保卫边区，保卫西北，保卫中国，收复失地！驱逐日本帝国主义出中国！

中华民族解放万岁！

一九三八年一月二十八日

# 邊區抗敵後援會成立

## 發表通電痛斥日寇侵略暴行

## 推齊華馬豫章等爲執行委員

邊區抗敵後援會，經過了半個月的籌備，已於上月二十九日下午，假學該會辦事處舉行成立大會，到國共兩黨黨政軍各機關及各學校各團體代表四十餘人，推定齊華，高朗山，高敏珍三同志爲主席團。首先請籌備委員會主任齊華同志報告，大意是：「我們爲了要使邊區人民與全國羣衆一致團結起來在中央政府的領導下，共同進行抗戰工作；而發起組織邊區抗敵後援會。本會的組織，是根據中央政府所公佈的各地後援會組織及工作綱領來進行的，本會爲了統一全國民衆運動，決定請求加入全國抗敵後援會，接受他們的指示，現已推派代表赴西安接洽。今後我們的工作有以下幾點：（一）進行政治動員工作加緊民衆教育。（二）武裝動員民衆發展自衛軍與少先隊（三）鋤奸（四）幫助政府建設國防工業（五）進行衛生工作實行新生活（六）慰勞抗戰將士家屬。」次由中國國民黨膚施縣黨部代表致詞：「祇有全國民衆精誠團結，才能使漢奸托匪，無從施其陰謀技倆。」次由中共邊區黨委代表郭洪濤同志致詞：「邊區抗敵後援會今天成立，並不是說從昨天起邊區沒有做抗敵後援的工作，事實上過去我們已經做了很多的工作，現在爲了要更進一步的與全國羣衆團結一致，所以要組織本會」。其次復由邊區政府代表，八路軍後方政治部代表，抗大政治部代表，及馬縣長等致詞。各代表致詞畢，即進行修改章程，大會成立宣言，及痛斥日寇否認國府通電（均附后），並推齊華，馬豫章，任雌國，成仿吾，高朗山，史秀英，袁思奇，沙可夫，譚政等二十一人爲執委，呂驥，朱光二人爲候補執委。最後攝影散會。茲將該會通過之痛斥日寇否認國府通電，成立宣言及章程錄后：

## 簡章全文

### 根據中央公佈之綱領擬定

陝甘寧邊區民衆抗敵後援會章程：

一，本會定名爲陝甘寧邊區民衆抗敵後援會

二，本會以促進邊區各界民衆更進一步的團結鞏固與擴大民族統一戰綫擁護中央政府與蔣委員長堅持抗戰到底爭取抗日民族自衛戰爭的最後勝利爲宗旨。

三，本會由各界團體共同發起得到當地黨政軍機關的許可並呈請政府備案而設立之

四，本會由黨政軍各機關各民衆團體各派遣代表三人組織之

五，本會由代表大會選舉二十一人組織執委會。

六，本會設常務委員會人數十一人由執委會推選之常務委員會互推正副主任各一人總攬和處理一切會務。

七，常務委員會下分設下列各部處各部設部長一人，秘書處設秘書長一人由常務委員會互選之：甲，秘書處乙，組織部丙，宣傳部丁，職工部戊，農民部已，青年部庚，商民部辛，婦女部壬，武裝動員部癸，鋤奸部：

八，各部處之內部組織分工工作綱要由常務委員會另訂之

九，本會經費由黨政各機關公費中撥一部份或地方款項中撥充之其詳細辦法另行規定

十，本會代表大會每半年舉行一次執委會每三月舉行一次常委會每二週舉行一次如遇必要時均得臨時召集之

十一，縣區及鄉抗敵後援會組織大綱另訂之

十二，本章程由代表大會通過實行有不適當處得由大會隨時提出修改之

## 成立宣言

### 團結全國民衆一致抗戰

陝甘寧邊區民衆抗敵後援會成立宣言：

自從盧溝橋事變，我們爲抵抗暴日的武裝侵略，展開了全國的民族自衛戰爭，到現在已近半年了。在這期間，敵人用盡一切最野蠻最殘暴的方法，來貫徹他們無恥的侵略勾當！我們大塊土地橫被強佔，成千成萬的民衆在燒殺淫掠慘境中痛苦呻吟，我們的文化政治經濟中心的城市不斷地受到摧殘轟炸；沿海及各交通要道亦時時遭受敵艦敵機的擾襲。人類正義既被消滅淨盡，國際信約也被撕毀無遺了！中國的民族現正臨到生死存亡的最嚴重的關頭了！日本帝國主義現在正從事徹底滅亡我們的國家，殲滅我們的民族，羞辱我們的祖先，而我們也只有動員全國民族的力量，實行最堅決的自衛鬥爭，來爭取自己的生存和發展解放！

幾月來的抗戰經驗和血的教訓，已使全國的人們大家相信：不管我們現在戰爭中遭到暫時的部份的失利，不管敵人用來攻擊我們的武器之多麼優良，只要我們全民族能夠進一步的緊密地團結起來，動員起來堅持抗戰到底，最後勝利定會屬於我們的！我們數個月的抗戰中間，我們的團結確是加强了，爲着抵抗當前的暴敵，造成了從來未有的全國統一的局面，因此我們給了敵人不小的打擊，增大了敵人進攻的困難，使敵人感到恐慌，使敵人不得不再用所謂『和平』『調解』那慣用的陰謀鬼技來破壞我們已有的團結，以便利他們無恥的更進一步的侵略，可是中國人誰也再不會上敵人的當了！

蔣委員長抗戰到底的宣言，正是全國人民對抗暴敵的全體意志和決心的表現，它粉碎了敵人的陰謀，打破了敵人的幻想。中國民族現在正用自己的一切力量去爭取最後勝利和自己的解放，不達到目的則不止！

我們陝甘寧邊區的民衆運動，雖然早已有統一的行動，早已和政府軍隊團結一致，但是爲了更加擴大與鞏固全國抗日的團結，我們還不以現狀爲滿足，還要更加努力使邊區的民衆運動統一起來，才更能發揮出偉大的全國團結抗戰力量。這種統一的工作，不僅限於綱領上，行動上的統一，而且還要能做到組織上的統一。這種統一的基礎，在客觀上是具備着的，因爲『抗日救亡』是全國人民一致的要求，擁護政府軍隊抗戰，是全國民運共同的目標。今天任何民衆團體與民衆運動，都不能離開上述的原則，雖然全國許多民衆團體，在名稱上組織上，工作方法上還有若干的差異，但他們是可以在抗日救亡的基礎上經過共同的磋商的方法而在綱領上，行動上，組織上統一起來的。今天我們陝甘寧邊區的各種民衆團體。爲了使邊區的民衆抗日救亡工作，能和全國的民衆抗日救亡工作配合一致，致得我們也在全邊區成立了民衆抗敵後援會，接受中央政府的指導並與各省縣市抗敵後援會取以一致的行動，希望全國同胞以後多給我們以指示。我們要更緊密的團結起來，共同支持和擁護我們的政府軍隊抗戰到底，直達到最後勝利。

## 大會通電

### 痛斥日寇否認國府

邊區民衆各團體擁護蔣委員長抗戰到底通電：日寇猖狂，肆行侵略，奪我土地，殺我人民，所到之處，燒殺淫掠，其凶殘橫暴，不但爲全國上下所共忿，抑且爲世界公理所不容。我政府本民族自衛之大義，下持久抗戰之決心，動員全國力量，迎頭痛剿醜虜。數月以來，已予暴敵嚴厲打擊。倭奴狡猾，復用陰謀技倆，冀爲其武力侵略之掩護與聲張，一面策動所謂「和平」「調解」運動圖誘我入苟安瓦全之陷阱。一面驅使漢奸國賊潛立傀儡機構，冀使我國權分裂，淆亂世界之聽聞。近且妄自發表侵略宣言，否認我國民政府。愚妄瘋狂，實已達於極點。不知暴力卵翼之機構，不但爲國際公法所否認，尤爲我國全民所不容。暴敵自我陶醉，徒爲人類歷史遺一笑柄。我邊區民衆，爲全國人民之一部份，全民抗戰亦共担其重大之責任，援以抗戰之勝利，全賴民族之精誠團結，民衆與政府之堅強統一，尤爲最後敗敵之必要保證，邊區民衆，誓在蔣委員長領導之下，擁護政府抗戰到底之方針，務必盡除日寇，收復失土，解放我中華民族，以達於自由獨立之境。

陝甘寧邊區民衆抗敵後援會

## 尋人

茲由西安來延安的一位工人領袖呂水福，有六十多歲，牙齒已脫，鬍鬚寸餘，如有那位同志知其住址，請通知西北戰地服務團第二團新天吼爲盼。

新天吼啓

# 紀念「一二八」抗戰

# 延安舉行武裝示威大會

## 大會冒雪進行，發表宣言通電

延安市民衆，於本月二日下午二時於延安城內大操場舉行『一二八』武裝抗日紀念大會，並舉行武裝示威。到各機關各團體各學校各部隊全體及延市民衆自衛軍約四五千人。雖大雪飛舞，寒風凜凜，但到會者，絕無絲毫畏縮，即於雪中宣佈開會，當推莫文驊，齊華，曹力如，馮文彬，馬豫章，王若飛，譚希林七人爲主席團。首先由莫文驊報告紀念『一二八』的意義，略謂：「六年以前十九路軍將士起來保衛上海的英勇抗戰，不但給全中國人民，而且給全世界人士一個嚴正的表示：中國人民是不願做亡國奴的。今天我們在全面抗戰中來紀念「一二八」武裝抗日是有着更大的責任放在我們肩上，大家應該記着「一二八武裝抗日的經驗教訓來爭取抗戰的最後勝利」次請邊區政府張主席訓話其大意如下：「今天大家冒雪來參加一二八武裝抗日紀念大會，這種表示我們邊區人民的抗戰熱忱，我們在一二八六週年的前面必要向大家提到以下幾點：一，擁護蔣委員長抗戰到底的宣言，二，對前綫數百萬抗戰的將士表示敬意，三，對抗戰陣亡將士及傷殘將士表示敬意，四，擁護中央政府執行國法，懲辦抗戰不力的韓復榘，五，反對一切在暴力卵翼下的僞組織及敵人否認國府的狂吠。最後更應該認識中國共產黨對民族統一戰綫的支持，及對民族自衛戰爭的忠誠，依靠民族統一戰綫的力量，決定的可以驅逐日寇出中國」。其次復有中國共產黨邊區黨委郭洪濤同志及八路軍參謀長，貴州民衆代表及三十五軍代表等演說，大意均爲鞏固抗日民族統一戰綫，堅持抗戰到底。演說畢，即一致舉行通過大會宣言，及痛斥日寇否認國府與擁護邊區抗敵後援會兩通電（均附后），最後依照下列行次，進行武裝遊行示威，一，音樂隊，二，警衛營，三，保衛營，四，抗日軍政大學，五，黨校，六，陝北公學，七，軍政部駐延防疫分隊，八，政府所屬一切機關人員，九，幹部子弟學校。十，文化協會，十一，延安縣自衛軍，十二，延安市自衛軍等等。行列連綿達數里之遙，通過大街經半小時之久。晚上五時舉行提燈大會。茲大會通過之宣言通電錄左：

## 宣言堅決抗戰到底

一二八上海抗戰六週年紀念延安各界民衆武裝抗日示威大會宣言

全國同胞們！

六年前的『一二八』，日寇想用血手佔領上海以達到他繼續吞併中國的迷夢，中國部分軍民用頭顱熱血，來首先抵抗日寇侵略，爭取民族生存。一二八抗戰的經驗告訴我們，中國是有力抗戰的，而且中國只有抗日才能生存，不抗日就只有滅亡可惜當時還未形成全國團結，以致未能發動全國的抗戰，使抗戰停滯下來

淞滬停戰以來的六年，日寇是更加猖狂了，終於以盧溝橋事件爲起點，發動了企圖滅亡全中國的戰爭，而在中國方面，全國人民也一致團結在國民政府與蔣委員長的領導之下，實行堅持的抗戰。現在是我們全國人民發揚六年前抗日的英勇精神，堅決反抗日寇大規模侵略的時候，是抗戰已經堅持了七個月的時候是全國抗戰已經給了日寇很大的打擊，并獲得世界人民的無限同情的時候，這在中華民族歷史上寫了極光榮偉大的一頁，並且開闢了抗日戰爭勝利的前途。日寇受到了打擊以後，先想用盡各種威脅利誘的陰謀，使我政府屈服，因爲我政府的反抗而未能達到目的，又使出另一種毒辣的手段，竟于一月十六日宣言不復承認我四萬萬五千萬人民所擁護的中央政府，企圖在此宣言下，扶植爲國人所痛恨的漢奸政權，以欺騙我人民，分化我國權。

全中華民族是在我中央政府與最高領袖蔣委員長領導之下，絕不妥協，絕不投降。堅持持神聖的抗日的民族自衛戰爭。我邊區人民爲回答日寇蠻橫的進攻，爲回答日寇無恥的狂謬宣言，特向全國同胞宣言，我們邊區人民已經武裝起來了；已經動員起來；已經準備好了；我們將與全國兄弟緊密的站在一起，堅決擁護中央政府與蔣委員長領導抗戰到底，爲了保衛我全民族生存，流盡最後一滴血。

我們堅決相信，只要全國各黨派，各界人民，都能精誠團結，堅持抗戰到底，最後的勝利是一定我們的。大會謹向中央政府蔣委員長，全國抗戰軍隊全國抗戰民衆暨國共兩黨，致民族解放的敬禮！

我們的口號

發揚「一二八」抗戰的英勇精神，堅持長期抗戰！

鞏固國共兩黨親密合作！

鞏固和擴大抗日民族統一戰綫！

擁護蔣委員長堅決領導抗戰！

全國人民動員起來幫助政府與軍隊抗戰！

保衛邊區，保衛西北，保衛中國，收復失地！驅逐日本帝國主義出中國！

中華民族解放萬歲！

一九三八年一月廿八日

新中華報

動員與武裝全中國人民幫助政府與軍隊抗戰！

期 新中华报零四百二十三期
版 零一版
时间 一九三八年三月十日

## 恐怖的上海

上海市被日寇强占后，到现在已有四个多月，但那里的秩序还没有恢复，时常发生枪杀或炸弹案件，并将人头人手互相递送，真是恐怖极了，这些恐怖行动，以前大都是爱国青年为警告卖国汉奸而发生的，现在日寇也采取这种办法，来威胁爱国份子或言论公正的外国人士了。日前日寇曾收买一个小贩向《华美晚报》投弹，但小贩却没有执行而把炸弹交给巡捕了。

第一版　Sin Zhungxua Bao　一九三八年三月十日

# 新中華報

423
發行處邊區政府收發科
陝甘寧邊區政府機關報
定價　每期大洋一分　每月大洋六分　每年大洋七毛

河西殘敵完全肅清

## 敵渡河進犯邊區被擊退

### 我軍克府谷保德追蹤向東進擊

### 柳林敵聞風潛逃遺棄大批食糧

### 晉敵南犯企圖威脅隴海綫西段

**邊區**　由離石西進之敵，會盤據柳林一帶，時向河西宋家川等地開砲轟擊。據報該敵現確已撤退，并遺下大米千餘包（一部已用石油毀壞）及牛肉罐頭九十餘箱，我駐界首之部隊，於六日上午三時，派某連長率一個排到柳林附近偵察，擾亂敵人。該連長到達柳林附近時，當地羣衆向敵人報告說：「八路軍派三四千人來攻柳林」。於是敵人即聞風向東逃竄云。

府谷方面，自馬鎮渡河之敵僞數百人，經我各部努力圍剿後，已向保德（山西省境）潰退，府谷城於五日收復，黃河西岸之殘敵，亦已於五日傍晚全部肅清。我軍某部，並於某日拂曉潛渡東岸，敵倉惶逃竄，經該部追擊七八里後，隨將保德城佔領，目前仍在激戰中。

由綏西南下之敵，一路在大營盤，被軍截擊後，已開始向北逃竄，一路在謁鷄壕一帶與我軍□師及最近反正之劉盛五部激戰兩晝夜，敵終未得逞。綏西方面，自我軍出擊包頭以來，也有進展。僞軍紛紛反正。

綜觀敵人進犯邊區之形勢，據此間一般觀察者稱：「目前敵自吳堡一帶渡河，比較困難。如由保德方面西渡黃河，則可與綏遠南犯之敵相呼應，而夾擊神木府谷。俟攻陷神府後，再由吳堡方面過河，與神府南下之敵會合於綏德，再繼續南犯延安。我軍洞悉其奸，故對府谷方面過河之敵，首先予以打擊」。

**山西**　晉南前綫，我自臨汾一帶南移後，敵繼續沿同蒲路南犯，現已進抵同蒲鐵路之終點風陵渡了。敵在風陵渡不斷向南岸潼關附近開砲轟擊，威脅我隴海路的交通。敵另一部佔領夏縣，運城，正向平陸進迫，企圖佔領黃河北岸之另一渡口。一方面我軍當節節予以抵抗，在曲沃，東溝（平陸以北的一個鎮市）等地，敵均遭受重大打擊，傷亡奇重。據說運回太原焚毀的屍體，已達四千具以上。另一方面我軍分向鐵路兩側撤退，予繼續南犯之敵以側面的威脅。

晉東南一帶，自我軍克襄垣良鄉後，正向潞頭屯留進迫中，敵甚感恐慌，長治城敵軍，已增至四千餘名。同時，晉北一帶我游擊隊異常活躍，同蒲路從未能正式通車，最近據北平外人消息：日軍一隊約三百餘名，擬由大同赴太原，在途中（於代縣以南之陽明堡）被我游擊隊全部殲滅。晉西方面，我軍克復延長對岸之大寧縣。

**平漢綫**　平漢綫敵軍自與晉東方面打通後，前曾合力西犯，進至濟源以西地帶。近日來我生力軍收復新鄉滑縣等十餘城，正全綫向道清路反攻中。同時道清路以北，晉豫交界一帶我游擊隊活動甚得手，道清路終點之博愛縣（即清化鎮）亦已收復。據報克復博愛的游擊隊隊長，就是紅槍會的首領王某。當博愛淪陷時，王氏率部千餘人，佯向敵方投誠，領到供給補充後，即宣佈反正，襲擊該縣敵軍，繳獲坦克車十餘輛。并且傳說敵軍師團長土肥原，旅團長酒井，都在這一次襲擊中被我軍擊斃。

至於，目前敵人在平漢綫進攻之目標，不消說是鄭州，但是它知道正面沿鐵路取鄭州，不是一件容易的事。於是仍舊採取它一貫的迂迴戰略，向平漢綫以西，黃河沿岸的溫縣，孟縣一帶增兵。預先探詢水勢，預備南渡黃河切斷隴海路，而擊鄭州之背。所以連日以來，沁水一帶發生隔河炮戰，鄭州終日可以聽到炮聲。

**津浦綫**　津浦南段戰事，淮河北岸現仍沉寂。淮河南岸在鐵路兩側之我軍，現在洛河，高塘口，及爐橋之綫，與敵對峙。我游擊隊仍不時出擊，極爲活躍。敵人在這一方面的作戰計劃，自正面的苦攻失敗後，即企圖向西發展，以合肥爲目標。

北段方面：近日以來敵因西侵受挫。似又回頭着重於鄒縣及泗水一綫，常備兵力，正由濟寧一帶向鐵路正面運動中。企圖以兗州爲重心，集中十萬大兵分兩路向兗州東南進攻，配合沿海日照一帶的敵人，南下切斷隴海綫東段。然後再由左翼濟寧一帶向西南前進，與進攻合肥後迂迴北上之敵，夾攻商邱（歸德）。對徐州作遠距離的包圍。可見敵人進攻徐州，打通津浦綫的計劃雖屢遭挫折，但始終並非放棄，津浦兩端預料不日將有第二次大戰爆發。

**蘇浙皖**　蕪湖附近，連日大雨，戰況頗趨沉寂。惟自魯港至大通江面，仍有敵艦十餘艘，往來梭巡，並時向我窺探，或發炮轟擊。

長江下流，靖江新到敵軍三千名。有向江北進犯之企圖，靖江以北泰興縣境已發現敵之偵察部隊。在太湖流域一帶，敵因鑒於我游擊隊之活動，現增兵至三師團之衆。

浙江方面，我克復德清及蔣山市之部隊，正與孝豐我軍共同向武康推進中。富陽敵近增加至三千餘人，揚言將進犯浙贛路之中心點——金華，我已嚴加戒備。至於浙江沿海，前被日寇所盤據之七十二個小島，現亦被我收復。

**閩粵沿岸**　台灣最近有三師人上船，據說目的在威脅厦門。同時目前日寇雖以全力進攻西北，但并未放棄侵犯廣東之意向。廣東沿海一帶現泊有日本戰艦十二艘。海南島沿岸各縣，亦時有敵艦出沒。并一度配合飛機襲擊海南島北部的「海口」地方。

## 各國人士繼續援助中國

世界各國人士，對於我國抗戰，都非常同情。詳情已屢誌本報，最近又獲得各國援我消息如下：一，法國天主教勞工青年會，近發起募捐運動，已有數批匯往中國。最近所募得之款項計有一萬法郎，將交我國南京主教于斌，以便轉匯中國。二，倫敦市長泰福特將於十七日作廣播演講，勸募賑濟中國難民的基金。三，挪威貨船芬蘭號水手因反對運輸廢鐵到日本去，現在波斯頓港罷工。

半年以來

## 我國空軍戰績之總結

擊燬敵機五百架以上

自去年八一三起，中日空戰展開以來。一直到今年二月二十六日止。敵機被我空軍擊落者共有二一六架，在地面被我空軍炸燬者，計有一三〇架，被我高射炮擊落者計有一五架。被我陸軍部隊炸壞者計有五二架。被我擊中及負傷落於敵方陣地而燬壞者計有百餘架，共計敵機損失總數達五一三架以上。

敵內部摩擦日甚

## 社大黨嚴詞指斥現政府

日本內部的摩擦，因民政，政友兩黨總部被暴徒所佔，及社會大衆黨領袖安部磯雄被毆等事件，正在日益加重。社會大衆黨曾發表宣言，嚴詞指斥現政府及內相末次信正不能負起國內秩序之責。

同時，對於「全國總動員法案」，衆議院小組委員會討論時，發生激烈辯論，議員與政府代表之間，亦時有摩擦。對於日前陸軍省代表佐藤氏在會議中所表現的失常之態度，各議員尤爲激怒。現政界人士深恐該法案遭議會否決，因爲這樣對全國人民的影響是很大的。

## 恐怖的上海

上海市被日寇強佔後，到現在已有四個多月，但那裏的秩序還沒有恢復，時常發生槍殺或炸彈案件、並將人頭人手互相遞送，眞是恐怖極了，這些恐怖行動，以前大都是愛國青年爲警告賣國漢奸而發生的，現在日寇也採取這種辦法，來威脅愛國份子或言論公正的外國人士了。日前日寇曾收買一個小販向「華美晚報」投擲，但小販卻沒有執行，而把炸彈交給巡捕了。

## 社論　堅持邊區的抗戰一直到全國的勝利

今天，邊區已經處在直接抗戰的形勢下，由過去比較和平的環境而轉入戰爭的環境了。

據近幾天來的消息：晉西之敵一部已渡過黃河，攻陷府谷城，另一路佔據大寧，向馬頭關前進，有由此渡河的企圖，綏南敵我在東勝以南激戰，這樣看來，敵人有首先奪取綏德、榆林、向延安進逼的形勢。雖然敵人這一企圖已受到一些打擊，可是萬不忽視。

因之，保衛邊區，堅持邊區抗戰，一直到全國抗戰勝利的艱巨任務很嚴重地提在邊區每個人民面前。

敵人進攻邊區的計劃，已經在開始進行着。但是我們必須清楚的認識，敵人向邊區進攻，必然會遇着比山西比其他各個戰綫更加嚴重的不可克服的困難。這些困難，將有力的打擊日本的進攻，便利於我們堅持邊區的抗戰：

一、邊區人民民族覺悟較高，大家已經了解到日寇是我們的公敵，只有澈底戰勝日寇，才能求得自己的民族的生存。加之日寇燒、殺、搶、刼、姦、淫的野獸行爲，更增加人民的仇恨。把這二者結合起來，是堅持邊區抗戰，并取得抗戰勝利的有力保證。

二、邊區地形複雜，山嶺重疊，交通不便，使敵人現代化的重兵器，機械化部隊，飛機，要失其作用。這些地區不宜運用其新式兵器。同時交通不便，敵人深入邊區，在人民堅壁清野的動員下，後方接濟必發生巨大困難與阻礙。

三、由於邊區交通不便，經濟落後，不適宜於大的兵團作戰。如敵人派遣較少的兵力進入邊區，有被我們消滅的可能。如以大的兵團進攻邊區，則糧食、彈藥、供給的接濟，必發生嚴重的問題，這是敵人無法克服的。

四、邊區民衆有着健全的組織與訓練，這是一個偉大的力量，是不可戰勝的。開展游擊戰爭，進行擾敵，疲敵，牽制敵人，是邊區人民的特長，因爲邊區人民有着游擊的豐富經驗，是過去國內戰爭中所給與的。邊區人民將把這種特長，運用到對付日寇的戰場去，堅持的開展游擊戰爭，一直到把日寇趕出中國領土以外去。

這是敵人不可克服的困難。反過來看，敵人這些困難，正是我們戰勝日寇的重要條件。因爲我們生活在邊區，是邊區人民中的一個，熟悉地形道路，積極幫助軍隊抗戰，均不願做亡國奴隸，人民抗戰熱忱很高，加之以良好的組織，在任何困難環境中，不會減低殺敵勇氣，這一切的一切，使我們堅信，我們一定能够取得抗戰最後勝利。

堅持邊區抗戰中，敵人的困難與我們的長處，雖然使我們有這樣的信心，但是勝利是不會憑空掉下來的，而需要全邊區人民主觀的努力，使這些可能變爲現實。因之我們必須堅決反對這兩種傾向：一種人在日寇的進攻面前，驚慌失措，對爭取抗戰最後勝利無信心，因而表示動搖，逃跑，甚至於投降敵人，這是非常危險的傾向。另一種人過份看重了自己的力量，忽視敵人進攻的嚴重性，因而對一切抗戰動員工作，缺乏充分的準備。當着敵人進攻來到時，又措手無策，這種傾向，同樣對堅持邊區抗戰是有害的。只有在反對這兩種傾向的鬥爭中，更能團結與動員全邊區的人民及軍隊，來爲保衛邊區，保衛西北，保衛祖國而與日寇抗戰到底！

**鞏固和擴大全國抗日民族統一戰線！**

新中華報

# 孩子剧团在活跃着

□□□先生：

……告诉你们，我们现在真快乐，真开心死了，有七八位临青同学在一起，组织了一个孩子剧团。上海八一三抗战爆发后，许多同学都纷纷逃散了，逃到法租界四川旅沪同乡会，遇见钟眼夫先生，刘望远先生，及许多先生，都在里面服务。最初许多同学流浪在街头，经过不多天，他们都集合在四川旅沪同乡〈同乡会〉里，和先生们一起服务，——出壁报，教小先生，军事报告……这时大家非常之开心地做着教育难民的工作。

但是我们在难民所里面时常讨论我们做事情是不够的，我们为了要尽我们全部的力量，贡献国家，在这期抗战中，取得我们最后的胜利，七八人便组织起来了，同时我们在临青学校，不是爱唱歌、爱演戏、爱演讲的吗？就以我们这三样幼稚的歌、戏、讲，为我们宣传的工具，于是便组织了孩子据［剧］团，在九月三日便成立了。

这样便排了两个戏《放下你的鞭子》《捉汉奸》到各个难民收容所里去演、唱、讲，但是做的时候，又没有工具化装，就用粉笔，画了一点胡子，向庙里面借了锣鼓，便开始，□□□□□地敲起来，一些难民同胞看了眼泪不断地流下来，只是咬牙恨日本鬼子。

第一次出演的效果还不错，我们就经常地演了下去。大概在上海各个难民所出演了有二十几次，我们的孩子剧团便渐渐地开展起来了，便有许多先生同情，帮助我们。

起初我们搬到一个学校里去住着，自己开始烧饭，住了一星期后，有一位先生，叫我们搬到国际难民收容所去。这时我们整个生活便安定下来了，同时还有四百多的小孩子要我们担任教育工作，这时，加入孩子剧团的一共有二十二个人。

我们有早操练习，工作，自修，上谓［课］，休息运动，排戏等。

敌人占了上海以后，救亡团体就不能开展工作，一切活动，都被敌人汉奸注视着。但有许多先生说：“到内地去工作”，我们就想，不错，内地还有成千成万的民众恐怕还不知道这次和日本打仗，是为的什么呢？大家非常兴奋的。对！我们应该去唤醒那些民众起来加入抗战，同时现在，妇女、青年都加入抗战而我们儿童没有加入，这耻辱，是我们不愿忍受的！

大家抱着最大的决心要到内地来工作，所以就在十一月十八日，便离开亲爱的爸爸妈妈，乘轮出发到我们中国怀抱里来了。……

签名

奚立德、张宗元、许怠明、傅承谟
张荐、曹大庆、吴正波、郭宝祥

組織鞏固的後方，肅清漢奸托匪！

## 號召全國青年參加武裝的反日戰鬥

余明

在戰鬥的大時代的今天，中華民族正掙扎在危急存亡的生死綫上。每千百萬的中國青年，每一個中華民族的兒女，都要担負這一個偉大的歷史使命：挽救幾千年祖先所艱難締造的祖國，更要為後世子孫建立一個自由，幸福，獨立的新中國。我們從神聖的自衛戰爭的發展上看，今天抗戰的形勢已經開始向着好的方向前進着，在這個時期裏，我們必須保證完成阻止敵人向內地深入，並負有擊退敵人的戰鬥任務。另一方面，我們很清楚的可以看到：日本帝國主義者侵略中國的戰爭，在軍事上又開始了新的進攻計劃：企圖割斷隴海，平漢的交通，奪取文化，政治，軍事，經濟中心的武漢，更要進攻西北，封鎖華南海港，割斷僅存的國際交通路綫。敵人整個的計劃是要用軍事加速的滅亡全中國！

今天，一個神聖光榮的最迫切的任務提到全國青年的面前——直接參加武裝的反日戰鬥。祗有加強軍事力量，以武裝的戰鬥阻止敵人的深入，並擊退敵人，粉碎敵人的進攻計劃，來完成我們在現時期中的戰鬥任務。

站在西北抗戰前綫的邊區青年團體，應號召全邊區的青年，以戰鬥的精神，加緊軍事學習，自動的參加武裝的反日戰鬥。以邊區青年的積極行動和模範作用，來號召全國各階層青年，千百萬失學失業的流亡青年，到政府領導下的軍事學校去，加緊軍事學習；以突擊的精神，動員全國有組織的青年羣衆到軍隊裏去，到各個火綫上去，直接參加武裝的反日戰鬥。

由於全國青年的積極行動，發揚在抗戰中青年的骨幹作用，提高全國民衆的戰鬥意志和抗戰情緒，堅定全國民衆勝利的信心。我們也可以幫助政府由募兵制過渡到徵兵制的完成；我們要響應蔣委員長所提出的『社會軍事化』的號召。讓全國民衆都武裝起來，用新的偉大的抗戰力量，爭取最後的勝利，把日本帝國主義趕出中國去！

邊區臨時青年救國聯合會編　55

## 幾件緊急的抗戰動員工作

邊區青年

日寇在完成了他第一次對中國的侵略計劃後，又開始了第二次的進攻了，第二次進攻計劃的主要目標是準備進攻武漢，來使中國屈服。

但是日本自佔領了山西，石樓，大寧，打倒了軍渡之後，繼續增兵，企圖分幾路渡黃河進擾邊區，現在清綏關的警備口口部隊已與日寇開始作戰了。邊區已由抗戰的後方變為直接作戰的地區，邊區的形勢萬分緊急了，邊區的一切工作要適合於新形勢的開展，工作方式要適應新的環境，要積極動員廣大的青年羣衆，實際的起來參加抗戰動員的工作，為了堅決保衛邊區，保衛西北，保衛全中國而奮鬥到底，而流最後一滴血，所以邊區青年急須加強抗戰動員的幾件中心工作：

（一）清綏吳延長等黃河沿岸的青年，要迅速的適合作戰的形勢組織起來，堅決阻止日寇渡河登陝，進行有組織的，有計劃的，配合武裝部隊與單獨的襲擊敵人，牽掣敵人，擾亂敵人的前進，并要破壞敵人的交通要道，發揚廣大的青年工人的抗戰積極性，負起自己的偉大任務。

（二）加強少先隊，青年自衛軍，少年團的工作，提高軍事的紀律，作戰的軍事常識，保證三月十五號總結少隊整理工作的計劃完成，發動大批的少先隊，青年團參加到各地方游擊隊與保安隊中去。

（三）清綏吳延長等縣，要緊急的動員少隊青年自衛軍，少年團，積極的去幫助正規軍各武裝部隊作戰，運輸傷兵，担負戒嚴，偵探消息，報告敵情，肅清漢奸，剷除託派，消滅土匪等……的戰時工作，担負鞏固後防的任務。

（四）在政府的收買救國公糧的頒佈之下，組織青年羣衆多出多賣，供給戰爭的糧食的需要，使青年起着先鋒的模範的作用，勸動自己的爸爸媽媽，熱烈的供給與出賣糧食給抗戰部隊吃，才能使戰時受不到糧食的困難。

（五）加強與組織鄉俱樂部的輕騎隊，偵探小組，除奸小組的工作，變成真正常備青年救亡組織的偵探隊，防止敵人的混進組織破壞與活動，並要提高每個青年的警覺性。

（六）政治動員，加緊宣傳解釋工作，是完成以上幾件工作的有力保證，所以要將日本的罪惡及中國雖然在目前受得暫時的部份的失利，而將來抗戰能得勝利的具體形勢與辦法，詳細耐心的說服解釋，加緊每個青年對日寇的無限的憤恨，提高青年的抗戰熱忱，以爭取抗戰最後的勝利，求得中華民族的解放！

以上幾件工作是各級青年緊急的幾件抗戰動員工作，必須要深入的動員，澈底的討論與佈置，保證工作勝利的完成。

（白向銀）

## 少先隊要武裝起來

敵人的砲火已經在我們邊區的邊界上雷鳴着，黃河東岸的，日本鬼子兵佔領了許多重要的渡口，企圖渡河向我們吳堡，以北面的日偽軍已佔領內蒙的，阿拉廟，逼近三邊，神府，榆林等地，因此邊區今天已成為直接與日本帝國主義作戰的地區了，在這樣嚴重的局勢下，無疑地更加重了我們少先隊任務。

我們是抗戰的後備軍，我們要担負新形勢下的偉大任務，不僅要百倍的加強本身的軍事學習，不僅要努力參加各種，抗戰動員（剷匪，鋤奸，放哨警戒，偵察，担架，運輸等工作）并且要立即武裝起來：每個少先隊隊員要有參加戰爭的武裝準備，隨調隨動，在一聲號召與動員下，開赴戰區配合主力作戰，學習與發揚過去或年中參加戰爭的經驗與光榮歷史，迫接日寇的野蠻近況，保衛我們邊區保衛西北與全中國。

少先隊的同志們！形勢是十分的嚴重與緊張了，立即武裝起來吧！

## 起來為保衛邊區而戰！

——齊語——

摧毀人類文明的東方野獸日寇，在華北華南，在南北的戰場上，以其飛機大砲坦克車……慘毒的近代殺人利器，摧毀了我們的城市，炸壞了我們美麗的田莊，到處殺人放火，姦淫擄掠，所到之處，廬舍為墟，雞犬不留，實開人類從古以來所未有的慘痛的紀錄。將為人類歷史永留下不可泯滅的血腥的仇恨和污點。

現在，敵人第二步進攻計劃，又在開始了，中原和西北，已處在萬分緊急的狀態中，敵人所企圖的奪取河南，包圍大武漢的計劃和奪取臨汾，進攻潼關，切斷西北與中原連絡的計劃已開始，據近幾日的消息，晉南晉西，風雲緊張，敵人飛機不是已經光臨到我們的頭上了嗎？全邊區廣大的青年們，民族處在最後的生死嚴重的緊要關頭，我們所負的責任是何等重大！應該知道，那些已淪亡的地方，失去了祖國的溫暖的人羣，那些正在被敵人鐵蹄蹂躪着的大小城市和村鎮，每分鐘每秒鐘，有多少生命被日寇的飛機和大砲摧殘了，每分鐘每秒鐘，有多少財產被敵人劫奪和焚燒了。青年同志們，偉大的責任，民族的運命，全担在我們的雙肩，我們要從血泊的戰鬥中，担當起這個重大的任務來，只有千千萬萬的青年們，團結在抗日民族統一戰綫的旗幟下，千千萬萬的青年為着一個目標　抗戰高於一切，一切為着統一戰綫，拉緊我們的手握緊我們的拳頭，把「千萬顆心放在一個槍靶上」！

同志們，神聖的自衛抗戰展開了我們不僅要在後方担任着：宣傳民衆，組織羣衆，教育和鼓勵羣衆，作種種演講，慰勞，歌詠，寫標語的工作而且也應該加緊我們的教育和訓練，加緊自衛軍少先隊的政治教育和軍事訓練，很快的加入到抗戰的最前綫去！

青年同志們，我們要在戰場上學習，我們要在工作中鍛鍊，戰場就是我們的學校，我們要在實踐中體驗和證實我們的理論，在實踐中求得我們寶貴的經驗和教訓，在實踐中把我們鍛鍊成鋼鐵一般的意志，鋼鐵一樣的臂膀，成為中華民族最優秀最勇敢最健壯的青年。

同志們，這是時候了，該我們武裝起來把我們開上前綫去，開上前綫去！，為保衛我們的家鄉，為保衛我們的父母兄弟和姊妹，為保衛我們抗日邊區，為保衛我們祖國的每一寸土地，要「戰到最後一枝槍，戰到最後一個人，……戰到勝利的明天」！

## 孩子劇團在活躍着

——他們的來信——

□□□先生：

……告訴你們，我們現在真快樂，真開心死了，有七八位難友同學在一起，組織了一個孩子劇團。上海八一三抗戰發後，許多同學都紛紛逃散了，逃到法租界四川旅滬同鄉會，遇見鍾鼎大先生，劉健還先生，及許多先生，都在裏面服務。最初許多同學流浪在街頭，經過不多天，他們都集合在四川旅滬同鄉裏，和先生們一起服務，出壁報，教小先生，時事報告……這時大家非常之開心的做着教育難民的工作。

但是我們在難民所裏面時常討論我們做事情是不够的，我們為了要盡我們全部的力量，貢獻國家，在這期抗戰中，取得我們最後的勝利，七八人便組織起來了，同時我們在臨時學校，不是愛唱歌、愛演戲、愛演講的嗎？就以我們這三樣幼稚的歌、戲、講，為我們宣傳的工具，於是便組織了孩子劇團，在九月三日便成立了。

這樣便排了兩個戲『放下你的鞭子』『捉漢奸』到各個難民收容所裏去演、唱，講，但是做的時候，又沒有工具化裝，就用粉筆，畫了一點鬍子，向劇裏面借了鑼鼓，便開始，鑾鑾鑾的敲起來，一些難民同胞看了眼淚不斷地流下來，只是咬牙恨日本鬼子。

第一次出演的效果還不錯，我們就經常的演了下去。大概在上海各個難民所出演了有二十幾次，我們的孩子劇團便漸漸的開展起來了，便有許多先生同情，幫助我們。

起初我們搬到一個學校裏去住着，自己開始燒飯，住了一星期後，有一位先生，叫我們搬到國際難民收容所去。這時我們整個生活便安定下來了，同時還有四百多的小孩子要我們擔任教育工作，這時，加入孩子劇團的一共有二十二個人。

我們有早操練習，工作，自修，上課，休息運動，排戲等。

敵人佔了上海以後，救亡團體就不能開展工作，一切活動，都被敵人漢奸注視着。但有許多先生說：「到內地去工作」，我們就想，不錯，內地還有成千成萬的民衆恐怕還不知道這次和日本打仗，是為的什麼呢？大家非常興奮的。對！我們應該去喚醒那些民衆起來加入抗戰，同時現在，婦女，青年都加入抗戰而我們兒童沒有加入，這恥辱，是我們不願意受的！

大家抱着最大的決心要到內地來工作，所以就在十一月十八日，便離開親愛的爸爸媽媽，乘輪出發到我們中國懷抱裏來了。……

簽名

吳立德、張宗元、許息明、傅承誠、張鷹、曹大慶、吳正波、郭寶祥、

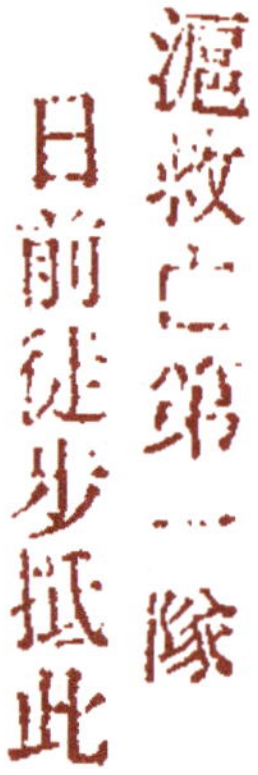
滬救亡第一隊
日前徒步抵此

期：新中华报零四百二十八期

版：零三版

时间：一九三八年四月十日

# 沪救亡第一队日前徒步抵此

曾在前后方长期工作之上海救亡演剧队第一队，于三月十七日由西安出发，徒步北上，沿途曾在三原工作一周，且于其他各村镇积极宣传，成绩颇佳。日前该队一行十八人，已安然抵此，下榻南门里第三招待所，备受本市各界热烈欢迎与招待，将即日筹备公演各种名剧，准备勾留月余，即将转途晋北游击区云。

# 延長交口破獲漢奸組織

## 直接受日寇特務機關領導 秘密組織探委會破壞抗戰

隨着目前抗戰形勢的緊張，邊區漢奸的活動，也越發放肆。最近延長縣鋤奸團破獲日寇特務機關直接領導之下漢奸組織——探訪委員會，捕捉首要份子數人，均供認甘作漢奸活動。延長縣政府曾請示高等法院，於三月廿四日召集大會公審，結果將罪魁周觀祥等四名宣判死刑，並公佈種種罪惡，藉以教育羣衆，而儆效尤。茲將該漢奸組織之內容及其活動方式，略誌如左，以提醒各界之注意：

一、組織系統：

甲，探訪委員會，領導機關設在山西太原。

乙，探訪分會，會長一人，委員七人。

丙，探訪小組，每組三人至五人。

二、組織成份：

甲，會長×××，河南人，無業流氓，平時化裝賣藥的，行蹤無定，常往來於山西陝北間。

乙，分會長周觀祥，河南人，經營小商業，曾任延長交口商務會長，接近土豪劣紳。

丙，探訪委員四人：

一　折仲海，綏德人，在延長交口開客店，素好賭博。

二　×××，瓦窰堡人，市井無賴，不務正業。

三　×××，山西人，流氓分子，不務正業。

四　×××，河南人，地痞之流，素性搗亂。

丁，秘書一人，×××，清澗人，出身不明。

戊，審查委員一人，閻正海，河北人，在延長交口作小營買。

己，交通委員一人，×××，平時當匪探。

從這裏我們可以看出，漢奸的成份，多係流氓地痞，土豪劣紳與江湖無賴之徒，這些下流東西，根本沒有民族意識，只知貪圖個人暫時的小利，不顧國家民族的大害，因而追腥逐臭，無惡不作。

三、目的：破壞邊區，破壞抗戰，幫助日寇滅亡中國。

四、任務：

甲，欺騙老百姓，投降日寇，作亡國奴。

乙，偵察邊區重要機關，暗放飛機訊號。

丙，偵探邊區軍事情形及政治消息。

丁，刺殺抗日要人員，擾亂治安。

五、活動方式：

甲，調查邊區各主要機關位置，如果日本飛機來時，馬上派人放訊號，以便轟炸。

乙，派人混入邊區各機關，一面偵察政治消息，一面暗殺行政首長。

丙，偵探抗日軍隊情形，人數槍枝有多少，都駐紮什麼地方，以便利日本軍隊之進攻。

丁，先利用各種請客，煽惑羣衆，欺騙羣衆投降日本，以便日本軍隊佔領陝北，驅逐抗日軍隊出邊區，然後實行壓迫和屠殺邊區人民。

戊，通訊方法：沿途各村莊，秘密設立交通站，專負傳遞消息及聯絡責任。

六、經濟來源：由太原日本特務機關供給，口頭上規定每月每人十餘元至數十元不等，實際上多係欺騙，不兌現。

為了希圖莫須有之區區十數元，數十元的不義之財，竟至出賣祖國，出賣全民族利益，結果身敗名裂，遺臭萬年。

末了，還得在這裏說幾句話，就是漢奸在我們邊區的積極活動，乃說明日寇對於邊區的進攻，其漢奸政策的重大作用，這是值得我們特別注意的。我們邊區民衆，更應提高政治警覺性，認清一切漢奸的面目，揭破一切漢奸的罪惡，並加緊我們的鋤奸工作，來保衛這個抗日先進地區，爭取整個中國的抗戰勝利！

自上月二十四日我軍在津浦北段大舉反攻以來，捷報頻傳，屢殲頑敵，邊區各界聞訊，興奮異常，紛電徐州李宗仁將軍祝賀。茲將抗敵後援會等之賀電錄左：

# 濟青指日可復 平津收復有期

## 各界代電李將軍致賀

陝甘寧民衆抗敵後援會代電：

徐州李司令長官並轉前方全體將士勛鑒：捷報傳來，全民歡躍，鈞座神機擊潰強敵，上下用命，創建偉績，舉世景仰，日寇喪膽，更盼振奮神威，殲滅殘敵，收復失地。謹電祝賀。陝甘寧邊區民衆抗敵後援會敬賀。四月九日

陝甘寧邊區總工會代電：

李司令宗仁將軍勛鑒：日寇狂妄侵陵，無已貴軍堅守徐隴，抗敵蘇魯，神威偉績，遙遙共欽，現復大舉反攻，津浦敵蹤掃蕩無遺，濟青指日可下，平津收復有期，捷訊傳來，歡欣奚似，謹電馳賀，順祝勛祺。陝甘寧邊區總工會敬賀。四月九日

# 邊區總工會 邀請各界代表茶話

## 討論邊區工人代表大會的宣傳工作

邊區工人代表大會決定於本月十七日舉行，邊區總工會為了要使全國各地參觀者（現已到延者已有粵漢鐵路工人代表，同蒲鐵路工人代表，香港碼頭工人，全國海員工會代表，西安行營代表，同蒲鐵路工人自衛隊代表）及縣區代表能獲得具體的材料，去推動工人運動及組織工人羣衆，以擴大抗戰力量。決定進行廣泛的宣傳工作。並於九日下午一時，在城內文化界救亡協會會議室舉行茶話會，敦請各界代表討論各項具體問題。當即決定：一，出版紀念冊及會刊；二，擴大街道宣傳；三，由陝公及民救館主持慰勞晚會；四，敦請各機關團體學校推派代表參加大會開幕典禮。

# 本市成立抗敵電影社

去年八月就有些同志發起組織電影社，並博得首長們的贊助，然因得人事關係，中途停頓，殊為可惜。

目前為了抗戰的迫切需要，特於三月廿八日於邊區青救會招集發起人會議，出席的有郭洪濤（霍士廉代），向仲華，李桂南，曹菊如，杜國林，溫濤，沙可夫，李槐，雷經天，趙品山，高朗山，艾丁，黃慶熙，徐小冰，謝翰文諸同志。

這次會議中，決定了工作的總方向，並推定高朗山，沙可夫，曹菊如，朱光，王若飛，趙品山，謝翰文等七同志組織籌備委員會，接着廿九日三十日兩次籌備會中決定了工作人員和計劃，並以高朗山為該社主任，趙品山為副主任，艾丁為秘書長兼總務部長，徐小冰為技術部長。並聘請沙可夫同志為技術顧問，康生同志為政治顧問。又聞該社日內即派員赴西安漢口購置機件，據該社負責人談，於本年五月中旬，即可在本市開始映放影片云。

# 延安市各界 籌備舉行「五月」抗運大會

「革命的五月」，不久又快要到來了。當此全面抗戰期間，我們遇到了這個在中華民族解放史上，富有鬥爭歷史的節月，是格外值得紀念的，今天我們不但需要來檢閱一下自身抗戰的力量，同時，更需要去接受：「五一」，「五三」，「五四」，「五七」，「五九」，「五卅」的歷史教訓。因此，延安市各界特發起舉行「五月」抗戰運動大會，已於日前在抗敵後援會舉行籌備會，當時推定各部負責人員計：主任齊華，副主任譚冠三，總務李紹炳，宣傳艾思奇，高誠光，展覽會沙可夫，軍事呂振獻，遊藝會張庚，道鋒，並決定各紀念日的具體的紀念辦法：「五一」上午在南門外舉行羣衆大會，同時檢閱自衛軍及保安隊，並進行化裝宣傳，晚間舉行遊藝，「五四」，「五七」均舉行紀念晚會，「五卅」召開羣衆大會及紀念晚會。

至於原定計劃中擬舉行之政治測驗，牆報競賽，及體育比賽等項目，因抗大及陝公功課緊張，不能參加，已作罷論。

# 滬救亡第一隊 日前徒步抵此

曾在前後方長期工作之上海救亡演劇隊第一隊，於三月十七日由西安出發，徒步北上，沿途曾在三原工作一週，且於其他各村鎮積極宣傳，成績頗佳。日前該隊一行十八人，已安然抵此，下榻南門裏第三招待所，備受本市各界熱烈歡迎與招待，將即日籌備公演各種名劇，準備勾留月餘，即將轉途晉北游擊區云。

# 邊區國防教育會 第一次代表大會將開幕

邊區的教育界人士，為要配合現在的抗戰形勢，發起組織「邊區國防教育會」，來領導邊區的國防教育工作，凡是邊區的教育界的工作人員，不分男女老少，不分文化程度，不分政治派別，只要他不是漢奸，不甘心做亡國奴，都歡迎加入，共同在國防教育的旗幟下為爭取民族的獨立自由而奮鬥！

該會籌備處現定於四月十一號召集各縣代表到延安來開第一次代表大會，會期四天，並將邀請毛澤東，張國燾，洛甫，郭洪濤，成仿吾，周揚，康生，邵式平，諸同志出席指導云。

這次的代表大會，不單是擴大了邊區的國防教育運動，而且對於全國的國防教育也將有絕大的影響。

# 熱心推進邊區衛生工作

## 楊隊長等捐助大批被褥

軍政部防疫大隊長楊永年先生，醫療大隊長桑沛恩先生對於抗戰情緒和愛國熱忱都非常高漲。此次楊桑兩氏奉中央命令來延視察防疫與醫療工作時，曾親臨邊區醫院指示一切，對該院一般設施，頗表滿意，特別對該院工作人員刻苦耐勞之革命精神，表示贊美！

為了促使邊區衛生工作之開展，楊大隊長捐贈被褥枕各二百件，（合洋一千七百）捐助該院。桑大隊長捐助手術室（窰洞兩間，計洋二百元左右）共他防疫大隊部及廿九分隊江隊長亦各捐助修理費大洋四百元及棉衣十五套，楊氏等這種推動抗戰的偉大熱忱，是值得全國人民學習的！

# 老實話

## 為什麼會有逃跑現象？！

敵人的血手，已伸到邊區的邊境來了。它打破了過去我們的和平空氣，迫使邊區進入戰爭環境。大批軍隊紛紛向黃河沿岸集中，以迎擊進攻的日寇。邊區政府為着動員民衆參戰，曾下令抽調各地自衛軍一部，幫助前綫運輸。在自衛軍的動員中，缺乏深入的解釋工作，致被調的自衛軍發生逃跑現象，怕參加戰爭，如志丹延安等自衛軍即是一例。這證明我們過去缺乏對自衛軍對羣衆的經常政治教育工作，沒有高度的發揚羣衆熱忱與民族覺悟。同時在動員中，也缺乏政治鼓動，沒有清楚解釋動員的意義，使他們發生懷疑。這一教訓，如何警惕我們的工作同志們呵！

# 登報鳴謝

本院承防疫大隊楊隊長永年先生捐助被褥枕各二百件約值洋一百七十元，醫療大隊桑隊長沛恩先生捐助手術室（窰洞）兩間，約值洋二百元。防疫大隊部捐助修理門診處大捐四百元左右，防疫廿九分隊江隊長捐助棉衣十五套，特此登報，以表謝忱。

邊區醫院　院長傅連暲　副院長黃祖炎

# 吳堡任家溝 識字運動活躍

吳堡三區貧和鄉任家溝一帶的識字運動近來非常活躍。在任峯花同志的領導下，切實地進行了「一日二字運動」。現在能識一千字以上的已有三百餘人，會三百字以上的，達四百餘人。由最初的一個識字小組發展到九個識字中隊（約七百餘人）。同時識字運動的範圍，亦已由任家溝發展到周圍二十里的地方（打連坡，前後王家山，下子案等村莊）。

# 邊區新文字運動促進會籌備會啟事

我們為推行新字文，促進國防教育起見，已於本月五日下午六時在市政府救亡室成立邊區新文字運動促進會籌備會，並自即日起開始徵求促進會會員，凡熱心推行新文字而願參加的同志，不論已學或未學，均歡迎加入。報名處：邊區文化界救亡協會。

# 尋人

葉田張靜文鑒：李雪竹（即已離婚的秀妹）現在河南確山竹溝鎮新四軍第八團團部工作，請速來信告知你的情況為要！

# 遺失聲明

高等法院通訊員出街證第二一五號及中共邊委第十六號特別通訊證，均因佩帶人不慎，相繼遺失，特此登報作廢。

**一切為着抗戰，一切為着前線上的勝利！**

各地工會賀電一束
「請求政府迅速頒佈工會法律召開國民大會」
—上海印刷職工會工人代表大會慶祝會來電—

期：新中华报零四百二十八期

版：零四版

时间：一九三八年四月十日

# 各地工会贺电一束

## 请求政府迅速颁布工会法律召开国民大会
## 上海印刷职工会工人代表大会庆祝会来电

边区工人代表大会鉴：

我们听到贵会的号召是高兴极了！现在我们除一面代表上海市全□印刷工人向贵会致贺并竭诚拥护外，还请求贵会代向政府请求即速宣布工会法律，请讨论救济失业工人，安置战区工人家属，发展国防生产改良工人生活及迅速召开国民大会，并请经常与我们联络及交换工人统一运动经验此致民族革命敬礼！

邊區人民緊急動員保衛邊區保衛西北保衛全中國！

新中華報

# 工人之路

陝甘寧邊區總工會
文化教育部編
第九期
1938.4.10.出版

## 放在邊區第一次工人代表大會面前的任務

正義

邊區第一次工人代表大會是在這樣的形勢之下舉行的：以德義日爲首的國際法西斯強盜正在向阿比西尼亞西班牙中國與各國人民繼續進行殘忍的侵略戰爭，另一方面，國際無產階級反法西斯反侵略戰爭的統一戰綫，由於［illegible］職總工會加入第二國際的國際工會聯合台，已經建立起來。國際無產階級和真正愛好和平民主同情弱小民族解放運動的人士，正在繼續不斷的有力的援助中國抗戰，援助西班牙阿比西尼亞與各國人民的保衛和平民主爭取獨立自由的反法西斯反侵略的鬥爭。

在中國，九個月的抗戰，雖然遭受到一些失利，但是另一方面，由於抗戰的英勇鬥爭和堅持不屈，形成中國內部的精誠團結，並且繼續鞏固和擴大，給予日寇以相當嚴重的打擊，使其內部矛盾日益加深，反戰運動逐漸高漲；國際對我們的同情和援助，也是一天天迅速向前發展。在九個月的抗戰中，中國工人在保衛祖國的鬥爭中，表現了無限英勇的犧牲精神，創造了不少的光榮模範。最近，全國工人統一組織的中國工人抗敵總會的代表大會，經過朱學範諸先生的積極籌備，已定於四月十五日在武漢舉行，邊區總工會的代表團已於三月三十一日啓程赴漢，參加大會。

在抗戰的過去的九個月中，全邊區的工人，在工會的領導之下，已經動員起來，參加前綫和後方的抗戰工作，參加抗日的武裝自衛和游擊戰爭，參加鞏固後方的鋤奸運動，參加邊區政府的民主選舉運動，參加抗日的國防經濟建設，參加供給前方和留守部隊給養的救國公糧動員，參加慰勞抗戰部隊優待抗屬的工作，參加提高工人國防知識的文化運動……。邊區工會，除了廣泛動員邊區工人積極參加抗戰，爲保衛邊區保衛西北保衛全中國而奮鬥，並積極的贊助全國職工運動的統一與普及，以鞏固和擴大抗日民族統一戰綫，爭取全國抗戰的最後勝利，爲創造獨立自由幸福的新中國而鬥爭。

在這樣情勢之下舉行的邊區第一次工人代表大會，歷史決定了它必須負担起下面三個任務：

一、總結邊區過去職工運動的經驗教訓，確定抗戰期中邊區職工運動的工作方針，正式建立邊區總工會，使邊區工會成爲領導全邊區工人羣衆積極參加抗戰的更堅強的組織。

二、確定邊區工會如何贊助全國職工運動統一與普及，並使邊區工會成爲全國工人統一組織的一個堅強的有力的組成部份。

三、確定邊區工會如何擁護全世界無產階級反法西斯反侵略戰爭統一戰綫，使邊區工會在全國工人統一組織的領導下，聯合世界各國職工團體共同抗日，擁護全世界職工保衛和平保衛民主反侵略戰爭的統一戰綫。

放在邊區第一次工人代表大會面前的任務是這樣的重大，我們要能順利的完成這樣重大的任務，就希望參與這次大會的各地的代表們，多多地帶來各地工人羣衆的意見提案和要求，過去工作的經驗和教訓，希望從全國各地來的代表們，多多地帶來一些關地促進全國職工運動統一與普及［illegible］

## 各地工會賀電一束

邊區工人代表大會定於本月十七日在延安舉行，全國各地工會除山西同蒲路總工會［illegible］鐵路工人自衛隊［illegible］上海海員工友已紛紛來電慶賀。從這些賀電中，我們可以知道上海並沒有亡，中國工人要求統一，並且正走向中國的前途光明的。

### 「正在國防前綫上，驅逐日寇出中國」

——上海市絲織職工聯合會來電

邊區代表大會全體同志：我們全上海的［illegible］職工人，正在敵人［illegible］掙扎着，［illegible］

### 「從工人統一戰綫，來鞏固民族統一戰綫」

——中華海員港務工人統一工會籌委會來電

親愛的邊區工人大會同志們！［illegible］英勇流血抗戰的火綫上，［illegible］我們八十萬海員港務工人［illegible］

### 「結成鞏固的隊伍，負起領導民族革命重任」

——全國郵政工友來電

邊區工人大會鑒：赤心吾人在此淪亡於日寇鐵蹄下的××之上，遥見我邊區工友召開代表大會，討論救亡圖存方針，爭取最後勝利，［illegible］

### 山西工人自衛隊（續上期）

［illegible］

［illegible］

### 「中共和工人階級對民族解放事業是積極與忠誠的」

——上海××全體工友來電

邊區工人代表大會全體代表鑒：我們得到邊區工人代表大會召開的消息之後，非常興奮，我們認爲：［illegible］會相呼應，特此致賀前途光明，並致民族革命敬禮！

### 「在實際工作中響應你們的號召」

——上海市煤業工人抗日會來電

邊區工友們：［illegible］

（一）如何［illegible］
（二）如何［illegible］
（三）如何［illegible］
（四）如何［illegible］失業工人生活。
（五）如何優待武裝工人家屬的實施辦法。

### 「請求政府迅速頒佈工會法律召開國民大會」

——上海印刷職工會工人代表大會慶祝會來電

邊區工人代表大會鑒：我們得到貴會的號召，甚高興極了！現在我們除一面代表上海市全印刷工人向貴會致賀並竭誠擁護外，我們還請求貴會代向政府請求即速宣佈工會法律，請對［illegible］救濟失業工人，［illegible］展開防空防毒，改良工人生活及迅速召開國民大會，並請經常與我們聯絡及交換工人統一運動經驗，此致民族革命敬禮！

### 陝甘寧邊區總工會抗戰期間工作綱領草案

——陝甘寧邊區第一次工人代表大會籌備委員會草擬——

（一）廣泛動員全邊區工人積極參加抗戰保衛邊區保衛西北保衛全中國。

（二）贊助全國職工運動之統一與普及，以加強抗日民族統一戰綫，堅持抗戰到底，［illegible］

（三）擴大與鞏固［illegible］

（四）［illegible］

（五）［illegible］

（六）［illegible］

（七）［illegible］

（八）［illegible］

（九）［illegible］

（十）［illegible］

（十一）［illegible］

（十二）［illegible］保衛和平保衛民主反侵略戰爭的統一戰綫。

期 新中华报零四百三十一期

版 零二版

时间 一九三八年四月二十五日

# 小评　敌军反战情绪增长

我国坚持九个月的抗战，给法西斯侵略者以有力打击，使日本遭受严重的困难，因之影响到日本人民及敌军中增长着不满情绪。长崎、大阪、神户等地发生巨大反战运动，情形极为严重。在中国作战的敌军，因不愿替日本军阀屠杀中国人民，厌战心理，更为普遍。在扬州敌军有三十六名举行自杀，上海交通□学内敌军士兵十四名，亦不愿作战而自杀，同时上海很多敌军易装潜逃。这些消息，把日军国内的弱点，完全暴露出来了。

今天事实已经证明，在我国持久抗战中，使敌国将发生更大更多的困难，日本人民的革命运动也必然继续增长，使敌军的战斗力只有更加削弱下去。我们则恰恰相反，抗战愈持久。政治军事上的□步亦愈大□国内团结心更来得紧密，而我国军队的战斗力亦愈强大。所以在继续的长期抗战中，我们将看到日本军阀的覆灭与独立自由幸福的新中国的创立。

一九二八年四月二十五日　新中華報　第二版

# 肅清漢奸土匪鞏固抗日後方！

## 一個壯烈的故事　四

柳林

——男扮女裝——

當日本兵走進每家民宅時：它們看見了在院子裏，有三位年青的姑娘，穿着紅紅綠綠的花褂褲，有的露着半邊臉搽滿了白粉和胭脂，有的只看見背上拖着的大辮子……這一着，每一個野猪被慾火燒瘋了，便怪叫一聲追了上去。花姑娘也慌怯地紛紛逃散，日兵更加起勁的追向各個屋子裏。門簾是黑的，但更加提高了日兵的獸性當每個衝進屋內時有的被絆住脚，一交跌倒了；有的被從側面攔腰摟住，門後藏的另一個人又上來揑住了咽喉；這時「花姑娘」變成了勇士回頭來猛的一刺，一把短刀完全埋在這皇軍的心窩裏：

在這緊張的一殺那之後，很快地他們把消息傳了一遍：「十二個『皇軍』完全宰了：」這樣，黑暗沉默的村莊突然跳動起來了，全村的男女老少一齊執着火把，棍棒！！……在一個大的動亂中，爆發出一聲巨響來，這聲響一直升上夜的天空：

「殺——————！」

十字街口，被火把燒紅了，人影和聲影在牆上不斷地動搖。糞堆上站着游擊隊長，在火光下的臉龐更加緊光亮了：

「同志們！我們得到了完全的勝利了！」老少男女人頭的波浪隨着歡笑來回動蕩了一大陣「但是很快的敵人一定要來報復，那時我們全村人連我們的房屋樹木都會全被日本人打碎，因爲日本是較可惡的强盜：現在只有一條活路：

未完

## 教育廳關於改進與發展小學的指示

——四月初至六月底工作計劃——

甲、普通小學——改善質量和擴充數量：

（一）改善質量的工作，邊區的小學教育，在去年的下學期有相當的發展，學校數目增加了約二百處，學生數目增加了約三千名，連同原來的，有五處小學，八千多名學生。在數量上是大的發展，質量上也有相當的成績。但是個別縣區的小學，有的念舊書，有的只有教員和四五個學生，因此我們今年要特別着重在質量的改善，以改善質量爲小學的中心一環，把擴充數量的工作，圍繞在這一環的周圍去進行。我們提出幾個工作：

一、爭取各地受訓的教員都成爲小學校的教員，不讓一個站在教育工作外邊。

二、保證原來的小學一律學開，不讓關閉一處。

三、除推動原有學生到校外，凡不足名廿的學校，在開學後，要努力動員擴大到廿名以上。

四、統一教材。教廳的教材都編好了，國語第一二兩冊，發下，三四等冊在四月底可以發下，各縣在五月中一定要把不適用的教材停用，採用教廳出版的教材。

五、建立統一，課程和作業，課程重要心和抗戰聯繫起來。其他一般課目照舊。常識課可講抗戰形勢，防空，防毒，統一戰綫等。體育可上兒童體育達到的軍事動作，如打野外，行軍，緊急集合。課外活動，應當儘量幫助抗戰工作，如鋤奸，放哨，查路條，幫助抗日軍人家屬担水砍柴。

六、改良教學法管理法等。要把教員在訓練班內所學到的關於國防教育的理論，運用到實踐中去。

七、學生少的學校，應當擴充和動員來共逐漸充實起來，在原則上反對合併學校增加學生的辦法，爲了質量而減少數量，在過去的經驗中證明，一合併之後，學生仍然不能增加，反而學校減少。

（二）擴充數量的工作，雖然邊區小學有大的發展，但因過去文化的落後，失學兒童在百分之八十以上，而且地廣人稀，每校學生數量平均不到廿人。故本廳前已通令各縣，今年上半年全邊區應增設二百四十處小學，增加八千名以上的學生。迄今已三個月了，今年上半年只有三個月了，各縣進行情形，尚未報告，本廳因此將增設二百四十處小學的工作，重行佈置，以求實現。

二、今年上半年三個月前工作沒有進展的原因：

1. 各地教員受訓延緩了開學日期。

2. 因爲緊急抗戰動員工作的關係，各縣教育工作同志，放鬆了這個工作，同時個別地區羣衆也不積極送兒童到學校中去。

3. 冬學結束工作沒有和小學開學工作連系進行，放鬆了這一工作，這是主要原因。

三、最近要做的幾件工件：

• 即日督促受訓的和未受訓的教員開學。

2. 教育行政幹部，無論配合抗戰動員的其他工作，不要放鬆本身自己的任務——教育工作要聯系，進行，不要忘却自己的責任，不要放棄了對羣衆的解釋。

3. 教廳增加二百四十處小學的計劃，主要的是根據冬學的基礎，我們要用全副力量保障並發揚這個成績，完成增加小學的計劃。

四、各地應完成的數目字：

直屬縣以每校廿名學生爲原則，隴東分區以十五名爲原則，三邊分區以廿名爲原則，關中區以卅名爲原則，神木以廿名爲原則。

五、加强經常工作的制度：

• 對抓緊領導，詳細佈置工作，切實檢查工作，定期巡視，按時做報告等作風，把它更加强起來。通過去各縣對於這些工作，一般進行得都很好，近來有些縣的第三科報告很少，我們今後應建立上下級經常的工作關係，對於工作是有利益的。

各學校和區鄉一月要給縣上報告兩次，縣一月要給教廳一個有系統的報告，半月一次工作通訊，一定要在這三個月中間加强報告制度。

2. 巡視工作也要注意，各縣在這三個月中間要巡視各小學三次或兩次，把每個小學的實際內容儘量的反映上來。

• 工作計劃

「一」直屬縣一月作一個計劃，要在前一個月十五號以前寄教廳。

「二」各分區三個月作一個計劃，愈快愈好寄教廳。

「三」工作計劃，根據以上教廳決定的原則，要細心估計當地的條件，把計劃具體化，一定要在可能條件下計劃，不要過高，不要隨意。我們的規定有不適合當地情形的，可删去，在使工作前進的原則下變活應用。

六、分配數目字時要注意到沒有學校的地方，困難多的地區，我們要設法建立學校。不要使學校的發展過於不平衡。同時要注意到地區情形，人口，文化，幹部等實際情況，反對機械的平均推派辦法。教廳前次分配數目字時，是根據各縣的報告，原則的提出，當然不能完全符合各地情形。在今天的情況下，我們認爲有些地區是可以完成的，有些地方只可作爲努力的標準，估計有些過高，各縣三科長及專員都有伸縮的權利。

乙、開辦高級小學

一、數目的分配，三邊分區二，慶環分區二，關中分區四，直屬縣六，共十四處。我們要保證這個計劃的實現。

二、經費；（一）竭力籌措基金。古林可籌六七百元，慶環分區已籌到一百廿元。但必須照基金保管辦法去生息。安定在冬學運動中節餘洋六十元，靖邊已籌得九十元，已準備作修理費用，但必須節省。同時不適規定之修理費，最好根據教廳通令（十元至十五元）去修理。如有用過的，則教廳即不負修理費之責任。這個原則應當保持方才適合抗戰時期經費的處理。（二）開辦費：十元至十五元；校長教員待遇同初小教員在原則上是一樣的；學生用費自備，如有特殊情形，由教廳撥。校長教員等，每月文具燈油暫定一元五毛。

三、地址、設備，地址原則上決定利用舊校址或大家的房屋，不許建築和大量修理。設備力求簡樸，以借用羣衆的爲原則。關於非用不可在教學用具如黑板等，在開辦費內支配。

四、校長和教員——校長以當地的，在羣衆中有威信的爲最好。教員要有相當程度的，不論當地的外來的都可以。

五、課程和教材——課目爲：國語、算術、政治、自然、史地、唱歌、體育、美術。教材已編好一部分，在四月底可以印好發下，因爲紙張困難，因此不能趕上急需。教材未到前，由教員選擇材料自尋解決。

六、學生——（一）程度要初小畢業或有同等學力，年齡在十二歲以上廿歲以下。（二）學生要有廿名以上者，可以開辦高學。如暫時不足廿名，將來有動員到十七八名以上的保證，亦可開學。有了十九人，不要機械運用。如只能動員十人以上，三十五人以下的學生，可以附設高級班，成立模範小學，以備下半年轉變高校，或在一兩月以後轉變高校。

七、結論。關於建立高校的工作，現已知道有：延川、安定、關中；延長、延安二縣；古林、赤水縣、三邊、曲子、慶環縣已開學，已籌備就緒，四縣、三邊、定邊、靖邊兩縣也有保證。十四處高校，九處已有了保證，其他五處沒有消息，希望各縣負責同志們，到報告教廳工作的。如果各縣負責教育工作的同志，再來個努力的動員，完全十四處高級小學，是有保障的。

丙、關於小學教育的工作

現在已經四月三號了，各地原有的小學開學的，還不到三分之二，因此在這後三個月中，一定要抓緊這個工作，這個指示是我們檢查了前三個月的工作所得到的教訓，希望切實參照執行。

丁、到上月底，教廳一定要派員到各地檢查執行的程度，如果有先進的縣，能夠像照冬學工作中提出挑戰辦法，訂立競賽，造成一個熱烈的改進小學，建立高校的運動，在實際工作中回答教廳的這個指示，我們是萬分的歡迎並期待着。

## 三個半月來冬學運動的總結（下）

[illegible]

完

### 小評

## 敵軍反戰情緒增長

我國堅持九個月的抗戰，給法西斯侵略者以有力打擊，使日本遭受嚴重的困難，因之影響到日本人民及敵軍中增長着不滿情緒。長崎、大阪、神戶等地發生巨大反戰運動，情形極爲嚴重。在中國作戰的敵軍，因不願替日本軍閥屠殺中國人民，厭戰心理，更爲普遍。在揚州敵軍有卅六名舉行自殺，上海交通學內敵軍士兵十四名，亦不願作戰而自殺，同時上海很多敵軍易裝潛逃。這些消息，把日軍國內的弱點，完全暴露出來了。

今天事實已經證明，在我國持久抗戰中，使敵國將發生更大更多的困難，日本人民的革命運動也必然的繼續增長，使敵軍的戰鬥力只有更加削弱下去。我們則恰恰相反，抗戰愈持久，政治軍事上的進步亦愈大，國內團結心更來得緊密，而我國軍隊的戰鬥力亦愈强大。所以在繼續的長期抗戰中，我們將看到日本軍閥的殺滅與獨立自由幸福的新中國的創立。

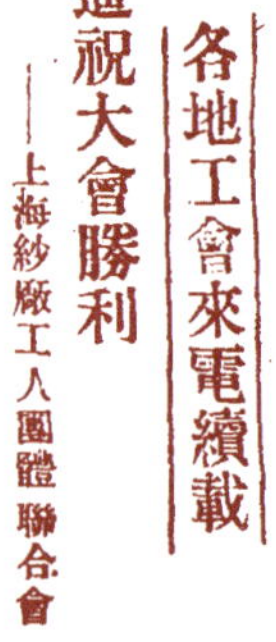
各地工會來電續載
遙祝大會勝利
——上海紗廠工人團體聯合會

# 各地工会来电续载

## 遥祝大会胜利
## ——上海纱厂工人团体联合会

我们非常抱歉的是我们因为交通的阻隔及工作关系，不能派代表参加这次大会。我们除发动上海市的纱厂工人响应大会拥护大会外，特将我们对大会的提案附录如下：

（一）通电各国工会要求给中国抗战以物质和精神的援助督促政府对日实行经济裁制并以之建立组织和行动统一。

（二）各工会召工人团体请派代表参加讨论建立全国统一组织。

（三）要求政府对战区失业工人给予救济并组织革命武装失业工人开展游击战争。

（四）要求政府颁布战时保获［护］劳动条件。

（五）对上海工运给予有力的帮助。此致民族革命敬礼。并祝大会胜利。

# 工人之路

陝甘寧邊區總工會 文化教育部編

第十期

1938.4.25.出版

## 邊區工人代表大會專刊

### 邊區第一次工人代表大會的成就

在本刊第九期里，我曾指出，這次代表大會，負担着下面三個偉大的任務，一，總結邊區過去職工運動的經驗教訓，確定抗戰期間邊區職工運動的方針，正式建立邊區總工會，使邊區工會成爲領導全邊區工人羣衆更積極參加抗戰的更健全的更堅強的組織。二，確定邊區工會如何贊助全國職工運動統一與普及，並使邊區工會成爲全國工人統一組織的一個堅強的有力組成部份，三，確定邊區工會如何在全國工人統一組織的領導之下，聯合全世界職工團體共同抗日，並擁護全世界反法西斯反侵略戰爭的統一戰綫。這些任務，由於大會代表們的共同努力，是得到相當完滿的成就。大會通過了邊區總工會農業工會，手工業店員工會的章程，通過了抗戰期間邊區總工會工作綱領及文化教育工作方案，詳細地討論了劉少奇同志關於「目前抗戰形勢與全國職工運動的統一和普及」，毛齊華同志關於「邊區職工運動過去工作的總結和今後的方針」的報告，復經劉毛二同志做了結論，大會根據他們的報告和結論，通過了正確的決議，大會通過邊區總工會正式加入中國工人抗敵總會及各地代表所提出的許多重要議案，最後，大會由民主選舉推舉了執行委員三十七人，候補執行委員九人，復由執委會推選毛齊華等九人爲常務委員，正式建立了邊區總工會，負責在大會閉幕後之一切工作。

### 陝甘寧邊區第一次工人代表大會經過

當山東、山西、河北各個戰綫獲得了偉大勝利，全國工人運動開始走上統一的時候，邊區第一次工人代表大會於四月十七日在延安舉行了！這次大會，不但對於目前的抗戰有急勵鞏固，保衛邊區，保衛西北，保衛全中國，具有重大的意義，對於鞏固與擴大抗日民族統一戰綫，尤其是對於普及與統一全國工人運動，尤具有促進與推動的作用。

大會自十七日開幕至二十三日閉幕共開七日，計到代表二百二十六人，不但邊區各縣各區均推選代表參加，並有香港海員工會，碼頭工會，粵漢鐵路，同蒲鐵路，鄭州豫豐紗廠工人生活維持會等工人團體代表遠來參加。大會期間，全國工運領袖劉少奇同志，邊區總工會毛齊華同志，對全國及邊區工運的任務方針，作了詳盡的報告，各代表熱烈討論，通過各項決議與宣言，對於邊區工人運動，不但給了一個明確的指針，對於全國工人運動，也有很大的貢獻，茲將大會經過，分述如左：

×——大會議程——×

第一日舉行開幕典禮，（詳誌本報上述）。第二日由劉少奇同志報告目前抗戰形勢，中國工人階級在抗戰中的任務，中國工人階級在抗戰中的活躍與動員，普及與統工運動及在各個不同區域的工人運動諸問題，晚間舉行晚會，由廣生同志講演。第三日分組討論劉少奇同志的報告及大會討論並作結論。第四日毛齊華同志報告目前邊區抗戰形勢與總的任務，邊區工人在工會領導下對抗戰工作的總結與檢討，以及今後的任務。下午中央局招待全體代表，晚間舉行晚會，毛主席講統一戰綫打日本的問題。第五日分組討論及大會討論毛齊華同志的報告，午間，邊區政府招待全體代表，第六日上午作第五日討論的結論，下午討論並通過總工會，農業工會，手工業工會，組織章程及各地代表提案，晚間由軍委招待全體代表，第七日上午進行選舉總工會執行委員及大會宣言，慰問林彪師長，響應八路軍朱總司令對反對日寇野蠻轟行的號召的通電，下午參觀，晚間舉行晚會，由蕭[illegible]同志主席講話。

×——各委員會工作——×

大會宣傳委員會每日出版大會特刊，逐日廣播組織和領導各代表團討論會，主持遊藝晚會，於早晨或大會休息時教學唱歌，教與對日軍宣傳口號，並會於第一日大會休會時招待新聞記者，討論對外通訊宣傳問題，現正着手編輯大會紀念冊，並撰將大會重要文件編輯譯成新文字世界語，以廣傳播。起草委員會推定劉子厚同志起草關於毛齊華同志報告的決議，正發起草大會宣言和劉少奇同志報告的決議。審查委員會登記和統計代表，依照大會組織法組織代表團，審查提案等。

×——各方函電——×

大會之舉行，早已轟動全國，故各地多紛紛來函電致賀，慶祝大會之成功，計有上海印刷職工會，上海紗廠工人團體聯合會，上海郵政工人，上海煤業工人抗日會，中華海員港務工人統一工會籌委會，上海絲業職工會，上海××全體工人，開封郵務工會，邊區抗敵後援會，邊區文化救亡協會，邊區婦女聯合會，陝北公學同學會等函電多件。此外各方贈送大會之錦旗，勝利品，慰勞費，慰勞品等，不可勝計云。

×——宣言通電——×

第一日通過致國共兩黨中央，蔣委員長，致各戰區司令長官暨全體將士，致八路軍，致全世界工人階級，致全國工人抗敵總會朱學範先生，暨各地工人團體等函電七件，閉幕日通過大會宣言，響應朱總司令反日寇轟行的號召電，派代表慰問林彪師長。

×——決議各案——×

除劉毛二同志的報告之決議，章程宣言通電工作綱領外，並通過各地代表提案四十餘件。

×——選舉執委——×

當選執行委員共三十七人，名單如下：（次序依得票多少）毛齊華、正[illegible]、管瑞才、高長久、劉子載、師光生、[illegible]似光、白文生、高樹森、劉慧仙、劉呈云、張如洲、徐金林、李子豐、劉遜[illegible]、張文郎、顧彩丰、安玉英、馮如珍、李世臣、楊岐山、[illegible]堅、田茂華、高玉林、易清元、張有福、劉澤西、魚永泉、紀志林、祝志澄、高鳳山、林仲丹、沈頌衍、方占康、張學文、蔡壽彬、劉德林、候補執委九人：白彥臣、袁海根、孟憲榮、楊生輝、任仲楓、楊萬清、王化純、薛蘭彬、羅代周。

×——常委名單——×

大會二十三日閉幕，二十四日上午舉行第一次執委會，當推選毛齊華、管瑞才、正[illegible]、劉呈云、劉子載、高長久、李子厚、白文生、張如洲爲常務委員，並推定毛齊華管瑞才爲正副主任云。

現在大會閉幕了，我們相信，當選負責的同志們，一定能夠努力實現大會確定的方針，同時我們相信每個代表，一定能夠把大會確定的方針，做深入的傳達工作，動員全邊區各級工會工人羣衆，在邊區總工會的領導之下，爲着徹底實現大會既定的方針而鬥爭。最後，我們希望各縣工會立即籌備召集縣工人代表大會，進行縣工會的改選工作，並根據大會確定的方針，根據各地的環境和條件，確定各地的具體工作。

### 各地工會來電續載

#### 遙祝大會勝利

——上海紗廠工人團體聯合會

我們非常抱歉的是我們因爲交通的阻隔及工作關係，不能派代表參加這次大會。我們除發動上海市的紗廠工人響應大會擁護大會外，特將我們對大會的提案附錄如下：

（一）通電各國工會要求給中國抗戰以物質和精神的援助督促政府對日實行經濟制裁並以之建立組織和行動統一。

（二）各工會召工人團體請派代表參加討論建立全國統一組織。

（三）要求政府對戰區失業工人給予救濟並組織革命武裝失業工人開展游擊戰爭。

（四）要求政府頒佈戰時保護勞動條件。

（五）對上海工運給予有力的幫助。此致民族革命敬禮。並祝大會勝利。

#### 「祝大會成功」

——漢口全國工人抗敵總會來電：

陝甘寧邊區總工會第一次代表大會公鑒：來電收悉，貴會開幕定號召領導邊區工人參加抗戰，本會以山川修阻且因籌備工作忙迫，恭逢盛會未克派員參加，彌殷歉衷，用特電謹祝成功。中國工人抗日總會籌備委員會。印

### 陝甘寧邊區第一次工人代表大會宣言

當我們由邊區全體工友直接民主選舉出來的二百多名代表在延安舉行邊區第一次工人代表大會的時候，在各個戰綫上，尤其是在魯南山西，我們的軍隊，都得到了很大的勝利，大會首先代表全邊區四萬工友慶祝這些偉大的勝利，並向前綫的民族英雄們致熱烈的民族革命敬禮！同時大會認爲這些勝利的獲得，是由於全國的精誠團結，由於國共兩黨的親密合作，由於抗日民族統一戰綫的鞏固和擴大，由於國民政府蔣委員長堅決領導抗戰，由於各個戰區司令長官和全體將士在蔣委員長領導之下，堅決奮鬥艱苦犧牲，由於全國人民一致擁護政府幫助軍隊積極參加抗戰，由於全國工友團結統一，愛護祖國所造成的。因此，大會相信要繼續這些勝利，開拓新的勝利，一直到全國抗戰的最後勝利，實現獨立自由幸福的新中國，就需要使上面這些保證勝利的要素更加發展起來，因此大會號召全邊區工人和全國工人全國人民一致團結起來：

擁護國共兩黨親密合作！

鞏固和擴大抗日民族統一戰綫！

擁護國民政府蔣委員長堅決抗戰到底！

擁護政府，幫助軍隊，堅決抗戰！

統一和普及全國職工運動，爭取全國抗戰最後勝利！

創造獨立自由幸福的新中國！

邊區是全國抗戰的堅強堡壘之一，同時也就是日本帝國主義法西斯強盜第二期侵略計劃中所要奪取的目標之一。目前日寇進攻邊區的計劃雖然因爲全國各戰綫抗戰的勝利，八路軍以及其他部隊堅持華北的游擊戰爭，全邊區軍民的緊急動員堅決抗戰，遭受了打擊，不能實現，但日寇進攻邊區的計劃，和他要吞滅全中國的計劃，同樣是不會放棄的，除非我們把它趕出中國去。因此大會號召全邊區工友，繼續並加強抗敵緊急動員工作，堅決保衛邊區，保衛我們父母兄弟親戚朋友所居住的安樂家鄉，大會認爲全邊區各級工會在保衛邊區爭取全國抗戰的最後勝利的總的任務之下，必須努力實現下列工作：

一，廣泛的發動工人參加自衛軍，組織游擊隊，訓練邊區工人軍事知識和技能，開展抗日游擊戰爭。

二，動員全邊區工人積極參加政府及抗日軍隊的一切抗日工作，并選擇積極的工人幹部給交政府及抗日軍隊分配工作，以便上下一致的協同動作擊退日寇。

三，領導農業工人並協助農民改善農業生產，發展農村經濟，協助農民組織與武裝。提高農民的民族意識與抗戰積極性。

四，動員工人積極進行肅清漢奸，鞏固後方。

五，提高工人勞動熱忱，改良生產技術，提高生產效率和質量，積極參加邊區戰時經濟建設。發展國防工業。

六，廣泛開展邊區工人生產合作運動。

七，實施國際的職工教育，普及抗戰知識，提高邊區工人的政治認識和文化水平，消滅文盲。

八，改良邊區工人生活，加強勞動保護工作組織和安插因戰事失業的工人參加抗戰工作。

九，關於勞資爭議工會應採取適當的方法使之合理的解決，俾能集中力量共同抗日。

十，普遍的建立和健全工會的組織，吸收邊區全體工人參加工會，發

△本文轉入第四版△

一切爲着抗戰，一切爲着前線上的勝利！

## 访问

徐壮明君又各［名］子飞，又名龙，现年二十九岁广东潮安籍，前上海大学附中肆［肄］业。黄埔军官学校毕业，一九二六年曾任国民革命军第三师第八团连长，一九三一年八月由香港介绍往东江入江西工作，偕行者有叶古衣君。如有人知其音讯者或本人见报即请告知汕头安西潮马路□利芳记或广州文德中路四十七号二楼徐唯之，不胜感谢之至！

# 把邊區創造成為抗戰動員的先進地區！

▽本文由第三版轉入

……邊工會主張，提拔和培養幹部，使之積極參加工會工作，使邊區工會成為全國工人統一組織的一個鞏固的組成部份。

邊區工人是全國工人的一部份，邊區工會是全國工會和工人救亡團體的一部份，大會認為在目前抗戰時期民族生死存亡的關頭，中國工人能夠在國民政府與蔣委員長領導之下，不分黨派、不分民族、不分地域、不分職業、不分宗教與信仰、不分男女與老幼，在抗戰高於一切的原則之下，求得組織上行動上的統一與團結，正是足以加强抗日民族統一戰綫的鞏固與擴大，保證抗戰的最後勝利和新中國的實現。因此大會決定邊區總工會須竭力贊助全國總工會的早日正式成立，並加入中國工人抗敵總會接受其領導，同時號召全國各地工會工人救亡團體踴躍參加中國工人抗敵總會，號召全國工人依產業和地方的區分迅速建立各產業各地方的工人的統一組織，以集中工人抗敵力量，為保衛祖國而奮爭！

正當着中國工人與全國人民團結一致堅決抗戰日本帝國主義法西斯強盜侵略的時候，阿比西尼亞的人民也正在反抗意大利法西斯的侵略，西班牙的工人也正在與全國的人民一起與德意法西斯及其走狗佛朗哥戰鬥，奧大利的工人也正在和全國人民一起與希特拉及其走狗[illegible]鬥爭，[illegible]德意志的工人[illegible]法西斯進行殘酷的鬥爭，[illegible]些鬥爭就是我們的鬥爭，大會祝福西班牙阿比西尼亞[illegible]的人民和一般民衆的鬥爭的勝利。

[illegible]全世界職工運動的統一戰綫，由於領導蘇聯工友積極建設社會主義國家的總工會的加入第二國際的工聯，並訂立反法西斯反侵略保衛世界和平民主與文化的協定，已經實現了。[illegible]

[illegible]全世界無產階級的解放，進行着堅決的鬥爭，並積極的援助中國的抗戰，[illegible]西班牙阿比西尼亞[illegible]，同時號召邊區工人與全國工人[illegible]擁護國際無產階級反法西斯的統一戰綫。

西班牙大會堅決相信，只要中國工人團結統一起來，只要中國人民團結統一起來，中國的抗戰是會得到最後的勝利，[illegible]獨立自由幸福的新中國一定會一天一天迅速實現。大會同時堅決的相信，只要全世界無產階級的統一戰綫一天天的更有保障，國際法西斯的[illegible]擴大，世界的和平民主與文化就會很快的滾出世界以外去，全世界人類的光明日子就會迅速的到來。

四月二十三日

## 大會通電

### 擁護國共兩黨益加親密合作

——致國共兩黨中央委員會

重慶中國國民黨中央執行委員會，延安中國共產黨中央執行委員會均鑒：[illegible]

[illegible]

四月二十三日

### 誓在蔣委員長領導之下抗戰到底

——致全國最高領袖蔣委員長電

武漢軍事委員會蔣委員長鈞鑒：倭寇[illegible]橫行，强奪我土地，殘殺我人民，姦淫擄掠，無所不爲，種種殘狀，難以言述。幸賴我委員長抱有我無敵有敵無我之決心，動員全國人力物力，團結各黨各派，領導各軍各界，同仇敵愾，萬衆一心，作持久之抗戰，爭民族之生存，堅決苦鬥，戰局益趨好轉，壯烈犧牲，捷報頻傳，最後勝利必屬於我。全國上下，咸抱信心！大會率全邊區四萬工友，並號召全國工人，誓在蔣委員長領導之下，堅決幫助政府，堅持長期抗戰，爭取抗戰勝利，實現獨立自由解放幸福之新中國。專此佈悃，順致民族解放敬禮！

### 向民族英雄們致敬

——致各戰區司令長官暨全體將士電

各戰區司令長官及全體將士鈞鑒：自抗戰發動，轉戰各地，[illegible]英勇抗戰，屢挫敵鋒，使民族之復興有期，失地之收復有望，[illegible]邊區四萬工友，謹致崇高的敬禮！

### 動員全邊區工人誓為後盾

——致八路軍朱總司令暨全體將士電

國民革命軍第八路軍朱總司令，彭副司令暨全體將士鈞鑒：抗戰以來，鈞座率全體將士英勇殺敵，轉戰數千里，屢克名城，[illegible]必屬於我。本大會[illegible]，全體將士，致革命的敬禮！[illegible]保衛西北，保衛邊區，[illegible]邊區工友[illegible]誓死[illegible]抗戰之後盾，緊急動員全邊區工友[illegible]，謹此電陳，致抗戰敬禮！

### 聯合國際職工共同抗日

——致全世界各國工人電

全世界的無產階級親愛的兄弟們！中國工人早已動員起來參加神聖的抗日民族自衛戰爭，陝甘寧邊區的工人更積極的為着保衛世界的抗戰兄弟們，於前方於後方，我們感激全世界兄弟們給予中國抗戰的熱忱的同情與有力的援助，我們相信中國抗戰一定能夠得到最後勝利，因為中國內部的團結一天天地鞏固擴大起來，中國工人一天天的團結統一起來，中國抗戰的力量是一天天的增長起來，同時日寇的內部，有我們的兄弟們，日本的無產階級艱苦的進行着反法西斯反軍閥的反戰鬥爭，在敵人的後方，[illegible]

世界各國的兄弟們，在擁護我們的[illegible]，都有我們的兄弟伸出親熱的手援助我們，我們相信全世界無產階級反法西斯反侵略戰爭的統一戰綫，因為我們[illegible]，[illegible]，這次邊區工人第二次代表大會[illegible]統一戰綫能夠迅速的實現了，由於蘇聯工會的統一戰綫的加入，[illegible]世界各國的民族與文化，因為我們相信，[illegible]美國[illegible]兄弟們反對孤立政策與英國兄弟們反對張伯倫安協外交政策的鬥爭，必然給於中國抗戰以遠大的援助，對西班牙的兄弟們的反抗法西斯強盜的鬥爭，[illegible]阿比西尼亞人民爭取民族獨立的鬥爭，[illegible]這些鬥爭的勝利，也就是中國抗戰的勝利。

我們向日本的兄弟們，意大利德意志的兄弟們，我們知道他們正在遭受法西斯強盜的殘酷的最殘酷的壓迫，同時我們告訴他們，我們最艱苦的進行着反法西斯的鬥爭：

中國工人與全國人民一起，堅決的為着民族獨立，民主自由與和平幸福而鬥爭，同時為保衛世界和平而鬥爭，邊區工會兄弟們將在中國工人統一組織領導下與全世界的文化主義者努力反對法西斯侵略戰爭。

我們希望全世界的兄弟們給予中國抗戰以更有力的援助，我們相信你們的兄弟們一定很快能夠得到滿意的回答，此致革命敬禮！

## 延安春耕運動的初步檢查

### ——各種勞動組織活躍異常——
### ——開闢荒地已達四千餘垧——

延安縣自接到邊區建設廳的春耕訓令及春耕工作提綱後，已有兩個月了。為總結兩個月來春耕運動的初步成績，該縣於本月十八日，召開了各區助理員聯席會議。在會議上詳細的檢查了有關春耕運動的各項工作。現將檢查結果，分誌如下：

**春耕工作的實際成績**

首先從組織上說起：動員自縣、區、鄉一直到農村。在各式各樣的會議上，都展開討論了「春耕運動」的重要性及動員方式（二流子）克服了可恥的怠工現象（當然大部是無意識的怠工）如東一區過去有好多人不勞動，在會議上用了各種方式糾正，鬥爭。現在大部份都已參加到春耕運動中來了。一般群衆也都了解今年度春耕運動的特殊性。他們說：「咱們要多打糧食，供給前綫軍隊的食糧。同時，咱們多下種，也能改善咱們的生活」。所以每一個農民正在熱烈的開荒種地，截止最近，他們已種了五一八六垧地的谷子，一〇〇六垧地的糜子，三八二八垧地的蕎豆，九六二垧地的莞豆，二三二垧地的春麥，一二一垧地的瓜和菜，並且開闢了四三九一垧的荒地，修築了三四垧水田，種植了一八七六一株樹。

**活躍的各種勞動組織**

[illegible]

勞動組織都起了它相當的作用：勞動互助社能自動的開會，討論他們的工作。如東一二區進行了人工換牛工，調劑勞動力量。義務代耕隊，已能負起替抗日軍人家屬代耕土地的責任，截止最近，總計全縣義務代耕隊替抗屬種了八八六垧地的谷子，八二垧地的黑豆，三六二垧地的糜子，二七垧地的春麥，一二九垧地的莞豆，並開墾了六五二垧的荒地。尤其是東二區及中區的義務代耕隊成績最好。婦女生產組也能經常幫助男子做担水、送飯、送糞、打土圪塔等工作，並且有些婦女在開闢荒地的工作上也直接幫助男子們。

[illegible]婦女[illegible]已開闢了一垧半的荒地。還有各區的兒童隊，也都組織了[illegible]

**農貸互助社就整理**

是值得特別提出來談的。過去有部份的鄉區農貸互助社是不健全的組織，對於[illegible]。應提出重新整頓，隨即令各區將過去指令後參加組織的流氓、以及小有產者等、烟鬼一律退出互助社。這一工作現已大體整理就緒，俟檢閱完畢後，即可散放貸款。

**還沒有被克服的弱點**

到現在為止，以上這些實貨的成績，但是仍然有一些缺點：一，有些人還不了解春耕的重要性。如南區以[illegible]

[illegible]

## 訪問

徐壯明君又名子飛，又名龍，現年廿九歲，廣東潮安籍，前上海大學附中肄業。黃埔軍官學校畢業，一九二六年曾任國民革命軍第[illegible]第八團連長，一九三一年八月由香港介紹往東江入江西工作，偕行者有葉古衣君。如有人知其音訊者或本人見報即請告知汕頭安西潮属路利芳記或廣州文德中路四十七號二樓徐唯之，不勝感謝之至！

## 延安八路軍政治部鳴謝邊區各界慰勞八路軍傷病將士捐款啟事

[illegible]

## 本報啟事

本報自本月來因紙價飛漲，特改[illegible]，茲定報價如左：

每期大洋二分

每月大洋一毛

每年大洋一元二毛

## 更正

十五日本報所載關於邊區國防教育會[illegible]

特載
邊區工人第一次代表大會通電續誌
——續工人之路第十期——
「緊緊地握起手來，向獨立自由幸福的園地前進！」
——致上海各工會及各地工會電

## 特载　边区工人第一次代表大会通电续志（续工人之路第十期）

### “紧紧地握起手来，向独立自由幸福的园地前进！”——致上海各工会及各地工会电

上海市丝职工联合会、煤业工人抗日会、印刷职工会、纺纱工人团体联合会、××全体工友、全国邮政工友、中华海员港务工人统一工会审委会钧鉴：来电敬悉，本大会除尽力完成自己的伟大任务以外，并决定责成边区总工会誓尽力赞助全国职工运动之统一与普及，尽力赞助被占领区域之职工运动，大会谨代表全边区四万工友向你们致敬，并愿与你们紧紧地握起手来，向着抗战最后胜利与独立自由幸福的园地前进。

紀念「五一」全國工人運動統一起來！

新中華報

# 五一專刊

## 爲紀念「五一」告全邊區工友書

「五一」勞動紀念日，是世界上無產階級被壓迫民族檢閱自己力量的節日。

這個偉大的節日，距現在已經四十九年了！四十九年以來每到今天，全世界無產階級都停止了工作，舉行大的集會，遊行示威，反對資本家壓迫剝削工人階級，現在各國勞動大衆，更親密的團結起來，反對法西斯野蠻强盜，更殘酷的壓迫剝削工人階級，反對法西斯侵略弱小民族的侵略戰爭，同蘇聯的工人廿年以來，每到今年，就以盛大的集會，向國際法西斯示威，慶祝社會主義勝利。

在中國反抗日本帝國主義法西斯的侵略，爭取中華民族革命勝利的戰爭，已經苦戰了九個多月了！最近在前綫上（山西南部山東南部）有了很大的勝利，這就是我們堅持持久抗戰的新的勝利開始，我們在今天紀念「五一」節，就要繼續堅持抗戰到底，開始今後更大的勝利，爭取中華民族的獨立自由和幸福，中國工人是中華民族的一部分，是中國人民中間最有力量最堅强的一部份，從「二七」以來，中國工人始終一貫的英勇的爲着爭取民族解放與本身利益而奮鬥，甚至流血犧牲。在今天日本一方面正在以武力企圖滅亡全中國，使中國四萬萬同胞，都做他的奴隸！同時須嗾使了他的走狗、托匪、漢奸從中破壞搗亂，挑撥離間破壞全國的抗日戰爭，破壞國共兩黨的親密合作，破壞救中國人民生命的抗日民族統一戰綫，破壞全國工人的團結，所以我們全國工人在紀念「五一」的今天，要更加親密的團結起來，組織起來，武裝起來，在國民政府與蔣委員長領導之下，積極的參加抗日的民族革命戰爭，擁護國共兩黨親密合作，擁護抗日民族統一戰綫，擁護全國職工運動統一起來，以全國工人統一團結的力量，去努力提高生產，積極參加戰時經濟的建設，去肅清漢奸托匪鞏固後方，去幫助政府和軍隊堅持抗戰到底，爭取全國抗戰的最後勝利，完成中國工人階級在抗戰中的神聖任務。

邊區工人是全國工人的一份子，是全國工人中間最有組織的一部份，今天邊區成爲抗戰的最前綫了！我全邊區的工友們，都應該緊急動員起來，武裝起來，保衛邊區，要改變我們過去的太平觀念，要提高每個人[illegible]門的情緒，我們工人要推動農民，及一切抗日的同胞，使成爲保衛國土，自衛戰爭的堅決光榮戰士，我們要積極的參加自衛軍，學習軍事政治，在沿河一帶的工友們，更要學習宋家川水手工友們的模範行動，担任渡河的緊急工作，組織或參加游擊隊，準備直接參加戰鬥，我們要組織運輸隊、担架隊、救護隊，幫助軍隊解決運輸，救護的問題，我們要幫助政府動員牲口，動員糧食，我們要努力肅清漢奸，我們要提高生產熱忱，努力加緊春耕工作，充實戰時經濟，總之，在紀念「五一」的今天，全邊區的工友要和全國工人團結一致，要爲保衛邊區，保衛全中國而英勇奮鬥，爭取抗戰的最後勝利，爲創造獨立自由幸福的新中國而鬥爭！

我們的口號是：

一，紀念「五一」，擁護全世界工人反對法西斯，反對侵略戰爭的統一戰綫！

二，紀念「五一」，全國工人要團結起來，統一起來，爲保衛祖國而鬥爭！

三，紀念「五一」全邊區工人要緊急動員起來，保衛邊區，保衛西北保衛全中國！

四，擁護國民政府及蔣委員長領導抗戰到底！

五，擁護國共兩黨親密合作！

六，鞏固和擴大抗日民族統一戰綫！

七，肅清剷除漢奸托匪！

八，打倒日本帝國主義！

九，中華民族解放萬歲！

十，中國工人團結萬歲！

十一，獨立的自由的幸福的新中國萬歲！

十二，全世界工人團結萬歲！

十三，世界和平陣綫勝利萬歲！

全國工人階級團結起來，參加抗日民族統一戰綫，驅除日寇，建設新中國！

[illegible]書　五一節

## 怎樣開展邊區抗戰動員宣傳的突擊運動

（一）爲了提高邊區每一民衆的抗敵情緒與決心；提高對抗戰的認識與政治上的警覺；發動邊區每一民衆積極的熱烈的參加各種抗戰動員工作，以實際的行動，來紀念革命的五月；迎擊日寇向邊區的進攻；與前綫的偉大勝利相配合，給日寇以更大的打擊；來保衛邊區，保衛西北，保衛全中國；各個團體，尤其是担任宣傳工作的同志們，應迅速的開展深入與普遍的抗戰動員宣傳的突擊運動，與各種抗戰動員工作，有機的配合起來。

（二）要迅速的開展抗戰動員宣傳的突擊運動，首先要每一宣傳工作者，下定工作決心和突擊的熱情與勇氣。以異於平時的緊張與速度，和在工作方式的不斷改善與新方法的發現中，來完成突擊的任務。

（三）在組織方面，應該把每一個團體，每一縣，每一區，每一鄉，每一村的宣傳工作人員，（不要祇限於經常担任宣傳工作的同志，更要大量吸收與鼓勵各種工作人員與羣衆參加。）編成若干宣傳突擊隊，適當的決定與分配突擊工作。

（四）決定突擊對象。如某隊突擊某一區，某一鄉，或某一團體，某部羣衆。（如突擊自衛軍，少先隊，工人，農民，婦女等。）

（五）突擊前應製定周密的突擊計劃，這個計劃，應該包括：

一，那一天或那一週突擊那一個團體或那一部羣衆。

二，出發地域與時間的決定。

三，出發前突擊隊員的訓練與會議的舉行，使每一隊員了解任務及應注意的事項。

四，宣傳材料的準備（壁報，小冊子，歌曲小調，戲劇，化裝用品等。）

五，通過各種組織關係，（如突擊工人通過工會組織系統，突擊農民，通過農會的組織等等。）於出發前或工作中，能很快的了解突擊對象的情形。

六，突擊方法的決定。（談話訪問講演化裝歌詠等方式，可靈活的運用。

七，隊員適當的分工。

（六）決定宣傳內容與中心。在這方面，應注意以下數點：

一，擬定談話或講演提綱。

二，擬定調查訪問項目。

三，目前應以紀念五月，加緊地方武裝整理與訓練；加緊警戒放哨鋤奸剿匪；加緊春耕運動，準備游擊戰爭等作中心，與當地的具體環境及實際情况適當的聯系起來。

（七）突擊開始後，隊員與隊員間，團體與團體間，以及各縣各區各鄉各村互相間；要展開工作中的競賽與保持密切的聯系。

（八）在工作過程中，要多注意羣衆的切身與實際問題，使之與抗戰動員宣傳聯系起來。並應盡力幫助解決其困難。（如春耕中耕牛勞力的困難，抗屬食糧勞力的困難，分別提請主管機關，促其注意與幫助解決等。）不過在解決問題時，應以尊重和不侵犯羣衆組織或行政組織系統與權限爲原則。

（九）工作完畢後，應進行工作的檢討，檢討工作時，應注意下列各點：

一，每次出發前，或每次工作完畢後，舉行短時間的會議，（這種會議，在行路或休息時，都可舉行。）各隊員交換工作意見，並檢查工作的成績與缺點。

二，於突擊一個工作單位完了後，（如預定突擊自衛軍，婦女，農民三個單位，於突擊自衛軍完了，第二個單位尚未開始時。）要舉行一次總檢討。

三，每週亦可作一次比較詳盡的檢討。

四，每月應作一個總檢討。

五，在檢討中，一方面要指出工作中的成績和得到的經驗，同時要指出缺點與困難，討論解決困難的辦法；以及定出以後的工作計劃。

（十）第二步工作計劃的決定。在決定第二步工作計劃時，更要根據第一次的工作經驗，須實際而具體，不可過低，也不可過高。第一次未完成的工作，還可放在第二步計劃內來完成。（完）

## 紀念「五一」勞動節口號

1. 紀念「五一」要開展邊區抗戰動員的突擊運動！
2. 紀念「五一」要加緊完成整理地方武裝工作！
3. 紀念「五一」要鞏固和擴大抗日民族統一戰綫！
4. 紀念「五一」檢閱邊區抗[illegible]的武裝力量！
5. 紀念「五一」要誓死保衛邊區堅持抗戰到底！
6. 紀念「五一」全邊區人民團結起來打日寇！
7. 紀念「五一」全西北人民聯合起來打日寇！
8. 紀念「五一」全西北各民族團結起來打日寇！
9. 紀念「五一」擁護國民黨抗戰建國綱領！
10. 紀念「五一」慶祝魯南抗戰大[illegible]利！
11. 紀念「五一」應提高勞動生產、加强抗戰力量！
12. 紀念「五一」應努力完成春耕任務、保證戰時糧食給養！
13. 紀念「五一」應加强國際反侵略國家與人民的聯合！
14. 紀念「五一」全國工人運動統一起來！
15. 紀念「五一」工人階級應站在民族解放鬥爭的最前綫！
16. 紀念「五一」要擁護全國工人抗敵會代表大會！
17. 紀念「五一」要爲被日寇轟炸屠殺的中國工人復仇！
18. 紀念「五一」要肅清托派漢奸活動！
19. 紀念「五一」要擁護無產階級的堡壘——共產黨
20. 中華民族解放萬歲！
21. 全世界無產階級及被壓迫民族聯合起來！

特載

## 邊區工人第一次代表大會通電續誌

——續工人之路第十期——

### 擁護全國職工運動的統一與普及

——致中國工人抗敵總會籌備會第一次代表大會電

漢口中國工人抗敵總會籌備委員諸先生轉第一次代表大會全體代表鈞鑒：頃電敬悉，邊區第一次工人代表大會今日在此開幕，本大會謹代表全邊區四萬工友向貴大會致敬！本大會竭誠擁護貴大會一切工作之進行，並號召全國工友團結一致，擁護中國工人抗敵總會之建立，號召全國工運統一於中國工人抗敵總會領導之下，實現各地方各產業工運之真正統一與普及。謹此電陳，敬致民族解放敬禮！

### 「緊緊地握起手來，向獨立自由幸福的園地前進！」

——致上海各工會及各地工會電

上海市絲織工聯合會、煤業工人抗日會、印刷職工會、紡紗工人團體聯合會、××全體工友、全國郵政工友、中華海員港務工人統一工會籌委會均鑒：來電敬悉，本大會除盡力完成自己的偉大任務以外，並決定責成邊區總工會盡力贊助全國職工運動之統一與普及，盡力贊助被佔領區域之職工運動，大會謹代表全邊區四萬工友向你們致敬，並願與你們緊緊地握起手來，向着抗戰最後勝利和獨立自由幸福的園地前進。

本版因刊載「五一專刊」青年呼聲暫停一期

# 我军退出徐州后
# 战事重心在陇海沿线

## 晋西南我军进展神速连克名城
## 津沪近郊我游击战争蓬勃发展

津浦线经过四个月多以来的浴血抗战，结果把敌人速战速决，短时期内攻占徐州，打通津浦线，进逼中原，威胁武汉，以迫使我国最后向敌屈服的迷梦，打得粉碎。徐州附近的战争，很明显的不是决战，而是我们持久抗战的一个步骤，我们要在持久抗战中，逐渐消耗敌人有生力量，同时节节阻止敌人前进，使我们有充分时间，准备建立自己新的军队与技术，以求取得在最后决战中的胜利。我们在上述任务中，已经获得相当成就，于是乎在战略上自动退出徐州。

徐州的退出，并非我方失败，是我军有计划的行动。我们更须要相信，某一城市的得失，决不能决定战争的最后胜败。徐州失守，会更增强我们抗战决心。

徐州退出以后的情况怎样呢?

敌人企图，一方面由济南攻金乡，鱼台，一方面由淮北之怀远攻蒙城，永城，夹击陇海线，求得最后歼灭我军主力于徐州一带。敌人这一计划是完全失败了。我军十九日退出徐州后，大部份已突破敌人的包围线，纷纷向预定地点集中，继续进行抗战。鲁南我军仍留在苏鲁边境广大地区内活动，坚持着鲁南一带的抗战。鲁西方面，自敌土肥原部由濮县一带乘我军换防之际，突破河防，分途向开封、兰封、内黄、民权、仪封等地进逼，并曾一度占据铁道沿线，开封非常危急。这样使由东以西的我军处在敌人的大包围中，但我军各部仍继续与敌抗战，定陶、东明、城武、考城、曹县、单县等县城仍在我军手中。同样的深入豫东的土肥原部亦在我军的包围中，故鲁西与鲁南是处在混战的状态中。

陇海线自开封以东至砀山以西沿线，虽曾被敌截断数处，但经我军奋勇迎击，敌人在铁道线上终无站得脚稳的能力，现在敌人均分布在沿铁道南北，企图进犯开封。以敌人目前作战计划□，进攻方向主要侧重于陇海线我军的翼侧，扰乱铁路沿线，使我军疲于奔命。以目前情况估计，我们必须深刻地注意到以下三点:

第一，在陇海线战事正紧张的时候，开封黄河北岸之封丘等地敌人兵力突然增加，并积极活动，敌人有可能乘我军应付不暇之时，突由此渡河，而侧击开封翼侧，甚至于迂回郑州的可能。

第二，久已沉寂的道清铁路西段战事，近来又有变化了。敌人近在该线不时增兵，被我克复已久之孟县，温县，济源等城市，在近数天内又被敌人占去，敌人援兵尚在继续增加。因

# 新中華報

本報在呈請登記中

437

發行：陝甘寧邊區政府收發科

陝甘寧邊區政府機關報

定價：每期大洋二分　每月大洋二毛　每年一元一毛


## 戰局一覽

我軍退出徐州後

# 戰事重心在隴海沿綫

## 晉西南我軍進展神速連克名城

## 津滬近郊我游擊戰爭蓬勃發展

津浦綫經過四個多月以來的浴血抗戰，結果把敵人速戰速決，短時期內攻佔徐州，打通津浦綫，進逼中原，威脅武漢，以迫使我國最後向敵屈服的迷夢，打得粉碎。徐州附近的戰爭，很明顯的不是決戰，而是我們持久抗戰的一個步驟，我們要在持久抗戰中，逐漸消耗敵人有生力量，同時節節阻止敵人前進，使我們有充分時間，準備建立自己新的軍隊與技術，以求取得在最後決戰中的勝利。我們在上述任務中，已經獲得相當成就，於是乎在戰略上自動退出徐州。

徐州的退出，并非我方失敗，是我軍有計劃的行動。我們更須要相信，某一城市的得失，決不能決定戰爭的最後勝敗。徐州失守，會更增强我們抗戰決心。

徐州退出以後的情況怎樣呢？

敵人企圖，一方面由濟寧攻金鄉，魚台，一方面由淮北之懷遠攻蒙城，永城，夾擊隴海綫，求得於殲滅我軍主力於徐州一帶。敵人這一計劃是完全失敗了。我軍十九日退出徐州後，大部份已突破敵人的包圍綫，紛紛向預定地點集中，繼續進行抗戰。魯南我軍仍留在蘇魯邊境廣大地區內活動，堅持魯南一帶的抗戰。豫西方面，自敵土肥原部由濮縣一帶乘我軍換防之際，突破河防，分路向開封，蘭封，內黃，民權，儀封等地進逼，并佔一部份隴海鐵道沿綫，開封非常危急。當我使山東以西的我軍陷在敵人的大包圍中，但我軍各部仍很鎮靜與堅決抗戰，定陶，東明，城武，考城，曹縣，單縣等縣城仍在我軍手中，同樣的深入豫東的土肥原部亦在我軍的包圍中，故魯西與豫東是處在混戰的狀態中。

隴海綫自開封以東至碭山以西沿綫，雖中被敵截斷數處，但經我軍猛烈的襲擊，敵人在鐵道綫上終無站得脚跟的能力，現在敵人均分佈在沿鐵道南北，企圖進犯開封。以敵人目前作戰計劃，其進攻方向主要側重於隴海綫我軍的兩側，擾亂鐵路沿綫，使我軍疲於奔命。以目前情況估計，我們必須深刻地注意到以下三點：

第一，在隴海綫戰事正緊張的時候，開封黃河北岸之封邱等地敵人兵力突然增加，并積極活動，敵人有可能乘我軍應付不暇之時，突由此渡河，而側擊開封翼側，甚至於迂迴鄭州的可能。

第二，久已沉寂的道清鐵路西段戰事，近來又有變化了。敵人近在該綫不時增兵，被我克復已久之孟縣，溫縣，濟源等城市，在近數天內又被敵人佔去，敵人援兵尚在繼續增加。因此估計敵人又有可能，乘我軍防備鬆懈時，由此一舉而突破黃河，截斷隴海路西段，由東西兩方面夾擊平漢綫。同時進攻潼關，直取西安，這是完全有可能的。

第三，淮南敵人，佔領合肥後，積極向六安前進，其目的顯然在由六安直趨河南信陽，以迂迴平漢路我軍，與隴海綫之敵，會師中原。

現在我們來談一談山西近來的戰況吧。山西戰局比以前有更好的轉變。我軍在晉西南迭次獲取勝利，自克復芮城、萬泉、平陸、臨晉等縣後，同蒲綫敵軍後路被我截斷作數段，我軍繼續進展，近日又克復絳縣、洪洞、汾城、趙城等縣城，臨汾城陷在我軍四面包圍中。同時我軍正分別圍攻運城、永濟、風陵渡、河津、聞喜、猗氏、新絳等縣城，駐在上述各縣城的敵軍，兵力非常單薄，多的僅四五千人，少的則只有一二百人，由此可見晉西南敵軍實力的空虛。

敵在山西兵力，雖然單薄，但我們必須估計到其大部兵力，向黃河南岸突襲，截斷隴海西段，在隴海綫敵人進攻的時候，敵人又有可能集中以攻得與東段敵軍行動上配合。我們決不要輕視這個戰場敵軍的力量，不要放鬆對敵軍的戒備，準備隨時給進攻之敵以有力打擊。

最後，來說一說在敵人遠近後方開展着的游擊戰爭。首先，在華北方面，游擊戰爭的開展，有一日千里之勢，我們且看一看下面這些消息：

「游擊隊約萬餘人，曾猛攻保定，日軍派大批軍隊及飛機赴援。」（北平電）

「天津四十里之塘沽及大沽一帶，游擊隊聲勢浩大，每晚襲擊海河沿岸各地，敵人運輸困難，夜晚交通完全停頓，連日夜間發生戰事。」（香港電）

「津郊八里台南開大學敵軍，十九日受游擊隊襲擊，損失甚大，塘沽保安隊反正後，與游擊隊配合，總數達萬餘人，塘沽到天津經常有槍聲。」（香港電）

其次，我們又來看一看江南游擊戰爭的消息吧：

「連日上海東南方面傳來隆隆的砲聲，係日軍與游擊隊作戰。」（上海電）

「廿一日我游擊隊數百人，以突然手段，襲擊上海西之漕河涇，與日軍發生激戰。」（上海電）

「浦東南匯縣城及新場、六燕、大團等地，完全在我游擊隊的手中，日軍全數退走。南匯縣城已高懸青天白日旗，縣政府恢復辦公。」（香港電）

上面這些消息，已足够說明我們游擊隊在敵人後方活動的情形，證明敵人所佔據的僅是一些大的城市，廣大的鄉村仍然握在我們游擊隊的手中。

## 社論

# 鞏固統一戰綫保衛邊區

日寇第二期進攻計劃，經過了幾個月之久，且遭受着魯南的慘敗以後，才祇換得一個有計劃退出的徐州，這表明了中國抗戰力量的大大加强與日寇凶焰的大大削弱。徐州的放棄是爲的集結力量以使用在有決定意義的作戰上，不爲一個徐州之保存而消耗，這完全是正確的。然而徐州的失守，雖不是表明抗戰的失敗，但保衛武漢，保衛西北的任務毫無問題是更加緊張與嚴重了。

邊區是抗戰動員的模範區域，它與保衛西安是不可分離的，而且是日寇切齒痛恨與注目的區域，因此動員群衆保衛邊區就成爲保衛西安保衛大武漢的重要任務了。

證諸已往英勇的抗戰，其所以堅持將近一年，使日寇企圖以很少的消耗和很短的時間便能征服中國的幻想遭到了失敗，其最有決定意義的當歸功於統一戰綫。根據這一公認的事實，就指示出：要保衛邊區就要鞏固發展統一戰綫。

我們的敵人非常清楚抗日民族統一戰綫，是一個非常强大的力量，只要國共兩黨親密合作，只要中國團結一致，堅持抗戰到底，便能給他的侵略計劃以致命打擊，所以日寇要用盡一切方法，指使託派漢奸來挑撥國共衝突，來破壞全國團結，來破壞抗日民族統一戰綫。很不幸的是我們誠懇聯合的友人中之個別不顧大局的頑固分子，他們竟落入日寇的這種陰謀毒計中，違反了國民黨中央，國民政府，和蔣委員長『請求全國人民，捐棄成見，破除畛域，集中意志，統一行動』『以一致之團結，爲共同之負荷』的本意。在全國，在邊區進行了許多破壞抗日民族統一戰綫的活動。這種破壞活動在邊區表現的事實如：組織土匪進擾邊區，暗殺邊區工作人員，或對破壞邊區的漢奸，加以包庇，或唆使團丁抓殺邊區人民，或指揮豪紳地主奪回邊區農民土地；或散佈謠言破壞邊區政府威信；或用各種方法破壞邊區行政組織，及其一切進步設施。一切這些活動，無疑的是在破壞全國團結，破壞國共兩黨親密合作，削弱抗日力量，造成邊區民衆對中央政府與最高統帥的懷疑，客觀上是幫助了日寇的侵略，是可以給日寇利用他們，經過他們來破壞中國自衛抗戰的神聖事業。我們堅決反抗這類有利於日寇的破壞邊區活動，我們請求蔣委員長，中央政府，和全國人民對這些不顧大局的頑固分子的活動，加以阻止，同時我們仍誠懇的希望這些頑固分子能翻然悔悟，勿再受日寇的挑撥利用。

最近邊區政府和八路軍後方留守處所頒發之佈告，指示出糾正的四大原則，這完全是爲了鞏固和發展統一戰綫和保衛邊區的有力武器，每個邊區人民和每個愛國志士均應當擁護與遵行。

擁護這一佈告的立場，應當本着「一切經過統一戰綫，一切服從統一戰綫」的原則，相互諒解相互勉勵相互推進的精神，任何一方的獨斷獨行和固執成見，或是企圖削弱任何一方的力量，都只是對國家對民族有損無益的。

我們相信少數頑固分子的錯誤，只是一時的，必然會在日寇加緊進攻下與深明大義之士勸導下，最終也會在「一切服從抗日」的最高原則下來改過遺棄違反國家民族利益的錯誤。使邊區人民和邊區各級地方政權與全國人民各地地方政權團結像一個人一樣，在中央政府領導下來完成保衛邊區保衛西安保衛大武漢徹底戰勝日寇的神聖事業。

## 陝甘寧邊區政府　第八路軍後方留守處　佈告

爲佈告事。自蘆溝橋事變以來，我全國全民族力量，在中央政府與蔣委員長領導之下，堅決抗戰，前綫將士，犧牲流血，各黨各派，精誠團結，各界人民，協力救亡，這是中華民族的光明大道，抗日勝利的堅強保障，凡屬國人，必須徇此前進。我陝甘寧邊區，爲中華民國之組成部份，服從中央領導，努力救亡事業，凡所設施，光明正大，艱苦奮鬥，不敢告勞，全國人民，交口稱譽，本府本處，亦惟有激勵全區民衆，繼續努力，以求貫澈，不許一人不盡其職，一事不利救亡。乃近查邊區境內，竟有不顧全大局之徒，利用各種方式，或强迫農民交還已經分得之土地房屋，或迫使農戶交還已經廢除之債務，或強迫人民改變已經建立之民主制度，或破壞已經建立之軍事、經濟、文化和民衆團體的組織。甚至充當暗探，聯絡土匪，煽動部隊叛變，實行測繪地圖，秘密調查情況，公開進行反對邊區政府之宣傳等等。查上述種種行爲，均係違反團結抗日之基本原則，違反邊區人民之公意，企圖製造內部糾紛，挑撥階級鬥爭，以遂其破壞統一戰綫，破壞人民利益，破壞邊區政府的威信，增加抗日動員的困難，造成人民對於最高統帥及中央政府的懷疑。察其原因，不外有少數頑固份子，不顧民族國家利益，恣意妄爲，甚有爲日寇所利用，假借名義，作爲掩護其陰謀活動之工具。數月以來，各縣人民紛紛控告，請求制止，日必數起，應接不暇。本府本處爲增強抗日力量，鞏固抗日後方，保護人民利益起見，對於上述行爲不得不實行取締，合行明白佈告如次：

（一）凡在國內和平開始時，屬於邊區管轄地域內，一切已經分配過之土地房屋及已經廢除過之債務，本府本處當保護人民既得利益，不准擅自變更。

（二）凡在國內和平開始時已經建立及此後按照抗日民族統一戰綫原則實行改進與發展之軍事、政治、經濟、文化及民衆團體等組織，本府本處當保護其活動，促進其發展，制止一切陰謀破壞之行爲。

（三）凡屬有利抗日救國之事業，本府本處在堅決執行中央抗戰建國綱領之原則下，無不樂予推行，對於善意協助之各界人士，一律表示歡迎。但凡未經本府或本處同意並取得本府或本處之證明文件，而從外面進入邊區境內停留活動之人，不論其活動之事務屬於何項，一律禁止，以防假冒而杜奸宄。

（四）當此抗戰緊張期間，凡在邊區境內從事陰謀破壞，或搗亂，或勾引煽惑，或暗探軍情之份子，准許人民告發，證據確實者准許就地逮捕，一經訊實，一律嚴懲不貸。

右列四條，全邊區軍民人等一律遵照，不得違背。倘有不法之徒，膽敢陰謀搗亂，本府本處當依法辦，勿謂言之不預。切切此佈。

陝甘寧邊區政府主席　林伯渠

第八路軍後方留守處主任　蕭勁光

中華民國二十七年五月十五日

# 鞏固和擴大抗日民族統一戰綫！

新中華報

此估计敌人又有可能，乘我军防备松懈时，由此一举而突破黄河，截断陇海路西段，由东西两方面夹击平汉线。同时进攻潼关，直取西安，这是完全有可能的。

第三，淮南敌人，占领合肥后，积极向六安前进，其目的显然在由六安直趋河南信阳，以迂回平汉线我军，与陇海线之敌，会师中原。

现在我们来谈一谈山西近来的战况吧。山西战局比以前有更好的转变。我军在晋西南迭次获取胜利，自克复内县、万泉、平陆、临晋等县后，同蒲线敌军后路被我截断作数段。我军继续进展，近日又克服襄陵、洪洞、汾城、□乡等县城，临汾城陷在我军四面包围中。同时我军正分别围攻运城、永济、风陵渡、河津、闻喜、解县、新绛等县城，驻在上述各县城的敌军，兵力非常单薄，多的仅四五千人，少的则只有一二百人，由此可见晋西南敌军实力的空虚。

敌在山西兵力，虽然单薄，但我们必须估计到，在陇海线敌人进攻的的时候，敌人又有可能集中其大部兵力，向黄河南岸突击，截断陇海西段，以取得与东段敌军行动上配合。我们决不要轻视这个战场敌军的力量，不要放松对敌军的戒备，准备随时给进攻之敌以有力打击。

最后，来说一说在敌人远近后方开展着的游击战争。首先在华北方面，游击战争的开展，有一日千里之势，我们且看一看下面这些消息：

“游击队约万余人，曾猛攻保定，日军派大批军队及飞机赴援。”（北平电）

“天津四十里之塘沽及大沽一带，游击队声势浩大，每晚袭击海河沿岸各地，敌人运输困难，夜晚交通完全停顿，连日夜间发生战事。”（香港电）

“津郊八里台南开大学敌军，十九日受游击队袭击，损失甚大，塘沽保安队反正后，与游击队配合，总数达万余人，塘沽到天津经常有枪声。”（香港电）

其次，我们又来看一看江南游击战争的消息吧：

“连日上海东南方面传来隆隆的炮声，系日军与游击队作战。”（上海电）

“二十一日我游击队数百人，以突然手段，袭击上海西之漕河泾，与日军发生激战。”（上海电）

“浦东南汇县城及新场、六燕、大团等地，完全在我游击队的手中，日军全数退走。南汇县城已高悬青天白日旗，县政府恢复办公。”（香港电）

上面这些消息，已足够说明我们游击队在敌人后方活动的情形，证明敌人所占据的仅是一些大的城市，广大的乡村仍然握在我们游击队的手中。

新中華報

本報在邊區呈請登記中

437

發行處邊區政府收發科

陝甘寧邊區政府機關報

定價：每期大洋二分　每月大洋二毛　每年一元一毛

# 戰局一覽

## 我軍退出徐州後 戰事重心在隴海沿綫
## 晉西南我軍進展神速連克名城
## 津滬近郊我游擊戰爭蓬勃發展

津浦綫經過四個多月以來的浴血抗戰，結果把敵人速戰速決，短時期內攻佔徐州，打通津浦綫，進逼中原，威脅武漢，以迫使我國最後向敵屈服的迷夢，打得粉碎。徐州附近的戰爭，很明顯的不是決戰，而是我們持久抗戰的一個步驟，我們要在持久抗戰中，逐漸消耗敵人有生力量，同時節節阻止敵人前進，使我們有充分時間，準備建立自己新的軍隊與技術，以求取得在最後決戰中的勝利。我們在上述任務中，已經獲得相當成就，於是乎在戰略上自動退出徐州。

徐州的退出，并非我方失敗，是我軍有計劃的行動。我們更須要相信，某一城市的得失，決不能決定戰爭的最後勝敗。徐州失守，會更增强我們抗戰決心。

徐州退出以後的情況怎樣呢？

敵人企圖，一方面由濟寧攻金鄉，魚台，一方面由淮北之懷遠攻蒙城，永城，夾擊隴海綫，求得於夏邑殲滅我軍主力於徐州一帶。敵人這一計劃是完全失敗了。我軍十九日退出徐州後，大部份已突破敵人的包圍綫，紛紛向預定地點集中，繼續進行抗戰。魯南我軍仍留在蘇魯邊境廣大地區內活動，堅持魯南一帶的抗戰。魯西方面，自敵土肥原部由濮縣一帶乘我軍換防之際，突破河防，分擾向開封，蘭封，內黃，民權，儀封等地進逼，并[illegible]鐵道沿綫，開封非常危急。但[illegible]東以西的我軍處在敵人的大包圍中，但我軍各部仍繼續與抗戰，定陶，東明，城武，攷城，曹縣，單縣等縣城仍在我軍手中，同樣的深入豫東的土肥原部亦在我軍的包圍中，故魯西與魯南是處在混戰的狀態中。

隴海綫自開封以東至碭山以西沿綫，雖中被敵截斷數處，但經我軍英勇殲擊，敵人在鐵道綫上終無站得腳穩的能力，現在敵人均分佈在沿鐵道南北，企圖進犯開封。以敵人目前作戰計劃，一面進攻方向主要側重於隴海綫我軍的側，擾亂鐵路沿綫，使我軍疲於奔命。以目前情況估計，我們必須深刻地注意到以下三點：

第一，在隴海綫戰事正緊張的時候，開封黃河北岸之封邱等地敵人兵力突然增加，并積極活動，敵人有可能乘我軍應付不暇之時，突由此渡河，而側擊開封翼側，甚至於迂迴鄭州的可能。

第二，久已沉寂的道清鐵路西段戰事，近來又有變化了。敵人近在該綫不時增兵，被我克復已久之孟縣，溫縣，濟源等城市，在近數天內又被敵人佔去，敵人援兵尚在繼續增加。因此估計敵人又有可能，乘我軍防備懈怠時，由此一舉而突破黃河，截斷隴海路西段，由東西兩方面夾擊平漢綫。同時進攻潼關，直取西安，這是完全有可能的。

第三，淮南敵人，佔領合肥後，積極向六安前進，其目的顯然在由六安直趨河南信陽，以迂迴平漢綫我軍，與隴海綫之敵，會師中原。

現在我們來談一談山西近來的戰况吧。山西戰局比以前有更好的轉變。我軍在晉西南迭次獲取勝利，自克復[illegible]、萬泉、平陸、臨晉等縣後，同蒲綫敵軍後路被我截斷作數段。我軍繼續進展，近日又克復襄陵、洪洞、汾城、[illegible]等縣城，臨汾城陷在我軍四面包圍中。同時我軍正分別圍攻運城、永濟、風陵渡、河津、聞喜、解縣、新絳等縣城，駐在上述各縣城的敵軍，兵力非常單薄，多的僅四五千人，少的則只有一二百人，由此可見晉西南敵軍實力的空虛。

敵在山西兵力，雖然單薄，但我們必須估計到，在隴海綫敵人進攻的時候，敵人又有可能集中其大部兵力，向黃河南岸突擊，以取得與東段敵軍行動上配合。我們決不要輕視這個戰場敵軍的力量，不要放鬆對敵軍的戒備，準備隨時給進攻之敵以有力打擊。

最後，來說一說在敵人遠近後方開展着的游擊戰爭。首先，在華北方面，游擊戰爭的開展，有一日千里之勢，我們且看一看下面這些消息：

「游擊隊約萬餘人，曾猛攻保定，日軍派大批軍隊及飛機赴援。」（北平電）

「天津四十里之塘沽及大沽一帶，游擊隊發勢浩大，每晚襲擊海河沿岸各地，敵人運輸困難，夜晚交通完全停頓，逐日夜間發生戰事。」（香港電）

「津郊八里台南開大學敵軍，十九日受游擊隊襲擊，損失甚大，塘沽保安隊反正後，與游擊隊配合，總數達萬餘人，塘沽到天津經常有槍聲。」（香港電）

其次，我們又來看一看江南游擊戰爭的消息吧：

「連日上海東南方面傳來隆隆的砲聲，係日軍與游擊隊作戰。」（上海電）

「廿一日我游擊隊數百人，以突然手段，襲擊上海西之漕河涇，與日軍發生激戰。」（上海電）

「浦東南匯縣城及新場、六竈、大團等地，完全在我游擊隊的手中，日軍全數退走。南匯縣城已高懸青天白日旗，縣政府恢復辦公。」（香港電）

上面這些消息，已足够說明我們游擊隊在敵人後方活動的情形，證明敵人所佔據的僅是一些大的城市，廣大的鄉村仍然握在我們游擊隊的手中。

# 社論 鞏固統一戰綫保衛邊區

日寇第二期進攻計劃，經過了幾個月之久，且遭受着魯南的慘敗以後，才祇換得一個有計劃退出的徐州，這表明了中國抗戰力量的大大加强與日寇凶焰的大大削弱。徐州的放棄是爲的集結力量以使用在有決定意義的作戰上，不爲一個徐州之保存而消耗，這完全是正確的。然而徐州的失守，雖不是表明抗戰的失敗，但保衛武漢，保衛西北的任務毫無問題是更加緊張與嚴重了。

邊區是抗戰動員的模範區域，它與保衛西安是不可分離的，而凡是日寇切齒痛恨與最注目的區域，因此動員群衆保衛邊區就成爲保衛西安保衛大武漢的重要任務了。

證諸已往英勇的抗戰，其所以堅持將近一年，使日寇企圖以很少的消耗和很短的時間便能征服中國的幻想遭到了失敗，其最有決定意義的當歸功於統一戰綫。根據這一公認的事實，就指示出：要保衛邊區就要鞏固發展統一戰綫。

我們的敵人非常清楚抗日民族統一戰綫，是一個非常强大的力量，只要國共兩黨親密合作，只要中國團結一致，堅持抗戰到底，便能給他的侵略計劃以致命打擊。所以日寇要用盡一切方法，指使託派漢奸來挑撥國共衝突，來破壞全國團結，來破壞抗日民族統一戰綫。很不幸的是我們誠懇聯合的友人中之個別不顧大局的頑固分子，他們竟陷入日寇的這種陰謀詭計中，違反了國民黨中央，國民政府，和蔣委員長『請求全國人民，捐棄成見，破除畛域，集中意志，統一行動』『以一致之團結，爲共同之負荷』的本意。在全國，在邊區進行了許多破壞抗日民族統一戰綫的活動。這種破壞活動在邊區表現的事實如：組織土匪進擾邊區，暗殺邊區工作人員，或對破壞邊區的漢奸，加以包庇，或唆使豪紳地主奪回邊區農民土地；或散佈謠言破壞邊區政府威信；或用各種方法破壞邊區行政組織，及其一切進步設施。一切這些活動，無疑的是破壞國共兩黨親密合作，削弱抗日力量，造成邊區民衆對中央政府與最高統帥的懷疑，客觀上是幫助了日寇的侵略，是可以給日寇利用他們，經過他們來破壞中國自衛抗戰的神聖事業。我們堅決反對抗日以外的任何不顧大局的頑固分子的活動，加以阻止，同時我們仍誠懇的希望這些頑固分子能翻然悔悟，勿再受日寇的挑撥利用。

最近邊區政府和八路軍後方留守處所頒發之佈告，指示出抗日的四大原則，這完全是爲了鞏固和發展統一戰綫和保衛邊區的有力武器，每個邊區人民和每個愛國志士均應當擁護與遵行。

擁護這一佈告的立場，應當本着「一切服從統一戰綫，一切經過統一戰綫」的原則，相互諒解相互勉勵相互推進的精神，任何一方的獨斷獨行和固執成見，或是企圖削弱任何一方的力量，都只是對國家對民族有損無益的。

我們相信少數頑固分子的錯誤，只是一時的，必然會在日寇加緊進攻下與深明大義之士勸導下，最終也會在「一切服從抗日」的最高原則下來改過頑固違反國家民族利益的錯誤。使邊區人民和邊區各級地方政權與全國人民各地地方政權團結像一個人一樣，在中央政府領導下來完成保衛西安保衛大武漢徹底戰勝日寇的神聖事業。

# 陝甘寧邊區政府　第八路軍後方留守處　佈告

爲佈告事。自蘆溝橋事變以來，我全國全民族力量，在中央政府與蔣委員長領導之下[illegible]戰，前綫將士，犧牲流血，各黨各派，精誠團結，各界人民努力救亡，這是中華民族的光[illegible]抗日勝利的堅强保障，凡屬國人，必須循此前進。我陝甘寧邊區，爲中華民國之組成部份[illegible]央領導，努力救亡事業，凡所設施，光明正大，艱苦奮鬥，不敢告勞，全國人民，[illegible]本處，亦惟有激勵全區民衆，繼續努力，以求實[illegible]區境內，竟有不顧大局之徒，利用各種方式，或[illegible]民交還已經分得之土地房屋、或[illegible]交還已經廢除之[illegible]，或[illegible]迫人民改變已經建立之民主制度，或敗壞已經建立之軍事[illegible]和民衆團體的組織，甚至充當暗探，聯絡土匪，煽動部隊[illegible]開進行反對邊區政府之宣傳等等。查上述種種行爲，實係違反團結抗日之基本原則，破[illegible]之公意，企圖製造內部糾紛，挑撥階級鬥爭，以遂其破壞統一戰綫，破壞人民利益，[illegible]的威信，增加抗[illegible]民族[illegible]員的困難，造成人民對於最高統帥及中央政府的懷疑。察其原因，其不[illegible]頑固份子，不[illegible]國家利益，妄意妄爲，甚有爲日寇所利用，假借名義，作爲[illegible]工具。數月以來，各縣人民紛紛報告，請求[illegible]止，日必數起，[illegible]。本府本處爲[illegible]，鞏固抗日後方，保護人民利益起見，對於上述行爲不得不實行取締，合爲明白佈告如次[illegible]

（一）凡在國內和平開始時，屬於邊區管轄地域內，一切已經分配過之土地房屋及已[illegible]之債務，本府本處當保護人民既得利益，不准擅自變更。

（二）凡在國內和平開始時已經建立及其後按照抗日民族統一戰綫原則實行改進與發[illegible][illegible]政治、經濟、文化及民衆團體等組織，本府本處當保護其活動，促進其發展，制止一切[illegible]之行爲。

（三）凡屬有利抗日救國之事業，本府本處在堅決執行中央抗戰建國綱領之原則下，[illegible]推行，對於善意協助之各界人士，一律表示歡迎。但凡未經本府或本處同意，並取得本府或[illegible]明文件，而從外面進入邊區境內停留活動之人，不論其活動之事務屬於何項，一律禁止，[illegible]而杜奸宄。

（四）當此抗戰緊張期間，凡在邊區境內從事陰謀破壞，或挑撥搗亂，或勾引煽惑，[illegible]情之份子，准許人民告發，證據確實者，准許就地逮捕，一經訊實，一律嚴懲不貸。

右列四條，全邊區軍民人等一律遵照，不得違背。倘有不法之徒，膽敢陰謀搗亂，本[illegible]出法隨，勿謂言之不預。切切此佈

陝甘寧邊區政府主席　林伯渠
第八路軍後方留守處主任　蕭勁光

中華民國二十七年五月十五日

鞏固和擴大抗日民族統一戰線！

期
新中华报零四百三十七期
版
零三版
时间
一九三八年五月二十五日

# 谈一谈“五卅”简史

叶石

“五卅”运动开始于一九二五年二月上海日商内外棉第八厂因厂方虐待工人而激发的工人罢工运动。日商棉厂厂方在接受了上海总商会的调停，允许不再打骂工人，并按期（二周）发工资的条件，欺骗工人复工后，即露出了强盗的本来面目，大举向工人进攻：开除工人领袖，更狼［狠］毒的虐待工人，于是便激发了更加扩大的罢工运动。结果厂方竟秘密枪杀英勇的工人领袖顾正洪［红］，演成了流血惨案。

斗争扩大了，发展到同盟罢工，反对日本强盗资本家的暴行。为了上海公共租界当局袒护日本工厂厂方逮捕工人，禁止工人集会的助桀为虐的行动，首先掀起了上海青年学生的抗议。然而当青年学生发动了追悼顾正洪［红］的大会的时候，竟遭受了租界当局的非法逮捕。于是这斗争，便演变成为反帝运动。

继续的屠杀，继续的斗争——最后由英捕头爱活生下令放枪，赤手空拳的上海青年学生及无辜市民，便遭受了空前未有的大屠杀！这是五月三十日所发生的严重事变。接着，整个上海，被帝国主义的军队控制了，学校被无理地解散了。然而上海的市民，却更加觉醒起来。

从六月一日起，掀起了上海全市及租界的罢市，罢课，罢工的总运动。罢工的工厂达一百五十多处，参加罢工的工人，先后达八十万之多。民族资产阶级，也积极地参加了这一伟大的斗争。

接着反日反英的空气，迅速传遍了全国，开会，游行，宣传，示威，抵货……。这便又召来了汉口，南京，沙基，重庆等地的大屠杀。而最有意义的，要算香港工人的总罢工，当时在广东革命政府及中国共产党的领导下，坚持到一年之久。

至于说到五卅运动的意义：首先我们看到的是中国反帝统一战线的形成。中国人民以上海工人为先锋，以香港工人为支柱（这一支柱便形成了后来北伐军的基础）的全国大团结的反帝斗争。在这一年里，首先是英日受到了无比的损失，它们因抵货运动及罢工的影响，使生产锐减了。这一点说明中国民众力量的伟大，证明中华民族一定可以在“共同努力”的斗争里击退帝国主义的。

其次我也应当指出中国工人阶级无比的英勇。在工人阶级先锋队共产党的号召与领导下，中国工人阶级首先表示了他们是中华民族解放史上最先进的觉悟者，中国工人阶级在帝国主义的压榨下，首先尝够了非人的生活，他们的坚决，英勇，牺牲，及有组织的伟大斗争，震撼了帝国主义的宝座。他们是中华民族的优秀儿女，是民族解放的先锋队，反帝的阵线强有力的中坚。

最后要指出的是“五卅”反帝运动的发展。成了一九二五—二七大革命的先声。在当时革命的广东政府与国共两党合作领导下，执行了反封建反帝的革命任务。“五卅”反帝浪潮推动了全国的大团结，而一九二五—二七大革命直接接受了“五卅”的革命精神，虽然这一大革命中途遭受着失败，但是这一页血淋淋的中华民族解放史，至今翻阅起来，是仍然使帝国主义发抖的。

这是“五卅”反帝运动历史的意义。

# 毛澤東同志電賀各警備兵團「五卅」抗運大會

各兵團首長並轉全體指戰員：當日寇不斷地向我們作更殘酷的進攻的時候，我們後方各兵團能以緊張戰鬥的精神來完成當前的戰鬥和教育任務，使得部隊基礎更進一步的鞏固和提高，這是我們深感欣慰的。

各兵團「五卅」抗戰動員運動大會，是檢閱和整飭我們戰鬥力量的一天。希望在這次大會上，好好檢閱自己工作的優缺點，作爲今後工作的指導方針，使今後工作能在現有進步的基礎上更向正規化的道路邁進！

目前日寇正在瘋狂的進攻隴海徐州，再圖進攻武漢西安，全國抗戰必須有長期艱苦鬥爭的精神才能取得最後勝利，我們每個指揮員戰鬥員在此次抗戰運動大會中及其以後，更加發揚高度的戰鬥精神，提高政治警覺性，消滅部隊中一切不良傾向，鞏固和整飭自己的力量，準備迎擊敵人新的進攻，爲保衛河防邊防，爲保衛西北，爲保衛全中國，抗戰到底爭取最後勝利。特電致賀，並祝大會勝利，及諸位同志的健康！

毛澤東　五月廿二日

# 談一談「五卅」簡史

叶石

「五卅」運動開始於一九二五年二月上海日商內外棉紗八廠因廠方虐待工人而激發的工人罷工運動。日商棉紗廠廠方在接受了上海總商會的調停，允許不再打罵工人，並按期（二週）發工資的條件，欺騙工人復工後，即露出了強盜的本來面目，大舉向工人進攻：開除工人領袖，更狼毒的虐待工人，於是便激發了更加擴大的罷工運動。結果廠方竟秘密槍殺英勇的工人領袖顧正洪，演成了流血慘案。

鬥爭擴大了，發展到同盟罷工，反對日本資本家的暴行。爲了上海公共租界當局袒護日本工廠廠方逮捕工人，禁止工人集會的助桀爲虐的行動，首先掀起了上海青年學生的抗議。然而當青年學生發動了追悼顧正洪的大會的時候，竟遭受了租界當局的非法逮捕。於是這鬥爭，便演變成爲反帝運動。

繼續的屠殺，繼續的鬥爭——最後由英捕頭愛活生下令放槍，赤手空拳的上海青年學生及無辜市民，便遭受了空前未有的大屠殺！這是五月卅日所發生的嚴重事變。接着，整個上海，被帝國主義的軍隊控制了，學校被無理的解散了。然而上海的市民，却更加覺醒起來。

從六月一日起，掀起了上海全市及租界的罷市，罷課，罷工的總運動。罷工的工廠達一百五十多處，參加罷工的工人，先後達八十萬之多。民族資產階級，也積極的參加了這一偉大的鬥爭。

接着反日反英的空氣，迅速傳遍了全國，開會，遊行，宣傳，示威，抵貨……。這便又召來了漢口，南京，沙基，重慶等地的大屠殺。而最有意義的，要算香港工人的總罷工，當時在廣東革命政府及中國共產黨的領導下，堅持到一年之久。

至於說到五卅運動的意義：首先我們看到的是中國反帝統一戰綫的形成。中國人民以上海工人爲先鋒，以香港工人爲支柱（這一支柱便形成了後來北伐軍的基礎）的全國大團結的反帝鬥爭。在這一年里，首先是英日受到了無比的損失，它們因抵貨運動及罷工的影響，使生產銳減了。這一點說明中國民衆力量的偉大，證明中華民族一定可以在「共同努力」的鬥爭里擊退帝國主義的。

其次我也應當指出中國工人階級無比的英勇。在工人階級先鋒隊共產黨的號召與領導下，中國工人階級首先表示了他們是中華民族解放史上最先進的發倡者，中國工人階級在帝國主義的屠殺下，首先背够了非人的生活，他們的堅決，英勇，犧牲，及有組織的偉大鬥爭，震撼了帝國主義的寶座。他們是中華民族的優秀兒女，是民族解放的先鋒隊，反帝的陣綫里有力的中堅。

最後要指出的是「五卅」反帝運動的發展，成了一九二五——二七大革命的先聲。在當時革命的廣東政府與國共兩黨合作領導下，執行了反封建反帝的革命任務。「五卅」反帝浪潮推動了全國的大團結，而一九二五——二七大革命直接接受了「五卅」的革命精神，雖然這一大革命中途遭受着失敗，但是這一頁血淋淋的中華民族解放史，至今翻閱起來，是仍然使帝國主義發抖的。

這是「五卅」反帝運動歷史的意義。

× × ×

# 我們在羣衆里（續）

——邊區戰地服務團第一隊工作報告——

「我是山西逃難來的，我的家被……」

「啊唷，日本鬼子這樣利害嗎？」

「所以我們婦女要——」。

「對呀！我們要做鞋，組織洗衣隊，救護隊幫助隊伍——」

戲開幕了，羣衆從街上齊集到這裏來，當台上演着鬼子兵給中國兵捉住時，他們樂得儘拍手；掌聲更提高了我們滿腔懷着的熱情。

——四月三日——

四，對岸的砲聲

爬上山頂，回頭望，四周起伏的山峯在晨曦中。

午飯後又是爬山，杏花和青色的麥苗使我們很興奮的過了山峯。

忽然在山頂上，我們發現了一架鞦韆掛在兩顆大樹間，雖然大家已翻過幾個山峯，但是看見鞦韆仍不覺疲勞的搶着玩，老百姓在我們周圍喜笑，我們對他們隨便談着話，講些目前的形勢等，到朱家河宿營，天還很早，我們掛起了壁報，招集了這山上差不多是所有的共二十多人，作了一次談話，他們的情緒也很高。

這裏有農民會，有四個自衛軍，三個少先隊。

——四月四日——

頑皮的孩子在荒山頂上燒着野草嚷着：

『瞧！抗戰的火焰，你看我比你燒得大！』

行在萬山中，忽然發現一個滿佈柏樹的小山崗，上面有個廟，山路中有個牌坊。

『喂！不要超過值星組長。』有人在喊。

『別人寫標語呢！』

浦子滿吃過午飯，走的儘是羊腸小道，到山頂我們整齊了隊伍，前面飄揚着隊旗。

『站住！』突然一聲喊，我們發現前面有兩個保安隊，舉槍對着我們，隊長趕上前面，說明了，我們才得通過。

這是[illegible]州，是新建設的縣，地方並不大，有個合作社。

這里離黃河不遠，常會聽見大砲聲，各組宿營地離得很遠，有事走去走來，常會聽見『站住！你是那里來的？』猛聽見會嚇一跳，可是剛定下心來，那一邊又問起來了。

第二天，我們演劇，舞台的四週是破碎的泥牆，在後台化裝時可以看見四週起伏的山峯，遠處是模糊的弧形天綫，風吹得四週幕布幾乎倒下來。

我們演了『游擊隊』，『夜襲』和幾個跳舞，最後唱了幾個歌，保安隊，少先隊也跟着我們唱。只有農民們組織成的自衛軍還不會唱歌，他們要求我們「再來一個」。

——未完——

# 邊區民衆娛樂改進會成立經過

在全民族的全面抗戰已經進行了十個月的現在，民衆所唱的仍是「奴家呀，情郎呀」……一類不能配合時代的情歌，他們所看的仍是「升官圖」，「五典坡」……一類足以麻木大衆的舊戲。這在我們邊區「一切配合着抗戰前進」上比起來，是一個立待改進的問題；同時，在抗戰展開以來文藝界已有了「利用舊形式」的討論與嘗試。所以在延安從事文化工作的同志們發起了組織「陝甘寧邊區民衆娛樂改進會」。五月十五日開過一次籌備會推舉柯仲平和正義起草簡章和宣言。廿三日午後六時便在文化界救亡協會舉行成立大會，到會的同志有五十位之多，包括了延安各方面愛好民衆文藝的同志。

屆時由文化協會柯仲平同志担任主席，柳菁同志担任記錄。主席宣佈開會後，即由總工會鄭義同志報告籌備經過。報告完畢，柯仲平同志補充了幾句，旋即修改，通過簡章及通過宣言，當通過宣言時，先由主席高聲朗誦，讀畢，在文協的大院子裏掌聲雷動，並且引起熱烈的討論。當時已午後十時，預定的徐懋庸和呂驥同志的講演只得移到以後的座談會上，便開始選舉幹事了。

大會選舉馬健本，楊笑萍，鄭義，高敏夫，柯仲平，溫濤，李麗蓮，張季純，呂驥，柳菁，鍾敬之，崔嵬，艾丁，向隅，丁里，沃渣，丁克[illegible]等十七同志爲幹事，其中十二人爲幹事，五人爲候補幹事。至於今後工作的分配，誰担任那一部門，因爲時間的關係，大會議決由幹事會議決執行，並決定廿四日下午六時仍在文化界救亡協會舉行第一次幹事會。

各處的睡覺號都已吹過好久之後，大會才宣佈散會。

# 五日國際

## 全世界視綫集中柏林

### 希特勒企圖併吞捷克未成

### 英法勸捷政府與漢倫談判

### 法義談判竟陷於停頓狀態

這五天來，世界上有兩件大事是值得說一說的：

第一，就是法國和意大利的外交談判，現在已經因爲意大利缺少誠意，而停頓起來了？本來法義談判是法國外交的失策。當希特勒到羅馬去會見墨索里尼的時候，無疑的向意大利提出過推遲法義談判的要求。因爲希特勒很了解張伯倫的心思，他知道張伯倫不久就要和德國開始外交談判。等到德國義和英德談判妥當以後，法國不是完全孤立了嗎？那時候所能談判的，祇是接受德義所指定的條件。法國一些頑固的外交家，他們總不肯和張伯倫外交政策分離，完全抄寫英國的文章，毫無半點修改，對意國，一次一次的退讓，不過，現在法國所吃的虧，還不算大，只是跟着張伯倫走的一個小小代價呢！

我們很希望聰明的法國政府，能以這次的失敗，當做外交政策改變的起點。至於說到法國外交這次的失敗，沒有引起很多人的注意，那是另外有它的原因存在，正當法義談判陷於僵局的時候，希特勒又想乘機吞吃捷克，因此，使全世界的視綫集中到捷克問題上去了。

捷克問題可以說是現在歐洲問題的中心，德奧合併後，希特勒就沒有一刻忘過捷克，他利用捷克境內日耳曼少數民族所組織的蘇台德黨，來挑撥捷克內部的紛爭，雖然捷克政府對蘇台德黨一再讓步，允許日耳曼少數民族在行政上實行自由等，可是蘇台德黨愈來愈猖狂，受了希特勒的指示，他們在全國各地肆意挑撥，尤其挑撥捷克民族和日耳曼間的感情。十九日晚間至廿日早晨，在捷克波蘭米省西北部邱隆杜夫城發生的爭執，可以說是蘇台德黨人挑釁行爲的最高表現。下這一個手使法西德國有了一個機會，想三路進兵併吞捷克，德國挺進隊及黑衣隊，大批向德捷邊境集中。波蘭的法西軍隊，也受了希特勒的策動，向波捷邊境集中。在這緊張的環境之下，捷克政府採取了適當的處置辦法，首先是貝奈斯總統發表廣播演說，一面告訴全國人民，不要受敵人的挑撥，「我們要認清目標，注視鄰國（指德國）發展情形」。一面對於侵略國家更表示：「一切不避艱險，準備應付」：並即刻徵集二十萬兵力，[illegible]

[illegible]

# 繼續「五卅」英勇精神，堅決抗戰到底！

新中華報

# 日寇一年来的暴行

日寇一年来在我国的种种暴行，决不是笔墨所能形容的。以下所举不过是荦荦大者，但亦可见日寇野蛮残暴和凶暴的一般［斑］了。

## 一　屠杀

一，今年一月南京城日寇在紫金山下举行杀人比赛，以先杀满一百五十人者为优胜。

二，截止本年一月止，在长江下流一带被敌残杀的同胞达三十万人。

三，敌在凤阳屠杀我同胞达数万人，用机关枪一次即扫射死四千余人。

四，晋西白马村被血洗，鸦角营全村被屠杀。

五，今年六月将黄河南岸大堤决口，灾区扩大为三百万方英里，被难同胞数达百万。

六，敌占领碛口时，借开会为名，集合男女老少七百余人，以机关枪全数射杀。

## 二　轰炸

一，战区及各大城市，无不遭受敌机轰炸，伤亡无算。

二，今年六月初，广州市连日惨遭敌机猛烈轰炸；居民伤亡达万人以上。又自抗战以来，广州市被敌机空袭，已达八百次以上。

## 三　奸淫

一，敌人所到之处，凡十岁以上之少女，七十岁以下之老妇，均遭奸淫，无一幸免。

二，敌在上海京沪路局修葺房间，置妇女千余人，任敌泄欲。

三，敌在濮县教堂搜出妇女四十七人，悉被奸淫。

## 四　抢劫

一，南京沦陷后，不论是挨户搜索，每户必搜查七八次。如是狂掠达两旬之久，抢劫案达二万件。

二，今年一月间，经过上海之敌军部队，身上都带有许多金戒指，穿成裤带，每条至少四五十只，多者二百余，均系劫自民间。

三，敌在上海及山西，攫夺各处工厂机器，运往日本或东北。

四，敌在沪四行仓库，劫物价在千万元以上。

## 五　焚毁

一，武乡延［沿］途数十里，二十九村庄被焚烧。

二，在山西朔县、繁峙、代县及涞源等地，有整村被焚，甚至于一烧数十里及百余里的。

三，石楼城内民房悉被焚毁，城内四百余家商店，仅余四十家。

新中華報　一九三八年六月三十日　第四版

擁護最忠實於民族解放事業和人民利益的中國共產黨！

新中華報

# 邊區各界各團體致中共十七週年紀念的賀信

## （一）

中國共產黨中央委員會：

我們很榮幸的，我們中國工人階級有這樣强的領導者，中國工人階級自己的政黨，和先鋒隊——中國共產黨，中央領導我們工人階級，領導全國人民，爲着中華民族和無產階級解放的事業，爲着創造獨立自由幸福的新中國，英勇的光榮的鬥爭十七年了，現在又是抗日民族統一戰綫的發起人和忠實執行者，與國民黨合作，共同領導我們工人和全國人民，堅持抗戰已經一週年。從中共十七年來的英勇鬥爭當中，中國工人和全國人民一致的確信中華民族必能獲得徹底解放，抗日戰爭的最後勝利是屬中國的，獨立自由幸福的新中國必能實現，人類社會的徹底解放的前途是存在着的，在中共十七週年紀念的今天，同時又是抗戰一週年紀念的今天，我們號召全國工人和全國人民團結一致，堅持抗戰，堅決執行抗日民族統一戰綫，擁護中國共產黨，並竭誠的向中國共產黨的領袖和全黨同志致親愛的民族解放和階級友愛的敬禮。

邊區總工會、邊區印刷廠工會、機器廠工會、延安工人合作社工會、延安市工會、摩託修理廠工會、修械所工會、縫衣合作社工會、延安工人總俱樂部

六月二十八日。

## （二）

中國共產黨中央執行委員會：

在偉大的中國民族對日抗戰已經一週年的時候，在中國民族因了一年來抗戰的洗禮而表現出空前的團結和無比的力量來的時候，中國共產黨光榮地來紀念它十七週年的誕生日，是不但共產黨本身值得慶賀，就是全中國人民都值得加以慶賀的。

共產黨十七週年來的歷史，證明它是爲全中國民族的解放而不辭一切艱苦奮鬥的黨。十七年的歷史告訴我們，共產黨曾經爲着全中國人民的利益，以極大犧牲的代價去進行過最英勇的鬥爭。在今天，以國共兩黨爲基礎展開了偉大的抗日統一戰綫，使中國民族成爲不被征服，不會妥協的鐵一般堅強的民族，使中國的抗戰能夠堅持下去，不到最後勝利決不停止，這也是由於共產黨的發起，由於共產黨與國民黨的親密合作共同奮鬥，由於國民政府蔣委員長的堅決領導抗戰到底而獲得的空前的成果。

我們擁護中國共產黨，信任中國共產黨對於中國民族解放事業的領導，願共產黨不斷的向上發展，正如我們也希望國民黨不斷的向上發展。中國的抗日各黨派各團體的向上發展，正是日本帝國主義向坟墓裏走去的最確實的信號。在抗日建國的每一步鬥爭和工作中，我們都要和你們緊緊地站在一起！敬致抗日的民族革命的最高敬禮！

陝甘寧邊區民衆抗敵後援會、陝甘寧邊區總工會、陝甘寧邊區青年救國會、陝甘寧邊區婦女聯合會、延安市商會、延安市民衆抗敵後援會、延安農民會、陝甘寧邊區文化界救亡協會、民族解放先鋒隊延安地方團部、延安新文字研究會、國防教育研究會、世界語協會、陝北公學學生會、抗日軍政大學同學會、延安民衆娛樂促進會

六月廿五日

## （三）

中國共產黨中央執行委員會：

在中國民族解放和社會解放的革命偉業進行中與被壓迫被剝削的人民大衆密切聯系着的貴黨，經過無數次鬥爭火焰的鍛鍊，已經成爲敵人不能攻破的堅固而崇高的堡壘了。

貴黨一貫的是忠實於民族解放事業的，當日本法西斯蒂爲着延其垂死的命運而狂伸其貪婪的血手來攫取全中國的時候，廣大的中國人民在貴黨的指導和影響之下已經找到了唯一正確的挽救民族危機的道路，這就是在國內有決定意義的兩個政黨——國民黨與共產黨——合作的基礎上團結着全國人民的力量，建立抗日民族統一戰綫。

由於抗日民族統一戰綫的建立，神聖的民族自衛戰爭就很快的爆發了，現在中國已經像巨人一樣的站立起來，它正在以血和肉去爭取四萬萬五千萬人的民族獨立，民權自由和民生幸福。

當中國對日抗戰堅持了一週年而表現出全民族空前的團結和不可戰勝的力量的時候，正逢着貴黨十七週年紀念，我們一想到民族自衛的抗戰就聯想到中國共產黨，貴黨與中華民族解放運動是血肉相聯的，民族解放的成功須要貴黨的領導，而貴黨的愈加鞏固與發展便是能夠爭取民族解放勝利的保證，因此我們在紀念抗戰一週年和貴黨十七誕辰的今日，一方面預祝抗戰的及早勝利，他方面也預祝着貴黨的繼續發展。

我們——邊區的婦女們——在貴黨直接領導與幫助之下，已經在政治上經濟上獲得了全中國婦女所未得到的自由，我們的文化也在日漸向上提高，我們深知婦女解放與民族解放有着密切的關係，如果不能限止日本法西斯蒂的進攻，中國的婦女便有遭到不可想像的災難，所以我們擁護貴黨保衛祖國的號召，動員邊區的乃至全國的婦女參加抗戰和充實抗戰力量，我們希望在國共兩黨共同領導之下爲驅逐日本強盜和爭取抗戰的勝利而奮鬥到底！敬致民族革命敬禮！

邊區各界婦女聯合會啓　六月廿九日

# 日寇一年來的暴行

日寇一年來在我國的橫蠻暴行，決不是筆墨所能形容的。以下所舉不過是幾件大者，但亦可見日寇野蠻殘暴和兇暴的一般了。

### 一　屠殺

一，今年一月南京城日寇在紫金山下舉行殺人比賽，以先殺滿一百五十人者爲優勝。

二，截止本年一月止，在長江下流一帶被敵殘殺的同胞達三十萬人。

三，敵在咸陽屠殺我同胞達數萬人，用機關槍一次即掃射死四千餘人。

四，晉西白馬村被血洗，蠻角營全村被屠殺。

五，今年六月將黃河南岸大堤決口，災區擴大爲三百萬方英里，被難同胞數達百萬。

六，敵佔碣口時，借開會爲名，集合男女老少七百餘人，以機關槍全數射殺。

### 二　轟炸

一，戰區及各大城市，無不遭受敵機轟炸，傷亡無算。

二，今年六月初，廣州市連日慘遭敵機猛烈轟炸；居民傷亡達萬人以上。又自抗戰以來，廣州市被敵機空襲，已達八百次以上。

### 三　姦淫

一，敵人所到之處，凡十歲以上之少女，七十歲以下之老婦，均遭姦淫，無一倖免。

二，敵在上海京滬路[illegible]局，作作房間，選婦女千餘人，任敵洩慾。

三，敵在涿縣教堂拉出婦女四十七人，悉被姦淫。

### 四　搶劫

一，南京淪陷後，不論是換戶搜索，每戶必搜查七八次。如此狂掠達兩旬之久，搶劫案達二萬件。

二，今年一月間，經過上海之敵軍部隊，身上都帶有許多金戒指，每條穿成褲帶，每條至少四五十只，多者二百餘，均係劫自民間。

三，敵在上海及山西，搜奪各處工廠機器，運往日本或東北。

四，敵在滬四行倉庫，劫物價在千萬元以上。

### 五　焚毀

一，武鄉延途敵十里，二十九村莊被焚燒。

二，在山西朔縣、寧武、代縣及淶源等地，有時、整村被焚，甚至於一燒數十里及百餘里的。

三，石樓城內民房悉被焚毀，城內四百餘家商店，僅餘四十家。

四，還縣附近之崔莊，七里崗等七八個村莊均被敵人縱火焚毀。

五，滕縣百餘村莊被焚。

六，年浦新安鎮，二千戶民房被焚。

七，由於平漢綫游擊隊的活躍，敵下令將平漢綫自石家莊以北，北平以南沿鐵路附近十餘里村莊悉數焚燬。

### 六　使毒

一，今年四月間，在蕪湖，溧陽，宜興，繁昌，孫家埠均發現敵人使用毒氣，散發毒藥。

二，今年五月，敵在台兒莊連續使用催淚彈及毒質手榴彈。

三，今年六月敵在皖西洛河使用毒氣，我一營士兵，全部犧牲。

四，敵在豫東三義寨使毒瓦斯。

五，晉南西合村之敵，施用毒氣。

### 七　抽丁

一，敵在曲阜抽二千五百名，在兗州抽三千名，在泗水抽二千名，在廣德天王寺抽三千餘名。

二，敵在平津纂集青年工人出關工作者達數十萬人，皆補充參加僞軍作戰。

三，富陽，餘杭之敵強徵壯丁。

四，敵在滬市押去壯丁五千餘人，服苦役。

### 八　懸賞

一，日寇在華北懸賞：凡參加游擊隊者殺全家。反之，殺一游擊隊員者賞五十元，殺一抗日軍人者賞一百元，殺一共產黨員者賞二百元。

二，敵退出永濟時，擋我追擊，奪我民衆便衣，並强迫居民着其軍服，因之，多爲我軍誤認槍殺。

三，敵爲了要破滅我民族之文化，毀我著名之南開、中央、湖南、中山諸大學。

### 九　掠奪

一，敵擄移台灣農民二萬餘人至上海附近，霸佔當地農民之土地。

二，敵在青島強佔我工廠。

### 十　分化與奴化

一，派遣漢奸託匪，破壞我國抗日民族統一戰綫。

二，派遣土匪，混入邊區境內；在延川一帶組織黑軍。企圖搗亂抗日根據地。

三，捕捉兒童運回日本，進行奴化教育。

四，強迫懸掛太陽旗，中和旗（僞）。

五，焚毀我國新文化運動的各項文獻。

# 邊區在抗戰中的作用

王若飛

[illegible]

四，温县附近之崔庄，七里岗等七八个村庄均被敌人纵火焚毁。

五，滕县百余村庄被焚。

六，乍浦新篁镇，二千户民房被焚。

七，由于平汉线游击队的活跃，敌下令将平汉线自石家庄以北，北平以南沿铁路附近十余里村庄悉数焚毁。

## 六　使毒

一，今年四月间，在芜湖，漂［溧］阳，宜兴，繁昌，孙家埠均发现敌人使用毒气，散发毒盐。

二，今年五月，敌在台儿庄连续使用催泪弹及毒质手榴弹。

三，今年六月敌在皖西洛河使用毒气，我一营士兵，全部牺牲。

四，敌在豫东三义柴［寨］使毒瓦斯。

五，晋南西合村之敌，施用毒气。

## 七　抽丁

一，敌在曲阜抽二千五百名，在兖州抽三千名，在泗水抽二千名，在广德天王寺抽三千余名。

二，敌在平津募集青年工人出关工作者达数十万人，皆补充参加伪军作战。

三，富阳，余杭之敌强征壮丁。

四，敌在沪市押去壮丁五千余人，服苦役。

## 八　毒计

一，日寇在华北声称：凡参加游击队者杀全家。反之，杀一游击队员者赏五十元，杀一抗日军人者赏一百元，杀一共产党员者赏二百元。

二，敌退出永济时，惧我追击，夺我民众便衣，并强迫居民着其军服，因之，多为我军误认枪杀。

三，敌为了要毁灭我民族之文化，毁我著名之南开、中央、湖南、中山诸大学。

## 九　掠夺

一，敌迁移台湾农民二万余人至上海附近，霸占当地农民之土地。

二，敌在青岛强占我工厂。

## 十　分化与奴化

一，派遣汉奸托匪，破坏我国抗日民族统一战线。

二，派遣土匪，混入边区境内；在延川一带组织黑军。企图捣乱抗日根据地。

三，捕捉儿童运回日本，进行奴化教育。

四，强迫悬挂太阳旗，中和旗（伪）。

五，焚毁我国新文化运动的各项文献。

擁護最忠實於民族解放事業和人民利益的中國共產黨！

新中華報

# 邊區各界各團體致中共十七週年紀念的賀信

（一）

中國共產黨中央委員會：

我們很榮幸的，我們中國工人階級有這樣强的領導者，中國工人階級自己的政黨，和先鋒隊——中國共產黨，中央領導我們工人階級，領導全國人民，爲着中華民族和無產階級解放的事業，爲着創造獨立自由幸福的新中國，英勇的光榮的鬥爭十七年了，現在又是抗日民族統一戰綫的發起人和忠實執行者，與國民黨合作，共同領導我們工人和全國人民，堅持抗戰已經一週年。從中共十七年來的英勇鬥爭當中，中國工人和全國人民一致的確信中華民族必能獲得澈底解放，抗日戰爭的最後勝利是屬中國的，獨立自由幸福的新中國必能實現，人類社會的澈底解放的前途是存在着的，在中共十七週年紀念的今天，同時又是抗戰一週年紀念的今天，我們號召全國工人和全國人民團結一致，堅持抗戰，堅決執行抗日民族統一戰綫，擁護中國共產黨，並竭誠的向中國共產黨的領袖和全黨同志致親愛的民族解放和階級友愛的敬禮。

邊區總工會、邊區印刷廠工會、機器廠工會、延安工人合作社工會、延安市工會、摩託修理廠工會、修械所工會、縫衣合作社工會、延安工人總俱樂部

六月二十八日。

（二）

中國共產黨中央執行委員會：

在偉大的中國民族對日抗戰已經一週年的時候，在中國民族因了一年來抗戰的洗禮而表現出空前的團結和無比的力量來的時候，中國共產黨光榮地來紀念它十七週年的誕生日，是不但共產黨本身值得慶賀，就是全中國人民都值得加以慶賀的。

共產黨十七週年來的歷史，證明它是爲全中國民族的解放而不惜一切犧牲奮鬥的黨。十七年的歷史告訴我們，共產黨曾經爲着全中國人民的利益，以極大犧牲的代價去進行過最英勇的鬥爭。在今天，以國共兩黨爲基礎展開了偉大的抗日統一戰綫，使中國民族成爲不被征服，不會妥協的鐵一般堅強的民族，使中國的抗戰能夠堅持下去，不到最後勝利決不停止，這也是由於共產黨的發起，由於共產黨與國民黨的親密合作共同奮鬥，由於國民政府蔣委員長的堅決領導抗戰到底而獲得的空前的成果。

我們擁護中國共產黨，信任中國共產黨對於中國民族解放事業的領導，祝共產黨不斷的向上發展，正如我們也希望國民黨不斷的向上發展。中國的抗日各黨派各團體的向上發展，正是日本帝國主義向崩潰走去的最確實的信號——在抗日建國的每一步鬥爭和工作中，我們都要和你們緊緊地站在一起！敬致

抗日的民族革命的最高敬禮！

陝甘寧邊區民衆抗敵後援會、陝甘寧邊區青年救國會、陝甘寧邊區總工會、陝甘寧邊區婦女聯合會、延安市商會、延安市民衆抗敵後援會、延安農民會、陝甘寧邊區文化界救亡協會、民族解放先鋒隊延安地方隊部、延安新文字研究會、國防教育研究會、世界語協會、陝北公學學生會、抗日軍政大學同學會、延安民衆娛樂促進會

六月廿五日

（三）

中國共產黨中央執行委員會：

在中國民族解放和社會解放的革命偉業進行中與被壓迫被剝削的人民大衆密切聯系着的貴黨，經過無數次鬥爭火焰的鍛鍊，已經成爲敵人不能攻破的堅固而崇高的堡壘了。

貴黨一貫的是忠實於民族解放事業的，當日本法西斯蒂爲衔延其垂死的命運而狂伸其貪婪的血手來攫取全中國的時候，廣大的中國人民在貴黨的指導和影響之下已經找到了唯一正確的挽救民族危機的道路，這就是在國內有決定意義的兩個政黨——國民黨與共產黨——合作的基礎上團結着全國人民的力量，建立抗日民族統一戰綫。

由於抗日民族統一戰綫的建立，神聖的民族自衛戰爭就很快的爆發了，現在中國已經像巨人一樣的站立起來，它正在以血和肉去爭取四萬萬五千萬人的民族獨立、民權自由和民生幸福。

當中國對日抗戰堅持了一週年而表現出全民族空前的團結和不可戰勝的力量的時候，正逢着貴黨十七週年紀念，我們一想到民族自衛的抗戰就聯想到中國共產黨，貴黨與中華民族解放運動是血肉相聯的，民族解放的成功須要貴黨的領導，而貴黨的愈加鞏固與發展便是能夠爭取民族解放勝利的保證，因此我們在紀念抗戰一週年和貴黨十七誕辰的今日，一方面預祝抗戰的及早勝利，他方面也預祝着貴黨的繼續發展。

我們——邊區的婦女們——在貴黨直接領導與幫助之下，已經在政治上經濟上獲得了全中國婦女所未得到的自由，我們的文化也在日漸向上提高，我們深知婦女解放與民族解放有着密切的關係，如果不能阻止日本法西斯蒂的進攻，中國的婦女便會遭到不可想像的災難，所以我們熱烈響應貴黨保衛祖國的號召，動員邊區的乃至全國的婦女參加抗戰和充實抗戰力量，我們誓在國共兩黨共同領導之下爲趕走日本强盜和爭取抗戰的勝利而奮鬥到底！敬致

民族革命敬禮！

邊區各界婦女聯合會啓　六月廿九日

## 日寇一年來的暴行

日寇一年來在我國的橫暴獸行，決不是筆墨所能形容的。以下所舉不過是举举大者，但亦可見日寇野蠻殘暴和兇暴的一般了。

### 一　屠殺

一，今年一月南京城日寇在紫金山下舉行殺人比賽，以先殺滿一百五十人者爲優勝。

二，截止本年一月止，在長江下流一帶被敵殘殺的同胞達三十萬人。

三，敵在鳳陽屠殺我同胞達數萬人，用機關槍一次即掃射死四千餘人。

四，晉西白馬村被血洗，鞏角營全村被屠殺。

五，今年六月將黃河南岸大堤決口，災區擴大爲三百萬方英里，被難同胞數達百萬。

六，敵佔領□口時，借開會爲名，集合男女老少七百餘人，以機關槍全數射殺。

### 二　轟炸

一，戰區及各大城市，無一不遭受敵機轟炸，傷亡無算。

二，今年六月初，廣州市連日慘遭敵機猛烈轟炸；居民傷亡達萬人以上。又自抗戰以來，廣州市被敵機空襲，已達八百次以上。

### 三　姦淫

一，敵人所到之處，凡十歲以上之少女，七十歲以下之老婦，均遭姦淫，無一倖免。

二，敵在上海京滬路局作非房間，置婦女千餘人，任敵洩慾。

三，敵在滬縣教堂設出婦女四十七人，悉被姦淫。

### 四　搶劫

一，南京淪陷後，不論是挨戶搜索，每戶必搜查七八次，如此狂掠達兩旬之久，搶劫案達二萬件。

二，今年一月間，經過上海之敵軍部隊，上都帶有許多金戒指，身穿成捆衣帶，每條至少四五十只，多者二百餘，均係劫自民間。

三，敵在上海及山西，搜劫各處工廠機器，運往日本或東北。

四，敵在滬四行倉庫劫物，價在千萬元以上。

### 五　焚毀

一，武鄉延遂數十里，二十九村莊被焚燒。

二，在山西崞縣、繁峙、代縣及淶源等地，有整村被焚，甚至於一燒數十里及百餘里的。

三，石樓城內民房悉被焚毀，城內四百餘家商店，僅餘四十家。

四，溫縣附近之崔莊、七里崗等七八個村莊均被敵人縱火焚毀。

五，滕縣百餘村莊被焚。

六，乍浦新倉鎮，二千戶民房被焚。

七，由於平漢綫游擊隊的活躍，敵下令將平漢綫自石家莊以北，北平以南沿鐵路附近十餘里村莊悉數焚燬。

### 六　使毒

一，今年四月間，在蕪湖、溧陽、宜興、築昌、孫家埠均發現敵人使用毒氣，散發毒藥。

二，今年五月，敵在台兒莊連續使用催淚彈及毒質手榴彈。

三，今年六月敵在皖西洛河使用毒氣，我一營士兵，全部犧牲。

四，敵在豫東三義寨使毒瓦斯。

五，晉南西合村之敵，施用毒氣。

### 七　抽丁

一，敵在曲阜抽二千五百名，在兗州抽三千名，在泗水抽二千名，在廣德天王寺抽三千餘名。

二，敵在平津募集青年工人出關工作者達數十萬人，皆補充參加僞軍作戰。

三，當陽，餘杭之敵強徵壯丁。

四，敵在滬市押去壯丁五千餘人，服苦役。

### 八　懸賞

一，日寇在華北懸賞：凡參加游擊隊者殺全家。反之，殺一游擊隊員者賞五十元，殺一抗日軍人者賞一百元，殺一共產黨員者賞二百元。

二，敵退出永濟時，懼我追擊，奪我民衆便衣，並強迫居民着其軍服，因之，多爲我軍誤認槍殺。

三，敵爲了要滅我民族之文化，毀我著名之南開、中央、湖南、中山諸大學。

### 九　掠奪

一，敵遷移台灣農民二萬餘人至上海附近，霸佔當地農民之土地。

二，敵在青島強佔我工廠。

### 十　分化與奴化

一，派遣漢奸託匪，破壞我國抗日民族統一戰綫。

二，派遣土匪，混入邊區境內；在延川一帶組織黑軍。企圖搗亂抗日根據地。

三，捕捉兒童運回日本，進行奴化教育。

四，逼迫懸掛太陽旗，中和旗（僞）。

五，焚毀我國新文化運動的各項文獻。

## 邊區在抗戰中的作用

王若飛

[illegible]

[illegible]

期：新中华报零四百五十二期
版：零一版
时间：一九三八年八月十五日

# 长江南北岸敌进攻受挫

## 八路军大胜晋南　伪军四大队反正

五天来战局的重心，又由江北移至江南了。江南敌人，目前的主要目标，似在沿南浔铁路南进，以占领南昌为其第一个步骤，可是敌人南下企图，在马回岭以北，沙河以南的地区，遭受我军猛烈打击敌军在该线伤亡五六千余人，我军乘敌伤亡奇重疲惫之余，大举反攻，于是沙河，南昌铺等重要地带夺回，残敌纷向九江北退，敌南下企图，是受着惨败。敌人虽然在铁路正面碰了一个大钉子，但是现在又集中其主力，企图由南浔铁路我军的左翼，实行迂回，压迫我军退出庐山脉，以陷我军于平原地区之不利地位，这一计划，敌人正在实行着。

自十日起，敌人在九江以西之港口登陆，经过激烈战斗，我军以工事悉被破坏，退出了望夫山平顶山阵地，但仍相持于该地。同时敌汽艇在港口附近，企图破坏赤湖闸门，以便进入赤湖扰乱我军侧翼及后路，其目的在占领瑞昌县城，而继续西进。该方我大军云集于浔瑞公路，加之洪水泛滥，敌人计划决难得逞。

江北战事，日来比较沉寂，因为黄梅东南一带河水泛滥，战事进行困难，同时我主力在潜山以南太湖以西黄梅以北的山地不时予进攻之敌以侧击，另一部活跃于宿松附近，使敌西进受阻暂时又停止了敌人的前进，但是敌西犯之野心并未放弃，现主力正集结于合肥舒城一带，有乘机向六安霍山进犯之可能。

晋南敌人所谓“扫荡”计划，遭受惨败后战事一度停滞，无何接触。近来敌人又似乎在做其“扫荡”的迷梦，有蠢蠢欲动之势，以目前形势估计，敌将分四路前进一路自运城南下有犯平陆之势，一路企图窥伺矛津渡，一路则由解县南犯永条山我阵地，最后有沿临永路进犯永济势。现我军正分途布防准备对南侵敌军给予迎头痛击。八路军一部在池水翼城间之东部岭袭击敌人一〇八师团之一〇五联队及九师团运输队，除一部份汽车突围外，全数被我消灭，生擒二十余人，缴汽车九十辆。这是一个很大的胜利。

“八一三”为淞沪抗战周年纪念，全上海人民虽然处在日寇铁蹄下，仍然举行纪念会，并有盛大之献金运动。同时上海近郊游击队，亦乘机活动，十三日晚我游击队曾袭击离公共租界五英里之日本飞机场，并占领了几点钟，使整个上海陷在极端恐荒［慌］于大混乱中。自“八一三”起，日寇在上海为防止游击队活动与我国人民的反抗，四处布满哨岗，上海完全成战时状态。沉寂已久的浙西战事，近来亦复紧张，我军大举反攻，十三日克复富阳，大军向余杭推进，同时我军渡过钱塘江北向杭州急进，他们要以胜利的战斗来纪念“八一三”。

游击战争在冀热边区，正蓬勃发展着，敌虽调集重兵反攻，在冀东一带发生激战，但我军屡获胜利，现平谷，蓟县，遵化，密云，丰润，玉田，定都等十余县仍在我手中，同时一部正疾向秦皇岛山海关一带发展。山东方面游击军进袭济南城，杀敌数百余，鲁南则袭击临城诸县，足见游击队在敌后方之活跃。

最后，在我军胜利的影响下敌人内部更加分化，平汉路边徐水县城的伪军四个大队，人枪三百余，机枪七挺，近日全部反正，已开到某地集中，准备上前线杀敌，这里又指出一个问题，瓦解敌方工作是何等的需要呵！

一九三八年八月十五日　Sin Zhungxua Bao　第一版

# 新中華報

本報在呈請登記中

452

陝甘寧邊區政府機關報

發行：邊區政府收發科

定價：每期大洋二分　每月大洋一毛　每年一元二毛

## 社論　怎樣愛護我們的幹部

「幹部決定一切」，這是大家所公認的眞理。特別在我們全面抗戰展開的今天，統一戰綫繼續擴大，幹部實成爲目前最重要的問題。毛澤東同志曾經說過：「担負着指導偉大的革命任務，要有偉大的黨，要有許多偉大的領袖與幹部」。沒有很好的大批幹部，我們就沒有辦法來推動目前最艱巨而繁雜的工作，正如季米特洛夫同志所說的一樣：「如果沒有能夠實行決議的人，那麽，我們的最好的提綱決議都會成爲一紙空文」。

邊區內的各級幹部，是在長期鬥爭中鍛鍊出來的，他對於民族解放社會解放事業抱有無限的忠心；他是人民選舉出來的，對人民有密切的聯系；他認清了革命才是自己的出路，對於革命事業有無限的責任心；他受過共產黨的長期訓練，有遵守紀律的精神。他有着很豐富的鬥爭經驗，能夠忍受一切痛苦，克服前進中的困難。正因如此，所以他經常能與羣衆打成一片，而爲羣衆所信任的領袖。不管他們中間有的文化水平如何低落，但不可否認的，這些幹部確實是我們最優秀的人才，所以我們必須特別的注意尊重與愛護他們。我們不但應該傾聽這些幹部的意見，尊重他們的意見，而且應該用一切方法幫助他們的發展，使之成爲更好的羣衆領袖。

檢查各級政府對幹部政策的執行中，仍然犯了不少的弱點與錯誤，這表現在：

第一，不熟悉自己的人材。因而在鄉代表，區縣議會中，羣衆組織中，埋沒了不少的人材，而沒有爲領導者所發現出來。如遇到上級要調用一個幹部，不是叫苦連天，便是以不堪工作的份子去塘塞，或是將必要保留的幹部亦只好調走，造成不必要的流動，而使經常工作無法建立，或是將已被革職的壞份子又啓用起來，結果造成某些政府中的幹部不可靠的弱點，工作成爲不可阻問的落後。

第二，不善於利用幹部，因爲某一幹部在這一部門不能工作，便將其開除，而不估計到可以到別一部門仍能工作，或是幹部有某弱點，便忘記了他還可以利用的長處，於是亦遭到開除，這種專門找能力強的觀點，是長爲敵對份子混入政權的護符，要受到敵對份子的危害。季米特洛夫同志曾經說過：「應當找到和利用每一積極份子的寶貴長處。盡善盡美的人，是沒有的；應當利用現時所能利用的人，改正他們的弱點和缺點」。

第三，不會幫助幹部。「因爲盡善盡美的人是沒有的」，那麽，對於幹部他有某些弱點的時候，就不只是他自己應當糾正，而且每個幹部都有互相幫助他糾正的義務。以往在我們幹部中，常常有一套公式，對於某一個幹部，無論他生活有點浪漫，經濟觀念有點不正確，工作精神有點欠緊張，個性有點强硬等等，不管程度如何，動不動就是所謂「鬥爭」，「打擊」，否則便是不理。這種方式，不僅對於幹部沒有幫助，反之，會造成不可救護的壞處。每個負責者，應該了解自己的每個幹部的弱點與優點，發揮他的優點，對於他的弱點，要時時刻刻用相互規勸的方法，苦口婆心的精神，幫助幹部糾正其弱點，這是每個幹部的相互義務。濫用批評鬥爭，只是有損無益的。

第四，不會用民主的方法，來檢查幹部，教育幹部。本來各級行政工作人員（如區長，鄉長……等）是經過民衆直接選舉出來的，那麽，這些人員犯錯誤時，應該經過民衆的彈劾以至罷免。可是在某些地方撤換工作人員時，沒有經過一定的手續，加以隨便的撤換。同時也沒有經過民主的辦法，只是一紙命令，這容易犯到片面觀察幹部的錯誤，同時會要取消人民監督幹部的責任。

第五，此外對於幹部困難問題的解決，在我們的特殊情況下，亦是需要特別加以注意而不可忽視的。假如幹部本身的疾病，以及家庭生活的困難等等，應當在可能範圍之內，予以幫助和解決，這首先是要加强互濟會和優待工作人員家屬的工作，因爲在今天環境下，我們物質條件的困難，不能不依靠於廣大羣衆的力量。

同時，在各級行政工作人員本身，也存在着不少的弱點和缺點，少數人員不研究政府法令，以致在工作中，違犯了法令尚不覺察。部份幹部中「狹隘經驗論」的觀點的殘留，不去積極精求理論的深造，「半桶水」的理論仍然存在着的現象，這一切的一切，都是值得糾正的。

幹部問題，是解決我們艱巨任務的中心關鍵。要求各級負責者，以更大的努力，來培養與教育幹部，使我們在工作中，繼續湧現出大批有工作能力獨當一面的偉大幹部。

## 戰局動向

### 長江南北岸敵進攻受挫

#### 八路軍大勝晉南　偽軍四大隊反正

十天來戰局的重心，又由江北移至江南了。江南敵人，目前的主要目標，似在沿南潯鐵路南進，以佔領南昌爲其第一個步驟，可是敵人南下企圖，在馬迴嶺以北，沙河以南的地區，遭受我軍猛烈打擊敵軍在該綫傷亡五六千餘人，我軍乘敵傷亡奇重疲憊之餘，大舉反攻，於是沙河，南昌鋪等重要地帶奪回，殘敵紛向九江北退，敵南下企圖，是受着慘敗。敵人雖然在鐵路正面碰了一個大釘子，但是現在又集中其主力，企圖由南潯鐵路我軍的左翼，實行迂迴，壓迫我軍退出廬山脈，以陷我軍於平原地區之不利地位，這一計劃，敵人正在實行着。

自十日起，敵人在九江以西之港口登陸，經過激烈戰鬥，我軍以工事悉被破壞，退出了望夫山平頂山陣地，但仍相持於該地。同時敵汽艇在港口附近，企圖破壞赤湖閘門，以便進入赤湖擾亂我軍側翼及後路，其目的在佔領瑞昌縣城，而繼續西進。該方我大軍云集於潯瑞公路，加之洪水氾濫，敵人計劃決難得逞。

江北戰事，日來比較沈寂，因爲黃梅東南一帶河水氾濫，戰事進行困難，同時我主力在潛山以南太湖以西黃梅以北的山地不時予進攻之敵以側擊，另一部活躍於宿松附近，使敵西進受阻暫時又停止了敵人的前進，但是敵西犯之野心並未放棄，現主力正集結於合肥舒城一帶，有乘機向六安霍山進犯之可能。

晉南敵人所謂『掃蕩』計劃，遭受慘敗後戰事一度停滯，無何接觸。近來敵人又似乎在做其『掃蕩』的迷夢，有蠢蠢欲動之勢，以目前形勢估計，敵將分四路前進一路自運城南下有犯平陸之勢，一路企圖窺伺茅津渡，一路則由解縣南犯永條山我陣地，最後有沿臨永路進犯永濟勢。現我軍正分途佈防準備對南侵敵軍給予迎頭痛擊。八路軍一部在沁水翼城間之東部嶺襲擊敵人一○八師團之一○五聯隊及九師團運輸隊，除一部份汽車突圍外，全數被我消滅，生擒廿餘人，繳汽車九十輛。這是一個很大的勝利。

「八一三」爲淞滬抗戰週年「八一三」，全上海人民雖然處在日寇鐵蹄下，仍然舉行紀念會，並有盛大之獻金運動。同時上海近郊游擊隊，亦乘機活動，十三日晚我游擊隊曾襲擊公共租界五英里之日本飛機場，並佔領了幾點鐘，使整個上海陷在極端恐荒於大混亂中。自「八一三」起，日寇在上海爲防止游擊隊活動與我國人民的反抗，四處佈滿哨崗，上海完全成戰時狀態。沈寂已久的浙西戰事，近來亦復緊張，我軍大舉反攻，十三日克復富陽，大軍向餘杭推進，同時我軍渡過錢塘江北向杭州急進，他們要以勝利的戰鬥來紀念「八一三」。

游擊戰爭在冀熱邊區，正蓬勃發展着，敵雖調集重兵反攻，在冀東一帶發生激戰，但我軍屢獲勝利，現平谷，薊縣，遵化，密云，豐潤，玉田，定都等十餘縣仍在我手中，同時一部正疾向秦皇島山海關一帶發展。山東方面游擊軍進襲濟南城，殺敵數百餘，晉南則襲擊高城諸縣，足見游擊隊在敵後方之活躍。

最後，在我軍勝利的影響下敵人內部更加分化，平漢路邊徐水縣城的偽軍四個大隊，人槍三百餘，機槍七挺，近日全部反正，已開到某地集中，準備上前綫殺敵，這裏又指出一個問題，瓦解敵方工作是何等的需要呵！

## 日軍閥屈服

### 蘇日間成立停戰協定

#### 希特勒企圖以武力威脅捷克

#### 西政府改組團結全國各黨派

蘇偽邊境，現在又好似沉寂無事了，自十三日起國際視綫也從張高峯移往別處去了。在這裏，讓我們來把蘇日停戰的經過回憶一下吧：八月九日至十日，正是關東軍第二次大舉向蘇聯邊境張高峯一帶進攻，與守衛該處的紅軍發生激戰的時候。同時，重光葵與李維諾夫，也正在莫斯科作第三次談判，當由李氏提出停戰建議如次：

一，雙方軍隊於十一日正午（張高峯時間）停止軍事行動，共在十日午夜十二時所有原陣地，仍聽其佔有之。

二，組織混合委員會，勘定界綫。蘇聯應派出委員二人，日本「滿洲國」各派出委員一名。

三，混合委員會如不能成立劃界協定，立即應由雙方推舉中立國人員一名担任仲裁。

四，雙方界綫應以中俄兩國全權代表前於一八八六年所確定之琿春條約與其附圖爲依據。

日本軍閥因迫於紅軍的威力，原已表示退縮態度。所以李維諾夫與重光葵之間的停戰協定，很迅速很「巧妙」的成立了。重光葵除對以上第三點「推舉中立國人員一名担任仲裁」表示拒絕外，在基本上完全接受了李維諾夫的建議。

於是蘇偽邊境的砲擊，自十一日正午起也就不再響了。停戰以前，張高峯附近的戰事是很激烈的，紅軍在延綿四英里長的戰綫上，以非常猛烈的砲火，每分鐘發彈四百響——阻止日寇的進攻。使日寇進攻兩天，未曾進展寸土。停戰以後，日本人民因爲能暫時避免受蘇聯空軍的轟炸表示十分快慰。蘇聯人民則對英勇無比的紅軍，表示更高的崇敬。正在舉行的蘇聯最高委員會會議上，各共和國代表，都以自己的語言高呼：「史大林萬歲」！「紅軍萬歲」！「伏羅希洛夫萬歲」！至於英法各國的論調也以爲蘇聯和平政策的新勝利，足以緩和歐洲的戰禍。

雖然日本法西斯此次在遠東的挑戰，遭遇了嚴厲的打擊。但國際法西對於掀起新戰爭的陰謀，非但沒有放棄，而且在某些方面，這般強盜們的臉孔，表現得格外猙獰與兇惡了。希特勒爲了要用武力威脅捷克，決定藉秋操，徵集全國現役兵一百萬，後備兵四十萬於捷克邊境，希特勒的助手戈林，並下令徵集五十萬人在西部法國邊境建造大規模的防禦工事。捷克人民在此萬分危急的形勢之下，對[illegible]及捷克政府少數妥協分子表示異常不滿。羣衆大示威的潮流瀰漫全國，他們的口號是：「人民團結起來爲爭取共和國獨立而鬥爭」，「反對對法西斯走狗讓步」。

至於西班牙戰爭，最近政府軍於哀勃洛一綫大捷之後，又於八日晚間突然渡過塞格爾河猛攻叛軍陣地，取得了若干勝利。但尤其值得表揚的是西國人民的團結，自社會黨允許參加新內閣後，西班牙政府已眞正團結了擁護人民利益的各黨派。

我們要以更大的努力，來培養與教育富有工作能力的偉大幹部！

新中華報

一九三九

新中華報

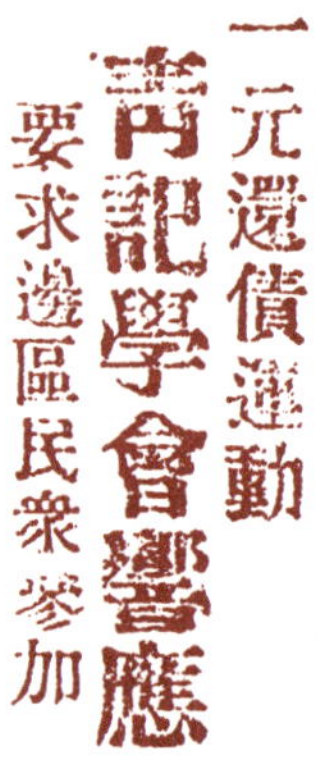
一元還債運動
青記學會響應
要求邊區民衆參加

期：新中华报零零零一期

版：零四版

时间：一九三九年二月七日

# 一元还债运动　青记学会响应

## 要求边区民众参加

英美借款相继成立之后，各国爱护和平人士均一致表示赞助，我国军民对此尤为感奋，被禁于上海租界的八百壮士领导者谢晋元团长闻借款成立消息后，即发起“一元还债运动”，号召国人个个参加，来争取国际对我国更大的同情与援助，除上海各界团体□□元旦日起一致实行外。冀□各地亦□纷纷响应。此□□□学会延安分会□接得重庆总会通□后，亦积极起来□□这一运动，并发函边区各界团体，请协助发动各界民众踊跃参加。同时为了适应边区情形起见，已决定自由捐助，不限多少，期成为一种广泛深入的群众运动借此以影响国际间爱好和平的人士，以便推动国际对我更大的同情与援助云。

開展生產運動

# 本市召開生產動員會

## 到會七百餘人生產計劃詳細規定

（本報特訊）中共中央於二月二日下午召開生產動員大會，計到會有黨政軍學校部隊團體幹部以及全體黨員同志約七百餘人，首由李富春同志報告生產運動的意義，目的，計劃及其實施的辦法，後請由毛澤東同志，洛甫同志，王明同志等講演，六時半散會。

茲將生產動員的計劃摘錄如下：

第一，農業方面：全邊區今年比去年增加糧食百分之二十一萬石，其辦法，（一）開墾荒地六十萬畝，（二）改良耕種（如施肥除草夏耘秋收等）

邊區政府及其領導各級政府和保安部隊擔完成一萬六千五百石糧食征收，機關及所屬的學校和留守兵團等擔完成二萬五千石糧食。黨中央機關及領導下的學校等擔完成一千石糧食。大批動員種菜，自從七月份起每天菜錢戰鬥部隊減少一分，邊區各級政府減少二分，黨機關減少三分，學校減少四分。

第二，工業方面：（一）幫助人民發展手工業（如紡織…等）。（二）政府創辦國防工業工廠（如造紙…等）

第三，商業方面：（一）整理和發展各業合作事業。（二）統一籌劃發展生產合作事業。

中共中央這一計劃在幹部會上得到熱烈的擁護，現在各機關正在成立生產委員會，積極準備在一個月內完成各項準備工作，以期不失農時，趕緊播種，在實際工作中執行生產計劃。

# 一元還債運動

## 青記學會響應

### 要求邊區民衆參加

英美借款相繼成立之後，各國愛護和平人士均一致表示贊助，我國軍民對此尤爲感奮，駐於上海租界的八百壯士團長謝晉元聞借款成立消息後，即發起「一元還債運動」，號召國人個個參加，爭取國際對我更大的同情與援助。除上海各界團體業已響應外，此次致電行外，並通電各地亦紛紛響應。此間青年記者學會延安分會和全國抗戰協會延安分會，亦積極起來參加這一運動，並分函邊區各界團體，號召發動各界民衆踴躍參加，響應。他們認爲這一元還債運動，已決定自由捐助，不限多少，期成爲一種廣泛深入的羣衆運動，藉此以影響國際間愛好和平的人士，以便推動國際對我更大的同情援助。

# 宴請文化界

## 討論改進本報事宜

（本報特訊）本報自民國廿八年二月七日起，已改組爲中共中央機關報之一。本社爲求改進起見，特於本月五日下午三時邀請延安新聞界學術界同志及黨政負責人開座談會討論改進本報辦法。到會者有王明、洛甫、艾思奇、周揚、潘漢年等八十餘人，濟濟一堂，對本報改進皆表示熱烈贊助云。

# 邊區農展會印象記（接第二版）

一帶如寧縣淳耀縣地從前是中國最有名的梨的產地，據李主任說：甚至說臨於河北定縣的鴨梨和山東有名的萊陽梨之上。此次到山邊來的梨，大的竟有一二斤重，真使人驚訝不止！或許可以這樣說：定縣和萊陽都處於主要的交通綫上，在那裏容易受到商品市場的支配，而被强制的進行不斷的改良。沒有問題的，如果淳耀寧縣一帶的梨，也能經過科學的改良，一定仍可以居中國梨產的首位！

再次，關於大會陳列的藥材，不下數十種，現在再來介紹三個著名的：次心甘草，那是中國唯一的產地。據說每年幾乎近一千萬斤，使它在邊區出輸出品中佔第二位。

我們拋開這些不談。

如果再從歷史發展的過程來考察邊區的農村社會，那一定更有趣味。所以農展會裏另外關着：「邊區概況」一室。裏面掛着幾十種圖表，都是用來說明邊區成立後三年來各項農產品及農村社會事業發展情形的。據記者所見，沒有一張圖表的曲綫不是向上延伸着。譬如三年來邊區的糧食產量從一百零三萬石增至一百二十一萬石之多。這主要的是由於邊區進步的政治制度，給予它在經濟上充分發展的有利條件。

在會場巡禮完畢之後，因爲想全般了解本屆農展的本身工作。便去訪問李主任，他以最誠懇的態度對記者說許多值得記述的話大概是這樣吧！

因爲農展會在邊區還是第一次舉行。最初有一部份羣衆對它的意義很不明瞭，竟把農展會當作展覽物展覽會來看待。所以在徵集展覽品時，發生了許多不應有的困難農民們不願把自己所有最上等的糧和谷拿出來陳列，祇是把別的縣裏稀有的特產送來。譬如送一件美麗的豹皮，或者是一段貴重檀木。

此次參加農展的人，差不多都得了各種獎賞，獲得特獎的有五種人。第一是開荒最多，種地最廣的勞動英雄，他們是從農展會準備工作開始，在各縣農村的實地考察中所產生出來的。第二是幾位牧羊數肥的農民。第三是幾位棉花產品最好的種植者。第四是紡織棉布的女工們。還有一種人，是因爲種了很好的谷子而取得特獎的！從給獎的標準，看得出這次農展會的竟然不是什麼「怪物」展覽會，並且和資本主義國家所經常舉行的各種爲求推銷商品的農展會也不同。原來，邊區農展會是毛澤東同志在擴大生產運動的號召下舉行的，它和抗戰建國事業是密切聯繫着的，所以在農展會的評判會議上，應該取得勝利的，並不是稀有的怪物，倒是最普遍的生活必需品。因爲這些必需品的能够保證自給自足，是爭取抗戰勝利的主要條件。毛澤東同志說得好：「我們一面戰鬥，一面生產，一定能戰勝敵人」。（在農展會開幕典禮席上的演詞）。

此外，在某種意義上說：邊區農展會又是一個教育的組織，因爲它自始至終，都抓緊了各縣農民代表，對他們灌輸改良農業和手工業的知識。那，舉行了這樣一個轟動全邊區的農展會，究竟有些什麼收穫呢？李主任說：「主要的有這樣兩點：首先是響應了毛澤東同志的號召，在全邊區的農民羣衆中擴大了生產運動的影響，對一九三九年邊區擴大生產運動的計劃，作了實際的推動。第二，它教育了農民，使他們了解在抗戰期間應該生產些什麼？又怎樣去增加自己的生產量」。

第一期

# 論「中國氣派」

柯仲平

中國氣派的構成，正如陝北老百姓說的：「冰凍三尺，不是一日之寒」。

每一個民族，都有自己的氣派。這是由那民族的特殊經濟、地理、人種、文化傳統造成的。最優秀的中國氣派，正被保留、發展在中國多數的老百姓中。你沒有老百姓喜聞樂見的中國氣派，老百姓決不會相信你的領導。你一站到民衆中去，你一講話，行動，老百姓可以立刻分辨出你有沒有中國味；正如聽慣了平戲的人，他一聽得有人唱平戲，就會立刻感覺那有沒有平戲的味兒。「同氣相求，同聲相應」，愛弄那一道的，總愛和同道的人弄在一塊；當然，磨擦，正是他們的中間也免不了爭吵，如所謂「文人相輕」。某人爲什麼常去找某人呢？「因爲我和他還談得來」。

你有老百姓喜聞樂見的中國氣派，你比老百姓進步，他們一定會接受你的領導。你若老百姓弄一套洋八股，弄得他們莫名其妙，他們雖然也有請你「本家大」，「了不起」的，但你的戲一唱久了，就一定「站不住」他們。安塞一位老百姓對我說：「你們民衆劇團的戲真是好得很，它站得住人。它能叫我們娛樂，又能叫我們恨得咬牙打日本的事情。有一些小娃娃來唱戲，在台上赤柳柳的蹦來蹦去，蹦一下，就進去了，那就站不住人」。這可以用來充分證明中國氣派的重要性。

一些西洋的東西，也能吸引老百姓，例如在延安放電影，老百姓都爭着去看。首先因爲這是新奇的。但要使電影對一般人民發生深刻的抗戰教育作用呢，以中國題材，利用西洋的優良技術，創造出富於中國氣派的電影，這是必要的。國際主義的馬克思主義應該中國化，其他優良適合的西洋文化也同樣是應該中國化的。

去年，當世界學聯代表從延安轉到武漢時，他們說起了延安的種種好事，但以不曾吃到小米飯爲一種憾事。這分明是說，可惜沒有嘗到延安特有的這一中國氣派。但是另一面，「省嘴待客」的中國氣派可叫他們深深的感動了。

有一些人：你對他謙讓，他反而以爲你無能可欺，這也是中國氣派之一種，但不是老百姓喜聞樂見的。某一部隊有這些氣派，就會得不到老百姓的幫助，甚至引起大反抗。

在世界文庫裏，要是找不出代表中國氣派的文化因果來，那末，想研究中國文化的外國人，就一定會感到中國民族的空虛而長嘆了。帶特殊性的優秀的民族文化，恰是以幫助世界文化的發展。

當我給老百姓朗誦詩歌的時候我也實驗出來了——我非帶上老百姓「喜聞」的中國氣派不可。

給老百姓解釋「理論與實踐的統一」這一個原理，你若講「理論就是道理」，實踐就是「做」「幹」，「行」；合起來講，就是：能够做得通，行得通的道理才是眞的道理，講不通，說不過去的事，你偏要蠻幹，那十有九就不合道理。古人說「道者道也」，上面的道字就是道理之道，下面的道字是道路之道，所以說眞的大道理就像大路，讓你走得通，行得通。可是也有一些小路是走着走着就不見有路了。這又是說，路原來是靠人走開的，道理也是靠人去發現，靠人找出來的……。總之，你必須想法（並且是創造）使用中國氣派。我敢保證，你用中國氣派，決不會叫你因此而淺薄起來。

# 識字運動與「講演文學」

胡孜

（上）

前幾天與一位朋友閒天他認爲像我能够看書寫字的人是幸福的，我並不以對，然而他以無知識的文盲主觀上是痛苦的，卻不能同意。一個有知識的人，可以從書本上知道許多事情，對書本發生好感，是理所當然的。一個文盲不知道書本是怎樣東西有如此好處，就無從發生興味：他的不讀書其自身一無不樂，也不會有什麼痛苦。雖則，也有些文盲自嘆命薄不會識得幾個字，引爲恨事。但，這是因爲他們親眼見到了：王家鄉的三太爺是讀了書才發財，才討姨太太的。莊稼人遇到大旱水災，不知道有水利工程，只得怨命；老百姓看見日本飛機投彈，不知道我們能够抗日，能取得最後的勝利。都是不識字不讀書的緣故。在知識份子看來，這些人不唯痛苦，簡直是白投了一次人生。

識字運動和消滅文盲，是近年來大家都知道的「急務」。爲求民族的解放，各項事業的發達，這工作是非常要緊的。所以一二九那天的羣衆大會上，毛澤東同志提出了兩個號召：一個是節約生產，一個是叫我們上茅廁，用白紙頭；一個是識字運動，大家起万塊字來，以將來好看書寫字。前者與本文無涉，暫且不表。這裏要說的正是這個號召：寫字的號召！

令不識字的人識字，並且使無知識的人得到知識。因此緊隨識字運動的，有文藝大衆化的問題；語文一致的問題；大衆文的問題。這問題過去雖有許多明的學者加以研究，有已得結論的，尚未解決的。

# 生活剪影

丁東

## 一 轉變

眞巧，在這樣一個寒冷的夜，我的生活又有了一個極大的轉變。

十二月三十一日的下午，我脫離了我的母親——陝公分校，在我沒有畢業之前，我便打定了主意，要到冀晉察邊區幹一下，爲了民族的徹底解放，爲了自由幸福的三民主義的共和國，每個中國人都應該盡他自己的能力去干自己的工作，不論前方與後方！

但事情是這樣的變更了。

我受了上級的指示便到陝甘寧邊區來服務了，我離校的頭一天夜裏，便住在關中專署，恰巧那夜是除夕之夜，關中專署全體同志們開了一個盛大的晚會，在會席上有花生、酒、還有許多其他食品；王席報告過開會的意義之後，開始游藝了，秦腔、京戲、河南梆子、山西小調、歌詠、故事、笑話、歌舞……

在這盛大的晚會席上，每個人都快活的了不得。

會畢，會場上的一切收束了，同志們都準備着睡覺，我不知怎的總不能入睡，一時我想起了故鄉！更想起了我的白髮的祖母，自從五歲我失了母親每到新年我的祖母總要給我做幾件新衣服……現在呢？故鄉在連天烽火里我家的一切在敵人的踐踏下，我的祖母是否和我今晚一樣愉快呢？……

## 二 由關中到赤水

二日的早飯後，專署的秘書長與我們動員了兩個驢子馱着我的行李，我們開始出發了。天，晴的不太好，太陽射出它微弱的光，寒冷的北風在呼呼的刮，我們一伙兒在冰雪的山溝里走，「開荒，開荒」，唱着前方的戰士要軍糧，織布，織布，前方的戰士要衣裳……

我們不知不覺之中已走了二十多里路了，走到了一個村莊。「同志！到呵達去，有路條沒有？」一個自衛軍，手裏拿着明亮的標槍，笑凝凝的向我們發問。「我們從關中來，到赤水去，有專署給我們的路條。」我家將路條給他看了，他很注意條上的紅印。「對着呢！你們從那偏小乾梢東溝溝走不要過河了……」

# 沪救亡运动日益开展

过去屡有我爱国青年狙击汉奸的消息。最近，这种反奸的事件，在上海，是以日益走向广泛的公开的姿态出现，据中央社上海十三日路电称：“今晨七时五十分，有自称‘中国青年抗日锄奸铁血团’之中国青年一队在白利南路之‘大道市政府’警察分所近附［附近］，将其地售卖彩票之机关两所，完全捣毁，并向伪警察讲演爱国之道！令其不可再援日人，设立赌窟烟馆等等恶行。”并且这种行动，“并未受到各该地区之‘大道市政府’警察及敌寇宪兵士兵之干涉，”不仅如此，在“该青年团体之后，有大队人民追随呼应，”也正因此，在广大群众的掩护与保护之下，彼等于行至兆丰公园附近，才能“即行安然散去”。这不是敌后同胞的疯狂，相反，是反映了广大民众对残酷战争的创造者的愤恨。

# 三日國際

## 遠東形勢嚴重 英法對日趨強硬
### 敵圖闢海南島為海空根據地
### 英下院通過出品擔保法案

日軍在海南島登陸後，「即開始在島上設立飛機場，及潛艇根據地；同時在海口進行疏濬工作，俾令巨型軍艦駛入港內，今後將以海口為軍港，以資威脅安南。」（中央社巴黎十四日哈電）受直接威脅的法國，曾訓令駐日大使對日進行交涉。「法駐日大使享利奉令當於十三日上午訪問日外相有田八郎，請求日政府對於日軍佔領海南島之目的、性質及其佔領之時間久暫各點，加以說明」。（中央社東京十三日路透電）接着，「英國政府依照兩國密切合作的政策，亦訓令駐日大使克萊琪向日提出同樣交涉。」（中央社□敦十三日哈電）可是英法兩國所提出的交涉，並沒有獲得日寇方面切實答覆。因之，「法政府仍密切注視遠東局勢之發展。如日軍長期佔領海南島，則法國政府決與英國政府合作，討論進一步的應付辦法」。（中央社巴黎十四日路透電）「法衆議員亞香波（急進社會黨黨員）並在議會中將日軍在海南島登陸事件，向殖民部長芒特爾提出質問」。（中央社巴黎十四日哈電），「芒特爾氏稱：法政府已決定在越南金蘭灣建築軍港（該地極重要，在軍事上足以控制中國海南部）」。（中央社十三日香港轉巴黎電）

其次，倫敦的視綫，也因海南島問題，又逐漸轉移到遠東方面來了。「十三日英下院開會時，各議員曾先後提出關於中日問題之質問若干則」。如「珠江航行問題」，「日本所組織之長江航運公司的發展狀況」，「中緬交通問題」，「日軍封鎖天津與侵佔上海一部份租界」，（楊樹浦及虹口兩區）」以及「華北貨幣問題（按：日寇令華北聯合準備銀行及各日本銀行傳實外滙，並正脅迫各商辦銀行使用華北聯合準備銀行所發行之紙幣）」等（均散見中央社倫敦十四日路透電）

同時，為了繼續以「出口信用之方式，予我國以援助」「上院於十四日無異議通過出口担保法案」（中央社倫敦十五日路透電）

總之，由於日本侵略者的橫行無忌，已造成了遠東空前的緊張局面。

## 義將向法提無理要求
## 德日義三國有新陰謀

和日本法西斯在東方威脅各民主國家一樣，墨索里尼也正在威脅英法在西方的權利。「據羅馬外交界消息，墨索里尼將於十九日發表演說。向法國正式提出三項要求：一，義大利在法保護國都尼斯有殖民之必要。二，義大利應參加蘇彝士運河的管理。三，將吉布底（位於紅海南端，亞丁之對岸，是法國在近東的重要軍港。）割讓於義」。（中央社羅馬十五日合衆電）

實際上，德日義三國強盜國家之間，的確有着新的勾結。所謂「三角軍事同盟」，並非虛傳：「以義大利而論，已證實北非洲義屬里比亞駐軍增高至六萬名。以德國而論，據柏林方面最近消息：該國空軍動員將次完成。至於日本，則如上所述，已進佔南海島，威脅英法」。（中央社巴黎十五日合衆電）

## 日德在中美積極活動
## 加勒比海發現日間諜

侵略國家不僅在遠東及西歐，從事於武裝的掠奪或威脅。並且正利用間諜或經濟力量向中美各小國進攻。「據紐約泰晤士報訊哥斯達利加（中美小國）京城訪員報告：日本人在哥斯達黎加國境內租植棉花者為數綦多，其所雇用之農民工資，均較普通水準為高。日僑最近又購置廣大土地，所付地價亦遠高於一般市價。聽說，其用意原來是在於建造偽裝的航空根據地。此外哥斯達利加國境內，德國僑民亦多從事政治活動」。（中央社紐約十三日哈電）此外，「據參加此次美國海軍大操人員報告，曾在加勒比海各處，如聚多明哥，爪地馬拉等國沿岸，發現日本漁船（按：這顯然是敵間諜的偽裝）。（中央社森岡安十五日合衆電）

## 美國
### 衆院討論羅斯福國防計劃
### 充實巴拿馬運河防務

美國為增強國防實力起見，羅斯福總統曾向國會提出非常時期的國防計劃。「衆院現已開始辯論其預算案，對於擴充空軍之計劃，十五日當可全部通過」。（中央社華盛頓十五日合衆電）依照該項計劃，美國空軍實力可於十八個月內增加至五千五百架。同時，羅總統還提出三萬七千六百萬美元法案，其中規定添造飛機三千架，充實巴拿馬運河防務」。（中央社華盛頓十四日合衆電）

## 本報啟事

本報因印廠放假，下期改於二十二日出版

艱苦奮斗

## 西班牙
### 西政府堅決「保衛馬德里」
### 愛爾蘭有承認西叛軍說

張伯倫的所謂「不干涉政策」，原來如此：張先生竟「認為政府軍不如無條件的投降叛軍」。（中央社倫敦十二日合衆電）同時，並欲使一愛爾蘭自由邦承認蕭爾哥斯（西叛軍政府所在地）政府」。（中央社杜白林十三日路透電）可是雖在英國紳士們的幫兇之下，英勇的西班牙人民並沒有表示絲毫的屈服與動搖。「人民陣綫各團體代表聯席會議決議發表告馬德里人民書，要求他們急起保衛祖國的馬德里。雖至一兵一卒，亦不撤退」。（中央社巴黎十四日塔斯電）「馬德里所有國防工業之工人，每天都自動做十二小時工作，甚至婦女及殘廢士兵都一律參加防務工作」。（中央社馬德里十三日海通電）還有，國際愛好和平的人們，對西班牙人民的援助，也比從前更加積極了。巴黎民衆在過去兩星期內，募集了七十五萬法郎，作為援西基金」。（中央社莫斯科十四日塔斯社電）「國際委員會，則正在將各國人士所捐助的食糧，運輸到馬德里去」。（同前電）

## 日本
### 本年度總預算案 衆院被迫通過
### 資本家也感覺苦惱

受軍閥們支配着的一般衆院十三日會議，已將下年度（自本年四月一日至明年三月卅一日）總預算案全部通過。（按：該案曾於上星期經參議院通過）預算總額共三十六億九千萬元。」（中央社香港十四日轉東京電）此外據朝日新聞（代表三井財閥的利益）稱：「不久的將來，衆院並將通過特別預算及對華作戰之補充預算，其總額在一百萬萬日元以上。」（中央社東京十五日路透電）如此打破空前紀錄而達最高峯的預算案，日本人民是無法担負的。各政黨因在軍閥的把持下，雖不得不加以通過。」（中央社香港十四日轉東京電）可是忠實於資產者的「民政黨」議員前田，畢竟是感覺苦惱的，他在議會席上帶着悲觀的論調說：「過去公債總額未發之數，計前年四萬八千萬日元，昨年十六萬八千萬元，本年十六萬三千萬日元，由此可見公債消化力的如何薄弱」！（同前電）上述巨額的預算，如果和過去一樣，要靠發行公債［illegible］想。於是今日本統治階級，只好儘量收集民間所藏有的現金了。「大藏省（即財政部）已下令將所有金屬物件全部集中於政府。進步據最近舉行之金質調查，至少有十萬戶住民所藏之金幣、金錶、及其他金質物件，將被政府收刮而去」。（中央社香港十三日轉東京電）

## 蘇聯
### 完成史大林計劃 莫斯科建設猛進

在國際法西斯強盜積極挑動第二次世界大戰的面前，蘇聯人民正「埋頭苦幹」，努力於社會主義的建設。「莫斯科委員會於十二日舉行大會時，主席伊弗來莫夫同志說：「我們已完成史大林的計劃，而使莫斯科成為嶄新的城市。」又說：「今年莫斯科的建築費，預定為七萬四千五百萬盧布，準備與築各類文化，社交機關數十處。此外，並決定以三萬七千五百萬盧布為教育費，以四萬五千萬盧布為衛生費」」。（中央社十三日莫斯科電）

# 專論

## 敵後抗戰的團結問題

若飛

十八個月的抗戰經驗，已很清楚的指明堅持敵後抗戰，與在敵後創立抗日根據地的可能與重要。

我們怎樣能堅持敵後抗戰，與在敵後創立抗日根據地呢？中心關鍵在於各黨、各派、各軍、各階層之團結一致，才能去孤立日寇瓦解偽軍偽政府，長期支持抗戰，和爭取抗戰勝利。倘若我們內部先不能團結一致，甚至有時同室操戈，那便無法達到上述目的，必然走向失敗。自前整個抗戰形勢，要求全民族比任何時候，更要團結一致，才能克服困難，增加力量，停止敵之進攻，準備我之反攻。這種團結一致精神，在堅持敵後抗戰問題上，更為需要，

日寇很清楚中國全民族之團結一致，是不可征服的力量。所以過去和現在，都極力加緊在全中國民族中進行分裂破壞我團結的活動，破壞抗日民族統一戰綫，破壞國共合作，以便達到其以華制華滅亡中國的目的。最近民族敗類汪精衛公開轉到日寇漢奸方面去後，日寇汪逆更加強調「防共」「反共」的宣傳，以轉移全國抗日反汪的空氣。更加緊力在背後挑撥離間，製造摩擦，來破壞國共親密合作。

日寇現時對我在敵後抗日根據地，正在極力採用以下各種方法，來分裂我在敵後抗日力量的團結。

一，到處宣傳「只打八路軍，不打其他軍，」並且在某些地方，確實這樣做，將來敵人用大力肅清後方時，可能更加向此方向發展。

二，改變對佔領地人民政策，多採取欺騙方式。新民會宣撫班工作，近來特別活躍。說日本軍隊進攻中國是為了「剿共滅黨，」（黨指國民黨）「建立東亞新秩序，」以欺騙人民來反對國共兩黨。

三，指使一般漢奸，在某些區域不積極組織偽軍偽政權仍假借抗日的名義出現，或掩蔽在頑固分子下面活動，用摩擦的方式，來反對真正抗日的政權與軍隊。

我們在敵後方堅持抗戰的各黨、各派、各軍、各界、全體人民，應當很清楚的認識敵人上述陰謀，愈加團結一致，以粉碎敵人這種挑撥離間分裂破壞的活動。很痛心的是最近在華北某些地方，我中國軍隊間、政黨間、地方政府與軍隊間、地方政府與民衆團體間，發生很多摩擦，發生許多破壞團結，削弱抗戰力量的現象。這些摩擦，表現在某些人還不了解今天是日寇漢奸與中國人民爭政權的時候，而不應是中國人間互爭政權。還不了解敵後政權民主化，更能團結全民與發動全民抗戰之重大意義。還不認識敵後軍民從摧毀敵人統治中所建

（本文轉入第三版）

# 國內要聞

## 敵指使偽國人員 強佔我使館館產
### 我外部發言人據理指責

【重慶十三日電】本月四日，偽滿駐日人員在日寇指使下，非法佔據我駐日大使館館產事，我外交部發言人對敵人此舉，加以駁斥謂：我國駐日大使館，奉命撤退時，曾將該館動產與不動產，交日外務省查照，請負責保管，日外務省曾依法辦理，將該館加封，同時日外務省正式表示，對我使館當信守國際法之原則予以保護。現又唆使偽國政府人員侵佔，此不但違反國際公法，而且亦蔑視國際信義。總之日本政府對我駐日大使館館產，實有負責保管之義務，如將來發現該館產與過去有變動時，日本政府自應負其完全責任云。

## 滬救亡運動日益開展

過去屢有我愛國青年獵擊漢奸的消息。最近，這類反奸的事件，在上海，是以日益走向廣泛的公開的姿態出現，據中央社上海十三日路透電稱：今晨七時五十分，有自稱「中國青年抗日除奸鐵血團」之中國青年一隊，在白利南路之「大道市政府」警察分局近附，將共地售賣彩票之機關兩所，完全搗毀，並向警察講演愛國之道：令共不可再援日人，設立賭窟煙館等等罪行。」並說：「這種行動，「並未受到各該地區之「大道市政府」警察及敵寇漢兵士兵之干涉，」不僅如此，在「該青年團體」之後，有大隊人民追隨呼應，」也因此，在廣大羣衆的掩護與保護之下，彼等於行至兆豐公園附近，才能即行安然散去」。這不是敵後同胞的瘋狂，相反，是反映了廣大民衆對殘酷戰爭的創造者的憤恨。

期：新中华报零零零六期
版：零二版
时间：一九三九年二月二十五日

滬敵覷視公共租界
倫敦各報一致表示憤慨
九龍事件英再提出抗議

# 沪敌觑视公共租界

## 伦敦各报一致表示愤慨
## 九龙事件英再提出抗议

以“敌机轰炸九龙”及“日寇图占上海公共租界”为重心，英日间的矛盾是更加尖锐了。

“英政府为日机轰炸九龙租借地事件，已训令驻日大使克莱琦向日政府重新提出更严重之抗议。因英内部认为广州日本当局虽已向香港总督道歉，尚难称为圆满之解决。”（中央社伦敦二十三日海通电）“遇有必要时，并当以强大压力加诸日本政府，以为达到赔偿的目的。”（中央社伦敦二十二日电）在上海方面，日寇借口汉奸陈□（伪维新政府外交部长）被击毙。而“企图获得公共租界的管理权，伦敦各报一致表示愤慨，认为日方在其‘占领区’内，尚未能加以控制，因此，上海前所发现之暗杀案，应全部由日方负责。”（中央社伦敦二十四日路电）

# 滬敵覬覦公共租界 倫敦各報一致表示憤慨 九龍事件英再提出抗議

以「敵機轟炸九龍」及「日寇圖佔上海公共租界」為重心，英日間的矛盾是更加尖銳了。

「英政府為日機轟炸九龍租借地事件，已訓令駐日大使克萊琪向日政府重新提出更嚴重之抗議。因英內部認為廣州日本當局雖已向香港總督道歉，尚難稱為圓滿之解決。」「遇有必要時，並當以強大壓力加諸日本政府，以為達到賠償的目的。」（中央社倫敦二十二日電）「在上海方面，日寇藉口漢奸陳籙（偽維新政府外交部長）被暗殺。而「企圖獲得公共租界的管理權，今敦各報一致表示憤慨，認為日方在其「佔領區」內，尚未能加以控制，因此，上海前所發現之暗殺案，應全部由日方負責。」（中央社倫敦二十四日路電）

# 日蘇漁業談判 進行了三個月 仍無結果

不僅英日關係如此緊張，日蘇之間也很惡化呢！於去年年底業已滿期之日蘇漁業協定的續訂問題，經三個月來的談判，始終沒有結果。「日本駐蘇大使東鄉茂德，於廿二日午後又訪李維諾夫，聲明反對蘇聯政府於三月間以投票方式分配漁場的辦法」，而圖永遠霸佔蘇聯遠東領海的漁業等利益。日本某些報紙更煽動政府必要時，當派遣艦艇，保護漁船侵入蘇聯領海。蘇聯對日本侵略者的無理要求，將採取強硬[illegible]有所畏懼，據說敵已暗示漁商按時去參加投標。

# 法意關係 惡化

在西方，「針鋒相對」的是法國和意大利。意大利加里諾報（法西斯機關報）在它的關於評論法意關係的文章裏，公然這樣的說：「意國民族對於其所應得之土地（指法屬突尼斯，吉布底等地）如不能以和平手段獲得則當用武力佔領之」。（中央社羅馬二十三日哈電）法西斯侵略者在這篇挑戰書，在巴黎方面究竟有什麼反應呢？達拉第說得好：「法國絕不能為武力或恫嚇所屈服，先代遺留之國境，絕不能割讓寸地與他人。凡有威脅法國領土之完整者，法國將予以有力打擊」！（中央社巴黎二十三日路電）同時，法政府主管人員發言宣稱：東非洲法屬吉布底港之海陸軍三方面目下已由偕塞納爾土着兵三千名、飛機若干架、巡洋艦一艘、魚雷艇五艘加以保衛，他們倘欲對於此港有所行動，已屬不可能，可惜[illegible]致方面，一再聲傳：英國將出來調停（向侵略者屈服的代名詞）法意糾紛的消息，顯然英國官方予以否認：「英國政府在未獲得法國政府同意之前，決不出而斡旋！」（中央社倫敦二十二日哈電）但是這些消息必覺是值得注意的（中央社巴黎二十三日哈電）法國人啊！你們應該把保衛祖國的決心，堅持到底！

# 蘇波更趨友善

正式簽訂：商務協定 交易貨品協定 清算協定

另一方面，由於蘇聯的堅持和平政策，蘇波關係，是更進一步的親善了。「自去年多蘇波商約簽字後，即更進一步談判「調整蘇聯波蘭經濟關係之各協定，經數星期磋商，乃於本月十九日在莫斯科簽字。各協定中包括商務協定、交易貨品協定及清算協定。商務條約包括交換貨物、海上運輸等基本條款。交換貨品協定包括兩國間之貿易範圍，由蘇運波之主要貨品為棉花、原皮類、煙草、石棉等，[illegible]

# 國際間

## 可貴的同情！ 瑞典醫師將來華 英擬續貸予我

[illegible]瑞典安得遜博士所領[illegible]之醫藥上的重要工[illegible]（按：瑞典過去已募集十二萬八千三百古[illegible]，以救濟我國難民）（中央社瑞典京城二十一日哈電）此外，[illegible]

（中央社倫敦二十三日海通電）。這種可貴的同情，是值得我們感激的。我國駐英大使郭泰祺氏在牛津中國協會席上說：「日前蔣委員長曾以個人名義致電英稱：因英美法等國近來對華援助，已更增加中國抗戰之決心」。還有，我們永遠都忘記不掉的：「中國之盟邦蘇聯，對於中國之抗戰，不論在精神上或物質上，亦援助不少」（均見中央社倫敦二十三日[illegible]）

# 美國

參議員主張 維持遠東地位 逐漸放棄孤立政策

今日（二十二日）衆院舉行公開辯論時議員英特稱：「將來日本或許會在太平洋上進攻美國」。議員梭克爾遜稱：「日本提出之任何要求，美國皆不能接受」。議員馬斯則稱：「美國對日絕不可讓步，因日本貪而無厭，得寸進尺；若吾人對之讓步，日人必將提出更大之要求」」（中央社華盛頓二十二日合衆電）美國衆院所表現的這種傾向，很明顯的是反映着美各界人士已深切感覺日本侵略者的嚴重威脅。「華盛頓方面之外交觀察家認為：關島設防案雖被否決，但雙方票數相差極微，是證多數上議美國應維持在遠東之地位，其傾向與歷來之孤立政策已不大相同」（中央社華盛頓二十三日電）。

## 美國的意式

放棄孤立政策 援助英法

據美國輿論研究社訊：最近該社舉行民意測驗，向各界徵詢問題為：「一旦德意進攻民主國家時，美國除參戰以外，是否應以一切可能之方法援助英法」，結果所得答案有百分之六十九肯定之答覆」（中央社紐約廿三日路透電）。就是說：美國大多數人民是主張放棄孤立政策，願與英法等國站在一條戰線的！只有少數頑固的金融資產者企圖以孤立政策來縱容法西斯，以圖苟安！

# 日本

## 內部潛伏着嚴重的危機

法西斯軍閥壓迫平沼簽訂德日義軍事同盟

潛伏在日本內部的政治危機，並沒因近衛的「退卻」而緩和。法西斯軍閥與溫和派之間的鬥爭，現猶未作最後之決定。溫和派為了防止日本在國際間的地位更陷於孤立的不利狀態，「對於軍事同盟之議極端慎重」。只「主張由德意日締結最低限度之反共三國國際互助協定」——並不註明「第三國」及「蘇聯」字樣。平沼上台後，一般極端派「則以為對於德義日三國軍事同盟條約的簽訂，會發生激烈的平沼首相當與德義簽訂一般的無保留的同盟條約。不意平沼首相對此亦不甚贊成」。這使法西分子大失所望，因而正「以壓力加諸平沼內閣」。

# 蘇聯

## 紅軍實力雄厚

建軍廿一週紀念日 一致宣誓効忠國家

本月二十三日為蘇聯紅軍建軍二十一週紀念，「全國海陸空軍官兵士，上自國防人民委員長伏羅希洛夫上將，下至普通士兵均[illegible]宣誓効忠國家[illegible]本日各報亦均發表論文，稱道海陸空三軍之力量」（中央社莫斯科二十三日哈電）。

伏羅希洛夫上將

# 國際簡報

▲蘇聯海軍委員會所派代表團考察團，將於日內赴美。（哈電）

▲德各報近又竭力抨擊美政府。（合衆電）

▲據荷蘭國防部長稱：該國即將開始在各邊境建設軍事防禦工事。（路電）

[illegible]

# 短評

## 防共即是助敵滅華

黎平

從日本強盜口中發出的，經過漢奸汪精衛派託洛斯基派等來喧傳的「防共」詭計，現在不幸竟還影響了國內少數不明大義的分子。日寇及汪派託派等漢奸所提出來的防共詭計，約可歸納為四點：

一，取消八路軍新四軍。在中國共產黨領導之下的八路軍新四軍，在我們民族十九個月的偉大抗戰中，作了許多英勇的顯著的戰績。他們所到之處，恢復我國政權，發動民衆參戰，使日寇坐臥不安，給日寇以重大打擊。所以日寇漢奸，都視八路軍新四軍為眼中釘，為「皇軍之勁敵」。八路軍新四軍之所以能獲得如此顯著的戰績，正是因為其中有共產黨的堅決領導，有許多幹部的積極努力，有以共產黨員為骨幹的廣大戰士的英勇戰鬥，有各地民衆的熱烈幫助，有許多友軍的密切配合。日寇漢奸為着要除去[illegible]，所以千方百計，陰謀搗亂，想來破壞與打擊八路軍新四軍。八路軍新四軍的鞏固與發展正是日寇漢奸之所恨，而中華民族之所望的也。可是，不幸少數不明大義的頑固分子，在日寇漢奸的挑撥陰謀影響之下，竟欲變相的取消八路軍新四軍。他們口頭上是說「將八路軍新四軍交還中央」，實際上是要將八路軍新四軍之所以能有偉大戰績的各特點（共產黨領導，共產黨幹部戰士中的共產黨骨幹等）加以消滅。試問消滅這些特點，還能有現在這樣堅強的八路軍新四軍的戰鬥力量嗎？當然就不會有，這不是日寇漢奸所要求之而不得的[illegible]亡中國嗎？

二，取消邊區。在敵軍後方（晉察冀南等）在抗戰前綫（陝甘寧）在共產黨員與國民黨員友軍的共同努力之下，在八路軍與其他友軍的共同奮鬥之下，於千辛萬苦恢復了鞏固了擴大了我們民族的抗日政權，創立了發展了我們廣大的抗日根據地，給與日寇漢奸以嚴重的威脅與打擊，使他們視之為「心腹之患」，而再次三番地進行圍攻（如對晉察冀南），或多方搗亂（如對陝甘寧），企圖加以破壞或消滅。可是正因為這些邊區，或是已經完全實行了三民主義（如陝甘寧）或是徹底執行了抗戰建國綱領（如其他邊區），所以軍民政府，親密合作，打擊了日寇多次的進攻與破壞。但不幸少數不明大義的頑固分子，竟變相的取消這些抗日根據地。他們口頭上說「將邊區交還中央」，實際上是想把這些抗日根據地的力量的主要來源（共產黨員的努力，八路軍[illegible]）一筆勾消。這不是使這些抗日根據地歸於坍台嗎？這不是幫助日寇漢奸除去他們的心腹之患嗎？

三，取消共產黨在民衆運動中的工作。蔣委員長，許多前綫將領以及許多明達當局，都感到民衆動員的不夠，指出民衆熱烈參戰，是抗戰勝利的最必要的條件之一。所以蔣委員長在第二期抗戰召集民衆起來參戰，在第二期抗戰要旨中，着重提出「民衆重於士兵」的一點。這當然不是抗戰軍隊在抗戰中的主要作用，而正是強調民衆運動的主要意義。在十九個月抗戰中，各地共產黨員在極端困難的條件之下，努力執行抗戰建國綱領和擁護蔣委員長的號召，與友黨友軍一起，以最重視民運的宗旨，與一切愛國人士一起發動民衆，幫助軍隊及政府抗戰，這是日寇漢奸所怕的力量之一，這就是為什麼日寇漢奸[illegible]日相廣田滅亡中國的三條[illegible]出「取締排日運動」的[illegible]

# 國內要聞

## 國參會通過 黃炎培等提案

確定民主制度 發揚民治精神

此次國民參政會第三屆大會，各方面之提案多至八十餘件，今特首將第五次大會通過之黃炎培、王章、左舜生、褚輔成等五十餘人關於確定民主制度，發揚民治精神提案內之具體建議，摘錄於後：

### 政府行動 應法律化

政府今後一切行動須絕對以現行有效法律為根據——此後一切法律，一經由合法機關與合法手續訂立公佈後，在該法律未經正式修改前，凡政府行動之有關者，須絕對遵守，而不可以之為一時人事之方便，有所違反之、忽略之、曲解之。

### 政府設施 應制度化

過去一切設施，諸如用人等等，多隨主其事之長官為轉移，[illegible]

### 政府制度 應民主化

[illegible]

寇强奪我財產
圖破壞我金融

期：新中华报零零零七期
版：零一版
时间：一九三九年二月二十八日

# 寇强夺我财产　图破坏我金融

敌寇两年来的向我拼命侵略，不仅将其所存资财化费一空，即对人民之榨取，虽点滴尽集，仍属无济，对我国人之财产更多方抢劫，到处搜括。“沪市造船业利龙昌、恒昌祥、鸿祥兴、招商、内河等五厂之全部机件财产均被敌方强行搬至泰同栈旷地，开设日德船厂。老云义及大中华两厂，亦悉为敌强占。”（中央社香港二十五日电）另在敌占领区内，更进一步谋破坏我家国金融“宁伪政府宣称：‘自三月十一日起法币将一律禁止使用。现时间按六折计算云’现距三月十一日虽仅数日，但法币市价反见高涨云。”（中央社上海二十六日电）

Sin Zhungxua Bao　中華民國二十八年二月二十八日　星期二　第一

# 新中華報

報價：零售：本埠：每張[illegible]分；外埠：每張五分。代售：本埠：滿二十份八折，滿五十份七折，滿一百份六折；外埠：滿二十份九折，滿五十份八折，滿一百份七折。訂閱：本省：每期每份四分；外省：每期每份六分。外埠郵費一律在內。
社址：延安清涼山
第七號　中華民國二十八年二月廿八日刊出

## 述評

### 敬祝蘇聯第三個五年計劃的成功

洛甫

蘇聯政府人民委員會主席莫洛託夫最近發表了關於第三個五年計劃的提綱，這提綱的討論將成爲三月十日召集的聯邦共產黨第十八次代表大會上的重要議程之一。這提綱的發表，不但對於蘇聯，即對於全世界人類均有重要的歷史意義。

蘇聯第一個五年計劃（從一九二八年至一九三二年）是在四年內完成了。第二個五年計劃（從一九三三年至一九三七年止），是在四年三個月內完成了。在第二個五年計劃中，蘇聯完全消滅了剝削階級，而且將一切凡能產生人剝削人及將社會分爲剝削者與被剝削者的因素，完全掃蕩無餘了。共產主義的第一階段，即社會主義在蘇聯建設起來了。這種社會主義的勝利，已經合法的表現在蘇聯的新憲法中。

現在蘇聯又開始了第三個五年計劃（從一九三八年至一九四二年）。在「第三個五年計劃中，蘇聯將更進一步發展至一無階級，即完成無產階級的社會主義的社會建設，及由社會主義逐漸推進至共產主義之階段。」（莫洛託夫）

我們從此將不但在全地球六分之一的土地上看到一個勝利的社會主義國家，而且將看到這個國家從社會主義的階段轉向共產主義。全世界人類自有歷史以來所夢想的理想社會，最後在蘇聯成爲現實的東西了。共產主義社會，不再是奇蹟，不再是烏托邦，共產主義社會在聯邦共產黨與列寧、斯大林同志領導之下，經過蘇聯無產階級的專政，而變成具體的事實了。

蘇聯社會主義共產主義建設的勝利，在全世界無產階級、被壓迫民族，及一切愛好和平自由的人民大衆前面指出了一條最後解放人類的具體道路，鼓舞着他們向着蘇聯人民所已經獲得的光明的前途邁進，使他們在地球上的所有其他角落裏以蘇聯爲榜樣，建立他們自己的真正和平幸福的新社會。

正在抗日民族自衛戰爭中艱苦奮鬥着的中華民族與中國人民，看到蘇聯社會主義建設的勝利，沒有一個不衷心歡喜與興奮的。因爲這種勝利，將使我們在自力更生的基本方針下得到友邦更多的援助，以戰勝日寇，建立三民主義新中國。同時也因爲這種勝利，將使我們更有信心的去爲了中華民族與中國人民的最後解放而奮鬥，即爲了社會主義共產主義在中國的勝

## 三日戰況

### 敵圖強渡襄河

#### 岳口失守砲擊潛江　京山附近我敵對峙

天門之敵，自分路進犯以來，一路「敵五百餘，附砲二門，昨晨侵入岳口。」（中央社二十五日電）「不斷增兵，更以大砲轟擊潛江方面，企圖強渡襄河，現與我隔河對峙中。」「其另一路，曾一度路瓦廟集，「經我游擊隊收復後，我大軍已迅速向前推進」，敵進犯京鍾路左翼採橋，遭我擊退，刻「京鍾路之敵，與我仍在京山附近對峙中。」（散見中央社二十六七兩日電）

#### ——沿江游擊隊在拖牛尾巴——

在天門一帶，敵人雖有進展，但是在整個華中之後方，我游擊隊卻異常活躍，在京滬綫上，「我游擊隊於陰曆年底，曾向蘇州進攻，二月廿二日晨，一度克復離蘇州不足卅里之蠡口，擄獲勝利品無數。」「而蘇滬公路各橋梁，亦均有國旗飄揚，當係我游擊隊所懸掛，同時，更將所經各橋梁悉行炸燬，以切斷敵人交通綫。」而上海方面，「二十五日下午四時左右，我游擊隊約七八十人，均攜輕便武器，在浦東大道上遊行示威，僞警、日兵及江面停泊之日艦，亦不敢稍動。」「游擊隊廿六夜曾侵入滬西，擒獲漢奸二十人。」（以上中央社廿六七日電）

#### 蘇北敵圖東犯——宿沭公路血戰——

「江蘇敵軍，近擬打通隴海路，鞏固其既佔區域，更以宿遷爲其東犯之據點，一面進犯淮泗，一面沿隴海公路進窺沭陽，掩護其左翼，而東進連雲。刻沿宿沭路東犯敵寇，已與我軍展開激烈之血戰，並施放毒氣彈，經雙方增援趕到，現戰局呈膠着狀。」（中央社二十七日電）

### 廿月中我擊燬敵機千零十架

口口廿六日中央社電：據空軍發言人稱，敵大本營廿八年一月廿日公佈：自侵華戰爭開始以來，截至廿七年十二月卅日止，損失陸海軍飛機共七百一十架，另有損失不能使用者三百架，共計一千零一十架。核與我方之統計數字，適相符合。計被我空軍擊燬者一七九架；被我高射砲擊落者八二架；被我陸軍擊燬者一〇七架；被我砲兵擊落者十一架；敵機自行迫降者一九架；被我擊落而墜毀不明者，或受重傷而降敵陣地者二一七架，共計六百四十七架，再加其飛行失事及地面損失等，估計約在六三〇架以上，可謂損失慘重矣。廿八年份一月中，被我空軍擊落炸燬者，及高射砲擊落者，共中以蘭州上空，擊落敵機之最多。……

## 華北

### 豫東我軍大捷　太康附近殲敵千餘　游擊隊舊歲克杞縣

豫東我軍「二十日在太康附近，殲敵千七百餘人，俘虜二十餘名，成爲本年來豫東之空前勝利。敵於是役陣亡者共中有少佐黑川太三郎等，並俘一等兵二名。（中央社二十六日電）而「我游擊隊某部，更乘陰曆除夕祭灶之際，出敵不意，突攻杞縣，當將該敵五十餘全部殲滅，縣城即告克復。」此種新的勝利。對敵人進攻我冀魯豫平原地帶之企圖，實一種嚴重的打擊。

### 山東克安邱　偪秦安

東方面，我××支隊更與豫東的勝利相呼應，「二十五十六日，我軍一部，破壞泰安和掛山之間鐵路若干，燬橋梁二處，收毀鐵百餘斤，並一度攻入泰安城關附近，致敵恐慌萬狀。同時我號召合民衆，……」十六日「我另一支隊一部沖入遙案附近紅山口，陡峻嶺之街內」，二十日「我軍一部攻克安邱、炸山。」（以上本報前方專電）

### 晉敵軍運甚忙

山西敵人正在調動佈置中，「一安邑運城一帶，敵二十師團之一部，約四千餘人經聞喜實蘊縣，揚言犯我垣曲，其先頭部隊，已在橫嶺關與我接觸中」（中央社二十六日電）「崞縣晉北方面，敵步兵四五百，騎兵二百餘，附砲十四門，現已南開。太原、大同間，有敵汽車四百餘，運輸頻繁，極爲忙碌。」

## 華南摘報

在海南島方面「敵近復由台灣調兵增援。」「在寶東石龍方面，敵步騎炮兵千餘人，二十三日夜在石龍下船池調。」「石龍僅餘殘敵四百。」「三水對岸新圩之敵，連日增加近六百名。」「東渡、西南等處，約千餘，似有進犯至德慶之勢。」「廣州之敵「集中黃浦、新河一帶，並儲香價抹甚多」，「在神岡向大開進犯之敵，共約較猛，前後共計千餘人，然皆被我擊退。」（以上電文散見中央社二十六七兩日電）

## 陰謀暴露

### 敵盜成吉思漢遺骸

中央社河曲廿五日電，敵與德王爲連絡蒙民計，近竟密遣漢奸，企圖盜劫成吉思汗遺骸，移葬於歸綏，以爲號召，事爲伊克昭盟各盟旗王公察覺，對敵寇與德王此種大逆不道行爲，甚表憤慨，已嚴密防範云。按敵寇對我少數民族同胞，其一切陰謀無所不施其極，今日此種陰謀之揭破，我蒙族同胞，更應團結統一，打碎敵人之一切政治、軍事、經濟上的陰謀。

## 滬鋤奸運動高漲

### 租界檢查毫無所獲

日方對於滬上我愛國青年之活動，實感恐慌，經一再向租界當局交涉後，租界內舉行大規模的檢查，同時「爲嚴密計，乃將英軍及我商團與巡捕一部，在各街道巡邏，由巡捕執行搜索，所有各租界均取同樣方策，惟結果毫無所獲。」（上海廿四日合衆電）租界當局，當於大規模的檢查後，向敵提出報告之覆文，致使敵人亦不得不再進一步考慮辦法。「日高級海陸軍事當局，今晨在出雲艦舉行會議，就工務局昨晚覆文內容舉行協商，歷時數小時之久。聞大概決定再度抗議工部局提出照會。」（上海廿六日急電）

## 寇強奪我財產　圖破壞我金融

敵寇兩年來的向我拚命侵略，不但將其所有資財化費一空，即對人民之榨取，雖點滴盡集，仍屬無濟，對我國人之財產更多方強劫，到處搶掠。「滬市造船業利權昌、恒昌祥、鴻祥興、招商、內河等五廠之全部機件財產，均被敵方強行搬至泰同機械地，開設日德船廠。老公茂及大中華兩廠，亦悉爲敵強佔。」（中央社香港廿五日電）另在敵佔領區內，更進一步謀破壞我金融「冀僞政府宣佈：『自三月十一日起法幣將一律禁止使用。現時則按六折計算云』。現距三月十一日雖僅數日，但法幣市價反見高漲云。」（中央社上海二十六日電）

26

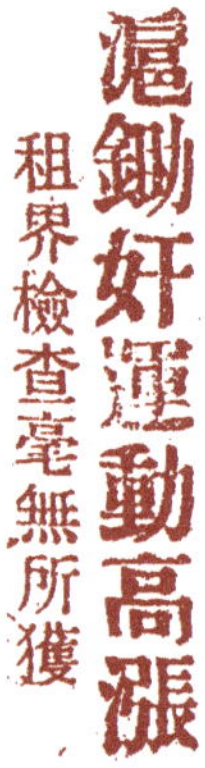
滬鋤奸運動高漲
租界檢查毫無所獲

# 沪锄奸运动高涨
# 租界检查毫无所获

日方对于沪上我爱国青年之活动，实感恐慌，经一再向租界当局抗议后，租界内举行大规模的检查，同时“为严密计，乃将英军及俄商团与巡捕一部在各街道巡视，由巡捕执行搜索，所有各租界均取同样方策，唯结果毫无所获。”（上海二十四日合众电）租界当局，当于大规模的检查后，向敌提出较强之覆文。致使敌人亦不得不再进一步考虑对策。“日高级海陆军事当局，今晨在出云舰举行会议”就工务局昨晚覆文内容举行协商□□两小时之久。□□根据决定再度□□务局提出照会。（上海二十六日路电）

Sin Zhungxua Bao
中華民國二十八年二月二十八日 星期二 第一版
社址：延安清涼山

# 新中華報

第七號 中華民國二十八年二月廿八日出刊
外埠郵費一律在內

## 社論

## 敬祝蘇聯第三個五年計劃的成功

洛甫

蘇聯政府人民委員會主席莫洛託夫最近發表了關於第三個五年計劃的提綱，這提綱的討論將成爲三月十日召集的聯邦共產黨第十八次代表大會上的重要議程之一。這提綱的發表，不但對於蘇聯，即對於全世界人類均有重要的歷史意義。

蘇聯第一個五年計劃（從一九二八年至一九三二年）是在四年內完成了。第二個五年計劃（從一九三三年至一九三七年止），是在四年三個月內完成了。在第二個五年計劃中，蘇聯完全消滅了剝削階級，而且將一切凡能產生人剝削人及將社會分爲剝削者與被剝削者的因素，完全肅清無餘了。共產主義的第一階段，即社會主義在蘇聯建設起來了。這種社會主義的勝利，已經合法的表現在蘇聯的新憲法中。

現在蘇聯又開始了第三個五年計劃（從一九三八年至一九四二年）。在「第三個五年計劃中，蘇聯將更進一步發展至一新階段，此即完成無產階級的社會主義的社會建設，及由社會主義逐漸推進至共產主義之階段。」（莫洛託夫）

我們從此將不但在全地球六分之一的土地上看到一個勝利的社會主義國家，而且將看到這個國家從社會主義的階段轉向共產主義。全世界人類自有歷史以來所夢想的理想社會，最後在蘇聯成爲現實的東西了。共產主義社會，不再是奇蹟，不再是烏托邦，共產主義社會在聯邦共產黨與列寧、斯大林同志領導之下，經過蘇聯無產階級的專政，而變成具體的事實了。

蘇聯社會主義共產主義建設的勝利，在全世界無產階級、被壓迫民族，及一切愛好和平自由的人民大衆前面指出了一條最後解放人類的具體道路，鼓舞着他們向着蘇聯人民所已經獲得的光明的前途邁進，使他們在地球上的所有其他角落裏以蘇聯爲榜樣，建立他們自己的真正和平幸福的新社會。

正在抗日民族自衛戰爭中艱苦奮鬥着的中華民族與中國人民，看到蘇聯社會主義建設的勝利，沒有「一個不是衷心歡喜與興奮的。因爲這種勝利，將使我們在自力更生的基本方針下得到友邦更多的援助，以戰勝日寇，建立三民主義新中國。同時也因爲這種勝利，將使我們更有信心的去爲了中華民族與中國人民的最後解放而奮鬥，即爲了社會主義共產主義在中國的勝

## 三日戰况

### 敵圖强渡襄河

#### 岳口失守砲擊潛江　京山附近我敵對峙

天門之敵，自分路進犯以來，一路「敵五百餘，附砲二門，昨晨侵入岳口。」（中央社二十五日電）「不斷增兵，更以大砲轟擊潛江方面，企圖强渡襄河，現與我隔河對峙中。」「其另一路，曾一度陷瓦廟集，「經我游擊隊收復後，我大軍已迅速向前推進」，敵進犯京鍾路左翼孫橋，遭我擊退，刻「京鍾路之敵，與我仍在京山附近對峙中。」（散見中央社二十六七兩日電）

伏擊敵人並破壞敵後方交通。」「十六日「我另一支隊一部沖入塞棠附近紅山口、陡蚊嶺之街內」，二十日「我軍一部攻克安邱、炸山。」（以上本報前方專電）

### ——沿江游擊隊在拖牛尾巴——

在天門一帶，敵人雖有進展，但是在整個華中之後方，我游擊隊卻異常活躍，在京滬綫上，「我游擊隊於陰曆年底，曾向蘇州進攻，二月廿二日晨，一度克復離蘇州不足卅里之蠡口，奪獲勝利品無數。」「而蘇滬公路各橋梁，亦均有國旗飄揚，蓋係我游擊隊所懸掛，同時，更將所經各橋梁悉行炸燬，以切斷敵人交通綫。」「而上海方面，「二十五日下午四時左右，我游擊隊約七八十人，均攜輕便武器，在浦東大道上遊行示威，僞警、日兵及江面停泊之日艦，亦不敢稍動。」「游擊隊廿六夜曾侵入滬西，槍斃漢奸二十人。」（以上中央社廿六七日電）

### 蘇北敵圖東犯——宿沭公路血戰——

「江蘇敵軍，近擬迂爲其東犯之據點，一面進犯淮泗，更以宿遷通隴海路，鞏固其既佔區域，一面沿隴海公路進窺沭陽，掩護其左翼，而東進運雲。刻沿宿沭路東犯敵，已與我軍展開激烈之血戰，並施放毒氣彈，經雙方增援趕到，現戰局呈膠着狀。」（中央社二十七日電）

### 華北

#### 豫東我軍大捷　太康附近斃敵千餘　游擊隊舊歲克杞縣

豫東我軍「二十日在太康附近，斃敵千七百餘人，俘虜二十餘名，爲敵僞本年來豫東之空前勝利。敵於是役陣亡者其中有少佐黑川太三郎等，並俘一等兵二名。（中央社二十六日電）而「我游擊隊某部，更乘舊歲祭灶之際，出敵不意，突攻杞縣，當將該敵五十餘全部殲滅，縣城即告克復。」此種新的勝利。對敵人進攻我冀魯豫平原地帶之企圖，實一嚴重的打擊。

#### 山東方面——克安邱　僕秦安——

面，我××支隊更與豫東的勝利相呼應。「十五十六日，我軍一部，破壞秦安和博山之間鐵路若干，燬橋梁二座，收繳鐵百餘斤，並一度攻入泰安城關附近，將敵恐慌萬狀。同時我更配合民衆，時常

#### 晉敵軍運甚忙

山西敵人正在調動佈置中，「安邑運城一帶，敵二十師團之一部，約四千餘人經聞喜絳縣，揚言犯我垣曲，其先頭部隊，已在橫嶺關與我接觸中」（中央社二十六日電）晉北方面，「崞縣敵步兵四五百，騎兵二百餘，附砲十四門，現已南開。」太原、大同間，有敵汽車四百餘，運輸軍需，極爲忙碌。

### 華南摘報

在海南島方面「敵近復由台灣調兵增援。」在寶東石龍方面，敵步騎炮兵千餘人，二十三日夜在石龍下船池調。」「石龍僅餘殘敵四百。」「三水對岸新圩之敵，速日增加達五六百名。」「東渝、四南等縣，約千餘，似有進犯至德淡陵。」「廣州之敵「集中黃浦、新河一帶，並儲存槓秣甚多。」在沖岡間大涌進犯之敵，其勢較猛，前後共計千餘人，然皆被我擊退。（以上電文散見中央社二十六七兩日電）

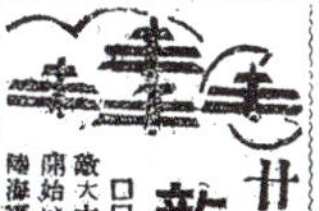

## 廿月中我擊燬敵機千零十架

□□廿六日中央社電：據空軍發言人稱，敵大本營廿八年一月廿日公佈：自侵華戰爭開始以來，截至廿七年十二月卅日止，損失陸海軍飛機共七百一十架，另有損失不重要使用者三百架，共計一千零一十架。據與我方之統計數字適相符合。計被我空軍炸燬者一七九架；被我射擊部隊擊落者八三架；被我陸軍擊壞者一〇七架；被我砲兵擊落者十一架；敵機自行迫降者一九架；被我擊落而行蹤不明者，或雙重損傷而降敵陣地者二七架，共計六百四十七架，再加其探行失事之損失率，估計約佔六三架，（實際數字當不止此）總計一千零一十架。平均每月損失約十六架以上，可謂損失嚴重矣。廿八年兩個月中，被我空軍擊落炸燬者，及高射砲與陸軍擊落者，已達廿四架，其中以蘭州上空擊落敵機九架……[illegible]

## 寇强奪我財產　圖破壞我金融

敵寇兩年來的向我拚命侵略，不僅將其所存資財化費一空，即對人民之榨取，雖點滴盤集，仍屬無濟，對我國人之財產更多方搶劫，到處搜括。「滬市造船業利體昌、恆昌祥、鴻祥興、招商、內河等五廠之全部機件財產均被敵方强行搬至秦同棧碼地，開設日德船廠。老營義及大中華兩廠，亦悉爲敵强佔。」（中央社香港廿五日電）另在敵佔領區內，更進一步謀破壞我國金融「寧僞政府宣佈：『自三月十一日起法幣將一律禁止使用。現時須按六折計算云』現距三月十一日雖僅數日，但法幣市價反見高漲云。」（中央社上海二十六日電）

## 滬鋤奸運動高漲　租界檢查毫無所獲

日方對於滬上我愛國青年之活動，實感恐慌，經一再向租界當局交涉後，租界內舉行大規模的檢查，同時，「僞嚴密計，乃將英軍及俄商團與巡捕一部，在各街道巡邏，由巡捕執行搜索，同樣方法，所有各租界均取締，惟結果毫無所獲。」（上海廿四日合衆電）「租界當局，滿於大規模的檢查後，向敵提出較嚴之條文，致使敵人亦不得不再進一步考慮彈壓政策。「日高級海陸軍部當局，今晚在出雲艦舉行會議，內容舉行協商，開小時之久。聞大概決定再度與工務局提出照會云。」（上海廿六日路電）

## 陰謀暴露　敵盜成吉思汗遺骸

中央社河曲廿五日電，敵與德王爲連絡蒙民計，近竟遣漢奸，企圖盜劫成吉思汗遺骸，移葬於歸綏，以爲號召，事爲人民及各盟旗王公察覺，對敵寇與德王此種大逆不道行爲，甚表憤慨，已嚴密防範云。按敵對我少數民族同胞，其一切陰謀無所不施其極，今日此種陰謀之揭破，我蒙族同胞，更應團結統一，打碎敵人之一切政治、軍事、經濟上的陰謀。

新中華報

津滬敵軍威脅英法租界
英法美與敵之盾矛益劇

期：新中华报零零零八期

版：零二版

时间：一九三九年三月三日

# 津沪敌军威胁英法租界

## 英法美与敌之盾矛益剧

“敌人不仅占领中国土地，劫夺中国人民财产，即对租界，亦想尽方法图谋之。日方除于二月二十七日在英法租界四周布置电网外，现又在北河上增造桥梁及新路环绕租界，此种措施，乃在包围租界，使之与外界交通断绝。并令租界内之日人及伪组织人员撤退。英法美当局对此极为注意。”（中央社上海一日路电）“津美商会昨分电美国务卿赫尔及外委会主席毕德门，请对日本于三月起统制外汇事，提出严重抗议，并认为日统制外汇后，津货运美，即告滞阻。”（中央社天津一日合众电）敌对各国租界之企图，已引起各国之注意。“英下院保守党议员质问：‘沪租界附近占领区呈纷乱状态，租界已陷危险，政府抗议否？’外次答：‘已就此向沪日当局及各政府提请注意。’”（伦敦二十八日路电）伪组织为虎做［作］伥，公开与各国为敌。“南京伪组织，现对上海公共租界实行无形的战争。”（中央社伦敦二日电）

# 英工黨彈劾政府

張伯倫又進一步

侮辱友邦合法政府　違反國際間之慣例　破壞英國國際信義

自張伯倫在下院宣佈承認西叛軍政府後，不但遭受全世界愛好和平人士的譴責，而且在國內也遇到了全國人民有力的抗議。首先是英國工黨，於二十八日在下院對張伯倫政府提出彈劾案。其提議之大意，為：「英帝國政府之無條件承認西班牙叛黨政府，是對於友邦合法政府故意侮辱，有礙國際間之慣例，並為破壞民主國家，破壞英國國際信義政策之進一步行動」（中央社倫敦二十八日路電）。工黨的彈劾案雖然否決了，可是英國人民已更清楚的認識張伯倫的自殺政策。和張伯倫一樣的是

# 可恥的達拉第

將西政府存款贈送給佛郎哥

達拉第在國務會議席上公開宣稱：「西班牙在法國所保存之現金，將全數交還西叛軍」（中央社巴黎廿七日哈電）。叛軍也發表同樣的消息：「法政府已允將西班牙存於法境之物，一律發還，其中有存於銀行之現金，共和政府所購之軍械，商輪、漁輪及其他一切國有品。至於一九三六年七月十八日西政府送往法國保存之物品，亦在退還之列」（中央社蒲爾哥斯二日路透電）。對抗戰沒有信心，而擅離職守，逃走國外的西前總統

## 阿柴那也是逃兵

據法國哈伏斯省弗隆治鎮廿八日哈電：「西班牙國共和政府總統阿柴那，頃向該國衆議院議長巴利沃提出辭職。茲依憲法規定巴利沃當以衆議院長資格攝行總統職務」。

# 西政府軍軍心振奮

堅持抗戰到底

目前，西班牙政府雖然處在極端嚴重的形勢之下，但仍擁有五十萬精兵，佔有中部及東南部之富庶地帶，不消說，西班牙政府仍然將領導全國人民堅決抗戰到底。據瑪德里一日路電：「西共和政府外長台爾伐育，今日對各記者表示：西政府軍心振奮，並無退餒之傾。西政府並決在瑪德里召集閣議」。

# 全人類同情我們

倫敦舉行抵制日貨運動

國際援華運動，近來更加高漲。「英國援華運動協同各分會定於三月十日在此（倫敦）舉行全國聯合會議，由李頓爵士，自由黨領袖辛克萊及中國購料委員會主席王景春三氏分任大會主席。該會擬促政府以信用借款貸予中國」（中央社倫敦廿八日路電）。本月一日倫敦並舉行抵制日貨運動大會，當時，將[illegible]之汽球數百個放出，飛翔空際。上寫「抵制日貨」及「援助中國」等警句」（中央社倫敦一日路電）。遠東方面，「菲律賓『中國之友』社定於三月四日至十一日舉行游展，籌款購買藥品食糧救濟中國難民」（中央社馬尼剌廿八日合衆電）

陳君武作

# 蘇聯

## 今年八月間舉行全國農展會

當局準備二萬多個獎章

蘇聯第三次五年計劃，開始進入第二年度的當前，「北部及中部雖仍積雪未消，但南部已按照計劃進行播種」（中央社莫斯科廿八日專電）。現在蘇聯已經是一個高度工業化的國家了，「在全國經濟機構內，工業佔百分之七十七，可見聯共中央及政府當局，對於農業經濟問題，仍予以密切之注意。其發展農業的主要途徑是擴大農具使用推進步的農業」（同前電）。因此，「本年八月間，蘇聯將舉行全國農業展覽會，各農業組織，都可依照規定參加。屆時一九三九年農產品收成，當可揭曉，凡合格者，將分別授以金質或銀質獎章。為了提高農民的生產情緒，展覽會當局已準備了二萬一千個獎章」（同前電）。

## 海軍計劃即可實現

「蘇聯紅軍第一軍政治部主任那第興氏最近在『黨的建設』雜誌發表論文，說明蘇聯擬建設世界最強大之海軍，俾能在敵之領海內消滅敵人」（中央社莫斯科廿八日合衆電）。塔斯社記者認為「此項計劃不久即可實現，因蘇聯人工及工廠內均能迅速製造軍艦、大砲及其他武器」（同前電）。

# 美國

## 衆院貨幣委員會討論金融問題

政府要求延長財政特權

財長摩根索氏廿八日在衆院貨幣委員會席上竭力為羅斯福總統支配貨幣平準基金權，以及美元價格貶值權辯護。請求國會延長上述兩項財政特權。摩根索氏說：「美金貶值為保護美國利益所必需之武器，（按：美金的貶值，就是相對的降低美貨在國際市場上的價格，以增加其競爭力。）其在貨幣上之依賴性，等於實地作戰時之美國海軍，過去政府即曾賴此以警告全世界，表示美國準備捍衛其國際貿易地位，並保護其貨物以抵抗外國在美國市場上之激烈競爭」（中央社華盛頓一日合衆電）。其次，摩根索氏又論及貨幣平準基金問題：「貨幣平準基金是在一九三四年成立的，其總數為二十萬萬美元，係由貨幣貶價而後所增加之數量。其中十八萬萬元，（按：其餘二萬萬元，係遵照中美協定之規定，以之平穩美金與我國法幣之比率）留存倉庫，從未動用。去歲九月間歐洲時局緊張，各國資本大批流入美國，倘無平準金予以調濟，則美元價格定必發生猛烈波動，甚至可能危及商業」。（中央社華盛頓一日合衆電）此外，摩根索氏對於美元貶值權，並提供了如下的保證：「政府除在特殊情形以外，絕不變更美金價值」。（中央社華盛頓一日合衆電）。依摩根索的意見，就是說：美國政府希望取得「貨幣貶價」的特權，並不是準備即刻進行通貨政策，祇是遇到外國貨（主要是德貨，見上期本報）貨物威脅到美國國際貿易地位的時候，才採取貶低美元價值的辦法來抵制它。

# 中國軍隊聞名全世界

蘇各報論我國軍隊

上月廿八日，蘇聯各報刊載「英勇之中國人民軍隊」一文，該文作者確切指出：「中國人民軍隊，為保衛其國家之獨立、民主及自由而與日本軍閥抗戰，已名著於全世界，在中國歷史上寫成若干光榮之頁：上海南京附近之戰，台兒莊之勝利，……及空軍之轟炸日台灣根據地，都是中國軍隊光榮鬥爭的環環。中國各軍隊，現均設有政治部及軍事訓練部，以訓練指揮人員。其他各地也都設立了軍官學校的分校，對於飛機坦克駕駛工作等技術訓練，尤其注意。中國軍隊及其首領，由已往作戰中而獲得許多經驗，依靠這些經驗，而使中國軍隊更加強化！」（中央社莫斯科二十八日塔斯電）

# 法國

## 外長龐萊昨在參院報告

一法國最大之讓步以法意協定為限

法外長龐萊昨（一日）在參院外交委員會報告法國的外交政策時這樣說：「無論任何國際會議，（按：是張伯倫所企圖召集之世界和平會議）凡是想使法國讓步於……，法國絕不參加。法國最大之讓步以一九三五年一月七日訂立之法意協定為限度。」（中央社巴黎二日合衆電）這是對的！可是在同一時演說裏，龐萊又夢想，「在西班牙參戰之德意軍隊，於戰事結束後，即可遣送回國。」（同前電）

# 日本

## 大阪軍火庫突然爆炸

八千人遭殃

【東京消息】一日下午二時四十分，大阪某區軍火廠突然起火爆炸四小時之久。結果「經敵陸軍省公佈：計死者一人，重傷者三十二人，輕傷者四百四十人，失蹤者三十八人。房屋被毀者八百所，被災人數達八千人」。（中央社東京二日路電）「被炸毀之房屋中有瘋人院一所，大學一所，女子高級學校一所，小學一所，紡織廠一所」（同前電）。

日政府將制定黃金生產法案。「規定所有國內之金塊、金沙，及一切金質物品，均應由政府強迫收買，人民間私藏黃金者，應處以較其所藏現金價值三倍以上之罰金」（中央社東京二日路電）。

# 墨西哥

## 破獲間諜案

希特勒好友被逮

德日義法西斯在中美一帶進行間諜活動，現在已是公開的秘密了。「據紐約泰晤士報駐墨西哥通訊員報告，日前墨西哥京城又破獲間諜機關一所，共拘獲八人，多係國社黨黨員，其中一名並且是希特勒之好朋友，和柏林現任警察局局長羅爾多夫的親戚。其中另一個名叫巴平斯基，以短波無線電發報機向德國發送軍事情報」（中央社紐約一日哈電）

# 二十個月耗敵一百二十萬萬元

據日本報紙記載：「自盧溝橋事變以來，日本對華軍費已達一百二十九萬九千萬元，較日俄戰爭軍費之總數，超過七倍」。為了籌集此日本歷史上空前未有之軍事費，

# 蘭各界舉行慰勞空軍大會

我神勇空軍兩次在蘭州上空獲勝，空軍的英勇戰績，擊落敵機十餘架，造成我市民於奮感之餘！「本市各界為示慰勞，特舉行慰勞空軍大會，並贈以慰勞金。」（中央社蘭州三十一日電）忠勇空軍將士，不願自享慰勞金，將所捐之錢作為救濟難胞之用，「前曾以所收慰勞金移作救濟被炸難胞之費用。二十八日復將續收各界獻金，送交省府。指定為被難同胞建造住房之用。」（同前電）

# 遠東◇形勢

## 津滬敵軍威脅英法租界

英法美與敵之盾矛衍劇

敵人不僅佔領中國土地，劫奪中國人民財產，即對租界，亦想儘方法圖謀之。日方除於二月二十七日在英法租界四週佈置電網外，現又在北河上增造橋梁及新路環繞租界，此種措施，乃在包圍租界，使之與外界交通斷絕。並令租界內之日人及偽組織人員撤退。英法美當局對此極為注意。」（中央社上海一日路電）「津英商會昨分電英國外務部及外委會主席畢德門，請對日本於三月起統制外匯事，提出嚴重抗議，並謂日統制外匯後，津貨運美，即告停阻」。（中央社天津一日合衆電）敵對各國租界之企圖，已引起各國之注意。「英下院保守黨議員質問：『滬租界附近日佔領區甚紛亂狀態，租界已陷危險，政府抗議否？』外次答：『已就此向滬日當局及各政府提出請注意。』」（倫敦二十八日路電）偽組織為虎做倀，公開與各國搗亂。「南京偽組織：規對上海公共租界實行無形的破壞。」（中央社倫敦二日電）

# 國際簡報

▲敵機轟炸九龍事件已告結束：日允向英政府道歉，並賠償損失。（路透電）

▲比內閣終因社會黨之猛烈反對，而被迫辭職，現由社會黨議員建絲氏繼組新閣。（哈電）

▲列寧夫人逝世後，於二日下午五時在紅場舉行葬禮。（塔斯電）

▲敵在綏[illegible]反共運動。（中央社）

▲教廷國務卿巴采利當選為新教皇。（哈電）

▲蘇聯駐英大使邁斯基，二日晚宴請首相張伯倫等。

# 國內短訊

▲江海關公佈二十七年全國貿易，入口二六九、〇九二、三一五元，出口二三二、一八一、〇七二元，計入超三六、九一一、二四二元。

▲印度及緬甸美以美大會代表——孟多爾、安濟兩牧師抵渝，分訪各要人。

▲我在一九〇八年之英德借款到期應償還一部份，政府已在倫敦照付。

▲長沙市府已撤銷，所有事宜由省會警察局市政科辦理。

▲滬公共租界，南京路及靜安寺路，又發生爆炸案四起。

# 短評　可恥的行為

英法政府已正式宣佈承認西班牙叛軍政府為合法政府，這是英法對法西斯侵略者更露骨退讓的表現。

英法政府此舉，一方面引起他們國內人民進步的政黨的猛烈反對，同時也引起全世界愛好和平人士的憤慨，特別是被侵略國家感覺對英法民主國家的失望。所謂民主國的英法的威信是掃地無遺了。

英法犧牲捷克後，今天又出賣西班牙，不僅不曾緩和歐局，相反的會更使戰爭危機深入；當侵略者把弱小國家併吞殆盡時，必然將其魔爪伸向英法本國；因此這種無恥的行為也是危害了英法人民的利益！

西班牙人民及政府將以更英勇的抵抗，繼續堅持抗戰，英法人民以及全世界人民亦必然會以更大的決心反對法西斯的侵略，來回答這種出賣西班牙的可恥行為。

期 新中华报零零零十期

版 零二版

时间 一九三九年三月十日

國際援助趨積極
英貸五百萬鎊予我
鞏固我國法幣信用



# 国际援助趋积极

## 英贷五百万镑予我
## 巩固我国法币信用

**英财相西门昨（八日）日在下院宣布：**“关于英政府贷款予中国，加强中国汇兑平准基金问题，现已获得圆满结果：中国政府业已增加汇兑平准基金一千万磅［镑］，其中五百万磅［镑］由两家中国国家银行担负，另外五百万磅［镑］则由汇丰银行与麦加利银行清付，而英政府负责担保”（中央社伦敦九日路电）这是抗战以来，英国在经济上对我国第二次的援助（第一次是去年十二月贷予我国的五十万镑信用借款)同时也是最大的一次援助！伦敦负责方面，对此次贷款并且明白指出：这是“对日本提出的警告！”（见前电）。各方人士对英政府这举动，也都表示同情或赞助。现分述如次：

### 伦敦方面

新闻纪事报评论称：“吾人为本身之利益着想，不应听任日本对诸国逞暴不已。加强中国之抵抗力，对华予以财政援助，即为制裁日本之一法”。（中央社九日路电）

### 巴黎方面

右派巴黎《回声报》载称：“英国在远东之利益有因战争而破产之虞。且远东英国各海军根据地正受日本之威胁，尤未便坐视其自然发展，由此观之，英政府以坚决态度对付日本，乃事势使然”。（中电社巴黎八日哈央［路电］）此外，右派《斐伽罗报》亦刊载伦敦来电“英政府在经济上对付日本，乃系最有效之武器”。（同前电）

### 上海方面

《中美日报》称：“此次借款为英政府对中国之直接援助，对日本之一大打击”。（中央社上海九日路电）同时申报谓：“国际间对中国之援助已渐趋积极，且在此时援华为最适当时期，盼各国除在物质上援华外，且应对日实行经济制裁云”。（同前电）

### 纽约方面

政界暨金融界人士认为“去岁十二月五日美国进出口银行曾以二千五百万美元贷予中国，英国方面现加以响应。可见英美已采取平行行动以援助中国”。（中央社华盛顿九日哈［路］电）

# 三日國際

## 國際援助趨積極
## 英貸五百萬鎊予我
## 鞏固我國法幣信用

英財相西門昨（八日）日在下院宣佈：「關於英政府貸款予中國，加強中國匯兌平準基金問題，現已獲得圓滿結果：中國政府業已增加匯兌平準基金一千萬鎊，其中五百萬鎊由兩家中國國家銀行擔負，另外五百萬鎊則由匯豐銀行與麥加利銀行承付，而英政府負責擔保」。（中央社倫敦九日路電）

這是抗戰以來，英國在經濟上對我國第二次的援助（第一次是去年十二月貸予我國的五十萬鎊信用借款）同時也是最大的一次援助！倫敦負責方面，對此次貸款並且明白指出：「這是對日本提出的警告！」（見前電）。各方人士對英政府這舉動，也都表示同情或讚助。現分述如次：

**倫敦方面**

新聞紀事報評論稱：「吾人爲本身之利益着想，不應聽任日本對諸國選擇不已。加強中國之抵抗力，對華予以財政援助，即爲制裁日本之一法」。（中央社九日路電）

報亦刊載倫敦來電「英政府在經濟上對付日本，乃保有有效之武器」。（同前電）

，盼各國除在物資上援華外，且應對日實行經濟制裁云」。（同前電）

**上海方面**

中美日報稱：「此次借款爲英政府對中國之直接援助，對日本之一大打擊」。（中央社上海九日路電）同時中報謂：「國際間對中國之援助已漸趨積極，且在此時援華爲最適當時期

**紐約方面**

政界暨金融界人士認爲「去歲十二月五日美國進出口銀行曾以二千五百萬美元貸予中國，英國方面現加以響應。可見英美已採取平行行動以援助中國」。（中央社華盛頓九日哈電）

**巴黎方面**

右派巴黎迴聲報載稱：「英國在遠東之利益有因戰爭而破產之虞。凡遠東英國各海軍根據地正受日本之威脅，尤未便坐觀其自然發展，由此觀之，英政府以堅決態度對付日本，乃事勢使然」。（中電社巴黎八日哈央）此外，右派變伽錄

當然，截至目前英國的行動，還不夠制止日本的侵略「中英兩國今雖已擬就鞏固法幣信用之計劃，然而對華北之幣制危機，仍未能發生直接之影響」。（中央社倫敦九日路電）

## 敵在華北
## 實施匯兌管理
### 企圖統制華北貿易

「日方定於本月十日起，在華北實行管理匯兌（參閱上期本報），管理辦法已宣佈。一經實施則華北全部進出口貿易，即將爲日人所統制」。（中央社倫敦七日哈電）按：敵人所公佈的管理匯兌辦法規定由華北輸往國外的各種貨物，必須保證將所得外匯依照指定價格——即僞幣一元合英幣一先令二便士之價值——售予僞「聯合準備銀行」後，才允許出口。因爲「聯合準備銀行」完全在敵人的控制之下，所以敵人即可以強制的辦法，將劣貨來吸收大批外匯，而排斥英美等國貨物，徹底摧毀各國（主要的是英國）之對華貿易。這使英國「以貿主張對日採取妥協手段者，近亦認爲非採取報復行動不能獲得滿意之結果」。（中央社倫敦九日路電）

## 西班牙

### 馬德里發生政變
### 奈格林有出走說
#### 西人民堅持抗戰到底

外傳馬德里發生重大政變「總理奈格林，外長台爾伐育七日飛往法國南部之都魯斯城」。（中央社都魯斯七日路電）政變後成立之國防人民委員會，並未能獲得全國人民一致擁護，具有二年多豐富的抗戰經驗的西班牙人民，將堅決抗戰到底。（參閱中央社馬德里七日路電）

## 法國

### 社會黨主張
### 召集和平會議

法國社會黨全國執行委員會於四日舉行會議，「多數黨員主張召集國際和平會議，以促進世界和平，並對目前龐萊外長所推行之外交政策，猛烈加以抨擊」。（中央社巴黎五日哈電）該黨要人陶爾顛（前內政部長）說：「龐萊外交政策一方面足以削弱法國的地位，一方面仍可引導法國於戰爭之途」。（同前電）

### 赭蓋斯
### 視察突尼斯

「法屬摩洛哥總監赭蓋斯將軍於五日飛抵突尼斯港（突尼斯首府）並定於六日由勃朗將軍（突尼斯駐軍司令）陪同前往突尼斯東部沿岸之蘭西港與斯法克斯港視察」。（中央社突尼斯港五日電）在義大利法西斯企圖奪取突尼斯的當前，赭蓋斯將軍的行動，足以表示法國政府與人民，保衛祖國領土的決心！

## 波蘭

### 全波人民
### 展開反德運動
### 要求政府
### 全力反抗希特勒

法西斯德國的東進政策，現已引起其鄰邦——波蘭之極大不安。「波蘭國民黨日前於意外相齊亞諾訪問時，曾舉行反德示威，現該黨復在德波邊境開始反德運動。謂：德國之侵略企圖不但威脅波蘭在波羅的海之地位，並且威脅波蘭在東南歐之地位。國民黨在各處所召集之會議，均一致通過決議案，要求政府準備以全力反抗德國之侵略企圖，全波人民亦一致擁護反德反侵略運動」。（中央社華沙八日合衆電）

## 蘇聯

### 真理報盛讚
### 我國婦女界
### 爲自由而奮鬥

國際婦女節之次日，蘇聯真理報著文盛讚我國抗戰之婦女。大意是：「自日本侵略開始以來，中國婦女爲祖國自由奮鬥，極爲活躍！前方後方皆可看到中國婦女與其兄弟丈夫共同保衛祖國，抵抗日寇。中國婦女之英勇行爲在中國民族解放戰爭史上，佔一光榮之頁」。（中央社重慶九日轉莫斯科塔斯電）文中並引證中國婦女爲祖國奮鬥之種種佳話。

## 法意關係

### 意擬向法提出
### 四項修正要求
### 無非是掠奪東非利益

據羅馬柏林兩處傳出之消息，意大利法西斯擬向法國政府提出四項修正要求。其內容如下：「一，北非法屬突尼斯境內之意僑，應享有某種自治權利。二，東非法屬吉布底港應闢爲自由港。准許意國貨物免稅輸入。三，吉布底港通往阿比西尼亞京城之鐵路，雖屬法商所有，但法國屬地內一段，應由法意兩國共同管理。四，蘇彝士運河董事會應聘由意國派員參加。意國輪船所付之通過費，亦應予以核減」。（路電）

一隻魔爪的腳——華君武

## 日本

### 軍部向國會提出
### 擴軍預算案
### 全力擴張海軍
### 對付英美等國

繼一九三九——四〇年度距額的對華戰費及海陸軍追加預算案（見上期本報）之後，「日本海陸軍當局今日（六日）又向國會提出新擴軍預算案，其數額共達十八萬八千九百十三萬三千日元。其中陸軍擴軍費爲一萬九千四百九十九萬一千日元，分五年完成。海軍擴軍費達十六萬九千四百一十四萬二千日元，分六年完成」。（中央社香港六日轉東京電）據日海相米內稱：「日本海軍補充計劃，將以世界最強之海軍爲比較，俾日本如因建立『東亞新秩序問題』而發生摩擦時，日海軍即能將其克服」。（中央社東京七日路電），日寇以全力擴充海軍，顯然是對付英美等海軍國。

## 美國

### 史汀生
### 痛斥孤立派
### 對德日義共同行動
### 英法[illegible]聯合一致

美國共和黨政[illegible]家史汀生氏（按：史氏在「九一八」事件發生時，曾任[illegible]國務卿，主張不承認僞滿，世稱史汀生主義。）昨日（七日）在紐約

泰晤士報發表一封信，警告美國的孤立主義者和英法的妥協論者說：「法西斯國家隨時有武力進攻英國或法國之可能，其進攻之時，似將由三個法西斯國家共同行動，吾人如欲反抗國際法西斯之共同進攻，則亦惟有由擁有強大海軍之英美法三民主國，採取一致之行動應付之。三民主國中之任何一國，術有企圖使自身處於孤立者，則其結果，將使三國均感其禍」。（中央社紐約八日路電）

### 美總統談
### 政府應自由執行宣戰權

美國的頑固派近在參院提議取消總統的對外宣戰權，企圖藉此以緊守其孤立主義。羅斯福總統對於這點，今（八日）發表談話稱：「若美國在對外宣戰以前，須先舉行公民投票，則任何法律均可取消。政府如果不能像行使其他職權一樣的自由執行對外宣戰權，則美國之主要利益將在「半戰爭」狀態下蒙受損失」（中央社華盛頓七日路

## 國際簡報

▲比閣潮迄未解決，國王現下令解散衆議院。（哈電）

▲最近赴法國南部養病之羅馬尼亞總理，突於六日晚逝世。（哈電）

▲菲律賓政府爲抵制日本人造絲的輸入，擬在馬尼剌設立人造絲工廠一所。（合衆電）

▲據日方公佈：去年蘇日邊境衝突事件共計一六六次，其中懸而未決者達一五六次之多，（中央社）

▲德國家銀行總理將赴印度考察，其任務不明。（合衆電）

▲日政府決令駐蘇大使東鄉，繼續與蘇聯政府進行漁業談判（路電）

## 國內新聞

### 財部在渝召開
### 各地金融會議
### 到各省代表四十餘
### 協商鞏固金融大計

防止敵人在戰區破壞我幣制及在敵人對我經濟侵略聲中「財部召集各省地方銀行董事長、總經理到渝開會商討一切，六日午後三時在財部開第一次會議計到川、滇、粵、桂、鄂、皖、豫、閩、蘇、浙、湘、陝、甘等省地方銀行十七單位共四十餘人。財部徐次長報告開會意義；並提出關於改善調整地方金融機關問題，各代表亦相繼報告各省金融情形。開會議日程，約二十七日始可完畢」（中央社重慶六日電）

### 國內短訊

▲漢敵在蘇聯領署門前，佈置崗位，凡出該領署外人，均予登記，若有中國人則逮捕，遇蘇聯人亦故意爲難。

▲西南運輸處，決成立運輸人員訓練所，招考學員一千二百名。

▲敵在長江下游，除海門、南通、如皋、靖江、揚州等八港口外，其餘港口均一律封鎖。

▲中航公司與法國航空公司商洽開重慶至河內航綫。

### 各地熱烈舉行
### 「三八」紀念大會
### 紛電蔣委員長致敬

在全世界婦女爭取政治、經濟、文化、教育、社會的「解放鬥爭日」——「三八」節的時候，多層壓迫下的中國女同胞們，更感到異常的興奮！各地女同胞紀念「三八」的吼聲，已顯示着中國婦女是在新時代中邁進着。據中央社八日電：「上海、桂林、梧州、韶關、沅陵、昆明、香港、南昌、成都、重慶各地婦女，均舉行盛大紀念，通過致蔣委員長及前方將士慰問電，並有慰勞出征軍人家屬及遊行示威者，香港紀念大會除發表宣言外，並決定告日本婦女書。」

### 華僑救亡運動
### 紐約三萬人遊行
### 募捐救護車百輛

華盛頓航訊：「華僑愛國情緒，日益增高。舊歷元旦（二月十九日）紐約僑胞在于斌主教主持下，舉行『募捐救護車百輛運動大會』，由于主教演講後，參加遊行者三萬餘人，遊行後在四小時內，即募得兩萬餘元美金，造成空前之壯舉」。

## 短評

### 英再貸款予我

據中央社消息：英擬以五百萬鎊巨款貸予我國，這是自我抗戰開始以來英國第二次在財政上給我國的直接援助。

日寇的獨佔政策，給英國在遠東的利益以空前威脅，特別是日賊佔據海南島包圍香港轟炸九龍以後，更加深了英日間的衝突。英國也終於感到對日一味妥協之失策，而不得不攷慮新的辦法，以期維護它在遠東的利益。英國這次借款，無疑義是對敵人的一種強硬的表示，是一種有力的膺懲。

英國對我這次的實際援助，固然是日賊絕倫的獨佔政策所致，但更主要的是我國堅持抗戰光榮底收獲，我們熱烈歡迎這種同情與援助。我們堅決相信：只要我們更英勇地堅持持久戰，必會推動英國及其他國家對我施以更大的同情與援助。我們以更勇猛的戰鬥，來回答友邦的援助。

寇圖獨佔我國市場
歧視在華外人利益
◇上海英商異常憤慨



期：新中华报零零二十二期

版：零二版

时间：一九三九年四月十六日

# 寇图独占我国市场

## 歧视在华外人利益
## 上海英商异常愤慨

上海英国商会于十三日召集年会，主席马萨尔爵士在会议上对日寇独占中国商业利益之情形，异常愤慨。氏〈马氏〉称："日方独占内江航业，对于英国之商务，实有重大之影响。各埠之运输业现均受日方之统制，此与英国权利，实相抵触"。（中央社上海十三日路电）又说："日本将各重要铁路线占领，对于持有各铁路股票之外籍人民，亦有绝大之影响"。（同前电）此外马氏对日本在华北所施行之货币统制办法（按：即指禁止使用法币，于本年三月十日起实施），亦加以严厉谴责，指为"歧视外人在华之权利"。（同前电）

# 國際三日

## 反抗侵略者的呼聲 東西遙相呼應

### 張伯倫·達拉第·羅斯福發表演說

### 民主各國走向聯合大道

在法西斯嚴重的威脅下，各民主國家間之關係，亦漸趨密切。本月三日張伯倫的演說，已表示英國外交政策開始初步轉變。接着張伯倫、達拉第、羅斯福等又相繼發表重要演說。這，證明各非侵略國家正接近聯合道路。茲將其演說全文發表如下：

## 張伯倫斥義 違反英義協定

【倫敦十四日路透電】張伯倫昨在下院發表重要演說，論及地中海問題時謂：外相哈里法克斯前曾面告義駐英代辦克羅拉，說明英國無意佔據科甫島，但如他國佔領該島，則英視之爲極端嚴重之事件，據英駐希拉公使來電報告，義有佔領科甫島之意，故外相特向義代辦明確表示，望義方對此，務必不要稍存錯誤之認識。政府前曾迭次探詢義之態度，據義政府最近表示，時局前途一如阿爾巴尼亞之顧慮爲轉移。至於阿國問題，張氏引述義阿兩方之報告，指明其中對於事實之經過及背景，相互衝突之點甚多。雖然義此次之行動，一般觀察如何，已有定論。各國之輿論，因此次之行動，顯然爲一强大之國家，挾其優越武力，對一弱小國家推行其武力政策。阿爾巴尼亞之局勢，是否與英義協定之內容相協調，此層吾人自不能不反躬自問。首相嗣乃引述英義協定之條文，並稱：但給信本國及世界各國人士，當認爲義此次行動，距有益於普遍和平與安全甚遠。猶憶義外長齊亞諾早於本月七日曾宣稱義大利政府當尊重阿國之獨立與完整，義海軍在阿登陸一舉，如可與這一諾言相調和，此在吾人百思不得其解者也。當知亞得里亞海爲地中海之一部份，毫無疑義，英政府決不以爲阿國與吾人無涉也。義應有對阿之局勢及將來願望，詳作解釋之必要，過去所獲解釋，並不能滿足本國輿論云。（中央社）

## 法國決心 充實國防抵抗侵略 援助波蘭與土耳其

【巴黎十三日哈電】達拉第十三日發表廣播演說，略謂：法政府業已採行軍事措施，以保衛本部邊境及殖民地，俾克應付一切事變。各地後備兵之奉召入伍者，均能踴躍從戎。法國對於國際現行局勢之立場，即決在自由與榮譽之範圍內維護和平。第一，辦法厥乃充實國防，並與各民族之決心抵抗侵略，保持自由者，充實聯帶關係，尤當與英、美、蘇、波各國政府及巴爾幹協商，即土耳其、羅馬尼亞、南斯拉夫、希拉四國政府經常接觸。吾人目標所在，厥乃會同以上各國，決心抵抗各種稱霸企圖，而又願開誠佈公，討論現行各項問題者，成立必要的合作。並深信此項目標必能達到，至以英法互相諒解而論，其密切堅固程度，從無如此之甚者。至是達拉第又謂，法政府業已向希臘、羅馬尼亞兩國提供保證，聲明各該國之獨立主權如遭受威脅，即當以全力援助之。英波兩政府，業已互相接受約束，聲明遇有直接或間接威脅時，即當互相援助，以保衛獨立之主權，法政府聞悉之餘，極爲欣慰。法波現行同盟條約，亦已依據同樣精神，重行予以確認，一俟兩國生存攸關之利益直接或間接受威脅時，均當立即起而互助。此種辦法，即當通告關係各國政府，尤其是土耳其政府。推行此種政策，爲法之權利所在，當以堅決的意志，忠於職守的決心，以完成國家之使命云。（中央社）

## 羅斯福說 汎美各國已漸團結 法西破壞世界和平

【華盛頓十四日哈電】羅斯福於十四日發表演說，略謂：美洲各共和國在和平制度之下，努力促進共同文明，爲時已逾半世紀，此種事業，現已告成。北美各國，業已構成重要的合作集團，而在喧擾不安的世界中，處以鎮靜的態度。美洲各國自成爲自由的制度國家起，已有一種新道而又强大的理想相應產生。而將美洲各國政府，逐漸予以團結。今又要求各該國政府，追求一種共同目標，汎美大會每五年舉行一次，均爲順利，但全世界其他部份街欲舉行類似的會議，勢必先事大戰，殆至疲倦不堪之後，始至召集會議。數日前某大國當局曾發表演說，謂該國已成爲地中海之囚犯，厥後數日，另一大國元首（指希特勒）聞悉其鄰邦之一已與另一鄰國成立協定（即英波協定），代爲保衛獨立，乃指此項協定爲一種威脅一種包圍，抑知世界上一和平國家被其他國家包圍威脅，全加以囚禁之事，實屬從無先例。凡依吾人之經驗，亦深信爲必無其事。當一九三六年汎美大會在阿根廷京城開會時，吾人曾商定遇有戰爭或戰爭威脅時，當相互諮詢。去年夏間，余聘問加拿大時，曾聲明該國如遭受攻擊，美即當加以援助。去年十二月間，汎美大會開會時，南北美洲各國，又曾發表共同宣言，聲明共同努力，保衛各國領土之完整，凡此均爲保衛和平使然。且世人本無何種挑釁之觀念，苟非他人進攻美洲大陸，則上述之決議與宣言，即根本無所用也。（中央社）

## 英蘇協商 倫敦與莫斯科連日進行談話

【倫敦十五日合衆電】英國駐蘇大使西茲於今日與蘇外長李維諾夫舉行協商。英國外務部並已對西茲大使發出特別訓令，內容不詳。但一般印象多謂：英國現確擬認眞與莫斯科接近。（中央社）

【倫敦十五日路透電】昨日蘇駐英大使邁斯基與外相哈里法克斯作長時間之談話，聞與蘇聯加入反侵略集團有關。（中央社）

## 阿國人民一致抗義

### 奧森河畔擊敗義軍 游擊隊伍到處發展

自義軍侵佔阿京地拉那後，雖然有極少數的阿奸，像佛爾拉西等一流人物甘心做義大利的傀儡。但是「全阿各地人民，日來俱紛紛舉行民衆大會，對義大利侵犯阿爾巴尼亞一舉，表示抗議。參加大會之人士，一致實誓，決洗雪回教之奇恥（按：阿民三分之二爲回教徒）」。（中央社布非阿爾轉巴黎塔斯電）

【雅典十三日路透電】「同時，現有一萬人以上之阿國人民游擊隊，縱橫在山地對義軍作頑强之抵抗。游擊隊將一切山路阻塞，並將少數義軍支隊，誘入山路而消滅之。十日義軍一支隊，正沿奧森河向希臘邊境移動，爲阿伏兵所攻擊，幾至全軍覆沒。由有力領袖所領導之游擊隊，運動迅速，到處發展。鄉村居民，紛紛成羣，踴躍加入游擊隊。阿駐法公使館，亦發表官報稱：阿正規軍與農民，在多山區域依然抵抗義軍，目前在馬提塔、布拉阿、羅卡斯特隆及埃爾巴孟尼等地區正發生戰爭」。（中央社重慶十三日轉巴黎塔斯電）

## 日本 農村的窘狀

### 許多人買不起食鹽 工業情形也不景氣

【東京十三日轉紐約塔斯電】美國「外交季刊」雜誌，頃載一文，題爲「戰時日本」。該文作者曾赴東京郊外五十公里之鄉村訪問。彼稱：困苦艱難、赤貧如洗之狀，到處可見；許多人竟無力購買食鹽。日本當局已將農民最後之所有物徵發殆盡，家畜、糧草及食料都隨時被徵發，而不付任何代價，即付亦極微。這樣，對於農業生產是有很大妨害的。結果使一九三八年米之收成，較最近五年來平均每年收成相差極大。至於工業部門之情形，亦極端惡劣；截至去年十二月底，十八個月的戰爭，已使一百五十萬之日本工人陷於失業。同時，日本勞苦大衆的肩上，負擔一百六十五萬萬日元之巨額國債。（中央社）

## 西歐形勢嚴重化

### 德國兵艦四十艘開往西班牙領海

### 說是舉行春季演習

正當地中海風云緊張的當兒，「德國政府通告英法兩國政府謂：該國海軍本年春季演習，決在西班牙海面舉行，而以一月爲期」。（中央社倫敦十三日哈電）事實上「德國大小軍艦四十艘正開往西班牙領海」（中央社倫敦十四日哈電）

### 德義調兵遣將 圖直布羅陀

同時，據報西班牙南部的法西斯，正在忙於調兵遣將，而以直布羅陀做爲進攻的目標。「西班牙南部亞爾美利亞（鄰近直布羅陀），連日在嚴密警備之下，自德斯港源源到大批軍火，內有野戰砲、機關槍、迫擊砲以及子彈、炸藥。並有裝軍部隊二三千名，自十一日起陸續開抵該處」。（中央社直布羅陀港十三日哈電）另外，西班牙叛軍「在直布羅陀港附近地帶，突然集中數萬軍隊」。（中央社直布羅陀港十四日路電）

### 西軍五千進駐法邊

至於，「西班牙北部，法西邊境之伊垃巴斯克小村，亦開到西班牙非正規兵五千人」。（中央社巴黎十五日合衆電）以試探法國政府的動靜。

### 英法惴惴不安

義大利侵略者雖然一再「向英國提出保證，聲明願儘速自西國撤退志願兵，但是各方最近所獲情報，適得其反」。（中央社巴黎十三日哈電）試想能不使英法當局感覺恐慌呢？「直布羅陀港北面，現有英機械士兵百餘人，建築障礙物」，（中央社直布羅陀港十四日哈電）以防萬一。法國當局亦「被派軍隊前往法西交界處，增厚邊防實力」。（中央社巴黎十五日合衆電）

# 國內新聞

## 寇圖獨佔我國市場

### 歧視在華外人利益

### ◇上海英商異常憤慨

上海英國商會於十三日召集年會，主席馬爾爵士在會議上對日寇獨佔中國商業利益之情形，異常憤慨。氏稱：「日方獨佔長江航業，對於英國之商務，實有重大之影響。各地之運輸與現均受日方之統制，此與英國權利，實相抵觸」。（中央社上海十三日路電）又說：「日本將各重要鐵路橫佔領，對於持有各鐵路股票之外籍人民，亦有絕大之影響」。（同前電）此外馬氏對日本在華北所施行之貨幣統制辦法（按：即指禁止使用法幣，於本年三月十日起實施），亦加以嚴厲譴責，指爲「歧視外人在華之權利」。（同前電）

## 壯士除奸

### 汴僞綏靖委員七除其六

【上海十三日路電】據確息：日方組織之「綏靖委員會」七日在開封集會時，突有壯士多人衝入會場，將委員六人悉數擊斃。僅有一委員因未到會以致漏網，壯士行刺後，旋即揚長而去。（中央社）

## 救濟我國各地難民

### 美國紅十字救濟會 運第二批美麥來華

【香港十四日電】美紅十字救濟會續運第二批美麥，救濟中國難民，數達一萬二千噸，已開始運華，其中四千噸，交此間粵國際救濟會，作救濟華南難民之用，餘則運滬，轉撥其它方面之難民云。

## 建設公債 分兩期發行

中央政府爲籌措建設事業經費，前會決定發行六萬萬元建設公債。定名爲民國二十八年建設公債。[illegible]制定之發行條例，該項公債分兩期於民國二十八年四月一日及八月一日各發行三萬萬元，利率定爲年息六厘」。（中央社重慶十三日電）

## 英每日電訊報讚揚我國抗戰

【倫敦十五日路透電】今日每日電訊報發表論文一篇，對中國近日作戰順利的情形，備致讚揚，並稱中國現在作戰之第三年開始時，已能開始反攻，（按：此項反攻並非戰略反攻）足證企圖征服中國之侵略者前途之渺茫，尤其是在[illegible]失之無止境云云。（中央社）

## 要聞簡報

▲比國政府決定在軍事上採取種種預防措施。（哈電）

▲港政府已決定必要時將港一切船舶及海軍義勇隊移交英海軍支配，且可派往香港領海以外領土服務。（路電）

▲英太平洋防務會議在威靈頓開會，會期約一星期。（路電）

▲意皇「接受阿爾巴尼亞王位」[illegible]

## 美國各保險公司 不做德義生意

【紐約十二日哈電】美國各保險公司，頃會同決定：各類貨物，凡運往德義兩國，或裝運各該國輪船者，或自各該國運出，不論運往何地，一概停止保兵險。此外，運往遠東及地中海一帶貨物之兵險保費，則提高一倍。（中央社）

## 歐亞公司航機 又遭日寇追擊

【重慶十五日電】歐亞航空公司河班第十九號機於十三日午後二時，在廣鹹交界之老[illegible]附近，突遇日機一架追逐，被迫降落，法籍技師一人受傷，旅客損傷詳情，正在詳細調查中。（中央社）

二十二個月來中國工人階級的英勇鬥爭

# 二十二个月来中国工人阶级的英勇斗争

## 甲 在抗战初期的罢工斗争

1 芦沟桥事变前的英勇的十一月反日大罢工。

一九三六年十一月沪东杨树浦日商纱厂的大罢工，参加的工人二万余，并扩大到日商英美上海两印染厂，男女工均参加罢工，并提出五个要求，是救亡运动长期酝酿的发动，他促进了全国的抗日民族统一战线的形成。

2 全面抗战发动后，继续不断地举行地反日罢工。

（A）在“七七”后十二天，（七月十九日）上海日商中山钢厂的工人举行反日罢工，首先用实际行动参加抗战。

（B）七月三十一号日商亚细亚钢业厂工人举行反日罢工，全体工人离厂他去。

（C）七月三十一号日洋行及住家的华人雇员实行告退，上海各日商洋行华员及日人家中之雇佣，皆以国难如此严重，如再替日人服务，不啻为虎作伥，在此数日中，业经纷纷向服务日人处辞退，为数已达一百余人，日人大起恐慌，多允增加工资，而各职员及雇工毅然不受金钱诱惑，断然告退。（《大公报》）

（D）八月十一号日商印刷工友二百余人，全体罢工，请求到前线杀敌。

（E）海员纷纷罢工。

（子）在马尼拉的日轮圣和丸施毓鼎等三十五人举行罢工。

（丑）高顺丸中李振祥等八人举行罢工。

（寅）肇兴丸岳海棠甘三十五人举行罢工。

（卯）浅间丸徐杨贵等六名到神户时请除名离船。

（辰）唐山丸工友三十二名在粤罢工来港。

（巳）昌它船工友十五名反抗运械往日，在港罢工不受任何压迫与欺骗。

（午）芝利砵船周福等十五名在泗水抗日罢运，虽坐牢亦不复运。

（未）香港罢工海员由八月十五到十月十五号两个月内计罢工人数六三二人船只约二十余艘。

（申）日本山下汽船会社的中国海员因反对从澳洲运军需品及货物到大连，在马尔般全体罢工。

（酉）海员码头工人反对英美德资本家供给日寇煤油给日寇拒绝运载。

（F）上海失陷后，海关华员的护关运动及邮务工人的护邮运动，完全表示工人阶级在任何危险的环境中总是站在民族解放事业的最前线。

# 中國共產黨中央委員會
## 爲開展國民精神總動員運動告全黨同志書

【本文接第一版】之中，全國以個人或少數人的私利，來代替和掩蓋全國家全民族的最高利益，認爲個人或少數的私利，就等於全國家全民族的利益。這些人同樣沒有『國家至上，民族至上』的觀念，必須給以深刻的批評。必須號召全國人民牢牢記住：『國家民族之利益應高於一切，應犧牲一切私見，私心，私利，私益，乃至於犧牲個人之自由與生命，亦非所惜』。對於一切出賣國家民族的人，則宣告和他們勢不兩立。

（三）中國共產黨，老早就提出了：『動員一切力量，爭取抗戰勝利，』『一切爲着抗戰，一切服從抗戰』的號召，這就是『軍事第一，勝利第一』。我黨過去一切主張與行動，都是環繞於這些號召的周圍。在國民精神總動員的運動中，一切共產黨員必須繼續發揚自己的犧牲精神，爲保衛祖國流最後一滴血。同時號召全國同胞，嚴厲地批評一切貪生怕死之徒，無情地指摘在前線後方一切違反和破壞軍事勝利的有害活動，無情地指摘一切不顧民族利益的自私自利之徒的罪行，號召全國同胞對於這些敗類給予應得的制裁。必須號召全國堅決實行這個原則：『唯求軍事之勝利乃爲吾國民人人共享之光榮，唯不能獲得勝利爲人人最大之恥辱，一切功罪，一切是非，皆當以此爲標準。』必須『竭其全部之智能與全部之時間精力以求取軍事之勝利』。必須拋棄一切關於『個人得失，個人利害與個人之屈伸與榮恥』，必須打到鴨綠江邊，收復一切失地，才是抗戰的最後勝利。

（四）爲着打到鴨綠江邊收復一切失地的目的，必須『意志集中與力量集中』，這就是抗日民族統一戰綫。惟有鞏固與擴大抗日民族統一戰綫，才能達到意志集中力量集中的目的，違反這個方針，就必然會使意志分散力量分散。過去的經驗證明這一眞理，現在的事實也證明這點，因此，共產黨員在國民精神總動員運動中，必須繼續號召全國同胞加緊團結，經過民主的方式，將一切分散的意志與力量集中起來。除了爭取最後勝利，不能有第二個意志。除了集中在抗日陣綫，不能集中在第二個地方。除了用民主方式，也不能有第二個能夠集中最大力量的方法。爲此目的，必須堅決打擊日寇漢奸汪派托派反蔣反共的陰謀活動，因爲如果不堅決打擊這種陰謀活動，必然會造成意志分散力量分散之局面。共產黨員必須號召全國同胞擁護蔣委員長，擁護國共合作，反對一切挑撥離間、製造磨擦、搗亂前綫後方、破壞統一團結的陰謀家，並給予這些陰謀家以必要的制裁。

（五）『對國家盡其至忠，對民族行其大孝』，必須號召全國同胞實行這種最高的民族道德，這就是對於古代的封建道德給了改造和擴充。共產黨員必須成爲實行這些道德的模範，爲國民之表率。黨員過去已是這樣做的，今後更應努力。如果不這樣做，就不是共產黨員，在共產黨中沒有他們的地位。因爲一個眞正的孝子慈孫，必然是對國家民族盡忠盡職的人。這裏唯一的標準，是忠於大多數與孝於大多數，而不是僅僅忠於少數與孝於少數，違背了大多數人的利益，就不是眞正的忠孝，而是忠孝的叛逆。對於仁義也是一樣，有益於大多數人的思想行爲謂之仁，處理關係於大多數人利益的事務而得其當謂之義。漢奸汪派託派之所以成爲不忠不孝不仁不義之叛逆，就是因爲他們只顧少數人的私利，拋棄了全民族大多數人的共同利益。共產黨員在國民精神總動員中，必須號召全國同胞實行對國家盡其大忠，爲保衛祖國而奮戰到底；對民族盡其大孝，直至中華民族之徹底解放；對四萬萬五千萬同胞與人類之大多數給與絕大的同情與衛護，以實行其大仁；對危害國家民族危害大多數人利益之敵人、叛逆與橫暴者施行堅決的鬥爭與制裁，以實行其大義；藉以達到最後勝利之目的。

（六）共產黨員必須在國民精神總動員運動中號召全國同胞堅決實行三民主義。抗日戰綫中各黨各派的任何人究竟信仰三民主義與否，不在其口頭之自稱，而在其行爲之表現，只有言行相符，才可稱爲孫中山先生的忠實信徒。所以，國人對於三民主義，必要的不應從口頭上看，而應從實行上看。只有實行三民主義，才能證明自己有這種信仰，否則只是證明他並沒有信仰。對於那種行爲上不實行三民主義，而只在口頭上信仰三民主義的，這是一種表裏不一口是心非陽奉陰違的人，每個參加抗日戰綫的人決不應該如此。如果口稱信仰民族主義而又企圖與敵人妥協，口稱信仰民權主義而又實行壓制人民，口稱信仰民生主義而又不顧人民生活的痛苦，都是假三民主義者，叛徒汪精衛就曾經是這樣一種人，孫中山先生在世之時對於這種人是深惡痛絕的。國難已至極嚴重關頭，必須廣泛的動員全國同胞，切切實實的實行三民主義，揭穿漢奸汪精衛號的假三民主義，爲眞體實施民族獨立民權自由民生幸福的眞三民主義而鬥爭。在爲實行眞三民主義而鬥爭中，共產黨員同樣應成爲模範。

（七）爲着實行三民主義，爭取最後勝利，必須厲行精神上的改造，『奮發蓬勃之朝氣必須養成』，『苟且偷生醉生夢死之生活必須改正』，『自私自利之企圖必須打破』，『紛歧錯雜之思想必須糾正』，這就是中國共產黨歷來所號召和實行的『堅定正確的政治方向』與『艱苦奮鬥的工作作風』。在偉大的抗戰時代中，如果不養成艱苦奮鬥的作風，則迷勃奮發之朝氣必不能養成，而醉生夢死，苟且偷生，自私自利的惡習必不能除掉。汪精衛一類人因爲不能艱苦奮鬥，失了朝氣，而陷於醉生夢死苟且偷生自私自利的深淵，所以他出賣民族利益，叛黨叛國，做了漢奸。可知一切不願意做漢奸的人，必須在這次國民精神總動員中認識養成艱苦奮鬥作風之必要，否則是非常危險的。至於具備堅定正確的政治方向，則尤爲必要，這就必須糾正一切不利於抗戰的紛歧錯雜的錯誤思想。第一，在『不違反國民革命最高原則之三民主義』的原則下，要糾正那一切有意無意曲解三民主義而成爲汪精衛黨精神上俘虜的人，要糾正那一切企圖利用託派奸徒把三民主義解釋爲反共旗幟的人，並且要糾正那一切對於三民主義陽奉陰違口掛三民主義之名躬行貪污腐化之實的人。第二，在『不鼓吹超越民族之理想與損害國家絕對性之言論』的原則下，要糾正一切對日寇妥協投降的邪說。要廣大地動員民衆反對汪精衛派，因爲他們『鼓吹超越民族之理想與損害國家絕對性之言論』，他們響應日寇主張所謂『東亞新秩序』『日滿支共同體』，並進行所謂『共同防共』。要反對一切漢奸無恥地鼓吹超越民族，歡迎日寇做東亞的『盟主』，無恥地拱讓自己國家聽任敵人宰割。第三，在『不破壞軍政軍令及行政系統的統一』的原則下，必須根據『國家至上，民族至上，軍事第一，勝利第一，意志集中，力量集中』的目標，要糾正一切破壞軍政軍令的韓復渠式的人物，要糾正一切作戰不力的現象，要糾正一切無紀律現象，要糾正一切企圖響應僞政府破壞政權統一的人物，要糾正一切對政府抗日勳令法令陽奉陰違的人物，要糾正一切不執行抗戰建國綱領的人物。第四，在『不利用抗戰形勢以達成國家民族利益以外之任何企圖』的原則下，要糾正一切利用抗戰形勢發國難財，吃磨擦飯的企圖，要糾正一切利用抗戰困難策動和平妥協的企圖，要糾正一切利用抗戰形勢排斥異己破壞團結的企圖，要糾正一切爲一己之私利或爲少數集團的狹隘利益，爲金錢地位頭銜等利益而妨礙與犧牲民族國家利益之行爲。除了上述各點之外，像那一切破壞抗日民族統一戰綫的思想和實論，反蔣反共的邪說，依賴外力的空論空想，以及否認勞動人民是民族基本主幹的反民族論調，否認馬克思主義是三民主義好朋友的反勞動階級論調等等，都是屬於不利抗戰的紛歧錯雜的思想，都應加以糾正。只有這樣，才能具備堅定正確的政治方向，鞏固以三民主義爲政治基礎的抗日民族統一戰綫，也才能發揚艱苦奮鬥的作風，爭取抗戰的勝利。

（八）國民精神總動員，應當成爲全國人民廣大的政治運動，精神動員即是政治動員，它不依靠於强迫命令，而依靠於人民之政治的自覺。若以强迫命令的方法行之，必至成爲虎頭蛇尾，官樣文章，而毫無生氣。只有經過民主方式，着重宣傳鼓動，才能推動全國人民，造成壓倒敵人刷新自己的巨潮。

以上八點，特指出其最要者。中央希望全體黨員協同友黨黨員與各界先進人士，一致努力，認眞的進行這一動員運動。更望全國青年，不辭艱苦，家喩戶曉，使這一運動推行於全國。以期組織全國人民一體進入抗戰到底的偉大運動中。全國人民眞正奮起之日，就是抗日建國大功告成之時，願與全體同志全國同胞共勉之。

中華民國二十八年四月二十六日

# 二十二個月來中國工人階級的英勇鬥爭

甲　在抗戰初期的罷工鬥爭

1 [illegible]滬事變前的英勇的十一月反日大罷工，滬東楊樹浦日商紗廠的大罷工，工人二萬餘，並擴大到日商英美上海兩印染廠，男女工人參加罷工，並提出五個要求，是救亡運動長期醞釀的發展形成。

2，參加促進了全國的抗日民族統一戰綫的形成。

（A）全面抗戰發動後，繼續不斷的舉行的反日罷工。在『七七』後十二天（七月十九日）上海日商罷工。

（B）鋼廠的工人舉行反日罷工，首先用實際行動參加抗戰的，是中山鋼廠七月卅一號日商亞細亞鋼業廠工人罷行反日罷工。

（C）全體工人離廠而去。上海各日商七月卅一號日商洋行華員及日人家中之傭人，如日本人家的華人僕役，紛紛向日人服務員辭職退出，不肯爲虎作倀，在此數日中，紛紛辭職。

（D）多增加工資，而各職員及雜工，然不受金錢誘惑。

（E）八月十一號日商印刷工友二百餘人，全體罷工。

（子）在馬尼拉的日輪和丸施鐵明等三十五人舉行罷工。

（丑）新順丸中李振群等八人舉行罷工。

（寅）榮興丸海員甘卅五人舉行罷工。

（卯）淺間丸徐楊貴等六名到神戶時請假離船。

（辰）唐山丸工友卅二名在粵罷工來港。

（巳）昌它船工友十五名反抗[illegible]在日，在港罷工不受任何

（午）壓迫與欺騙之利誘[illegible]船周驅等十五名在泗水抗日罷工，雖坐來

（未）[illegible]不[illegible]運。

（申）[illegible]

[illegible]

（G）粤汉、平汉、京沪、津浦、陇海等铁路工友英勇坚决的护路及军运工作，在抗战第一阶段中，起了最伟大的作用。

（H）军事工业中的积极生产并发明杀敌利器，如河南一个铁匠工人发明了一种轻便的强烈炸弹，汉阳兵工厂工人和边区修械所工人及其他各处工人均决定为抗战而增加生产，特别是边区国家企业工人。更为延安某某负责人五元钱的津贴所感动，自动提出减少工资。

（I）至于个人的坚决斗争与英勇牺牲的光荣事迹，则更不胜枚举，如上海华生电气厂工友周继棠，申报馆工友陈坤林，排字工友张懋功，印刷工友顾元仁徐庆祥，卷烟工友方家全杨光兰等烈士的坚决斗争与英勇牺牲，粤汉路工友孟继贵当敌机轰炸铁路而火车一列正要开到时，他奋不顾身，手执红旗，矗立桥头，摇摆不停，指示列车退回安全地带。卒因被炸而英勇牺牲了等等。

（J）南洋华侨工人反对南洋铁矿株式会社的全体罢工，巫工、印工均同情地参加罢工，这不仅打击了日寇杀人原料的来源，而且表示了国际工人阶级反法西反侵略战争一致行动的模范。

### 乙 抗战中工人群众的武装起义与武装抗战

1 唐山七千矿工起义的英勇行动，是中国工人阶级在持久抗战中的号炮与旗帜。

A 起义的原因与准备

唐山五矿工人在保卫民族利益与阶级利益的基础上，运用了日寇准备接收或投资开滦煤矿，倾销抚顺煤的英日冲突，包工的大柜与厂主的冲突、矿主与赵各庄商人公卖上的冲突，在共产党的领导组织与推动之下，举行了三万余人的大罢工，反对日寇勾结矿主破坏开滦煤矿、保卫产业、保卫工人生活、坚持一月余，发生数次的武装冲突。双方死伤二百余人，分粮分煤成立工会夺取矿警的武器，武装自己。日警包围，取观望态度，美国派兵至秦皇岛，认为系日指示，提出严重抗议，日寇从中假作调停，工人把日本人的调停人打了，形势极为严重，这就是反日起义的前夜。

B 武装起义的客观情况。

八路军宋邓冀东挺进纵队于六月二日跨过了平绥路，进入冀热边境，不断地打击敌人，收复兴隆等县后，掀动了冀东的抗日怒潮，七月九日，冀东民众武装及反正的原有武装同胞，在洪素兰、李运昌、高志远等志士领导之下，在昌黎、滦县、乐亭、迁安、遵化、丰润等县共同起义，当即与宋邓纵队会合，成立了抗日联军，并于数日之内，攻克乐亭、袭入滦县、昌黎及唐山市郊等地，切断北宁路，炸毁敌伪的矿山、油库，一时声势大振，地方伪政权相率鼠窜，日寇在当地的统治，是已经动摇。

C 武装起义的经过。

赵各庄、林西、唐庄子是矿工组织最强，斗争的经验最丰富，政治觉悟程度较高，特别是党的工作有基础与很高信仰，

# 中國共產黨中央委員會為開展國民精神總動員運動告全黨同志書

【本文接第一版】之中，全國以個人或少數人的私利，來代替和掩蓋全國家全民族的最高利益，認爲個人或少數人的私利，就等於全國家全民族的利益。這些人同樣沒有『國家至上、民族至上』的觀念，必須給以深刻的批評。必須號召全國人民牢牢記住：『國家民族之利益應高於一切，應犧牲一切私見，私心，私利，私益，乃至於犧牲個人之自由與生命，亦非所惜』。對於一切出賣國家民族的人，則宣告和他們勢不兩立。

（三）中國共產黨，老早就提出了：『動員一切力量，爭取抗戰勝利，一切爲着抗戰，一切服從抗戰』的號召，這就是『軍事第一，勝利第一』。我黨過去一切主張與行動，都是環繞於這些號召的周圍。在國民精神總動員的運動中，一切共產黨員必須繼續發揚自己的犧牲精神，爲保衛祖國流最後一滴血。同時號召全國同胞，嚴厲地批評一切貪生怕死之徒，無情地指摘在前綫後方一切違反和破壞軍事勝利的有害活動，無情地指摘一切不顧民族利益的自私自利之徒的罪行，號召全國同胞對於這些敗類給予應得的制裁。在國民精神總動員運動中，必須號召全國堅決實行這個原則：『唯求軍事之勝利乃爲吾國民人人共享之光榮，唯不能獲得勝利爲人人最大之恥辱，一切功罪，一切是非，皆當以此爲標準。』必須『竭其全部之智能與全部之時間精力以求取軍事之勝利』。必須拋棄一切關於『個人得失，個人利害與個人之屈伸與榮恥』。必須打到鴨綠江邊，收復一切失地，才是抗戰的最後勝利。

（四）爲着打到鴨綠江邊收復一切失地的目的，必須『意志集中與力量集中』，這就是抗日民族統一戰綫。惟有鞏固與擴大抗日民族統一戰綫，才能達到意志集中力量集中的目的，違反這個方針，就必然會使意志分散力量分散。過去的經驗證明這一眞理，現在的事實也證明這點。因此，共產黨員在國民精神總動員運動中，必須繼續號召全國同胞加緊團結，經過民主的方式，將一切分散的意志與力量集中起來。除了爭取最後勝利，不能有第二個意志。除了集中在抗日陣綫，不能集中在第二個地方。除了用民主方式，也不能有第二個能夠集中最大力量的方法。爲此目的，必須堅決打擊日寇漢奸汪派託派反蔣反共的陰謀活動，因爲如果不堅決打擊這種陰謀活動，必然會造成意志分散力量分散之局面。共產黨員必須號召全國同胞擁護蔣委員長，擁護國共合作，反對一切挑撥離間、製造磨擦、搗亂前綫後方、破壞統一團結的陰謀家，並給予這些陰謀家以必要的制裁。

（五）『對國家盡其至忠，對民族行其大孝』，必須號召全國同胞實行這種最高的民族道德，這就是對於古代的封建道德給了改造和擴充。共產黨員必須成爲實行這些道德的模範，爲國民之表率。黨員過去已是這樣做的，今後更應努力。如果不這樣做，就不是共產黨員，在共產黨中沒有他們的地位。因爲一個眞正的孝子慈孫，必然是對國家民族盡忠盡職的人。這裏唯一的標準，是忠於大多數與孝於大多數，而不是僅僅忠於少數與孝於少數，違背了大多數人的利益，就不是眞正的忠孝，而是忠孝的叛逆。對於仁義也是一樣，有益於大多數人的思想行爲謂之仁，處理關係於大多數人利益的事務而得其當謂之義。漢奸汪派託派之所以成爲不忠不孝不仁不義之叛逆，就是因爲他們只顧少數人的私利，拋棄了全民族大多數人的共同利益。共產黨員在國民精神總動員中，必須號召全國同胞實行對國家盡其大忠，爲保衛祖國而奮戰到底；對民族盡其大孝，直至中華民族之徹底解放；對四萬萬五千萬同胞與人類之大多數給與絕大的同情與衛護，以實行其大仁；對危害國家民族危害大多數人利益之敵人、叛逆與橫暴者施行堅決的鬥爭與制裁，以實行其大義；藉以達到最後勝利之目的。

（六）共產黨員必須在國民精神總動員運動中號召全國同胞堅決實行三民主義。抗日戰綫中各黨各派的任何人究竟信仰三民主義與否，不在其口頭之自稱，而在其行爲之表現，只有言行相符，才可稱爲孫中山先生的忠實信徒。所以，國人對於三民主義，不應從口頭上看，而應從實行上看。只有實行三民主義，才能證明自己有這種信仰，否則只是證明他並沒有信仰。對於那種行爲上不實行三民主義，而只在口頭上信仰三民主義的，這些口頭表裏不一口是心非陽奉陰違的人，凡爲參加抗日戰綫的人決不應該如此。如果口稱信仰民族主義而又企圖與敵人妥協，口稱信仰民權主義而又實行壓制人民，口稱信仰民生主義而又不顧人民生活的痛苦，都是假三民主義者，叛徒汪精衛就曾經是這樣一種人，孫中山先生在世之時對於這種人是深惡痛絕的。國難已至極嚴重關頭，必須廣泛的動員全國同胞，切切實實的實行三民主義，揭穿漢奸汪精衛號的假三民主義，爲真體實施民族獨立民權自由民生幸福的眞三民主義而鬥爭。在爲實行眞三民主義而鬥爭中，共產黨員同樣應成爲模範。

（七）爲着實行三民主義，爭取最後勝利，必須厲行精神上的改造，「醉生夢死之生活必須改正」，「奮發蓬勃之朝氣必須養成」，「苟且偷生之習性必須革除」，「自私自利之企圖必須打破」，「紛歧錯雜之思想必須糾正」，這就是中國共產黨歷來所號召和實行的『堅定正確的政治方向』與『艱苦奮鬥的工作作風』，全中國人民都應該實行起來。在偉大的抗戰時代中，如果不養成艱苦奮鬥的作風，則蓬勃奮發之朝氣必不能養成，而醉生夢死，苟且偷生，自私自利的惡習必不能除掉。汪精衛一類人因爲不能艱苦奮鬥，失了朝氣，而陷於醉生夢死苟且偷生自私自利的深淵，所以他出賣民族利益，叛黨叛國，做了漢奸。可知一切不願意做漢奸的人，必須在這次國民精神總動員中，認識養成艱苦奮鬥作風之必要，否則是非常危險的。至於具備堅定正確的政治方向，則尤爲必要，這就必須糾正一切不利於抗戰的紛歧錯雜的錯誤思想。第一，在『不違反國民革命最高原則之三民主義』的原則下，要糾正那一切有意無意曲解三民主義，而成爲汪精衛黨精神上俘虜的人，要糾正那一切企圖利用託派奸徒把三民主義解釋爲反共旗幟的人，並且要糾正那一切對於三民主義陽奉陰違口掛三民主義之名躬行貪污腐化之實的人。第二，在『不鼓吹超越民族之理想與損害國家絕對性之言論』的原則下，要糾正一切對日寇妥協投降的邪說。要廣大地動員民衆反對汪精衛派，因爲他們『鼓吹超越民族之理想與損害國家絕對性之言論』，他們響應日寇主張所謂『東亞新秩序』『日滿支共同體』，並進行所謂『共同防共』。要反對一切漢奸無恥地鼓吹超越民族，歡迎日寇做東亞的『盟主』，無恥地拱讓自己國家聽任敵人宰割。第三，在『不破壞軍政軍令及行政系統的統一』的原則下，必須根據『國家至上，民族至上，軍事第一，勝利第一，意志集中，力量集中』的目標，要糾正一切破壞軍政軍令的韓復渠式的人物，要糾正一切作戰不力的現象，要糾正一切無紀律現象，要糾正一切企圖響應僞政府破壞政權統一的人物，要糾正一切對政府抗日動員法令陽奉陰違的人物，要糾正一切不執行抗戰建國綱領的人物。第四，在『不利用抗戰形勢以達成國家民族利益以外之任何企圖』的原則下，要糾正一切利用抗戰形勢發國難財，吃摩擦飯的企圖，要糾正一切利用抗戰困難策動和平妥協的企圖，要糾正一切利用抗戰形勢排斥異己破壞團結的企圖，要糾正一切爲一己之私利或爲少數集團的狹隘利益，爲金錢地位陞遷等利益而妨礙與犧牲民族國家利益之行爲。除了上述各點之外，像那一切破壞抗日民族統一戰綫的思想和言論，反蔣反共的邪說，依賴外力的空論空想，以及否認勞動人民是民族基本主幹的反民族論調，否認馬克思主義是三民主義好朋友的反勞動階級論調等等，都是屬於不利抗戰的紛歧錯雜的思想，都應加以糾正。只有這樣，才能具備堅定正確的政治方向，鞏固以三民主義爲政治基礎的抗日民族統一戰綫，也才能發揚艱苦奮鬥的作風，爭取抗戰的勝利。

（八）國民精神總動員，應當成爲全國人民廣大的政治運動，精神動員即是政治動員，它不依靠於強迫命令，而依靠於人民之政治的自覺。若以強迫命令的方法行之，必至成爲虎頭蛇尾，官樣文章，而毫無生氣。只有經過民主方式，着重宣傳鼓動，才能推動全國人民，造成壓倒敵人刷新自己的巨潮。

以上八點，特指出其最要者。中央希望全體黨員協同友黨黨員與各界先進人士，一致努力，認眞的進行這一動員運動。更望全國青年，不辭艱苦，家喻戶曉，使這一運動推行於全國。以期組織全國人民一體進入抗戰到底的偉大運動中。全國人民眞正奮起之日，就是抗日建國大功告成之時，願與全體同志全國同胞共勉之。

中華民國二十八年四月二十六日

## 二十二個月來中國工人階級的英勇鬥爭

甲　在抗戰初期的罷工鬥爭

1．盧溝橋事變前的英勇的十一月反日大罷工，一九三六年十一月滬東楊樹浦日商紗廠的大罷工，男女工人二萬餘，並擴大到日商英美上海兩印染廠，參加罷工，並提出五個要求，是救亡運動長期罷工的發動，促進了全國的抗日民族統一戰綫的形成。

2．全面抗戰發動後，繼續不斷的舉行反日罷工。

（A）在「七七」後十二天（七月十九日）上海日商中山鋼廠的工人舉行反日罷工，首先用實際行動參加抗戰。

（B）七月卅一號日商亞細亞鋼業廠工人舉行反日罷工，全體工人離廠他去。

（C）上海各日商洋行華員及日人家中之僱傭，華人職員實行告退，皆以國難如此，不甘爲虎作倀，在此數日中，辭職者爲數已達一百餘人，日人大起恐慌，紛紛向多方增加工資，而各職員及僱工毅然不受金錢誘惑，斷然告退。（大公報）

（D）八月十一號日商印刷工友二百餘人，全體罷工。

（E）前綫海員紛紛罷工。

（子）在馬尼拉的日輪和丸施鎮川等三十五人集行罷工。

[illegible]

[illegible]

他们为了用武装起义响应抗日军，参加武装抗日战争曾与厂方进行诚恳的谈判，得到各方面甚至国际友人的精神上的同情，并得到他们之间给与的便利与援助，那真是极尽沉痛伟大的场面，当七月十八日，七千工人武装起义的时候，在他们的队伍中有共产党员，有国民党员，有民先队员，有无党无派热血沸腾的广大工人群众，同时还有矿厂职员，还有外籍友人，发动后他们与敌伪军做了两次激烈的战斗，其中一些勇敢的领袖，作了壮烈的牺牲，但终于摆脱了敌人的攻打，同抗日联军联合在一起了。

2 上海别动第二工人纵队之捣毁日本钢铁厂及绢丝厂，罗店十六个健儿的牺牲，松江的肉搏，一百余人只剩五个勇士绕道生还，请看他们报告的一段："我们三天没有吃饭了，鞋底也踏穿了，可是谁也不愿去骚扰老百姓，因为我们也是老百姓"这完全代表上海工人光荣革命传统，也是抗日战争中的模范。

3 六河沟的煤矿工人及磁县机器工人组织第三第四游击支队进行了无数次的英勇战斗，特别有名的是马头关的战斗，磁县机器工人，不仅破坏了日寇的工厂，而且把可搬走的机器，均搬到抗日军队里制造杀敌的武器。

4 平汉铁路留在河北的工人组织铁道队，经常破坏铁路，使我们的"飞队"更便于神出鬼没地任意"飞"。平汉路南段的工友亦组织了破坏队到敌人的侧后方去进行工作，就是"二七"以前的老工友，亦踊跃参加。

5 阳泉矿工，正太铁工，晋华纱厂工人三个游击队合组榆太游击支队，建立了许多战绩，保卫了太行山的抗日根据地，经常配合主力军作战，并继续不断地独立作战，使敌人不得不向他们做防御工事。

6 同蒲路工人在战争中的努力运输，在我军退出铁路线时，将所有的桥梁要险破坏，将所有的车头丢在黄河里，特别是他们的铁工自卫队，不仅进行了有名的锄奸护路运动，而且在退出铁路线后，获得了很多英勇的战绩，取得了当地政府与群众热烈拥护与帮助。

7 太原工人自卫决死第四纵队二千余人，在晋西北直接与敌人进行了无数次的英勇战争，给敌人以很严重的打击。

以上这些英勇斗争的事实，只是就我们可能知道的一点材料举的例子，至于我们还不知道的，当然很多很多！

# 中國共產黨中央委員會
## 爲開展國民精神總動員運動告全黨同志書

【本文接第一版】之中，企圖以個人或少數人的私利，來代替和掩蓋全國家全民族的最高利益，認爲個人或少數人的私利，就等於全國家全民族的利益。這些人同樣沒有『國家至上，民族至上』的觀念，必須給以深刻的批評。必須號召全國人民牢牢記住：『國家民族之利益應高於一切，應犧牲一切私見，私心，私利，私益，乃至於犧牲個人之自由與生命，亦非所惜』。對於一切出賣國家民族的人，則宣告和他們勢不兩立。

（三）中國共產黨，老早就提出了：『動員一切力量，爭取抗戰勝利，一切爲着抗戰，一切服從抗戰』的號召，這就是『軍事第一，勝利第一』。我黨過去一切主張與行動，都是環繞於這些號召的周圍。在國民精神總動員的運動中，一切共產黨員必須繼續發揚自己的犧牲精神，爲保衛祖國流最後一滴血。同時號召全國同胞，嚴厲地批評一切貪生怕死之徒，無情地指摘在前綫後方一切違反和破壞軍事勝利的有害活動，無情地指摘一切不顧民族利益的自私自利之徒的罪行，號召全國同胞對於這些敗類給予應得的制裁。

必須號召全國堅決實行這個原則：『唯求軍事之勝利乃爲吾國民人人共享之光榮，唯不能獲得勝利爲人人最大之恥辱，一切功罪，一切是非，皆當以此爲標準。』必須『竭其全部之智能與全部之時間精力以求取軍事之勝利』。必須拋棄一切關於『個人得失，個人利害與個人之屈伸與榮恥』。必須打到鴨綠江邊，收復一切失地，才是抗戰的最後勝利。

（四）爲着打到鴨綠江邊收復一切失地的目的，必須『意志集中與力量集中』，這就是抗日民族統一戰綫。惟有鞏固與擴大抗日民族統一戰綫，才能達到意志集中力量集中的目的，違反這個方針，就必然會使意志分散力量分散。過去的經驗證明這一眞理，現在的事實也證明這點，因此，共產黨員在國民精神總動員運動中，必須繼續號召全國同胞加緊團結，經過民主的方式，將一切分散的意志與力量集中起來。除了爭取最後勝利，不能有第二個意志。除了集中在抗日陣綫，不能集中在第二個地方。除了用民主方式，也不能有第二個能夠集中最大力量的方法。爲此目的，必須堅決打擊日寇漢奸汪派託派反蔣反共的陰謀活動，因爲如果不堅決打擊這種陰謀活動，必然會造成意志分散力量分散之局面。共產黨員必須號召全國同胞擁護蔣委員長，擁護國共合作，反對一切挑撥離間、製造摩擦、搗亂前綫後方、破壞統一團結的陰謀家，並給予這些陰謀家以必要的制裁。

（五）『對國家盡其至忠，對民族行其大孝』，必須號召全國同胞實行這種最高的民族道德，這就是對於古代的封建道德給了改造和擴充。共產黨員必須成爲實行這些道德的模範，爲國民之表率。黨員過去已是這樣做的，今後更應努力。如果不這樣做，就不是共產黨員，在共產黨中沒有他們的地位。因爲一個眞正的孝子慈孫，必然是對國家民族盡忠盡職的人。這裏唯一的標準，是忠於大多數與孝於大多數，而不是僅僅忠於少數與孝於少數，違背了大多數人的利益，就不是眞正的忠孝，而是忠孝的叛逆。對於仁義也是一樣，有益於大多數人的思想行爲謂之仁，處理關係於大多數人利益的事務而得其當謂之義。漢奸汪派託派之所以成爲不忠不孝不仁不義之叛逆，就是因爲他們只顧少數人的私利，拋棄了全民族大多數人的共同利益。共產黨員在國民精神總動員中，必須號召全國同胞實行 對國家盡其大忠，爲保衛祖國而奮戰到底；對民族盡其大孝，直至中華民族之徹底解放；對四萬萬五千萬同胞與人類之大多數給與絕大的同情與衛護，以實行其大仁；對危害國家民族危害大多數人利益之敵人、叛逆與橫暴者施行堅決的鬥爭與制裁，以實行其大義；藉以達到最後勝利之目的。

（六）共產黨員必須在國民精神總動員運動中號召全國同胞堅決實行三民主義。抗日戰綫中各黨各派的任何人究竟信仰三民主義與否，不在其口頭之自稱，而在其行爲之表現，只有言行相符，才可稱爲孫中山先生的忠實信徒。所以，國人對於三民主義，不應從口頭上看，而應從實行上看。只有實行三民主義，才能證明自己有這種信仰，否則只是證明他並沒有信仰。對於那種行爲上不實行三民主義，而只在口頭上信仰三民主義的，這是一種表裏不一口是心非陽奉陰違的人，每個參加抗日戰綫的人決不應該如此。如果口稱信仰民族主義而又全國與敵人妥協，口稱信仰民權主義而又實行壓制人民，口稱信仰民生主義而又不顧人民生活的痛苦，都是假三民主義者，叛徒汪精衛就曾經是這樣一種人，孫中山先生在世之時對於這種人是深惡痛絕的。國難已至極嚴重關頭，必須廣泛的動員全國同胞，切切實實的實行三民主義，揭穿漢奸汪精衛的假三民主義，爲眞體實施民族獨立民權自由民生幸福的眞三民主義而鬥爭。在爲實行眞三民主義而鬥爭中，共產黨員同樣應成爲模範。

（七）爲着實行三民主義，爭取最後勝利，必須厲行精神上的改造，「醉生夢死之生活必須改正」，「奮發蓬勃之朝氣必須養成」，「苟且偷生之習性必須革除」，「自私自利之企圖必須打破」，「紛歧錯雜之思想必須糾正」，這就是中國共產黨歷來所號召和實行的『堅定正確的政治方向』與『艱苦奮鬥的工作作風』，全中國人民都應該實行起來。在偉大的抗戰時代中，如果不養成艱苦奮鬥的作風，則蓬勃奮發之朝氣必不能養成，而醉生夢死，苟且偷生，自私自利的惡習必不能除掉。汪精衛一類人因爲不能艱苦奮鬥，失了朝氣，而陷於醉生夢死苟且偷生自私自利的深淵，所以他出賣民族利益，叛黨叛國，做了漢奸。可知一切不願意做漢奸的人，必須在這次國民精神總動員中 認識養成艱苦奮鬥作風之必要，否則是非常危險的。至於具備堅定正確的政治方向，則尤爲必要，這就必須糾正一切不利於抗戰的紛歧錯雜的錯誤思想。第一，在『不違反國民革命最高原則之三民主義』的原則下，要糾正那一切有意無意曲解三民主義 而成爲汪精衛黨精神上俘虜的人，要糾正那一切企圖利用託派奸徒 把三民主義解釋爲反共旗幟的人，並且要糾正那一切對於三民主義陽奉陰違 口掛三民主義之名躬行貪污腐化之實的人。第二，在『不鼓吹超越民族之理想與損害 國家絕對性之言論』的原則下，要糾正一切對日寇妥協投降的邪說。要廣大地動員民衆反對汪精衛派，因爲他們『鼓吹超越民族之理想與損害國家 絕對性之言論』，他們響應日寇主張所謂『東亞新秩序』『日滿支共同體』，並進行所謂『共同防共』。要反對一切漢奸無恥地鼓吹超越民族，歡迎日寇做東亞的『盟主』，無恥地拱讓自己國家聽任敵人宰割。第三，在『不破壞軍政軍令及行政系統的統一』的原則下，必須根據『國家至上，民族至上，軍事第一，勝利第一，意志集中，力量集中』的目標，要糾正一切破壞軍政軍令的韓復渠式的人物，要糾正一切作戰不力的現象，要糾正一切無紀律現象，要糾正一切企圖響應僞政府破壞政權統一的人物，要糾正一切對政府抗日動員法令陽奉陰違的人物，要糾正一切不執行 抗戰建國綱領的人物。第四，在『不利用抗戰形勢以達成國家民族利益以外之任何企圖』的原則下，要糾正一切利用抗戰形勢發國難財，吃磨擦飯的企圖，要糾正一切利用抗戰困難策動和平妥協的企圖，要糾正一切利用抗戰形勢排斥異己破壞團結的企圖，要糾正一切爲一己之私利或爲少數集團的狹隘利益，爲金錢地位嗜好等利益而妨礙與犧牲 民族國家利益之行爲。除了上述各點之外，像那一切破壞抗日民族統一戰綫 的思想和言論，反蔣反共的邪說，依賴外力的空論空想，以及否認勞動人民是民族基本主幹的反民族論調，否認馬克思主義是三民主義好朋友的 反勞動階級論調等等，都是屬於不利抗戰的紛歧錯雜的思想，都應加以糾正。只有這樣，才能具備堅定正確的政治方向，鞏固以三民主義 爲政治基礎的抗日民族統一戰綫，也才能發揚艱苦奮鬥的作風，爭取抗戰的勝利。

（八）國民精神總動員，應當成爲全國人民廣大的政治運動，精神動員即是政治動員，它不依靠於強迫命令，而依靠於人民之政治的自覺。若以強迫命令的方法行之，必至成爲虎頭蛇尾，官樣文章，而毫無生氣。只有經過民主方式，着重宣傳鼓動，才能推動全國人民，造成壓倒敵人刷新自己的巨潮。

以上八點，特指出其最要者。中央希望全體黨員協同友黨黨員與各界先進人士，一致努力，認眞的進行這一動員運動。更號召全國青年，不辭艱苦，家喻戶曉，使這一運動推行於全國。以期組織全國人民一體進入抗戰到底的偉大運動中。全國人民眞正奮起之日，就是抗日建國大功告成之時，願與全體同志全國同胞共勉之。

中華民國二十八年四月二十六日

# 二十二個月來中國工人階級的英勇鬥爭

甲　在抗戰初期的罷工鬥爭

1．蘆溝橋事變前的英勇的十一月反日大罷工。一九三六年十一月滬東楊樹浦日商紗廠的大罷工，參加工人二萬餘，並擴大到日商、英美上海兩印染廠，男女工均參加罷工，並提出九個要求，是救亡運動長期醞釀的發動，促進了全國的抗日民族統一戰綫的形成。

2．全面抗戰發動後，繼續不斷的舉行的反日罷工。

（A）在「七七」後十二天（七月十九日）上海日商中山鋼廠的工人舉行反日罷工，首先用實際行動參加抗戰。

（B）七月卅一號日商亞細亞鋼業廠工人舉行反日罷工，全體工人罷工他去。

（C）七月卅一號日洋行及住家的華人傭員實行告退，上海各日商洋行華員及日人家中之傭人，皆以國難如此，如再替日人服務，不啻爲虎作倀，在此數日中，業經紛紛向服務日人處辭退，爲數已達一百餘人，日人大起恐慌，多允增加工資，而各職員及傭工毅然不受金錢誘惑，斷然告退。（大公報）

（D）八月十一號日商印刷工友二百餘人，全體罷工，請求到前綫殺敵。

（E）海員紛紛罷工。

（子）在馬尼拉的日輪麥和丸施救明等三十五人舉行罷工。

（丑）[illegible]丸中李振群等八人舉行罷工。

（寅）榮興丸岳海榮等卅五人繼行罷工。

（卯）淺間丸徐楊貴等六名到神戶時請除名離船。

（辰）唐山丸工友卅二名在粵罷工來港。

（巳）呂宋船工友十五名反抗運械往日，在港罷工不受任何壓迫與欺騙。

（午）芝利砵船周點等十五名在泗水抗日罷運，雖坐牢亦不運。

（未）香港罷工海員由八月十五到十月十五號兩個月內計罷工人數六三二人，船隻約二十餘艘。

（申）日本山下汽船會社的中國海員因反對從澳洲運軍需品及貨物到大連，在[illegible]罷工。

（酉）海員碼頭工人反對英美德資本家供給日寇煤油給日寇拒絕運載。

（F）上海失陷後，海關華員的護關運動及郵務工人的護郵運動，完全表示了工人階級在任何危險的環境中總是站在民族解放事業的最前綫。

（G）[illegible]

（H）軍事工業中的積極生產並發明殺敵利器，[illegible]

（I）[illegible]

[illegible]

上海工人團體
籲請全世界工友
△一致制裁暴日▽

期：新中华报零零二十七期

版：零二版

时间：一九三九年五月七日

## 上海工人团体吁请全世界工友一致制裁暴日

**【香港一日电】沪讯：**全上海工人团体联合会，一日电英国国际纺织工人联合会，法国国际工人联合会，美总工会，荷兰国际运输总工会，荷兰国际工人联合会等团体，吁请联合全世界工友，一致制裁暴日！

中華民國二十八年五月七日　新中華報　星期日　第二版

## 國際三日

## 蘇聯提出建議 保障東北歐安全

### 蘇願與英法訂立軍事互助協定 英蘇談判不斷進行

建立東歐集體安全制度的談話，已經進行了很久。最近，「蘇駐英大使邁斯基，昨與英外長會談時，曾提議二項：

（一）英法保證維持蘇聯西境各鄰國（包括拉特維亞、愛沙尼亞、芬蘭）之獨立權，使之不受德國侵略。

（二）英法若允許第一項方案，則蘇聯亦允與英法訂立軍事互助協定，並保證英法及與二國有關之鄰國若遭受德國侵略時，蘇聯即予以援助。」（中央社倫敦卅日合衆電）

蘇聯政府此種建議，「仍在英方研究中，惟英蘇會談中所牽連之國家甚多，故不能於短期內獲得最優良之方策。據倫敦各報所傳：蘇聯主張英法蘇三國能成立確切之同盟，對多數國提出保證。而英方之意見則欲成立一種議定，對於蘇聯援助各國之方式，無需特別規定，而可由各國自由決定之。英國之希望，僅為巴爾幹國家（保加利亞在內）能和諧合作。」（中央社倫敦三日路電）

英法雙方雖然還有着一些意見的分歧，但兩國關於國際局勢之談判，現在仍不斷進行中。「英國當局已就蘇聯建議案與法國政府交換意見，法方答覆已於四日抵達英倫，當局盼望能於最近期間，再度對蘇說明英國之見解。」同時張伯倫更肯定的認為「現在無理由可以認定英蘇談判難獲圓滿之解決云。」（以上中央社倫敦五日路電）

## 蘇副外長波丹金 將轉訪巴尔幹

### 蘇土談判開放達但尼爾 促進黑海沿岸各國合作

【莫斯科卅日哈電】人民外交委員會副委員長波丹金氏在土耳其聘問後，即將前往保加利亞京城一行，或乘便更至羅馬尼亞。關於此點，一般人士咸以極大之注意，認為由此可見蘇聯對於巴爾幹事件，將趨於積極，此在組織反侵略集團之外交活動中，乃為最重要之因素。

【安哥拉一日合衆電】蘇聯人民委員會副委員長波丹金與土耳其共當局會談及成立黑海國家集團與英法合作問題，此項合作計劃規定，一旦戰事爆發時，達但尼爾海峽（介於小亞細亞半島及巴爾幹半島之間）應准羅卡諾反侵略國家之軍艦通行云。

## 近東各國一致團結

【伊郎京城卅日哈電】東方羅卡諾公約各簽字國，即土耳其、伊拉克、阿富汗、伊郎四國代表，在此間舉行會議，討論國際時局歷時兩日。現已竣事，當即發表公報，略謂四國代表會經檢討國際時局，尤注意特殊有關各項問題，結果各方見解完全相同。下屆會議當在阿富汗京城舉行云。

## 立波關係

### 立陶宛軍總司令 定期聘問波蘭

在反對法西斯侵略的共同目標下，不管過去存着怎樣的仇恨和意見的分岐，但和平民主力量，終於日滿團結，一個最好的例子，就是「立陶宛陸軍總司令輯卡帝斯將軍，應波蘭陸軍總司令之請，定於五月中旬赴波聘問，此乃表示一年以前尚為互相仇視之立波兩國，現已能相互聯絡，同時更表現波蘭與他國聯系之擴大。」（華沙一日路電）

## 蘇聯 莫斯科 熱烈慶祝『五一』

【中央社莫斯科一日哈電】今日此間舉行慶祝「五一」節之盛大遊行，同時在紅場閱兵，有飛機七百架參與飛翔空際，並有紅軍總司令伏洛希洛夫演說，對法西侵略者大肆抨擊。中國駐蘇大使楊杰及陸軍武官均一律參加。又莫斯科放送重慶之廣播，對中國抗戰表示極大之欽佩，其它凡蘇聯領袖之講演及慶祝「五一」節之情形，重慶皆清晰可聞。

## 共產國際「五一」宣言 號召援助中國

### 制裁戰爭的發動者，解放被侵略各國

【中央社莫斯科一日路電】共產國際昨日發表「五一」宣言，促使英美法三國勞工，與現時為反侵略而作戰者取共同之目標，宣言提出要點如下：

一、對戰爭之發動者，施行經濟、軍事及政治之制裁。

二、援助中國。

三、實行解放捷克、阿爾巴尼亞、西班牙及阿比西尼亞之運動。

## 希特勒發表狂妄演說

### 宣佈廢除英德德波協定

「希特勒今（廿八日）午在國會發表演說，藉以答覆羅斯福總統日前提出之電文，並表明德國對全歐政治緊張狀態之立場。渠於演詞中宣佈德國業已取消英德海軍協定，並認為一九三四年德波互不侵犯協定，已不存在。德國現在所最關心之問題，是向英國要求歸還殖民。對於羅斯福之和平電文：（按：該電於四月十四日發表）則否認美總統有此道德權利。而提出保證「德國領土安全」之反要求。」（柏林廿八日海通電）希特勒的這種狂妄，無疑將引起民主各國更加緊的團結起來！

## 英法兩國不改初衷

據法國方面消息：「希特勒發表演說後，英法當局非但不因之改變初衷，更當積極組織反侵略集團。至以羅外長加芬哥聘法一事而論，雙方所談各點，均已成立協定，亦不因希氏之演說而有所變更，此項協定對於英法與蘇聯現在進行之談判頗有裨益。」（巴黎廿九日哈電）

## 要聞簡報

▲南非國防部決定於五月八日開始全國適齡男子，凡未曾在軍中服役者，均需登記，為南非聯邦後備役。（路電）

▲美駐蘇大使韓森，現在留金山準備乘輪返任。（合衆）

▲日本政友會因選任總裁而引起之人事糾紛，竟至決裂，現政友會已分為兩派，一為改組派由中島為首，一為保守派，由鳴山一郎為首。（中央社）

▲日本北海道函館一帶，發生地震，為卅五年來所未有，損失極重，（中央社）

## 德政府宣佈 廢止德波互不侵犯協定

### 波蘭實行軍事預防

德國廢止德波互不侵犯協定之照會，已送達波政府，波外部人員刻正加以研究。接近政府當局人士稱「波蘭始終準備與德國討論彼此有關各項問題，但任何企圖凡欲以既成事實或以壓迫手段強使波蘭接收何種新辦法者，吾人應特拒不認可，且當予以應有之答覆。」（華沙廿八日哈電）另息：「波蘭政府特於本月初答覆德國宣佈廢除德波互不侵犯條約之照會，但以希特勒既欲取但澤，故在答覆德方照會以前，得採取充分軍事準備以防萬一。昨日波總統召集會議，當時決定軍事預防步驟不能鬆懈。各鄰邦維持友好關係之政策，絕不因希特勒已宣告廢棄德波條約而改變之」。（合衆電）

## 英國 下院通過徵兵法 廿五萬人入伍

### 并且將與美國討論交換軍需原料問題

自英國政府決定實施徵兵制後，首先由「陸軍高級委員會於廿九日午前舉行會議，討論實施方式。」（倫敦二十九日哈電）繼由張伯倫於一日在下院正式宣讀徵兵法案，陸軍大臣倍立斯亦宣讀預備役及補充役法案。」當即在下院通過，並決定「該法案得應用於北愛爾蘭。」據法案所規定之免役資格四條如下：（一）英之正規軍。（二）年在廿五歲以上而曾在軍中服役六閱月者。（三）曾在英國預備役或補充軍中服務者。（四）現在軍事學校受訓之學員。」在此種規定下，英國將有青年二十五萬入伍，「或將分為四批召集。」「所有應徵者，「將編為軍訓班，連續受訓六個月，然後即分開至補充軍或預[illegible]部隊服務三年。凡年[illegible]二十至二十一之青年[illegible]未前往登記者，均當科以五英鎊之罰金。」[illegible]時，英政府當局更設[illegible]辦查處及特別委員[illegible]專事管理凡有各[illegible]而辭請緩役、或提前服役者之事務。」（以上均見中央社倫敦二日電）另據張伯倫在下院宣稱，「英國將與美國開始討論，二國彼此交換軍需上所必需之某某數種原料。」（中央社倫敦五日路電）以加強英國之軍備力量。

× × ×

## 德國的新陰謀 圖建立北歐「中立陣綫」

希特勒發表演說後，歐洲時局已更見緊張。法西德國現正積極活動，企圖建立北歐中立陣綫。聞：德國已向挪威、瑞典、丹麥、芬蘭提出訂立互不侵犯協定之建議。（據合衆社丹京四日電：上述各國已同意定期與德國會談）德方之目的，顯欲各國在戰事爆發時能採取中立之立場。據云：德國主張瑞典與芬蘭若能絕對中立，則德國即同意該二國在薩蘭羣島（位於芬蘭灣口，原屬帝俄，戰後由芬蘭佔領。但規定永不設軍備。）設防」。（柏林四日合衆電）德國之企圖，是想慫恿芬蘭反動的國家主義分子，利用該羣島為根據地。以乘機進攻蘇聯的北里利亞與英路曼尼亞。「惟各方認為德國與各國即使成立協定，他日德國亦可廢棄之，而將羣島佔領以為對付蘇聯之用。」（同前電）另息：「德與波羅的海諸國（即立陶宛、愛沙尼亞、拉脫維亞。）亦在進行談判云。」（中央社柏林四日路電）

## 德義日 一面否認軍事同盟 一面進行聯合行動

【柏林四日電】外傳德義日三國刻正進行談判討論締結軍事同盟條約問題，此間負責人士頃予以否認，據云：日外相有田雖曾延見德義大使，就歐洲時局有所會談，其意乃向其取得西歐方面之可靠消息。日本關切歐洲時局自屬事理之常。德國官方公佈，「外長李賓特洛甫定於明日離此前往義大利，會晤義外長齊亞諾，此間外籍政界稱：軸心國家正考慮某種聯合行動，以答覆反侵略集團。」（柏林三日路電）

## 國內新聞

## 全國一律實施 精神總動員

### 蔣委員長發表演講 號召履行國民公約

「五一勞動節」，全國各地一律實施國民精神總動員，當天下午八時蔣委員長並向全國廣播演講。鄭重說明：「我們整個國家民族正處在勝敗存亡的關頭，抗戰正進入艱重緊張的階段。雖然廿二個月的戰爭已經顯明指出抗戰必勝的前途，但是凶頑殘暴的敵人，還在盡量發揮他的獸性，並且想加緊的來征服我們，所以我們更不可有絲毫懈怠疏忽，更要加緊的來努力奮鬥」。「今天全國精神總動員的誓詞，就是表示我們從今天起要澈頭澈尾來履行國民公約，洗刷過去[illegible]苟且的各種缺點，完成我們抗戰建國的責任」。同時，蔣委員長在演詞中，着重的號召淪陷區同胞，一致參加國民精神總動員。

「相信戰爭只能暫時隔絕我們身體上的接觸，卻隔絕不了我們愛國的良知」。全國一致實行的精神總動員和國民公約，就「是我們無形的槍砲和無上的飛機炸彈」。「是抗戰的精神堡壘」。比「任何鋼骨水泥要塞還有力量」！（均摘錄中央社重慶一日電）

## 行政院決定

▲移送難民墾荒

【重慶二日電】行政院二日通過各戰區難民移墾辦法如下：一，暫定於川、陝、康、滇、桂、湘、甘等省內，選定固定荒區，設置屯墾區十處，計：陝西兩處、四川兩處、西康兩處、雲南兩處、廣西一處、湖南一處、甘肅一處。二，各墾區擬移送難民平均二千人。三，各墾區調查及計劃時期，自呈准之日起，暫定為三個月。

## 上海工人團體 籲請全世界工友

### △一致制裁暴日△

【香港一日電】滬訊：全上海工人團體聯合會，一日電英國國際紡織工人聯合會，法國國際工人聯合會，美總工會，荷蘭國際運輸總工會，荷蘭國際工人聯合會等團體，籲請聯合全世界工友，一致制裁暴日！

## 國府林主席報告 怎樣實行國民精神總動員

### 從本身做起從今天做起從小事做起

【重慶一日電】中國國民黨中央黨部，國民政府一日遂舉行聯合紀念週，到各院部會幹部人員約四百餘人，由國府林主席報告怎樣實行精神總動員。林氏除報告最高國防委員會所擬就的「實施辦法」外，並補充以下三點：一，要從本身做起。二，要從今天做起。三，要從小事做起。此外，林氏並重複上述「實施辦法」，指出實行全國國民精神總動員的必備條件三點：一，必須表裏貫徹，整個革新。二，必須始終無間，持久不渝。三，必須堅忍不拔，堅定不移。

新中華報

期：新中华报零零二十八期

版：零二版

时间：一九三九年五月十日

# 敌图破坏我币制

## 华中敌设华兴商业银行
## 我财部发言人发表意见

【重庆九日电】财政部发言人九日接见中外记者时，对敌伪在华中设立“华兴商业银行”事，发表其意见如下：敌人自在华北设立伪联合准备银行，企图破坏我币制失败后，乃又在华中试逞相同之诡计，设立所谓“华兴商业银行”，然此次诡计亦将同归失败也。敌人此种财政上之新阴谋，原为一种初步之策略，企图实施统制以上海为中心之财政制度。唯上海方面财政制度之稳定，有关外人之重大利益，日本之统制企图果获实现，则不但对外人在华中之利益又将予以一重大打击。同时敌人之阴谋亦反映敌国财政已届日暮途穷。敌方因急用金钱以充战费，并支持傀儡组织，已用尽方法在其军事占领区域搜括金钱。华北伪银行设立之目的，原即在欺骗民众使用不兑现毫无价值之纸币，现敌人在华北之搜括已达其限度，唯仍急需金钱，故转其目标于华中。敌方所拟设立之新银行，据谓其资本半由敌国各银行担任，半由傀儡政府担任。鉴于伪币在华北之失败经过，可断定除非敌伪使用武力压迫，决无人愿接受此新伪银行所发行之纸币。敌人虽饰词欺骗，新阴谋仍必归于失败。盖因民众对于事实之真相，知之已茜［悉］稔也。我国政府将采取相当对策，自不待言，若各外国银行将收受新伪纸币；或将受新伪银行之存款；或将与之作其他往来，均属无人置信之事。各外国银行为其本身及大众之利益计，自将继续拥护我国之币制，况一九三三年十一月英政府即已宣布：中国之国币为英人在华交易唯一合法之货币。各界将采取适当行动以保障其自身之利益，同时，各外国政府亦将对敌方在财政上此种新阴谋，向敌当局提严重抗议。

# 三日國際

# 英法蘇關係加強

## 英國贊同三國軍事合作

## 蘇將繼英法援助各小國

上月廿九日，蘇聯會向英國提出建議兩點，其主要內容是要求英國對蘇聯西境各國提供保證，及訂立英法蘇軍事協定。此項建議，英政府已提出覆文，「由駐蘇大使西茲爵士於八日午後送達蘇方，共內容雖主張蘇聯應給各鄰邦（指波蘭、羅馬尼亞等）以援助，但須俟英法加入戰爭後，始乃實行。同時英方並認此項新對案，若在細目上有所修正，則至少可望其成爲最後協定之基礎。」（倫敦八日電）雖然英蘇關於集體安全制的問題，仍在繼續謀共進展，但是英國內部，仍有一部份人，「對於英、法、蘇三國訂立普遍的軍事同盟事，表示不能贊同。」（中央社倫敦九日路電）而只主張用議定的方式，來加強彼此的關係。

## 蘇波關係愈益接近

### 蘇任命駐波新使

蘇聯駐波大使達夫蒂安自一九三七年底回國後，迄未遲任，「蘇聯政府昨決定任命前任駐希臘公使夏洛諾夫爲駐波大使」。（華沙八日哈電）由此可見蘇波關係愈益接近之一斑了。

× ×

## 法蘇互助協定 法國表示仍屬有效

【中央社巴黎七日合衆電】法國業向蘇聯表示，一九三五年訂立之法蘇互助協定，仍屬有效。（法蘇互助協定於一九三五年五月簽訂，有效期間爲五年，按國際協定之一般規則，若需延長有效時間，需在期滿前二年互相通知。）

## 蘇土談話圓滿

## 英土成立協定

### 法國亦將參予

雖然有着一部份人，對集體安全制還存着很多誤解，甚至企圖來阻止它的進展。但就整個的局勢來看，和平的力量，仍繼續團結。

如蘇土外交談判，雖已進行多日，近據蘇聯官方通訊社宣稱：「蘇土當局，在土京談話結果，已發表公報，謂兩方見解，完全一致，兩國爲世界和平計，共同感覺有充實兩國間友好之必要。」（中央社莫斯科八日路電）

另外，英土的談判，據土耳其消息靈通人士宣稱：「兩國業已成立協定，用以保證地中海東部和平。」（中央社土耳其六日哈電）

再，「法國亦將與土耳其訂立協定。此英、法、土三國協定，當按照英土協定之規定：土國對於巴爾幹半島各國，除南斯拉夫外，均當保障其安全。對於地中海沿岸各國，（希臘、埃及在內）若遭襲擊時，土國亦當與之合作。」（中央社倫敦八日電）

## 英對希將貸巨款

【倫敦六日海通電】此間宣稱：英國將以巨款貸予希臘。另訊：英希商務談判，定十三日在雅典開始進行，英方代表團團長由李滋羅斯擔任。

## 美國

### 猶太人主張增收德貨附加稅

【紐約八日哈電】美國各主要猶太團體八日舉行聯席會議，出席代表兩千人之多。當即通過決議案：主張美政府應對德國進口貨收附加稅百分之五十，（按目下僅收百分之二十五）俾抵貨運動，能獲有更大之效果。（中央社）

## 阿爾巴尼亞

# 反義運動益強化

## 七萬義軍駐阿鎮壓

### 義國僑民不敢再入阿境

據英國報紙刊載：「義大利法西軍現駐紮阿爾巴尼亞國境內者，達七萬人，該軍裝備有自由使用之唐克車及數目極大之飛機」。（中央社七日塔斯電）以資「鎮壓」日益劇烈的阿爾巴尼亞人民之反抗運動。事實上，由於阿國游擊隊的普遍發展，「目前已無一義大利僑民願赴阿國」。（同前電）足見義國侵阿，經阿民一致反抗之結果，侵略者匪特未收任何實效，反而行動狼狽。

## 日本

### 鋼鐵缺乏 造船計劃受阻

【華盛頓六日合衆電】美商部發表：據神戶美副領事電稱：日本因鋼鐵及其他五金缺乏，故造船計劃頗受阻礙。日本今年內需要生鐵七百五十萬噸，而本國所產者，僅達二百六十萬噸。（中央社）

## 英國

### 議員三十二人 電蔣委員長致敬

【倫敦七日路電】議員里斯陀威斯等三十二人，頃電中國蔣委員長致敬。原電稱：「中國人民之軍隊，戮力同心，爲爭取國家獨立而團結奮鬥。此次出擊（按：即指「四月出擊」），業已克奏奇功，同人等獲悉之餘，無任欣忭，特電馳賀」！（中央社）

## 要聞簡報

▲義軍一部集中阿希邊境後，希臘當局甚感不安。（塔斯電）

▲法西斯西班牙外長八日電國聯秘書長申明西班牙國決退出國聯。（海通電）

▲南攝政王率同外長馬爾哥維區八日往義國訪問。（哈電）

## 但澤局勢愈加危急

### 義國主張繼續談判

### 德國希望居民投票

自德積極侵波，兩國關係日趨惡劣，茲聞：「羅馬教庭欲居中調解，但法方人士，深恐此舉足以引起新的危機，對之不無疑意，因波外長柏克業已明白表示：德國必須尊重波蘭領土主權，始有開始談判之餘地。」（巴黎六日哈電）另息：「自波外長在國會發表演說後，義相莫索里尼認爲局勢已趨嚴重，乃命外長齊亞諾即在米蘭與德外長李賓特羅甫開始協商。」據法西斯方面消息：「義仍主張德波談判，繼續進行，以期但澤問題，得以解決。」（米蘭六日合衆電。）墨氏認爲「德波成立諒解之希望，並不因柏克之演說，而告消滅。」

【柏林七日路電】德政界人士稱：「德義兩國外長會談，不致對但澤問題作何重要之決議。」惟政界方面確認：「在但澤舉行投票爲解決糾紛最好辦法。」另息：「德當局否認希特勒曾於五日與但澤參議院議長格來瑟及但澤國社黨領袖福斯特舉行會議。」

## 德波關係

### 日見惡劣

### 德報抨擊波國

波蘭爲抵禦德國侵略，已實施軍事動員準備。德法西斯當局「決定採取逐步削弱波蘭抵抗力之政策。因波國如長期維持動員狀態，則所費不貲，波蘭經濟下之困難必日益加深，屆時德國決強迫波蘭接受條件，以堅定兩國關係。」各界相信「德國現堅持波蘭須放棄抵抗，並應參加反共協定云。」（柏林九日合衆電）另息：「德國各報盛載波人虐待攻擊日耳曼人之消息，指爲波政府嗾使下有計劃的行動，借以抨擊波國。」（中央社倫敦七日路電）

英法蘇合作制裁法西斯——馬達

# 德義將締結政治軍事同盟

德義兩外長爲加強軸心國關係對付反侵略集團七日在米蘭會談，結果「決定由兩國締結政治軍事同盟。」據公報稱：「兩氏六七兩日談話時曾再度就國際政治中之一般局勢，舉行協議，雙方意見，一致如前，並決定政治軍事條約之被後形式，以加緊軸心兩國之關係。」（羅馬八日路電）另息：「該條約定於六月初簽字，範圍甚爲廣泛云。」（米蘭七日哈電。）

據德國權威觀察家分析：「兩國簽訂同盟，主要目的：在應付波蘭問題，去年五月希特勒聘義，墨索里尼曾向之提供保證，願在捷克問題上贊助德國，但以不引起普遍的衝突爲條件；現今，德國既已決定依照本國利益解決波蘭問題，若因此而與波國衝突，勢必不能使之局部化，如此，則德義兩國去歲商定之約束，殊嫌不足，所以德國努力勸導義國訂立新同盟。」此條約另一目的在警告英法，使之放棄離間德義之企圖云。」（柏林七日哈電）

## 蘇英法波評論

### 國際局勢不生影響

### 締結目的端在恐赫

**蘇** 德意訂立同盟後，蘇聯當局接近人士宣稱：「德意軍事上原已保有同盟關係。此次之事，僅在法理上予以根據。故對國際局勢不致有何影響。究其用意：因西歐各國態度堅決，乃欲以恫嚇手段答覆之。」（莫斯科七日哈電）

**英** 英國獲悉德義簽定同盟之消息，一般並不感覺驚異。據國會人士評論：「德義日簽訂軍事同盟之議，始終爲日本所反對，現德義已成立同盟，或可誘導日本改變立場，亦未可知。」而「簽定同盟主要目的，端在答覆英法關於組織反侵略集團之努力。」（倫敦七日哈電。）

闌公報，僅爲政治上一種姿態，藉以警告民主國家，表示軸心國之關係，並未削弱。」（巴黎八日路電）

**法** 法方消息，認爲「德義締結同盟條約一舉，並不足以改變現行局勢。米電）

**波** 波蘭當局對德義同盟之評論，半官方面認爲「義國係被迫接受新公約，（即德義軍事政治同盟）因義無意使歐洲因但澤問題而引起衝突。義相墨索里尼於接援德方決採和平態度以解決德波糾紛之保證後，始顯締結該約云」。（巴黎八日電）

## 國內新聞

# 敵圖破壞我幣制

## 華中敵設華興商業銀行

## 我財部發言人發表意見

【重慶九日電】財政部發言人九日接見中外記者時，對敵僞在華中設立「華興商業銀行」事，發表其意見如下：敵人自在華北設立僞聯合準備銀行，企圖破壞我幣制失敗後，乃又在華中試還相同之詭計，設立所謂「華興商業銀行」，然此次詭計亦將同歸失敗也。敵人此種財政上之新陰謀，顯爲一種初步之策略，企圖實施統制以上海爲中心之財政制度。惟上海方面財政制度之穩定，有關外人之重大利益，日本之統制企圖如獲實現，則不但對外人在華中之利益又將予以一重大打擊。同時敵人之陰謀亦反映敵國財政已屆日暮途窮。敵方因急用金錢以充戰費，並支持傀儡組織，已用盡方法在其軍事佔領區域搜括金錢。華北僞銀行設立之目的，原即在撤驅民衆使用不兌現毫無價值之紙幣，現敵人在華北之搜括已達其限度，惟仍急需金錢，故轉其目標於華中。敵方所擬設立之新銀行，據調其資本半由敵國各銀行擔任，半由傀儡政府擔任。鑒於僞幣在華北之失敗經過，可斷定除非敵僞使用武力壓迫，決無人願接受此新僞銀行所發行之紙幣。敵人雖飾詞欺騙，新陰謀仍必歸於失敗，蓋因民衆對於事之眞相，知之已稔也。我國政府將採取相當對策，自不待言，若各外國銀行將收入新僞紙幣；或將受新僞銀行之存款；或將與之作共他往來，均屬無人置信之事。各外國銀行爲其本身及大衆之利益計，自將繼續擁護我國之幣制，況一九三三年十一月英政府即已宣佈：中國之國幣爲英人在華交易唯一合法之貨幣。各界將採取適當行動以保障其自身之利益，同時，各外國政府亦將對敵方在財政上此種新陰謀，向敵當局提嚴重抗議。

# 華南敵艦洗劫英美法商輪

## 英密令各商輪實行武裝自衛

日寇侵略者的「海洋政策」，現在已經直接打擊到英美法各民主國家的頭上去了。「近日英美法等國商輪在閩浙及粵海洋面遭遇敵艦扣留、綁擊、洗劫、搜查者不下三四十艘」。（中央社福州七日電）爲了制止這種海盜行爲，英商各輪船公司，已紛紛電請本國政府向敵提出嚴重交涉，聞英政府現決派遣大批軍艦，前往華南保護航行。並密令各商輪裝設砲位，實行武裝自衛」。（同前電）

## 全國生產會議

# 七日在渝開幕

### 到各地代表七百餘人 連日舉行會議

【重慶八日電】全國生產會議七日晨在渝開幕，到大會主席孔祥熙，副主席翁文灝及各地代表等七百餘人。由孔院長致開幕詞，旋即分組審查提案。八日繼續舉行會議。（中央社）

## 上海市民不忘「五九」

【上海八日路電】五月九日爲國恥紀念日，滬各華人團體特請市民素食一日。（中央社）

新中華報

112

# 金融动摇　敌币暴跌

**【香港二十日电】沪讯：**此间敌币，日币暴落，兑换所中敌币一元仅兑法币九角八分，虽敌方实施种种挽救办法，但一切措施，仍归无效，而敌方金融之动摇，益为明显。

**【上海二十一日合众电】**此间外界银行家称：日元跌价，系因日本国内购买外汇限制极严，日本商人遂纷纷来沪购买外汇，巨量日圆［元］流至上海所致。

三日國際

和平力量繼續增强

# 蘇土訂互助協定

## 兩國合力對抗一切侵略

### 阿拉伯族各國均極端表示贊同

英法蘇正商訂互助公約之際，蘇土關係，也更趨密切。「據在倫敦的巴爾幹各國人士宣稱：蘇聯與土耳其業已簽訂了秘密協定，其內容極爲廣泛，規定：

（一）任何侵略，凡足以破壞巴爾幹半島現狀者，蘇土兩國應合力對抗。

（二）遇有戰事發生時，蘇土兩國應將一切資源與力量全部合併，以便共同應付。兩國陸軍應歸土國將官統一指揮，兩國空軍應歸蘇聯將官統一指揮，蘇聯海軍負保衛黑海安全之責，土國海軍則應會同英國及希臘海軍保衛地中海東部安全。此外蘇土兩國並相約於必要時，將駐紮高加索一帶兩國國防軍，調至黑海沿岸，以便隨時派往巴爾幹半島。蘇聯政府並要求土國，對各國軍艦之欲通過韃靼尼爾海峽與博斯普魯士海峽（兩海峽界於黑海地中海與馬爾馬拉海之間）者，應加以限制。質言之，即除與蘇土訂有互不侵犯協定之各國外，其他國家之軍艦均不准通過該海峽。」據聞「阿拉伯族各國對於蘇土兩國上述協定，均表贊同云。」（倫敦十七日哈電）

英閣員皆表示

## 蘇英成立協定

### 應急不容緩

英內閣外交委員會對蘇聯覆文，在原則上批准接受英蘇互助協定之提議後，「英對蘇新對案亦於十九日交由蘇駐英大使邁斯基轉呈蘇聯當局，其內容雖不能盡令人滿意，但對蘇方之主張，已頗多遷就。」（巴黎二十日路電）

十九日英內閣外交委員會，舉行第二次會議，「討論英蘇現行談判進行狀況時，各閣員皆承認英蘇兩國成立協定，實乃急不容緩之事，因之，英國容許有所讓步。」此在接近政府人士稱：「英蘇協定可望成立，蘇聯要求各點在大體上可予以滿足。」（倫敦十九日哈電）

政府所持基本觀點，厥爲組織集體安全制，非接受互助約束不爲功。此項觀點不願予以變更」（倫敦十九日哈電）

蘇聯官方及各報「對於張伯倫之聲明，迄今仍守緘默，足見蘇聯高級當局，尚無意提新對案。又消息靈通方面稱：邁斯基已奉命在日內瓦與英外相哈里法克斯，繼續進行談話。日內瓦之折衝，適在英法閣員巴黎談話之後，或可使英蘇之意見，獲得折衷辦法。」（莫斯科廿一日路電）

## ◇蘇聯堅持◇

### 組織集體安全制

接受互助約束

蘇駐英大使邁斯基在（十九日）逛赴日內瓦之前，英外部顧問文西泰與之再度晤面，「詢問蘇聯政府本月十五日所提建議（即主張由英法蘇三國成立正式互助協定一項建議）是否具有確定性質？邁斯基當即答稱：蘇聯

美國

外委會議討論

## 修正中立法

【華盛頓十六日哈電】美衆議院外交委員會十六日舉行秘密會議，討論中立法修正問題。據消息靈通人士所知，該委員會代理主席白魯姆曾經提出新中立法草案，其內容主張授權總統，得於國際間發生戰爭時，指定何國爲侵略者，以便美國即可繼續以軍火接濟某某交戰國。但該委員會本日討論此案時，爭辯甚烈，致不得不宜告延會，一般人士預料，白魯姆或將起草拆衷方案，從新提付討論云。

英蘇談判

## 前途樂觀

關於英蘇談判組織反侵略集團事，「法方人士深信，英外相哈里法克斯與蘇駐英大使邁斯基在日內瓦談後，當可覺得一折中方案，由兩國政府予以接准。本日（廿日）達拉第總理應英外長與哈里法克斯進行談話時，曾設法調和英蘇兩國之見解。據達拉第總理本月十一日在衆院演說之精神，爲英法蘇三國樹立互助機構。」（巴黎廿日哈電）

海參威圖書室

## 蒐集中國名著

【中央社塔斯社海參威廿一日電】海參威國立大學，有蘇聯最大東方圖書館文學部，藏有中國百科全書五百卷，乃集數十人之精力，費數十年之光陰而編成者。一千年來，關於中國文化所付流傳之一切手抄本，印行本，盡皆一一收集其中。

◀侵略軸心的新花樣▶

日本

## 五相會議閉幕

### 對歐局政策 聞有所決定

五相會議，於廿日晨九時舉行，「首由陸海兩相報告軍事。」聞此次報告，「係根據前日（十八日）下午陸海兩相就本國與德意軍事同盟政策之決定，一俟各相對彼等意見加以贊助，則內閣將舉行會議，正式提出通過。」其次，即由「藏相報告歐局近況。」嗣後各相即自由交換意見，並就首相、外相、藏相所發表之意見，加以討論。」直到二十日晨十一時卅分始行閉會。會後，「首相平沼即入宮向天皇報告會議之決議」，午後，「首相召集內閣參事官會議，將於日間五相會議對歐局所決定之政策，提出通過。」（以上散見中央社東京廿日路電）

× ×

切實制止侵略

英反侵略運動大會決議

## 反抗法西斯蒂

### 組織反侵略集團

在法西斯加緊其瘋狂侵略行動當中，世界上愛好和平的人士，也掀起了反侵略運動的狂潮。」國際反侵略大會英國支會，日前發動集體安全制的運動，並將按照下列兩點進行：（一）組織一和平集團，反抗任何方面之侵略行爲；（二）以和平方法調整各國間之現有糾紛。（中央社倫敦十九日電）

十九日英下院開會，討論外交問題時，勞合喬治首先發言：「英國應與蘇聯訂立眞誠同盟，因英法蘇三國在數小時內所取之決定，較一九一四年所取之決定將尤爲重要。」（指現時國際形勢較歐戰前之國際形勢尤爲緊張。）勞合喬治繼稱：「獨裁國家之目的在挫折吾人建造和平。阻止戰爭之唯一方法，即爲準備英之軍力，以應付危急。並與可以合作之國家合作，抵抗侵略。吾人何以不立即決定根據吾人與法國所成立眞誠之條件，與蘇聯成立同盟。」勞合喬治繼又涉及獨裁國家，而出以諷刺之語，曰「吾人與獨裁者訂有友好協定？（議員大笑）吾人尚緊握獨裁者之爪足以爲禮？（反對派議員歡呼）甚至在此時期，吾人尚公然參加獨裁者慶祝其殘忍之勝利乎？（指參加西班牙軍進入馬德里凱旋遊行）勞合喬治發言後，工黨首領阿特里即繼之譏責政府，認勞合喬治之所言，實說明目前世界之眞實情形。阿特里稱：「吾人過去未有對和平積極努力，而備於神經不寧中，等待第二次侵略行動之降臨。吾人必須認清軸心國家之侵略政策。今日歐洲內已有武裝匪徒，準備對每一人施行劫掠。」（倫敦廿日路電）

勞合喬治主張

## 英國應與蘇聯

### 訂立眞誠同盟

對侵略者

決以

武力周旋

前首相包爾溫亦于廿日晚在華爾塞斯特發表演說，「對於現政府政策，完全表示同意。」並略謂：「凡屬合乎理性者，英國準備與之以禮周旋。反之，凡屬侵略者，英國準備以實力與之抵抗。當今之世，惟法西斯及國社主義之信徒始願掀起戰爭，對此，舉世人士勢必一律加以反對，舉世所反對者，固非任何人所能對抗者也。」（倫敦廿一日路電）

國聯

## 政院常會開幕

### 着重討論我國提出之申請

英法蘇或將進行會外談話

【日內瓦十九日哈電】國聯行政院第一百零五屆常會，定於本月廿二日開幕，議事日程擬載有二項：一爲中國所提出之申請。（據日內瓦廿一日路電：議事日程中，以中國之申請爲唯一重要之問題。）即行政院於討論此項問題時，當可乘機將遠東局勢作一通盤之檢討；一爲奧蘭群島（在芬蘭與瑞典間波的尼亞灣港口，是北歐木材輸出之主要通路，經濟上及軍事上都有很大作用，一九二三年由國聯決定歸芬蘭管領，但需維持其永久的中立及不設軍備）設防問題。關於此事，芬蘭與瑞典兩國，業與一九二一年國際公約各簽字國（即丹麥、愛沙尼亞、拉脫維亞、波蘭、英、法、德、意各國）成立協定，茲特要求行政院予以核准。

但澤問題

將付討論

此外，但澤問題，並未列入議事日程之內，行政院三國委員會（英、法、瑞典三國代表所組成）或當提付討論，不過無論如何，關於該市法理地位之變更，仍爲波蘭所堅決反對。最後，英、法、蘇各代表，或當乘行政院開會之便，在會場外進行談話，其性質必甚重要，但因蘇外交副委長波丹金不在此間之故，英蘇或未必能切實有所決定耳。

金融動搖

## 敵幣暴跌

【香港廿一日電】通訊：此間敵幣，日有跌落，兌換所中敵幣一元僅兌法幣九角八分，雖敵方實施種種挽救辦法，但一切措施，仍歸無效，而敵方金融之動搖，益爲明顯。【上海二十一日合衆電】此間外界銀行家稱：日元跌價，係因日本國內購買外匯限制極嚴，日本商人遂紛紛來滬購買外匯，飢量日圓携至上海所致。

英援華運動會要求

## 實施決議援助中國

在國聯大會前，「英國援華運動會，頃特發表宣言，要求國聯大會與行政院歷次所通過之決議案，（即主張各會員國援助中國之決議案）應立即付諸實施。」並提出辦法三點：第一：「不以作戰用品供給日本，其中飛機一項，尤應禁止輸往該國。」第二：「抵制日貨，俾在短時期內，以重大打擊加諸該國經濟基礎。」第三：「在金融與經濟上，援助中國，俾克建設西南各省，發展工業合作運動，救濟戰區難民。」以上各種行動，應由行政院設立委員會，加以調整，以提高其效率。」（以上電文見中央社倫敦廿日哈電）

國內要聞

## 王外長發表聲明

### 要求國聯各會員國 援引盟約制裁日寇

於國聯行政院開會之前，我國外交部王部長特於廿日發表聲明，首先述及「遠東危機，對於世界其他部份實具有重大禍亂之反響。中國抗戰之勝負，亦與列國在整個東半球之地位有極重要之關係，故國聯行政院對於此點，不應輕視。」其次指出：「凡國聯會員國，皆有義務與責任，依據一九三八年九月卅日所通過及一九三九年一月廿日所再行通過之決議，以求集體實施國聯盟約第十六條所規定之制裁。」最後，聲明「敵機對我國各地的轟炸行爲，只有更使我國人民增加其抗戰之決心。」（中央社）

## 對烟毒問題

### 美代表提禁毒法

美國代表富勒亦發表談話，對中國努力禁毒工作，極爲稱道，並提出協力禁止毒品之辦法三點：「（一）日政府應令駐華當局，阻止鴉片輸入各淪陷區。（二）伊蘭國政府，應即採取有效辦法，運送鴉片至遠東。（三）葡萄牙政府應協力阻止麻醉品之販賣，勿任澳門島爲販毒之根據地。」（以上中央社日內瓦廿日哈電）

我國代表

## 報告禁煙工作

### 揭破敵寇販毒陰謀

國聯鴉片問題顧問委員會，於廿日繼續開會。中國代表胡世澤首即報告中國政府禁煙工作進行情況，略謂：「中國政府對減少吸食鴉片之人數，尤其是減少四十五歲以下吸食鴉片之人數，務期能於一九四一年起，完全滅絕。」其次，關於暴敵運輸毒物事，則嚴厲斥責，「日本方面匪特不以限制爲事，抑且公開鼓勵。」並指出其陰謀不外：「（一）借此獲利，以充侵略費用。（二）日本浪人，凡不容於日本境內者，官廳令其來華，以販毒謀生。（三）削弱中國抗戰力量，並麻醉叛國份子。」

期
新中华报零零三十四期
版
零一版
时间
一九三九年五月三十日

# 社论　“五卅”运动十四周年

伟大的五卅又到了。十四年前的今天，上海工人学生为反对日人枪杀我内外棉纱厂工人领袖顾正红，并抗议公共租界逮捕我集会工人，举行了伟大的示威，帝国主义者，竟又开枪向我徒手无辜群众扫射，致酿成了空前流血的大惨案。全市市民，一致罢工罢市罢课，为反对日本帝国主义对我同胞残酷的屠杀，为争取中华民族生存的自由，高举起了鲜明的反帝旗帜；激起了全国民族革命的怒潮。

远在十四年前，日本帝国主义者狰狞血腥的面孔，便显然地暴露在我全国人民面前，使我们清楚地认识了日帝国主义是中华民族当前的死敌，它企图以残酷的屠杀，来镇压我民族革命的浪潮。可是，中国广大群众，不但未因帝国主义者的凶恶残暴而畏缩屈服，反群起反抗，给了帝国主义者以重大打击。这证明了中华民族本身已在新的时代中有了新的觉醒，成长了新的力量。

五卅运动，发生于工人群众反日的罢工，它迅速地便扩展到全国各地，扩大到各阶层中去，形成了一个广大的反帝统一战线。但我们须要认识到，这广大的反帝统一战线，是建筑在当时国共两党亲密合作的基础上的。正因有国共两党合作的推动和领导，才得以团结了全国各阶层人民，得以发挥了群众的莫大威力，在民族革命斗争史上写下了光荣不朽的一页。

在五卅运动中，我上海二十万工人举行了大罢工，在饥寒交迫下，仍坚决地与日寇不屈不挠地斗争着。这充份表现了工人阶级在民族革命运动中的先锋作用。虽因当时少数民族动摇份子的投降妥协，致使这一运动招受了挫折；但从这次英勇的，有空前历史意义的斗争中，锻炼了我无产阶级，教育了我无产阶级，使中国无产阶级很快地从经济的斗争转上了政治的斗争，变成了革命的政治舞台上一支坚强的力量。它是反帝反封建的革命过程中，最英勇最彻底的战士。五卅运动的发生，揭开了一九二五——二七年大革命的序幕。在大革命的斗争中，起了唤醒与团结全国工人，与广大群众的伟大作用。

从这次伟大的斗争中，使所有的人士，清楚地认识到中国无产阶级及其政党——中国共产党，在为工人阶级利益，为整个民族利益的反帝斗争中，是起着英勇的先锋作用。五卅运动中，首先殉难的工人领袖顾正红同志，便是中国共产党员，他为了反抗日本帝国主义对我工人阶级残酷的剥削，与厂方坚决斗争，结果身饮四弹牺牲在残暴日寇的枪弹下。又上海大学学生共产主义青年团员何秉彝同志，也在此运动中壮烈殉难。即在与敌寇搏斗将近两载的今日，中国工人阶级及共产党员，在前线与后方，英勇牺牲，坚苦奋斗，同样地起着先锋作用，无论在过去，在现在，所有事实，均证明了中国无产阶级及其政党——中国共产党，是最忠实于民族利益的力量，是为中华民族彻底解放而奋斗的坚强柱石。

当五卅十四周年纪念的今日，我们只有接受五卅所给予我们的教训。加紧团结，动员组织广大工农劳苦群众，发挥他们的力量，反对投降妥协，最后驱逐日寇于鸭绿江边，才能偿还五卅以来的各种血债。

中華民國二十八年五月三十日 Sin Zhungxua Bau 星期二 第一版

當五卅十四週年紀念的今日，我們只有接受五卅所給予我們的教訓。加緊團結，動員組織廣大工農勞苦羣眾，發揮他們的力量，反對投降妥協，最後驅逐日寇於鴨綠江邊，才能償還五卅以來的各種血債。

# 新中華報

第三十四號 中華民國二十八年五月三十日出刊

## 社論

## 「五卅」運動十四週年

偉大的五卅又到了。十四年前的今天，上海工人學生爲反對日人槍殺我內外棉紗廠工人領袖顧正紅，並抗議公共租界逮捕我集會工人，舉行了偉大的示威，帝國主義者，竟又開槍向我徒手無辜羣眾掃射，致釀成了空前流血的大慘案。全市市民，一致罷工罷市罷課，爲反對日本帝國主義對我同胞殘酷的屠殺，爲爭取中華民族生存的自由，高舉起了鮮明的反帝旗幟；激起了全國民族革命的怒潮。

還在十四年前，日本帝國主義者猙獰血腥的面孔，便顯然的暴露在我全國人民面前，使我們清楚的認識了日帝國主義是中華民族當前的死敵，它企圖以殘酷的屠殺，來鎮壓我民族革命的浪潮。可是，中國廣大羣眾，不但未因帝國主義者的兇暴殘殺而畏縮屈服，反羣起反抗，給了帝國主義者以重大打擊。這證明了中華民族本身已在新的時代中有了新的覺醒，成長了新的力量。

五卅運動，發生於工人羣眾反日的罷工，它迅速的便擴展到全國各地，擴大到各階層中去，形成了一個廣大的反帝統一戰綫。但我們須要認識到，這廣大的反帝統一戰綫，是建築在當時國共兩黨親密合作的基礎上的。正因有國共兩黨合作的推動和領導，才得以團結了全國各階層人民，得以發揮了羣眾的莫大威力，在民族革命鬥爭史上寫下了光榮不朽的一頁。

在五卅運動中，我上海廿萬工人舉行了大罷工，在飢寒交迫下，仍堅決的與日寇不屈不撓的鬥爭着。這充份表現了工人階級在民族革命運動中的先鋒作用。雖因當時少數民族動搖份子的投降妥協，致使這一運動招受了挫折；但從這次英勇的，有空前歷史意義的鬥爭中，鍛鍊了我無產階級，教育了我無產階級，使中國無產階級很快的從經濟的鬥爭轉上了政治的鬥爭，變成了革命的政治舞台上一支堅強的力量。它是反帝反封建的革命過程中，最英勇最激底的戰士。五卅運動的發生，揭開了一九二五——二七年大革命的序幕。在大革命的鬥爭中，起了喚醒與團結全國工人，與廣大羣眾的偉大作用。

從這次偉大的鬥爭中，使所有的人士，清楚的認識到中國無產階級及共政黨——中國共產黨，在爲工人階級利益，爲整個民族利益的反帝鬥爭中，是起着英勇的先鋒作用。五卅運動中，首先殉難的工人領袖顧正紅同志，便是中國共產黨員，他爲了反抗日本帝國主義對我工人階級殘酷的剝削，與廠方堅決鬥爭，結果身飲四彈犧牲在殘暴日寇的槍彈下。又上海大學學生共產主義青年團員何秉彝同志，也在此運動中壯烈殉難。即在與敵寇搏鬥將近兩載的今日，中國工人階級及共產黨員，在前綫與後方，英勇犧牲，堅苦奮鬥，同樣地起着先鋒作用，無論在過去，在現在，所有事實，均證明了中國無產階級及共政黨——中國共產黨，是最忠實於民族利益的力量，是爲中華民族澈底解放而奮鬥的堅強柱石。

當五卅十四週年紀念的今日，我們只有接受五卅所給予我們的教訓。加緊團結，動員組織廣大工農勞苦羣眾，發揮他們的力量，反對投降妥協，最後驅逐日寇於鴨綠江邊，才能償還五卅以來的各種血債。

## 昨日戰況

### 湘北戰局復趨緊張

### 敵佈置進行「掃蕩」後方 將大舉進攻各游擊區域

鄂北敵受痛創後，退守原來陣地，而採取防禦姿勢。現又由各地抽調一部份兵力，集中其主力於湘北，企圖沿粵漢路北段南犯。奪取長沙，爲其進攻的第一個步驟，以吞食華中各個重要城市及交通綫。現在新牆河北岸已展開激戰，敵屢次進攻雖被擊退，但仍繼續增援，湘北將有大戰展開。同時敵人正加緊佈置與進行對華北後方的「掃蕩」。最近敵在五台以東慘敗後，並未放棄其進攻的計劃，正調動兵力，最近將有更大的進攻。據聞敵之「掃蕩」計劃，將擴展至晉東南、晉西北、晉西南及冀西等地區，對冀中的「掃蕩」，並未減輕，仍積極進行中。

### 敵增援再犯 我軍數創敵寇 晏家大山戰事激烈

湘北

【新牆河北岸正面進犯之敵，屢受我軍打擊，敵勢大挫，但並未放棄其進攻計劃，「又由滬調兵來岳，岳陽江面到海輪二艘，一載坦克車十七輛，摩托車二輛，一載糧秣，現岳陽河面停泊敵潛水艇四艘，及其他船舶甚多。」（常德廿五日電）增援後之敵，復加強向我兩翼進犯，「右翼方面敵因攻草鞋嶺受創，今改攻新牆通桃林古道間之鋪口。左翼方面敵則進攻鐵路西側之晏家大山。」在與敵展開激烈白刃戰之際，我另一部「繞至犯鋪口敵後，在大云山撓與敵增援隊激戰。」（汨羅廿六日電）配合右翼之進攻，廿六日「西塘敵一度向我猛犯，當即發生激烈戰鬥，相持良久，敵掩旗息鼓退去。」（常德廿七日電）敵在屢敗之餘，仍繼續「分三股各步砲聯合約五百餘，向廿田鋪口進犯，以晏家大山戰事最爲激烈。」（桂林廿八日電）日來我在新牆河北岸又予敵以重大殺傷，一再度犯新牆河北岸之敵，其重心在晏家大山楊家牌，至右翼鋪口方面仍爲劇攻，我軍與敵在各該地浴血苦戰，反覆爭奪六七次，至晚卒將頑敵擊潰。」（汨羅廿八日電）

鍾祥敵極感恐慌，連日大部向京山撤退。」（常德廿六日電）「被困於大洪山中之敵，因傷亡甚重，彈藥缺乏，廿五日向安陸附近撤退」。（常德廿八日電）

### 慘敗之後 寇軍繼續南撤 我大軍向鄂中推進

【鄂北之敵，自被我擊潰後，節節南退，「又被我某部截擊，分段殲滅，敵棄屍遍野。現經鍾祥南撤之敵，先頭部隊已至楊家峰一帶。」（樊城廿七日電）隨縣棗陽一帶敵已肅清，一過家港敵二百餘，長壽店敵步騎千三百餘，宜莊一帶敵千餘，廿三日分向鍾祥潰竄，我跟蹤追擊，廿三日午敵步騎二千餘向雜漢寺潰退，一部已退至河港賀家集一帶。」（洛陽廿八日電）。

自皇市被我克復，天門爲我圍困，京山受我威脅後「

### 神勇空軍 飛晉西北助戰

【興集廿七日電】我空軍十二日在晉西北寧武朔縣一帶偵察，散發傳單，並投彈轟炸朔縣敵軍。廿二日我機九架再度飛寧武上空投彈多枚，予敵重大傷亡，大同朔縣間我軍不斷襲敵，同蒲路北段近被我切斷。

### 克灘溪 ·奉新仍被包圍·

江西

【高安廿五日電】我某部連日襲擊灘溪，敵全部被我殲滅，即將灘溪收復，並將該處附近敵之電綫盤行破壞，嗣敵由萬家埠增援反

### 進攻抗日根據地 敵積極佈置

### 晉東南我圍攻翼城 晉西北敵分路進犯

華北

【本報前方廿六日專電】正定現集中敵軍六千餘，企圖向阜平、行唐、靈壽以西山地進犯，我軍正準備痛擊該敵中。

【興集廿五日電】由沃步砲連合之敵三千餘人，廿一日東犯，在該城之上下白馬西賀水一帶，被我軍合力擊退。廿二日翼城敵一部增援，又被我軍阻擊，狼狽退回翼城。

【西安廿七日電】翼城敵經我軍圍攻後，曲沃敵增援被我擊退，殘敵頭擠城內，非常恐慌，我炮兵猛烈向敵射擊，敵死傷甚大。翼城仍在我圍攻中。

【興集廿五日電】由偏關進犯河曲之敵四百人，先頭部隊曾進至石城（距河曲四十里），經我迎擊後退回偏關。同時敵機在晉西北各地極爲活躍。

【西安廿七日電】大同敵五百餘增至神池後，現向五寨方面進犯，正與我某部激戰中。

【河曲廿八日電】敵僞軍三千餘，近分四路大舉包圍大青山，企圖摧毀我游擊根據地。敵我主力自十九日起在武川一帶展開血戰，現仍在武川東北對峙中。

### 游擊隊的勝利 魯克安邱 冀克昌平 鄂南敵交通被破壞

【魯東廿七日電】我軍連日進攻安邱，與敵數百，激戰甚烈。廿三日夜我軍猛烈撲擊，衝入城內，敵據街頑抗，發生激烈巷戰，廿四日晨，敵不支退竄，安邱被我收復，是役斃敵二百餘名。

【本報前方專電】八路軍某部襲擊泰安南之大汶口車站，與敵激戰，當將車站克復。

【鄭州廿六日電】冀北我八路軍以總密神速的行動，突襲北平以北之昌平縣，出敵不意，該敵悉被殲滅，昌平即爲我收復。

【平江廿七日電】縱橫鄂南我游擊隊，廿五日在陽新以南地區與敵百餘遭遇，當斃敵四十餘，傷敵五十餘，陽新到辛潭鋪間公路電綫，與咸寧至汀泗橋及南林橋間之鐵路公路橋梁，

攻，我軍迎頭將其擊退，又敵一部於前日午犯我赤鄉，昨晨仍在激戰中。

【樟樹廿七日電】奉新仍在我軍圍攻之中，城內敵糧爲恐慌，四門均用沙包堵塞，僅留東門出入。逃日被我激底破壞十餘起，敵大有首尾不應之苦。

【金華廿七日電】我軍某部襲擊杭州半山，與敵二百餘激戰，敵被擊向拱橋退去，敵傷亡數十餘名。

### 敵機暴行

【永安二十五日電】昨日敵機空襲漳浦，炸燬該地英教會禮拜堂，該教會已呈請英領事報告本國政府，向日方提出抗議，賠償損失。

### 三面包圍廣州 新會江門爭奪激烈

華南

廣州附近我軍，現正於外綫作戰地位，已將廣州附近之敵三面包圍，敵屢圖出擊均不逞，新會江門間敵我爭奪甚烈，敵屢增兵侵犯，均被擊退。」（肇慶廿五日電）從化方面：「敵軍數百由太平場進犯馬牙左，我軍沉着應戰，另一部切斷敵歸路，將敵包圍激戰數時，敵死命突圍，向太平場潰竄。」（翁源廿五日電）「廿七日晨三水敵五百餘，附砲數門，由西南進犯魯村，被我游擊隊擊退。」（肇慶二十八日電）「敵步兵百餘，運輸車五輛，由太平場開往神崗，爲我出擊部隊截擊，敵循原路退去。」（清遠二十八日電）

135

汪精衛離日返滬
組「世界和平息戰運動」會
欺騙民衆　誘惑投降

期：新中华报零零三十四期
版：零二版
时间：一九三九年五月三十日

# 汪精卫离日返沪

## 组“世界和平息战运动”会
## 欺骗民众　诱惑投降

汪逆精卫偕陈壁［璧］君经港赴沪飞日的消息，在前期本报，业已登载。兹据中央社香港二十四日电称：“汪精卫已于二十一由福冈飞返上海。”并加紧地进行他万恶的叛国行为。原“敌人为了早日结束战事，月前组织所谓‘和平新国会’失败后，近又有新的计划，似由汪逆组织‘世界和平息战运动会’其宗旨为呼吁‘世界和平’，力主中日‘满’亲善，借期诱惑民众，从速将战事结束。该总会设于上海，由汪逆负主席之责，并在平津各处设立分会。北平分会，由江朝宗为会长；天津分会，由靳云鹏任会长。其取名为世界二字，乃准备敌方在必要时，亦可作同样组织相互呼应。闻曾任北大教授之德人洪莱，亦允加入，此外，并将鼓动旅平各国人士参加。该会经费，全由日方供给，定期下月成立。”（中央社香港二十四日电）

## 沪市报界的舆论望中央明令通缉

汪逆此种无耻的行为，早已引起了各方面舆论的谴责。上海《华美晚报》二十七日的社论中，曾痛斥汪逆甘心投敌，倒行逆施的行为，其原文略谓：“汪不惜出卖主国，背叛举国一致的抗战政策，高唱投降论调，与敌寇遥相呼应，作了日阀的走狗。为整饬纪律起见，为灭绝此后秦桧、吴三桂等之复活起见，实有严厉惩戒的必要，希望中央明令通缉，以快人心。”（中央社香港二十七日电）

5月

全世界密切注視的

# 蘇聯議會已開幕

## 議事日程注重外交政策 熱烈討論三次五年計劃

去年，蘇聯通過斯大林憲法，全國進行熱烈的選舉，實施澈底的民主制，曾引起全世界密切注視。並且「蘇聯的議會爲全歐洲最高形式與最民主的議會組織。」也引起了世界人士莫大的興趣。據息：「蘇聯本年度第一次議會，廿五日已在克倫姆宮舉行，到會議員一千二百人，代表一百餘以上之種族。各議員多衣各族不同之服飾，全場五光十色，光耀奪目。史大林與人民委員會各委員長準時到場，議會乃正式開幕。」

「議程中最主要的項目爲蘇聯之外交政策。人民委員會主席兼外交人民委員會委員長莫洛託夫發表演說後，由各議員就國際局勢舉行辯論。」

「莫洛託夫發表演說時，對於前外交人民委員會委員長李維諾夫辭職之原因，有所說明。三次五年計劃亦在大會辯論之中，大會日期將達一週或十日之久始閉幕云。」（莫斯科廿六日路電）

## 蘇聯 以無比的打擊 答覆侵略者

在議會席上，人民財政委員會委員長齊維勒夫也提出報告，謂：「一九三八年蘇聯軍費達四百〇八萬萬六千五百萬盧布，較去年之二百七十萬萬盧布，增加一百卅五萬萬八千五百萬盧布。本年度軍費佔全年總預算四分之一。」各議員聞悉此項報告後，一致高聲歡呼，達五分鐘之久。」齊維勒夫並稱：「蘇聯海陸空軍將以無比的打擊答覆戰爭之煽動者，凡敢侵略蘇聯邊境者，紅軍隨時準備予以致命之打擊，此可於張高峯事件見之。」齊氏報告及通過一九三九年預算案時，斯太林及人民委員會各委員長，前任人民外交委員長李維諾夫亦在場，李氏與人民外交委員會副委員長波丹金並坐於前排，談笑甚歡。英駐蘇大使西慈及各國外交代表多到會旁聽。」（莫斯科廿六日路電）

## 蘇聯之軍力 足應付一切威脅

【莫斯科廿五日哈電】此間外籍各觀察家宣稱：蘇聯陸海空軍力量，近已大見充實。

**陸** 就陸軍言之，平時兵員至少有二百萬名。步兵師以前僅有官兵一萬三千名，現已增至一萬八千名。現役軍官共有五萬人。每年自各軍事學校卒業之青年軍官約有五千人之多。外間雖傳陸軍士官頗受清黨運動之影響，但此說殊不可信，於民衆與軍隊間並無隔閡之處，可以見之。

**空** 次就空軍而言，蘇聯現有飛機數量當在六千架至七千架之間，大半均係最優良之式樣。本年「五一」節莫斯科舉行大檢閱時，曾有新式飛機若干架參加演習，其構造如何，外間尚無所知。訓練方面，飛行員均能絕對服從命令，其膽力勇氣已久著令譽，如科金那奇與塞加洛夫自蘇聯飛達美國，或飛越北極，皆成績昭著，可爲明證。

**海** 關於海軍力量，在近兩年來，亦已完全革新，蘇聯海軍目下擁有新式巡洋艦七艘，驅逐艦若干艘，潛水艇之勢力，可稱世界第一位。目下，蘇聯擬自行動工建造主力艦，人民海軍委員會副委員長近奉命赴美，即欲設法購造艦所必需之材料。蘇聯海陸空軍之力量，大體如此。至於兵力之分配，似側重遠東，遠東駐軍力量對付日本，綽有餘裕。且蘇聯當局在遠東方面積極建設：如開闢海港，發展農礦，設冶金廠，造船廠，與貯藏食品工廠，已卓著成效。因而遠東區域，已達自給自足之境地矣。又爲交通便利計，在貝加爾湖與黑龍江（黑龍江）間建設鐵路，俾與西伯利亞鐵路相輔爲用。本年內又將於西伯利亞鐵路南段設新路一條，專作軍事運輸之用。凡此各節，均表示蘇聯保衛和平，制止侵略之努力，而其力量，足以應付德日聯合之一切威脅也。

×　×　×

## 加强和平營壘

### 英法蘇三國 交換互助協定草案

### 法士談判 即可成功

關於英法蘇之談判，「廿四日英內閣會議時，當即在原則上決定與蘇聯訂立互助協定。簽字國之一方倘直接遭受侵襲，或因援助各鄰邦而間接被攻擊時，則簽字國之他方即當予以援助。此所謂各鄰邦匯特指波羅的海各國而言，即瑞士、荷蘭、比利時三國亦均包括在內。」（倫敦廿四日合衆電）

據法方消息：英法蘇三國互助協定草案，已由英政府遞交法國。法外交部當即開始研究。衆料英法兩國政府可於本（廿五）日晚間商得同意，俾厲萊外長得於明日午前將此項草案面交蘇大使蘇利資。英外務部聞當電達駐蘇大使西慈，通告蘇聯當局。蘇聯駐英大使邁斯基現在日內瓦，屆時倘須討論者，不過細目問題，故協定可望告成。」（巴黎廿五日哈電）

在英法蘇談判行將告成之際，法士談判亦獲有良好結果。據法權威方面稱：「法士互助公約談判，下週初間即可結束。其內容有三：（一）兩國當援引英土宣言先例，發表相互担保之宣言；（二）法屬敍利亞之亞廠小大衆轄區歸土耳其；（三）土國保證土耳其保加利亞之現行邊境。」（巴黎廿七日合衆電）

## 日本 限制消費◇增加貿易

### 實施總動員法

【東京廿六日路電】日報載稱：日政府已決定實施總動員法×××，實行限制國民消費，並集中糧食。其它牛油、牛奶、糖、茶、雞蛋及水產品，均爲輸出口之用。日政府認爲此種辦法，於對外貿易上，當可大肆擴充云。（中央社）

### 日幣續跌

【上游廿五日路電】昨日下午一時日幣每元可換法幣四毛五分半，今晨又繼續跌落，每元僅可換法幣九毛。

## 國聯常會議決 援華決議兩件

### 奧蘭羣島設防無決定 一百零五屆常會閉幕

【日內瓦廿七日哈電】國聯行政院頃於本日午前舉行公開會議，就中國所提出之申請，通過決議案兩件：（一）希望各會員國賡續實施行政院與國聯會大會迭次所通過之決議案，並與國聯會大會遠東問題咨詢委員會，就切實援助中國辦法，加以會商。（二）要求各會員國飭令各駐華外交代表，注意日本飛機之行動，倘再有轟炸中國平民情事，應立即詳細報告國聯會行政院。

以上兩項決議案，已由中國代表顧維鈞博士表示接受，並發表演說如次：「此種決議案，較之行政院前此所採取之決議，未見有何起色，（指此次決議，仍無具體實施辦法之決定）此乃行政院各理事國所可能成立之協定，當以此種決議案爲唯一基礎之原，故亦不得不予接受。但此次中國所提各項申請，實有列入下屆議事日程中之必要，甚至所有各會員國，咸皆採取新的措置，切實援助中國，勿再以飛機煤油供給日本。（中央社）

另訊：國聯行政院於本日（廿七）午後討論奧蘭羣島設防問題，結果無所決定。第一〇五屆常會旋即宣告閉幕。（中央社廿八日日內瓦路電）

## 日寇封鎖我國海口 英法提嚴重抗議

### 美國政府仍密切注視 輿論界揭出日寇陰謀

敵寇宣佈封鎖中國各海口之聲明後，最近曾經先後武裝檢查（實等於侮辱）英國郵船南甯拉號並扣留其它各大小船隻，也曾經侮辱過法輪阿里米斯號，並禁止了它的行動。這在國際上，引起了强大反抗。

**美國** 首先是美國，據「此間接近國務院之人士觀察，均以爲政府仍必密切注視事態之開展。但對於英法兩國所採取之報服手段，一時未便出而參加。至以日本實行封鎖中國沿海一帶而論，國務院並未接獲是項消息，足資徵信。外傳英國政府擬與美國磋商應付辦法，亦非事實云。」（華盛頓廿六日哈電）

**英國** 其次是英國，首先「英駐日大使及駐華艦隊司令諾貝爾，已分向日外務省及海軍當局，提出强硬抗議。「對於日寇檢查英艦原因，亦「請日海軍當局明白解釋，並採取切實措置，毋任此種事情再有發生云。」（以上東京廿六日路電）

### 曼哲斯特導報說 日顯在向英挑釁

英國的曼哲斯特導報指出：「日本之所以宣佈封鎖中國全部海岸，顯爲一種試探性質。日方顯在向英挑釁，俾探測日本究竟可侵進至如何程度。」（倫敦廿七日路電）

**法國** 「法國政府，已命令其駐亞洲艦隊司令，爲日本勒令法輪阿里米柯號停駛事，向日方提出强硬抗議。日方封鎖中國沿海行動，現法政府正研究中，最後態度，當會同英國決定之。聞英國已決心維護其權利云。」（中央社巴黎廿七日合衆電）

## 美新中立法 無異助紂爲虐

【華盛頓廿六日合衆電】國務卿赫爾今日與兩院中立法案有關之各議員談話甚久，其後衆院外交委員會主席勃魯姆稱：不久衆院或將通過下列辦法：一，取消舊中立法案中關於禁止軍火輸出之一條；二，授權總統指定危險區域，並得在該區域內禁止美輪航行；三，禁止在財政上援助交戰國家；四，實行軍火統制。

赫爾今（廿六）日又以同樣之公函，分致參衆兩院外委會主席，主張修正中立法。並宣布「禁止軍火出國一項條款」，予以廢止，其要點有五：一，美商船不論所載何物，一概禁止進入戰爭區域，美國公民前往各該區域者，應予以限制。二，各種貨物之運往交戰國者，應在出口前，將證明所有權之一切單據過渡於外國買主。三，中立法關於禁止以借款或信用貸款予交戰國一節，應予以保留。四，爲各交戰國舉辦之募捐運動，應予以限制。五，現行軍火出口，軍火委員會與軍火輸出事許可辦法，均應予以維持。（華盛頓廿七日哈電）

## 希特勒 陰謀攫取但澤

### 孚斯德已着手佈置一切

【華沙廿五日電】此間消息靈通人士宣稱：希特勒對於但澤市問題，業已決定方針，當於今後數月內，在政治精神兩方面進行佈置，一俟時機成熟後，即有所舉動。渠昨在柏林接見但澤市國社黨領袖孚斯德，曾就國社黨於該市所應推行之政策，面授機宜，其主要用心，在將一九三三年十五日之後，所有波蘭與但澤市簽定之各種協定，宣告廢止。此外，希特勒又令孚斯德執行以下任務：（一）攫取一切機會，說明但澤市民屬於日耳曼族，服從國社主義，願併入德國；（二）波蘭人所設商店公司應積極予以抵制；（三）但澤市各報，應攻擊波蘭，斥其妨礙但澤市與德麥拉尼亞省之正常交通。凡此各示，孚斯德歸但澤後，即已着手進行。（中央社）

## 國內新聞

# 汪精衛離日返滬

## 組「世界和平息戰運動」會 欺騙民衆 誘惑投降

汪逆精衛偕陳璧君經港赴滬飛日的消息，在前期本報，業已登載。茲據中央社香港廿四日電稱：「汪精衛已於廿一由福岡飛返上海。」並加緊的進行他萬惡的叛國行爲。原「敵人爲了早日結束戰事，月前組織所謂『和平新國會』失敗後，近又有新的計劃，似由汪逆組織『世界和平息戰運動會』其宗旨爲呼籲『世界和平』，力主中日『滿』親善，藉期誘惑民衆，從速將戰事結束。該總會設於上海，由汪逆負主席之責，並在平津各處設立分會。北平分會，由江朝宗爲會長；天津分會，由[靳]云鵬任會長。其取名爲世界二字，乃準備敵方在必要時，亦可作同樣組織相互呼應。聞曾任北大教授之德人洪萊，亦允加入，此外，並將鼓動旅平各國人士參加。該會經費，全由日方供給，定期下月成立。」（中央社香港廿四日電）

### 滬市報界的輿論 望中央明令通緝

汪逆此種無恥的行爲，早已引起了各方面輿論的譴責。上海華美晚報二十七日的社論中，曾痛斥汪逆甘心投敵，倒行逆施的行爲，其原文略謂：「汪不惜出賣主國，背叛祖國一致的抗戰政策，高唱投降論調，與敵寇相呼應，作了日寇的走狗。爲整飭紀律起見，爲滅絕後秦檜、吳三桂之復活起見，實有嚴厲懲戒的必要，希望中央明令通緝，以快人心。」（中央社香港廿七日電）

新中華報

136

期：新中华报零零三十五期

版：零二版

时间：一九三九年六月二日

英加强遠東政策
對日將實施經濟制裁
英法美當局會商對策

# 英加强远东政策
# 对日将实施经济制裁
# 英法美当局会商对策

近来，日本恣意横行，不断危害各国在远东的权益。“英国为了保护其本身利益计，已准备扩张其目前之远东政策，即由财政经济上援华之范围，进为直接对抗日本之地步，俾应付日本对英国施行威胁之举动。英国拟以照会致日，该照会现在英方严密考虑中，其内容将以今后数日内日本进一步之行动如何而定。照会内将提出英国所拟采取之应付方案，唯日本若能缓和其危及英国在华条约权利之行动，则照会之措辞，亦将缓和。反之，日本若继续危害英国在中国海岸之航行权，并进而要求攫得租界之行政权利，英国即将援用经济上之措置，以保护其权利，此项措置具有小规模制裁之性质。英方法律专家现正研究英政府所可选择采用之数项应付方法。于必要时，此数项方案得于照会内提出之。此照会闻将于数日后由驻日大使克莱琪送交日政府。”（伦敦三十一日合众电）

“英政府为采取有效措置，以保护其在远东之航务，不久将增派军舰至新加坡增防。”（伦敦三十日合众电）现时，“英法美三国驻华大使及驻远东舰队司令正聚集上海，讨论下列问题：（一）日本封锁中国海岸问题；（二）日本要求租界统治权问题；（三）鼓浪屿问题。上海会议之结果，对于英提照会内容，亦有所影响。”（伦敦合众三十一日电）

中華民國二十八年六月二日　新中華報　星期五　第二版

三日國際

# 英加強遠東政策
## 對日將實施經濟制裁
## 英法美當局會商對策

近來，日本恣意橫行，不斷危害各國在遠東的權益。「英國為了保護其本身利益計，已準備擴張其目前之遠東政策，即由財政經濟上援華之範圍，進為直接對抗日本之地步，俾應付日本對英國施行威脅之舉動。英國擬以照會致日，該照會現在英方縝密考慮中，其內容將以今後數日內日本進一步之行動如何而定。照會內將提出英國所擬採取之應付方案，惟日本若能緩和其危及英國在華條約權利之行動，則照會之措辭，亦將緩和。反之，日本若繼續危害英國在中國海岸之航行權，並進而要求攫得租界之行政權利，英國即將採用經濟上之措置，以保護其權利，此項措置具有小規模制裁之性質。英方法律專家現正研究英政府所可選擇採用之數項應付方法。於必要時，此數項方案得於照會內提出之。此照會聞將於數日後由駐日大使克萊琪遞交日政府。」（倫敦卅一日合衆電）

「英政府為採取有效措置，以保護其在遠東之航務，不久將增派軍艦至新加坡增防。」（倫敦卅日合衆電）現時，「英法美三國駐華大使及陸遠東艦隊司令正聚集上海，討論下列問題：（一）日本封鎖中國海岸問題；（二）日本要求租界統治權問題；（三）鼓浪嶼問題。上海會議之結果，對於英提照會內容，亦有所影響。」（倫敦合衆卅一日電）

## 美中立法案
## 多數議員贊同修改
## 孤立派極謀阻撓

美國修正中立法問題，已在參衆兩院外委會討論甚久，但因內部爭執不決，至今仍無具體結果，自本月廿六日美國國務卿赫爾以書面提議提交參衆兩院外委會主席後，（提案見前期本報）遂已明確的提供了美國政府對此問題的態度，現「衆院外交委員會主席白魯姆頃已決定依照赫爾提議，提出中立法修正案，並召集外交委員於五月三十一日開會，加以討論。」（中央社華盛頓廿九日路電）而「參院外交委員會主席畢德門亦贊同赫爾之提議，並認為該委員會之大多數委員，亦將贊成政府之中立法案。」（中央社華盛頓電）但是，美國的死硬派，仍在散佈着他們的反對意見，如「共和黨參政員皮拉，現仍反對以軍火售與交戰國，民主黨參議員潘治與克拉克等，亦均決定保持現行中立法，反對總統享有廣泛之權力，（即總統有權指定交戰者誰是侵略國）並擬在參議院討論之際，利用各種法定程序，以事阻撓，務使修正案在國會休會之前，無法提付表決云。」（中央社華盛頓廿九日哈電）

## 英·法·蘇·波
# 磋商軍事合作
## 英邀請各國參觀陸軍演習

【中央社倫敦卅日哈電】英政府頃已正式邀請波蘭國陸軍教育總監斯米格萊上將，於×月間前來英國參觀陸軍演習，且當於日內邀請法國國防總參謀長甘末林將軍來此一遊，蘇聯國防人民委員長伏羅希洛夫上將亦已接有請帖。以此法蘇波三國陸軍領袖同時齊集倫敦，自可與英國軍事當局磋商軍事合作問題云。

## 英軍事代表團
## 赴波調查軍事

【倫敦卅日哈電】「政府近曾遣派軍事代表團前往波蘭，在駐波蘭大使館陸軍參贊葛爾敦上校領導下，調查波蘭軍備需要情形，頃已竣事。政府一俟接獲報告書後，即當考慮用何種方式資助波蘭，俾克完成其軍備擴充計劃，此間金融界人士之見解，認為波蘭為抵禦外力侵略計，充實軍備，建設強固之國防，實為英法蘇三國所同深關切，自應在金融上協力予以援助。聞法國已作數年期，以千餘萬萬法郎借與波蘭，蘇聯亦將以各樣軍備原料對波接濟云。

## 國際簡訊

▲法土兩國訂立協定，已商有結果。不久當可成立。其中關於亞歷山大勒塔區域問題，雙方現在討論者乃保法國在該區利益保障問題。（哈電）

▲由德駛滬之德輪梭隆蘭德號，被日艦扣留搜查，滬德總領事已向日當局提出嚴重抗議。（路電）

▲義在西志願兵，日內將全數撤退。（馬德里電）

▲土外長薩拉茹格將於日內聘問蘇聯。

▲美駐華大使詹森在滬與英法大使會談後，乘輪抵港，經由漢賞赴渝返任。聞英駐華大使卡爾亦不日赴渝。（路電）

## 土國共和人民黨大會
## 伊斯美發表強硬演說
## 土已完成自衛計劃

【安哥拉卅日路電】土耳其共和人民黨第五屆代表大會，在此間開幕，總統伊斯美特出席發表演說謂：吾人決不承認彼強大之同盟國家有消滅較小國家之權利，以及侵犯其獨立之主權。吾人之所以建立巴爾幹協約國之原因，亦即在此。土耳其已經完成自衛計劃，不但能保護其自身之安全，且欲對世界和平有所供獻，戰爭若果爆發，土國即將盡其責任，而無所恐懼。英土協定，不具有任何侵略之目的，而只有保障地中海和平之義務也。今日土耳其與蘇聯之關係，已較以前更為密切，法土二國，亦在原則上贊成簽訂互助協定，土耳其之國防措置，已日益重要，當此國際危機仍然存在之時，吾人除以武力謀自身之安全外，再無他法。

## 蘇聯最高議會連日舉行
# 討論建設方案
## 向共產主義建設猛進

【莫斯科三十一日塔斯電】聯邦會議及民族會議聯席會舉行時。人民委員會副主席米高陽代表政府解釋成立建築工業人民委員會之理由。關於設立新人民委員會提案，米高陽會後引證三次五年計劃中建設工廠製造場之龐大計劃，以便於十年或十五年內趕上或超過經濟最前進之資本主義國家。設立蘇聯建築工業人民委員會提案，由各院分別表決通過。蘇聯人民委員會副主席巴爾甘代表政府提出各加盟共和國設立汽車運輸人民委員會之草案，亦由各院分別表決通過。

【中央社莫斯科廿九日塔斯電】聯共中央委員會日前舉行全體常會。此次全體大會討論下列各點：一、設法保護公有土地及集體農場，以免荒廢案；二、準備收獲及貯藏農業生產品案；三、成立黨的各種管理委員會案。四、選舉勞動人民代表參加地方蘇維埃案。全體大會當批准聯共中央委員會及蘇聯人民委員會之決議草案，即設法保護公有土地及集體農場以免荒廢案與準備收獲及貯藏農產品案。

## 本年預算
## 千萬萬元

【莫斯科三十日路電】蘇聯本年度預算連國防費在內，共為一五四，九五七，○○○，○○○○盧布。稅收預算為一五五，六○七，○○○，○○○盧布，除收支相抵外，尚餘六五○，○○○，○○○盧布。本年度預算總於軍費部份者共四○，八八五，○○○，○○○盧布，而去年僅有二七，○○○，○○○，○○○盧布。

【莫斯科廿九日電】外交人民委員會委員長莫洛託夫頃應最高議會邀請，將於三十日午後七時向最高議會民族院與聯邦院聯席會報告外交政策。屆時將提及英法蘇三國互助協定草案。惟莫氏將僅泛論一般原則，不致有何具體意見之表述」云。

## 匈牙利
## 法西活動積極

【匈牙利京城卅一日路電】匈衆議院改選結果已揭曉，國社黨已成為衆院中之最大反對黨，其議席已由五席增至廿五席。原居最大反對黨地位之獨立農民黨之議席，則由二十五席減為九席，惟政府黨仍佔最多數。議席中政府黨與反對黨之比例為三與一之比。（中央社）

## 英法蘇互助協定
# 週內將宣告成立
## 保障和平最有效的辦法

關於英法蘇三國共同合作，抵抗侵略事「英國會於上星期抄將其提案送交蘇政府，據莫斯科消息：蘇聯政府對英法之覆文，諒可於今（卅一）日晚外交人民委員會委員長莫洛託夫在聯邦會議與民族會議聯席會提出報告以前，送交英國大使館。而三國協定，當可於週內宣告成立。一般人士對訂立協定前途，甚為樂觀。」（倫敦卅一日路電）

「目前，尚待商討者僅細目附則：一，蘇聯當局認為英法兩國政府所提草案係以國聯現行機構為歸宿，實施時未免失之迂緩，委要求依照相互原則，規定機械（即固定而有力）的實施辦法。二，關於援助波羅的海各國（即拉脫維亞，立陶宛，愛沙尼亞三國）一層，不必等候各該國提出請援要求，換言之，各該國若果遭受侵略，英法蘇應立即出兵援助。」（倫敦廿九日合衆電）關於第一點，「

英政府已令駐蘇大使西蔡向莫洛託夫說明：協定草案所以依據國聯盟約原則，僅為解釋訂立之理由。實則，協定實施，機械性質並不因而稍減。英外次白特勒與駐英大使邁斯基會談，亦以此意告之。」（倫敦三十日哈電）

## 蘇聯紅軍
## 是
## 和平衛士

英法蘇三國互助協定成立之後，世界和平力量大可增強，「蘇聯之實力，一向雖秘而不宣，根據所知，可動員者有一千六百萬人，其中一千萬人已訓練有素，能使運用最新式之武器，方法作戰。蘇聯現有五百萬受過訓練之軍隊，彼等在正規或預備軍中服役。預備軍與英國新軍相似，係於一九二三年八月建立，今則已成為一支強大的力量矣。此外蘇聯尚有第二預備軍，其中人員均曾在正規軍或準備軍服過軍役者，彼等亦受軍事當局之調遣。蘇聯每年徵入海空軍服務者，達七萬五千人，應徵者在十六歲至十八歲之期間，每年須受軍訓十星期，再正規軍退伍後，即編入預備軍，直到四十歲為止。蘇聯尚擬就立時動員人民及車馬之計劃云。蘇聯紅軍具如此強大，堅不可摧之力量，並積極準備，予侵略者以嚴重打擊，實為全世界和平衛士。」（倫敦二十九日合衆電）

國內新聞

# 敵偽經濟貧困
## 日元偽幣相繼跌價
## 軍用浩繁窮途已見

### 財部發言人談

「近來日本金票與華北偽幣皆發生狂跌，同時偽華興銀行在滬揭幕，發行偽鈔。各國新聞記者在本日定期談話會席上，對此種種情形，請我財部發言人發表意見，當經分別答覆如下：

### 日元◇暴跌
### ◇偽幣

「日元在東京法定匯價雖仍掛牌為一先令兩便士，然事實上在上海則已狂跌至七、卅二分之十一便士之程度，現以中國法幣折算，則日元一百，祇能換我法幣八十九元之譜。」在華北方面，「自偽幣發行以來，行市逐漸跌落，直到以偽幣百十三元，亦不能換我法幣百元。」甚至根本就不能直接以偽鈔購買外匯。「其目前所陷惡境，實已證日本之華北紙幣計劃於整個失敗之地。」

### 敵困境日增下
### 組偽華興銀行

「上海偽華興銀行之產生，此舉為日本金融計劃之一，企圖借此銀行為先鋒，建立以上海為中心之經濟組織，但同時此舉，是顯明指出日本所處之經濟困難環境，與日俱增。」

### 跌落原因：

「日元狂跌之原因如左：（一）日本國內通貨膨脹。（二）日本國內物價激增。（三）日本對華戰事及歐洲情勢緊張。（四）日本無力實施關於華興銀行之原定計劃。一言以蔽之，日金之狂跌，實因日本自己摧殘其幣制所致。

### 財政困難
### 日趨末境

再，發言人則一一駁斥日方馬吉田米次氏對其發行偽鈔行為之猖獗，並詳為指出「日本財政困難，正日趨末境。」

## 汪逆與南北傀儡
# 擬舉行漢奸會議

【香港三十一日電】據香港立報滬電：汪逆精衛，近接受敵方平沼及近衛去年意見，積極活動成立新組織，以緩和敵方最近對英美法之矛盾，而靜待歐洲局勢之變化。最近汪逆擬召集改組派人員，並聯合北平、南京、上海之傀儡，以及各淪陷區內之漢奸，舉行會議。此項行動，現正在秘密進行中。（中央社）

期：新中华报零零三十五期

版：零二版

时间：一九三九年六月二日

財部發言人談
敵偽經濟貧困
日元偽幣相繼跌價
軍用浩繁窮途已見

# 财部发言人谈敌伪经济贫困

## 日元伪币相继跌价<br>军用浩繁穷途已见

近来日本金票与华北伪币皆发生狂跌，同时伪华兴银行在沪揭幕，发行伪钞。各国新闻记者在本日定期谈话会席上，对此种种情形，请我财部发言人发表意见，当经分别答覆如下：

### 日元暴跌伪币

“日元在东京法定汇价虽仍挂牌为一先令两便士，然事实上在上海则业已狂跌至七点三十二分之十一便士之程度，现以中国法币折算，则日元一百，只能换我法币八十九元之□。”在华北方面，“自伪币发行以来，行市逐渐跌落，直到以伪币百十三元，亦不能换我法币百元。”甚至根本就不能直接以伪钞购买外汇。“其目前所陷恶境，实已置日本之华北纸币计划于整个失败之地。”

### 跌落原因：

日元狂跌之原因如左：（一）日本国内通货膨胀。（二）日本国内物价激增。（三）日本对华战事及欧洲情势紧张。（四）日本无力实施关于华兴银行之原定计划。一言以蔽之，日金之狂跌，实因日本自己摧残其币制所致。

### 敌困境日增下组伪华兴银行

“上海伪华兴银行之产生，此举为日本金融计划之一，企图借此银行为先锋，建立以上海为中心之经济组织，但同时此举，是显明指出日本所处之经济困难环境，与日俱增。”

### 财政困难日趋末境

再，发言人则一一驳斥日方马吉田米次氏对其发行伪币行为之辩护，并详为指出“日本财政困难，正日趋末境。”

國際三日譚

# 英加强遠東政策

## 對日將實施經濟制裁

## 英法美當局會商對策

近來，日本恣意橫行，不斷危害各國在遠東的權益。「英國為了保護其本身利益計，已準備擴張其目前之遠東政策，即由財政經濟上援華之範圍，進為直接對抗日本之地步，俾應付日本對英國施行威脅之舉動。英國擬以照會致日，該照會現在英方嚴密考慮中，其內容將以今後數日內日本進一步之行動如何而定。照會內將提出英國所擬採取之應付方案，惟日本若能緩和其危及英國在華條約權利之行動，則照會之措辭，亦將緩和。反之，日本若繼續危害英國在中國海岸之航行權，並進而要求攫得租界之行政權利，英國即將採用經濟上之措置，以保護其權利，此項措置具有小規模制裁之性質。英方法律專家現正研究英政府所可選擇採用之數項應付方法。於必要時，此數項方案得於照會內提出之。此照會聞將於數日後由駐日大使克萊琪送交日政府。」（倫敦卅一日合衆電）

「英政府為採取有效措置，以保護其在遠東之航務，不久將增派軍艦至新加坡增防。」（倫敦卅日合衆電）現時，「英法美三國駐華大使及陸遠東艦隊司令正紮集上海，討論下列問題：（一）日本封鎖中國海岸問題；（二）日本要求租界統治權問題；（三）鼓浪嶼問題。上海會議之結果，對於英提照會內容，亦有所影響。」（倫敦合衆卅一日電）

## 英・法・蘇・波 磋商軍事合作

### 英邀請各國參觀陸軍演習

【中央社倫敦卅日哈電】英政府頃正式邀請波蘭國陸軍教育總監斯米格古上將，於×月間前來英國參觀陸軍演習，且當於日內邀請法國國防總參謀長甘末林將軍來此一遊，蘇聯國防人民委員長伏羅希洛夫上將亦已接有請帖。以此法蘇波三國陸軍領袖同時齊集倫敦，自可與英國軍事當局磋商軍事合作問題云。

### 英軍事代表團赴波調查軍事

【倫敦卅日哈電】英政府近曾遣派軍事代表團前往波蘭，在駐波蘭大使館陸軍參贊葛蘭敦上校領導下，調查波蘭軍備需要情形，頃已竣事。政府一俟接獲報告書後，即當考慮用何種方式資助波蘭，俾克完成其準備擴充計劃。此間金融界人士之見解，認為波國為抵禦外力侵略計，充實軍備，建設強固之國防，實為英法蘇三國所同深關切，自應在金融上協力予以援助。聞法國已在數年前，以十餘萬萬法郎借與波蘭，蘇聯亦將以各樣準備原……

## 美中立法案 多數議員贊同修改 孤立派極謀阻撓

美國修正中立法問題，已在參衆兩院外委會討論甚久，但因內部爭執不決，至今尚無具體結果，自本月廿六日美國國務卿赫爾以書面提議提交參衆兩院外委會主席後，（提案見前期本報）選已明確的提供了美國政府對此問題的態度，現「衆院外交委員會主席白勞姆頃已決定依照赫爾提議，提出中立法修正案，並召集外交委員於五月三十一日開會，加以討論。」（中央社華盛頓廿九日路電）而參院外交委員會主席畢德門亦贊同赫爾之提議，並認為該委員會之大多數委員，亦將贊成政府之中立法案。（中央社華盛頓合衆電）但是，美國的死硬派，仍在散佈着他們的反對意見，如「共和黨」參政員皮拉，現仍反對以軍火售與交戰國，民主黨參議員衛沿與克拉克等，亦均決定保持現行中立法，反對總統享有廣泛之權力，（即總統有權指定交戰者誰是侵略國）並擬在參議院討論之際，利用各種法定程序，以事阻撓，務使修正案在國會休會之前，無法提付表決云。」（中央社華盛頓廿九日哈電）

## 國際簡訊

▲法土兩國訂立協定，已商有結果，不久當可成立。其中關於亞歷山大勒塔區問題，雙方現在討論者乃保法國在該區利益保障問題。（哈電）

▲由德駛滬之德輪校騰號，被日艦扣留搜查，滬德總領事已向日當局提出嚴重抗議。（路電）

▲意在西志願兵，日內將全數撤退。（馬德里電）

▲土外長薩拉茹格將於日內聘問蘇聯。

▲美駐華大使詹森在滬與英法大使會談後，乘輪抵港，經由漢貴赴渝返任。聞英駐華大使卡爾亦不日赴渝。（路電）

## 土國共和人民黨大會 伊斯美發表强硬演說 土已完成自衛計劃

【安哥拉卅日路電】土耳其共和人民黨第五屆代表大會，在此間開幕，總統伊斯美特出席發表演說謂：吾人決不承認彼强大之同盟國家有消滅較小國家之權利，以及侵犯其獨立之主權。吾人之所以建立巴爾幹協約國之原因，亦即在此。土耳其已經完成自衛計劃，不但能保護其自身之安全，且欲對世界和平有所供獻，戰爭若果爆發，土國即將盡其責任，而無所恐懼。英土協定，不具有任何侵略之目的，而且有保障地中海和平之義務也。今日土耳其與蘇聯之關係，已較以前更為密切，法土二國，亦在原則上贊成簽訂互助協定，土耳其之國防措置，已日益重要，當此國際危機仍然存在之時，吾人除以武力謀自身之安全外，再無他法。

## 蘇聯最高議會連日舉行 討論建設方案 向共產主義建設猛進

【莫斯科三十日塔斯電】聯邦會議及民族會議聯席會舉行時，人民委員會副主席米高陽代表該會解釋成立建築工業人民委員會之理由。關於設立新人民委員會提案，米高陽會後引證第三次五年計劃中建設工廠製造場之驚人計劃，以便於十年或十五年內趕上或超過經濟最前進之資本主義國家。設立蘇聯建築工業人民委員會提案，由各院分別表決通過。蘇聯人民委員會副主席巴爾甘寧代表政府提出各加盟共和國設立汽車運輸人民委員會之草案，亦由各院分別表決通過。

【中央社莫斯科廿九日塔斯電】聯共中央委員會日前舉行全體常會。此次全體大會討論下列各點：一、設法保護公有土地及集體農場，以免荒廢案；二、準備收獲及貯藏農業生產品案；三、成立黨的各種管理委員會案。四、選舉勞動人民代表參加地方蘇維埃案。全體大會當批准聯共中央委員會及蘇聯人民委員會之決議草案，即設法保護公有土地及集體農場以免荒廢案與準備收獲及貯藏農產品案。

### 本年預算 千萬萬元

【莫斯科三十日路電】蘇聯本年度預算連國防費在內共為一五四，九五七，○○○，○○○盧布。稅收預算為一五五，六○七，○○○，○○○盧布，除收支相抵外，尚餘六五○，○○○，○○○盧布。本年度預算總額於軍費部份者共四○，八八五，○○○，○○○盧布，而去年僅有二七，○○○，○○○，○○○盧布。

【莫斯科廿九日電】外交人民委員會委員長莫洛託夫頃應最高議會邀請，將於三十日午後七時向最高議會民族院與聯邦院聯席會報告外交政策。

### 匈牙利 法西活動積極

【匈牙利京城卅一日路電】匈衆議院改選結果已揭曉，國社黨已成為衆議院中之最大反對黨，其議席已由五席增至廿五席。原居議會大反對黨地位之獨立農民黨之議席，則由二十五席減為九席，惟政府黨仍佔最多數。議席中政府黨與反對黨之比例為三與一之比。（中央社）

## 英法蘇互助協定 週內將宣告成立 保障和平最有效的辦法

關於英法蘇三國共同合作，抵抗侵略事，「英國曾於上星期抄將其提案送交蘇政府，據莫斯科消息：蘇聯政府對英法之覆文，諒可於今（卅一）日晚外交人民委員會委員長莫洛託夫在聯邦會議與民族會議聯席會提出報告以前，送交英國大使館。而三國協定，當可於週內宣告成立。一般人士對訂立協定前途，甚為樂觀。」（倫敦卅一日路電）

「目前，尚待解決之細目附則：一、蘇聯當局認為英法兩國政府所提草案係以國聯現行機構為歸宿，實施時未免失之遲緩，要求依照互助原則，規定機械（即固定而有力）的實施辦法。二、關於援助波羅的海各國（即拉脫維亞，立陶宛，愛沙尼亞三國）一層，不必等候各該國提出請援要求，換言之，各該國若果遭受侵略，英法蘇應立即出兵援助。」（倫敦廿九日合衆電）「關於第一點，」

英政府已令駐蘇大使西慈向莫洛託夫說明：協定草案所以依據國聯盟約原則，僅為保障訂立之理由。實則協定實施性質並不因而稍減。英外相哈利法克斯與駐英大使邁斯基會談，亦以此意告之。」（倫敦三十日哈電）

……時將提及英法蘇三國互助協定草案」。惟莫氏將僅泛論一般原則，不致有何具體意見云。

## 蘇聯紅軍是和平衛士

英法蘇三國互助協定成立之後，世界和平力量大可增強，「蘇聯之實力，一向雖屬不宜，根據所知，可動員者有一千六百萬人，其中一千萬人已訓練有素，能使運用最新式之武器方法作戰。蘇聯現有五百萬受過訓練之軍隊，其後將現規或預備軍中服役。預備軍與英國新軍相似，係於一九二三年八月建立，今則已成為一支強大的力量矣。此外蘇聯尚有第二預備軍，其中人員均曾在正規軍或準備軍服過軍役者，彼等亦受軍事局之調遣。蘇聯每年徵入海空軍服務者達七萬五千人，應徵者在十六歲至十八歲之期間，每年須受軍訓十星期。再正規軍退伍後，即編入預備軍，直到四十歲為止。蘇聯尚採就近時動員人民及軍馬之計劃云。蘇聯紅軍具如有此強大，堅不可摧之力量，並積極準備，予侵略者以嚴重打擊，實為全世界和平衛士。」（倫敦二十九日合衆電）

國內新聞

## 財部發言人談 敵偽經濟貧困 日元偽幣相繼跌價 軍用浩繁窮途已見

「近來日本金票與華北偽幣接發生狂跌，同時偽蒙疆銀行在滬搗亂，發行偽鈔。各國新聞記者在本日定期談話會席上，對此種種情形，請我財部發言人發表意見，當經分別答復如下：

### 日元◇暴跌 ◇偽幣

「日元在東京法定匯價雖仍掛牌為一先令兩便士，然事實上在上海則已狂跌至七、卅二分之十一便士之程度，現以中國法幣折算，則日元一百元，祇能換我法幣八十九元之譜。」在華北方面，「自偽幣發行以來，行市逐漸跌落，直到以偽幣百十三元，亦不能換我法幣百元。」甚至根本就不能直接以偽鈔購買外匯。「其目前所陷惡境，實已瀕臨日本之華北紙幣計劃整個失敗之地。」

### 跌落原因：

「日元狂跌之原因如左：（一）日本國內通貨膨脹。（二）日本國內物價激增。（三）日本對華戰事及歐洲情勢緊張。（四）日本無力實施關於偽蒙疆銀行之原定計劃。一言以蔽之，日金之狂跌，實因日本自己擴張其幣制所致。」

### 敵困境日增下 組偽華興銀行

「上海偽華興銀行之產生，此舉為日本金融計劃之一，企圖借此銀行為先鋒，建立以上海為中心之經濟組織，但同時此舉，是顯明指出日本所處之經濟困難環境，與日俱增。」

### 財政困難 日趨末境

再，發言人則一一駁斥日方馬吉田米次氏對其發行偽幣行為之辯護，並詳為指出「日本財政困難，正日趨末境。」

## 汪逆與南北傀儡 擬舉行漢奸會議

【香港三十一日電】據香港報載電：汪逆精衛，近接受敵方平沼及近衛去年來意見，積極活動，新組織新和敵方最近之英美法之矛盾局勢，最近汪逆之變化，集改組聯合北平、南京之傀儡，以及各淪陷區之漢奸，舉行會議，此項活動現正在秘密進行中。（中央社）

期：新中华报零零三十八期

版：零二版

时间：一九三九年六月十三日

# 英日对立愈趋尖锐

## 沪敌组各种反英运动
## 津英法租界横遭封锁

日寇为了想“独占”中国，对于英美法等在华利益，则一概加以排斥，最近一个时期，对于反英事件，尤为显着［著］，据上海讯：“日伪利用纶昌工潮，煽动工人反英。除已由伪组织领导成立所谓‘中华民国工人同盟会’外，兹又有所谓新上海劳动反英同盟会之组织，并曾强迫女工，参加反英游行，沿途散发荒谬传单。”（香港十日电）在天津：“自天津英当局拒绝将暗杀程锡庚之嫌疑犯四人交出后，天津日当局已决定采取自由行动。”（东京八日路电）“津伪警察局长，倾下令所有侨居英、法租界内之‘临时政府’及‘天津市政府’人员，一律须于六月九日以前退出该两租界，”（香港十日电）以便进行经济封锁。

國際要聞

# 英法蘇互助協定 英國擬就新方案

## 遵重蘇聯意見予以圓滿答覆 特派大員赴蘇促進協定成立

【據倫敦一般消息靈通人士宣稱：「英蘇談判，前途至可樂觀，英政府對下列兩點，已決定予蘇聯以滿足：（一）即英法蘇互助協定草案中，曾提及國聯會盟約精神字樣，將因蘇聯之反對而取消。（二）英法蘇簽字國三方，於緊急時機，不必預先交換意見，即應實行互助。此外，關於波羅的海沿岸各國保障問題，英國主張簽字國三方，各自片面發表宣言，說明生存依關之利益所在，而由其它兩國予以接受，此類利益，倘受威脅，則其它兩國應即予以援助。」（倫敦八日哈電）換言之，正如張伯倫所言：「三國之相互援助，應不以外力侵入該三國本土為限，凡三國之中，有一國感覺歐洲某國之行動，有直接或間接威脅其安全時，此類互助行動，亦將適用之。」（倫敦八日路電）

「英政府為促進談判起見，已決定派外部中歐司司長史特郎前往蘇聯，襄助西茲大使，俾互助協定得以早日成立。」（倫敦八日哈電）不過「史特郎離英已逾三週之久，對於當前局勢必須費時加以審查，故本月十二以前，難首途。」

## ◇法國態度◇表示贊同

【倫敦十日哈電】關於英法蘇三國締結互助協定問題，英政府業已擬就新方案，準備交由外務部中歐司司長史特朗攜往莫斯科。爰於事前徵詢法國當局之意見，法大使考賓十日通告外務次官賈德干謂：法政府對於此項新方案，在大體上表示同意，在文字上須稍加修改。

# 英將貸巨量借款予各被保障國家

## 擴充軍備抵抗侵略

【倫敦七日哈電】此間金融界人士頃宣稱：英國將以信用放款，昇予被保障各國，俾克擴充軍備，因此出口信用放款最高限額，或將自目前之三千五百萬鎊，提高至六千萬鎊乃至七千萬鎊。截至今日為止，業已放出者，共有二千三百萬鎊，其分配如次：（一）希臘二百萬鎊。（二）土耳其一千六百萬鎊。（三）羅馬尼亞五百萬鎊。並已決定以五百萬鎊貸與波蘭。惟各國之借用浩大，原定三千五百萬鎊之數，殊恐不敷，自有提高之必要。聞英政府將設特種機關，處理此項問題。

## 土軍事代表團抵英 協商英土技術合作

【倫敦七日哈電】土耳其政府派往英倫之軍事代表團，已於六日抵此，本日會晤陸相倍立夏及帝國會各國防委員，開始磋商各項技術合作問題。據此間政界人士所知，嘉幸（土陸軍教育總監兼軍事代表團團長）及各專家將與英當局為雙方在近東一帶，及地中海東部議訂合作方式，俾於地中海發生戰爭時，付諸實施云。

## 英法會談

【倫敦八日哈電】法國國防總參謀長甘茂林將軍，本日午後應張伯倫首相之邀，相與進行談話，陸相倍立夏時亦在場。談話內容如何，未經發表，但據政界人士宣稱：此非尋常酬酢可比，所談極關重要，必曾涉及各種技術問題云。甘茂林將軍旋復與土耳其國陸軍教育總監嘉幸將軍會晤。

【倫敦九日路電】英上院昨舉行外交辯論，由工黨議員史奈爾爵士首先發言，指出政府對於接受集體安全制之重要原則，在過去遲遲未作最後決定，其影響所及，會引起極大之不安。次則述及日寇在遠東對英國利益之排斥及對英人之侮辱。最後指出哈里法克斯在日前國聯會議上答覆中國代表顧維鈞氏之演說，可謂並無同情之表示，吾人閱讀之餘，深感不安。

# 英日對立愈趨尖銳

## 滬敵組各種反英運動 津英法租界橫遭封鎖

日寇為了想「獨佔」中國，對於英美法等在華利益，則一概加以排斥，最近一個時期，對於反英事件，尤為顯著，據上海訊：「日偽利用流氓工潮」，煽動工人反英。除已由偽組織領導成立所謂「中華民國工人同盟會」外，茲又有所謂新上海勞動反英同盟會之組織，並曾強迫女工，參加反英遊行，沿途散發荒謬傳單。」（香港十日電）在天津：「自天津英當局拒絕將暗殺程錫庚之嫌疑犯四人交出後，天津日當局已決定採取自由行動。」（東京八日路電）「天津偽警察局長，頃下令所有僑居英、法租界內之『臨時政府』及『天津市政府』人員，一律須於六月九日以前退出該兩租界。」（香港十日電）以便進行經濟封鎖。

## 英總領事向日提嚴重抗議

日寇此種橫行，引起了英國方面嚴重的注意。據上海八日路透電稱：「英總領事費利浦，今日（八日）下午往訪日總領事，提出嚴重抗議，要求日方立即採取適當之措置，以保護滬東英人之財產與生命，並制止反英運動。」

## 哈里法克斯談遠東局勢

再，據倫敦八日哈瓦斯電稱：「哈里法克斯外相，於本日午後在上院發表重要演說，略論外交局勢，關於遠東部份有云：遠東方面，近頃迭次發生事端，政府極感不安，自當竭力保障英國人民之利益，務使現行條約所載各款，雖因日本之行為而在某方面成為問題，而仍應盡量予以尊重，並會同其他各關係國府繼續推行此種政策。」

## 比外交方針 決守中立

【比京六日哈電】眾院外交委員會頃就外交部預算案提出報告書，日內提付眾院討論。報告書中涉及比國外交方針，內容共分三點：（一）比國決心保守中立，各種軍事約束無論集體性質或相互性質，均不願予以接受。（二）任何國對於非洲比屬剛果殖民地如有覬覦之心，當堅決抵禦之。（三）荷比兩國關係密切，並無締結軍事協定之必要。

# 幣價更動我有利

## 英美金融界之評論

【倫敦八日哈電】中國法幣因匯兌平準基金停止供給外匯之故，對英幣匯價已由八辨士二五跌到六辨士六二五。此間人士所獲印象，咸以為中國當局將聽任法幣達到一種水平，俾與經濟狀況相適應，俟遇有劇烈變動始乃出而干涉。法幣匯兌跌落之後，中國對外貿易當可獲有良好影響，即對外貿易之總結，在某種程度內可予以改善。

無限期維持法幣八辨士又四分之一之比率，實感困難，故平衡基金在此時暫停支持，俾法幣自行調整其價格，俟漲落稍形穩定，再行確定其比率，將來其價格較八辨士又四分之一略低，自屬毫無疑義，為預防法幣價格漲落過大起見，當局方面或仍將運用平衡基金以資穩定云。

【倫敦八日哈電】中國法幣匯價跌落事，此間經濟通訊報頃加以評論云，中國法幣水準幾已成為人為性質，該國當局聽任法幣遂到自然的水準，但非不再予以維持之謂。倫敦金融界認為，中國對外貿易可因此獲有被動，資金逃避亦可予以制止。至美國方面亦謂：中國此舉乃係政治上一種策略，用以對付日本貨幣政策。

## 英將再度貸款予我

【倫敦九日哈電】遠東問題主管方面頃透露消息：英國政府現正考慮繼續以信用貸款昇予中國，俾克購買所需軍用品。

× ×

## 基金用罄之說完全無稽

【倫敦八日路電】關於外傳中國法幣跌價之種種謠言，及中英平衡外匯基金不復支持外匯比率之傳說。泰晤士報今晨載稱：各方面所傳外匯基金已將用罄之說，完全無稽。惟目前確有一種需要，即欲

# 國際勞工會議開幕

## 擁護和平同情中國抗戰

【日內瓦八日路電】國際勞工會議，今日在此開幕，參加者達五十國之多。勞方代表昨日舉行預備會，結果通過決議案兩則：（一）對於羅斯福總統之呼籲和平舉動，表示熱烈擁護，並盼羅總統繼續努力召開國際經濟會議，俾永久而光榮之和平，得以實現。（二）中國勞工階級，現正英勇抵抗日本之侵略，本會對之，極表深切之同情，全世界工人深信此種壯烈之犧牲，決非虛耗。中國農民亦知抵抗日本之侵略，以保衛其國家之獨立。對於日本之侵略舉動，日本之無產階級，並未與聞云。

國內新聞

# 舉國一致聲討汪逆

## 國府明令通緝 俯順輿情、繩以國法

【中央社渝八日電】國府八日令，汪兆銘違背國策，不顧大義，於全國一致抗戰之時，潛離職守，妄主和議，並響應敵方謬論，希冀煽惑人心，阻撓大計，經中央加以懲戒，尤復不自反悔，倒行逆施，竟於三月赴滬，不惜自居於漢奸之列，供敵驅使，並圖謀不軌，以此通敵賣國之行為，觸犯懲處漢奸條例之規定。比來海內外民眾，同深憤慨，先後呈請通緝嚴懲者不下千餘起之多。政府如尚曲全，其何以伸張國法，慰我軍民，應即由全國軍政各機關，一體嚴緝拿獲，依法懲辦，以肅紀綱，此令。

【重慶九日電】汪精衛潛離職守，妄發謬論，前經中央加以懲戒，全國各界及海外僑胞，以汪倒行逆施，甘心為敵作倀，各方多主請政府通緝法辦。計自歲首以還，此項呈電不下千餘起之多，本月八日之明令通緝，蓋所以肅紀綱而順輿情。上述呈請緝汪之呈電，詞意大致相同，對汪通敵賣國一致表示憤恨，限於篇幅，不克盡量披露。發電人之銜名中，將領疆吏有閻錫山、龍雲、白崇禧、程潛、陳誠、薛岳、李漢魂、劉峙、盛世才、李樞、王纘緒、劉文輝、沈鴻烈、蔣鼎文、朱紹良、馬占山、張發奎、余漢謀、黃旭初、黃紹雄、顧祝同等人。人民團體有上海市商會暨銀行業、錢業等一百五十餘公會，江西省商聯會，新疆民族聯合會等。華僑有暹羅、巴達維亞、秘魯、紐約、馬六甲、新加坡、菲律賓、吉隆坡、泗水、香港、九龍等僑團。黨部有河北省黨部等省的各級黨部。教育文化界有浙大、廈大、西北聯大、雲南昆華工校、甘肅文化協會、全國文藝界抗敵協會、上海新聞界全體同人、上海文化界聯合會等，此外參政員邵從恩等，暨廣西等省臨時參議會，亦均分呈政府，請明令緝汪法辦云。

【香港九日電】國府緝汪通緝令發後。滬各界均極感興奮，認為汪逆寡廉鮮恥，勾結敵奸，早應繩以國法，各報對國府原令，多用大字刊登於重要地位。

# 德國誘迫拉愛 訂互不侵犯條約

## 對英蘇談判無影響

德國為了對抗英法蘇反侵略集團，破壞世界和平力量，近來積極佈置小國活動。上週迫脅丹麥簽訂了互不侵犯條約，如今「德國與拉特維亞及愛沙尼亞兩國又分別簽訂了互不侵犯條約。七日上午十時卅分先由德外長李賓特洛甫與拉特維亞外長孟哲斯在外交部正式簽字，閱數分鐘，復與愛沙尼亞外長薛爾脫正式簽字。事後即由李賓特洛甫引拉愛兩外長進謁希特勒，並同進午餐。此兩條約與德丹互不侵犯條約內容相同，共條款如下：（一）簽字國相約不得訴諸戰爭，或以武力相對抗。（二）締約三國若以暴力加諸簽字國之一，或與之作戰，簽字國其他一方無論在何種情況下，不得予以贊助。但若與第三國繼續通商或任該國貨物通過國境，不以違反中立論。（三）本條約有效期間為十年。」（柏林七日哈電）據英外交人士之評論：「德國與拉特維亞，愛沙尼亞簽定互不侵犯條約，對英法蘇三國現行談判，不致感受影響」。（倫敦八日哈電）

## 德國積極向波挑釁

另一方面德國對波蘭卻積極挑釁，在「德國西萊雅省萊蒂波城，國社黨員一萃於昨（九日）晚闖入波蘭留德僑民協會，搗毀家俱，撕碎波國故領袖畢蘇斯基上將之照片、文件而去。事後德國官廳即將協會封閉，並擬作國社黨青年團團部辦公處云。」（華沙十日哈電）「但澤自由市當局前要求波政府減少自由市之波籍稅務員數額，與波政府已加以拒絕。據波政府稱：此項要求毫無根據，波方甚至認為自由市之波蘭稅務員在數目上尚為不足云。」（華沙十一日路電）

新中華報

期
新中华报零零四十一期
版
零二版
时间
一九三九年六月二十三日

全國人民公敵
汪逆的陰謀活動
分派黨羽奔走南北
企圖統一傀儡組織



# 全国人民公敌汪逆的阴谋活动分派党羽奔走南北
# 企图统一傀儡组织

**【中央社香港二十日电】据此间消息：**汪逆精卫赴日以前，在沪曾与陈逆中孚等磋商解决时局办法，决定由汪负责与敌政府交涉求和。其内容为：（一）要求敌方取消南北两伪组织。成立统一的傀儡政权，以汪为首。（二）要求敌方每月予以和平活动费三百万元。从事阴谋活动。汪逆为联络伪组织计，曾派人赴平见王逆克敏，另派人赴南京见梁逆鸿志，但其结果均不甚圆满。最近汪逆复嘱陈逆中孚偕何某北上，企图怂恿吴佩孚出山附逆，吴表示颇冷淡。又汪派周佛海丁默村等在上海多方活动，利用敌寇武力及金钱，利诱威胁上海市新闻界及文化界，极力拉拢以便供彼利用，但稍有气节者，均不之理，故收效殊少。汪逆精卫于月初偕高宗武赴日谒见敌酋，现尚逗留京东。

# 野心勃勃含義嚴重 津敵發狂妄聲明

## 封鎖租界意在迫英讓步 英仍圖妥協主重開談判

日寇封鎖天津英租界以及在各地區指示的反英運動，促成了英日遠東關係的日益惡化，同時，更由於英國政府對問題之曖昧妥協態度，促成了日寇更進一步的狂妄行爲與要求，據倫敦三十一日哈瓦斯電：「津日軍發言人宣稱：天津事件，非僅英方將程案四嫌疑犯交出即可解決。封鎖之目的，端在求得華北英方當局與日軍取得更大之合作。」在這裏，是如何明白的暴露了日寇企圖脅迫英國調停中日戰爭，經過英法各國，來誘導中國向敵求降以召開「東方慕尼黑會議」來滅亡中國。

適當的處理這一問題，本來應該是各民主國家以西方慕尼黑協定爲殷鑒，急起以聯合的力量，强硬的態度，予日寇以嚴重的打擊，可是，各民主國家，尤其是英國政府當局，卻充分的表示了他妥協的態度。「哈里法克思外相，曾於十九日午後接見日本大使重光葵，進行談話，歷時四十五分之久，據說：外相力言英國在華僑民及權利所受待遇，已在全國輿論界引起不良反響，日方倘能採取合理的態度，則英國亦不願現行爭議，再行延緩。」（倫敦十九日路電）同時，更提出具體意見，「建議天津英日當局重開談判。」（倫敦廿一日合衆電）而另一方面，「昨（廿日）英使克萊琪與日外相有田會晤，據日方訊：英使曾要求天津英僑應與他國僑民享受平等待遇，更指陳目下天津方面購買日用品極爲困難，日方對於運往英租界之貨，應請從寬檢查。據倫日新聞說：英使兩項要求，業經有田拒絕。」（東京廿一日路電）此外，更把張伯倫、赫爾先後所發表之宣言，公佈於後：

### 張伯倫演說 英方盼望天津事件能由地方當局解決

【倫敦廿日事】英首相張伯倫昨在下院宣稱：天津事件之真象，尚未完全判明。日方原要求將中國嫌疑犯四人交出，但其後又提出牽涉及整個政策之重要問題。英方迄未接到日本關於此事之正式照會，惟英方仍盼此事能由地方解決，蓋日政府亦具此同感，而不願目前之嚴重局勢更趨惡化也，但英政府關於天津事件對於其它在華外國租界之反響，仍隨時加以密切之注意。

又英外相哈里法克斯，廿日在上院對天津事件，曾發表聲明，關於天津日軍發言人所發表之談話，有所述及，略謂：「克萊琪訪晤有田時，曾請其注意及天津日方發言人此項談話，英國在天津之目的，爲保持租界之中立態度，勿使成爲敵對活動之根據地，凡可實現此項目的辦法，英方無不準備加以討論，此層英政府業已充分表明矣。」（倫敦廿一日哈電）

### 赫爾發表宣言 政府注意津事件 調解限於引渡事

【華盛頓十九日路電】國務卿赫爾，今日爲天津事件發表宣言如下：政府對於引渡四華人而引起之天津事件，固不宜視。惟其後事態擴大，其性質及各方形勢之發展，業已增加其重要性，故本國政府對於中國有關事件每日之發展，特別注意云。繼稱：關於天津事件所傳美國有出任調解者，此僅限於引渡四華人之糾紛，且在封鎖前，即已提出云。又稱美國目前尚無撤退在津美僑婦孺之計劃云。

### 郭泰祺再阻英政府移交嫌疑犯

【倫敦二十日路電】中國大使郭泰祺，定於今（二十日）午後五時半訪晤外相哈里法克斯，再度阻止英政府勿以程案四嫌疑犯交出云。

### 津領事團將提抗議

【天津十九日合衆電】此間領事團，對於日方將租界外鐵絲網通過電流一舉，將根據人道主義之立場，向日方提出抗議。

× × ×

如何而定。

### 山窮水盡 黃金滾滾向外流 大量入超敵叫苦連天

【華盛頓十六日合衆電】據商務院統計報告：自一九三七年夏季以來，日本國因購買軍用品而運至美國之現金已達四萬萬美金。國際財政專家深信，日本現存之金額，官方雖無報告，但其總數，必不甚多。大致在一萬萬美金左右。若目前之情形不發生變化，其現金仍將繼續流出國境，屆時，日本或將被迫減少國外之購買量，以資補救。至於日本現金外流最大原因爲入超。據一九三七年日本之商務報告該年度之入超爲三萬萬美金，一九三八年之入超爲五萬萬二千七百萬美金，而今年之入超將超過去年數倍云。

【倫敦廿日哈電】此間標準晚報載稱：日本財政狀況，日益不穩。該國在一年前，尚存有黃金七千五百萬鎊，此際業已降至二千五百萬鎊。東京方面已有人公開宣言：日僞不能在財政上獲得新資源，則對華戰爭，即不能再支持六個月，但歐美在華利益，苟爲日所奪取，不久則其所需資金之一部份，即可取給於中國云。

## 國際間的輿論

### 指出天津事件是：日德的聯合行動 對民主國家的清算

各國輿論，對於天津事件，都有很好的估計，對於英、美、法各國政府，都有很好的批評：

**英**　【倫敦二十日路電】各報對於天津事件，今日皆有評論，每日郵報說：英政府不應再與天津之日本無頭當局交涉，若日政府無法或不能制止此輩之行動，則英國應採直接行動，保護吾人在華北之利益。

**美**　【華盛頓十九日合衆電】今日華盛頓明星報社評說：日本封鎖天津英法租界所引起之局勢，其影響及於美國之利益，與英法殊無二致，因各國在華經濟利益之前途，視此次封鎖之結果如何以爲斷。東京方面，顯然擬利用天津事件與反對「東亞新秩序」之民主國家實行清算。日本在中國方面，藉謀國際權利之舉，美國人民對之觀感如何，業經民意測驗表白無遺，美國人民主張抵制日貨，禁止以軍需品運往日本者，爲數益衆。又駐日大使格魯，現適在此，美國政府，必能採取明智之決策。

**法**　【巴黎十九日哈電】此間各報，評論天津事件，略謂：日本之目標，在斷絕英國在華之優越地位，使今後無從與之競爭，其次，乃因英國廢止英日同盟條約，敵設法報復。日本爲達到此項目的，無論何種方法願予以嘗試，同時，無論何國與之締結同盟條約，亦所歡迎，日本茲在遠東所作舉動，與歐洲德義兩國，實爲遙相呼應。推其根原，德國應負其咎，該國擾亂歐洲時局之毅力與資財，如用和平方式開發其所蘊藏之富源，則德人即飢可得食，寒可得衣，而歐洲亦無禁慾之危險矣。

#### 日對美國試探行動——費加羅報

【巴黎二十日路電】今日各報對於美國務卿所發表天津事件之聲明，頗多批評，若干報稱，美國對於遠東之局勢，有舉足輕重之勢。巴黎晚報說：日本對於軸心國家之援助，即在試探美國在我有直接利益之地點所採之行動，究將到若何程度，故天津事件之如何解決，端在視美國之態度

## 依付法西斯之殷鑑 德將併斯洛伐克

### 大軍雲集斯德邊境一帶

【倫敦十五日路電】太晤士報捷京電訊、自德秘密偵探長西姆勒抵布拉格後，該地形勢甚爲嚴重，衆信不久必將發生重大變故。現捷京人士咸認德國將在斯洛伐克開始行動。德國已有部隊，駐於斯洛伐克境內，現更在摩拉維亞與斯洛伐克境內集中軍隊，故德國進攻斯洛伐克時，無須大軍，即可奏效。聞巴都比斯及布拉格各地之火車頭，已奉令升火待發，邊境各公路已停止客運，專供德國軍用矣。

【紐約十五日路電】紐約時報載稱：德國已於斯洛伐克北部，毗連德國邊境之地，集中軍隊廿五萬；計共中有步兵五師，坦克車隊四師、重砲隊一師。該報並稱：捷克滅亡之慘劇將重見於斯洛伐克云。

【卜拉輪十九日路電】上週內德軍續向斯洛伐克調動。最近數日內有大批坦克車鐵甲車運輸車輛，經此東開，聞德軍集中奧斯特拉附近邊境者，已達十師。

× × ×

### 國際簡訊

▲巴西陸軍總參謀長蒙得羅將軍前來美國聘問，並與美國陸軍副參謀長馬維爾少將晤談。（哈電）

▲日駐意大使白島敏夫，近日來此與該國駐德大使大島浩將軍會商反共協定加强問題。據此間日人宣稱：白島敏夫有出任外相之可能云。（柏林哈電）

▲義國海軍第一艦隊加富爾號凱撒號兩艘巡洋艦，驅逐艦十艘魚雷艇二十餘艘，駛往非洲摩洛哥海面游弋，並將在西班牙國各港口寄泊。（哈電）

▲希特勒十八日在貝加登接見阿拉伯國王密使胡特。各界對之頗爲驚異。（路電）

▲據漁人報告：挪威之南海岸有德軍艦十七艘，潛水艇若干艘，飛機若干架，從事作戰演習云（路電）

### 英法遠東當局 會商軍事合作

（新加坡廿一日路電）英法軍事當局定明日在此舉行重要會議，屆時將討論關於英法兩國在遠東戰略行動之合作問題。出席者有英駐遠東艦隊司令「諾貝爾」上將，印度、緬甸、紐西蘭、馬來亞、香港等地英海陸軍官員，及法駐遠東艦隊司令特古上將等共六十餘人。鑒於中國境內最近局面之發展，明日之會談自有重大意義云。

### 埃及將加入近東公約

【土耳其斯坦埠廿日哈電】埃及外長羅希亞，前來土國聘問，曾與土當局進行談話。據政界人士宣稱：埃及國行將加入近東公約，俾爲此項公約擴大之簽字國，切實規定行動方針，而在地中海東部，樹立一堅强和平陣綫，英方亦已表示贊同。如此，則地中海東部將變成一堅不可摧之「東方馬奇諾防綫」云。

## 國內新聞

### 全國人民公敵 汪逆的陰謀活動

### 分派黨羽奔走南北 企圖統一傀儡組織

【中央社香港廿日電】據此間消息：汪逆精衛赴日以前，在滬曾與陳逆中孚等磋商解決時局辦法，決定由汪負責與敵政府交涉求和。其內容爲：（一）要求敵方取消南北兩僞組織，成立統一的傀儡政權，以汪爲首。（二）要求敵方每月予以和平活動費三百萬元。從事陰謀活動。汪逆爲聯絡僞組織計，曾派人赴平見王逆克敏，另派人赴南京見梁逆鴻志，但其結果均不甚圓滿。最近汪逆復囑陳逆中孚偕何某北上，企圖奔走吳佩孚出山附逆，吳表示頗冷淡。又汪派周佛海丁默村等在上海多方活動，利用敵寇武力及金錢，利誘威脅上海市新聞界及文化界，極力拉攏以便供彼利用，但稍有氣節者，均不之理，故收效殊少。汪逆精衛於月初偕高宗武赴日謁見敵酋，現尚逗留京東。

### 慰勞總會赴前線 慰我軍民

【重慶十八日電】全國慰勞抗戰將士委員會總會，十八日通電各省市黨部，各省市動員委員會云：前綫將士，浴血抗戰，將近兩載，本會除經常轉運慰勞物品外，茲特組織慰勞團兩團，赴前綫慰勞。此項組織業奉中常會林主席[illegible]，指派高級人員參加，並經各有關機關團體，推同組織，派赴前綫，於二號出渝出發。組織人選已推定馬超俊、鄧作民爲南團正副團長，郭沫若、王右瑜爲北團正副團長。本會現擬就地佈置慰勞品，並將廿四萬元運往前綫慰勞。茲爲擴大慰勞影響起見，特電省市黨部，動員委員會，凡代表團道經之處，當地民衆如臨時有慰勞物品，共襄盛舉，意義尤爲重大。惟請轉知各地民衆團體，本會交通工具無多，其所捐助之慰勞物品，尚希自行設法運送，以免臨時發生困難爲感。全國慰勞抗戰將士委員會總會電。

期：新中华报零零四十七期
版：零二版
时间：一九三九年七月十八日

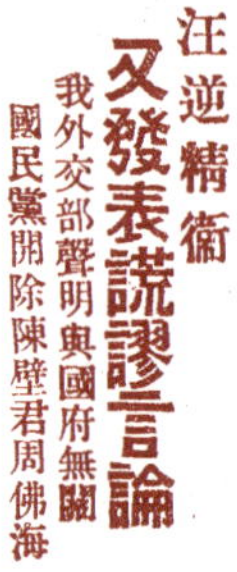
汪逆精衛
又發表謊謬言論
我外交部聲明與國府無關
國民黨開除陳璧君周佛海

# 汪逆精卫又发表谎谬言论

## 我外交部声明与国府无关
## 国民党开除陈壁［璧］君周佛海

汪逆精卫，在上海其机关报《中华日报》七月十日复刊时，曾发表极端谎谬之复刊词。为了使国人得洞悉其奸，今特将其原词摘录于下：

首先，汪逆本其一贯的论点说："日本乃东亚强国，在军事、经济、文化，均比中国先进。我们可以说，最近数十年中，若无日本，就没有东亚。"所以，"正在企图强盛之中国，若与强盛之日本为敌人，正如鸡蛋撞石头，其结果，中国非灭亡不可"。因此，"中国革命若欲成功"就应该使"中国之军事、外交方针与日本一致，更进一步基于平等互惠之原则，而谋经济之合作。"这样，日本就"绝对不会侵略中国之主权"了。

### 卖国降敌的历史根源

这里，汪逆不打自招地说明他一贯的妥协投降活动："民国二十一年一月二十八日，余晋京就任行政院长，以后还兼任外交部长，余主张一面抵抗，

一面交涉，压倒'反对'直接'交涉'之论调，并先后缔结上海停战协定，塘沽协定，当时，余企图由局部的暂时的安定，进一步的图谋全国永久和平。但当时余之主张，在四年中，未能实现。"

### 反共是汪逆的幌子

再，为了便于遂其出卖祖国的活动，他又扯出"反共"的幌子来，他说："西安事变后，余急遽反国，该时形势有剧烈之变化，当时余坚信不能停止剿共之工作。"并且，力主与日本合作，因为"共同妨［防］共及经济提携，乃铲除共产党之捣乱及经济侵略二大祸源。"反之"若随从蒋介石继续抗战，则中国之国家与民族，将被共产党及共产国际所牺牲。"

最后，他再次地声明："余等赞成近卫之声明"因为，实行了近卫声明中之广田"三原则，对中国之自由独立，毫无损害。"

**【上海十日电】** 汪逆精卫以北平话及广东话发表广播演说，他声明与蒋介石绝缘。而今后将真正依照近卫声明之方针，"复兴中国"，"建设东亚"，以图中日之"共存。"

國際

予打擊者以加倍打擊

# 蘇蒙軍保衛邊疆

## 日法西斯一再挑釁進犯 侵略軍遭打擊潰敗而逃

【莫斯科十三日塔斯電】據蘇蒙軍司令部所披露之官報，自七月六日至十二日，蘇蒙軍與日「滿」軍在哈勒欣河——即哈爾哈河——以東諾門汗一帶，發生戰事。七月五日蘇蒙陸空軍聯合進行堅決之反攻，日「滿」軍當即被迫自蒙境退卻，第二日晚，日「滿」軍已全部被逐退至「滿」境。七月八日黎明，日「滿」軍援軍趕至，自滿洲里開到之生力軍，配有大批重砲坦克及飛機，遂又採取攻勢，在哈勒欣河以東諾門汗一帶，侵犯蒙邊。自七月八日至十二日哈勒欣河東岸發生肉搏戰，蘇蒙陸軍在轟炸機與戰鬥機掩護之下作堅決反攻，結果所有日「滿」軍全被擊退至哈勒欣河以東。

## 紅軍英勇戰績

### 日「滿」軍死傷五千

根據蘇蒙軍司令部之報告，自七月六日至十二日發生之戰鬥中，日「滿」侵略軍中之損失極大。死二千，傷三千五百餘。當此期間蘇蒙軍獲俘敵軍二五四名，槍四百枝，坦克四輛，裝甲車十五輛，機槍七十挺，及其他武器無算。所搜獲之重要文件中，有關東軍司令六月廿日所發第一五三二號命令，及第廿三師團師團長六月卅日所發第一〇五號關於七月八日日「滿」軍進攻哈勒欣河之命令等件。俘虜之口供與文件之內容，已完全證實日本於事前曾作一長時間之準備，極其審慎周詳，始敢在貝爾湖一帶重新冒險。參加作戰之日兵有第廿三師團、第七師團，配有機械兵一旅、坦克一百輛，機械化步兵聯隊、重野炮聯隊，各一聯隊，及六七個日「滿」騎兵聯隊。蘇蒙軍在此次抗戰中之損失，計死二九三名，傷六五三名。

## 英勇空軍 大展神威

自七月六日至十二日雙方在貝爾湖及諾門漢一帶亦發生空戰，轟炸機極形活躍，該地制空權始終掌握在蘇蒙空軍之手。自七月六日至十二日所發生之空戰，蘇蒙空軍及高射砲隊擊落日機六十一架，日飛行員被俘者計十二名，大都身受重傷，遺有傳令狀一件，內有指揮日空軍作戰之關東軍空軍司令之命令與文書。在此期間，蘇蒙空軍損失飛機十一架。自五月廿八日至七月十二日日機被擊落者達一九九架之多，而同一時間內蘇蒙軍飛機僅損失五十二架。

## 蘇蒙軍痛斥 日無恥誹謗

據蘇蒙軍指揮部之意見，日兵並非無用之戰鬥員，彼等作戰本可遠勝今日之所表現。蓋此次作戰之兩師團，均為日本最優秀之師團，此類師團所以亦極易擊潰者，實因類似之情緒已深入日兵之內心。觀乎日軍司令部輒被迫其部隊，於酩酊狀態中進攻，即可知矣。日本空軍及坦克車隊均較日本步兵軟弱，至於關東軍司令部訛傳蘇蒙軍確曾用毒氣及細菌，此僅為無恥之謊言與卑鄙之誹謗而已。

## 救濟西班牙難民

### 救拯集中營罹難者

【巴黎十六日塔斯社電】救濟西班牙之國際會議，於本月十五日在此舉行，有廿二個國家的代表參加，該會議將處理由弗郎哥恐怖下逃出國外之西班牙難民卅五萬人。另外，該會議將設法拯救囚禁於集中營之前西班牙共和政府保衛者。光明雜誌關於此點，曾指出有數千萬西班牙人，（其中尚有不少婦女兒童）現在弗郎哥之集中營受苦。弗郎哥每日逮捕約二萬人，其被槍斃者，已達一百萬人之多。

蘇報刊載「滿」蒙形勢圖

## 揭破日「滿」欺騙宣傳 並暴露其挑釁醜行

【莫斯科十四日塔斯電】蘇報今日刊載貝爾湖一帶形勢圖，並附說明。略謂：日「滿」當局為掩飾其對蒙古所作之挑釁行動起見，在其官報中武斷哈勒欣河係蒙古與偽「滿」在貝爾湖東部及東南部一帶之界河。事實上根據正式地圖，蒙「滿」在該地接壤處，一向並不以哈勒欣河為界，而以哈勒欣河東庫拉特烏嶺至諾門汗一綫為界。中國郵政管理總局一九一九年在北平所出版之地圖不下四十餘種，其中任何一種地圖，均可作為此點之明證。蒙古之邊防前哨，一向駐紮於該分界綫之內，在此次事件開始發生以前，從未有人提出異議，現日「滿」方面武斷「滿」蒙應以哈勒欣河為界，但並無任何文書足資證明，可見日本軍閥，為掩飾其醜行起見，故不得不異想天開，杜撰斯說，用以欺人耳。

美國

為和平與安全

## 羅斯福咨文國會

### 要求繼續討論中立法

【華盛頓十一日哈電】參院外委會決定將中立法修正問題，展期討論之後，赫爾當晉謁羅斯福，舉行商談，並於事後向報界發表談話。據政界人士稱：總統此際將與參眾兩院民主黨各領袖談話，冀為現行局勢，覓致解決方案。總統之意，或得使參眾兩院繼續開會。白宮左右人士則謂：總統或將使國會以兩月為期，在此期間，歐局若果緊張，則更應繼續討論中立法內容。

【華盛頓十一日哈電】關於中立法問題，羅斯福頃向國會提出咨文，語氣堅決。要求為和平利益暨為美國安全中立着想，「務在休會之前，通過新中立法案。」其言略謂：參院外委會前夕通過，將和平與中立問題，延至國會下屆會期並行討論，茲特附上赫爾國務卿之文告，其內容為本大總統所完全贊同，希望國會斷切予以注意。本大總統自若干時期以來，深覺為和平暨美國安全與中立之利益着想，國會宜在本屆會期之前，出以必要之舉動。

### 觀察家之評論

【華盛頓十四日哈電】羅總統咨文暨赫爾文告，各觀察家頃予以評論謂：禁運軍火條款，倘不撤消，致國際局勢引起後果，則其責任，應由國會負之，此即政府用意所在。細閱赫爾之文告，其要點乃謂：中立法修正派與維持派，均欲美國避不牽入戰爭漩渦。惟如何達到此項目標，則所見互異。

有益世界和平

畢德門主張授權總統

## 禁運軍火至日

【華盛頓十三日哈電】參院外委會主席畢德門向國會提出議案，主張授權總統，得禁運軍械、彈藥、煤油，以及各種軍用資料運往破壞九國公約之國（指日本），此案將於日內提付討論。

【華盛頓十四日哈電】畢德門提案全文為：總統一日發現九國公約簽字國之任何一國，其行動，或不必要之行動，致危害美國人民之生命及其合法權益，而違背該約所載條文所保障者，總統有權宣告限制或禁止美國貨物向該國輸出，即該國政治或實力所及之地域，亦在此限。禁止之物品如下：軍火、軍械、戰時用品如鋼鐵、煤油、汽油、廢鐵，其他金屬之混合物。總之，宣告須列舉限制或禁止物品之名稱，而戒施限制或禁運之國家及該國政治或實力所及之區域，亦須詳細載列。此項宣告，應於公佈後發生效力。此案規定授權總統於必要時，保障美國人民之生命或九國公約規定之合法權益。美總統苟使用合理之努力，勸告背棄條約之關係國等，遵守條約以保護美國之權益，而不能生效時，始可實施該項權力。凡宣告禁止之物品，仍有違法偷運者，一經查出，處以一萬元以下之罰款，及五年以下之徒刑。

英國

下院諸議員

## 力主援華

### 並討論新貿易法

英海外貿易大臣霍德森，於十四日在下院會動議將貿易担保法案，提出二次宣讀，據霍氏說：「在數月之短期中，政治局勢已有變動，故英國與若干國家之商務經濟關係，應予增除。」下院討論此項問題時，會論及英國對華出口信用貸款事，並引起熱烈之爭論。

保守黨議員摩根說：「英國所最應給予援助之國家，莫過於處於不幸情況中之中國。」（倫敦十五日路電）

工黨議員倍倫格說：「吾人對於中國表示同情而貸予者，為數尚微。」

## 利用法西走狗

——德國謀但澤日急——

【倫敦十四日哈電】德人消息：希特勒昨在貝斯加登別墅接見但澤國社黨首領福斯德時，曾語福斯德：但澤市前途，可於一年內分三個階段切實解決。（一）國社黨本年大會在紐倫堡舉行時，但澤自由市參議會將宣佈全體人民，均入德國籍，惟對於該市在法理上地位，無所變更。（二）宣佈市內所有鐵路及港灣交由德國管理。（三）宣佈將海關行政移歸德國 理。凡此三種，於其宣佈實行之際，當分別通知德波兩國政府，而以既成事實，置於各國之前。

國內新聞

汪逆精衛

# 又發表謊謬言論

## 我外交部聲明與國府無關

## 國民黨開除陳璧君周佛海

汪逆精衛，在上海北機關報「中華日報」七月十日復刊時，曾發表極端謊謬之復刊詞。為了使國人得洞悉其奸，今特將其原詞摘錄於下：

首先，汪逆本其一貫的論點說：「日本乃東亞強國，在軍事、經濟、文化，均比中國先進。我們可以說，最近數十年中，若無日本，就沒有東亞。」所以，「正在企圖強盛之中國，若與強盛之日本為敵人，正如雞蛋撞石頭，其結果，中國非滅亡不可。因此，「中國革命若欲成功」就應該使「中國之軍事、外交方針與日本一致，更進一步基於平等互惠之原則，而謀經濟之合作。」這樣，日本就「絕對不會侵略中國之主權」了。

### 賣國降敵的歷史根源

▲▲……▼▼

這裏，汪逆不打自招的說明他一貫的妥協投降活動：「民國廿一年一月廿八日，余晉京就任行政院長，以後還兼任外交部長，余主張一面抵抗，一面交涉，壓倒『反對』直接『交涉』之論調，並先後締結上海停戰協定，塘沽協定，當時，余企圖由局部的暫時的安定，進一步的圖謀全國永久和平。但當時余之主張，在四年中，未能實現。」

### 反共是汪逆的幌子

再，為了便於遂其出賣祖國的活動，他又扯出「反共」的幌子來，他說：「西安事變後，余急遽反國，該時形勢有劇烈之變化，當時余堅信不能停止剿共之工作。」並且，力主與日本合作，因為「共同防共及經濟提攜，乃剷除共產黨之搗亂及經濟侵略二大禍源。」反之「若隨從蔣介石繼續抗戰，則中國之國家與民族，將被共產黨及共產國際所犧牲。」

最後，他再次的聲明：「余等贊成近衛之聲明」因為，實行了近衛聲明中之廣田「三原則」，對中國之自由獨立，毫無損害。」

【上海十日電】汪逆精衛以北平話及廣東話發表廣播演說，他聲明與蔣介石絕緣。而今後將真正依照近衛聲明之方針，「復興中國」，「建設東亞」，以圖中日之「共存。」

### 得到什麼反響？

關於汪逆精衛的這些謊謬的言詞，得到些什麼反響呢？

### 支持響應他是那些人？

他只得到日本法西斯政府、軍隊及民族的敗類傀儡組織和漢奸的支持：

據東京十日電稱：「日本政府，對汪精衛之聲明，完全表示同意。」

華中日軍情報部長亦發表談話，認為要支持「完成汪精衛奮鬥之目的」，日軍將仍不放鬆其膺懲蔣政權之工作，今日蔣政權仍有實力之存在，日軍必以武力消滅之，同時亦斷然排斥援助蔣政權之蘇聯與英國。」

王逆克敏及梁逆鴻志也發表說「此次汪精衛之廣播及論著，能強調反共反蔣親日三大原則，彼之意見，與吾人完全一致，吾人決心全力援助汪精衛，而且歡迎與援助任何國民黨員實行反共反蔣親日之三大原則。」（青島十一日電）

此外各漢奸組織，如華中之「新民會」、南京之「大民會」等，亦皆發表聲明，「擁護」汪逆之謊謬言論。

### 無情的打擊

至於在我國國內大的抗日陣營裏，對汪逆精衛這樣言詞卻給予有效的無情打擊：

據重慶息：「九日夜外交部王寵惠電駐各國之外交使臣說：今日汪精衛開始公開活動，藉以建立新政權，故各使節應向各該國說明汪派之政治活動與國民政府毫無關係。」

### 掃除附逆份子

又：國民黨中央常會決議：周佛海、陳璧君附逆降敵，應予永遠開除黨籍，其應受之國法制裁，由國民政府依法辦理，其餘附逆人，由中央常委會查明辦理。」

◇ ◇ ◇ ◇

汪逆精衛
又發表謊謬言論
我外交部聲明與國府無關
國民黨開除陳壁君周佛海

### 得到什么反响?

关于汪逆精卫的这些谎谬的言词，得到些什么反响呢?

支持响应他是哪些人?

他只得到日本法西斯政府、军队及民族的败类傀儡组织和汉奸的支持：据东京十日电称：“日本政府，对汪精卫之声明，完全表示同意。”

华中日军情报部长亦发表谈话，认为要支持“完成汪精卫奋斗之目的”“日军将仍不放松其膺惩蒋政权之工作，今日蒋政权若仍有实力之存在，日军必以武力消灭之，同时亦断然排斥援助蒋政权之苏联与英国。”

王逆克敏及梁逆鸿志也声说“此次汪精卫之广播及论著，能强调反共反蒋亲日三大原则，彼之意见，与吾人完全一致，吾人决心全力援助汪精卫，而且欢迎与援助任何国民党员实行反共反蒋亲日之三大原则。”（青岛十一日电）

此外各汉奸组织，如华中之“新民会”、南京之“大民会”等，亦皆发表声明，“拥护”汪逆之谎谬言论。

### 无情的打击

至于在我国广大的抗日阵营里，对汪逆精卫这样言词却给予有效的无情打击：

据重庆息：“九日夜外交部王宠惠电驻各国之外交使臣说：今日汪精卫开始公开活动，借以建立新政权，故各使节应向各该国说明汪派之政治活动与国民政府毫无关系。”

### 扫除附逆份子

又：国民党中央常会决议：周佛海、陈壁［璧］君附逆降敌，应予永远开除党籍，其应受之国法制裁，由国民政府依法办理，其余附逆人，由中央常委会查明办理。

## 國際

### 予打擊者以加倍打擊
# 蘇蒙軍保衛邊疆
## 日法西斯一再挑釁進犯
## 侵略軍遭打擊潰敗而逃

【莫斯科十三日塔斯電】據蘇蒙軍司令部所披露之官報，自七月六日至十二日，蘇蒙軍與日「滿」軍在哈勒欣河——即哈爾哈河——以東諸門汗一帶，發生戰事。七月五日蘇蒙陸空軍聯合進行堅決之反攻，日「滿」軍當即被迫自蒙境退卻，第二日晚，日「滿」軍已全部被逐退至「滿」境。七月八日黎明，日「滿」軍援軍趕至，自滿洲里開到之生力軍，配有大批重砲坦克及飛機，遂又採取攻勢，在哈勒欣河以東諸門汗一帶，侵犯蒙邊。自七月八日至十二日哈勒欣河東岸發生肉搏戰，蘇蒙陸軍在轟炸機與戰鬥機掩護之下作堅決反攻，結果所有日「滿」軍全被擊退至哈勒欣河以東。

## 紅軍英勇戰績
### 日「滿」軍死傷五千

根據蘇蒙軍司令部之報告，自七月六日至十二日發生之戰鬥中，日「滿」侵略軍中之損失極大，死二千，傷三千五百餘。當此期間蘇蒙軍獲俘敵軍二五四名，槍四百枝，坦克四輛、裝甲車十五輛、機槍七十挺、及其他武器無算。所搜獲之重要文件中，有關東軍司令六月廿日所發第一五三二號命令，及第廿三師團師團長六月卅日所發第一〇五號關於七月八日日「滿」軍進攻哈勒欣河之命令等件。俘虜之口供與文件之內容，已完全證實日本於事前曾作一長時間之準備，極其審慎周詳，始敢在貝爾湖一帶重新冒險。參加作戰之日兵有第廿三師團、第七師團，配有機械兵一旅、坦克一百輛，機械化步兵聯隊、重野炮聯隊，各一聯隊，及六七個日「滿」騎兵聯隊。蘇蒙軍在此次抗戰中之損失，計死二九三名，傷六五三名。

## 英勇空軍大展神威

自七月六日至十二日雙方在貝爾湖及諸門漢一帶亦發生空戰，轟炸機極形活躍，該地制空權始終掌握在蘇蒙空軍之手。自七月六日至十二日所發生之空戰，蘇蒙空軍及高射砲隊擊落日機六十一架，日飛行員被俘者計十二名，大都身受重傷，遺有俘令殺一件，內有指揮日空軍作戰之關東軍空軍司令之命令與文書。在此期間，蘇蒙空軍損失飛機十一架。自五月廿八日至七月十二日日機被擊落者達一九九架之多，而同一時間內蘇蒙軍飛機僅損失五十二架。

## 蘇蒙軍痛斥日無恥誹謗

據蘇蒙軍指揮部之意見，日兵並非無用之戰鬥員，彼等作戰本可獲勝，今日之所表現。蓋此次作戰之兩師團，均爲日本最優秀之師團，此類師團所以亦極易擊潰者，實因頹喪之情緒，已深入日兵之內心，觀乎日軍司令動輒常迫其部隊，於酩酊狀態中進攻，即可知矣。日本空軍及坦克車隊均較日本步兵軟弱，至於關東軍司令部謠傳蘇蒙軍確曾用毒氣及細菌，此僅爲無恥之謊言與卑鄙之誹謗而已。

## 救濟西班牙難民
### 拯救集中營難者

【巴黎十六日塔斯社電】救濟西班牙之國際會議，於本月十五日在此舉行，有廿二個國家的代表參加，該會議將處理由弗郎哥恐怖下逃出國外之西班牙難民卅五萬人。另外，該會議將設法拯救囚禁於集中營之前西班牙共和政府保衛者。光明雜誌關於此點，曾指出有數千萬西班牙人，（其中尚有不少婦女兒童）現在弗郎哥之集中營受苦。弗郎哥每日逮捕約二萬人，共被禁錮者，已達一百萬人之多。

### 蘇報刊載「滿」蒙形勢圖
## 揭破日「滿」欺騙宣傳
### 並暴露其挑釁醜行

【莫斯科十四日塔斯電】蘇報今日刊載貝爾湖一帶形勢圖，並附說明。略謂：日「滿」當局爲掩飾其對蒙古所作之挑釁行動起見，在其官報中武斷哈勒欣河係蒙古與僞「滿」在貝爾湖東部及東南部一帶之界河。事實上根據正式地圖，蒙「滿」之界線在該地接壤處，一向並不以哈勒欣河爲界，而以哈勒欣河東庫拉特烏嶺至諸門汗一綫爲界。中國郵政管理總局一九一九年在北平所出版之地圖不下四十餘種，其中任何一種地圖，均可作爲此點之明證。蒙古之邊防前哨，一向駐紮於該分界線之內，在此次事件開始發生以前，從未有人提出異議，現日「滿」方面武斷「滿」蒙應以哈勒欣河爲界，但並無任何文書足資證明，可見日本軍閥，爲掩飾其醜行起見，故不得不異想天開，杜撰斯說，用以欺人耳。

## 美國

### 爲和平與安全
## 羅斯福咨文國會
### 要求繼續討論中立法

【華盛頓十一日哈電】參院外委會決定將中立法修正問題，展期討論之後，赫爾當晉謁羅斯福，舉行商談，並於事後向報界發表談話。據政界人士稱：總統此際將與參眾兩院民主黨各領袖談話，冀爲現行局勢，覓致解決方案。總統之意，或得使參眾兩院繼續開會。白宮左右人士則謂：總統或將使國會以兩月爲期，在此期間，歐局若果緊張，則更應繼續討論中立法內容。

【華盛頓十四日哈電】關於中立法問題，羅斯福頃向國會提出咨文，語氣緊決。要求爲和平利益暨爲美國安全中立着想，「務在休會之前，通過新中立法案。」其咨略謂：參院外委會前之通過，將和平與中立問題，延至國會下屆會期並行討論，茲特附上赫爾國務卿之文告，其內容爲本大總統所完全贊同，希望國會斷切予以注意。本大總統自若干時期以來，深覺爲和平暨美國安全與中立之利益着想，國會宜在本屆會期之前，出以必要之舉動。

### 觀察家之評論

【華盛頓十四日哈電】羅總統咨文與赫爾文告，各觀察家頃予以評論，謂：禁運軍火條款，倘不撤消，致國際局勢引起後果，則其責任，應由國會負之，此即政府用意所在。細閱赫爾之文告，其要點乃謂：中立法修正派與維持派，均欲美國避不牽入戰爭漩渦。惟如何達到此項目標，則所見互異。

### 有益世界和平
### 畢德門主張授權總統
## 禁運軍火至日

【華盛頓十三日哈電】參院外委會主席畢德門向國會提出議案，主張授權總統，得禁運軍械、彈藥、煤油、以及各種軍用資料運往破壞九國公約之國（指日本），此案將於日內提付討論。

【華盛頓十四日專電】畢德門提案全文爲：總統一日發現九國公約簽字國之任何一國，其行動，或不必要之行動，致危害美國人民之生命及其合法權益，而違背該約所載條文所保障者，總統有權宣告限制或禁止美國貨物向該國輸出，即該國政治或實力所及之地域，亦在此限。禁止之物品如下：軍火、軍械、戰時用品如鋼鐵、煤油、汽油、廢鐵，其他金屬之混合物。總之，宣告須列舉限制或禁止物品之名稱，而或施限制或禁運之國家及該國政治或實力所及之區域，亦須詳細載列。此項宣告，應於公佈後發生效力。此案規定授權總統於必要時，保障美國人民之生命或九國公約規定之合法權益。美總統苟使用合理之努力，勸告實業條約之關保國等，遵守條約以保護美國之權益，而不能生效時，始可實施該項權力。凡實告禁止之物品，仍有違法偷運者，一經查出，應以一萬元以下之罰款，及五年以下之徒刑。

## 英國

### 下院諸議員
## 力主援華
### 並討論新貿易法

英海外貿易大臣蓋德森，於十四日在下院會動議將貿易擔保法案，提出二次宣讀，據蓋氏說：「在數月之短期中，政治局勢已有變動，故英國與若干國家之商務經濟關係，應予增除。」下院討論此項問題時，會論及英國對華出口信用貸款事，並引起熱烈之爭論。

保守黨議員摩根說：「英國所最應給予援助之國家，莫過於處於不幸情況中之中國。」（倫敦十五日路電）

工黨議員倍倫格說：「吾人對於中國表示同情而貸予者，爲數甚微。」

## 利用法西走狗
### ——德國謀但澤日急——

【倫敦十四日哈電】德人消息：希特勒昨在貝斯加登別墅接見但澤國社黨首領福斯德時，曾語福斯德：但澤市前途，可於一年內分三個階段切實解決。（一）國社黨本年大會在紐倫堡舉行時，但澤自由市參議會將宣佈全體人民，均入德國籍，惟對於該市在法理上地位，無所變更。（二）宣佈市內所有鐵路及港灣交由德國管理。（三）宣佈將海關行政移歸德國管理。凡此三端，於其實行之際，當分別通知德波兩國政府，而以既成事實，置於各國之前。

## 國內新聞

### 汪逆精衛
# 又發表謊謬言論
### 我外交部聲明與國府無關
### 國民黨開除陳璧君周佛海

汪逆精衛，在上海其機關報「中華日報」七月十日復刊時，曾發表極端謊謬之復刊詞，爲了使國人得洞悉共奸，今特將其原詞摘錄於下：

首先，汪逆本其一貫的論點說：「日本乃東亞強國，在軍事、經濟、文化，均比中國先進。我們可以說，最近數十年中，若無日本，就沒有東亞。」所以，「正在企圖強盛之中國，若與強盛之日本爲敵人，正如鷄蛋撞石頭，其結果，中國非滅亡不可。因此，「中國革命若欲成功」就應該使「中國之軍事、外交方針與日本一致，更進一步基於平等五項之原則，而謀經濟之合作。」這樣，日本就「絕對不會侵略中國之主權」了。

### 賣國降敵的歷史根源

這裏，汪逆不打自招的說明他一貫的妥協投降活動：「民國廿一年一月廿八日，余晉京就任行政院長，以後還兼任外交部長，余主張一面抵抗，」而交涉，壓倒『反對』直接『交涉』之論調，並先後締結上海停戰協定，塘沽協定，當時，余企圖由局部的暫時的安定，進一步的圖謀全國永久和平。但當時余之主張，在四年中，未能實現。」

### 反共是汪逆的幌子

再，爲了便於遂其出賣祖國的活動，他又扯出「反共」的幌子來，他說：「西安事變後，余急遽反國，該時形勢有劇烈之變化，當時余堅信不能「停止剿共之工作。」並且，力主與日本合作，因爲「共同妨共及經濟提攜，乃剷除共產黨之搗亂及經濟侵略二大禍源。」「反之「若隨從蔣介石繼續抗戰，則中國之國家與民族，將被共產黨及共產國際所犧牲。」

最後，他再次的聲明：「余等贊成近衛之聲明」因爲，實行了近衛聲明中之廣田「三原則」，對中國之自由獨立，毫無損害。」

【上海十日電】汪逆精衛以北平話及廣東話發表廣播演說，他聲明與將介石絕緣。而今後將眞正依照近衛聲明之方針，「復興中國」，「建設東亞」，以圖中日之「共存。」

### 得到什麼反響？

關於汪逆精衛的這些謊謬的言詞，得到些什麼反響呢？

### 支持響應他是那些人？

他只得到日本法西斯政府、軍隊及民族的敗類傀儡組織和漢奸的支持：

據東京十日電稱：「日本政府，對汪精衛之聲明，完全表示同意。」華中日軍情報部長亦發表談話，認爲要支持「完成汪精衛奮鬥之目的」，日軍將仍不放鬆共同樹立政權之工作，今日將政權下仍有實力之存在，日軍必以武力消滅之，同時亦斷然排斥援助蔣政權之錯誤與英國。」

王逆克敏及梁逆鴻志也發表說「此次汪精衛之廣播及論著，能強調反共，反蔣，親日三大原則，彼之意見，與吾人完全一致，吾人決心全力援助汪精衛，而且歡迎與援助任何國民黨員實行反共反蔣親日之三大原則。」（濟南十一日電）

此外各漢奸組織，如華中之「新民會」、南京之「大民會」等，亦皆發表聲明，「擁護」汪逆之謊謬言論。

### 無情的打擊

至於在我國廣大的抗日陣營裏，對汪逆精衛這樣荒謬的論調，卻給予有效的無情打擊：

據重慶息：「九日夜外交部王寵惠電駐各國之外交使節說：今日汪精衛開始公開活動，以建立新政權，故各使節應向各該國說明汪派之政治活動與國民政府毫無關係。」

### 掃除附逆份子

又：國民黨中央常會決議：周佛海、陳璧君附逆降敵，應予永遠開除黨籍，其應受之國法制裁，由國民政府依法辦理，其餘附逆人，由中央常委會查明辦理。」

# 战胜一切困难粉碎敌奸阴谋

## 蒋委员长在国府纪念周致词原文

**【重庆二十四日电】蒋总裁二十四日在中央国府联合纪念周致词原文录次：**

各位同志，现在我们抗战进入了第三年。我们内部团结格外强固，一般国民的奋斗意志亦愈见坚强，敌人和汉奸们当然是要设计来破坏的，但是这种奸谋毒计，已足以磨练我们革命的精神，加强我们抗战的力量。我要告诉我们同志，我们抗战无论在怎样的艰难的环境下，一定有办法；而且环境愈困难，我们抗战的办法愈踏实，抗战的力量愈伟大，而最后胜利的时期亦愈加快速。

首先要提出来说的，现在抗战形势，确比以前更巩固，尤其在军事方面，我们各战区战况已完全稳定，和汉口退守以前的形势绝不相同。我们以后无论在实力上、战斗上，只有进步，决无退步。

以内部的精神来说，自从汪精卫出走以后，我们党政内部，更是同心同德、绝对一致。有了这两个要素，相信无论任何困难，必可突破；而且愈困难，愈足以鼓励我们的奋斗，世界上革命复兴的国家，都是如此的。我们看苏联和土耳其在革命过程中，不是倍经困难，并且受过长期严密封锁吗？我们革命政府，一定是愈困难，愈有精神，最后达到我们的成功。我在从前屡次讲话中，曾经说过：“今天的困难不算困难，以后还有十百倍于今日的困难，但我们一定能在极端困难和危险的中间坚强奋斗，以取得胜利”。这就是要提醒我们同志和同胞，明瞭［了］我们这一次抗战是完成革命的奋斗，而革命是绝对不受外国环境变迁的影响的。

现在敌人一方面利用汉奸来扰乱我们，一方面妄想诱引友邦来孤立我们。但我可以说，我们决不怕这些伎俩，我们的团结只有更巩固，奋斗只有更坚强，莫说现在世界上和平国家和绝大多数的人民，都是支持正义公理而同情我们的抗战，我们绝对不会孤立。而且就我们过去来讲，我们革命者本来是一无物质凭借的，在十三年以前，一向就是空手赤拳奋斗出来的。敌人以为威胁友邦以妥协或是指使汉奸捣乱我们经济，就可以使我屈服，殊不知我们革命的奋斗愈困难，必愈进步，他的诡计必定被我们完全粉碎。

先从外交形势说，现在有若干外国舆论，说是敌人希望要造成一个“远东慕尼黑”，这当然是新闻界□测敌人心理的一种说法，但是事实上决不致有远东慕尼黑事实的发生，因为第一点很显明的，我们的友邦是重信义明大义的国家，决不能放

中華民國二十八年七月二十八日　Sin Zhungxua Bao　星期五　第一版

# 新中華報

第五十號　每逢星期二星期五出版

**本報啓事**

連日各方紛紛來函，要求本報刊登廣告，今本報決定於報頭兩旁及中縫地位招登廣告，並將實告刊例公佈於後：

一，報頭兩旁之地位每塊刊登一期價洋伍元。

二，中縫地位八字見方每方塊刊登一期價洋五毛。

三，為優待長期廣告登戶起見，連期刊登五次以上者按九折計，十期以上者按八折計算。

四，特殊廣告（長期連刊，帶檢發者）價目面議。

五，如登廣告可向本報廣告科接洽。

**更正啓事**

本報上期「中國女子大學開學典禮」一文中，大會主席團名單內原尚有中共中央婦委曹軼歐同志與印度援華醫藥隊安德華隊長二人，因排印時一時疎忽，致被遺漏，合亟補登。

## 社論　但澤緊張形勢

近來但澤的形勢，的確又達到了極端緊張的程度了。原因是由於德國法西斯已動員一切在那裏進行着準備侵略的具體步驟。除了挑釁以外，更秘密的輸入大量軍火，武裝在但澤的國社黨員，潛入大批挺進隊，遣送大批的偵探和奸細，進行積極的陰謀活動。

所謂但澤問題，實際就是德波問題，但澤形勢緊張，就是德波間矛盾的尖銳化，這是誰也知道的，但澤是波蘭的一個重要的港口，面積雖然不大，僅七五四方哩，然而却是許多水道和鐵道的集中點。這地方之對於波蘭，實有如生命線之重要。波蘭雖在「走廊」地帶的海岸另闢了一琴尼亞港口，可是如果失掉了但澤，琴尼亞則直接被威脅，不能起什麼作用的，因此，為了但澤的爭奪，德波間的矛盾只有愈陷愈深。

佔領但澤，進攻波蘭，這都本是德國法西斯強盜的侵略具體計劃之一。無論日本法西斯也好，意大利法西斯也好，德國法西斯也好，它們的目的，總是侵略，而侵略的計劃都是堅持不變的，只是侵略的方法，却不能不隨着時間，隨着國際和國內環境的一切變動而變動罷了。因此，德國法西斯之要吞滅但澤，自然也採用各種不同的方式，那一種容易達到目的，它便要利用那一種，法西斯侵略的巧妙技倆就在這裏。

在目前德國侵略但澤，的確好像應該有些顧忌，那就是英波協定。不錯，英國與波蘭訂互助協定，是為了防範德國的，但是由於過去張伯倫的一貫投降政策，證明了英國的一切國際條約上的義務都是沒有履行的。它是九國公約之一員，可是它現在公然開始與日本妥協；它是國際聯盟之一員，可是它阻撓着國際聯盟盟約之實施，結果縱容侵略者，犧牲了許多弱小國家。張伯倫的政策是希特勒所最能看穿的。因此，如果真正德波發生沖突，張伯倫能否履行英波協定還是很成問題。事實上，只有英法蘇為主要骨幹的和平統一戰綫的建立，才能保障但澤和制止侵略。有蘇聯參加的和平統一戰綫，是侵略者所最害怕的統一戰綫，因為蘇聯是強大的社會主義國家，同時又切實認真和忠實執行自己的國際義務，且看一九三六年三月簽訂的蘇蒙互助公約，在今天發生了多麼大的効力啊！希特勒在英法蘇談判熱烈之際，但尚未獲得成功之前，加緊作侵略但澤的準備，實在是乘機取利的辦法。希特勒很明白，如果英法蘇的談判成功，則它那血淋淋的魔手，便不能伸張。

為了使英波協定不生實效，即是為了避免和英國發生衝突，為了迎合張伯倫的願望，德國法西斯之侵略但澤，將可能放棄直接武裝進攻的辦法。這就是它將採用吞併奧國、捷克、米美爾的方式，運用「和平」、「普選」、「自治」、「獨立」等等欺騙的手段，以達到其併吞目的。但澤人口，百分之九五．六是德人，百分之四．四是波蘭人，這點是德國法西斯最能利用的。所謂「大日耳曼」和「民族主義」的宣傳，目的就是在於分裂但澤人民，挑撥德人與波蘭人的民族情感，使他們自己發生衝突。於是希特勒可「充分利用但澤市內部的糾紛，由但澤市議會自動宣佈併入德國。」（柏林廿二日合衆電）這是德國法西斯最毒辣的一種陰謀。但澤國社黨首腦福斯特於本月廿三日對造船工人演說，承認但澤已有軍事準備，「吾人已無再依靠德國，吾人已準備應付一切。」這也是此種陰謀的又一種表現。

但澤的危機，不僅在於希特勒的侵略火燄高漲，同時在於英法反侵略態度的不堅強。波蘭抵抗德國是要依賴英國的，沒有英國的援助，波蘭資產階級政府敢不敢奮起禦敵，還是很大的疑問。但是，為要使英法堅決反對侵略者，必須用人民與工人階級的力量，迫使英法政府放棄投降妥協的政策，促成英法蘇談判的成功。在今天，建立英法蘇反侵略的和平戰綫，不僅是保衛但澤，同時是反抗一切侵略的一個關鍵。

## 三日戰況

### 晉東南敵攻勢已大挫
### 全區仍在我掌握中
### 我軍奮勇攻克陽城

晉東南戰事，進行將近一月，敵人雖先後陷我諸據點，惟經我大軍奮勇迎擊，予敵重創後，城垣亦被克復不少，晉東南全區仍在我掌握中。我軍在該地區，化整為零，集零為整，對敵截擊，側擊，圍擊，誘擊，以期大量殲滅敵人。

**我敢死隊奮勇攻克陽城**

戰事仍以晉城、陽城為最烈。「餘井，蘇村一帶敵大批增援，我×部廿一日由蘇村向西北搜索前進，在張店莊附近與敵激戰，敵放毒瓦斯，我更奮勇沖殺，一舉佔領張店莊等地。」（洛陽廿四日電）「廿五日晨我軍迫近陽城城郊，挑選敢死隊多人，奮勇攻城，肉搏良久，敵不支分兩路撤退。一部竄向西北沁水，大部潰竄晉城，我正尾擊中。」

### 我八路軍英勇擊敵

【本報前方專電】我八路軍某隊一部於十九日在沁縣南之大楡河附近擊毀由沁縣南開汽車三輛，斃敵官兵廿餘名，並獲大批軍用品。十九日高平敵一部約三百餘砲五門南犯，被我軍某旅擊退。晉城敵百餘廿二日午竄至城東南之二聖頭、山門一帶，我軍某部正圍擊中，我決死三縱隊一部於廿二日克長子。

【興集廿五日電】我某部十七日晚襲入廣鄉東之清華鎮，在該鎮中心區與敵發生激戰，至十八日拂曉後，解縣、廣鄉之敵分來增援，戰事愈趨激烈。我軍另一部十八日進至郿陽鎮附近，正向臨晉進擊中。

### 鄂南克崇陽　湘北克馬鞍

【平江廿六日電】鄂南軍要據點崇陽城已於廿五日晚被我攻克，先是我軍某部採分進合擊戰術，於廿五日將崇陽四週高地完全佔領，至晚七時許克復崇陽縣城。

【汨羅廿六日電】我某部出擊新開塘東北之馬鞍山，我即突入敵陣地，嗣岳陽方面敵二三百名增援，亦被我相繼擊退，馬鞍山當即被我收復。

### 敵寇封鎖珠江
### 敵艦艇紛集中山海面
### 我克澄海截擊潮安敵

**華南**

【留隍二十四日電】澄海敵已被我全部肅清，我軍二十二日入城安民，敵在城內慘殺居民數百餘。

百餘二十三日向庵埠增援，沿途被我襲擊甚多，殘敵狼狽退汕頭。

【留隍二十四日電】潮安城竹篙山牛架山之敵，已為我軍嚴密圍擊，敵汽艇八只，被敵兵

【興寧二十五日電】連日敵艦艇紛集中山縣海面，似有伺隙再擾沿岸企圖，我沿岸守軍已嚴加戒備。

【香港二十五日合衆電】廣州日當局正式發表，日軍定於今日起封鎖珠江，其限期為兩星期，但在封鎖後，各外商輪船仍可自由航行。

【香港二十六日電】外訊：敵華南派遣軍司令部二十六日佈告，自二十八日起實行封鎖珠江。

### 敵機暴行

【吉安廿四日電】敵機三十五架，廿四日分批襲贛，兩架竄入新淦峽江肆虐，六架竄入豐城，六架竄修水盤旋視察，十三架經武寧修水竄擾湖南，四架侵入樟樹，又六架下午五時再襲樟樹，投彈廿餘枚。

【福州廿四日電】今日下午一時許，敵機三架，飛長門投彈，旋侵入福州市空，在沿江一帶，以機槍掃射半小時後逸去。

## 戰勝一切困難粉碎敵奸陰謀
### 蔣委員長在國府紀念週致詞原文

【重慶廿四日電】蔣總裁廿四日在中央國府聯合紀念週致詞原文錄次：「各位同志，現在我們抗戰進入了第三年，我們內部團結格外強固，一般國民的奮鬥意志亦愈見堅強，敵人和漢奸們當然是要設計來破壞的，但是這種奸謀詭計，已足以磨練我們革命的精神，加強我們抗戰的力量。我們要告訴我們同志，我們抗戰無論在怎樣的艱難的環境下，一定有辦法；而且環境愈困難，我們抗戰的辦法愈踏實，抗戰的力量愈偉大，而最後勝利的時期亦愈加快速。

首先要提出來說的，現在抗戰形勢，確比以前更鞏固，尤其在軍事方面，我們各戰區戰況已完全穩定，和漢口退守以前的形勢絕不相同。我們以後無論在實力上，戰鬥上，祇有進步，決無退步。以內部的精神來說，自從汪精衛出走以後，我們黨政內部，更是同心同德、絕對一致。有了這兩個要素，相信無論任何困難，必可突破；而且愈困難，愈足以鼓勵我們的奮鬥，世界上革命復興的國家，都是如此的。我們看蘇聯和土耳其在革命過程中，不是倍經困難，並且受過長期嚴密封鎖嗎？我們革命政府，一定是愈困難，愈有精神，最後達到我們的成功。我在從前屢次講話中，曾經說過：「今天的困難不算困難，以後還有十百倍於今日的困難，但我們一定能在極端困難和危險的中間堅強奮鬥，以取得勝利」。這就是要提醒我們同志和同胞，明瞭我們這一次抗戰是完成革命的奮鬥，而革命是絕對不受外國環境變遷的影響的。

現在敵人一方面利用漢奸來擾亂我們，一方面妄想誘惑友邦來孤立我們。但我可以說，我們決不怕這些伎倆，我們的團結只有更堅固，奮鬥只有更堅強，莫說現在世界上和平國家和絕大多數的人民，都是支持正義公理而同情我們的抗戰，我們絕對不會孤立。而且就我們過去來講，我們革命者本來是一無物質憑藉的，在十三年以前，一向就是空手赤拳奮鬥出來的。敵人以為威脅友邦以妥協或是指使漢奸搗亂我們經濟，就可以使我屈服，殊不知我們革命的奮鬥愈困難，必愈進步，他的詭計必定被我們完全粉碎。

先從外交形勢說，現在有若干外國輿論，說是敵人希望造成一個「遠東慕尼黑」，這當然是新聞界所測敵人心理的一種說法，但是事實上決不致有遠東慕尼黑的發生，因為第一點很顯明的，我們的友邦是重信義明大義的國家，決不能放棄他自己的義務和法理的立場，也決不會漠視其切身的利害。就拿現在英日在東京談判來說，以慕尼黑來作比，也是比擬不當，須知我們中國是由革命奮鬥自力創造的中華民國，和捷克建國由於歐戰結果而產生的情形完全不同。

我們抗戰到了兩年以上，祇有一二無恥漢奸脫離了我們抗戰的陣營，現在我們的壁壘格外的分明，全國軍民同抗戰信心格外的鞏固，我們中華民族絕不會屈服於任何困難環境之下，而放棄其自衛生存的神聖義務，這是我們友邦所深切知道的。世界上任何民族，當他受到外力壓迫的時候，如果他自身不能奮發自強，共同一致的自己先站起來抗戰，就不能希望其他友邦來作無益的犧牲，捷克的悲劇就是這樣造成的。我們的抗戰，有正大光明的立場，已經有了兩年以上堅忍獨立的奮鬥，我們可以相信，世界友邦正義的權威，正在審慎增長，到了時機成熟，一定能共同一致，作有力的發揮。

就我們自己來說，我們始終相信「自助者人必助之」的格言。無論軍事外交經濟，我們自始就決定要以自力支撐獨立奮鬥到成功的，有友邦來援助，當然希望愈多愈好，沒有援助，亦更是要堅志奮鬥到底的。我相信，祇要我們本身能自強與健全，決沒有一個朋友會丟開我們或辜負我們的，任何友邦決不致為敵人的威脅利誘，而改變其共向來對華之根本政策的，敵人的妄想和宣傳，實在值不得我們的一笑。

【本文轉入第二版】

弃他自己的义务和法理的立场，也决不会漠视其切身的利害，就拿现在英日在东京谈判来说，以慕尼黑来作比，也是比拟不当，须知我们中国是由革命奋斗自力创造的中华民国，和捷克建国由于欧战结果而产生的情形完全不同。

我们抗战到了两年以上，只有一二无耻汉奸脱离了我们抗战的阵营，现在我们的壁垒格外地分明，全国军民的抗战信心格外地强固，我们中华民族绝不会屈服于任何困难环境之下，而放弃其自卫生存的神圣义务，这是我们友邦所深切知道的。世界上任何民族，当他受到外力压迫的时候，如果他自身不能奋发自强，英勇一致地自己先站起来抗战，就不能希望其他友邦来作无益的牺牲，捷克的悲剧就是这样造成的。我们的抗战，有正大光明的立场，已经有了两年以上坚忍独立的奋斗，我们可以相信，世界友邦正义的权威，正在蓄积增长，到了时机成熟，一定能共同一致，作最有力的发挥。

就我们自己来说，我们始终相信，“自助者人必助之”的格言。无论军事外交经济，我们自始就决定要以自力支撑独立奋斗到底的，有友邦来援助，当然希望愈多愈好，没有援助，亦更是要坚志奋斗到底的。我相信，只要我们本身能自强与健全，决没有一个朋友会丢开我们辜负我们的，任何友邦决不致为敌人的威胁利诱，而改变其向来对华之根本政策的，敌人的妄想和宣传，实在值不得我们的一笑。

【本文转入第二版】

中華民國二十八年七月二十八日　Sìn Zhungxua Bao　星期五　第一版

# 新中華報

第五十號　每逢星期二星期五出版



**更正啟事**

本報上期「中國女子大學開學典禮」一文中，大會主席團名單內原尚有中共中央婦委曹軼歐同志與印度援華醫藥隊安德華隊長二人，因排印時一時疏忽，致被遺漏，合亟補登。

## 社論　但澤緊張形勢

近來但澤的形勢，的確又達到了極端緊張的程度了。原因是由於德國法西斯已動員一切在那裏進行着準備侵略的具體步驟。除了挑釁以外，還更秘密的輸入大量軍火，武裝在但澤的國社黨員，潛入大批挺進隊，遣送大批的偵探和奸細，進行積極的陰謀活動。

所謂但澤問題，實際就是德波問題，但澤形勢緊張，就是德波間矛盾的尖銳化，這是誰也知道的，但澤是波蘭的一個重要的港口，面積雖然不大，僅七五四方哩，然而卻是許多水道和鐵道的集中點。這地方之對於波蘭，實有如生命線之重要。波蘭雖在「走廊」地帶的海岸另闢了一琴尼亞港口，可是如果失掉了但澤，琴尼亞則直接被威脅，不能起什麼作用的，因此，為了但澤的爭奪，德波間的矛盾只有愈陷愈深。

佔領但澤，進攻波蘭，這都本是德國法西斯強盜的侵略具體計劃之一。無論日本法西斯也好，意大利法西斯也好，德國法西斯也好，它們的目的，總是侵略，而侵略的計劃都是堅持不變的，只是侵略的方法，卻不能不隨着時間，隨着國際和國內環境的一切變動而變動罷了。因此，德國法西斯之要吞滅但澤，自然也採用各種不同的方式，那一種容易達到目的，它便要利用那一種，法西斯侵略的巧妙技倆就在這裏。

在目前德國侵略但澤，的確好像應該有些顧忌，那就是英波協定。不錯，英國與波蘭訂互助協定，是為了防範德國的，但是由於過去張伯倫的一貫投降政策，證明了英國的一切國際條約上的義務都是沒有履行的。它是九國公約之一員，可是它現在公然開始與日本妥協；它是國際聯盟之一員，可是它阻撓着國際聯盟盟約之實施，結果縱容侵略者，犧牲了許多弱小國家。張伯倫的政策是希特勒所最能看穿的。因此，如果真正德波發生沖突，張伯倫能否履行英波協定還是很成問題。事實上，只有英法蘇為主要骨幹的和平統一戰綫的建立，才能保障但澤和制止侵略。有蘇聯參加的和平統一戰綫，是侵略者所最害怕的統一戰綫，因為蘇聯是強大的社會主義國家，同時又切實認真和忠實執行自己的國際義務，且看一九三六年三月簽訂的蘇捷互助公約，在今天發生了多麼大的効力啊！希特勒在英法蘇談判熱烈之際，但尚未獲得成功之前，加緊作侵略但澤的準備，實在是乘機取利的辦法。希特勒很明白，如果英法蘇的談判成功，則它那血淋淋的魔手，便不能伸張。

為了使英波協定不生實效，即是為了避免和英國發生衝突，為了迎合張伯倫的願望，德國法西斯之侵略但澤，將可能放棄直接武裝進攻的辦法。這就是它將採用吞併奧國、捷克、米美爾的方式，運用「和平」、「普選」、「自治」、「獨立」等等欺騙的手段，以達到其併吞目的。

但澤人口，百分之九五，六是德人，百分之四。四是波蘭人，這點是德國法西斯最能利用的。所謂「大日耳曼」和「民族主義」的宣傳，目的就是在於分裂但澤人民，挑撥德人與波蘭人的民族情感，使他們自己發生衝突。於是希特勒可「充分利用但澤市內部的糾紛，由但澤市議會自動宣佈併入德國。」（柏林廿二日合衆電）這是德國法西斯最毒辣的一種陰謀。但澤國社黨首腦福斯特於本月廿三日對造船工人演說，承認但澤已有軍事準備，「吾人已無再依靠德國，吾人已準備應付一切。」這也是此種陰謀的又一種表現。

但澤的危機，不僅在於希特勒的侵略火燄高漲，同時在於英法反侵略態度的不堅強。波蘭抵抗德國是要依賴英國的，沒有英國的援助，波蘭資產階級政府敢不敢起與敵鬥，還是很大的疑問。但是，為要使英法堅決反對侵略者，必須用人民與工人階級的力量，迫使英法政府放棄投降妥協的政策，促成英法蘇談判的成功。在今天，建立英法蘇反侵略的和平戰綫，不僅是保衛但澤，同時是反抗一切侵略的一個關鍵。

## 晉東南敵攻勢已大挫　全區仍在我掌握中　我軍奮勇攻克陽城

晉東南戰事，進行將近二月，敵人雖先後陷我諸據點，惟經我大軍奮勇迎擊，予敵重創後，城垣亦被克復不少，晉東南全區仍在我掌握中。我軍在該地區，化整為零，集零為整，對敵截擊，側擊，圍擊，誘擊，以期大量殲滅敵人。

### 日戰況

### 我敢死隊奮勇攻克陽城

戰事仍以晉城、陽城為最烈。「餘井，蘇村一帶敵大批增援，我×部廿一日由蘇村向西北搜索前進，在張店莊附近與敵激戰，敵放毒瓦斯，我更奮勇沖殺，一舉佔領張店莊等地。」（洛陽廿四日電）「廿五日晨我軍迫近陽城城郊，挑選敢死隊多人，奮勇攻城，肉搏良久，敵不支分兩路撤退。一部竄向西北沁水，大部潰竄晉城，我正尾擊中。」

### 我八路軍英勇擊敵

【本報前方專電】我八路軍某團一部於十九日在沁縣南之大樋河附近擊毀由沁縣南開汽車三輛，斃敵官兵廿餘名，並獲大批軍用品。十九日高平敵一部約三百餘砲五門南犯，被我軍某旅擊退。晉城敵百餘廿二日午竄至城東南之二聖頭、山門一帶，我軍某部正圍擊中。我決死三縱隊一部於廿二日克長子。

【興集廿五日電】我某部十七日晚襲入臨鄉東之蒲華鎮，在該鎮中心區與敵發生激戰，至十八日拂曉後，解縣、虞鄉之敵分來增援，戰事愈趨激烈。我軍另一部十八日進至鄉陽鎮附近，正向臨晉進擊中。

### 鄂南克崇陽　湘北克馬鞍

【平江廿六日電】鄂南軍要據點崇陽城，已於廿五日晚被我攻克，先是我軍某部採分進合擊戰術，於廿五日將崇陽四週高地完全佔領，至晚七時許克復崇陽縣城。

【汨羅廿六日電】我某部出擊新開塘東北之馬鞍山，我即突入敵陣地，嗣岳陽方面敵二三百聞警來援，亦被我相繼擊退，馬鞍山當即被我收復。

## 敵寇封鎖珠江　敵艦艇紛集中山海面　我克澄海截擊潮安敵

【留隍二十三日電】[illegible]百餘二十三日向庵埠增援，沿途被我襲擊甚多，殘敵狼狽退汕頭。

### 華南

【留隍二十四日電】澄海敵已被我全部肅清，我軍二十二日入城安民，敵在城內慘殺居民數百餘。

【留隍二十四日電】潮安城竹篙山架山之敵，已為我軍嚴密圍擊，敵汽艇八只，載敵兵

【興寧二十五日電】連日敵艦艇紛集中山縣屬海面，似有伺隙再擾沿岸企圖，我沿岸守軍，已嚴加戒備。

【香港二十五日合衆電】廣州日當局正式發表，日軍定於今日起封鎖珠江，其限期為兩星期，但在封鎖後，各外商輪船仍可自由航行。

【香港二十六日電】外訊：敵華南派遣軍司令部二十六日佈告，自二十八日起實行封鎖珠江。

### 敵機暴行

【吉安廿四日電】敵機三十五架，廿四日分批襲贛，兩架竄入新淦峽江肆虐，六架竄入豐城，六架竄修水盤旋偵察，十三架經武寧修水竄擾湖南，四架侵入樟樹，又六架下午五時再襲樟樹，投彈廿餘枚。

【福州廿四日電】今日下午一時許，敵機三架，飛長門投彈，旋侵入福州市空，在沿江一帶，以機槍掃射半小時後逸去。

## 戰勝一切困難粉碎敵奸陰謀　蔣委員長在國府紀念週致詞原文

【重慶廿四日電】蔣總裁廿四日在中央國府聯合紀念週致詞原文錄次：「各位同志，現在我們抗戰進入了第三年。我們內部團結格外強固，一般國民的奮鬥意志亦愈見堅強，敵人和漢奸們當然是要設計來破壞的，但是這個奸謀詭計，已足以磨練我們革命的精神，加強我們抗戰的力量。我要告訴我們同志，我們抗戰無論在怎樣的艱難的環境下，一定有辦法；而且環境愈困難，我們抗戰的辦法愈踏實，抗戰的力量愈偉大，而最後勝利的時期亦愈加快速。

首先要提出來說的，現在抗戰形勢，確比以前更鞏固，尤其在軍事方面，我們各戰區戰況已完全穩定，和漢口退守以前的形勢絕不相同。我們以後無論在實力上、戰鬥上，祇有進步，決無退步。

就內部的精神來說，自從汪精衛出走以後，我們黨政內部，更是同心同德，絕對一致。有了這兩個要素，相信無論任何困難，必可突破；而且愈是困難，愈足以鼓勵我們的奮鬥，世界上復興的國家，都是如此的。我們蘇聯和土耳其在革命過程中，不是經過困難，當日受過長期嚴密封鎖的？我們的革命政府，一定是愈困難，愈有精神，最後達到我們的成功。我在屢次講話中，曾經說過：「今次的困難不算困難，以後還有十百倍於今日的困難，但我們一定能在極端困難危險的中間堅強奮鬥，以取得勝利。」這就是要提醒我們同志和同胞，明瞭我們這次抗戰是[illegible]革命的奮鬥，而革命是絕對不受外國環境影響的。

現在敵人一方面利用漢奸來擾亂我們，一方面妄想誘惑友邦來孤立我們。但我可以說，我們決不怕這些伎倆，我們的團結只有更堅固，奮鬥只有更堅強，莫說現在世界上和平國家和絕大多數的人民，都在支持正義公理而同情我們的抗戰，我們絕對不會孤立。而且就我們過去來講，我們革命者本來是一無物質憑藉的，在十三年以前，一向就是空手赤拳奮鬥出來的。敵人以為政府友邦以妥協或是指使漢奸搗亂我們經濟，就可以使我屈服，殊不知我們革命的奮鬥愈困難，必愈進步，他的詭計必定被我們完全粉碎。

先從外交形勢說，現在有若干外國輿論，說是敵人希望想造成一個遠東慕尼黑」，這當然是新聞界的測敵人心理的一種說法，但是事實上決不致有遠東慕尼黑的發生，因為我們一點很顯明的，我們的友邦是重信義明大義的國家，決不能放棄他自己的義務和法理的立場，也決不會漠視其切身的利害。就拿現在英日在東京談判來說，以慕尼黑來作比，也是比擬不當，須知我們中國是由革命奮鬥自力創造的中華民國，和捷克建國由於戰爭結果而產生的情形完全不同。

我們抗戰到了兩年以上，祇有二無恥漢奸脫離了我們抗戰的陣營，現在我們的營壘格外的分明，全國軍民的抗戰信心格外的鞏固，我們中華民族絕不會屈服於任何困難環境之下，而放棄其自衛生存的神聖義務，這是我們友邦所深切知道的。世界上任何民族，當他受到外力壓迫的時候，如果他自身不能奮發自強，英勇一致的自己先站起來抗戰，就不能希望其他友邦來作無益的犧牲，捷克的悲劇就是這樣造成的。我們的抗戰，有正大光明的立場，已經有了兩年以上堅忍獨立的奮鬥，我們可以相信，世界友邦正義的權威，正在蓄積增長，到了時機成熟，一定能共同一致，作有力的發揮。

就我們自己來說，我們始終相信，「自助者人必助之」的格言。無論軍事外交經濟，我們自始就決定要以自力支撐獨立奮鬥到底的，有友邦來援助，當然希望愈多愈好，沒有援助，亦更是要堅志奮鬥到底的。我相信，祇要我們本身能自強與健全，決沒有一個朋友會丟開我們，辜負我們的，任何友邦決不致為敵人的威脅利誘，而改變其向來對華之根本政策的，敵人的妄想和宣傳，實在值不得我們的一笑。

【本文轉入第二版】

期
新中华报零零五十期
版
零二版
时间
一九三九年七月二十八日

# 蒋委员长在国府纪念周致词原文

（接第一版）

我们即使放开法律和道义不讲，只就利害来谈，亦深信英国决无对日真正妥协的可能。英国认识日本，比我们认识的更清楚，英国明明知道今天的日本，已不是二年前替他在远东看门的警察，而是在太平洋上反噬英人的一条疯狗。英国又如何能放弃他自己的立场。而英国纵然是极愿和平解决，他对于日本的让步，决不能和我们中国的利益相抵触，更不会和九国公约的规定相抵触，否则英国不但会助长日本的略侵，帮助日本摧毁九国公约，而且无异于他代日本来侵略中国，和代日本来与九国公约各国家对敌一样。英国自身是九国公约的参加国，而美国更是始终以拥护九国公约为立场，试问英国又如何能为了一个无信无义的侵略败类，而牺牲了对我们中国历来的关系，又抛弃了他同种同文利害共同的美国呢？

所以不论敌人是怎样的宣传，我们于理于势，均认为绝不可信，我们不但信任友邦政府，同时相信民主国家人民主持正义的力量，必然反映到他们政府的政策。

况且就理论和事实来说，任何甲乙两国所议，涉及我们中国的条件，尤其是敌方宣传所谓英日订有协定的话，如果没有得到我们国民政府的承认，不但是没有价值，而且事实上也绝不生效，我敢说以后我们外交的形势，将会一天天地好转，我们国民不要为汉奸摇惑而有所顾虑，只要我们有精神，有主义，那么英日东京谈判以后，我们抗战的力量不但可以加强，而且必更能持久。尤其不可忘记的一点特点，我们是一个革命的国家，无论遇到任何困苦，都要有独立奋斗的决心而决不稍有依赖和观望的心理，要知依赖心理为我们革命精神所不容。

其次说到我们的经济和金融，我们经济基础实在远比在南京时候更加健全。最近因为敌伪的加紧捣乱，外汇比率为上海市场投机者利用操纵，前几天有一时摇动的现象，但我可以告诉我们全国的同胞，政府必定是始终是维持法币的价格，供给合法的外汇，实施适当的管制，并且我可以对我们同胞说：政府已有确实把握来巩固金融的基础。关于外汇的管制，政府已研究有更完密而妥当的整个办法，正可以乘这个机会，来求得根本的稳固。至于在上海租界里，因为受敌人在背后捣乱，又有投机者操纵各种市场，我向来就不主张无底止地供给外汇，以防碍战时的金融。须知我们抗战的金融财政基础在内地，这一年来已经立定了基础，所以我可负责声明政府一定以全力维持法币的价值，一定能尽量维持法币与外汇的比率，在政府规定法令之下，照常买卖，绝无问题。对于在沦陷区内法币的行使，更有充分的准备，加以切实的维持，决不使我们民生受到丝毫的影响，决不使我们同胞受到些微的损失。

國際

東京談判簽訂協議

# 英對日妥協退讓

## 我外交界斥英無信背約

## 縱容日寇犧牲自身利益

【倫敦廿五日路電】張伯倫首相，頃在下院就英日天津談判決議發表報告說：

英政府爲便利於英日討論天津事件計，遂與日政府成立如下之協議：

英國政府完全承認正在大規模戰爭狀態下之中國之實際局勢，在此種局勢繼續存在之時，英國知悉在華日軍爲保障其自身之安全與維持其佔領區內公安之目的計，應有特殊之需要。同時知悉凡有阻止日軍或有利於日軍敵人之行爲與因素，日軍均不得不予制止或消滅之，凡有妨害日軍達到上述目的之行動，英政府均無意加以贊助。英國政府將趁此時機，對在華之英當局及英僑說明此點，令其勿採取此項行動與措置，以證實英國在此方面所取之政策。

張伯倫

全國告誡者，即切勿認爲談判結果，即是使英國遠東政策全部改變。今後討論個別問題，包括貨幣問題在內，英國所持之態度，國人正應加以密切之注意。

【華盛頓廿五日合衆電】中韓人民反日聯盟會代表韓某，今晨宣稱：日本在最近兩月中，共派遣浪人及「政治刺客」二百八十名，前往上海，企圖在本年九月使公共租界陷於恐怖狀態，效天津事變而予英國以更大壓迫。

## 國際間的反響

### 法西斯：更加狂妄

### 民主國：一致抨擊

### 中國

張伯倫對日寇的價值妥協行動，引起了各方面不同的反響，首先，在中國方面，我們是堅決反對這種不法行爲。我外部發言人，於二十五日特發表談話，略謂：「中國對於英政府在此次會談中所採取之態度，不能不引起失望，日本之對華侵略，業經英國自身與其他國聯會員國予以承認，而英政府對於在華日軍之所謂特殊要求，亦已聲明知悉，故此種行動實不能不令人深爲遺憾。此舉殆與英國歷次在國聯會上對中國担保之條約義務相違背。」（重慶二十五日電）

再，我駐法大使顧維鈞，日昨對記者發表談話，略謂「中國對英日協議實具有不愉快野異之感，中國人民因爲該協定之成立，而發生英國對華之眞正政策究竟如何之疑問。至少自表面而論，英國之態度，對於日本之侵略與中國之自衛已無所分別。英國承認中國之實際局勢，及避免任何阻礙日本軍事行動二點，實有利於侵略者，而有害被侵略者。」（巴黎廿六日路電）

【倫敦廿五日哈電】此間中國協會頃接獲上海分會及上海英僑協會來電，對英日初步協定，提出抗議。

### 英國

#### 這是眞正的民意

#### 共黨議員嚴詞斥責

#### 朝野人士力反妥協

其次在英國下院中，「首相將英日」協議之全文宣讀後，曾引起熱烈之質問。共產黨議員對此加以批評，並大呼「可恥」；工黨議員格林伍德及其他議員多人，皆詢問英國對華政策，是否有變更。」

### 日本

#### 得寸進尺

再，對於日本方面，是更加縱容了它得寸進尺毫無顧忌的瘋狂行動。

【東京廿五日路電】海相米內電稱：關於克萊琪有田談判問題，余應向

### 美國

#### 美不變更態度

#### 赫爾聲明

#### 各報評擊張伯倫

再，民主國家間，尤其是美國，他的態度是怎樣呢？事實上紛碎了張伯倫的欺騙：認爲英國之所以妥協是由於美國對於天津事件的孤立態度。

【華盛頓廿五日哈電】赫爾國務卿頃向各報發表談話說：自遠東發生爭端以來，美國態度迄未變更。其實外之窘，但謂強力所造成之現實問題，不擬予以承認。又謂：日軍當局封鎖珠江一事，美國政府對之旗旋，將與珠江前此被封鎖時無異。

【紐約廿六日塔斯電】美國各報，評論英日協議謂：英國所採取之行動，將使本來併行之英美對華政策，趨於分離。認爲英日協議方案中，暗示英對日要求大量讓步，及英當局在遠東威信之捨棄。

貪婪的顧客與殷勤的侍者

### 義大利

#### 嗾使侵略

最後，意大利對英國的妥協態度，亦大加諷刺，指出「英國在日本面前屈服」；「英國外交遭受了空前未有之失敗」。同時更鼓勵日寇加緊壓迫，認爲「日本若能堅持其主張，英國必然對日讓步，因此日本切勿錯過此次良好機會，必需使英國認識遠東之新局勢，同時期待英日談判後，由於日本的勝利，能夠影響歐洲之局勢。」（東京廿五日電）

### 正式談判日昨開始

【東京廿四日路電】英日東京談判正式會議，於今晨開始，至中午一度休會，午後復舉行。

## 正義的呼聲

### 畢德門主張即行

### 廢止日美商約

【華盛頓廿四日合衆電】參議員畢德門頃於國會對中立法案將展期討論，特發表聲明，主張參議院應即決議，取銷一九一一年之美日商約，並即向日本通知。因該約於通知書發出六個月後，始生效力。

【華盛頓廿六日合衆電】合衆社記者適詢參院外委會重要委員之意見，藉知范登堡氏所提廢止日美商約案。由於目前委員會內保守份子以及贊助立即對日禁運軍火者之態度已趨一致，故該議案不難通過。

## 英法蘇續談判

### 英法不容再動搖不定

### 軍事談判亦將進行

英法蘇談判已進行了二月之久，因爲英法統治階級的猶像不定，別具用心：他們只對波蘭土耳其提供保障，但對波羅的海立陶宛，愛沙尼亞，拉脫維亞等三國不負保障之責，這樣就可以與德國取得妥協，並可慫恿德國由波羅的海各國進攻蘇聯，這就是三國談判未得到成功的主要癥結所在。現在橫梗在談判當中的還是波羅的海國家的保障問題，與「間接侵略」含義解釋的問題、

近來，德法西斯不斷向英法挑戰，張伯倫利用德國的計劃，是感到失望，尤其日本在遠東對英國的威脅、壓迫，使英國更焦頭爛額。因此英法還是不放棄這個世界和平眞正的保衛者——社會主義國家蘇聯，而與之繼續談判。

### 談判前途頗可樂觀

據英國消息：「英政府於七月廿一日以新訓令電達駐蘇大使西慈後，英法蘇代表乃於昨日繼續進行談話，西慈大使於本日電達政府報告經過情形，惟政府尚未加以研究」。（倫敦廿五日哈電）又「外相哈里法克斯今日（廿五）與蘇大使邁斯基會談，據聲稱：英國最近將派海陸空軍高級官員，前往莫斯科談判軍事協定，法國亦將派員參加是項談判。」（倫敦廿五日合衆電）

保守黨人士傳出消息：「海外駐軍總監艾隆賽將軍擬於短期內前往莫斯科，參加英法蘇三國軍事會議，三國談判前途，頗可樂觀」。此間蘇聯人士亦宣稱：三國談判主要困難爲「間接侵略」之界說問題，但亦不難迅速解決，因關係各方均願及早締結協定，偉克立即舉行三國參謀部談話，並爲未來政治協定之實施，擬定技術上之辦法。」（倫敦廿四日哈電）

### 參謀人員共商合作

據「法政府負責方面宣稱：英法蘇談判業已達到一個新階段。龐萊外長今晨與英代辦甘勃爾磋商此事之後，復就長途電話與駐英大使考賓，有所商談。英法政府定於明日交換意見，一俟兩國內閣核准之後，即可於短期內，各派軍事代表前往莫斯科，與蘇聯參謀部進行談話。（巴黎廿五日哈電）「英國每日電訊報之外交記者稱：英國已接受蘇聯之提議，不待三國反侵略協定成立，英蘇即開始參謀人員談話。」（倫敦廿六日路電）

### 闢謠

【莫斯科廿四日哈電】蘇聯官方頃發表公報謂：「德蘇商務及信用放款問題談判，已在柏林開始，外傳德蘇軍事人員，將共商軍事合作問題，實無此事。」

### 敵罷工大浪潮

——革命危機日屆——

【東京廿六日塔斯電】日本報紙中外商業稱：日本之罷工運動，繼續增漲，自一月至五月，罷工數已達一一五〇次，參加罷工工人達十餘萬，與去年比較，一月間之罷工工人較去年一月多十二倍，本年五個月罷工工人總數較一九三八年同時期內罷工工人總數增加一萬八千人。

## 蔣委員長在國府紀念週致詞原文（接第一版）

我們即使放開法律和道義不講，祗就利害來談，亦深信英國決無對日眞正妥協的可能。英國認識日本，比我們認識的更清楚，英國明明知道今天的日本，已不是二年前替他在遠東看門的警犬，而是在太平洋上反噬英人的一條瘋狗。英國又如何能放棄他自己的立場。而英國縱然是極願和平解決，他對於日本的讓步，決不能和我們中國的利益相抵觸，更不會和九國公約的規定相抵觸，否則英國不但會助長日本的侵略，幫助日本摧毀九國公約，而且無異於他代日本來侵略中國，和代日本來與九國公約各國家對敵一樣。英國自身是九國公約的參加國，而美國更是始終以擁護九國公約爲立場，試問英國又如何能爲了一個無信無義的侵略敗類，而犧牲了對我們中國歷來的關係，又拋棄了他同樣同文利害共同的美國呢？所以不論敵人是怎樣的宣傳，我們於理於勢，均認爲絕不可信，我們不但信任友邦政府，同時相信民主國家人民主持正義的力量，必然反映到他們政府的政策。況且就理論和事實來說，任何甲乙兩國所議，涉及我們中國的條件，尤其是敵方宣傳所謂英日訂有協定的話，如果沒有得到我們國民政府的承認，不但是沒有價值，而且事實上也決不生效，我敢說以後，我們外交的形勢，將會一天天的好轉，我們國民不要爲漢奸搖惑而有所顧慮，祗要我們有精神，有主張，那麼英日東京談判以後，我們抗戰的力量不但可以加強，而且必更能持久。尤其不可忘記的一點特點，我們是一個革命的國家，無論遇到任何困苦，都要有獨立奮鬥的決心，而決不稍有依賴和觀望的心理，要知依賴心理爲我們革命精神所不容。

其次說到我們的經濟和金融，我們經濟基礎實在遠比在南京時候更加健全。最近因爲敵僞的加緊搗亂，外匯前幾天有一時搖動的現象，但我可以告訴我們全國的同胞，政府必定是始終是維持法幣的價格，供給合法的外匯，實施適當的管制，並且我可以對我們同胞說：政府已有確實把握來鞏固金融的基礎。關於外匯的管制，政府已研究有更完密而妥當的整個辦法，正可以乘這個機會，來求得根本的鞏固。至於在上海租界裏，因爲受敵人在背後搗亂，又有投機者操縱各種市場，我向來就不主張無底止的供給外匯，以防敵戰時的金融。須知我們抗戰的金融財政基礎在內地，這一年來已經立定了基礎，所以我可負責聲明政府一定以全力維持法幣的價值，一定能盡量維持法幣與外匯的比率，在政府規定法令之下，照常買賣，決無問題。對於在淪陷區內法幣的行使，更有充分的準備，加以切實的維持，決不使我們民生受到絲毫的影響，決不使我們同胞受到些微的損失。

總之對於法幣的維持和外匯的供給，政府一定能執行我們抗戰有益民生的政策。過去在上海辦理的外匯辦法，不但於我們中國商民沒有利益，而且徒然替敵僞維持其金融生命，這個辦法如不變更，不但減少我們抗戰力量，實在無異給敵僞操縱之以摧毀我們抗戰經濟的基礎。現在如能照我們的意思來實行新的政策，以後經濟基礎必更鞏固，於我們國計民生更有極大的進步。我們中國同胞必須明瞭那是敵我利害之分野，要以全力來擁護政府這個政策。

我還可以負責告慰各位同志和同胞，這一次外匯比率的變動，對於我們抗戰經濟絕對是有利的，而對於我們抗戰亦絕不發生絲毫不利的影響，因爲我們的軍器，毫不需要移撥外匯基金的，且我們各省本年都是豐收，不但輸出可以增加，而且日用必需品，也有更豐富的供給。同時由於外匯比率的變動正可以減少不必要的輸入，杜絕無謂的濫費，造成自然的節約，於我們的戰時經濟是有利無害的。（未完）

总之对于法币的维持和外汇的供给，政府一定能执行我有利抗战有益民生的政策。过去在上海办理的外汇办法，不但于我们中国商民没有利益，而且徒然替敌伪维持其金融生命。这个办法如不变更，不但减少我们抗战力量，实在无异给敌伪操纵之以摧毁我们抗战经济的基础。现在如能照我们的意思来实行新的政策，以后经济基础必更巩固，于我们国计民生更有极大的进步。我们中国同胞必须明瞭［了］那是敌我利害之分野，要以全力来拥护政府这个政策。

我还可以负责告慰各位同志和同胞，这一次外汇比率的变动，对于我们抗战经济绝对是有利的，而对于我们抗战亦绝不发生丝毫不利的影响，因为我们的军器，毫不需要移拨外汇基金的，且我们各省本年都是丰收，不但输出可以增加，而且日用必需品，也有更丰富的供给。同时由于外汇比率的变动正可以减少不必要的输入，杜绝巨额的漏卮，造成自然的节约，于我们的战时经济是有利无害的。

（未完）

國際

東京談判簽訂協議

# 英對日妥協退讓

## 我外交界斥英無信背約

## 縱容日寇犧牲自身利益

【倫敦廿五日路電】張伯倫首相，頃在下院就英日天津談判決議發表報告說：

英政府爲便利於英日討論天津事件計，遂與日政府成立如下之協議：英國政府完全承認正在大規模戰爭狀態下之中國之實際局勢，在此種局勢繼續存在之時，英國知悉在華日軍爲保障共自身之安全與維持共佔領區內公安之目的計，應有特殊之需要。同時知悉凡有阻止日軍或有利於日軍敵人之行爲與因素，日軍均不得不予制止或消滅之，凡有妨害日軍達到上述目的之行動，英政府均無意加以贊助。英國政府將趁此時機，對在華之英當局及英僑說明此點，令共勿採取此項行動與措置，以證實英國在此方面所取之政策。

張伯倫

全國告誡者，即切勿認爲談判結果，即是使英國遠東政策全部改變。今後討論個別問題，包括貨幣問題在內，英國所持之態度，國人正應加以密切之注意。

【華盛頓廿五日合衆電】中韓人民反日聯盟會代表韓某，今晨宣稱：日本在最近兩月中，共派遣浪人及「政治刺客」二百八十名，前往上海，意圖在本年九月使公共租界陷於恐怖狀態，效天津事變而予英國以更大壓迫。

# 國際間的反響

## 法西斯：更加狂妄

## 民主國：一致抨擊

### 中國

張伯倫對日寇的屈膝妥協行動，引起了各方面不同的反響，首先，在中國方面，我們是堅決反對這種不法行爲。我外部發言人，於二十五日特發表談話，略謂：「中國對於英政府在此次會談中所採取之態度，不能不引起失望，日本之對華侵略，業經英國自身與其他國聯會員國予以承認，而英政府對於在華日軍之所謂特殊要求，亦已聲明知悉，故此種行動實不能不令人深爲遺憾。此舉殆與英國歷次在國聯會上對中國担保之條約義務相違背。」（重慶二十五日電）

再，我駐法大使顧維鈞，日昨對記者發表談話，略謂「中國對英日協議，實具有不愉快的異常之感，中國人民因爲該協定之成立，而發生英國對華之眞正政策究竟如何之疑問。至少自表面而論，英國之態度，對於日本之侵略與中國之自衛已無所分別。英國承認中國之實際局勢，及避免任何阻礙日本軍事行動二點，實有利於侵略者，而有害被侵略者。」（巴黎廿六日路電）

【倫敦廿五日哈電】此間中國協會頃接獲上海分會及上海英僑協會來電，對英日初步協定，提出抗議。

### 英國

## 這是眞正的民意

共黨議員嚴詞斥責

朝野人士力反妥協

共次在英國下院，協議之全文宣讀後中，「首相將英日」，曾引起熱烈之質問。共產黨議員對此加以批評，並大呼「可恥」；工黨議員格林伍德及共他議員多人，指詢問英國對華政策，是否有變更。」

### 日本

## 得寸進尺

再，對於日本方面，是更加縱容了它得寸進尺毫無顧忌的瘋狂行動。

【東京廿五日路電】海相米內電稱：關於克萊琪有田談判問題，余應向

### 美國

## 美不變更態度

各報評擊張伯倫

赫爾聲明

再，民主國家間，尤共是美國，他的態度是怎樣呢？事實上粉碎了張伯倫的欺騙：認爲英國之所以妥協是由於美國對於天津事件的孤立態度。

【華盛頓廿五日哈電】赫爾國務卿頃向各報發表談話說：自遠東發生爭端以來，美國態度迄未變更。共對外之意，仰謂強力所造成之現實問題，不擬予以承認。又謂：日軍當局封鎖珠江一事，美國政府對之態度，將與珠江前此被封鎖時無異。

【紐約廿六日塔斯電】美國各報，評論英日協議謂：英國所採取之行動，將使本來併行之英美對華政策，趨於分離。認爲英日協議方案中，暗示英對日要求大量讓步，及英當局在遠東威信之拾棄。

### 義大利

## 唆使侵略

最後，意大利對英國的妥協態度，亦大加諷刺，指出「英國在日本面前屈服」；「英國外交遭受了空前未有之失敗」。同時更鼓勵日寇加緊壓迫，認爲「日本若能堅持共主張，英國必然對日讓步，因此日本切勿錯過此次良好機會，必需使英國認識遠東之新局勢，同時期待英日談判後，由於日本的勝利，能夠影響歐洲之局勢。」（東京廿五日電）

貪慾的顧客與殷勤的侍者

# 英法蘇賡續談判

## 英法不容再動搖不定

## 軍事談判亦將進行

英法蘇談判已進行了二月之久，因爲英法統治階級的猶像不定，別具用心：他們只對波蘭士耳共提供保障，但對波羅的海立陶宛，愛沙尼亞，拉脫維亞等三國不負保障之責，這樣就可以與德國取得妥協，並可慫恿德國向波羅的海各國進攻蘇聯，這就是三國談判未得到成功的主要癥結所在。邦在橫梗在談判當中的還是波羅的海國家的保障問題，與「間接侵略」含義解釋的問題、

近來，德法西斯不斷向英法挑戰，張伯倫利用德國的計劃，尤共日本在遠東對英國的威脅、壓迫，使英國更焦頭爛額。因此英法還是不放棄這個世界和平眞正的保衛者——社會主義國家蘇聯，而與之繼續談判。

### 談判前途 頗可樂觀

據英國消息：「英政府於七月廿一日以新訓令電達駐蘇大使西慈後，英法蘇代表乃於昨日賡續進行談話，西慈大使衛於本日電達政府報告經過情形，惟政府尙未加以研究」。（倫敦廿五日哈電）又「外相哈里法克斯今日（廿五）與蘇大使邁斯基會談，亦聲稱：英國最近將派海陸空軍高級官員，前往莫斯科談判軍事協定，法國亦將派員參加是項談判。」（倫敦廿五日合衆電）

保守黨人士傳出消息：「海外駐軍總監艾隆賽將軍擬於短期內前往莫斯科，參加英法蘇三國軍事會議，三國談判前途，頗可樂觀。此間蘇聯人士亦宣稱：三國談判主要困難爲「間接侵略」之界說問題，但亦不難迅速解決，因關係各方均願及早締結協定，俾克立即舉行三國參謀部談話，並爲未來政治協定之實施，擬定技術上之辦法。」（倫敦廿四日哈電）

### 正式談判 日昨開始

【東京廿四日路電】英日東京談判正式會議，於今晨開始，至中午一度休會，午後賡續舉行。

### 參謀人員 共商合作

據「法政府負責方面宣稱：英法蘇談判已達到一種新階段。羅萊外長今晨與英代辦甘勃爾磋商此事之後，復就長途電話與駐英大使考賓，有所商談。英法政府定於明日交換意見，一俟兩國內閣核准之後，即可於短期內，各派軍事代表前往莫斯科，與蘇聯參謀部進行談話。（巴黎廿五日哈電）「英國每日電訊報之外交記者稱：英國已接受蘇聯之提議，不待三國反侵略協定成立，英蘇可即開始參謀人員談話。」（倫敦廿六日路電）

### 闢謠

【莫斯科廿四日哈電】蘇聯官方頃發表公報謂：「德蘇商務及信用放款問題談判，已在柏林開始，外傳德蘇軍事人員，將共商軍事合作問題，實無此事。」

# 敵罷工大浪潮

——革命危機日展——

【東京廿六日塔斯電】日本報紙中外商業稱：日本之罷工運動，繼續增漲，自一月至五月，罷工數已達一一五〇次，參加罷工人達十餘萬，與去年比較，一月間之罷工工人較去年一月多十二倍，本年五個月罷工工人總數較一九三八年同時期內罷工工人總數增加一萬八千人。

# 正義的呼聲

畢德門主張即行

## 廢止日美商約

【華盛頓廿四日合衆電】參議員畢德門於國會對中立法案特展期討論，特發表聲明，主張參議院應即決議，取銷一九一一年之美日商約，並即向日本通知。因該約於通知書發出六個月後，始生效力。

【華盛頓廿六日合衆電】合衆社記者遍詢參院外委會重要委員之意見，藉知范登堡氏所提廢止日美商約案。出於目前委員會內保守份子以及贊助立即對日禁運軍火者之態度已趨一致，故該議案不難通過。

# 蔣委員長在國府紀念週致詞原文（接第一版）

我們即使放開法律和道義不講，祇就利害來談，亦深信英國決無對日眞正妥協的可能。英國認識日本，比我們認識的更清楚，英國明明知道今天的日本，已不是二年前替他在遠東看門的警犬，而是在太平洋上反噬英人的一條瘋狗。英國又如何能放棄他自已的立場。而英國縱然是極願和平解決，他對於日本的讓步，決不能和我們中國的利益相抵觸，更不會和九國公約的規定相抵觸，否則英國不但會助長日本的侵略，摧毀九國公約，而且無異於他代日本來侵略中國，和代日本來與九國公約各國家對敵一樣。英國自身是九國公約的參加國，而美國更是始終以擁護九國公約爲立場，試問英國又如何能爲了一個無信無義的侵略敗類，而犧牲了對我們中國歷來的關係，又拋棄了他同類間文利害共同的美國呢？所以不論敵人是怎樣的宣傳，我們於理於勢，均認爲絕不可信，我們不但信任友邦政府，同時相信民主國家人民主持正義的力量，必然反映到他們政府的政策。

況且就理論和事實來說，任何甲乙兩國所議，涉及我們中國的條件，尤共是敵方宣傳所謂英日訂有協定的話，如果沒有得到我們國民政府的承認，不但是沒有價值，而且事實上也決不生效，我敢說以後，我們外交的形勢，將會一天天的好轉，我們國民不要爲漢奸搖惑而有所顧慮，祇要我們有精神，有主義，那麼英日東京談判以後，我們抗戰的力量不但可以加强，而且必更能持久。尤共不可忘記的一點特點，我們是一個革命的國家，無論遇到任何困苦，都要有獨立奮鬥的決心，而決不稍有依賴和觀望的心理，要知依賴心理爲我們革命精神所不容。

共次說到我們的經濟和金融，我們經濟基礎實在遠比在南京時候更加健全。最近因爲敵僞的加緊搗亂，外匯比率爲上海市場投機者利用操縱，前幾天有一時搖動的現象，但我可以告訴我們全國的同胞，政府必定是始終是維持法幣的價格，供給合法的外匯，實施適當的管制，並且我可以對我們同胞說：政府已有確實把握來鞏固金融的基礎。關於外匯的管制，政府已研究有更完密而妥當的整個辦法，正可以乘這個機會，來求得根本的穩固。至於在上海租界裏，因爲受敵人在背後搗亂，又有投機者操縱各種市場，我向來就不主張無底止的供給外匯，以防礙戰時的金融。須知我們抗戰的金融財政基礎在內地，這一年來已經立定了基礎，所以我可負責聲明政府一定以全力維持法幣的價值，一定能盡量維持法幣與外匯的比率，在政府規定法令之下，照常買賣，決無問題。對於在淪陷區內法幣的行使，更有充分的準備，加以切實的維持，決不使我們民生受到絲毫的影響，決不使我們同胞受到些微的損失。

總之對於法幣的維持和外匯的供給，政府一定能執行我有利抗戰有益民生的政策。過去在上海辦理的外匯辦法，不但於我們中國商民沒有利益，而且徒然替敵僞維持共金融生命，這個辦法如不變更，不但減少我們抗戰力量，實在無異給敵僞操縱之以摧毀我們抗戰經濟的基礎。現在如能照我們的意思來實行新的政策，以後經濟基礎必更鞏固，於我們國計民生更有極大的進步。我們中國同胞必須明瞭那是敵我利害之分野，要以全力來擁護政府這個政策。

我還可以負責告訴各位同志和同胞，這一次外匯比率的變動，對於我們抗戰經濟絕對是有利的，而對於我們抗戰亦絕不發生絲毫不利的影響，因爲我們的軍器，毫不關係移撥外匯基金的，且我們各省本年都是豐收，不但輸出可以增加，而且日用必需品，也有更豐富的供給。同時由於外匯比率的變動，正可以減少不必要的輸入，杜絕領額的漏卮，造成自然的節約，於我們的戰時經濟是有利無害的。（未完）

期：新中华报零零五十期

版：零二版

时间：一九三九年七月二十八日

國際間的反響
法西斯：更加狂妄
民主國：一致抨擊
日本
得寸進尺

# 国际间的反响
# 法西斯：更加狂妄
# 民主国：一致抨击

## 日本得寸进尺

再，对于日本方面，是更加纵容了它得寸进尺毫无顾忌的疯狂行动。

**【东京二十五日路电】**海相米内电称：关于克莱琪有田谈判问题，余应向全国告诫者，即切勿认为谈判结果，即是使英国远东政策全部改变。今后讨论个别问题，包括货币问题在内，英国所持之态度，国人正应加以密切之注意。

**【华盛顿二十五日合众电】**中韩人民反日联盟会代表韩某，今晨宣称：日本在最近两月中，共派遣浪人及“政治刺客”二百八十名，前往上海，意图在本年九月使公共租界陷于恐怖状态，效天津事变而予英国以更大压迫。

## 國際

### 東京談判簽訂協議
# 英對日妥協退讓
## 我外交界斥英無信背約
## 縱容日寇犧牲自身利益

【倫敦廿五日路電】張伯倫首相，頃在下院就英日天津談判決議發表報告說：英政府為便利於英日討論天津事件計，遂與日政府成立如下之協議：英國政府完全承認正在大規模戰爭狀態下之中國之實際局勢，在此種局勢繼續存在之時，英國知悉在華日軍為保障其自身之安全與維持其佔領區內公安之目的計，應有特殊之需要。同時知悉凡有阻止日軍或有利於日軍敵人之行為與因素，日軍均不得不予制止或消滅之，凡有妨害日軍達到上述目的之行動，英政府均無意加以贊助。英國政府將趁此時機，對在華之英當局及英僑說明此點，令其勿採取此項行動與措置，以證實英國在此方面所取之政策。

張伯倫

## 國際間的反響
### 法西斯：更加狂妄
### 民主國：一致抨擊

### 中國

張伯倫對日寇的屈膝妥協行動，引起了各方面不同的反響，首先，在中國方面，我們是堅決反對這種不法行為。我外部發言人，於二十五日特發表談話，略謂：「中國對於英政府在此次會談中所採取之態度，不能不引起失望，日本之對華侵略，業經英國自身與其他國聯會員國予以承認，而英政府對於在華日軍之所謂特殊要求，亦已聲明知悉，故此種行動實不能不令人深為遺憾。此舉殊與英國歷次在國聯會上對中國担保之條約義務相違背。」（重慶二十五日電）

再，我駐法大使顧維鈞，日昨對記者發表談話，略謂：「中國對英日協議實具有不愉快印象之感，中國人民因為該協定之成立，而發生英國對華之真正政策究竟如何之疑問。至少自表面而論，英國之態度，對於日本之侵略與中國之自衛已無所分別。英國承認中國之實際局勢，及避免任何阻礙日本軍事行動二點，實有利於侵略者，而有害被侵略者。」（巴黎廿六日路電）

【倫敦廿五日哈電】此間中國協會，頃接獲上海分會及上海英僑協會來電，對英日初步協定，提出抗議。

### 英國
## 這是真正的民意
### 共黨議員嚴詞斥責
### 朝野人士力反妥協

其次在英國下院「協議之全文宣讀後中，「首相將英日」，曾引起熱烈之質問。共產黨議員對此加以批評，並大呼「可恥」；工黨議員格林伍德及其他議員多人，皆詢問英國對華政策，是否有變更。」

### 日本
## 得寸進尺

再，對於日本方面，是更加縱容了它得寸進尺毫無顧忌的瘋狂行動。【東京廿五日路電】海相米內昨聲稱：關於克萊琪有田談判問題，余應向全國告誡者，即切勿認為談判結果，即是使英國遠東政策全部改變。今後討論個別問題，包括貨幣問題在內，英國所持之態度，國人正應加以密切之注意。

【華盛頓廿五日合衆電】中韓人民反日聯盟會代表韓某，今晨宣稱：日本在最近兩月中，共派遣浪人及「政治刺客」二百八十名，前往上海，意圖在本年九月使公共租界陷於恐怖狀態，效天津事變而予英國以更大壓迫。

### 美國
## 赫爾聲明
## 美不變更態度
### 各報評擊張伯倫

再，民主國家間，尤其是美國，他的態度是怎樣呢？事實上，他的態度是粉碎了張伯倫的欺騙：認為英國之所以妥協是由於美國對於天津事件的孤立態度。

【華盛頓廿五日哈電】赫爾國務卿頃向各報發表談話說：自遠東發生爭端以來，美國態度迄未變更。其對外之意，但謂強力所造成之現實問題，不擬予以承認。又謂：日軍當局封鎖珠江一事，美國政府對之態度，將與珠江前此被封鎖時無異。

【紐約廿六日塔斯電】美國各報，評論英日協議謂：「英國所採取之行動，將使本來伴行之英美對華政策，趨於分離。認為英日協議方案中，暗示英對日要求大量讓步，及英當局在遠東威信之捨棄。

### 義大利
## 唆使侵略

最後，意大利對英國的妥協態度，亦大加諷刺，指出「英國在日本面前屈服」；「英國外交遭受了空前未有之失敗」。同時更鼓勵日寇加緊壓迫，認為「日本若能堅持其主張，英國必然對日讓步，因此日本切勿錯過此次良好機會，必需使英國認識遠東之新局勢，同時期待英日談判後，由於日本的勝利，能夠影響歐洲之局勢。」（東京廿五日電）

## 正式談判
## 日昨開始

【東京廿四日路電】英日東京談判正式會議，於今晨開始，至中午一度休會，午後復舉行。

## 正義的呼聲
### 畢德門主張即行
## 廢止日美商約

【華盛頓廿四日合衆電】參議員畢德門頃於國會對中立法案將展期討論，特發表聲明，主張參議院應即決議，取銷一九一一年之美日商約，並即向日本通知。因該約於通知書發出六個月後，始生效力。

【華盛頓廿六日合衆電】合衆社記者遍詢參院外委會重要委員之意見，藉知范登堡氏所提廢止日美商約案。由於目前委員會內保守份子以及贊助立即對日禁運軍火者之態度已趨一致，故該議案不難通過。

貪婪的顧客與殷勤的侍者

# 英法蘇賡續談判
### 英法不容再動搖不定
## 軍事談判亦將進行

英法蘇談判已進行了二月之久，因為英法統治階級的猶豫不定，別具用心：他們只對波蘭、土耳其提供保障，但對波羅的海立陶宛，愛沙尼亞，拉脫維亞等三國不負保障之責，這樣就可以與德國取得妥協，並可慫恿德國向波羅的海各國進攻蘇聯，這就是三國談判未得到成功的主要癥結所在。現在橫梗在談判當中的還是波羅的海國家的保障問題，與「間接侵略」含義解釋的問題、

近來，德法西斯不斷向英法挑戰，張伯倫利用德國的計劃，是感到失望，尤其日本在遠東對英國的威脅、壓迫，使英國更焦頭爛額。因此英法還是不放棄這個世界和平真正的保衛者——社會主義國家蘇聯，而與之繼續談判。

### 談判前途
## 頗可樂觀

據英國消息：「英政府於七月廿一日以新訓令電達駐蘇大使西慈後，英、法蘇代表乃於昨日昨續進行談話，西慈大使甫於本日電達政府報告經過情形，惟政府尚未加以研究」。（倫敦廿五日哈電）又「外相哈里法克斯今日（廿五）與蘇大使邁斯基會談時聲稱：英國最近將派海陸空軍高級官員，前往莫斯科談判軍事協定，法國亦將派員參加是項談判。」（倫敦廿五日合衆電）

保守黨人士傳出消息：「海外駐軍總監艾樂塞將軍擬於短期內前往莫斯科，參加英法蘇三國軍事會議，三國談判前途，頗可樂觀。此間蘇聯人士亦宣稱：三國談判主要困難為「間接侵略」之界說問題，但亦不難迅速解決，因關係各方均願及早締結協定，並傳克立即舉行三國參謀部談話，並為未來政治協定之實施，擬定技術上之辦法。」（倫敦廿四日哈電）

### 參謀人員
## 共商合作

據「法政府負責方面宣稱：英法蘇談判業已達到一種新階段。龐萊外長今晨與英代辦甘勃爾磋商此事之後，復就長途電話與駐英大使考賓，有所商談。英法政府定於明日交換意見，一俟兩國內閣核准之後，即可於短期內，各派軍事代表前往莫斯科，與蘇聯參謀部進行談話。（巴黎廿五日哈電）「英國每日電訊報之外交記者稱：英國已接受蘇聯之提議，不待三國反侵略協定成立，英蘇俱即開始參謀人員談話。」（倫敦廿六日路電）

## 闢謠

【莫斯科廿四日哈電】蘇聯官方頃發表公報謂：「德蘇商務及信用放款問題談判，已在柏林開始，外傳德蘇軍事人員，將共商軍事合作問題，實無此事。」

## 敵罷工大浪潮
### ——革命危機日屆——

【東京廿六日塔斯電】日本報紙中外商業稱：日本之罷工運動，繼續增漲，自一月至五月，罷工數已達一一五〇次，參加罷工工人達十餘萬，與去年比較，一月間之罷工工人較去年一月多十二倍，本年五個月罷工工人總數較一九三八年同時期內罷工工人總數增加一萬八千人。

# 蔣委員長在國府紀念週致詞原文
（接第一版）

我們即使放開法律和道義不講，祇就利害來談，亦深信英國決無對日眞正妥協的可能。英國認識日本，比我們認識的更清楚，英國明明知道今天的日本，已不是二年前替他在遠東看門的警犬，而是在太平洋上反噬英人的一條瘋狗。英國縱然是極願和平解決，他對於日本的讓步，決不能和我們中國的利益相抵觸，更不會和九國公約的規定相抵觸，否則英國不但會助長日本的侵略，幫助日本摧毀九國公約，而且無異於他代日本侵略中國，祇代日本來與九國公約各國家對敵一樣。英國自身是九國公約的參加國，而美國更是始終以擁護九國公約為立場，試問英國又如何能為了一個無信無義的侵略敗類，而犧牲了對我們中國歷來的關係，又拋棄了他同文利害共同的美國呢？所以不論敵人是怎樣的宣傳，我們於理於勢，均認為絕不可信，我們但信任友邦政府，同時相信民主國家人民主持正義的力量，必然反映到他們政府的政策。況且就理論和事實來說，任何甲乙兩國所議，涉及我們中國的條件，尤其是敵方宣傳所謂英日訂有協定的話，如果沒有得到我們國民政府的承認，不但是沒有價值，而且事實上也決不生效，我敢說以後我們外交的形勢，將會一天天的好轉，我們國民不要為漢奸搖惑而有所顧慮，祇要我們有精神，有主義，那麼英日東京談判以後，我們抗戰的力量不但可以加強，而且必更能持久。尤其不可忘記的一點特點，我們是一個革命的國家，無論遇到任何困苦，都要有獨立奮鬥的決心，而決不稍有依賴和觀望的心理，要知依賴心理為我們革命精神所不容。其次說到我們的經濟和金融，我們經濟基礎實在遠比在南京時候更加健全。最近因為敵偽的加緊搗亂，外匯比率為上海市場投機者利用操縱，前幾天有一時搖動的現象，但我可以告訴我們全國的同胞，政府必定是始終是維持法幣的價格，供給合法的外匯，實施適當的管制，並且我可以對我們同胞說：政府已有確實把握來鞏固金融的基礎。關於外匯的管制，政府已研究有更完密而妥當的整個辦法，正可以乘這個機會，來求得根本的穩固。至於在上海租界裏，因為受敵人在背後搗亂，又有投機者操縱各種市場，我向來就不主張無底止的供給外匯，以防礙戰時的金融。須知我們抗戰的金融財政基礎在內地，這一年來已經立定了基礎，所以我可負責聲明政府一定以全力維持法幣的價值，一定能盡量維持法幣與外匯的比率，在政府規定法令之下，照常買賣，決無問題。對於在淪陷區內法幣的行使，更有充分的準備，加以切實的維持，決不使我們民生受到絲毫的影響，決不使我們同胞受到些微的損失。總之對於法幣的維持和外匯的供給，政府一定能執行我有利抗戰有益民生的政策。過去在上海辦理的外匯辦法，不但於我們中國商民沒有利益，而且徒然替敵偽維持其金融生命，這個辦法如不變更，不但減少我們抗戰力量，實在無異給敵偽操縱之以摧毀我們抗戰經濟的基礎。現在如能照我們的意思來實行新的政策，以後經濟基礎必更鞏固，於我們國計民生更有極大的進步。我們中國同胞必須明瞭那是敵我利害之分野，要以全力來擁護政府這個政策。我還可以負責告訴各位同志和同胞，這一次外匯比率的變動，對於我們抗戰經濟絕對是有利的，而對於我們抗戰亦絕不發生絲毫不利的影響，因為我們的軍器，毫不需要移撥外匯，且我們各省本年都是豐收，不惟糧食不必輸出可以增加，而且日用必需品也有更豐富的供給。同時由於外匯比率的變動正可以減少不必要的輸入，杜絕鉅額的漏卮，造成自然的節約，於我們的戰時經濟是有利無害的。（未完）

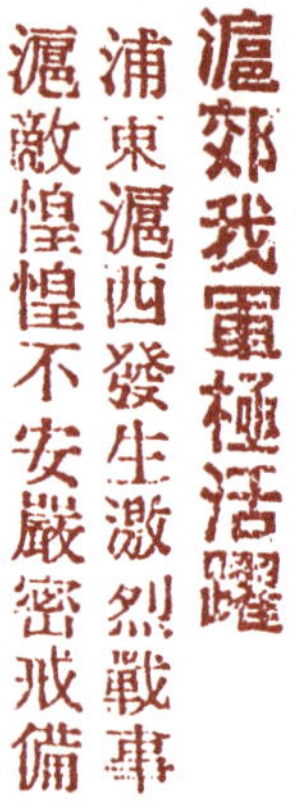
滬郊我軍極活躍
浦東滬西發生激烈戰事
滬敵惶惶不安嚴密戒備

期：新中华报零零五十四期

版：零一版

时间：一九三九年九月十一日

# 沪郊我军极活跃

## 浦东沪西发生激烈战事
## 沪敌惶惶不安严密戒备

**【香港六日电】**沪郊近有我正规军开到，声势益壮，他日战事猛烈，浦东敌军被我消灭过半，浦江敌舰发炮助战。

**【上海七日路电】**虹桥居民昨晚闻激烈炮声，今晨始息，午后炮声复作，据息，战事发生于沪西。路透社记者今午目睹有火车一辆，满载日兵，由南京开回上海，另有若干卡车装载敌军军用品云。

**【香港八日电】**我正规军已布满沪杭路之徐家汇、新龙华、莘庄及京沪路之南翔、真如、黄渡、安亭、昆山一带，正联合向沪郊疾进，连日均有激战，敌仅构工事据守，并派飞机四出侦查，形势甚为紧张。

**【重庆电】**沪人士咸推测华军或将趁“八一三”纪念日大举攻击，租界当局恐“反日”及“亲日”两方发生事端，特严行戒备，各国驻军水兵探警商团一律出动，爱多亚路报馆区及外滩一带，防范尤为周密，敌军对进入占领区之车辆行人严密检查云。

中華民國二十八年八月十一日 Sin Zhungxua Bao 星期五 第一版

# 新中華報

第五十四號 每逢星期二星期五出版

英日這一協定的成立，表示了英國反動資產階級代表所極力支持的對法西斯的妥協政策，并沒有給束：它赤裸裸地暴露了張伯倫的狡猾無恥，同時它是放任侵略縱容戰爭的又一罪惡。

為了避免人類陷入巨大的災禍，為了停止日德意法西斯的侵略，反對張伯倫的妥協政策是十分必要的，祇有堅決反對張伯倫的政策，才能縮小戰爭的範圍，才能建立起世界反侵略的統一戰綫，猛力的擊退敵寇，擊退歐亞法西斯底侵略！

## 社論

# 一致反對張伯倫對日妥協

眾世矚目的英日談判，進行了很久，終於在上月廿五日開始達到令人痛恨的地步。這就是英國資產階級反動派的代理人——張伯倫竟宣佈英政府再度向日投降退讓，而與敵寇成立了初步的協議。這協議的主要內容是：英政府完全承認目前中國之實際局勢，而『英』知悉在華日軍為保障其自身之安全與維持其佔領區內公安之目的計，應有特殊之需要』，同時『知悉凡阻止日軍或有利於日軍敵人之行為與因素，日軍均不得不予制止或消滅之』，為了這種「知悉」，英政府即採取避免『凡有妨害日軍達到上述目的之行動』與措置。

無疑的，英日這一協議的成立，表示了英國反動資產階級代表所極力支持的對法西斯的妥協政策，並沒有結束；它赤裸裸地暴露了張伯倫的狡猾無恥，同時它是放任侵略縱容戰爭的又一罪惡。它不僅違背了英國歷次在國際上對中國所擔保之義務，而且違背了英國人民的和平利益及人類的正義和公理。試問日本在中國的「特殊的需要」是什麼呢？它需要征服中國民族，它需要掠奪中國的領土主權，它需要掠奪中國人民的一切財產，同時，它也需要排斥第三國在中國的一切利益；它需要得寸進尺，滅亡整個中國，奴役全中國人民，毀滅中國的歷代文化；它需要在中國姦淫婦女、火燒房屋，殘殺一切外僑，[illegible]。試問日軍要制止或消滅的又是些什麼呢？當然是一切抗日力量，抗日的宣傳與行動，抗日軍隊，抗日的政府與抗日的人民。所以英國與日寇訂立這一協議，則無異是資助日本在中國的搶掠、屠殺、姦淫、侮辱和佔領的；無異贊助日本消滅我國的抗戰力量。這樣的協議，我們當然是要反對的，我們必須要向英政府提出嚴重的抗議！

但是，我們必須明白，我們之反對張伯倫的妥協政策，反對英政府與日本訂立協議，與敵寇積極進行反英運動是有根本區別的。反對張伯倫的政策是被侵略國及一切和平與進步人士所要幹的事情，而反英運動今天則是日寇、漢奸偽組織所要幹的事情。我們只是反對張伯倫的政策，反對英國一部份反動派幻想瓜分中國的陰謀，而不是反對英國人民，也不是排斥英在遠東的利益；恰恰相反，我們正希望英國的一切愛好和平與民主的人士，和我們親密的合作，共同反對日德意法西斯在世界的侵略，維護中英兩國人民的利益，同時保衛全人類的利益。日本法西斯之反英運動，則是真正反對英國人民，反對英國輿論，排斥英國在華之一切利益，日本用這些威脅的手段，迫使張伯倫在遠東迅速重演他原有的「慕尼黑」老把戲，同時迫使英國由「援華制日」而徹底的轉變到「援日制華」的道路上。果然，日本的這種陰謀，由於張伯倫的獨斷獨行，就背了英國人民的意志，而訂立了英日協議的初步協定。但是另方面，由於世界和平人士的呼籲，由於英國人民甚至保守黨議員的反對，並主張立即廢止英日商約，由於我國海內外同胞一致向英政府提出了堅決的抗議，由於美國毅然廢除美日商約的警告，日本的陰謀與張伯倫的政策卻遭受着很大的打擊和遇着很大的障礙，使英日談判在最近幾日來不得不陷於暫時停頓的局面，而張伯倫也不得不暫時休假赴蘇格蘭垂釣消遣。這證明了我們的抗議，與全世界人民和輿論的壓力是很有效的。

有些人以為：張伯倫過去對德意妥協，為的是安定歐洲局勢，以便集中力量解決遠東問題，而在對日妥協，卻是要安定遠東局勢，以便集中力量去解決歐洲問題，這種見解僅就今年的事實就已完全證明是錯誤的。張伯倫對德意的妥協結果正好刺激日本強盜佔領了海南島、斯巴特萊島，封鎖天津租界；現在對日妥協，也必然刺激德意法西斯在歐洲的更加瘋狂，最近德國威脅着波蘭，但澤的命運岌岌可危；德國更與日締訂商約，這都是張伯倫妥協政策不能解決任何問題的實證。張伯倫的「現實外交」只有助長侵略，把目前局部的、片面的戰爭擴張為全世界的戰爭。因此，為了避免人類陷入巨大的災禍，為了停止日德意法西斯的侵略，反對張伯倫的妥協政策是十分必要的，祇有堅決的反對張伯倫的政策，才能縮小戰爭的範圍，才能建立起世界反侵略的統一戰綫，猛力的擊退敵寇，擊退歐亞法西斯底侵略。

## 三日戰況

# 鄂北我軍進展順利

## 陷高城勵山敵全線撤退

## 侵擾鄂北不逞中我奇計

鄂北方面，我軍進展極為神速，一路我高城之敵，經我××部隊南下壓迫，同時大洪山內我軍，亦向隨縣出擊，敵軍甚感南北夾擊之苦，在江家河、帶樺樹與工事據守，另敵千餘，在均川店安居店洛陽店等處積極活動，我大洪山守軍正嚴密監視中。」一（樊城八日電）敵於九日陷勵山後，「繼增戰車卅餘輛，步兵千餘，由淨明鋪（勵山西北）向唐縣鎮（淨明鋪西北）進犯，有犯棗陽企圖。」一（洛陽七日電）同時大洪山西南麓之洋梓敵軍，「似策應隨縣敵西進，猛力北犯，經我渡河部隊迎擊，現潰退洋梓撤守，我軍已進佔洋梓北十餘里一帶高地，向敵鬧擊，七日午後有敵三百餘增援，經六小陳冲、為我伏擊，斃敵卅餘，敵仍退回黃家集。」一（樊城八日電）此次敵進犯桐柏山南側，突中我軍詭計，一線敵陷高城勵山後，續進犯棗陽，我機動之守軍，即適時略向後，誘敵深入，同時則派隊側擊，而大洪山方面之部隊，則向北夾攻，正面守軍亦於洋梓北犯敵被我擊潰後，急協同生力軍猛力反攻，進入之敵受三面緊迫，損失甚重，八日晚由高城勵山七姑廟江家河均川安居等地，全綫向隨縣東南方面潰退，我正追擊中。」一（樊城九日電）

## 晉東南戰事

# 我以小部隊活動 進擊各縣敵人

## 林縣已為我克復

## 我控制翼沁公路

晉東南戰局，自我軍採取逐漸消耗敵人的戰法以來，各綫我軍均以小部隊分散活動。

[illegible]（博愛北）竄擾，我某部中道伏擊，敵即向[illegible]（博愛西）潰去。」一（洛陽七日電）

## 晉東方面

豫北涉縣有敵千餘，正積極趕修沿武涉公路各據點，二日敵由武安開涉縣汽車廿餘輛均載修路材料及鐵絲網，似有急圖西犯東陽關之勢。」（本報前方六日專電）不過，近日來陰雨，河水盛漲，涉縣敵之進犯企圖，益成泡影。我某部更乘勢對林縣敵猛烈攻擊，用調虎離山之計，乘勢攻入城內，一鼓克復林縣。從此太行山外圍，我又增一層屏障。」一（洛陽七日電）

## 晉南方面

晉城城內駐敵數百，一日以來撤至河底村。二日晉城西廿里之處，廿里鋪，遭我八路軍不斷襲擊後，全數東撤樣桃凹，廿里鋪為我克復。敵之增援部隊，亦為我擊潰。」（本報前方六日專電）「晉城之敵四百餘二日晨由新城、石塔（晉城東南）東犯，經我某部迎頭痛擊，敵不支向道口、天井關（晉城東南）一帶竄去。二日夜博愛敵二百餘，復向我大小黃嶺一[illegible]

# 豫南殘敵在肅清中

# 我圍攻長台關

【南陽六日電】豫南戰況益趨有利，我向長台關繼續壓迫，敵另一部向我進犯，在三官廟西南與我遭遇，現在激戰中，信陽西敵以順河店為據點，小林店以西已無敵蹤。

【洛陽八日電】我長台關方面，敵我仍在激戰中，四日長台關敵一部繞至三官廟附近，企圖北援，被我擊退，現長台關仍有敵四五百，我正圍攻中。【南陽八日電】

我軍自克復明港後，連日向敵追擊，前日我進至薛場灣（長台關東）時，敵曾一度頑抗，經我軍猛烈冲擊，斃敵卅餘名，敵當即竄入長台關，刻長台關已被我包圍，正猛攻中。順河店與家店等處殘敵已肅清，各該處現無敵蹤。

【樊城八日電】我柳林武勝關間，我西進部隊近在鐵道南九里崗，大新店一帶襲擊敵軍，斬獲甚多。

## 游擊隊

# 破壞開封至徐州間鐵道

## 收復王寨後瓦兩處據點

## 炸燬津浦線敵軍用列車

【留隍七日電】潮安我團隊極活躍，偽潮汕警備司令黃留，五日在庵埠遭我團隊槍斃，敵偽為防我游擊隊潛伏，舉行檢查戶口，對所用的偽警亦嚴密監視，稍有可疑，即遭槍斃。

【駐馬店七日電】豫東我軍連日向敵襲擊，現我軍已將徐州至開封鐵道完全破壞，敵已數日未能通車。

【西安八日電】固守蕭縣西南王寨後瓦兩處據點之敵，經我連日猛攻，恐慌異常，一日由黃口向王寨增援五百餘，中途被我伏擊，激戰兩小時，將敵擊潰，王寨後瓦之敵，亦於二日突圍向蕭縣逃竄，該兩據點當為我克服。

【山東某地九日電】我軍連日向臨沂等縣敵警備部隊進擊，斬獲極多，偽警備副司令陳逆世祿之子，亦被我擊斃，敵偽極恐慌。又我某部於前日在隴海路塔兒集站以東，埋設地雷，適敵東行軍車一列駛至，觸雷爆發，當即全部炸燬。死傷敵官兵二百餘名。

【香港九日電】津訊：二日津浦車行經滄州南之東光站附近，突觸地雷爆炸，炸燬車頭一輛，出軌客車九輛，斃旅客二百餘，押車敵兵死二十九名。

# 滬郊我軍極活躍

## 浦東滬西發生激烈戰事

## 滬敵惶惶不安嚴密戒備

【香港六日電】滬郊近日我正規軍開到，聲勢益壯，浦東四日戰事猛烈，敵軍被我消滅過半，浦江敵艦發砲助戰。

【上海七日路透電】虹橋居民昨晚聞激烈砲聲，今晨始息，午後砲聲復作，據息，戰事發生於滬西。路透社記者今午目睹有火車一輛，滿載日兵，由南京開回上海，另有若干卡車裝載敵軍軍需品云。

【香港八日電】我非正規軍已佈滿滬杭路之徐家匯、新龍華、莘莊及京滬路之南翔、真如、黃渡、安亭、崑山一帶，正聯合向滬郊疾進，連日均有激戰，敵偽構工事據守，並派飛機四出偵察，形勢頗為緊張。

【重慶八電】滬人士咸推測敵偽或將於「八一三」紀念日大舉攻擊，租界當局恐「反日」及「親日」兩方發生事端，特嚴飭各國駐軍戒備，各國兵探警商團一律出動，愛多亞路戒備區及外灘一帶，防範尤為週密，並對進入佔領區之車輛行人嚴密檢查云。

# 晉西之敵

## 四路西擾

【洛陽八日電】晉西戰況，久形沉寂。日來敵為策應晉東戰局，離石之敵，分四路向西進犯，一團窺柳林、軍渡，一股由西向磧林村出動，一股由衛家城、梁家合出動，一股自李家溝、王征會出動；惟每股兵力僅百餘人，我××部除分道截擊外，開始機動戰略向敵進攻，一舉佔大彫山（離石西）。

## 西線方面

「翼城之敵，近又蠢動。六日晨敵千餘，經東鄔嶺（沁水西）東犯，一部自南側圖竄磐寺頭（澮化西）與我某部在審莊（翼城東）以南激戰中」。（洛陽八日電）「東鄔嶺、固鎮（沁水西）一帶之敵，已達二三千餘，八日仍與我某部在沁水南至翼城東南一綫對戰中。綜合敵此次出動部隊共分三路：一部自東鄔嶺東趨沁水，一股自東鄔嶺南出擊溫南坪（沁水西南）一股自澮化鎮南犯家半溝一帶。（董封鎮西）而其主力則在青家山迄溫南坪一綫，企圖「掃清」我公路邊部隊。減少翼沁公路威脅，我現已攻佔窩頭，（東鄔嶺）向窩頭北方追擊。我某某部[illegible]，各按指定地點推進，以達合圍之勢。」一（洛陽九日電）

1939
新中華報
上海新闻
整理汇编

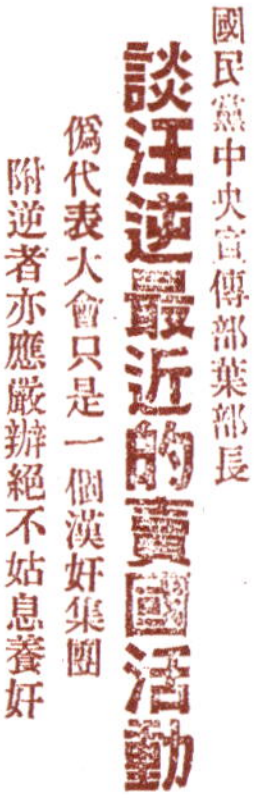
國民黨中央宣傳部葉部長
談汪逆最近的賣國活動
偽代表大會只是一個漢奸集團
附逆者亦應嚴辦絕不姑息養奸

珍藏版

期 新中华报零零六十三期

版 零三版

时间 一九三九年九月十二日

# 国民党中央宣传部叶部长谈汪逆最近的卖国活动

## 伪代表大会只是一个汉奸集团 附逆者亦应严办绝不姑息养奸

【渝八日电】记者连日见各报所载我国人对汪逆精卫卖国降敌言行严词驳斥不遗余力，汪逆苟有人心实应遁迹销声不再露面，闻近日又在沪敌人卵翼下兴风作浪，无耻之尤，古今中外实所罕见。昨日记者至中央党部谒见叶部长，潘副部长，承叶部长应记者之请，作如下之谈话：

问：汪逆在上海开了一个什么代表大会，究竟是怎么一回把戏呢？

答：什么是代表大会，只是一个国人所谓上海大出丧式的汉奸集团，而且还不如大出丧一样有规矩。第一大出丧还是点名钱，汪逆的人数是很少到场的，有的是别人代签的，有一人签数名的，还有些人在几千里外全不知道的。第二大出丧是愿意撑旗打伞的才来，而汪逆是借请客请了去，然后把门一关手枪一拔，挟持了那些人如囚犯一般押在会场上强迫开会的。像这种会可不是天下奇闻！并且本党各省市党部都有电报声讨汪逆，试问他这个代表会不是完全捏造更从哪里产生？

问：听说他们有许多决议案，部长有所闻否？

答：哪里是决议案，完全是日本人听的留声机，在会场中除开汪逆的报告文和一两个狗爪的附和外，大家根本不知道通过些什么，据报告当日汪逆发表议案都没有听清楚，只听到他叫“通过”两字的声浪而已。

问：既然汪逆这样胡为，为什么中央不加以法律上的否认呢？

答：（中缺）一个已解决的现（缺）早又昭告天下，实无再向现行法律讨论的必要，依据中国国民党的总章，党员有提议召开代表大会的规定的，这一个永远的开除党籍的叛徒，已失去了党员的资格，至于他的谬论及其他汉奸的主张，我们对于王克敏、梁鸿志等汉奸发表的主张，大家都置之不理，对他又何能独异。

问：中央对于已知姓名之附和汪逆者，是否加以严办？

答：有多数人是别人替签名的或是威胁一时不能脱身而暂时附和，或是出于引诱一时糊涂而他们必最后觉悟的，中央对于这些自然加以细论而分别处置，绝不是为国家姑息养奸。

中華民國二十八年九月十二日　新中華報　星期二　第三版

# 國府明令公佈 鞏固戰時金融辦法

## 中中交農四行組聯合辦事處 特派蔣理事長為辦事處主席

【重慶八日電】財部孔兼部長為鞏固金融並健全戰時中央金融機構，擬定辦法綱要呈交國防最高委員會通過施行，並將該綱要呈交國民政府明令特派中國農民銀行理事長蔣中正為中央、中國、交通、農民四銀行聯合辦事處總主席，中央銀行總裁孔祥熙、中國銀行董事長宋子文、交通銀行董事長錢永銘為總理事。茲錄國府命令及鞏固金融辦法綱要如次：

### 國府命令

特派中國農民銀行理事長蔣中正，中央、中國、交通、農民四銀行聯合辦事處主席，中央銀行總裁孔祥熙、中國銀行董事長宋子文、交通銀行董事長錢永銘為中央、中國、交通、農民四銀行聯合辦事處總理事，此令。

### 鞏固金融辦法綱要

鞏固金融辦法綱要及法幣準備金檢查公告辦法：（一）法幣準備金於原有之金銀及外匯而加以充實之。（二）短期商業與貨物棧單。（三）生產事業之投資，國民政府發行之公債充分準備金，不得超過準備金金額百分之四十二，發行準備金管理委員會應邀聘各重要省市之商會與銀行公會代表參加，公開檢查，將發行數額準備金實力公告之。（四）審核預算：一、緊縮政府各機關不必要之事業費及臨時費，應嚴格裁減，將非事務集中，由各該主管機關從事辦理，以節省支出，各主管機關應節省不必要之支出，防止亂擺公役，（中缺）：二、切實辦理剿［illegible］之審核。（五）……外匯由基金委員會公佈之。進口貨物……（中缺）（六）吸收社會游資，擴充金融營碼，財政部得督促各銀行依照法令積極辦理儲蓄存款，並以其儲存金投放於生產事業。（七）擴充西南西北金融，於每縣區設一銀行，以活潑地方金融，發展生產事業。

### 健全戰時中央金融機構辦法綱要

中央、中國、交通、農民四銀行合組聯合辦事總處，負責辦理戰時金融政策有關各種業務，其組織如左：（一）聯合總處設理事會，由中央銀行總裁及中、交兩銀行董事長總經理，中國農民銀行理事長總經理與財部代表組織之。（二）聯合總處理事會設主席一人，常務理事三人，由國民政府特派之，主席總攬一切事務，常務理事襄助主席執行一切事務。（三）聯合總處設總務長一人，由主席任命之。（四）財政部授權聯合總處理事會主席，在非常時期內，對中央、中國、交通、農民四銀行，可為便宜之措施，並代行其職權。（五）聯合總處詳細組織及各項章則，由理事會擬具報由財政部核定之。中中交農四行，各依其法令或條例所規定之法令及業務分別發展。中中交農四行總行之未移設在國民政府所在地者，應由該聯合辦事處理事會規定日期在最近期內實行移設。中中交農四行總行及聯合總處，應逐日做收支日結，發表數日市場利率，並於每月上旬將上月資財實況，報告財政部查核。中中交農四行總行及聯合總處對於財政金融重大事項，應隨時向財政部密陳意見，說明。財政部決定施行事項，兩令四總行或聯合辦事處辦理者，應立即依照辦理，不得遲延或違誤，並應指定專員負責督導各分處推行，並將辦理進行情形及報告按月將辦理成績報告總行，轉報財政部查核。本財政部令，聯合總處理事會設置視察十人至二十人，輪流分往四行總分支行將各該行奉行政府策有無違反或遲誤，及其執行一般業務能否適合戰時需要，隨時由國防最高委員會核准施行。

# 國民黨中央宣傳部葉部長 談汪逆最近的賣國活動

## 偽代表大會只是一個漢奸集團 附逆者亦應嚴辦絕不姑息養奸

【渝八日電】記者連日見各報所載我國人對汪逆精衛賣國降敵實行［illegible］［illegible］不遺餘力，汪逆苟有人心實應遠跡銷聲不再露面，而近日又在敵人卵翼下興風作浪，無恥之尤，古今中外實所罕見。昨日記者至中央黨部謁見葉部長，潘副部長，承葉部長應記者之請，作如下之談話：

問：汪逆在上海開了一個什麼代表大會，究竟是怎麼一回把戲呢？

答：什麼是代表大會，只是一個國人所謂上海大世界式的漢奸集團，而且還不如大出喪一樣有規矩。那一大出喪還是點名錢，汪逆的人數是很少到場的，有的是別人代簽的，有一人簽數名的，還有些人在幾千里外全不知道的。那二大出喪是顧寶撐旗打鑼的才來，而汪逆是藉請客請了去，然後把門一關手槍一擺，挾持了那些人如囚犯一般押在會場上強迫開會的。保證紙會可不是天下奇聞！並且本黨各省市黨部都有電報討汪逆，試問他這個代表會不是完全捏造與從那裏產生？

問：聽說他們有許多決議案，部長有所聞否？

答：那裏是決議案，完全是日本人聽的留聲機，在會場中除開汪逆的報告文和一兩個狗爪的附和外，大家根本不知道通過些什麼，據報告當日汪逆發表議案都沒有聽清楚，只聽到他叫「通過」兩字的聲浪而已。

問：既然汪逆這樣胡為，為什麼中央不加以法律上的否認呢？

答：（中缺）一個已解決的現（缺）早又昭告天下，實無再向現行法律討論的必要，依據中國國民黨的總章，黨員有根據召開代表大會的規定的，這一個永遠的開除黨籍的叛徒，已失去了黨員的資格，至於他的謬論及其他漢奸的主張，我們對於王克敏、梁鴻志等漢奸發表的主張，大家都附之不理，對他又何能獨異。

問：中央對於已知姓名之附和汪逆者，是否加以嚴辦？

答：有多數人是別人替簽名的或是威脅一時不能脫身而暫時附和，或是出於引誘一時糊塗而他們必最後覺悟的，中央對於這些自然加以細論而分別處置，絕不是為國家姑息養奸。

# 全國各地紛電討汪 函電有如雪片飛來

【立煌六日電】皖（安徽）省主席廖磊等以汪逆賣國降敵，通電中央及各界共申聲討。又訊：皖文化界以汪逆精衛叛黨賣國，靦顏事敵，近更變本加厲，奔馳滬粵，廣播和平妥協謬論，特由皖文化事業委員會等三十餘文化團體，電呈中央，並各地文化界一致聲討。

【重慶八日電】汪逆精衛叛賣祖國，奴顏事仇，凡我國人皆曰可殺，全國團體聲討電文，如雪片飛來，中央近來接到該項函電有雲南省黨部，四川納溪縣政府，中央軍校第四分校特別黨部，衡陽正中日報，成都市政府，四川各縣旅省同鄉會聯合辦事處，四川省政府，各縣訓練班學生二萬餘人，廣東省黨部及湖南各界討汪大會等團體。

## 中法比瑞文化協會請求國府 通緝嚴辦褚逆民誼

【重慶七日電】中法比瑞文化協會，以褚民誼附和汪逆賣國求榮，七日分呈中央監察委員會及國府，請迅予開除其黨籍並褫奪其本兼各職通緝嚴辦云。

# 香港買外匯難

## 港政府公佈限制條例

【香港八日電】港政府為維護其外匯基金起見，特於昨日深夜公佈限制購買外匯條例，規定自今日起，除購買英磅及與英磅有連系之貨幣外，其餘中美瑞比法荷阿根廷挪威瑞典加拿大與菲律賓貨幣，均在限制之列。凡欲購買上述各國外匯者，必須告經港政府指定之若干銀行批准，且須具有下列目的之一者，始有購買權即：（一）付清九月三日以前所訂購之貨款者。（二）為個人正當之費用者。至所指銀行名單，亦即將由當局公佈之（中缺）。又港方規定非經特別許可者，不得將紙幣金鎊與他國紙幣攜帶出境，惟×幣與我國法幣目前不在禁止之列云。

# 敵又向英要求 英艦應離漢

【漢口八日路透電】日領事當局今日向英總領事當局提出「友好之勸告」，謂日為避免發生意外事件計，在漢之英砲艦（探索號與比德號）均應離埠，至於在漢之英僑，日方當能保護云。英總領事答覆稱：此事已電有關當局請示。近英砲艦有日下駛，另一艦則下駛云。

# 女大利用秋假

## 赴軍醫院慰問傷兵

【本報訊】自本月一日起，本市各學校一律放秋假十五天，聞女子大學利用假期，組織參觀團分赴高等法院及保育院小學部等處參觀，行期為五日，參觀團由該校各班推選五個人組成。此外並組織慰勞團，攜帶慰勞品分赴八路軍模範軍醫院及邊區醫院等處慰勞傷病戰士。留校員生則忙於寫慰勞信，各班雖不上課，但仍進行有計劃的自修，並於假期內請名人報告三次，舉行晚會三次，第一次晚會為女大同學自己準備的舞蹈等節目，第二次請民眾劇團表演，第三次抗戰劇團，地點在女大本校。現女大同學每日七時仍上早操，在假期中對特別練習丹麥操，同學們加以各方面興趣極高。並聞高級班及普通班同學互親密團結，互相幫助，各班間亦相幫助云。（芙）

# 小消息

▲邊區醫院近成立圖書館，使休養員在學習方面頗稱便利。護士訓練班已開學。

▲公安局近召集自衛軍排長鋤奸主任聯席會議，討論鋤奸工作。（水）

▲保安處於上月底，召集本處所屬機關部隊，舉行學習測驗，題目着重國內外形勢與共產黨員的修養。現試卷已閱畢，成績尚好，擬擇取優者予以獎品。（大德）

# 紙

# 邊區造紙廠 在逐漸擴大中

## 每月產量近十萬張

陝甘寧邊區造紙廠，於今年四月開始正式成立開工，故在目前規模不大，全廠只有工人數十人，且因經濟困難，不能採用機器大量生產，現每月生產的土紙，約有十萬張。不過，在抗戰的緊張情勢下，中心大城市與主要交通路線被敵人佔據，海口被敵人封鎖，國際來源減低，各地皆感到報紙缺乏的困難，邊區造紙廠成立，是有很大的意義。首先它給邊區解決了一部分紙的困難，將來擴大了，則作用更大了。現「解放」、「中國婦女」、「中國青年」及本報所用的紙，最大部份即係該廠的出品。

該廠的工人與工作人員，均能在極端困難的經濟條件下，努力工作，並不斷的在求產量與質量的增加與改進。廠方原定每天工作八小時，後來為了響應「加緊生產」的號召，工人自動的要求增加工作時間一點鐘，且每月的星期日只休息兩次，另兩次不休息，仍然作工，還不要工資，故每個時期的生產計劃，均能按期完成。工人的生活是愉快的，除了在經濟上受優待外，並有學習的時間，由工會俱樂部領導，有規律的有計劃的進行學習，不識字的參加識字小組，並與識字的工友，參加政治討論會和研究造紙技術的改進。唱歌也有人教。保衛勞工健康的衛生教育工作，也作得不壞，八月份沒有一個病人，由此就可證明。

最近建設廳為了擴大該廠範圍，改良品質，擬將人工改為機器製造，已在×地另建新廠，聘請技術人員多人，赴××購辦機器多架，一俟籌備完竣，即可擴大生產，以供需要。

# 血債

# 敵機四十六架襲延

## 投彈二百枚死傷五十餘人

【本市訊】八日晨七時半，市防空司令部即接到報告，有敵機向延市飛來，當即發出空襲警報。後果有敵偵察機三架，輪流前後三次飛至本市上空盤旋偵察。九時許更有敵重轟炸機十五架，由東南飛來，投彈後向東北飛去，接着又有廿八架由東面飛來作第二次之轟炸，警報直至十一時始行解除。敵轟炸機共四十三架，投彈二百餘枚，多落於城內北街及西山上。在敵機瘋狂殘酷的轟炸下，計毀房百餘間，死傷居民五十餘名，炸斃牛馬各一匹豬四隻。八路軍軍醫處，自聞得空襲警報後，即令各救護隊準備各種救護工具，警報解除後，各救護隊立即出發進行救護，將輕傷者上藥送軍醫處門診部，重傷者更由衛戍司令部備車送軍醫院治療。死者即由市府動員民眾抬至郊外掩埋。指導員參加救護工作，該處衛副處長、高市長與公安局王局長，均親臨指導一切（光華）

新中華報

# 社论　反对汪逆精卫的假三民主义

汉奸汪逆精卫及其党羽，于上月二十八日在上海召集所谓伪国民党全国代表大会，发布了卑鄙无耻的宣言及其出卖祖国的所谓“新”纲领；组织了伪国民党中央执行委员会，汪逆精卫本人做了伪国民党“总理”。

汪精卫之召开伪国民党代表大会到底表示了什么呢？一方面，表示了汪派分裂国民党的活动愈益积极，企图以对敌屈膝的伪国民党来代替主张抗战的真国民党，另一方面，也表示了汪派势力的没落。因为秘密破坏国民党勾引国民党个别动摇分子的计划失败，于是不得不打出伪国民党的招牌，而与抗战的真国民党公开对抗。

汪逆此次召开伪国民党大会的作用，乃是想利用青天白日的旗帜，以建立其傀儡的伪中央政府，以圆其首席傀儡的梦。同时，反对领导全民族抗战的蒋委员长，而达其向敌投降的目的。

汪精卫一贯出卖中国的阴谋伎俩，就是“反共”“反蒋”，反国共合作，用假的三民主义代替真三民主义。伪国民党全国代表大会的宣言也挂着“内政与外交政策，是以三民主义为其最高原则”的招牌，汪精卫伪三民主义的内容，就是“反蒋”“反共”，“反抗战的国民党”反对真正的三民主义，反对抗战，反对人民的利益；就是出卖中国和灭亡中国。汪精卫知道：今天抗日民族统一战线的政治基础是三民主义，国共两党是抗日民族统一战线的最主要骨干，蒋委员长是今天全国人民所拥护的全民族抗战领袖。所以汪精卫为要破坏抗战，出卖祖国，欺骗人民，就必须反共反蒋反国民党，必须抽去三民主义的革命的内容，并故意曲解为他们公开卖国的理论根据。

究竟什么是真三民主义呢？它是半殖民地半封建的中国国民革命运动的三个原则，它是争取“民族独立”“民权自由”“民生幸福”的现在民族解放的基本口号。在过去，孙中山先生以这个旗帜，号召了中国人民推翻了数千年的封建专制制度，实行“联俄”“联共”“唤起工农”的三大政策，推动了中国大革命，发扬了三民主义革命的基本内容。在现在，孙中山三民主义的实现，是抗战建国、争取最后胜利的最好的保证。因此，为要坚持抗战到底，驱逐日本帝国主义出中国，完成中国的独立和解放，就要全部地运用三民主义和实现三民主义，即是［使］在争取民族独立的抗战中，必须同时给人民以民主、自由、和改善人民生活。

孙中山先生的真三民主义，是不可分割的，如果把三民主义阉割为不彻底的“一民主义”，而忽视了三民主义中的其他重要和革命内容的民权主义与民生主义，必然会降低了三民主义在中国革命现阶段的意义与作用，这就是对三民主义的曲解与污辱，实际上也就是假三民主义之一种。

第一版　星期五　Sin Zhungxua Bao　中華民國二十八年九月十五日

# 新中華報

第六十四號　每逢星期二星期五出版

今天我們不僅應該用全力的擁護孫中山先生革命的眞三民主義，而且應該用全力去反對漢奸汪精衛等賣國投降的假三民主義；反對假三民主義的唯一方法，就是在實際上眞正實現孫中山的「民族獨立，民權自由，民生幸福」的革命的三民主義。

爲着反對汪精衛的假三民主義，和切實實行孫中山的眞三民主義，我們共產黨人，和眞正的國民黨人，以及全中國人民，應該更加密切的團結起來，粉碎抗戰中的任何障礙，揭破敵人漢奸的一切陰謀，向着中華民族澈底解放的光明之路前進！

## 社論　反對汪逆精衛的假三民主義

漢奸汪逆精衛及其黨羽，於上月二十八日在上海召集所謂僞國民黨全國代表大會，發佈了卑鄙無恥的宣言及其出賣祖國的所謂「新」綱領；組織了僞國民黨中央執行委員會，汪逆精衛本人做了僞國民黨「總理」。

汪精衛之召開僞國民黨代表大會到底表示了什麼呢？一方面，表示了汪派分裂國民黨的活動愈益積極，企圖以對敵屈膝的僞國民黨來代替主張抗戰的眞國民黨，另一方面，也表示了汪派勢力的沒落。因爲秘密破壞國民黨勾引國民黨個別動搖分子的計劃失敗，於是不得不打出僞國民黨的招牌，而與抗戰的民國民黨公開對抗。

汪逆此次召開僞國民黨大會的作用，乃是想利用青天白日的旗幟，以成立其傀儡的僞中央政府，以圓其首席傀儡的夢。同時，反對領導全民族抗戰的蔣委員長，而達其向敵投降的目的。

汪精衛一貫出賣中國的陰謀技倆，就是「反共」「反蔣」，反蔣共合作，用假的三民主義代替眞三民主義。僞國民黨全國代表大會的宣言也掛着「內政與外交政策」，是以三民主義代共最高原則」的招牌，汪精衛僞三民主義的內容，就是「反蔣」「反共」，「反抗戰的眞民黨」反對眞正的三民主義，反對抗戰，反對人民的利益；就是出賣中國和滅亡中國。汪精衛知道：今天抗日民族統一戰線的政治基礎是三民主義，國共兩黨是抗日民族統一戰線的最主要骨幹，蔣委員長是今天全國人民所擁護的全民族抗戰領袖。所以汪精衛僞要破壞抗戰，出賣祖國，欺騙人民，就必須反共反蔣反國民黨，必須抽去三民主義的革命的內容，並故意曲解僞他們公開賣國的理論根據。

究竟什麼是眞三民主義呢？它是半殖民地半封建的中國國民革命運動的三個原則，它是爭取「民族獨立」、「民權自由」、「民生幸福」的現在民族解放的基本口號。在過去，孫中山先生以這個旗幟，號召了中國人民推翻了數千年的封建專制制度，實行「聯俄」「聯共」「喚起工農」的三大政策，推動了中國大革命，發揚了三民主義革命的基本內容。在現在，孫中山三民主義的實現，是抗戰救國，爭取最後勝利的最好的保證。因此，爲必堅持抗戰到底，驅逐日本帝國主義出中國，完成中國的獨立和解放，就要全部的運用三民主義和實現三民主義，即是在爭取民族獨立的抗戰中，必須同時給人民以民主、自由、和改善人民生活。

孫中山先生的眞三民主義，是不可分割的，如果把三民主義割爲不澈底的「一民主義」，而忽視了三民主義中的其他重要和革命內容的民權主義與民生主義，必然會降低了三民主義在中國革命現階段的意義與作用，這就是對三民主義的曲解與汚辱，實際上也就是假三民主義之一種。

今天我們必須把眞三民主義和假三民主義絕對的分開，當中不容許有絲毫含糊，不容許任何人把眞三民主義和假三民主義混同在一起。眞三民主義是抗戰建國的旗幟，假三民主義是汪精衛漢奸投降派用賣中國滅亡中國的方法和工具。今天我們不僅應該用全力的擁護孫中山先生革命的眞三民主義，而且應該用全力去反對漢奸汪精衛等賣國投降的假三民主義；反對假三民主義的唯一方法，就是在實際上眞正實現孫中山的「民族獨立、民權自由、民生幸福」的革命的三民主義。

我們共產黨人，歷來就公開承認我們是馬克思主義者，但我們始終認爲眞正革命的三民主義（三個原則）爲今日中國之所必須，眞正的馬克思主義者和眞正的三民主義者，乃抗戰及民族解放中的戰友，因此我們毫不猶豫地堅決的擁護眞三民主義和堅決的爲實現眞三民主義而鬥爭。因此對汪精衛之假三民主義及一切曲解閹割三民主義的企圖，不僅國民黨人要堅決起來反對，我們共產黨人和每個抗戰的人民，同樣都要堅決起來反對！

爲着反對汪精衛的假三民主義，和切實實行孫中山的眞三民主義，我們共產黨人，和眞正的國民黨人，以及全中國人民，應該更加密切的團結起來，粉碎抗戰中的任何障礙，揭破敵人漢奸的一切陰謀，向着中華民族澈底解放的光明之路前進！

## 三日戰況

### 晉東南戰事愈劇烈　長治長子間血戰　壺關東南北三關已爲我攻佔

【潞關十一日電】六日拂曉我軍向長子城及泊裏村附近進擊，次抵克復長子東南側之南鮑村上坊村及河頭村一帶，進入長子西南兩關，敵糾結援兵步騎兩千餘猛烈反攻，戰事激烈。上坊村、河頭村等據點得而復失者數次。迄七日晨我另一部攻克北劉村，直迫泊裏村，截斷長治長子間聯絡。

【興集十二日電】敵陸續增援長治萬餘人，我各部連日仍在續攻中，長子附近四面被我包圍，城東蘇店東西王家山郭村等地陸續攻克後，我續向安村高河鎮之敵力擊，某關已進抵長子西關，另一部進迫西北城郭，加緊向東南關進迫中。

【興集十三日電】長子攻守戰自六日以來，異常激烈，我軍節節勝利，連克長子附近數據點，敵傷損失達千三四百人，乃由高河鎮（長治西）調援六百餘人，猛犯上下郭村（長治西南）另一部則由長治攻上坊村大關村，長子敵亦圖呼應反攻，再犯大京村（長子東北）長子增敵二千餘。現長治長子間我敵大戰方酣，夏店（長治北）以南各地所有敵之彈藥及軍用品，陸續向廢亭運輸，敵勢似已不支，而圖北遁。

【洛陽十一日電】壺關城內有敵近千，城西及城東南各有敵千餘，日前一度進動，經我××部分道迎擊後，現已守伏不出。

【洛陽十二日電】壺關之敵向南北窺擾，被我擊潰後，我××部乃乘勢進擊，連日壺關外圍戰鬥激烈，砲火熾盛，前所未有，我將士奮勇搏鬥，連戰皆捷，先後將西龐村荒家坪麥莊元村（均在壺關南）等據點攻克，殘敵潰竄城內，負隅頑抗。一日晨敵一部千餘出城反攻，經我詐敗誘敵至上內村歸村（壺關東南）一帶，包圍聚殲，當斃敵四百餘，獲軍用品甚多，並以破竹之勢奮力挺進，一舉收復壺城東南北三關，殘敵正在竄逃中。

### 敵在下涌登陸未逞

【惠陽十三日電】下涌（惠陽屬）海面於十日晨竄來敵艦一艘，敵兵數百分乘橡皮艇藉敵機四架掩護，在下涌強迫登陸。我守軍迎頭痛擊，在海邊展開血戰，沖殺至晚，斃敵百餘，殘敵不支竄回艦內駛逃。

### 橫門登陸敵兩路南犯　前後進擾中山　我軍設伏斃敵甚多

【肇慶十日電】犯中山敵陷太尖峯、玻璃圍後，繼續進擾，我現守某線與敵作殊死戰。敵限於地形，難以深入。

【肇慶十三日電】橫門登陸之敵連日傾力兩路南犯，我軍設伏在珊洲附近斬獲甚衆。北一部現仍與我相持於黎村、煉藍山、百米山一帶。敵極力向石岐推進，圖壓迫中山縣我軍退至石岐以西。現時準備在青家灣附近開始進攻，由石岐至各處之水路，已斷絕交通。

### 僞軍反正

【西安電】張城蘇州所駐僞皇協軍特務大隊長梁方，姚錫來上月反正，立將日指揮員四人槍殺，集合所部西開，正整隊時，敵裝甲車八輛來追，姚部先行，梁部被敵圍擊，激戰兩小時，始脫重圍，赴××整理。

【洛陽十二日電】僞軍劉世清部駐紮鄭縣百泉一帶，八月廿七日晨經我游擊隊對劉部襲擊，激戰三晝夜，將該部完全解決，劉逆世清當場擊斃，僞參謀長汪逸仙率二個大隊約五百人反正，刻正集結××地區由×部收編中。

### 我克復從化

【桂林十三日電】廣州東北戰事，我軍日來有顯著進展。從化以北殘敵潰竄太平場、神崗。我追擊部隊十二日亦進抵該地附近，另一部則自從化、花縣之間向南挺進。十一日晚已收復獅前市（從化西南）、白土圩、紗帽頂等地。

【英德十三日電】我軍一部於九日晨猛攻從化縣城，激戰至下午三時我沖入城內，敵不支，狼狽逃去，從化遂正式克復。

### 我一度沖入花縣　敵北犯受挫

【桂林十二日電】十日晚我某部向困守花縣之敵進攻，敵二百餘聞訊恐慌異常，我軍兩連當即沖入城內，旋敵增援反攻，我遂退出。此次由花縣北犯敵二千餘，勢甚兇猛，二日晨一度竄犯大金山，旗桿山等處，經我軍奮勇抵抗，卒將敵擊潰，斃敵七八百，我營長梁瑞光壯烈犧牲。

### 潮安城敵突圍未逞

【留隍十二日電】潮安城敵仍在我包圍中，敵被困多日，糧食恐慌，由東門樓一帶沖出，企圖突圍，遂經竹竿山與我激戰，我軍截擊，潰回城內。

### 我克庵埠進趨汕市

【梅縣十三日電】八日晚我向庵埠敵進攻，敵憑藉工事頑抗，經我一度猛沖，鎮內發生激烈巷戰。敵卒不支，棄屍二百餘具向汕市潰逃。庵埠克復後，向汕市挺進。

### 我反攻高淳　進展甚爲順利

【廣德十日電】高淳失守後，我大舉反攻數次，迭創頑寇，敵據城構工事，企圖固守。九日晚我生力軍開到，又大舉反攻，進展極爲順利。

### 修河南岸　敵進犯未逞

【修水十三日電】修河南岸敵二三百於十一日下午三時竄至張坪灣（柳山東）附近，我軍猛烈截擊，敵一經再沖擊，均不得逞，血戰二小時，敵傷斃過半，殘敵狼狽向石塘下方面潰竄。

### 忠貞壯烈　寸於德罵敵捐軀

【重慶十二日電】軍息：第×戰區我軍×部諜查寸於德，於十月三日奉命出外偵查敵情，途中被敵兵數名圍困，寸拔槍擊敵，支持至彈盡，遂被敵兵挾至放橋街，敵派漢奸數名，向寸威脅利誘。圖探出我軍情形，但寸緘口不實，致觸敵怒，乃用酷刑拷問，寸厲聲叫罵，堅不吐實，擬敵以耳提擊折其臂，寸大呼「中國人不投降不做漢奸有死而已」。敵會知不可屈，乃解送九江敵司令部鞫訊，我某代司令長官據報後，以該員威武不屈，忠貞壯烈，至堪欽佩，特請最高軍事當局予以嘉獎，並請從優撫卹以安忠烈。

### 冀省我軍捷報

#### 清豐濮陽克復後　大名敵受我牽制　冀東我收復新河縣　天津難民夜襲馬廠

【冀南某地十三日電】冀南清豐、濮陽兩縣，七月被我克復後，盤據大名之敵頓受牽制，而我復節節進展。九日[illegible]敵寇五百餘在增援途中被我某部在魏縣鎮、楊枝莊堵截擊潰。大名城門緊閉，敵尚圖頑強固守。又冀東我某部四日攻入新河縣城，擊斃敵六十名，擒變漢奸頁魁袞謙正（即前該縣僞維持會長）及僞職員十二名，僞自衛總團長張玉墀部五百員紛紛投誠。是役共獲輕機槍兩挺，步手槍八十三支。

【天津十日合衆電】昨晚有難民百餘攜械襲擊馬廠，擊斃警察一人，俱樂部守衛一人，傷若干人，其後乃引退。

【鄭州十一日電】冀省我某部於五日圍攻宛平駱駝灣，敵七十餘名全被俘虜。同時我另一部攜擊門頭溝西之十道村，盤據該村敵吉井部隊悶訊不敢應戰，倉惶逃潰，我即收復該村。

今天我们必须把真三民主义和假三民主义绝对地分开，当中不容许有丝毫含糊，不容许任何人把真三民主义和假三民主义混同在一起。真三民主义是抗战建国的旗帜，假三民主义是汪精卫汉奸投降派出卖中国灭亡中国的方法和工具。今天我们不仅应该用全力地拥护孙中山先生革命的真三民主义，而且应该用全力去反对汉奸汪精卫等卖国投降的假三民主义；反对假三民主义的唯一方法，就是在实际上真正实现孙中山的“民族独立、民权自由、民生幸福”的革命的三民主义。

我们共产党人，历来就公开承认我们是马克思主义者，但我们始终认为真正革命的三民主义（三个原则）为今日中国之所必需，真正的马克思主义者和真正的三民主义者，乃抗战及民族解放中的战友，因此我们毫不犹豫地坚决地拥护真三民主义和坚决地为实现真三民主义而斗争。因此对汪精卫之假三民主义及一切曲解阉割三民主义的企图，不仅国民党人要坚决起来反对，我们共产党人和每个抗战的人民，同样都要坚决起来反对！

为着反对汪精卫的假三民主义，和切实实行孙中山的真三民主义，我们共产党人，和真正的国民党人，以及全中国人民，应该更加密切地团结起来，粉碎抗战中的任何障碍，揭破敌人汉奸的一切阴谋，向着中华民族彻底解放的光明之路前进！

第一版　　星期五　　Sin Zhungxua Bao　　中華民國二十八年九月十五日

今天我們不僅應該用全力的擁護孫中山先生革命的眞三民主義，而且應該用全力去反對漢奸汪精衛等賣國投降的假三民主義；反對假三民主義的唯一方法，就是在實際上眞正實現孫中山的「民族獨立，民權自由，民生幸福」的革命的三民主義。

# 新中華報

第六十四號　　每逢星期二星期五出版

爲着反對汪精衛的假三民主義，和切實實行孫中山的眞三民主義，我們共產黨人，和眞正的國民黨人，以及全中國人民，應該更加密切的團結起來，粉碎抗戰中的任何障礙，揭破敵人漢奸的一切陰謀，向着中華民族徹底解放的光明之路前進！

## 社論　反對汪逆精衛的假三民主義

漢奸汪逆精衛及其黨羽，於上月二十八日在上海召集所謂偽國民黨全國代表大會，發佈了卑鄙無恥的宣言及出賣祖國的所謂「新」綱領；組織了偽國民黨中央執行委員會，汪逆精衛本人做了偽國民黨「總理」。

汪精衛之召開偽國民黨代表大會到底表示了什麼呢？一方面，表示了汪逆分裂國民黨的活動愈益積極，企圖以對敵屈膝的偽國民黨來代替堅持抗戰的眞國民黨，另一方面，也表示了汪逆勢力的沒落。因爲秘密破壞國民黨勾引國民黨個別動搖分子的計劃失敗，於是不得不打出偽國民黨的招牌，而與抗戰的眞國民黨公開對抗。

汪逆此次召開偽國民黨大會的作用，乃是想利用青天白日的旗幟，以組立其傀儡的偽中央政府，以圓其首席傀儡的夢。同時，反對領導全民族抗戰的蔣委員長，而遂其向敵投降的目的。

汪精衛一貫出賣中國的陰謀技倆，就是「反共」「反蔣」，反對國共合作，用假的三民主義代替眞三民主義。偽國民黨全國代表大會的宣言也掛着「內政與外交政策，是以三民主義爲其最高原則」的招牌。汪精衛偽三民主義的內容，就是「反蔣」，「反共」，「反抗戰的眞國民黨」，反對眞正的三民主義，反對抗戰，反對人民的利益；就是出賣中國和滅亡中國。汪精衛知道：今天抗日民族統一戰綫的政治基礎是三民主義，國共兩黨是抗日民族統一戰綫的最主要骨幹，蔣委員長是今天全國人民所擁護的全民族抗戰領袖。所以汪精衛偽要破壞抗戰，出賣祖國，欺騙人民，就必須反共反蔣反國民黨，必須抽去三民主義的革命的內容，並故意曲解偽造他們公開賣國的理論根據。

究竟什麼是眞三民主義呢？它是半殖民地半封建的中國國民革命運動的三個原則，它是爭取「民族獨立」、「民權自由」、「民生幸福」的現在民族解放的基本口號。在過去，孫中山先生以這個旗幟，號召了中國人民推翻了數千年的封建專制制度，實行「聯俄」「聯共」「喚起工農」的三大政策，推動了中國大革命，發揚了三民主義革命的基本內容。在現在，孫中山三民主義的實現，是抗戰救國，爭取最後勝利的最好的保證。因此，爲要堅持抗戰到底，驅逐日本帝國主義出中國，完成中國的獨立和解放，就要全部的運用三民主義和實現三民主義，即是在爭取民族獨立的抗戰中，必須同時給人民以民主、自由，和改善人民生活。孫中山先生的「三民主義」，是不可分割的，如果把三民主義割裂爲不徹底的「一民主義」，而忽視了三民主義中的其他重要和革命內容的民權主義與民生主義，必然會降低了三民主義在中國革命現階段的意義與作用，這就是對三民主義的曲解與污辱，實際上也就是假三民主義之一種。

今天我們必須把眞三民主義和假三民主義絕對的分開，當中不容許有絲毫含糊，不容許任何人把眞三民主義和假三民主義混同在一起。眞三民主義是抗戰建國的旗幟，假三民主義是汪精衛漢奸投降派出賣中國滅亡中國的方法和工具。今天我們不僅應該用全力的擁護孫中山先生革命的眞三民主義，而且應該用全力去反對漢奸汪精衛等賣國投降的假三民主義；反對假三民主義的唯一方法，就是在實際上眞正實現孫中山的「民族獨立、民權自由、民生幸福」的革命的三民主義。

我們共產黨人，歷來就公開承認我們是馬克思主義者，但我們始終認爲眞正革命的三民主義（三個原則）爲今日中國之所必須，眞正的馬克思主義者和眞正的三民主義者，乃抗戰及民族解放中的戰友，因此我們毫不猶豫地堅決的擁護眞三民主義和堅決的爲實現眞三民主義而鬥爭。因此對汪精衛之假三民主義及一切曲解割裂三民主義的企圖，不僅國民黨人要堅決起來反對，我們共產黨人和每個抗戰的人民，同樣都要堅決起來反對！

爲着反對汪精衛的假三民主義，和切實實行孫中山的眞三民主義，我們共產黨人，和眞正的國民黨人，以及全中國人民，應該更加密切的團結起來，粉碎抗戰中的任何障礙，揭破敵人漢奸的一切陰謀，向着中華民族徹底解放的光明之路前進！

## 三日戰況

### 晉東南戰事愈劇烈　長治長子間血戰　壺關東南北三關已爲我攻佔

【遼縣十一日電】六日拂曉我軍向長子城及泊裏村附近進襲，攻克長子東南側之南鮑村、上坊村及河頭村一帶，進入長子西南兩關，敵糾結援兵步騎兩千餘猛烈反攻，戰事激烈。上坊村、河頭村等據點得而復失者數次。迄七日晨我另一部攻克北劉村，直迫泊裏村，截斷長治長子間聯絡。

【興集十二日電】敵陸續增援長治萬餘人，我各部連日仍在積攻中，長子附近四面被我包圍，城東蘇店東西王家山郭村等地陸續攻克後，我續向安村、高河鎮之敵力擊，某團已進抵長子西關，另一部進迫西北城郭，加緊向東南關進迫中。

【興集十三日電】長子攻守戰自六日以來，益趨激烈，我軍節節勝利，連克長子附近數據點，敵窺損失達千三四百人，乃由高河鎮（長治西南）調援六百餘人，猛犯上下郭村（長治西南），另一部則由長治攻上坊村大關村，長子敵亦圖呼應反攻，再犯大京村（長子東北）長子增敵二千餘。現長治長子間我敵大戰方酣，夏店（長治北）以南各地所有敵之彈藥及軍用品，陸續向屯留運輸。敵勢似已不支，而圖北遁。

【洛陽十一日電】壺關城內有敵近千，城西及城東南各有敵千餘，日前一度蠢動，經我×部分道迎擊後，現已守伏不出。

【洛陽十二日電】壺關之敵向南北竄擾，被我擊潰後，我××部乃乘勢進擊，連日壺關外圍戰鬥激烈，砲火熾盛，前所未有，我將士猶勇搏鬥，連戰皆捷，先後將西鳳村、張家坪、秦莊、元村（均在壺關南）等據點攻克，殘敵潰竄城內，負隅頑抗。一日晨敵一部千餘出城反攻，經我誘敵至上內村歸村（壺關東南）一帶，包圍聚殲，當斃敵四百餘，獲軍用品甚多，並以破竹之勢奮力挺進，一舉收復壺城東南北三關，殘敵正在竄潰中。

### 橫門登陸敵兩路南犯　前後進擾中山　我軍設伏斃敵甚多

【肇慶十日電】犯中山敵路太尖峯、玻璃圍後，繼續進擾，我現守某綫與敵作殊死戰。敵限於地形，難以深入。

【肇慶十三日電】橫門登陸之敵，連日傾力兩路南犯，我軍設伏在珊洲附近斬獲甚衆。北一部現仍與我相持於黎村、煉鐵山、百來山一帶。敵極力向石岐推進，圖壓迫中山縣我軍退至石岐以西。但時準備在香家灣附近開始進攻。由石岐逕至各處之水路，已斷絕交通。

### 敵在下涌登陸未逞

【惠陽十三日電】下涌（惠陽屬）海面於十日晨竄來敵艦一艘，敵兵數百分乘橡皮艇，藉霧及四架掩護，在下涌海面登陸。我守軍迎頭痛擊，在岸邊展開血戰，冲殺至晚，斃敵百餘，殘敵不支竄回艦內駛逃。

### 我克復從化

【桂林十三日電】廣州東北戰事，我軍日來有顯著進展。從化以北殘敵潰竄太平場、神崗。我追擊部隊十二日亦進抵該地附近，另一部則自從化、花縣之間向南挺進。十一日晚已收復獅前市（從化西南）、白土圩、紗帽頂等地。

【英德十三日電】我軍一部於九日晨猛攻從化縣城，激戰至下午三時，我冲入城內，敵不支，狼狽逃去，從化遂正式克復。

### 敵北犯受挫

【桂林十二日電】十日晚我某部向困守花縣之敵進攻，敵二百餘聞訊恐慌異常，我軍兩連當即冲入城內，旋敵增援反攻，我遂退出。此次由花縣北犯敵二千餘，二日晨一度竄犯大金山、擧悍山等處，經我軍奮勇抵抗，卒將敵擊潰，斃敵七八百，我營長楊瑞光壯烈犧牲。

### 潮安城敵突圍未逞　我克庵埠進趨汕市

【留隍十二日電】潮安城敵仍在我包圍中，敵被困多日，糧食恐慌，由東門樓一帶冲出，企圖突圍，遂應竹竿山與我激戰，我軍截擊，潰回城內。

【梅縣十三日電】八日晚我向庵埠敵進攻，敵憑藉工事頑抗，經我一度猛冲，鎮內發生激烈巷戰。敵卒不支，棄屍二百餘具向汕市潰逃。庵埠克復後，向汕市挺進。

### 修河南岸敵進犯未逞

【修水十一日電】修河南岸敵二三百，於十一日下午三時竄至蠻塘灣（柳山東）附近，我軍猛烈迎擊，敵一度衝進，即開激戰，我軍再冲擊，均不得逞，血戰二小時，敵斃過半，殘敵狼狽向石塘下方面潰竄。

### 偽軍反正

【西安電】瀛城陳州所駐偽皇協軍特務大隊長梁方，姚錫來上月反正，立將日指揮員四人槍殺，集合所部西開，正整隊時，敵裝載重車八輛來追，姚部先行，梁部被敵圍擊，激戰兩小時，始脫重圍，赴××整理。

【洛陽十二日電】偽軍劉世清部駐紮舒縣百泉一帶，八月廿七日晨經我游擊隊對劉部襲擊，激戰三晝夜，將該部完全繳決，劉逆世清當場擊斃，偽參謀長王逸仙率二個大隊約五百人反正，現正集結××地區由×部收編中。

### 我反攻高淳　進展甚爲順利

【廣德十日電】高淳失守後，我大舉反攻數次，迭創頑寇，敵據城拒守，憑藉工事企圖閉守。九日晚我生力軍開到，又大舉反攻，進展極爲順利。

### 忠貞壯烈　寸於德罵敵捐軀

【重慶十二日電】軍息：第×戰區我軍×部諜查寸於德，於十月三日奉命出外偵查敵情，途中被敵兵數名圍困，寸拔槍擊敵，支持至彈盡，遂被敵兵挾至放橋街，敵派漢奸數名，向寸威脅利誘。圖探出我軍情形，但寸毅然不答，致觸敵怒，乃用酷刑拷問，寸厲聲叫罵，堅不吐言，旋敵以巨棍擊折其臂，寸大呼「中國人不投降不做漢奸有死而已」。敵知不可屈，乃解送九江敵司令部鞠訊。我某代司令長官據報後，以該員威武不屈，忠貞壯烈，至堪欽佩，特請最高軍事當局予以嘉獎，並請從優撫卹以安忠烈。

## 冀省我軍捷報

### 清豐濮陽克復後　大名敵受我牽制

【冀南某地十三日電】冀南清豐、濮陽兩縣，上月被我克復後，盤據大名之敵頓受牽制，而我復節節進展。十五日郭邢敵冠五百餘，在增援途中被我某部在魏縣鎮、楊枝莊堵擊潰。大名城門緊閉，敵尚圖頑強固守。又冀東我某部四日攻入新河縣城，擊斃敵六十名，擒變漢奸巨魁袁補正（即前該縣偽維持會長）及偽職員十二名，偽自衛總團長張玉據部五百員紛紛投誠。是役共獲輕機槍兩挺，步手槍八十枝。

### 冀東我收復新河縣

### 天津難民夜襲馬廠

【天津十日合衆電】昨晚有難民百餘攜械襲擊馬廠，擊斃警察一人，俱樂部守衛一人，傷若干人，其後乃引退。

【鄭州十一日電】冀省我某部於五日圍攻兗不賂駝溝，敵七十餘名全被俘虜。同時我另一部攜擊門頭溝西之十道村，盤據該村敵吉井部隊聞訊不敢應戰，倉惶潰退，我即收復該

三支。

滬日本青年黨
反對總領辭職

期：新中华报零零七十四期

版：零二版

时间：一九三九年十月二十日

# 沪日本青年党反对总领辞职

**【香港十四日电】沪讯：**驻沪日总领三甫及以下各员，因反对设立贸易省呈请辞职，“日本青年党”在沪党员，对此举颇为不满，草成强硬抗议文，特派代表四人于十三日下午赴领馆面递。该四人返归途中，在武昌路□附近，突遭日本怪汉四名殴打，结果二代表重伤仆地，其他二代表遂奔赴日宪兵队及领馆请求清查，“日本青年党”上海支部，则召开紧急会议，决推代表一人赴东京向本部报告。

三日國際

# 英國人民反戰爭擁護和平

## 工黨婦女反對工黨與政府合作

## 勞合喬治演說痛斥張伯倫聲明

【塔斯社倫敦十七日電】工黨婦女組織執行委員會，在赫非爾德召集會議，一致通過要求工黨停止與政府合作，並立即召集和平會議。

【塔斯社倫敦十六日電】勞合喬治之政治團體「行動會議」舉行秘密會議。根據勞合喬治之演說所作之決議中，指斥張伯倫之聲明為「很不適當」。該決議完全同意所謂不能予世界以真正安全之和平，不能滿足目前局勢之需要。並要求政府向下院及全國提議，考慮作更充分更明確之聲明，解釋英政府之目的，且表明願將此目的提交交戰國及中立國之會議，討論永久和平之建立。

又：倫敦工人報關於和平問題，曾發出以下問題，徵求答案：（一）君贊成和平談判否？（二）君贊成立即停戰否？（三）國際間各項問題，應依循何種路線解決之？（四）應如何加以保證？答覆此項問題者，有英名人學者多人，其答案約略如下：蕭伯納之答案為：依常識來講，余當然贊成和平談判，致停戰之命令到越快越好，關於保障問題，蕭伯納謂：保障毫不可能，可能保障之觀念，保法國之安全幻想之一部份。最好問一問波蘭人關於保障之意見。衛比斯重指出整個局面中之主要因素，係英蘇之關係，英蘇雙方對東南歐之和平有共同之利益。哈爾丹教授贊成立即作和平談判，惟認為除了大部份人類生活在社會主義制度之下，吾人必須認識和平保障並無多大價值。

# 埃王願意和平

## 印度國民大會迫使英國宣佈戰爭目的

【開羅十六日海通電】埃及王法魯克於九月齋期向全世界回教徒所作之廣播演講中，闡述國際情勢。王要求回教徒祈禱使永久和平所必須之正義精神永存。「摩克韃門」報評關於英選購買埃及之全部棉花之英埃談判稱：埃及有許多和好及中心之題注，在此情況下將無法得到埃及之棉花，而彼等將完全脫離埃及之市場。

【倫敦十五日塔斯電】甘地稱：印度國民大會執行委員會再度要求請英政府毫不含糊的宣佈戰爭之目的。

【塔斯社孟買十七日電】各報登載保障公共安全及保衛英屬印度之特別措施法令，其中規定印度往何處匯款，加以嚴格之限制。各種印刷品及信件，俱嚴加檢查。燃料、紙張、金屬、機器及糧食之輸出，加以禁止。由於歐洲戰爭，物價上漲甚至有的增加到百分之三百，孟買罷工、舉行會議抗議物價上漲，要求增加工資，據孟買人事報稱：孟買工人七千人開會要求增加工資百分之廿五。

# 德官方公報評論張伯倫演說

## 稱破壞歐洲和平者是張伯倫

【柏林十七日海通電】官方星期一晚所發表之公報稱：英首相張伯倫最後一次在下院之演講，明確的證明彼不單是縱容戰爭鼓動者，且為了擁護其國家所從事的不光榮的事業，毫不猶豫的利用謊言。張伯倫謂：破壞意大利為和平解決德波糾紛所作之最後努力者是德國，雖然世界輿論已知悉正是英國破壞了拯救和平的最後努力。惟從新回憶莫索里尼之和平提議，似乎必要充滿了責任之感。莫索里尼向英法提議召集會議，確切的將凡爾賽條約加以修改，同時避免德波糾紛所引起之戰爭危險、法政府當即答覆表示同意，其態度已在九月二日哈瓦斯社所發表之文中表明。意駐巴大使將莫索里尼所擬召開會議之提議送交德政府，並加以說明謂：法政府尤其贊同莫索里尼所發起之此種意見，意大使當即得到通知謂：德政府亦贊同意大利之提議。旋柏林方面得到通知謂：哈瓦斯社所發表之公報，業已被收回，當時究竟發生何種事故，但英政府無論在何種條件下，必欲作戰。為了在最後一分鐘完全阻斷已使法國國內人士額手稱慶之和平道路，英政府在巴黎方面作一徹底的改變。為了將法國釘牢，張伯倫於數小時後，即九月二日午後在下院宣稱：英政府已拒絕莫索里尼之提議。鑒於英國此種頑固態度，意大利被迫於九月二日晚通知德政府謂：其所發起之和平已失敗。只有英國破壞了莫索里尼之和平斡旋。「意大利日報」於十月十二日發表一文，其標題為「張伯倫演講」，文中謂：關於張伯倫所提起之八月底解決衝突之建議，如果依張伯倫所說的，德國拒絕莫索里尼之提議，這種說法是不正確的。

# 張伯倫繼續戰爭

## 為了統治世界加深剝削掠奪利潤

### 紅星報著文揭露

【莫斯科十五日塔斯電】紅星報在題為張伯倫願意戰爭一文中稱：在關於希特勒之提議和平解決衝突及召集列強會議之演講中，張伯倫及達拉第宣稱：彼等將繼續作戰。英法政府所採取之立場及該兩國首相在演講中所表示之意見，在大眾面前揭露了同盟國之真正帝國主義面目。英法拒絕德國和平建議，使繼續戰爭之責任應由彼等完全負責，使戰爭所引起之巨大災禍及破壞，亦應由彼等負完全責任。事變之急遽演變，使更多的勞苦大眾有更清楚的認識。無論工黨怎樣努力掩飾，並不能從勞苦大眾之眼睛下掩蓋着以下的事實：即戰爭之爆發及發動係為了統治世界，為了加緊對勞苦大眾之剝削，增加少數資本家戰爭推銷者之利潤。反戰運動在英國到處增長與擴大。最近若干工人組織所決之決議中均主立即建立和平。

# 英德大軍增西綫

## 傳法軍退出德境

【巴黎十四日合眾電】法軍事觀察家估計，西綫面之德軍約有二百萬人，此外尚有若干師團，集中於西綫以外。

【巴黎十六日路透電】法方訊：英決派卅二師渡海作戰。

【柏林十七日海通電】德國最高統帥部今午發表正式公報稱：十月十六日法軍業已退出前所佔領之大部份德國領土，撤回本國邊界。

【倫敦十四日合眾電】昨日晨夕有一萬九千一百五十噸之英戰鬥艦Royal Oak號，被擊沉沒。

# 德海空軍活躍

## 擊沉英戰艦　轟炸蘇格蘭

【倫敦十六日路透電】官方公佈，今日下午二時許，德空軍企圖轟炸蘇格蘭沿海各目的物，經英機迎擊後，德機即行飛返。

# 自由的西烏克蘭人

## 熱烈籌備選舉

【西烏克蘭十六日塔斯電】西烏克蘭國民議會之選舉準備，不斷擴大。有五千餘宣傳工作者向各城鄉區居民解釋選舉國民議會之規則。此地帶劃為四四五選舉區。

【莫斯科十五日哈瓦斯電】蘇聯政府決定在前波蘭之西烏克蘭西白俄羅斯區域召開民族大會，以便成立蘇維埃共和邦，刻正在各該區內積極籌備大會事宜，凡年在十八歲以上之公民，均可參加選舉。

【波立拉夫十六日塔斯電】在紅軍開進之前，此城有七千五百人失業，目前有數百入人找到工作。各學校已得到燃料之供給，並開始以烏克蘭文課本上課。且已設有幼兒院兩處。以前波立拉夫並無醫院，目前該城可誇耀其醫院及應急治療所。數年來第一次波立拉夫有足夠之麵包供給。工人及知識界積極為該城臨時行政工作。

# 北歐四國會議

## 不日在瑞京舉行

【瑞京十六日哈瓦斯電】北歐四國元首，定十八日在此會商。丹麥王克利斯坦十世，率同外長蒙區，挪威王哈康七世，率同外長谷脫，當於十八日午前來此，芬蘭總統喀爾郁率同外長愛爾柯已抵此，瑞典王格斯塔夫五世外長桑特勒特設宴招待。

【芬京十六日路透電】據此間消息靈通方面人士稱：北歐四國元首舉行會議時，將考慮邀請羅斯福與墨索里尼出面調解歐戰之可能性問題。

# 蘇立互助協定交換批准文件

## 兩國訂商務協定

【科納斯十七日塔斯電】蘇立雙方於十月十六日交換十月十日在莫斯科簽字之移交維爾那城及維爾那區予立陶宛之協定，及蘇立互助協定之批准文件。於交換批准文件之日起，協定開始生效。

【科納斯十五日塔斯電】立陶宛議會於十月十四日一致批准蘇立所締結之歸還維爾那及維爾那區予立陶宛國協定及互助協定。（立幣）

【莫斯科十六日哈電】蘇聯與立陶宛兩國成立互助條約之後，復於昨日簽訂商務協定，將雙方貿易數額，擴充兩倍，兩國間貿易將達四千萬里拉。

# 立外長感謝蘇聯稱：

## 吾人始終得到蘇聯堅決援助

【科納斯十五日塔斯電】立陶宛外長烏布希斯在其關於蘇立協定之演講中稱：在一九二〇年之協定中，蘇聯承認各民族之自決權及吾人之獨立。十九年以來，吾人與蘇聯之關係在此等條約之精神下發展，且在此時期內彼此間不發生任何爭執。蘇聯一貫的尊重立陶宛之利益，且贊助其正當要求，關於維爾那問題，吾人始終得到蘇聯的堅決援助。

# 意國積極活動

## 組中歐集团

【南國京城十七日海通電】政論報之羅馬訪員論，關於建立多瑙河流域及巴爾幹半島中立國集團之運動稱：意大利正集中其力量改善匈羅兩國之關係，蓋此兩國與南斯拉夫有共同之目的，即努力維持和平。因此南國為實現匈羅兩國之和解之努力，得到意政府之完全擁護，蓋意政府之政策在於建立南匈羅三國彼此間及三國與意大利之永久諒解。

【南斯拉夫京城十七日海通電】意大利財政專家率領之商務代表團一行，今晨抵此，隨即與南國負責當局進行談判，其目的乃在修正及擴大兩國間現行之商約。

# 蘇聯的外交活動

## 蘇芬：談判繼續舉行

## 蘇匈：使團抵蘇訪問

## 蘇羅：公使呈遞國書

【莫斯科十五日海通電】芬蘭政府特使巴希維基，及駐蘇公使科斯其寧，已於星期六午後與外委莫洛托夫作第一次之談話，歷時二小時。星期六晚芬蘭代表與莫洛托夫作第二次談話，歷時一小時。旋巴希維基即乘夜車返赫爾新基。

【××十七日電】芬蘭派往蘇聯之外交代表巴希維基向政府報告與斯大林莫洛托夫談判情形之後，外部發言人聲稱：芬蘭政府決矢力於和平解決之途徑。莫斯科所討論之問題，目前尚有實際解決之望。巴希維基特提早回蘇，繼續談判。

【莫斯科十三日塔斯電】匈牙利外交使團由德克利斯托菲公使率領於十三日抵此。外交人民委員會委員巴爾科夫赴車站歡迎。

【莫斯科十五日塔斯電】蘇聯最高蘇維埃主席團主席加里寧接見羅馬尼亞駐蘇公使達維德斯古斯，同時達氏呈遞國書。

# 蘇土談判

## 遭遇嚴重難關

【莫斯科十六日海通電】土外長薩拉茹格魯今日又與蘇外委會長莫洛托夫舉行會談，歷時二小時始畢，官方對於談判發展情形，並未公佈。

【莫斯科十七日海通電】土外長於今日離此，土蘇協定尚未簽訂。談判何以突然改變，原因未詳。土外長與蘇外委長莫洛托夫談判中間，曾經停頓多日，結果竟未成立。

# 滬日本青年黨

## 反對總領辭職

【香港十四日電】滬訊：駐滬日總領三浦及以下各員，因反對設立貿易省呈請辭職，「日本青年黨」在滬黨員，對此舉頗為不滿，草成強硬抗議文，特派代表四人於十三日下午赴領館面遞。該四人返歸途中，在武昌路附近，[illegible]日本浪人四名毆打，結果二代表重傷仆地，其他二代表逸奔赴日憲兵隊及領館請求衛查，「日本青年黨」上海支部，則召開緊急會議，決推代表一人赴東京向本部報告。

×　×　×

新中華報

1939
新中華報
上海新闻整理汇编

上海工友響應反汪罷工鬥爭
華東印刷公司工友
拒印汪逆漢奸刊物
並號召全滬工友一致行動

珍藏版

期
新中华报零零七十五期
版
零三版
时间
一九三九年十月二十四日

## 上海工友响应反汪罢工斗争
## 华东印刷公司工友拒印汪逆汉奸刊物
## 并号召全沪工友一致行动

**【上海十九日新华社电】**上海华东印刷公司工友继香港《南华》《天演》《自由》三报反汪罢工之后，亦响应拒绝印刷汪逆之刊物。沪印刷工会与印刷老板，同样也发起拒绝印刷汪逆刊物之组织，并号召全沪工人采取一致行动，此种反汪运动，各工厂亦正在酝酿中，不久定有广泛开展。

**按：**华东公司原系汉奸陈贵芳所创办，曾印上海汉奸小报，即《社会晚报》与《华东晚报》，于“八一三”战后，即为竞业公司所盘买，该公司有工友一百三十余人，过去曾为反对陈贵芳作过英勇斗争，此次发动拒印汪逆刊物给上海反汪运动以很大的推动。

# 上海工友響應反汪罷工鬥爭 華東印刷公司工友拒印汪逆漢奸刊物 並號召全滬工友一致行動

【上海十九日新華社電】上海華東印刷公司工友繼香港「南華」、「天演」、「自由」三報反汪罷工之後，亦已響應拒絕印刷汪逆之刊物。滬印刷工會與印刷老闆，同樣也發起拒絕印刷汪逆刊物之組織，並號召全滬工人採取一致行動，此種反汪運動，各工廠亦正在醞釀中，不久定有廣泛開展。

按：華東公司原係漢奸陳賓芳所創辦，曾印上海漢奸小報，即「社會晚報」與「華東晚報」，於「八一三」戰後，即爲敵僞實業公司所收買，該公司有工友一百三十餘人，過去曾爲反對陳賓芳作過英勇鬥爭，此次發動拒印汪逆刊物給上海反汪運動以很大的推動。

## 英大使在渝活動 其行動極堪注意！

【重慶廿日合衆電】據消息靈通方面稱：英大使卡爾於十月七日抵此，兩星期來忙於研究非佔領區中國之情形，尤其是中國政府人員及人民之士氣，及此間重要人物之意見。與高級官員之會晤中，卡爾極力想明瞭重慶政府主要人物對和戰之意見。據聞卡爾通知中國政府，英將儘在可能範圍內援助中國，卡爾於十月九日訪晤王寵惠，於昨日會晤蔣委員長，在此勾留之時間尚未確定。

## 我駐羅公使呈遞國書

【羅馬尼亞京城十八日電】新任羅公使梁龍，於本日向羅王加洛爾呈遞國書，羅王答詞盛讚我國偉大，並希望中羅兩國邦交，從此日臻親睦，並祝林主席健康，中國國運昌隆。

## 漢奸呂柏良等在滬被捕

【港電】滬訊：漢奸呂柏良，曾在太湖一帶組織僞軍，於日前來滬與僞和平救國會書記將思平接洽，居法租界菜市街春二省館四二號，召開漢奸會議，當被捕房查抄，獲大批僞軍符號及委任狀，並將呂等男女十二人一併捕去云。

×　×

# 中央秘書處捐款一百廿元援助香港反汪工友 炊事員同志亦踴躍捐助

【本報訊】援助香港反汪罷工工友運動，自經邊區總工會號召以來，各機關學校團體，已紛起響應。茲又有中共中央秘書處直屬各機關的全體工作同志，節省三天伙食洋三十七元四角，工作人員捐八十二元一角六分，事務人員（伙夫班等）亦捐款七元八角，共一百二十七元四角六分（內有該處醫院捐十七元三角一分，及短工工友所捐的一元二角），送交本報代轉香港反汪罷工工友，以表同情與援助之意。現將他們的幾封信發表於後：

## 中央秘書處全體工作人員致香港反汪工友的信

新中華報轉

香港「南華」「天演」「自由」三報敬愛的工友們：

得到了你們爲反對汪派漢奸而罷工離職的偉大消息後，我們是多麼的興奮和感動！在目前日寇正利用它的走狗漢奸加緊陰謀活動的時候，這一英勇行動，無疑地，是給了他們一個重大的打擊！

你們不怕任何環境的困難，不怕生活的苦痛，決然走出香港，用自已的力量，封閉了汪派漢奸的三個報紙，割斷了他們的賣國喉舌，這充分的表現了工人階級是堅持抗戰的最堅決最偉大的一支主力，工人階級是忠實於中華民族解放事業，永遠爲真理正義而奮鬥的。同時，你們這種鬥爭的精神，正是全體人民的榜樣，值得全國人民學習的。

我們僅以最大的熱忱向你們致崇高的敬意！並從我們每天伍分錢的伙食費中抽出三天以及個人節省下來的共計一百一十元一角五分作爲援助你們的捐款，聊表同情和關切之心，我們將和全國人民在一起，更進一步的展開反汪運動，來做你們的後盾，繼續努力，堅持奮鬥到底，最後勝利是我們的。此致

民族解放敬禮！

中共中央秘書處直屬機關全體工作人員上　十月十五日

## 一羣工人的慰問信

新中華報轉

香港反汪罷工工友們：

我們聽到你們爲反對汪逆漢奸，忍受飢寒進行了罷工離職的英勇鬥爭，非常的感奮，特向你們致敬！並將我們的工資捐出一部份（共一元二角），寄給你們，以表我們的微忱。此致

親愛的敬禮！

中共中央秘書處全體臨時工人上　十月十五日

## 中央秘書處炊事員的慰問信

新中華報轉

香港反汪罷工工友：

你們爲了反對漢奸汪精衛的活動，甘心忍飢挨餓，用自己的力量，封閉了爲汪逆作漢奸理論宣傳的報紙，給汪逆漢奸賣國活動以重大打擊，這正表現了你們對祖國的關懷，更幫助了祖國的抗戰，這樣使我們莫不爲你們這一義舉，表示了最高的同情與援助，因此我們將我們全體的津貼的一部份——二元，捐給你們，希望你們能堅持這一運動，廣大的中國人民都會援助你們的，而最後勝利一定也是我們的。此致

抗戰的敬禮！

中共中央秘書處全體炊事員上　十月十五日

## 援助香港反汪工友 邊委捐款九元 延安工作團捐六元

【本市訊】邊區黨委的工作同志，捐款九元五角，交總工會轉寄香港反汪罷工離職工友。同志們認捐頗爲踴躍，均將本月份津貼捐出一半以上，特別是伙夫班的同志，雖經大家的勸阻，以爲他們的生活較苦，可以不捐，但他們一定要捐，就少捐一些，如伙夫班長就捐了五角錢。

又訊：西青救之延安工作團，亦捐款六元，送交本報代轉香港反汪罷工工友。

## 助抗屬秋收 駐宜君八路軍

【宜君訊】八路軍駐宜君殿頭鎮部隊事竭，以秋收屆，特動員駐該地之八路軍替抗屬收割莊稼。民衆皆大歡喜，均稱從未見過這樣好的軍隊，不但不擾民，反要幫助民衆。戰士們回答道：這一點不奇怪，軍民原來是一家，我們不過是穿上軍服的老百姓，當然應該幫助民衆，替民衆解決困難。（雷鳴）

## 延安縣勸募教育經費 南區首先完成計劃 八百元七天捐齊

【延安縣訊】邊區政府教育廳，以經費困難，規定自今年下期起，各縣縣教育經費，由各該縣自行籌募，本縣本年度共需六千元，根據教廳徵募條例，本縣第三科已進行動員工作，分配各區鄉攤數目，進行勸募。南區的是八百元，本區定一月內完成，經過宣傳動員後，只一星期，各鄉認捐總數，即已超過八百元，至兩週全數收齊。一般民衆知道此項捐款之意義後，即自動踴躍捐助，如二鄉的吳滿有是個抗屬，在生產中被選爲勞動英雄，即自動捐款八元，另一農戶劉健甲，亦捐助五元。（張和濟）

## 志丹縣府秋收完畢

【志丹新華社訊】志丹縣政府的秋收工作，本月一日即已開始，他們因爲駐紮分處兩個地方的緣故，人手無論如何不夠運用，乃把工作人員和雜務人員很好的組織起來，分成兩個小組，一組由科長帶領赴農場收割，一組則在縣府附近工作，七天來，由於勞動力配備的適當，及各位同志的苦幹，已將全部谷子，收割完畢。（王炳植）

又訊：第一區三鄉鄉長王占忠，平素對抗屬，即極爲關切，常下鄉訪問抗屬，詢問他們有什麼困難，有則很快的替其解決。在秋收工作中，並特爲抗屬組織秋收隊，分班替抗屬秋收，在十天內，即已將全鄉抗屬的田地收割完了。（王彥淵）

## 邊區醫院建立圖書館 毛澤東同志捐款百元

【安塞訊】邊區醫院於上月創建圖書館，向各方徵募圖書，毛澤東同志聞悉，特捐助一百元。中央幹部教育部、後方政治部、馬列學院等亦捐贈大批圖書。聞該院擬繼續勸募圖書，如各機關以路途遙遠，可通知該院自取。（江萍）

# 第二屆農工業展覽會正在積極籌備中 凡參加生產之單位皆可選送展品

【本報訊】陝甘寧邊區的生產運動，本年已獲得了偉大的勝利，如耕地面積的擴大，工廠的建立以及手工業的普遍發展等。這充分表現了邊區在全國抗戰建國過程中盡了應有的努力與作用。邊區政府爲了檢討與總結一年來的成績，並用以策動將來起見，乃決定於本年生產運動完結後，舉辦大規模的邊區第二屆農工業展覽會，指定由建設廳負責籌備。該廳曾於八月間向各縣發出通知及徵集陳列品綱要，至籌備委員會則由建廳指派委員七人組織之，設正副主任、下分總務、徵集、陳列、統計圖表、宣傳等五股，並選有關各機關分別派員參加工作。該會已於本月十四日舉行首次籌備會議，決議各項計劃，積極進行一切工作。

本屆農工業展覽會以包羅頗廣，規模較大，計共展覽會內部組織大要有；一，社會部門——包括A邊區機關一覽部B農村社會生活部C工廠社會生活部。二，農業部門——包括A農產作物部B園藝部C林產狩獵部（附藥材）D畜牧部。三，工業部門——包括A農村工業部B工廠工業部。其各部下又分許多細小節目。另並製有各項統計說明圖表。該會決定將於各機關、學校、部隊、工廠及各級政府成立該會在各該單位之徵集委員會，專門從事徵集統計工作。關於徵集委員會組織條例，即將由政府明令公佈。××籌委會於本市××已覓定適當地點，開始建築展覽會會場。至展覽會舉行日期亦已決定，現最重要工作當爲進行普遍廣大之動員，以徵集展覽品，並使今年每個參加生產者皆能參加，以便及早周密完成籌備事宜，保證此次展覽會勝利成功。（洞）

## 農業學校 收穫一千三百餘畝 試驗農場成績很好

【本市訊】邊區農業學校，九月廿五日即開始進行秋收突擊，原定計劃四十天，但只十三天即已完成，共一千三百五十畝地。打谷工作，亦已於最近完畢。收割時，教職學員皆積極參加，連有病的同志，也自動要求參加，做幫助生產的輕便的工作如煮飯等。

爲了擴大明年的生產和供給農業試驗場實驗，該校特派人赴延安、甘泉等縣採集選擇各種谷物種子，有鄰縣的已經同校，已收穫種子數百種。

試驗場於今年初創，但成績亦很不壞。從蘇聯種的馬鈴薯和玉米，美國白皮洋芋，均較中國種好的多而且肥大，常有至一棵結三十餘個。包谷不但比中國的大，而一棵包谷結有六七個穗子，它與中國種不同，它是穗子上長穗子，故一根有六七個包谷。水稻（大米）在水田中旱地的試種，也相當成功；在水田中種的，當然更好的好收成。此外，西瓜、蕃茄和絲瓜等都是外種試驗，成績也還好，特別是西瓜大而且甜。總之，該校今年的生產，是勝利的收穫了，明年生產範圍擴大，當會有更大的收穫。（子屏）

# 陝甘寧邊區政府佈告

——爲禁止糧食出口與濫殺耕牛

堅字第〇〇五一號

偉大民族抗戰，時間必定很長。

敵我隔河相望，秋收又告歉薄。

民食也宜兼顧，才能鞏固後防。

本府迫不得已，同意議會主張。

第一禁糧出口，不准偷運遠方。

第三禁止操縱，否則就是奸商。

自衛少先各隊，負責盤詰周詳。

[illegible]的警惕，爲之最力輪將。

事關抗日大計，其各遵守勿忘。

爭取勝利之道，給養是第一樁。

若不預先籌劃，何以保障軍糧。

造成人民恐慌，禁止外國運糧。

爲此佈告遠近，實行約法三章。

第二禁止濫殺，不准蒸酒熬糖。

其在邊區境內，流通不得阻擋。

至於鄰區人民，本府切實負當。

此次頒佈禁令，實爲避免糧慌。

主席　林伯渠

副主席　高自立

中華民國廿八年十月十九日

# 在敌人卵翼下
# 汪逆将成立伪中央

## 敌方拟派特使参加

【东京二十三日同盟社电】以汪精卫为首之中□"新中央政权"将近成立时，日驻华日军总参谋板垣中将至上海访问汪精卫，向其表示日本积极援助"新中央政权"并鼓励汪精卫，帝□已派遣特使参加"新中央政府"成立典礼，庆祝"新政权"之诞生。政府已恳请近卫为特使，因近卫乃"中国事变"发生当时之首相，且发表了有名的《近卫声明》，因近卫现任□秘院议长，不能来华，政府又物色适当人物，结果，将任命现陆军烟［畑］俊六为特使，因烟［畑］俊六曾任华中日军最高司令官，与华方有极大之关系，今日烟［畑］俊六访问阿部□，对此问题似乎亦已交换意见。

中華民國二十八年十月二十七日　新中華報　星期五　第三版

# 國內新聞

## 我政府當局 嚴正否認和平談判 全國應一致堅持抗戰到底 反對妥協投降

【重慶廿二日合衆電】關於上海方面所傳之消息謂：日本派人正在重慶作和平談判，官方負責人士加以否認，斥爲毫無根據。值今中國勝利頻傳，且國際情勢愈加有利於我，中國毫無理由理會羞辱的「和平」，任何日軍使者或代理人，若果前來重慶，則早已被捕以奸細之罪槍斃之矣。

## 在敵人卵翼下 汪逆將成立僞中央 敵方擬派特使參加

【東京廿三日同盟社電】以汪精衛爲首之中「新中央政權」，將近成立時，日駐華日軍總參謀板垣中將不日上海訪問汪精衛，向其表示日本積極援助「新中央政權」並鼓勵汪精衛，帝已派遣特使參加「新中央政府」成立典禮，慶祝「新政權」之誕生。政府已懇請近衛爲特使，因近衛乃「中國事變」發生當時之首相，且發表了有名的近衛聲明，因近衛現任樞密院議長，不能來華，政府又物色適當人物，結果，將任命現陸軍烟俊六爲特使，因烟俊六曾任華中日軍最高司令官，與華方有極大之關係。今日烟俊六訪問阿部，對此問題似乎亦已交換意見。

## 滇回教會 通電討汪

【昆明廿二日電】中國回教救國協會雲南分會，中國回教促進會雲南支會等三團體，廿二日部與所屬明德學校，通電聲討汪逆。

## 汪逆向主子求援 派周佛海赴東京

【香港廿三日電】滬訊，英文大美晚報載：據日高級軍事當局消息：汪每月向日政府領津貼四百萬元，迄今無成績可言，新政府既未實現，屢受主子譴責，自稱能引誘國府及中央要人亦失敗，故九月份只津貼汪逆五十萬元，此爲對汪不滿之暗示，汪爲討得其主子之歡顏，最近乃遣派周逆佛海赴東京哀求，想獲得一批款項，並與近衛接洽，汪逆衛隊及嘍徒已兩月未領餉，無法無天四處招搖，維特在滬西嚇詐爲生云。

## 滬租界當局一再縱容下 敵要求禁載反日消息

【上海二十三日路透電】日前英文大陸報及美商××報載××漢口一部日軍因厭戰而叛變的消息，駐滬日總領事認爲此種不幸事件的發生，未免爲皇軍光醜。而爲外間曉悉。故於消息發表後迅速求滬工部局總董設法制止。按日總領事提出此項要求係根據本年四

## 桂省議會第二次會議 定十二月初召開

【桂林廿三日電】桂省府決定十二月上旬召開省參議會第二次會議，已開始籌備。並電正副議長及參議員等，於十二月一日前來桂林報到。

# 邊區新聞

## 邊區合作總社 成立大會圓滿閉幕 大會通過決議案多項 發展合作事業增加抗戰力量

【本報訊】邊區合作社總社成立大會自本月五日開幕，會期共達半月，頃已於廿一日閉幕；是日下午六時舉行閉幕典禮於新市場，大會乃告圓滿結束。

此次大會會期共十七日，全部會議日程第一項爲工作檢查，各縣社代表分別報告各該社二年來之工作概況，並檢討過去的成績與缺點。會議日程第二項爲通過重要決議案。總計各代表提案共達七十五起，皆爲發展與加強邊區合作事業有關的提議，大會歸納合併討論通過決議案如下：一，加强與整頓邊區現有消費合作社務、業務，以資改善人民生活，充實抗戰力量案。二，充實與發展生產合作社，以資供給抗戰需要案。三，設立信用合作社，辦理儲蓄匯兌、借貸業務，以資流通各縣金融，繁榮邊區農村案。四，增養合作人材，加强各合作社幹部案。五，建立與充實邊聯社及各縣聯社，以資加强各合作社領導案。大會日程第三項爲通過邊聯社及縣聯社組織章程。最後選舉邊聯社理監事會。關於上述決議案之具體實施，大會亦詳細討論，有所決定，如舉辦合作幹部及會計訓練班，改良會計制度，增設信用合作社，發展生產合作社及[illegible]大合作社股金等重要事項。此外大會並於會期中請由邊府高副主席做政治報告，建廳劉廳長報告邊區經濟建設，另並請曹菊如、余建新諸同志做合作事業之專門報告。

邊聯社理監事會之組成，計理事會九人，設主席一人，當選者：李會友（主席）、謝申元、麗克道、井潤秀、劉旭章、吳宗德、劉成一、吳吉清、張瑞昌等。監事會七人，設主席一人，當選者：常蔚查（主席）、馬甫銀、張仲仁、董鳳吾、呼清和、羅俊元、韓維勝等。理監事會於大會閉幕後即舉行首次聯席會議，議決今後新的努力方向，並擬具具體改進辦法，即將領導全邊區各縣社逐步實行。（潤）

## 全國工協會擬 大量投資邊區 擴大各生產合作社

【本報訊】全國工業合作協會，今年三月於延安成立事務所，聘請邊區銀行經理曹菊如同志擔任主任以來，協助邊區當局推進工業合作運動，頗爲努力，曾先後於邊區各地開設紡織、榨油、造紙、肥皂、縫衣、鞋子、植物油、製鹼、木工、煤礦等工業合作社計數十處。茲聞該所近已擬就詳細計劃，準備大量投資邊區，將此間原有生產合作社，計共一百三十七處，統改稱工業合作社，直隸於全國工協西北辦事處。聞延安事務所擬就該項計劃書，呈請該會西北辦事處核示，並不日派人前去商討關於增設關中、慶環、延長、曲子、神府等處事務分處事。（水）

## 高等法院秋收完畢 加强犯人教育 生活亦大加改善

【新華社安塞訊】邊區高等法院的九百畝糜谷，已經收割完畢。該院人犯在秋收工作中，極爲努力，現正利用多天到來，加緊學習，每天早晨上課，經常開小組討論會。該院當局除注意對他們的教育外，生活方面亦很注意，如儘可能的作到每星期吃一隻

## 紡廠籌備紀念 成立週年

▲一年來有了很大的發展▼

【本市訊】陝甘寧邊區難民紡織工廠，於去年冬成立，轉瞬一屆週年。一年來的慘淡經營，在邊區建設廳直接領導之下，已有很大的發展和進步；工人增多了，技術也有很大的改良。它一方面給邊區的輕工業，奠下了基石；同時，救濟了很多由邊區以外逃來的難民，使這些在日本帝國主義的砲火下，或天災與苛捐雜稅的重壓下逃出來的同胞，有了寄身之所，並且在難民主自由的地方，更有了適當的工作和學習的機會，該廠爲擴大紀念，已成立籌備委員會，進行一切籌備工作。（歐新）

羊，每月殺一隻豬。天寒了，不但已發給棉衣，並給每人毛襪及手套一雙。（雲）

故余體人犯均能安心學習，以改正自己的錯誤。（佛

## 蒙族婦女高景民 努力工作生産和學習

【新華社定邊訊】三邊婦聯會工作同志高景民，係蒙古人，前在蒙區三段地帶聯會工作，一貫工作積極，肯負責任。學習也很努力。三邊分區擬發爲加強三邊婦女工作起見，於今年一四月調該同志來定邊，在三邊婦聯會工作，自任工作後，更爲努力，思想意識日益突飛猛進，對目前政治形勢認識亦爲清楚，學習較前也有更大的進步，除努力學習軍事政治外，在二十幾天內就認識了二百多字。該同志爲工作方便計，曾下決心學漢語，不到三個月，漢話不但已完全可聽懂，也會講的很流利。現在已可看懂新中華報，新華日報，解放報，在生產運動方面，他也很努力，不甘落於別人之後。（錦華）

## 抗大同學，悲痛追悼 敵機轟炸下死難同志 血債要以血來償還！

「速寫」十八日下午五時，抗大二大隊舉行追悼本月十五日犧牲在敵機轟炸下的死難同志大會，到會者除本校全體教職學員外，並有各機關學校代表等千餘人。

人們胸前插着白紙花，悲憤的臉上，射出悲切的光芒，輓聯，哀詞，花圈，隨着秋天的涼風不住地在擺動，台正中佈置着白色的靈位，上面寫着死難烈士的姓名。

在將近天黑的時候，許校長踏着沉重的腳步走上了祭台，在全體默哀三分鐘後，開始他的開會詞：本來十五號被難的是九位同志。但是，今天又得到一個消息，送到醫院裹去的那位同志，今天又死去了。革命青年不幸在敵機的轟炸下犧牲了，這是我們莫大的損失，是抗戰痛大的損失。但是，我們不應過分的悲傷，相反的，我們應當加緊我們的學習，加緊我們的工作，加緊防空，用實際的行動來紀念死難的同志。接着，鄧寶珊同志用低沉的聲音報告了死者的略歷，學員有衛汝愷、張文澤、楊森林、張井印、田玉殿、王力員、梁永剛，此外還有兩個炊事員同志；孫玉旺，和張華玉等九人。其中衛汝愷同志是山西五台人，廿歲，太原鋼鐵廠工人，做過民先分隊長，自衛隊宣委，一九三八年加入中國共產黨。任過村支書。張文澤同志，河北天津人，二十一歲，河北井陘煤礦工人。參加過井陘煤礦起義，一九三九加入中國共產黨。

在死寂的空氣中，同學們揩拭着眼角的淚水，內心蓄積着無限的沉痛與憤怒。接着講話的有滕代遠、張浩、李延祿等同志及黨校的代表等，在全體通過了致被難家屬的電報，負傷同志講後，大會於憤怒的口號聲中散會。（林平）

## 援助香港反汪罷工工友運動

### 統一戰綫部及婦委 捐款十六元

【本報訊】本市各機關學校團體關於發起援助香港反汪罷工工友捐款運動，連日分別進行，募捐極爲踴躍，陸續送交捐款至本報收轉交。頃中共中央統一戰綫部及中央婦委發動全體工作人員捐款，計共捐得洋十六元五角。

### 邊區機器廠 捐款卅元

【本報訊】邊區機器廠，因爲僻處鄉間，交通不便的關係，他們得到香港「南華」等報工友反汪罷工的消息，更比延安來得遲些，最近該廠自接到總工會關於援助香港反汪運動的通知以後，在廠內會進行了廣大的募捐運動，各部工友無不以[illegible]多衣之款踴力捐助，第一批捐款三十元，現已送來本報，聞俟十月份工資發放以後，擬再二次捐募。

### 響應五分錢募捐運動 市工會召開會議

【本報訊】本市市工會近自總工會發起五分錢捐募運動援助香港反汪罷工工友以後，於本月二十日下午召集延安市各分會負責人商討捐款辦法。

## 曲子「小先生」 開辦夜校 教人識字唱歌

【新華社曲子訊】曲子縣天子區一鄉有個夜校，是由幾個十三四歲的「小先生」在那裹負責的。那所夜校現在已發展到有三十九個學生，每天夜裹，並能够保證上課，除識字而外，並講解新千字文一篇。幾月來從前不識字的人，現在也能够認識二百多個了。每次夜課上完以後，還有小先生領導上操和唱歌。（馬立中）

## 志丹推打歸隊運動 回鄉戰士紛紛歸來

【新華社志丹訊】本縣於十月初開始了戰士的歸隊運動，由縣委區會進行廣泛之動員與宣傳，數日來，由於各區民衆熱烈之響應，戰士已絡續歸隊，現在集中訓練與歸隊中。（鶴華）

## 工讀學校製成 三千個防毒口罩

【本市訊】八路軍後方勤務部政治部與供給部合辦的工讀學校，已於月前先行上課，定十月革命節正式開學。該校現已有×十名學生，多爲長征女英雄，學習與工作並重，注意理論與實踐的聯系，課餘即學習各種工藝。現已製成防毒口罩三千個，及口罩外用套子三千個。正在趕製四千條棉褲。（方）

滬租界當局一再縱容下
敵要求禁載反日消息

# 沪租界当局一再纵容下敌要求禁载反日消息

**【上海二十三日路电】** 日前英文《大陆报》及美商××数报竟载汉口一部日军因厌战而叛变的消息，驻沪日总领事认为此种不幸事件的发生，未免为皇军凶丑。而为外间晓悉。故于消息发表□迅速求沪工部局总董设法制止。按日总领事提出此项要求系根据本年四月二十九日工部局总董致日方之备忘录，规定一切反日论文，足以扰乱治安者均在禁止之列。

## 國內新聞

# 我政府當局 嚴正否認和平談判
## 全國應一致堅持抗戰到底 反對妥協投降

【重慶廿二日合衆電】關於上海方面所傳之消息謂：日本派人正在重慶作和平談判，官方負責人士加以否認，斥爲毫無根據。值今中國勝利頻傳，且國際情勢愈加有利於我，中國毫無理由會羞辱的「和平」，任何日軍使者或代理人，若果前來重慶，則早已被捕以奸細之罪槍斃之矣。

## 在敵人卵翼下 汪逆將成立僞中央
### 敵方擬派特使參加

【東京廿三日同盟社電】以汪精衛爲首之中「新中央政權」，將近成立時，日駐華日軍總參謀板垣中將至上海訪問汪精衛，向外表示日本積極援助「新中央政權」並鼓勵汪精衛，帝已派遣特使參加「新中央政府」成立典禮，慶祝「新政權」之誕生。政府已懇請近衛爲特使，因近衛乃「中日事變」發生當時之首相，且發表了有名的近衛聲明，因近衛現任樞密院議長，不能來華，政府又物色適當人物，結果，將任命現陸相烟俊六爲特使，因烟俊六曾任華中日軍最高司令官，與華方有極大之關係。今日烟俊六訪問阿部，對此問題似乎亦已交換意見。

## 汪逆向主子求援 派周佛海赴東京

【香港廿三日電】滬訊，英文大美晚報載：據日高級軍事當局消息：汪每月向日政府領津貼四百萬元，迄今無成績可言，「新政府」既未實現，屢受主子苛責，自稱能引誘國府及中央要人亦失敗，故九月份只津貼汪逆五十萬元，此爲對汪不滿之暗示，汪爲討得其主子之歡顏，最近乃遣派周逆佛海赴東京哀求，想獲得一批款項，並與近衛接洽，汪逆衛隊及嘍徒已兩月未領餉，無法無天，四處招謠，排特在滬西嚇詐爲生云。

×　×　×

## 滬租界當局一再縱容下 敵要求禁載反日消息

【上海二十三日路透電】日前英文大陸報及美商××發報載被漢口一部日軍因厭戰而叛變的消息，駐滬日總領事認爲此種不幸事件的發生，未免爲皇軍出醜。而爲外間聞悉。故於消息發表，迅速求滬工部局總董設法制止。按日總領事提出此項要求保[illegible]持本年[illegible]

## 滇回教會 通電討汪

【昆明廿二日電】中國回教救國協會雲南分會，中國回教促進會雲南支部與所屬明德學校等三團體，廿二日通電聲討汪逆，

## 桂參議會第二次會議 定十二月初召開

【桂林廿三日電】桂省府決定十二月上旬召開省參議會第二次會議，已開始準備，並電正副議長及參議員等，於十二月一日前來桂林報到。

## 邊區新聞

# 邊區合作總社 成立大會圓滿閉幕
## 大會通過決議案多項 發展合作事業增加抗戰力量

【本報訊】邊區合作社總社成立大會自本月五日開幕，會期共達半月，頃已於廿一日閉幕；是日下午六時舉行閉幕典禮於新市場，大會乃告圓滿結束。此次大會會期共十七日，全部會議日程第一項爲工作檢查，各縣社代表分別報告各該社二年來之工作概況，並檢討過去的成績與缺點。會議日程第二項爲通過重要決議案。總計各代表提案共達七十五起，皆爲發展與加强邊區合作事業有關的提議，大會歸納合併討論通過決議案如下：一，加强與整頓邊區現有消費合作社務、業務，以資改善人民生活，充實抗戰力量案。二，充實與發展生產合作社，以資供給抗戰需要案。三，設立信用合作社，辦理儲蓄、借貸業務，以資流通各縣金融，繁榮邊區農村案。四，培養合作人材，加强各合作社幹部案。五，建立與充實邊聯社及各縣聯社，以資加强各合作社領導案。大會日程第三項爲通過邊聯社及縣聯社之組織章程。最後選舉邊聯社理監事會。關於上述決議案之具體實施，大會亦詳細討論，有所決定，如舉辦合作幹部及會計訓練班，改良會計制度，增設信用合作社，發展生產合作社及擴大合作社股金等重要事項。此外大會並於會期中請由邊府高副主席做政治報告，建廳劉廳長報告邊區經濟建設，另並請曹菊如，余建新諸同志做合作事業之專門報告。

邊聯社理監事會之組成，計理事會九人，設主席一人，當選者：李會友（主席）、謝申元，麗克道、井潤秀、劉伯華、吳宗德、劉成一、吳吉清、張瑞昌等。監事會七人，設主席一人，當選者：常黎奎（主席），馬南銀、張仲仁、董鳳吾、呼濟和、羅俊元、韓維勝等。理監事會於大會閉幕後即舉行首次聯席會議，議決今後新的努力方向，並擬具具體改進辦法，即將領導全邊區各縣社逐步實行。（彌）

## 全國工協會擬 大量投資邊區
### 擴大各生產合作社

【本報訊】全國工業合作協會，今年三月於延安成立事務所，聘請邊區銀行經理曹菊如同志担任主任以來，協助邊區當局推進工業合作運動，頗爲努力。曾先後於邊區各地開設紡織、榨油、造紙、肥皂、縫衣、鞋子、植物油、運輸、木工、煤礦等工業合作社計數十處。茲聞該所近已擬就詳細計劃，準備大量投資邊區，將此間原有生產合作社，計共一百三十七處，統改稱工業合作社，直隸於全國工協西北辦事處。爲延安事務所擬就該項計劃書，呈請該會西北辦事處核示，並不日派人前去商討關於增設關中、慶環、延長、曲子、神府等處事務分處事。（水）

## 成立週年 紡織廠籌備紀念
### ▲一年來有了很大的發展▼

【本市訊】陝甘寧邊區難民紡織工廠，於去年冬成立，轉瞬已屆週年。一年來的慘淡經營，在邊區建設廳直接領導之下，已有很大的發展和進步；工人增多了，技術也有很大的改良。它一方面給邊區的輕工業，奠下了基石；同時，救濟了很多由邊區以外逃來的難民，使這些在日本帝國主義的砲火下，或天災與苛捐雜稅的重壓下逃出來的同胞，有了寄身之所，並且在這民主自由的地方，更有了適當的工作和學習的機會，該廠爲擴大紀念，已成立籌備委員會，進行一切籌備工作。（歐新）

## 高等法院秋收完畢 加强犯人教育
### 生活亦大加改善

【新華社安塞訊】邊區高等法院的九百畝糜谷，已經收割完畢。該院人犯在秋收工作中，極爲努力，現正利用多天到來，加緊學習，每天早晨上課，經常開小組討論會。該院當局除注意對他們的教育外，生活方面亦很注意，如儘可能的作到每星期吃一隻羊，每月殺一隻豬。天寒了，不但已發給棉衣，並給每人毛襪及手套一雙。故全體人犯均能安心學習，以改正自己的錯誤。（佛雲）

## 蒙族婦女高景民 努力工作生產和學習

【新華社定邊訊】三邊婦聯會工作同志高景民，係蒙古人，前在蒙區三段地婦聯會工作，一貫工作積極，肯負責任，學習也很努力。三邊分區爲加强三邊婦女工作起見，於今年一四月調該同志來定邊，在三邊婦聯會工作，自任工作後，更爲努力，思想意識日益突飛猛進，對目前政治形勢認識亦爲清楚，學習較前也有更大的進步，除努力學習軍事政治外，在二十幾天內就認識了二百多字。該同志爲工作方便計，曾下決心學漢語，不到三個月，漢話不但已完全可聽懂，也會講的很流利。現在已可看懂新中華報，新華日報，解放報，在生產運動方面，他也很努力，不甘落於別人之後。（鐘軍）

## 抗大同學，悲痛追悼 敵機轟炸下死難同志
### 血債要以血來償還！

「速寫」十八日下午五時，抗大二大隊舉行追悼本月十五日犧牲在敵機轟炸下的死難同志大會，到會者除本校全體教職學員外，並有各機關學校代表等千餘人。人們胸前插着白紙花，悲憤的臉上，射出悲切的光芒，輓聯，哀詞，花圈，隨着秋天的涼風不住地在擺動，台正中佈置着白色的靈位，上面寫着死難烈士的姓名。在將近天黑的時候，許校長踏着沉重的腳步走上了祭台，在全體默哀三分鐘後，開始他的開會詞：本來十五號被難的是九位同志。但是，今天又得到一個消息，送到醫院裏去的那位同志，今天又死去了。革命青年不幸在敵機的轟炸下犧牲了，這是我們莫大的損失，是抗戰莫大的損失。但是，我們不應過分的悲傷，相反的，我們應當加緊我們的學習，加緊我們的工作，加緊防空，用實際的行動來紀念死難的同志。接着，鄧當逯同志用悲沉的聲音報告了死者的略歷，學員有衛汝愷、張文澤、楊森林、弭井印、田玉殿、王力員、梁永剛，此外還有兩個炊事員同志：孫玉旺，和張華玉等九人。其中衛汝愷同志是山西五台人，廿歲，太原鋼鐵廠工人，做過民先分隊長，自衛隊宣委，一九三八年加入中國共產黨。任過村支書。張文澤同志，河北天津人，二十一歲，河北井陘煤礦工人。參加過井陘煤礦起義，一九三九加入中國共產黨。在死寂的空氣中，同學們揩抹着眼角的淚水，內心蓄積着無限的沉痛與憤怒。接着講話的有滕代遠、張浩、李延祿等同志及黨校的代表等，在全體通過了致被難家屬的電報，負傷同志清後，大會於憤怒的口號聲中散會。（林平）

## 曲子「小先生」 開辦夜校
### 教人識字唱歌

【新華社曲子訊】曲子縣天子區一灣有個夜校，是由幾個十三四歲的「小先生」在那裏負責的。那所夜校現在已發展到有三十九個學生，每天夜裏，並能夠保證上課，除識字而外，並講解新千字文一篇。幾月來從前不識字的人，現在也能夠認識二百多個了。每次夜課上完以後，還有小先生領導上操和唱歌。（馬立中）

## 志丹推打歸隊運動 回鄉戰士紛紛歸來

【新華社志丹訊】本縣於十月初開始，推動了戰士的歸隊運動，由縣至區曾進行廣泛之動員與宣傳，數日來，由於各區民衆熱烈之響應，戰士已絡續歸隊，現在集中訓練與編隊中。（鐸華）

## 統一戰綫部及婦委 捐款十六元

【本報訊】本市各機關學校團體關於發起援助香港反汪罷工工友捐款運動，連日分別推行，募捐極爲踴躍，陸續送交捐款至本報收轉交。頃中共中央統一戰綫部及中央婦委發動全體工作人員捐款，計共捐得洋十六元五角。

## 援助香港反汪罷工工友運動

### 邊區機器廠 捐款卅元

【本報訊】邊區機器廠，因爲僻處鄉間，交通不便的關係，他們得到香港「南華」等報工友反汪罷工的消息，更比延安來得遲些，最近該廠自接到總工會關於援助香港反汪運動的通知以後，在廠內曾進行了廣大的募捐運動，各部工友無不以購置冬衣之款踴躍力捐助，第一批捐款三十元，現已送來本報，聞俟十月份工資發放以後，擬再二次捐募。

### 市工會召開會議 響應五分錢募捐運動

【本報訊】本市市工會近自總工會發起五分錢捐募運動援助香港反汪罷工工友以後，於本月二十日下午召集延安市各分會負責人商討捐款辦法。

## 工讀學校製成 三千個防毒口罩

【本市訊】八路軍後方勤務部政治部與供給部合辦的工讀學校，已於月前先行上課，定十月革命節正式開學。該校現已有×十名學生，多爲長征女英雄，學習與工作並重，注意理論與實踐的聯系，課餘即學習各種工藝。現已製成防毒口罩三千個，及口罩外用套子三千個。正在趕製四千條棉褲。（方）

期：新中华报零零七十八期

版：零一版

时间：一九三九年十一月三日

## 我游击队在沪与敌激战

**【上海三十一日路电】**昨晚及今晨上海西郊一带居民均闻炮声猛烈，最初炮声似由上海至青浦公路上传来，其后又转至徐家汇车站附近地带，炮声至今晨五时三十分止仍未稍息，若干人士均由梦中惊醒，据闻系日军与中国游击队，在虹口机场以西之公路上发生激战，其后战事逐渐移至沪杭铁路一带云云。但详情如何，尚无法判明。

11月

新中華報
第七十八號　每逢星期二星期五出版

美國修改中立法，完全是爲了帝國主義的目的，爲了便利軍火商人獲取超額的戰時利潤，爲了掠奪和重新分割殖民地。它的目的，不在停止戰爭，而是煽惑、鼓動和擴大帝國主義戰爭

美國中立法的修改，更嚴重的影響到我國抗戰。美國在「現購自運」的辦法下，無疑的幫助了擁有強大海軍的日本帝國主義。至少在客觀上幫助了日本帝國主義屠殺中國人民的舉動！

## 社論　美國反動派擴大帝國主義戰爭的陰謀

這幾天，國際間的一件大事，就是美國參議院通過了修改中立法案，全世界都密切注視這個新的事件，注視着這個實際上是美國帝國主義擴大人類屠殺，散播死亡種子陰謀的開展！

自從帝國主義世界大戰爆發以後，美國就一直關心修改中立法的紛爭，一部份 英法帝國主義在經濟上有密切聯繫的財政資本家——如美國現任財長摩根索等——爲了保護其自身利益，爲了掠奪新的殖民地和利潤，就主張援助英法帝國主義，打擊德國帝國主義。另外一部份資本家，因其切身的利害不同，却想利用中立法的護衛，「超然的」站在戰爭圈外，進行另一種投機勾當，所以他們反對修改中立法。這種資產階級內部的矛盾，表現在當政的民主黨和孤立派的尖銳鬥爭上。

美國人民是站在正義的、和平的方面的。美國帝國主義爲了欺騙廣大愛好和平的人民，曾動員了它政治的、經濟的及宣傳機關的力量，進行欺騙的宣傳。在種種欺騙和壓迫的方式下，掌握在資產階級手中的參議院，終於通過了違背民意的中立法修正案。

據華盛頓廿七日合衆社電：美參院已正式通過美政府所提之中立法案。該案的主要內容在「廢除禁運軍火條款」；採取「現購自運」的辦法。這說明了美國將置身戰爭漩渦中，將以大批軍火輸入歐洲，幫助英法帝國主義作戰。擴大資本主義世界人類屠殺的時間和範圍！另一方面廢止禁運軍火的結果，自然事實上特助長擁有強大海軍的日本帝國主義侵略中國。這種不分侵略戰爭和正義戰爭，對侵略者與被侵略者「一視同仁」的方法，是嚴重的危害着被壓迫的弱小民族，削弱了被壓迫弱小民族反抗侵略的力量。

美國修 中立法，完全是爲了帝國主義的目的，爲了便利軍火商人獲取超額的戰時利潤，爲了掠奪和重新分割殖民地。它的目的，不在停止戰爭，而是煽惑、鼓動和擴大帝國主義戰爭，幫助英法帝國主義作戰，而實行「漁人取利」的政策。它更妄想結合一切帝國主義國家，進行進攻世界人類曙星——社會主義蘇聯，進攻世界進步勢力的陰謀活動！

美國的工農羣衆，共產黨及其領導下的進步羣衆組織，在美國國內形勢惡化，美國資產階級反動化的逆流當中，曾進行了英勇的鬥爭。在全國廣大人民面前，揭穿美國資產階級幫助英法資產階級爲「民主」「自由」而戰的假面具，揭穿了美國資產階級鼓動帝國主義戰爭，擴大人類屠殺的陰謀，號召美國人民英勇的團結起來，反對資產階級反動統治，反對參加帝國主義戰爭。這一號召得到美國人民堅決擁護和響應，因此，美國反動的資產階級對真正的民意是嫉妒的，對領導人民得到人民堅強擁護的美國共產黨是仇恨的，在十一月廿三日美國反動政府便捏造罪名，拘捕了美國共產黨總書記白勞德同志。全世界人民對美國政府這種壓迫民權的反動行爲，應該表示公憤，表示抗議。

美國中立法的修改，更嚴重的影響到我國抗戰。美國在「現購自運」的辦法下，無疑的幫助了擁有強大海軍的日本帝國主義。至少在客觀上幫助了日本帝國主義屠殺中國人民的舉動！中國現在存一部份人自覺的或不自覺的贊成美政府修改中立法，這種人所抱的態度完全是錯誤的。他們或者是對歐洲戰爭性質的不了解，或者是企圖勾引美國壓迫中國向敵寇投降，遂其東方慕尼黑的亡國目的。無論站在中國抗戰的觀點上，無論站在世界和平的觀點上，中國人民都應該和美國人民和全世界人民一致共同揭穿美政府修改中立法的帝國主義陰謀，反對「現購自運」，反對美國對英法日帝國主義「廢棄禁運軍火」，反對擴大帝國主義強盜戰爭！

## 三日戰況

### 克圪台頭猛攻鄉寧　大甯附近敵三路進犯　犯呂梁山敵被我消滅大半

【興集廿九日電】竄犯我呂梁山之敵，經我兩旬來圍擊，消滅大半，廿三日殘敵化整爲零，以一百名爲一股，到處竄擾，四處被我截殲，現仍在分別圍剿中。

【興集廿九日電】吉縣東南口子河武莊安樂村現已無敵蹤，故馬嶺雲台山我軍進擊順利，故馬嶺敵潰退賀家河，襲台山仍在激戰中。竄頭敵經我壓迫北竄，圪台頭再度克復。

【興集卅日電】鄉寧西地區，廿七日以來敵我發生激戰，敵五百餘由下麥田商祖原分援林山廟岳家嶺，對戰至午後，敵續向後莊壓迫，我有利地形殲敵甚衆。廿八日午我一部撤至寺塬進附高地，以主力部隊繞至前後准泉下麥田同時經白嶺側擊，桑家嶺林山廟敵乃爲我截成數段，分途向 逃竄，後莊林山廟薛家店遂陸續爲我克復。

【興集卅一日電】竄至大甯附近之敵，分三股竄擾；南路抵上桃村下閣村嶺兒上一帶，爲我擊潰。北路敵一部向永和竄擾。西路敵卅日起在大寧西與我某部接戰，迄晚仍在對峙中。

### 長子敵又出擾　我克和川府城　南樊鎮敵增援進犯

【洛陽卅一日電】盤據長子敵二千餘，砲十餘門，連日在猛烈砲火掩護下，向石哲鎮迫近，經我×部左右夾擊，斬獲甚衆，敵旋潰去。

【興集廿九日電】府城和川古縣鎮（安澤東北及以南）等地皆次第克復。閭寨東南大小澤之敵千餘，砲十門，在戰車裝甲車十餘輛掩護下，廿五日向小王村襲莊南部村進犯，激戰甚烈，陣地進出多次。午後我另一部由西部村出擊左翼，敵勢已動搖。

【潞關卅日電】南樊鎮史村（曲沃東南）一帶昨又增敵二千餘，砲十餘門，廿七日晨一部五六百竄至軍瑞村（絳縣東北）旋分向丁家門官莊等處發砲轟擊，同時步兵猛烈進犯，經我迎頭痛擊，敵不得逞，迄午由敵機三架掩護再度竄擾，復被我軍猛烈擊退，是役斃敵甚多，刻仍相持中。

### 我軍猛攻南宮冀州

【冀南某地廿九日電】冀縣戰事激烈，廿六日我向南午台猛襲，敵不支退據縣城，是夜敵增援步騎砲二百餘，向我沖犯數次均未得逞，我繞襲敵側背，敵傷亡殆盡。又我某部廿六日夜向南宮縣城進擊，在城外與敵激戰，敵棄屍百餘具竄回城內，我正破壞城外交通，予以圍擊。

### 滬杭路敵犯屠甸鎮失敗

【金華廿八日電】滬杭路經我不斷予以破壞後，敵頗食不安，各據點之敵大呈恐慌。廿六日晨王店敵二百，硤石敵三百，分途進犯屠甸鎮，我軍當予迎擊，發生激戰，下午敵勢不支退去。廿七日晨王店斜橋敵各二百再犯該鎮，午後敵復增援三百，我軍分途迎 ，並襲擊敵側，經激戰肉搏，頑敵終被擊潰。

### 台灣發生兵變　敵兵被擊斃多人　大批反戰婦女積極活動　敵搜捕不得束手無策

【韶關廿九日電】外息：台灣基隆地方，於七日發生新兵譁變事件，參加者竟達三百餘名，當場擊斃敵軍三四十名，台軍十七名。嗣敵派兵彈壓，逮捕得四十餘人，餘皆逃入深山。敵深恐搖動軍心，嚴禁洩漏。又台灣近由敵國本部潛到反戰婦女份子多人，大肆活動，敵副捕無術，大爲焦慮。

### 博愛敵犯焦作　白馬門一度失守　竄孔莊敵退回淮陽

【許昌廿九日電】由淮陽竄援孔莊之敵，廿五晨經我某部猛烈襲其側，敵狼狽向淮陽回竄，我跟蹤追擊，迄晚已迫近城郊。

【鄭州卅日電】盤據博愛敵飯田旅團之一部六百餘，砲十七門，戰車八輛，會合王封敵數百名，分向白馬門焦作西北進犯，經我痛擊不退，旋施放大量毒氣，致白馬門陷於敵手。廿四日敵復竄犯馬坊，我奮力搏戰，並以精銳部隊出擊敵側，敵退竄白馬門，我乘勢追擊，廿五日晨沖入敵陣，展開激烈激鬥，敵不支向王封潰竄，白馬門復告克復。

### 綏遠大青山　我游擊隊活躍異常　五原敵犯三井不逞

【興集卅日電】在綏遠大青山區活動之我游擊隊，九日與僞蒙軍第×師激戰，戰鬥一小時，將僞軍全部擊退，斃僞軍四百餘，俘僞連長以下百餘人，獲步槍二百八十支，戰馬五十四，其他軍用品甚多。

【榆林卅日電】五案（五案西南）敵廿五日午竄犯三井鎮，該鎮一度陷入敵手，午後二時我援軍馳至猛烈反攻，敵不支狼狽竄回五案。

### 三路攻奉新　我沖入武寧北關

【修水三十一日電】我軍於昨日晨向武寧進擊，敵頑強抵抗，我軍猛烈突擊，再一沖，一度沖抵城北關與敵激戰，斃敵無算，旋城郊敵增援，我遂撤出。

【修水二十九日電】二十九日拂曉起，我集中某精銳部隊向奉新以西南殘敵猛攻，該處敵二千餘據工事頑抗，後共被我擊斃七百餘人，至午南歷餘卒爲我攻克，敵退入奉新，我分三路尾追中。

### 我游擊隊在滬與敵激戰

【上海卅一日路電】昨晚及今晨上海西郊一帶居民均聞砲聲猛烈，最初砲聲似由上海至南滬公路上傳來，其後又轉至徐家匯車站附近地帶，砲聲至今晨五時卅分止，仍未稍息，若干人士均由夢中驚醒，渠聞係日軍與中國游擊隊，在虹口機場以西之公路上發生激戰，其後戰事逐漸移至滬杭鐵路一帶云云。但詳情如何，尚無法判明。

### 敵擾新牆北岸被擊退　我挺進軍活躍岳陽附近

【汨羅廿九日電】岳陽新墻市新開塘官橋驛之敵，向我新牆河北岸一度擾亂，被我擊退。我另一部挺進軍向東西兩面繞襲岳陽南塘及郭鎮市，經一夜之激戰，敵死傷均重。廿九日晨起，寄岡驛之敵因後路被我威脅，向我新牆北岸晏家山一帶發砲轟擊，我無損失。

【汨羅卅日電】白螺磯附近之柴河尺八口一帶，敵我仍在對峙中，我挺進步隊在岳陽附近極活躍。

### 鄂南我軍在羊樓司殲敵

【汨羅廿一日電】我軍某日在羊樓司以西，與敵遭遇，戰甚烈，敵向該地潰敗，我即佔領該地。

### 江門敵砲轟鳳山等處

【肇慶卅日電】廿九日江門敵砲轟鳳山劉村石城山等處，狂轟，我無損傷，旋敵騎合步騎三百餘猛犯中和里太山頂一帶，我設伏誘敵深入，猛起截擊，敵至薄暮不支，竄回，我跟蹤追擊，沿途斃敵甚衆。

### 萊蕪以東　魯村失而復得

【山東某地廿九日電】新泰萊蕪蒙陰敵三千餘，於廿二日晚大舉進犯魯村（萊蕪東）該村曾一度陷於敵手，廿三日午我大軍趕至向敵反攻，雙方砲火猛烈，我軍勇突入敵陣肉搏數小時，敵不支向燕子嶺方面潰去，魯村即告克復。

新中華報

# 一九四〇

# 新中華報

高宗武陶希聖等
洩露汪逆賣國陰謀
汪逆內部分裂高等已離滬他去

| 期 | 版 | 时间 |
| --- | --- | --- |
| 新中华报零零九十九期 | 零三版 | 一九四〇年一月二十四日 |

# 高宗武陶希圣等泄露汪逆卖国阴谋

## 汪逆内部分裂　高等已离沪他去

**【香港二十一日电】** 自上海方面传出汪逆内部发生分化的消息之后，并传汪左右陈公博、高宗武，及陶希圣三人离沪他去，顷高陶等已致函《大公报》，揭露汪逆与敌寇签订卖国密约，略谓：汪逆此次签订之密约，实甚于民国四年之“二十一条约”，欲致我国之死命，汪逆迷途已深，谓彼等离沪前曾通知日方此条件实不能为中华人民所能忍受，并致函汪逆□其悬崖勒马，□将摄存及抄录各件送呈国民政府□并送上《日支新关系调整要纲》及附文□上，计“中日新关系调整要纲一件”共六条，“调整中日新关系之原则一件”共五条，“中日新关系调整要项一件”共二十二条，“中日新关系调整要纲附件一件”共二十一条，此外尚有汪逆交敌方之“新政府”成立前所急望于日方者一件“共六条，又敌方答覆一件”共五日。

中華民國二十九年一月二十四日　新中華報　星期三　第三版

國內要聞

# 汪逆與南北偽政府於青島舉行漢奸會議

## 圖與南北傀儡妥協成立偽中央政府

## 並發表荒謬談話

汪逆近日積極進行其賣國活動，企圖與南北偽政府求得妥協，成立偽中央政府。「汪精衛與言助親日政策之南京北平政府之會議，將於一月廿三日在青島開始。」（新華社廿三日上海電）另據該同盟社十九日上海電，汪逆並於該日向同盟社記者發表荒謬談話，其中心陰謀如下：

一，汪逆稱「新中央政府」之對內政策係「反共建國」與「實行憲政」，汪逆將特別強調「反共」與「憲政」呢？這裏包含着很大的陰謀，就是企圖以誘那些隱藏在抗戰陣營中之頑固份子反共與共產黨，投降妥協，用「反共」作幌子，把這些抗戰沒有信心的動搖份子，也拉到汪逆賣國投敵的道路上去。同時汪逆更用「實現憲政」，也來替「三民主義」的招牌，企圖來欺騙國人，用假憲政假三民主義來混亂正在全國人民中熱烈勘着的憲政運動，並模糊三民主義。在「憲政」三民主義」的招牌下來先騙一部份糊塗的對抗戰前途表示悲觀失望的份子也跟着他走去。總之是爲了陰謀幫助日寇實現「以華制華」滅亡全中國的毒計。二，汪逆稱「新中央政府」之對外政策係「日本之外交方針與「新中央政府」之外交方針一致」，「中日關係極簡單，當然據近衛之聲明具體實行之」並且還要「建立親日的教育方針，要中國人民「放棄抗日之思想」。這也正說明汪逆爲日寇走狗和工具之無恥的賣國行爲。全國一切不願做亡國奴之人士，應一致起來，粉碎汪派漢奸投降派妥協投降陰謀，堅持抗戰到底。

## 高宗武陶希聖等洩露汪逆賣國陰謀

### 汪逆內部分裂高等已離滬他去

【香港廿一日電】自上海方面傳出之消息，汪逆內部發生分化，汪左右陳公博、高宗武，及陶希聖等三人離滬他去，因高陶等已致函大公報，揭發汪逆與敵寇簽訂賣國密約，略謂：汪逆此次簽訂之密約，實係於民國四年之廿一條約，致我國之死命，汪逆迷誤已深，爾被等等認爲能會知日方此種條件實不能爲中華人民所能忍受，並致函該報公佈共匯勸馬，將該條件及抄錄各件送呈國民政府外交部，發上「日支新關係調整要綱」文上，計「中日新關係調整要綱一件」共六條，「調整中日新關係之原則一件」共五條，「中日新關係調整要項一件」共廿二條，「中日新關係調整要綱附件一件」共廿一條，此外尚有汪逆交敵方之「新政府」成立前所急需於日方者一件「共六條，又敵方答覆一件」共五日。

## 香港三報反汪工友回國服務團抵韶關

【韶關二十一日電】此間報界今開會歡迎香港南華，天演，自由三報工友回國服務團，情緒熱烈，三報工友痛恨汪逆出賣民族國家，播散荒謬言論，遂於「八一三」兩年組織回國服務團，溯珠江北上，宣傳民衆，願以工作勞力，在河源旅次染病者。

# 陳長捷王靖國公開降敵賣國

## 配合敵人進攻抗日部隊

【新華社晉西南十五日電】日前敗部叛軍進攻現已與×（電碼不明）到達池鋪時，日寇以九峪日軍五通之降敵叛國之六十一軍陳逆長捷十九軍王逆靖國，近來又以大批大米、洋麵、牛肉罐頭等賜與晉西日寇，不斷信使往還，會議頻繁，進行公開聯絡，共以類寨仇有功，電話，晉西民衆老幼聞之，莫不稱快。日來叛軍在晉西作戰等。爲了更進一步取得密切聯系，大肆搜捕進步，叛逆陳長捷某部抗日份子，摧殘給者。新軍士從被擊斃之叛軍身上搜出有紅黃藍白四色符章，顯係準備於被日軍公開正式收編時應用。

又太南訊：五行政區在去年十二月政變中，叛軍捕捉部將進步抗日份子及機關幹部屠殺，非刑拷打，尤以陽城最慘。但被難者皆視死如歸，慷慨從容就義。

抗日政權，屠殺民衆，造成極恐怖之空氣外，更積極配合日寇向本區抗日力量猛攻，該部叛軍一部正在配合汾陽孝義之日軍作新的佈置，同時叛軍在軍火糧藥上已接受日寇之接濟，本月十一日叛軍進攻新軍戰鬥中所用槍彈多係日寇所發。

按陳王等叛逆之賣國行動，乃配合汪派妥協投降活動，直接響應敵寇漢奸汪派託派投降派反共派降敵賣國之惡毒行動。陳王等逆吸引汪派託派共活動，一方面勾結太原之汪派份子，一面向民衆作惡毒之宣傳；施稱汪精衛不是漢奸，散佈妥協投降之毒素，爲汪逆收買走狗。始則勾引新軍四犯，而故意偽造晉西戰爭緊張狀態，大肆廣播，以爲轉移各處兵力於晉西之掩護，繼則嚇敵兵東來，而將大批之錢力，以驅取兵士進攻之情緒，挑起內戰，向英勇抗日之決死隊進攻，與敵兵夾擊決死隊，摧殘堅持抗戰之犧盟會，捕殺工作人員，並縱容部屬，到處搶劫民衆，姦淫婦女強拉民夫。全國應一致聲討，要求高當局將陳王等逆逮捕明正典刑，停止向決死隊之進攻，團結和進步抗戰，粉碎頑固份子之投降，分裂與倒退陰謀行爲。

## 新華日報華北版創刊週年紀念

（本報訊）新華日報華北版於廿八年元旦創刊於山西長治，成爲第一個在敵後以鉛印出現的報紙。對於堅持華北抗戰，發展游擊區文化方面，盡了最大努力。在困難環境中，堅苦奮鬥已屆一年，銷數達五萬份以上，流傳華北各省，深入到平津敵據點，得廣大人民與軍隊之深切愛護，並於去年七月間增設太南版（現改爲太南日報），銷數亦多，今值創刊週年紀念日，本報總館工作同志特致祝賀。

把妥協投降派逐出抗戰陣營去！　鐵戰作　梅生刻

邊區新聞

# 八路軍政治部召全軍參加憲政促進會

## 並組憲政研究會　擴大群衆宣傳

新中華報轉延安各界憲政促進會發起人：

當抗戰轉入相持階段，國內正需要真正的民主政治，以便更大的發揮全國所有的人力物力，克服困難，渡過難關準備反攻力量的時候，六中全會四屆國民參政會通過了有偉大歷史意義的「結束黨治實行憲政」：時政府明令定期召集國民大會，國民黨六中全會亦集國民大會制定憲法，於民國廿九年召開國民大會；全國掀起了促進憲政運動的巨浪。這不但是爭取抗戰最後勝利的有力保障，而且是建立民族獨立民權自由民生幸福的新中國的必要步驟。最近你們發起成立延安各界憲政促進會，更展開了邊區促進憲政運動的模範旗幟。本部指戰員聞悉之餘，不勝欣喜。特於昨日召集憲政座談會，決定全體加入貴會，希望能在貴會領導與指示之下研究有關憲政各項問題，促進憲政運動的展開。一面號召全體指戰員利用一切時機向民衆宣傳外，並組織憲政研究會，務使憲政運動變成真正的廣大的群衆運動，用群衆的偉大力量驅逐日寇奠定新中國徹底的民主主義的基礎。此致

民族解放敬禮

國民革命軍第八路軍政治部全體指戰員

十二月卅日

# 華池捐六百三十九元

## 援助香港反汪工友

【新華社華池訊】該縣自接得邊區總工會五分錢獻捐運動的號召以後在縣召集了工會職工各界及民衆團體，作了熱烈的討論，因爲熱愛對于香港反汪漢奸工友的認識及深刻的同情展開了普遍的募捐運動，計悅樂區一百七十元六角五分，元城區一百五十元六角五分，水區區七十九元九角四分，溫台區四十餘元。（數目不詳）柔遠區七十七元，吳家區四十五元四角五分，白馬區六十二元六角五分，合縣共計募捐大洋六百三十九元七角六分。

# 保育院全體工作人員加入憲政促進會

新中華報轉延安各界憲政促進會發起人諸同志：

在抗戰進入相持階段的今天，我們保育院全體工作人員在慶祝新年的大會上，第一件大事就是熱烈的決議參加入延安憲政促進會。

抗戰告訴我們，如果要通過相持階段，實現對日反攻，要爭取抗戰的最後勝利，就必須要在今日發動民衆的力量，使他們都有自由參加抗戰的工作。但民衆的發動，必須要在民主政治保證之下才能開進行，所以在今天開展憲政運動，我們覺得，這是有它更重大的意義，我們除號召各界同胞踴躍參加外，並希望貴會能經常給我們指示。此致

民族解放敬禮

保育院全體工作人員謹上

# 邊區印廠全體職工捐款四十餘元

## 幫助「中國工人」出版

【本報訊】邊區印刷廠工友們同志們聽到「中國工人」將要出版的消息異常興奮，特於廿三日開會討論。熱烈發表意見。認爲「中國工人」的出版將對中國的工運及抗戰建國有重大之作用。會中發起了捐款運動，全場一致擁護。捐款者有李平五元，趙鶴五元，蔡青卿，高光成等很多同志各捐二元，職工和雜務員均熱烈捐助，計第一次共募得國幣四十餘元。又悉該廠最近已成立通訊小組。（風）

# 世協延安分會響應憲政運動

## 全體會員加入憲政促進會

憲政促進會發起人同志：

我們，中國世界語協會延安分會，爲了響應澤東、王明等同志所發起的憲政促進會的偉大的號召，已經在去年年底三十日理事會中議決我們所有的會員全體加入貴會，同時並號召我們所有的會員也加入貴會。在我們一定也隨同世界語運動的當中，我們以爲，各地世界語運動都發動廣泛的憲政運動。世界語團體的被封閉，許多世界語者的被捕，都是政治上的結果。我們一定要竭盡全力，努力開展憲政運動等，爭取言論，出版，集會結社，自由的實現。只有在堅持抗戰，團結進步的民主政治下，我們的世界語運動才有發展的可能。

中國世界語協會延安分會

敬禮！

# 邊區農校全體師生參加憲政促進會

新中華報轉延安各界憲政促進會發起人同志：

我們是在山溝裏的一群，外間一切消息給我們知道都要遲，最近我們才知道我們敬愛的毛澤東、王明同志等發起各界憲政促進會，並得到延安各界的熱烈擁護與參加，這消息傳到我們這裏，我們全校師生進行了熱烈的討論與擁護，我們認爲只有實施憲政，才能爭取抗戰最後勝利，我們願意在貴會領導之下，以一九四〇年生產與學習的熱烈精神全體參加貴會，在學校附近進行廣泛的宣傳，並希望你們多多給我們指教。此致

敬禮！

陝甘寧邊區農業學校

本市群衆

# 自設糧店

## 阻止奸商操縱

【本報訊】最近新市場糧店發現私人操縱糧食，商店抬高市價之不良現象，致影響廣大群衆生活，爲了抗拒奸商此種無恥行爲，延市群衆自動集股準備開設一家群衆糧店，並要求安市政府領導。此糧店不日即可成立。

汪逆精衛與敵寇簽訂賣國秘密條約
敵寇漢奸陰謀總暴露

# 汪逆精卫与敌寇签订卖国秘密条约

## 敌寇汉奸阴谋总暴露

**【香港二十二日电】汪逆与敌方于去年十二月三十日所签订之卖国协定，其总题目为《日支新关系调整要纲》。兹特将全文照录如下：**

（《日支新关系调整要纲》此件及附件系十一月五日影佐在六三园交周佛海、梅思平，十二月三十日在沪签字，嗣由×××携日。高宗武注）

第一要项（一）日支两国政府以附件一所载“调整日支新关系之原则”为准据调整两国之新国交。

（二）承认事变中新国交修复以前既成事实之存在，按事□之许可以前条之原则为准据逐次调整之。

（三）承认在事变继续中基于必然之要求而起之特殊事态之存续，在特殊事态随□之推演乃至事变之解决，以“调整日支新关系之原则”为准据逐次调整之。

（四）对于前列二项另行研究之[①]附件一。“调整日支新关系之原则”，日支满三国在建设我国新秩序理想之下，相互善邻而结合以东亚和平之树立为共同之目标，其基础之事项先记如左：

1，以互惠为原则而日支满三国一般表现为其善邻友好，共同防共，经济提携等。

2，华北及蒙疆在国防上并经济上设置日支强度之结合地带，在蒙疆地方则除前项之外，因防共之关系特别设定军事上及政治上之特殊地位。

3，在扬子江下流地域设定经济上日支强度结合地带。

4，在华南沿海特定之岛屿设定特殊地位。

（五）关于右列诸项之具体事项之附件二：

第一，关于善邻友好之事项。日支满三国为相互尊重经济之特质，并互相提携以树立东亚之和平，而举善邻友好之实求互助连环及友好之促进手段：

1，中国承认满州帝国，日本及满州尊重中国之领土及主权，日支满三国修复新国交。

2，日支满三国撤废一切政治、外交、教育、宣传、交易等足以破坏相互友好之措置毒计，将来亦□绝之□。

3，日支满实行以相互提携为基础之外交，对于第

① 此处本应另起一段，现按报纸原文排版。

# 汪逆精衛與敵寇
# 簽訂賣國秘密條約
## 敵寇漢奸陰謀總暴露

【香港廿二日電】汪逆與敵方於去年十二月卅日所簽訂之賣國協定，共總題目爲「日支新關係調整要綱」，茲特將全文照錄如下：

（「日支新關係調整要綱」此件及附件係十一月五日影佐在六三園交周佛海、梅思平，十二月卅日在滬簽字，嗣由××攜日。高宗武註）

第一，要項（一）日□兩國政府以附件一所載調整日支新關係之原則爲準據，調整兩國之新國交。

（二）承認事變中新國交恢復以前所成事實之存在，□□之許可以前條之原則爲準據，漸次調整之。

（三）承認事變繼續中當然之要求而起之特殊事態之存續，□特殊事態□之演乃至事變之解決，關於日支關係□原則爲準據逐次調整之。

（四）對於前列二項應行研究之附件一。關於日支新關係之原則，日支滿三國在建設東亞新秩序之理想之下，相互善鄰而結合以東亞和平之樞軸爲共同之目標，其基礎之事項記如左：

1，以左記爲原則而日支滿三國一般表現爲共善鄰友好，共同防共，經濟提攜等。

2，蒙疆及華北，還在國防上並經濟上設置日支強度之結合地帶，在蒙疆方則除前項之外，因防共之關係特別設定軍事上及政治上之特殊地位。

3，在揚子江下流地域設定經濟上日支強度結合地帶。

4，在華南沿海特定之島嶼設定特殊地位。

（五）關於右列諸項之具體事項之附件二：

第一，關於善鄰友好之事項，日支滿三國爲相尊重其特質，並立於相提攜以確立東亞之和平，而舉善鄰友好之實求互助及友好之保證手段：

1，中國承認滿州帝國，日本及滿州尊重中國之領土及主權，日支滿三國修正新國交。

2、日支滿三國撤廢一切政治、外交、教育、宣傳、交易等足以破壞相互友好之措置，將來亦禁絕之。

3、日支滿實行以相互提攜爲基礎之外交，對於第三國之關係採取□□協同之一切措置。（此處電碼不明）

4、日支滿三國□□協力於文化之融合及發展。

5、日支滿派遣所要之顧問於新中央政□，以協□新軍□，特別在強□結合□內之□關顧問職員。

6、隨日支滿□關係之具體實現，日本逐漸考慮□界及治外法權等之交還。

第二，關於共同防衛之事項，日支滿三國協同防共並協力共同治安之維持。

1、日支滿三國各在其域內剿除共產份子及其組織，並提攜協力防共之情報宣傳等。

2、日支共同防共之實行，日本將所要之軍隊駐屯於華北及蒙疆之要地。

3另締結日支防共軍事同盟。

4、第二項以外之軍隊視全部及局部之一般形勢如何，當儘量從速撤退，但現狀華北及長江下流之軍隊，當繼續駐屯至治安確立爲止。爲共同維持治安起見，日本艦船部隊在長江沿岸特定地點及華南沿岸特定島嶼駐屯停泊。

5、日本對於駐兵地域內所在之鐵道、航空、通訊及主要港灣水路，保有□檢及監督權。

6、中國在日本駐屯區域內之警察及軍隊等之□□軍事設施，暫時以治安及國防上必要之最大程度爲限，日本對於中國軍隊警察隊之建設，由日方□□之派遣武器等之供給協力行之。

第三，關於經濟提攜原則之事項，日支滿三國爲舉互助□□及共同防衛之實行，關於產業經濟等×××××有相通之旨趣，以共同互惠爲主旨。

1，日支滿三國對於資源之開發，關於交易，航空通通訊，氣象測□等爲實現上述之主旨及以下各項之要，訂結所要之協定。

2，華北□□之資源，□共對於埋藏資源之開發與利用，中國由於共同防□及經濟□結合之□地，應與日本以特別之便利，即在其他之地□關於特定資源之開發利用，由經濟結合之□亦與以必要之便利。

3，對於一般之產業，日本予中國方面以必要之援助，關於農業□□援助其□良，設法增加其產，以安定其民生。

，關於中國財政經濟之確立，日本予以所要之援助。

5，關於□□採用妥當之關稅及關稅制度等，以調整日支滿間一般××、××，對於日支滿□□其華北間之物資供給，應使其便利而合理。

，關於中國交通通訊等之發達，日本予以所要之援助，乃至協力全國航空之發達，華北之鐵道包□□鐵□，日支間及中國沿海之主要□□、揚子江之水運及華北與揚子江下流之通□爲日支間交通協力之××。

7，日支協力建設新上海。

一，新中央政府賠償事變以來日本國民在華所受之利權利益之損失。

二，新中央政府在日本新國交修復以前，對於作戰有關係之重要事項應與日本密切協議。

## 「善鄰友好」實係要中國投降日寇

日支新關係調整要綱

（一）本要綱所謂之華北，大體上係由長城南北（包在內）南之河北省、山西省、山東省大體上黃河以北之河南省而言。

（三）關於華北與日「滿」兩國、在國防上經濟上的強度結合地帶之特殊性，根據日支新關係調整之原則，爲對日滿之地方的處理設置「華北政務委員會」。

（四）關於華北政務委員會之權限等具體上另項，應於「中央政治會議」中更變之，並在「中央政府」成立前，由汪王大決定之。

（五）「華北政務委員會」之權限構成，在「日支新關係」正常化之時，以能具體實現左記諸項爲限度，但在此以前應以右限，爲目標，臨時政府之名稱，及新由「華北政務委員會」，暫時承認既成事實，以到政務移行之時不使人心有所不安。

1，關於隨日本軍駐屯而發生事項之處理。

2，關於日支防共治安協力所要事項之處理。

3，關於其它日支軍隊協力之處理。

，關於經濟提攜，尤其埋藏資源之開發，利用，及日「滿」華北間物資之供給。

5，對於日本之關於經濟資源之開發，與利潤而供給特殊便利事項之處理。

6，關於日滿華北間物資之調整，及□□合理化事項之處理。

7，關於日滿華北間之通貨及匯兌，協力事項之處理。

8，關於航空、鐵道、通訊及主要水運之日支協力事項之處理。

9，關於採用日本人顧問及職員（技術人）事項之處理。

10，確保制度，及上項「關之制度，在有存在必要之期間。「中央政府予以所要之助成。

11，暫時規定華北政務委員會與「中央政府」間之主要事項：

一、華北「政務委員會」，爲支付所要經費，而採取確保必要收入措置，因是之故，關稅、鹽稅、統稅原則上雖爲中央稅收，關稅收入剩餘之一定比例，與鹽稅收入剩餘及統稅，暫時屬於華北「政務委員會」，又對於上述國稅徵稅機關之監督，由「中央政府」委於華北「政務委員會」，在□秩序有起依據。

## 「共同防共」即亡國滅種

二、官有財產仍照現屬於「華北政務委員會」，逐漸調整。

三、□□關、郵政、及航空，應於「中央政府」管理之下，此等現狀之改變，應逐漸行之。

四、關於□路之管理及運輸，屬於華北政務委員會。

五、□□特任官外，所屬官吏之人事權，屬於「華北政務委員會」。

六、對第三國之外交交涉，由「中央政府」，與日「滿」「蒙疆」地方之處理而發生之交涉，由華北政務委員會行之，第三國與維新政府之關係調整要領。

（一）方針重「新政府」之立場，而防止其動搖，同樣誘導其適合而歸於「中央政府」，使其在「中央政府」成立之前處理政務。

（二）「中央政府」立後，爲使「維新政府」辭解而不致「政務委員會」等，關於其中要人物之體面與地位，汪方應考慮及之。

（三）「中央政府」成立，而「維新政府」解消之時，中央政府將時期承既成事實，以圖政務之行之圓滿，勿使人心有所不安。

## 「經濟提攜」操縱中國經濟命脈

（四）在揚子江下流地帶，爲實現中國經濟之強度結合起見，日本之特別要求如：

一、關於新上海，關於新上海建設之勢力事項。

二、關於在新上海所屬之日本軍駐屯而發生事務之處理。

三、關於在新上海所攜之航空、主要海運、揚子江水運及通信之事項。

四、關於其他一般日支協力而在新上海所處理之事項，爲使上述日本方面之要求容易實現起見，請求設置日支經濟協議機關等之措置。

其次與「蒙古政府」之關係調整要件：

（一）本要領所稱之蒙疆大體上指內長城線包括在內以北之地域而言。

（二）長城蒙疆在國防上、經濟上，爲日「滿」三國強化結合地之特殊性，關於外交（日滿支交涉外）以外之行政、立法、司法軍事反對外蒙古干涉，以既成事實之基礎，承共有廣泛的自治而爲高度之防共自治區域。

（三）爲確定「蒙古聯合自治政府」與「新中央政府」之關係，在召開「中央政治會議」以前，於汪精衛或共代表之會見中，文書規定左記各項：「中央政府」承認「蒙古聯合自治政府」之高度防共「自治」之既成事實，關於□□政權之關係據諒，在「新中央政府」成立後，另行協定之。

（四）前項之際成立之時，由「蒙古聯合自治政府」派代表出席「中央政治會議」，□論，關於□關以外之事件，廈門汪方承□廈門爲特別行政之事實，□南沿海特定島嶼中，在□南□「中央政府」直轄之□行政組織，建軍事據點機□理左記□事項之特殊地位，使關係：

（一）隨日本軍駐屯而發生之事項。

（二）關於日支□事治安協定之事項。

（三）關於國防上必要的特定資源之開發及利用。

（四）關於航空、通訊、及□之事項確保（□要領包括來日之內政問題並自動措置之事項）。

## 汪逆與敵人簽定密約後
## 重慶各報發表評論

【重慶廿三日電】汪逆賣國密約被揭露後，此間各界民衆無不切齒憤恨，今晨本市各報咸以評論：新華日報之社論爲「全國同胞起來反對汪逆賣國密約」謂：現在中國人面前只有兩條路：一就是堅持抗戰到底，中國人民的道路，一條就是對日投降的道路，中國民族的死路，中間道路是沒有的，而且也不可能有的。中央日報社論謂此密約不僅排斥第三國的企圖，特所謂近衛聲明的抽象原則加以具體化而已。□□報社論題爲「和平招牌從此破碎」謂：中國在目前決沒有「和平」可言，企圖滅亡中國的幻想，雖是迅速萬變，但無論不用□□手段來達到它的目的，因此我們只有更堅定抗戰到底的意志，決定犧牲到底的決心，□□打到□□江逆。國民公報社論題爲「粉碎汪逆賣國陰謀」結論謂：那些英法美蘇的友邦的政治家們！一手執着汪逆的賣身契約發出號呼，我們可以想像蘇聯人士對到反共的原則一二三四條項的反響，□□獨佔的對於如何的□□，密約中以開放一小部份長江□□引美國，騙局亦□□無遺。

## 青島漢奸會議已經開始
### 汪王梁逆等均參加

「海通社上海二十四日電」汪精衛於星期三在青島開始舉行之會議，共目的在於準備建立「中國新中央政府」之初步條件。參加該會議者有汪逆精衛，王逆克敏，梁逆鴻志，會議之議事日程中包括組織「新中央政治委員會」之若干提議。

## 更正啓事

本月二十四日本報所載「陳長捷王靖國公開叛國降敵」電文內，六十五軍係六十一軍之誤，特此更正。敬希讀者注意。

本報編輯部啓

三国之关系采取①违反基础之一切措置。（此处电码不明）

4，日支满三国协力于文化之融合及发展。

5，日支满派遣所要之顾问于新中央政府以协助新军建设特别在强度结合地带及其他特定地域内之机关配置顾问职员。

6，随日支满善邻关系之具体实现，日本逐渐考虑租界及治外法权等之交还。

第二，关于共同防卫之原则之事项，日支满三国协同防共并协力共同治安之维持。

1、日支满三国各在其领域内铲除共产份子及其组织，并提携协力防共之情报宣传等。

2、日支共同防共之实行传达此目的，日本将所要之军队驻屯于华北及蒙疆之要地。

3、另行缔结日支防共军事同盟。

4、第二项以外之军队视全部及局部之情势如同，当尽量从速撤退，但现驻华北及长江下游之军队，当继续驻屯至治安确立时为止。为共同维持治安起见，日本舰船部队得在长江沿岸之特定地点及华南特定岛屿驻屯停泊。

5、日本对于驻兵地域内所存之铁道、航空、通讯及主要港湾水路□□权及监督权。

6、中国在日本驻屯区域内之警察及军队等武装团体之各种军事设施，暂时以治安及国防上必要之最大②程度为限，日本对于中国军队警察队之建设，由日方司令□之派遣武器等之供给协力行之。

第三，关于经济提携原则之事项，日支满三国为举互助连环及共同防卫之实行，关于产业经济等×××××□有相通之旨趣，以共同互惠为主旨。

1，日支满三国对于资源之开发，关税交易，航空交通通讯，气象测量等为实现上述之主旨及以下各项之要旨缔结所要之协定。

2，华北蒙疆之资源，尤其对于埋藏资源之开发与利用。中国由于共同防卫及经济结合之见地，应与日本以特别之便利，即在其他之地域关于特定资源之开发利用，由经济结合之见地亦与以必要之便利。

3，对于一般之产业，日本予中国方面以必要之援助，关于农业则援助其改良设法增加其产量以安定其民生。

4，关于中国财政经济政政之确立，日本予以所要之援助。

5，关于交易采用妥当之关税及海关制度等，以调整日支满间一般××××，对于日支满尤尤其华北间之物质需给，应使其便利而合理。

---

① 根据“要纲”原文，此处应为“不采取”。

② 根据“要纲”原文，此处应为“最少”。

# 汪逆精衛與敵寇簽訂賣國秘密條約

## 敵寇漢奸陰謀總暴露

【香港廿二日電】汪逆與敵方於去年十二月卅日所簽訂之賣國協定，其總題目為「日支新關係調整要綱」，茲特將全文照錄如下：（「日支新關係調整要綱」此件及附件係十一月五日影佐在六三園交周佛海、梅思平，十二月卅日在滬簽字，嗣由×××攜日。高宗武註）

第一，要項（一）日支兩國政府以附件一所載調整日支新關係之原則為依據，調整兩國之新國交。

（二）承認事變中新國交修復以前既成事實之存在，[illegible]之許可以前條之原則為準據逐次調整之。

（三）承認事變繼續中基於必然之要求而起之特殊事態之存續，[illegible]特殊事態隨之演乃至事變之決[illegible]，依日支關係之原則為準據逐次調整之。

（四）對於前列二項所行研究之附件一。調整日支新關係之原則，日支滿三國在建設東亞新秩序之理想之下，相互善鄰而結合以東亞和平之樞立為共同之目標，其基礎之事項記如左：

1，以互惠為原則而日支滿三國一般提攜，發現為共同善鄰友好，共同防共，經濟提攜等。

2，華北及蒙疆在國防上並經濟上設定日支強度之結合地帶，在蒙疆方面除前項之外，因防共之關係特別設定軍事上及政治上之特殊地位。

3，在揚子江下流地域設定經濟上日支強度結合地帶。

4，在華南沿海特定之島嶼設定特殊地位。

（五）關於右列諸項之具體事項之附件二：

第一，關於善鄰友好之事項，日滿華三國為相互尊重其特質，並相提攜以確立東亞之和平，而舉善鄰友好之實，求互助連環友好之促進手段：

1，中國承認滿洲帝國，日本及滿洲尊重中國之領土及主權，日支滿三國修正新國交。

2，日支滿三國撤廢一切政治、外交、教育、宣傳、交易等足以破壞相互友好之措施設計，將來亦禁絕之。

3，日支滿實行以相互提攜為基礎之外交，對於第三國之關係採取[illegible]之一切措置。（此處電碼不明）

4，日支滿三國協力於文化之融合及發展。

[illegible]、日支滿派遣所要之顧問於新中央政[illegible]，以協助新[illegible]特別在蒙[illegible]結合[illegible]及其他特[illegible]內之[illegible]關[illegible]顧問。

[illegible]、隨日支滿關係之具體實現，日本逐漸考慮[illegible]界及治外法權等之交還。

第二，關於共同防衛之原則之事項，日支滿三國協同防共並協力共同治安之維持。

1、日支滿三國各在其域內剿除共產份子及其組織，並提攜協力防共之情報宣傳等。

2、日支共同防共之實行，據此目的日本將所要之軍隊駐屯於華北及蒙疆之要地。

3、仍另締結日支防共軍事同盟。

4、第二項以外之軍隊視[illegible]部及局部之[illegible]如同，當儘量從速撤退，但現在華北及長江下游之軍隊，當繼續駐屯至治安確立為止。為共同維持治安起見，日本在長江沿岸特定點及華南特定島嶼駐屯若干艦船部隊[illegible]定。

5、日本對於駐屯兵域內所在之鐵路、航空、通訊及主要港灣水路[illegible]有[illegible]權及監督權。

6、中國在日本駐屯區域內之警察及軍隊等之各種軍事設施，以治安及國防上必要之最大程度為限，日本對於中國軍隊警察隊之建設，由日方派遣顧問並供給武器等之協力行之。

第三，關於經濟提攜原則之事項，[illegible]

1，日支滿三國對於資源之開發，關稅交易，航空，通訊，氣象測量等，[illegible]

[illegible]

## 汪逆與敵人簽定密約後　重慶各報發表評論

【重慶廿三日電】汪逆賣國密約被揭發後，此間各界民衆無不切齒痛恨，今晨本市各報咸以評論：新華日報之社論為「全國同胞起來反對汪逆賣國密約」，謂：現在中國人面前只有兩條路：一條就是堅持抗戰到底，中國人民的道路，一條就是對日投降的道路，中國民族的死路，中間道路是沒有的，中間道路也不可能有的。中央日報社論[illegible]此密約不僅排斥第三國的企圖，特將所謂近衛聲明的抽象原則加以具體化而已。時事新報社論題為「和平招牌從此破碎」，謂：中國在目前只有[illegible]「和平」可言，企圖滅亡中國的幻想，雖是迅速萬變，但無論不用[illegible]手段來達到它的目的，因此我們只有更堅定抗戰到底的意志，確定條件到最後的決心，日本打到鴨綠江邊。國民公報社論題為「粉碎汪逆賣國陰謀」結論謂：那些英法美蘇諸友邦的政治家們！一手執著汪逆的賣身契約發出號嘰，我們可以想像蘇聯人士對到反共防共的原則一二三四諸項的反響，[illegible]獨佔的野心是如何的[illegible]，密約中以開放一小部份長江來餌引英國，結局亦將無遺。

## 「善鄰友好」實係要中國投降日寇

（一）本要綱所[illegible]北，大體上[illegible]北（包括河北省、山西省、山東省之[illegible]），[illegible]

[illegible]

## 「共同防共」即亡國滅種

1、關於[illegible]本軍駐[illegible]而發生之事項之處理。

2、關於日支共同防共治安協力所要事項之處理。

3、關於日支軍隊協力之[illegible]理。

[illegible]

## 「經濟提攜」操縱中國經濟命脈

二、關於在新上海所置之日本軍駐屯而發生事[illegible]之處理。

三、關於在新上海所措置之航空、揚子江水運及通信之事項。

四、關於其他一般日支協力而在新上海所處理之事項、係使上述日本方面之要求容易實現起見，請求[illegible]等之措置。

[illegible]

## 青島漢奸會議已經開始

汪王等逆均參加

【海通社上海二十四日電】於星期三在青島開始舉行之會議，其目的在於準備建立「中國新中央政府」之初步條件。參加該會議者有汪逆精衛，王逆克敏，梁逆鴻志，會議之議事日程中包括組織「新中央政治委員會」之若干提議。

## 更正啟事

本月二十四日本報所載「陳長捷王靖國公開叛國降敵」電文內，六十五軍係六十一軍之誤，特此更正。敬希讀者注意。

本報編輯部啟

6，关于中国交通通讯等之发达，日本予以所要之援助，乃至协力全国航空之发达，华北之铁道包括陇海线，日支间及中国沿海之主要海运、杨［扬］子江之水运及华北与杨［扬］子江下流之通讯为日支间交通协力之××。

7，日支协力建设新上海。

一，新中央政府赔偿事变以来日本国民在华所受权利利益之损失。

二，新中央政府在日支新国交修复以前对于作战有关系之重要事项应与日本密切协议。

## “善邻友好”实系要中国投降日寇

日支新关系调整要纲[①]

（一）本要纲所称之华北，大体上由长城南北（包括在内）南[②]之河北省、山西省、山东省及大体上黄河以北之河南省而言。

（三）鉴于华北与日满两国、在国防上经济上的强度结合地带之特殊性，根据“日支新关系调整之原则”，为对日满之地方的处理设置“华北政务委员会”。

（四）关于华北政务委员会之权限等具体上各项，应于“中央政治会议”中更变之，然在“中央政府”树立前，由汪王［两］人决定之。

（五）“华北政务委员会”之权限构成，在“日支新关系”正常化之时，以能具体实现左记诸项为限度，但在此以前亦应以右限度为目标，临时政府之名称[③]，及新由“华北政务委员会”暂时承认既成事实，以图政务移行之时不使人心有所不安。

1，关于随日本军驻屯而发生事项之处理。

2，关于日支防共治安协力所要事项之处理。

3，关于其他日支军队协力之处理。

4，关于经济提携，尤其埋藏资源之开发利用，及日“满”华北间物质之需给。

5，对于日本关于埋藏资源之开发，与利润而供给特殊便利事项之处理。

6，关于日满边疆，及华北间物质供给合理化事项之处理。

7，关于日满蒙疆，及华北间之通货及汇兑，协力事项之处理。

8，关于航空、铁道、通讯及主要海运之日支协力事项之处理。

9，关于采用日本人顾问及职员，（技术人员事项之处理）。

---

① 根据“纲要”原文，该部分应为“日支新关系调整要纲附件”。

② 根据“纲要”原文，此处应为“大体上由长城线（不包括在内）以南”。

③ 根据“纲要”原文，此处应为“废止临时政府之名称”。

# 汪逆精衛與敵寇簽訂賣國秘密條約

## 敵寇漢奸陰謀總暴露

【香港廿二日電】汪逆與敵方於去年十二月卅日所簽訂之賣國協定，共總題目爲「日支新關係調整要綱」，茲特將全文照錄如下：

（「日支新關係調整要綱」此件及附件係十一月五日擬作在六三園交周佛海、梅思平，十二月卅日在滬簽字，嗣由×××攜日。高宗武謹記）

第一，要項（一）日[支]兩國政府以附件一所載關於日支新關係之原則爲準據，調整兩國之新國交。

（二）承認事變中新國交修復以前既成事實之存在，[illegible]之許可以前條[illegible]爲準據，按次調整之。

（三）承認事變繼續中當然之要求所起之特殊事態之存續，特殊事態隨[illegible]之演乃至事變之決局，日支關於原則爲準據，逐次調整之。

（四）對於前列二項所行研究之附件一。關於日支新關係之原則，日支滿三國在建設東亞新秩序之理想之下，相互善鄰而結合以東洋和平之樞軸爲共同之目標，其基礎之事項記如左：

1，以互惠爲原則而日支滿三國一般交現爲共善鄰友好，共同防共，經濟提攜等。

2，華北及蒙疆在國防上並經濟上設置日支強度之結合地帶，在蒙疆方面除前項之外，因防共之關係特別設定軍事上及政治上之特殊地位。

3，在揚子江下流地域設定經濟上日支強度結合地帶。

4，在華南沿海特定之島嶼設定特殊地位。

（五）關於右列諸項之具體事項之附件二：

第一，關於善鄰友好之事項，日支滿三國爲相互尊重其固有之特質，並相提攜以確立東亞之和平，而基善鄰友好之實求互助[illegible]及友好之保持手段：

1，中國承認滿州帝國，日本及滿州尊重中國之領土及主權，日支滿三國修復新國交。

2，日支滿三國撤廢一切政治、外交、教育、宣傳、交易等足以破壞相互友好之措置施計，將來亦[illegible]之。

3，日支滿實行以相互提攜爲基礎之外交，對於第三國之關係採取[illegible]反[illegible]基礎之一切措置。（此處電碼不明）

[illegible]，日支滿三國協力於文化之融合及發展。

[illegible]，日支滿派遣所要之顧問於新中央政府以協助新[illegible]，特別在蒙疆結合[illegible]及其他特[illegible]帶內之[illegible]關[illegible]置顧問職員。

[illegible]，隨日支滿[illegible]關係之具體實現，日本逐漸考慮[illegible]界及治外法權等之交還。

第二，關於共同防衛之原則之事項，日支滿三國協同防共並協力共同治安之維持。

1，日支滿三國各在其域內肅[清]共產份子及其組織，並提攜協力防共之情報宣傳等。

2，日支共同防共之實行係達此目的，日本所要之軍隊駐屯於華北及蒙疆之要地。

3另行締結日支防共軍事同盟。

[illegible]，第二項以外之軍隊視全部及局部之勢如何，當儘量從速撤退，但現在華北及長江下流之軍隊，當繼續駐屯至治安確立爲止。爲共同維持治安起見，日本[illegible]部隊在長江沿岸之[特]定地點及華南特定島嶼駐屯[illegible]泊。

5，日本對於駐兵地域內所在之鐵道、航空、通訊及主要港灣水路[illegible]有[illegible]權及監督權。

6中國在日本駐屯區域內之警察及軍隊等武裝團體之各種軍事設施，[illegible]時以治安及國防上必要之最大程度爲限，日本對於中國方面以必要之援助國軍隊警察隊之建設，由日方面合作之派遣武器等之供給協力行之。

第三，關於經濟提攜原則之事項，日支滿三國爲[illegible]互助[illegible]及共同防衛之實行，關於產業經濟等×××，[illegible]有相通之旨趣，以共同互惠爲主旨。

1，日支滿三國對於資源之開發，關於交易，航空通訊，氣象測[量]等爲實現上[述]之主旨及以下各項之要[illegible]結所要之協定。

2，[illegible]北[illegible]源，尤共對於國防[illegible]資源之開發利用。中國由於共同[illegible]及經[濟]結合之[illegible]地，應與日本以特別之便利，即在其他之地[域]關於特定[illegible]資源之開發利用，由經濟結合之[illegible]亦與以必要之便利。

3，對於一般之產業，日本予中國方面以必要之援助，關於農業開發助共良設法並加共[illegible]以安定共民生。

[illegible]，關於中國財政經濟政之確立，日本予以所要之援助。

5，關於[illegible]採用妥當之關稅及關稅制度等，以調整日支滿間一般×、××，對於日支滿[illegible]共華北間之物資給，應使共便利而合理。

[illegible]，關於中國交通通訊等之發達，日本予以所要之援助，乃至協力全國[illegible]航空之發達，華北之鐵道包括[illegible]線之主要[illegible]通、揚子江之水運及華北與揚子江下游之通[illegible]，日本[illegible]切協議。

[illegible]爲日支間交通協力之××。

7，日支協力建設新上[海]。

一，新中央政府[illegible]事變以來日本[illegible]國民在華所受利益之損失。

二，新中央政府在日本新國交修復以前對於作戰有關[illegible]要事項應與日本[illegible]切協議。

## 「善鄰友好」實係要中國投降日寇

日支新關係調整要綱

（一）本要綱所[illegible]之[illegible]北，大體上由長城南北（包括[illegible]在內）之河北省，山西省、山東省，大體上黃河以北之河南省而言。

（三）關於華北與日滿兩國、在國防上經濟上的強度結合地帶之特性，根據日支新關係調整之原則，爲對日滿之[illegible]方的處理，設置「華北政務委員會」。

（四）關於華北政務委員會之權限等具體上[illegible]項，應於「中央政治會議」中更變之，然在「中央政府」成立前，由汪王[illegible]決定之。

（五）「華北政務委員會」之權限，在「日支新關係」正常化之時，以能具體實現之範圍爲限度，但在此以前亦應以[illegible]限，爲目標，臨時政府之名稱，及新由「華北政務委員會」[illegible]時承認既成事實，以[illegible]政務移行之時不使人心有所不安。

1，關於隨日本軍駐屯而發生事項之處理。

2，關於日支防共治安協力所要事項之處理。

3，關於共它日支軍隊協力之處理。

[illegible]，關於經濟提攜，尤共[illegible]資源之開發[illegible]，及日「滿」「蒙疆」、華北間[illegible]之[illegible]給。

5，對於日本[illegible]發，與[illegible]調而供給[illegible]特殊便利事項之處理。

6，關於日滿[illegible]蒙疆，及華北間物[illegible]合理化事項[illegible]之處理。

7，關於日滿[illegible]蒙疆、及華北間之通貨及匯兌，協力事項之處理。

8，關於航空、鐵道、通訊及[illegible]要[illegible]運之日支協力事項之處理。

## 「共同防共」即亡國滅種

二、官有財產——「滿」「蒙疆」地方之處理而發生之交涉，仍照現屬於「華北政務委員會」，逐漸調整。由華北政務委員會行之，第三國與[illegible]新政府之關係調查要領。

三、[illegible]關、郵政、及航空，應[illegible]於「中央政府」管理之下，[illegible]此等現狀之改變，[illegible]逐漸行之。

四、關[illegible]路之管理[illegible]運輸，[illegible]於華北政務委員會。

（一）「方針直「新政府」之立場，而防止共勸搖，同樣謀[illegible]共[illegible]合而歸於「中央政府」，使其在「中央政府」成立之前處理政務。

五、[illegible]特作官外，所屬官吏之人事權，屬於「華北政務委員會」。

（二）「中央政府」立後，須使「維新政府」瓦解，而不設置「政務委員會」等，

六、對第三國之外交交涉，由「中央政府」與日[illegible]

## 「經濟提攜」操縱中國經濟命脈

一、關於新上海建設之特別要求如[illegible]：

二、關於在新上海所屬之日本軍駐屯而發生事務之處理。

三、關於在新上海所措置之航空、主要港灣、揚子江水運及通信之事項。

四、關於其他一般日支協力而在新上海所處理之事項。

（四）在揚子江下流地帶，爲實現中國經濟之強結合起見，日本：

一、華北「政務委員會」，爲支付所要經費，而採取確保必要收入措置，因是之故，關稅、鹽稅、統稅原則上雖爲中央稅收，關稅收入剩餘之一定比例，與鹽稅收入剩餘及統稅，暫時屬於華北「政務委員會」，又對於上述國稅徵稅機關之監督，由「中央政府」委於華北「政務委員會」，在華北秩序恢復起債權。

11，[illegible]時規定華北政務委員會與「中央政府」間之主要事項：

10，[illegible]及上項「關之制度，在有存[illegible]之間。「中央政府」予以所要之助成。

9，關於採用日本人顧問及職員之處理（技術人員事項應及之。（三）「中央政府」成立，而「維新政府」解消之時，中央政府應承既成事實，以政務[illegible]行之周滿，勿使人心有所不安。

（三）爲「蒙古」合自治政府與「新中央政府」之關係，在召開「中央政治會議」以前，於汪精衛或共代表之會見中，文書[illegible]定左記各項[illegible]「中央政府」承認「蒙古聯合自治政府」之高度防共[illegible]自治之既成事實，關於[illegible]政權之關係，依據「新中央政府」成立後，另行協定之。

（四）前[illegible]之[illegible]蒙古聯合自治政府成立之時，由「[illegible]之事項）。

[illegible]、爲日、「滿」、三國之特殊性，關於外交，日滿支交涉外（以外之行政、立法、司法軍事反對外蒙古干涉之以既成事實之擴大，承共有廣泛的自治而爲高度之防共自治區域。

[illegible]央政治會議」代表出席「中央政治會議」，[illegible]以外之事務，廈門汪方承[illegible]門爲特別行政之事實，[illegible]南沿海特定島嶼中，在[illegible]南設置「中央政府」[illegible]轄之[illegible]行政組織，建軍軍事處理機[illegible]之特殊地位，使[illegible]理左記[illegible]事項關係：

（一）隨日本軍駐屯而發生之事項

（二）關於日[illegible]事治安協定之事項。

（三）關於國防上必要的特定資[illegible]之開發及利用事源。

（四）關於航空、通信、及[illegible]之[illegible]事項備考（[illegible]要領包括來日[illegible]設[illegible]並自動措置）內

### 青島漢奸會議已經開始

汪王等逆均參加

【海通社上海二十四日電】於星期三在青島開始舉行之會議，共目的在於準備建立「中國新中央政府」之初步條件。參加該會議者有汪逆精衛，王逆克敏，梁逆鴻志，會議之議事日程中包括組織「新」中央政治委員會」之若干提議。

### 更正啟事

本報二十四日本報所載「陳長捷王靖國公開叛國降敵」電文內，六十五軍係六十一軍之誤，特此更正。敬希讀者注意。

本報編輯部啟





汪逆與敵人簽定密約後

# 重慶各報發表評論

【重慶廿三日電】汪逆賣國密約被揭穿後，此間各界民衆無不切齒痛恨，今晨本市各報咸以評論：新華日報之社論爲「全國同胞起來反對汪逆賣國密約」，謂：現在中國人面前只有兩條路：一條就是堅持抗戰到底，中國人民的道路，一條就是投降的道路，[illegible]中國民族死路，中間道路是沒有的，中間道路也不可能有的。中央日報社論謂此密約不僅排斥第三國的企圖，特所[illegible]近[illegible]的抽象原則加以具體化而已。時事新報社論題爲「和平招牌從此破碎」謂：中國在目前決沒有「和平」可言，只是迅速滅亡中國的幻想，雖千變萬變，但無所不用其極的手段來[illegible]到[illegible]的目的，因此我們只有更堅定抗戰到底的決心，[illegible]定[illegible]粉碎[illegible]的意志，日[illegible]打到鴨綠江邊。國民公報社評題爲「粉碎汪逆賣國陰謀」結論謂：那些英法美蘇諸友邦的政治家們！一手執着汪逆的賣身契約發出號喊，我們可以想像蘇聯人士對到反共防共的原則一二三四諸項的反感，英美[illegible]他們獨佔的貿易如何的[illegible]，密約中以開放一小部份長江[illegible]餌引英國，顯局亦[illegible]算無據。

10，联银制度，及上项相关之制度，在有存续必要之期间。“中央政府”予以所要之助成。

11，暂时规征华北政务委员会与“中央政府”间之主要事项：

一、华北“政务委员会”，为支付所要经济，而采取确保必要收入措置，因是之故，关税、盐税、间统税原则上虽为中央税收，关税收入剩余之一定比例，与盐税收入剩余及统税，暂时属于华北“政务委员会”，又对于上述国税征税机关之监督，由“中央政府”委于华北“政务委员会”在某种秩序有起债权。

## “共同防共”即亡国灭种

二、官有财产仍照现属于“华北政务委员会”，逐渐调整。

三、海关、邮政、及航空，应置于“中央政府”管理之下，然此等现状之改变，应逐渐行之。

四、陇海路之管理与运输，属于“华北政务委员会”。

五，除特任官外，所属官吏之人事权，属于“华北政务委员会”。

六、对第三国之外交交涉，由“中央政府”与日“满”间随地方之处理而发生之交涉，由“华北政务委员会”行之，①第三国与维新政府之关系调查［整］要领。

（一）一方尊重“维新政府”之立场，而防止其动摇，同样诱导其融合而归于“中央政府”，使其在“中央政府”成立之前处理政务。

（二）“中央政府”成立后，至［虽］使“维新政府”谅解而不设置“政务委员会”等，然关于其主要人物之体面与地位，汪方应考虑及之。

（三）“中央政府”成立，而“维新政府”解消之时，中央政府暂时继承既成事实，以图政务移行之圆满，勿使人心有所不安。

## “经济提携”操纵中国经济命脉

（四）在扬子江下流地带，为实现中国经济之强度结合起见，日本之特别要求如左：

一，关于新上海，关于新上海建设之势［协］力事项。

二，关于在新上海所置之日本军驻屯而发生事务之处理。

三，关于在新上海所措置之航空、主要海运、扬子江水运及通信之事项。

四，关于其他一般日支协力而在新上海所处理之事项、为使上述日本方面之要求容易实现起见，请求设置日支经济协议机关等所要之措置。

## 其次与“蒙古政府”之关系调整要件：

（一）本要领所称之蒙疆大体上指内长城线包括在内以北之地域而言。

（二）长城蒙疆在国防上、经济上、为日支“满”三国强度

① 此处应另起一段，现按报纸原文排版。

# 汪逆精衛與敵寇簽訂賣國秘密條約

## 敵寇漢奸陰謀總暴露

【香港廿二日電】汪逆與敵方於去年十二月卅日所簽訂之賣國協定，共總題目為「日支新關係調整要綱」，茲特將全文照錄如下：

（「日支新關係調整要綱」此件及附件係十一月五日影佐在六三園交周佛海、梅思平，十二月卅日在滬簽字，嗣由×××攜日。高宗武記）

第一，要項（一）日滿兩國政府以附件一所載調整日支新關係之原則為準據，調整兩國之新國交。

（二）承此事變中新國交復以前之既成事實之存在，……之許可以前除……之原則為準據，逐次調整之。

（三）承此事變繼續中其於必然之要求而起之特殊事態之存續，……特殊事態……之演乃至事變之……決，日支……關係之原則為準據逐次調整之。

（四）對於前列二項，……行研究之附件一。關於日支新關係之原則，日支滿三國在建設東亞新秩序之理想之下，相互善鄰而結合以東亞和平之樞立為共同之目標，其基礎之事項記如左：

1，以互惠為原則而日支滿三國一般發現為共善鄰友好，共同防共，經濟提攜等。

2，華北及蒙疆在國防上並經濟上設置日支強度之結合地帶，在蒙疆方面除前項之外，因防共之關係特別設定軍事上及政治上之特殊地位。

3，在揚子江下流地域設定經濟上日支強度結合地帶。

4，在華南沿海特定之島嶼設定特殊地位。

（五）關於右列諸項之具體事項之附件二：

第一，關於善鄰友好之事項，日支滿三國為相互尊重其特質，並……相提攜以確立東亞之和平，而舉善鄰友好之實求互助，及友好之保提手段：

1，中國承認滿洲帝國，日本及滿洲尊重中國之領土及主權，日支滿三國修正新國交。

2、日支滿三國撤廢一切政治、外交、教育、宣傳、交易等足以破壞相互友好之措施設計，將來亦禁絕之。

3、日支滿實行以相互提攜為原則之外交，對於第三國之關係採取協調……之一切措置。（此處電碼不明）

4、日支滿三國……協力於文化之融合及發展。

……日支滿派遣……所要之顧問於新中央政府……以協助新建設。特別在強度結合地帶及其他特殊地帶內之所要……關係……顧問職員。

……隨日支滿……關係之具體實現，日本逐漸考慮租界及治外法權等之交還。

第二，關於共同防衛之原則之事項，日支滿三國協同防共並協力共同治安之維持。

1、日支滿三國各在其域內剿除共產份子及其組織，並提攜協力防共之情報宣傳等。

2、日支共同防共之所行係達此目的，日本將所要之軍隊駐屯於華北及蒙疆之要地。

3另行締結日支防共軍事同盟。

4、第二項以外之軍隊視全部及局部之形勢，如同當時從速撤退，但現在於華北及長江下流之軍隊，當繼續駐屯至治安確立為止。為共同維持治安起見，日本經常駐部隊於在長江沿岸之特定地點及華南特定島嶼駐屯……泊。

5、日本對於駐兵地域內所在之鐵路、航空、通訊及主要港灣水路，……權及監督權。

6 中國在日本駐屯區域內之警察及軍隊等……設施，……治安及國防上必要之最大程度為限，日本對於中方面以必要之援助。

國軍隊警察隊之建設，由日方……共……設法加其……以安定共民利而合理。

給協力行之。

第三，關於經濟……政……之確立，日本予以所要之援助，乃至協力全國……

提攜原則之事項……日支滿三國為互助……及互同防衛援助。

……之實行，關於產業……經濟等……有相通之實現……以共同互惠為主……。

1，日支滿三國對於資源之開發……關稅交易，航空通通訊，鐵道……等為實現上述之主……及以下各……之要……協……結所要之……定。

2，華北蒙疆之……共對於埋藏資源之開發與利用……特別之便利，而在其他之地……關於特定資源之開發利用……由經濟結合之……亦與以必要之便利。

3，對於一般之產業，日本予中國方面以必要之援助。

## 「善鄰友好」實係要中國投降日寇

日支新關係調整政務委員會之權限……等具體上……事項……

（一）本要綱所謂之華北，大體上由長城南北（包括河北、山西、山東省之）南之河北省……之……河南省而言。

（三）……於華北……在滿洲國……在國……上經濟上的……結合……之特殊性……

（四）關於華北……新關係……之原則，為對……方的……北政務……日滿之……設置「華北……員會」。

（五）「華北政務委員會」之權限，在「日本新……」「中央政府」……成立……中央政府……前，由汪王大決定……之。

6，關於日滿……及華北間物資……合理化事項……理。

7，關於日滿……及華北間之通貨及匯兌，協力……事項之處理。

8，關於航空……鐵道、通訊及主要……之日支協力……事項之處理。

……在此以前……應以行……為限，為目標，臨時政府之名稱，及新……由「華北政務委員會」承……時……事實，以……政務移行之時不使人心有所不安。

1，關於隨日本軍駐屯而發生事項之處理。

2，關於日支防共治安協力所要事項之處理。

3，關於其它日支軍隊協力之處理。

……關於經濟……提攜，尤其……開發……日「滿」華北間……之……給。

5，對於日本……關於埋藏資源之開發，與利用……

## 「共同防共」即亡國滅種

二、官有財產……「滿」……關隨地方之處理而發生之交涉，仍照現屬於「華北政務委員會」，逐漸調整。

三、……關、郵政、及航空，應……於「中央政府」管理之下，……此等現狀之改變，……逐漸行之。

四、……關……鐵路之管理及運輸，……於華北政務委員會。

五、……特任官……外，所屬官吏之人事權，屬於「華北政務委員會」。

六、對於第三國之外交交涉，由「中央政府」與日……

（一）……方……重……「新政府」之立場，而防……其勸……同樣……其……合……「中央政府」……於「中央政府」，使其在「中央政府」成立之……處理政務。

（二）「中央政府」……府」立後，……使「維新政府」……「政務委員會」等，……關於……

9，關於採用……日本人顧問及……人……員……事項……之處理）

10，……關之制……及上項……予以……之……間。「中央政府」予以所要之助成。

11，……時規……與「中央政府」間……華北政務委員會之主要事項：

一、……華北「政務委員會」，為支付所……經濟，而採取確保必要收入……之……，因是之故，關稅……統稅、……原則上雖為中央稅收，……關稅收入……剩餘之一定比例，……由……稅收入……於華北「政務委員會」……又對於上述國稅……「中央政府」委……「政務委員……起信權。

（三）「中央政府」……府」成立，而「維新政府」解消之時，中央政府……新政府……承……成事實，以……政務……行之……勿使人心有所不安。

## 「經濟提攜」操縱中國經濟命脈

四、在揚子江下流地帶，為實現中國……經濟之……結合起見，日本：

一、關於新上海……之特別要求如……

二、關於在新上海……之勢力事項。

三、……關於在新上海所價值之日本軍駐屯而發生事……之處理。

三、關於在新上海所指……之航空、主要……運、揚子江水運及通信之事項。

四、關於其他一般日支……力而在新上海所處理之事項，……使上述日本方面之要求容易實現起見，……請求……日……經濟協……提攜……等要之措置。

……共……與「蒙古……府」之關係……調整……要件：

（一）本要綱所稱之蒙疆，大體上指內長城……包括在內以北之地域而言。

（二）長城……在國防上，經濟上……

……日本……「蒙古……與……」三……中央政治會議……關於外……交（日滿支交涉……外）以外之行政……方承……立……、而法……軍事反對外……之事……以既成事……之……為……承……共有……的自治而……之防共自治區域。

（三）為……定「蒙古聯合自治政府」與「新中央政府」……之關係，在召開「中央政治會議」以前，於汪精……或其代表之會……中，……文書……規定……各項……「中央政府」……「承認「蒙古聯合自治政府」之高度防共」自治之既成事實，……關於……政權之關係，……協……在「新中央政府」成立後，……另行協定之。

（四）前……之……成立之時，由「蒙古聯合自治政府」……

……關係：

（一）……日本軍事……行政組織……建軍……在……南……「中央政府」……之……特定島嶼中，……之特……地位。……事項……處理左記要……事項

（一）……駐日本軍駐屯而發生之事項

（二）關於日……軍事……治安協定之事項。

（三）關於國防上必要……特定……資源之開發及利……事源

（四）關於航空……通訊……事項……包括……自……之事項……內……自動……

### 汪逆與敵人簽定密約後

# 重慶各報發表評論

【重慶廿三日電】汪逆賣國密約被揭穿後，此間各界民眾無不切齒憤恨，今晨本市各報咸以評論：新華日報之社論為「全國同胞起來反對汪逆賣國密約」，謂：現在中國人面前只有兩條路：一條就是堅持抗戰到底，中國人民的道路，一條就是對日投降的道路，中國民族……死路，中間道路是沒有的，……兩旦也不可能有的。中央日報社論……此密約不僅排斥第三國的企圖，特別削近……明的抽象原則加以具體化而已。時事新報社論題為「和平招……從此破碎」謂：中國在目前決……有「和平」可言……，企圖滅亡中國……幻想，……是迅……萬變，但無……不用共……手段來達到……的目的，因此我們只有更堅定抗戰到底……決心，日……打到鴨綠江……底的……志，……定……作戰……的……。國民公報社論題為「粉碎汪逆賣國陰謀」，結論謂：那些英法美蘇……友邦的政治……們！一手執……汪逆……賣身契約發出……，我們可以想像蘇聯人士……到民族……共的原則一二三四……項的……，……獨佔的野心……如何的……滑……密約中以開放一小部份長江……師引美國，……局亦……無遺。

# 青島漢奸會議已經開始

汪王等逆均參加

【海通社上海二十四日電】於星期三在青島開始舉行之會議，其目的在於準備建立「中國新中央政府」之初步條件。參加該會議者有汪逆精衛，王逆克敏，梁逆鴻志……，會議之議事日程中包括組織「新中央政治委員會」之若干提議。

# 更正啟事

本月二十四日本報所載「陳長捷王靖國公開叛國降敵」電文內，六十一軍之誤，特此更正。敬希讀者注意。

本報編輯部啟

结合地带之特殊性，关于外交（日满支交涉除外）以外之行政、立法、司法与军事反对外蒙古干涉，以既成事实之基础，承认其有广泛的自治而为高度之防共自治区域。

（三）为确定“蒙古联合自治政府”与“新中央政府”之关系，在召开“中央政治会议”以前，于汪精卫或其代表之会见中，以文书约定左记各项——“中央政府”承认“蒙古联合自治政府”之高度“防共”自治之既成事实，关于调整两政权之关系，根据谅解，在“新中央政府”成立后，另行协定之。

（四）前项之谅解成立之时，由“蒙古联合自治政府”派代表出席“中央政治会议”议论，顷谅解范围以外之事件，[1]厦门汪方承认厦门为特别行政之事实，华南沿海特定岛屿中，在海南设置“中央政府”直辖之属地的行政组织，建军军事处理机关□□之特殊地位，使其处理左记要求事项关系：

（一）随日本军驻屯而发生之事项。

（二）关于日支军事治安协定之事项。

（三）关于国防上必要的特定资项［源］之开发及利用事源［项］。

（四）关于航空、通讯、及海运之事项[2]备考（本要领包括来日中国之内政问题并自动措置之事项）。

① 此处开始应另起一段，现按报纸原文排版。

② 同注①。

# 汪逆精衛與敵寇

# 簽訂賣國秘密條約

## 敵寇漢奸陰謀總暴露

【香港廿二日電】汪逆與敵方於去年十二月卅日所簽訂之賣國協定，共總題目爲「日支新關係調整要綱」，茲特將全文照錄如下：

（「日支新關係調整要綱」此件及附件係十一月五日影佐在六三園交周佛海、梅思平，十二月卅日在滬簽字，嗣由×××攜日，高宗武述）

附件一 所載調整日支新關係之原則

第一、要項（一）日滿兩國政府以相互提攜爲基礎，之外交，對於第三國之關係採取協同反共之一切措置。

（二）承認事變中新國交恢復以前既成事實之存在，之許可以前條之原則爲準據，逐次調整之。

（三）承認事變繼續中所必然之要求所起之特殊事態之存續，特殊事態隨之演乃至事變之解決，關於日支調整之原則爲準據，逐次調整之。

（四）對於前列二項所行研究之附件一。關於日支新關係之原則，日支滿三國在建設東亞新秩序理想之下，相互善鄰而結合以東洋和平之樞軸爲共同之目標，其基礎之事項記如左：

1，以互惠爲原則而日支滿三國一般發現爲共善鄰友好，共同防共，經濟提攜等。

2，華北及蒙疆在國防上並經濟上設置日支強度之結合地帶，在蒙疆地方則除前項之外，因防共之關係特別設定軍事上及政治上之特殊地位。

3，在揚子江下流地域設定經濟上日支強度結合地帶。

4，在華南沿海特定之島嶼設定特殊地位。

（五）關於右列諸項之具體事項之附件二：

第一，關於善鄰友好之事項，日支滿三國爲相互尊重其固有之特質，並相提攜以確立東亞之和平，而舉善鄰友好之實求互助及友好之促進手段：

1，中國承認滿洲帝國，日本及滿洲尊重中國之領土及主權，日支滿三國修正新國交。

2，日支滿三國撤廢一切足以破壞相互友好之措施，教育、宣傳、交易等足以破壞相互友好之措施，將來亦禁絕之。

3、日支滿實行以相互提攜爲基礎之外交，對於第三國之關係採取協同反共之一切措置。（此處電碼不明）

、日支滿三國協力於文化之融合創造及發展。

、日支滿派遣所要之顧問於新中央政府以協助新軍事特別在蒙疆結合地帶及其他特定地域內之顧問關係。

、隨日支滿現關係之具體實現，日本逐漸考慮其治外法權等之交還。

第二，關於共同防衛之原則之事項，日支滿三國協同防共並協力共同治安之維持。

1，日支滿三國各在其城內剷除共產份子及其組織，並提攜協力防共之情報宣傳等。

2，日支共同防共之實行，日本將所要之軍隊駐屯於華北及蒙疆之要地。

3，另行締結日支防共軍事同盟。

、第二項以外之軍隊視全部及局勢如何，當儘量從速撤退，但保障現在華北及長江下流之軍隊，當繼續駐屯至治安確立為止。爲共同維持治安起見，日本艦船部隊在長江沿岸特定地點及華南特定島嶼駐屯。

5，日本對於駐屯地域內所在之鐵路、航空、通訊及主要港灣水路之軍事上要求權及監督權。

6，中國在日本駐屯地域內之警察及軍隊等，其設施應與國防上必要之最大程度，日本對於中國軍隊之建設，由日方派遣顧問協助，應與日方治安及國防上必要之最大程度，日本予中國之援助。

第三，關於經濟提携原則之事項，日支滿三國爲互相協助，日本予以所要之援助，及共同防衛之實行，關於產業經濟等×××，以互惠爲主旨。

1，日支滿三國對於資源之開發、關稅交易、航空、交通通訊、氣象測量等，實現上述之主旨及以下各項之要綱。

2，華北蒙疆之特定資源，共對於國防上所要之埋藏資源之開發與利用，中國由於共同防衛及經濟結合之見地，應與日本以特別之便利，即在其他之地域關於特定資源之開發利用，由經濟結合之見地，亦與以必要之便利。

3，對於一般產業，日本予中國以必要之援助。

4，有相通之旨趣，關於產業，關於日支滿三國之合理化事項，以關稅及關制度等，以調整並應用妥當之關稅，以共同互惠爲主，日支滿間一般×××，對於日支滿間×××協助。

5，關於交通、揚子江之水運及華北之鐵道，包括中國沿海之主要港灣，日支間及中國沿海之航空之發達，華北及揚子江下流之通，日本將協力合理化。

6，關於日滿華北間物資之通行，特殊便利事項之處理。

7，日支協力建設新上海。

（善鄰友好）實係要中國投降日寇

第三，關於經濟提攜之事項，日本予以所要之援助，乃至協力全國國民在華所受之利益之損失。

一，新中央政府之設新上海。

二，新中央政府成立在日本新國交修復，以前對於作戰有關係之一切要事項應與日本商議協議。

8，關於華北日本所要之一切通訊及航空等，協力合理化事項。

9，關於採用日本人顧問及技術人員事項（技術人員之處理）。

10，關於限制之事項及上項之處理，府在有必要時之事項，以所要之助予以所要之援助。

11，暫時規定「華北政務委員會」與「中央政府」間之主要事項：

一、華北「政務委員會」，爲支付所要經濟，而採取確保必要收入措施，因是之故，關稅、鹽稅、關統稅、統稅原則上雖爲中央稅收，關稅收入剩餘之一定比例，與鹽稅收入剩餘及統稅，暫時屬於華北「政務委員會」。

北「政務委員會」之監督，由「中央政府」委於華北「政務委員會」在特殊秩序有起見。

（四）關於華北，日支新關係調整要綱（一）本要綱所謂華北，大體上爲長城以南（包括山西、山東省之河北省在內）由黃河以北之地區。

（二）華北之政治上的特性，根據日支新關係之原則，爲對日滿之地方的處理，在國防上經濟上的強度結合之特殊性，設置「華北政務委員會」。

（三）關於華北之經濟之特殊地位，在日滿兩國之「日支新關係」正常化之時，即以華北「政務委員會」之權限。

（五）「華北政務委員會」之權限，由「中央政府」委任之。

5，關於交通、航空、通訊及鐵道等事項，由華北政務委員會管理。

6，關於日滿華北間物資之合理化事項。

7，關於日滿華北間之通貨及匯兌，協力之處理。

等，具體上，華北政務委員會之權限，於「中央政府」成立之前，由汪主席決定，「中央政治會議」決定之。

在此以前，應以所限之華北政務委員會，雖以臨時政府之名稱，及新政府成立以前，暫時承認既成事實，以「華北政務委員會」行之時不使人心有所不安。

1，關於隨日本軍駐屯而發生事項之處理。

2，關於日支防共治安協力所要事項之處理。

3，關於共它日支軍隊協力之處理。

，關於經濟提攜，尤共是重要資源之開發，自「滿」、華北間之經濟事項之處理。

5，對於日本之關於地下資源之開發，與利調而供給之之供給。

## 「共同防共」即亡國滅種

二、官有財產，「滿」、「關係地方」之處理而發生之交涉，仍照現屬於「華北政務委員會」，逐由華北政務委員會行之，第三國與新政府之關係調查要領。

三、航空、郵政、及航空，應由「中央政府」管理之下，此等現狀之改變，逐漸行之。

四、關於鐵路之管理與運輸，屬於華北政務委員會。

五、外，所屬官吏之人事權，屬於「華北政務委員會」。

六、對第三國之外交交涉，由「中央政府」與日本交涉。

（一）方針宜「新政府」之立場，而防止其動搖，同樣講求其適合而歸於「中央政府」，使其在「中央政府」成立之前處理政務。

（二）「中央政府」立後，使「新政府」「政務委員會」，關於……

一、關於新上海之特別要求如左：

二、關於在新上海建設之勢力事項。

三、關於在新上海所留之日本軍駐屯而發生事務之處理。

三、關於在新上海所指派之航空、主要港灣、揚子江水運及通信之事項。

四、關於其他一般日支協力而在新上海所處理之事項，俾使上述日本方面之要求容易實現起見，請求之經濟協議機關日本要之措置。

共與「蒙古政府」之關係調整要件：

（一）本要領所謂蒙疆，大體上指內長城線包括在內以北之地域而言。

（二）長城線上，在國……

## 「經濟提攜」操縱中國經濟命脈

（四）在揚子江下流地帶，爲實現中國經濟之緊張結合起見，日本……

中央政府派遣……

9、日「滿」三國代表出席「中央政治會議」，關於外交，歸於外交，須協議「國策」之特殊性，綜合地方之……

（日滿支交涉以外）之行政事務……之外之事件，專門爲特別行政之事實，對外蒙古干涉，以既成事實之基礎，承共有廣泛之自治而爲高度之防共自治區域。

（三）爲確定「聯合自治政府」之關係，在召開「新中央政府」與「聯合自治政府」之前，於汪精衛或以「中央政治會議」共代表之會見中，文書確定左記各項：「承認「蒙古聯合自治政府」之高度防共」自治之既成事實，關於政權之關係，在「新中央政府」成立後，另行協定之。

（四）前述之協定，成立之時，由「蒙古聯合自治政府」之事項。

在南京設置「中央政府」直轄之行政組織，建軍事機關之特殊地位，使處理左記事項關係：

（一）隨日本軍駐屯而發生之事項。

（二）關於日支治安協定之事項。

（三）關於國防上必要特定資源之開發及利用。

（四）關於航空、通訊、及其他事項備考（本要領包括來日之內政問題並自動措置）。

汪逆與敵人簽定密約後

# 重慶各報發表評論

【重慶廿三日電】汪逆賣國密約被揭露後，此間各界民衆無不切齒憤恨，今晨本市各報咸以評論：新華日報之社論爲「全國同胞起來反對汪逆賣國密約」謂：現在中國人面前只有兩條路：一就是堅持抗戰到底，中國人民的道路，一條就是對敵投降的道路，中國民族的死路，中間道路是沒有的，而且也不可能有的。中央日報社論謂此密約不僅排斥第三國的企圖，特別所謂近衛聲明的抽象原則加以具體化而已。時事新報社論題爲「和平招牌從此破碎」謂：中國在目前決沒有「和平」可言，企圖滅亡中國的幻想，雖是迅速萬變，但無論不用其麼手段來達到它的目的，因此我們只有更堅定抗戰到底的意志，確定「汪逆」賣國的決心，日寇打到鴨綠江邊。國民公報社評題爲「粉碎汪逆賣國陰謀」結論謂：那些英法美蘇等友邦的政治家們，一手執着汪逆的賣身契約發出警號，我們可以想像蘇聯人士對到反共防共的原則一二三四諸項的反響，經濟日寇獨佔的野心如何的存着密約中以開放一小部份揚子江航行引英國，騙局亦終將無遺。

青島漢奸會議
# 已經開始
汪王等逆均參加

【海通社上海二十四日電】於星期三在青島開始舉行之會議，其目的在於準備建立「中國新中央政府」之初步條件。參加該會議者有汪逆精衛，王逆克敏，梁逆鴻志，會議之議事日程中包括組織「新中央政治委員會」之若干提議。

# 更正啓事

本報二十四日本報所載「陳長捷王靖國公開叛國降敵」電文內，六十五軍係六十一軍之誤，特此更正。敬希讀者注意。

本報編輯部啓

敵誣我「欲炸美大使」
我外部嚴斥敵讕言
滬美領館亦加否認



## 敌诬我“欲炸美大使”
## 我外部严斥敌谰言
## 沪美领馆亦加否认

**【重庆二十七电】**我外交部发言人谈，沪日陆军发出消息谓，“中国方面拟炸沉美大使詹森赴汉之炮舰，造成日美关系之危机。”实为无根据之谰言，是否另有阴谋，虽不可知，然英大使许阁森之受伤，实可为前车之鉴。

**【上海二十六日路电】**美沪领事馆当局谓日陆军之谰言荒谬已极，并谓日公布此说的目的，站在利用美日商约到期之时，对美示威。按詹森已于昨午离南京赴汉，渠在南京仅留一晚。

# 朱彭總副司令電請陳誠部長赴華北視察

## 以明瞭八路軍堅持敵後苦戰真象 消滅毀誣八路軍「游而不擊」之讕言

重慶軍事委員會政治部陳部長辭修先生勛鑒：久未通候，遙想勛業日隆，指揮若定，為頌且慰。惟有略者，近據報告，先生在韶關演說，有謂八路軍游而不擊，延安無一傷兵，就是證據等語。竊思此等污蔑之詞，汪精衛昔曾出之，先生反汪者，諒不出此。惟敵軍將士一聞此詞，頗多信以為真，未免發生憤激之感。又處敵軍處在抗戰最前線，後方袞袞諸公，相距雖明，而奸人製造情報，挑撥離間，無所不為，雖以影響及於賢者。北上諸公，圖亦止步中原，未到華北。積此種種，以致前線將士之千辛萬苦，未獲慰安，反來彈劾，往往有之。葉青張君勵之流則為其惡意宣傳，彼誣惟恐不盡，事之反常，殆可為痛哭流涕長太息者，蓋不知凡幾也。所謂韶關演說，雖屬傳聞之詞，然敵軍所相，則斷乎不可不白。因此，敬請先生大駕蒞臨西北，因恐敵軍防線，究竟傷亡幾人，俘獲幾事，中地幾里，攻戰幾回，均可一覽瞭然，而俾等復得親承指教，裨益抗戰更非淺鮮。事關抗戰前途，未敢緘默，是否有當，敬候卓裁示覆，不勝翹企。弟朱德彭德懷叩寅

# 汪逆賣國密約暴露後 各方紛紛聲討

自汪逆與敵簽訂之賣國密約暴露以來，全國各地各軍各界各團體，均紛紛通電聲討，反對汪逆之無恥賣國罪行，茲將已收得之電文，擇要發表如下：

【某地廿七日電】第×戰區司令長官李宗仁廿七日通電討汪。稱：汪逆益肆奸謀，變本加厲，近復與日方訂「日支新關係要綱」之賣國約，直欲將國家之一切民族利益一概付之敵人，淪全國人民世代子孫永為敵人奴隸牛馬。此種認賊作父，甘就毀滅之舉，實古今罕聞，人類之大辱。與一人作賊，舉族深危，慶父不去，魯難未已。」

【洛陽廿六日電】第×戰區衛司令長官通電討汪，稱汪逆「甘心賣國，凡鋼像，恣搶，張邦昌所不敢為者，汪逆為之無愧色」。汪逆賣國密約，只汪逆個人賣身契，吾人決捍衛祖國，堅持抗戰到底。

【成都廿七日電】川康參會，以汪賣國與敵擬訂密約，天良泯滅，罪不容誅，廿七日特通電聲討。

【西安廿六日電】陝西參議會第二次大會，廿六日舉行第二次會議，經一致議決，代表全陝民眾通電全國，對汪逆與敵所簽訂賣國協定聲討，並電請中央政府嚴緝歸辦。

【成都廿七日電】本市新聞記者協會，以汪逆與日寇私訂密約，終賣祖國，廿七日特電聲討。

# 汪逆祕書長默認 簽訂賣國密約

根據香港廿五日電滬訊，汪逆賣國條約被高、陶揭露後，其機關報中華日報猶圖狡辯，廿三日汪逆祕書長陳春圃發表談話，謂「高、陶發表之文件只是日方提案。」此實證明兩有默認汪逆曾作傀儡共事，對已於十二月卅日簽字一節亦未加否認，即無異為敵效忠，為國家民族之罪人，罪惡滔天。

# 敵誣我「欲炸美大使」 我外部嚴斥敵讕言

## 滬美領館亦加否認

【重慶廿七電】我外部發言人談，滬日軍發出消息謂，「中國方面擬炸沉美大使詹森赴漢之砲艇，造成日美關係之危機。」實為無根據之謠言，是否另有陰謀，雖不可知，然英大使許閣森之受傷，實可為前車之鑒。

【上海廿六日路透電】美滬領事館當局謂日陸軍之謂言荒謬已極，並謂日公佈此說的目的，站在利用美日商約到期之時，對美示威。按詹森已於昨午離南京赴漢，現在南京僅留一隊。

# 中蘇文協舉行茶會 歡迎蘇大使夫人

## 中蘇婦女歡聚一堂

【重慶廿七日電】本日中蘇文化協會邀請渝各界婦女，舉行歡迎蘇大使潘友新夫人及蘇方旅渝女士茶會，到蘇大使夫人等十餘人及各界婦女代表百餘人，首由邵力子夫人傅學文主席致詞，繼由曹孟君報告中國婦女參加抗戰建國工作情形，然後由蘇大使夫人答詞，塔斯社社長夫人及劉清揚唐國楨等演講，最後舉行餘興，由中蘇雙方士女界唱兩國國歌及中蘇名曲，會畢盡歡而散。

# 冀西漢奸侯如墉 竟率部投降敵寇

## 新華報華北版揭露其投降經過

【新華社華北一月廿三日電】（遲到）一月二十一日新華日報華北版，在「頑固反共必然一路如何投奔敵寇」之大字標題上，登載一篇內容說：「軍事委員會別動總隊華北游擊挺進第四縱隊司令侯如墉，原係隱藏在抗戰陣營中的汪逆餘孽；所屬隊伍，係由土匪與偽軍改編。而侯在冀西一帶專門擾害抗日政權，破壞民眾救亡運動，煽動會門、勾結土匪，橫征暴斂，魚肉鄉民，人民無不苦其苦。且污蔑抗戰領袖，禁印抗戰書籍，大肆宣傳擁護反共主張「和平」等荒謬言論。肆意屠殺八路軍共產黨員，破壞抗戰團結。削弱抗戰力量，作敵寇滅亡中國之內應。二年來在日本特務機關秘密指示之下，造成無數次親痛仇快的流血慘案。其大者，如去年五月間的晉東政變，十二月中旬的沙河邯井慘案等。去年八月間與敵寇團之實里，亦保僚侯如墉與張蔭梧勾通一氣，日寇直接指示，使之下所撤成。侯如墉的漢奸面目，近復更加暴露，偽與合日寇進攻抗日軍，摧毀抗日根據地，侯逆於本月十二日向駐地費里地之范部進攻。在范部打擊之下，侯逆竟不顧作日寇傀儡，而間於本月十五日率部百餘人向鐵路線直接投入日寇懷抱中。▲▲

# 邊區各縣民眾 熱烈參加擴軍運動 踴躍繳納救國公糧

（本報訊）自邊區第二次參議代表大會，議決在三月內完成擴大三千五百名新戰士參加八路軍，並號召全邊區完成五萬石救國公糧（廿八年度），以鞏固河防，保衛邊區，保衛西北。現各縣正在熱烈動員中，民眾皆積極擁護和響應這兩個偉大的決議與號召，特將各縣情形分誌於後：

截至一月十八日止，邊府已接到之書面報告者，有延安縣，延長縣，延安市，延川縣，安塞縣，安定縣，靖邊縣，志丹縣，甘泉縣等。

已完成征收公糧之數目字者，有延安市，原定收一百八十石，於十七號前便超過完成二百廿石，延長縣城市原定八十石，於十一號便超過完成八十一石〇一斗。延安縣六區三鄉工會主任張登德在鄉政府會議上自動提出繳公糧一石四斗，並動員一個壯丁當兵，這個隊部在群眾中起了模範作用，又六區三鄉安成德是殘廢，並且家庭很困難，他自動的繳公糧二斗，又三區三鄉李茂，家有三十餘人，有勞動力十餘人，有大牛四頭，驢四頭，羊一百餘隻，其他收入很大，他繳納公糧廿石。又二鄉王忠（富農）家有三十餘人，有勞動力七人，大牛四頭，驢四頭，羊一百餘隻，其他收入很大，他繳了公糧十三石，又城市商人周□□商人，也在該城第一次繳了公糧七石九斗，又城市溫全海，原先是免收，但他繳了邊區所需的環境與征公糧的重要意義後，亦自動繳納公糧二斗。又二區一鄉高鴻生，家有十餘人，有勞動四名，糧食很多，繳納了公糧十八石，該縣估計在一月十五號可完成四千石之數；十五號前三十號全部入倉完畢，並保證全部最好的細根，個別以錢折價，以五元折一斗計算之。當地市糧的規定。

關於擴軍動員，延長準備一月十五以後，一面收糧入倉，一面動員新戰士，延安市現正加緊對自衛軍少先隊的訓練，並已在動員入伍中，惟安定縣在第一次區縣幹部動員會上未分配各區應動員新戰士的數目，準備收集公糧後，再開會分配。其他已有數目，其告之各縣，均在一次會議上，同時分配了動員新戰士之數目字。

延長縣十二月廿三開會佈置工作，征糧擴兵，同時進行，原定征收細糧四千石，已超過完成四千〇六十餘石。原定擴兵一百名，已超過完成集中到縣上的一五十名。縣因已超過五十名，故決定再募十名堅定純潔年輕力壯的補充邊府警衛大隊。並準備的超過的數目，達□許多鄉已完成，有□□而仍想回原地。

軍事順利，多數大家庭中動員的，一般群眾，非常熱烈，認為是極公平的，而大家庭也自動的公推壯丁當兵。延安縣一月二號開會佈置工作，首先集中力量征收，然後集中力量擴兵。征收分宣傳、調查、征收三步驟。現在已在進行征收。估計五天內全部可完成，預計今年後，再集中新兵，該縣征兵工作，南區，許多鄉已完成，有先恐後的爭着迅速完成任務。如南區三鄉長在縣開過會議回去後，等到區上召集開會時，他已完成任務大部，但也有個別幹部悲觀、消極，或甚至病及觀念不正等。又×鄉支書及×鄉鋤奸主任，包庇人少出糧。同時也有個別區發生攤派不公平等現象。縣政府已派人去糾正。新兵進之家，而擔負加重，無法生活，而仍想回原地。

# 邊區各工廠工友發起 出版「中國工人」

## 創刊號將於「二七」出版

【本市訊】自「中國青年」等什誌出版後，邊區各地先進工友，職工幹部及一切關心職工運動的人士，均認為有出版「中國工人」的必要。特別是邊區各工廠的工友，要求得更為迫切，如邊區印刷廠已將什誌封面設計完竣，組織「中國工人」出版籌備會等，難民工廠的工友，決定抽出文化教育費百分之一，來補助「中國工人」出版，邊區總工會亦擬月捐助一百元，作為「中國工人」印刷紙張之費用。中共中央負責同志對「中國工人」的出版，亦頗贊助。對於該刊之出版，聞已於本月十五日正式開會討論，鄧發、張浩等同志亦被邀參加，正式組織出版委員會，創刊號定於「二七」出版。

# 八路軍少校營長 曾慶雲同志略歷

## ——廿八年十月二日於華北前線被頑固份子殺害——

【本報訊】曾慶雲同志，八路軍少校營長，二十八年十月二日因奉命到深源靈邱之敵，中途為山西第十區保安司令白志沂所殺害，（詳情已誌去年十一月廿五日本報）曾慶雲同志為四川利川人，家道貧困，幼年為人牧牛為生，並為人作工多年，一九三二年加入中國共產黨，多少年來在艱苦的鬥爭中，隨處表現他勇敢堅決，忠誠坦白，克苦耐勞，不怕犧牲，他因參加戰鬥而受傷，前後凡五次之多，其中尤以平型關車站戰鬥負傷最重，致右手受傷，成為殘疾，曾同志過去在紅軍中曾擔任過班長、排長、連長、團長，抗戰發動，曾慶雲同志擔任了八路軍營長，無數次與敵人搏鬥，總以機智勝人而獲得了戰鬥的勝利，如□武一役，曾以少數兵力，燒燬敵人運輸汽車十二輛，曾慶雲同志對民族國家如此之忠誠，但不幸為頑固份子所殺害。

於本月底結束征收公糧與擴兵工作。甘泉縣十二月廿九開會佈置工作，征收擴兵，同時進行，原定兩次征收公糧一千八百餘石，現已超過完成，並絕對大部份入倉，該縣因舉行第二次征糧所以有少數的群眾恐怕有第三次第四次之征收。原定擴兵五十名，現已集中到縣的二名，其餘准本月廿集中完畢。並擬月底結束征收擴軍工作。

擴到百分之廿。南區群眾說：今年征收公糧，比前三年要公平，最合理。有個黨員說：「公糧這成什麼問題，我還打算出一個人當兵哩。」南區有個十八人的游擊小組，在隊長領導之下，已準備全體入伍、食民習慣，經過年之半個月，不把倉中之糧食及財物拿出，只有從外進來，所以一經承擔了糧的，幹部立即爭先送倉了。

華池電十二月十三日開始進行第一次征收，同時佈置第二次征「擴軍」同時進行，十一號，新戰士三十名，現已經集中廿五名。三百石公糧已經過完成三〇五石，據說超過原計劃，廿五名新戰士，現已全部完成送交後二部隊。公糧在統計中，元城區原定三十五名新戰士，現已全數完成。

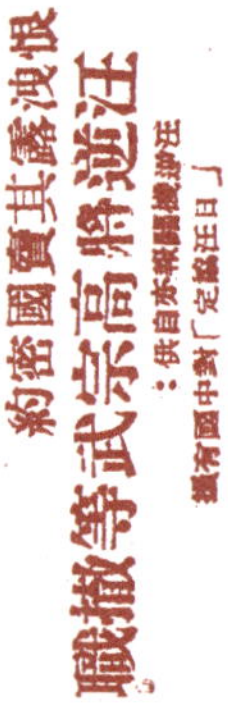


# 恨泄露其卖国密约<br>汪逆将高宗武等撤职

## 汪逆机关报亦自供<br>《汪日协定》对中国有损

**【香港三十日电】沪讯：**汪逆精卫以高宗武、陶希圣将其与日寇签订之卖国密约泄露，已将高、陶之伪中委职务解除。伪中央政务会议秘书长亦由周逆佛海代替因陈公博已离沪他去。此足证汪逆卖国密约确已为汪逆签字无疑。

**【上海三十日合众电】汪精卫机关报《中华日报》社评称：**吾方过去与日本谈判之条款，结果对中国确有损失，毋［毋］庸讳言。

三日國際

## 敵相宣佈施政方針
# 決堅持侵華政策
## 謀改善與英美等國關係
## 加强統制調整國內危機

【同盟社東京廿九日電】今日閣議決定米內首相在議會上所發表的一般施政演說之草稿。此次演說即代替新閣組織所發表之政綱政策，其內容要點如下：（一）當建國二千六百年時應使「高貴」的國體觀念更加旺暢並使其徹底化；（二）關於處理「中國事件」則承襲已經商定之不動方針，堅決的解決「中國事件」，完全支持與援助中國「新中央政府」之發生與成長；（三）外交方針正如組閣時所聲明者，承襲獨立的外交方針，調査日本與外國之關係。對歐戰之關係採取「中立」政策；（四）關於內政問題則置重心於下列四點：（一）充實軍備，（二）發揚國民精神，使國民各階層對戰時意識更加徹底；（三）發展經濟力量，擴充生產力，振興貿易，實行與促進中日「滿」的經濟計劃。加强日本本部的統制經濟並使其順利的進行（四）確保戰時國民生活之必需品。同時國民也應忍受困苦與物質的缺乏，認識戰時國民生活之艱苦，且協助政府處理「中國事件」。最後說明由於軍事費等之激增，明年度開始實行稅制修正案。

## 敵宣佈外交方針
### 扶植汪逆漢奸政權

【東京卅日同盟電】今日閣議決定有田在議會發表之外交之演說要點：一，闡明日本協助中國樹立新「中央政府」之基本方針；二，對蘇問題；三，防共協定問題；四，淺間丸事件；五，日美通商條約問題；六，關於中國之權益問題；七，與各國關係調整。

## 日本經濟極窘困
### 日軍閥瘋狂侵華戰爭 嚴重削弱了日本國力

【塔斯社莫斯科廿九日電】消息報在題爲「日本之經濟困難」之文中稱：日本軍隊在過去一年中不但沒有得到有決定意義的勝利，反而表演了許多軍事上的失敗。同時戰爭愈延長，日本的經濟則愈加惡化。最近，除了原料供給及貨幣流通的困難外，又增加了嚴重的糧食困難。米的問題以尖銳之形式發生，這是農業衰敗的鮮明表現。農業較其他國民經濟部門受了多年消耗戰更大的影響，在農村中因軍事動員使耕作者的數目大減。肥料的缺乏捐稅的增加以及束縛日本農民的高利貸增加了日本農村的困難。日本工業並不比農業好。工業工作自戰爭初起時，即因主要的原料缺乏受到限制。日軍佔領中國領土兩年半以來：使日本比以前任何時期更清楚的認識統治中國被佔領的省份，並不能幫助日本解決原料問題。日本現在與過去一樣的需要外國原料的輸入。目前形勢與第一次帝國主義大戰不同。以前日本從交戰國的訂貨中獲得巨大的利潤，日本政府積蓄了二十萬萬元金準備。但是現在日本工業所致力的是供給侵華軍隊之用，沒有力量向英法等交戰國招攬生意，抑且使日本對外貿易及財政地位惡化，因爲侵華戰爭使日本對軍事工業所需原料更爲需求。

## 米荒！饑饉！
# 敵農民大暴動
### 各地響應勢如燎原 敵兵出動拘捕鎮壓

【中央社香港廿九日電】敵國因各地米荒，連日採取壓迫手段，將農民少數存米依官價強迫收買，現已引起農民大暴動，其以福岡大阪佐賀等地最爲激烈。農民放火焚燒，損失重大。駐久留米敵兵全部出動鎮壓，捕獲農民甚多，但各地農民仍紛紛響應，勢如燎原。

【華盛頓廿八日合衆電】今年度日本食米甚感缺乏，故將向外國購米卅萬萬磅，此爲廿年來所未有。聞日本將向中國佔領區內購買及強徵食米，以補不足。

## 美國報紙
# 主對日採强硬態度
### 利用時機制服日本

【塔斯社紐約卅一日電】美國報紙□續討論日美關係，尤其關於禁止對日輸出貨物之□施問題。若干官方人士認爲美國已找到適當時機，以解決所有日美之懸案。因中日戰爭已消耗日本之資財。同時，歐洲戰爭使日本更加依賴美國之商業關係。此外此時機被認爲最爲適當者，因爲中國之抵抗仍爲猛烈，而美在太平洋之海軍力亦大爲增强。若干報紙認爲美國對日必須採取慎重政策，蓋日美關係之惡化將被英國利用以增强其在東亞之地位。

## 蘇聯全國熱烈
# 歡迎北極英雄
### 塞多夫號安返祖國

【塔斯社莫斯科廿九日電】塞多夫號及斯大林號破冰船今日抵曼斯克。各報紛紛著文論塞多夫號人員勝利英勇的潮流。眞理報之社論稱：塞多夫號人員歸來，已成爲英雄，爲全國之尊敬及榮榮所包圍。它等之名將在布爾塞維克征服北極之歷史中。彼等爲蘇聯人民揭破古老自然之祕密；爲人類頭腦及意志對自然之勝利之英勇鬥爭之模範。我國在北冰洋之成就與日俱增。布爾塞維克黨與蘇聯政府予北冰洋探險者以勝利進行探險之一切必需品。廣泛的北冰洋研究站網設在北冰洋島嶼上及海岸上，强有力的破冰艦隊，北極飛行港及無線電台之設立，每年在北極領域之經常觀察——凡此種種：俱表現布爾塞維克在北冰洋工作之規模。

【塔斯社莫斯科卅日電】蘇聯各報今日登載肯向塞多夫號及斯大林號英勇船員致敬之文。加里寧工廠召開大會致函塞多夫號稱：我們極其歡迎的聽到塞多夫號船員返回祖國的消息。你們在我們的科學史上添增了光榮的一頁，激勵我們作更大的工業上的勝利來慶祝你們的光榮成績。

【塔斯社曼斯克卅一日電】塞多夫號英勇船員於昨日乘專車赴莫斯科。勞動人民異常熱烈歡迎，將彼等團團圍繞。某報有致塞多夫號隊長一文稱：我們異常傾慕，我們慶祝回到祖國土地的十五位英雄——塞多夫號的英勇船員。——讀者。

## 新芬蘭人民積極
## 助人民政府作戰

【塔斯社特里佐基卅一日電】芬蘭勞動人民陣綫委員會在由白軍手中解放出來之芬蘭民衆中進行廣泛的工作。供給人民以各種必需而缺乏之物品——如火柴，煤油等。逃之夭夭之地主所遺棄之糧類已分配給貧苦之農民。對於伐木者規定了較高的工資。某村農民至紅軍司令部報告芬蘭白軍根據地在森林中之隱蔽處所。農民並自動組織支隊以援助芬蘭人民政府。

## 日寇大事活動
## 暹經濟使團赴日

【海通社東京三十日電】暹羅經濟部長薩拉薩斯所率領之經濟代表團已於昨日抵此，該團將在日本羅致貿易及經濟專家若干，幫助暹羅改善經濟及開展貿易事宜。

## 英法在近東活動
# 圖大舉包圍德國

【海通社莫斯科卅日電】蘇聯軍事專家在紅星報上評論英法將戰爭舞台擴大至近東廣大地區之計劃。該文說明英法包圍德國之企圖因蘇德協定而遭受失敗。目前英法又試圖在近東開始軍事行動以達其目的。英法在近東軍事準備之廣泛及其外交之活躍，可使吾人得出結論：英法在近東有廣泛之戰略計劃。事實上自特利波里至阿拉伯一帶各個區域已變成廣大的兵營，該處已集少大軍。其人種實力雖不一致，惟軍隊之人數甚多。在近東某些地方已準備有軍火及糧食。近東法軍司令維剛將軍將任近東同盟軍之最高統帥，紅星報之結語稱：維剛之軍隊將在威脅蘇國南翼之戰線作戰，此戰綫目前尚未存在，惟製造此種戰綫爲英法之戰略任務。

## 法失業者大增
### 帝國主義戰爭的災害

【海通社布魯塞爾廿八日電】戰爭爆發以來，法國即未發表其國內失業人數。法國人民雖然被動員者甚多，且有多人爲軍需工業所僱用，但法國自戰爭以來失業者大增，一九三九年八月法國失業者約四十萬人。比利時經濟界估計法國失業者目前至少增加一倍即八十萬人。阿爾薩斯勞倫之人口疏散及若干法國工業部門之完全停頓，爲法國失業人數激增之兩個主要原因。法國失業工人之苦況，在各地可以明顯的看出。大批營養不足，衣衫襤褸之失業工人每日清晨聚集於巴黎火車站及地下地道以取暖。

## 新華日報華北版
# 揭載日汪賣國協定

【新華社晉東北分社一月卅日電】廿九日新華日報華北版以整張篇幅，揭載「日汪賣國協定」全文，以及蔣委員長爲「日汪協定」所發表之文獻，與全國軍民之聲討電文，及各報之評論等，以揭破汪逆與日寇滅亡中國之陰謀，同時並以大字社論之「亡國滅種協定」評論之，指出「日汪賣國協定」，所謂日支新關係調整要綱，是日寇侵略陰謀的總綱，是日寇滅亡中國的具體方案，所謂解決中國事件的具體方案。

國內新聞

## 美報評論
## 日汪密約

【華盛頓廿九日電】華盛頓郵報頃著「日汪密約」評

## 全國各地
# 通電聲討汪逆

【康定二十八日電】西康省主席劉文輝對汪逆賣國密約發表談話稱：汪逆與敵所簽訂之賣國協約，其內容不特出賣祖國，且將四萬萬五千萬同胞永淪於黑暗地獄，吾人對此應有下列之認識：（一）汪逆精衛，其任何勾當，絕對爲私人行動，與我國家民族無關係，（二）在國際日寇漢奸乘機播弄之目前，我全國軍民，必應加緊團結，擁護領袖抗戰到底。

【上饒二十日電】顧祝同等頃在×地通電討汪，謂汪逆兆銘，認賊爲父，近復變本加厲與敵寇簽訂亡國滅種密約，對抗戰前途絕無絲毫影響，惟其甘心降敵，肆意賣國，百死又有餘辜，祝同等誓率全體將士及東南同胞，誓決抗戰，剷此奸逆，保障國家民族獨立生存，完成抗戰建國大業。顧祝同，陳儀，黃紹雄，熊式輝，唐式遵，劉建緒，上官雲相，韓德勤，王敬久，俞濟時，郭勳祺，敬啓等率所屬軍民叩，

【蘇北×地二十九日電】汪逆精衛，出賣民族國家，事寇求榮，國人所不齒，所謂「日支新關係調整要綱」所載，直欲將我國家主權民族利益，斷送淨盡，淪我炎黃華冑於萬劫不復之地，喪心病狂，罪不容誅，韓德勤叩。

【昆明三十日電】滇省臨時參議會以汪日簽訂賣國密約，三十日特通電聲討。

【韶關三十日電】粵參議會今電林主席、蔣委員長及全國民意機關，一致聲討汪逆。又電：韶關各民衆團體於三十日討論討伐汪逆辦法。

## 恨洩露其賣國密約
# 汪逆將高宗武等撤職
### 汪逆機關報亦自供：「日汪協定」對中國有損

【香港卅日電】訊：汪逆精衛以高宗武、陶希聖將其與日寇簽訂之賣國密約洩露，已將高、陶之僞中委職務解除。僞中央政務會秘書長亦由周佛海代替，因陳公博已離滬去。此足證汪逆賣國密約確已爲汪逆簽字無疑。

【上海卅日合衆電】汪精衛機關報「中華日報」社評稱：吾方過去與日本談判之條款，結果對中國確有損失，毋庸諱言。

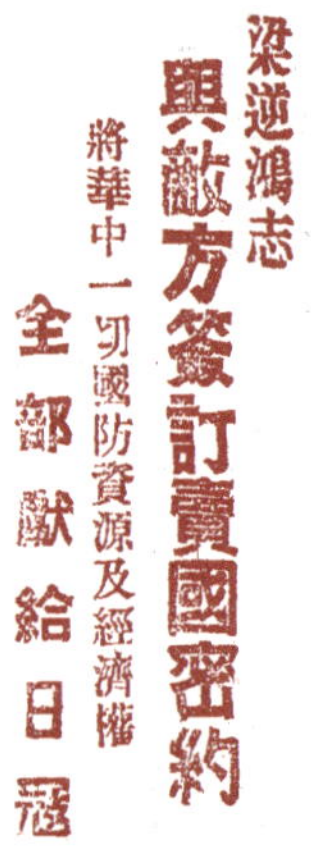


# 梁逆鸿志与敌方签订卖国密约

## 将华中一切国防资源及经济权全部献给日寇

**据中央社重庆二月二十八日电，南京伪组织梁逆鸿志等亦与敌方先后签订各种卖国密约及合同。因原文过长及电码不明之处很多，兹将其内容摘要发表于后：**

“梁日协定”之目的，在于将华中之资源矿产电话铁路水电等主权，全部奉献日寇，其内容具有极大之军事性与排外性，欲将整个华中适应于日寇之军事侵略，并排除其他国家之势力而由日寇独占。该约第一项系《关于处理开发华中地方重要矿产国防资源之要纲》，规定由“华中矿产股份公司”统治开发钲、铁、铜、铅、锡、镍、铝、钙、钠、煤等矿产资源。

第二项系“关于铁矿之开发与统制者，则设立铁矿股份有限公司经营之，不但攫取现有各矿，即未发现之矿山亦包括在内，资本为一千万元。

第三项是关于铁道方面，有两个密约，一是《关于华中铁路股份公司之设立》，一是《华中铁道股份有限公司设立之要纲》。凡华中之铁道汽车交通皆归其经营与统制。资本五千万元。

第四为设立《中华航空股份公司之要纲》，统制全国之航空事业。资本六百万，日本及惠通公司各占一百万，“维新政府”占二百万，“临时政府”占一百八十万。

第五，为《华中电气通讯股份有限公司设立纲要》，最重要者为第六条规定除设公司外，凡属新设电气事业概不允许，对现有之事业，从速由该公司合并收买或用其他方法归该公司统制。资本一千五百万元。

第六为《华中水电股份有限公司设立要纲》，此乃敌人独占及统制华中之电力事业及自来水而订立者。资本二千五百万。

第七，敌人为独占上海及其近郊起见，特设之“上海恒产股份有限公司”，与梁逆签订设立要纲，将整个上海之都市港湾土地房屋及其他各种附带事业，完全交与该公司经营，其条件之苛刻与权限之广泛，诚不失为经营殖民地之公司。资本总额为三千万元。

第八，上述各种公司皆以“特殊法人”性质所组织之特殊公司。换言之即根据特殊协定取得特殊权利，以独占华中之特殊事业。此外尚有以“普通法人”性质组织普通攫取各种经济利益者，此项机构系以“华中振兴公司”为核心，由该公司投资各种企业，组织榨取网，其作用颇似“南满铁道公司”，日方对该公司有指导与监督权，由日方与梁逆签订纲要确定。

## 梁逆鴻志與敵方簽訂賣國密約

### 將華中一切國防資源及經濟權全部獻給日寇

據中央社重慶二月廿八日電，南京僞組織梁逆鴻志等亦與敵方先後簽訂各種賣國條約及合同。因原文過長及電碼不明之處很多，茲將其內容摘要發表於後：

「梁日協定」之目的，在於將華中之資源礦產電話鐵路水道等主權，全部奉獻日寇，其內容具有極大之軍事性與排外性，欲將整個華中適應於日寇之軍事侵略，並排除其他國家之勢力而由日寇獨佔。該約第一項係「關於處理開發華中地方重要礦產國防資源之要綱」，規定由「華中礦產股份公司」統治開發鐵、鐵、銅、鉛、錫、鎳、鋁、鈣、鈉、煤等礦產資源。第二項係「關於鐵礦之開發與統制者，則設立鐵礦股份有限公司經營之一，不但攫取現有各礦，即未發現之礦山亦包括在內，資本爲一千萬元。

第三項是關於鐵道方面，有兩個附約，一是「關於華中鐵路股份公司之設立」，一是「華中鐵道股份有限公司設立之要綱」。凡華中之鐵道汽車交通皆歸其經營與統制。資本五千萬元。

第四爲設立「中華航空股份公司之要綱」，統制全國之航空事業。資本六百萬，日本及惠通公司各佔一百萬，「維新政府」佔二百萬，「臨時政府」佔一百八十萬。

第五，爲「華中電氣通訊股份有限公司設立綱要」，最重要者爲第六條規定除設公司外，凡屬新設電氣事業概不允許，對現有之事業，從速由該公司合併收買或用其他方法歸該公司統制。資本一千五百萬元。

第六爲「華中水電股份有限公司設立要綱」，此乃敵人獨佔及統制華中之電力事業及自來水而訂立者。資本二千五百萬。

第七，敵人爲獨佔上海及其近郊起見，特設之「上海恆產股份有限公司」，與梁逆簽訂設立要綱，將整個上海之都市港灣土地房屋及其他各種附帶事業，完全交與該公司經營，其條件之苛刻與權限之廣汎，誠不失爲經營殖民地之公司。資本總額爲三千萬元。

第八，上述各種公司皆以「特殊法人」性質所組織之特殊公司，換言之即根據特殊協定取得特殊權利，以獨佔華中之特殊事業。此外尚有以「普通法人」性質組織普通攫取各種經濟利益者，此項機構係以「華中振興公司」爲核心，由該公司投資各種企業，組織攫取網，其作用頗似「南滿鐵道公司」，日方對該公司有指導與監督權，由日方與梁逆簽訂綱要確定。

## 山東憲政促進會通電全國正式成立

### 望民主政治早日實現

【新華社華北分社二月二十七日電】山東各縣聞政府定期召開國民大會消息後，各地展開憲政之浪潮，到各縣已成立憲政促進會。二月二十二日由某縣之兩同志及當地賢紳成願培、范朋樞徐向前等數度座談之後，又正式組成山東全省憲政促進會，並推定成願培、范朋樞、劉志生、李登卓、朱竹航、韓仲衡、徐向前、朱瑞、劉洪濤、黎玉、張經武等六十餘人爲促進會執行委員，國民黨員多人亦參加共同奔走，在地方上素有威望如成願培年八十歲，范朋樞年七十六歲，在該地方上有抗戰老人之稱，均積極參加。成立大會通電之原文如下：中央日報，新華日報轉呈國民政府主席林，軍事委員會委員長蔣，國民參政會諸先生鈞鑒：自中央定期召開國民大會，制定憲法，以期實施憲政以來，羣情歡騰，熱烈擁護，各地促進憲政之組織風起雲湧，本會承全省各界之推愛，於二月二十二日正式成立，極願發揚民主精神，開展憲政運動，以期民主政治早日實現，並以至誠擁護國民政府蔣委員長，及全國各抗日軍隊黨派，各抗日團體，堅持抗戰團結進步，反對投降分裂倒退，剷除漢奸汪精衛，驅逐日寇出中國，爭取最後勝利，完成建國大業。臨電神馳，伏祈鑒察。山東全省憲政促進會叩。

## 延安回民救國會召開成立大會

### 回漢同胞親密團結起來

【本市訊】籌備經月之延安回民救國會已於二月二十六日在本市北門外舉行成立大會，會場內外遍貼回文與漢文合璧之標語；「團結回漢兩族共同抗日」，「發揚回教的反侵略精神」，「擁護國共合作抗戰到底」等，充分的表現出這次大會的意義。

到會者除抗大，黨校，陝公，女大，邊中以及馬列學院等的回民同志外，尚有鄧發，李卓然，徐一新等同志以及邊區政府，文協代表及其他來賓參加，甚稱邊區少數民族建立自已組織的第一盛舉。

主席報告開會意義後，即請鄧發同志講演，他指出：今天的這個會是全國回漢兩大民族團結的象徵。敵人現正在積極挑撥回漢間之分裂，我們應該強調回漢間之抗日團結，過去回漢之間互相不信任與仇視，完全是由於大漢族主義的壓迫結果，中國共產黨歷來是主張民族平等的，陝甘寧邊區內的回民已得到自由獨立幸福的生活就是證明。全國回民應爭取回回民族在憲法中的民族平等地位。

接着李卓然、徐一新、賈拓夫等同志講話，後有女大陝公等校代表講話。女大，黨校，陝公，馬列學院等校代表提出：本會全體參加延安憲政促進會，爭取回族在憲法中的平等地位，建立延安回民食堂，出版刊物與組織回族問題研究會，建立中國回教救國協會陝甘寧邊區分會與在延安建立清眞寺等提案均經大會一致通過。

接着選舉理事會，公推金浪白（抗大）馬文良（馬列學院）馬賓（陝公）馬青年（黨校）蘇冰（女大）等五人爲理事。最後唱回族抗戰歌，呼口號散會。

## 蒙古文化促進會開首次籌備會

（本市訊）二月二十九日文化協會假文化俱樂部召開蒙古文化促進會首次籌備會。出席者爲、吳玉章、艾思奇、丁玲、曹力如、莫文驊、李卓然、趙通儒、賈拓夫、徐一新、張仃、洗星海、巴彥圖、阿拉騰扎布、烏勒圖納素圖等三十餘人。討論簡章，工作綱領及大量徵收會員等問題。

## 賑濟委員會第六救濟區事務所電謝毛澤東同志捐款賑濟友區災民

### 並報告賑欵分配情形

【本報訊】去年陝北天旱成災，民生更爲艱苦，哀鴻遍野，毛澤東同志爲拯救受災同胞，並表示邊區對友區之團結互助起見，曾捐款一萬元，並代友方在邊區購買賑糧三萬元，友方收到後，曾由陝西省府蔣主席來電致謝，已誌去年十月六日本報。現又接賑濟委員會第六救濟區事務所報告關於施賑情形，接得該電，特發表如後：

延安毛參政員澤東先生勛鑒：

逕啟者本區此次辦理陝北旱賑，承代購小米六百石，並蒙慨捐一百石，足見先生痌瘝在抱，胞與爲懷。現該項糧米，業已分批運到，刻正按各縣災情之輕重，分別舉辦平糶及粥廠。惠及災黎，特申謝悃。至分配情形除俟辦理完竣再爲詳報外，謹先附支配數目表一份，敬煩鑒查，並希多予指導爲禱！何紹南代行賑[illegible]丑儉（附賑款支配表一份）（文長從略）

## 西青救 民先隊 關於紀念「四四」兒童節與開展兒童工作之決議

抗戰以來，中國兒童遭受了敵人慘無人道的蹂躪摧殘，在血腥的燒殺姦掠中，他們喪失了生命，失掉了爺娘，他們底溫暖家庭和學校是被趕到流亡道上，而曾嘗了一切辛酸苦痛。這一切無非是證明敵人的猙獰，它不僅要滅亡中國而且根本上要斬斷我民族的幼芽，消滅我社會的新生一代。然而也正由於敵人的殘暴，它激勵全國同胞的切齒痛恨，和增長了他們對兒童的愛護關懷同時更推動了廣大兒童，天眞而老練的，活潑而沉着的，勇敢無畏的走進戰鬥中。在各界同胞的扶助下，中國兒童是團結和組織起來了，他們揮動着小拳頭給敵人以無情的打擊。在前方兒童站崗放哨，送消息，捉漢奸，慰勞抗屬鼓勵軍心，收效極大；在後方努力募捐寫信鼓勵前方將士，宣傳和組織民衆進行了許多工作，獲得了社會人士熱烈贊許，如新安旅行團，孩子劇團，西青救戰地工作團兒童隊，西青救呂梁兒童工作團都是有顯着成績的兒童團體，至於陝甘寧邊區七萬兒童團團員，華北六十萬兒童團團員更是兒童運動中的主力，在動員工作中起了重大的作用。

目前是抗戰的新階段，敵人在這一階段對中國兒童的政策也以實行奴化教育，欺騙麻醉利用爲主丁。在敵區普遍設立新民小學，強迫兒童入學受麻醉，挑選大批兒童送回日本長期奴化，並在淪陷區中心城市中經常的組織「中日兒童親善」發行大量的兒童讀物以圖消滅兒童的民族意識，此外，更組織反共少年團，新民兒童團及給兒童打嗎啡針送白面吃的方式利用兒童反共，反八路軍破壞抗戰。而在另一方面，在抗日根據地的據點中敵人不能長期佔領的區域，和進行着殘酷大規模戰鬥的戰場附近地區，屠殺淫威下，兒童仍受着生命危險和顚沛流離的痛苦。此外在大後方以及戰區的某些地方許多小學還沒有認眞的實施適合抗戰需要的教育，有的是墨守成規，而最壞的竟有在小學裏進行反共反八路軍破壞抗戰的宣傳。至於新的完整的戰時教材之缺乏，小學教師待遇的菲薄，從而影響到師資的提高，更是普遍的現象。很明顯的，這些事實加重了全民族保護兒童，教育兒童的任務，加重了政府，教育界婦女團體對於兒童的責任。爲此，我們特提出以下的意見，供各方面參攷並懇求合作以共同致力於兒童工作。

一　請求政府教育界婦女團體及青年團體共同合作的重視和關心，擴大難童的救濟和保育工作，深入到戰區及敵區去，並廣泛的進行宣傳解釋工作，提起社會人士對兒童及兒童保育，青年團體更要提高對兒童的關心重視，糾正對兒童的輕視及對兒童工作消極冷淡的態度，糾正父母教師對兒童的輕視壓迫態度。一個革命者必須好好的關心兒童，愛護兒童，注意革命的後代，否則就不是一個很好的革命者。

二　青年團體要協助政府及各界人士恢復及健全各地小學，以革命的三民主義教育兒童，反對敵人及漢奸的奴化教育，反共教育，編印適合抗戰建國的戰時課本並動員進步青年當小學教員，以革新小學師資，青年團體要和小學教員取得切密的聯系。

三　幫助已有的兒童團體，普遍建立抗日兒童團，爲此特別建議陝甘寧邊區青救會及華北各地青救會加強對兒童工作的領導，鄉兒童團受鄉青救會的幫助和領導，但青救會應當加強其組織系統並鼓勵其獨立活動。縣以下設立獨立系統的兒童團，縣以上可在各級青救會設兒童部（科）必須要有專門的幹部領導和管理這項工作。同時縣、地區，設立半脫離生產或完全脫離生產的兒童工作團（劇團）以實際行動及新的工作方式影響和領導下，就更能推動工作開展。

四　以主動的積極的耐心的精神去開展淪陷區及游擊區的兒童工作，要善於用各式各樣靈活機動的方式來揭破敵人漢奸的奴化教育反共教育爭取兒童不受麻醉愚弄。

五　注意改善兒童生活，如減少強度勞動，廢除學校和家庭的打罵制度改善童工待遇，實行免費入學等。「四四」兒童節要求放假休息一天俾兒童得自由活動，社會上各種文化娛樂交通機關要爲兒童免費開放一天。

六　動員兒童參加抗戰動員工作，並廣泛的開展小先生運動，俾兒童從工作中學習工作。在「四四」兒童節要發動所有兒童每人作抗戰工作一件，如：站崗放哨慰勞抗屬寫慰問信拾破銅爛鐵等且最好集體的進行。

七　培養和提拔兒童幹部，發揚兒童化的工作作風，在延安澤東青年幹部學校內設立兒童班，專門訓練兒童工作幹部，各地斟酌情形，開設訓練班。在兒童經常活動中要保證有兒童幹部領導以樹立兒童化的工作作風，但在上級兒童領導機關必須有青年幹部幫助計劃與領導

八　建設各級青救會及各青年團體經常出版各兒童讀物並注意通俗生動的兒童畫報和歌曲小調的編印。

九　在延安「四四」兒童節舉行延安兒童大會及春季兒童營，內容包含每人作抗戰工作一件，生活文化娛樂政治軍事等競賽大會晚會參觀等，參加人數三百到五百，時間三天到五天。籌備事宜由延安各青年團體會同婦女團體進行之。大會和春季兒童營期間一切工作均由兒童自己主持以鍛鍊其工作能力。

十　建議各級青救會及青年團體仿照延安辦法擴大舉行兒童節紀念並盼望將紀念會的實際情形及結果告訴我們以交換經驗。

二十九年二月廿七日。

459

新中華報

期
新中华报零一百一十四期
版
零一版
时间
一九四〇年三月十九日

# 伪中央政府将于最近成立

**据同盟社十三十四日电称：**伪中央政治会议将于三月下旬在南京开幕，国民政府考试院旧址，将成为伪中央政治会议之会场，褚逆民谊等已抵南京，正大事布置一切，该会场已改装并加以修理。伪中央政府成立之期当在不远。敌内阁于星期二批准将派遣特使至汪逆伪中央政府，现正在物色人选。十四日上午阿部信行在某会馆会见陆军次官商讨各项问题，下午又访米内首相及陆相，详细听取准备成立伪中央政府之经过，及敌政府对伪政府之具体方针。上海敌军发言人今日在记者席上称：伪中央政府成立后，如确有保障外人在华合法权益之能力时，第三国之势力将被干涉；其范围包括二点：一，外人在华之贸易权及投资权，二，外人在华发展文化事业如教堂学校等权。在十三日上午八时伪满洲国国务总理发表谈话云："汪精卫进行和平建国运动，希望中日满一致实现东亚永久之和平，因此满洲国不惜尽其力量援助新中央政府。"

中華民國二十九年三月十九日　Sin Zhungxua Bao　星期二　第一版

# 新中華報

第一一四號　每逢星期二五出版

**爲解放百期紀念**
**徵求紀念定戶**

一　紀念定戶定閱本報照九折優待（本市不定）。
二　紀念定戶或舊定戶照定單購買解放社所出之書報可以享受九折優待（每種以一本爲限）。
三　優待期限，二十九年九月底止。

總店：延安北門外
分店：山西興縣
謹啟

**本報續收援助香港三報反汪工友捐款**

青聯轉來綏中學生會十三元六角，抗大同學會二十三元，白求恩國際和平醫院休養員八元二角五分。連前八千八百九十八元九角。

共計八千九百四十三元七角五分

## 社論　蘇芬締訂和平條約

據塔斯社莫斯科十三日消息：蘇聯最高蘇維埃主席團與芬蘭政府代表，爲了停止兩國間軍事行動，建立和平共處及睦鄰邦交的關係，於一日簽訂了蘇芬和平條約及停戰協定。這個消息傳出以後，興奮了蘇芬兩國人民，興奮了全世界一切反戰份子，加强了他們反對帝國主義戰爭的戰鬥力量。

蘇芬和平條約的締結，是蘇聯和平外交政策又一偉大的勝利；同時也是英法美外交的大慘敗。英法美帝國主義，最近除了繼續驅使和支持芬蘭反動戰爭外，並在外交戰上力圖分化波羅的海諸國，使其由親近蘇聯轉而仇視蘇聯，加入芬蘭的反蘇戰爭，可是現在蘇芬戰爭根本停止和消滅了，英法美的這個陰謀也就完全失敗。正像蘇聯消息報所說的：這個條約粉碎了『敵人多年來在列寧格勒門口所辛苦經營的戰爭根據地』，這無疑的，這個戰爭根據地，就是英法企圖利用它來消滅社會主義强國蘇聯的。這樣這個條約，不僅更加保障了蘇聯北部和鄰側波羅的海的安全，同時也加强了蘇聯社會主義國家，援助斯堪的那維亞諸國人民，保衛近東，保衛巴爾幹的實力。

近幾月來，英法佈置了一個更大的戰爭陰謀。他企圖從北歐一直到巴爾幹和近東組織一條反蘇反德戰綫，把戰爭的烽火燃遍整個的歐洲。這個計劃現在也已顯然受到了嚴重的打擊。蘇聯北方已獲得安全保障，不可戰勝的蘇聯紅軍將更可能集中一切力量，以打擊帝國主義從其他任何一方面向蘇聯的進攻，打擊帝國主義煽惑新戰爭陰謀的計劃。這就是說蘇聯本身的安全和鞏固，就是增加了保衛世界和平的力量。

蘇芬和平條約改變着國際形勢，縮小了戰爭範圍。在蘇聯打擊下，英法的陰謀一再遭到失敗，也就是英法在歐洲勢力一天天的低降。現在，一切小中立國家將以芬政府被英法利用反蘇的失敗作經驗教訓，而可能因此逐漸脫離英法的羈絆，接近蘇聯。英法在土耳其，羅馬尼亞的影響也因之削弱了，英法企圖拖意大利加入英法陣營的計劃也受了影響。目前英法統治下的近東及印度等殖民地人民，將必然利用於他們有利的國際形勢，提高民族解放的浪潮，加强主觀努力的革命力量，以準備推翻英法帝國主義的血腥統治。

芬蘭反動政府是於什麼條件之下和蘇聯訂立協定的呢？當然不是在它的勝利條件之下，而是在它的軍事政治方面失敗的條件下訂立的。芬蘭反動政府雖然在國際反動勢力，尤其是英法美帝國主義以人力物力不斷支持之下，進行了幾個月的反蘇戰爭，可是戰爭的結果，不是蘇聯敗退，卻是芬蘭反動政府日趨敗亡，芬人民共和國在芬蘭的一部份土地上正在擴展，目前，强大的紅軍，已經突破和毀滅了「英法軍事專家所認爲不能被突破」的卡累利亞地峽防綫，已經攻到了維堡。在這樣的情形之下，戰爭如果繼續下去，芬蘭資產階級政府，一定完全瓦解的。因此，芬蘭資產階級統治者，爲了自身的存在，就不能不覺悟到丟開英法，不做它們的反蘇鷹犬，而向蘇聯低頭。

在蘇聯方面，它是一貫奉行着和平政策的，社會主義國家，在任何時候，它都要求着眞正的和平，與一切鄰國建立善鄰友好關係，因此，只要芬蘭政府不侵犯蘇聯，不反對蘇聯，只要它眞正願意和蘇聯訂立和平條約，蘇聯是一定答應的。蘇聯從來不利用自己的强大勢力去侵略人家的一寸土地，同時也不讓別人去侵犯它自己的一寸土地。因此，英法美等帝國主義者，各國社會民主黨領袖，以及中國內部一切反蘇份子所誣衊蘇聯侵略芬蘭的讕言，被蘇芬協定的簽訂完全粉碎了。

蘇芬和平條約的訂立及其全部內容，完全適合於蘇芬兩國人民的利益，適合於世界人類和平的利益。因此，它不僅爲蘇芬人民所擁護，而且爲全世界人民所擁護。

## 三日戰況

### 潮汕敵千餘西竄　犯揭陽敵被截擊　粵南敵犯中山血戰中

【興寧十三日電】犯揭陽敵八九兩日冒險西進，均爲我守軍所阻，迄未得逞，十日晨竟以步兵千餘向古巷（潮安西十五里）沿公路增援，被我中途截擊，傷亡慘重。（桂林十四日電）犯中山之敵共分三路竄擾，我軍奮勇迎擊，刻仍在中山附近血戰中。我軍某部連日配合輕快部隊，沿新會，鶴山公路進擊，斬獲頗多。

### 南寧附近敵被控制　邕欽路我攻大塘

【柳州十三日電】我軍一部於十一日晚向大塘敵進攻，敵集結大兵出擊，跟進至大塘那曉公路邊觸我預埋地雷，先後爆發，敵死傷甚重。我軍乘機痛擊，斬獲尤衆。現仍進擊中。十二日晨我軍之另一部攻佔小營以西東匡附近之鋼鼓嶺三揚嶺，現繼續向東匡敵猛攻中。

### 桂南

【桂南前綫電】邕賓路方面，南寧、二、三塘間及邕武方面南寧高峯坳間之敵，均在我嚴密監視中，未敢妄動。

### 八路軍猛攻壺關

（新華社晉東南十日電）長子壺關一帶集敵頗多，傳將分兵五路南犯，我八路軍某部進襲壺關城之敵，連突破敵鐵絲網二層，直撲城關，敵慌異常，槍砲聲徹夜未停，八日敵步騎砲三百餘南犯至川底，復被八路軍預伏部隊伏擊，戰三小時，將敵擊潰。

### 同蒲兩側戰事激烈　北段敵續有增加

【興集十二日電】同蒲兩側戰況較烈，我由東西夾擊鐵路綫，克忻縣以南大牛店，同蒲北段敵續有增加。

### 蘇聯眞理報撰文紀念孫中山

【莫斯科十二日電】蘇聯各報特撰文紀念孫中山逝世十五週年，眞理報稱：這位卓異的人物畢生效力於中華民族解放的事業，致力於中國擺脫帝國主義的壓迫。其遺囑成爲中國人民反對日本帝國主義的偉大民族解放戰爭的旗幟，中國解放復興的旗幟。汪精衛之流及其他投降派屢次企圖使中國違背孫中山所指定的路，這些賣國賊，很無恥的用孫中山的名字把自己裝扮起來，已正遭受而且將永遠遭受全中國人民及所有孫中山事業的忠實繼承者應有的打擊，偉大的孫中山是屬於永遠忠實於他的遺囑並且能夠實現他的遺囑的中國人民。

## 國內新聞

### 晉東南各界反汪擁蔣大會上　彭德懷同志的演詞

【新華社晉東南電】遲到：十八集團軍副司令彭德懷同志三月三日在晉東南各界討汪擁蔣大會上講話題爲：打倒背叛孫中山先生遺教的明晰汪精衛，其詞云：今天我們在這裏開大會道個大會叫討汪擁蔣大會，我們怎樣「討汪」怎樣「擁蔣」呢？我們要從實際工作中去「討汪」。我們要從實際工作中去「擁蔣」。第一我們要遵照孫中山先生遺囑喚起民衆。要打算克服目前危機，準備反攻爭取勝利，就必須喚起民衆。暗藏的汪精衛不顧喚起民衆，他們還摧殘民衆，壓迫民衆，屠殺民衆，破壞民衆組織，這就等於幫日本鬼子服務。這些人，他們是中華民族的敗類。同時執行孫中山先生的民族主義就是要堅持抗戰到底，打到鴨綠江邊，堅持抗戰就必須有堅持抗戰的辦法，堅持抗戰的辦法是團結，是進步，誰破壞團結，誰阻撓進步，誰就是不願意抗戰到底，誰就願意投降妥協，誰就是孫中山先生的叛徒。第二我們要執行孫中山先生的民權主義，執行民權主義就是給人民以民主自由，給人民以政治權利，沒有民主政治抗日勝利只是幻想，暗藏的汪精衛剝奪人民自由，摧殘人民權利，企圖少數人包辦或者包而不辦，這是違背了孫中山先生的民權主義，他們是孫中山先生的叛徒。第三我們要執行孫中山先生的民生主義，執行民生主義就是在總的抗日方針下適當的改善人民的生活，發揮人民抗日的積極性，今天在華北堅持敵後長期抗戰就要實行『二五』減租，暗藏的汪精衛不但不改善人民生活，而且還藉口『國難』用種種方法加重人民負担，而自己則到處『國難財』，他們是孫中山先生的叛徒。同志們，兩種人擺在我們面前：前者是全中國人民所擁護的抗戰派，即是聯共團結進步派。後者即爲全國人民所唾棄的投降反共分裂頑固派，也就是抗戰營壘中暗藏的汪精衛及其附和者。只有堅決肅清了後者抗戰才能勝利。中華民族才能解放，同志們，抗戰已兩年多了，兩年來我們已經有了廣大人民的覺悟，有了堅決抗日的軍隊，有了堅決領導抗日的政黨，我們還有足夠的力量打出日本鬼子和肅清這些暗藏汪精衛，勝利總歸在中國大多數人民方面。（台下時時鼓掌，並不斷高呼口號：擁護蔣委員長抗戰到底，反對明晰汪精衛妥協投降，擁護八路軍，擁護朱總司令、彭副總司令！）

### 偽中央政府將於最近成立

據同盟社十三十四日電稱：偽中央政治會議將於三月下旬在南京開幕，國民政府考試院舊址，將成爲偽中央政治會議之會場，褚逆民誼等已抵南京，正大事佈置一切，該會場已改裝並加以修理。偽中央政府成立之期當在不遠。敵內閣於星期二批准將派遣特使至汪逆偽中央政府，現正在物色人選。十四日上午阿部信行在某會館會見陸軍大官，商討各項問題，下午又訪米內首相及陸相，詳細聽取準備成立偽中央政府之經過，及敵政府對偽政府之具體方針。上海敵軍發言人今日在記者席上稱，『偽中央政府成立後，如確有保障外人在華合法權益之能力時，第三國之勢力將被干涉；其範圍包括二點：一，外人在華之貿易權及投資權，二，外人在華發展文化事業如教堂學校等權。在十三日上午八時偽滿洲國國務總理發表談話云：「汪精衛進行和平建國運動，希望中日滿一致實現東亞永久之和平，因此滿洲國不惜竭其力量援助新中央政府」。

### 敵極力支持下偽滿來捧場

據倫敦十四日電：英美兩國均有官方表示，英美兩國已分別通知日本，謂兩國除欲維持九國公約之規定外，其他非所欲問，故兩國對華之態度，並不能因汪政權之成功而有所變動。

### 傀儡統治者意見尚紛歧

【塔斯社重慶十二日電】中國報界報導：因在華敵酋之間的矛盾，致阻礙了汪逆精衛「中央政府」之組成，以喜多爲首之華北敵酋，多推若北洋軍閥齊燮元爲「北平政府」之首領，以代替彼等所不信任之王克敏，彼等力圖建立北洋軍閥爲首之「中央政府」。其他敵酋則反對齊燮元。又敵在華特務機關領袖之一某某，則極反對汪逆精衛。

期：新中华报零一百一十五期
版：零一版
时间：一九四〇年三月二十二日

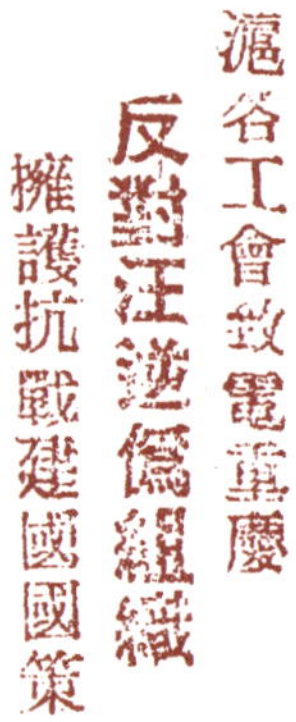
滬各工會致電重慶
反對汪逆僞組織
擁護抗戰建國國策

# 沪各工会致电重庆
# 反对汪逆伪组织
# 拥护抗战建国国策

**【重庆十七日电】**此间接获上海各工会联名致电一则，以汪逆精卫甘心事敌，并窃用名义，捏造响应“和平”，十四日特电致重庆，予以重郑否认，并切实表示始终拥护蒋委员长领导抗战到底，拥护抗战建国国策，署名者有：上海邮务工会，水电业产业工会，英商公共汽车公司售票公益会，汽车司机职业工会，第二区纺织业产业工会，第一区化学品业产业工会，码头工会，印刷业产业工会，医业职业工会，军服业职业工会，商务印书馆职工互助会，卷烟业产业工会，第四区造船业产业工会等。

中華民國二十九年三月二十二日　Sin Zhungxua Bao　星期五　第一版

# 新中華報

第一一五號　每逢星期二五出版

**本報續收援助香港三報反汪工友捐款**

青聯轉來邊中學生會十三元六角，抗大同學會二十三元，白求恩國際和平醫院休養員八元二角五分。連前八千八百九十八元九角。

共計八千九百四十三元七角五分

**解放一百期目錄**



出版：解放社　發行：新華書店　二月廿九日出版　售價：國幣壹角

## 社論　悼蔡元培吳承仕先生

文化界先進蔡元培先生最近已不幸逝世，這和文化界老戰士吳承仕先生去年九月間在津被敵捕殺的消息相照映，此兩巨子之殞歿，實爲我國文化教育界的重大損失。

蔡元培先生清末曾從事鼓吹革命，顛覆滿清，民國元年孫中山先生任中華民國臨時大總統時，先生任教育總長，曾爲設社會教育司，爲我國首先提倡社會教育之一人。民國六年後，任北京大學校長，鼓吹思想自由，網羅當時國內文化界的先進人物（雖則其中許多已變成爲落伍者了）於大學中，認爲一種思潮只要言之有理持之有故者，均應有其獨立開發之自由，這種態度，對於當時新文化新思潮之發展，曾有極大的助力。中國大革命失敗後，中國遂被投入長期慘酷的反動恐怖之中。許多熱血正義純潔有爲的青年曾被不斷的投入牢獄，不斷的慘遭殺戮。先生目睹中國的危亡及無數青年之被迫害，遂與宋慶齡楊杏佛諸先生發起組織人權保障大同盟，呼籲保障人權，抗議黑暗專制之延續，楊杏佛先生因此身死，而蔡先生與宋慶齡先生等均接到秘密的危險警告。民國廿五年偉大文豪魯迅逝世，由於他一生英勇戰鬥的結果，雖然他擁有了廣大青年及被壓迫人類的哀悼，但他的身後卻是頗爲淒苦，這時候，先生曾協同宋慶齡先生共同發起爲之料理喪事，並組織魯迅遺著編輯委員會，準備把這位一代文豪的反抗呼聲傳播到後代去。此外先生曾贊助拉丁化及新文字運動，致力於中國文字之改革。迨民族危機日益加深，雙一二事變前後，又曾呼籲國內和平，提議國共重新合作。抗戰爆發以來，因年高力衰未能直接參加各種抗日活動，不幸抗戰尚未達到最後勝利，先生竟中途逝世了。

吳承仕先生是國內有數的經學大師，擅長十三經及說文，曾先後任教北大師大中大東大等校，當他晚年時候，全國的文化界是在極端的困難黑暗之下掙扎，不斷地遭受着摧殘，先生曾以白髮蒼蒼之五十餘歲的老人，和青年一道站在了國防文化的最前綫，出資與平津文化先進，創一「文史」，編「盍旦」，復於該兩刊物遭受摧殘迫令停刊後，又主持出刊「時代文化」等刊物。

一二九運動以後，不論在文化界，在學生界，先生都曾爲救國運動文化運動有力的組織與倡導者之一。那時的北平一面是救亡運動的普遍活躍，另一面則是日帝國主義侵略的深入及漢奸黑暗勢力的加強，因此，高年的承仕先生也和青年一樣，遭受着一切的迫害與摧殘。平津淪陷後，青年人雖已先後離平南下，先生則拖著衰弱之軀，匿跡於天津租界，仍暗中作積極救亡活動，爲時兩載，由於日寇與英法帝國主義的勾結，先生突於去年九月間被敵捕獲慘殺。

從上面簡短的敘述中，我們可以看到兩先生雖處境與遭遇不盡相同，但卻具有同樣高尚的人格與氣節，這表現在：他們是熱愛祖國，他們反抗了帝國主義所加於中華民族的侵略，而且反抗過國內黑暗專制的統治。他們曾爲國內的和平及團結抗戰而奔走呼號。他們熱愛青年，他們曾以偉大的同情，反抗過一切加害了無爲青年的黑暗勢力，而極力爲青年辯護。他們具有偉大高尚的正義感。他們是中國新文化運動的倡導人與幫助者。而吳承仕先生近年來熱心於新興社會科學的研究並衷心的同情被壓迫人類，這一面說明了吳先生傾向真理，不爲成見所拘泥的偉大精神，一面也正說明了真理畢竟是最偉大的力量，絕不是任何橫逆所能加以制止的。

今天我們來哀悼他們的死，不僅在於紀念他們以往的功績，尤其重要的是發揚並光大他們熱愛祖國熱愛青年的精神，爲祖國的真正獨立自由平等奮鬥到底！

## 三日戰況

### 寇對華北加緊「掃蕩」 進犯平西敵受挫 八路軍深繞敵背側截擊 晉察冀我軍亦配合出動

【新華社華北十五日電】自敵軍所謂春季「掃蕩」開始後，我平西根據地週圍之敵，即不斷增加。自十二日起即分途向我進犯：北線南口以南地區之敵千五百餘，分爲二路，南犯大村齋堂，西北關磐山堡之敵千五百餘，南犯孔澗，本日又續向杜家莊進犯企圖，挑花堡之敵千五百餘東犯金河，有續犯三坡企圖，良鄉、房山之敵千五百餘西路泛煤廠後，本日續向大安山進犯。我八路軍平西××部隊爲徹底殲滅進犯之敵，事先即以有力部隊深入敵之側後斷絕敵交通路，十二日晚我一部於高牌店附近，破壞鐵路十餘公里，翻敵火車一列，斃敵五十餘名，繳獲軍用品甚多。同時晉察冀阜平方面之我八路軍，爲配合西線方面作戰，於七日分途進襲靈邱東南神堂鋪、楊水鋪之敵，激戰數小時，斃敵甚多。

### 晉省　五台靜樂方面激戰 敵擾軍渡被我擊潰

【興集十五日電】靜樂敵由忻縣增援千餘，配合五台一帶敵軍屢次猛犯，我乘夜迎擊，斃敵六七百，由五台東犯敵千餘，連日與我在百莊以南激戰。晉西柳林一帶敵爲策應晉北戰事，九日曾一度猛犯軍渡，業已爲我擊潰。

### 冀東八路軍 二月份作戰二百餘次 斃敵頗衆繳獲甚多

【新華社冀東五日電】據八路軍冀東南軍區司令部，發表二月份戰報稱，我冀東八路軍部隊，二月作戰二二七次，斃傷敵偽軍四百七十九名，生俘敵軍十二名，偽軍二百三十八，繳獲步槍三百二十支，輕機槍五挺，手槍十五支，其他軍用品甚多，其中之戰役，係二月五日某部襲佔豐潤西北黨谷鋪之役，將該地之敵偽全部解決，計俘敵偽軍五十餘名，繳獲步槍四十八支，二月七日某部分襲遵化豐潤據點之敵，共俘敵偽軍百五千餘名，繳獲步槍一百五十七支，手槍二支，輕機槍四挺軍用品甚多，同日某部襲佔遵化西南王各莊，共俘敵偽二十餘名，獲步槍十三支。

### 八路軍一二九師 兩年半來偉大戰績

【新華社華北十六日電】八路軍第一二九師，自抗戰以來，即以英勇姿態，馳騁於華北戰場，不辭勞瘁、不避艱險，不惜犧牲，創造下敵後游擊戰爭光輝戰績，陽明堡、祝頭、響堂鋪、饒溧村以及河北平原上的香城、大楊莊等模範戰鬥，尤爲舉世景仰，兩年半來他們收復廣大失地，創建晉冀豫、冀南、魯西北各抗日根據地，紛碎敵寇無數次兇殘「掃蕩」。此不僅鞏固擴大了敵後抗戰陣地，並配合其他部隊將敵寇鐵路限於黃河以北，直接給予敵寇以極大的殺傷和消耗，茲將該部自抗戰以來迄二十八年十二月底，兩年半的戰績統計總結於後：大小戰鬥共計二千七百四十四次，殺傷與俘獲敵偽共十二萬三千三百八十八名，繳獲武器步馬槍一三三二五枝，短槍三四四支，輕機槍一八〇挺，重機槍二二挺，手機槍四九，高射機槍二挺，衝鋒槍一二七支，雜槍六五九支，迫擊炮三〇門，擲彈筒三三個，炮一，鋼炮三門，燒夷彈藥手溜彈三萬二千二百一十三個，機槍彈二十八萬二千二百一十七發，步馬槍彈二十一萬七千七百一十二發，炮彈六二三三發，煙幕彈二箱，擲彈筒彈一九一發，毒氣彈四〇發，迫擊炮彈一九二發，鋼炮彈六十五箱，信號彈三八三箱，其他三六箱，繳獲軍用飛機一架，降落傘二頂，鏡二付，日本地圖十五幅，汽車三具，留聲機八架，油印機五架，收音機三四架，縫衣機三一架，電話機五七架，照相機五十架，馬刀八百零六把，刺刀七三〇柄，自行車二七八輛，刺刀五二一把，防毒面具二三七付，文件三六八〇〇件，望遠鏡四二付，指北針三二個，大衣三二三〇件，軍衣一一三四套，軍毯二四六七件，皮鞋四七六雙，襪子三六〇〇、雙，手巾三〇〇〇條，軍帽三一九四頂，鋼盔七十六頂，手套一九〇〇付，裹腿二一〇〇付，鐘表一七三個，自來水筆四二一支，大車二百五十輛，汽油洋油一九三桶，洋麵三〇〇〇包，大米一九九包，日偽鈔一萬七千元，日偽旗一一九面，電線十三萬餘斤，電桿一七五五根，鐵軌一〇八〇餘，道釘炎板三萬餘件，破壞敵軍用品飛機二五架，車頭二二個，鐵甲車三二輛，坦克車一九輛，大車三〇三一輛，汽車九五一輛，汽車道七三五〇里。鐵道五百餘里，鐵橋七七二座，木石橋五九九座，步槍一二三三支，棉花二一三〇包，洋麵三四二〇包，軍衣一〇〇〇〇套，鐵絲網一四座。我軍消耗子彈三百六十五萬二千三百六十四發，消耗手溜彈七萬三千九百四十一個，消耗砲彈一萬〇七百發。這些數目告訴我們些什麼呢？單就敵軍傷亡的數目來看，兩年半來全國各戰場敵軍傷亡約在一百萬左右，而一二九師以一師之衆，就斃傷敵軍九萬六千餘名（俘獲日偽及偽軍投誠者在外）約佔總數十分之一，這一頁大的比較，充分表現了八路軍爲民族解放事業在最前綫英勇堅決戰鬥的功績，對鐵的事實也更確鑿的證明了汚蔑八路軍「游而不擊」的那批不要臉的東西。不是瞎眼了就是別有用心。

## 國際簡訊

### 滬各工會致電重慶 反對汪逆偽組織 擁護抗戰建國國策

【重慶十七日電】此間接獲上海各工會聯名致電一則，以汪逆精衛甘心事敵，用名義，捏造謠，並偽應「和平」，十四日特電致重慶，予以重鄭否認，並切實表示始終擁護蔣委員長領導抗戰到底，擁護抗戰建國國策，署名者有：上海郵務工會，水電業產業工會，英商公共汽車公司售票公益會，汽車司機職業工會，第二區紡織業產業工會，第一區化學品業產業工會，碼頭工會，印刷業產業工會，醫藥職業工會，軍服業職業工會，商務印書館職工互助會，捲煙業產業工會，第四區造船業電業工會等。

### 汪逆精衛抵南京 向敵酋乞憐

據中央社香港十八日電：自高逆宗武，陶逆希聖發表汪逆精衛之賣國密約後，汪派份子內部多發生動搖。汪逆最近在日寇羽翼下，已乘輪赴南京，陰謀召集偽中央政治會議，分配漢奸位置。又據同盟社電稱：汪逆十七日抵南京，並於下午訪敵酋西尾商談一切。

### 敵蹂躪下之冀東 人民餓死千餘 開唐礦工罷工

【新華社天津十日電】冀東開平，唐山礦工，近因物價高漲生活無法維持，向廠方要求增加工資數次無效，已發生罷工情事，並繼續擴大，據現在情形觀察，將有總罷工之可能。冀東地區因遭敵寇之不斷蹂躪及敵偽鈔票之不斷印發，結果致使該地物價飛漲，食糧尤貴，近日各地已餓死人民千餘人。

醜劇愈演愈醜
衆小醜爭奪肥缺

期
新中华报零一百一十六期
版
零一版
时间
一九四〇年三月二十六日

## 丑剧愈演愈丑

### 众小丑争夺肥缺

**【香港十八日电】中央社□：**汪逆伪组织准备袍易登场，一般附逆小丑已争夺肥缺，以致笑话百出，褚逆民谊原拟攫取上海市市长一职，但老牌汉奸傅筱庵以先辈自居，对伪市长一职坚持不让，双方大为不欢，现经敌方调解，伪市长决由傅逆充任，但以任用汪逆小丑蔡洪里［田］、凌宪文、黄香谷三逆为土地，教育、社会三局局长为条件，褚逆既不得志于沪市，乃欲任伪南京市长，惟该缺早已为梅逆思平占去，汪逆左右为难，最后决定任褚逆为海军部长。又伪警务总监一职，原定由丁逆默邨充任，惟操有特务实权之李逆士群亦力争不让，汪逆只得舍丁属李，另任丁逆为伪边疆委员会委员长。

中華民國二十九年三月二十六日 Sin Zhungxua Bao 星期二 第一版

# 新中華報

第一一六號 每逢星期二五出版



本報續收援助香港
三報反汪工友捐款

晉聯轉來綏中學生會十三元六角，抗大同學會二十三元，白求恩國際和平醫院休養所八元二角五分。連前八千八百九十八元九角。

共計八千九百四十
三元七角五分

## 社論 蘇芬和約對中國抗戰的意義

蘇芬和約的簽訂，像喫大藥當一樣，給了陰謀擴大世界戰爭範圍的英法等帝國主義者以迎頭痛擊。關於蘇芬和約對於歐局的影響，本報十九日社論已有論述，茲特指出其對中國目前抗戰的意義。

首先，它打擊了我國內部的漢奸投降派的陰謀。當芬蘭反動政府在英法美帝國主義者的鼓動之下，進行對蘇挑釁，迫使着蘇聯為了保衛世界無產階級在蘇聯已獲得的勝利的成果，為了維護人類真正和平，不得不進兵芬蘭，予戰爭挑動者以嚴厲懲罰的時候，中國內部的那些反蘇反共的份子，便大事咆哮：說什麼「蘇聯侵略芬蘭」，「蘇聯侵略弱小民族」，「蘇聯可能同德國妥協瓜分波蘭，今又出兵侵略芬蘭，日後亦可進兵滅亡中國」。這些人製造出此種荒謬無稽的讕言，其目的是顯而易見的，就是在於動搖我國的抗戰，破壞抗日民族統一戰線，分裂國共合作，離間中蘇友誼，孤立中國，使我國抗戰失掉社會主義強國蘇聯的有力援助，以便達到其對敵妥協投降出賣中國的目的。可是蘇芬和約的簽訂，則又一次嚴重打擊了漢奸投降派及一切反蘇反共份子對蘇聯造謠污衊的惡毒陰謀。歷史的事實充份的證明了，蘇聯不但不會侵略弱小民族，同時也只有社會主義的蘇聯，才是弱小民族獨立解放的真正友人。

其次，蘇芬和約的簽訂更增強了蘇聯對我國抗戰的援助。在兩年來中國的抗戰過程中已完全證明了只有蘇聯是援助中國抗戰最可靠的友邦。過去高唱走德意路綫的人如汪精衛之流，已是舉世共棄的漢奸，當然，他們這條路綫是失敗了。即倡行走英美路綫的人也遭受到歷史的駁斥。雖然，抗戰來英美等帝國主義國家曾對我們進行了某些物質上的援助，但同時我們絕不能忽視，英美等帝國主義對日本強盜的幫助無論在物質方面與精神方面卻數倍於我國。據統計：美國於一九三七年對日輸出，值日寇輸入總額百分之五十五强，一九三八年對日輸出佔日寇輸入總額百分之五十六强，一九三九年對日輸出佔日寇輸入總額百分之七十一强，其中純係軍火，軍用品，及製造殺人利器的重工業機器與原料，如廢鐵一項美國對日輸出便佔日本鋼鐵全部入口額百分之九十以上，由此可知日本帝國主義的侵華戰爭，美國在其中起着有決定意義的支持作用。英法等帝國主義也同樣在經濟上物質上政治上精神上援助着日本的侵華戰爭。它們都在企圖犧牲中國利益以換取日本帝國主義作為它們的戰爭同盟國。

蘇聯自中國抗戰以來，便始終站在幫助中國打擊日寇的立場上贊助了中國抗戰，張鼓峯、諾蒙漢事件，蘇聯紅軍曾予敵寇以嚴重的打擊，在日寇屈膝之下，使蘇聯更增加了對我國抗戰之援助，在日蘇的經濟關係上看來，日寇輸蘇每年不過千分之十二左右，而蘇聯輸日每年備平均千分之六强。而所有輸出日本之物品又多係木材，為一般普通輕工業原料。此與美英等國對日輸出比較實乃相差天地。關於蘇聯對中國抗戰物質上的直接援助，只要沒有失去天良的人是都不會否認的，無論在軍械飛機大砲坦克，在人材，航空員，軍事顧問，等各方面，蘇聯均對我國抗戰給予了很大的援助，單在財政方面，就曾借給了我國以四十萬萬元以上的鉅款，除去社會主義國家蘇聯外，又有那一個國家這樣幫助了我們呢？

此次蘇芬和約的簽訂是社會主義和平外交的又一次偉大勝利，使蘇聯西北邊疆獲得了充份的保障，使英法反蘇陰謀又遭受了一次嚴重的失敗。因此蘇聯將更有加強援助我國抗戰之可能，這從敵人對蘇芬和約的簽訂表示張惶失措就可知道。它認為在蘇芬和約簽訂後，「蘇聯將對遠東取強硬態度」，從這裏可以明顯看到日寇是不歡喜蘇芬和約的。

蘇聯是世界上最強大的社會主義國家，一切國際間的問題，離開了蘇聯是不能夠解決的。目前一切弱小民族的解放運動，不求得社會主義蘇聯的援助即不能獲得最後勝利。中國內部某些對共產黨對蘇聯懷有成見的頑固份子，仍在宣傳反共反蘇口號，或明或暗進行反共反蘇活動，這種行動只是完全違反抗戰利益和中國人民利益。

中國人民，為了爭取民族的澈底解放，在任何時候，都應該擁護蘇聯，擁護蘇聯和平外交的偉大勝利，親密的與蘇聯人民團結起來，加強中蘇的友誼合作。

## 三日戰況

### 邕欽路敵東犯 在靈山西北受挫
#### 敵圖犯西江打通兩廣南路戰局
#### 南鄉平南圩飛龍圩敵已被肅清

【桂南前綫廿一日電】靈山以北之敵，經我大軍痛擊，今三度撲收，該敵共約三千餘人，由良墟圩沿邕欽公路東竄，抵飛龍圩後，即轉向南犯，被我首次敗於靈山西北近郊，再敗於沙平圩（靈山西北）至是該敵殘餘千餘，又折向我南鄉平南圩（均在靈山以北）一帶，進退不得，今日拂曉我再向敵猛攻，敵以痛創之餘，無力抵抗立即紛紛南潰，我軍跟蹤追擊，殲其大半，現南鄉、飛龍圩、西洋、平南圩一帶無敵蹤。

### 南寧附近仍在激戰

【桂南前綫廿日電】南寧附近我敵激戰仍烈，大高峯坳之敵十三日由隘口東西等處向我反撲，我軍奮勇迎戰，並發砲助戰，激戰至十四日午卒將頑敵擊敗，共斃敵二百餘，刻正乘勝向高峯坳一帶進擊中。又南寧西等處敵連日經我襲擊，死傷頗重。最近敵在桂南的新企圖，是進攻西江，這是敵人認為最有利的辦法，因為這一舉可以解決三個問題，首先邕欽路可以安全些，解除……又可解除反攻局面，而廣東與廣西的南路，如果都打成一片，則對於桂南局面，頗足壯敵人聲勢。所以敵人近糾集較大兵力，由邕欽路東犯。

○ ○

## 國內新聞

### 偽中央政治會議開幕
#### 傀儡政府於卅日成立

據同盟社廿一日電稱：廿日午九時十五分，偽中央政治會議在南京中山北路國際聯歡社內正式開幕。所謂：「中國國民黨」，「維新」，「臨時」，「蒙疆」三政府，「國家社會黨」，「中國青年黨」，及「社會賢達人士」×人出席參加。首由汪逆宣佈開會，並致開幕詞。是日會議決定，偽國民政府設都南京，國旗加上標誌，以備宣揚「和平反共救國」之意義。並決議偽國民政府於三月卅日成立。散會後，汪逆精衛及偽宣傳部長林逆柏生，先後招待記者，發表荒謬談話。偽中央政治會議主席由汪逆兼任之。委員卅人，謂為「各黨各派」按比例組成。

### 敵庇護支持下 汪逆得偽首席傀儡
#### 偽臨時維新政府被取消

廿一日偽中央政治會議開第二次會，決議：一，立即取消「臨時政府」及「維新政府」之名稱，二，華北設立「華北政務委員會」，「中央政府」促該會接收「臨時政府」之政務，並依照中央之法令迅速調整之，而「維新政府」之政務，直接由「中央政府」接收調整之，三，「華北政務委員會」任用「臨時政府」全部公務員，而「中央政府」任用「維新政府」全部公務員。然北平偽組織曾提出增強特殊化問題，據稱：偽臨時政府方面仍希望二年餘之政治機構之運用不能傾覆，換言之，必須維持現行局面，使之不稍變更。此次汪逆在敵人庇護支持下，採取上項措置，因此王逆勢必求去已無問題。

### 醜劇愈演愈醜
#### 眾小醜爭奪肥缺

【香港十八日電】中央社訊：汪逆偽組織籌備粉登場，一般附逆小醜，已爭奪肥缺，以致笑話百出，潘逆民誼原擬攫取上海市市長一職，但老牌漢奸傅筱庵以先進自居，對偽市長一職堅持不讓，雙方大為不歡，現經敵方調解，偽市長決由傅逆充任，但以任用汪逆小醜蘇洪嵬、陵憲文、黃香谷、等汪逆為土地、教育、社會三局局長為條件，褚逆既不得志於偽市，乃試任偽南京市長，惟該缺早已為梅逆思平占去，汪逆左右為難，最後決定任褚逆為偽海軍部長。又偽警務總監一職，原定由丁逆默邨擔任，惟操有特務實權之李逆士羣亦力爭不讓，汪逆只得捨丁屬李，另任丁逆為偽社會部委員長。

### 滬各同業公會登報否認偽組織
#### 揭穿汪逆偽造竊取舉行

【香港廿一日電】中央社訊：汪逆精衛捏造各公會名義，發表所謂擁護宣言，本市各同業公會，對於汪逆此種卑鄙行為，均甚憤慨，紛紛登報否認，廿一日此間申報、新聞報等刊載棉織業、行業、錢業、雜糧、米油業、油餅業、棉布業等數十同業公會緊要啟事，均堅決表示否認，並誠擁護中央抗建國策。汪逆所發「和平」通電中，署名百餘之各同業公會，現存者大都已停止活動，此次對於同業公會名義，完全係汪逆方面之偽造與盜竊。

### 敵軍厭戰反戰愈熾
#### 不服調遣要求回國
#### 敵派兵包圍雙方對戰

【屯溪十九日電】自擴湖灣敵軍厭戰自殺後，該地附近敵軍大受感動，連日向敵營要求回國者，日必數起。鎮寮、嵐島、龍塘敵官兵三百餘名日前竟不服從調動，並將敵軍倉庫焚毀一處，反戰情緒，頗為高漲。敵曾派兵包圍，雙方對戰一小時，死傷頗多。後反戰敵兵被繳械，現已被押解至大通看管。

### 駐蘇大使楊杰返國述職

【重慶十九日電】中央社訊：駐蘇大使楊杰返國述職，月初返抵昆明後，並於十九日下午三時半由昆明飛抵重慶，各機關長官，前往歡迎者甚衆，楊氏下機後即與往迎者寒暄致謝，旋赴寓邸休息。

481

上海近郊激戰
沿鐵路綫敵迎我痛擊



期
新中华报零一百二十四期
版
零一版
时间
一九四〇年四月二十三日

## 上海近郊激战
## 沿铁路线敌迎我痛击

**【上海十六日路电】** 昨晨上海附近发生激烈战事，有大批华军与数在一千□百同等日军作战，日军利用重炮轰击，郊外居民均被惊醒。据华方沪上各报载称，自去年大战结束后，战事之烈以此次为最。据乡间来人谈，昨日下午双方仍在激战中，地在上海青浦公路距沪三十公里之庙行。又传浙江华军，现进击沿铁路日军云。

星期二　第一版　Sin Zhungxua Bao　中華民國二十九年四月二十三日

# 新中華報

第一二四號　每逢星期二五出版



社論

## 在擴大中的帝國主義戰爭

隨着英德在挪丹激烈的戰爭，帝國主義大戰已走上了一個新的戰爭局面。前此一時期帝國主義者雙方對中立小國家的爭取，主要的採取外交戰、經濟戰的方式，而現在則被直接武力侵佔的方式所代替了。這是帝國主義戰火更加大規模燃燒起來的警號和表現。

過去幾月，英法德雙方還是小心翼翼的避免軍事的正面作戰，企圖用一切政治的，外交的陰謀及經濟的掠奪來決定勝利。英法除了軍事上各方面對抗德國之外，更組織資本主義體系的反蘇戰爭，但是，已往的事實，蘇聯和平政策的勝利，使英法集團的陰謀不能如願以償，而且處處失敗，且戰爭的形勢仍一天天擴大發展着。由此，戰爭雙方以前慣用政治的陰謀拉攏更多的「與國」，制勝對方的計劃，不得不變爲公開的強力侵入鄰國的戰爭。

在戰爭新形勢下，挪丹已成了英德掠奪戰爭的犧牲品。現在戰爭的陰影又籠罩到比利時，荷蘭，瑞典的頭上。比國在德國壓力下簽□了德比商約，英德軍隊均紛紛集中比荷瑞邊境，情勢緊急，比荷瑞爲了防止突然的侵襲，正動員舉國軍隊，緊固邊防。用嚴守中立的態度，避免捲入戰爭，而在英法德雙方威脅之下，在戰爭的血腥恐怖下戰慄着。

戰爭範圍的擴大，將不僅局限於挪丹比荷瑞。英法爲了挽救他在斯堪的納維亞的慘敗，正在尋覓着新的戰爭舞台，形成對德側翼進攻路綫，巴爾幹便是英法所策動的新戰綫。目前英法在巴爾幹陰謀是更險惡，和棘辣了。英開隊人員曾企圖炸毀多瑙河，破壞德國的航運的陰謀被破獲，羅馬尼亞，南斯拉夫，匈牙利正密切的商討合作，以抵抗新的進攻陰謀。

意大利認爲現在是它掠奪謀利的一個良好機會而蠢蠢欲動，墨索里尼與希特勒在勃倫納會晤以後，意大利輿論積極提出要求地中海的霸權，意國的海軍便集中愛琴海演習，則巴利港已被宣告爲戒嚴區，召集後備役入伍。顯然的，這就是意大利加入掠奪戰爭的具體準備和步驟。它首先是防止英法在巴爾幹活動，恐□英法，響援德國的行動。

帝國主義大戰的暴風雨將延到南太平洋，早爲日本垂涎着的荷屬東印度，現在當荷蘭本國危急時，日寇覺得是千載一時的機會。日外相有田明白的告訴荷蘭公使說：「當荷蘭東印度情勢變更之際，日本爲適應新的事變之發展，自不能不有重大之措置。」這個「措置」就是「侵佔」的解釋。

日本企圖侵佔荷屬東印度的野心發露後，即引起了國際帝國主義者的明爭暗鬥。美國赫爾發表的聲明，要求各國「尊重」荷在太平洋的領土主權，實即反對日本的吞併計劃。這樣使得日美的衝突尖銳化。最近，美國會通過大海軍擴充計劃，就是「準備同時在大西洋太平洋作戰。」

凡此上述的一切事實，都說明着帝國主義的火餘將要燃遍整個的資本主義的世界，人類的命運正處在一個危險的時期，因此，反對戰爭，不但是帝國主義交戰國人民的任務，而是全人類的任務。

世界光明的一面，是強大的社會主義國家——蘇聯。蘇聯人民真正享受着民主，自由平等和幸福。事實證明了，弱小的中立國家，只有與蘇聯締結互助協定，在蘇聯幫助之下，才能免受帝國主義的侵犯，才能避免捲入漩渦。現在，各小中立國已接受了波，芬，挪，丹的慘痛經驗，同時也清楚的看到拉，愛，立陶宛國家的人民在蘇聯的衛護下所享受的和平福利，巴爾幹各國政府及人民都要求與蘇聯敦睦友誼，蘇聯在邊境□□駐軍，蘇聯也正進行商務談判，對衛護巴爾幹和平極有力的□□。

在帝國主義戰爭不斷擴大當中，中國抗戰軍民的當前任務，就是堅決的打擊日本帝國主義，衝破帝國主義鏈中最薄弱的一環。

## 晉南三角地帶激戰殲敵近千

## 冀八路軍展開破路戰

### 魯南敵分三股進犯受創回竄

【洛陽十八日電】向中條山進犯之敵，刻已增至七八千人，在飛機廿餘架掩護下，分竄中部東部大部廟等處與我激戰。邁城舜王一帶之敵千餘炮五六門，十五日傍晚由向大臣廟黃草□等處猛犯，我軍迎頭痛擊，斃敵五百餘。十八日午自大臣村大□村（□津渡北）等地之敵糾集步兵四千餘，當晚復在猛烈炮火掩護下□南犯，當與我軍在八政村（大臣村南）附近展開激戰，我將士抱必死決心往返衝殺，斃敵近千。

【新華社冀南十四日電】各地之敵近在各地大量強徵民夫以圖築公路網，我八路軍××等部隊爲破壞此種企圖，旬日來亦大舉向敵之公路據點進襲破壞，計上月卅日×部動員民衆二千餘破毀肥鄉廣平間公路十餘里欲電桿萬餘根。本月一日×部動員民衆二千餘，破壞永年至臨洛關間公路十餘公里，炸毀橋樑三座。九日×部進襲趙縣西南之高村，並將敵全數殲滅。

【山東某地十八日電】魯南臨沂新浦等處敵約一千四百餘，炮十餘門，汽車十餘輛，七日分數股大舉進犯。一股由大店南犯半子谷，經我痛擊，斃敵二百餘。另一股由新浦經徽漁窩黑林大店，被我阻截未逞。又一股竄至十字路圖施夾攻，我軍與敵展開激戰，斃敵六七百，敵狼狽向東北潰逃。又皖南敵爲策應魯南戰事，九日晨敵一千餘，由田家店沿淮河西犯，大部向□縣進犯，我猛烈追擊，敵傷亡甚衆，現仍與我在城郊激戰中。

## 鄂東我克麻城　繼續沿江挺進

【宜昌十六日電】鄂東寇犯七里坪（黃安北）附近之敵，經我連日痛擊受創奇重，敵增援千餘一再猛撲，我士氣極旺奮勇搏戰，至十一日下午敵全綫崩潰，狼狽潰竄，我正分路追擊中。麻城敵經我於七八兩日在閻家河七里橋一帶完全擊潰敵勢已呈不支，八日晚由宋埠馳來增援之敵，當經我軍於城郊痛殲，並繼續猛攻縣城激戰至九日午，我軍完全克復縣城。

【鄂東某地十六日電】向長江下游挺進之我軍，十五日進至鄭公塔（黃梅西南）分向龍坪，胡家榮（均在武穴東）沿江地區挺進，武穴田家鎮之敵，分遣一部分水路向龍坪進犯。企圖阻我前進，我軍決以迅雷疾風之勢，擊殲該敵於江中。又據十八日電訊，由鄂南鄂東向澄口下游機動之我軍，昨已完成某項任務，現正繼續對此部薄弱之敵施行廣泛正面之攻擊，沿江困敵已極形恐慌。

## 上海近郊激戰

### 沿鐵路線敵□□痛擊

【上海十六日路電】昨晨上海附近發生激烈戰事，有大批華軍與數在一千八百同等日軍作戰，日軍利用重砲轟擊，郊外□民均被驚醒。據華方消息，上各報戰稱，自去年大戰結束後，戰事之烈以此次爲最。據猶聞來人談，昨日下午雙方仍在激戰中，地在上海青浦公路距滬三十公里之廟行。又傳浙江華軍，現進襲沿鐵路日軍云。

## 國內

### 萊蕪秦啓榮配合敵軍圍攻八路軍

## 谷莊一戰二逆均被擊潰

### 人民同聲稱慶紛紛慰勞八路軍

【新華社山東十三日電】萊蕪四五區之秦啓榮陳三砍部之漢奸活動，近來日益明目張胆，肆無顧忌，每日派人四處虐殺抗日份子，作敵寇之幫兇，駐侯家台子之秦啓榮部，刻正集中部隊在該莊，對民衆公開宣稱，「十日內即當配合皇軍消滅八路軍」，並在該莊張貼標語，其文多爲「打倒國民殃民的蔣介石」「打倒俄國」「打倒共產黨和八路軍」，秦啓榮陳三砍近曾大調兵力，與敵配合企圖圍攻八路軍×支隊，數日前我八路軍×支隊南下時，漢奸陳三砍竟出而截擊，幸我八路軍×支隊×部機動應戰，當在雙龍谷莊一帶發生戰事，爭得主動形勢後，始將陳部及陳三砍偽軍一部擊潰，該逆等即狼狽逃竄，八路軍×支隊追擊至賈莊，偽軍中一部因洞察秦陳等叛逆行動，不願再受利用，乃紛紛攜槍前來反正者二百六十餘名，機槍七挺，步槍數十支，秦陳敗潰後，殘部即向南開去，一般民衆聞悉之下，因遭秦部騷擾過甚，自消息傳出後，莫不同聲稱慶，紛紛前來慰勞八路軍將士，並追述秦啓榮陳三砍之漢奸行爲與過去所受之慘痛不勝憤慨，現在八路軍×支隊援助下，正猛烈開展各項抗日工作云。

## 八路軍新四軍討汪救國通電

### 求全國繼續團結消弭磨擦

### 要堅持抗戰局面反對內戰

重慶林主席、蔣委員長、國民政府各院部會、國民參政會、中央黨部、中央社、新華日報、大公報、掃蕩報、中央日報、青年新聞記者學會、反侵略大同盟、中蘇文化協會、各婦女慰勞會、各戰區司令長官、各集團軍總司令、各軍師旅團長、各省政府、省黨部、各省參議會、省抗敵後援會、三民主義青年團各團部、全國各黨派、各報館、各民衆團體及海外僑胞公鑒：汪逆登場，全國震憤。伏讀國民參政會勵電及蔣委員長在參政會之演說，除奸討逆，大義凜然。德等入敵後，爲保衛祖國而戰，已歷三年，深知敵偽陰謀，在於分裂我內部統一，以求傾覆我國家，滅亡我種族，宰割我人民。近日以來，敵偽所至各地，竟敢高揭偽青天白日旗，遍設偽軍偽黨，號召和平反共。夫所謂和平即投降也，反共即滅華也，此已昭然若揭。然一部份喪心病狂之人，隨聲附和，亦復所在多有。歐戰擴大，國際陰謀份子與汪偽沆瀣一氣，企圖建立東方慕尼黑，反共陣綫，流毒危機，千鈞一髮。當此之時，國內少數不明大義之徒，或策動投降，或實行反共，而以反共爲投降之準備步驟。查反共之極，勢必至於投降，而投降之前，尤必倡言反共，汪精衛之覆轍，共明證也。故居今日而言，抗戰之危機，實不在敵偽之猖狂，而在我抗戰陣綫內部投降反共份子之存在。敵人近在中條山附近，敵屢無綫電廣播，倡言國共即將分裂，中國即將內戰，嗚呼！是何言歟？！夫敵之厚者我之禍，親所痛者仇所快，德等轉戰疆場，不惜肝腦塗地，惟求全國繼續團結，不中敵人奸計，消弭磨擦，反對內戰，在我蔣委員長領導之下，合四萬萬五千萬人之心爲一心，堅持抗戰局面，爭取最後勝利。以我中華土地之大，人口之衆，乘敵衰竭之時，遇歐戰方酣之會，如能加緊團結而不自壞其長城，再接再厲而不自毀其勇氣，則抗戰未有不勝，建國未有不成者。德等不敏，誓率全軍，爲祖國流最後一滴血，爲驅除敵偽，還我河山，雖赴湯蹈火，所不敢辭。尚祈各界先進，全國同胞，茲事力，共救危亡，臨電不勝屏營企禱之至！國民革命軍第十八集團軍總司令朱德，副總司令彭德懷，新四軍軍長葉挺，副軍長項英，暨所屬全體將士同叩。

619

期

新中华报零一百三十四期

版

零一版

时间

一九四〇年五月三十一日

# 社论　纪念“五卅”十五周年

十五年前的今天，是中华民族反抗帝国主义，特别是日本帝国主义侵略屠杀的一天。是有伟大历史意义的“五卅”运动开始的一天。这一运动乃由上海工人肇端发展而成为全民的反帝运动，全中国最广大的工人、职员、青年学生、商人、自由职业者甚至一部份的农民及军政界先进人士都激于义愤，用了罢工、罢市、罢课、示威游行等各种方式行动起来先后参加了这一运动。在这个运动中，中国工人阶级表现了自己无限英勇的先锋模范作用，由于帝国主义特别是日本帝国主义的野蛮残暴，许多工人共产党员中华民族的优秀儿女，壮烈地为国牺牲了。工人领袖顾正红同志（他是共产党的优秀党员），也在这个运动中首先殉难了。然而他们的流血牺牲是有代价的。由于他们的流血牺牲，唤起了整个中华民族的空前觉醒，促进了全国的团结。五卅运动，揭开了一九二五——二七年大革命的序幕。

从五卅运动中，全国人民清楚地看到了帝国主义的狰狞面目，特别是认清了日本帝国主义是中华民族最凶恶的死敌。

五卅运动是反帝统一战线在群众运动中的具体表现，它说明了统一战线的力量是多么的伟大。当上海工商学各界还是紧紧地联合着的时候，当国共两党表示和实现了亲密合作的时候，斗争是蓬勃地往前发展，节节胜利，帝国主义在被压迫民众的强大的威力下惧抖了；但当上海资产者表现了可耻的动摇，为帝国主义的挑拨离间分裂政策所愚弄，而向帝国主义低头之后，上海广大群众反帝运动便暂时地遭到挫折。这样，五卅运动的铁的事实，正充分地证明了这一真理：只有内部的团结统一，才能战胜外来的敌人，任何分裂，妥协投降都是失败的道路。

中華民國二十九年五月卅一日　Sin Zhungxua Bao　星期五　第一版

# 新中華報

第一三四號　每逢星期二五出版

**新華通訊社 新中華報社 啟事**

為了工作上的便利及需要，茲決定關於邊區各縣及本市所有通訊員的組織領導與教育工作，歸由新中華報負責進行，嗣後凡通訊員同志來稿來信及一切接洽事項，請直寄新中華報通訊科為荷。

又：本報中縫廣告，因土紙過小，只得將廣告地位暫時縮小，一俟大幅紙張運到後，即行恢復原狀。故很多廣告不得不酌予刪小或不能迅速登出，特請各界注意並原宥

新中華報廣告科啟



## 社論　紀念「五卅」十五週年

十五年前的今天，是中華民族反抗帝國主義，特別是日本帝國主義侵略屠殺的一天。是有偉大歷史意義的「五卅」運動開始的一天。這一運動乃由上海工人罷工所發展而成為全民的反帝運動，全中國最廣大的工人、職員、青年學生、商人、自由職業者甚至一部份的農民及軍政界先進人士都激於義憤，用了罷工、罷市、罷課、示威遊行等各種方式行動起來先後參加了這一運動。在這個運動中，中國工人階級表現了自己無限英勇的先鋒模範作用，由於帝國主義特別是日本帝國主義的瘋狂殘殺，許多工人共產黨員中華民族的優秀兒女，壯烈的為國犧牲了。工人領袖劉華同志（他是共產黨的優秀黨員），也在這個運動中首先殉難了。然而他們的流血犧牲是有代價的，由於他們的流血犧牲，喚起了整個中華民族的空前覺醒，促進了全國的團結。五卅運動，揭開了一九二五——二七年大革命的序幕，

從五卅運動中，全國人民清楚的看到了帝國主義的猙獰面目，特別是認清了日本帝國主義是中華民族最兇惡的死敵。

五卅運動是反帝統一戰線的力量最多最大的偉大表現，它說明了統一戰線的力量是多麼的偉大。當上海工商學各界團結在統一戰線運動中的時候，當國共兩黨密切合作的時候，鬥爭是蓬勃的往前發展，節節勝利，帝國主義在被壓迫民眾的強大的威力下懾抖了；但當上海資產者表現了可恥的動搖，為帝國主義的挑撥離間分裂政策所蠱惑，而向帝國主義低頭之後，上海廣大群眾反帝運動便暫時的遭到挫折。這樣，五卅運動的鐵的事實，正充分的證明了這一真理：只有內部的團結統一，才能戰勝外來的敵人，任何分裂，妥協投降都是失敗的道路。

五卅運動之所以有這偉大的歷史意義，正因為它是一個廣泛的群眾運動。在五卅運動中，明晰的顯示出民眾力量，特別是工人力量的偉大，工人階級在這運動中成為主要的骨幹，和堅強的主力軍，而中國共產黨又是領導工人階級向前邁進的發動機，因此，在任何時候進行民族的解放鬥爭，如果脫離了民眾，特別是丟開工人，和丟開共產黨，是絕不會取得最後勝利的。

在抗戰三週年的今天來紀念「五卅」，必須要接受上述歷史的主要教訓。就是說：一定要堅持國共合作，堅持抗日民族統一戰線，發動民眾積極抗戰，打倒中華民族最兇惡的死敵——日本帝國主義。只有這樣，中華民族才能獲得真正的解放。然而，這就必須防備和反對中國一部份反動資產階級的叛變，堅決反對漢奸汪逆精衛及一切反共派，進行分裂抗日民族統一戰線，使中國向敵投降的陰謀行動。

抗戰以來，中國工人階級真正繼承了五卅時代的光榮傳統，積極擁護和參加了抗戰。工人階級直接參加到各個戰場與各個正式部隊，與日本帝國主義作殘酷的血肉鬥爭的，佔着很大一個數目。他如從淪陷區退出日本工廠，在敵人飛機大砲轟擊下搶運我軍交通運輸，積極參加大後方國防工業的建設，協助農民的組織與武裝等等，完全說明了中國工人階級是如何的在保衛祖國的抗戰中，用自己的鮮血和汗汁寫出了，而且還正在寫着最光輝的驚天地泣鬼神的偉大的民族史詩！

因此，在紀念五卅的今天，在工人階級方面，應該更加發揚「五卅」的光榮傳統，團結自己的力量，為職工運動的統一，為民族解放和社會解放奮鬥到底；在政府方面，則特別應該給全國工人階級以一切民主自由，相當改善他們的生活，使他們在抗戰中更能發揮自己的偉大力量，求得中華民族的徹底解放和勝利！

## 朱彭總副司令電呈蔣委座

### 石友三與敵公開勾結讒害忠良　國家再不應縱容奸邪禍國殃民

### △請將石部調開親加整理

蔣委員長鈞鑒：竊查石部現駐魯西南地區，兩年以前即為陳部一一五師彭支隊游擊之區域；該區經彭支隊之長期組織民眾，艱苦經營，與敵幾經鬥爭不下百餘次，始得以該區為憑藉，經常襲擊徐州，破壞隴海路，予隴海路沿綫敵人以莫大威脅，在戰略上起相當大的作用。及自石部進抵該區後，和敵公開勾結，與敵和平共居，對抗日民眾則摧殘備至，對彭支隊，皆於敵誘，必欲親行消滅而後快，竟則包圍進攻激戰五日，職等曾數電呈報而未蒙有效制止，於是楊德志部乃迫不得已南下馳往解彭支隊，並檢得程主任致石密電，內略謂：除劉曹縣定陶菏澤東明考城鉅野城武單縣等八縣為該集團軍防區外，並指定該集團軍負有消滅小股共軍及切斷華北共軍與華中共軍聯絡之任務等語。喻閱之下，不勝驚異，此電若係石所假造，更證明石之異謀，若果為程主任所命，則縱容奸邪摧殘抗戰力量，殊足為程主任盛德之累。尤有憾者，以石友三年來勾通敵寇，破壞抗戰之罪行纍纍，抵魯西南後，國家不加嚴懲，使容姑息，反而明獎奸邪，擢升為集團軍總司令，增兵加餉，劃共防區。此種措施，實使職等惶惶不解！竊謂敵強不足懼，惟此輩奸邪摧害忠貞之現象，最足以禍國而有餘，職念及此，未嘗不失聲痛哭也。鈞座領導群倫，北伐抗戰素持大公，萬眾景仰，懇祈查明忠奸，嚴予賞罰，將石部調至洛陽附近，親加整理，則既可免魯西南之糾紛，更可保全一部力量，不致為石個人誘入歧途，否則切斷職部華北華中之聯絡事小，共為虎作倀，替敵人掩護隴海路，妨礙抗戰，則職等忍無可忍也。素荷厚愛，敢直陳，敬祈採納為禱！職朱德彭德懷皓

## 敵圖攫取滬租界

【香港廿二日電】滬訊：滬海軍陸戰隊司令武田藉口意大利有參戰可能，上海租界有衝突之危險，廿日曾邀集英美法意駐軍長官商討處置各國駐軍防綫問題。其意蓋欲擴大日軍權力，但四國駐軍長官態度堅決，答以四國駐軍已有維持現狀之協定，足資消弭可能發生之事態，遂無結果而散。但敵方欲乘歐戰機會攫取租界之意圖已昭然若揭，一般觀察敵方對租界有無行動，須視有無發動美日戰爭之決心云。

## 新華社奉命闢謠

### 奸人散佈此謠言目的　作為其暗殺工作之烟幕

新華社延安廿八日電：近來某方反共投降份子捏造謠言，有謂「共產黨派出二百九十二人赴山西各地圖謀暗殺晉綏軍及九十軍高級將領」等語，本社奉命嚴正聲明：此類消息，絕對無稽，純係反共投降份子破壞在山西之八路軍與晉綏軍及九十軍之團結，和分裂抗日統一戰綫，準備對日投降之有計劃的又一陰謀。個人暗殺恐怖之手段為共產主義者所不齒，同時為反共投降份子及一切陰謀暗害份子所採用。今竟造謠誣共產黨組織暗殺團，只是表示造謠者技能之柔劣與計窮力竭而已。論者有謂奸人散佈此等卑劣謠言之目的，或不僅為污衊共產黨，且係為掩蓋自己在晉綏軍中進行破壞暗殺工作之烟幕，尤深足令人注意云。

## 晉南全綫我猛烈反攻

### 鄂北反撲敵又被擊潰

最近幾天全國戰事重心，在晉南鄂北兩方面：

晉南、晉城陽城及高平縣城自上月被敵侵佔後，我八路軍及決死隊一部即展開破路戰，進襲敵人，同時配合我軍亦孜孜部署，準備爆敵。最近，我以部署兵力益為雄厚，遂利用此勢地形，對困據晉城陽城高平等據點敵作全面猛攻。數日來反攻結果：（一）我已肖將晉陽晉博晉高等公路分別破壞並加控制。（二）陽城東重要據點之開城鎮已為我迅速部隊一舉攻克，又該城西北面之高地（坪頭村以西）亦已為我攻佔。（三）晉城西面重要據點之井里鎮日前被我一再沖入，斬殺甚眾。（四）晉陽路上已展開激戰，晉城陽城在我嚴密包圍中。

豫北鄂南方面之戰事，經我……，敵約二萬餘人由棗陽附近向我反撲，我勝陝由棗陽向北深入，及至新野以東之湖河鎮及桃城東北之呂堰鎮，我以反包圍將已成，乃即展開全線攻擊，擲敵一部已被殲，一部狼狽逃至棗陽西北城郊一帶，我正殲敵，了度與縣後，殘敵集中鄂北棗陽一帶，其瓦解之期當不遠矣。

## 敵機一百卅六架襲川

### ・被擊落兩架・

【重慶廿六日電】敵機一百三十六架分四批於廿六日晨十時五十分後入川境，其中兩批飛至合江綦江一帶肆虐，當被我空軍擊潰逃跑，另兩批七十二架於下午一時半竄進市空，我空軍早有準備，當即奮起迎擊，敵機初圖頑抗，嗣以我空軍機群予以嚴重壓迫，及地上炮火攻擊，遂倉皇於渝郊盲投彈數枚即圖東逃，我各英勇健兒駕機追擊，敵驚駭形勢，乃不顧身衝入重圍，追至小觀音橋（縣東約四十公里）以機槍掃射，敵機一架立即爆炸，火花四起墜落地上，同時並另擊落敵機一架云。

## 晉西北憲促會通電全國

### 要求政府重訂選舉法　採納民意克服危機

（衛略）第四屆國民參政會通過定期「召開國民大會制定憲法實行憲政」一案，這對於堅持持久抗戰之意義而且巨，因此全國各地風起雲湧，成立憲政保進會等組織，表示全國人民要求民主，如久旱之望雲霓。晉西北工人界憲政促進會，於四月十四日在興縣正式成立，到會代表五千餘人，情況異常熱烈，並以無限忠誠向我最高統帥蔣委員長暨各長官致崇高敬禮！日寇侵入中國，企圖滅亡我民族，幸賴我委員長領導抗戰及全國同胞之堅苦奮鬥，致日寇陷於泥沼，此際此時全國上下當前的任務，是繼續精誠團結進步，堅持抗戰到底！反對妥協投降，然而民族敗類漢奸汪逆精衛在日寇政治誘降策動之下，叛黨賣國，而敵在抗日陣營內的汪逆黨羽進行種種分裂團結破壞抗戰之工作，這是目前抗戰相持階段中最危險的關鍵，現在要想克服這一危機，端賴於此次國民大會是否能真正採納民意；因此大會一致要求國民政府廢止二十五年頒佈的代表選舉法，從新製定中華民國年在十八歲以上除漢奸和有精神病者外，不分黨派、職業、性別、文化程度如何都有選舉及被選舉之權，如此才能實現民主，達到「一致的團結，共赴國難」！國家幸甚！民族幸甚！晉西北工人界憲政促進會成立大會叩。

社論

# 紀念「五卅」十五週年



期：新中华报零一百三十四期
版：零一版
时间：一九四〇年五月三十一日

五卅运动之所以有着伟大的历史意义，正因为它是一个广泛的群众运动。在五卅运动中，明晰地显示出民众力量，特别是工人力量的伟大，工人阶级在这运动中成为主要的骨干，和坚强的主力军，而中国共产党又是领导工人阶级向前迈进的发动机，因此，在任何时候进行民族的解放斗争，如果脱离了民众，特别是丢开工人，和丢开共产党，是绝不会取得最后胜利的。

在抗战三周年的今天来纪念“五卅”，必须要接受上述历史的主要教训。就是说：一定要坚持国共合作，坚持抗日民族统一战线，发动民众积极抗战，打倒中华民族最凶恶的死敌——日本帝国主义。只有这样，中华民族才能获得真正的解放。然而，这就必须防备和反对中国一部分反动资产阶级的叛变，坚决反对汉奸汪逆精卫及一切反共派，进行分裂抗日民族统一战线，使中国向敌投降的阴谋行动。

抗战以来，中国工人阶级真正继承了五卅时代的光荣传统，积极拥护和参加了抗战。工人阶级直接参加到各个战场与各个正式部队，与日本帝国主义作残酷的血肉斗争的，占着很大一个数目。他如忍饥耐寒退出日本工厂，在敌人飞机大炮轰击下维护我军交通运输，积极参加大后方国防工业的建设，协助农民的组织与武装等等，完全说明了中国工人阶级是如何的在保卫祖国的抗战中，用自己的鲜血和汗汁写出了，而且还正在写着最光辉的惊天地泣鬼神的伟大的民族史诗！

因此，在纪念五卅的今天，在工人阶级方面，应该更加发扬“五卅”的光荣传统，团结自己的力量，为职工运动的统一，为民族解放和社会解放奋斗到底；在政府方面，则特别应该给全国工人阶级以一切民主自由，相当改善他们的生活，使他们在抗战中更能发挥自己的伟大力量，求得中华民族的彻底解放和胜利！

中華民國二十九年五月卅一日　Sin Zhungxua Bao　星期五　第一版

# 新中華報

第一三四號　每逢星期二五出版

## 啓事

新華通訊社
新中華報社

爲了工作上的便利及需要，茲決定關於邊區各縣及本市所有通訊員的組織領導與教育工作，歸由新中華報負責進行，嗣後凡通訊員同志來稿來信及一切接洽事項，請直寄新中華報通訊科爲荷。

又：本報中縫廣告，因土紙過小，只得將廣告地位暫時縮小，一俟大幅紙張運到後，即行恢復原狀。故很多廣告不得不酌予刪小或不能迅速登出，特請各界注意並原宥

新中華報廣告科啓



## 社論　紀念「五卅」十五週年

十五年前的今天，是中華民族反抗帝國主義，特別是日本帝國主義侵略屠殺的一天。是在偉大歷史意義的「五卅」運動開始的一天。這一運動乃由上海工人罷工發展而成爲全民的反帝運動，全中國最廣大的工人、職員、青年學生、商人、自由職業者甚至一部份的農民及軍政界先進人士都激於義憤，用了罷工、罷市、罷課、示威遊行等各種方式行動起來先後參加了這一運動。在這個運動中，中國工人階級發現了自己無限英勇的先鋒模範作用，由於帝國主義特別是日本帝國主義的殘暴，許多工人共產黨員中華民族的優秀兒女，壯烈的爲國犧牲了。工人領袖劉正紅同志（他是共產黨的優秀黨員），也在這個運動中首先殉難了。然而他們的流血犧牲是有代價的，由於他們的流血犧牲，喚起了整個中華民族的空前覺醒，促進了全國的團結。五卅運動，揭開了一九二五——二七年大革命的序幕。

從五卅運動中，全國人民清楚的看到了帝國主義的猙獰面目，特別是認清了日本帝國主義是中華民族最兇惡的死敵。

五卅運動是反帝統一戰綫的具體表現，它說明了統一戰綫的力量是多麼的偉大。當上海工商學各界還是緊緊的聯合着的時候，當國共兩黨表示和實現了親密合作的時候，鬥爭是蓬勃的往前發展，節節勝利，帝國主義在被壓迫民衆的強大的威力下懾抖了；但當上海資產者表現了可恥的動搖，爲帝國主義的挑撥離間分裂政策所愚弄，而向帝國主義低頭之後，上海廣大羣衆反帝運動便暫時的遭到挫折。這樣，五卅運動的鐵的事實，正充分的證明了這一眞理：只有內部的團結統一，才能戰勝外來的敵人，任何分裂，妥協投降都是失敗的道路。

五卅運動之所以有這偉大的歷史意義，正因爲它是一個廣泛的羣衆運動。在五卅運動中，明晰的顯示出民衆力量，特別是工人力量的偉大，工人階級在這運動中成爲主要的骨幹，和堅強的主力軍，而中國共產黨又是領導工人階級向前邁進的發動機，因此，在任何時候進行民族的解放鬥爭，如果脫離了民衆，特別是丟開工人，和丟開共產黨，是絕不會取得最後勝利的。

在抗戰三週年的今天來紀念「五卅」，必須要接受上述歷史的主要教訓。就是說：一定要堅持國共合作，堅持抗日民族統一戰綫，發動民衆積極抗戰，打倒中華民族最兇惡的死敵——日本帝國主義。只有這樣，中華民族才能獲得眞正的解放。然而，這就必須防備和反對中國一部份反動資產階級的叛變，堅決反對漢奸汪逆精衛及一切反共派，進行分裂抗日民族統一戰綫，使中國向敵投降的陰謀行動。

抗戰以來，中國工人階級眞正繼承了五卅時代的光榮傳統，積極擁護和參加了抗戰。工人階級直接參加到各個戰場與各個正式部隊，與日本帝國主義作殘酷的血肉鬥爭的，佔着很大一個數目。他如破壞退出日本工廠，在敵人飛機大砲轟擊下維護我軍交通運輸，積極參加大後方國防工業的建設，協助農民的組織與武裝等等，完全說明了中國工人階級是如何的在保衛祖國的抗戰中，用自己的鮮血和汗汁寫出了，而且還正在寫着最光輝的驚天地泣鬼神的偉大的民族史詩！

因此，在紀念五卅的今天，在工人階級方面，應該更加發揚「五卅」的光榮傳統，團結自己的力量，爲職工運動的統一，爲民族解放和社會解放奮鬥到底；在政府方面，則特別應該給全國工人階級以一切民主自由，相當改善他們的生活，使他們在抗戰中更能發揮自己的偉大力量，求得中華民族的徹底解放和勝利！

## 朱彭總副司令電呈蔣委座
### 石友三與敵公開勾結詭害忠良
### 國家再不應縱容奸邪禍國殃民
### ▲請將石部調洛親加整理

蔣委員長鈞鑒：查石部現駐魯西南地區，兩年以前即爲陳部一一五師彭支隊游擊之區域；該區經彭支隊之長期組織民衆，艱苦經營，與敵浚酷鬥爭不下百餘次，始得以該區爲憑藉，經常襲擊徐州，破壞隴海路，予隴海路沿綫敵人以莫大威脅，在戰略上起相當大的作用。及自石部進抵該區後，和敵公開勾結，與敵和平共居，對抗日民衆則摧殘備至，皆於敵寇，對彭支隊則包圍進攻激戰五日不，必欲徹行消滅而後快，職等曾數電呈報而未蒙有效制止，於是楊德志部乃迫不得已南下馳往解圍彭支隊，並檢得程主任致石密電，內略謂：除劉曹縣定陶菏澤東明考城鉅野城武單縣等八縣爲該集團軍防區外，並指定該集團軍負有消滅小股共軍及切斷華北共軍與華中共軍聯絡之任務等語。喻閱之下，不勝駭異，此電若係石所假造，更證明石之異謀，若果爲程主任所命，則縱容奸邪摧毀抗戰力量，殊足爲程主任盛德之累。尤有憾者，以石友三年來勾通敵寇，破壞抗戰之罪行累累，抵魯西南後，國家不加嚴懲，優容姑息，反而明獎奸邪，擢升爲集團軍總司令，增兵加餉，劃其防區。此種措施，實使職等惶惶不解！皆謂敵強不足懼，惟此類奸邪違害忠貞之現象，足以禍國而有餘，職念及此，未嘗不失聲痛哭也。鈞座領導抗戰，素持大公，萬衆景仰，萬懇查明忠奸，嚴正賞罰，將石部調至洛陽附近，親加整理，則既可免魯西南之糾紛，更可保全一部力量，不致爲石個人誤入歧途，否則切斷職部華北華中之聯絡事小，共爲虎作倀，替敵人掩護隴海路，妨礙抗戰則難容忍也。□□厚愛，故敢直陳，敬祈採納爲禱！職朱德彭德懷皓

## 敵圖攫取滬租界

〔香港廿二日電〕滬訊：滬海軍陸戰隊司令武田聲稱日寇大利有參戰可能，上海租界有衝突之危險，廿日曾邀集英美法意駐滬長官商討處置各國駐軍防綫問題。其意蓋欲擴大日軍權力，但四國駐軍長官態度堅決，答以四國駐軍已有維持現狀之協定，足資消弭可能發生之事態，遂無結果而散。但敵方欲乘歐戰機會攫取租界之意圖已昭然若揭，據一般觀察敵方對租界有無行動，須視有無發動美日戰爭之決心云。

## 新華社奉命闢謠
### 奸人散佈此謠言的目的
### 作爲其暗殺工作之烟幕

新華社延安廿八日電：近來某方反共投降份子捏造謠言，有謂「共產黨派出二百九十二人赴山西各地圖謀暗殺晉綏軍及九十軍高級將領」等語，本社奉命嚴正聲明：此類消息，絕對無稽，純係反共投降份子破壞在山西之八路軍與晉綏軍及九十軍之團結，和分裂抗日統一戰綫，準備對日投降之有計劃的又一種陰謀。個人暗殺恐怖之手段爲共產主義者所不齒，同時爲反共投降份子及一切陰謀暗害份子所採用。今竟造謠謂共產黨組織暗殺團，只是表示造謠者技能之拙劣與計窮力竭而已。論者意云：有謂奸人散佈此等卑劣謠言之目的，或不僅爲污衊共產黨，且係爲掩蓋自己在晉綏軍中進行破壞暗殺工作之烟幕，尤深足令人注意云。

## 晉南全綫我猛烈反攻
### 鄂北反撲敵又被擊潰

最近幾天全國戰事重心，在晉南鄂北兩方面：

晉南、晉城陽城及高平縣城自上月被敵侵佔後，我八路軍及決死隊一部即展開破路戰，進襲敵人，同時晉南我軍亦孜孜部署，準備殲敵。最近，我以部署兵力益爲雄厚，遂利用有利地形，對困據晉城陽城高平等據點敵作殲敵猛攻。數日來戰果：（一）我已將晉陽晉博高等公路分別破壞加控制。（二）陽城東重要據點之一開城鎮已爲我速部隊一舉攻克，又該城西北面之高地（坪頭村以西）亦已爲我攻佔。（三）晉城西南重要據點之廿里鋪日前被我一再沖入，敵被殲甚衆。（四）晉陽路上已展開激戰，晉城陽城在我殲滅包圍中。

### 豫北鄂南方面

之戰事，經我一度圍擊後，殘敵集中鄂北棗陽一帶，敵約二萬餘人由棗陽附近向我反撲，我誘敵由棗陽向北深入，及至新野以東之溝河鋪及樊城東北之呂堰鎮，我以反包圍猶已成，乃即展開全綫攻擊，敵一部已被殲，一部狼狽逃至襄陽西北城郊一帶，其瓦解之期當不遠矣。

## 晉西北憲促會通電全國
### 要求政府重訂選舉法
### 採納民意克服危機

（衡略）第四屆國民參政會通過定期「召開國民大會制定憲法實行憲政」一案，這對於堅持持久抗戰之意義深而且巨，因此全國各地風起雲湧，成立憲政保障等組織，表示全國人民要求民主，如久舉[illegible]之號召。晉西北工人界憲政促進會，於四月十四日在興縣正式成立，到會代表五千餘人，情況異常熱烈，並以無限忠誠向我最高統帥蔣委員長及各長官致崇高敬禮！日寇侵入中國，企圖滅亡我民族，[illegible]

幸賴我委員長領導抗戰及全國同胞之堅苦奮鬥，致日寇陷於泥沼，此際此時全國上下

### 當前的任務

是繼續精誠團結進步，堅持抗戰到底！反對妥協投降，然而民族敗類漢奸汪逆精衛在日寇政治誘降策動之下，叛黨賣國，而敵在抗日陣營中的汪派黨羽進行挑撥分裂團結破壞抗戰之工作，這是目前抗戰相持階段中最危險的關鍵，現在要想克服這一危機，全賴於此次國民大會是否能貫徹採納民意；因此大會一致要求國民政府廢止一二十五年頒佈的代表選舉法，從新製定中華民國在十八歲以上除漢奸和有神經病而外，不分黨派、職業、性別、文化程度如何，都有選舉及被選舉權，如此才能實現民主，達到團結一致共赴國難[illegible]

## 敵機一百卅六架襲川
### ·被擊落兩架·

〔重慶廿六日電〕敵機一百三十六架分四批於廿六日晨十時五十分侵入川境，其中兩批飛至合江綦江一帶肆虐，當被我空軍擊潰逃竄，另兩批七十二架於下午一時竄進市空，我空軍早有準備，當即迎擊，發生猛烈之遭遇戰，敵機初尚頑抗，旋以我機奮勇猛擊，予以嚴重壓迫，及地上炮火攻擊，敵倉皇投彈數枚於郊外，即向東逃竄，我各英勇健兒即跟蹤追擊，敵狼狽異常，時我瞄準將軍見敵如此殘暴，乃奮不顧身，沖入敵機羣，追至小龍坎附近（距東南四十公里）以猛烈炮火射擊，敵機一架立即爆炸，火花四起墜落地上，同時並另擊落敵重轟炸機一架云。

敵圖攫取
滬租界

期：新中华报零一百三十四期

版：零一版

时间：一九四〇年五月三十一日

# 敌图攫取沪租界

**【香港二十二日电】沪讯：**敌海军陆战队司令武田借口意大利有参战可能，上海租界有冲突之危险，二十日会［曾］邀集英美法意驻军长官商讨处置各国驻军防线问题。其意盖欲扩大日军权力，但四国驻军长官态度坚决，答以四国驻军已有维持现状之协定，足资消弥［弭］可能发生之事态，遂无结果而散。但敌方欲乘欧战机会攫取租界之意图已昭然若揭，据一般观察敌方对租界有无行动，须视有无发动美日战争之决心云。

新中華報
第一三四號 每逢星期二五出版



## 社論 紀念「五卅」十五週年

十五年前的今天，是中華民族反抗帝國主義，特別是日本帝國主義侵略屠殺的一天。是有偉大歷史意義的「五卅」運動開始的一天。這一運動乃由上海工人罷工開始發展而成為全民的反帝運動，全中國最廣大的工人、職員、青年學生、商人、自由職業者甚至一部份的農民及軍政界先進人士都激於義憤，用了罷工、罷市、罷課、示威遊行等各種方式行動起來先後參加了這一運動。在這個運動中，中國工人階級表現了自己無限英勇的先鋒模範作用，由於帝國主義特別是日本帝國主義的殘暴兇殘，許多工人共產黨員中華民族的優秀兒女，壯烈的為國犧牲了。工人領袖劉正紅同志（他就是共產黨的優秀黨員），也在這個運動中首先殉難了。然而他們的流血犧牲是有代價的。由於他們的流血犧牲，喚起了整個中華民族的空前覺醒，促進了全國的團結。五卅運動，揭開了一九二五——二七年大革命的序幕，

從五卅運動中，全國人民清楚的看到了帝國主義的猙獰面目，特別是認清了日本帝國主義是中華民族最兇惡的死敵。

五卅運動是反帝統一戰線的力量最偉大的具體表現，它說明了統一戰線的力量是多麼的偉大。當上海工商學各界還是緊緊的聯合着的時候，當國共兩黨表示和實現了親密合作的時候，鬥爭是蓬勃的往前發展，節節勝利，帝國主義在被壓迫民衆的強大的威力下慌抖了；但當上海資產者表現了可恥的動搖，為帝國主義的挑撥離間分裂政策所愚弄，而向帝國主義低頭之後，上海廣大群衆反帝運動便暫時的遭到挫折。這樣，五卅運動的鐵的事實，正充分的證明了這一真理：只有內部的團結統一，才能戰勝外來的敵人，任何分裂，妥協投降都是失敗的道路。

五卅運動之所以有着偉大的歷史意義，正因為它是一個廣泛的群衆運動。在五卅運動中，明晰的顯示出民衆力量，特別是工人力量的偉大，工人階級在這運動中成為主要的骨幹，和堅強的主力軍，而中國共產黨又是領導工人階級向前邁進的發動機，因此，在任何時候進行民族的解放鬥爭，如果脫離了民衆，特別是丟開工人，和丟開共產黨，是絕不會取得最後勝利的。

在抗戰三週年的今天來紀念「五卅」，必須要接受上述歷史的主要教訓。就是說：一定要堅持國共合作，堅持抗日民族統一戰線，發動民衆積極抗戰，打倒中華民族最兇惡的死敵——日本帝國主義。只有這樣，中華民族才能獲得真正的解放。然而，這就必須防備和反對中國一部份反動資產階級的叛變，堅決反對漢奸汪逆精衛及一切反共派，進行分裂抗日民族統一戰線，使中國向敵投降的陰謀行動。

抗戰以來，中國工人階級真正繼承了五卅時代的光榮傳統，積極擁護和參加了抗戰。工人階級直接參加到各個戰場與各個正式部隊，與日本帝國主義作殘酷的血肉鬥爭的，佔落很大一個數目。但如[illegible]退出日本工廠，在敵人飛機大砲轟炸下維護我軍交通運輸，積極參加大後方國防工業的建設，協助民衆的組織與武裝等等，完全說明了中國工人階級是如何的在保衛祖國的抗戰中，用自己的鮮血和汗汁寫出了，而且還正在寫着最光輝的驚天地泣鬼神的偉大的民族史詩！

因此，在紀念五卅的今天，在工人階級方面，應該更加發揚「五卅」的光榮傳統，團結自己的力量，為職工運動的統一，為民族解放和社會解放奮鬥到底；在政府方面，則特別應該給全國工人階級以一切民主自由，相當改善他們的生活，使他們在抗戰中更能發揮自己的偉大力量，求得中華民族的徹底解放和勝利！

## 朱彭總副司令電呈蔣委座

### 石友三與敵公開勾結詭害忠民 國家再不應縱容奸邪禍國殃民

### ▲請將石部調開親加整理▼

蔣委員長鈞鑒：查石部現駐魯西南地區，兩年以前即為陳部一一五師彭支隊游擊之區域；該區經彭支隊之長期組織民衆，艱苦經營，與敵幾經鬥爭不下百餘次，始得以該區為據點，經常襲擊徐州，破壞隴海路，予隴海路沿線敵人以莫大威脅，在戰略上起相當大的作用。及自石部進抵該區後，和敵公開勾結，與敵和平共居，對抗日民衆則摧殘備至，對彭支隊則包圍進攻激戰五日，必欲盡行消滅而後快，職等曾數電呈報而未蒙有效制止，於是楊德志部乃迫不得已南下馳往冀魯豫彭支隊，並檢得程主任致石密電，內略謂：除劉曹單縣定陶濮澤東明考城鉅野城武單縣等八縣為該集團軍防區外，並指定該集團軍負有消滅小股共軍及切斷華北共軍與華中共軍聯絡之任務等語。喻聞之下，不勝驚異，此電若係石所假造，更證明石之異謀，若果為程主任所命，則縱容奸邪摧毀抗戰力量，殊足為程主任盛德之累。尤有憾者，以石友三年來勾通敵逆，破壞抗戰之罪行昭彰，抵魯西南後，國家不加嚴懲，僅容姑息，反而明獎奸邪，擢升為集團軍總司令，增兵加餉，劃其防區。此種措施，實使職等惶惶不解！皆謂敵強不足懼，惟此輩奸邪寄害忠貞之現象，最足以禍國而有餘，職念及此，未嘗不失聲痛哭也。鈞座領導萬衆抗戰，素持大公，萬衆敬仰，為懇查明忠奸，嚴正賞罰，將石部調至洛陽附近，親加整理，則既可免魯西南之糾紛，更可保全一部力量，不致為石個人所誤入歧途，否則切斷職部華北華中之聯絡事小，共為虎作倀，替敵人掩護隴海路，妨礙抗戰則難容忍也。事關厚愛，故敢直陳，敬祈採納為幸！職朱德、彭德懷皓

## 敵圖攫取滬租界

【香港廿二日電】滬訊：該海軍陸戰隊司令武田積極鼓噪意大利有參戰可能，上海租界有衝突之危險，廿日會邀集英美法意駐軍長官商討關於各國駐軍防綫問題。共意蓋欲擴大日軍權力，但四國駐軍長官態度堅決，答以四國駐軍已有維持現狀之協定，足資消弭可能發生之事態，遂無結果而散。但敵方欲乘歐戰機會攫取租界之意圖已昭然若揭，據一般觀察敵方對租界有無行動，須視有無發動美日戰爭之決心云。

## 新華社奉命闢謠

### 奸人散佈此謠言目的 作為其暗殺工作之烟幕

新華社延安廿八日電：近來某方反共投降份子捏造謠言，有謂「共產黨派出二百九十二人赴山西各地圖謀暗殺晉綏軍及九十軍高級將領」等語，本社奉命嚴正聲明：此類消息，絕對無稽，純係反共投降份子破壞在山西之八路軍與晉綏軍及九十軍之團結，和分裂抗日統一戰綫，準備對日投降之有計劃的又一幕陰謀。個人暗殺恐怖之手段為共產主義者所不齒，同時為反共投降份子及一切陰謀暗害份子所採用。今竟造謠謂共產黨組織暗殺團，只是表示造謠者技能之拙劣與計窮力竭而已。論者有謂奸人散佈此等卑劣謠言之目的，或不僅為污衊共產黨，且係為掩蓋自已在晉綏軍中進行破壞暗殺工作之烟幕，尤深足令人注意云。

## 晉南全綫我猛烈反攻 鄂北反撲敵又被擊潰

最近幾天全國戰事重心，在晉南鄂北兩方面：

晉南、晉城陽城及高平縣城自上月被敵侵佔，我八路軍及決死隊一部即展開破路戰，並襲擾敵人，同時晉軍亦孜孜部署，準備殲敵。最近，我以部署兵力益為雄厚，遂利用此等地形，對困據晉城陽城高平等據點敵作全綫猛攻。數日來反攻結果：（一）我已首將晉陽間公路高平公路分別破壞並加控制。（二）陽城東重要據點之關城鎮已為我師速部隊一舉攻克，又該城西北面之高地（坪頭村以西）亦已為我攻佔。（三）晉城西南重要據點之廿里鋪日前被我一再沖入，斬獲甚衆。（四）晉陽路上已展開激戰，晉城陽城在我戰綫包圍中。

豫北鄂南方面之戰事，經我[illegible]集中鄂北棗陽一帶之敵，經我攻克後，殘敵復由棗陽二萬餘人由東關附近向我反撲，我勝除由[illegible]向北深入，及至新城以東之獨河鎮，我以反包圍殲滅敵人一部已成，乃即展開全綫攻擊，擊敵一部已被殲，一部狼狽逃竄至棗陽西北城郊一帶，其瓦解之期當不遠矣。

## 敵機一百卅六架襲川 ·被擊落兩架·

【重慶廿六日電】敵機一百三十六架分四批於廿六日晨十時五十分侵入川境，其中兩批飛至合江綦江一帶肆虐，當被我空軍擊落逃跑，另兩批七十二架於下午一時半竄進市空，我空軍早有準備，當即發生猛烈之遭遇戰，敵機初圖頑抗，嗣以我高空機群予以嚴重壓迫，及地上炮火攻擊，敵倉皇從渝郊擲彈數枚，即圖東逃，我各英勇健兒跟蹤追擊，敵隊形狼亂，此時我猛將見敵如此殘態，乃猛不顧身衝入敵機群，追逐至小組背極（距渝東南四十公里）以機槍掃射，敵機一架立即爆炸，火花四起墜落地上，同時並另擊落敵重轟炸機一架云。

## 晉西北憲促會通電全國 要求政府重訂選舉法 採納民意克服危機

（衛略）第四屆國民參政會通過定期「召開國民大會」制定憲法實行憲政一案，這對於堅持持久抗戰之意義異常重大，因此全國各地風起雲湧，成立憲政促進會等組織，表示全國人民要求民主，如久旱之望雲霓。晉西北工人界憲政促進會，於四月十四日在興縣正式成立，到會代表五千餘人，情況異常熱烈，並以無限忠誠向我最高統帥蔣委員長暨各長官致崇高敬禮！日寇侵入中國，企圖滅亡我民族，[illegible]我前方將士之英勇抗戰及全國同胞之堅苦奮鬥，致日寇陷於泥沼，此際此時全國上下當前的任務是繼續精誠團結進步，堅持抗戰到底！反對妥協投降，然而民族敗類漢奸汪逆精衛在日寇政治誘降策動之下，叛黨賣國，而敵在抗日陣營的汪逆黨羽進行種種分裂團結破壞抗戰之工作，這是目前抗戰相持階段中最危險的關鍵，現在要想克服這一危機，全賴於此次國民大會是否能真正採納民意；因此大會一致要求國民政府廢止二十五年頒佈的代表選舉法，從新製定中華民國選舉法，年在十八歲以上除漢奸和有神經病者而外，不分黨派、職業、性別、文化程度，如何都有選舉及被選舉之權，如此才能實現民主，達到團結救亡，努力共赴國難一致的昭示，民族解放萬歲！晉西北工人界憲政促進會成立大會印

期：新中华报零一百三十六期

版：零一版

时间：一九四〇年六月七日

# 汪逆宣传全属欺骗

【香港电】沪讯：敌方占据之工厂均不允交回，伪上海方面，属于国营者，如江南造船厂，兵工厂，炼铁厂，电话局等，属于商办者如自来水厂，华商电气公司，公茂船厂等已改为三菱造船所，水电厂改为中支水电株式会社，兵工厂改为敌军修机厂，沪西造币厂于最近改为军械厂，汪逆宣传敌方将交还占领区工□交通企业等，全属欺骗。

中華民國二十九年六月七日 Sin Zhungxua Bao 星期五 第一版

# 新中華報

第一三一號 [illegible] 五出版

## 緊急通知

敵機轟炸，傳染疫病，時疫猖狂，為預防起見，本會已備有疫苗，派防疫隊，分赴各地，特通知各界市民及各機關幹部，屆時前往注射防疫針為荷。

注射地點及期間：

一、北門外門診部——六月五日起，至十五日止。

二、新市場民教館——六月三日起，至十三日止。

又關於飲用河水，應嚴於每日上午汲取貯存，下午即由市政當局，嚴行禁止，希各界注意。

延安防疫委員會啟 六月二日

## 大眾文藝 第一卷 第一期

### 要目

馬雅可夫斯基逝世十週年紀念特輯：

左翼進行曲 [illegible]

正確地認識馬雅可夫斯基

與列寧同志談話 [illegible] 馬雅可夫斯基

作為諷刺家的馬雅可夫斯基

關於會談 [illegible]

評論五篇

快和大眾在一起（特寫）

一百五十塊錢（小說）

愛的條件（小說）

我們的狀況 [illegible]

寫作講話（一）

定價：每冊三角 全年三元六角

中華全國文藝界抗敵協會延安分會編 延安新華書店發行

## 社論 讀法共宣言以後

當法國形勢發展可危，比利時投降之後，法國便發了[illegible]的時候，讀了法國共產黨宣言，不禁有無限感慨。

這一宣言，是對法國內反動壓迫者和剝削者[illegible]，是工人階級的[illegible]，是人民的控訴者，是對法國人民的死敵[illegible]。

[illegible]

在這宣言裏，指出了法國資產階級，犧牲了數百萬工人農民的生命[illegible]

[illegible]

## 河曲縣十餘萬軍民 反對偽組織及投降派 誓死為獨立與民主奮鬥

（新華社）河曲各界憲政促進會於五月一日在河曲縣舉行成立大會，到各界代表及軍民數千人，情緒熱烈。[illegible]河曲人民對憲政之熱望！[illegible]抗戰迄今，幾近三年，[illegible]敵組織偽政府於外，頑固派反動派分裂[illegible]於內。時局[illegible]

[illegible]

## 憲政開[illegible]

主 我河曲民眾自[illegible]

[illegible]

## 蘇聯報論中日戰爭

【新華社[illegible]】[illegible]紅星報[illegible]文，概述四月來之[illegible]戰況，略謂：[illegible]

[illegible]

## 蘇聯人民大表憤慨 敵機殘殺中國平民

【塔斯社莫斯科電】[illegible]最近日機轟炸[illegible]重慶之消息，蘇聯人民對日機之暴行[illegible]不表示憤慨。[illegible]近日不斷殘殺中國平民，乃前[illegible]日軍[illegible]

[illegible]

## 汪逆告倭全國敗報

[illegible]：敵方估據之工廠均不允交回，偽上海方面，[illegible]

## 蘇駐平[illegible]

【[illegible]北平三日[illegible]】[illegible]

## 蘇聯雜誌論中日現狀

### 中國日強日本日弱 我已力足爭取獨立

【莫斯科[illegible]】[illegible]

### 而日本日弱 以中國日強

[illegible]

### 汪氏不無[illegible]會地位

[illegible]

## 突破重重難關而建立起來的 大青山抗日根據地

[illegible]

### 如濟[illegible]何士[illegible]

[illegible]

## 八路軍反掃蕩的戰績

### 一一個月戰鬥四二五次 殺死鬼子三八九四名

[illegible]

## 強有力之軍隊已成立

[illegible]

## 殲滅潰敵軍

【新華社[illegible]】[illegible]

## 偽汪逆作宣傳 [illegible]

【[illegible]】[illegible]

# 衣食价格高涨四倍
# 沪工人苦不堪言

**【上海五日电】**以一九三六年之指数为一百，则以下之数目可使吾人得窥一九四〇年上海工人阶级生活情形之一般［斑］：粮食三八三点二四，布匹四〇三点八七，燃料四六四点二一。同时根据上海工部局之统计，上海元之购买力已由一百降至二六点一，而工人之工资，不仅未见增高，且形下减，故劳苦工人之生活，可谓苦不堪言云。

中華民國二十九年六月十一日　Sin Zhunghua Bao　星期二

# 新中華報

第一三七號　每逢星期二五出版



## 重要更正

五月七日本報第四版所載西北青救第十四屆[illegible]常委員長書中有「陝甘寧邊區三屆[illegible]第一節「雁北游擊大隊[illegible]」「晉綏邊區行政委員會[illegible]林」，改為「紀綏南之役，第二節「[illegible]縣長[illegible]」應改為「華縣楊[illegible]縣長[illegible]世[illegible]」；結末署名中的「冀熱遼邊區青年救國聯合會」應刪改為「陝甘寧邊區學生救國聯合會」，「陝甘寧邊區青年救國聯合會」之誤。特此更正，敬希諒察！

## 社論　反對查封沒收抗戰書報

最近許多主張抗戰團結進步的書報，不斷受到檢查、封禁、扣留、和沒收。在重慶、成都、長沙、西安等地，此類事情之發生，指不勝屈。新華日報、群眾等合法刊物，既經政府機關登記，其出版又為政府檢查機關所檢查而最後通過，發行自應無絲毫問題。然而事實相反。在四川各學校裏它還受到學校當局禁止學生閱覽；新華日報的報販在街上常遭流氓的無故毆辱和毒打；許多「新華」「群眾」的讀者受到匿名的警告。重慶成都西安等地的某些進步書店，同樣是經過合法手續登記的，然而卻往往受到檢查，而被檢查的書目，政府當局又認而不宣，致使書店營業受到莫大損失。不久以前，由延安運出之刊物，如解放、新中華報、中國青年、中國婦女、中國文化與中國工人等，共百餘箱，亦被頑固份子在中部縣設卡的檢查機關全部扣留並沒收了。

這種現象，無疑的，是我國文化界出版界思想界的又一極大危機，是抗戰的不幸和損失！

抗戰全世界都知道，上面所述各種刊物，都是中華民族解放的號角，是抗戰的忠實宣傳者、鼓勵者、和組織者。其主要任務，就是宣傳堅持抗戰、鞏固團結，力求進步的正確主張；就是動員和組織人民堅決實行革命的三民主義，擁護國民政府及蔣委員長堅持抗戰的國策；就是無情的揭露一切漢奸、賣國賊、汪派、托派的投降與分裂陰謀，誠為打擊腐敗、貪汚、自私自利的卑鄙頑固行為。因此，這些刊物的傳播，在今天，無論在前後方或游擊區，都是極端需要的。它可以提高軍隊的文化政治水準，創造自覺的軍事紀律，發揚軍事技能，提高部隊的戰鬥力量；經過它們，可以團結人民，團結各抗日黨派，提高民族的警覺性，清除抗戰營壘內的漢奸投降分子；經過它們，又可動員海內外同胞提供一切人力物力財力智力，貢獻給國家，以爭取抗戰勝利。這樣，這些刊物，在抗戰中則不僅是一種理論指導，同時又是精神與物質的兩種力量。而沒有這兩種力量，抗戰的最後勝利是不可能達到的。一位十九世紀的軍事家和思想家關於戰爭曾給過如下的定義：「大多數的現象——一半是物質的，一半是精神的原因和結果所構成。可以這樣說，物質的現象好比一把木柄，而精神的現象是由高貴金屬所鍛成的銳利的刀」。如果中國一定不僅失掉「銳利的刀」，而且連「一把木柄」也將會失掉。所以，目前封禁及沒收抗戰書報，是一種可怕的事情。這種行為，是與中國自取滅亡的行為。

秦始皇「焚書坑儒」，滿清「文字獄」的政治，以及十年來內戰的思想壓迫，確實給人民精神文化發展以極大桎梏，因而屢次招來了外來的侵略。而這種覆轍，至今猶為人民所痛恨深絕。這是值得作為寶貴的教訓的。否則，依然重蹈過去的覆轍，那就只好給後世子孫做日本的奴隸。

然而，這是中國絕大多數人民所不願意的，他們必定起來反對！他們所要求的，是國家民族的獨立和解放，是爭取集會結社言論出版之一切民主自由。真正民主憲政之實施。絕大多數人民的這個要求，是公正的要求，是應有的要求，任何黑暗勢力都是阻撓不了的。

今天，在中國，應該死去的東西，是那些腐敗黑暗倒退的東西，所以今天查封沒收的刊物，應是那些破壞抗戰，實行分裂、倒退的漢奸汪派託派的刊物！然而不幸得很，出賣人頭的共產主義的叛徒葉青之流所辦的反動小冊子，卻在西安各地通行不阻的大批賠送和強迫購買著，專門被運回延安與抗戰的「抗戰與文化」亦竟被合法的採用為教育青年的課本！這說明了，中國確有一部分人要想實行分裂投降，願意做日本的奴隸，因而與人民在思想上打下基礎。然而，這一部分人，到底是極少數的漢奸汪派託派投降派及頑固份子。他們的企圖，抗戰的政府與人民應該予以嚴格的制裁。古今中外歷史證明，鬥爭的結果，一定是絕大多數人民的勝利。因此，絕大多數人民，一定要有信心，起來採取各種方法和行動，反對這些漢奸敗類的倒行逆施，一定要為民族打出一條光明的大道。

## 華北各地敵寇蠢動

### 「掃蕩」與反「掃蕩」戰激烈開展

### 八路軍擊退五台縣敵

### ——粵中花縣為我克復——

敵在豫南鄂北受挫後，對華北各敵後抗日根據地進行多方面之「掃蕩」戰，最近在晉察冀、晉中、晉南及晉西北分兵進犯，尤其是晉察冀邊區之五台縣。但我八路軍健兒有備無患，除正面以牙還牙，予以反掃蕩之打擊，同時在其他敵人兵力較比薄弱地區，亦均出兵進擊，或是在戰略上對反掃蕩戰有決定作用之地方，縱使我在甲地有所損失，而在乙地亦能有所得，總之我必要使敵得不償失，以堅持全國抗戰，準備戰略反攻階段之到臨。

### 冀察晉區的爭奪戰

冀察晉邊區東線滹沱河南北兩岸之「掃蕩」與反「掃蕩」戰已猛烈展開，敵自上月底敵前後由同蒲北段增五台東冶河邊村各據點五千餘人，增台懷五百餘，由正太線增盂縣二千餘，分途向我進攻：北計五台敵千餘，經豆村向東南進犯，盂縣敵千五百餘北犯會里，與我軍激戰於滹沱河沿岸；五台敵二百餘東犯，與我激戰於河口西北，而當我五台以東柏蘭，耿鎮，高洪口等重要據點，但經我八路軍×××部隊及各該地之民眾猛烈反攻，激戰兩晝夜，已將進犯之敵全部擊潰，柏蘭鎮耿鎮高洪口等各重要據點，為我全部攻克。

此次敵對晉察冀邊區之進犯，來勢相當兇猛，與敵展開爭奪戰之八路軍一部之能於短期內擊潰敵寇，克復要點，大多得力於事前之準備，僅就該邊區週內之交通戰而言，在本月初進犯前，我已完成以下為反掃蕩戰所必要之任務：一，東線方面破壞公路共七十八次，破壞鐵道（平漢路）四次，總長四百五十餘里；收回電線一五〇〇〇斤。二、西線方面，破壞公路三百餘段，破壞鐵道（同蒲路）五段，收回電線二百餘斤。三，北線方面，破壞公路十餘次，毀鐵軌（平漢路）二次，共三百五十二段，炸燬鐵橋一座，木橋九座，收回電線六八〇〇斤。

此外，我在該西及白石公路北段方面，復以主動姿態，迫擊各據點敵，策應五台東之反掃蕩戰。

最近冀察晉邊區敵我作戰區域圖
（參見[illegible]文內的說明）

### 魯中進犯敵被擊退

魯中泰沂敵向我山區地帶進行「掃蕩」，遭我打擊，向我平原地進犯，復為我擊退。最近又由臨城邳城，增援沂水敵三千，增大店敵八百餘，由莒莊增臨沂敵七千餘，似有向蒙山區進攻企圖。另津浦線鄒縣滕縣、平原、[illegible]等地敵，亦以三千之眾，分四路向我沙縣以南八路軍北部進犯後，但經我側擊，激戰數次，已完全擊退。

### 粵中花縣為我克復

敵人兵力有限，顧彼失此，最近在華北粵中向我進犯，但在粵南則失去粵漢路南段之一段之據點花縣。先是花縣附近敵經我猛攻，消耗過甚，及至本月三日我復以圍剿部隊與堅強保容，沖入花縣城內，雖經苦戰，敵即潰散，花縣遂為我收復。

## 人民領袖毛澤東同志

### 晉西北青年追隨著你

### 並向你致敬祝你健康

敬愛的毛澤東先生：我們今天舉行的五四青年節紀念大會一致決議向你致親切的問候與崇高的敬禮！你是中國人民領袖，你是革命導師，你領導了中國人民進行著偉大的革命鬥爭，你指示了中國人民解放的道路，你才是中國青年最愛戴最親切的導師，我們一定而且已經在追隨著你，為革命奮鬥到底，我們誓死團結在你週圍，為革命奮鬥到底。我們打跑了頑固派，現在正積極為鞏固晉西北抗日根據地的任務奮鬥著。最後，我們晉西北全體青年祝你健康！

晉西北五四中國青年節紀念會上

## 滬工人苦不堪言　衣食價格高漲四倍

【上海五日電】以一九三六年之指數為一百，則以下之數目可使吾人得知一九四〇年上海工人階級生活情形之一般：糧食三八三‧二四，布四四〇‧三一，燃料四八七，六四‧二一。同時根據上海工部局之統計，上海一元之購買力已由一，一百降至二六‧一，而工人之工資，不僅未見增高，且形下減，故勞苦工人之生活，可稱苦不堪言云。

## 晉西北青年節　大會電呈委座

蔣委員長鈞鑒：今天是五四中國青年節，此間特召開大會，以資紀念，大會代表晉西北全體青年謹向委員長致崇高的敬禮與親切的慰問！堅持抗戰團結進步，為驅逐日寇建立新中國的唯一方法，委員長在反汪告國人書及參政會講演詞中關於這點曾有剴切的說明與指示。但汪逆賣國，成立偽中央政府，拉攏他指使全國所謂汪派，進行投降分裂倒退的陰謀詭計，想把中國拉回倒退的深淵，所以大會一致決議擁護

## 請給青年以民主自由　並嚴辦壓迫青年的禍首

蔣委員長抗戰到底，反對汪逆的漢奸賣國政府及一切投降分裂倒退的行為。青年是民族的靈魂，我委員長雖愛護青年，但在大後方，在西安、洛陽各地集中營中有許多青年們被剝奪了自由，被受迫投降及特務份子的逼迫的出不了氣，這樣確是得以參加抗戰都沒有絲毫自由了。際此紀念青年自己的節日，我晉西北全體青年謹向委員長請求給予全國青年以抗戰的自由，飭令各地[illegible]政府開放青年運動，對頑固派及暗殺汪派壓迫青年的禍首，以叛罪行處以應得之罪，而儆效尤。如此則青年幸甚！民族幸甚！不勝待命之至。謹致最高敬禮！

晉西北五四中國青年節紀念大會叩

## 日寇想奪取滬租界

【[illegible]五日電】[illegible]，據可靠消息，[illegible]方面已決定[illegible]上海租界，[illegible]近因[illegible]，其進行之陰謀如下：

### 擬定五個步驟

（一）唆使汪逆偽組織設一偽委員會，由外交次長徐逆良，偽法次汪逆翰章，偽滬市長傅逆筱庵等為常務委員，俾偽接受兩特區法院審權及公共事業等。（二）由敵偽報紙，中華日報，大陸新報等[illegible]界及[illegible]。[illegible]（四）必要時對兩租界封鎖食糧、貨物，鼓動市民騷動，致黨及偽警，以維持秩序為名義，開入租界。（五）由敵方會同[illegible]當局，[illegible]通知兩租界[illegible]，[illegible]，必要時不惜以武力解決。以上各項均依德國[illegible]行，奪取租界後，即用[illegible]。[illegible]在租界[illegible]局均[illegible]中云。

日寇想趁火打劫

# 日寇想趁火打劫

【香港五日电】□沪来客谈，最可靠方面获得消息，敌方对上海两租界已蓄意夺取，近因欧战扩大，义［意］国势将参战，其乘机攫取之念更切；其进行之阴谋如下：

## 拟定五个步骤夺取沪租界

（一）唆使汪逆伪组织设一伪委员会，由外次徐逆良，伪法次汪逆浣［翰］章，伪沪市长傅逆筱庵等为常务委员，准备接受两特区法院警权及公共事业等。（二）由敌伪报纸，《中华日报》，《大陆新报》等。鼓吹收回租界反对英法。（三）收买流氓由汉奸指使捣乱，并围在扬［杨］树蒲［浦］水电厂断绝公共租界水电，在南市董家渡断绝法租界自来水供给。（四）必要时对两租界封锁食粮、货物鼓动市民骚动，敌军及伪警即以维持秩序为名义，开入租界。（五）由敌方会同义［意］国驻军通知两租界当局，交出管理权，并撤退其他各国驻军，必要时不惜以武力解决。以上各项均俟义［意］国实行参战后，即用突击姿态执行，现尚在秘密准备中。闻两租界当局均在紧密戒备中云。

中華民國二十九年六月十一日　Sin Zhungxua Bau　星期二

# 新中華報

第一三七號　每逢星期二五出版

**重要更正**

五月七日本報第四版所載西北青年救國會[illegible]書中有[illegible]，改[illegible]。特此更正，敬希諒察。



## 社論　反對查封沒收抗戰書報

最近許多主張抗戰團結進步的書報，不斷受到檢查、封禁、扣留、和沒收。在重慶、成都、長沙，西安等地，此類事情之發生，指不勝屈。新華日報、群衆等合法刊物，既經政府機關登記，其出版又爲政府檢查機關所檢查而發行通過，發行自應無絲毫問題。然而事實相反。在四川各學校裏它還受到學校當局禁止學生閱讀；新華日報的報販在街上常遭流氓的無故毆辱和毒打；許多「新華」「群衆」的讀者受到匿名的警告。重慶成都西安等地的某些進步書店，同樣是經過合法手續登記的，然而却往往受到檢查，而被檢查的書目，政府當局又認而不宣，致使書店營業受到莫大損失。不久以前，由延安運出之刊物，如解放、新中華報、中國青年、中國婦女、中國文化與中國工人等，共百餘箱，亦被頑固份子在中部等設立機關全部扣留並沒收了。

這種現象，無疑的，是我國文化界出版界思想界的又一極大危機，是抗戰的損失，不幸和損失！全世界都知道，上面所述各種刊物，都是中華民族解放的號角，是抗戰的忠實宣傳者，鼓動者，和組織者。其主要任務，就是宣傳堅持抗戰，鞏固團結，力求進步的正確主張；就是動員和組織人民堅決實行革命的三民主義，擁護國民政府及蔣委員長堅持抗戰的國策；就是無情的揭露一切漢奸，賣國賊，汪派，托派的投降與分裂陰謀，揭露打擊腐敗，貪婪，自私自利的卑鄙墮落行爲。因此，這些刊物的傳播，在今天，無論在前後方或海外，都是極端需要的。它可以提高軍隊的文化政治水準，創造自覺的軍事紀律，發揮軍事技能，提高部隊的戰鬥力量；經過它們，可以團結人民，團結各抗日黨派，提高民族的警覺性，清除抗戰營壘內的漢奸投降分子；經過它們，又可動員海內外同胞提供一切人力物力財力智力，獻給國家，以爭取抗戰勝利。這樣，這些刊物，在抗戰中，則不僅是一種理論指導，同時又是精神與物質的兩種力量。而沒有這兩種力量，抗戰的最後勝利是不可能達到的。一位十九世紀的軍事家和思想家關於戰爭曾給過如下的定義：「大多數的現象——一半是物質的，一半是精神的原因和結果所構成。可以這樣說，物質的現象好比一把木柄，而精神的現象是由高貴金屬所鍛成的銳利的刀」。如果中國一定要封禁及沒收抗戰書報，那末，在日本帝國主義的面前，中國將不僅失掉「銳利的刀」，而且連「一把木柄」也將會失掉。所以，目前封禁及沒收抗戰書報，是一種可怕的事情。這種行爲，是與秦始皇「焚書坑儒」，滿清「一書興獄」的政治，以及十年來內戰的思想讓過，確實給人民精神文化發展以極大桎梏，因而屢次招來了外來的侵略。而這種罪惡，至今猶爲人民所最深惡痛絕。這是值得作爲寶貴經驗教訓的。否則，依然蹈過去的覆轍，那就只好給偽世子孫做日本的奴隸。

然而，這是中國絕大多數人民所不願意的，他們必定起來反對！他們所要求的，是國家民族的獨立和解放，是爭取集會結社言論出版之一切民主自由，實現真正民主憲政之實施。絕大多數人民的這個要求，是應有的要求，是歷史的要求，任何黑暗勢力都是阻擋不了的。所以今天，在中國，應該死去的東西，是那些腐敗黑暗倒退的東西，今天要查封查收的刊物，應是那些破壞抗戰，實行分裂、倒退的漢奸汪派托派的刊物！然而不幸得很，出賣人頭的共產主義的叛徒葉青之流所寫的反動小冊子，却在西安各地公然不阻的擺的大批贈送和強迫購買着，專門破壞團結與抗戰的「抗戰與文化」亦竟依合法的採用爲教育青年的課本！這說明了，中國確有一部分人要想實行分裂投降，隨意做日本的奴隸，因而與人民在思想上打下基礎。然而，這一部分人，到底是極少數的漢奸汪派托派投降派及頑固份子。他們的企圖，人民應該予以嚴格的制裁。古今中外歷史證明，鬥爭的結果，抗戰的結果，一定是政府與絕大多數人民的勝利。因此，絕大多數人民，一定要有信心，起來採取各種方法和行動，反對這些漢奸敗類的倒行逆施，而替民族打出一條光明的大道。

## 華北各地敵寇騷動

### 「掃蕩」與反掃蕩戰激烈開展

### 八路軍擊退五台縣敵

### ——粵中花縣爲我克復——

敵在豫南鄂北受挫後，對華北各敵後抗日根據地進行多方面之「掃蕩」戰，最近在晉察冀、晉冀豫、魯中、魯南及晉西北分兵進犯，尤其是晉察冀邊區之敵，猖獗最甚。但我八路軍健兒有鑒於此，除正面以牙還牙，予以反掃蕩之打擊，同時亦在其他敵人兵力較比薄弱地區，或是在戰略上對反掃蕩戰有決定作用之地方，亦均出兵進擊，縱使我在甲地有所損失，而在乙地亦能有所得，總之我必要使敵得不償失，以維持全國抗戰，準備戰略反攻階段之到臨。

#### 冀察晉區的爭奪戰

冀察晉邊區東鐵滹沱河南北兩岸之「掃蕩」與反「掃蕩」戰已猛烈展開，敵自上月底敵前後由同蒲北段增五台東滹沱河邊村各據點五千餘人，增台懷五百餘，由正太線增盂縣二千餘，分途向我進攻：計五台敵千餘，北經豆村向東南進犯，盂縣敵千五百餘，北犯會里，與我軍激戰於滹沱河沿岸；五台敵二百餘東犯，與我激戰於河口西北，並陷我五台以東柏閭，耿鎮，高洪口等重要據點，但經我八路軍××部隊及各該地之民衆猛烈反攻，激戰兩晝夜，已將進犯之敵全部擊潰，柏閭耿鎮高洪口等各重要據點，爲我全部攻克。

此次敵對晉察冀邊區之進犯，來勢相當兇猛，與敵展開爭奪戰之八路軍一部之能於短期內擊潰敵寇，克復要點，大多得力於事前之準備，僅就該邊區週圍之交通戰而言，在敵於上月底本月初進犯前，我已完成以下爲反掃蕩戰所必要之任務：一，東線方面破壞各公路共七十八次，破壞鐵道（平漢路）四次，總長四百五十餘里，破壞橋樑十餘座，收回電綫一五〇〇〇斤。二，西線方面，破壞公路三百餘段，破壞鐵道（同蒲路）五段，收回電綫二百餘斤。三，北線方面，破壞公路十餘次，毀鐵軌（平漢路）二次，共三百五十二段，炸壞鐵橋一座，木橋九柄，收回電綫六八〇〇斤。此外，我在鐵西及白洛公路北段方面，復以主動姿態，進擊各據點敵，策應五台東之反掃蕩戰。

最近冀察晉邊區敵我作戰區域圖

（參見前段文內的說明）

#### 魯進犯敵被擊退

魯中魯南敵向我「掃蕩」，遭我打擊，向我平原區進犯，復爲我擊退。最近又由臨城郯城據點增沂水敵三千，增大店敵八百餘，由莒縣增臨沂敵七千餘，似有向我濱海區臨沂蒙陰山區進攻企圖。另津浦路兗州滕縣、平原、[illegible]等地敵，亦以三千之衆，分四路向我八路軍某部進犯後，但經我側擊後，激戰數次，已完全擊退。

#### 粵中花縣爲我克復

敵人兵力有限，顧彼失此，最近在華北華中向我進犯，但在華南則失去粵漢路南一段之據點花縣。先是花縣附近敵經我襲擊，消耗過甚，及至本月三日，我復以周密部署與緊強陣容，冲入花縣城內，幾經巷戰，敵即潰敗，花縣遂爲我收復。

## 人民領袖毛澤東同志

### 晉西北青年追隨着你

### 並向你致敬祝你健康

敬愛的毛澤東先生：我們今天舉行的五四青年節紀念大會一致決議向你致最親切的問候與最崇高的敬禮！你是中國人民領袖，你是革命導師，你領導了中國人民進行偉大的革命鬥爭，你指示了中國人民解放的道路，你才是中國青年最愛戴最親切的導師，我們一定而且已經在追隨着你，爲革命奮鬥到底，我們誓死團結在你週圍，爲革命奮鬥到底。我們打跑了頑固派，現在正積極創建晉西北抗日根據地的任務奮鬥着。最後，我們晉西北全體青年祝你健康！

晉西北五四中國青年節紀念會上

## 衣食價格高漲四倍

### 滬工人苦不堪言

【上海五日電】以一九三六年之指數爲一百，則以下之數目可使吾人得知一九四〇年上海工人階級生活情形之一般：糧食三八三・二四，布四四〇三・八七，燃料四六四・二一。同時根據上海工部局之統計，上海一元之購買力已由一百降至二六・一，而工人之工資，不但未見增高，且形下減，故勞苦工人之生活，可謂苦不堪言云。

## 晉西北青年節

### 大會電呈委座

蔣委員長鈞鑒：今天是五四中國青年節，此間特召開大會，以資紀念，大會代表晉西北全體青年謹向委員長致崇高的敬禮與親切的慰問！堅持抗戰團結進步，爲我國唯一方略，日寇建立新中國的唯一方法，委員長在反汪告國人書及參政會講演詞中關於此點曾有剴切的說明與指示。但汪逆賣國，成立偽中央政府，拉攏並指使全國漢奸親日派，進行投降分裂倒退的陰謀詭計，想把中國推入日寇[illegible]，所以大會一致決議擁護委員長抗戰到底，反對汪逆的漢奸賣國政府及一切投降分裂倒退的行爲。青年是民族的靈魂，我們最愛護青年，但在大後方，在西安、洛陽、蘭州各地集中營中有許多青年們被剝奪了自由，被投降及漢奸派家壓迫的出不了氣，進步的書報被禁，見得這參加抗戰都沒有絲毫自由了。際此紀念青年自己的節日，我晉西北全體青年謹向委員長請求給予全國青年以抗戰的自由，飭令各地青年救國會結社出版的自由，政府開放被禁的書籍，對頑固派及暗藏的汪派壓迫青年的罪行處以應得之罪，而傚尤者如此則青年幸甚！民族幸甚！臨電不勝待命之至。

晉西北五四中國青年節紀念大會叩

### 請給青年以民主自由

### 並嚴辦壓迫青年的禍首

## 日寇想

### 奪取滬租界

【本報五日電】[illegible]日方[illegible]上海兩租界[illegible]，近因[illegible]敵方對上海兩租界[illegible]，必要時不惜以武力解決。以上各項均係[illegible]，即用突發行動，現[illegible]。其進行之陰謀如下：

### 擬定五個步驟

（一）唆使汪逆偽組織設一偽委員會，由外交大臣緒逆民誼，偽法大汪逆辦等偽常務委員，偽滬市長傅逆筱庵等偽委員，強令接受兩特區法院警權及公共事業等。（二）由敵偽報紙，中華日報，大陸新報等[illegible]。

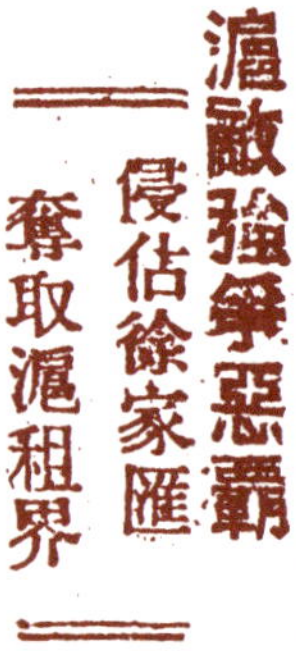
滬敵強爭惡霸
侵佔徐家匯
奪取滬租界

期：新中华报零一百四十四期

版：零一版

时间：一九四〇年七月九日

## 沪敌强争恶霸

### 侵占徐家汇
### 夺取沪租界

【香港电】（迟到）沪讯：法租界当局将徐家汇移交于敌伪后，防军及巡捕已完全撤退，敌伪军于上日［月］二十五日晨九时开入该区。记者于二十五午前往该区视察，见法防军及巡捕俱已退至海格路以东，徐家汇路口有法租界装甲车一辆及警捕数人守望，铁丝网仅留一出入口，网外即有伪警三名驻守。天主堂一带亦有伪警布岗，敌宪兵则乘车检巡。陆家路凯旋路及靠近沪杭铁路一带，以前法防军布置之铁丝网，均于二十五日午折御［卸］。至徐家汇镇居民则纷纷迁移云。（编者按：徐家汇至沪杭路附近一带，自二十六年冬我军撤退后，原属法租界防区，近日寇乘法波尔多政府对德投降机会，强争恶霸，现闻沪敌更压迫上海英法等国当局撤退沪上驻军，意图侵占共公［公共］租界）①。

① 此段“编者按”内容为报纸原文，非本书编辑人员按，特此说明。

# 新中華報

每逢星期二五出版　第一四四號

敵國總覽　創刊號

研究日本問題★最好的參考資料★

日本最近的時局和共統治階級內部的矛盾的尖銳化
日本議會制度的劃分和共動向
日本指導人物名鑑
日本帝國主義者怎樣估計對蘇戰略戰爭
日本新聞怎樣觀察國共磨擦
特載：在華日本人民反戰同盟延安支部成立宣言
日本經濟資料
八路軍總政治部敵軍工作部日本問題研究會編

七月五日出版

解放

一一〇期要目

共產主義底偉大理論家——斯大林
朱德同志在延安在職幹部學習總結大會上的講話
任弼時同志在延安幹部學習週年總結大會上的講話
延安在職幹部一年來學習總結
日本無產階級底目前任務
論中國游擊戰爭
列寧的「進一步退兩步」
研究「聯共（布）黨史」名詞詮釋

解放社出版
新華書店發行

## 社論

# 論蘇聯收復比薩拉比亞及布科文納

上月廿八日，因羅馬尼亞政府接受蘇聯要求的結果，紅軍以迅速、果斷、和平的進軍，收復比薩拉比亞和北布科文納，解放了一部份烏克蘭人民及其他民族的兄弟姊妹，這是蘇聯紅軍英勇與[illegible]的再次表現。

一九一八年初，羅馬尼亞反動資產階級，在英法帝國主義策動和幫助之下，乘着蘇維埃政權剛剛建立而還未十分鞏固的時候，搶佔了的蘇聯的比薩拉比亞；布科文納，是在第一次帝國主義大戰結束之後，羅馬尼亞從奧匈帝國主義手中奪去的區域，它在種族上，語言上，歷史上屬於烏克蘭。在地理上說，比薩拉比亞與布科文納，同為蘇聯西南部國境的屏障；而比薩拉比亞，更是保衛多瑙河口，防止帝國主義經由多瑙河進入黑海的據點，是鞏固蘇聯在黑海方面安全的必要地區。因此，無論在歷史上或地理上來說，蘇聯收復比薩拉比亞和布科文納，都是正當，合理和必要的行動，一切關於紅軍進入比薩拉比亞和布科文納乃是侵略羅馬尼亞的流言，完全是帝國主義反動派和其走狗惡意的誣蔑和造謠。

本年三月廿九日，蘇聯最高蘇維埃第六屆全會時，莫洛託夫同志曾提醒並且警告羅馬尼亞政府說：「羅馬尼亞，乃吾國尚未與之訂立互不侵犯條約的國家，此因關於比薩拉比亞之懸案，迄未能解決。羅馬尼亞侵佔蘇聯該省，始終未獲得承認，然亦從未發生以軍事方式收復比薩拉比亞之問題……但願獲得保證：羅馬尼亞能深切了解此類事件實不可寬恕」。莫洛託夫同志的報告，充份顯示出蘇聯政府一貫的寬大與光明磊落的態度，然而反蘇二十二年來，羅馬尼亞反動政府，並未從此得出教訓，也不曾有過任何促進蘇羅友誼的表示或行動，相反，廿二年來，羅馬尼亞反動政府，始終是在外來帝國主義支持之下，對外則充當巴爾幹國家反蘇的先鋒，對內則肆意剝奪人民自由，壓迫共產黨，摧殘少數民族，因此，蘇羅兩國間之正常關係，在羅馬尼亞反動資產階級極力的破壞之下，長期不能樹立。這種情況，對於蘇聯的安全與巴爾幹的和平，是不利的。

目前的國際局勢，一方面是帝國主義大戰已經發展到一個新的階段，帝國主義間相互的衝突，並沒有完結；一方面則是社會主義國家蘇聯，由於和平外交政策苦心經營的結果，已經在西白俄羅斯和西烏克蘭的土地上，已經在波羅的海沿岸各國，獲取和建立了社會主義國家安全的重要保障，已經使波羅的海和巴爾幹許多國家，日益遠離着帝國主義戰爭的漩渦。因此，為了發展與鞏固國家之間的永久和平，「正如蘇聯政府屢次公開向全世界所宣佈的一樣，蘇聯將不能容忍從久遠的過去，為大多數烏克蘭人所居住的蘇聯的土地，處在侵略者的鐵蹄之下」，因此，今天蘇聯就不得不進兵收復比薩拉比亞與布科文納。這是歷史和目前國際局勢的要求。這是在比薩拉比亞與布科文納的人民一致歡迎紅軍、熱烈歡迎紅軍之下進行的。在紅軍開始解放比薩拉比亞和布科文納行軍的時候，該兩地的人民無論男女老幼都集結在一起歡欣鼓舞地歡迎紅軍，贈紅軍將士以鮮花，高呼「蘇聯萬歲」！「偉大的斯大林萬歲！」在紅軍已經解放了比薩拉比亞和布科文納的時候，原來居住於羅馬尼亞本部的比薩拉比亞和布科文納人民都紛紛回到自己的故鄉，每日有三列車數滿載人民由加拉次開赴比薩拉比亞。雖然羅馬尼亞曾經向他們無數次開槍，而他們卻依然堅決鬥爭着，要回到自己的故鄉去。由此可見，比薩拉比亞和布科文納之歸還蘇聯，完全是該兩地人民所自願的。

紅軍英勇行動的最大意義，就在於它不僅解放了比薩拉比亞與布科文納的人民，同時使社會主義的祖國，從本國邊界上，從波羅的海以迄黑海，在這一條最易受帝國主義侵略的戰線上，獲得了更完滿的安全。

其次，對於巴爾幹國家的本身的安全問題上，無疑的，也增加了一支堅強的和平的力量，更保障了巴爾幹的和平。一切說「紅軍破壞了巴爾幹和平」的讕言，都是反動資產階級的讕言。

要知道，巴爾幹人民，全歐洲人民，全世界人民對於蘇聯的一切和平行動都是熱烈擁護的。因為：只有偉大的社會主義蘇聯是世界和平的堅強堡壘，是一切被壓迫人民與被壓迫民族的真正援助者和最可靠的朋友！

## 抗戰三週年紀念

# 蔣委員長告全國軍民書

## 我們團結努力堅持奮鬥到底

【重慶六日電】今天為我抗戰三週年紀念日，蔣委員長特發表告全國軍民書，其大意如下：

首告「我全國軍民，不論在前線在後方在淪陷區乃至僑居在海外各地的，只要同心同德，萬衆一心，從三年來血的鬥爭中，的教訓中，各自警惕，各自鞭策，一致精勵，奮鬥無間，始終矢志，驅逐敵人於國土外，則敵閥的澈底崩潰，決為無可逃避的命運。」

次述及敵汪密約，謂為「這一個亙古未有大陰謀之總暴露，更激發了世界，更震動了中國人民，更加強了我國人民殺敵自衛的決心，也更加深了敵國內部的矛盾和變亂，從此我中國人民就是三尺童子也都知道不拚命就再沒有生活的餘地。」

復次說到我抗戰的目的曰：「本來我們中國抗戰旗幟鮮明，目標正確，完全為保持人民的生存和國家的獨立，所全力奮鬥者，就是必須驅逐敵軍完全撤退於我們國境以外，恢復我領土主權與行政之完整。」

再次告國同胞：「值此抗戰第四年代開始的今天，我對全國同胞負責保證，最後勝利的把握，完全操在我們中國的手中，是必無疑義的了。」並號召人民道：「時局愈變化，戰事愈緊張，我們愈要堅定勇敢，我們務必建立強固不拔的精神堡壘，使每一個黃帝子孫，能夠經得起最後勝利以前任何艱難困苦的精神，忍受當前的艱難困苦；我們要以不成功便成仁的決心，衝破一切的艱難困苦；我們要從艱難困苦中發揮中華民族的偉大力量，為中國為全人類創造未來的永久的福利，我們團結，我們努力，持久奮鬥，我們必定完成歷史所賦與我們的艱巨使命！」

最後對全國人民大聲疾呼，要求團結與努力：「將士們！同胞們！現在是勝利逼近的時期，也是我們奮鬥最嚴重的階段，我們不可××××的古訓，我們必須明白愈久愈堅的至理，我們要以自尊自信

## 上海同胞 愛國不後人

【香港一日電】「七七」三週年紀念將屆，滬各界擬不舉行紀念儀式，屆時將一致以[illegible]以供將士及難民推行徵募寒衣運動籌聚之需。

## 敵寇玩耍 傀儡戲

【香港二日電】滬訊：敵方分化淪陷區毒計，愈演愈烈，為擴大華北現已特殊化不使汪逆插足外，華中方面，亦與汪逆隔絕，不相聞問。汪偽兩逆會先後勾結[illegible]，但事無結果。敵方現更變本加厲，使偽鄂省長何佩瑢組織共和黨與汪逆對立。[illegible]基金定一百萬元，每月活動費金十萬元，已由敵方撥發。

# 冀中抗日根據地

## 它在戰略上的地位

冀中平原抗日根據地是晉冀察邊區的一部份，它的周圍，有北平，天津，保定，石家莊，滄州等敵後方主要的都市，平漢，津浦，北寧，滄石四路，構成冀中區的自然邊界。它在今天已成為堅持華北抗戰增備反攻的最主要地區之一，在戰略上它有如下的作用：（一）冀中游擊戰爭成為直接保衛晉察冀邊區最主要的一環，是粉碎敵人第二階段大規模的「掃蕩」游擊區的主要地區之一。（二）冀中處在敵人重重包圍中，它是獨立作戰的戰略單位，它保持着相當廣泛的機動地區，從內線到外線，保持了華北抗戰戰略上的機動餘地。在戰略上形成了不可分離的部份。

敵人的六次進攻

敵人開始「掃蕩」冀中，是在武漢廣州失陷之後，也在五萬餘軍大舉「掃蕩」晉察冀失敗以後，這中間共經過六次戰役的進攻，第一次在二十七年十一月十三日開始，敵以五千兵力，進攻新城霸縣，雄縣，容城，固安等地，第二次進攻在十二月廿五日至廿八年一月二十日，敵以一千五百人的兵力，進攻安國，博野，蠡縣等地。第三次進攻，由廿八年一月廿五日至二月四日，津浦線敵軍進佔交河獻縣，河間，圖切斷子牙河兩岸交通。第四次進攻，地區是安平，饒陽，武強，深縣，深澤，自二月十四日至三月十一日企圖切斷滹沱河兩岸交通分割滹沱河以南地區。第五次進攻，敵以七千以上兵力，於三月十八日至四月初，猛攻任邱，文安，大城等地。第六次進攻，敵以平漢津浦兩路大量兵力，配合機械化部隊各兵種，自六月十八日迄七月一日，猛攻蠡縣，肅寧，河間一帶，企圖一舉消滅我軍全力。六月上旬，敵又在霸縣以北，新城東南，饒陽東北，深縣西北，高陽公路間向我襲擊，經八路軍十夜激戰，（六月九日至十八日）完全被擊潰。

怎樣粉碎圍攻的

敵人「掃蕩」的方式分兩種，自第一次進攻到第四次戰役是先佔據點，縮小並分割我作戰地區，五六次戰役以後，採取了外線向內線的夾擊的方式。分進合擊成為敵人進攻戰術的主要部份，防禦戰唯一是固守據點。

冀中區經過敵人幾次的掃蕩後，我僅剩饒陽任邱文安三縣，敵人到處橫行，這時我以全力打破當前之困難，提倡軍隊不離本地，動員一切力量對付敵人，靈活的採用集中主力打擊敵人一路的原則，疲憊敵人，分散我後方機關成為每個戰鬥單位，大肆流動地方游擊小組，破壞敵人交通運輸，實行堅壁清野，敵最後一次進攻時，平原上已為我方所佔據，機械化兵團已完全失了它的效用。

八路軍光榮戰績

綜計抗戰三年來冀中區前後經歷了八百二十五次戰鬥，殺傷敵偽軍一萬四千九百十七人，俘敵偽軍一千八百五十七，偽軍反正已達二千五百三十二人。（×泉）

# 國府通緝漢奸

【重慶電】國府六月廿五日令：陳孚木，王克敏，朱即，許錫慶，黃良鍾，李仲[illegible]，許力球，朱亦子，林汝衍，金章，蕭漢忠，汪逸生，顧仇謀，盧寶永，周應湘，林中原，商濟明，黃淞衝，郭炳一，盧無悶，何人魂等，均屬附逆有據，着由全國軍政機關一體嚴緝，務獲歸案懲辦此令。

# 滬敵強爭惡霸

## 侵佔徐家匯 奪取滬租界

【香港電】（遲到）滬訊：法租界當局特徐家匯移交於敵偽後，防軍及巡捕已完全撤退，敵偽軍於上日廿五日晨九時開入該區。記者於廿五午前往該區觀察，見法防軍及巡捕俱已退至海格路以東，徐家匯路口有法租界裝甲車二輛及巡捕數人守護，鐵絲網僅留一出入口，網外即有偽警三名駐守。天主堂一帶亦有偽警佈崗，敵兵則乘車梭巡。徐家匯路凱旋路及虹橋近滬杭鐵路一帶，以前法防軍佈置之鐵絲網，均於廿五日午拆卸。至徐家匯鄰居民則紛紛遷移云。（編者按：徐家匯至滬杭路附近一帶，自二十六年冬我軍撤退後，原屬法租界防區，近日惡漢法波爾多政府對德投降機會，強爭惡霸，現聞滬敵更壓迫上海英法等國當局撤退滬上駐軍，實圖侵佔共公租界。）

× ×





新中華報

1940

新中華報

上海新闻整理汇编

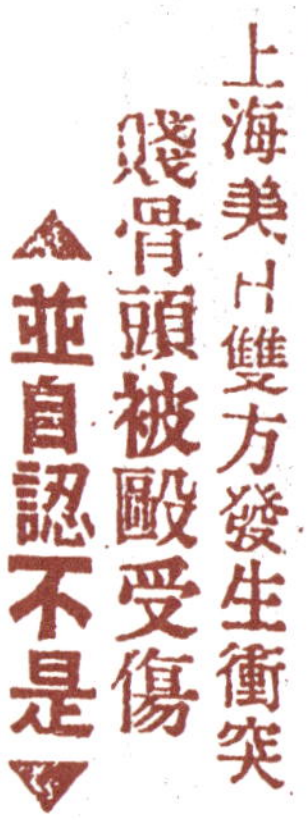
上海美日雙方發生衝突
賤骨頭被毆受傷
並自認不是

珍藏版

期 新中华报零一百四十六期

版 零一版

时间 一九四〇年七月十六日

# 上海美日双方发生冲突
# 贱骨头被殴受伤
# 并自认不是

【上海八日电】七日敌酋西尾视察公共租界及法租界，日本便衣宪兵与美方发生冲突。即于七日上午十时在静安寺路附近之日本便衣宪兵十六名因携带手枪被美国警备队扣留。下午四时半被扣之宪兵十六名即已归队，其中数名遭美兵殴打受伤，但日方已自认此次日方未预先通知美方关于日本便衣宪兵赴美警备区内保护西尾之消息，在手续上确有不妥之处云。

中華民國二十九年七月十六日　Sin Zhungxua Bao　星期二　第一…

# 新中華報

第一四六號　每逢星期二五出版

只有這樣正確的執行抗日民族統一戰綫政策，大家一條心，生死與共，相見以誠，互助互讓，互相尊重，互相信任，泯除過去一切猜忌歧視、戒備、不信任，以及磨擦甚至流血冲突的現象，才能眞正做到團結。而只有眞正做到團結，才能抗戰到底，爭取民族解放勝利。

## 社論　團結抗戰

目前中國處在一個空前困難的時期。這種困難，一方面固然使抗戰營壘中的一小部分的不堅定份子，愈益動搖起來，發生悲觀的情緒，而企圖向敵屈膝，走汪精衛所走的投降與亡國的道路；但另一方面，也使全國上下更加覺悟起來，團結起來，堅持抗戰，走中華民族必需要走的解放與光明的道路。目前，要主張走後一條路的最主要的表現就在於：第一、中共中央在抗戰三週年紀念已經發表了對時局宣言，這個宣言的最重要和最中心的問題，就是號召全國人民抗戰到底和團結到底。毛澤東同志也同時發表了一篇最有歷史價值和最有政治意義的文章，叫做「團結到底」。在這篇文章裏，他希望我黨中央的宣言得到友黨友軍與全國人民的贊同，同時號召我全黨同志必須認眞執行這個宣言中所指示的方針。毛澤東同志這樣教導全黨同志：「一切共產黨員須知：只有抗戰到底才能團結到底，也只有團結到底才能抗戰到底，因此共產黨員要作抗戰的模範，也要作團結的模範」。第二、國民黨的總裁，蔣介石先生也在抗戰三週年紀念中發表了堅持抗戰和主張團結的文告。他在告全國軍民書的結尾上有這樣的話：「我們團結，我們努力，我們持久奮鬥，我們必定完成歷史所賦與我們的神聖使命」；在告友邦書中也曾這樣指出：「……我全國上下擁護團結乃愈益堅強，誅斥奸僞亦愈熱烈，此爲中外共見共聞之事實，故吾人擁護國家獨立與擁護世界正義之神聖抗戰，決非敵人任何陰謀所能搖撼」。第三、這是最重要的，是全國人民對抗戰團結一貫的堅持和擁護。他們正在熱烈擁護着中共中央和毛澤東同志的「抗戰到底，團結到底」的號召，正在擁護着蔣介石先生的堅持抗戰和主張團結的文告，而不屈不撓的爲民族的獨立和解放而鬥爭着。

由此看來，今天國共兩黨與全國大多數人民，都是要抗戰到底和團結一致的。這正是克服目前的空前投降危險與空前抗戰困難的最基本條件，這正是爭取中華民族解放勝利的最重要和不可缺少的保證。正因爲如此，所以中華民族的外部與內部敵人——兇殘的和堅決滅亡中國的日本帝國主義及其忠實的走狗——出賣靈魂與出賣民族利益的漢奸敵探汪派托派親日派投降派，才拚命採用各種卑鄙手段和毒辣陰謀破壞着我民族的抗戰與團結。因爲他們深刻了解：中國堅持抗戰堅持團結下去，四萬五千萬中國人民就一定得到徹底的解放，日本帝國主義就一定歸於滅亡，漢奸敵探汪派託派親日派投降派就一定無出路。

無疑的，今天整個中華民族的命運已處在千鈞一髮的關頭。要生存唯有抗戰，要抗戰唯有團結，已經成爲舉世公認的天經地義，已經成爲四萬五千萬同胞的信條。但是應該怎樣團結呢？就是要全國人民各抗日黨派和軍隊正確的執行抗日民族統一戰綫政策。在這裏，全國人民與一切共產黨員，一定要忠實執行毛澤東同志所指示的正確方針，要在反對左右傾機會主義的鬥爭原則之下，去團結一切堅決抗日黨派軍隊團體和個人，同時對於凡非堅決投降與非堅決反共反人民的人都要爭取和團結他們；共產黨在敵後方建立抗日民主政權問題上，也必要繼續執行「三三制」的決定，在軍隊問題上，也必要繼續執行「不在一切友軍中發展黨的組織」的決定。全國人民與共產黨員只反對堅決投降與堅決反共反人民的份子。在這裏，國民黨同志，必須拋棄其對共產黨的破壞政策。立即停止其「反共」「限共」「溶共」「防共」的實行與思想；必須眞實實踐其在建立統一戰綫時允許過人民與允許過共產黨的一切政治上與具體問題上的條件。這方面，共產黨對於人民與國民，都是無愧的，因爲它已經忠實實踐了而又繼續實踐着其允許過人民與國民黨的一切諾言。在這裏，一部分友軍，必須停止其進攻八路軍新四軍和陝甘寧邊區的思想和行動。

只有這樣正確的執行抗日民族統一戰綫政策，大家一條心，生死與共，相見以誠，互助互讓，互相尊重，互相信任，泯除過去的一切猜忌、歧視、戒備、不信任，以及磨擦甚至流血冲突的現象，才能眞正做到團結。而只有眞正做到團結，才能抗戰到底，爭取民族解放勝利。

## 晉冀察邊區北綫斬敵二百餘
## 冀中進犯敵全部被殲

【新華社晉察冀五日電】邊區北綫敵日來又復蠢動，本月一日易縣南姚村鎮敵四百餘西犯，陷樊村鎮，並圖建立據點，二日晚我某部向該敵進襲，激戰數小時，我一部冲入鎮內，斃敵極衆，殘敵退守高房頑抗，易縣來援六百餘敵，亦中途被我預伏部隊截擊，將其擊退。至三日晨，易縣敵復分二路來犯，又被我擊潰。是役共斃傷敵二百餘，獲軍用品一部，我營長王與若於是役中光榮負傷。另高碑店僞軍十五名因不堪敵人之壓迫，於一日晚攜步槍十六支向我投誠，已安抵×部防地。又上月廿六日我×部於白家莊將欒峙東陽沙河之敵五十餘，押運騾馬六十餘匹，全部殲滅，騾馬食品均爲我繳獲。

【新華社冀中二日電】上月廿二日安國敵加虛中隊長率部卅餘，乘汽車二輛向伍仁橋前進，中途被我八路軍某部預伏部隊，將其全部殲滅，汽車二輛亦當地焚燬，我獲步槍八支，擲彈筒一個，手槍二支及軍用品甚多。又雄縣北昝崗敵百五十餘，於十一日向留果進犯，當被我某部於新城擊潰，斃傷敵五十餘，獲戰馬二匹，同時×部攻克霸縣西陶××據點，斃敵十餘名，繳獲軍用皮帳棚二個，自行車五輛，照相機一架，日旗二面。

## 建立與鞏固中的晉西北抗日根據地

晉西北抗日根據地是指同蒲路以西太原公路以北平綏路以南的一大曲綫地帶，它計有三十五個縣，約三百萬人口，縣屬山西第二，四、八、十一等行政區。這三十五縣中只有河曲、保德，興縣、岢嵐、方山嵐縣臨縣是我們的完整的縣，其餘二十餘縣，在抗戰首半年內，差不多就相繼淪陷，變成了不完整縣和游擊區。完整縣之所以能够保全，主要是靠了八路軍一二〇師的支持，過去敵人四次大舉進攻，是完全由於師作爲主力配合友軍把鬼子打走了的；西綫戰事吃緊，幄門淪陷，一二〇師奉命挺進那裏不久，即在一九三八年春，敵后宮師團便對我們作殘酷的首次大進攻，而一二〇師僅僅在一週內克復了岢嵐、保德、神池、五寨、河曲、偏關、寧武等七縣，將敵人的第一次進攻完全粉碎了，然而在這第一次的殘酷戰鬥中，我們也犧牲了二千六百多英勇保國的戰士。經過這一次勝利的戰鬥，這個抗日根據地的建立工作開始了。

### 它是大西北的屏障

這個抗日根據地在戰略上是異常重要的，它和陝北及大青山等，晉察冀、晉冀豫各抗日根據地直接毗連着，顯然「是支持華北抗戰的重要的戰略根據地，支持華北抗戰的主要堡壘之一」（賀龍將軍語）由於它不僅能威脅着敵人在山西境內的主要交通綫（同蒲路），對其他敵後抗日根據地有重要的戰略配合作用，而且它本身還經常牽制着進攻大西北的一大部分敵人，所以它又顯然是保衛大西北的屏障。

正因爲它在戰略上有偉大的重要作用，從而在堅持全國抗戰的政治問題上也起着重大的意義，所以敵人接二連三的不斷進攻它。據可靠的調查，敵人單是對付這個根據地的駐兵據點，就有一百四十九個，此外在各山頭各交通連接地更駐有較雄厚的兵力，經常進行其不斷的分區的「掃蕩」。

雖然如此，現在這個根據地却比過去鞏固得多了。首先在軍事上，今年二月間山西新軍總指揮部已經成立，它統率着新編第一師、決死第二縱隊、第四縱隊、工衛隊、暫一…隊。這些抗日部隊在今年二、三、四月間配合着一二〇師粉碎了敵人的六路圍攻，現在他們又與六月初開始以二萬以上兵力分廿多路進犯的敵人在肉搏着；雖然他們以及一二〇師的弟兄每天只能吃到一頓黑豆（馬料）或一頓糠（豬料），而他們却是常勝軍，現在又將保德、興縣、臨縣等數縣收復了。

### 刷新政治　團結人民

其次，在政治方面，晉西北的最高行政機關即第二游擊行署從今年二月間已經常新，第一步建立起了廉潔的政治及革命的工作作風。按照現行公給制，行署最高負責人的每月津貼不過五元，專員四元，縣長三元，一般工作人員一二元，每日每人按規定公給廿兩小米及六分菜錢，但是現在至多只能有黑豆喫，菜是踫不到的。其次，依照抗戰建國綱領，開展民衆運動並改善民生，採用民選制度，賦與抗日人民以言論、集會、結社、出版等完全的自由權，青救、工救、農救、婦救等抗日人民的各階層的組織，都因此有了更多的發展和深入的工作，比如今年五四節婦女代表大會上，就有六十歲的老太婆被選爲代表，她還向羣衆講演了一翻大道理。人民自衛隊已經恢復，憲政促進會普遍的成立了。所有這些民衆團體都是統一領導的，它們有一個共同的最高的組織，就是各救聯合會。

在改善民生方面，工作做的更加積極，二五減租，一分減息（利息不得超過一分）是完全做到了，至於救濟難民災民，今春公家分發了八千七百八十四石糧及十二萬七千六百六十四元，春耕時貸給人民的款子達十三萬元，幫助人民的種子一千四百石，公家土地分給人民的一萬八千零廿五垧（一垧三畝多）優待抗屬的糧食一千一百五十四石。

新行署在艱苦奮鬥中替老百姓做了許多實惠的工作，人民受了很大的感化，當行署進行四項——款金、新兵、公糧、軍鞋——動員工作時（二月十五至四月十五日）大家都熱烈響應了，有的女同胞竟將她陪嫁時候的唯一的一元現洋獻出來了，有些男同胞連嘴內的金牙都取下獻給國家，所以這四項動員工作的進行，雖是在敵人進攻的極不安靜的期間，而也能預期地完成了有些並且超過了計劃和任務。（待續）

## 上海美日雙方發生衝突
## 賤骨頭被毆受傷　並自認不是

【上海八日電】七日敵館西尾視察公共租界及法租界，日本便衣憲兵與美方發生衝突，於七日上午十時在靜安寺路附近之日本便衣憲兵十六名因攜帶手槍被美國警備隊扣留。下午四時半被扣之憲兵十六名即已歸隊，其中數名被美兵毆打受傷，但日方已自認此次日方未預先通知美方關於日本便衣憲兵赴美警備區內保護西尾之消息，在手續上確有不妥之處云。

## 天津英法當局對日一再屈膝

【天津九日電】今日下午日本總領事等有關人員及英國總領事以下各有關人員至天津英領事館地下室，將中國存銀，移交一部份與日，此項銀條將在倫敦出賣云。又據天津十日電，在天津舉行中之法日間之治安協定交涉，今日已大體完了，該協定內容經兩國外務當局核准後，即於天津簽字云。（按天津英法當局自去夏以來，對日一再讓步，始而撤退英法駐軍，繼之成立爪分中國存銀（現銀）之三國協定，現又決定所謂治安協定，其主要內容不外處置反日份子，甘爲日寇幫兇耳）

期
新中华报零一百五十期
版
零一版
时间
一九四〇年七月三十日

## 上海工人罢工

**【塔斯社上海二十一日电】**上海虹口煤气公司工人一千余名，日本公共汽车公司工人二百名于七月十九〈日〉实行罢工。又伪市政运输工人七百名，亦因米价高涨继续罢工，要求增加工资及津贴云。

中華民國二十九年七月三十日　Sin Zhungxua Bao　星期二　第一版

# 新中華報

第一五〇號　本期共出六版

反對帝國主義強盜戰爭！

肖鵬刻

中國人民在反對帝國主義戰爭中，已經起了和起着重大的作用，但是我們一定將要起更大和決定的作用。這就需要我們堅持團結，堅持抗戰到底，驅逐日本帝國主義到鴨綠江的對岸！

## 社論　加强反對帝國主義戰爭的任務

『八一』曾是人類最悲慘的日子——一九一四年到一九一八年第一次帝國主義大戰爆發的日子！今天全世界人民來紀念這個日子，有着比前更嚴重的意義和任務！

在第一次帝國主義大戰結束以後，以英法美等戰勝國爲首，建立的所謂『和平制度』『和平體系』或『和平機構』，現在已根本被推翻了。所謂『九國公約』『凡爾賽和約』及其他許多所謂『互不侵犯』『互助』或『和平』等條約，都早已事實上成爲灰燼，所謂『國際聯盟』不僅對和平未起應有的作用，而且曾屢次拒絕蘇聯及被侵略國家的提議，而減弱和平陣綫的力量，甚至縱恿侵略者。目前第二次帝國主義重分世界的掠奪戰爭，不僅已經爆發着（其實它在一九三五年意大利侵略阿比西尼亞時就已開始），同時正在日益擴大起來。戰爭的烽火不僅籠罩着歐亞非三洲，而且將要很快籠罩全世界。現在全世界已有十幾個獨立國家的版圖完全被改變了顏色，其他許多獨立國家，有的改變了一半，有的正在改變着或將有被改變的危險；現在全世界已有十幾萬萬和平居民（佔全世界人口一半以上）被捲入戰爭漩渦；其他許多國家的人民也有很快被捲入戰爭的危險。近衛的上台，表示着日本正準備在太平洋上作國際的冒險，這就預示着：日美衝突將很難避免，戰爭就有波及到美洲的危險。

然而，這次戰爭的情況和一九一四年戰爭的情況根本不同。這次戰爭的最大特點，是戰爭與新的經濟總危機互相錯綜着，戰爭與革命始終互相發展和互相交叉着。尤其應該指出的，是一九四〇年與一九一四年不同，戰爭勢力與和平勢力之間的對比關係發生了極大的變動。當時，沒有世界革命的參謀部——共產國際，只有一個黨——人數不多的俄國布爾什維克黨，堅決反對帝國主義戰爭並利用戰爭的形勢進行革命，而現在，共產國際不僅日益強固地存在着，同時在全世界範圍裏都已經建立了它的支部，而現在，俄國布爾什維克黨不僅在蘇聯掌握了政權，而且在這個黨及其領袖——斯大林的領導之下，蘇聯已經壯大，發展和鞏固起來，已經成爲不可被戰勝的偉大力量，成爲吸引和團結一切被壓迫民族與被壓迫人民進行革命的解放運動和堅決反對帝國主義戰爭的中心與強固的和平堡壘；從去年九月到本年七月僅十個月期間，蘇聯依靠自己的偉大和平力量，一再解放了二千餘萬被壓迫人民，這是有更大歷史意義的。當時，第二國際社會民主黨勢力還在各資本主義國家內佔統治地位，所以能夠以『保衛祖國』的口號去欺騙人民，而現在，它的勢力已經日益低落，它在民衆中的威信已經是又一次的破產了。當時，資本主義世界統治階級的政權還比較牢固，以致於還能應用『民主』的方式去管理國家，以緩和各黨派各階層之間的矛盾，而現在，資本主義世界已根本動搖，資產階級已不得不實行一黨專政甚至更加反動化和更法西斯化——最近近衛的『新黨運動』及其登台是一個標本的例子。當時，中國還是個睡獅，無力保護自己的民族獨立，而現在，這個睡獅已經怒吼起來，四萬五千萬中國人民已經團結一致，正在進行着革命的民族解放戰爭，這個戰爭已經堅持到了第四個年頭。當時，印度還受英帝國主義的欺騙，竟出了數十萬軍隊去幫助英國作戰，而現在，三萬七千五百萬的印度人民，已經覺醒，正在進行着民族獨立革命運動。當時，各資本主義國家人民都沒有帝國主義戰爭的經驗，特別沒有無產階級革命的經驗，而現在，已經具備了。

上述情況，說明了一九四〇年比一九一四年有了更優越更可靠的反對帝國主義戰爭和進行革命的條件。這些條件將決定戰爭與革命的前途。在這次戰爭中，誠如斯大林同志所指出：『總而言之：帝國主義戰線底鍊子照例應該在牠較薄弱的環節上被衝破；但無論如何，也不一定要在資本主義較發展的地方，不一定要在工人佔百分之幾，農民佔百分之幾等等的地方』。（列寧主義問題）

然而斯大林同志又指出：『革命底勝利始終不會自行到來。牠是須要準備和奪取的』。因此，全世界被壓迫人民與被壓迫民族應該從速加強其反對帝國主義戰爭和革命的任務，以便衝破帝國主義之鎖鍊，求得自己的解放。

目前佔世界人口最多的中國和印度的民族解放鬥爭，是有光明和偉大勝利前途的。列寧曾經指出民族解放勝利的條件是這樣：

『……民族戰爭的勝利當然應有：或者被壓迫國家巨大數量的人民（我們引以爲例的印度和中國就有幾萬萬）的一致的努力，或者國際條件有特別順利的配合（例如帝國主義列強：因爲本身的削弱，本身的戰爭，本身的矛盾等等足以制止他們的干涉行動），或者大列強中某一國的無產階級同時作反對資產階級的武裝起義……』

照列寧底分析，那末，正在進行民族解放戰爭中的中國，只要四萬五千萬中國人民加強團結和一致的努力，是一定能夠獲得最後勝利的。

中國人民，在反對帝國主義戰爭中，已經起了和起着重大的作用，但是我們一定將要起更大和決定的作用。這就需要我們堅持團結，堅持抗戰到底，驅逐日本帝國主義到鴨綠江邊的對岸！

## 共產國際雜誌論中日戰事

### 日寇侵略戰愈久困難愈多　新軍事冒險更增長其危機

【中央社莫斯科廿三日專電】共產國際雜誌最近一期內有討論遠東問題之文章數篇，內一篇名『中國淪陷區之鬥爭』，詳述中國愛國份子在各地與汪精衛傀儡鬥爭的情形。另一文爲「日本統治階級對在華作戰意見之分歧」，作者繼列事實，證明對華作戰爲國內大衆之所反對，即日本小資產階級亦不滿對華持久作戰，因之，日本統治階級之意見，亦形分歧。作者認爲日本對華戰事愈擴日持久，則日本之困難愈多，一般大衆之不滿，益形尖銳化，爆發之日期亦愈近，統治階級與勞動大衆之衝突亦愈深刻，日本小資產階級及軍部均在極力設法結束對華戰事，其途徑不外加強一般大衆之剝削與壓迫，及準備在遠東採取新軍事冒險行動，但日本民衆現已逐漸認清事態之眞相，現上層階級之不和，正所以反映國內反對軍部之氣燄高漲及階級鬥爭之增劇云。

## 上海工人罷工

【塔斯社上海廿一日電】上海虹口煤氣公司工人一千餘名，日本公共汽車公司工人二百名，於七月十九日實行罷工。又僞市政運輸工人七百名，亦因米價高漲繼續罷工，要求增加工資及津貼云。

## 滬寇毆打美記者　美向日提抗議

【據上海路透社訊】：本月十九日有日人二名，持槍闖入虹口百老匯大廈美國名記者阿東德臥室，據阿氏所談，該兩日人毆傷其頭部，並扭轉其手臂，迫使伏地，經彼交出『反日著作』及有關滬日憲兵司令三浦少將之電訊，最後，日人將室內紙張及阿氏爲湯森德將軍所著傳記之稿本攫去。另據華盛頓合衆社訊，關於此事，美方已向日當局提出抗議；並謂類此情事，屬『汪組織』之行動，美國亦將要日本負責，不以汪逆爲交涉對象，此如『滿洲國』政府人員之行動，美國亦要日本負責然。

××

## 華中僞軍倒戈殺敵

【湘羅廿六日電】駐五里牌之臨湘僞保安隊方逆志國部，其部下官兵激於愛國熱情，不滿方逆附敵，突於十八日誘殺大佐原隣水野等，攜械來歸，我軍某部已予收編。

## 華南敵軍反戰情緒高漲

【塔斯社上海十九日電】華南日軍的反戰情緒在增長着，廣州及附近一帶發現反戰招貼及小冊子，日憲兵司令部搜查並逮捕若干反戰組織之領袖。

## 英國非法停止滇緬運輸

### 滇反侵略支會特電表抗議

【昆明廿一日電】自英方向日屈服，停止滇緬對內地運輸後，此間各界均極憤慨，各報亦先後評論，表示抗議。滇反侵略支會，頃特致電英國反侵略分會，請轉達英政府，表示抗議，並望迅速取消停止滇運輸之議，以維中英友誼云。

## 日寇積極反美

【上海廿四日合衆電】據權威方面稱：本星期一南京曾舉行反美大會，由日本陸軍所用卡車載運反美激憤，整天週遊全市，市內遍張貼反美標語。又南京杭州兩地，反美大會皆發表反美演說，謂美國破壞「東亞新秩序」之建設。教會訊：過去一週內常州曾有三次反美集會，皆通過決議案，要求日本內閣排除遠東美國勢力。

## 滬領團會議敷衍塞責

### 日方非法要求雖經拒絕　遏止挑戰辦法迄未提出

【上海廿五日合衆社電】官方消息：今晨領事團會議中，日方代表三浦對工部局總董凱斯維克之未經會議通過即行發表聲明一節，備加攻擊。緣會議時，之要求未得允許，而日方則提出此後在未得日方贊同之前，不得發表任何文告，但凱氏認其行動極爲適當，對日方要求已予拒絕。

【香港二十六日電】滬訊：廿五日領事團會議出席者爲在華享有領事裁判權之滬各國領事十四人，於下午二時卅分開始至六時四十分畢；據悉此三小時之會議，竟毫未有決議，日領三浦既延遲其出席時間，到會後，又獨自發表其冗長之狂吠，對工部局總董凱斯維克大肆抨擊，謂凱氏手續不正當，實屬後各領原擬提出之遏止挑戰行爲辦法，竟不獲提出。（按此次會議原爲設法制止風潮惡上之敵僞恐怖行爲而召集者）

## 傀儡們爭奪權利

【香港廿八日電】滬訊，陳逆公博以五十萬設立農商銀行於南京，由梅逆哲之經營。同時周逆佛海亦以五十萬設立南京興業銀行，由羅逆君強經營，葛某出面。陳周二逆競爭激烈，羅乃向周進言，將梅哲之排擠出僞財政部之外，陳逆公博爲報復計，向西尾坂垣歸人，批評周長僞財部，現時西尾對周逆之要求與設施多多加以意外之阻撓，故周一變其初入南京時之氣燄，形將被迫辭職云。

## 台灣革命力量日益壯大

### 青年國民兩黨亦參加聯合會

【渝廿五日電】台灣革命運動團體爲集中力量起見，仵於三月廿九日由台灣獨立革命黨及台灣民族革命總同盟改組台灣革命團體聯合會，作爲統一指導機關，茲台灣青年革命黨及台灣國民革命黨亦願加入，於廿五日共同發表參加台灣革命團體聯合會宣言。

631

滬寇毆打美記者
美向日提抗議



期 新中华报零一百五十期
版 零一版
时间 一九四〇年七月三十日

## 沪寇殴打美记者

### 美向日提抗议

**据上海路透社讯：**本月十九日有日人二名，持枪闯入虹口百老汇大厦美国名记者阿东德卧室。据阿氏所谈，该两日人殴击其头部，并扭转其手臂迫使伏地，经彼交出“反日著作”及有关沪日宪兵司令三蒲少将之电讯，最后，日人将室内纸张及阿氏为汤森德将军所著传记之稿本攫去。另据华盛顿合众社讯，关于此事，美方已向日当局提出抗议；并谓类此情事，即属“汪组织”之行动，美国亦将要日本负责，不以汪逆为交涉对象，此如“满洲国”政府人员之行动，美国亦要日本负责然。

中華民國二十九年七月三十日　Sin Zhungxua Bao　星期二　第一版

反對帝國主義強盜戰爭！
青原刻

# 新中華報

第一五〇號　本期共出六版

中國人民在反對帝國主義戰爭中，已經起了和起着重大的作用，但是我們一定將要起更大和決定的作用。這就需要我們堅持團結，堅持抗戰到底，驅逐日本帝國主義到鴨綠江的對岸！

## 社論　加强反對帝國主義戰爭的任務

『八一』曾是人類最悲慘的日子——一九一四年到一九一八年第一次帝國主義大戰爆發的日子！今天全世界人民來紀念這個日子，有着比前更嚴重的意義和任務！

在第一次帝國主義大戰結束以後，以英法美等戰勝國爲首，建立的所謂『和平制度』『和平體系』或『和平機構』，現在已根本被推翻了。所謂『九國公約』『凡爾賽和約』及其他許多所謂『互不侵犯』『互助』或『和平』等條約，都早已事實上成爲灰燼，所謂『國際聯盟』不僅對和平未起應有的作用，而且向屢次拒絕蘇聯及被侵略國家的提議，而減弱和平陣綫的力量，甚至慫恿侵略者。目前第二次帝國主義重分世界的掠奪戰爭，不僅已經爆發着（其實它在一九三五年意大利侵略阿比西尼亞時就已開始），同時正在日益擴大起來。戰爭的烽火不僅籠罩着歐非亞三洲，而且將要很快籠罩全世界。現在全世界已有十幾個獨立國家的版圖完全被改變了顏色，其他許多獨立國家，有的改變了一半，有的正在改變着或將有被改變的危險；現在全世界已有十幾萬萬和平居民（佔全世界人口一半以上）被捲入戰爭漩渦；其他許多國家的人民也有很快被捲入戰爭的危險。近衛的上台，表示着日本正準備在太平洋上作國際的冒險，這就預示着：日美衝突將很難避免，戰爭就有波及到美洲的危險。

然而，這次戰爭的情況和一九一四年戰爭的情況根本不同。這次戰爭的最大特點，是戰爭與新的經濟總危機互相錯綜着，戰爭與革命始終互相發展和互相交叉着。尤其應該指出的，是一九四〇年與一九一四年不同，戰爭勢力與和平勢力之間的對比關係發生了極大的變動。當時，沒有世界革命的參謀部——共產國際，只有一個黨——人數不多的俄國布爾什維克黨，堅決反對帝國主義戰爭並利用戰爭的形勢進行革命，而現在，共產國際不僅日益強固地存在着，同時在全世界範圍裏都已經建立了它的支部，而現在，俄國布爾什維克黨不僅在蘇聯掌握了政權，而且在這個黨及其領袖——斯大林的領導之下，蘇聯已經壯大，發展和鞏固起來，已經成爲不可被戰勝的偉大力量，成爲吸引和團結一切被壓迫民族與被壓迫人民進行革命的解放運動和堅決反對帝國主義戰爭的中心與強固的和平堡壘；從去年九月到本年七月僅十個月期間，蘇聯依靠自己的偉大和平力量，一再解放了二千餘萬被壓迫人民，這是有更大歷史意義的。當時，第二國際社會民主黨勢力還在各資本主義國家內佔統治地位，所以能够以『保衛祖國』的口號去欺騙人民，而現在，它的勢力已經日益低落，它在民衆中的威信已經是又一次的破產了。當時，資本主義世界統治階級的政權還比較牢固，以致於還能應用『民主』的方式去管理國家，以緩和各黨派各階層之間的矛盾，而現在，資本主義世界已根本動搖，資產階級已不得不實行一黨專政甚至更加反動化和更法西斯化——最近近衛的『新黨運動』及其登台是一個標本的例子。當時，中國還是個睡獅，無力保護自己的民族獨立，而現在，這個睡獅已經怒吼起來，四萬五千萬中國人民已經團結一致，正在進行着革命的民族解放戰爭，這個戰爭已經堅持到了第四個年頭。當時，印度還受英帝國主義的欺騙，竟出了數十萬軍隊去幫助英國作戰，而現在，三萬七千五百萬的印度人民，已經覺醒，正在進行着民族獨立革命運動。當時，各資本主義國家人民都沒有帝國主義戰爭的經驗，特別沒有無產階級革命的經驗，而現在，已經具備了。

上述情況，說明了一九四〇年比一九一四年有了更優越更可靠的反對帝國主義戰爭和進行革命的條件。這些條件將決定戰爭與革命的前途。在這次戰爭中，誠如斯大林同志所指出：『總而言之：帝國主義戰線底鏈子照例應該在牠較薄弱的環節上被衝破；但無論如何，也不一定要在資本主義較發展的地方，不一定要在工人佔百分之幾，農民佔百分之幾等等的地方』。（列寧主義問題）

然而斯大林同志又指出：『革命底勝利始終不會自行到來。牠是須要準備和奪取的』。因此，全世界被壓迫人民與被壓迫民族應該從速加強其反對帝國主義戰爭和革命的任務，以便衝破帝國主義之鎖鍊，求得自己的解放。

目前佔世界人口最多的中國和印度的民族解放鬥爭，是有光明和偉大勝利前途的。列寧曾經指出民族解放勝利的條件是這樣：

『……民族戰爭的勝利當然應有：或者被壓迫國家巨大數量的人民（我們引以爲例的印度和中國就有幾萬萬）的一致的努力，或者國際條件有特別順利的配合（例如帝國主義列強：因爲本身的削弱，本身的戰爭，本身的矛盾等等足以制止他們的干涉行動），或者大列強中某一國的無產階級同時作反對資產階級的武裝起義……』

照列寧底分析，那末，正在進行民族解放戰爭中的中國，只要四萬五千萬中國人民加強團結和一致的努力，是一定能够獲得最後勝利的。

中國人民，在反對帝國主義戰爭中，已經起了和起着重大的作用，但是我們一定將要起更大和決定的作用。這就需要我們堅持團結，堅持抗戰到底，驅逐日本帝國主義到鴨綠江邊的對岸！

## 共產國際雜誌論中日戰事

### 日寇侵略戰愈久困難愈多　新軍事冒險更增長其危機

【中央社莫斯科廿三日專電】共產國際雜誌最近一期內有討論遠東問題之文章數篇，內一篇名『中國淪陷區之鬥爭』，詳述中國愛國份子在各地與汪精衛等傀儡奮鬥的情形。另一文爲『日本統治階級對作戰意見之分歧』，作者縷列事實，證明對華作戰爲國內大衆之所反對，即日本小資產階級亦不滿對華持久作戰，因之，日本統治階級之意見，亦形分歧。作者認爲日本對華戰事愈曠日持久，則日本之困難愈多，一般大衆之不滿，益形尖銳化，爆發之日期亦愈近，統治階級與勞動大衆之衝突亦愈深刻，日本小資產階級及軍部均在極力設法結束對華戰事，其途徑不外加強一般大衆之剝削與壓迫，及準備在遠東採取新軍事冒險行動，但日本民衆現已逐漸認清事態之眞相，現上層階級之不和，正所以反映國內反對軍部之氣焰高漲及階級鬥爭之增劇云。

## 上海工人罷工

【塔斯社上海廿一日電】上海虹口煤氣公司工人一千餘名，日本公共汽車公司工人二百名，於七月十九實行罷工。又僞市政府輪渡工人七百名，亦因米價高漲繼續罷工，要求增加工資及津貼云。

## 華中僞軍倒戈殺敵

【汨羅廿八日電】駐九里牌之臨湘僞保安隊方逆志國部，其部下官兵激於愛國義憤，不滿方逆附敵，突於十八日誘殺大佐原隣水野等，攜械來歸，我軍某部已予收編。

## 華南敵軍反戰情緒高張

【塔斯社上海十九日電】華南日軍的反戰情緒在增長着，廣州及附近一帶發現反戰招貼及小冊子，日憲兵司令部搜查並逮捕若干反戰組織之領袖。

## 滬寇毆打美記者　美向日提抗議

【據上海路透社訊】：本月十九日有日人二名，持槍闖入虹口百老匯大廈美國名記者阿東德臥室。據阿氏所談，該兩日人毆辱其頭部，並扭轉其手臂，迫使伏地，經彼交出『反日著作』及有關滬日憲兵司令三浦少將之電訊，最後，日人將室內紙張及阿氏爲湯森德將軍所著傳記之稿本攫去。另據華盛頓合衆社訊，關於此事，美方已向日當局提出抗議；亦謂類此情事，即屬『汪組織』之行動，美國亦將要日本負責，不以汪逆爲交涉對象，此如『滿洲國』政府人員之行動，美國亦要日本負責然。

×　×

## 日寇積極反美

【上海廿四日合衆電】據權威方面稱：本星期一南京舉行反美大會，發表反美演說，謂美國破壞『東亞新秩序』之建設。教會訊：過去一週內常州曾有三次反美集會，由日本陸軍所用卡車載運反美激僞，整天週遊全市，市內並張貼反美標語。又南京杭州兩地，反美大會皆曾通過決議案，要求日本內閣排除遠東美國勢力。

## 滬領團會議敷衍塞責

### 日方非法要求雖經拒絕　遏止挑戰辦法迄未提出

【上海廿五日合衆社電】官方消息：今天領事團會議中，日方代表三浦對工部局總董凱斯維克之未經會議通過即行發表聲名一節，備加譏諷。緣會議時，日方之要求未得允許，而日方則提出此後在未得日方贊同之前，不得發表任何文告，但英氏認其行動極爲適當，對日方要求已予拒絕。

【香港二十六日電】滬訊：廿五日領事團會議出席者爲在華享有領事裁判權之滬各國領事十四人，於下午二時卅分開始至六時四十分畢；據悉此三小時之會議，竟毫未有決議，日領三浦既延遲其出席時間，到會後，又獨自發表其冗長之狂吹，對工部局總董凱斯維克大肆抨擊，謂英氏手續不正當，會畢後各領原擬提出之遏止挑戰行爲辦法，竟不獲提出。（按此次會議原爲設法制止風潮上之敵僞恐怖行爲而召集者）

## 傀儡們爭權奪利

【香港廿八日電】滬訊，陳逆公博以五千萬設立農商銀行於南京，由梅逆哲之經營。同時周逆佛海亦以五千萬設立南京興業銀行，由羅逆君強經營，葛某出面。陳周二逆鬥爭激烈，陳羅乃向周進言，將梅哲之排擠出僞財政部之外，陳逆公博爲報復計，向西尾坂垣兩人，批評周長僞財部。現時西尾等對周逆之要求與設施多加以意外之阻撓，故周一變其初入南京時之氣燄，形將被迫辭職云。

## 台灣革命力量日益壯大

【渝廿五日電】台灣革命運動團體爲集中力量起見，曾於三月廿九日由台灣獨立革命黨及台灣民族革命總同盟改組台灣革命團體聯合會，作爲統一指導機關，茲台灣青年革命黨及台灣國民革命黨亦願加入，於廿五日共同發表參加台灣革命團體聯合會宣言。

## 青年國民兩黨亦參加聯合會

## 英國非法停止滇緬運輸　滇反侵略支會特電抗議

【昆明廿一日電】自英方向日屈服，停止滇緬內地運輸後，此間各界均極憤慨，各報亦先後評論，表示抗議。滇反侵略支會，頃特致電英國反侵略分會，請轉達英政府，表示抗議，並望迅速取消停止滇緬運輸之議，以維中英友誼云。

期：新中华报零一百五十期

版：零一版

时间：一九四〇年七月三十日

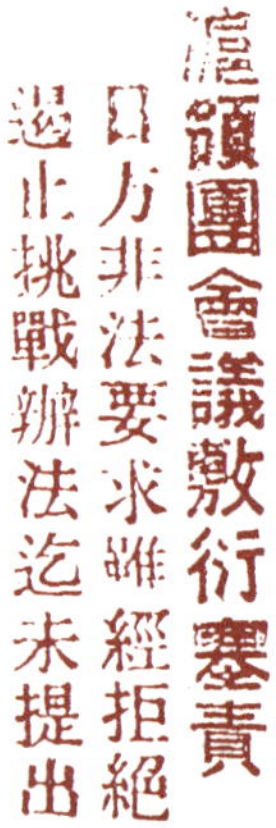
滬領團會議敷衍塞責
日方非法要求雖經拒絕
遏止挑戰辦法迄未提出

# 沪领团会议敷衍塞责

## 日方非法要求虽经拒绝
## 遏止挑战办法迄未提出

**【上海二十五日合众社电】官方消息：**今晨领事团会议中，日方代表三浦对工部局总董基斯维克之未经全体会议通过即行发表声名［明］一节，备加讥讽。缘会议时，日方之要求未得允许，而日方则提出此后在未得日方赞同之前，不得发表任何文告，但基氏认其行动极为适当，对日方要求已予拒绝。

**【香港二十六日电】沪讯：**二十五日领事团会议出席者为在华享有领事裁判权之沪各国领事十四人，于下午二时三十分开始至六时四十分毕；据悉此三小时之会议，竟毫未有决议，日领三浦既延迟其出席时间，到会后，又独自发表其冗长之狂吠，对工部局总董基斯维克大肆抨击，谓基氏手续不正当，言毕后各领原拟提出之遏止挑战行为办法。竟不获提出。（按此次会议原为设法制止风靡沪上之敌伪恐怖行为而召集者。）

中華民國二十九年七月三十日　Sin Zhungxua Bao　星期二　第一版

# 新中華報

第一五〇號　本期共出六版

反對帝國主義強盜戰爭！　青頻刻

中國人民在反對帝國主義戰爭中，已經起了和起着重大的作用，但是我們一定將要起更大和決定的作用。這就需要我們堅持團結，堅持抗戰到底，驅逐日本帝國主義到鴨綠江的對岸！

## 社論　加强反對帝國主義戰爭的任務

『八一』曾是人類最悲慘的日子——一九一四年到一九一八年第一次帝國主義大戰爆發的日子！今天全世界人民來紀念這個日子，有着比前更嚴重的意義和任務！

在第一次帝國主義大戰結束以後，以英法美等戰勝國爲首，建立的所謂『和平制度』『和平體系』或『和平機構』，現在已根本被推翻了。所謂『九國公約』『凡爾賽和約』及其他許多所謂『互不侵犯』『互助』或『和平』等條約，都早已事實上成爲灰燼，所謂『國際聯盟』不僅對和平未起應有的作用，而且屢次拒絕蘇聯及被侵略國家的提議，而減弱和平陣線的力量，甚至縱恿侵略者。目前第二次帝國主義重分世界的掠奪戰爭，不僅已經爆發（其實它在一九三五年意大利侵略阿比西尼亞時就已開始），同時正在日益擴大起來。戰爭的烽火不僅籠罩着歐亞非三洲，而且將要很快籠罩全世界。現在全世界已有十幾個獨立國家的版圖完全被改變了顏色，其他許多獨立國家，有的改變了一半，有的正在改變着或將有被改變的危險；現在全世界已有十幾萬萬和平居民（佔全世界人口一半以上）被捲入戰爭漩渦；其他許多國家的人民也有很快被捲入戰爭的危險。近衛的上台，表示着日本正準備在太平洋上作國際的冒險，這就預示着：日美衝突將很難避免，戰爭就有波及到美洲的危險。

然而，這次戰爭的情況和一九一四年戰爭的情況根本不同。這次戰爭的最大特點，是戰爭與新的經濟總危機互相錯綜着，戰爭與革命始終互相發展和互相交叉着。尤其應該指出的，是一九四〇年與一九一四年不同，戰爭勢力與和平勢力之間的對比關係發生了極大的變動。當時，沒有世界革命的參謀部——共產國際，只有一個黨——人數不多的俄國布爾什維克黨，堅決反對帝國主義戰爭並利用戰爭的形勢進行革命，而現在，共產國際不僅日益强固地存在着，同時在全世界範圍裏都已經建立了它的支部，而現在，俄國布爾什維克黨不僅在蘇聯掌握了政權，而且在這個黨及其領袖——斯大林的領導之下，蘇聯已經壯大，發展和鞏固起來，已經成爲不可被戰勝的偉大力量，成爲吸引和團結一切被壓迫民族與被壓迫人民進行革命的解放運動和堅決反對帝國主義戰爭的中心與强固的和平堡壘；從去年九月到本年七月僅十個月期間，蘇聯依靠自己的偉大和平力量，一再解放了二千餘萬被壓迫人民，這是有更大歷史意義的。當時，第二國際社會民主黨勢力還在各資本主義國家內佔統治地位，所以能夠以『保衛祖國』的口號去欺騙人民，而現在，它的勢力已經日益低落，它在民衆中的威信已經是又一次的破產了。當時，資本主義世界統治階級的政權還比較牢固，以致於還能應用『民主』的方式去管理國家，以緩和各黨派各階層之間的矛盾，而現在，資本主義世界已根本動搖，資產階級已不得不實行一黨專政甚至更加反動化和更法西斯化——最近近衛的『新黨運動』及其登台是一個標本的例子。當時，中國還是個睡獅，無力保護自己的民族獨立，而現在，這個睡獅已經怒吼起來，四萬五千萬中國人民已經團結一致，正在進行着革命的民族解放戰爭，這個戰爭已經堅持到了第四個年頭。當時，印度還受英帝國主義的欺騙，竟出了數十萬軍隊去幫助英國作戰，而現在，三萬七千五百萬的印度人民，已經覺醒，正在進行着民族獨立革命運動。當時，各資本主義國家人民都沒有帝國主義戰爭的經驗，特別沒有無產階級革命的經驗，而現在，已經具備了。

上述情況，說明了一九四〇年比一九一四年有了更優越更可靠的反對帝國主義戰爭和進行革命的條件。這些條件將決定戰爭與革命的前途。在這次戰爭中，誠如斯大林同志所指出：『總而言之：帝國主義戰線底鍊子照例應該在牠較薄弱的環節上被衝破；但無論如何，也不一定要在資本主義較發展的地方，不一定要在工人佔百分之幾，農民佔百分之幾等等的地方』。（列寧主義問題）

然而斯大林同志又指出：『革命底勝利始終不會自行到來。牠是須要準備和奪取的』。因此，全世界被壓迫人民與被壓迫民族應該從速加强其反對帝國主義戰爭和革命的任務，以便衝破帝國主義之鎖鍊，求得自己的解放。

目前佔世界人口最多的中國和印度的民族解放鬥爭，是有光明和偉大勝利前途的。列寧曾經指出民族解放勝利的條件是這樣：

『……民族戰爭的勝利當然應有：或者被壓迫國家巨大數量的人民（我們引以爲例的印度和中國就有幾萬萬）的一致的努力，或者國際條件有特別順利的配合（例如帝國主義列强：因爲本身的削弱，本身的戰爭，本身的矛盾等等足以制止他們的干涉行動），或者大列强中某一國的無產階級同時作反對資產階級的武裝起義……』

照列寧底分析，那末，正在進行民族解放戰爭中的中國，只要四萬五千萬中國人民加强團結和一致的努力，是一定能夠獲得最後勝利的。

中國人民，在反對帝國主義戰爭中，已經起了和起着重大的作用，但是我們一定將要起更大和決定的作用。這就需要我們堅持團結，堅持抗戰到底，驅逐日本帝國主義到鴨綠江邊的對岸！

## 共產國際雜誌論中日戰事

### 日寇侵略戰愈久困難愈多　新軍事冒險更增長其危機

【中央社莫斯科廿三日專電】共產國際雜誌最近一期內有討論遠東問題之文章數篇，內一篇名『中國淪陷區之鬥爭』，詳述中國愛國份子在各地與汪精衛嘍囉鬥爭的情形。另一文係「日本統治階級對在華作戰意見之分歧」，作者羅列事實，證明對華作戰爲國內大衆之所反對，即日本小資產階級亦不滿對華持久作戰，因之，日本統治階級之意見，亦形分歧。作者認爲日本對華戰事愈曠日持久，則日本之困難愈多，一般大衆之不滿，益形尖銳化，爆發之日期亦愈是，統治階級與勞動大衆之衝突亦愈深刻，日本小資產階級及軍部均在極力設法結束對華戰事，其途徑不外加强一般大衆之剝削與壓迫，及準備在遠東採取新軍事冒險行動，但日本民衆現已逐漸認清事態之眞相，現上層階級之不和，正所以反映國內反對軍部冒險氣燄高漲及階級鬥爭之增劇云。

## 上海工人罷工

【塔斯社上海廿一日電】上海虹口煤氣公司工人一千餘名，日本公共汽車公司工人二百名，於七月十九實行罷工。又僞市政輪渡工人七百名，亦因米價高漲繼續罷工，要求增加工資及津貼云。

## 滬寇毆打美記者　美向日提抗議

據上海路透社訊：本月十九日有日人二名，持槍闖入虹口百老匯大廈美國名記者阿東德臥室，據阿氏所談，該兩日人毆擊其頭部，並扭轉其手臂，迫使伏地，經彼交出『反日著作』及有關滬日憲兵司令三浦少將之電訊，最後，日人將室內紙張及阿氏爲湯森德將軍所著傳記之稿本攫去。另據華盛頓合衆社訊，關於此事，美方已向日當局提出抗議；並謂類此情事，即屬「汪組織」之行動，美國亦將要日本負責，不以汪逆爲交涉對象，此如「滿洲國」政府人員之行動，美國亦要日本負責然。

×　×

## 倒戈殺敵　中華僞軍

【汨羅廿八日電】駐五里牌之臨湘僞保安隊方道志團部，其部下官兵激於愛國義憤，不滿方逆附敵，突於十八日誘殺大佐原田水野等，攜械來歸，我軍某部已予收編。

## 華南敵軍反戰情緒高漲

【塔斯社上海十九日電】華南日軍的反戰情緒在增長着，廣州及附近一帶發現反戰招貼及小冊子，日憲兵司令部搜查並逮捕若干反戰組織之領袖。

## 英國非法停止滇緬運輸　滇反侵略支會特電抗議

【昆明廿一日電】自英方向日屈服，停止滇緬對內地運輸後，此間各界均極憤慨，各報亦先後評論，表示抗議。滇反侵略支會，頃特致電英國反侵略分會請轉達英政府，表示抗議，並望迅速取消停止滇緬運輸之議，以維中英友誼云。

## 日寇積極反美

【上海廿四日合衆電】據權威方面稱：本星期一南京曾舉行反美大會，發表反美演說，謂美國破壞「東亞新秩序」之建設。教會訊：過去一週內常州曾有三次反美集會，由日本隨軍所用卡車載運反美激僞，整天週遊全市，市內並張貼反美標語。又南京杭州兩地，反美大會皆曾通過決議案，要求日本內閣排除遠東美國勢力。

## 滬領團會議敷衍塞責　日方非法要求雖經拒絕　遏止挑戰辦法迄未提出

【上海廿五日合衆社電】官方消息：今晨領事團會議中，日方代表三浦對工部局總董恭斯維克之未經全體會議通過即行發表聲名一節，備加譏諷。緣會議時，日方之要求未得允許，而日方則提出此後在未得日方贊同之前，不得發表任何文告，但恭氏謂其行動極爲適當，對日方要求已予拒絕。

【香港二十六日滬訊】：廿五日領事團會議出席者爲在華存有領事裁判權之滬各國領事十四人，於下午二時卅分開始至六時四十分畢；據悉此三小時之會議，竟毫未有決議，日領三浦既延遲其出席時間，到會後，又獨自發表其冗長之狂吠，對工部局總董恭斯維克大肆攻擊，謂恭氏手續不正當，實行後各領原擬提出之遏止挑戰行爲辦法，竟不獲提出。（按此次會議原爲設法制止風傳滬上之敵僞恐怖行爲而召集者）

## 傀儡們爭權奪利

【香港廿八日電】滬訊，陳逆公博以五十萬設立農商銀行於南京，由梅逆哲之經營。同時周逆佛海亦以五十萬設立南京興業銀行，由羅逆君强經營，葛某出面，陳周二逆競爭激烈，羅乃向周進言，將梅哲之排擠出僞財政部之外，陳逆公博爲報復計，向西尾坂垣請人，批評周佛海財部，現時西尾等對周逆之要求與設施多多加以意外之阻撓，故周一變其初入南京時之氣燄，形將被迫辭職云。

## 台灣革命力量日益壯大

【渝廿五日電】台灣革命運動團體爲集中力量起見，曾於三月廿九日由台灣獨立革命黨及台灣民族革命總同盟改組台灣革命團體聯合會，作爲統一指導機關，玆台灣青年革命黨及台灣國民革命黨亦願加入，於廿五日共同發表參加台灣革命團體聯合會宣言。

## 青年國民兩黨亦參加聯合會

▲美國協會向赫爾呼籲▼
汪逆恐怖行動日本應負其責
倘不加制止美當採取報復

## 美国协会向赫尔呼吁

### 汪逆恐怖行动日本应负其责
### 倘不加制止美当采取报复

【上海二十四日电】英对日屈膝后，不仅驻东京之英侨及英籍记者备受压迫、甚至被拘捕，即上海之美籍记者亦遭受严重之恐怖威胁，现被驱逐者已有七名，因之上海美籍记者致电罗斯福，报告美新闻界在沪所受之恐怖行动后，此间美国协会顷亦电赫尔国务卿呼吁谓：美国记者及其中国同业皆认为此种恐怖行动，惟有日本当局能制止之，日本当局对“南京政府”之恐怖行动，实负其责，汪精卫对美国报界所用之恐怖行动，乃对美在华权益之极大打击，美国驻东京大使应即就此次事件与日谈判，并建议如日本不制止此类恐怖行动，美国应采取报复行动云。

中華民國二十九年八月二日　Sin Zhungxua Bao　星期五　第一版

# 新中華報

第一五一號　每逢星期二五出版

這種反戰反正的運動，在我戰略反攻階段以前，表現在政治上的意義特別重大：……還有軍事上的意義也很重要，顯然的，它削弱了敵人的力量，而且直接地增强了中國抗戰的力量，這在準備反攻階段就已經是非常必要的。

把敵人趕出中國去！　朱耆石作

## 社論　加緊瓦解敵軍爭取僞軍

最近，各地戰訊中，關於敵僞軍反戰投誠倒戈殺敵的消息，日必有數起。舉例說，北方的敵人，有由晉南運城機場逃跑的，更有火焚皖北蚌埠彈藥庫後而來投誠的；南方的敵人，以廣州爲中心高揭反戰旗幟，正與敵憲兵司令部肉搏着。至於南北僞軍在這一時期之倒戈殺敵攜械來歸的事件，更是特別多，像東僞劉部將敵人交通常路破壞後攜械來歸，民權以西僞和平救國軍殺死中下級敵將多名而後投誠，還有經過南京僞組織訓練過的潤駐鄂北前綫的僞軍也已反正過來，駐防魯南昌樂沂水等九縣的僞軍趙益增部五千餘人竟全部反正，因之敵軍要據點十餘處已爲我克復。

這些消息，連同最近在華日人反戰革命同盟會的成立及其在某戰區添設支部的事情，都是值得大大的注意和研究的；因爲在今天瓦解敵軍爭取僞軍是我們戰勝敵人的條件之一，而且已是提到日程上的重要工作。

敵僞軍的反戰反正運動已經從南北各地戰場日漸蔓延起來，形成僞帶有規模性的高漲的運動了。這個運動的促成，一方面是由於我堅持抗戰，尤其是游擊戰的發展使敵後變成了前綫，把敵人拖得精疲力竭，思鄉厭戰之餘，痛恨敵酋所致；另一方面，則不能不歸功於日本前衛政黨日本共產黨在自己國內及中國戰場上，堅決反對並暴露日本帝國主義的「戰爭是創造之父」的欺騙宣傳與英勇鬥爭。

這種反戰反正的運動，在我戰略反攻階段以前，表現在政治上的意義特別重大，就是說日寇以往用卑鄙欺騙的手段驅使幾百萬的武裝人民來到中國戰場上，並佔領了中國多數大的市城，而今事實漸漸的粉碎了它的欺騙麻醉作用，再不能像以往一樣生效了。被迫武裝起來的僞軍，對敵漸漸的發生了反作用，這證明日寇雖能佔領中國的一些領土，但卻不能懾服中國人民的愛國心，也就是說日寇不能佔住在這一些領土上，它必然要被打走。還有，這種反戰反正運動在軍事上的意義也是很大的，顯然的，它削弱了敵人的力量，而且直接的增强了中國抗戰的武裝，這在準備反攻階段就已經是非常必要的。

對於這一爲抗戰勝利必須要加緊的瓦解敵軍爭取僞軍的工作，確有了相當的進步，例如晉東南的僞兵自動地要求加入八路軍爲中國抗戰而努力，江南新四軍所俘獲的僞兵自願參加抗戰，都是我們對敵僞工作做得深入的明證。但是，就全國範圍說，敵僞工作發展的也不平衡，同時也還不能配合客觀上有利條件的發展而發展。瓦解敵軍的工作，主觀上做的也還不够，差不多與抗戰開始同時，敵士兵內部就展開着反戰運動，到我抗戰第二年，敵軍內個別嘩變的事件，就已經發生，然而直到現在也還是散漫的，有些部隊對瓦解敵軍工作如同對軍隊政治工作一樣的不重視，對敵軍宣傳的口號是無關士兵痛癢的，甚至連消極的優待俘虜的工作做的也還不能如願人意，因之就不能策應敵軍內部的反戰運動的發展和需要，不能促使個別的散漫的譁變轉變成有組織的大規模的瓦解。

據專家的統計，我們被陷在敵後的同胞有一萬萬九千九百多萬之衆，敵國大本營給中國派遣軍的指示中，着重說到「爲避免皇軍的損失，應當多多訓練僞軍」，湯西的數千苦工會經被騙運往平津受訓，武裝爲僞軍，現在汪逆僞組織更在大規模的訓練僞軍，與自己的同胞殘殺，這些事實都是值得我們大大警惕的。僞軍的來因，一是被欺騙，二是窮困所逼，把他們迫上了同胞以自陷於奴隸的悲慘的境遇。我們的任務，要收復陷入敵手的一切失地，更還要奪回陷入僞軍的許多同胞，將他們爭取到抗戰隊伍中來。然而，這就須要做到兩件事：一要加緊並鞏固國共及一切抗日黨派的團結，使敵後同胞不受敵人的反動宣傳所迷惑，堅定他們對抗戰勝利的信心；二要改善人民的生活，實現民主政治，使全國同胞眞正在實際上感受到抗戰政府是他們唯一的保護者，而不致爲敵人欺弄。只有這樣，才能够勝利的瓦解敵軍和爭取僞軍。

## 朱彭總副司令電蔣委座

### 石友三號稱新中央軍攻我八路軍　如再任其發展抗戰前途殊難設想

重慶軍事委員會蔣委員長鈞鑒：據報石友三統率所部配合魯西雜軍匪僞共兩萬餘人，號稱新中央軍，於上月底在敵機四架掩護之下，向濮陽清豐一帶猛進，沿途捕殺抗日工作人員，並向駐該地區之職軍攻擊，同時盤據大名聊城兩濮一帶之敵軍，亦紛紛策應石軍，先後對冀魯豫區職軍取包圍合擊之形勢，等情，查石友三叛變成性，反覆無常，年來在冀南魯西公開通敵破壞抗戰，職等洞燭其奸，會屢電呈報其罪行，請求予以制止，惟因其狡猾多端，欺蒙上峯，以至忠奸莫測，今石軍號稱新中央軍，公開與汪逆結合，在敵軍配合下向職軍大舉進攻，此種喪心病狂媚敵求榮之徒，若不能以有效辦法制止，何以整法紀而正視聽，如再任其權積發展，則正氣掩沒而抗戰前途具甚危險，職等心所謂危，懇切呈詞，請予裁奪電示爲禱！職朱德彭德懷　七月二日

## 蘇聯報論我東北現狀

### 中國游擊隊奏效甚宏　使東北永不爲敵之「鞏固」後方

【莫斯科廿八日專電】蘇聯科學研究院出版之「世界經濟與世界政治」最近一期刊載長文描寫東北之現狀，略謂：東北淪陷，雖已將近九年，但日本之保有東北仍須賴槍炮之力量與過去完全無異，東北絕非日本帝國主義之「安定」的後方，其民衆視日人爲死仇，繼續與中國其他部份之同胞，共作英勇的鬥爭。日本之冒險行爲已證明毫無收獲，其經濟侵略政策，結果極不圓滿，日本在東北有龐大之投資，但同時亦須消費鉅額之軍費。日本因欲維持新「殖民地」之治安及建立東北對付中蘇兩國之武裝，故不得不支付鉅額之軍費，每一日元均被消耗懸淨。當日軍進佔東北時，有數萬人被日方禁錮，濫施酷刑，更有數萬因凍餓而死。每週寒冬季節，即有大批婦孺凍斃貧民區內，屍骨纍纍，見者酸鼻。日本毒品散佈各地，實行其毒化民衆之伎倆，遭其害者爲數極衆。日本現更設法摧毀中國之文化，中等學校已全然絕跡，現東北之教育制度，已完全改變，藉以配合其在政治思想上征服中國之陰謀。日本原冀東北境內韓人之協助，但結果證明其推想錯誤，至華人則更無論矣。華軍「投降」日方者寥寥無幾，大部份均敵愾同仇，爲協助中國國軍抗戰之主力，彼等抗敵情緒異常熱烈，並受國軍忠勇抗戰之鼓勵，故東北人民幾全部直接間接加入抗日陣營。中國游擊戰奏效甚宏，使東北永不能成爲日本帝國主義「鞏固」之後方，現抗日之力量日益强大，爲中國全面抗戰中，無法擊破之一環云。

× ×

## ▲美國協會向赫爾呼籲▼

### 汪逆恐怖行動日本應負其責　倘不加制止美當採取報復

【上海廿四日電】英對日屈膝後，不僅駐東京之英僑及美籍記者備受脅迫，共亦被拘捕，即上海之美籍記者亦遭受嚴重之恐怖威脅，現被驅逐者已有七名，因之上海美籍記者致電羅斯福，報告美新聞界在滬所受之恐怖行動後，此間美國協會頃亦電赫爾國務卿呼籲謂：美國記者及其中國同業皆認爲此種恐怖行動，惟有日本當局能制止之，日本當局對「南京政府」之恐怖行動，實負其責，汪精衛對美國報界所用之恐怖行動，乃對美在華權益之極大打擊，美國駐東京大使應即就此次事件與日談判，並警告如日本不制止此類恐怖行動，美國應採取報復行動云。

## 汪逆繼續賣國談判

據傳，汪逆與寇酋西尾自本月五日開始所謂「中日新關係」談判以來，迄今已三週，現仍在進行中，此汪逆賣國求榮與敵聯以自慰之勾當，可恥之極云。

## 豫東偽軍攜械來歸

【鄭州廿八日電】盤據豫東民權以西野鷄岡鄭樓寨附近之僞和平救國軍，憤敵殘暴，報國心切，於十八日晚乘敵不意襲向該寨進攻，斃敵甚衆，並奪獲機步槍四百餘及軍用品甚多，我軍當予收編，正待命殺敵中。

## 粵南敵偽發生激戰

【本德廿八日電】盤據寶安屬南頭之敵僞軍近日猜疑日甚，廿日僞軍李逆慶全部與敵發生激戰，雙方死傷甚衆，僞軍因無後援，全部遂被繳械，吳逆明光亦被敵慘殺，現各地僞軍聞訊人人自危。

## 鄂西敵北犯未逞遭我痛擊

## 八路軍攻入蒙陰襲擊黃城

### 皖北我圍攻無爲壽縣　汕頭登陸敵業已擊退

**山東**

據新華社山東廿五日電：我八路軍×支隊一部於本月十七日以機敏之行動，攻入蒙陰縣城，與敵巷戰，激戰五小時，斃敵僞三十餘名，生俘僞軍十餘名，繳獲步槍廿餘支，子彈數百發。又膠東某地電：我八路軍××隊一隊於廿一日向黃城集結之敵據點猛烈襲擊，經三小時之戰鬥，斃僞軍七十餘名，繳獲長短槍百支，子彈數千發，鋼盔六十餘頂。

**鄂西**

鄂西方面，據廿七日前方電：荊門城北近郊敵連日企圖向北竄擾，均遭我擊退，當陽西南朱家館孔陵館殘敵已被我包圍，正在殲擊中。又我軍某部會一面向困據張家店梅子溪（均當陽西南）之敵追擊，並被我一舉攻入敵陣，斃敵二百餘。另一部向窟踞龍泉冲（當陽屬）之敵進擊，將敵全部殲滅，並將該據點克復。

**皖北**

廿七日戰訊：皖北戰事近日我軍進展迅速，十七日敵以千餘之衆冒險孤進，竄入無爲縣城，我軍見敵已陷入我包圍圈內，自廿日積極圍擊，當斃敵大隊長以下六百餘名。廿一日敵急出大通巢縣等地增來援兵千餘猛撲，亦未獲逞，自廿一日晚我各路總攻擊戰至廿三日晨三時，攻入城內，與敵巷戰。又據廿八日來電：廿二日我軍向困踞壽縣之敵進擊，我炮兵同時助我步兵猛轟，斃敵隊長呂田吉米以下敵兵二百餘名，敵之倉庫府所亦被我擊中起火焚燬，現我已將壽縣包圍正猛攻中。

**粵南**

【惠陽廿七日下午七時急電】游擊隊屬汕尾海面今日上午四時來大小敵艦北艘，至拂曉以炮火掩護汽艇多艘分載敵兵向汕尾進犯，同時另一部敵兵在汕尾西媽宮企圖登陸，我軍俟敵迫近時以密集火力迎頭痛擊，並誘敵至我有利地區予以圍殲，兩路敵兵即告不支，遺屍數百具，敵紛紛竄回艦上逸去。

**山西**

廿九日晉東南訊：晉東南方面連日又有激戰，廿五日長子敵一部向西竄擾，我軍截擊於西橫鎮以西地區，鏖戰至烈，敵集中火力向我猛撲，被我奮勇擊退，旋敵不支，向東潰逃。又洛陽廿九日電：由新絳稷山聞喜安邑等縣集合向稷王山以西地區進犯之敵於十一日與我各路大軍分別予以各個擊破，敵遺屍甚衆，狼狽敗逃，現各正乘勝緊追敵蹤，猛烈進殲中。

期 新中华报零一百五十三期

版 零一版

时间 一九四〇年八月九日

# 沪寇擅颁新军法
# 外侨被捕事重现于敌区

**【上海合众社电】**此间外侨方面鉴于在日外侨被捕之事层见迭出，料将更重演于中国，日本海陆军当局并已于六月十二日发表布告，其新颁发之军法，规定占领区内人民凡（一）“非法外侨”（二）发表演说，举行会议，发行书籍什志，摄制电影，而“有害”于军民之思想者（三）干涉“绥靖”以及“和平秩序”之宣传、以妨碍“圣战”之完成者，悉须依法予以惩罚云。

中華民國二十九年八月九日　Sin Zhungxua Bao　星期五　第一版

# 新中華報

第一五三號　每逢星期二五出版

這是鋼鐵，你能夠消化嗎？

**目前日本帝國主義侵略的新動向，除了堅持其始終不變的滅亡中國的目的之外，它將實行南進政策，侵略南洋，前拓相小磯之充任南洋特使，就是這個政策最具體的準備。這是可以肯定的。但在目前荷法已經滅亡，德意在遠東勢力又不很强大的狀况下，它將首先獨佔荷印和安南，是可能的。**

## 社論　日本侵略的新動向

最近，由於日本『革新派』的抬頭，擁出近衛組閣，實行更加法西斯化的政策，國際間又起了一種新的變動。這首先是：帝國主義戰爭陣綫的劃分更加明朗化。日本已完全傾向德意，而與英美在遠東的矛盾日漸加强。

在米內內閣岌岌可危之時，英美兩國爲了緩和與日本間之關係，企圖挽救米內政府，爭取日本作爲反德意的同盟，而曾經向日本不斷的作很多的讓步。比如：米內爲的緩和或滿足『革新派』的要求，而提出所謂『東方門羅主義』的時候，羅斯福也發表聲明，所謂『主張美洲人之美洲，歐洲人之歐洲，亞洲人之亞洲』，而表示贊成日本之『東方門羅主義』；邱吉爾竟與日本簽訂了關於封鎖滇緬路及切斷我外援之協定。然而現在事實證明，英美的這種讓步政策，已完全破產了。日外相松岡洋佑，在他上任的第二天，就發表了他的外交方針，『認爲東亞之日本與歐洲之德意應向前邁進，實現各國之目的，日本應首先解決英法在東亞之影響，穩定東亞的廣泛體制，包括日「滿」「支」及南洋在內，最後則應向德意建議締結同盟』；而最近，在日政府正式頒佈其『基本國策綱要』以後，他又再次聲明：『日本已放棄其「討好各方」之政策』，『然日本之最終目的，爲完成東亞之光榮圈，此圈不僅包括日「滿」「支」，即南洋亦包括在內』。

觀乎此，目前日本帝國主義侵略的新動向，除了堅持其始終不變的滅亡中國的目的之外，它將實行南進政策，侵略南洋，前拓相小磯之充任南洋特使，就是這個政策最具體的準備。這是可以肯定的。但在目前荷法已經滅亡，德意在遠東勢力又不很强大的狀况之下，它將首先獨佔荷印和安南，是可能的，松岡在最近一個談話上，已經具體指出：所謂『東亞共榮圈』『不僅包括日「滿」「支」，並復包括安南荷印』。固然，這必定埋伏着日本與德意間將來的矛盾，但在德意正忙於在歐洲『勝利』的今天，它可能取得德意的諒解。

無論日本將首先佔取的是安南或荷印，這對於英美都是絕對不利的。因此，最近英美和日本間之關係特別惡化，如日美間正在相互破獲特務機關，逮捕間諜與僑民，美日間在輿論上正互相攻擊，美國評論家已經發揚地指出：『日本已盲目地向對英作戰或對美作戰之途邁進。』這都是有充分根據的。

目前英美兩國都應該空前覺悟到，日本已經是它們的敵人，而絕不能對日本有絲毫妥協的餘地，應該禁絕一切軍需品運給日本，同時從速開放滇緬路，使中國得到一切外援，以打擊日本！

其次，是日本帝國主義將在政治上，軍事上，經濟上加緊向我進攻，以圖首先滅亡中國。最近，在敵國的所謂『基本國策綱要』上，明白指出：『今日之外交以建設「大東亞新秩序」爲骨幹，首先將其重心放在處理「中國事件」』，就是這個意思。

誰都知道，由於中國始終堅持抗戰，已使日本在軍事、經濟、財政諸方面遇着極大的困難。因此，日本帝國主義，如果要想利用其所謂『千載難逢的時機』，而進行其國際的冒險侵略南洋，那末，它不把自己的泥脚從我國的持久抗戰中拖出來，是不可能的。因此在目前正如蘇聯消息報所指出：『在中日戰爭的整個時期間，日本從沒有像近兩個月一樣如此需要結束戰爭。』日本將以什麼方法來結束戰爭呢？在軍事方面它將加緊轟炸和正面進攻，如西安、重慶，特別是雲南等大後方，都有被其進攻的可能；在政治方面，它將加緊扶植汪逆政府，進行挑撥離間的陰謀，同時也有使德意出來勸和的可能。

因此，全中國人民應該提高最大的警惕性，加緊團結，堅持抗戰，以克服目前的困難與投降危險，爭取抗戰的最後勝利。目前中國戰勝日本帝國主義的國內與國際條件都是充分存在的，問題是在於各抗日黨派、軍隊與人民的共同努力！

## 朱彭總副司令電請　討伐通敵叛國者石友三

### 敵讓佔領區予石逆俾彼猖狂反共　在日寇公開掩護下進攻抗日軍民

【新華社晉東南某地電】十八集團軍朱彭總副司令呈請委座及長官衛西安辦公廳明令討伐通敵叛國之石友三，原電如下：委員長蔣，長官衛，西安辦公廳：查石友三所部，並糾合漢軍二萬餘人，公開在敵軍掩護與幫助之下，向冀魯豫邊區我駐在該區之職軍，職等曾電呈制止在案。茲據報，職部駐濮范間遭石軍猛烈攻擊，職軍之楊彥志部不得已而反擊，當繳獲石軍此次進攻職軍之軍事會議決議案，及石本人通知所屬各部隊與日寇聯絡辦法密函各一件，謹電陳如下：

甲，石軍軍事會議之決議案：一，主旨：本集團軍（指石軍）此次北上，爲遵奉總裁蔣命令，爲救國家救民衆，爲本身生存及發展計，必須剷除妨礙抗戰之共『匪』，然後始能抗戰，在目前第一階段，決定肅淸共『匪』，第二階段再決定執行之。二，軍事實施步驟：第一步以濮縣爲根據地，以范縣、觀城，及淸豐東南濮陽以東地區爲軍事活動範圍，部隊先集中濮縣四周，給共『匪』以打擊，並鎭壓民衆，然後積極向外擴張。第二步，待第一步地區工作成熟鞏固，然後在淸豐、南樂、濮陽以西地區，以本軍全力開展，就是穩紮穩打辦法。第三步，待第二步工作成熟後，與平漢路以西國軍取得連絡，然後再向冀南中心地區開展。三，部署：先以濮縣爲核心，以觀城范縣及濮陽以東爲支援，成犄角之勢，添設堅固工事及碉堡，積極屯糧，然後在『匪』區由旅或堅强團爲單位，約二三十里之距離，（就是『匪』犯時能相互援助）各個據點，星羅布置之。四，工作事項：（一）首先在打擊共『匪』，搜查共產黨潛伏份子，（並用政治力量）使本區民衆統一向我。（二）設置情報網通絡站，使得廿五里派出調查五人，經常遠出調查『匪』情，並在村中嚴查共『匪』份子及探子，及維持本軍之『紀律』等，並將姓名，村落（用政治去做）造冊備佈各軍隊，隨時指揮之。（但不移動）此計劃由參謀處詳擬，交縣政府執行。（三）粱案，每一單位據點，必擇形勢打成五個至六圓寨。（由各村協助工作，只在爲掩護各村用的）以資留守並屯糧。（四）搜捕共『匪』重要份子，即行槍決，其被迫者，送縣內出縣成立感化院感化之，以示寬大。乙，石友三十月廿二日致各部隊密函一件，內容係指示與日寇連絡辦法：（一）開始與日軍接近後，發生誤會，彼此應立即後退，並派員連絡說明。（二）飛機來時，可用白佈在屋頂上，舖開不准射擊，。（三）各部隊不准越過界綫徵發給養，及有武裝部隊活動（受『匪』軍脅迫時，不在此限）。（四）遇期連絡法，用識別旗，（或白旗）左右搖動，夜間用紅色電筒連續速射。（五）晝夜行軍，應距共駐地十里。（設小隊應）（六）在黃河以南行動，應在日沒前，不得在午後八時以後。（七）本軍受『匪』脅迫須向駐軍以外活動時，應一面活動，一面通知各駐軍，遇我須即派部隊時，即隨時援助。（但兵力不能限），等情，據此則石友三之通敵叛國證據明擊，且石部現所據之濮縣、范縣、觀城等縣城爲敵軍讓與者尤爲通敵明證，故請鈞座念時勢之艱危，悟奸邪之蒙蔽，毅然撤免石友三本兼各職，明令討伐，以正視聽而安人心爲禱，職朱德彭德懷（馬）二十一日揚。

## 單傳反戰發散機敵

【綏西某地廿八日電】敵機日前轟炸綏西時，曾散發署名久留米戰車第一聯隊士兵及派遣軍內反戰大同盟之反戰傳單三種，略謂：我親愛的日本戰士啊！你們須知每放一彈時，故鄉的家族便變成灰燼（意謂一粒彈之消耗均爲民脂民膏），我們應當立即放下武器要求和平，不能再作戰爭的犧牲。趕快覺悟起來，拯救國民！打倒自殺亡國滅種的軍閥軍部暴力派，等語。

## 庫軍焚火子份戰反

【興集廿九日電】運城敵軍火庫廿一日晚爲反戰份子縱火焚燒，損失軍用品甚多，汽油千餘箱。又晉省各地僞軍反正風起雲湧，十八十九等日晉南張禮車站僞警備隊及解縣僞公安局警士相繼來歸，廿二日趙曲敵翻譯官復向我投誠，同時晉北大同一帶僞保安隊警備隊亦紛起反正，敵大起恐慌。

## 偽軍殺敵反正

【洛陽二日電】晉西南駐張德（太廟首）僞軍一部，槍械齊全，爲報國心切，不甘附敵，於上月十八日旋突然在防地反正，乘敵不備，猛烈進擊，奪獲軍馬無數，滿載來歸，現正改編，不日重赴前綫殺敵。

## 滬寇擅頒新軍法　外僑被捕事重見於敵區

【上海今衆社電】此間外僑方面鑒於在日外僑被捕之事層見迭出，料將更重演於中國，日本海陸軍當局並已於六月十二日發表佈告，其新頒發之軍法，規定佔領區內人民凡（一）『非法外僑』（二）發表演說，舉行會議，發行書籍什誌，攝製電影，而『有害』於軍民之思想者（三）干涉『綏靖』以及『和平秩序』之宣傳，以妨礙『聖戰』之完成者，悉須依法予以懲罰云。

## 迪化市抗戰三週年紀念大會通電

### 誓願在抗戰領袖領導下保障交通運輸安全　更以最大努力堅持進步鞏固團結

延安毛澤東先生十八集團軍朱總司令彭副總司令（以下銜略）均鑒：目前抗戰已屆三週年，我國抗戰整個戰局已進入相持階段，由於前方將士抗戰之英勇奮鬥，流血犧牲，前仆後繼，再接再勵，屢建奇功，驅逐敵人，使日寇之瘋狂進攻受到嚴重制命之打擊，碎粉其「以戰養戰」「以華制華」之毒計，從堅定我抗戰之勝利信念，年來如湘北粵北桂南綏西晉西晉東南之大捷，鄂豫邊區的會戰，阻止了敵人，使日寇無法進展，此既足證明抗戰形勢有利於我，不利於敵之轉機，現當光榮偉大的七七抗戰三週年的今天，迪化市十萬餘民衆特舉行了盛大的紀念大會，用全民一致團結的力量擁護抗戰，堅持抗戰到底，今後更以最高度的赤誠誓願在中央政府與抗戰領袖蔣委員長以及本省人民所愛戴的偉大領袖盛督辦督主席領導之下，盡量保障交通運輸之安全，使軍用品源源接濟，前綫更以最大努力，堅持進步，鞏固團結，消滅漢奸託匪之陰謀破壞以及敵人政治分化之卑鄙技倆，以期爭取抗戰最後勝利，徹底戰勝日本帝國主義。特電敬致最崇高的民族解放敬禮！迪化市七七抗戰三週年紀念大會敬上午虞印

## 日寇自白：廣州華人勢力强甚

【河內三日電】日寇海軍檢查團於十九日抵廣州灣進行檢査工作，昨日該團團長丸山佐返抵河內檢査團本部發表談話，略謂：法國在廣州灣之勢力極弱，而華人却佔優勢，日檢査團抵廣州灣竟不能自出外出云。



新中華報

# 传上海《新闻报》记者顾执中被刺

**【上海十七日电】**十七日下午《新闻报》记者顾执中在法租界行走中，突被刺客狙击，顾受重伤云。

中華民國二十九年八月二十三日 Sin Zhunxua Bao 星期五 第一版

# 新中華報

第一五七號 每逢星期二五出版

實施抗戰教育，從抗戰一開始，便被全國教育界進步人士所提出，並爲全國青年所熱烈擁護和迫切要求着，但迄至今日，抗戰已進入第四個年頭，國內大部份地方教育方針却未隨抗戰的需要而改變，有些地方，比抗戰前的教育還不如。

要求政府及教育部眞正實施抗戰教育，一切教育方針與課程必須適合抗戰需要，符合戰時環境，在實際需要的基礎上來提高研究學術的風氣，陝甘寧邊區之教育成績及經驗教訓，正可供作全國之參攷與借鏡。

## 社論 必須真正實施抗戰教育

實施抗戰教育，從抗戰一開始，便被全國教育界進步人士所提出，並爲全國青年所熱烈擁護和迫切的要求着，但迄至今日，抗戰已進入第四個年頭，國內大部份地方教育方針却未隨抗戰的需要而改變，有些地方，比抗戰前的教育還不如。因此，「教員轉業，學生逃跑」或苦悶悲觀消極的現象，就成爲目前教育界的嚴重問題。

第一，教育制度的不合理和統制思想的錯誤。這主要的表現在學校的黨化、特務化和「導師制」等不良作風的產生和實行，所謂黨化特務化，便是在各大中小學皆爲黨及特務組織所把持，用威脅利誘的辦法去迫使教員及學生集體入黨入團，強迫多數人做特務工作。所謂「導師制」，便是以所謂「親信」之教員作學生之「導師」，負責監視「訓導」十個至廿個學生之言行和思想。其實就是對學生作特務工作。這樣，就使學校變爲牢獄，學術空氣與青年學生之活潑朝氣爲之一掃殆盡，「給學校造成一片頹風」，稍有正義感主張思想自由的教員，與愛自由，要求眞正求得學術知識以爲國用的進步青年，自然就不可能或不願意再在這樣的學校住下去。

第二，教育內容與現實完全脫節。正因爲實行統制學生思想，在課程上，就不惜繁重（即大學每日上課亦達七小時），並且其內容幾乎與抗戰毫無關係，一味強迫讀經復古，企圖從故紙堆把孔夫子主義復活起來，作爲毒害青年的工具。一切抗戰的進步的書報完全被禁止閱讀，而那些反動的與日寇漢奸言論很少分別的，專以破壞抗戰團結，挑撥國共分裂爲能事，狂吠反共的刊物如「抗戰與文化」等，却被指定爲學生必讀的課外讀物，並以其中那些漫罵共產黨的文章，作爲考問指定學生思想的根據。一切救亡工作幾乎完全禁止學生參加，教育當局用繁重的功課、個別談話、月考、期考、會考、總考試、縮短假期及加強軍訓等方式來束縛學生，剝奪學生自由研究的時間，企圖把學生陷入「兩耳不聞窗外事，一心專讀聖賢書」的關門讀死書的泥坑。這種愚民政策的教育，怎能令教員安心教學，學生安心讀書呢!?

第三，生活困苦。特別是逃難至大後方的及貧寒的學生，因物價高漲，只求一飽亦感困難，教員的生活亦是困苦，如靠薪金養家者，更是不夠。而某大學則可以四十萬之鉅款爲學校當局之方便而興築校舍，對一般教員與學生之生活困難情形，則很少注意和關心以謀改善。某些學校竟有剋扣學生伙食費和貸金而飽其私囊者!

以上諸端，是目前教育不振的癥結所在。這不僅有害於青年前途的發展，而且有害於國家民族與抗戰的前途！全國教育界及先進人士應該起來反對並力謀制止這些現象，要求政府及教育部眞正實施抗戰教育，一切教育方針與課程必須適合抗戰需要，符合戰時環境，在實際需要的基礎上來提高研究學術的風氣，陝甘寧邊區之教育成績及經驗教訓，正可供作全國之參考與借鏡。然而這就首先必須停止學校黨化與特務化，廢止形同監視犯人之「導師制」，給學生以學習、思想及參加救亡工作之自由和便利，學生參加任何黨派與否，亦應保留其自己的決定權，不得統制思想和強迫入黨。選聘教師，應以才能爲標準，不問其黨派關係及思想如何，只要眞正有才能，並堅決主張抗戰團結進步者，均可聘爲師資。此外應改善學生及各級學校教職員之待遇，保證他們的最低生活條件，以提高他們學習和教學的積極性。這些先決問題不解決，實施抗戰教育是絕不可能的。

「救救青年學生！」這是目前全國人民及一切進步人士的一致呼聲，希望政府能聽取人民的呼聲，對現行教育制度力加革新，以適應抗戰之需要。

## 八路軍七月份戰績
### 大小戰鬥三百八十二次 斃傷敵偽七千一百八十

一新華社晉東南十四日電一十八集團軍總司令部參謀處頃公佈該軍七月份戰績統計，其原文如下：（一）大小戰鬥三八二次：一，斃傷敵官兵四七五〇名，斃傷偽官兵二四三〇名。二，俘虜日官兵十四名，偽官兵一一九〇名。（二）繳獲：一，步馬槍一五五七支，手槍九四支，輕機槍二挺，八八重炮一門，平射炮一門，擲彈筒九個，騾馬二五六匹。二，自行車一四三輛，有線電話機十一架，電台六架，望遠鏡十付，收音機兩架，照相機二架，大車五一五輛，防毒面具一九九具，鋼盔二八六頂，指揮刀十九把，測遠機一架，日寇旗五二面。三，步槍彈四二二二〇發，手溜彈九八公噸，各種炮彈四〇〇發。（三）破壞：一，破壞公路二七六次，長三五八三里，破壞鐵路三〇八次，總長一二〇里，毀鐵木橋二九座。二，砍電線桿二三一七根，收繳電線二九三〇〇斤，毀汽車四六輛，顛覆火車七列，炸毀裝甲車一列。四，毀山砲三門，輕重機關槍十五挺。（四）偽軍反正七次，共四五六名。

## 僑胞愛國心切 踴躍捐輸祖國

一重慶十七日電一越南南圻金歐市華僑救災會頃獻英幣三千三百元，計值國幣一萬元，交由駐該地領事館轉匯國內，慰勞參戰有功將士，以勵軍心，用示敬意。又舊金山旅美華僑統一義捐救國會頃亦捐募航空救國捐美金一百萬元，匯至政府，以備購機殺敵之用云。

## 中緬文協會 理事被捕

一重慶八日電一中緬文化協會名譽理事緬人德欽努，熱心溝通中緬文化，不遺餘力，近聞在緬被捕入獄，該會特電仰光中緬文協會代爲慰問，並相機援救。

## 在「一切工作在於村」號召下 太南區更進一步健全村政權
### 實施、一般、落後三種村均進行改選

一新華社晉東南十六日電一健全村政權、鞏固敵後抗日根據地的主要條件之一，太南區在全體抗日黨政軍民的共同努力之下，直到目前各縣村級政權的改選工作已獲得初步的成果。自山西第五區行政專員公署在目前提出「一切工作在於村」的口號後，壺關潞城平順等縣，均先後成立了村政權改選委員會，並依照專署頒發的一律改選與改造村政權工作方案」迅速開展工作，新計劃縣在五月份的改選村政權工作成績如下：實施村：（一）各村改選委員會均已訓一次，（二）舉行農民訓練及農民正式登記，（三）村政改選委員會以民選產生之。一般村：（一）完成了村改選的宣傳工作，（二）成立了村政改選籌備委員會，籌備委員須受訓一次。落後村：完成了村政改選的宣傳工作，並籌備在本月成立村政改選籌備委員會。潞城縣在改選村政工作中，則除按各村基礎分別規定工作與進度外，爲了保證工作順利的完成起見，已建立了嚴格的會務會報的檢查制度及村政改選檢查隊，分別到各村檢查，並規定各項工作競賽辦法。平順的改選工作也是在熱烈的開展，在突飛的勁頭下已掀起了建立嚴正廉潔政權的浪潮。大部村政都根據專員公署的規定改選了，政權機構健全了，村民會議組織了。比較落後的村子現亦正加緊村政的宣傳與教育工作，並決定在四個月內基本點村公民登記完畢，每個農民要認識一百到二百字並且在村政工作的選過中協助健全了各村的農民夜校婦女識字班等組織，建立了模範家庭。太南區新的村政已走上了始基，而且一天一天的更加向鞏固的道路。

## 係上海新聞界記者 顧執中被刺

一上海十七日電一十七日下午新聞報記者顧執中在法租界行走中，突被刺客狙擊，頗受重傷云。

## 冀西各縣災情嚴重 軍政民助辦救濟工作
### 難民有組織生產運動大開展

一新華社冀西十五日電一冀西自一月以來久旱不雨，加之敵寇摧殘之燒殺搶掠，致演成了今年空前未有之災荒。救濟的辦法一方面是消極的救濟，一方面便是積極的開展生產。在×月的緊急指示中，單是邢台任縣就募到大洋三萬九千五百餘元，糧食四百餘斗，穀六千餘斗，炒麵八千餘斗，還餅一百餘斗，菜乾二千多斤。救濟辦法是先由縣區級幹部調查各該村之難民數目，然後就各該村所募得之物件經開會決議分配予各該村之災難民。但是災情最嚴重的却要算內邱全縣一二三區，災民約佔百分之七十。此外放出貸款在一萬元以上，其賑濟辦法爲首先調查災民人數，按照平均每人應得數升。規定了正規軍撥爲加倍，游擊隊撥爲加三分之一，由縣工作隊下鄉以憑票直接登記災戶按人投糧。最近縣府共放糧五三〇〇斤。發衞麥種五百三十餘斤。此外在×縣也發起了「一合運動」，現已募得相當數目。可是只是消極的辦法不能保證多天飢餓的難免，因此爲欲安定民生，便提出了厲行生產的口號。這次的生產運動各縣的縣政府及各該專區領導都是積極參加的。內邱沙河兩縣政府及公安局人員，上自縣府部長公安局長下至雜務人員共四十餘人，自六月十四日起西助老百姓拔苗，終日早出晚歸，在五日內即能拔苗四十畝。關於難民生產運動的具體辦法，是互助小組的建立，試首先是在邢台七村區實行了的。互助小組的組織，是就村中難民調分爲三種，一是目下就沒飯吃的，一是貧窮的，一是少有一點辦法的，這樣的小組共組織了二十多個，小組組織成立後，可以小組爲單位向當地政府委員會借貸。關於借貸，借貸者有優先權，交貸後各生產小組則開始運布販賣，這樣來就求一點利潤糊口，並規定了當生產小組的組員共運布販賣時，其他組員有替他擔地的義務，在這種辦法實行時，當地富有者曾借出了大洋三千九百餘元，以示互助。此外在邢台等處的難民還開設水磨，替人磨麵，解決了他們的生活問題。配合着生產運動××的六個村更開荒在二千六百畝以上，冀八的開荒在基本上是已經大部解決了。如果要說經驗教訓的話，那末，除了黨政民同心協力之外，階級的互助友愛是主要的了。

## 關於滬英防區接防問題
### ▲日寇得寸進尺▼
### 既得丁區猶反對美接防乙區

一香港二十日電一滬訊：各國駐滬防軍司令會議之結果，議決現由英軍防守之丁區即滬西蘇州河北憶定盤路以西一帶交由日軍接防，現由英軍防守之乙區即租界中區蘇州河及界路以南外灘以西一帶交由美軍接防，但日本司令對於此項決議仍提異反對。十九日，美國亞洲艦隊司令哈特上將聲稱，美方區接管問題現在由美日兩政府進行談判之中，在美日兩政府談判結果以前，上海美國海軍陸戰隊仍由上海陸戰隊接防乙區防務云。





新中華報

期：新中华报零一百五十七期

版：零一版

时间：一九四〇年八月二十三日

關於滬英防區接防問題

▲日寇得寸進尺▼

既得丁區猶反對美接防乙區

# 关于沪英防区接防问题

## 日寇得寸进尺
## 既得丁区犹反对美接防乙区

**【香港二十日电】沪讯：**各国驻沪防军司令会议之结果，议决现由英军防守之丁区即沪西苏州河北忆定盘路极司非而路以西一带交由日军接防，现由英军防守之乙区即租界中区苏州河及界路以南外滩以西一带交由美军接防，但日本司令对于此项决议仍投票反对。十九日，美国亚洲舰队司令哈特上将声称，英防区接管问题现正由美日两政府进行谈判之中，在美日两政府谈判结果揭晓以前，上海美国海军陆战队允由上海□□商区接管乙区防务云。

中華民國二十九年八月二十三日　Sin Zhunhua Bao　星期五　第一版

實施抗戰教育，從抗戰一開始，便被全國教育界進步人士所提出，並為全國青年所熱烈擁護和迫切要求着，但迄至今日，抗戰已進入第四個年頭，國內大部份地方教育方針却未隨抗戰的需要而改變，有些地方，比抗戰前的教育還不如。

# 新中華報

第一五七號　每逢星期二五出版

要求政府及教育部真正實施抗戰教育，一切教育方針與課程必須適合抗戰需要，符合戰時環境，在實際需要的基礎上來提高研究學術的風氣，陝甘寧邊區之教育成績及經驗教訓，正可供作全國之參攷與借鏡。

## 社論　必須真正實施抗戰教育

實施抗戰教育，從抗戰一開始，便被全國教育界進步人士所提出，並為全國青年所熱烈擁護和迫切的要求着，但迄至今日，抗戰已進入第四個年頭，國內大部份地方教育方針却未隨抗戰的需要而改變，有些地方，比抗戰前的教育還不如。因此，「教員轉業，學生逃跑」或苦悶悲觀消極的現象，就成為目前教育界的嚴重問題。

第一，教育制度的不合理和統制思想的錯誤。這主要的表現在學校的黨化、特務化和「導師制」等不良作風的產生和實行，所謂黨化特務化，便是在各大中小學皆為黨及特務組織所把持，用威脅利誘的辦法去迫使教員及學生集體入黨入團，強迫多數人做特務工作。所謂「導師制」，便是以所謂「親信」之教員作學生之「導師」，負責監視「訓導」十個至廿個學生之言行和思想。其實就是對學生作特務工作。這樣，就使學校變為牢獄，學術空氣與青年學生之活潑朝氣為之一掃殆盡，「給學校造成一片頹風」，稍有正義感志欲思想自由的教員，與愛自由，要求真正求得學術知識以為國用的進步青年，自然就不可能或不願意再在這樣的學校住下去。

第二，教育內容與現實完全脫節。正因為實行統制學生思想，在課程上，就不依學生（即大學每日上課亦達七小時），並且其內容幾乎與抗戰毫無關係，一味強迫讀經復古，企圖從這方面把孔夫子主義復活起來，作為毒害青年的工具。一切抗戰的進步的書報完全被禁止閱讀，而那些反動的與日寇漢奸言論很少分別的，專以破壞抗戰團結，挑撥國共分裂為能事，狂吠反共的刊物如「抗戰與文化」等，却被指定為學生必讀的課外讀物，並以其中那些漫罵共產黨的文章，作為考問檢定學生思想的根據。一切救亡工作幾乎完全禁止學生參加，教育當局用繁重的功課、個別談話、月考、期考、會考、總考試、縮短假期及加強軍訓等方式來束縛學生，剝奪學生自由研究的時間，企圖把學生陷入「兩耳不聞窗外事，一心專讀聖賢書」的關門讀死書的泥坑。這種愚民政策的教育，怎能令教員安心教學，學生安心讀書呢!?

第三，生活困苦。特別是逃難至大後方的及貧寒的學生，因物價高漲，只求一飽亦感困難，教員的生活亦是困苦，如靠薪金養家者，更是不夠。而某大學則可以四十萬之鉅款為學校當局之方便而興築校舍，對一般教員與學生之生活困難情形，則很少注意和關心以謀改善。某些學校竟有剋扣學生伙食費與貸金而飽其私囊者!

以上諸端，是目前教育不振的癥結所在。這不僅有害於青年前途的發展，而且有害於國家民族與抗戰的前途！全國教育界及先進人士應該起來反對並力謀制止這些現象，要求政府及教育部真正實施抗戰教育，一切教育方針與課程必須適合抗戰需要，符合戰時環境，在實際需要的基礎上來提高研究學術的風氣，陝甘寧邊區之教育成績及經驗教訓，正可供作全國之參考與借鏡。然而還就首先必須停止學校黨化與特務化，廢止形同監視犯人之「導師制」，給學生以學習、思想及參加救亡工作之自由和便利，學生參加任何黨派與否，亦應保留其自己的決定權，不得統制思想和強迫入黨。選聘教師，應以才能為標準，不問其黨派關係及思想如何，只要真正有才能，並堅決主張抗戰團結進步者，均可聘為師資。此外，應改善學生及各級學校教職員之待遇，保證他們的最低生活條件，以提高他們學習和教學的積極性。這些先決問題不解決，實施抗戰教育是絕不可能的。

「救救青年學生！」這是目前全國人民及一切進步人士的一致呼聲，希望政府能聽取人民的呼聲，對現行教育制度力加革新，以適應抗戰之需要。

## 八路軍七月份戰績

### 大小戰鬥三百八十二次　斃傷敵偽七千一百八十

【新華社晉東南十四日電】十八集團軍總司令部頃公佈該軍七月份戰績統計，其原文如下：（一）大小戰鬥三八二次：一，斃傷敵官兵四七五〇名，斃傷偽官兵二四三〇名。二，俘虜日官兵十四名，偽官兵一一九〇名。（二）繳獲：一，步馬槍一五五七支，手槍九四支，輕機槍二挺，八八重炮一門，平射炮一門，擲彈筒九個，騾馬二五六四。二，自行車一四三輛，有線電話機十一架，電台六架，望遠鏡十付，收音機兩架，照相機二架，大車五一五輛，防毒面具一九九具，鋼盔二八六頂，指揮刀十九把，探測機一架，日旗五二面。三，步槍彈四二二〇發，手溜彈九八公噸，各種炮彈四〇發。（三）破壞：一，破壞公路二七六次，長三五八三里，破壞鐵路三〇八次，總長一二〇里，毀鐵木橋二九座。二，砍電線桿二三一七根，收繳電線二九三〇〇斤，毀汽車四六輛，顛覆火車七列，炸毀裝甲車一列。四，毀山砲三門，擲彈機關槍十五挺。（四）偽軍反正七次，共四五六名。

## 僑胞愛國心切　踴躍捐輸祖國

【重慶十七日電】越南南圻金歐市華僑救災會頃獻英幣三千三百元，計值國幣一萬元，交由駐該地領事館轉匯國內，慰勞參戰有功將士，以勵軍心，用示敬意。又舊金山旅美華僑統一義捐救國會頃亦捐募航空救國捐美金一百萬元，匯至政府，以備購機殺敵之用云。

## 中緬文協會理事被捕

【重慶八日電】中緬文化協會名譽理事緬人德欽努，熱心溝通中緬文化，不遺餘力，近聞在緬被捕入獄，該會特電仰光中緬文協會代為慰問，並相機援救。

## 在「一切工作在於村」號召下　太南區更進一步健全村政權

### 實驗·一般·落後三種村均進行改選

【新華社晉東南十六日電】健全村政權，是鞏固敵後抗日根據地的主要條件之一，太南區在全體抗日黨政軍民的共同努力之下，直到目前各縣村級政權的改選工作已獲得初步的成果。自山西第五區行政專員公署在目前提出「一切工作在於村」的口號後，壺關、潞城、平順等縣，均先後成立了村政改選委員會，並依照專署頒發的「村政改選與改造村政權工作方案」迅速開展了工作，新計劃關縣在五月份的改選村政權工作成績如下：實驗村：（一）各村改選委員會均已訓一次，（二）民行選民訓練及選民正式登記，（三）村政改選委員會以民選產生之。一般村：（一）完成了村改選的宣傳工作，（二）成立了村政改選籌備委員會，籌備委員組受訓一次。落後村：完成了村政改選的宣傳工作，並成立村政改選籌備委員會。潞城縣在改選村政工作中，則除按各村環境分別規定工作規程外，為了保證工作順利的完成起見，已建立了嚴格的會務會報的制度及村政改選檢查隊，分別到各村檢查，並規定各項工作競賽辦法。平順的改選工作也是在突飛的開展，在群衆的勁勁下已掀起了建立了廉正廉潔政權的浪潮。大部村政都根據專員公署的規定改選了，政權機構健全了，村民會議組織了。比較落後的村子現亦正加緊村政的宣傳與教育工作，並決定在四個月內基點村公民登記完畢，每個農民要認識一百到二百字，並且在村政工作者選擇中間幫助健全了各村的農民夜校婦女識字班等組織，提倡了模範家庭。太南區新的村政已奠定了始基，而且將一天一天的更加向鞏固的道路。

## 傳上海新聞報記者顧執中被刺

【上海十七日電】十七日下午新聞報記者顧執中在法租界行走中，忽被刺客狙擊，頗受重傷云。

## 冀西各縣災情嚴重　軍政民助辦救濟工作

### 難民有組織生產運動大開展

【新華社冀西十五日電】冀西自一月以來久旱不雨，加之敵寇掃蕩時之燒殺搶掠，致造成今空前未有之災荒。救濟的辦法一方面是消極的救濟，一方面便是積極的開荒生產。在×月的募捐當中，單是邢台任縣就募到大洋三萬九千五百餘元，糧食四百餘斗，谷六千餘斗，炒麵八千餘斗，窩餅一百餘斗，菜乾二千多斤。救濟辦法是先由縣區級幹部調查各該村之難民數目，然後就各該村所募得之物件經開會決議分配予各該村之災難民。但是災情最嚴重的却要算內邱全縣一二三區，災民約佔百分之七十。此外放出貸款在一萬元以上，其賑濟辦法為首先調查災民人數，按糧平均每人應得數升。規定了正規軍加倍，游擊隊加三分之一，由縣工作隊下鄉以糧票直接登記災戶按人發糧。最近縣府共放糧五三〇〇〇斤。發種麥種五百三十餘斤。此外在×縣也發起了「一合運動」，現已募得相當數目。可是只是消極的辦法不能保障多天飢餓的難免，因什麼辦法安定民生，便提出了「厲行生產」的口號。各縣的縣政府及各群衆團體都是積極參加了的。內邱沙河兩縣政府及公安局人員，上自縣府，下至公安局長等人員共四十餘人，自七月十四日起助老百姓拔苗，終日早出晚歸，在五日內即能拔苗四十畝。關於難民生產運動的具體辦法，是互助小組的建立，試首先最在邢台七村區實行了的。互助小組的組織，是就村中難民劃分為三組，一是目下就沒飯吃的，一是貧窮的，一是少有一點辦法的，還組織的小組共組織了二十多個，小組組織成立後，可以小組為單位向當地救濟委員會借錢，貧者有優先權，交錢後各生產小組則開始運布販糶，這樣來換求一點利潤糊口，並規定了當生產小組的組員去運布販糶時，其他組員有替他墾地的義務，在這種辦法實行時，當地富有者借出了大洋二千九百餘元，以示互助。此外在邢台等處的難民還開設水磨，替人磨麵，解決了他們的生活問題。配合着生產運動××的六個村更開荒在二千六百畝以上，荒在基本上是已經大部解決了。如果要說經驗教訓的話，那末，除了黨政民同心協力之外，階級的互助友愛是主要的了。

## 關於滬英防區接防問題

### ▲日寇得寸進尺▼　既得丁區猶反對美接防乙區

【香港二十日電】滬訊：各國駐滬防軍司令會議之結果，議決現由英軍防守之丁區即滬西蘇州河北憶定盤路以西一帶劃歸日軍接防，現由英軍防守之乙區即租界中區蘇州河及界路以南外灘以西一帶交由美軍接防，但日本司令對於此項決議仍表反對。十九日，美國亞洲艦隊司令哈特上將發稱，須由美日兩政府進行談判之中，在美日談判以前，上海美國海軍陸戰隊尤出上海之乙區防務云。

期
新中华报零一百六十一期
版
零二版
时间
一九四〇年九月十二日

## 国内零讯

**【上海八日电】**据本市报载，美国驻亚洲舰队司令哈特上将已于昨日搭乘美舰离沪，大致系前往青岛与华北，行前并未公布，哈特上将系于三日前来此曾与此间美国领事当局及海军陆战队司令贝克上校，举行会议云。

**【香港六日电】**沪讯，沪两租界连日仍戒备森严，多数马路均用铁丝网拦阻不能通行，警务人员全体出动，搜查行人车辆及往宅，巡逻队铁甲车出往不断梭巡，形势颇为紧张，警务处高级人员否认此项戒备将延至九□八。如无意外发生，数日内即撤消，并认为必要时可随时再予施行云。

# 英美簽訂海軍協定
# 美國日益接近戰爭

九月二十二日，英美簽訂海軍協定，其主要內容是：「美方以驅逐艦五十艘轉讓英國，而英國則以北美洲沿海之英國海空軍根據地若干處租與美國，租期九十九年」。（倫敦三日路電）

根據各方面電訊報稱，英國租讓予美國的根據地有以下各處：阿瓦隆半島；紐芬蘭南部海岸；百爾慕它島之布拉特灣東海岸英海空軍根據地；巴哈馬島東岸；牙買加島南岸；聖路西亞島西岸；安得苦瓦島全部及英屬圭亞那至南佐治市週圍五十英里之海空軍根據地。由於以上島嶼的租讓，在軍略上使美國在大西洋方面構成一條國防的前衛綫，在政治上使美國更加控制了西半球的土地。

英國之所以需要驅逐艦，是由於在戰爭中此項軍艦損失過大；以及爲了保衛海峽防衛德國之小型船支；在蘇格蘭沿海作迅速靈活之巡邏；保衛由加拿大至英國之一部份貨運等原因所構成，這已是無容疑義的事實。但是，英國以更大於此的代價，在目前急欲易取五十艘驅逐艦，其目的卻不僅僅在此。

美國之所以願意簽訂海軍協定，正加紅星報的評論所說：美國把英國當作它在大西洋上的前哨站，美國的目的是在加強英國的抵抗，因而爲自己爭取時間，（詳見另文）由此，在利用了各種掩飾之下，美國實際上向着歐洲戰爭、向着世界帝國主義戰爭更向前走了一步。

## 蘇聯紅星報
# 評論英美協定
## 美國支持英國
## 爲自己爭取時間

【塔斯社莫斯科六日電】紅星報發表一文題爲「英美協定」，其中略謂：英國拼台之可能性使美國大爲驚恐。如果德國勝利，在大西洋上就會組成英法意德聯合起來的強大海軍，美國作爲海軍國的資格就要被取消。加拿大煤炭的航運也將受到重大損失。美國方面已經認清了一旦德國獲得勝利它將利用它的所有的物質技術資料進行經濟戰，利用著戰敗國及它的新殖民地的原料。德國強大工業將使全世界充滿着它的貨物。於是美國將失去它的西歐市場，同時必須在中美洲各國應付強烈的競爭。這個情況等於美國整個經濟結構的崩潰。處在這種危險的前面，美國完全知道美國還沒有充分的準備立即在軍事上參加列強的鬥爭。需要有相當的時間來完成龐大的軍備計劃。美國帝國主義者急切希望英國至少能再支持六個月。紅星報結語稱：美國將驅逐艦五十艘讓與英國其目的在加強英國之抵抗。因而爲自己爭取時間。

# 英國的真正目的

日本讀賣新聞的評論道：「英國因應付德軍進攻之急需，明知是項老舊驅逐艦之實力如何，但仍不惜放棄其已往尊嚴向美屈膝，……實則英國之目的卻不在此區區之驅逐艦。英國之真正目的在使美國逐步接近戰爭漩渦。同時英國希望在精神上予敵國（指德國——編者）以打擊，並鼓勵其本國之民氣……」

# 地名簡釋

**紐芬蘭**：爲加拿大東岸之一大島，面積十一萬〇六百餘方公里，爲英國所轄之自治殖民地，當美國獨立戰爭時，爲英國海軍根據地。

**百衡幕他羣島**：位紐芬蘭、巴哈麻羣島之大西洋中，面積約五十方公里，爲英國直轄殖民地，因其地勢衝要，英人建有要塞，以爲控制加拿大、西印度之根據地。

**巴哈馬島**：爲巴哈馬羣島中之一島嶼。巴哈麻羣島在大安的列斯羣島之北，面積約一萬一千四百方公里，

**加買牙島**：位加勒比安海中，古巴以南，面積約一萬一千五百方公里，首邑巴京敦，位於島之南部。控有良港，築有要塞，爲英屬西印度羣島之海軍衛戍地。

**聖路西亞島、特列拿達島**：皆位於小安得列斯羣島、爲英屬溫德華羣島之政治中心，在地理上是大西洋與加勒比安海之門戶。

**安得苦瓦**：爲小安得列斯羣島中利德華羣島英屬諸島之政治中心，形勢亦極良好，位臨大西洋。

# 敵海相吉田辭職
## 近衛軍閥內閣
## 更趨清一色

日本海相吉田善吾，於本月四日辭職照准，新任海相爲川古志郎，已於五日就職。這一個事件，不僅在日本國內政治上有嚴重的影響，即對國際形勢，亦有很大影響。

吉田善吾，曾任「現狀維持派」影響濃厚的阿部米內兩閣海相，並且是在近衛內閣裏留任的唯一大臣。他是在近衛內閣裏「現狀維持派」的有力代表者。因此，吉田目前辭職，說明近衛內閣更加清一色化於法西斯軍閥，說明日本南進政策更加積極準備發動的形勢。

川古志郎，現年五十七歲，是日本擴充海軍的積極擁護者，是日本侵略的劊子手之一，七七事變以來，曾任駐華艦隊司令長官，指揮封鎖我國二千六百海里之海面，曾指揮在長江沿岸，廣州灣、汕頭，北海等地日本海軍，對我轟擊。他同時是一個日本海軍南進政策的積極支持者。

# 太平洋上形勢緊張
# 英美日關係益惡化

一方面是日本政治上的新變動，以及日本最近對安南衛印的壓迫，（比如本月六日，日軍一營人，曾侵入安南，後因安南當局態度強硬，乃自行退出）更加顯示出日寇的南進野心。而另一方面則由於英美在太平洋上也更加接近，日益顯示出英美聯合對日的趨勢。太平洋上的帝國主義的正面衝突，已成爲遲早不可避免的了。

華盛頓七日路透電會發表以下消息謂：「據此間一般人士觀察，英美在遠東之重要利益受日本政策之威脅，兩國間似已有諒解，在遠東方面充分合作。惟具體之發展尚有待美國國內政治有利之政治環境。因最近英美協定已引起孤立派人士極端不快，故美政府當局認爲最好緩作進一步之行動，以待孤立派人士怨言之消除。將來陸續遠東問題之談判時，或不僅英美參加，澳洲亦將參加，衆信英美兩國亦將討論利用新加坡之問題，苟美國願利用該港，則英國當可承認。這一個估計，無疑的是對於目前英美遠東政策的很好的說明。現在來看最近的事實。

（一）紐約五日電：據傳英美加澳四國之和解條約（凡遇有紛爭問題，四國將互相商討，以和平方法解決之）經多日之交涉，將於今日簽字。

（二）紐約五日電：美前駐亞洲艦隊司令額爾納稱：「美國需要新加坡」

（三）紐約七日路電：美國防顧問會議，將向羅斯福提出建議，由政府全面禁止廢鋼出口

以上消息，都說明了英美在太平洋上的合作，已更明顯，而美國對太平洋上問題的態度也較前更趨強硬。

# 羅馬尼亞
## 安托納斯哥
# 組成法西斯政權
## 卡羅爾二世被迫逃亡

最近，羅馬尼亞的政治，起了一個大的變化，鐵衛團團員安托納斯哥驅逐了舊政府，而在羅馬尼亞境內樹立了法西斯獨裁政權。這是德國勢力在巴爾干增長的實例之一。

匈羅領土裁判的強行解決，已經是英美在巴爾干外交政策的又一次挫敗，而德意勢力，則隨着的高漲。在這樣情勢下，再由於羅馬尼亞國內法西斯團體——鐵衛團——準備了武力奪取政權的結果，其索杜內閣被迫於九月四日辭職，代之而起的就是安托納斯哥。在安托納斯哥及其黨羽的壓迫下，羅馬尼亞宮內會議於五日晨決定了一九三八年憲法停止生效，和解散國會，一切全權交新內閣總理的決議。安托納斯哥正式享受了獨裁權。接着，羅王卡羅爾二世於六日讓位並逃往瑞士，於是舊政府垮台了。

德國的報紙歡欣鼓舞的寫道：「羅王卡羅爾之遜位，是羅馬尼亞幻想政策之結果，羅國在第一次歐戰後得利獨多，因此，羅國即追隨歐戰戰勝國之後。當羅國過去友人（指英法——編者）所開始之戰爭在歐洲爆發時，羅國政策的不穩固基礎立刻暴露出來。今日羅國已消滅此種政策，羅國許久以來即要求羅國內政「改革」之新力量，目前已成爲政府之首腦」（德國外交政治評論——柏林海通社六日電）

卡羅爾二世十年來統治的垮台，不可否認的是由於他拋去了羣衆，遠離了他們的唯一可靠的鄰國——社會主義國家蘇聯，而把整個國家的命運，依托在英法帝國主義的勢力之下，在國內更樹建着奴役榨取的專政所致。但是，有誰相信同樣的將整個國家的命運，交與另一個帝國主義國家——德國——的安托納斯哥政權，是會爲人民所擁護？因此，不管德意如何吹噓羅馬尼亞「新政府」永存的夢幻，但決定羅馬尼亞最後命運的，是羅馬尼亞的人民。

據布加勒斯特五日合衆電稱：「今晨羅京發生遊行示威情事，參與者多係對國王及新總理表示擁護者——未幾，反對現政府者亦舉行示威（反對法西斯獨裁——編者）至九時三十五分始經軍警驅散，詎知廿分鐘後，復有數千人高唱鐵衛團團歌遊行宮前（法西斯黨徒示威——編者）」。這就是說，羅馬尼亞的人民至少在主觀上已存在着反對帝國主義奴役的一種新的運動。

## 短評
# 僞軍反正投誠新四軍

據最近本報江南專電，鄂中僞軍楊經曲、黃人傑、揚瀛等率全體官兵一千五百餘人，乘新四軍挺進武漢近郊之機會，於「八一三」全部反正參加新四軍，並已由新四軍收編爲豫鄂挺進縱隊第×支隊，楊等已於八月底通電全國就職，擁護抗戰到底。毫無疑義的，此次楊等一千五百人的全部反正，在全國範圍講，是一次大的僞軍反正，就新四軍而論，更是空前的爭取僞軍工作的重大勝利。特別是在目前，敵寇積極調集重兵，準備新的戰略進攻，企圖奪我雲南，重慶等大後方的緊張情勢下，八路軍在華北主動的展開了轟動全世界的空前的「百團大戰」，並且捷報頻傳，屢予敵重創，牽制了敵寇更大的兵力之際，新四軍挺進武漢外圍，爭取了楊部千餘人的反正，這正是給我友軍及華北八路軍的有力的配合，削弱了敵人的力量，直接增強了抗戰的力量，牽制、打擊着敵寇新的戰略進攻和迫我投降的政治陰謀。

從新四軍這一次爭取僞軍的勝利，證明爭取僞軍大規模的反正來歸是完全可能的，因爲大多數的僞軍都是一時被欺騙或受壓迫而不得已爲敵寇利用的，只要我抗戰政府及一切抗日軍隊能夠應用正確的辦法去爭取他們，是必然獲得效果的。現在我們應該由這次僞軍的反正而得出教訓：努力加強全國各友軍和八路軍新四軍爭取僞軍反正的工作，以粉碎敵寇「以華制華」的陰謀毒計！

# 國內新聞

## 魯省臨時參議會等均告成立
## 國共名流均有代表參加
## 可謂統一戰綫之好張本

【新華社山東十四日電】（遲到）山東省臨時參議會於八月一日於魯南×地舉行成立典禮，出席議員及候補議員七十餘人，國大代表各救代表軍政首長來賓數百人。由全體議員一致公推范明樞爲議長，首由范議長及馬副議長致詞，繼由中共山東分局八路軍第一縱隊代表朱瑞政委，國民黨員抗協代表李澄之兩先生演說對參政會之希望。

【新華社山東二十一日電】山東省各界救國聯合會總會已於八月十七日正式成立，到會者有山東省工農青婦女各救亡代表二十餘人，開會後首由主席霍士廉報告，略謂：總會的成立是由山東民運工作步向統一的具體表現，今後山東民運工作在統一領導下必將更廣泛更深入的開展，繼即討論總會組織章程及進行選舉，並推選霍士廉爲會長，張天郭良璞爲副會長。

## 國內零訊

【上海八日電】據本市報載，美國駐亞洲艦隊司令哈特上將已於昨日搭乘奧艦離滬，大致係前往青島與華北，行前並未公佈，哈特上將係於三日前來此會與此間美國領事當局及海軍陸戰隊司令員克上校，舉行會議云。

【香港六日電】滬訊，滬兩租界連日仍戒備森嚴，多數馬路均用鐵絲網擱阻不能通行，警務人員全體出動，搜查行人車輛及住宅，巡邏隊鐵甲車出往不斷梭巡，形勢頗爲緊張，警務處高級人員否認此項戒備將延至九八，如無意外發生，數日內即撤消，並認爲必要時可隨時再予施行云。

【蘭州七日電】世界學生會美分會代表柯雷斯，上月來蘭考察甘肅青年動態，現已事畢，於七日晨乘歐亞機飛寧轉渝。

×　×　×

## 紐約僑胞
## 特匯五萬元
## 救濟難民

【重慶四日電】紐約華僑籌賑總會以渝市被炸，市民受災甚重，特電匯賑款五萬元，並電云：請蔣委員長查存電復等語。蔣委員長接電後以海外僑胞關懷國難民，概捐巨款用助賑濟，深爲嘉慰，業已復電嘉勉云。

682

# 沪电车司机实行罢工

## 参加者二千五百人

**【上海二十日合众电】** 公共租界电车司机，今日实行罢工，公共汽车公司技术士一百五十人亦开始怠工。

**【上海二十一日路电】** 昨公共租界电车工人突然罢工，今日仍未复工，市民均无车可坐，罢工者两千五百人。

新中華報
第一六五號 每逢星期四、日出版

繼續斬斷這條毒蛇！ 映雪

我們熱烈的希望我最高軍政當局，全國一切抗戰的同胞們及海外僑胞，予我們以源源的資助。我軍的全體指戰員和政工人員，須更加發揚我艱苦奮鬥的模範精神，同時力求自力更生，以做到給養的部份解決，只有這樣，敵後抗日武裝才能繼續堅持，才能擴張已得的勝利。

# 擴張百團大戰的偉大勝利

代論

朱德

百團大戰是我軍在敵後方進行的大規模的戰役進攻，是我軍政民共同發動的偉大的交通戰和「破襲戰」「速攻戰」。這一個戰役進攻，給予華北戰局很大影響。它將會縮小敵佔區，擴大我佔區，打破敵的封鎖戰，造成華北抗戰的新局面。目前大戰仍在繼續中，但初步戰果已經表現出空前偉大的收穫，而爲全國同胞所同心慶祝。八路軍的全體將士，華北的許多游擊隊，以及廣大的人民，正在再接再厲，浴血苦戰，在擴張這一偉大勝利，告慰全國同胞而繼續鬥爭。

在目前的形勢之下，百團大戰雖然是勝利的游擊戰的戰役進攻，但它帶有全國性的偉大的戰略意義。首先，它牽制了敵人進攻我大西北後方及進攻西南的企圖。最近，敵人謀由南路出越南進攻昆明，中路由宜昌進攻重慶，北路由洛陽進攻西安，以威脅我全國。而我百團大戰的偉大勝利，就部份地粉碎了敵人的部署，至少也遲滯了敵人的進攻。同時，更加強了全國同胞的抗戰勝利信心，促進了全國的團結，共同一致對付我的抗日根據地的囚籠政策。其次，實現了敵人的鐵路、公路、據點的交通線，來對付我抗日根據地，企圖使我們的抗日根據地陷於絕境，而我們則必須切斷敵人的交通命脈，打擊敵人，以制敵之死命。因此，對敵後的交通戰，形式上是非常的巨大的困難之中，但我們克服了許多困難，從敵佔區擴大了我佔區，使許多淪陷區的同胞，重新揚起青天白日旗，縮小了敵佔區，擴大了我抗戰勝利的因素。最後，這個勝利的戰役進攻，嚴重的打擊了敵人以一個極嚴重的打擊，破壞了敵人的經濟掠奪，我們不但打破了敵人對於抗日根據地的經濟封鎖，而且還切斷了敵人的經濟命脈，使敵人不能利用我華北的最大的煤礦——井陘煤礦。

八路軍能夠取得這樣偉大的勝利，是有它的歷史根據的，首先，在抗戰開始以後，敵人挾其優越的武器和兵力，向我內地深入時，八路軍奉蔣委員長的命令，首先以英勇的姿態，和敵人採取正相反的方向，向敵後深入挺進，配合了華北廣大人民，創造了華北抗日根據地，今日擁有百團大戰的「偉大勝利」。我們不但在軍事上、政治上、經濟上和文化各方面，一對一地加緊抗戰，繼續打擊了敵人，並且能夠壯大了人民抗日的武裝力量。沒有這個時期八路軍的英勇奮鬥，全國和華北各抗日根據地的建立和加強，也就不能夠有今日百團大戰的偉大勝利。而我華北廣大軍民，也就以熱烈緊張的反掃蕩戰爭，配合了抗日的武裝力量。

正因爲八路軍具有這樣歷史的根據，所以才能夠造成今日的戰勝敵人的條件，是什麼？這個條件就是我們能夠以人民爲基礎，依靠發動華北千千萬萬廣大人民的人力物力，團結一致，自力更生，來對付敵人。百團大戰的勝利又重複的證明：只有堅持團結進步的方針，只有堅決執行三民主義，才能夠發動群眾，才能取得勝利，我們必須敢於發動群眾和依靠群眾，雖然已經取得偉大的勝利，否則就只有失敗。

感到成績的不夠。我們雖然徹底的破壞了正太路，切斷了同蒲路和平漢路的北段，破壞了許多其他的鐵路和交通，對於津浦路北段，對於長江兩岸的敵人的交通，我們還不能夠進行最有效的大規模的破壞。爲什麼呢？因爲在這些地方，我們的迅速的把握群眾，發動民眾，依靠民眾，因此，我們還未能積極上去，勸起來，只有這樣，才能夠更有效地打擊和消滅敵人，爭取反攻階段的迅速到來。

敵後抗戰的百團大戰雖然已經取得了偉大的勝利，但我們決不能因此而自滿，我們必須估計到敵人的後方仍然還存在着嚴重的困難，主要的就是彈藥和給養的困難，因此我們熱烈的希望全國一切抗戰的同胞們及海外僑胞，予我們以源源的資助。我軍政當局，全國一切抗戰的同胞在發揚艱苦奮鬥的模範精神，同時力求自力更生，以做到……

同志們！我們在百團大戰中，已經發揚了很大的戰鬥力，以及其他指戰員的英勇犧牲，同志們以鮮血保衛了中華民族的解放，我們的團長陳錫聯同志，以身殉國，……同志負傷。我們對於這些同志，表示熱烈的敬意，謹向他們致慰問，並……同志和……同志以及其他指戰員、政工人員表示高度的敬意。

民族解放的……主任……同志，和旅政治部……主任……同志，和其他政治工作人員的光榮死難……以及其他戰鬥中光榮犧牲的英勇將士，我們在……表示……

最後，我們號召全體指戰員和政工人員，發揚……勇敢前進，死不投降，繼續擴大百團大戰的偉大勝利，並且配合全國友軍，在蔣委員長的領導之下，堅持抗戰到最後勝利。

滬電車司機實行罷工

參加者二千五百人

【上海二十日電】上海公共租界電車司機，今日全體罷工，公共汽車公司技術士一百五十人亦開始怠工。【上海廿一日路透電】昨公共租界電車工人突然罷工，市民均無車可坐，罷工者二千五百人。

九一八九週年紀念

# 蔣委員長告全國同胞書

## 堅持抗戰到底打到鴨綠江邊 反對妥協投降救出東北同胞

編者按：蔣委員長於十七日晚廣播講演，題爲「九一八九週年紀念日告全國同胞書」，原文頗長，現僅摘其要旨披露於後。

全國同胞們！自從東北失陷轉瞬已是九年了，我們回想這九年中間，不但東北同胞受盡痛苦，我們整個國家也經歷了空前未有的患難。但九年的患難時期，轉瞬就是很容易的過去了，而我們愈戰愈強，敵人是愈戰愈弱，我們要達到抗戰最後勝利，當然要經過一番更大的艱難更苦的戰鬥。但是我們撫今思昔，就可領略成敗興亡的至理，就可堅定我們最後勝利的信心，就更要感覺到我們在久遠的歷史中所負的責任。我在今天爲我同胞說明三點重要的意義：

第一點：九年前的九一八，是目前世界紛擾不安的第一個主因，今日不幸的歐洲戰禍，亦就是我們的敵人日本軍閥爲其主要的禍首。現在世界各國，大家都已對他一致唾棄，共同的包圍。敵國的行動愈猖狂，正可以見得他的對外形勢愈孤立，他的前途愈危險。所謂「多行不義必自斃」，就是敵國必然的結局，何況他的心經一發

動更無止境，必致自取滅亡而已。

第二點：由於九年來尤其歐洲戰爭發動以來，國際的事實可以證明任何民族只要他能夠自力備存，則辛苦建國，多難興邦是計時可得，而轉弱爲強更是常見的事實，另一方面會證明精神不屈爲克敵制勝的要素，如果個國家就要爲劫況精神一經屈服，勢沒不可挽回，所以我們今天要外察事變內省天職，要知道世界上沒有比屈服更痛苦的事，屈服的結果只有滅亡。只看東北同胞雖然一方面在我們祭國一致的抗戰，一方面有當地的勇軍不斷奮鬥；而所處的境遇，已是這樣的悲慘，要得到保放自由尚且如是的困難，可知我們今天及時奮鬥努力抗戰，不但是天職而

且是幸福。我們即使死餓死乃至爲戰爭而死，都不算得痛苦，惟有精神屈服而喪失了國家的獨立自由和平等的地位以後萬劫沉淪，才是真正的痛苦。

第三點：從近來國防事實中證明了一切國家的存亡榮辱成敗興衰，都是前人種其因，後人食其果。所以我們今天上對黃炎以來五千年的歷史，下對無窮盡的後代子孫，都負有絕大責任。我們今天多忍一下痛苦多盡一分努力，便是後代子孫多得一分幸福與光明。我們努力抗戰堅苦奮鬥多一年，我們後代子孫所受自由的日子至少要多一百年。我們挺戰過三年，爲山九仞，只差一簣。我們敵國今日外則孤危內則困難，自造其因自食其果。我們今天多抗戰一天，就是恢復我們國家獨立自由和達到我們雪恥復仇目的的日子更接近一天，也就是收回東北和解放東北同胞的日子更接近一天。願我全國軍民不分關內關外前方後方，都努力向前，同心協力，戰勝暴敵，洗雪國恥，來貫徹我們神聖抗戰的目的，完成我們歷史的使命。

## 魯國民黨員組織抗敵同志協會 親密國共合作

【新華社山東十二日電】山東各地進步國民黨員及一部份接近國民黨之進步的知識份子，一致主張山東全省國民黨員及各階層抗戰力量之進一步的團結。於九月四日開會，正式成立中國國民黨抗敵同志協會山東省會，首由主席抗協負責人李益之先生致詞：要求全體抗協同志繼承總理遺教，親密國共合作。繼由來賓（缺）（二）抗協有遠大前途，（三）把抗協組織擴展到全國，（四）本人代表共產黨鄭重聲明，自始至終，決不作成抗協的擴大與統一，並到互相幫助，互相發展，以完成真正精誠團結，長期合作的任務。

## 十八集團軍總司令部頒佈 爭取僞軍反正辦法

飭令各級切實遵行

【新華社晉東南十九日電】十八集團軍總司令部對此次我百團大戰，促使僞軍反正，參加抗日，以孤立日寇，造成有利條件，促進了僞軍反正浪潮。因此，爲便於爭取僞軍反正，特規定凡僞軍願反正參加我軍者，應保證實行下例三項：（一）僞軍反正後，保持其原有武裝不得繳械。（二）僞軍反正後，與僞抗日部隊不得編散。（三）僞軍反正後應幫助其中民權擴大，充實抗日力量。各部隊務須一體切實嚴格遵守，擬有個別僞軍未能完全覺悟，乃復離去等等，亦不能動搖此等基本政策。如不執行，一切應受處罰，此令。總司令朱德、副總司令彭德懷，主任羅瑞卿、副主任陸定一。

## 韓國光復軍成立司令部

中韓人民更應親密團結

【重慶十七日電】韓國（朝鮮）光復軍總司令部成立典禮，於今晨晨光熹微中在嘉陵口畔×處舉行，出席典禮者有韓國臨時政府委員及朝鮮獨立黨中央執行委員等多人，到來賓約百人，黃炎培及光復軍官約二百人，首由大會主席金九致詞：關於韓國革命運動中韓民族之關係問題甚詳，次由外務部長趙素昂宣讀韓國光復軍總司令部成立報告書，並報告成立經過，韓國臨時政府委員洪震致詞，未由光復軍總司令致答詞即散會。

△△△

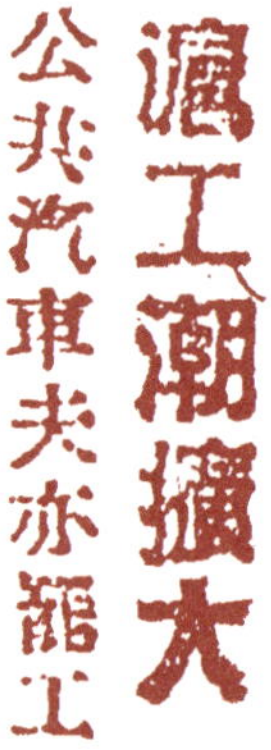
滬工潮擴大
公共汽車夫亦罷工

期：新中华报零一百六十六期

版：零一版

时间：一九四〇年九月二十九日

# 沪工潮扩大

## 公共汽车夫亦罢工

**沪讯：** 公共租界英商电车工人二十日起罢工（详情已志本报）各路电车均停驶，迄今尚未恢复，不料英商公共汽车公司之全体工人一千七百余人二十四日晨起亦突然罢工，致公共租界之交通，完全停顿。（香港四日电）罢工工人现尚未□出何项具体要求，现公共租界仅存之交通工具，惟有出租汽车与黄包车两种，但其价值昂贵为大多数人不敢问津。（上海二十四月［日］路电）今日已逮捕煽惑罢工者数人，供系日方利用。（上海二十合众电）

9月

近衛內閣更加壓榨日本人民　閑官作

# 新中華報

第一六六號　每逢星期四、日出版

怎樣規定近衛內閣的本質呢？簡單說來，可以說是，以軍部爲中心的革新派掌握領導權而與現狀維持派建立底最侵略的最反動的集團政權。

## 近衛內閣的新傾向

### 一　近衛內閣的本質

前八月二十八日近衛內閣發表關於『新政治體制』的聲明書，其翌日柏林和羅馬的報紙關於這個問題有以下意思的評論：

『日本的新政府越發接近德意獨裁的體制是可喜的事』。

而同日紐約的新聞有以下反對意思的評論：

『新政府放棄了法西斯主義的一國一黨，還是好事情』。

這二者的觀察，究竟那一方面是對的呢？

確如德意的新聞所說，近衛內閣成立以後其所採取的內外各種政策，是以完成日本的法西斯化爲目標的。例如：（一）議會的更加無力，各黨政黨之『自動的』解散，政府各機關中現狀維持派海軍大臣的更迭，工會和其他羣衆團體的解散及納粹式工人團體的建立等等；（二）文化教育的更加國粹化與軍國化等等；（三）國家對於經濟全體的統制加強；（四）在外交方面向德意『軸心』的接近；（五）政府所鼓吹提倡的『新政治體制』是意大利式的職能代表制的（拙劣的）模倣，『國民協力會議』是納粹式的民衆獲得運動的（二流的）模倣。（二者的內容，創始者本身還不明白，關於這方面的批判，只好等待後日。）

因此單就這些政策看來，德意報紙對新內閣的觀察確是正確的。新政治體制準備委員之一，法西斯蒂的末次海軍大將自發地說，他們的工作不亞於明治維新的大變革。

但是。近衛內閣除採取上述一串法西斯蒂的政策以外，還採取着以下的方策。例如：議會制度的存在，已經解散了的政黨的實際存在，納粹式的『新黨』和『一國一黨』計劃的放棄，新體制準備委員會中現狀維持派分子的大量參加，強調『舉國一致』以代替『革新』等等。因此英美報紙關於新體制上述準備委員會未由革新派獨佔，與認爲『像昭和時代的一光榮體雖之組織而已。』

因此單由這些方面來看，美國報紙的新內閣觀察也是對的。

但是，還不用說英美資產階級報紙解釋爲有利於自己的一面的觀察。

那末，怎樣規定近衛內閣的本質呢？簡單說來，可以說是，以軍部爲中心的革新派掌握領導權而與現狀維持派建立底最侵略的最反動的集團政權，

這表示着日本新政府之內部的矛盾，但其高度的法西斯蒂的性質和其對於中日兩國國民的危險性，絲毫不會變更。我們對於這一點，有強調之必要。

### 二　天皇的出面

日本法西斯蒂的軍部爲什麼不以其武力爲背景的強力政治勢力而樹立他們自己獨裁政權呢？主要是有以下的理由。

第一，軍部雖能破壞議會和政黨，但不能破壞現狀維持派中心勢力的宮廷和海軍。軍部對於他們只有妥協，或者使其內的變質。現在軍部採取了二者並用的方法。

第二、革新派自身有以下的弱點：

一、陣營內部的分裂。

二、沒有廣泛羣衆的基礎。

他們克服上述的弱點的努力，就表現爲所謂『新政治體制』和『國民協力會議』等等。

第三、日本國內形勢緊迫，如果軍部使用其常用手段的苦透，恐造成激烈的政變，有引起內亂的可能。因此軍部還可能地利用和平的手段以達到他們的企圖。

（下接第二版）

## 抗日友軍親密合作
## 新四軍力解友軍圍困
### 抗戰維艱端賴同舟共濟
### 陰謀挑撥終爲事實粉碎

【編者按：因交通關係，此項消息於最近始到達此間，亦爲揭露頑固派挑撥之陰謀，與我新四軍始終一致與抗日友軍團結之精神，特爲披露，以饗讀者。】

【本報鄂豫邊訊】七日（五月）晨七時，安陸東北趙家棚以北十餘里之李家冲一帶，發生激烈槍聲，我×團聞訊，派員前往偵察，悉知川軍一二五師李團於夜半由路東開到，被應山僞軍劉文光部包圍襲擊，正危急間，我×團一面派人前往聯絡，一面由側後襲擊僞軍，劉文光部遭此不意打擊，頓時驚惶失措，隊形混亂，一二五師官兵見我軍往援，大爲振奮，奮勇冲殺，當場擊斃僞軍數十人，餘均狼狽逃竄，戰後，我將一二五師之散兵傷員送往該部，深受該團官兵歡迎，並推負責長官談：『前在路東日寇洞時，因受將少堤等之挑撥蒙蔽，會與貴部（新四軍×團）有一度之誤會，幾鑄成百年大錯，深表遺憾，此次貴部協助解圍，足證新四軍對友軍之忠誠友愛。以後盼能密切聯系，配合作戰，俾予日寇以致命的打擊』。

## 八路軍總司令部
## 百團大戰要報

### 第卅二要報．潞城敵六路北犯
### 展開激烈戰鬥

據劉師長伯承廿三日電稱：廿日晚×部配合決死隊破壞潞城黃碾間公路一里許，收電線四百餘斤，一部攻黃碾鎮，因漢奸告密，敵已準備，攻擊未果。

我另一部於廿日廿二兩日在潞城微子鎮間破壞公路了餘里，收電線五百餘斤，廿日晨潞城敵六路北犯，被我抗擊後，敵陸續增援，向我猛攻，敵佔×家，我以寡衆不敵，退出戰鬥，是役我政治委員董天知受傷，繼續指揮不幸連中四彈，光榮殉國，以下傷亡百餘人，敵死傷甚眾。

#### 政委董天知光榮殉國

廿三日晚，我另一部於潞城東北十五里，計破壞鐵路一里許，取道釘六十餘顆，收電線百餘斤，正破路之際，與方順橋出擊之敵百餘戰一小時，擊斃敵中隊長一名，敵僞廿餘名，繳獲步槍五支，軍用品一部。

廿四日我游擊部隊擊退由曲陽東出強迫羣衆修路之敵僞五十名，敵死傷十餘名。

廿五日我×支隊繼破壞平漢線定縣至望都間鐵路五百米達，砍電桿七十根，收取螺絲釘二百五十餘個，收電線百餘斤。

廿六日我游擊支隊一部於動員羣衆五百餘於鹽碾至東朱食間公路破壞三里許，收電線百餘斤，當晚我騎兵一部，掩護破路，曾一度攻入城內，與敵激戰至拂曉，我陣亡連長顧渾磯一員以下官兵傷亡廿餘名。

### 第卅三要報
### 和遼間敵失聯絡

據劉師長伯承卅一日電報稱：（一）我××支隊破公路數里，收電線六十餘斤，廿五日晚攻克××，殲敵十餘名，廿八日晚×部將和順至遼縣公路破壞十餘里並攻克寨定下共莊後據點，消滅敵人卅餘，獲步槍十餘支，機槍一挺，電話機一架，軍刀一把，破壞橋三座，現遼和公路已爲我完全截斷。（二）廿九日晨昔陽之敵二百餘襲犯拐朗，我××部配合游擊隊激戰數小時，我××營長李光雄及連副均英勇犧牲，並傷亡以下官兵廿餘名，現與敵在楊家峪附近對戰中。廿七日晚我×部配合游擊隊復攻克滅湃口（僞縣北）一部，斃傷敵十餘人，一部焚毀僞縣將城北郊敵哨棚二個，焚燬，俘獲敵哨兵人槍各一。

#### 我燒毀敵哨棚

#### 營長李光雄爲國捐軀

### 第卅四要報
### 落摩寺敵全部殲滅
### 長凝東犯敵被擊潰

據劉師長伯承一日電稱：

頑居落摩寺之敵百餘人被我圍困十日之久，敵食盡援絕，數次企圖突圍，均被我擊潰搶劫。廿八日我配合炮攻，強攻該據點敵門，經四小時，將該敵完全佔領，守敵被我全部消滅，俘日軍二名，繳獲一三式山炮一門，重機槍四挺，擲彈筒十五個，步槍二十？枝，無線電一架，砲彈百餘發，軍用品甚多，我陣亡連長一名，以下傷亡卅餘名。

卅一日長凝（榆次東南）敵五百餘，並有飛機二三架助戰，東犯，齊向閻坪道坪激戰竟日，終被我擊潰。此役斃敵百餘，繳獲正清算中。

## 配合『百團大戰』光榮戰果
## 山東八路軍向敵總攻擊
### 連克大店沈配等據點
### 莒日公路遭我徹底破壞

【本報前方專電】八路軍山東縱隊，爲了配合『百團大戰』，擴張戰果，已於九月五日起，開始向敵人總攻擊，大舉破毀敵之交通命脈。我一部攻克大店（莒縣南六十里），斃敵僞四十餘名，我亦傷亡廿餘，繳獲一部。另一部我軍攻入碑廓（日照西南五十餘里），激戰三小時，將敵擊潰，斃敵僞二十餘名，毀電桿廿餘根。又一部收復沈配（莒、日間）敵僞被擊斃十餘名。官莊敵亦被我襲擊，敵十餘斃命，全部破壞莒日公路等要路，砍毀電桿五百餘根，收電線八百斤。

## 受盡敵寇奴辱逼害
## 綏東僞軍萬餘反正
### 粉碎敵「以華制華」毒計

【五原十九日電】侵駐綏東安北，固陽一帶之僞蒙古聯軍第三師師長曹保，第四師師長□湖，第五師師長王德處於本月八日晚各率全部官兵共萬餘人在駐地同時反正，並向敵攻擊，敵損失奇重，又僞蒙古聯盟軍第九師師長王在春於十六日率所部官兵反正殺敵。

## 滬工潮擴大

公共汽車夫亦罷工

【滬訊】：公共租界英商電車工人二十日起罷工（詳情已誌本報）各路電車均停駛，迄今尚未恢復，不料英商公共汽車公司之全體工人一千七百餘人二十四日晨起亦與然罷工，致公共租界之交通，完全停頓。（香港四日電）罷工工人現尚未提出任何具體要求，現公共租界僅存之交通工具，惟有出租汽車與黃包車兩種，但其價值昂貴，爲大多數人不敢問津。（上海二十四月路電）今日已逮捕煽惑罷工者數人，供保月方利用（上海二十合衆電）

一九四一

# 新中華報

國內外對皖南事變的反響
英美輿論紛紛指責中國政府失策
國內外同胞一致痛憤親日派陰謀罪行

# 国内外对皖南事变的反响

## 英美舆论纷纷指责中国政府失策
## 国内外同胞一致痛愤亲日派阴谋罪行

### 上海

【上海专电】皖南事变发生后，上海人心浮动。兹将各阶层反映报导如下：

一部份大资产阶级，如虞治卿等公开表示同意解决皖南新四军之反动行为与重庆政府之失当处置，认为皖南新四军之被解散，系大患已除。但大资产阶级中之另一部份则表示沉默。

中等资产阶层□，一部份认为新四军或有不是，但政府如此处置，无论如何，均属不当，且有引起内战的危险。另一部份对政府皖南事件之处置，表示极大不满。

英美报纸舆论，虽客观地反映此一事件的真像［相］而未加评论，但均对此一事件的负责者表示极大的不满意，如《字林西报》《泰晤士报》均以“新四军遭受残酷攻击”为标题，而《字林西报》竟以南京重庆配合歼新四军为漫画以讥讽之。《大美晚报》对此事评述称：政府应慎重处理该事件，决不要受日人及现政府中的恶意份子所利用。

在下层群众中，均对新四军表示极大的同情□对亲日派反共顽固派这种行为表示非常愤恨。当这一消息传到上海后，有许多女工一方面气愤，一方面痛哭流涕，甚至有许多工人要求到江北去参加新四军以报此仇。有些则自愿地将年终红利拿出来慰劳新四军伤亡将士。

其他各抗日进步人士以及知识份子，对此事非常愤慨，他们均认为这一问题不仅是国共两党之间的问题，而且是全国人民与亲日势力投降势力等一切反动势力的斗争问题。

### 汉奸托派兴高采烈

在上海最高兴的□什么人呢？无容说的只有日寇汉奸托匪。汪逆之国民党中宣部发言人为此事曾发表谈话认为重庆反共是象征□的转向。如果继续反共，为时未晚。并希望重庆政府百尺竿头更进一步。托派则大肆活动，企图以此挑拨上海各界的团结。

中華民國三十年二月二十三日 Sin Zhunggxua Bao 星期日 第一版

新中華報

第二〇七號 每逢星期四、日出版
零售：每份大洋五分 社址：延安北門外





## 社論

# 帝國主義大戰逼近的遠東

最近隨着英美日德意雙方在各方面的積極準備，遠東的局勢顯形緊張，太平洋的帝國主義掠奪戰爭，甚劇的緊迫了。

這種局面的具體表現：在日本方面，第一，是日本軍隊大批的由日本運至泰國；日本艦隊已經停泊於曼谷，升火待發；海南島之日本軍艦也日夜在泰國的海外巡邏。現在日本之暫停泰越戰爭不是爲了和平而是爲了戰爭。第二，日本已經下令僑居荷屬東印度的僑民一律撤退。在英美澳方面，第一，英國統率下之印度軍隊已在泰國邊境集中兩萬餘人；並在新加坡海島附近敷設水雷，將該地與泰國、中國、越南、日本之間的一切主要航綫完全斷絕。第二、英美兩國已再次訓令遠東各使館，實行撤退僑民；第三、英美澳三國海軍合作已日益具體化。美國與澳洲交換武官之後，美海軍部又派遣海軍四個驅逐艦隊到文港；同時澳洲轟炸機已經調赴馬來亞，準備增援英國空軍。第四、澳洲戰時內閣最近曾召集一切海陸軍專家，討論局勢問題；而十五日美英澳三國亦曾舉行會議，討論太平洋形勢。第五、英美與荷蘭間提出諒解與作戰軍事上的合作；第六、威爾基自歐洲歸國以後，又傳出消息，準備最近來華。

所有這些具體的事實，無疑的完全是暴風雨來臨前的象徵。正如本報屢次所指出的：帝國主義的戰爭不但未曾停止，且在日益擴大着，在準備用更兇殘的手段，更大規模地進行血腥的戰爭。

遠東帝國主義戰禍的逼近，完全不是偶然的。近衛的再度登台，日本「革新派」的日形猖獗，三國同盟的訂立，美國給英國的積極援助，英美遠東政策的強硬化，德希戰爭與英義戰爭的激烈化，地中海戰爭的擴大，以及最近風傳着的德國春季進攻，所有這一切，都是此種緊張局面必然產生的因素。

帝國主義者在遠東的戰爭中，新加坡將具有異常重要的地位，這一點英美和日本都是很明白的。日本認爲「新加坡是對着日本胸膛的一把尖刀」。英國認爲「新加坡是其遠東的直布羅陀」。所以目前英美和日本在遠東的佈署，都把新加坡當作必然爭奪的目標。英國陸軍元帥羅伯次將士說：「世界歷史總有一天要在新加坡決定」，不是無因的。

目前日本帝國主義爲着放手南進，正在急謀解決中日戰爭，正在積極進行着利用親日派反共派策動我國內部分裂，誘惑我國當局投降的陰謀詭計，皖南新四軍事件的發生，便是這一詭計的部分結果。這是全國同胞最痛心的事實，因此，全國同胞的任務便是以大家的力量，大家的智慧和堅持抗戰的信心，粉碎日寇利用親日派反共份子製造分裂逼誘我國投降的陰謀詭計，不使日寇爲所欲爲達到目的。

日寇希望我國在其南進之前變作曲服投降的奴隸，成爲犧牲品。

我們要在日寇南進之中，更加堅持抗戰，爭取國家的獨立解放。我們反對帝國主義戰爭，但我們要在帝國主義戰爭中取得最後勝利。

## 抗大校長滕代遠率全體教職學員

# 電賀新四軍陳毅等榮膺新職

## 誓以滿腔熱血爲兄等後盾

新四軍陳代軍長毅、張副軍長雲逸、劉政治委員少奇、賴參謀長傳珠、鄧政治主任子恢諸同志均鑒：茂林巨變，噩耗傳來，本校全體教職學員莫不悲憤異常，誓與親日派不共戴天，一拼生死，頃又悉同志等奉中共中央革命軍事委員會命令，一月二十三日宣誓就職，不勝雀躍，從此新四軍在同志等領導下，本中共中央之正確指示，打擊日寇，蕩平親日派，繼承茂林血債，爲我犧牲同志復仇，我校全體誓以熱血，爲我階級兄弟之後盾，專此謹賀，並候勝利。

滕代遠及抗日軍政大學全體教職學員同叩 二月五日

# 國內外對皖南事變的反響

## 英美輿論紛紛指責中國政府失策

## 國內外同胞一致痛憤親日派陰謀罪行

親日派反動頑固派合謀造成的皖南事變，引起國內外各方面極大的震憤。不僅後方國內和海外同胞一致痛憤親日派反共頑固派的陰謀罪行，即英美輿論也紛紛指責中國政府之重大失策。對此事件引以爲得計者，只有賣國求榮的親日派和殺人放火的特務份子。對此事件表示欣慰者，只有日寇及其走狗汪逆黨羽和託匪漢奸。關於這一切，已屢誌本報，茲將最近所得各種消息公佈於後：

### 英美

【紐約路透電】皖南事件發生後，美國政界財界及其他各界，均希望蔣介石應該妥慎處理，以免陷自己於大禍之境地，將使德意侵略者之盟友造勝利云。

【紐約路透電】紐約先驅論壇報評論皖南事件謂：由中國傳到華盛頓的口號就是最近有謂「日本僅係中國身上癬疥之疾，而共黨則係中國之心腹大患」，假如中國政府抱着這種態度，那必然只有加強一般主張向日投降之份子之力量。

【倫敦路透電】英國曼徹斯特導報評論皖南新四軍事件，只有日本最爲興奮。德國又將慫恿蔣介石反共。……今後中國必須以最大努力來恢復團結。英國會議員們曾表示對此事極關注。英倫援華委員會表示希望中國當局對此事妥善解決。

【舊金山路透電】最近由中國回到此地之某參議員發表了兩次談話，一次曾說皖南事件就是中國內戰的開始。一次曾謂新四軍絕對沒有不服從軍紀的事實。新四軍之所以遲延北移原因乃係重慶政府餉彈沒有發到，沿途尚欲與日軍作戰故也。

### 華僑

【香港專電】據由菲律賓返港之銀行界某人談：親日派企圖挑動大規模內戰，實行對日投降，使南洋華僑受到「很大影響，從一九四〇年十二月起，華僑匯款回國者已大見減少。並稱：中共主張，已爲菲律賓華僑所共知，表示極大的同情。對親日派反共投降派之無理行爲，表示深惡痛絕云。

### 上海

二月五日

【上海專電】皖南事變發生後，上海人心浮動。茲特各階層反映報導如下：一部份大資產階級，如虞洽卿等公開表示同意解決皖南新四軍之反動行爲與重慶政府之失當處置，認爲皖南新四軍之被解散，係大患已除。但大資產階級中之另一部份則表示沉默。中等資產階級中一部份認爲新四軍或有不是，但政府如此處置，無論如何，均屬不當，且有引起內戰的危險。另一部份對政府皖南事件之處置，表示極大不滿。英美報紙與輿論，雖各親的反映此一事件的眞象而未加評論，但均對此一事件的負責者表示極大的不滿意，如字林西報泰晤士報均以新四軍遭受殘酷攻擊爲話題，而字林西報以南京[illegible]……派又共頑固派[illegible]……上海後，有許多女工一力面氣憤，一方面痛哭流涕，並有許多工人要求到江北去參加新四軍以報此仇。[illegible]將士。[illegible]……大美晚報對此事評述稱：政府應慎重處理該事件，決不受日人及汪政府中的親日份子所利用。在下層群衆中，對新四軍表示極大的同情……一切反動勢力的鬥爭問題。

### 興高采烈 漢奸託派

在上海最高興的什麼人呢？無疑的只有日寇漢奸托匪。汪逆之國民黨中宣部發言人竟發表談話，認爲重慶反共是象徵的轉向。如果繼續反共，希望重慶政府及時未晚。托派則大鼎活動，企圖以此來挑撥。

### 香港

【香港××報】在其社論中對蔣介石在一月廿七日所發表的談話加以評論：新四軍將領士兵是與韓復榘李服膺石友三各軍根本不同的。……如謂此事未夾雜絲毫政治或黨派性質，未免太陷玩笑了。新四軍皖南一部被解散，番號被取消，並沒有表示這一事件完全解決，此後國共摩擦會繼續擴大。

香港某大學教授曾說：頑固政府是不會和共產黨團結統一的，他們卻借着這種名詞，掩飾其屠殺共產黨以圖統一的企圖而已。

# 敵人口中之皖南事變

## 完全洩露了陰謀眞相

【同盟社南京十八日電】一切人士認爲新四軍事件發生後，國共摩擦激烈化，因此抗日民族統一戰綫將破裂。今日中國派遣軍情報部長今井發表最近國共摩擦之眞相，略謂：在重慶政府統治區內，國共摩擦之激烈，乃世界人士所週知之事實。重慶政府曾要求新四軍移駐華北（此事爲隱蔽進行），且藉口新四軍違抗命令，遂進攻新四軍之司令部及一部份軍隊，並向世界誇耀進攻新四軍之成功。同時，命令李品仙、王仲廉、何柱國、韓德勤等將領，準備剿滅華中之共產軍。於是國共摩擦已達白熱化之程度。重慶政府鑒於國際的反響甚大，故極形狼狽，遂反覆聲明新四軍事件純係軍紀的問題，宣告事件已告解決。但事實完全相反云。

# 十年来何应钦卖国通敌破坏抗战罪行的总清算

吕武（来稿）

## （一）何应钦叛卖抗战并非自今日始

皖南事件发生后，亲日派及其首领何应钦破坏抗战发动内战的滔天罪行已大白于天下了。但是对何应钦说来，破坏抗战并不是一件新的案件，而是有悠远历史的。

只要回忆一下“九一八”以后中国的历史，就能立刻想得到何应钦究竟是一个什么妖精，谁不知道何应钦是汪精卫路线——“攘外必先安内”“以内战代团结”“以投降代抗战”路线——的帮凶，谁不知道何应钦是一·二八淞沪抗战、长城抗战、抗日同盟军运动等等的绞杀者□谁不知道何应钦是《淞沪停战协定》、《塘沽停战协定》、“何梅协定”等等的经手人或与谋者。所以，凭借着他的亲日投降之决心和经验，在他的主子——日本帝国主义——新的策动下面，再发动了一次投降内战运动。

但是，处在中华民族命运与何应钦亲日派等命运决斗的今天，我们把何应钦十年来通敌卖国破坏抗战的罪行加以总清算，来加强我们对肃清何应钦等亲日派的决心和胜利的信心，不是没有意义的。

## （二）何应钦与淞沪抗战

当淞沪抗战之初，日寇开始向□进攻时，敌海军陆战队司令盐泽少将曾放出“四小时内占领闸北”的豪语来，这并非完全荒谬或毫无客观事实作根据的，这根据是什么？就是当时中国有窃据要津的汪精卫、何应钦等这一批亲日派，所以盐泽少将预料只要日军的大炮一响，汪何的不抵抗命令一下，来一个里应外合，“四小时内占领闸北”原非难事。

果然不错，当日寇进兵威胁时，汪精卫□应声而出坚主“不抵抗”，不信，请看他的自白吧。他说：

“先就上海来说，我们决对日本的无理要求，尽可能的范围内，极力忍耐，极力让步，例如日本对于上海市政府，初则借口僧人被殴受伤，要求我们道歉，缉凶，抚恤。……我们很含忍地答应他了。……于是日本又借口说我们民众组织抗日救国会，……□们又含忍地答应他了。……我们决定……将抗日救国会取消，……对日本驻沪总领事圆满答覆。……”（见《汪精卫先生最近言论集》的“解释国府迁洛”之经过一文）

那么何应钦怎样呢？他并不怎样落后于汪精卫，他以“军政部长”资格下令撤调十九路军第七十八师由闸北一带退到真茹［如］、南翔。为的也是使日寇四小时内占领闸北。不信，

中華民國三十年三月二十日　新中華報　星期四　第二版

# 軍火租借案正式成立

## 羅斯福要求撥款七十萬萬

### ◇擴大援英◇

【同盟社華盛頓十一日電】今日下午美國衆院表決參院所通過之軍火租借案修正案結果，以三百十七票對七十一票通過參院之修正案。至此，軍火租借案正式成立，即刻送交白宮由羅斯福總統加以簽字後，立即生效。又電，十一日午後三時半，羅斯福將軍火法案簽字。

【華盛頓十一日國際電】羅斯福總統要求衆院撥款七十萬萬元援助民主國家一函，咨衆院議長雷本在衆院大會上宣讀，並請其下其餘案件當一律暫予擱置，以便迅速考慮羅總統之撥款法案。雷本預料四月一日前國會可以對此款予以通過云。

【同盟社華盛頓十三日電】美國衆院預算委員會十三日開始討論羅斯福總統提出之七十億軍火法案實施預算，該會預定首先聽取海軍部長、陸軍部長、海軍作戰部長、參謀總長、海軍軍需局長之報告。

# 居里在渝稱

## 中國應有徹底的民主

## 須改革腐敗的政治機構

【新華社香港十二日電】近港報發表合衆社二月廿二日的重慶消息，據稱：居里離渝之前，曾作公開演講，認爲「中國應有自下而上的徹底民主」。若干在渝外人認爲居里此言，在現在說來，卻有深長意義。接近重慶官方的報紙，對此消息未加披露。又另據在港外人消息，居里曾向重慶要人表示，希望改善政治機構，特別反對特務反動習氣云云。港中若干中國觀察家對上述消息，披述了如下見解：無可疑的，居里來華帶來的是美國統治人物自身之目的，憧憬着中國有效抗戰，而欲勝利，如不改造現行腐敗的政治機構，殆不可能云。

# 何種武器援助英國？

【同盟社華盛頓十二日電】美國根據軍火租借法案，以何種武器援助英國，乃問題之焦點。今日由華盛頓消息有關方面獲得之消息稱，美海軍租借英國之軍火目錄如下：舊驅逐艦一百十九艘，對付潛水艇之快艇一百十五艘，阿哈瑪級巡洋艦若干艘。現在美國保有之驅逐艦一百六十艘中，爲舊驅逐艦估七十四艘，第一次大戰時建造之驅逐艦五十艘已於昔日與英國交換大西洋英屬各島嶼，其餘之驅逐艦改爲航空母艦，掃海艇，水雷敷設艦及巡邏艦，此等艦船亦可用作驅逐艦。美海軍方面認爲將驅逐艦七十四艘及第一次大戰時造之驅逐艦讓與英國後，美國尚有驅逐艦八十六艘。如能迅速實現造艦計劃，則一九四三年年底即有新驅逐艦一百五十艘下水，因此國防並不受妨礙。

# 松岡已過滿赴歐

【東京十二日合電】松岡外相偕隨員十一人，於今天十時三十分離東京車站，內閣閣員日政府要人及德義兩國使節均赴車站歡送。

【香港十二日電】據同盟社東京電，外相松岡赴歐之行，極爲忙碌。滿鐵特別列車赴歐洲。

【同盟社哈爾濱十五日電】松岡外相一行於十五日下午五時由新京飛抵哈爾濱，在大和飯店稍事休息後，即於晚間十時卅分乘……

× × ×

# 美明星報評論

【華盛頓十一日路電】華盛頓明星報稱：德國之希望日本即行進攻英國，乃在英國未被德國擊敗之前，無可疑義，但就日本觀之，誠屬最危險之賭博，萬一失敗，則國家必遭致命創傷。蘇聯如何？美國又將如何？據此間人士之推想意見，咸認爲松岡或因對上兩項問題，並取答案，松岡訪歐之行，決不能在歐洲尋覓第二問題「即美國將如何」之答案，而後者較前者遠爲重要。惟時松岡向以促成日美友好關係自詡，此次訪問柏林及其他軸心國家京城，對此目的，毫無補益。松岡已知之。此間之不友好行爲，對日美邦交絕無絲毫裨益云。又此間若干作家認爲松岡或在歐洲簽定任何協定，究有何價值，頗表懷疑。對於松岡將在莫斯科簽立協定，有何作用，尤爲懷疑。

× × ×

# 蘇泰建立外交商務關係

【塔斯社莫斯科十三日電】蘇聯人民委員會主席兼外交人民委員長莫洛托夫，及蘇聯外交部人民委員長洛索夫斯基與泰國專使巴素孟特里及泰國駐德公使鼎比育隆，最近在莫斯科舉行談判之結果，雙方業已議定建立蘇泰兩國間之外交商務與領事關係，雙方爲此事交換文件云。

# 英航運次長飛美求援

【海通社斯德哥爾摩十四日電】英派遣航運次長至美國提出：府應付之官方聲明，租借法案既已通過，則英國最急需者當爲商業方面貨物。同時英又委任供給部長布魯克赴英國與華盛頓方面進行談判，討論關於採取何種方式使糧食能夠運至英國。

# 伊斯丹堡奇怪炸彈案

## 幕後人正待調查

【伊斯丹堡十一日國際電】此間皇宮飯店發生炸彈案，有英外交官六人受傷，土耳其人三人遇難，炸彈共兩枚，爆炸性極烈，目的在暗殺方自保來此之英國駐保公使蘭德爾云。

【海通社伊斯丹堡十三日電】今日土耳其共和國宣稱，關於比拉皇宮飯店昨日炸彈一案，在英國駐索非亞之大使館的第二批行李的衣箱內，又發現第二個炸彈，彼亦於昨日晚抵達伊斯丹堡，住在比拉皇宮飯店，爆炸之後，他立即將他的行李送有爆炸物，並發交藥局，該局派專門人員將該彈拆毀。

【海通社安哥拉十五日電】英前駐保加利亞公使蘭德爾三日前到伊斯丹堡，今日曾奉赴英大使館，彼將在安哥拉等候倫敦之指令。

# 資料供給

自歐戰以來，各國在美財產，被封存者有十三國，約合五十餘億美元，茲分列於下：

| | |
|---|---|
| 波羅地海三國： | 二九 |
| 法國： | 一、五九三 |
| 荷蘭： | 一、六一九 |
| 丹麥： | 九二 |
| 挪威： | 一七五 |
| 比利時： | 七六〇 |
| 盧森堡： | 三四七 |
| 羅馬尼亞： | 三三一 |
| 越南： | 一五〇(越幣) |
| 保加利亞： | 尚未公佈 |
| 匈牙利： | 同前 |

（單位百萬元）

## 美國大發戰爭財

### 封存各國資產

### 約五十餘億元

# 十年來何應欽賣國通敵

## 破壞抗戰罪行的總清算

呂武　（來稿）

### （一）何應欽叛賣抗戰並非自今日始

皖南事件發生後，親日派及其首領何應欽破壞抗戰發動內戰的滔天罪行已大白於天下了。但是，對何應欽說來，破壞抗戰並不是一件新的案件，而是有悠遠歷史的。

「只要回憶一下『九一八』以後中國的歷史，就能立刻想得到何應欽究竟是一個什麼妖精，誰不知道何應欽是汪精衛路線——『攘外必先安內』『以內戰代國防』『以投降代抗戰』路線——的幫兇，誰不知道何應欽是一二八淞滬抗戰、長城抗戰、抗日同盟軍運動等等的扼殺者？誰不知道何應欽是淞滬停戰協定、塘沽停戰協定、何梅協定等等的經手人或與謀者。所以，憑藉着他的親日投降之決心和經驗，在他的主子——日本帝國主義——的策動下面，再發動了一次投降內戰運動。

但是，處在中華民族命運決鬥的今天，我們把何應欽十年來通敵賣國破壞抗戰的罪行加以總清算，來加強我們對於肅清何應欽等親日派的決心和勝利的信心，不是沒有意義的。

### （二）何應欽與淞滬抗戰

當淞滬抗戰之初，日寇開始向閘北進攻時，敵海軍陸戰隊司令鹽澤少將曾放出「四小時內佔領閘北」的豪語來，這並非完全荒謬或爲無稽的，是有事實作根據的，這根據是什麼？就是當時中國有盤據要津的汪精衛、何應欽等這一批親日派，所以鹽澤少將預料只要日軍的大炮一響，汪何的不抵抗命令一下，來一個莫知所外，「四小時內佔領閘北」原非難事。

果然不錯，當日寇進兵威脅時，汪精衛便慨然而出堅主「不抵抗」，不信，請看他的自白吧。他說：

「先就上海來說，我們決對日本的無理要求，儘可能的範圍內，極力忍耐，極力讓步，例如日本對於上海市政府，初則藉口僑人被毆受傷，要求我們道歉，賠償，懲兇。……我們很含忍的答應他了。……於是日本又藉口說我們民衆組織抗日救國會，……我們又含忍的答應他了。……我們決定……將抗日救國會取消，……對日本駐滬總領事圓滿答復。……」（見「汪精衛先生最近言論集」的解散國府遷洛之經過一文）

那麼何應欽怎樣呢？他並不怎樣落後於汪精衛，他以「軍政部長」資格下令撤調十九路軍第七十八師由閘北一帶退到真茹、南翔，就是想使日寇四小時內佔領閘北。不信，請看當時報載的把戲吧！

「因爲知道日本軍事當局積極圖謀進犯，所以我們在各個扼要的路口，佈置防禦工事，直至一月二十八日下午，因爲對方劇烈的形勢，已到了最緊張的時候了！這似乎給大日本帝國海軍陸戰隊的壯膽以一種侮辱，中國的軍隊，竟敢作抵抗的準備——

但是在這個時候卻來了一個大轉機，把我們真所值得去接受的一場血戰的幻影都一掃而光了！在下午三點鐘時，我們接到最高司令部的命令，率——軍政部長何應欽午電開，就是閘北一帶防務，已命派憲兵一團，着即接任，所有該地之第七十八師部隊，即移駐南翔，希將新理情形具報爲要。……二八師部隊更即遵命將閘北一帶防務，移交六團憲兵接收，俟防務交替完畢，即移駐真茹近。」（淞滬血戰回憶錄十七——十八頁）

但是，何應欽、汪精衛想根本取消抗戰還是失敗了，一二八抗戰還是開始了！當時英勇的十九路軍將士們「寧願違反命令，堅決地作戰」。

然而他們卻進行另一種鬼計以救忠他們的主子——日本帝國主義，這鬼計是什麼？即破壞十九路軍抗戰是也，那麼他們如何破壞十九路軍抗戰呢？

首先，他們（何汪）不斷地向敵求和以「和平」搗亂十九路軍將士的抗戰信心。我們隨便舉出下列幾個例子即能證明這點：

第一，是汪精衛公開主張的向敵求和。他說：「政府對於日本的交涉，雖備一個最低限度，在這最低限度之上，政府有決心簽字，受國民一時的唾罵，也在所不顧：……」（見「汪精衛先生最近言論集」對於軍事外交決心一文）。當然，他所謂最低限度不過是用的賣國的烟幕彈而已。像後來簽訂的協定，何嘗在他所謂的最低限度之上？

第二，是何應欽的勸令十九路軍停戰求和。還有二月一日「蔡軍長呈何部長」可作爲證。該電說：「獲悉及東電均准，前線部隊停止射擊，靜候中央談判」，（淞滬血戰回憶錄四一頁）顯然何應欽的在西電乃是勸令停戰的。

第三，是何應欽再派人向敵求和。還有二月十一日蔣光鼐蔡廷鍇的日記中所謂的一種作證。上面說：「一、軍政部派王俊（何的代表）與敵和談判，故態度強硬，要求雙方撤退」（淞滬戰錄七八頁）。其次還可以「陳司令電」作證：「十二日，『奉……司令長官……作戰計劃恐如尊意佈置可也；塗天（王俊別字）求和當然無效……」（同上八七頁）

请看翁照垣将军的回忆录吧！

“因为知道日本军事当局积极图谋进犯，所以我们在各个扼要的路口，布置防御工事，直至一月二十八日下午，两方对峙的形势，已到了剑拔弩张的时候了！这似乎给大日本帝国海军陆战队的壮严以一种侮辱，中国的军队，竟敢作抵抗行动的准备……

“但是在这个时候却来了一个大转机，把我们□里所预备去接受的一场血战的幻影都一扫而光了！在下午三点钟时，我们接到戴司令的密电：一，奉……军政部长何感午参电开，统密，查上海闸北一带防务，已令派宪兵一团，着即日开往担任，所有该地之第七十八师部队，即移往真茹［如］，南翔，希将办理情形具报为要。……二，第七十八师部队应即遵命将闸北一带防务，移交宪兵第六团接收，俟防务交替完毕，即移驻真茹［如］南翔附近。”（《淞沪血战回忆录》十七—十八页）

但是，何应钦、汪精卫想根本取消抗战的阴谋还是失败了，一·二八抗战还是开始了！这因为忠勇的十九路军将士们“宁愿违反命令，继续在原地作战”。

然而他们却进行另一种鬼［诡］计以效忠他们的主子——日本帝国主义，这鬼［诡］计是什么？即破坏十九路军抗战是也，那么他们如何破坏十九路军抗战呢？

首先，他们（何汪）不断地向敌求和，不断地以“和平”捣乱十九路军将士的抗战信心。我们随便举出下列几个例子即能证明这点：

第一，是汪精卫公开主张向敌求和。他说：“政府对于日本的交涉，准备一个最低的限度，在这最低限度之上，政府有决心签字，……即受国民一时的唾骂，也在所不顾：……”（见《汪精卫先生最近言论集》“对于军事外交的方针和决心”一文）。当然，他所谓最低限度不过是他惯用的卖国的烟幕弹而已。像后来签订的《淞沪停战协定》，何尝在他所谓的最低限度之上！？

第二，是何应钦的勒令十九路军停战以便向敌求和。这有二月一日“蔡军长呈何部长东申电”可作为证。该电说：“声酉及东电均奉悉，经饬前线部队停止射击，静候中央谈判”，（淞沪战斗详报四一页）显然何应钦的在酉电及东电乃是勒令停战的。

第三，是何应钦再派人向敌求和。这首先可以二月十一日蒋光鼐将军的日记中所志的“情况”一种作证。上面说：“一、军政部派王俊（于抗战开始时即被枪决的汉奸）为代表与敌试进行议和谈判，敌态度强硬，要求双方撤退”（淞沪战斗详报七八页）。其次还可以“陈司令长官文辰电”作证：十二日，“奉□陈司令长官文辰电开□作战计划悉如尊意布置可也；途天（王俊别字）求和当然无效……”（同上八七页）（未完）

# 軍火租借案正式成立

## 羅斯福要求撥款七十萬萬

## ◇擴大援英◇

〔同盟社華盛頓十一日電〕今日下午美國衆院表決參院所通過之軍火租借案修正案結果，以三百十七票對七十一票通過參院之修正案。至此，軍火租借案正式成立，即刻送交白宮由羅斯福總統加以簽字後，立即生效。又電，十一日午後三時半，羅斯福將軍火法案簽字。

〔華盛頓十一日國際社電〕羅斯福總統要求衆院撥款七十萬萬元援助民主國家一函，經衆院議長雷本在衆院大會上宣讀，並謂目下其餘案件當一律暫予擱置，以便迅即考慮羅總統之撥款法案。雷本預料四月一日前國會可以對此撥款通過云。

〔同盟社華盛頓十三日電〕美國衆院預算委員會十三日開始討論羅斯福總統提出之七十億軍火法案實施預算，該會預定首先聽取海軍部長、海軍作戰部長、海軍供給局長、陸海軍供給局長之報告。

## 居里在渝稱

# 中國應有徹底的民主

# 須改革腐敗的政治機構

〔新華社香港十二日電〕近港報發表合衆社二月廿二日的重慶消息，據稱：居里離渝之前曾作公開演講，認爲「中國應有自下而上的徹底民主」。若干在渝外人認爲居里此言，在現在說來，自有深長意義。接近重慶官方的報紙，對此消息未加披露。又另據在港外人消息，居里曾向重慶要人表示希望改善政治機構，反對特務反動習氣云云。港中某中國觀察家對上述消息，披述了如下見解：無可疑的，居里來華帶來的是美國統治人物自身之目的，惟旁觀者謂，中國苟欲抗戰，苟欲勝利，如不改造現行腐敗的政治機構，殆不可能云。

# 何種武器援助英國？

〔同盟社華盛頓十二日電〕美國根據軍火租借法案，以何種武器援助英國，乃問題之焦點。今日由華盛頓海軍有關方面獲得之消息稱，美海軍租借英國之軍火目錄如下：驅逐艦一百十九艘，對付潛水艇之快艇一百十五艘，阿哈馬級巡洋艦若干艘。現在美國保有之驅逐艦一百六十艘中，舊式驅逐艦佔七十四艘，第一次大戰時建造之驅逐艦五十艘已於昨日與英國交換大西洋英屬各島嶼，其餘之驅逐艦改爲航空母艦，掃海艇，水雷敷設艦及巡洋艦，此等艦船亦可用作驅逐艦。美海軍方面認爲將驅逐艦七十四艘及第一次大戰時建之驅逐艦護衛與英國艦，美國尚有驅逐艦八十六艘。如能迅速實現建艦計劃，則一九四三年年底即有新驅逐艦一百五十艘下水，因此國防並不受妨礙。

# 松岡已起程赴歐

〔東京十二日合電〕松岡外相偕隨員十一人，於今天十時三十分離東京車站，內閣閣員日政府要人及德義兩國使節均赴車站歡送。

〔香港十二日電〕據同盟社東京訊，外相松岡準備赴歐之行，頗爲忙碌。

〔同盟社哈爾濱十五日電〕松岡外相一行於十五日下午五時由新京飛抵哈爾濱，在大和飯店稍事休息後，即於晚間十時卅分乘滿鐵特別列車赴歐洲。

## 美明星報評論

〔華盛頓十一日路透電〕華盛頓明星報稱：德國之希望日本即行進攻英國，無可疑義，但就日本觀之，在英國未被德軍擊敗之前，即行進擊英國，誠屬最危險之賭博，萬一失敗，則國家必遭致命創傷。苟英日間戰爭爆發，蘇聯如何？美國又將如何？

據此間人士之推想，松岡訪歐之行，或因對上兩項問題，並取答案。但彼決不能在歐洲尋覓第二問題「即美國將如何」之答案，而後者較前者遠爲重要。前時松岡向以促成日美友好關係自居，此次訪問柏林及其他軸心國家京城，對此目的，亦無補益。松岡踪已知之。此間之意見，咸認爲松岡此行，對美至少爲關係之不友好行爲，對日美邦交絕無補益云。又此間若干作家認爲松岡或在歐洲簽定任何協定，究有何價值，頗表懷疑。對於松岡前在莫斯科簽立協定，有何作用，尤爲懷疑。

×　×　×

# 蘇泰改進邦交

## 建立外交商務關係

〔塔斯社莫斯科十三日電〕蘇聯人民委員會主席兼外交人民委員長莫洛托夫，及蘇聯外交副人民委員長洛佐夫斯基與泰國專使巴萊孟特里及泰國駐德公使鼎比育樣，最近在莫斯科舉行談判之結果，雙方業已議定建立蘇泰兩國間之外交商務與領事關係，雙方爲此事交換文件云。

# 資料供給

自歐戰以來，各國在美財產，被封存者有十三國，約合五十餘億美元，茲分列於下：

| | |
|---|---|
| 波羅地海三國： | 二九 |
| 法　國： | 一、五九三 |
| 荷　蘭： | 一、六一九 |
| 丹　麥： | 九二 |
| 挪　威： | 一七五 |
| 比利時： | 七六〇 |
| 盧森堡： | 三四七 |
| 羅馬尼亞： | 三三一 |
| 越　南： | 一五〇（越幣） |
| 保加利亞： | 尚未公佈 |
| 匈牙利： | 同　右 |

（單位百萬元）

美國大發戰爭財

封存各國資產

約五十餘億元

## 英航運次長

# 飛美求援

〔海通社斯托哥爾姆十四日電〕英派遣航運次長至美國，據官方聲明，租借法案既已通過，則英國最急需者爲商業方面貨物。聞該次長委任供給部長布魯克至英國，與華盛頓方面進行談判，討論關於採取何種方式使糧食能夠運至英國。

## 伊斯丹堡

# 奇怪炸彈案

## 幕後人正待調查

〔伊斯丹堡十一日國民電〕此間皇宮飯店頃發生炸彈案，有英外交官六人受傷，土耳其人三人遇難，炸彈共兩枚，爆炸性俱極烈，目的在暗殺方自保來此之英國駐保公使倫德爾云。

〔海通社伊斯丹堡十三日電〕今日土耳其共和國稱，關於比拉皇宮飯店昨日炸彈一案，在英駐保加利亞之大使館的第二秘書把行李的衣箱裏，又發現第二個炸彈，彼亦於昨日晚抵達伊斯丹堡，第二秘書未曾住在比拉皇宮飯店內，當他聽到炸彈爆炸之後，他立即檢查他的行李而發現他的行李裏有爆炸彈，他報告土耳其警察局，該局派專門人員將該彈折毀。

〔海通社安哥拉十五日電〕英前駐保加利亞公使倫德爾三日前到伊斯丹堡，十四日到達此間，暫駐英大使館，彼將在安哥拉等候倫敦之指令。

# 十年來何應欽實行國策適敵破壞抗戰罪行的總清算

（來稿）　呂武

## (一)何應欽叛賣抗戰並非自今日始

皖南事件發生後，親日派及其首領何應欽破壞抗戰發動內戰的滔天罪行已大白於天下了。但是對何應欽說來，破壞抗戰並不是一件新的案件，而是有悠遠歷史的。

「只要回憶一下「九一八」以後中國的歷史，就能立刻想得到何應欽究竟是一個什麼妖精，誰不知道何應欽是汪精衛路線——「攘外必先安內」「以內戰代國防」「以投降代抗戰」路線——的鼻祖，誰不知道何應欽是一二八淞滬抗戰、長城抗戰、抗日同盟軍等等的破壞者，誰不知道何應欽是淞滬停戰協定、塘沽停戰協定、何梅協定等等的經手人或與謀者。所以，憑藉他的親日投降之決心和經驗，在他的主子——日本帝國主義——新的策動下面，再發動了一次投降內戰運動。

但是，處在中華民族命運與何應欽親日派等命運決鬥的今天，我們把何應欽十年來通敵賣國破壞抗戰的罪行加以總清算，來加強我們對肅清何應欽等親日派的決心和勝利的信心，不是沒有意義的。

## (二)何應欽與淞滬抗戰

當淞滬抗戰之初，日寇開始向閘北進攻時，敵海軍陸戰隊司令鹽澤少將曾放出「四小時內佔領閘北」的豪語來，這並非完全荒謬或毫無客觀事實作根據的，這根據是什麼？就是當時中國有親日派的汪精衛、何應欽等這一批親日派，所以鹽澤少將預料只要日軍的大炮一響，汪何的不抵抗命令一下，來一個「臨外合」，「四小時內佔領閘北」原非難事。

果然不錯，當日寇進兵威脅時，汪精衛飄然而出高唱主「不抵抗」，不信，請看他的自白吧。他說：

「先說上海事說，我們決對日本的無理要求，儘可能的範圍內，極力忍耐，極力讓步，例如日本對於上海市政府，初則藉口僑人被毆交涉，來求我們道歉，緝兇，撫卹。……我們很含忍的答應他了。……於是日本又藉口說我們民衆組織抗日救國會，……我們又含忍的答應他了。……他們決定……將抗日救國會取消，……對日本駐滬總領事圓滿答覆。……」（見「汪精衛先生最近言論集」的「淞滬國府遷洛之經過」一文）

那麼何應欽怎樣呢？他並不怎樣落後於汪精衛，他以「軍政部長」資格下令撥調十九路軍第七十八師由閘北一帶退到真茹、南翔。爲的也是使日寇四小時內佔領閘北。不信，請看鐵的證據吧！

「因爲知道日本軍當局積極圖謀進犯，所以我們在各個據要的路口，佈置防禦工事，直至一月二十八日下午，雙方對峙的形勢，已到了緊張的時候了！這似乎給大日本帝國海軍陸戰隊的肚皮以一個侮辱，中國的軍隊，竟敢作抵抗的準備！

但是在這個時候卻來了一個大轉機，把我們所預備去接受的一場血戰的幻影都一掃而光了！在下午三點鐘時，我們接到該司令的命令，率——軍政部長何應欽的命令，說閘北一帶防務，已命派憲兵一團，着即日開往，所有該地之第七十八師部隊，即移往真如、南翔，希將辦理情形具報爲要。……二，第七十八師部隊與離開閘北一帶防務，移交憲兵第六團接收，作防禦交替完畢，即移駐真茹附近。」——「淞滬血戰回憶錄」十七——十八頁）

但是，何應欽、汪精衛想根本取消抗戰的陰謀還是失敗了，一二八抗戰還是開始了！這因爲勇敢的十九路軍將士們「寧願違反命令，犧牲在原地作戰」。

然而他們卻進行另一種鬼計以效忠他們的主子——日本帝國主義，這鬼計是什麼？即破壞十九路軍抗戰是也，那麼他們如何破壞十九路軍呢？

首先，他們（何汪）不斷地向敵求和，不斷以「和平」搗亂十九路軍將士的抗戰信心。我們隨便舉出下列幾個例子即能證明這點：

第一，是汪精衛公開主張向敵求和。他說：「政府對於日本的交涉，準備一個最低的限度，在這最低限度之上，政府有決心簽字。……」（見「汪精衛先生最近言論集」對於軍事外交的方針和決心一文）。當然，他所謂最低限度不過是淞滬停戰協定，何嘗在他所謂的最低限度之上。

第二，是何應欽的命令十九路軍停戰以便求和。還有二月一日「蔡廷鍇長呈何部長東電」可作爲證。該電說：「發西及東電均奉悉，前鋒部隊停止射擊，靜候中央談判」，（淞滬血戰四一頁）顯然何應欽的在西電及東電乃是……

第三，是何應欽再派人向敵求和。這首先可以二月十一日蔣光鼐將軍的日記中所說的「情況」一種作證。上面說：「一、軍政部派王使……到前線與敵談判，敵態度強硬，要求雙方撤退」（淞滬鬥爭錄七八頁）。此次設可以「陳司令長官尤電」作證：十二日，「奉陳司令長官文展電，作戰計劃恐如尊意佈置可也；途天（王使別求和當然無效——」（同上八七頁）（未完）

908

期
新中华报零二百二十七期
版
零四版
时间
一九四一年五月一日

# 战后上海工人生活

卢　宁

在“八一三”以前，上海是一个拥有三百五十万人口的都市，在全国共有七千多家工厂的中国，上海就占有五千两百家以上，投资额占全国百分之七十以上！据一般的估计：上海共有八十万产业工人！

上海沦陷后，人口由三百五十万激增至五百万，（根据工部局调查）工厂在战争开始时，有百分之九十是停顿了，其中在战区的几全部被毁灭了。但到一九三九年初，就逐渐恢复了，现在甚至已经超过了战前的水平。它与战前不同的，就是这些工厂，大部份都被敌人所劫夺！

战后上海工人的成份是起了一些变化，特别在上海开始沦陷时，就有大批工人（据估计有一、二十万）到内地去，一部份成为今天大后方的一支有力的生产军，一部份则在大江南北变成出没于敌人心脏的游击健儿，这使上海工人在数量上减少了，但很快就由近郊的农民，以及一些来自□方的破产的农业和小资产阶级补充了。在战时离开上海的一部份工人也复回来了。但在上海工人中的老骨干，没有什么大的变动。

目前上海广大工人的生活，是处在空前痛苦当中，物价在迅速不断地高涨，大米已由十元一担涨至一百元以上了，过去四元钱可以租到一个亭子间，现在出二十元还租不到，工人们必要的支出，平均比战前增加七倍以上，而上海工人的工资呢？虽然经过了工人屡次的斗争，一般的只增加了百分之四十，如水电交通等工人，过去以平均工资一元算，则现在也不到一元五毛，机器与印刷工人，战前的平均工资为八毛，现在也不过一元钱。如十余万的纱厂工人及丝厂等工人，他们与战前比较起来，至多增加了百分之四十，现在的平均工资也不过八、九毛钱一天，还有广大的苦力等工人，那更不要说了。

敌寇、英美资本家，以及我们中国的一些没有良心的老板们，他们为了加紧对工人的榨取，他们把工作时间无限制地延长，如纱厂、丝厂等工人，除了日夜班十二小时工作外，在星期日则延长至十五小时与十八小时的工作时间，在××烟厂为了“别印花”使工人继续工作至四十八小时以上，其他工人的工作时间，也都由老板随意决定的。

工人的工作时间是延长了，劳动强度也在不断地加强着：比如敌商的纺织工人，过去每个工人只管四□布机，现在已增加到二十八只，甚至三十只以上。□厂工人，也由于老板把机

# 爲加強中國工人階級的統一而鬥爭

馬亞人

日寇自從佔領天津、上海、廣州等中國的大城市，已經快要四年了。中國的工人階級，絕大多數都集中在這些地方，日寇爲了鎮壓百萬工人英勇的反日鬥爭，以及更進一步地來利用他們加緊戰時的經濟掠奪，四年以來，曾用一切的陰謀毒計，以達到他們的目的。他們知道中國工人階級是最堅決的反日隊伍，其力量是無可估計的，所以他們一切的手段與方法，主要集中在破壞工人的團結，削弱工人的力量，以便他們容易來屠殺、剝削。所以無論在任何大城市，他們都利用漢奸、工賊，在工人中活動，組織新民會、大民會，後來甚至工人福利會等的灰色漢奸團體，來搗亂工人群衆的鬥爭，一方面促使工人自己中的分裂，互相攻擊，爭權奪利，[illegible]

[illegible]親日派以及頑固份子的分裂政策，也採取了與日寇同樣的手段，在工廠中進行特務的監視，來破壞工人的團結，收買工賊走狗，[illegible]以及蔑視工人自身的力量，才能執行他們的反動政策。

只有堅決地反對日寇親日派以及頑固份子的分裂政策，會使工人階級遭受了無窮的痛苦，他們必須組織自己，團結自己，才能形成不可破的統一力量，才能找到自己的解放與勝利。

在種種嚴密的環境之下，來組織自己，團結自己，並且曾經無數次的鬥爭，不顧日寇親日派以及頑固份子的分裂政策，要求着中國的工人階級是不可破的。

共產黨領導下華北華中各抗日根據地的工人階級得到了解放，享受了集會結社的自由，他們已普遍地建立了工會的組織，爭取到生活的改善，發揚了他們的抗日力量，團結了全國工人階級的團結，使那些在日寇漢奸統治下的和在親日派以及頑固份子壓迫下的廣大工人群，更十倍百倍地抖擻精神來反對他們的無恥分裂政策。

不能否認的，目前中國工人的統一運動，還未能達到應有的程度，一方面，日寇的殘酷摧毀，與親日派以及頑固份子的陰謀破壞；另一方面卻不能不承認工人階級內部依然存在着某些弱點，這是因爲中國工人階級的歷史還不久，還受了某些觀念程度地方上的思想的影響。

因此，中國工人階級要在這些分裂政策的鬥爭中來教育自己，團結自己，來反對日寇親日派以及頑固份子的分裂政策。我們再不要分別男工與女工，老年工人與青年工人，熟練工人與非熟練工人，我們要團結得血肉不可分離似地，如像一個人一樣，共同去反對日寇親日派以及頑固份子的分裂破壞政策。爲統一全中國工人階級而奮鬥。

## 一點理想和實踐

李宗之（十五歲的模範青工）

「共產黨是工人階級的先鋒隊，工人的政黨，是代表無產階級的利益的組織。」以前我對這樣說，總是有點懷疑[illegible]信仰，[illegible]現在是[illegible]在這個工廠做工，吃的有米津，穿的是[illegible]，每天只工作八小時，在這[illegible]

社會裏，都有了自由。工人有自己的組織——工會，它保護工人的生活、學習的時間，上課有教員。娛樂：有排球、有球打。像一個快樂的家庭，也好像一個學校，同時工會還保證廠房的生產計劃的完成，帶動有限的合作事業。

的確，共產黨是解放工人的，共產黨是解放工人，工人都有權利了，同時確定了我的意志，和革命的信心。理想與實踐，[illegible]之分。

[illegible]世界與邊區，[illegible]在這非常時代，[illegible]全世界工人階級的同志：應團結起來，加強生產，完成邊區的生產力量，把我們的自由幸福，發展成全中國，全世界工人同志的自由幸福。

所以要在今年「五一」國際勞動節，要用我們實際的力量粉碎頑固份子的軍事和經濟的封鎖，打倒日本，保衛邊區，這樣來紀念「五一」，才有着很大的意義。

## 大後方工人生活一瞥

四年以來，大後方的工人，在抗戰建國中，爲國家民族貢獻的勞績，有無數的事實如鐵一般的擺在大家的面前，就如：開闢後方交通道路的、掘發地下煤礦的、製造前線戰爭武器的、供給後方人民需要的，那一項不是他們血汗交流的成果？由於大後方工人這樣的努力，而奠定抗戰建國的基礎，支持了艱苦的抗日戰爭！

然而，他們雖然爲國家民族盡了這樣大的功績，但是大後方的當局和資本家，不但沒有稍稍改善他們的生活，反而，藉了「爲抗戰而生產」的招牌，更進一步殘酷地剝削工人。

例如工作時間，起碼都在十二小時，有的工廠已加到十四小時至十六小時。所有國防軍事工業的工廠，現在一般都實行十四小時工作日。不但工時大大增加，而勞動強度也大大提高。除了機器上增加速度，技術上加多動作外，更增加了人的「鞭策」。例如在軍事工廠內，近來增加了大批特務、三青團員來監視工人；在私營工廠內也加派了監工和廠警。有的工廠在車間的中間，立一座「閻王殿」似的瞭望台，一個監工拿着望遠眼鏡、高高的坐在台上，盯住工人工作。

至於工資，由於物價十倍、五十倍、甚至百倍的上漲，一斗米要八十元的今日，一尺布要五、六元的今天（作者註），而工資的增加是極有限的。往往在一個月之內，由於物價飛漲得太快了，月底所領得的工資，不足支付半個月的飯錢。現在大後方一般工人無不在半飢餓狀態中度日，如果有了孩子的工人，他們的生活更悲慘了。有些工人吃廠方的包飯，但飯菜的粗劣，比囚犯吃的還要壞，廠主恐怕工人吃的多，故意叫廚房把飯蒸得半生不熟，或者把陳臭的米飯內摻雜了砂粒石子，或者把稀飯煮成泥水湯，甚至常常要撈起老鼠或別的蟲子。吃飯的時間，故意弄得特別短，工人一個人飯碗，剛端上飯碗，上工的哨子就響了，便得在吃飯時簡直是一場血戰，犧牲的工人或女工，往往被擠在旁邊稀湯邊看着空碗在發愣。

今天大後方的工人，從服裝上看來，大多數也襤褸不堪，好像一個叫化子，有許多工人，不論冬夏都穿一件補棉襖，或穿一件千補萬綴的破衣、在今天一雙普通的布鞋賣到十多塊錢，從來不慣赤足的，也不得不自打赤腳、或者索性當了「赤腳大仙」。有不少發了國難財的大官僚，他們還在羨慕黃包車夫，以爲他們每天收入豐富，比一般公務人員所得還多。他們只看見黃包車夫每天收入十元八元，可是沒有看見他們每天要付奇重的車租——西安每天車租在一元五角至三元；沒有看見他們每天作五斤糧，就沒有氣力拉車，而每斤糧價到一塊半錢一斤的今天，他們一天辛苦所收入，除繳比「閻王債」還緊的車租外，連飯也吃不飽，有何豐收可言哉！

說到工人的住宿，有許多工人是從淪陷區來的，多半靠廠方來解決住的問題，但廠方也來不及給工人造宿舍，也捨不得花一筆大錢去營造「工人宮」。因陋就簡，一般採用了棚廠，勉強可避風雨而已。但每人佔不到伸腰或伸足的餘地，裏面之擁擠，和黑牢差不多。如果在外面租房子，不但房租高得可怕，（在[illegible]間小房間，每月租金起碼要二[illegible]錢）。而且也難於租得房子。[illegible]陪都，房屋大都被炸被燒，工[illegible]都感無棲身之所。因此，工人只好去住棚廠，或者十幾個人合租一[illegible]間。擠在一堆，聊以托足，[illegible]、一有了病，更是苦不堪言，既不能做工而又有失業的危險，又請不起醫生、吃不起昂貴的藥品，只有聽天待命。

生活上既這樣痛苦，在政治上，工人也沒有絲毫自由可言，一切工人的救亡活動被限制了，所有工人自己的組織被解散了，有的被官辦的團體——如三青團、工人福利社等代替了[illegible]稍爲進步的，活動的工人，往往被迫失業，或加一頂「異黨」或「漢奸」的帽子，就可投到牢獄，甚至被處槍斃！

工人在廠內稍有過失，如遲到或損壞工具，互相爭吵……動輒就罰工資，輕則一天，重則半月，一月。

大後方的工人生活，不是這點篇幅所能說得了，這裏只能介紹一個概略，但就這並不完全的材料，也足以看出大後方工人是處在如何黑暗反動的統治之下！這種黑暗的現實，如果繼續發展下去，不但工人的生活，就是抗戰的力量也未能充分發揮出來，而抗戰的前途也將不堪設想！（嵐丹）

## 戰後上海工人生活

盧寧

在「八一三」以前，上海是一個擁有三百五十萬人口的都市，在全國共有七千多家工廠的中國，上海就佔有五千六百家以上，投資額佔全國百分之七十以上！據一般的估計：上海共有八十萬產業工人！

上海淪陷後，人口由三百九十萬增至五百萬，（根據工部局調查）工廠在戰爭開始時，有百分之九十幾停頓，其中在戰區的幾全部被毀滅了。到一九三九年初，就逐漸恢復了，現在甚至已經超過了戰前的水平。它與戰前不同的，就是這些工廠，大部份都被敵人所經營！

戰後上海工人的成份是起了一些變化，特別在上海開始淪陷時，就有大批工人（據估計有一、二十萬）到內地去，一部份成爲今天大後方的一支有力的生產軍，一部份則在大江南北變成出沒於敵人心臟的游擊健兒，這使上海工人在數量上減少了。但很快就由近郊的農民，以及一些來自四方的破產的農家和小商店等來補充了。在戰時離開上海的一部份工人也復回來了。但在上海工人中的老骨幹，沒有什麼大的變動。

目前上海廣大工人的生活，是處在空前痛苦當中，物價在迅速不斷的高漲，大米已由十元一担漲至一百元以上了，過去四元錢可以租到一個亭子間，現在出二十元還租不到，工人們必要的支出，平均比戰前增加七倍以上，而上海工人的工資呢？雖然經過了工人屢次的鬥爭，一般的只增加了百分之四十，如水電交通等工人，過去以平均工資一元算，則現在也不到一元五毛，機器與印刷工人，戰前的平均工資爲八毛，現在也不過一元錢。如十餘萬的紗廠工人及絲廠等工人，他們與戰前比較起來，至多增加了百分之四十，現在的平均工資也不過八、九毛錢一天，[illegible]

不要說了英美資本家，以及我們中國的一些沒有良心的老闆們，他們爲了加緊對工人的榨取，他們把工作時間無限制的延長，[illegible]作外，在星期日則延長[illegible]，在××烟廠爲了「趕印花」，[illegible]時以上，其[illegible]工人的[illegible]比如敵商[illegible]於老闆把機[illegible]加了，以及[illegible]作以後，[illegible]人是在高[illegible]爲了民族[illegible]忍受的情況[illegible]本家的，他們[illegible]剝削，他們[illegible]知道發國難[illegible]。鬥爭的[illegible]生，[illegible]的方式，[illegible]妙餘活的方[illegible]本家外，工[illegible]目前的上[illegible]活當中，[illegible]因此，學[illegible]人的解現[illegible]

器加速，与原料质量减低使劳动强度大大地增加了，以及水电交通机器印刷等工人莫不在一天强烈的工作以后，觉得头晕、眼花，与腰酸骨痛！总之，上海的工人是在□刀下过牛马的生活。

为了民族的生存，为了自己的生活，上海的工人在无可忍受的情况下，他们英勇地起来作坚决反对敌寇与顽固资本家的斗争，他们反对敌人给与他们可耻的侮辱与残酷的剥削，他们也反对那些顽固的资本家，不□民族利益，只知道发国难财，这种斗争的范围，几乎普遍到每一个工厂。斗争的爆发，此前往往在同一产业，或同一地区同时发生，战争则是波浪式的，此起彼落继续不断地斗争，斗争的方式，战前比较单纯，战后，在敌□工厂□，工人以巧妙灵活的方式进行斗争外，在中国工厂里，除最顽固的资本家外，工人都以和平办法解决。

目前的上海工人，由于他们处在空前的痛苦与斗争的生活当中，使他们深深地感觉到提高自己文化水准的重要，因此，学习的空气，比战前任何时期都要高，这是上海工人的好现象。

——完——

中華民國三十年五月一日　星期四　新中華報　第四版

# 為加強中國工人階級的統一而鬥爭

馬亞人

日寇自從佔領天津、上海、廣州等中國的大城市，整整地快要到四年了。中國的工人階級，絕對多數都集中在這些地方，日寇為了鎮壓這數百萬工人英勇的反日鬥爭，以及更進一步地來利用他們加緊戰時的經濟掠奪，四年以來，曾用一切陰謀毒辣的手段，來達到他們的目的。他們知道中國工人階級是最堅決的反日隊伍，其力量是不可輕視的，故他們的一切手段與方法，主要集中在破壞工人的統一，這樣來折散工人的力量，以便他們容易來屠殺、剝削。所以無論在華北、華南任何大城市，被他們佔領之後，他們都利用流氓、工賊、托派組織新民會、大民會，後來甚至利用會等漢奸團體到工人中活動，與工人群眾自己組織的團體來對立，五光十色名義的灰色漢奸團體，來欺騙群眾，爭取群眾，一方面與工人自己的團體對立，另一方面互相攻擊，爭權奪利，以挑撥工人群眾的鬥爭，使工人中的分裂。最後日寇佔領時期較久，統治比較鞏固一點，遂露出了他們更兇惡的面貌，工人組織、漢奸團體，也因兔死狗烹，不許存在了。他們在自己的統治之內，禁止一切工人互相談話，不許彼此來往，封鎖一切工人自己內部可能發生的衝突，使他們的分裂政策發揮到登峯造極。

在大後方國民黨統治的區域之下，親日派以及頑固份子，他們為了鎮壓工人階級堅決的抗日革命勢力，便利他們的投降反共，也採取了與日寇同樣的政策，來分裂工人階級，禁止工人集會結社，收買工賊走狗，在工廠中進行特務活動監視工人，企圖挑撥工廠中各不同籍貫的工人的糾紛，使四川、貴州、雲南等省本地工人，與外來江浙、廣東的工人，互相對立，分門戶，盡一切辦法，使工人自相火拼，分散工人的力量，才能夠來進行他們一切的反動政策，達到他們向日寇投降出賣中國的目的。

日寇親日派以及頑固份子的這種分裂政策，會使工人階級遭受了無窮的痛苦，他們就是利用這樣來減低工人的工資，加重工人的勞動強度，取消工人已爭得的各種權利，削弱工人的一切戰鬥力量。中國的工人階級，在這次的鬥爭中認識了只有堅決地來反對日寇親日派以及頑固份子的分裂政策，加緊地來組織自己，團結自己，形成牢不可破的統一力量，才能找到自己的出路，才能團結全國各階層的人民，爭取民族解放徹底的勝利。

上海、漢口、天津、廣州等重要大城市中的工人階級，以及在大後方親日派以及頑固份子統治下的工人階級，他們繼承了五卅大革命時代工人階級的革命傳統，曾經無數次採用一切辦法，在種種艱苦困難的環境之下，來組織自己，團結自己，並且曾經無數次地擊敗過日寇親日派以及頑固份子的分裂政策，表示着中國的工人階級的團結是不可摧破的。

由於中國共產黨領導下華北華中各抗日根據地的工人階級得到了解放，享受了集會結社的自由，他們已普遍地建立了工會的組織，爭取到生活的改善，發揚了他們的抗日力量，這更鼓勵了全國工人階級的團結，使那些在日寇漢奸血腥統治下的和在親日派以及頑固份子殘酷壓迫下的廣大工人群眾，更十倍百倍地抖擻精神來反對他們的無恥分裂政策，爭取自己的統一。

但是，我們不能否認的，目前中國工人的統一運動，還未發揮到應有的程度，一方面固由於各方面的障礙，日寇的殘酷摧毀，與親日派以及頑固份子的陰謀破壞；另一方面卻不能不承認工人階級本身尚存在着某些弱點，還不是因為中國工人階級的歷史不久，還受了會館觀念，地方思想等等的封建殘餘，尚未完全肅清，還不能不使中國工人階級的統一運動受到某種程度上的障礙，因此，使日寇漢奸以及頑固份子得有挑撥利用的機會。

因此，中國的工人階級，要在這些鬥爭中來教育自己，肅清自己內部封建殘餘思想，團結自己的隊伍，這是中國工人階級反對日寇親日派以及頑固份子分裂政策的鬥爭中不能分離的。

一切中國的工人階級的工友們，我們再不要分別男工與女工、老年工人與青年工人、熟練工人與非熟練工人，甲地工人與乙地工人，我們要團結得血肉不可分離似地如像一個人一樣，共同去反對日寇親日派以及頑固份子的分裂破壞政策，為統一全中國工人階級而奮鬥。

# 一點理想和實踐

（十五歲的模範青工）李宗之

「共產黨是工人階級的先鋒隊，工人的政黨，代表無產階級的利益」，只聽到這樣說：然而，總是有點模糊的理論。然而，總是懷疑嗎？但是我又對它信仰，真是：耳聞不如實見。所以現在我成工人了，現在是實際。明了共產黨領導下的工廠工人，是多麼自由幸福，廠方優待工人：吃得有米津，穿衣有布，每天只工作八小時，參加的：有勞動，在這裡社會裏，都有了自由。工人有自己的組織——工會，它保障工人的生活，學習的時間，上課有教員，娛樂：有棋牌，有球打。像一個快樂的家庭，也好像一個學校，同時工會還保證廠房的生產計劃的完成，那樣教育配合作堅。的確，共產黨是解放工人，工人都有權利了，同時決定了我的意志，和革命的信心。理想實踐，確實有天地之分。

我經歷過邊區與邊區外的世界，化學廠實在非常時代，使工人同志們：應團結鬥爭，加緊生產，完成邊區的工業計劃，把我們的自由幸福，擴展全中國，全世界工人同志的自由幸福。所以要在今年「五一」國際勞動節，我們用實際的力量粉碎頑固份子的軍事和經濟的封鎖，打倒日本，保衛邊區，這樣來紀念「五一」才有着很大的意義。

# 大後方工人生活一瞥

四年以來，大後方的工人，在抗戰中發揮了為國家民族英勇的勞績，有無數的事實如鐵一般的擺在大家的眼前，就如：開闢後方交通道路的、掘鑿地下煤礦的、製造前線戰爭武器的、供給後方人民需要的，那一項不是他們血汗交流的成果？由於大後方工人這樣的努力，而奠定抗戰建國的基礎，支持了艱苦的抗日戰爭！然而，他們雖然為國家民族盡了這樣大的功績，但是大後方的當局和資本家，不但沒有稍稍改善他們的生活，反而，藉了「為抗戰而犧牲」的招牌，更進一步深深的壓迫與剝削工人。

例如工作時間，起碼都在十二小時，有的工廠已加到十四小時至十六小時，所有國防軍事工業的工廠，現在一般都實行十四小時工作日。不但工時大大增加，而勞動強度也大大提高，除了機器上增加速度、技術上加多監視工人外，更增加了人的「鞭策」。例如在軍部工廠內，近來增加了大批特務、三青團員來監視工人；在私營工廠內也加派了監工和廠警、有的工廠在車間的中間，一座「閻王殿」似的瞭望台，一個監工高高踞坐在台上，訂住工人工作。

至於工資，由於物價十倍、五十倍、甚至百倍的上漲，一斗米要八十元的今日，一尺布要五、六元的今天（今夏後），而工資的增加是極有限的。往往在一個月之內，由於物價飛漲得太快了，月底所領得的工資，不足支付半個月的飯錢。現在大後方一般工人無不在半飢餓狀態中度日，如果有了妻子的工人，他們的生活更悲慘了。有些工人吃廠方的包飯，但飯菜的粗劣，比囚犯吃的還要壞，廠主恐怕工人吃的多，故意叫廚房把飯蒸得半生不熟，或者把陳臭的米飯內雜了砂粒石子，或者把稀飯煮成泥水湯，甚至常常撈起老鼠或別的蟲子。吃飯的時間，故意定得特別短，工人一擠入飯廳，剛端上飯碗，上工的哨子就響了，使得在吃飯時間直是一場血戰，體弱的工人或女工，往往被擠在飯桶旁邊，捧着空碗在那哭泣。

今天大後方的工人，從服裝上看來，大多數也襤褸不堪，好像一個叫化子，有許多工人，不論冬夏都穿一件[illegible]，或穿一件千補萬綴的襤衣、布鞋要到十多塊錢，從來不慣赤足的，也不得不自打草鞋，或者索性當了「赤腳大仙」。有不少發了國難財的大官僚、他們還在羨慕黃包車夫，以為他們每天收入豐富，比一般公務人員所得還多。他們只看見黃包車夫每天收入十元，八元，可是沒有看見他們每天要付奇重的車租——西安每天車租在一元五角至三元；沒有看見他們每天作五斤饅，就沒有氣力拉車，而每斤饅要到一塊半錢一斤的今天，他們一天辛苦所收入，除繳比「閻王債」還緊的車租外，連飯也吃不飽，有何豐收可言哉！

說到工人的住宿，有許多工人是從淪陷區來的，多半靠廠方來解決住的問題，但廠方也來不及給工人造宿舍，也捨不得花一筆大錢去營造「工人宮」。因陋就簡，一般採用了棚廠，勉強可避風雨而已。但每人佔不到仰臥或伸足的餘地，衛生之條件擠髒污和黑牢差不多。如果在外面去租房子，不但房租高得可怕，（在重慶一間小房間，每月租金起碼要二十多塊錢），而且也難於租得房子。例如在陪都、房屋大部被炸被燒，一般市民都感無棲身之所。因此，工人只好去住棚廠，或者十幾個人合租一個小房間，擠在一堆，聊以托身。一個工人一有了病，更是苦不堪言，既不能做工而又有失業的危險，又請不起醫生、吃不起昂貴的藥品，只有奄奄待命。

生活上既這樣痛苦，在政治上，工人也沒有絲毫自由可言，一切工人的救亡活動被限制了，所有工人自己的組織被解散了，有的被官辦的團體——如三青團、工人福利社等代替了。稍為進步的、活動的工人，往往被迫失業，或加一頂「異黨」或「漢奸」的帽子，就可投到牢獄，甚至活埋或槍斃！

工人在廠內稍有過失、如遲到、或損壞工具、互相爭吵……動輒就罰工資，輕則一天、重則半月、一月，甚至半年。工人的工資原就極為低微，罰工之外，還例有各種名目繁多的負擔，如節約儲蓄、救國捐（只准一捐，如歸就經常有各種名稱的捐款）、保證金……等，工人處在這種情形之下，生活只有一天比一天惡化！

大後方的工人，雖在這樣的情形之下，但他們對抗戰的赤誠，愛護中國的忠心，並不落在其他階級人士之後，他們為了國家民族的利益，忍受一切苦痛，提高生產，增強抗戰力量而努力工作，對於政府的各種抗戰動員，他們無不首先用自己的實際行動來響應，例如獻金、捐寒衣、慰勞抗屬……莫不熱烈積極參加。

大後方的工人生活，不是這點篇幅所能載得了，這裏只能介紹一個概，但就這並不完全的材料上面，也足以看出大後方工人是處在如何黑暗反動的統治之下！這種醜惡的現實，如果繼續發展下去，不但工人階級的力量未能充分發揮出來，而抗戰的前途也將不堪設想！

（盧丹）

# 戰後上海工人生活

盧寧

在「八一三」以前，上海是一個擁有三百五十萬人口的都市，在全國共有七千多家工廠的中國，上海就佔有五千四百家以上，投資額佔全國百分之七十以上！據一般的估計：上海共有八十萬產業工人！

上海淪陷後，人口由三百五十萬激增至五百萬，（根據工部局調查）工廠在戰爭開始時，有百分之九十是停頓了，其中在戰區的幾全部被毀滅了。到一九三九年初，就逐漸恢復了，現在甚至已經超過了戰前的水平。它與戰前不同的，就是這些工廠大部份都被敵人所掠奪！

戰後上海工人的成份是起了一些變化，特別在上海開始淪陷時，就有大批工人（據估計有一、二十萬）到內地去，一部份成為今天大後方的一支有力的生產軍，一部份則在大江南北變成出沒於敵人心臟的游擊健兒，這使上海工人在數量上減少了，但很快就由近郊的農民，以及一些來自四方的破產的農業和小資產階級補充了。在戰時離開上海的一部份工人也復回來了。但在上海工人中的老骨幹，沒有什麼大的變動。

目前上海廣大工人的生活，是處在空前痛苦當中，物價在迅速不斷的高漲，大米已由十元一担漲至一百元以上了，過去四元錢可以租到一個亭子間，現在出二十元還租不到，工人們必要的支出，平均比戰前增加七倍以上，而上海工人的工資呢？雖然經過了工人屢次的鬥爭，一般的只增加了百分之四十，如水電交通等工人，過去以平均工資一元算，則現在也不到一元五毛，機器與印刷工人，戰前的平均工資為八毛，現在也不過一元錢。如十餘萬的紗廠工人及絲廠等工人，他們與戰前比較起來，至多增加了百分之四十，現在的平均工資也不過八、九毛錢一天，還有廣大的苦力零工人，那更不要說了。

敵寇、英美資本家，以及我們中國的一些沒有良心的老闆們，他們為了加緊對工人的榨取，他們把工作時間無限制的延長，如紗廠、絲廠等工人，除了日夜班十二小時工作外，在星期日則延長至十五小時與十八小時的工作時間以上，其他工人的工作時間，也都由老闆隨意決定的。在××煙廠為了『鴻印花』使工人繼續工作至四十八小時以上。工人的工作時間不斷延長了，勞動強度也在不斷的加強。比如敵商的紡織工人，過去每個工人只管四台布機，現在增加到二十八台，甚至三十台以上，絲廠工人，也由於老闆把機器加速，與原料質量減低使勞動強度大大的增加了，以及水電交通機器印刷等工人莫不在一天強似一天的工作以後，弄得頭暈、眼花，與腰酸背痛！總之，上海的工人是在刀下過牛馬的生活。

為了民族的生存，為了自己的生活，上海的工人在無可忍受的情況下，他們英勇的起來作堅決反對敵寇與頑固資本家的鬥爭，他們反對敵人給與他們可恥的侮辱與殘酷的剝削，他們也反對那些依附於敵人的資本家，不顧民族利益，只知道發國難財，幾乎普遍到每一個工廠的鬥爭的發展，不僅在過去一些時期發生，而且今天也在發生。鬥爭方式，由於敵偽的殘酷壓迫，鬥爭則多採取消極怠工，罷工，工人以巧妙靈活的方式進行鬥爭外，在中國工廠，除了被頑固的資本家外，工人都以和平談判解決。

因此，工人都在空前的痛苦與鬥爭的生活當中，使他們深深地感覺到提高自己文化水準的重要，因此學習的空氣，比戰前任何時期都要高，這是上海工人的新現象。

——完——

# 索　引

## 共产党动态



## 国民党内部



## 工人运动



## 红　军



## 金　融

## 联合抗日



## 名人、演说



## 民生、治安



## 社团集会



## 苏区动态



## 文化艺术



## 外　交



## 在沪日寇

## 战　况



## 综　述

## 其　他